C.H.BECK ■ WISSEN

in der Beck'schen Reihe

Was war das Geheimnis des Karol Wojtyła (1920–2005), der als Papst zum Medienstar wurde und die Jugend begeisterte? Stefan Samerski beschreibt die polnischen Wurzeln des gelernten Schauspielers und seinen kirchlichen Werdegang bis zur Papstwahl 1978. Der Schwerpunkt liegt auf dem ereignisreichen Pontifikat, das durch unzählige Auslandsreisen, eine intensive Spiritualität, das Engagement für die Menschenrechte und gegen die kommunistischen Regime sowie durch konservative moralische Positionen geprägt war. Ein «Muß» für alle, die verstehen wollen, warum dieser Ausnahme-Papst bis heute Gläubige wie Ungläubige so fasziniert.

Stefan Samerski, geb. 1963, lehrt als Professor Kirchengeschichte an der Universität München und forscht seit 2000 am Geisteswissenschaftlichen Zentrum Geschichte und Kultur Ostmitteleuropas in Leipzig.

Stefan Samerski

JOHANNES PAUL II.

Verlag C. H. Beck

Mit 13 Abbildungen

Originalausgabe
© Verlag C. H. Beck oHG, München 2008
Gesamtherstellung: Druckerei C. H. Beck, Nördlingen
Umschlagabbildung: Papst Johannes Paul II. im Januar 1995
auf den Philippinen. © picture-alliance
Umschlagentwurf: Uwe Göbel, München
Printed in Germany
ISBN 978 3 406 53635 9

www.beck.de

Inhalt

Vorwort

Kaum ein Papst hat weltweit so viel Aufmerksamkeit gefunden wie Johannes Paul II. Das lag nicht nur an seiner langen, über 26-jährigen Amtszeit, die von epochalen Veränderungen in Kirche und Welt geprägt war. Mit Karol Wojtyła bestieg den Stuhl Petri ein relativ junger Kirchenmann, der zu einem Papst ganz neuen Typs wurde: persönlich, kommunikativ, dynamisch und den Medien zugewandt. Die Inhalte seiner Botschaft folgten dagegen zumindest auf den ersten Blick der traditionellen kirchlichen Lehre. Da kaum noch ein Gläubiger die Vielzahl von Texten, Ansprachen, Auslandsreisen und geistlichen Veranstaltungen überblicken konnte, blieb das besondere Profil dieses Papstes vielen verborgen. Es hätte wenig Sinn, seine vielen Reisen und Verlautbarungen in chronologischer Folge nachzuerzählen. Profil gewinnt der Papst erst, wenn man sich die Leitmotive seines Lebens und Wirkens vor Augen führt. Erleichtert wird dies dadurch, dass sein Pontifikat viel stärker als andere von bestimmten Konstanten geprägt war, etwa seiner polnischen Herkunft oder der Ausrichtung auf das Millennium und nicht zuletzt vom Charisma eines Menschen, der Seelsorge und Wissenschaft ebenso pflegte wie Sport und schöngeistige Tätigkeit. Dass hier nicht jede einzelne Aktivität oder jeder Gedanke dieses Papstes berücksichtigt oder gar gewürdigt werden kann, versteht sich von selbst, zumal wir erst am Anfang seiner Wirkungsgeschichte stehen.

Anders als seine Vorgänger wollte Johannes Paul II. zu allen sprechen und äußerte sich zu zahlreichen Weltproblemen. Vielleicht ist das die Ursache dafür, dass kirchenferne Autoren bislang eher zu einer positiven Würdigung des Papstes fanden als katholische, die meist zu stark auf den innerkirchlichen Bereich fixiert sind. So ist auch das vorliegende Werk nicht primär für Katholiken geschrieben.

Vielen, die wertvolle Hinweise gegeben und Korrektur gelesen haben, sei an dieser Stelle gedankt. Nicht alle können hier genannt werden, erwähnen möchte ich aber Priv. Doz. Dr. Christoph Binninger (Regensburg), Dr. Marta Kijowska (Krakau), P. Eberhard v. Gemmingen S. J. (Rom), Dr. Meinolf Arens, Agnes Fuchsloch, Jürgen Albin Bätz und Mathias Kugler (alle München). Schließlich danke ich dem Verlag, namentlich Herrn Dr. Ulrich Nolte, für die gute und konstruktive Betreuung des Manuskripts.

München, im September 2007   *Stefan Samerski*

I. Ein Papst aus Polen:
Kindheit und Jugend

Karol Józef Wojtyła kam am 18. Mai 1920 in der polnischen Kleinstadt Wadowice 40 Kilometer westlich von Krakau zur Welt. Die Mutter, Tochter eines Sattlers aus Krakau, starb neun Jahre später, sodass vor allem der Vater, ein Offizier, der bis 1918 in österreichischen Diensten gestanden hatte, mit seiner tiefen Frömmigkeit und Disziplin Kindheit und Jugend des intelligenten Knaben prägte. Polen hatte nach dem Ersten Weltkrieg die staatliche Unabhängigkeit wiedergewonnen und befand sich 1920 im Krieg gegen die Sowjetunion – Ereignisse, die Karol recht früh mit Selbstbehauptung, Kampf und Tod in Beziehung brachten und ihm ein typisch polnisches Verständnis von Heimat und Vaterland vermittelten. Es war vor allem die eigene Nationalkultur, die, zutiefst von der katholischen Kirche geprägt, die polnische Identität stärker bestimmte als Politik und Wirtschaft. Jeder Pole kennt seine Geschichte und die langen Leiden seines Volkes unter der Fremdherrschaft der meist konfessionsfremden Nachbarn. Daher eigneten sich auch nur die miteinander verwobenen Faktoren «Kultur» und «Kirche» als Konstanten und Träger nationalen Selbstbewusstseins. Die Elemente des Leidens und der Auseinandersetzung, die das gesamte Leben Karol Wojtyłas begleiteten, waren gewissermaßen vorgeprägt im historischen Gedächtnis seines Volkes. In der polnischen Romantik, die starken Einfluss auf den jungen Wojtyła ausgeübt hatte, ist Geschichte nicht eine die Menschen bestimmende Kraft, sondern im Gegenteil das Ergebnis des Handelns einiger weniger Individuen, die von ihrem freien Willen Gebrauch machen. In der theologischen Reflexion versteht der polnische Messianismus das Leid seines Volkes als Teil des Erlösungs- und Heilswerkes Jesu Christi. Polen wird gleichsam als «Christus unter den Völkern» begriffen, die Geschichte als aufwärts strebender Prozess, der durch die freiwilligen Opfer Einzelner die Humanisierung der Welt vorantreibt. Diese religiös-positive Deutung bildet dann auch eine Kraftquelle und ein Fundament für die missionarische Option: Jahrhundertelang befand sich Polen zwischen den zwei konfessionellen (und häufig auch politischen) Gegnern Russland und Deutschland und hatte im Süden die Bedrohung durch die muslimische Welt zu bewältigen, sodass das Land sich seit der Neuzeit als «Bollwerk des wahren Glaubens» verstand. Noch in den zwanziger Jahren des 20. Jahrhunderts waren es polnische Geistliche, die die katholische Kirche in Sowjetrussland repräsentierten und dafür einen hohen Blutzoll zahlten. Diese Zusammenhänge sind wichtig, um Denken und Handeln Karol Wojtyłas zu verstehen. Neben Familie und Nation prägte ihn aber auch sein unmittelbares soziales Umfeld: Fast jeder siebte Einwohner Wadowices war jüdisch; etwa ein Viertel von Karols Klassenkameraden waren Juden. Mit ihnen spielte der Klassenbeste gerne Fußball. Einige dieser Freundschaften bestanden sein Leben lang. Seine Familie pflegte die typisch polnische Volksfrömmigkeit in Form von Wallfahrten und Marienverehrung, die in Polen den Charakter eines nationalen Kults hat. Vor wichtigen Entscheidungen, aber auch nach dem Tod der Mutter pilgerte Karol Wojtyła selbst noch als Kardinal und Papst zum Marienwallfahrtsort Kalwaria Zebrzydowska in der Nähe von Krakau.

Nach dem Besuch der örtlichen Grundschule wechselte er 1930 auf das Gymnasium von Wadowice, wo er sich intensiv mit der polnischen Nationalliteratur befasste und mit 14 Jahren begann, Theater zu spielen. Zuerst trat er mit patriotischen Liedern und Versen in einem Schülertheater auf, dann spielte er auch mit Berufsschauspielern und gewann Preise bei Rezitationswettbewerben. Karol war vielseitig und übernahm in einer Komödie sogar zwei Rollen, wobei er den Regieanweisungen bis ins Kleinste folgte. Außerdem war der sportliche, in sich gekehrte junge Mann der Schwarm seiner Klassenkameradinnen. Bei seiner intensiven Beschäftigung mit Literatur und Theater sowie seinem unbeschwerten Umgang mit den Mädchen und Jungen seiner Lebenswelt deutete nichts darauf hin, dass das

Karol Wojtyłas Eltern 1904

Leben des tiefreligiösen Lolek, wie ihn seine Kameraden nann-
ten, auf das Priestertum hinsteuern würde. Nach dem Abitur
und der fast gleichzeitigen Firmung antwortete er dem Krakauer Erzbischof und späteren Kardinal Adam Fürst Sapieha, der
sein großer Förderer und bischöfliches Vorbild werden sollte,
auf die entsprechende Frage: «Ich will an der Universität polnische Sprache und Literatur studieren!» Karol und sein Vater
siedelten daher 1938 nach Krakau über, und der angehende Student erhielt in einem Arbeitslager eine vormilitärische Ausbildung. Es gibt ein Foto aus dem Sommer 1939, das den 19 Jäh-
rigen in Lemberg zeigt, wie er bei Militärübungen das Gewehr
präsentiert. Das Studium an der bedeutendsten Hochschule des
Landes, der Jagiellonen-Universität in Krakau, eröffnete dem
jungen Mann ganz neue geistige Horizonte, wie er später bekannte. Dank seiner raschen Auffassungsgabe und seines ausge-
zeichneten Gedächtnisses lernte er schnell und half bereitwillig
seinen Kommilitonen. Er schrieb nun auch selbst Gedichte und
Texte für das Theater. Später dachte er an diese Monate, die er

als Schöngeist und Träumer verlebt hatte, als an eine sehr glückliche Zeit zurück.

Diese relativ unbeschwerte Zeit wurde jedoch jäh durch den Kriegsbeginn unterbrochen, der für Karol Wojtyła zu einem Wendepunkt im Leben wurde. Nach der deutschen Besetzung Polens konnte die Krakauer Universität zunächst wieder öffnen, musste aber Anfang November 1939 den Unterrichtsbetrieb einstellen, da die Nationalsozialisten die Professoren im Rahmen der so genannten «Sonderaktion Krakau» in das Konzentrationslager Sachsenhausen abtransportierten. In der ersten Jahreshälfte 1940 schrieb Karol zwei alttestamentliche Dramen, die die geistig-spirituelle Verarbeitung der traumatischen Erfahrungen von Krieg, Besatzung, Verhaftungswellen und Verlust der staatlichen Identität erkennen lassen. Außerdem lernte er in jenen Monaten Jan Tyranowski kennen, einen einfachen Schneider um die 40, der ihm half, das Grauen durch die Spiritualität des Karmel zu verarbeiten. Karol erwog damals sogar, Karmelit zu werden. Tyranowski sorgte dafür, dass er in die Gebetsgemeinschaft des «Lebendigen Rosenkranzes» aufgenommen wurde, die ein meditatives Gebetsleben kultivierte. Hier kam Karol erstmals mit der spanischen Mystikerin und Ordensgründerin Teresa von Avila und ihrem männlichen Pendant Johannes vom Kreuz, dessen Schriften er noch als Kardinal und Papst hochschätzte, in Berührung. Sie verwiesen ihn auf das Kreuz Christi und ein Leben, das «ganz und gar Gott geweiht ist».

Da der zwanzigjährige Karol Wojtyła offiziell keiner geregelten Tätigkeit nachging, musste er mit Deportation und Zwangsarbeit in Deutschland rechnen. Ein Engagement als Schauspieler scheiterte an der Beschlagnahmung des Theaters durch die Nationalsozialisten. Er schloss sich dann einer gewaltlosen kulturellen Untergrundgruppe an – Kultur als Hort der nationalen Identität, die es im Krieg zu bewahren galt. So wirkte er etwa seit November 1941 an den Untergrundaufführungen des «Rhapsodischen Theaters» mit, das in Privatwohnungen mit einfachsten Mitteln etwa sieben Stücke herausbrachte, in denen die polnische Nationalgeschichte in ihrer Verbindung mit dem

Christentum thematisiert wurde. Seine Freunde sahen hier seine Zukunft: Karol besaß Stimme, Gestik, Leidenschaft und Gedächtnis.

Als der äußere Druck durch die Nationalsozialisten in Krakau zunahm, begann Karol Wojtyła im Herbst 1940 in einem Steinbruch zu arbeiten, der zur Chemiefabrik Solvay gehörte. Hier bekam er auf brutale Weise den Ernst des Lebens zu spüren. Im ersten Winter schaufelte er bei bis zu minus 30 Grad auf dem Grund der Grube Kalkstein in eine Lore. Gelegentlich arbeitete er auch als Bremser für die Transportzüge. Die Arbeitswelt machte auf ihn einen tiefen Eindruck, den er später theologisch-philosophisch und poetisch verarbeitete: Als Teilhabe an Gottes Schöpfung stehe die harte menschliche Arbeit in der Spannung zwischen liebender Fürsorge für die Angehörigen und Zorn bei der Bewältigung der Materie. Im Frühjahr 1941 erwartete ihn eine leichtere Tätigkeit als Gehilfe des Sprengmeisters. Die Arbeitskollegen behandelten ihn dort sehr wohlwollend, ließen ihn während des Dienstes lesen und beten und legten ihm nahe, Priester zu werden. Schon damals konnte Wojtyła alles um sich herum vergessen und sich im Gebet ganz auf die Innerlichkeit zurückziehen. Im Zwiegespräch mit Gott und später auch literarisch verarbeitete der junge Student die Schwerstarbeit und einen Betriebsunfall, bei dem ein Kollege vor seinen Augen starb. Der Tod rückte jedoch noch näher: Als Karol am 18. Februar 1941 von der Arbeit zurückkehrte, fand er den Vater tot in der Wohnung; den einzigen Bruder hatte er schon 1932 verloren. Mit knapp 21 Jahren stand er allein in der Welt. Die Gräuel des Krieges und der Tod des Vaters brachten ihn zu dem Entschluss, Priester zu werden: Im Herbst 1942 meldete er sich in der Krakauer Residenz des Erzbischofs, wo er als Priesteramtskandidat angenommen wurde. Die philosophisch-theologische Ausbildung stellte jedoch ein schwieriges organisatorisches Problem für das Erzbistum dar, da die Besatzungsmacht das Priesterseminar kontrollierte und Neuaufnahmen verboten hatte. Karol Wojtyła musste also im Untergrund studieren, sodass sein «zweites Leben» neben der Fabrikarbeit nun nicht mehr das Theater, sondern das Theologiestudium wurde.

Er begann in Nachtschichten und nach Feierabend mit der für ihn ganz ungewohnten staubtrockenen Lektüre der Metaphysik, die ihm sichtlich schwer fiel. Nach einiger Zeit hatte er sich jedoch mühsam eine philosophische Basis erarbeitet, die ihn vor jedem radikalen Skeptizismus und moralischem Relativismus schützte. Das damals übliche Studium von Aristoteles und Thomas von Aquin pflanzte in ihm die tiefe Überzeugung von der Erkennbarkeit der Welt ein und verwies ihn auf den Menschen als Ausgangspunkt des Philosophierens und Erkennens. Dass man später von Johannes Paul II. behauptete, er sei eigentlich mehr Philosoph als Theologe, mag mit jenen Jahren zusammenhängen, in denen er das Fundament seines Denkens und seiner wissenschaftlichen Arbeit erwarb.

Indes ging Wojtyłas Leben als Arbeiter weiter – seit Oktober 1941 in der Kläranlage der Chemiefabrik in Borek Fałęcki, wo die Arbeitsbedingungen wesentlich besser waren und er in den zahlreichen Nachtschichten mehr Zeit zum Lesen fand. Als er am 29. Februar 1944 ganz erschöpft von einer Doppelschicht nach Hause ging, wurde er von einem deutschen Lastwagen angefahren. Der Bewusstlose wurde mit einer schweren Gehirnerschütterung in ein Krankenhaus gebracht, wo er zwei Wochen blieb. Lebensgefahr drohte ihm allerdings von einer anderen Seite. Wenige Wochen später, als er wieder einmal Erzbischof Sapieha bei der Morgenmesse assistierte, fehlte dort sein Untergrundkommilitone Jerzy Zachuta: Er war von der Gestapo aufgegriffen und wenig später umgebracht worden. Noch gefährlicher wurde es für Karol Wojtyła nach dem Warschauer Aufstand, der im August desselben Jahres ausbrach: Um in Krakau ähnlichen Aufständen vorzubeugen, durchkämmte die Gestapo die Stadt nach Widerstandsnestern und Oppositionellen. Wojtyła schwebte in höchster Gefahr und verbarg sich während der Razzia in einem Keller. Dann rettete er sich in die Residenz des Erzbischofs, wo er bis zum Kriegsende blieb. Mit dem polnischen Fabrikdirektor fand man schließlich einen Weg, den untergetauchten Untergrundseminaristen, der nun nicht mehr zur Arbeit kommen konnte, der Aufmerksamkeit der deutschen Behörden zu entziehen.

In den letzten Kriegsmonaten erlebte er mit etwa acht weiteren Priesteramtskandidaten in der erzbischöflichen Residenz eine Art Seminaratmosphäre. Man wohnte, betete und arbeitete nicht nur im Hause des hochbetagten Sapieha, sondern wurde von ihm auch unterrichtet und geistlich-menschlich begleitet, was in jener dramatischen Zeit ungleich mehr bedeutete als in Friedenszeiten. Die Wochen an der Seite dieses beeindruckenden Kirchenfürsten prägten Wojtyłas Bild von einem Bischof und Seelenführer sein Leben lang. Sapieha, ein kleiner Mann mit eisernem Willen, entstammte einer alten polnisch-litauischen Adelsfamilie und war in Rom als junger Kleriker in den Dienst des Papstes getreten, der ihn 1910 zum Bischof geweiht und 1912 nach Krakau geschickt hatte. Dort sah man ihn häufiger in der Gesellschaft von Hilfsbedürftigen als von Honoratioren. Unter der deutschen Besatzung Polens blieb er auf dem Posten, während Primas Augustyn Hlond nach Rom geflohen war. Seine natürliche Autorität, sein Alter und sein couragierter Umgang mit den Nationalsozialisten bewirkten, dass er mit der Zeit zum Symbol der ungebrochenen Identität seines Volkes stilisiert wurde. In seinen Erinnerungen bezeichnete ihn Johannes Paul II. später als «wahren pater patriae».

Unter dem Druck der Roten Armee verließen die deutschen Truppen am 18. Januar 1945 Krakau. Diese «Befreiung» stellte sich kurze Zeit später nur als ein Wechsel von einem totalitären Regime zum anderen heraus. Der junge Seminarist Wojtyła half bereitwillig bei den Aufräumarbeiten, wurde Zweiter Vorsitzender einer studentischen Hilfsorganisation für in Not geratene Universitätsangehörige und setzte sein Theologiestudium fort. Am 1. November 1946 wurde er in der Privatkapelle der Residenz von Sapieha zum Priester geweiht. Der dabei verwendete Gestus des Sich-ganz-zu-Boden-Werfens blieb ihm unvergesslich und prägte seine Amtsauffassung vom Priester, der sich ohne Einschränkung in die Verfügbarkeit Gottes gibt. Noch als betagter und kranker Papst wollte er sich nicht schonen und zurücktreten. Seine Priesterweihe empfand er nach den Schrecken des Krieges, der persönlichen Lebensgefahr und dem enormen physischen und psychischen Druck als Geschenk und Auftrag zugleich: Seine Angehörigen waren gestorben, befreundete Priester verhaftet und Kommilitonen umgebracht worden. Nur ihm hatte «die Vorsehung die schwersten Erfahrungen erspart», wie er im Rückblick konstatierte. Angesichts der überwundenen Apokalypse brachte er Dank, Kreuzeserfahrung und Vaterlandsliebe in seinen ersten Messen als Priester zum Ausdruck, die er am Gedenktag «Allerseelen» (2. November) in der Krypta des Wawel, der Königsburg in der alten polnischen Hauptstadt, im Gedenken an seine verstorbenen Eltern feierte.

2. Priester und Bischof

Nun begann für Wojtyła die Zeit des Reisens. Er verließ den engen Horizont seiner Heimat: Sapieha schickte den 26-Jährigen nach Rom zum weiteren Studium. Unterwegs besuchte der Jungpriester Prag, Strassburg und Paris. Rom erlebte er euphorisch als Ort der Weltkirche, an dem nach der Tragödie des Krieges die Nationen zusammenfanden. Er begeisterte sich für die Kulturschätze in der unzerstörten Stadt, besuchte die dortigen polnischen Erinnerungsorte und wohnte Seligsprechungsfeierlichkeiten bei, die von der aristokratischen Persönlichkeit Pius XII. (1939–1958) mit allem Pomp gefeiert wurden. Wann immer ihm Zeit blieb, bereiste er wochenlang das westliche Europa: Frankreich, Belgien, die Niederlande und selbstverständlich auch Italien. Der Kapuzinerpater Pio im süditalienischen San Giovanni Rotondo beeindruckte ihn aufgrund seiner Schlichtheit und seiner Stigmatisierungen tief. Jahrzehnte später sollte er ihn selig und heilig sprechen. Einer Anekdote zufolge soll Padre Pio ihn aufgefordert haben, viele Sprachen zu lernen, denn er werde später ein hohes Amt in der Kirche bekleiden. Die äußere Kargheit und innere Demut suchte der polnische Priester auch an den Stätten des hl. Franz von Assisi, zu denen es ihn in Italien zog. Es gibt wohl kaum größere Wallfahrtsorte in Europa, die Wojtyła nicht in jenen Jahren – oder

später als Papst – aufsuchte. Aber auch die Seelsorge kam auf
seinen Reisen nicht zu kurz: In Belgien und Frankreich diskutierte er mit Arbeiterpriestern über Versuche, das dem Christentum teilweise entfremdete Proletariat für die Kirche zurück-
zugewinnen, und betreute polnische Bergarbeiter in Charleroi.
Er spendete nicht nur die Sakramente, sondern stellte den
ganzen Menschen in den Mittelpunkt seiner Seelsorge, indem er
die Familien und die Arbeitsstätten persönlich aufsuchte. Dieser
ständige Kontakt zu den Menschen, sein Sprachtalent sowie
seine persönliche Bedürfnislosigkeit ließen ihn zu einer authentischen und ansprechenden Priester-Persönlichkeit werden, der
man das abnahm, was sie sagte.

Bei aller Reisetätigkeit stand jedoch sein Studium an erster
Stelle. Zunächst musste er am Angelicum, der römischen Domi-
nikaneruniversität, im Juli 1947 den Magistergrad in Theologie
erwerben, um dann zu promovieren. Die Dissertation, die er bereits in Krakau begonnen hatte, widmete sich den Werken des
Karmeliten Johannes vom Kreuz. Das Angelicum und auch sein
Doktorvater Reginald Garrigou-Lagrange OP, der berühmte
Thomas von Aquin-Forscher, arbeiteten noch ganz nach der
alten traditionellen Methodik der Neuscholastik und vermittelten dem Jungpriester wenig Innovatives oder Spekulatives.
Im Thomismus liegt unzweifelhaft ein Schlüssel zu Wojtyłas
späteren theologischen Schriften. Außerdem traf sich Garrigou-
Lagrange mit dem jungen Priester in der Entdeckung der kar-
melitischen Mystik, die ihnen Impulse für eine neue priesterliche
Identität und für die Bewältigung der Nachkriegssituation durch
die lebendige Begegnung jedes Einzelnen mit Gott gab. Erst in
seinem Gottesbezug komme der Mensch zu sich selbst und er-
halte seine Personwürde. Bereits hier wird deutlich, wie stark
der Mensch mit seinen Lebensbedingungen im Mittelpunkt von
Wojtyłas Philosophie und Theologie stand. Das korrespondierte
ganz mit seiner Persönlichkeit, die bei allen Begegnungen vollständig auf sein Gegenüber fixiert war – ob Gott oder Mensch.

Nach seiner Prüfung im Juni 1948 kehrte er nach Krakau zurück, wo ihm die dortige Universität den Doktortitel verleihen
musste, da er aus Geldmangel nicht in Rom publizieren konnte.

Der Oberhirte Sapieha schickte den Frischpromovierten dann zur Seelsorge in die Provinz: Das Dorf Niegowić war weder elektrifiziert noch kanalisiert. Fremd war ihm hier alles, nicht nur das kommunistische System, das sich in Polen während seiner Abwesenheit etabliert hatte. Die Kirche war aus der Zeit der deutschen Besatzung als moralische Instanz und Träger der nationalen Identität gestärkt hervorgegangen. Im Kommunismus waren häufig Priester die Vertrauensleute des polnischen Volkes und ein Sprachrohr der Wahrheit. Ein Priester in Polen zu sein, bedeutete auch noch Jahrzehnte später, enormes Sozialprestige und eine elitäre Aufgabe zu haben. In einer ersten Demutsgeste küsste Vikar Wojtyła bei seiner Ankunft den Boden seiner kleinen Pfarrei und organisierte dann vordringlich die Jugendarbeit. Schon damals hatte er begriffen, dass die Jugend die Zukunft der Kirche darstellte und die Laienaktivität unverzichtbar für die weitgehend klerikalisierte Kirche Polens innerhalb einer ansonsten zunehmend säkularisierten Gesellschaft war. Damit realisierte er schon 20 Jahre früher die zentrale Neuorientierung der katholischen Kirche auf dem Zweiten Vatikanischen Konzil. Entsprechend wichtig war ihm daher auch der Religionsunterricht, den er in fünf Dorfschulen erteilte. Nach acht Monaten harter Gemeindearbeit übertrug ihm Sapieha die Studentenseelsorge in Krakau, wo sich der Intellektuelle ganz entfalten konnte. In den kommenden elf Jahren ermunterte er die Jugendlichen, die fortan eine Art Lebenselixier für ihn darstellten, ihren eigenen Weg zu finden und zu verfolgen und sich nicht von den kommunistischen Machthabern instrumentalisieren zu lassen. Den Kommunismus lehnte er aus christlichen und philosophischen Grundsätzen ab, ohne seinem Wesen nach ein politischer Mensch zu sein. Ein Weggenosse urteilte über ihn, er sei «nicht links, nicht rechts und nicht einmal Nationalist». Wojtyła ging von einem christlichen Humanismus aus, den er durch geheime Bildungskurse in Kirchen und Klöstern sowie durch die sogenannte «fliegende Universität» durchs Land trug, was dem Regime missfiel und nach Kräften torpediert wurde. Ferner förderte der junge Priester das Naturerlebnis als Ort der Gottesbegegnung: Mit den Jugendlichen verbrachte er die Ferien

Der junge Priester Karol Wojtyła mit Studentinnen in Krakau

sportlich in den Beskiden und auf Skiern im Tatra-Gebirge. Seine Glaubensvermittlung und Predigten waren anfangs sehr anspruchsvoll und zu intellektuell; er zeigte sich der Kritik gegenüber sehr lernfähig, und es gelang ihm allmählich, den Bedürfnissen und Anforderungen seiner Zuhörer stärker gerecht zu werden. Viele Polen der damaligen Jahre waren angesichts der täglichen Propaganda der Regierung begierig auf eine anspruchsvolle katholische Bildung. Moderne Elemente pflegte Dr. Wojtyła vor allem im Gottesdienst. Angesteckt von der Liturgischen Bewegung im deutschsprachigen Raum, gründete er einen Studentenchor, der gregorianische Gesänge einübte, führte die Messe mit Antworten aus dem Kirchenvolk ein und diskutierte weitere liturgische Neuerungen mit den Studenten. Auch hier verstand er es wieder, die Laien in das kirchliche Leben einzubinden und bildungsmäßig voranzubringen. Dabei griff er auch auf eine Tätigkeit zurück, die er als Student so geliebt hatte: die Schriftstellerei.

Diese Zeit intensiver Seelsorge wurde für Karol Wojtyła im Herbst 1951 durch den Tod seines priesterlichen Vorbilds Sapieha jäh beendet. Das kommunistische Regime gestattete keine

Neuberufung, sodass der Kandidat des Heiligen Stuhls, Erzbischof Eugeniusz Baziak, faktisch die geistlichen Geschäfte
führte und Wojtyła für zwei Jahre zur Habilitation in Krakau
freistellte. Aufgrund seines philosophischen Interesses an der
objektiven Realität schrieb er seine Arbeit über den deutschen
Philosophen Max Scheler, dessen Phänomenologie es ihm später ermöglichte, die neoscholastisch-metaphysische Denkweise
eines Aristoteles und eines Thomas von Aquin mit dem ge-
schärften Sinn für die menschlichen Erfahrungen zusammenzu-
bringen. Nach Abschluss der Habilitation im Dezember 1953
folgte eine akademische Lehrtätigkeit: zunächst in Krakau auf
dem Gebiet der Sozialethik, dann auch – bis zu seiner Papstwahl
– als Professor für Moralphilosophie an der Katholischen Universität Lublin. Nun entstanden zahlreiche philosophische
Traktate, die immer den Menschen als Person in den Mittelpunkt stellten. Dabei zeigte sich, dass Wojtyła charakteristi-
scherweise nie linear dachte, sondern philosophische Probleme
zirkulär – wie über eine aufwärts strebende Wendeltreppe – zu
lösen verstand. Aber auch Gedichte und Dramen, die elemen-
tare Themen menschlicher Existenz (Einsamkeit, Kindheit etc.)
verarbeiten, verfasste er in jenen Jahren. Um seine Krakauer
Studenten und das Krankenhauspersonal, das er bislang seel-
sorgerisch betreut hatte, nicht allein zu lassen, pendelte er alle
zwei Wochen zwischen beiden polnischen Städten und gab sich
in seiner Anspruchslosigkeit manches Mal mit einem Esstisch
als Schlafplatz zufrieden. Pünktlichkeit war nicht seine Stärke,
dafür aber das ausgedehnte meditative Gebet. Doktorandenkol-
loquien fanden häufig im Freien, in den Bergen oder zu Hause
statt, wobei er später als Bischof Korrespondenzen erledigte
und gleichzeitig aufmerksam dem Studenten zuhören konnte.
Seine ausgeprägte kommunikative Fähigkeit hatte er in der Seelsorge ausgebildet und pflegte sie auch als Papst. Das akademische Seminar, das Gespräch mit seinen Studenten, war eine
Art Versuchslabor für die Entwicklung eigener Ideen. Diese Ar-
beitsmethode behielt er auch noch später im vatikanischen Alltag bei. Kommunikation und Achtung vor der Person und den
Fähigkeiten Anderer waren die Elemente seiner Kirchenleitung.

Mit seinen Studenten konnte er über alles kontrovers diskutieren: weniger über politische Fragen, für die er sich damals nicht so stark interessierte, als mehr über akademische, wie etwa die Konzeption seiner Vorlesungen oder neue Veröffentlichungen, sodass er ganze Kapitel mit den Studenten durchsprach. In diesem Klima konzipierte er 1957 sein neues Buch «Liebe und Verantwortung», das aus seiner reichen seelsorgerischen Erfahrung als Beichtvater und Eheberater schöpfte. Aber auch seine philosophischen (Scheler) und theologischen Studien halfen ihm bei der theoretischen Bewältigung dieses heiklen Themas. Angesichts der seit den fünfziger Jahren um sich greifenden sexuellen Revolution und der Diskussion über Empfängnisverhütung brachte dieses Werk die katholische Sexualmoral einen Schritt weiter. Auf die für ihn grundlegende Frage, wie Frauen und Männer zu verantwortlich Liebenden werden können, sodass ihre Sexualität eine echte Freiheit verkörpert und symbolisiert, antwortete er nicht mit Ge- und Verboten. Er ging von der Person als Ebenbild Gottes aus, die in Verantwortung gegenüber sich selbst und ihrer Umwelt ihr Leben gestaltet. Den Geliebten nur als Mittel zu «benutzen», degradiere ihn zu einem Objekt, was auch dann der Fall sei, wenn Sexualität zu einem «animalischen Akt» werde, der auf rein sinnlicher Attraktion beruhe. Die Geschlechtlichkeit enthülle uns zudem die tiefe Abhängigkeit vom Anderen. Entscheidend sei also, dass der Liebe das typisch Menschliche, rational Verantwortliche vorausgehe: das Urteil. Sexualität, die er als Begegnung zweier Personen (nicht zweier Körper) durchweg als positiv und schön beurteilte, führe in die Ehe als verantwortete, wenn auch nicht immer einfache Lebensgemeinschaft. Sie ziele nicht allein auf die Fortpflanzung, sondern auch auf die Vertiefung der Ehegemeinschaft. Auf dieser Basis sprach er sich für die Möglichkeit einer natürlichen Familienplanung aus. Das Buch, das offen und sachlich über diese virulenten Fragen sprach, wurde nach 1960 rasch in mehrere Weltsprachen übersetzt und löste bei etlichen Kirchenvertretern zumindest Stirnrunzeln aus. Es bedeutete aber inhaltlich für die Kirche vor dem Konzil eine wichtige Weiterentwicklung, auf die er als Papst immer wieder rekurrierte.

Am 4. Juli 1958 wurde Professor Wojtyła problemlos zum Weihbischof in Krakau ernannt, da er bisher wegen seiner nach außen apolitischen Haltung nicht mit dem Regime in Konflikt geraten war. Es war typisch für den sportlichen Priester, dass ihn die Ernennung zum jüngsten Bischof Polens bei einer Kajakfahrt im Nordosten des Landes erreichte. Ebenso charakteristisch für den damals 38-Jährigen war, dass er die Ernennung annahm und sich anschließend in ein langes Gebet vertiefte. Damit endete für ihn ein bedeutender Lebensabschnitt, der der geistigen und intellektuellen Formierung gedient hatte, obgleich Wojtyła auch weiterhin seinen akademischen Pflichten nachkam. Als Bischof stand er jetzt in der Schusslinie des kommunistischen Regimes, das unter Parteichef Władysław Gomułka (1956–1970) etwas gemildert agierte und taktisch anders vorging. Der junge Bischof war zwar nach wie vor kein Widerstandskämpfer der Straße, wohl aber trug er dazu bei, dass eine selbstbewusste junge Generation in der katholischen Kirche heranwuchs, die dem Sozialismus und der Dominanz der Partei einen «kulturellen Widerstand» entgegensetzte. Wojtyła baute also nicht nur auf die Formierung der Jugend, sondern auch auf die kirchliche Durchdringung der Kultur – Methoden, derer er sich auch als Papst bediente. Zudem engagierte er sich in politisch-kulturellen Gruppierungen, unterstützte die Herausgabe katholischer Zeitschriften (Tygodnik Powszechny, Znak) und bezog bei rein kirchlichen Fragen deutlich Stellung: Als die polnische Kirchenpolitik eine härtere Gangart einlegte und die kommunistischen Behörden 1962 das Seminar in Krakau beschlagnahmen wollten, sprach er persönlich bei der örtlichen Parteizentrale vor und erreichte in Verhandlungen, dass die unteren beiden Stockwerke der Priesterausbildungsstätte weiterhin ihrer ursprünglichen Funktion dienen konnten.

Die stärkste Repression des Regimes richtete sich gegen den Bau neuer Kirchen. Dies traf den Lebensnerv eines jeden im Wachstum begriffenen Bistums. Der Kirchenneubau von Nowa Huta, einer sozialistischen Modellstadt am Rande Krakaus, gilt dabei bis heute als Symbol des siegreichen Katholizismus. In einer solchen Arbeiter-Trabantenstadt war aus ideologischen

Karol Wojtyła bei
einem Gottesdienst in der
sozialistischen Modell-
stadt Nowa Huta

Gründen kein Raum für ein regimeunabhängiges Versammlungs-
haus vorgesehen. Bischof Wojtyła hielt aber auf dem Platz, wo
nach dem Willen der Kirche ein Gotteshaus entstehen sollte,
erstmals 1959 die Christmette unter freiem Himmel ab. Erst
1967 rang man dem Regime die Baugenehmigung ab, sodass
in den folgenden zehn Jahren ein gewaltiger Kirchenbau in der
Form einer rettenden Arche errichtet werden konnte, die schließlich Maria, der Nationalpatronin und «Königin Polens», geweiht wurde. Schon am Tag nach der Erteilung der Baugenehmigung hatte der mittlerweile zum Oberhirten der Diözese
avancierte Wojtyła den ersten Spatenstich gesetzt und Teile des
Fundaments ausgehoben, um einen Stein aus den vatikanischen
Grotten, den Paul VI. (1963–1978) gestiftet hatte, dort einzulas-
sen. Das Gebäude, dem eingebaute Kiesel aus polnischen Flüs-
sen nationale Züge verleihen, wurde von Freiwilligen aus Polen
und ganz Europa errichtet und im Mai 1977 von Wojtyła mit
den Worten eingeweiht: «Dies ist keine Stadt von Menschen, die
niemandem angehören, [...] die nach den Gesetzen und Regeln

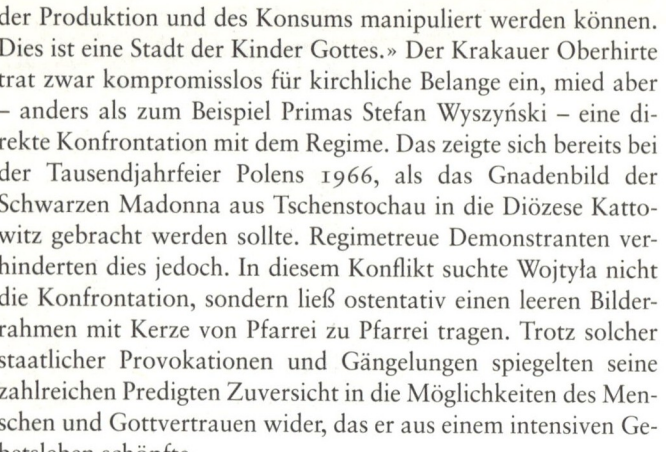

der Produktion und des Konsums manipuliert werden können. Dies ist eine Stadt der Kinder Gottes.» Der Krakauer Oberhirte trat zwar kompromisslos für kirchliche Belange ein, mied aber – anders als zum Beispiel Primas Stefan Wyszyński – eine direkte Konfrontation mit dem Regime. Das zeigte sich bereits bei der Tausendjahrfeier Polens 1966, als das Gnadenbild der Schwarzen Madonna aus Tschenstochau in die Diözese Kattowitz gebracht werden sollte. Regimetreue Demonstranten verhinderten dies jedoch. In diesem Konflikt suchte Wojtyła nicht die Konfrontation, sondern ließ ostentativ einen leeren Bilderrahmen mit Kerze von Pfarrei zu Pfarrei tragen. Trotz solcher staatlicher Provokationen und Gängelungen spiegelten seine zahlreichen Predigten Zuversicht in die Möglichkeiten des Menschen und Gottvertrauen wider, das er aus einem intensiven Gebetsleben schöpfte.

Prägend blieb für den jungen polnischen Bischof auch das Zweite Vatikanische Konzil (1962–1965), das die Kirche nach dem Willen von Papst Johannes XXIII. (1958–1963) modernisieren und den aktuellen Erfordernissen der Welt anpassen sollte. Tatsächlich öffnete sich auch die Kirchenversammlung den Fragen der Zeit und fand aus einer geistig-kulturellen Ghettosituation heraus, indem sie u. a. auf andere Konfessionen und Religionen zuging und den mündigen Laien aufwertete. Wojtyła besuchte jede Sitzung des Konzils und erlebte hier die Weltkirche nach der Isolation im kommunistischen Polen als die «Erfahrung einer universalen Gemeinschaft». Er arbeitete intensiv an zahlreichen Konzilsdekreten mit und beantragte mit den übrigen polnischen Amtsbrüdern ein eigenes Dokument über die Muttergottes, das die Konzilsmehrheit jedoch aus theologischen und ökumenischen Gründen ablehnte. In der dritten und vierten Sitzungsperiode (1964, 1965) nahm er bereits als Krakauer Erzbischof an den Beratungen teil; nun intensivierte er seine Arbeit durch mündliche und schriftliche Beiträge, vor allem was die Aufgabe der Laien und insbesondere das Selbstverständnis der Kirche und die Religionsfreiheit betraf, die den Erzbischof eines kommunistischen Landes verständlicherweise intensiv beschäftigte. Die Beschlüsse des Konzils waren für den Krakauer Ober-

hirten ein «Geschenk an die ganze Menschheitsfamilie» in ihrer
«kulturellen Wurzellosigkeit». Die Konzilstexte bedeuteten ihm
spirituelle Bereicherung im Glauben, einen «Akt der Liebe» innerhalb einer hasserfüllten Zeit und auch eine persönliche Bestätigung seiner priesterlichen Praxis und seines theologisch-
philosophischen Nachdenkens. Das Papsttum begriff er dort
als integrierenden Mittelpunkt einer immer bunter werdenden
globalen Kirche, und er knüpfte zahlreiche Freundschaften zu
seinen Mitbrüdern. Er gehörte 1965 auch zu den Verfassern des
berühmten Briefes an die deutschen Bischöfe, wo von der Vergebung gegenüber den Deutschen und der Bitte um Vergebung die
Rede war. Im selben Jahr verließ Wojtyła das Konzil als einer
der bekanntesten Kirchenmänner, der – anders als der Ehrfurcht
gebietende Kardinal Stefan Wyszyński – durch Ideenreichtum
und persönliche Ausstrahlung überzeugte.

Den frischen Wind, der nun durch die Kirche wehte, versuchte Wojtyła in seine Heimat zu leiten. Im Allgemeinen wurden die Konzilsbeschlüsse in den polnischen Diözesen erst relativ spät, teilweise sogar erst nach der Wende umgesetzt. Wojtyła
nutzte die wenigen Medien, die der Kirche zur Verfügung standen, jedoch schon während der Tagungsperioden, um die
Gläubigen seiner Diözese über die neuen Beschlüsse und die
Konzilsarbeit zu informieren. Auch bei der Umsetzung der Kon-
zilsdekrete spielte Krakau im Rahmen der Möglichkeiten eine
Vorreiterrolle: Eine Bistumssynode (1972–1979) brachte den
Krakauer Geistlichen die Beschlüsse des Konzils nahe; außerdem verfasste Wojtyła ein einschlägiges Buch, das sich an Priester und Laien wandte.

Inzwischen war der faktische Bistumsleiter Baziak gestorben,
sodass Weihbischof Wojtyła als Diözesanverweser das große Erzbistum von 1962 bis 1964 leitete. Der ansonsten wenig auffäl-
lige Wojtyła war nicht etwa ein Kandidat von Primas Wyszyński, zu dem sich zeitlebens keine Freundschaft einstellte, sondern
der des kommunistischen Chefideologen Zenon Kliszko. Vielleicht glaubte man, den wenig erfahrenen 44-Jährigen gängeln
und den polnischen Episkopat spalten zu können. Tatsächlich
stellte sich der neue, im März 1964 in sein Amt eingeführte Erz-

bischof auch nicht offen gegen die Führung des Landes, obgleich er seinen «kulturellen Widerstand» gegen das Regime eher noch weiter ausbaute. Das war auch deshalb möglich, weil das unzerstörte Krakau in der Nachkriegszeit wohl eine der entschieden antikommunistischen Städte Polens mit unverändert intakten Sozialstrukturen und hohem intellektuellen Niveau war. Die Worte des Erzbischofs wurden von den Gläubigen zunächst als politische Äußerung, die Mut machen sollte, gedeutet.

Das Erzbistum Krakau zählte damals 1,5 Mio. Katholiken mit 1500 Priestern. Der Oberhirte, der 1967 den Kardinalspurpur erhielt, war nach dem Primas der wichtigste Mann in der Kirche Polens. Er galt damals als der große Intellektuelle unter den Bischöfen des Landes. Wojtyłas Führungsstil war der seines Seminars: der vertrauensvolle Dialog mit seinen engsten Mitarbeitern und das Zutrauen zu ausgefallenen Ideen. Fast den ganzen Vormittag hielt er sich in der Kapelle auf, um dort zu beten oder an philosophischen Aufsätzen, Predigten oder Gedichten zu schreiben. Verwaltungsfragen rangierten bei ihm nie ganz oben; das Gemeindeleben war ihm wichtiger. Fast jede alte Krakauer Familie kann von einer persönlichen Begegnung mit Wojtyła berichten. Wie in der Zeit als Weihbischof, so sah er auch jetzt seine Aufgabe in der Predigt, im seelsorglichen Beistand sowie in der Unterrichtung der Jugend und der geistigen Eliten seines Bistums. Bei Verfehlungen zitierte er den Betreffenden zu sich und tadelte ihn, entließ ihn allerdings nicht ohne versöhnliche Geste. Der Erzbischof schätzte Mitarbeiter mit Mut und Fantasie und räumte allen die Möglichkeit ein, sich entsprechend ihren Fähigkeiten frei zu entfalten, solange sie die Autorität der Kirche anerkannten und nicht vom rechten Glauben abwichen. Sein Lebensstil war völlig anspruchslos und schlicht. In der knappen Freizeit setzte er seine alten Sportgewohnheiten fort: Kajak- und Skifahren, wann immer er konnte. Er erhielt auch seine alten Kontakte zum Theater aufrecht, nun allerdings als Seelsorger und nicht mehr als Akteur. Außerdem pflegte er als Bischof in Krakau engen Umgang mit Wissenschaftlern und Kulturschaffenden und bemühte sich auch – allerdings erfolglos – um die Wiedereröffnung der 1954 geschlossenen Theologischen Fakultät an der Krakauer Universität. Die Priesteramtskandidaten mussten von nun an im Priesterseminar Theologie studieren, das 1974 zur päpstlichen Universität erhoben wurde. Außerdem sicherte er dessen wirtschaftliches Fundament und hob das intellektuelle Niveau der Seminarausbildung. Trotz Schikanen durch die kommunistische Führung stieg unter Wojtyła die Zahl der Priesteramtskandidaten, denen das Priestertum auch die Möglichkeit zu einer Gegenkultur und zum Nonkonformismus eröffnete.

Auch auf unteren Ebenen setzte der Oberhirte viel Fantasie bei der Weitergabe des Glaubens und der kirchlichen Bindung der Kinder und Jugendlichen ein. Religions- und Katechismusunterricht an den Schulen war vom Staat verboten. So nutzten Krakauer Priester in Zivilkleidung mit viel Kreativität Zeltlager, Chöre und andere inoffizielle Veranstaltungen, um religiösen Unterricht zu erteilen. Da kirchliche Kranken-, Alters- und Kinderheime etc. verboten waren, richtete man in den Pfarreien einen «Karitativen Gemeindedienst» ein, der Gläubige wie Atheisten ehrenamtlich und ohne Verwaltung mit dem Notwendigen versorgte. Außerdem konnte der Erzbischof mit seiner deutlichen, aber geschmeidigen Art erreichen, dass in seinem Bistum nach hartem und langem Ringen zwischen 1962 und 1978 elf neue Pfarreien und zehn neue «Seelsorgezentren» mit Gotteshaus eingerichtet wurden.

Ein weiteres, heiß umkämpftes Thema zwischen Kirche und Regime war die Fronleichnamsprozession als religiöse und patriotische Manifestation in der Öffentlichkeit. Nach kirchlichen Protesten hatte das Regime schrittweise die räumlichen Beschränkungen für diesen Umzug gelockert, sodass man den Burgberg in Krakau verlassen und auf wenigen Straßen durch die Stadt ziehen konnte. Diese Prozessionen nutzte der Kardinal zu charismatischen Predigten in den Straßen. Kommunistischer Terror und Unterdrückung hatten ihn immer stärker sensibilisiert, für die Würde des Menschen einzutreten. Diese forderte er in den siebziger Jahren immer wieder in aller Öffentlichkeit ein, etwa als in Danzig die Werftarbeiter wegen drastischer Preissteigerungen streikten. Daher wurde er während der Zeit des offe-

nen Widerstandes in Polen zu einer weithin bekannten Persönlichkeit, die jedoch an Popularität und Symbolkraft nie der des
Primas Wyszyński gleichkam, der einen kompromisslosen Kurs
gegenüber dem Regime vertrat und daher etliche Jahre im Gefängnis gesessen hatte. Wojtyłas Botschaft war immer dieselbe:
Treue gegenüber den religiösen Traditionen, punktuelles Einklagen der Menschenrechte und Religionsfreiheit. Dabei boten
seine öffentlichen Auftritte stets den Eindruck der Stärke und
der Besonnenheit.

Aber auch außerhalb seines Erzbistums brachte sich Wojtyła
unermüdlich ein. Zwischen 1962 und 1978 verließ er Polen
rund fünfzig Mal, nahm an Feierlichkeiten teil, hielt Vorträge
und arbeitete in der römischen Kurie mit, wo er 1976 die Fas-
tenexerzitien hielt. Bis 1973 hatte er alle Kontinente bereist,
eine Vielzahl von Kardinälen kennen gelernt und 1977/78 seine
guten und tragfähigen Kontakte zu den deutschen Bischöfen in-
tensiviert. Damals kam der Prozess der Aussöhnung zwischen
den Kirchen beider Länder zum Abschluss. In Deutschland lernte er zahlreiche Geistliche kennen, die er später als Papst zur
Mitarbeit heranziehen sollte. Als die Kardinäle nach dem Tod
des nur kurz regierenden Papstes Johannes Paul I. im Herbst
1978 wiederum nach Rom eilten, war Wojtyła kein Unbekannter mehr. Da das italienische Lager, das sich bislang als
meinungsführend erwiesen hatte, gespalten war, gaben gerade
die deutschsprachigen Purpurträger den Fingerzeig auf den Krakauer Oberhirten, der dann im achten Wahlgang am 16. Oktober 1978 als erster Nichtitaliener nach 455 Jahren und erster
Slawe überhaupt den Stuhl Petri bestieg. Ihm hatten vor allem
auch zahlreiche außereuropäische Kardinäle ihre Stimme gegeben, die in der Seelsorge verankert waren. Unzweifelhaft spielten
aber auch seine robuste Gesundheit und sein Alter (58 Jahre)
eine Rolle, die ein langes Pontifikat versprachen. Denn Tod und
Neuwahl eines Pontifex kosteten den Vatikan riesige Summen,
besonders im Jahre 1978, als zwei Päpste starben. Kardinal
Wojtyła nahm die Wahl mit großer Furcht an, wie überzeugend
berichtet wird, im Bewusstsein der ungeheuren Verantwortung
dieses Amtes. Ermutigt wurde er durch Primas Wyszyński, der

Kardinal Wojtyła mit
Kardinal Höffner (links) 1977
vor dem Kölner Dom

ihm nach der Wahl voraussagte, er werde die Kirche in das dritte Jahrtausend führen. Der Neugewählte gab sich den Namen
seines Vorgängers, Johannes Paul II., und zeigte sich tief beein-
druckt der wartenden Menge auf dem Petersplatz, die er erstmals in der Papstgeschichte auf Italienisch ansprach. Die Gläubigen auf dem Platz waren zuerst verstört, da niemand einen
Kardinal Wojtyła kannte. Auch der neue Pontifex war verun-
sichert, ob die Römer, deren Bischof er nun war, ihn, den Aus-
länder, akzeptieren würden. Doch die Menge hieß ihn nach seiner kurzen Ansprache spontan willkommen, und mit der Zeit
brachten ihm die Römer große Sympathien entgegen, als sie
merkten, wie unkonventionell, offen und modern dieser neue
Mann aus dem Osten war. Einen vollen Monat warb der Papst
um ihre Gunst. In den ersten Wochen überschwemmte die Presse die Öffentlichkeit mit Meldungen über einen Nachfolger
Petri, der sich selber Rühreier zubereitete, Ski fuhr, auf die Menschen zuging und mit Bekannten zu Abend aß. Man war be-
geistert über den sportlichen Pontifex, der sich ganz als Seelsor-

ger zeigte und mit einigen verstaubten Traditionen im Vatikan brach. Schon wenige Stunden nach der Wahl besuchte er einen Freund, der in einem römischen Krankenhaus lag, und verzichtete auf die Sedia gestatoria, den päpstlichen Tragsessel.

So sehr sich Johannes Paul II. an der Herzlichkeit und Begeisterung der Römer erfreute, so sehr bemerkte er allmählich auch, wie die Kurie mit ihrem Eigengewicht die Aktivität des Vatikans beeinflusste. Die Zukunft zeigte, dass die päpstliche Bürokratie viele seiner Initiativen bremste, relativierte und sogar unterband. Ein Grund mehr, auf Reisen zu gehen! Außerdem wurde allen rasch klar, dass der neue Papst nicht denken «ließ», sondern dies in erster Linie selbst übernahm und die Fäden der Kirchenpolitik fest in der Hand hielt.

3. Die Kunst des Regierens

Bis an sein Lebensende war Karol Wojtyła von dem Gedanken durchdrungen, dass er von Gott als Nachfolger des Apostelfürsten Petrus erwählt sei. Daher trat er auch in Alter und Krankheit nicht von seinem hohen Posten zurück: Nachfolge Christi bedeute auch Leid und Tod. Entsprechend waren Gebet und Gottesdienst seine wichtigsten Energiequellen, aus denen er lebte und arbeitete. Ähnlich wie in Krakau verbrachte er viele Stunden in der Kapelle, wo er Ansprachen und Lehrschreiben entwarf und immer wieder auch an religiösen Gedichten arbeitete. Im ausgiebigen meditativen Gebet sank er förmlich ein in die Begegnung mit Gott, in der er erkannte, was zu tun war.

Johannes Paul II. war 1978 zum Papst von über einer Milliarde Katholiken in aller Welt gewählt worden. Er fungierte außerdem als Bischof von Rom, einer vom Zuzug bestimmten und immer komplizierter werdenden italienischen Erzdiözese, sowie als absoluter Monarch des Kirchenstaates. Die Regierung des 44 Hektar großen souveränen Staatsgebietes überließ er – im Alter vollständig – seinen Mitarbeitern. Mehr als seine Vorgänger kümmerte er sich jedoch um sein eigenes Bistum, indem er die Sonntagvormittage, die er in Rom verbrachte, zu Pastoralvisiten in den Pfarreien nutzte. Im Laufe der Zeit besuchte er fast alle der 331 Gemeinden seines Bistums und sorgte sich um den Priesternachwuchs. Auch hier, wie in Krakau, waren dem Seelsorgerpapst die persönlichen Begegnungen mit den Menschen wichtig; er schien dort ganz in seinem Element zu sein, besonders wenn er mit Jugendlichen sprach, die er als seine große Hoffnung bezeichnete. Er mochte Rom, wie fast jeder Pole. Wenige Tage nach seiner Wahl hatte er geäußert, «dem vielgeliebten Volk von Rom zu dienen und von Rom aus Italien, das ganz besonders in den Aufgabenbereich des Nachfolgers Petri gehört». Entsprechend schaltete er sich immer wieder in die italienische und stadtrömische Innenpolitik ein, wenn es um kirchliche oder ethische Belange ging.

Mit der römischen Kurie, der päpstlichen Verwaltung der Weltkirche, gestaltete sich die Arbeit nie konfliktfrei. Das war eigentlich nichts Neues; so manches Lehrschreiben war schon vor ihm nicht nur aus sachlichen Gründen in der Verwaltungsmaschinerie steckengeblieben. Nun stand aber ein Pole dieser recht selbstbewussten Bürokratie vor, die sich zum größten Teil aus Italienern rekrutierte. Und selbst die ausländischen Mitarbeiter im Vatikan hatten schnell gelernt, Angelegenheiten «italienisch» zu erledigen. Hinzu kam noch, dass Johannes Paul II. an Verwaltung und Akten kein großes Interesse hatte. Dafür machte er aber von Anfang an klar, dass er zu führen bereit und in der Lage war. Er hatte seine eigenen Vorstellungen, wie Dinge zu erledigen waren, wie man mit den Menschen umgehen müsse und welche Aktivität man entwickeln solle. Eingebunden war alles in eine kompakte Vision, die den wenigsten zugänglich war. Besonders in der ersten Hälfte des Pontifikats entfaltete er eine Hyperaktivität, die nicht nur die Kirchenverwaltung überforderte, sondern auch die Angesprochenen: die Gläubigen. Der Papst war omnipräsent: in der Öffentlichkeit, in den Medien und durch seine detailliert vorbereiteten Reisen in alle Welt. Geschätzte 17,6 Mio. Menschen hatten ihn allein in den Generalaudienzen in Rom erlebt. Wer konnte seine Botschaften zu nahezu allen Themen des Glaubens und der Welt aufnehmen, wer alle Lehrschreiben und Verlautbarungen lesen? 14 Enzykliken, 14 nachsynodale Apostolische Schreiben, elf Apostolische Konstitutionen, 42 Apostolische Briefe und fünf Bücher, um nur die allerwichtigsten Veröffentlichungen mit z. T. glaubensrelevanten Aussagen zu nennen. Heute ist nur noch der Computer in der Lage, Auskunft darüber zu geben, was der Papst zu einem bestimmten Thema gesagt oder geschrieben hat. Die Gefahr eines feuerwerkhaften Verpuffens war ebenso groß wie Ermüdungserscheinungen bei den Gläubigen. In und um diesen kreativen Papst war alles in Bewegung, dabei wirkte er persönlich stets gelassen und in sich ruhend. Auch seine unkonventionelle Lebensführung war für die Kurie gewöhnungsbedürftig. Bei seiner ersten Pressekonferenz brach er mit der Tradition, verließ das Podium und beantwortete die Fragen der Journalisten in ihrer Muttersprache. Auf die Frage, ob er weiter Ski fahren werde, antwortete er bezeichnend: «Ich weiß nicht, ob man mir das erlauben wird.» Er tat es einfach und lud seinen Freund, den italienischen Staatspräsidenten Sandro Pertini, im Juli 1984 zu einem zweitägigen Ausflug nach Adamello ein. In seiner Sommerresidenz Castel Gandolfo ließ er sich einen Swimmingpool bauen, den er in seinen ersten Jahren auch ausgiebig nutzte, um sich fit zu halten. Alpine Wanderungen unternahm er in den Sommern bis 1999, als er nahezu achtzig Jahre alt war. Auch hier war er nicht vor Fernsehkameras und Journalisten sicher.

Sein Führungsstil hatte sich seit Krakau kaum verändert. Er ist zunächst als kommunikativ und pastoral zu charakterisieren. Technokratische Akrobatik, Intrigen und Formfragen waren ihm fremd. Er begegnete seinem Gegenüber schlicht, bescheiden und unmittelbar. Technischen Neuerungen gegenüber war er stets aufgeschlossen: In den neunziger Jahren richtete der Vatikan eine eigene Website ein, eine Franziskanerschwester instruierte ihn bei der Versendung von E-mails, und im Jahre 2001 ernannte der Papst Isidor von Sevilla zum Patron für das Surfen im Internet. Johannes Paul konnte gut zuhören, lud zum Informationsaustausch vor allem vor seinen Reisen Fachleute zum

Johannes Paul II. lud im Juli
1984 den italienischen
Staatspräsidenten Sandro
Pertini zu einem Ausflug
nach Adamello ein.

Essen in den Vatikan ein und akzeptierte Kritik. Er war immer
offen für neue Ideen und mischte sich nicht in Einzelheiten ein.
Entsprechend ließ er seinen Untergebenen und Ressortchefs in
ihrem Verantwortungsbereich freie Hand, da er großes Vertrauen in seine Mitarbeiter setzte, ohne sich über ihre Tätigkeit
weiter Gedanken zu machen. So wurde er nicht von der Last
des Amtes erdrückt wie sein Vorgänger Johannes Paul I. Im
Umgang mit den Kurialen wie mit Gästen war er stets liebens-
würdig und geduldig und wartete auf den rechten Augenblick,
um seine Meinung anzubringen oder Entscheidungen zu fällen.
Letzteres fiel dem umfassend Gebildeten nicht schwer. Harte
Entscheidungen kamen jedoch etliche Male von seinen Ressortchefs, die nicht selten die päpstliche Linie störten. Und manche
Pläne des Pontifex misslangen, teilweise wegen zu großen Vertrauens in den Mitarbeiterstab. In rein theologischen Fragen
überraschte er die Welt verschiedentlich mit Strenge und starker
Traditionsgebundenheit. Nicht umsonst hatte er 1981 für Glaubensfragen Joseph Ratzinger aus München nach Rom geholt,

der als hochgebildeter Wissenschaftler und brillanter Theologe die traditionelle Lehre der Kirche verteidigte. Ähnlich wie unter Pius XII. wurde nun etlichen prominenten Theologen (Hans Küng, Eugen Drewermann etc.) die Lehrbefugnis entzogen oder deren Lehre als nicht im Konsens mit der kirchlichen Tradition stehend verurteilt. Viele Kritiker fürchteten das Entstehen einer Überwachungskirche mit Angst und Unfreiheit der Lehre. Die Verurteilung von marxistischen Strömungen in der Befreiungstheologie 1984/86 ging ebenfalls auf Vorarbeiten aus der Glaubenskongregation zurück, wenn auch der Papst hier die Initiative ergriffen hatte. Der deutsche Theologieprofessor war bestrebt, den christlichen Glauben vor Verweltlichung, Verwässerung und Vermassung zu bewahren. «Ohne Ratzinger geht es nicht», hatte Johannes Paul immer wieder gesagt und den Glaubenswächter vor allem in den letzten Lebensjahren ausgezeichnet und befördert, sodass dieser zu seinem wichtigsten und einflussreichsten Mitarbeiter wurde. Das heißt jedoch nicht, dass beide Theologen immer einer Meinung gewesen wären, etwa bei der Definition des Martyriums oder beim gemeinsamen Gebet mit Vertretern anderer Weltreligionen.

Treu an der Seite des Papstes stand bis zum Ende Stanisław Dziwisz, der ihm schon in Krakau als Sekretär diente. Zwischen beiden Geistlichen herrschte eine Art Vater-Sohn-Beziehung. Dziwisz brachte völlige Loyalität und Diskretion mit und wie sein Chef unermüdliche Arbeitskraft. Viele lernten ihn persönlich bei der Organisation der Morgenmesse des Papstes kennen, an der nun auch auswärtige Priester und Laien teilnehmen durften. Mit zunehmendem Alter wuchs Dziwisz' Einfluss auf den Papst. Er schirmte den kranken Pontifex häufig ab und wirkte in der Kirchenpolitik mit. In den letzten Lebensjahren ernannte ihn der Papst zum Erzbischof und übertrug ihm sogar wichtige Gespräche mit hohen geistlichen Würdenträgern, was manchen Unmut hervorrief. Ihm blieb das Schicksal der meisten Papstsekretäre erspart, die nach dem Tod ihres Dienstherrn «in die Verbannung» geschickt wurden. Dziwisz war unumstritten das Haupt der polnischen Fraktion in Rom. Das war umso bedeutsamer, als die Zahl der Kurienmitarbeiter aus Polen ständig angestiegen war. In den achtziger und neunziger Jahren fand man auch in den Zentralen der Ordensleitungen, in den Pilgerhospizen sowie in den römischen Universitäten und Instituten immer häufiger polnische Geistliche und Laien. Pole zu sein, galt sogar bei einer Anstellung in italienischen Orchestern als besondere Empfehlung. Durch den polnischen Papst wurde dessen Muttersprache – zumindest für die Katholiken – zu einer Weltsprache. Das zeigte sich nicht nur am Ende der Weihnachts- oder Osteransprachen des Papstes, wo er seine Landsleute in ihrem Idiom mit mehreren Sätzen anredete, sondern auch bei der Einrichtung einer entsprechenden Sektion im Staatssekretariat, bei *Radio Vaticana* sowie seit 1980 beim *Osservatore Romano*, dem inoffiziellen Presseorgan des Heiligen Stuhls.

In der Ämterhierarchie war der wichtigste Mann nach dem Papst eigentlich der Kardinalstaatssekretär, der mit seinem Dienstherrn im Apostolischen Palast wohnt. Das Staatssekretariat leitet nicht nur die «Außenpolitik» des Hl. Stuhls und die Administration der Vatikanstadt, sondern kontrolliert auch die übrige päpstliche Verwaltung und spielt eine nicht unwichtige Rolle bei der Bischofsernennung. 1979 berief Johannes Paul II. Agostino Casaroli zu seinem Staatssekretär, der ein geschickter Diplomat der Kurie, ein gewiefter Taktiker und gewissenhafter Priester war, der sich in seiner Freizeit um jugendliche Strafgefangene kümmerte. Mit ihm hatte der polnische Papst nicht nur einen loyalen und fähigen Mitarbeiter an vorderster Stelle, sondern auch den Kurienapparat, aus dem Casaroli hervorgegangen war, für sich gewonnen. Obgleich diese strategisch kluge Wahl das Funktionieren dieser wichtigsten Behörde garantierte, taten sich bereits im Vorfeld «politische» Differenzen auf. Casaroli stand schon unter Paul VI. für eine Ostpolitik, die sich am *salvare il salvabile* – zu retten, was noch zu retten war – orientierte. Pius XII. hatte jede Verhandlung mit dem Kommunismus untersagt. Unter Johannes XXIII. und vor allem unter Paul VI. änderte sich diese Maxime, da im Ostblock immer weniger Priester und Bischöfe zur Verfügung standen und die Gläubigen unter der harten Religionspolitik der sozialistischen Regime zu leiden hatten. Seit den sechziger Jahren versuchte die Kurie, in einen Dialog mit der Sowjetunion einzutreten und durch Zugeständnisse gegenüber den politischen Forderungen der Regierungen des Ostblocks – etwa bei der Anerkennung der Nachkriegsgrenzen durch Bistumserrichtungen – seelsorgliche Erleichterungen für die Gläubigen zu erwirken. Die Italiener hatten sich auf die Beständigkeit der bestehenden Verhältnisse eingerichtet. Ganz anders der neue Papst aus dem Osten. Er kannte das marode System aus der Binnensicht und war daher von der Kurzlebigkeit der politischen Verhältnisse überzeugt. Er sollte damit Recht behalten. Obgleich Casaroli als Konstrukteur der vatikanischen «appeasement-Politik» gegenüber dem Ostblock galt, musste er unter seinem neuen Vorgesetzten die unterschriftsreifen Dokumente zur Errichtung neuer Diözesen in der DDR und in Polen in der Schublade verschwinden lassen. Somit war seine «Ostpolitik» aufgrund der Einschätzung der Situation gescheitert, obgleich er durch Zugeständnisse und Verhandlungen auf höchster Ebene die Seelsorge an den Gläubigen in Osteuropa in praktischen Fragen erleichtert hatte. Papst und Kardinalstaatssekretär trafen sich jedoch in dem dringenden Anliegen, bei jeder möglichen Gelegenheit die Menschenrechte in Erinnerung zu rufen. Auch das half den Katholiken im Osten. Beide Kirchenmänner waren grundverschieden – charakterlich, inhaltlich und methodisch: der eine altgedienter Diplomat, der andere visionärer Kirchenmanager. Casaroli, der einige Male sogar mit Rücktritt drohte, gab einmal offen zu, den Papst aus Polen nicht ganz zu verstehen: «Er kommt mir so anders vor!» Sein robuster Nachfolger Angelo Kardinal Sodano, der ebenfalls aus der päpstlichen Diplomatie kam, schulterte die gewaltige Arbeitslast seit 1990. Mit zunehmender Schwäche des Papstes gewann er mehr und mehr Einfluss auf die Kirchenpolitik und die Bischofsernennungen.

Tieferes Verständnis und Achtung gegenüber der deutschen Theologie zeigte der Papst nicht nur in seinen wissenschaftlichen Arbeiten, sondern auch bei seinen Kardinalsernennungen in späten Jahren (Grillmeier, Kasper, Lehmann, Scheffczyk) und der Auswahl enger Mitarbeiter. Aus dem Land der Reformation und des Holocaust holte er sich als Präsidenten des Einheitsrates Walter Kasper, der seit 2001 für das Gespräch mit den christlichen Gemeinschaften und dem Judentum zuständig war. Ansonsten trieb der Papst die Internationalität der Kurie entschieden voran, indem er Afrikaner, Lateinamerikaner und Australier mit der Leitung von wichtigen Ressorts der Kirchenverwaltung betraute.

Neben den päpstlichen Behörden, die mit Weltpolitik, Glaubensfragen und Bischofsernennungen zu tun hatten und stark auf den Papst ausgerichtet waren, führten andere Büros ein weitgehend eigenständiges Dasein. Nur punktuell reformierte Johannes Paul das gewaltige Räderwerk der Kurie, um die ihm wichtigen Aufgaben, wie z. B. die Selig- und Heiligsprechung, effektiver und rascher zu erledigen. Hier gab der Papst gelegentlich – etwa beim Abendessen – persönliche Präferenzen bei der Kandidatenauswahl kund. Vor allem bei wichtigen Bischofsernennungen drückte er verschiedentlich seinen Vorschlag bei der Kurie oder sogar bei den örtlichen Domkapiteln durch. Nicht immer ist daher seine Personalpolitik in den Diözesen als glücklich zu bezeichnen. So mussten beispielsweise 1995 der Wiener Erzbischof, Kardinal Hans Hermann Groër, den mit dem Papst dieselbe intensive Marienfrömmigkeit verband, und 2004 der St. Pöltener Bischof Kurt Krenn zurückgezogen werden, da ihnen Fehlverhalten vorgeworfen wurde. Das löste für die Kirche in Österreich eine tiefe Krise aus. Der Papst berief außerdem gerne Geistliche aus seiner persönlichen Kenntnis und brachte ihnen als Kurialen wie als Ortsbischöfen großes Vertrauen entgegen. Entsprechend war sein Führungsstil bewusst kooperativ und kollegial, obgleich die Letztentscheidung qua Amt ihm zukam.

Bei seiner Amtseinführung 1978 bat er Kleriker wie Laien, dem Papst bei seinen vielfältigen Aufgaben zu helfen und keine Angst zu haben, Christus aufzunehmen und sich für seine Belange einzusetzen. Diese programmatischen Worte resultierten nicht nur aus der politischen Bedeutungslosigkeit des modernen Papsttums, was sich beispielsweise auch am Echo auf seine zahlreichen Friedensappelle ablesen ließ, sondern auch aus seiner Kirchen- und Gesellschaftsanalyse: Er sah die Angst der

Menschen vor der Zukunft, vor Bindungen, vor dem Wettrüsten der achtziger Jahre, vor staatlichen oder gesellschaftlichen Sanktionen, wenn es um den Einsatz für die christliche Botschaft ging. «Öffnet, ja reißt die Tore weit auf für Christus!» Bei diesem häufig wiederholten Motto seines Pontifikats waren neben den Herzen der Gläubigen und Nichtgläubigen auch die wirtschaftlichen und politischen Systeme gemeint, darunter ganz bewusst die sozialistischen; ebenso vorsichtig wie in Krakau, in der Sache aber deutlich erinnerte der Papst immer wieder an die Glaubens- und Gewissensfreiheit sowie an die Menschenrechte. Die Kirche überlasse die Politik den Politikern, sie wolle sich aber gegenüber den gegensätzlichen politischen Systemen die Freiheit bewahren, um allein für den Menschen in seiner Personwürde einzutreten. Das war bereits seit Leo XIII. (1878–1903) ununterbrochen kirchenpolitische Maxime gewesen. Allerdings ging der Papst aus Polen in der Praxis häufig doch einen Schritt weiter, wenn er beispielsweise in Krisenregionen flog, den Grundlagenvertrag mit Israel unterzeichnete, verstärkt Staatsmänner empfing und Friedensvermittlungen betrieb, was immer die Gefahr beinhaltete, von unterschiedlicher Seite instrumentalisiert zu werden. Johannes Paul II. war ein politischer Papst wie kaum ein anderer! In Haiti sagte er 1983 angesichts der Familiendiktatur der Duvaliers und des Hungers im Lande: «Hier muss sich etwas ändern!» Und als der Papst im Jahr 2000 auch in Bethlehem im Gebiet der Palästinensischen Autonomiebehörde den Boden küsste, wie er es bei anderen Staatsbesuchen und Pilgerfahrten tat, konnte das leicht als Anerkennung eines palästinensischen Staates gedeutet werden.

Mit öffentlichen Protesten wie bei seiner Reise in die Niederlande 1985 oder bei seinem dritten Deutschlandbesuch 1996 hat er stets gerechnet, ohne deshalb seine Botschaft populistisch zurückzuschneiden oder seinen Tadel inhaltlich zu mildern. Bei seiner Rede in Rom über die Geburtenkontrolle äußerte er 1994: «Ich muss so sein. Auch wenn der Papst von Natur aus eher nachgiebig ist, muss er streng sein, wenn es sich um Prinzipien handelt.» Und diese vertrat und verteidigte er hartnäckig und konsequent bis zum Ende, selbst wenn man ihn nicht hören wollte. Dieser Kurs ist bereits theologisch unterfüttert in seinem «Regierungsprogramm», der Antrittsenzyklika *Redemptor hominis* vom März 1979, zu finden: Die Erlösung durch Jesus Christus gelte nicht nur der Seele, sondern auch dem Leib des Menschen. Aus ihr entsprieße die Würde des Menschen; daher tue die Kirche einen Dienst am Menschen, und das Christentum habe der ganzen Welt etwas mitzuteilen, nämlich dass die menschliche Natur sich nicht alleine in der materiellen Dimension erschöpfe, sondern zutiefst auch eine geistig-geistliche und somit auch moralische Ausrichtung besitze. Besonders nach dem Fall des Eisernen Vorhangs machte der Papst dann immer wieder auf die bedrohliche Kluft zwischen den materiellen Fähigkeiten der Menschheit und ihrem moralischen Charakter aufmerksam und geißelte den Materialismus mit seinem Mangel an Innerlichkeit, Ruhe und Genügsamkeit als eine der größten Gefahren für die Menschheit.

Ungeachtet dieser inhaltlichen Schärfe und Konsequenz gestaltete er sein Leben als Papst bewusst transparent und durchbrach jede Form von Abschirmung. Niemals vor ihm gab es Bilder aus den päpstlichen Privatgemächern, in die nun auch Journalisten Zutritt bekamen; niemals zuvor erfuhr man über den persönlichen Alltag des Kirchenoberhauptes so viel; niemals zuvor hatten so viele Personen direkten Zugang zum Papst – sei es in der morgendlichen Frühmesse um 7 Uhr, beim Frühstück oder Abendessen oder in den Gottesdiensten, wo er für alle wörtlich ein Papst zum Anfassen wurde. Johannes Paul II. lebte öffentlich – bis in den Tod hinein. Die Schlichtheit seiner Umgebung und seiner persönlichen Lebensführung wurden zum neuen Markenzeichen eines modernen Papsttums, das für die Botschaft mehr Raum ließ und dadurch authentischer wirkte. Sein medienwirksames, schauspielerisches Talent tat das Seine dazu, auch ohne komplizierte theologische Deduktionen präsent und mit seinem geistlichen Auftrag wirksam zu werden. Bei einer charismatischen Persönlichkeit wie der seinen, die manches Mal ihre Gesprächspartner (auch ökumenische) unwillkürlich geradezu «erdrückte», wirkte alles echt. Verstärkt wurde dieser Eindruck durch sein offenes Zugehen auf die Menschen, was sei-

nem Verständnis von Leitung und geistlicher Amtsführung entsprach.

Offensichtlichstes Beispiel hierfür waren seine zahlreichen
Reisen in alle Welt – insgesamt 104 Reisen außerhalb und mehr
als 150 Pilgerfahrten innerhalb Italiens mit geschätzten 1,3 Millionen Reisekilometern –, für die er häufig, vor allem innerhalb
von Kirche und Kurie, kritisiert wurde. Als Pole liebte er das
Reisen und wies die Kritik mit den Worten zurück, der Apostel
Paulus sei auch ständig unterwegs gewesen: «Viele sagen, dass
der Papst zu viel reist und in zu kurzen Abständen. Ich glaube,
dass sie, menschlich gesprochen, Recht haben. Aber es ist die
Vorsehung, die uns leitet und uns manchmal eingibt, etwas «per
excessum», also im Übermaß, zu tun.» Tatsächlich fühlte sich
der Papst von einer Art Endzeitstimmung getrieben. In Rom
kursierte der Witz, dass die italienische Bischofskonferenz ihn
eingeladen habe, damit er auch einmal in der Ewigen Stadt sei.
Jede Auslandsreise in insgesamt 128 verschiedene Länder wurde über Jahre vorbereitet und von seinem Mitarbeiterstab bis
ins Kleinste organisiert: vom Flugplan bis zu den Liedzetteln
beim Gottesdienst. Manche heiklen Fragen waren im Vorfeld
nicht zu lösen, etwa ob die Gläubigen in Kuba dem Papstgottes-
dienst ungestört beiwohnen könnten, wie die jüdische Welt auf
den Besuch in Auschwitz reagieren oder ob die friedliche Stim-
mung bei seinen ersten Besuchen in Polen nicht kippen würde.
Aber auch der Papst selbst geriet ins Schussfeld, nicht nur 1981
auf dem Petersplatz, sondern auch bei zahlreichen Reisen, wie
etwa 1982 in Fatima oder 1995 auf den Philippinen, als noch
rechtzeitig Anschläge auf ihn vereitelt werden konnten. Für
Johannes Paul II., der wie keiner seiner Vorgänger das Reisen zu
einer Form der Amtsausübung gemacht hatte, waren seine Pastoralvisiten eine Art Massenkommunikationsmittel zur Verkündigung der Frohen Botschaft auf den Straßen der Welt. Grund-
legend hierfür war nicht nur die universale Dimension des Pe-
trusamtes, sondern auch das pastorale Anliegen, zu denen zu
kommen, denen die ökonomische Basis fehlte, nach Rom zu reisen. Er setzte mit seiner Präsenz vor Ort zudem bewusst einen
Kontrapunkt gegen die allgemeine Verdrängung des Religiösen

Johannes Paul II.
in Australien 1986

aus dem öffentlichen Leben. Außerdem zeichnete er mit jeder Auslandsreise den Staat, das Volk, die Kultur und nicht zuletzt die Ortskirche aus und flößte den meist jungen Gemeinden in Südamerika und dem Fernen Osten Selbstbewusstsein ein. Nicht zuletzt deshalb verband er solche Reisen häufig mit der Selig- oder Heiligsprechung eines Einheimischen. Für die Medien hielt er große Gesten parat: Er küsste den Boden beim ersten Betreten des Landes und zeigte sich mit indianischem Federschmuck, Koalabär oder Texashut. Stets konnte er sich sicher sein, dass ein Massenpublikum zu seinen Gottesdiensten strömen würde; auf den Philippinen waren es ca. vier Millionen Gläubige, sodass der Papst den Hubschrauber nehmen musste, um zur Altarinsel zu gelangen. Seine letzten beiden großen Ziele, Moskau und Peking, blieben ihm jedoch versagt.

Neben rein seelsorglich-religiösen Motiven für seine durchschnittlich sechs jährlichen Reisen in alle Welt lassen sich aber auch politische und sogar persönliche erkennen. Immerhin neun Mal besuchte er seine Heimat Polen, darunter 1999 auf einer

seiner mit 13 Tagen längsten Visiten überhaupt, und im Heiligen Jahr 2000 als körperlich schwer angeschlagener Mann das
Heilige Land, was ihm stets ein Herzensanliegen gewesen war.
Seine Agenda sparte Krisen- und Kriegsgebiete nicht aus, selbst
wenn ihm von verantwortlicher Seite dringend abgeraten wurde. Starke politische Akzente setzten beispielsweise seine Reisen in die Republik Irland 1979, von wo aus er zwischen
den konfessionellen Konfliktparteien im benachbarten Nord-
irland vermitteln wollte, in das unter dem Kriegsrecht leidende
Polen 1983, in das kommunistische Kuba 1998 sowie in die
beiden damaligen Diktaturen Brasilien (1980) und Paraguay
(1988). Verschiedentlich traf er daher in den entsprechenden
Städten auf Ausnahmezustand und Protestaktionen, die z. T.
vom Staat gesteuert wurden. Öffentliche Kritik am Papstbesuch
gab es aber auch in den westlichen Ländern, wie etwa in Berlin
1996, wo man in Hörweite des Papstes nahe dem Brandenburger Tor gegen seine Frauen- und Sexualdoktrin protestierte. Gerade auch in Deutschland schwand der anfängliche Enthusias-
mus für den geistlichen Globetrotter: Mitte November 1980
feierten etwa 380 000 Gläubige bei strömendem Regen auf
einem sumpfigen Sportflugplatz bei Köln mit Johannes Paul II.
den Gottesdienst; 1987 waren es im bequemen Fußballstadion
der Domstadt nur noch knapp 70 000.

Auch während seiner Pastoralvisiten entfaltete der Papst eine
enorme Aktivität. Der Höhepunkt wurde in Genf im Juni 1982
erreicht, wo er innerhalb von zwölf Stunden zehn Ansprachen
hielt. Gewöhnlich war sein Programm dicht gefüllt durch Begegnungen mit Bischöfen, Priestern, Politikern, Kranken, Wissenschaftlern, Künstlern, Andersgläubigen etc.; hinzu kamen Got-
tesdienste, symbolische Besuche und die Ehrung der Ortshei-
ligen. Ruhe gönnte sich der Papst dabei nicht, allenfalls auf
dringendes Anraten der Ärzte, als er bereits schwer krank und
gebrechlich war. Auf einer seiner letzten Auslandsreisen nach
Lourdes 2004 brach er sogar vor laufenden Kameras zusammen.
Als globaler Missionar nahm er seine Verantwortung für die
Weltkirche wörtlich; der Widerstand der Kurie war von Anfang
an zwecklos. Viele Kritiker warfen ihm vor, in dieser Extrover-

Pressekonferenz über den Wolken:
Der Papst beantwortet Fragen der Journalisten.

tiertheit angesichts sich leerender Kirchenbänke und des Priestermangels in Europa das Innenleben der Kirche aus dem Blick
zu verlieren und die Kirchenverwaltung zu vernachlässigen.

Der Papst reiste stets nicht nur mit einer Unzahl von Akten,
die im Flugzeug durchgearbeitet wurden, sondern auch mit
einer Schar von ausgesuchten Journalisten – keineswegs nur Katholiken –, die den Pontifex in den Wolken interviewen durften.
Dabei parlierte er in allen Weltsprachen, oft scherzhaft und locker, selbstironisch und improvisierend auch über die heikelsten
Themen. Journalisten berichteten, dass er sogar ein persönliches
Verhältnis zu ihnen aufbaute, aber auch scherzhaft mit dem
Stock drohte, wenn sie seiner Ansicht nach etwas Unwahres berichteten. Beim Besteigen der Maschine lieferten sich die Berichterstatter harte Kämpfe, um möglichst weit vorne sitzen und
unter Umständen eine Handnotiz des Papstes an sich bringen zu

können. Denn nur auf den vorderen Plätzen hatte man bei den Interviews die Möglichkeit, Fragen zu stellen. Nach 1999 kam der Papst dann auch in den hinteren Teil des Flugzeugs.

4. Der Papst als Medienstar

Kein Papst war derart in den Medien präsent wie Johannes Paul II. Dabei halfen ihm nicht nur seine in der Anfangszeit jugendliche Dynamik und charismatische Ausstrahlung, das päpstliche Zeremoniell sowie sein schauspielerisches Talent, er setzte auch bewusst und geschickt eine breiter werdende Palette von Medien für seinen Verkündigungsauftrag ein und wusste Botschaften öffentlichkeits- und medienwirksam zu inszenieren. Presse, Rundfunk und Fernsehen hatten einen neuen Star. Der frühere Vatikan-Sprecher Joaquín Navarro-Valls sprach 2007 gar von einer «Komplizenschaft der Medien». Nicht nur zu Lebzeiten war Johannes Paul der am meisten fotografierte und gefilmte Mensch der Geschichte, auch noch bei seinen Beerdigungsfeierlichkeiten zog er geschätzte zwei Milliarden Menschen vor die Bildschirme und erreichte so die höchste je dagewesene Einschaltquote. Allein 16 Mal brachte ihn das US-amerikanische Nachrichtenmagazin «Time» auf die Titelseite. Bereits die weiße Gestalt an der einsamen Spitze einer Weltorganisation hatte eine unvergleichliche Symboldichte und bediente das Bedürfnis der Massenmedien nach zeichenhafter Vereinfachung. Die ständige mediale Aufmerksamkeit hatte jedoch auch ihre Schattenseiten: Nicht nur Bilder des Papstes im Zelt, mit Federschmuck oder Baby erreichten die Öffentlichkeit, sondern Paparazzi lichteten ihn auch unbemerkt in seiner Sommerresidenz Castel Gandolfo in der Badehose ab.

Zwar konnte sich der Papst – schon durch seine weiße Kleidung – auf das Interesse der gerade in seinem Pontifikat sprunghaft angestiegenen Medienvielfalt verlassen, doch schien ihm das nicht zu reichen. Gelegentlich verlangte er die Wiederho-

Staatspräsident Wałęsa
küsst in Warschau den Ring
des Papstes (1991).

lung eindrucksvoller Gesten für die Kamera, wie beispielsweise
im April 1989 den Kniefall von Lech Wałęsa und die darauf-
folgende päpstliche Umarmung. Selbst in ganz vertraulichen
Momenten wie der Begegnung mit seinem Attentäter Ali Agca
im Gefängnis 1983 oder in seinem Krankenzimmer in der Gemelli-Klinik ließ er Kameras zu. Mit Johannes Paul brach also
unzweifelhaft etwas ganz Neues für die Kirche und das Papst-
bild an. Zunächst unterwarf sich der Papst radikal den Gesetzen
der Medien. Typisch journalistische Übertreibung, Banalisie-
rung, Wiederholung, Verfälschung und Unterhaltung schreck-
ten ihn nicht ab. Er setzte von Anfang an Vertrauen in die Medien, ohne ihre Schattenseiten auszublenden. Dem Papstamt
kam zugute, dass das Unterhaltungsbedürfnis der Medien neben dem Nicht-Alltäglichen auch das Unerreichbar-Magische
umfasste, das Johannes Paul für den Transport seiner Botschaften nutzen konnte. Erschien er in der ersten Hälfte seines
Pontifikats als unkonventioneller religiöser Held, so vermochte
der leidende und zunehmend gebrechlich wirkende Papst starke

Emotionen beim Zuschauer zu wecken und diesem ein medien-
technisch wichtiges stellvertretendes Gefühlserleben zu vermitteln.

Johannes Paul II. bediente dabei nicht nur öffentliches Interesse und Neugier, er nutzte die mediale Aufmerksamkeit dazu,
in unbefangener, klarer und einprägsamer Weise seine Botschaften in jeden Haushalt zu bringen. Und das konnte und tat
er weniger durch Worte – obgleich er Aktenmeter an Verlautbarungen und Ansprachen hinterlassen hat – als durch Gesten,
Begegnungen und Massenszenen. Auch hier ging er wieder auf
die Mechanismen der Medienlogik ein: Der Papst verband Inhalt und Dogma mit medialer Sichtbarkeit und Bildeffekt. 1999
ließ er zur Vorbereitung auf das Heilige Jahr eine meditative CD
(*Abbà Pater*) mit Tonaufzeichnungen von sich mit moderner
Musikuntermalung produzieren, die in Italien auf Anhieb den
ersten Platz der Charts erreichte. Dabei wirkte er stets authentisch, spontan und persönlich. Unzweifelhaft hatte der Papst
aus dem medienarmen kommunistischen Polen seit Oktober
1978 eine enorme Entwicklung durchgemacht, rasch gelernt
und dank seiner schauspielerischen Begabung und liturgischen
Schulung intuitiv richtig reagiert. Hilfreich waren ihm seine Im-
provisationsgabe und sein spontanes und herzliches Zugehen
auf die Menschen.

Bereits auf seiner ersten Polenreise im Juni 1979 gestand der
Papst ein, dass die Medien seiner Heimatvisite ein weltweites
Echo vermittelten. Für diese «Extrovertierung» der Kirche
streckte der Papst gleichsam sein Gesicht der Welt entgegen und
löste die oberste Kirchenverwaltung aus ihrer traditionellen Abschirmung. Das entsprach ganz seiner seelsorgerlichen Haltung,
wie er sie in Polen an den Tag gelegt hatte: zu den Leuten gehen,
ihnen zuhören und Zeichen der Solidarität setzen. Obgleich das
Medieninteresse sich auf den «Mann in Weiß» konzentrierte,
erwartete er auch von anderen katholischen Würdenträgern
medialen Einsatz. Angesichts der starken Konkurrenzsituation
der religiösen Sinnangebote in der postsäkularen Gesellschaft
dürfe die katholische Kirche nicht zurückstehen und sich – wie
bisher weitgehend – den modernen Massenmedien verweigern

oder diese mit Misstrauen betrachten, da sie die Botschaft Christi in für Priester unerreichbare Regionen bringen könnten. Den Medien komme sogar eine Schlüsselposition zu, schrieb der Pontifex bezeichnenderweise in seiner Missionsenzyklika *Redemptoris missio* 1991. Denn die Moderne sei ein auf Kommunikation fixiertes «Weltdorf» mit eigener Sprache und Gesetzmäßigkeit. Er hatte begriffen, dass der richtige Umgang mit den Massenmedien vor allem in Europa und der westlichen Welt zu einer Überlebensfrage für die Kirche werden könnte. Bischöfe, Priester und Ordensleute sollten dementsprechend die Verkündigung der Frohen Botschaft auf die Medienkultur abstimmen und sich solide Kenntnisse eines adäquaten Sprachgebrauchs aneignen. Denn die Massenmedien hätten, so der Papst in einem seiner letzten größeren Lehrschreiben 2005, «eine solche Wichtigkeit erreicht, dass sie für viele zum Hauptinstrument der Orientierung und Gestaltung des individuellen, familiären und sozialen Verhaltens geworden» seien. Die Medien erfüllten damit die Aufgabe eines modernen Missionars, der Gottes Schöpfungs- und Erlösungswerk weiterführe.

Auch wenn der Papst mit Publizisten einen oft saloppen Umgang pflegte und stets die freie Meinungsäußerung von Rundfunk, Presse und Fernsehen verteidigte, erinnerte er die Journalisten gleichwohl an ihre Suche nach Wahrheit und Objektivität und bezeichnete ihre Arbeit als echte Berufung – ähnlich der zum Priesteramt oder in den Ordensstand. Einige Male verbalisierte er sogar die in seinen Augen eigentliche Rolle der Medienvertreter: «Der Hauptbeweggrund Ihrer Arbeit sollte die Evangelisierung der gesamten Menschheit sein» (1979). Schließlich erreichte er mit einigen medienwirksamen Gesten mehr Menschen als durch eine Enzyklika. Da er wusste, wie viel von der Berichterstattung abhing, stellte er stets ein gutes Einvernehmen mit den beim Vatikan akkreditierten Journalisten her, bezeichnete sie vertrauensvoll als Freunde und dankte ihnen mehrfach für ihre Arbeit. Sein eigenes unkompliziertes und offenes Auftreten erleichterte den Medienvertretern ihre Arbeit. Johannes Paul II. verstand sich ganz als ein Papst zum Anfassen, ohne sakral-rituelles Image.

Dieser mediale Intensivierungs- und Professionalisierungs-
schub der Kirche sollte nach dem Willen von Johannes Paul
nicht nur die Kleriker erfassen, sondern auch die Medienlandschaft des Vatikans selbst. Zwei Momente durchziehen deren
Entwicklungsgeschichte: Zentralisierung und institutioneller
Ausbau. Der Vatikan verfügte bereits seit dem 19. Jahrhundert
über seine eigenen Medien. Das hatte und hat Vor- und Nachteile: Einerseits gibt es kein Feilschen über Sendezeiten und
Berichtlängen, andererseits aber eine geringere Reichweite und
Akzeptanz der Meldungen. Die päpstlichen Medien sind samt
und sonders Regierungsorgane. Johannes Paul unterstellte
Radio Vaticana wie alle hauseigenen Medien dem päpstlichen
Staatssekretariat und machte es in den achtziger Jahren zu
einem antikommunistischen Instrument ersten Ranges, da die
entsprechenden Sprachsektionen unzensiert über die Situation
in den Ostblockstaaten berichteten. Bis 2005 wurde der Sender
auf über 40 Sprachen ausgebaut. Über Mittel- und Kurzwelle
erreichte *Radio Vaticana* in Europa vermutlich nur romtreue
Menschen. Über Internet, Newsletter und vor allem durch Wie-
derausstrahlung in vielen europäischen Ländern empfingen die
Meldungen sicherlich auch Hunderttausende. Teilweise fehlte
es immer noch an der notwendigen Professionalisierung. Ähn-
liches galt auch für den *Osservatore Romano*, das offiziöse Blatt
des Vatikans. Er ist keine Zeitung im üblichen Sinne, sondern
dient mit seinen verschiedensprachigen Wochenausgaben meist
nur der Dokumentation der päpstlichen Ansprachen und Verlautbarungen. Nur die deutsche Wochen- und die italienische
Tagesausgabe brachten zusätzlich auch einige Meldungen über
Kultur, Politik und Spiritualität. Journalistische Freiheit und
Diskussion waren dort kaum zu finden. Auch die 1997 von
einer amerikanischen Klarissin angeregte Internet-Präsenz des
Vatikans blieb hinter den selbstgesteckten Erwartungen zurück.
Bei der Webseite in mittlerweile sechs Sprachen ging es mehr um
einen systematischen Zugang zu öffentlichen Papst-Ansprachen
als um ein aktuelles Diskussionsforum und kommentierte In-
formationsvermittlung. Dagegen erfüllte das 1983 gegründete
vatikanische Fernsehzentrum CTV ganz die vorgesehene Auf-

gabe eines Dienstleisters, der zudem noch profitabel wirtschaftet, wogegen die übrigen päpstlichen Medien nur durch z. T. hohe Zuschüsse existieren konnten. Neben eigenen Produktionen, die über Eutelsat ausgestrahlt wurden, verkaufte es vor allem Fernsehaufzeichnungen aus dem und über den Vatikan sowie päpstliche Auftritte an andere Sender. Vorteilhaft war dieses Verfahren vor allem für den Papst selbst: Da innerhalb des Vatikans nur mit Sondergenehmigung gedreht werden darf, gab CTV bei liturgischen Handlungen nur recht vorteilhafte Bilder vom kranken Papst weiter.

Zu einer medialen Schaltzentrale ersten Ranges ist der Pressesaal des Heiligen Stuhls unter Johannes Paul geworden, besonders nachdem Navarro-Valls 1984 die Leitung übernommen hatte. Hier werden vatikanische Dokumente vorgestellt und die ca. 460 beim Hl. Stuhl akkreditierten Journalisten über Aktuelles informiert. Wie heikel und verantwortungsvoll diese Aufgabe für den Pressesprecher ist, lässt sich leicht vorstellen: Flüchtige Äußerungen des Papstes oder hoher Kurialer müssen auf Nachfrage kommentiert und in den Kontext gestellt werden. Besonders in Krisenzeiten – etwa beim Tod eines Papstes oder im Konklave – konzentriert sich das Medieninteresse auf die einzig autorisierte Nachrichtenquelle, den Pressesaal. Dieser organisiert generalstabsmäßig auch die Bildberichterstattung bei Papstreisen, indem der Pressesprecher die Positionen der Kameras bei Papstmessen etc. festlegt. Nicht zuletzt durch eine solche professionelle Bildberichterstattung wurden die meisten Pastoralvisiten von Johannes Paul II. zu erfolgreichen, wenn auch nicht messbaren religiösen Massenveranstaltungen. Auch wenn sich der Vatikan die modernen Medien angeeignet hat, so sind doch die «auswärtigen Massenmedien», deren Qualität und Zuverlässigkeit unbekannt war, für päpstliche Missionsaufgaben die wichtigsten. Freilich bleiben Presse, Radio und Fernsehen oft an oberflächlichen Bildern und Gesten hängen und verkürzen die wesentliche Botschaft. So wurden die päpstlichen Intentionen häufig zu Opfern des Unterhaltungsjournalismus.

Das Kirchenvolk war demnach nicht nur durch die Fülle an Informationen, die in Lehrschreiben, Ansprachen und Büchern steckten, überfordert, sondern zusätzlich durch die Gesetze der modernen Medienlandschaft nur auf niedrigem inhaltlichen Niveau unterrichtet. Immerhin konnte die Medienstrategie von Johannes Paul starke religiöse Impulse und kurze Botschaften vermitteln, die zu einer weiteren Beschäftigung mit den angerissenen Themen einluden.

Der Pontifex vertraute nicht nur den von ihm nicht mehr kontrollierbaren Massenmedien wie kein anderer Papst vor ihm, er griff auch selbst zur Feder und produzierte neben Enzykliken und Ansprachen ganz persönliche Texte über die man authentisch und direkt Einblick in sein Denken und Fühlen erhält. Neben seinen autobiographischen Büchern über seine Berufung zum Priestertum und seine Zeit als Bischof sind vor allem seine Gedichte und Dramen mit teilweise profanem Inhalt spektakulär für einen Papst. Immerhin hatte er stets einen Hang zur Literatur gehabt und ein entsprechendes Studium begonnen. Gedichte hatte er schon als Jugendlicher geschrieben; zahlreiche erschienen in katholischen Zeitschriften der fünfziger und sechziger Jahre unter Pseudonym (Andrzej Jawień, Piotr Jasień etc.). Und noch als Papst fand er meist in den Abendstunden Zeit für Poesie. In Gedichten und Damen, die zum Teil in späteren Jahren verfilmt wurden (Der Laden des Goldschmieds [Druck 1960]), arbeitete er häufig seine inneren Erfahrungen auf – Erfahrungen des Individuums mit der Umwelt, die häufig eine geistliche Dimension hatten. Manches Mal dauerte es Jahrzehnte, bis er seine Erlebniswelt zu Papier brachte. Kurz nach seiner Papstwahl gab er einem befreundeten polnischen Redakteur den Auftrag, eine Auswahl aus seinen poetischen Werken zu treffen und den Band «Poezje i dramaty» (Gedichte und Dramen) unter dem Namen Karol Wojtyła zu veröffentlichen. Noch zögerlicher ging er mit seinen Aufzeichnungen über sein religiöses Innenleben und autobiographischen Skizzen um, die er erst gegen Ende seines Lebens auf den Weg brachte. Im August 2002 vollendete er seine letzte große Gedichtreihe, das Römische Triptychon. Es enthält philosophisch-lyrische Meditationen, die mit biblischer Poesie eingefärbt sind. Das Werk stellt ein poetisch-geistiges Testament über die Letzten Dinge dar, in dem Johannes Paul häufig in Erinnerung an seine Heimat verweilte. Verständlicherweise wurde das Triptychon in Polen – wie die meisten Papstbücher – zu einem Bestseller mit einer halben Million verkauften Exemplaren in den ersten zwei Jahren.

5. Neue oder alte Spiritualität?

«Wenn der Herr Dich gerufen hat, musst Du die Kirche ins dritte Jahrtausend führen» – diese Worte Kardinal Wyszyńskis kurz nach der Papstwahl waren ebenso prophetisch wie programmatisch. Bereits in den ersten Monaten des Pontifikats von Johannes Paul II. lässt sich seine Ausrichtung auf das Millennium erkennen. Und nahezu alle zentralen Themen seines Papsttums hat er geradezu schicksalhaft mit der magischen Jahreszahl 2000 verknüpft, sei es der Durchbruch im ökumenischen und interreligiösen Dialog, seine Friedensinitiativen oder die Neuevangelisierung Europas. Was auf den ersten Blick wie apokalyptische Endzeiterwartung oder Jubiläumsrausch anmutet, hatte doch für ihn einen tiefen theologischen und geschichtsphilosophischen Hintergrund, der bis heute – schon aufgrund der Materialfülle – nicht ganz ergründet ist. Bereits die Antrittsenzyklika *Redemptor hominis* vom Frühjahr 1979, die mit dem Hinweis auf den Jahrtausendwechsel einsetzt, qualifiziert die Jahre vor jenem Ereignis als einen «neuen Advent», als eine «Zeit der Erwartung». Dann würden die neuen und globalen Dimensionen der Menschwerdung Christi in der Welt, an die man sich nach 2000 Jahren erinnern wolle, offenbar werden. Wiederum typisch für den Papst: Diese neue Dimension, die Joseph Ratzinger als «das nicht ausgeschöpfte Potenzial an Zukunft, das im Christentum liegt», bezeichnete, gelte nicht nur den katholischen Gläubigen, sondern allen Menschen auf dem Erdball. Gegenüber einer so verstandenen, Hoffnung stiftenden «Ankunft Christi» inmitten der Geschichte müsse sich der Mensch öffnen, um dieses Ankommen persönliche Realität wer-

den zu lassen. Daher der immer wiederholte päpstliche Appell:
«Öffnet Eure Herzen für Christus!» Nach den geschichtstheo-
logischen Vorstellungen des polnischen Papstes trug das Jubiläumsjahr 2000 daher heilsgeschichtliche Züge, so wie der Papst
die Historie als solche als eine zum Guten aufsteigende Bewegung verstand. Dieser Gedanke entsprang nicht nur der Ideen-
welt der romantischen Dichtung Polens, sondern war zutiefst
christlich unterfüttert. Das Millenniumsjahr war damit nicht
vordergründig als Gedenkveranstaltung konzipiert, sondern als
Ereignis, auf das man sich vorbereiten müsse. Und Vorberei-
tungszeit verstand die Kirche stets als Bußzeit. Der Papst ver-
ordnete seiner Herde daher zunächst eine umfassende «Reinigung der Erinnerung», nicht nur eine Reinigung der Gewissen
der Gläubigen, sondern auch die der historisch gewachsenen
Institution Kirche. Wie bei einer Generalinspektion kamen nun
alle heiklen und strittigen Themen der Kirchengeschichte auf
den Tisch. Dabei wurde als einer der ersten Punkte symbolhaft
der Fall Galilei erörtert, der exemplarisch für das Verhältnis von
Kirche und Naturwissenschaften stand: Im November 1979
drängte der Papst auf die Wiederaufnahme des Vorgangs, der
1992 nach Einsetzung einer Expertenkommission mit der päpstlichen Entschuldigung für begangenes Unrecht endete. Zahl-
lose weitere Bitten um Vergebung durchzogen das Pontifikat,
wie die gegenüber den Opfern der Religionskriege (1983), des
Kolonialismus und der Zwangsbekehrung (1985/87/92), gegenüber der Orthodoxie 1991, allen Nichtkatholiken (Olmütz
1995) und dem Judentum 1998/2000 sowie allen unter der
Inquisition Leidenden (2000), um nur die wichtigsten zu nennen. Aber auch nach innen sollte Reuestimmung aufkommen:
Es «muss sich die Kirche immer klarer bewusst werden, wie
sehr sich ihre Gläubigen im Verlauf der Geschichte als ungläu-
big erwiesen, indem sie gegen Christus und sein Evangelium ge-
sündigt» haben, forderte der Pontifex schon im Dezember 1984.
Der innerkirchlichen Kritik, dass die Gesamtkirche in ihrer
göttlichen Stiftung unfehlbar sei, hielt der Papst im Juni 1994
entgegen: «Nur das mutige Eingeständnis der Schuld sowie
auch der Unterlassungen, für welche die Christen auf irgendeine

Weise verantwortlich sind, und ebenso der Vorsatz, sie mit Hilfe Gottes aufzuarbeiten, können der neuen Evangelisierung einen wirksamen Impuls verleihen und den Weg zur Einheit erleichtern.» Erst ab 1997 ließ der innerkirchliche Widerstand allmählich nach, und zahlreiche Bischofskonferenzen kooperierten bei diesem zentralen Anliegen des Papstes. Außerhalb der Kirche erntete der Pontifex zumindest Respekt und Anerkennung, und da seine Bitten um Entschuldigung ehrlich und authentisch waren, konnten in den folgenden Jahren manche jahrhundertealte Verkrustungen aufbrechen. Dem Papst war allerdings bereits vorher bewusst, dass er mit seinen Versöhnungsgesten meist allein dastehen würde.

Eine solche geschichtliche Revision brachte aber auch auf der «Aktiva»-Seite der Kirche Neuerungen. Im Rahmen einer Bilanz vor der Jahrtausendfeier plädierte der Papst für die Aktualisierung des Martyrologiums, des Verzeichnisses der Blutzeugen der Kirche. Das Gedenken an Katholiken, die in dem an ideologieverhafteten Diktaturen so reichen 20. Jahrhundert wegen ihrer Glaubensüberzeugung zu Tode gekommen waren, sollte aufgefrischt und ausgebaut werden. Hier galt es zudem, Personen, die noch in der aktuellen Erinnerung der Gläubigen präsent waren, als Zeugen des Glaubens zu ehren.

Diese kirchenpolitische und kirchenhistorische Mammutleistung bedurfte langer und intensiver Vorbereitung. Der Papst mobilisierte bisher nicht gekannte Ressourcen, denn die «Heilige Pforte des Jubeljahres 2000 wird in symbolischer Hinsicht größer sein müssen als die vorhergehenden». 1994 begann man offiziell mit der Organisation des Millenniums und richtete ein Zentralkomitee mit acht Kommissionen ein, das personell mancher Kurienkongregation überlegen war. Vor allem in den vier trinitarisch thematisierten Jahren vor dem Jubiläum wurde die gesamte Weltkirche auf Vorbereitungskurs gebracht. Auch die Stadt Rom rüstete sich mit einem riesigen Finanzaufwand durch Restaurierungen und den Bau von Straßentunneln. Als es dann endlich Weihnachten 1999 so weit war, stieß ein gebrechlicher Pontifex in aller Demut und Hinfälligkeit die Heiligen Pforten auf. Nur wenige erkannten, dass hier der Schlüssel zu seinem gesamten Pontifikat lag. Das Heilige Jahr begann thematisch im Februar mit einer Besinnung auf die Ursprünge des Glaubens und den Vater der drei großen Weltreligionen: Abraham. Schon einen Monat später wandelte der Oberhirte im Heiligen Land auf den Spuren Jesu. Da im Jubeljahr ohnehin alle Wege nach Rom führten, fanden dann ab April zahlreiche Heiligsprechungen und Großveranstaltungen wie der Weltjugendtag und der 47. Eucharistische Weltkongress in der Ewigen Stadt statt. Viele, vor allem profan gesinnte Touristen mieden Rom wegen des befürchteten Chaos und der Preissteigerungen. Tatsächlich blieb aber beides zur Überraschung aller im Rahmen. Rom wie die Kirche zeigten ihr neues, weltoffenes Gewand; die Kirche Johannes Pauls II. besann sich auf ihre Wurzeln, ihre missionarische, jugendliche Kraft und präsentierte sich als pastorale Größe für alle Menschen guten Willens.

Eine ähnliche Vorliebe des Papstes für Großveranstaltungen, die man mit der polnischen Massenreligiosität erklären kann, ist auch bei den Beatifikationen und Kanonisationen zu beobachten. Hatten in der Kirchengeschichte bislang nur wenige Päpste Märtyrer oder Bekenner heilig gesprochen, so stieg die Anzahl der Kandidaten und entsprechender Zeremonien unter Johannes Paul II. geradezu inflationär an. Besonders in den klimatisch günstigen Monaten Mai und Oktober sprach der Papst fast jedes Wochenende meist in einer Großveranstaltung auf dem Petersplatz persönlich selig und heilig (die Petersbasilika mochte er nicht besonders). Der rasch eintretende Effekt war, dass sich, abgesehen von wenigen Ausnahmen wie etwa bei Mutter Teresa aus Kalkutta, Padre Pio und Johannes XXIII., nur noch die betreffenden Regionen, Ordensgemeinschaften oder Bistümer für ihre neuen Seligen und Heiligen interessierten. Wenn der Papst in seinem wohlmeinenden Aktivismus auch hier das Risiko der Übersättigung einging, so hatte er dafür seine Gründe. Er selbst war ein glühender Heiligenverehrer, bedachte bei seinen Pastoralreisen die jungen Kirchen mit autochthonen Symbolfiguren und erkannte im «kirchlichen Starkult» die Möglichkeit, authentische und ganz unterschiedliche Zeugen für den Glauben mit ihrer konkreten Lebensgeschichte dem

Kirchenvolk als realistische und vorbildliche Identifikationsfiguren zu empfehlen. Die allgemeine Heiligenverehrung, die seit dem Zweiten Weltkrieg in der westlichen Welt stark abgekühlt ist, hat er damit eher theoretisch gefördert. Er ging mit seiner Vorliebe für diese sehr traditionelle Spiritualität so weit, die Heiligen als Brückenbauer für den ökumenischen Dialog zu empfehlen. Das mag bei der Orthodoxie und den Unierten im östlichen Europa auf willige Aufnahme stoßen, kaum jedoch bei den protestantischen Kirchen, die zumeist eine institutionalisierte Heiligenverehrung mit Fürbittfunktion ablehnen.

Selig- und Heiligsprechungen waren nun nicht mehr einsame Höhepunkte eines Pontifikats, wie es bei seinen Vorgängern der Fall gewesen war, die einen nahezu organisch gewachsenen Prozess feierlich zum Abschluss brachten. Unter Johannes Paul wurden Beatifikation und Kanonisation zu einer ganz persönlichen Verkündigung. Vielfach förderte er selbst entschieden die Kandidaten für die kirchliche Ehrung, seien es Polen wie der Franziskanerkonventuale Maximilian Kolbe, die Krakauer Schwester Maria Faustyna Kowalska oder die polnische Königin Jadwiga, die die Krakauer Jagiellonen-Universität wiederbegründet hatte, seien es persönliche Bekannte wie der Kapuzinerpater Pio oder Mutter Teresa, die er beide in rekordverdächtiger Zeit «zur Ehre der Altäre» beförderte. Durch Selig- und Heiligsprechungen zeichnete er außerdem theologische oder innerkirchliche Strömungen aus, für die etwa der umstrittene Opus Dei-Gründer José Maria Escriva, die christliche Philosophin Edith Stein oder der Papst des Ersten Vatikanischen Konzils, Pius IX., standen. An der Aufwertung dieser Gestalten entzündete sich der wohl intensivste Protest, der aus verschiedensten Gruppierungen teilweise außerhalb der Kirche kam. Der Papst ließ sich dadurch nicht beirren, wusste er doch, dass jede Selig- und Heiligsprechung auch Kritik hervorruft. Neu war nun aber tatsächlich, dass er die Beatifikations- und Kanonisationspraxis der Kirche zu einem kirchenpolitischen Instrument machte, das mitunter auf die *Vox populi*, die traditionell und kirchenrechtlich eine wichtige Rolle bei der Aufnahme von Verfahren spielte, wenig Rücksicht nahm. Auch wenn wenig greifbare Volksver-

ehrung vorlag, wurde selig- und heiliggesprochen – manchmal
in Rekordzeit von weniger als fünf Jahren: Der Papst hatte das
Verfahren 1983 übersichtlicher gestaltet und vereinfacht. So
braucht man heute für eine Kanonisation «nur noch» ein von
der römischen Kongregation anerkanntes Wunder. Abgesehen
von den Kandidaten, deren kultische Aufwertung während der
Pastoralreisen vorgesehen war und die daher meist vom Gast-
land vorgeschlagen wurden, liefen die meisten «Aspiranten»
über den Schreibtisch des Staatssekretariats oder die abendliche
Speisetafel des Papstes, bevor sie mit Präferenz von der zuständigen vatikanischen Behörde behandelt wurden. Denn bei den
ca. 2000 in Rom anhängigen Prozessen (Causen) hatte man nur
mit päpstlichem Wohlwollen und Protektion eine Chance, in
absehbarer Zeit zur Ehre der Altäre befördert zu werden. Die
persönliche Frömmigkeit des Papstes spielte hier also eine wichtige Rolle. Demnach ist nicht nur die lange Regierungszeit von
Johannes Paul II. dafür verantwortlich, dass die Kirche ein neues Antlitz und eine neue/alte Frömmigkeit erhielt, die stark
eucharistisch-christologisch, marianisch und heiligenspezifisch
war, sondern auch der persönliche Wille des polnischen Papstes,
der sich auch und gerade bei der Etablierung neuer Heiliger und
deren Charakteristika selbst gegen Gutachten der Kurie durchsetzte. Maximilian Kolbe etwa, der 1941 in Auschwitz stellver-
tretend für einen Familienvater in den Tod ging, kanonisierte
er gegen den Widerstand selbst hochrangiger Kardinäle als
Märtyrer. Mit diesem entschiedenen päpstlichen Zugriff auf die
Selig- und Heiligsprechungspraxis ist er vielleicht mit Pius IX.
zu vergleichen, der in seinem langen Pontifikat der Kirche neue
globale Frömmigkeitsformen verordnet hatte. Johannes Paul II.
ist jedoch nicht simplifizierend als Restaurator einer traditionellen Spiritualität zu verstehen. Die Verehrungs- und Kult-
formen mögen vielfach die des 19. und beginnenden 20. Jahrhunderts sein, aber die Inhalte sind zumindest modifiziert oder
erweitert worden. Viele neue Heilige zeigen ein intellektuelles
oder kirchenpolitisches Profil wie die konvertierte Jüdin und gelehrte Karmelitin Edith Stein, Pius IX. oder Johannes XXIII.,
die anerkannte Gelehrte bzw. Konzilspäpste waren. Andere

spiegeln neue Frömmigkeitsformen wider oder stehen in enger Beziehung zum Marienkult, wie Schwester Maria Faustyna oder die Seher-Kinder aus Fatima.

Daneben verstärkte Johannes Paul aber auch eine Gruppe, die dem blutigen «kurzen» 20. Jahrhundert mit seinen zahllosen Diktaturen, totalen Kriegen und Vertreibungen den Spiegel des Erinnerns vorhält: die Märtyrer. Versteht der Durchschnittsgläubige denjenigen als «Blutzeugen», der sein Leben für das christliche Bekenntnis hingegeben hat, so fasste Johannes Paul den Begriff viel weiter: als Selbstopfer für christliche Werte und Tugenden. Damit muss das Martyrium nicht einmal den Endpunkt des Lebens darstellen, denn Diktaturen und auch moderne, säkularisierte Gesellschaften haben viel perfidere Möglichkeiten parat, jemanden «kaltzustellen». In jedem Fall wird durch den Märtyrer jeder egoistischen Selbstverwirklichung und gottvergessenen Absolutsetzung des Irdischen der Spiegel vorgehalten. Der Blutzeuge wird damit zur zentralen Herausforderung für die moderne Welt, da er gleichzeitig immer noch im Alltagsgeschehen beheimatet ist. Er steht für eine neue Kultur der christlichen Humanität. Daher intensivierte der Papst die Selig- und Heiligsprechungen von Blutzeugen – möglichst aus dem 20. Jahrhundert –, die etwa unter dem Nazi-Regime, dem Kommunismus, dem Spanischen Bürgerkrieg oder anderen ideologielastigen und diktaturähnlichen Regierungen ihr Leben lassen mussten. Die Reform von 1983 brachte hier den Vorteil, recht viele noch bekannte Gestalten durch die Kirche kultisch zu ehren, sodass dieser neu verstandenen Frömmigkeitsform etwas Aktuelles anhaftet.

Nicht nur die Formen und Inhalte der überlieferten Spiritualität wurden mit neuem Geist erfüllt, sondern auch neue Elemente griff der Papst willig auf, sodass die Bezeichnung «traditionell» für seine und seiner Kirche Frömmigkeit zu kurz greift. Allen Teilnehmern von Papstmessen in Rom und anderswo wurde das rasch deutlich. Johannes Paul hatte keine Berührungsängste gegenüber lokalen Liedern, Riten und Sitten – nicht einmal in den Gottesdiensten. Inkulturation ließ er auch in der Liturgie seiner Pastoralbesuche zu. Und auch einige Treffen mit den Jugend-

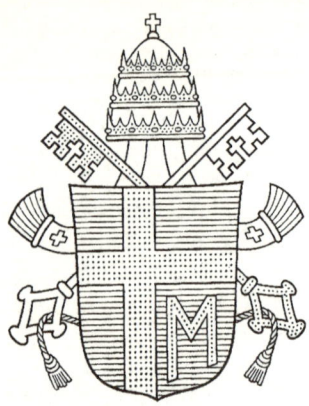

Wappen Johannes Pauls II.

lichen im Vatikan hatten diskothekähnlichen Charakter. Er ist von seinem in Krakau geübten Habitus nicht abgegangen, direkt zu den Menschen zu gehen, dorthin, wo sie lebten und arbeiteten.

Eher traditionell war dagegen die Marienfrömmigkeit von Johannes Paul. Jeder, der an seiner frühmorgendlichen Privatmesse teilgenommen hat, erinnert sich an den Rosenkranz, den er für die eigene meditative Spiritualität zugesteckt bekam. Schon als Seminarist betete der Papst inbrünstig den Rosenkranz, teilweise sogar auf dem Boden liegend. Er konnte noch so müde sein, zum Beten fand er immer Zeit. Immer wieder empfahl er auch den Gläubigen das Gebet zu Maria und erweiterte 2002 die drei so genannten Geheimnisse (den freudenreichen, schmerzhaften und glorreichen Rosenkranz) um ein weiteres: den lichtreichen Rosenkranz, der das Wirken Jesu auf Erden meditieren soll. Wie zentral Maria für seine Person und sein gesamtes Pontifikat war, machte er allen mit seinem Papstwappen deutlich, das rechts unten auf marianisch blauem Grund ein «M» und als Motto *Totus Tuus* (ganz Dein) zeigte. Schon als Professor hatte er sich seine Skriptseiten nicht durchnummeriert, sondern mit den Worten aus dem «Ave Maria» nacheinander bezeichnet. Und viele päpstlichen Dokumente enden mit Passagen über die Bedeutung der Muttergottes, der zu Ehren er 1987/88 ein Gedenk- und Gebetsjahr und 2002/03 ein Rosenkranzjahr ausrief. Denkwürdigerweise fand das Attentat, das er lebend überstand, am Gedenktag der Erscheinung der Muttergottes in Fatima, am 13. Mai 1981, statt. Er selbst deutete diese Koinzidenz dahingehend, dass Maria die Kugel abgelenkt habe, wofür er sich 1992 im portugiesischen Wallfahrtsort gewissermaßen persönlich bedankte; das Projektil wurde in ihre Krone

Opfer und Attentäter:
Johannes Paul II. besucht 1983 Ali Agca im Gefängnis.

eingesetzt. Schon 1982 ließ er ein vom Petersplatz sichtbares
Mosaik der Gottesmutter zur Erinnerung an das Attentat an die
Palastwand anbringen und weihte im März 1984 die gesamte
Welt zum zweiten Mal der Madonna von Fatima. Im Jubeljahr
2000 enthüllte er dann auch das vom Vatikan wohlgehütete
dritte Geheimnis der marianischen Weissagungen von Fatima,
nachdem er die Erschießung eines «weiß gekleideten Bischofs»
auf sein Attentat bezog und die Vision der ungeheuren Zahl von
Martyrien auf die Blutzeugen der politischen Ideologien des
20. Jahrhunderts. Als großmütige Geste, die von den internationalen Medien in alle Wohnzimmer transportiert wurde, besuchte
der Papst Ende 1983 seinen Attentäter im römischen Gefängnis
Rebibbia. Sofort wurde spekuliert, Johannes Paul habe Ali Agca
in einem Vier-Augen-Gespräch persönlich vergeben, aber es
waren wohl ganz andere Worte, die ihn dazu brachten, dem
Papst aufmerksam zuzuhören. Agca hatte von der Koinzidenz
von Attentat und Gedenktag gehört und fürchtete nun die Rache

der «Göttin von Fatima». Der Papst konnte ihn beruhigen, denn Maria, die auch viele Muslime verehren, liebe alle Menschen.

Johannes Paul II. besuchte nahezu alle bedeutenden Marien-wallfahrtsorte der Welt wie Lourdes, Loreto, Altötting, Maria-zell, Guadeloupe und Tschenstochau. Die Liste marianischer Themen in seinem Pontifikat ließe sich beliebig fortsetzen. Wo-her kommt die Omnipräsenz der Muttergottes im Leben und Werk des Karol Wojtyła? Psychologen führen sie gerne auf den frühen Verlust der Mutter zurück. Wichtiger ist sicherlich seine Heimat Polen, wo Maria seit dem 17. Jahrhundert als unbestrit-tene Identifikationsfigur und Landespatronin verehrt wird. Es gibt wohl kaum einen polnischen Katholiken, der nicht in Tschenstochau war. Und das öffentliche Bekenntnis zu Maria als Schutzpatronin des Landes – nicht der Regierung – nahm in der Zeit des Kommunismus nahezu oppositionelle Züge an.

Die Marienverehrung besaß für Johannes Paul II. aber auch ganz neue, zutiefst theologische Momente. Auf den Punkt ge-bracht hatte er es zu Beginn des marianischen Jahres, als er im Dezember 1987 Maria als «die erste Dienerin des Wortes» und damit als erste Jüngerin deutete, die durch die Annahme der Botschaft des Engels die Menschwerdung Gottes erst ermöglicht habe. Hier habe auch die Kirche ihren Ausgang genommen, die als mystischer Leib Christi fortlebe. Durch die Aufnahme Ma-riens in den Himmel sei unser menschliches Leben verklärt und der Weg der Geretteten vorgezeichnet. Damit liefere Maria das Profil für die Kirche und jedes einzelnen Gläubigen, ja sie gehe der Kirche der Ämter und der Autorität sogar voraus und ma-che sie erst möglich. Das kirchliche Amt habe keinen anderen Zweck, als «die Kirche nach jenem Ideal der Heiligkeit zu for-men, das in Maria bereits vorgeformt und vorgestaltet ist». Mit diesem persönlichen und gemeinschaftsbezogenen Verständnis von kirchlicher Funktionalität setzte der polnische Papst neue Akzente: Jüngerschaft komme vor Autorität, Heiligkeit vor Macht in der Kirche. Damit existierten die Kurie und die Amts-kirche, die Ausprägungen der Petruskirche seien, streng genom-men erst aufgrund der marianischen Kirche der Jünger Christi. Diese kühne, wenn auch konsequente Zuspitzung von Marien-

frömmigkeit und Spiritualität stieß bei etlichen kurialen Mitarbeitern und bei vielen Gläubigen nicht auf positive Resonanz.
Dabei verkündete der Papst durch die allen gemeinsame Mutterschaft Mariens eine fundamentale Gleichheit aller Mitglieder
der Kirche, seien es Männer oder Frauen, Kleriker oder Laien.
Unterschiede gebe es nur in der Funktion. Außerdem öffnete
der Pontifex in seiner Marien-Enzyklika vom März 1987 den
ökumenischen Horizont, vor allem gegenüber den Orthodoxen:
Sie sei «unsere gemeinsame Mutter», die für die Einheit der
Gottesfamilie bete und allen Zeugen des Glaubens vorangegan-
gen sei. Außerdem sei die Marienverehrung in ihrem Kern zutiefst auf Christus bezogen, auf den die Gottesmutter in der
Bibel und auch in bildlichen Darstellungen immer wieder hin-
weist. Diese Erkenntnis reifte in Wojtyła während des Zweiten
Weltkrieges, als er seine kindliche Liebe zu Maria abstreifte. Die
Marienverehrung gewann dann im Laufe seines im Gebet re-
flektierten Lebens immer tiefere theologische Dimensionen. Indem er solche Inhalte mit einer traditionellen, seit Jahrzehnten
bei den Gläubigen aus der Mode gekommenen Frömmigkeit
verband, indem er das Rosenkranzgebet und den Angelus um
12 Uhr mittags besonders empfahl und in seinem öffentlichen
Wirken präsent machte, förderte er die Volksfrömmigkeit, die
dadurch aufgewertet wurde und eine ganz neue Bedeutung erhielt. Fast wie im Barock wurde jetzt das Mariengebet Ausdruck
einer römisch-päpstlichen Ausrichtung des Gläubigen. Und Maria war in den Augen des Papstes so etwas wie eine uneinnehm-
bare «Festung, die der eindringende Feind nicht zu bezwingen
vermochte». Der Papst bezog diese Wendung auf das polnische
Nationalheiligtum Tschenstochau, doch lassen sich diese Worte
auch auf die moderne Situation des Glaubens in der Auseinandersetzung mit Irrlehren und dem Zeitgeist übertragen. Maria
beherrschte für ihn die Geschichte und enthüllte als apokalyptische Frau die ganze Dramatik der Epoche, in der er stand. Auf
der anderen Seite war sie ein Zeichen des Heils und der Hoffnung, wie es im letzten Buch der Bibel, der Apokalypse, beschrieben ist. Hier ist der Kampf des Bösen mit dem Guten mit
Maria verbunden, die das Übel und den Fluch überwindet. Aller-

dings ist der Großteil der marianischen Theologie des Papstes nie beim Kirchenvolk angekommen, ähnlich wie seine zahlreichen spirituellen Anstöße, die aufgrund der Vielzahl päpstlicher Verlautbarungen die Basis kaum erreichten.

Eine weitreichende theologische Dimension hat der Papst dagegen nicht verwirklicht: Vor allem in den neunziger Jahren kam das Gerücht in Rom nicht zum Verstummen, dass Johannes Paul ein neues Dogma, nämlich das der Maria als Miterlöserin, verkünden würde. Das hätte sowohl das ökumenische Gespräch schwer belastet als auch der katholischen Theologie eine schwer vermittelbare Hypothek aufgebürdet. Wohl auch deshalb blieb es nur bei einem Gerücht.

6. Der Zusammenbruch der kommunistischen Regime

Johannes Paul II., der aus leidvoller Erfahrung in Polen den Kommunismus von innen her kannte, entwickelte die Überzeugung, dass «die Ideologien des Bösen tief in der Geschichte des europäischen philosophischen Denkens verwurzelt» seien. Mit der in Jalta 1945 vereinbarten Teilung Europas in zwei politisch-militärische Interessenszonen hatte er sich nie abgefunden. Bezeichnenderweise sagte er 1996 in Berlin, als er durch das Brandenburger Tor schritt: «Jetzt ist der Zweite Weltkrieg zu Ende!» Er wusste aber auch um die religiösen Kräfte seiner Heimat in der Auseinandersetzung mit einem System, das er längst als unmenschlich und morsch erkannt hatte. Wie in Krakau, so verkündete er auch in Rom keinen Aufruf zur Revolte, sondern die Stärkung und Mobilisierung der Widerstandskräfte innerhalb des Ostblocks. In Polen flößten schon die vor allem 1979 immer wiederholten Worte «Fürchtet Euch nicht!» der Bevölkerung politischen Widerstandswillen ein. Das innerhalb seines gesamten Pontifikats beständig vorgetragene Einklagen von Menschenrechten und Religionsfreiheit, die ihre Quellen in der

christlichen Offenbarung hatten, genügte ihm. Im Zusammenspiel mit seiner charismatischen Persönlichkeit musste das ex-
plosiv wirken.

Immer wieder ist vom Beitrag des polnischen Papstes beim
Zusammenbruch des Kommunismus die Rede, ohne dass dieser
Anteil näher bestimmt werden könnte. Unzweifelhaft hat sich
der Papst bis 1991 mehr Zeit für die Angelegenheiten Ostmit-
tel- und Osteuropas genommen als in der zweiten Hälfte seines
Pontifikats. Manche Wissenschaftler sprechen sogar von einer
deutlichen Zäsur innerhalb seiner Regierungszeit. Tatsache ist,
dass der sowjetische Geheimdienst KGB nach der Papstwahl
Wojtyłas sehr beunruhigt war; zunächst begrüßte man nach
außen die versprochene Fortführung der konstruktiven Ostpolitik seiner päpstlichen Vorgänger. Die wenige Wochen später
vorliegenden Analysen des KGB und der KPdSU äußerten erste
Befürchtungen einer Destabilisierung des Ostblocks durch die
innenpolitische Erschütterung Polens und der Ukraine, wo der
verbotenen griechisch-katholischen Kirche eine gewisse nationale Schlüsselrolle zukam. Außerdem hatte sich Johannes
Paul II. einen Monat nach seiner Wahl mit dem griechisch-
katholischen Kardinal Iosyf Slipyj getroffen. Auch zur «anderen Seite» knüpfte dann die Kurie rasch Kontakte, sodass schon
im Januar 1979 ein Gespräch mit dem sowjetischen Außenmi-
nister Andrej Gromyko im Vatikan zustande kam, bei dem der
Papst, wie auch bei den weiteren Begegnungen, auf die «Behinderung der Religionsfreiheit» in der Sowjetunion zu sprechen
kam. Gromyko schätzte weit vor der politischen Wende die
Situation richtig ein, wenn er in seinen Erinnerungen schrieb:
«Der Vatikan hat viele Möglichkeiten zur Beeinflussung seiner
Herde.» Angesichts der Revolten in Polen Anfang der achtziger
Jahre konstatierte er, dass «der Vatikan eine Haltung einnahm,
die die Schwelle zwischen Politik und Religion deutlich über-
schritt». Unzweifelhaft bedeutete nämlich der erste Heimat-
besuch von Johannes Paul im Juni 1979 ein Fanal für alle Un-
zufriedenen im Lande. Die Reise glich einem Triumphzug: Un-
gefähr 13 Millionen Menschen erlebten den Papst persönlich,
nahezu die Gesamtbevölkerung im Rundfunk und Fernsehen.

In Warschau vermied Johannes Paul jedes politische Wort, schaffte aber sofort den so typischen Schulterschluss zwischen Kirche und nationaler Identität, sodass er nur noch ein religiöses Zeugnis ablegen musste. Dennoch sprach er zaghaft davon, dass es «ohne ein unabhängiges Polen auf der Karte Europas kein gerechtes Europa geben kann». Wichtiger als seine Worte war jedoch die «Abstimmung nach Köpfen», die den kommunistischen Führern in Warschau und Moskau zu denken gab. Denn obgleich die Behörden die Menschenscharen abzudrängen versuchten und immer wieder – auch medial – behinderten, kamen allein in der polnischen Hauptstadt über 1,3 Millionen Gläubige zum Papst, was das Regime selbst organisiert nie zustande gebracht hatte. Johannes Paul konnte dann auch die dortigen Bischöfe zum Dialog mit dem Regime aufrufen und gleichzeitig darauf hinweisen, dass «dem polnischen Episkopat heute ein polnischer Papst zur Seite steht». In der Arbeitervorstadt Nowa Huta schaltete sich der Papst dann direkt in ideologische Fragen ein, indem er betonte, dass der Mensch nicht als Produktionsmittel zu verstehen sei. Menschliche Arbeit könne man außerdem nicht vom Kreuz trennen. An der Schlussfeier in Krakau nahm über eine Million Menschen teil; hier war die Anhänglichkeit der Bevölkerung, aber auch die Explosivität der Situation am größten. An den Abenden ließen die Jugendlichen den Papst nicht zur Ruhe kommen, sodass er sie schließlich nach Singen und Scherzen um Mitternacht mit besonnenen Worten nach Hause schickte.

Nur wenige Monate später brach ausgerechnet in Polen ein Arbeiteraufstand aus, der für den gesamten Ostblock eine ernstzunehmende Gefahr bedeutete. Nach Preiserhöhungen traten die Arbeiter auf der Danziger Werft und in anderen Städten Polens im Juli 1980 in den Streik und gründeten die Solidarność, die erste freie Gewerkschaft des Ostblocks. An den Werkszäunen hingen nicht nur nationale Symbole und Bilder der Maria von Tschenstochau, sondern auch die Porträts des Pontifex. Der Papstbesuch hatte offensichtlich in der Heimat die Lethargie, Hoffnungslosigkeit und Furcht vertrieben und die Erfahrung der individuellen Würde und des kollektiven Bewusstseins verstärkt. Wie in ihrer Geschichte entdeckten die Polen aufs Neue das Ethos des Opfers im Kampf für die nationale und menschliche Würde. Der Aufstand breitete sich rasch über das ganze Land aus und führte Ende August 1980 zur Anerkennung der mittlerweile 8 Millionen Mitglieder zählenden Gewerkschaft durch das Regime, wobei der Danziger Arbeiterführer Lech Wałęsa bezeichnenderweise mit einem Papst-Kugelschreiber signierte. Kurz zuvor hatte das Kirchenoberhaupt die Gewerkschaftsführung dringend gebeten, «große Geduld und Maßhalten» zu üben. Der Kurs der strikten Gewaltlosigkeit wurde dann auch von allen Oppositionsbewegungen in Polen und den übrigen Ostblockländern praktiziert, was nicht unerheblich zu ihrem Erfolg beitrug.

Das Jahr 1981 gilt als eines der dramatischsten und bedeutsamsten im Prozess der politischen Umwälzung in Polen. Schon im Dezember 1980 war ein blitzartiger Einmarsch der Warschauer-Pakt-Staaten geplant gewesen, aber vermutlich wegen des westlichen Drucks und der gereizten innenpolitischen Situation Polens nicht durchgeführt worden. Auch der Papst hatte Mitte Dezember einen Brief an den sowjetischen Staats- und Parteichef Leonid Breschnev geschrieben, in dem er um den Abbau der Spannungen bat und die bevorstehende Invasion mit dem Überfall der Nationalsozialisten auf Polen 1939 verglich. Einen Monat später empfing Johannes Paul den Danziger Arbeiterführer Wałęsa, dessen reformerische Arbeit für das Gemeinwohl Polens er lobte, im Vatikan. Überall im Land gingen nun die Streiks und Auseinandersetzungen mit den Regierungsorganen weiter, während sich der Papst gegen Konfrontation und für die Fortsetzung eines Dialogs mit der Regierung aussprach. Primas Wyszyński sprach in jenen Wochen zu Recht davon, dass «es neben der Autorität der Partei auch eine gesellschaftliche Autorität in Polen» gebe. Währenddessen drängte die Sowjetunion immer stärker auf die Ausschaltung der Oppositionsbewegung und forderte daher von ihrem polnischen Verbündeten die Verhängung des Kriegsrechts. Es waren nur etwa acht Monate nach der Registrierung der Solidarność, als der Attentäter Ali Agca am 13. Mai 1981 in der Generalaudienz auf dem Petersplatz auf den Papst schoss und ihn lebensgefährlich verletzte. Die Spur des aus Bulgarien stammenden Türken Agca wurde später bis zum bulgarischen Geheimdienst zurück verfolgt, wo sie sich verlor. Heute gilt es als sicher, dass der sowjetische Militärgeheimdienst (GRU) den Mordauftrag gab und das Attentat durch befreundete Dienste erledigen ließ, in diesem Fall die der Bulgaren, die für das italienische Territorium zuständig waren. Der Papst verzieh noch vom Krankenbett aus Agca und begab sich in einer ebenso spektakulären Geste Ende 1983 in dessen Gefängnis, um mit ihm vertrauensvoll zu sprechen.

Noch bevor der Papst in den Vatikan zurückkehren konnte, erhielt er die Hiobsbotschaft, dass der polnische Primas am 28. Mai 1981 gestorben war. Damit war die Situation in Polen weiter destabilisiert. Trotz Schwäche und Infektion berief der Papst etwa sechs Wochen nach dem Ableben Wyszyńskis dessen früheren Sekretär Józef Glemp zum Nachfolger. Die Kirche des Landes hatte nun zwar keinen charismatischen Führer – lässt man die Person des Papstes in Rom beiseite –, aber einen gelernten Juristen, der bei den bevorstehenden Verhandlungen mit dem Regime der rechte Mann war. Ruhe trat auf der politischen Bühne Polens jedoch nicht ein. Der erste Gewerkschaftskongress der fast 10 Mio. Mitglieder zählenden Solidarność Anfang September wurde von sowjetischen Manövern im Baltikum begleitet, aber auch von den mahnenden Worten des Papstes in Castel Gandolfo: «Das Recht unserer Nation auf Unabhängigkeit ist eine Bedingung für den Weltfrieden!» Als dann am 13. Dezember 1981 das Militär in Polen die Macht übernahm und das Kriegsrecht verhängte, war die Weltöffentlichkeit schockiert. Der Papst entsandte schon am 18. Dezember einen Sondernuntius nach Warschau, der mündlich und schriftlich auf die Aufhebung des Kriegsrechts drang und darum bat, den «seit August 1980» beschrittenen friedlichen Dialog zur «Erneuerung der Gesellschaft» fortzusetzen.

In diesen für Polen dunklen und entbehrungsreichen Monaten schien auch der Papst immer ratloser zu werden. Zwar wusste er sich mit dem neu gewählten US-amerikanischen Präsidenten Ronald Reagan (1981–1989), den er schon Mitte Dezember 1981 vor vorschnellen Reaktionen warnte, einig im Kampf gegen den Kommunismus, doch war eigentlich niemandem klar, wie es weitergehen sollte. Obgleich er für die Solidarność als politisches Sprachrohr der polnischen Bevölkerung nicht direkt Partei ergreifen konnte, hob er doch ihre gesellschaftspolitische Arbeit seit Anfang 1982 wieder deutlich in der Öffentlichkeit hervor und versuchte auf diesem Sektor Einfluss zu nehmen und die Gespräche zwischen Staat und Gesellschaft in Gang zu bringen. Die Unterstützung des Papstes war aller Wahrscheinlichkeit nach aber auch materieller Natur: Obgleich der Papstsekretär Dziwisz in seinem jüngsten Rückblick auf das Pontifikat jede päpstliche Zahlung an die Solidarność leugnet, wurde immer wieder von vatikanischen Transaktionen gesprochen – in den Gazetten kursierten Summen von 50 Mio. Dollar –, ebenso, wie die polnische Oppositionsbewegung in der kritischen Zeit aus US-amerikanischen Gewerkschaftskreisen namhafte Summen erhielt. Es soll sogar ein Kurienkardinal aus der vatikanischen Finanzkommission zurückgetreten sein, als er um die Unterschrift unter die päpstliche Bilanz gebeten wurde.

Es ist sicherlich falsch, den Papst zum Haupt einer Art «Heiliger Allianz» des Westens gegen den Kommunismus hochzustilisieren. Wenn auch das Endziel der Aktivität dasselbe war, so plädierte Johannes Paul auch anlässlich des Besuchs von Ronald Reagan im Vatikan wiederholt für einen friedlichen Dialog und einen inneren Aufbruch im Osten, ohne die Politik der Aufrüstung und des atomaren Wettlaufs gutzuheißen, die von den USA und ihren Verbündeten in jenen Jahren forciert wurde. Auch während seiner beiden Polenreisen in den Jahren 1983 und 1987 verfolgte der Pontifex konsequent diese politische Maxime, allerdings mit zunehmend deutlichem Akzent auf dem Selbstbestimmungsrecht der polnischen Gesellschaft. In Danzig rief er die Polen ganz offen auf, «das Recht der Arbeiter auf Selbstverwaltung, auf unabhängige, autonome Gewerkschaften» zu verteidigen. Immer stärker gab sich Johannes Paul als messianischer und moralischer Erwecker seiner Nation.

Einen gewaltigen Impuls für den politischen Wandel in Osteuropa bedeutete der Amtsantritt Michail Gorbatschovs als sowjetischer Parteichef 1985 mit seiner Politik der Perestroika und der Glasnost. Vor dem ZK-Plenum im Januar 1987 verkündete der damalige Vordenker, Demokratie sei so nötig wie die Luft zum Atmen. Kritik war offiziell nicht mehr tabu und Veränderungen wurden offen angegangen. Schon im Februar 1988 hatte er in Helsinki versichern lassen, dass die Normen der Kirchenpolitik Lenins überholt seien. Etwa in diesem Jahr griffen auch seine diesbezüglichen Reformen. In diesem Jubiläumsjahr der Taufe Russlands drückte der Papst die Hoffnung auf eine Respektierung der bis dato von der russischen Orthodoxie verfolgten Unierten Kirche der Ukraine sowie auf die Fortsetzung des Entspannungsprozesses «im gesellschaftlichen Leben» der Sowjetunion aus. Er verband diesen unmissverständlichen Appell mit dem Aufruf zur Vereinigung Europas, dessen westliche und östliche kulturelle Traditionen zusammengehörten «wie die beiden Lungen eines Organismus». Er ließ Gorbatschov im Juni 1988 sogar im Kreml einen Privatbrief aushändigen, worin er die sowjetisch-amerikanische Annäherung in Rüstungsfragen lobte und zur weiteren Liberalisierung der Religionspolitik aufrief. Ideologisch ging er allerdings in jenem Jahr auf Distanz zu beiden Wirtschaftssystemen, was einige Verwirrung stiftete: In seiner Enzyklika *Sollicitudo rei socialis* geißelte er in gleicher Weise den «marxistischen Kollektivismus des Ostens» und den «liberalistischen Kapitalismus des Westens». Schon als Krakauer Erzbischof hatte er von der Verführungskraft des praktischen Materialismus im Westen gesprochen. Entsprechend konnte der Zusammenbruch der kommunistischen Regime 1989/90 für den Papst keinen Sieg auf der ganzen Linie bedeuten, sondern nur die Lösung eines – wenn auch wichtigen – Problems. Im Jahre 1988 schien die Lage im Osten aber noch ganz offen.

Erst Ende August 1989 beantwortete der Kremlchef den Privatbrief des Papstes mit den Worten: «Wir öffnen uns für die Welt und sind überzeugt, dass gegenseitige Öffnungen ein neues Klima schaffen». Gorbatschov eilte Anfang Dezember sogar in einer spektakulären Privataudienz in den Vatikan, als außerhalb

Repräsentanten zweier
Mächte im Gespräch:
der sowjetische Staatspräsident Gorbatschov und Papst
Johannes Paul II. (1988)

der UdSSR eigentlich schon das Wichtigste vorbei war: Die Entwicklung in der Sowjetunion hatte in den Staaten Ostmitteleuropas zahlreiche oppositionelle kulturelle Zirkel und politische
Dissidenten motiviert, offen die friedliche Konfrontation zwischen «Staat» und «Zivilgesellschaft» zu suchen.

In Polen vollzog sich seit Anfang 1989 unter reger Beteiligung
der Kirche der Untergang des kommunistischen Herrschafts-
systems gleitend, als die Idee des «Runden Tisches» Mitglieder der Regierung und der Opposition gleichberechtigt zu-
sammenführte. Freie Neuwahlen im Juni 1989 brachten im August den ersten nichtkommunistischen Ministerpräsidenten der
Volksrepublik Polen, Tadeusz Mazowiecki, den engsten Berater
Wałęsas, an die Regierung; Ende des Jahres war nominell das
sozialistische Trauma vorbei. Ungarn hatte bereits seit Mai
1988 einen eigenständigen wirtschaftlichen Reformkurs eingeschlagen und auch außenpolitisch 1989 sehr selbständig agiert,
sodass der gewaltlose Systemwechsel durch die Parlaments-
wahlen vom März 1990 besiegelt wurde. In der Tschechoslo-

wakei schwenkte die kommunistische Führung des Landes seit
Ende 1989 auf den Reformkurs Gorbatschows ein; er wurde
begleitet von Großdemonstrationen in Prag und Bratislava, die
die Staatsführung im November 1989 zum Rücktritt zwangen.
In der neuen Bundesregierung vom 10. Dezember 1989 waren
dann keine Kommunisten mehr vertreten. Etwa gleichzeitig
war auch das Ende der DDR gekommen, das durch Montags-
demonstrationen, Massenausreisen und die versehentliche Öffnung der Mauer in der Nacht vom 9. zum 10. November 1989
eingeleitet wurde. In jener Nacht erfüllte sich an der dramatischsten Nahtstelle zwischen Ost und West, an der Mauer in
Berlin, der Wunsch des Papstes nach Öffnung und Begegnung.
Am 18. März 1990 wählte die DDR ihr erstes freies Parlament.
Bis Ende 1990 folgten dann auch alle übrigen Staaten des Warschauer Pakts den mitteleuropäischen Vorreitern. Bundeskanzler Helmut Kohl urteilte rückblickend über die Bedeutung des
Papstes: «An der Überwindung der totalitären und glaubens-
feindlichen Ideologie, durch die unser Kontinent und unser
Land geteilt wurden, hat er einen entscheidenden Anteil.»
   Die ersten Erfolge stellten sich für den Papst sofort ein: Bis
zum Sommer 1990 konnte die römische Kurie alle verwaisten
Bischofssitze in Osteuropa besetzen, sei es in Rumänien oder
der Ukraine. Doch er sah auch die Gefahren, die er schon seit
Jahren klar benannt hatte. Im Frühjahr 1990 betrat er erstmals
ein postkommunistisches Land, die Tschechoslowakei, wo er
die Einheit des christlichen Europa beschwor und vor dem praktischen Materialismus sowie dem religiösen Indifferentismus
warnte. Selbst bei seiner nächsten Reise in sein Heimatland rief
der Papst zwischen Freude und Zukunftssorgen dazu auf, in
einem freien und pluralistischen Staat nicht auf moralische Normen in der Gesetzgebung und im öffentlichen Leben zu verzichten. Angesichts des gesellschaftlichen und politischen System-
wandels – 1991 lebten rund 25 Prozent der Bevölkerung unterhalb der Armutsgrenze – solle die «Verfügungsgewalt über das
Eigentum nicht missbraucht» werden. Ein Antikommunist und
Wirtschaftswissenschaftler fragte sich angesichts noch deut-
licherer Worte, ob der Papst nicht die Fronten gewechselt habe

und von einem antisozialistischen Kämpfer zu einem «Wirtschaftskommunisten auf dem Papstthron» mutiert sei. Beides ist sicher falsch, denn Johannes Paul II. blieb seiner Linie seit seiner Krakauer Zeit treu. Die Ebenen müssen hier nur differenzierter betrachtet und der gesellschaftspolitische Kontext seiner Äußerungen berücksichtigt werden. Dass der Papst keineswegs die Fronten gewechselt hatte, wurde beim Besuch Kubas, eines der letzten kommunistischen Länder der Welt, 1998 deutlich. Wie in alten Zeiten ging er bei seinen Ansprachen und Botschaften von den Menschenrechten und der Freiheit der Religionsausübung aus: «Verschiebt den Aufbau einer neuen Gesellschaft [...] nicht auf morgen!» Der Papst sprach von Demokratie und Freiheit sowie den – auch wirtschaftlichen – Problemen Kubas, die das Ergebnis eines Systems seien, das die Würde der menschlichen Person leugne. Zu diesen Problemen gehörte auch die Unterdrückung der katholischen Kirche, die bar ausreichender Mittel und Priester war. Der Anteil der Katholiken an der Gesamtbevölkerung war auf ca. 40 Prozent gesunken.

Inzwischen, im Dezember 1991, war die Sowjetunion auseinandergefallen. Ihr Reformer war zu ihrem Totengräber geworden. Nicht nur die Eigendynamik der sozialistischen Bruderländer überrollte ihn, sondern auch die innenpolitische Situation des maroden Staatsapparats. Nach seinem Rücktritt äußerte Gorbatschov im März 1992: «Alles, was in den letzten Jahren in Osteuropa geschah, wäre ohne die Gegenwart dieses Papstes nicht möglich gewesen.» Dieser «Held des Westens» besuchte Johannes Paul fast jährlich, wenn er sich in Rom aufhielt. Der Papst nannte ihn «einen Mann der Vorsehung», der gegen den eigenen Willen die Sowjetunion auseinanderbrechen sah: ein Faktum, das dem polnischen Papst durchaus recht war – galt es doch, genuin katholische Länder wie etwa Litauen und die westliche Ukraine aus dem russischen und orthodoxen Machtbereich zu befreien.

So wurde 1989 für den Papst ein ertragreiches, aber auch ein sehr arbeitsreiches Jahr, in dem für ihn die Macht Gottes in der Geschichte spürbar wurde. Diplomatische Beziehungen wurden aufgenommen, Kirchenstaatsverträge ausgehandelt und die unterdrückten, mit Rom verbundenen Kirchen zu neuem Leben erweckt. Neue Bischöfe wurden eingesetzt und Widerstandskämpfer mit geistlichen Würden ausgezeichnet. Mit den Jahren kam aber auch die ganze Problematik der staatsnahen Priester und Bischöfe ans Licht, die teilweise ihre eigenen Amtsbrüder ausspioniert hatten. Selbst im Vatikan wurden nun Spitzel enttarnt, die allerdings – soweit bisher bekannt – keinen direkten Zugang zum Papst hatten.

Eine durchweg positive Bilanz der Wendezeit konnte der Papst allerdings auf dem Gebiet der katholischen Soziallehre ziehen. Nach dem Scheitern der sozialistischen Kommando- und Staatswirtschaft hatten sich marktwirtschaftliche und soziale Prinzipien nahezu überall durchgesetzt – nicht zuletzt dank des unermüdlichen Bemühens der Kirche seit dem 19. Jahrhundert. 1991 konnte Johannes Paul dann auch an die Pionierleistungen seines Vorgängers genau 100 Jahre zuvor erinnern, die in der Enzyklika *Rerum novarum* niedergelegt waren. Bereits damals hatte sich Leo XIII. für die Anerkennung der Personwürde und der Solidarität im Arbeitsprozess ausgesprochen. Vierzig Jahre später kam das Subsidiaritätsprinzip in der lehramtlichen Verkündigung der Kirche hinzu, das heute als «Kronjuwel der katholischen Soziallehre» (Jan Ross) weltweite Beachtung findet. Angesichts solcher Erfolge konnte der Papst in durchweg hellen Farben seine Jubiläums-Enzyklika *Centesimus annus* abfassen, die den Menschen und die Gesellschaft in den Mittelpunkt rückte und das sozialistische Wirtschaftssystem als erwiesenen Irrweg brandmarkte.

Im Juni 1996 war es endlich soweit: Bei seinem dritten Deutschlandbesuch durchschritt der Papst das Brandenburger Tor, das nach 1945 zum Symbol der deutschen Teilung geworden war. Mit diesem Moment kam für ihn die verhängnisvolle in Jalta zementierte Aufteilung Europas in zwei sich befehdende, separierte Blöcke symbolisch zum Abschluss: «Das ist das Ende des Zweiten Weltkriegs.» Gegenüber Helmut Kohl äußerte er sichtlich bewegt: «Herr Bundeskanzler, das ist ein großer Augenblick in meinem Leben. Ich stehe mit Ihnen, dem deutschen Bundeskanzler, am Brandenburger Tor, und das Tor ist offen.

Die Mauer ist gefallen, Berlin und Deutschland sind nicht mehr
geteilt. Und Polen ist frei.» Bundeskanzler und Bundespräsident
dankten für das päpstliche Engagement beim Wiedervereini-
gungsprozess. Und noch 2005 erinnerte Bundespräsident Horst
Köhler mit größerem Abstand anlässlich des 25-jährigen Beste-
hens der Solidarność an die geopolitische Situation der achtziger Jahre: «Dass Polen das kommunistische Joch abgeworfen
hat, war eine Voraussetzung für die Einheit Europas und damit
für die Einheit Deutschlands.»

7. Dialog mit anderen Religionen

Wie vieles aus dem Programm Johannes Pauls II., so lässt sich
auch die Annäherung der katholischen Kirche an andere Glaubensgemeinschaften mit seiner Millenniumsvision in Verbindung bringen. Kein Papst vor ihm hat so konkret den Dialog
gesucht. War – ganz grob gesprochen – das erste Jahrtausend
die Ära der Einheit des Christentums, das zweite die Zeit der
Teilungen und Trennungen, so sollte das dritte diese Einheit
wieder herstellen. Die Einheit der Menschheit war auch nach
dem Zusammenbruch des Kommunismus zum Greifen nahe,
die Problematik durch religiös motivierte Aggression vor dem
11. September 2001 noch nicht virulent. Das Millennium gab
somit den Hintergrund für eine neue und eindringliche Suche
nach der Einheit der Christen und auch der Einheit der Religionen ab. Der Weg dorthin war bereits durch das II. Vaticanum
gewiesen, das für den damaligen Erzbischof von Krakau eine
erste große Offenbarung bedeutete: Die Konzilsväter sprachen
erstmals vom eigenen Bemühen bei der «Wiederherstellung der
Einheit aller Christen» und nicht mehr von der Rückkehr der
Getrennten zur Römischen Kirche. Ferner bekannte sich die
Kirche auf dem Konzil zur Religionsfreiheit und zur Toleranz
auch gegenüber nicht-christlichen Religionen. Johannes Paul
hat diesen Weg konsequent und aktiv beschritten wie keiner sei-

ner Vorgänger. Seine Enzyklika *Ut unum sint* (1995) stellte darüber hinaus die besondere Bedeutung des ökumenischen Anliegens heraus. Hochrangige interkonfessionelle und interreligiöse Treffen und Gespräche sind längst nichts Außergewöhnliches mehr, so wie auch der Papst bei seinen Auslandsreisen stets den Kontakt zu dortigen Religionsführern suchte. Johannes Paul stellte sogar die derzeitige Form der Primatsausübung des Papstes zur Diskussion, betonte aber immer wieder, dass der Bischof von Rom der «sichtbare Bezugspunkt der Einheit» unter den Kirchen sei. Ermutigendes und greifbares Ergebnis des ökumenischen Gesprächs mit den Protestanten war die spektakuläre *Gemeinsame Erklärung zur Rechtfertigungslehre*, die einen wichtigen Anlass zur protestantischen Abspaltung im 16. Jahrhundert geliefert hatte. Am Reformationstag (31.10.) des Jahres 1999 unterzeichneten Vertreter des Lutherischen Weltbundes und der Römisch-Katholischen Kirche im symbolträchtigen Augsburg das relativ kurze Papier, dem allerdings von jeder Seite ein anderer Anhang folgte. Misstrauen und Verwirrung im ökumenischen Gespräch verursachte dann aber vor allem die Erklärung der Glaubenskongregation *Dominus Jesus* aus dem folgenden Jahr, die allen christlichen Gemeinschaften außer der katholischen Kirche das Prädikat «Kirche» absprach. Viele kritisierten, dass dieser von Kardinal Ratzinger unterschriebene Text einen inhaltlichen Rückschritt gegenüber dem II. Vaticanum markiere und wieder einmal zeige, dass der Vatikan mit mehreren Stimmen spreche. Das ist nicht nur eine typische Eigenschaft einer Großinstitution, sondern auch bezeichnend für den Führungsstil von Johannes Paul, der innerhalb des vatikanischen Apparats Verantwortung übertrug und nicht autokratisch vorging. Stattdessen wartete der Papst auf den rechten Augenblick, den *kairos*, auch im ökumenischen und interreligiösen Gespräch, ohne mutlos zu werden. Außerdem zeigte sich, dass Vorgänge innerhalb der katholischen Kirche die Annäherung der christlichen Kirchen untereinander erschwerten: Päpstliche Äußerungen zur Sexualmoral wurden beispielsweise von etlichen anderen christlichen Gemeinschaften nicht mitgetragen, und verschiedene römische Bischofsernennungen belasteten das gewachsene vertrauensvolle Klima. Auf der anderen Seite hatte sich der Weltprotestantismus seit den sechziger Jahren erheblich verändert: Evangelikale und Pfingstbewegungen (besonders in den USA) nahmen innerhalb des protestantischen Lagers rapide zu, ohne erkennbar in das ökumenische Gespräch mit der katholischen Kirche integriert werden zu wollen. Auch der beim Besuch des Papstes in Genf 1984 aufgenommene Dialog mit dem Weltkirchenrat führte zu keinen substanziellen Ergebnissen. Außerdem stellten Neuerungen in der anglikanischen Kirchenstruktur erhebliche Belastungen für das theologische Gespräch dar: Der 1982 mit dem Besuch des Papstes in Canterbury hoffnungsvoll begonnene Dialog stockte bereits Mitte der achtziger Jahre. 1994/95 wurde dann die Frauenordination von Rom kategorisch ausgeschlossen, als die Kirche von England begann, Frauen zum Priestertum zuzulassen. Das war vielleicht das vor allem innerhalb der eigenen Reihen umstrittenste Lehrschreiben seines Pontifikats. Hier wird deutlich, dass für den Papst die Theologie den Vorrang einnahm und die Voraussetzung für die gemeinsame Praxis bildete. Das meinte Johannes Paul auch mit Dialog der Wahrheit! Aus dieser Sicht konnte er nicht auf den Vorschlag des Generalsekretärs des Ökumenischen Rates in Genf eingehen, der 1984 forderte, «die Phase der formalen Zusammenarbeit» zu überwinden und zu «konkreten Akten des Gehorsams gegenüber dem Evangelium» überzugehen. Bei aller theologischen Differenzierung argumentierte der Papst jedoch, dass die *communio* (Gemeinschaft) aller Christen nie ganz zerbrochen sei; sie gelte es durch ökumenische Annäherung vollständig auszudrücken, auch um der Einheit des Menschengeschlechts willen.

Schwierigkeiten bahnten sich auch mit den orthodoxen Kirchen an, vor allem nach dem Zusammenbruch des Kommunismus, als man sich leichtere Fortschritte erwartete. Schon im November 1979 reiste der Papst nach Istanbul und wollte auch nach Moskau, was ihm aber zeitlebens verwehrt blieb. Unzweifelhaft sah er die größte Nähe seiner Kirche zur Orthodoxie. Bei den Gesprächen mit den Ostkirchen halfen ihm seine stupenden Sprachkenntnisse: Er beherrschte Russisch und Ukrainisch, ver-

stand selbst Rumänisch und Bulgarisch. In Konstantinopel
setzte man zwei Kommissionen ein für den Dialog mit der gesamten Orthodoxie, und der Papst gab hier seiner Vision Ausdruck, dass «die Morgendämmerung dieses neuen Jahrtausends
über einer Kirche anbreche, die zu ihrer vollen Einheit gefunden hat». Mit der Orthodoxie stimmte der Papst darin
überein, dass es auch hier einen Dialog der Wahrheit geben
müsse, doch behinderten nach der politischen Wende traditionelle Animositäten und Eifersüchteleien wegen der Rückgabe
von Kirchengütern und vermeintlicher katholischer Missionierung in den westlichen GUS-Staaten, vor allem der Ukraine,
sowie in Südosteuropa ökumenische Gespräche und Treffen.
Wenige Jahre später schienen die großen Hoffnungen verpufft
zu sein; das ökumenische Klima hatte sich deutlich abgekühlt.
Doch der Papst versuchte immer wieder durch Gesten, Botschaften und Bitten um Vergebung (1991–1994), den Dialog
in Gang zu bringen, und lancierte 1994 die Idee einer gesamt-
christlichen Begegnung im Heiligen Land im Jahr 2000, die
dann allerdings nicht zustande kam. 1991 verweigerten ortho-
doxe Kirchen die Teilnahme an der römischen Sondersynode
für Europa. Als dann 1997 aufgrund von Ungeschicklichkei-
ten auf beiden Seiten Treffen des Papstes mit dem Moskauer
Patriarchen und dem von Konstantinopel abgesagt wurden, erreichten Misstrauen und Empfindlichkeiten einen Höhepunkt.
Bei seinem Besuch im Heiligen Land im Jahre 2000 verwei-
gerte die griechisch-orthodoxe Mönchsgemeinschaft des Ka-
tharinenklosters am Sinai dem Papst sogar das gemeinsame Gebet.

Gegenüber der jüngsten Abspaltung von der römischen Kirche, den Traditionalisten unter Bischof Marcel Lefebvre, ver-
fochten der Papst und Kardinal Ratzinger theologisch eine harte
Linie, als es 1988 durch neue Bischofsweihen zum Aufbau einer
eigenen traditionalistischen Hierarchie kam und Lefebvre
plötzlich seine Zustimmung zum Anfang Mai ausgehandelten
Versöhnungsdokument zurückzog. Wenige Tage nach der Weihe wurden die Anhänger Lefebvres exkommuniziert, den Rück-
kehrwilligen allerdings «unter Wahrung ihrer geistlichen und

liturgischen Traditionen» eine eigene Priesterbruderschaft zuge-
sprochen.

Kurz vor der Jahrtausendschwelle musste der Papst einsehen,
dass seine nahen Visionen von der Einheit der Christen nicht zu
verwirklichen waren, und das, obgleich an der Basis vielfach,
wenn auch unkritisch und häufig wenig fundiert, Ökumene
praktiziert und für den Theologenstreit unter den geistlichen
Führern immer weniger Verständnis aufgebracht wurde. Ent-
mutigung oder Ermattung erkannte man beim Papst bis zuletzt
in diesen Fragen allerdings kaum, es sei denn, sie waren gesund-
heitsbedingt. Das junge Jahrtausend brachte dann auch etliche
ermutigende Zeichen dafür, dass die Saat zögerlich aufging. So
wurde beispielsweise im Frühjahr 2001 in Athen eine gemeinsame Erklärung des Papstes und des griechisch-orthodoxen Patriarchen unterzeichnet, die noch vor Jahren undenkbar gewesen wäre.

Auf der anderen Seite bedeutete sein ehrlicher Einsatz für
Glaubensgespräche und die Annäherung der Glaubensgemeinschaften keineswegs einen Verzicht auf Mission. Katholische
Evangelisierung in vielen Teilen der Welt als Glaubensangebot
ist von ihm eher noch forciert worden, was besonders in den
konfessionell gemischten Regionen das Gespräch mit den Orthodoxen belastete. Durch seine Enzyklika *Redemptoris missio*
(1991) stellte er den unmittelbaren Missionsauftrag der Kirche
heraus, der neben der Glaubensverbreitung auch den Einsatz
für die Menschenrechte und die Umwelt einschloss. Er selbst
hat diese Missionierung, die nun auch dem die christlichen Wurzeln vergessenden Europa galt, mit seinen zahlreichen Pastoralvisiten in alle Welt begleitet und persönlich befördert.

Sein zutiefst politisch und universell ausgerichtetes Pontifikat
ließ den Papst immer wieder das Gespräch auch mit anderen
Religionen suchen. Nach seinem Amtsverständnis endete sein
Auftrag nicht an den Kirchentüren oder den Grenzen der katholischen Kirche. Er wandte sich an die ganze Welt! Der Islam war
dabei einer seiner wichtigsten Gesprächspartner – nicht nur wegen des vom Vaticanum geforderten Dialogs mit den nicht-
christlichen Religionen, sondern auch, weil Katholiken in den

islamischen Ländern zunehmend bedrängt wurden. Auch hier erklärte Johannes Paul nach außen solche Kontakte zur Chefsache und setzte ganz persönlich durch Gesten, Begegnungen und Reisen Zeichen der Gesprächsbereitschaft. Im August 1985 sprach er in Casablanca vor 50 000 islamischen Jugendlichen als einfacher Glaubender über humane Werte. Er appellierte an die Muslime, die Erfahrungen der Vergangenheit beiseite zu lassen, sich als Glaubende gegenseitig zu respektieren und sich für Einheit und Frieden einzusetzen. Bereits hier bat er um Vergebung und Versöhnung, um sich gemeinsam in den Dienst an der Bewältigung der virulenten Weltprobleme zu stellen. Er tat dies nicht als Übervater, sondern wandte sich an «die große Familie der Glaubenden» im Namen der Zusammengehörigkeit aller Menschen. Als gemeinsame Basis beider Weltreligionen – wie auch des Judentums – erkannte er den Schöpfergott, dessen Souveränität und die Verteidigung der Würde des Menschen sowie die Berufung auf Abraham als den Vater aller Glaubenden. Johannes Paul II. ging in seiner gestenreichen Art sogar so weit, im Juni 1997 den Koran zu küssen und als erstes katholisches Oberhaupt im Mai 2001 in Damaskus eine Moschee zu besuchen. Konservative Kreise in der katholischen Kirche waren geschockt und warnten vor dem Eindruck, dass die theologischen Unterschiede zwischen den Religionen unbedeutend und alle Glaubensgemeinschaften mehr oder weniger gut und lobenswert erscheinen könnten. Aber auch von anderer Seite wurde ihm seine konstante Dialogbereitschaft nicht leicht gemacht: So kamen bei seiner Pastoralreise nach Nigeria 1982 die muslimischen Vertreter ganz unvermittelt nicht zum Treffen, ähnlich wie in Nairobi 1995; im Mai 1996 hatte zum Beispiel eine bewaffnete islamische Gruppe in Algerien sieben Mönche ermordet, worauf der Papst sofort öffentlich mit dem Appell für Frieden und Versöhnung reagierte. Islamische Radikale beargwöhnten dagegen jeden Besuch von Johannes Paul II. in einem muslimischen Land als neuen Kreuzzug.

Seine islamischen «Brüder», wie der Papst die Muslime von Anfang an als Ausdruck des persönlichen Vertrauens nannte, lud er dann auch 1986 zu einem Gebetstag nach Assisi ein. Hier

wurde der Radius des gemeinsamen Tuns und Betens auf alle
wichtigen Weltreligionen ausgedehnt: Am 27. Oktober 1986
kamen Imame, Rabbiner, Schintoisten, Sikhs, Parsen und Bischöfe verschiedenster Bekenntnisse zusammen, um für den
Frieden zu beten. Der Ort war Programm und Symbol – erinnert er doch an den hl. Franziskus, der im 13. Jahrhundert zu
Armut, Demut und Gewaltlosigkeit aufgerufen hatte. Die Idee
eines solchen Treffens, die ursprünglich nicht vom Papst aus-
ging, hatte seit 1968 ein immer stärkeres Echo bei den Reli-
gionsgemeinschaften gefunden, sodass Johannes Paul II. bei
dieser spektakulären Geste mit einem Erfolg rechnen konnte. Er
baute darauf, dass die religiösen Traditionen der Welt «tiefe
Quellen und Mittel» für den Umgang mit internationalen Kon-
flikten besäßen. Unzweifelhaft ging es ihm bei diesen interreligiösen Allianzen um die Gewissensbildung, an der die Glaubensgemeinschaften traditionell bedeutenden Anteil haben. Ein
weiteres wichtiges Element war für ihn das Gebet, das die Religionen als Glaubens- und Lebensschule vermitteln. Tatsächlich
verlief die Zusammenkunft ohne Zwischenfälle und fand weltweite Aufmerksamkeit, wie sie bislang noch keine interreligiöse
Versammlung erlangt hatte: 32 christliche, zwei jüdische und
26 nichtchristliche Organisationen in hochrangiger Vertretung
– sieht man einmal vom Islam und Hinduismus ab – kamen
nach morgendlichem Fasten zunächst zu einem Empfang durch
den Papst zusammen. Das Kirchenoberhaupt nahm in der Mitte
eines Halbkreises zwischen dem Vertreter des Patriarchen von
Konstantinopel und dem Dalai Lama Platz. Alle betonten, Tren-
nendes in Vergebung und Liebe überwinden zu helfen. Dann
gingen die Religionsvertreter für zweieinhalb Stunden auseinander, um in zwölf getrennten Gruppen in ihrem eigenen Ritus für
den Frieden zu beten. Diese Trennung in zwölf Versammlungen
sollte dem Vorwurf vorbeugen, der Papst betreibe mit diesem
Friedensgebet religiösen Synkretismus, denn die Gottesvorstel-
lungen von Hindus und Christen beispielsweise liegen sehr weit
auseinander. Kritik an einem solchen Gebetstreffen war ja bereits in der Vorbereitungsphase vor allem aus der Römischen
Kurie gekommen. Am Nachmittag kamen die Repräsentanten

nach einer kleinen Wallfahrt vor der unteren Basilika von San
Francesco zu einer dreistündigen ökumenischen Feier im Freien
zusammen, bei der jeder ein Gebet in seiner Sprache vortrug.
Danach herrschte Stille. Die Gebete wurden begleitet von jeder
Art der Friedensymbolik (Olivenzweig, Friedenspfeife, Tauben,
Umarmungen etc.), die dem farbenfrohen Ereignis noch einen
weiteren folkloristischen Akzent gaben. In seiner Schlussan-
sprache betonte der Papst nochmals das große Gut des Friedens
als wichtigen Auftrag aller aufrichtigen Gläubigen. Er vermied
geschickt jede Art von Vorrang irgendeiner Religion und verstand den Tag von Assisi als einen Akt der Buße angesichts der
zahllosen Religionskriege in der Geschichte. Abschließend appellierte er an die Staatenlenker, sich der tatsächlichen Alternative – wahrer Friede oder katastrophaler Krieg – zu stellen.
Dazu hatte der Papst über seine Nuntiaturen weltweit zu einem
«allgemeinen Waffenstillstand» wenigstens für den 27. Oktober
aufgerufen, der jedoch nur in Mittelamerika tatsächlich befolgt
wurde. Wie so oft hatte Johannes Paul, der von einer tiefge-
henden Wirkung der Worte und Gesten ganz überzeugt war, im
politischen Tagesgeschehen kaum Erfolge erzielen können. Sein
politischer Friedenswille, verknüpft mit der Annäherung der
Religionen, war jedoch ungebrochen: Johannes Paul II. ließ das
Gebetstreffen in Assisi angesichts der Nachfolgekriege im ehemaligen Jugoslawien im Januar 1993 und nach dem Attentat
vom 11. September 2001 im Jahr darauf wiederholen und hat
zusätzlich 1999, an der Schwelle zum neuen Jahrtausend, zu
einer weiteren Zusammenkunft aller wichtigen Weltreligionen
nach Rom eingeladen, ohne jedoch das Medieninteresse von
1986 zu erreichen. Zweifellos ging es dem Papst um den religiösen Faktor im politischen Handeln. Er wollte durch medial
inszenierte Zusammenkünfte der Weltreligionen das ethische
Gewissen der Entscheidungsträger schärfen und die Glaubensgemeinschaften angesichts der moralischen Herausforderungen
einerseits und der überall zunehmenden Säkularisierungstendenzen andererseits wieder deutlich ins Spiel bringen. Neben
den medienwirksamen Elementen Wort und gemeinsames Auftreten hatte man sich in Assisi auf die in allen Religionen be-

kannten zentralen Übungen Gebet, Wallfahrt und Fasten geeinigt, die vor Ort von allen persönlich praktiziert wurden.

Bei den Begegnungen mit islamischen Vertretern bildete die Friedensbotschaft des Papstes immer wieder die Grundlage der Gespräche. Dabei trat er scharf terroristischer Gewaltanwendung entgegen; niemals dürfe Aggression mit religiösen Argumenten begründet werden, da Gewalt das Bild Gottes im Menschen zerstöre. Entsprechend müssten die jungen Menschen Wege des Respekts und des Verständnisses lernen. Aber auch nach dem Terror-Anschlag auf das World-Trade-Center in New York 2001 warnte der Papst vor einer pauschalen Gleichsetzung von Muslimen mit Terroristen und ließ das Gespräch mit islamischen Vertretern nicht abreißen. Nach seinem Besuch in der wichtigsten islamischen Lehrstätte, der al-Azhar-Universität in Kairo, wo er im Februar 2000 auch einen der herausragenden Vertreter des sunnitischen Islams traf, konnte er diesen zu einem spontanen Gewaltverzicht bewegen. Ganz auf dieser Linie und völlig überzeugend bemühte sich der Papst angesichts der Irak-Krise 2002/2003 öffentlich und diplomatisch intensiv um die Abwendung eines Krieges des Westens gegen den muslimisch geprägten Staat. Die Welt bekundete gegenüber dieser Friedensinitiative Respekt, ohne dass jedoch der Krieg vermieden worden wäre.

Auf dieser Ebene konnten auch Kontakte zum Buddhismus gelingen. Vor allem mit dem Dalai Lama hat Johannes Paul mehrfach über politische und religiöse Fragen gesprochen. Das Oberhaupt des tibetischen Buddhismus äußerte bei seinem Besuch in Rom 2003: «Mein Hauptinteresse, mein Hauptzweck oder -ziel ist es, menschliche Werte und die Harmonie der Religionen zu fördern.» Entsprechend zollte er bei jenem Besuch den Friedensinitiativen und der interreligiösen Dialogbereitschaft des Papstes Respekt und Bewunderung. Allerdings blieben solche Gespräche stets durch die politischen Probleme des seit 1959 von China besetzten Tibet überschattet. Da die Volksrepublik alle Kontakte des Dalai Lama argwöhnisch beobachtete, musste sich der Papst bei der Form der Zusammenkünfte Zurückhaltung auferlegen, um keine Sanktionen gegen die chinesischen Katholiken zu riskieren, die dort ohnehin unter schwierigen kirchenpolitischen Bedingungen leben müssen. Mit anderen buddhistischen Gesprächspartnern war der Dialog ungleich schwieriger. So nahm man dem Papst 1995 in Sri Lanka eine Passage seines Buches «Die Schwelle der Hoffnung überschreiten» übel und erschien nicht zu einem Treffen.

Sehr kompliziert gestaltete sich auch das Gespräch mit dem Judentum, das hauptsächlich durch die Gräuel des Dritten Reiches belastet war. Da die ursprünglich positive jüdische Haltung gegenüber Pius XII. und der Stellung der Kirche unter den Nationalsozialisten in den sechziger Jahren gekippt war, hatte es der Papst nun schwerer, die gemeinsamen Wurzeln zu betonen und zu einer echten Versöhnung zu gelangen. Dabei war sein Einsatz für seine «älteren Brüder im Glauben», wie Johannes Paul die religiösen Juden nannte, bereits in seiner Biographie vorgezeichnet und durchaus authentisch. 1986 besuchte er als erster Papst die römische Synagoge, umarmte den dortigen Oberrabbiner, brachte seine Abscheu vor Antisemitismus und Holocaust zum Ausdruck und bedauerte die Unterdrückung der Juden, für die etliche seiner Vorgänger verantwortlich zeichneten. Beharrlich nahm er aber von dieser Entschuldigung Pius XII. aus, der während des Weltkriegs in vielen Ordenshäusern und selbst auf päpstlichen Territorien Juden versteckt hatte. Der Vorsitzende der jüdischen Gemeinde und der Oberrabbiner erinnerten dagegen an das «Schweigen» Pius' XII. gegenüber dem Holocaust und forderten außerdem von Johannes Paul die Anerkennung des Staates Israel. Diese zentralen Gesprächspunkte wurden erst vertieft, als Anfang der neunziger Jahre der Papst seine Dialogbereitschaft intensivierte, die ihm ein ganz persönliches Anliegen war und von seinen jüdischen Freunden unterstützt wurde. Die gemeinsamen Wurzeln beider Weltreligionen, der Ein-Gott-Glaube und die Zehn Gebote als fundamentaler Moralkodex, waren die theologisch-ethische Grundlage der Gespräche mit jüdischen Repräsentanten, und der Papst erhoffte sich auf theologischer Ebene ein gemeinsames Nachdenken über den Begriff «auserwähltes Volk», der im Eintreten für die von Gott garantierte Würde des Menschen auch als

«Licht für die Völker» gedeutet werden könne. Tatsächlich drang er mit diesem theologisch-ethischen Anliegen bei seinen Gesprächspartnern aber nicht durch.

Zum Abschluss der europäischen Synode in Rom 1991 bat der Papst in einem öffentlichen Gottesdienst um Vergebung für die Passivität der Christen angesichts des Holocausts und bekundete zwei Jahre später seine «tiefe Solidarität mit jenem Volk», das «unerhörte Verbrechen gegen Gott und gegen den Menschen» erlitten habe. Ende des gleichen Jahres unterzeichnete er ein Übereinkommen, das die Anerkennung des Staates Israel vorsah und zur Aufnahme von diplomatischen Beziehungen im nächsten Jahr führte. Gleichzeitig sah der seit 1991 mühsam ausgehandelte Grundvertrag den Schutz der christlichen Stätten, Religionsfreiheit und die Sicherung gesetzlicher Rechte für die Christen im Heiligen Land vor. Bereits die Verhandlungen zeigten, dass Israel ausschließlich politische Interessen verfolgte, während es dem Papst um eine historische Korrektur und den Schutz katholischer Einrichtungen in Israel ging. Die Rechnung des Pontifex ging jedoch nicht ganz auf, denn auch die nächsten Jahre waren geprägt von einem massiven Wegzug der Christen aus dem Heiligen Land. Auch den Palästinensern gewährte der Papst 1995 ein diplomatisches Vertretungsrecht und sprach mit deren Präsidenten Jassir Arafat anlässlich seines Besuchs im Heiligen Land im März 2000, wo er auch an die Leiden der Palästinenser erinnerte. Schon 1982 hatte er Arafat empfangen und sich immer wieder für einen gerechten Ausgleich zwischen beiden Bevölkerungsgruppen eingesetzt.

1998 veröffentlichte die eigens im Vatikan gebildete Kommission für die religiösen Beziehungen zum Judentum eine Erklärung zur Shoa (*We remember*), die als «Schandfleck in der Geschichte», als «unsagbarer Frevel», als «fürchterlicher Völkermord und Gipfelpunkt des Verbrechens» gegeißelt wurde. Hier werden erstmals die «allgemeine Diskriminierung» in der Geschichte und der mangelnde Beistand von aufgehetzten Christen thematisiert, und es wird von einem Akt der Reue gesprochen. Aber auch die Vergebungsbitte des Papstes innerhalb einer gro-

ßen Bußfeier im Petersdom im Jahre 2000 stieß in der jüdischen
Welt nicht auf das erhoffte Echo, vor allem weil sich deren Kritik immer stärker auf das Verhalten Pius' XII. konzentrierte. In
der Verteidigung seines Vorgängers blieb aber Johannes Paul bis
ans Lebensende konsequent.

8. Europa und die Welt

Europa war für Johannes Paul stets von großem Interesses. Als
Pole hatte er nicht nur eine intensive Beziehung zu seinem
Vaterland, sondern auch zu seinem Kontinent. Dabei spielten
für ihn die christliche Prägung und die vielfältige europäische
Kultur eine grundlegende Rolle. Die Evangelisierung Europas,
schreibt er, habe «den Grundimpuls für die Zivilisierung ihrer
Völker und für ihre Kulturen gegeben». In Włocławek, während seiner Polenreise 1991, löste er sich von seinem Redemanuskript: «Die europäische Kultur wurde geschaffen von den
Märtyrern der ersten drei Jahrhunderte und von den Märtyrern
der letzten Jahrzehnte in Osteuropa.» Damit sagte er zweierlei:
Die Osthälfte des Kontinents gehört genauso zu Europa wie
der Westen; er partizipiert an seiner Kultur durch den Blutzoll
der Christen. Damit atmet das christliche Europa nach einem
vielgebrauchten Wort des Papstes mit zwei Lungenflügeln: dem
des Westens mit seiner frühen Christianisierung, seiner philosophisch-theologischen und kulturellen Blüte sowie seiner politischen Führungsrolle und wirtschaftlichen Stärke und dem des
Ostens mit Slawentum, Orthodoxie und Leidensmystik. Beide
zusammen machten Europa erst aus und brauchten sich gegenseitig, denn sie teilten sich das gemeinsame Erbe einer Wertege-
meinschaft. Von Anfang an warb der Papst dafür, die Osthälfte, die durch den Eisernen Vorhang im öffentlichen Bewusstsein des Westens in Vergessenheit geraten war, als integralen
Bestandteil des Kontinents anzusehen, wobei er besonders die
katholischen Staaten wie etwa Polen, die Slowakei und Litauen

traditionell nicht als Osteuropa verstanden wissen wollte, sondern als östliches Europa. Seine Wahl zum Papst empfand er als Symbol für die Reintegration dieser Osthälfte in den politisch wie wirtschaftlich führenden Westen. Nicht zuletzt deshalb kämpfte er für das Ende des Kommunismus und den Fall des Eisernen Vorhangs.

Nachdem dies Realität geworden war, stellte er unmittelbar vor dem Millennium Europa unter das Patronat von sechs heiligen Frauen und Männern, die im Osten und im Westen breite Verehrung genossen. Cyrill und Methodius stehen dabei sowohl für die Orthodoxie mit ihrer Schriftsprache wie für den europäischen Ostteil, während Edith Stein die jüdischen Wurzeln des Christentums verkörpert, Benedikt von Nursia den kulturtragenden Benediktinerorden, Birgitta von Schweden die Ehefrau und Mutter und Katharina von Siena Dialog und Friedensstiftung. Vor allem nach der politischen Wende warnte der Papst Ost und West vor den vermeintlichen Errungenschaften der westlichen Industriegesellschaft: «Nicht die Art von Freiheit, die uns der Westen liefert, sondern diese christliche Kultur, die sogar zum Opfer des eigenen Lebens für die anderen zu bewegen vermag, ist das Kriterium für die Einheit Europas. Was hat denn die europäische Kultur jenseits der christlichen Werte hervorgebracht? Nur eine einzige große Krise, eine Krise, die andauert und sich in unserer Zeit noch zuspitzt. Dieses tragische Jahrhundert hat sich Ideologien zurechtgemacht, nach denen ein Mensch dem anderen das Leben nehmen kann, nur weil er einer anderen Klasse angehört, einer anderen ethnischen Gruppe, weil er weiß oder schwarz ist, Jude, Pole oder Zigeuner. Eine Herrenrasse und eine Sklavenrasse. Von alledem müssen wir uns befreien», donnerte der Papst spontan in Włocławek. Und unter Ideologie verstand er keineswegs nur Faschismus und Kommunismus mit ihren Spielarten, sondern auch jede gottvergessene Absolutsetzung des Irdischen, die sich in egoistischer Selbstverwirklichung, im Liberalismus und Materialismus wie im kapitalistischen Wirtschaftssystem widerspiegeln kann. Scharf verurteilte er immer wieder die «aufklärerischen Denker», mit denen er Vertreter eines religiösen bzw. weltanschaulichen Indifferentismus und Pluralismus bezeichnete, die für das «kulturelle Drama» der letzten Jahrzehnte verantwortlich seien.

Er wandte sich damit auch gegen jede Art von Kulturimperialismus, der den vermeintlich Rückständigen die westliche Zivilisation aufzwingen will. Hier ist auch der unbedingte Schutz des ungeborenen Lebens zu verorten, der u. a. mit den Erfahrungen des Holocaust begründet wurde: Von Staats wegen, generalstabsmäßig geplant und letztlich auf Druck der reichen Industrieländer dürfe nicht in die ureigensten Belange von Familien und Völkern hineinregiert werden. Damit stilisierte er die Pille auch zum Zeichen der Unterwerfung unter das Wertesystem des Westens. Der Respekt vor der jeweiligen Kultur im Süden wie im Osten müsse gewahrt werden. Denn auch für die Länder, die ehedem hinter dem Eisernen Vorhang lagen, sah der polnische Papst die Hauptgefahr in der «Trübung der eigenen Identität». Dort habe der Sozialismus sogar dafür gesorgt, dass einige zentrale Werte des menschlichen Lebens im Bewusstsein der Bevölkerung nicht an Bedeutung verloren hätten, wie die menschliche Würde und deren Garant: Gott. Im Westen dagegen beobachtete der Papst eine negative Entwicklung, die nicht allein dem dortigen Christentum zuwiderlaufe, sondern auch andere Kontinente zu infizieren drohe: «Der europäische Atheismus ist eine Herausforderung, die man im Horizont eines christlichen Bewusstseins begreifen muss; er ist mehr eine Rebellion oder Treulosigkeit gegen Gott als eine schlichte Verneinung Gottes. Der Säkularismus, den Europa in der Welt verbreitet hat, auf die Gefahr hin, damit blühende Kulturen der Völker anderer Kontinente auszutrocknen, dieser Säkularismus speist sich aus dem biblischen Verständnis der Schöpfung und der Beziehung zwischen Mensch und Kosmos. Steht das Projekt einer wissenschaftlich-technischen Unterwerfung der Welt etwa nicht in der biblischen Tradition der Aufgabe, die Gott dem Menschen anvertraut hat?» Mit anderen Worten: Der Westen hat nicht nur sein Fundament verraten, sondern es gleichsam pervertiert und zu einem Zerstörungswerk benutzt.

Schon lange vor 1989 fürchtete der Papst eine Entchristlichung Europas, die im Westen bereits mit Händen zu greifen

war. Seit den siebziger Jahren nahm die Zahl der praktizie-
renden Katholiken in vielen westlichen Ländern radikal ab; seit
den Neunzigern verzeichneten selbst traditionell kämpferisch
eingestellte katholische Kirchen wie etwa die irische einen erd-
rutschartigen Rückgang an Priesterweihen und Ordensberu-
fungen. Es ist vielerorts kaum mehr möglich, von Volkskirchen
zu sprechen. Hinzu kam eine seit Ende der achtziger Jahre besonders in den deutschsprachigen Ländern sich öffentlich arti-
kulierende Laienbewegung, die sich für das Frauenpriestertum,
Demokratie in der Kirche und die Abschaffung der priesterlichen Ehelosigkeit (Zölibat) engagierte. Angesichts dieser innerkirchlichen Entwicklung, die ein vielfältiges und bis heute
nicht befriedigend erklärtes Ursachenspektrum hat, und der ste-
tig fortschreitenden Säkularisierung von westlicher Gesellschaft,
Politik und Weltbild mühte sich der Papst eindringlich, Europa
an seine christlichen Wurzeln zu erinnern. 1994 hielt er in seiner
Sommerresidenz Castel Gandolfo ein wissenschaftliches Sym-
posion ab, das als zentrales Moment die Erinnerung zur Identi-
tätsfindung des alten Kontinents herausstellte. Gedenken als
Grundvollzug liturgisch-kirchlichen Handelns forme auch die
persönliche wie kollektive Identität des Menschen. Daher liefen
auch der Vatikan und zahlreiche katholische Würdenträger un-
ablässig Sturm gegen einen europäischen Verfassungsentwurf,
in dem Gott keine Erwähnung fand.

Wesentlich ungeschminkter und heftiger als die Menschenrechtsverletzungen der Kommunisten geißelte Johannes Paul
nach 1989 die Negativeinflüsse der westlichen Industriegesellschaft auf den früheren Ostblock, besonders auf Polen. Natur-
gemäß war er über die Vorgänge in seiner Heimat sehr gut informiert, sodass er ein eher pessimistisches Bild des neuen Polens entwarf, das stark mit sozialen Problemen zu kämpfen hatte. Vieles entwickelte sich dort seiner Meinung nach zu langsam
und zu inkonsequent. Im Juni 1991 zeigten sich bei seinem Besuch in Polen deutliche Zeichen der Entfremdung. Statt lebens-
froher Ermutigung und kraftvollem Zuspruch hagelte es bittere
Warnungen vor einer freizügigen Wegwerfgesellschaft, vor Prostitution, Pornographie und vor allem vor der Abtreibung. Viele

verspürten eine große Distanz zu «ihrem» Papst und klagten über sein konservatives Weltbild. Die Medien transportierten fortan stereotype Meldungen über einen Papst, der sich gegen Pille und sexuelle Freizügigkeit aussprach; andere Themen wurden kaum noch differenziert übermittelt.

Im Deutschland der neunziger Jahre beherrschten vielfach die von der römischen Kurie gemaßregelten Kritiker wie Hans Küng und Eugen Drewermann in der Öffentlichkeit die Meinung über Papst und Kirche. Johannes Paul wurden Dogmatismus, laien- und frauenfeindliche Ansichten sowie reaktionäre Unbeweglichkeit in Glaubensfragen vorgeworfen. Der größte Teil seiner Botschaft erreichte den Adressaten gar nicht mehr. Hinzu kam, dass die Moraltheologie an Universitäten und Schulen nur noch schwach mit der kirchlichen Dogmatik und der Spiritualität der Gläubigen verknüpft war und die nachkonziliare kirchliche Verkündigung stärker die befreiende Botschaft von Jesu Liebe und Auferstehung in den Vordergrund stellte als Tugenden und Moralkodex.

Es kann also nicht verwundern, dass Johannes Paul relativ kurz nach der Wende, im Jahre 1993, mit seiner Enzyklika *Veritatis Splendor* die Grundlagen seiner Moraltheologie verkündete, die sich vordergründig an seine Bischöfe richtete, tatsächlich aber an alle Menschen, gleich welchen Bekenntnisses. Als erfahrener Seelsorger geißelte er nicht einfach Abwege und Exzesse der modernen Welt, sondern setzte Freiheit und ethische Wahrheit wieder in eine traditionell enge Beziehung zueinander, denn die Abkopplung der Freiheit von der Wahrheit führe zur Willkür. Ohne eine gemeinsame Übereinkunft zur ethischen Wahrheit über den Menschen, das Leben und die Gesellschaft bestimme nur noch der Wille zur Macht das menschliche Leben. Das bringe nicht nur Chaos und Tyrannei, sondern stelle auch die Freiheit umfassend in Frage. Außerdem wandte sich der Papst gegen die (post)modernen Vorstellungen, nach denen jede moralische Ordnung ein kulturspezifisches Konstrukt sei und jeder Mensch sich eigene Wahrheiten erschaffen könne. Tatsächlich, so behauptete der Papst, sei unsere Freiheit die Voraussetzung für jeden seriösen Begriff von «Moral», und sie beinhalte eine richtungweisende Dynamik zum Guten und Vortrefflichen hin. Damit überging er jedoch nicht per se die Pluralität der modernen Gesellschaft, sondern forderte diese heraus, in ein echtes öffentliches Gespräch über die Fragen der moralischen Wahrheiten einzutreten. Dabei ging er davon aus, dass in der *conditio humana* ein allgemeingültiges Gesetz verankert sei, das die Voraussetzung für die Verständigung von Menschen verschiedenster Herkunft und Lebenserfahrung biete. Auf diesem Fundament der allgemeinen menschlichen Natur könne ein neuer Humanismus errichtet werden, der die menschliche Würde zu schützen vermöge. Auf dieser Basis könne auch Konsens darüber erzielt werden, dass einige Handlungen an sich schlecht und böse seien, wie beispielsweise Genozid, Sklaverei, Prostitution und Kinderhandel. An die Seelsorge und deren Theoretiker gerichtet, verurteilte er die moralische Reduktion menschlichen Handelns auf Absichten und Resultate, die zu einem getrübten Blick auf die Realität des Bösen führten. Gerade diese Erkenntnis sei aber selbst für die breite Öffentlichkeit wichtig, denn aus dem Erkennen an sich böser Handlungen erfolgten Konsequenzen für die freie Gesellschaft. Und zum Aufbau von sittlichen Grundlagen einer wahrhaft freien Gesellschaft diene auch eine (katholische) Morallehre nicht, wenn sie von einem subjektiven Relativismus ausgehe und die ethische Relevanz nivelliere. Der Freiheit als autonomer Selbstbestimmung, die die Grenzen immer weiter hinausschiebt, wird demnach eine Absage erteilt. So bedeutete die Morallehre des Papstes eindeutig eine Verschärfung der modernen Moraltheologie, wie sie vor allem in den Ländern der westlichen Welt gelehrt wurde. Die konkreten Konsequenzen seiner Darlegungen machte der Papst beispielsweise an der Idee des Märtyrers fest, der bereit sei, eher zu sterben, als wissentlich Unrecht zu tun. Wenn auch nicht jeder zum Martyrium berufen sei, so doch zum Zeugen für die moralische Wahrheit.

Bereits vor der Enzyklika, die Kirche und Welt auf den rechten Kurs bringen wollte, erschien Ende 1992 der neue *Katechismus der katholischen Kirche*, eine vollständige und systematische Darlegung der christlichen Glaubens- und Sittenlehre der

Kirche. In Windeseile wurde das umfangreiche Buch in die Weltsprachen übersetzt, was nicht ohne Fehler und Aufregung über
die Wahl der Verlage vonstatten ging. Zudem bemängelte man
trotz der einfachen, eingängigen Sprache den Umfang des Best-
sellers, der für den Leser kaum zu bewältigen sei. Im Jahre 2002
wurde dann ein mit ca. 200 Seiten knapper, bebilderter Katechismus nachgeschoben, der die Glaubenswahrheiten der Kirche in
ihrer Schlichtheit auf den Punkt brachte. Alles diente dem küh-
nen Ziel, der Kirche Einheitlichkeit, Reinheit in der Lehre, gleichzeitig aber auch die notwendigen Impulse für eine Neuevangelisierung Europas zu verleihen und einem allmählich verblassen-
den Wissen über den Glauben an der Basis entgegenzutreten.

Viele westliche Moraltheologen empfanden vor allem die Enzyklika als legalistische Bevormundung und als einen Rückschritt. Etliche katholische Ethiker übten grundlegende Kritik
an der Enzyklika. Dem Papst hielt man entgegen, das ökumenische Gespräch zu belasten und die Entwicklung der Theologie
zu behindern. Vor allem debattierte man über die Relevanz des
Naturrechts als Basis für die päpstliche Moraltheologie. Ganz
offensichtlich wollte der Papst mit dem Rückgriff auf domi-
nikanische Theologie und den Einfluss Kardinal Ratzingers
manche nachkonziliaren Relativismen und «Abwege», die er als
Gefahren für die Kultur der freien Gesellschaft zu erkennen
glaubte, entlarven und eliminieren. Irrwege in der christlichen
Moraltheologie entdeckte der Papst jedoch schon viel früher,
nämlich in vorreformatorischer Zeit, als etwa der Nominalis-
mus Freiheit mit Willenskraft gleichsetzte; die Aufklärung habe
entsprechende Sichtweisen noch verschärft. So lag das «ethische
Paradies» Johannes Pauls in Fragen der Moraltheologie gleichsam in der hochmittelalterlichen Scholastik, die in der Lage sei,
selbst die Zukunftsprobleme des 21. Jahrhunderts zu lösen. Auf
der anderen Seite bekannte sich der Papst mit *Veritatis Splendor*
und Weltkatechismus eindeutig zur missionarischen Aufgabe
der Kirche als einer kohärenten und in sich geschlossenen Reli-
gionsgemeinschaft.

Trotz aller Kritik an der säkularisierten westlichen Gesellschaft unterstützte Johannes Paul den europäischen Einigungs-

prozess und plädierte immer wieder für eine positive Würdigung der Kulturen der ehemaligen Ostblockstaaten. Kritisch und selbstbewusst rief er 1991 seinen polnischen Landsleuten zu: «Sie wollen, dass wir nach Europa kommen, indem sie uns ihre Werte des Utilitarismus, der sexuellen Freizügigkeit aufdrängen. Wir brauchen nicht nach Europa kommen. Wir sind schon Europa!» Bereits 1988 in Straßburg hatte er sich für ein ungeteiltes Europa auf den Grundlagen von Kultur und Demokratie ausgesprochen, die christliche Wurzeln besitze. Ein solches geeintes Europa stehe vor großen Aufgaben, wenn es «wieder die Funktion eines Leuchtturms in der Weltzivilisation einnehmen» wolle. Diese Aufgaben seien nur zu meistern, wenn Europa den «Kulturen der Verdächtigung und der Entmenschlichung» widerstehe und wenn Wissenschaft, technische Möglichkeiten und Kunst den Glauben an Gott nicht ausschlössen, sondern zu ihm herausforderten. Trotz dramatisch schwindender Kirchenpraxis in Europa und einer vitalen und wachsenden Kirche in Asien und Afrika scheint es so, dass der Papst Europa brauchte und nicht verloren geben konnte; nach wie vor schrieb er dem alten Kontinent eine Führungsrolle in der Welt zu, da diesem Länderblock «die Vorsehung sozusagen die Aufgabe übertragen hat, einen vielseitigen Austausch von Gütern zwischen verschiedenen Teilen der Erde, zwischen verschiedenen Ländern, Nationen und Völkern des Erdballs einzuleiten. Und man darf auch nicht vergessen, dass es Europa war, von wo aus sich das missionarische Werk der Kirche über die Erde ausgebreitet hat.» Bis heute sei der alte Kontinent das «große Evangelisationszentrum der Welt». Bald nach der politischen Wende in Osteuropa berief der Papst für November 1991 eine Bischofssynode nach Rom ein. Hier legte er ausführlich sein Verständnis von der «europäischen Zivilisation» dar, die aus der Trias der christlichen Offenbarung in Jerusalem, der antiken Philosophie von Athen sowie Rom als Schrittmacher der Missionierung und Sitz des Papstes bestehe. Diese Trias sei vor einigen Jahrhunderten durch den Bruch zwischen Wissenschaft und Religion verändert worden; seitdem ordne das rein subjektive Erkennen die Welt. Der biblische Gedanke von der Schöpfung Gottes sei ins Hintertref-

fen geraten. Der Marxismus und die blutigen Kriege des
20. Jahrhunderts hätten dem Menschen die andere Seite der europäischen Kultur enthüllt. In der Wendezeit hätten sich «die
Religion und die Kirche [...] bei der Befreiung des Menschen
aus einem System totaler Unterjochung als wirksamste Faktoren
erwiesen.» Daher seien jetzt eine Gewissensprüfung der Kirchen
und eine Besinnung auf die authentischen Wurzeln Europas erforderlich; im gesellschaftlichen und politischen Kontext müsse
Gott und dem Wirken der Vorsehung Raum zugebilligt werden.
Der Papst hatte sich von der Synode einen durchschlagenden
Impuls zur Neuevangelisierung des alten Kontinents erhofft.
Inzwischen waren jedoch seit der Wende zwei Jahre vergangen,
und im auseinanderbrechenden Jugoslawien tobte ein blutiger
Krieg, dem Europa nichts entgegensetzte. Zudem zeigten die
Bischöfe von Ost und West – dort Märtyrertum, hier wirtschaftliche und empirische Kraft – zu unterschiedliche Vorstellungen
und Haltungen, die den Dialog behinderten. Dadurch konnte
die Synode nicht zur erhofften missionarisch anspornenden Ini-
tialzündung werden.

Nach dem Fall der Mauer rückte aber nicht nur Europa zusammen, die Weltgemeinschaft wurde nun zu einer Größe, der
sich der Papst mehr als bisher widmete. Die moralische Einheit
der Menschheit wurde zu einem neuen großen Leitmotiv jenes
Dezenniums. Bei seiner Neujahrsansprache vor dem diplomatischen Corps 1994 umriss er dazu wohl am prägnantesten,
wenn auch nicht unproblematisch, seine Thesen. Dabei ging er
vom Begriff der Brüderlichkeit für die transkulturelle und internationale politische Verantwortung aus – ein Begriff aus der Familie, der durch die Clan- und Vetternwirtschaft in einigen Teilen Afrikas, Asiens und Südosteuropas stark belastet war. Die
Weltpolitik nach dem Kalten Krieg sollte nach Ansicht des Papstes moralischen Entscheidungen und ethischem Handeln ver-
pflichtet sein, die sowohl die gesamte Menschheitsfamilie als
auch den einzelnen Menschen in seiner Würde in den Mittelpunkt stellen. Nur dadurch könne die Gewalt rivalisierender
ethnischer Gruppen und Völker beendet werden. Beim Problem
der wachsenden Weltbevölkerung gingen der Vatikan und die

Industriestaaten zumeist getrennte Wege. Wenn vor allem der
Westen immer wieder auf Geburtenkontrolle, biologische Aufklärung und Verhütung drängte, sah der Heilige Stuhl darin
einen amoralischen Materialismus: Der einzelne Mensch in seinem kulturellen Kontext stehe im Vordergrund der Entscheidung, nicht die Vorstellungen und Optionen der Konsumgesell-
schaften. Gerade dieses Thema hat unter den Gläubigen starke
Diskussionen ausgelöst und wurde von den Medien begierig
aufgegriffen, aber leider oft in einem sinnentstellenden Schwarz-
Weiß-Denken dargestellt. Richtig war, dass Abtreibung für
Johannes Paul nicht irgendein Problem darstellte, sondern *das*
Thema der sich entwickelnden Weltkultur. Es galt ihm gleichsam als Prüfstein, der über die Zukunft der freien Gesellschaften
entscheide. Akzeptiere man nämlich, dass manche Formen des
Lebens unwesentlich seien, entstehe eine tödliche Logik, die
zu Kindstötung, Euthanasie, Genmanipulation und staatlicher
Beeinflussung der Geburtenzahlen führe. Verantwortlich dafür
seien die Intellektuellen der demokratischen Industriestaaten,
die die Manipulation des menschlichen Lebens dadurch recht-
fertigten, dass sie der *conditio humana* jede moralische Dimension entzögen. Die daraus entstehende reale Politik könne sich
unschwer zu einer Kultur des Todes entwickeln.

Die Maßregelung von etlichen Theologen und sogar von Bischöfen, die sich kritisch zur römischen Linie geäußert hatten,
löste ebenfalls öffentliche Diskussionen aus. Dem Tübinger
Theologieprofessor Hans Küng wurde 1980 die Lehrbefugnis
entzogen, da er sich kritisch mit der Unfehlbarkeit des Papstes
auseinandergesetzt hatte; ebenso ahndete man die klerikerkri-
tischen Äußerungen des Paderborner Theologen Eugen Drewermann 1991. Aber auch Bischöfe erhielten Verweise, wie der
Oberhirte von Evreux, Jacques Gaillot, der 1995 aus seinem
Bistum entfernt wurde, da er sich zu stark um soziale Belange
gekümmert und zu wenig seinen apostolischen Amtspflichten
genügt habe. Kritiker etwa aus den Reihen engagierter Laien
sprachen angesichts solcher Vorgänge von einem innerkirchlichen Klima der Angst, des Denunziantentums und der Überwachung. Zudem hatte der Papst die Nihil-obstat-Verfahren,

die Unbedenklichkeitserklärung bei der Anstellung von katholischen Hochschullehrern, zentral nach Rom gezogen und im Jahre 1998 von allen Mitarbeitern im kirchlichen Dienst (Priester und Laientheologen) einen Treueid verlangt.

9. Jugend, Menschenrechte, Frieden

Jugendliche waren schon in Krakau Johannes Pauls bevorzugte Gesprächspartner. Als Professor trieb er mit ihnen Sport, fuhr in Ferienlager und diskutierte seine aktuellen Forschungen mit ihnen. Dahinter steckte nicht nur die nüchterne Erkenntnis, dass die Jugend die Zukunft der Kirche und der Gesellschaft ist. Er nahm sie ernst und fühlte sich als ein Teil von ihr. Auch als Papst suchte er immer den Kontakt zu ihr – bis ins hohe Alter, als er bei Zusammenkünften mit jungen Leuten stets sichtlich aufblühte; dann scherzte er und sang mit ihnen, trotz Stock und Parkinson. Aber auch die Jugendlichen waren von diesem sportlichen, unkonventionellen Kirchenoberhaupt fasziniert, der mit allem, was er sagte, stets authentisch wirkte und Vertrauen einflößte. Schon nach seiner überlangen Amtseinführung im Oktober 1978 zeigte er sich nochmals am Fenster des Apostolischen Palastes und rief den jungen Leuten zu: «Ihr seid die Zukunft der Welt, die Hoffnung der Kirche! Ihr seid meine Hoffnung!» Als er im Dezember begann, seine römischen Pfarreien zu besuchen, fanden regelmäßig Treffen mit den dortigen Jugendlichen statt. So hielt er es auch bei seinen Pastoralreisen im In- und Ausland. Es war ein gegenseitiges Geben und Nehmen zwischen der vitalen und begeisterungsfähigen Jugend, die ganz offen ihre Fragen nach dem Leben und der Religion stellte, und dem Papst, der deutlich und verständlich seine Botschaft herüberbrachte, aber auch zuhören konnte. «Heiligkeit, ich glaube, dass Sie diese Jugendlichen dahin bringen, wohin Sie wollen», sagte ein Journalist in Paris 1980. Und der Papst entgegnete: «Ich glaube eher, dass sie es sind, die mich führen!» Ihre Lebensfreude verglich er mit «der ursprünglichen Freude, die Gott hatte, als er den Menschen schuf». Er war davon überzeugt, dass die jungen Leute bei aller äußerlichen Gleichgültigkeit eine tiefe religiöse Erwartung haben. «Lasst euch von Christus verführen: Nehmt seine Aufforderung an und folgt ihm», war immer wieder die Botschaft des Papstes, der sie motivierte, Hoffnung und Frieden in die Welt zu tragen. Neben solchen jugendrelevanten Themen predigte er ihnen auch die katholische Morallehre. Direkt und verständlich sagte er ihnen dabei häufig unbequeme Wahrheiten, doch das änderte nichts an seiner Anziehungskraft. Dabei sparte er kein Thema aus: «Die Droge überwindet man nicht mit der Droge» (September 1984). «Habt keine Angst davor, das Leben zu schützen, das ganze Leben. Das Leben an seinem Anfang und an seinem Ende!» (Juni 1992). «Habt keine Angst vor der Liebe, die dem Menschen bestimmte Forderungen stellt.» Oft legte er sein vorbereitetes Redemanuskript beiseite und sprach direkt mit ihnen, reagierte scherzhaft auf ihre Zurufe und ließ Fragen zu. In Manila 1995 griff er die skandierenden Zurufe «John Paul Two – We kiss you!» auf: «I also kiss you, all you. No jealousy!» In Paris 1980 konfrontierte ihn ein junger Mann mit seinen Fragen: «Ich bin Atheist. Ich lehne jeden Glauben und jeden Dogmatismus ab. Im Übrigen möchte ich sagen, dass ich den Glauben von niemandem bekämpfe, weil ich ihn nicht verstehe. Heiliger Vater, an was glauben Sie? Warum glauben Sie?» Der Papst merkte, dass diese umfassende Frage nicht auf der Liste stand und er sie nicht vor 50 000 Menschen angemessen und in der Kürze der Zeit beantworten konnte. Später bat er den Erzbischof von Paris, den Jugendlichen ausfindig zu machen und ihm seine Entschuldigung zu übermitteln, was auch gelang. Dabei wurde dem Papst aus Polen bewusst, dass es «heute nicht mehr möglich ist, vom Glauben zu sprechen, ohne sich des Unglaubens bewusst zu sein». Vermutlich reifte hier in Paris die Idee der Weltjugendtage, wie sie erstmals inoffiziell 1984 in Rom Realität wurden. 1985 wurden die Jugendlichen anlässlich des Internationalen Jahres der Jugend erneut nach Rom eingeladen. Etwa 250 000 junge Leute kamen. Außerdem verfasste der Papst aus diesem

Anlass ein apostolisches Schreiben, in dem er kenntnisreich auf die brennenden Fragen der Identität und der «Lebensberufung» jener Phase hinwies, in der der junge Mensch sich erstmals als eigenständig und moralisch Handelnder erfahre. Entsprechend seien die Grundfragen der Jugend die nach dem sittlichen Bewusstsein und nach dessen Echtheit. Jedem einzelnen, der nach seinem Gewissen lebe, schrieb der Papst Bedeutung für die Geschichte der Welt zu, denn sie sei nicht allein eine Kette von Ereignissen, sondern vor allem «die Geschichte des menschlichen Gewissens, der moralischen Siege und Niederlagen». An dieser «packenden Herausforderung» wachse das Menschsein, und auch hier wird wieder deutlich, dass Johannes Paul gegenüber den Jugendlichen mehr vom Menschen sprach als von Gott, ohne dass das gegeneinander ausgespielt werden könnte. Schon in seiner Antrittsenzyklika verkündete er 1979 eindringlich: «Der Weg der Kirche ist der Mensch.» Sein gesamter wissenschaftlicher Werdegang konzentrierte sich auf die Anthropologie und eine Theologie des Leibes und der menschlichen Liebe: «Die Zärtlichkeit ist die Kunst, den Menschen als Ganzen zu fühlen, seine ganze Person, selbst die verborgenen Regungen seiner Seele.» Vielleicht liegt hier ein Grund dafür, weshalb ihm die Jugendlichen gerne zuhörten. Außerdem wich er der religiösen, philosophischen und ethischen Wahrheitsfrage nicht aus, die der moderne Pluralismus gerne einebnet. Der Papst forderte den Mut zu einer Wahrheit des Menschenbildes, das von Christus offenbart wurde.

Unzweifelhaft verstand er es, sich für die Jugendlichen überzeugend zu präsentieren, besonders in den ersten Jahren, als ihm ein Superstar-Image anhaftete. Bei einem Treffen im New Yorker Madison Square Garden im Oktober 1979 johlten 200 000 Schüler und Studenten mit ohrenbetäubendem Lärm, und Johannes Paul lachte, ahmte einen Schlagzeuger nach und fühlte sich sichtlich wohl. Doch auch hier brachte er seine ernsthafte Botschaft an: «Die Kirche braucht euch. Die Welt braucht euch, weil sie Christus braucht, und ihr gehört Christus.» Dieses Image änderte sich unzweifelhaft durch das Attentat von 1981 und seine offensichtliche Krankheit ab Mitte der neunziger

Jahre. Doch er selbst ließ sich nicht davon abbringen, mit für konservative Kirchenkreise zweifelhaften Mitteln auf die Jugendlichen zuzugehen. So verwandelte er mehrmals Mitte der neunziger Jahre vor dem Pfingstfest die vatikanische Audienzhalle in eine Disko: Ein professioneller Diskjockey moderierte lauthals dröhnende Pop-Musik, deren Texte allerdings einen religiösen Anstrich hatten. Er selbst kam in der zweiten Hälfte dazu, hielt eine Ansprache und motivierte die Jugendlichen, am kommenden Hochfest die Kirchen zu besuchen. Der Erfolg solcher Happenings war auch hier nicht messbar.

Messbar dagegen war die Beteiligung der Jugend an den Weltjugendtagen, die offiziell seit 1986 stattfanden, und zwar meist alle zwei Jahre zentral an einem Ort der Welt mit dem Papst und jährlich in den einzelnen Diözesen. 1987 kam man in Buenos Aires zusammen, 1989 in Santiago de Compostela, 1991 in Tschenstochau, 1993 in Denver, 1995 in Manila, 1997 in Paris, 2000 in Rom und 2002 in Toronto. Ständig stiegen die Teilnehmerzahlen an. In Manila waren es nach offiziellen Schätzungen mehr als zwei Millionen, und es hieß, dass bei einer Papstreise noch nie so viele Menschen auf den Beinen waren; in Longchamps bei Paris waren es rund 750 000 Gottesdienstbesucher aus 160 Nationen und im Heiligen Jahr 2000 geschätzte zwei Millionen, die an den Veranstaltungen des Weltjugendtages in Rom teilnahmen. Bei solchen Events leitete der Papst den Dialog mit den Jugendlichen oft mit herausfordernden Sätzen ein: «Die moralische Permissivität macht die Menschen nicht glücklich. Die Konsumgesellschaft macht die Menschen nicht glücklich. Sie waren nie dazu imstande!» Seine prononciert formulierten, oft radikal zugespitzten Thesen forderten den jungen Leuten einiges ab. Immer wieder sprach er von der Radikalität der Liebe und förderte streng kirchliche und gut organisierte Jugend- sowie charismatische Bewegungen. Er war der Einzige von Weltbedeutung, der es wagte, jungen Menschen, die in einer säkularisierten Gesellschaft auf der Suche nach Gott und großen Taten waren, Anstrengungen und Opfer zuzumuten. Die Presse wurde zunehmend ratlos angesichts dieses Massenphänomens.

Wie bei allen seinen Aktivitäten, so zeigte er auch bei seinem Einsatz für die Menschenrechte Kontinuität. Als Pole, dessen Land fast 150 Jahre lang geteilt und fremdbestimmt war, hatte er eine besondere Sensibilität für die Würde des Menschen entwickelt, zumal sein Leben zwischen Studium und Papstwahl unter totalitären Vorzeichen verlaufen war. Sein argumentativer Widerstand gegen die sozialistischen Regime bestand vor allem im beständigen Einklagen der Menschenrechte, das von den sozialistischen Regimen deutlich zur Kenntnis genommen wurde. Die inhaltliche Basis bildeten für den Papst viel weniger internationale Deklarationen als vielmehr das biblisch begründete christliche Menschenbild und die nationale Kultur eines Landes, «durch das der Mensch mehr Mensch wird». In einer Rede vor der UNESCO im Juni 1980 sprach er sich dafür aus, den Reichtum aller Kulturen und der gesamten Schöpfung als gemeinsamen Schatz der Menschheit zu bewahren und zu vermehren. Außerdem müssten Wirtschaft und Kultur in ein rechtes Verhältnis gerückt werden, damit das menschliche Gut und die Natur nicht durch die «Kultur» des Geldes und einen «einseitigen Ökonomismus» zerstört werden. Das sei sowohl in der westlich-liberalen Marktwirtschaft als auch unter marxistisch-totalitärer Herrschaft möglich. Diese päpstliche Indifferenz gegenüber der Staatsform ist von den Kommentatoren auch bei anderen Themen häufig übersehen worden. Tatsächlich hat Johannes Paul stets die Demokratie bevorzugt als die Form, die «der rationalen und sozialen Natur des Menschen und letztlich auch den Anforderungen der sozialen Gerechtigkeit am besten entspricht». Aber auch hier gelte es, grundlegende ethische Normen zu wahren und zu schützen. Ein Parlament, das die Unverfügbarkeit menschlichen Lebens nicht schützt oder gar dagegen Gesetze erlässt, überschreite seine Kompetenz und gerate in den «offenen Konflikt mit dem Gesetz Gottes und dem natürlichen Gesetz», so der Papst.

Ein weiteres wichtiges Kriterium für die Legitimität staatlicher Gewalt war für Karol Wojtyła schon in Krakau die Religionsausübung als unverfügbares Menschenrecht. Vor allem in den siebziger Jahren, als das internationale Bewusstsein für die

Menschenrechte durch die Schlussakte von Helsinki (1975) wuchs, brachte er öffentlich seine Forderungen angesichts konkreter Missstände wie der Verweigerung von Kirchenbaugenehmigungen oder der Einschränkung der Versammlungsfreiheit vor. Schon zu Beginn seines Pontifikates geißelte er dann vor allem Menschenrechtsverletzungen im Ostblock, aber auch in der Dritten Welt, als er etwa im Januar 1979 mit leidenschaftlicher Stimme die Ungerechtigkeit und die Unterdrückung der Armen in Lateinamerika anprangerte: «Das unterdrückte Landvolk, der Arbeiter, der mit seinem Schweiß auch seine Verzweiflung tränkt, kann nicht mehr als hoffen, dass seine Würde, die der der Menschen anderer Gesellschaftsschichten in nichts nachsteht, voll und nachhaltig anerkannt werde […]. Kühne, umwälzende Neuerungen müssen durchgeführt, dringende Reformen unverzüglich in Angriff genommen werden». Beißende Kritik und offener Appell: Ja; Gewaltanwendung: Nein! Genau wie bei seinen Besuchen im kommunistischen Polen lehnte er auch in Lateinamerika, dem demographischen Zentrum der Weltkirche, einen aggressiven Umsturz der politischen Verhältnisse ab. Seit den sechziger Jahren hatte sich die Kirche in Lateinamerika mehr und mehr auf die Seite der Armen gestellt und damit zu einem rasanten Anwachsen der Katholikenzahl sowie der kirchlichen Praxis in der Neuen Welt gesorgt. Priester und Bischöfe setzten sich unter Einsatz ihres Lebens für die Rechte der Bauern und Tagelöhner ein. Die Botschaft Jesu wurde dadurch konkret gelebt und glaubhaft verkündet. Junge Basisgemeinden, die häufig im Kontrast zu westlichen, bürgerlich-reichen und überalterten Formen des Katholizismus standen, fanden selbst in Europa eine interessierte Anhängerschaft. Derartige sozialrevolutionäre Visionen hatte der Papst stets mit Nachdruck unterstützt, aber sie gingen in der Theorie verschiedentlich fatalerweise eine Symbiose mit marxistischen Vorstellungen ein, was zur Verurteilung der marxistischen Richtung der Befreiungstheologie 1984/86 führte. Ihre Wurzeln lagen in philosophisch-theologischen Schulen Deutschlands und der Vereinigten Staaten. Papst und Glaubenskongregation führten aus, dass hier ein falscher Humanismus, ein nicht

mit der katholischen Lehre zu vereinbarendes Menschenbild
und der irrige Weg des Totalitarismus zur Befreiung des Menschen aus Unterdrückung und Not gepredigt würden (Beseitigung der «sündigen sozialen Strukturen» durch Klassenkampf).
Trotz aller notwendigen Differenzierung wirkten sich solche
Verurteilungen negativ und lähmend auf die Attraktivität der
südamerikanischen Kirche aus. Die Scheidelinie, die die Kurie
in dieser Frage klug zog, blieb vielen Betroffenen unverständ-
lich.

So war der Einsatz des Papstes für die Menschenrechte gerade in Lateinamerika echt und vom Evangelium inspiriert
und daher zunächst ohne politische Absichten, wenn auch mit
politischen Konsequenzen. 1987 in Chile nach dem Einfluss der
dortigen Kirche auf die Politik befragt, antwortete er: «Das
halte ich nicht nur für möglich, sondern sogar für notwendig,
denn das ist ein Teil des pastoralen Auftrags der Kirche», machte aber gleichzeitig klar, dass sein Besuch der Verständigung dienen sollte, nicht der Konfrontation. Auch die Orte der Gottes-
dienste waren bewusst so gewählt, dass Menschen unterschied-
lichster Herkunft und Rasse daran teilnehmen konnten. Solche
öffentlichen religiösen Massenveranstaltungen sollten gesellschaftliche Solidarität als wirksames Gegenmittel gegen eine
Politik der Gewalt erfahrbar machen.

In der Sache setzte sich der Papst auch weiterhin für Menschenrechte, Demokratie und menschliche Solidarität in den
Schwellen- und Entwicklungsländern ein. Er ging in seiner Rede
vor der FAO Ende 1992 sogar so weit, ein «humanitäres Eingreifen», das eine Militäraktion des Auslands einschließe, zu
fordern, um bedrohte Menschen zu retten. Die Wahrung von
Gerechtigkeit und Menschenrechten sei eben nicht nur die innere Angelegenheit eines Landes, sondern die Völkerfamilie
habe inzwischen Prinzipien des internationalen humanitären
Rechts zur Verfügung gestellt, die ein Eingreifen zum Überleben
von Volksgruppen oder ganzen Völkern zur Pflicht mache. Damit stellte Johannes Paul gelebte menschliche Solidarität einem
so genannten politischen Realismus der praktizierten Weltpolitik gegenüber.

Auf der anderen Seite tadelte er offen alle kirchlich-theologischen Sonderwege und Marxismus-verdächtigen Einstellungen. Bei seiner mittelamerikanischen Pastoralvisite im März 1983 begrüßte Johannes Paul die Regierungsmannschaft des Putschisten Daniel Ortega, wobei er den Kulturminister, Pater Ernesto Cardenal, deutlich zurechtwies und ihn aufforderte, sein Verhältnis zur Kirche zu regeln. Außerdem hegte er ernste Zweifel an einer technisch-wissenschaftlichen Zivilisation und einer Marktwirtschaft, die auf ethische Werte verzichteten. Die christliche Soziallehre, der er durch Enzykliken und andere Verlautbarungen starke Impulse vermittelt hatte, ging dabei einen Mittelweg zwischen der klerikalen Theokratie etlicher islamischer Führer und einem säkularen Diesseitsglauben. Der christliche Humanismus, der immer wieder das Thema der Papstreden war, verankere die unverfügbare Würde des Menschen in Gott, seinem Schöpfer, der ihm die Freiheit zum Guten schenke und ihm damit Perspektiven öffne. Alles andere bedeute für den Menschen, sich unter dem eigenen Wert zu verkaufen.

Außerdem nahm er die damaligen feministischen Debatten ernst, die auch innerhalb der Kirche geführt wurden. 1994 sprach er wiederholt Frau und Mann die gleiche personale Würde zu und forderte, sowohl die Gesellschaft als auch die Kirche müssten «Gleichheit und Verschiedenheit der Frau» anerkennen. Die verzerrten Beziehungen zwischen Männern und Frauen entspringen den Herrschaftsmustern, nicht den Kulturen, wie er in seinem Schreiben *Mulieris dignitatem* 1988 ausführte. Eine Befreiung aus solchen Mustern sollte der Wiederherstellung der ursprünglichen Gemeinschaft beider Geschlechter, nicht aber einer anderen Form von Herrschaft oder der Vermännlichung der Frauen dienen. 2004 forderte er nochmals einen gleichberechtigten Zugang der Frauen zur Arbeitswelt, erteilte aber aus biblischen und historischen Gründen ihrer Zulassung zu allen Ämtern der Kirche durch das ausdrückliche Verbot der Frauenordination eine klare Absage. Massive Proteste und spektakuläre Gegenaktionen wie die Weihe von Frauen auf der Donau 2002 änderten nichts an seiner häufig missverstandenen Haltung.

Ausgehend von den Menschenrechten machte sich der Papst stets zum Anwalt des unbedingten Schutzes des menschlichen Lebens, sei es in der Diskussion um Schwangerschaftsabbruch und Biotechnologie, sei es im Kampf gegen globale Geburtenkontrolle und Euthanasie. Er steuerte jedem Machbarkeitswahn und allen Menschenzuchtsphantasien durch das christliche Axiom des von Gott geschenkten Lebens entgegen. Die Frontlinien der Kritik nahmen dabei häufig skurrile Formen an: Nach gewonnenem Kampf gegen den Kommunismus wurde der Papst nun zum letzten unüberhörbaren Kapitalismuskritiker stilisiert; seine kategorische Ablehnung der künstlichen Empfängnisverhütung trug ihm neben harscher Kritik und beißendem Spott die Zustimmung extremer Feministinnen ein, die in der ständigen sexuellen Verfügbarkeit die subtilste Form der Männerherrschaft sahen; der päpstliche Widerstand gegenüber der Geburtenkontrolle bedeutete Wasser auf die Mühlen der Dritte-Welt-Aktivisten, die in der Bevölkerungsplanung der Industrieländer den versteckten Plan zur Fortsetzung der eigenen Umwelt- und Wirtschaftspolitik sahen, ohne den westlichen Konsum einzuschränken oder gar etwas abzugeben. Johannes Paul war mit seinem unbeirrten Einklagen der Menschenrechte keinem Lager zuzuordnen, war mal als anachronistisch und reaktionär verschrien, mal als Zeichen der Hoffnung und Friedensbote gelobt worden. Angesichts der wachsenden Geschichts- und Grenzenlosigkeit der Gesellschaften nach 1989 mit ihren vermeintlich unbegrenzten Möglichkeiten klagte er Verantwortlichkeit und Gemeinsinn ein, und zwar angesichts einer Globalisierung, die die katholische Kirche schon lange institutionalisiert und die Johannes Paul durch seine Reisen und die Wahl seiner Kurienmitarbeiter für alle anschaulich gemacht hatte.

Bei seinem Einsatz für die Menschenrechte und die Religionsfreiheit war der Papst sich mit den meisten Vertretern der Weltreligionen einig. Ökumenische und interreligiöse Gespräche, die er selbst unbeirrt intensivierte, hatten aber bereits seine Vorgänger initiiert und vorangetrieben. Johannes Paul ging es um weit mehr: um eine gemeinsame religiöse Plattform angesichts überall um sich greifender Säkularisierungstendenzen, religiöser

Indifferentismen und Werteerosionen, denen man begegnen müsse. Jede große Religion stellt einen verbindlichen Wertekanon und ein genau umrissenes Ethos zur Verfügung; die großen Weltreligionen propagieren zumindest offiziell als zentrale moralische Botschaften Mitmenschlichkeit, Frieden und Gerechtigkeit. Hier setzte Johannes Paul II. an, indem er das moralisch-religiöse Potenzial der Glaubensgemeinschaften bündeln und zur Veränderung der Welt bzw. der Gesellschaft einsetzen wollte – eine Art konzertierte Aktion, um den gravierenden Weltproblemen, die für ihn nicht in erster Linie weltwirtschaftlicher und militärischer Natur waren, zu begegnen. Der Plural der Religionen könne die «Kultur des Todes» bezwingen, die Genozide, «ethnischen Säuberungen», Abtreibungen, Euthanasie und «ultimative Kicks» bei Ziel- und Orientierungslosigkeit einschließt. Darauf schwor er auch die Jugendlichen ein, die er für den Bau einer neuen Welt brauchte.

Als letzte Instanz mit weltweiter Autorität hat sich Johannes Paul II. stets für den Frieden in der Welt eingesetzt. Dies hatte für das Papsttum bereits eine alte Tradition. Schon im Mittelalter und in der Neuzeit – hier vielfach ungehört oder überhört – stifteten die Nachfolger Petri auch Frieden zwischen Machthabern oder boten unparteiliche Friedensvermittlung an. Aufgrund der Reformationen und des zunehmenden Staatsabsolutismus geriet das Papsttum politisch mehr und mehr in eine Beobachterposition und wurde systematisch aus allen Friedensverhandlungen ausgeschlossen. Zwar hatte bekanntlich Bismarck 1885 die friedliche Regelung der Karolinenfrage Leo XIII. übertragen, allerdings aus rein strategisch-taktischen Gründen: Um die Auseinandersetzung zwischen der katholischen Kirche und dem preußischen Staat im so genannten Kulturkampf zu beenden, übertrug der Reichskanzler die Vermittlung in der deutsch-spanischen Streitfrage über die Inselgruppe im Stillen Ozean dem Papst. Schon das Ende des Ersten Weltkriegs machte deutlich, dass der römische Pontifex – dieses Mal auf italienische Initiative – von direkten Friedensverhandlungen ausgeschlossen war. Das hielt Pius XII. nicht davon ab, im Sommer 1939 eine Friedenskonferenz der wichtigsten

europäischen Mächte einzuberufen, die allerdings nicht zustande kam.

Johannes Paul II. widmete sich dieser traditionell bedeutenden Aufgabe des Papsttums, sei es in Form von Geheimver-
mittlung bei den Grenzproblemen zwischen Argentinien und
Chile (Beagle-Kanal), die zu Beginn seines Pontifikates erfolgreich gelöst wurden, oder bei seinem öffentlichen Friedensap-
pell zur Abwendung des Krieges gegen den Irak im Jahre 2003.
Friedensappelle brachte er bevorzugt in den Krisenregionen
persönlich vor, was ihn häufig – wie in Irland 1979 oder im ehemaligen Jugoslawien 1994 – selbst in Gefahr brachte. 1979
legte er angesichts des Wettrüstens von Ost und West und der
ins Stocken geratenen Rüstungskontrollverhandlungen eine
ganz unstaatsmännische Position des Heiligen Stuhls dar, um
nicht instrumentalisiert zu werden, wie es Sowjets und Amerikaner mit ihren hegemonialen Vorstellungen beabsichtigten.
Der Papst teilte die Auffassung aller Dissidenten, dass nämlich
Rüstungskontrolle kein Wert an sich und kein sicherer Weg zum
Frieden sei. Er sprach unkonventionell von der Einheit der
Menschheit in ihrem ganzen materiellen und geistigen Reichtum. Auch hier ging er wieder von seinem christlichen Humanismus aus, qualifizierte als legitime Politik diejenige, die vom
Menschen ausgehe und dem Menschen diene. Fortschritt müsse
sich an den geistigen und moralischen Werten orientieren, nicht
an Wissenschaft und Technik allein, die die Welt zu einem
«Schlachthaus» machten, wenn die Forderungen des Gewissens
nicht berücksichtigt würden. In diesem Zusammenhang bezeichnete er die *Allgemeine Erklärung der Menschenrechte* von
1948 (weniger die Charta der UN) als fundamentales Dokument, das Garant des Friedens sei – eines Friedens, der für den
Papst ein viel umfassenderer und anspruchsvollerer Begriff war
als für die Politiker: nicht nur die Abwesenheit von Krieg, Gewalt und Not, sondern die Achtung vor der Würde und dem
Wert eines jeden Menschen. Frieden erfordere das Nachdenken
über Pflichten und Aufgaben, nicht nur über Interessen. Daher
sei der Friede immer dann bedroht, wenn in einem Hunger nach
Macht die Bedürfnisse anderer Nationen, Gruppierungen oder

Individuen unberücksichtigt blieben. Diplomatie sei dann kein ehrenwertes Geschäft mehr. Zu der damaligen bedrohlichen Weltsituation meinte der Papst, dass Kriegsgefahr nicht von den Waffen an sich drohe, sondern von Formen der Ungerechtigkeit in der wirtschaftlichen und geistigen Ordnung. Daher sei jede Art von Ausbeutung und eingeschränkter Teilnahme am wirtschaftlichen und politischen Leben die größte Herausforderung für den Frieden. Als dessen zentralen und unveräußerlichen Garanten stufte er die Gedanken- und Gewissensfreiheit sowie vor allem das Recht ein, seine Religion im privaten und öffentlichen Bereich frei auszuüben. Das zielte zunächst frontal auf das sozialistische System, dann aber auch auf die Wirtschaftspolitik der Industrieländer. Dieselben Worte konnte er 1979 in Polen benutzen wie auf Kuba 1998, aber auch bei seinen Pastoralbesuchen in der Dritten Welt und bei Äußerungen zu nationalen und internationalen Weltwirtschaftssystemen. Die Kirche habe dann eine politisch brisante Botschaft parat, wenn sie ihre Aufgabe erfülle und unermüdlich für die Menschenrechte, vor allem für die Religionsfreiheit, eintrete.

Dank seiner stets dem Islam entgegengestreckten Hand wurde in der Irakkrise 2003 plötzlich eine päpstliche Friedensvermittlung möglich. Es war die letzte spektakuläre Friedensmission des Papstes. Wenige Wochen vor dem Angriff der Amerikaner und Briten auf den Golfstaat, im Februar 2003, intervenierten nahezu alle am Krieg beteiligen Parteien beim Hl. Stuhl. Der irakische Präsident Saddam Hussein entsandte schlau seinen Stellvertreter in den Vatikan, der Johannes Paul als «die letzte weltweit von allen anerkannte Führungsgestalt» bezeichnete, die «mit allen einen friedlichen Dialog führen will, vor allem in der arabischen Welt». Hatte sich die kontrovers diskutierte Annäherung des Papstes an den Islam etwa ausgezahlt? Kurz darauf intervenierte das Kirchenoberhaupt über hochrangige Diplomaten vor Ort – die Kurienkardinäle Roger Etchegaray in Bagdad und Pio Laghi in Washington –, um dort Frieden zu vermitteln. Der Ausbruch des Krieges Ende März bedeutete dann für den Pontifex «einen Tag tiefen Schmerzes»; sein Nein zum Krieg wurde von Millionen Menschen geteilt. Dieses Nein zur Gewalt sollte außerdem das ohnehin schwierige christlich-islamische Verhältnis nicht noch weiter belasten, denn zahlreiche Muslime verstanden den Angriff auf den Irak als einen westlich-christlichen Kreuzzug gegen den Islam.

Häufig war dem Papst jedoch selbst die Möglichkeit der Intervention genommen. Dann nutzte er jede Gelegenheit zum Appell an die Gewaltlosigkeit und zugunsten gerechter Lösungen – sei es bei der Kuwaitkrise im Sommer 1990, sei es in den Nachfolgekriegen im ehemaligen Jugoslawien in den neunziger Jahren. Auch in der politisch komplexen Situation Nordirlands erhob er mahnend seine Stimme. Schon im Herbst 1979 betrat erstmals ein Papst die grüne Insel des hl. Patrick, erinnerte an die tiefe Verwobenheit der dortigen Kultur mit dem Christentum und rief leidenschaftlich zum Beenden des Konflikts zwischen den Konfessionen auf. Der irische Kampf zwischen Protestanten und Katholiken sei außerdem kein Religionskrieg, sondern zutiefst unchristlich. Außerdem müsse «das Gebot ‹Du sollst nicht töten› für das Gewissen der Menschheit verbindlich bleiben». Ungerechtigkeiten seien zu beseitigen, aber auf gewaltlosem Wege.

10. Krankheit, Tod und Seligsprechung

Wer sich heute an Johannes Paul II. erinnert, denkt zunächst an eine alte, gebrechliche Gestalt, die am Ende kaum zu sprechen in der Lage war. Die Bilder seines stürmisch-vitalen Anfangs auf dem Stuhle Petri sind von solchen Vorstellungen überlagert. Tatsächlich war Karol Wojtyła ein kerngesunder, stämmiger und sportlicher Mann, der während des Weltkriegs im Steinbruch arbeitete. Sport trieb er, solange es ging. Aufgrund seines besonderen Sendungsbewusstseins entfaltete er unmittelbar nach seiner Wahl eine breitgefächerte Aktivität, mit der niemand Schritt halten konnte, nicht einmal seine kurialen Mitarbeiter. Der erst 58-jährige Papst konzentrierte sich dabei auf

das Wesentliche, entwarf, kommunizierte und schrieb und überließ die Detailarbeit vertrauensvoll seinen Mitarbeitern. Die
sofort einsetzende Reisetätigkeit um die ganze Welt zehrte allmählich an den Kräften des «Marathonmannes», aber er erhol-
te sich stets rasch, auch dank seines ausgeprägten Gebetslebens.
Schon am Tag nach seiner Wahl besuchte er einen kranken
Freund in der römischen Gemelli-Klinik. Seine erste Auslandsreise nach Mittelamerika unternahm er im vierten Monat seiner
Amtszeit. Das Attentat auf den Papst 1981 führte nur zu einer
vorübergehenden Abstinenz von Pilgerreisen, aber innerlich
schien in ihm etwas dauerhaft zerbrochen zu sein. Der Oberhirte, der stets geduldig den Menschen zuhörte und sich unbeirrt
für Frieden, Liebe und Völkerverständigung einsetzte, war Opfer eines Gewaltaktes geworden, der von einer ehemaligen Welt-
macht gesteuert wurde. «Johannes Paul II. hat sich nie vom psychischen Trauma erholt, das mit dem Attentat von 1981 in Zusammenhang steht», sagte einer der ihn behandelnden Ärzte.
Als Patient war er nicht einfach; ungeduldig wollte er vom
«Hohen Rat», dem Ärztekollegium, wissen, wie sein Zustand
präzise sei und was man mit ihm vorhabe. Er wollte stets das
«Subjekt seiner Krankheit» sein und nicht alles passiv erleiden.
Außerdem drängte er immer auf rasche Entlassung aus dem
Krankenhaus.

Die enorme Arbeitslast der Kirchenverwaltung, der Audienzen, Reisen und des Schreibens verbrauchten dann rasch seine
Kräfte. 1992 wurde das jedem Beobachter deutlich. Ein Tumor
am Dickdarm musste entfernt werden, und das Zittern der
linken Hand trat ein. Seine Aktivitäten schraubte er kaum
zurück und schonte sich keineswegs; er ging nun seinen Kreuzweg unbeirrt und gottergeben. Journalisten vertraute er im
August 1993 an: «Noch gehe ich auf meinen eigenen Füßen,
auch in die Berge. Ich mache alles Mögliche, um mich fit zu
halten, um keine Probleme zu bekommen.» Im November kam
es vor den Mitarbeitern der FAO in der vatikanischen Bene-
diktionsaula zu einem Unfall: Auf einem neu verlegten Teppich
stürzte er mehrere Stufen hinunter und brach sich die rechte
Schulter. Trotz Schmerzen winkte er den Menschen zu und

scherzte. Auch sein tägliches Arbeitspensum wurde durch die Verletzung nur unwesentlich beeinflusst, wohl aber seine Arbeitsgewohnheiten: Statt in der Kapelle selbst zu schreiben, diktierte er die Texte jetzt einem polnischen Mitarbeiter in den Laptop.

Der nächste Sturz, gravierender als der erste, ereignete sich im Apostolischen Palast Ende April 1994, als er abends im Badezimmer ausrutschte und sich den Oberschenkelhals brach. Die Operation brachte nicht den gewünschten Erfolg; es wurde eine künstliche Hüfte einsetzt, aber der Papst musste sich daran gewöhnen, den Stock zu benutzen. Er wirkte nun auf alle körperlich gebrochen. Den Stock verbarg er, solange es ging, dann aber wirbelte er ihn bei Audienzen wie ein Varietékünstler in der Luft herum und witzelte über sein Hilfsgerät. Tatsächlich war aber dieser gesundheitliche Einschnitt für den Papst nicht leicht zu ertragen: «Ich war früher ein Sportler, wissen Sie», sagte er einmal mit Wehmut. Während seines Krankenhausaufenthaltes dachte er über den tieferen Sinn seines persönlichen Leids und über seine Sendung nach, nämlich dass es ein «höheres Evangelium gibt: das Evangelium des Leidens», das nötig sei, um die Kirche ins dritte Jahrtausend zu führen. Das war keine Stilisierung der persönlichen Situation. Seine plötzlich offensichtliche körperliche Hinfälligkeit fiel in das Jahr der Familie, die gerade in jenen Monaten international neu definiert wurde. Im April 1994 wurde in New York ein scharfer Entwurf für die Kairoer Weltkonferenz «Bevölkerung und Entwicklung» vorbereitet, der praktisch keinen Bereich des öffentlichen Lebens aussparte. Hier fanden vom Staat aufgezwungene Familienplanung, Abtreibung auf Verlangen, staatliche Erziehungsrechte über Jugendliche und omnipotente Propaganda für «sexuelle Rechte und sexuelle Gesundheit» Eingang in das entsprechende Dokument. Das Treffen in New York bedeutete nicht nur inhaltlich eine schmerzliche Niederlage für den Papst, sondern auch eine Brüskierung seines Amtes: Der Konferenzvorsitzende beklagte, der Vatikan wolle seine Sexualmoral der Welt aufdrängen, und die norwegische Ministerpräsidentin Gro Harlem Brundtland kritisierte offen die «Obstruktionspolitik des

Vatikans» als «eines Kleinstaates ohne natürliche Einwohner». Angesichts solcher Negierung seiner Positionen von Familie und Eigenverantwortung konnte sich der Papst als Leidender mit einem kranken Familienbegriff und einer fehllaufenden Gesellschaft identifizieren und so in seinem Gebrechen einen tieferen Sinn entdecken. Seine Krankheit wurde für viele zum Symbol für die gesellschaftspolitischen und moralischen Unzulänglichkeiten. Und dies verlangte Öffentlichkeit. Mit der Zeit kamen andere Aspekte hinzu. Die physische Schwäche des Papstes nahm alle Kranken, Alten, Behinderten, Armen und Entrechteten auf, die weder ein Medium noch Öffentlichkeit hatten. Es wurde allen deutlich, dass menschliches Leben mehr Facetten hat, als die zunehmend säkularisierte Spass- und Wegwerf-Gesellschaft mit ihrem Jugend- und Gesundheitswahn vorgaukelt. Leben lässt sich nicht mit Kosten-Nutzen-Kalkulationen verrechnen. Der kranke Papst hob in seiner Hinfälligkeit die verdrängten Lebenssituationen in die Mitte des öffentlichen Bewusstseins und adelte sie durch sein persönliches Beispiel. Ausgerechnet Ende 1994 wählte ihn die Zeitschrift «Time» zum «Mann des Jahres».

Außerdem wurde er zur Stimme der Stummen. Sein tapferer Umgang mit der Krankheit sollte allen Leidenden Mut und Trost einflößen und sie mit der christlichen Hoffnung durchdringen. Auch hier ein klares Nein gegen jede Absolutsetzung des Irdischen. Der Papst dankte sogar kurz nach seiner Entlassung aus dem Krankenhaus Christus und Maria für das «Geschenk des Leidens», das er nun als «notwendig» erkannt habe. Schon deshalb wäre ein freiwilliger Amtsverzicht geradezu ein Sakrileg gewesen. Märtyrer hatte der Pole immer schon geschätzt und nicht zuletzt deswegen Märtyrer so zahlreich selig und heilig gesprochen. Als Theologe und historisch denkender Intellektueller kannte er den Wert des unschuldigen Leidens und des Opfers für die anderen, da die Selbsthingabe zur Ausbreitung des Christentums beigetragen hatte (Tertullian) und zur Quelle der Kultur wurde. Krankheit, Leid und Tod haben einen Wert – das machte der immer hinfälliger werdende Papst allen klar –, und dieser Wert erschließe sich in der Würde der

Person, die von Gott garantiert sei. Auch hier vermittelten die eindringlichen Worte des Papstes einen Sinn: «Fürchtet Euch nicht!» Durch diese positiven Bewertungen konnte er auch die Geschichte als einen aufwärts strebenden Prozess entsprechend der polnischen Romantik verstehen, nach der die persönlichen Opfer der Polen zu einer Humanisierung der glaubenskalten Nachbarn und schließlich der Welt beitrügen. Daraus spricht zum einen die Emanzipationsskepsis des Papstes, der der egoistischen Selbstverwirklichung die Selbsthingabe des Menschen sogar bis zum Opfer des eigenen Lebens entgegenhielt. Hier erst finde der Mensch wahrhaft zu sich selbst. Auf der anderen Seite sah Johannes Paul II. dort seinen persönlichen gottgegebenen Auftrag; er sprach nicht nur für die katholische Kirche, sondern immer auch für die Welt. Vor diesem Hintergrund musste allen klar sein, dass er nicht zurücktreten konnte.

In seinem im Herbst 1994 erschienenen Bestseller «Die Schwelle der Hoffnung überschreiten» lieferte der Papst eine autobiographische Rückschau, die geprägt war von der christlichen Hoffnung auf umfassendes Heil und Humanismus. Er versuchte hier, Antworten auf die Fragen jedes Menschenlebens zu geben: Es ist jemand da, «der das Los dieser vergänglichen Welt in der Hand hält; jemand, der ‹die Schlüssel zum Tod und zur Unterwelt hat› (Offb 22,13), sowohl der individuellen als auch der kollektiven Menschheitsgeschichte». Der Papst dachte in diesen Monaten an den Tod und wusste, dass man überall Prognosen über seine Lebenserwartung und mögliche Nachfolger anstellte. Ende April 1995 sagte er zu Jugendlichen in Trient: «Ihr alle gehört schon zum dritten Jahrtausend. Von mir weiß ich es nicht, vielleicht!»

Für alle, die ihn Mitte der neunziger Jahre erlebten, machte er den Eindruck, als blicke er bereits in die Ewigkeit. Den traditionellen Weihnachtssegen *Urbi et Orbi* musste er 1995 sogar wegen eines plötzlich auftretenden Brechreizes unterbrechen. In der Folge wurde seine Stimme immer unverständlicher und seine Körperhaltung immer gebeugter; immer häufiger musste er Termine seines immer noch vollgestopften Kalenders absagen. Die Ärzte konnten keine präzise Diagnose stellen, bis am 8. Oktober 1996 der inzwischen sechste Eingriff erfolgte, der die chronische Blinddarmentzündung behandelte. Nun schritt auch seine Parkinson-Erkrankung rasch voran: Das Zittern der Hände verstärkte sich, das Gehen fiel ihm schwerer, das Gesicht erstarrte und er ermüdete schneller. In Audienzen, die nun abgekürzt und zusammengelegt wurden, schlief er verschiedentlich ein. Über seine Krankheiten schwieg er nicht, sondern hielt die Menschen auf dem Petersplatz über seine Operationen und Genesung auf dem Laufenden. Im Februar 1996 regelte er auch die Wahl seines Nachfolgers neu: Im Unterschied zur bisherigen Konklaveordnung sah die Konstitution *Universi dominici gregis* vor, dass in Zukunft auch die über achtzigjährigen Kardinäle beratend an der Papstwahl mitwirken konnten. Außerdem wurden die Purpurträger nicht mehr, wie Jahrhunderte üblich, im vatikanischen Palast bis zur Wahl eines neuen Papstes eingeschlossen, sondern logierten im neu gebauten Hospiz S. Marta unweit des Petersdomes.

Trotz seiner offensichtlichen Schwäche reiste der Papst im Januar 1998 nach Kuba, wo 3000 Journalisten ein großes «Duell» zwischen zwei gegensätzlichen Veteranen erwarteten, und betete mit den Gläubigen bei Wind und Wetter den Kreuzweg am Kolosseum in Rom. Auch größere Unternehmungen und Pastoralvisiten plante er noch für die Zukunft, war dann aber immer stärker auf den Rollstuhl und auf Medikamente angewiesen. Das bevorstehende Millennium übte eine geradezu magische Kraft auf ihn aus. «Ich habe begriffen, dass ich die Kirche Christi durch das Gebet, durch verschiedene Initiativen in dieses dritte Jahrtausend führen muss, aber ich habe auch gesehen, dass das nicht genügt: Ich musste sie durch Leiden hineinführen», äußerte er Ende Mai 1994 vor den Gläubigen. Dank der Einnahme neuer Medikamente besserten sich das Zittern und seine Stimme kurzzeitig. Sein eiserner Wille tat das Seine, um sein immer noch gewaltiges Programm zu absolvieren. Als sich dann endlich Weihnachten 1999 die Heilige Pforte im Petersdom öffnete und er als erster hindurch schritt, ging ein Lebenstraum in Erfüllung. Sein ganzes Pontifikat war programmatisch auf diesen Augenblick hin ausgerichtet. Der gebrechliche Pontifex war in ein schillernd blau-goldenes Gewand gehüllt, das ihm eine gewisse Jugendlichkeit verlieh und zusätzliche Aufmerksamkeit auf ihn lenkte. Bezeichnenderweise passte die Gebrechlichkeit des Kirchenführers auch hier zum neuen Image: Trotz Jubiläum war von Triumph nichts zu spüren; stattdessen versanken Kirche und Papsttum geradezu in Selbstkritik: Zur «Reinigung des Gedächtnisses» wurde deutlicher als bisher mit den eigenen Sünden der Geschichte abgerechnet. Dem Papst ging es schließlich um den Rückblick auf ein ganzes Jahrtausend, ein Rückblick in Demut und strenger Selbstkritik, was er – wie so häufig – auch gegen hochrangige Mitarbeiter und Kardinäle durchsetzte.

Inzwischen schlugen die Nachfolgespekulationen in offene Rücktrittsappelle um, die sogar aus bischöflichen Kreisen kamen. Immer wieder musste der nach außen kaum mehr aktionsfähige Papst, von dem immer wieder gesagt wurde, dass seine intellektuellen Fähigkeiten uneingeschränkt seien, Rücktrittsabsichten dementieren – meist mit dem Hinweis auf den Glaubensgehorsam und seine lebenslange Verantwortung vor Gott. Hier waren nicht nur eiserner Wille und Zeichenhaftigkeit im Spiel, sondern auch eine vermutlich nur aus seinem Polentum zu erklärende Identifizierung der eigenen Leiden mit den Leiden Christi am Kreuz und denen der Gottesmutter, die nun vielleicht noch ein wenig häufiger erwähnt wurde. «Christus ist auch nicht vom Kreuz gestiegen», war sein letztes öffentliches Argument in der zunehmenden Diskussion über seinen Rücktritt, die im Jahre 2003 ihren Höhepunkt erreichte, als der Papst sein 25-jähriges Dienstjubiläum in großer physischer Schwäche feierte. Ende September musste er sogar die viel besuchte Generalaudienz auf dem Petersplatz absagen, und im Oktober konnte er während der Seligsprechung der von ihm persönlich hochgeschätzten Nobelpreisträgerin Mutter Teresa nur wenige Worte sprechen. Allmählich verstummte jedoch die Rücktrittsdiskussion, denn es zeigte sich, dass dieser ohnmächtige Mann immer noch mächtig war: Die Massen liefen ihm zu, vor allem immer noch Jugendliche einer alternden Gesellschaft, die ihr Symbol gefunden hatten.

Der Papst kniet betend auf der Schwelle der Heiligen Pforte im Petersdom.

Dem Papst versagt Ostern 2005 vor laufenden Kameras die Stimme.

So wie sein Leiden öffentlich war und theologisch zeichenhaft gedeutet wurde, so fand auch sein Tod geradezu vor aller Augen statt, ohne inszeniert zu wirken. Ostern 2005 war der gequälte Papst nicht mehr fähig, den Segen «über die Stadt und den Erdkreis» zu sprechen. Alle Welt war darüber erschrocken und traurig. Viele empörten sich über das schamlose und unwürdige Ausstellen des Sterbens. Als sein Gesundheitszustand nach einem Luftröhrenschnitt hoffnungslos war, verließ er die Klinik und erwartete seine letzten Stunden im Apostolischen Palast. 60 000 Menschen auf den Petersplatz bangten und beteten. Gerüchteweise sprach sich seine letzte schriftliche Botschaft herum: «Ich bin froh. Seid Ihr es auch!» Auch damit machte er deutlich, dass der Tod nicht das letzte Wort über das menschliche Schicksal hat. Am Samstag, dem 2. April, um 21.37 Uhr starb er mit 84 Jahren. Um 22 Uhr wurde die Öffentlichkeit informiert, und die Kirchen öffneten überall nochmals zum Gebet. Der langsame Tod hatte weltweit Anteilnahme und Bestürzung ausgelöst. Rom wurde nun förmlich von Trauernden überschwemmt; allein aus Polen, das kostenlose Sonderzüge zur

Verfügung stellte, kamen ca. drei Millionen. Besonders eine kaum überschaubare Menge von Jugendlichen aus aller Welt, denen er stets große Aufmerksamkeit geschenkt hatte, wollte ihm ihren Dank abstatten und stand stundenlang in den Zufahrtsstraßen zum Petersdom, um an dem Aufgebahrten vorbeidefilieren zu können. Zu einem bislang nie gekannten Ereignis gestaltete sich auch die schlichte Beerdigung, die ganz Rom bereits Tage vorher in einen Ausnahmezustand versetzte. Zweihundert Staatsgäste und geschätzte vier Million Menschen rund um den Vatikan und Milliarden an den Bildschirmen erwiesen ihm die letzte Ehre. Am Tag der Beisetzung war die gesamte römische Innenstadt für den Verkehr gesperrt, aber die Menschen ertrugen die Strapazen mit großer Geduld. Noch Monate später pilgerten bis zu 20 000 Menschen täglich zum schlichten Erdgrab von Johannes Paul II. in den Grotten von St. Peter. Gewöhnlich bildete sich schon am Vormittag eine Schlange, die bis zum Fuß des Petersplatzes reichte und den Wartenden eine lange Geduldsprobe abverlangte.

Bereits bei der Beerdigungsfeierlichkeit waren in der unüberschaubaren Menge Dutzende von Plakaten «Santo subito» – «Heilig sofort» zu lesen. Das Seligsprechungsverfahren der katholischen Kirche kann nach den gesetzlichen Vorschriften an der Kurie erst fünf Jahre nach dem Tod des Kandidaten aufgenommen werden und dauert dann meist etliche Jahrzehnte. Aufgrund der Besonderheit des Pontifikats sollte von solchen Bestimmungen abgewichen werden, was die Kurie allerdings nicht tat. Wer hätte es auch in der papstlosen Zeit verantworten sollen? Der Nachfolger Benedikt XVI. bringt nicht nur Johannes Paul II. größte Wertschätzung entgegen, sondern auch Polen, das er gleich auf einer seiner ersten Auslandsreisen besuchte. Außerdem veränderte er den Personalbestand der päpstlichen Bürokratie nicht nennenswert, so dass die zuständige Heiligsprechungskongregation immer noch von etlichen Polen dominiert wird. Aufgrund des weltweiten öffentlichen Drucks eröffnete dann der neue Papst am 28. Juni 2005 mit einer Sondererlaubnis das Seligsprechungsverfahren in Rom; zum Postulator wurde ein 45-jähriger, kirchenrechtlich geschulter polnischer

Geistlicher eingesetzt, der das Material für das Verfahren sammelte und ausarbeitete. Ein über 26-jähriges, turbulentes und ereignisreiches Pontifikat musste genauestens dokumentiert, untersucht und in allen Facetten durchleuchtet werden, bis die Akten einer Prüfung durch die Kongregation standhalten konnten. Historikerkommissionen und Theologen prüften seinen Lebenswandel, seine Schriften und Entscheidungen. Dieses erste Verfahren wurde trotz der Aktenfülle am 2. April 2007, dem zweiten Todestag des Papstes, in einer Rekordzeit abgeschlossen, sodass das Material nun zur Untersuchung in die Heiligsprechungskongregation gelangte. Auch ein Wunder hatte man parat, das es noch zu prüfen galt: Exakt zwei Monate nach dem Tod von Johannes Paul II. wurde eine französische Ordensschwester, die an einer schweren Parkinson-Erkrankung litt, nach einem Gebet zum polnischen Papst geheilt. Seit März 2006 wurde diese mirakulöse Genesung, die sehr gut in das Profil des verstorbenen Pontifex passt, naturwissenschaftlich untersucht und das positive Ergebnis dieses Verfahrens am 1. April 2007 feierlich in Rom verkündet, was ganz ungewöhnlich ist. Wenn die zuständigen Monsignori dieses Tempo beibehalten, kann in zwei oder drei Jahren der Heilige Vater Johannes Paul II. selig gesprochen werden.

Anhang

Zeittafel

1920	18. Mai	Geburt von Karol Józef Wojtyła in Wadowice
1929		Tod der Mutter
1938		Übersiedlung nach Krakau und Beginn des Studiums
1941		Tod des Vaters
1942		Beginn des Theologiestudiums
1946	1. Nov.	Priesterweihe in Krakau
1948		Theologisches Doktorexamen in Rom
1953		Habilitation in Krakau
1958	4. Juli	Weihbischof in Krakau
1962–1965		II. Vatikanisches Konzil
1963	30. Dez.	Ernennung zum Erzbischof von Krakau
1967	28. Juni	Kardinal
1975		Unterzeichnung der KSZE-Schlussakte von Helsinki
1978	16. Okt.	Papstwahl
1979	Jan.	Erste Auslandsreise: Dominikanische Republik, Mexiko, Bahamas
	15. März	Antrittsenzyklika *Redemptor hominis*
	28. April	Agostino Casaroli wird Pro-Staatssekretär, später Kardinalstaatssekretär
	1. Juni	Polenreise
	Nov.	Ankündigung der Wiederaufnahme des Falls Galilei und Begegnung mit dem Ökumenischen Patriarchen in Konstantinopel
1980	Nov.	Erste Deutschlandreise
1981	13. Mai	Attentat auf dem Petersplatz
	15. Sept.	Enzyklika *Laborem exercens* über die soziale Frage
	25. Nov.	Joseph Ratzinger wird Präfekt der Glaubenskongregation
	13. Dez.	Kriegsrecht in Polen
1982	Mai/Juni	Reise nach Großbritannien, Begegnung mit dem Erzbischof von Canterbury
1983	März	Mittelamerika-Reise; Eröffnung des Heiligen Jahres der Erlösung
	11. Dez.	Besuch der lutherischen Kirche in Rom
1984	Juni	Besuch des Ökumenischen Rates in Genf
	Dez.	Die Grundlage für die «Gewissensprüfung zur Jahrtausendwende» wird gelegt.
1985	11. März	Gorbatschow wird Generalsekretär der KPdSU

	26. März	Apostolisches Schreiben an die Jugend
	Aug.	Afrika-Reise; in Casablanca Begegnung mit Jugendlichen
1986	13. April	Besuch einer Synagoge in Rom
	27. Okt.	Friedensgebet der Weltreligionen in Assisi
1987	25. März	Enzyklika *Redemptoris mater* über die Marienverehrung
	7. Juni	Eröffnung des Marianischen Jahres
1988	30. Juni	Exkommunikation des traditionalistischen Bischofs Lefèbvre
	30. Sept.	Apostolisches Schreiben *Mulieris dignitatem* über die Rolle der Frau
1989	24. Aug.	Tadeusz Masowiecki wird erster nichtkommunistischer Ministerpräsident Polens seit 1947
	9./10. Nov.	Öffnung der Berliner Mauer
	1. Dez.	Besuch von Michail Gorbatschov im Vatikan
1990	April	Erste Reise in ein ehemaliges kommunistisches Land, die Tschechoslowakei
	1. Dez.	Angelo Sodano wird Nachfolger von Casaroli
1991	22. Jan.	Enzyklika *Redemptoris missio* über die Missionstätigkeit
	13. April	Bischofsernennungen für Teile der Sowjetunion
	1. Mai	Enzyklika *Centesimus annus* über die Wirtschaftsordnungen
	Nov./Dez.	Römische Sondersynode über Europa
	6. Dez.	Beschluss zur Auflösung der Sowjetunion
1992	Juli	Dem Papst wird ein Darm-Tumor entfernt
	Okt.	Rehabilitierung Galileis
	Dez.	«Katechismus der Katholischen Kirche»
1993	Jan.	Zweites Friedensgebet in Assisi zur Abwendung des Balkankrieges
	Aug.	Sechzigste Auslandsreise, u. a. nach Denver zum Weltjugendtag
	5. Okt.	Enzyklika *Veritatis splendor* über Moralgrundsätze
1994	Sept.	Reise nach Kroatien; Sarajewo kann aus Sicherheitsgründen nicht besucht werden
	14. Nov.	Apostolisches Schreiben *Tertio millennio adveniente*: Vorbereitung auf das Heilige Jahr und Gewissensprüfung
1995	Jan.	Reise nach Asien (Philippinen) und Ozeanien
	25. Mai	Enzyklika *Ut unum sint* über die Ökumene
	10. Juli	Brief an die Frauen
1996	Juni	Dritte Deutschlandreise; der Papst geht durch das Brandenburger Tor
1997	Aug.	Weltjugendtag in Paris

1998	*Jan.*	Kubareise
	11. Jan.	Bitte an die deutschen Bischöfe, die Möglichkeit der Ausstellung von Scheinen, die einen straffreien Schwangerschaftsabbruch erlauben, zu verhindern
	15. März	Dokument über die Schoa
	11. Okt.	Heiligsprechung Edith Steins
1999	*24. Dez.*	Öffnung der Heiligen Pforte
2000	*März*	Reise in das Heilige Land
	5. Sept.	*Dominus Jesus:* Erklärung der Vorrangstellung der katholischen Kirche
2001	*6. Jan.*	Schließung der Heiligen Pforte, Abschluss des Heiligen Jahres
	21. Febr.	Ernennung von 44 neuen Kardinälen (u. a. Lehmann, Kasper, Scheffczyk)
	Juni	Reise in die Ukraine
	11. Sept.	Attentate in New York und Washington
2002	*April*	Mahnung an US-Kardinäle gegen Kindesmissbrauch
	16. Juni	Heiligsprechung von Padre Pio
2003	*Juni*	Hundertste Auslandsreise nach Kroatien
	16. Okt.	25. Amtsjubiläum
	19. Okt.	Seligsprechung Mutter Teresas
	24. März	Verleihung des außerordentlichen Aachener Karlspreises
2004	*Aug.*	Letzte Auslandsreise nach Lourdes
2005	*24. Febr.*	Im Krankenhaus muss ein Luftröhrenschnitt durchgeführt werden
	27. März	Stumme Segenserteilung an Ostern
	2. April	Johannes Paul II. stirbt
	8. April	Begräbnis in St. Peter
	28. Juni	Beginn des Seligsprechungsprozesses

Literaturhinweise

Accatoli, Luigi: Johannes Paul II., Köln 2005.

–: Wenn der Papst um Vergebung bittet. Alle «mea culpa» Johannes Pauls II. an der Wende zum dritten Jahrtausend, Innsbruck 1999.

Altrichter, H./Bernecker, W. L. (Hg.): Geschichte Europas im 20. Jahrhundert, Stuttgart 2004.

Bartoszewski, Wladyslaw (Hg.): Die Kraft des Augenblicks. Begegnungen mit Papst Johannes Paul II., Freiburg i. Br. 2004.

Dziwisz, Stanisław, Mein Leben mit dem Papst. Johannes Paul II. wie er wirklich war, Leipzig 2007.

Filler, Ulrich: Geschichte einer großen Sehnsucht. Ein Portrait der hl. Schwester Maria Faustyna Kowalska, Kisslegg 2005.

Fröhling, Thomas Friedrich: Johannes Paul II. Ein Leben, Berlin/Frankfurt a. M 1995.

Johannes Paul II.: Erinnerung und Identität, Augsburg 2005.

–: Die Schwelle der Hoffnung überschreiten, Hamburg 1994.

Maliński, Miescysław: Johannes Paul. Sein Leben von einem Freund erzählt, Freiburg i. Br. 1979.

Rabanus, Joachim: Europa in der Sicht Papst Johannes Paul II., Paderborn u. a. 2004.

Ross, Jan: Der Papst Johannes Paul II. – Drama und Geheimnis, Berlin ³2001.

Rossi, Fabrizio: Der Vatikan. Politik und Organisation, München ³2005.

Samerski, Stefan: Der Beitrag der Katholischen Kirche für die kulturell-nationale Identität Polens im 20. Jahrhundert, in: L. Nettelmann/D. Adamczyk (Hg.): Zur Frage einer polnischen Nationalkultur, Hannover 2002, S. 41–57.

–: «Wie im Himmel, so auf Erden»? Selig- und Heiligsprechung in der Katholischen Kirche 1740 bis 1870, Stuttgart 2002.

Santo Subito. Dokumenty procesu beatyfikacyjnego Sługi Bożego Jana Pawła II, bearb. von Krzysztof Skowroński, Krakau 2007.

Stark im Glauben. Johannes Paul II. in Polen. Die Reise in Bild und Text, Kevelaer 1979.

Weigel, George: Zeuge der Hoffnung. Johannes Paul II. Eine Biographie, Paderborn u. a. ²2003 (ausführlichste Biographie).

Personenregister

Aus dem Verlagsprogramm

Religion in C.H.Beck Wissen

C.H.BECK ■ WISSEN
in der Beck'schen Reihe

Zuletzt erschienen:

Checklisten der aktuellen Medizin

Begründet von F. Largiadèr, A. Sturm, O. Wicki

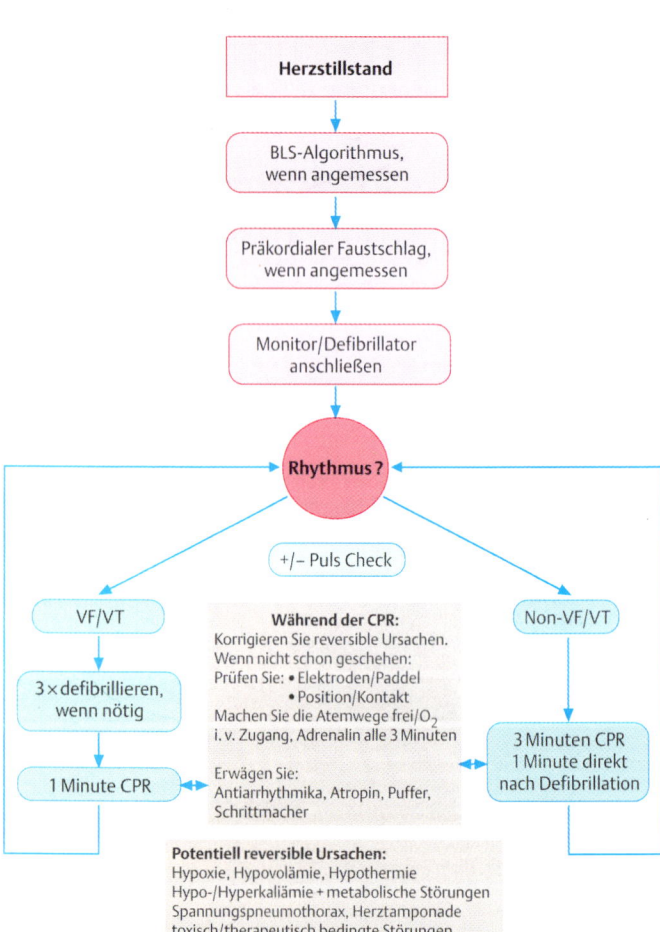

Reanimation von Erwachsenen — Herzstillstand → BLS-Algorithmus, wenn angemessen → Präkordialer Faustschlag, wenn angemessen → Monitor/Defibrillator anschließen → Rhythmus? +/– Puls Check → VF/VT / Non-VF/VT

SLAC + SNAC

Arthrose: St. I = S............

      II =

      III =

⇒ Ø radiculäre Arthrose

⇒ â kompl. n. # / SL-Dissoziation

Pseudarthrose + karpaler kollaps!

Diag: Rö ap + seitl.
(MRT / ASK / CT → unsinnlich)

Th: PRC? row carpectomy (nicht St. III!)
mediocarpale Arthrodese â Teilfusion

STRATEGIE - Procedur â Lösungen im Endstadium

Thieme

1 *Grundlagen und präklinische Versorgung*

1.1 *Grundlagen*

Grundlagen, Definitionen

▶ **Trauma:** Ein durch äußere Einwirkung (mechanisch, thermisch, chemisch, aktinisch) akut entstandener körperlicher Schaden mit Gewebezerstörung und entsprechender Funktionsstörung.

▶ **Schweres Trauma:**
- Gewebezerstörung lebenswichtiger Organe.
- Zu erwartende gravierende Defektheilung mit schwerer Funktionsstörung.
- Erhöhte posttraumatische Systembelastung mit Schädigung von primär nicht traumatisierten Organ- oder Funktionssystemen.

▶ **Polytrauma:**
- Syndrom von mehrfachen Verletzungen von definiertem Schweregrad (ISS ≥ 17; vgl. S. 91) mit konsekutiven systemischen Reaktionen, welche zu Dysfunktion oder Versagen von entfernten, primär nicht verletzten Organen oder Organsystemen mit vitaler Bedrohung führen können.
- Beim Polytrauma werden chirurgisch sonst gut beherrschbare Verletzungskomponenten durch ihre kumulative Systembelastung lebensgefährlich. Die direkten und indirekten Traumafolgen („trauma load", „antigenic load") überfordern dabei die körpereigenen Defensivsysteme. Die physiologische „host defense response" schlägt um in eine autodestruktive „host defense failure disease", was zum Zusammenbruch der Immunabwehr mit nachfolgender Sepsis und progressivem, sequentiellem Multiorganversagen führt.

▶ **Schock** (vgl. S. 17 und S. 26):
- Inadäquate Organperfusion und gestörte Gewebsoxygenierung infolge eines kompromittierten Kreislaufsystems.
- Ursachen:
  - Hämorrhagisch: Hypovolämisch (häufigste Ursache eines Schocks beim Trauma-Patienten).
  - Nicht-hämorrhagisch: Kardiogen, neurogen, septisch.

▶ **Triage:**
- Bei der sog. Triage erfolgt die Einteilung von Patienten nach dem individuellen Behandlungsbedarf und den zur Verfügung stehenden Ressourcen.
- Der Behandlungsbedarf bzw. die Behandlungsdringlichkeit wird anhand der ABC-Prioritäten bestimmt (ATLS-Protokoll s. S. 13).
- Triage ist ein fortwährender dynamischer Prozess mit dem Ziel der Rettung und Wiederherstellung möglichst vieler Patienten durch optimalen Einsatz der verfügbaren Mittel.

▶ **„Golden hour" nach Trauma:** Unfallbedingte Todesfälle ereignen sich in einer zeitlich trimodalen Verteilung:
- *Erster Peak:*
  - *Zeitpunkt:* Sekunden bis zu wenigen Minuten nach dem Unfall.
  - *Todesursachen:* Zentrale Gefäßläsionen (z.B. Aortenruptur mit freier Blutung), Lazerationen von Myokard, Gehirn, Hirnstamm und zervikalem Rückenmark.
  - *Prognose:* Diese Patienten können in der Regel nicht gerettet werden.
- *Zweiter Peak:*
  - *Zeitpunkt:* Minuten bis Stunden nach dem Unfall.

- *Todesursachen:* Thoraxverletzungen (Hämato-/Spannungspneumothorax), intrakranielle Hämatome (Epi-/Subduralhämatome), intraabdominelle Verletzungen der parenchymatösen Organe (Milzruptur, Leber-Lazeration), schwere Beckenverletzungen, mehrfache Verletzungen mit ausgedehntem Blutverlust.
  - *Prognose:* Die Inzidenz der Todesfälle in dieser Gruppe kann durch eine rasche, adäquate initiale Beurteilung und Primärversorgung drastisch gesenkt werden. Ein systematisches Versorgungskonzept (z.B. nach den Richtlinien des Advanced Trauma Life Support (ATLS)-Protokolls des „Committee on Trauma of the American College of Surgeons" (s.u.) ist deshalb von entscheidender Bedeutung zur Senkung der Mortalitätsrate in der *„ersten"* oder *„goldenen Stunde"* nach Trauma.
- *Dritter Peak:*
  - *Zeitpunkt:* Mehrere Tage bis Wochen nach Unfall.
  - *Ursachen:* In der Regel als Folge von Trauma-induzierten Sekundärschäden, v.a. Sepsis und Organversagen.
  - *Prognose:* Die Inzidenz der verzögerten Todesfälle in dieser Gruppe wird maßgeblich durch die Qualität der chirurgischen und intensivmedizinischen Therapie in den vorausgehenden Versorgungsphasen beeinflusst.

▶ **Rettungskette:** Die Rettungskette bezeichnet einen definierten und vororganisierten Versorgungsweg des Verletzten von der Unfallstelle bis zur definitiv versorgenden Klinik. Wesentliche Glieder der Kette bei schwerer Verletzung sind die präklinische Notfallversorgung, der Transport mittels standardisiert ausgerüsteten Notarztwagen oder Rettungshubschrauber, die primäre klinische Versorgung im nächst gelegenen, geeigneten Krankenhaus und die ggf. organisierte Sekundärverlegung in ein maximal versorgendes Traumazentrum. Für die Rettungskette sind idealer Weise Vorgaben und Standards definiert:
- Mittleres Zeitintervall für Alarmierung bis Eintreffen am Unfallort.
- Anzahl und Qualifikation des Personals präklinisch und klinisch.
- Ausstattung der Rettungsmittel (Rettungswagen, Notarztwagen, Rettungshubschrauber, Intensivhubschrauber).
- Kompetenz und Kapazität der aufnehmenden Kliniken (Traumanetzwerk).

▶ **Traumanetzwerk:** Zur Einteilung klinischer Einrichtungen für die Unfallversorgung hat sich eine Dreiteilung bewährt:
- Kliniken der Basis- und Grundversorgung.
- Regionales Traumazentrum in Schwerpunktkliniken.
- Überregionales Traumazentrum in maximalversorgenden Kliniken.

▶ **Basis- und Grundversorgung:** Versorgt die Mehrzahl der Fälle mit Monoverletzungen, so z.B. die Frakturen der Alterstraumatologie. Es besteht eine Leitungsfunktion durch einen spezialisierten Unfallchirurgen und eine chirurgische Abdeckung rund um die Uhr.

▶ **Regionale Traumazentren der Schwerpunktversorgung:** Versorgung von komplexen Einzelverletzungen, lebensbedrohlichen Verletzungsmustern und Polytraumatisierten, spezielle unfallchirurgische Bereitschaft rund um die Uhr wird vorgehalten.

▶ **Überregionale Traumazentren mit Maximalversorgung:**
- Komplexe und komplizierte Einzelverletzungen.
- Spezielle Verletzungsformen wie schwere Verbrennungen.
- Schwerste Schädel-Hirn-Traumen.
- Wirbelsäulenverletzungen mit Lähmungen.
- Polytraumen mit hoher Verletzungsschwere.
- Replantationsfälle.

- Speziell zu versorgende Organverletzungen (z. B. Leber, Herz und herznahe Gefäße, Niere).
- Verlegungsfälle mit Komplikationen wie nekrotisierende Fasciitis, intensivpflichtige septische Patienten, komplexe Verletzungsformen mit sekundär notwendiger Rekonstruktion.
▶ Der Einzugsbereich und die zu versorgende Bevölkerungszahl hängt von der Struktur ab, z.B. ländliche Region oder dicht besiedelte Großstadt. Als Faustregel für europäische Verhältnisse kann gelten: Ein Traumazentrum pro 1 Mio. Einwohner, mehr als 100 Schwerverletzte ISS > 16 pro Jahr, mehr als 1000 schwere Verletzungen pro Jahr.
▶ Die Funktion des übergeordneten Traumazentrums kann auch von zwei oder mehr Kliniken im definierten oder vororganisierten Verbund wahrgenommen werden.
▶ Es besteht Aufnahmepflicht für alle Schwerstverletzten, Vorhaltungspflicht für OP-Kapazität und Intensivbetten.

1.2 Konzept der präklinischen Versorgung

Maßnahmen zur Versorgung des Unfallverletzten

1. Situationserfassung und Triage:
- *Erfassung des Unfallmechanismus,* um auf häufige Verletzungsmuster schließen zu können: Tab. 1.1.
- *Abhängig davon Triage* bezüglich der Wahl der Zielklinik: Tab. 1.1. (*Merke:* „the patient should not be transferred to the closest hospital, but rather to the closest appropriate hospital!").

Tabelle 1.1 · Suggestive Verletzungsmuster abhängig vom Unfallmechanismus

Unfallmechanismus	Verletzungsmuster
PKW-Frontalkollision: • deformiertes Lenkrad • Impression des Armaturenbretts (→ „dashboard injury") • zerschlagene Windschutzscheibe	• HWS-Verletzung • Thoraxkontusion, Rippenfrakturen, Pneumo-/Hämatothorax, Myokardkontusion • Aortenruptur • stumpfes Abdominaltrauma mit Milz-/Leberruptur • Kettenverletzung der unteren Extremität: Frakturen und Luxationen an Mittelfuß (Lisfranc), Talus, OSG, Kniegelenk, Femurschaft, proximales Femur, Acetabulum
PKW, seitlicher Aufprall	• HWS-Verletzung • laterale Thoraxkontusion, Rippenfrakturen, Pneumo-/Hämatothorax • Aortenruptur • Zwerchfellruptur • Milz-/Leberruptur, Nierenkontusion/-ruptur (abhängig von der Seite des Aufpralles) • laterale Kompressionsfraktur des Beckens
PKW, Auffahrkollision von hinten	• HWS Verletzung („cervical whiplash")

*Tabelle 1.1 · **Fortsetzung***	
Unfallmechanismus	**Verletzungsmuster**
Ejektion (Wegschleudern) aus PKW • erhöhte Mortalität!	• erhöhtes Risiko einer schwergradigen Verletzung!
PKW gegen Fußgänger	Verletzungsmuster in 3 Phasen: • direkter Anprall gegen Unterschenkel/Becken: Tibiaschaftfrakturen, Knieverletzungen, Beckenverletzungen. (Kinder: Thorax-/Abdominaltrauma) • Schlag gegen Motorhaube und Frontscheibe: Abdominal-/Thoraxtrauma, Schädel-Hirn-Trauma • Sturz über Motorhaube auf den Boden: Verletzungen der oberen Extremität (distaler Radius, Ellbogen), Schädel-Hirn-Trauma, Wirbelsäulenverletzungen

2. Beurteilung der Vitalfunktionen und lebensrettende Sofortmaßnahmen:
- *Erstbeurteilung* nach „ABCDE-Schema": Tab. 3.1 (vgl. S. 13).
- *Atemwegsmanagement.* Indikationen zur Intubation s. S. 15.
- *Initiale Schockbehandlung:* „Autotransfusion" durch Hochlagern der Beine, Volumenzufuhr (initial 2000 ml Ringerlaktat über zwei großlumige periphere Zugänge), Druckverband bei äußeren Blutungen, Schienung von Frakturen, Schmerztherapie.

3. Erfassen der bedrohlichen und relevanten Verletzungen aller Körperregionen.

4. Herstellen der Transportfähigkeit.

5. Permanente Überwachung und Re-Evaluation (ABCDE) während des Transports.

6. Vor-Alarmierung der Zielklinik.

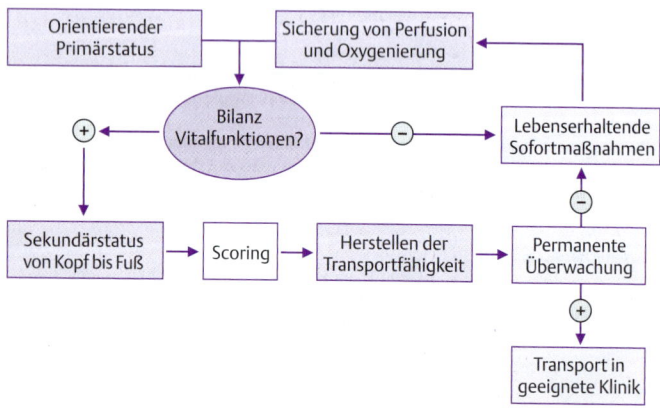

Abb. 1.1 Versorgungsalgorithmus an der Unfallstelle: Vernetzung von Diagnostik, Beurteilung und Behandlungsmaßnahmen

▣ *Hinweis:*

- Die Prognose des Unfallverletzten ist direkt abhängig von der Zeitspanne zwischen Unfall und der definitiven Versorgung in einer adäquaten Zielklinik.
- Ein Verletzter ohne messbare Herz-Kreislauf-Funktion am Unfallort hat eine infauste Prognose und darf nur behandelt werden, wenn Patienten mit besserer Prognose nicht vernachlässigt werden!
- „3-R"-Regel: „get the **r**ight patient to the **r**ight hospital at the **r**ight time!" (American College of Surgeons Committee on Trauma).

Technische Maßnahmen am Unfallort

- ► Sicherung der Unfallstelle (Feuerwehr, Polizei).
- ► Ausreichende personelle und technische Ressourcen? → ggf. zusätzliche Rettungsmittel anfordern.
- ► Bergung von Patienten in Koordination mit den Einsatzleitern von Polizei/Feuerwehr.

Grundlagen und präklinische Versorgung

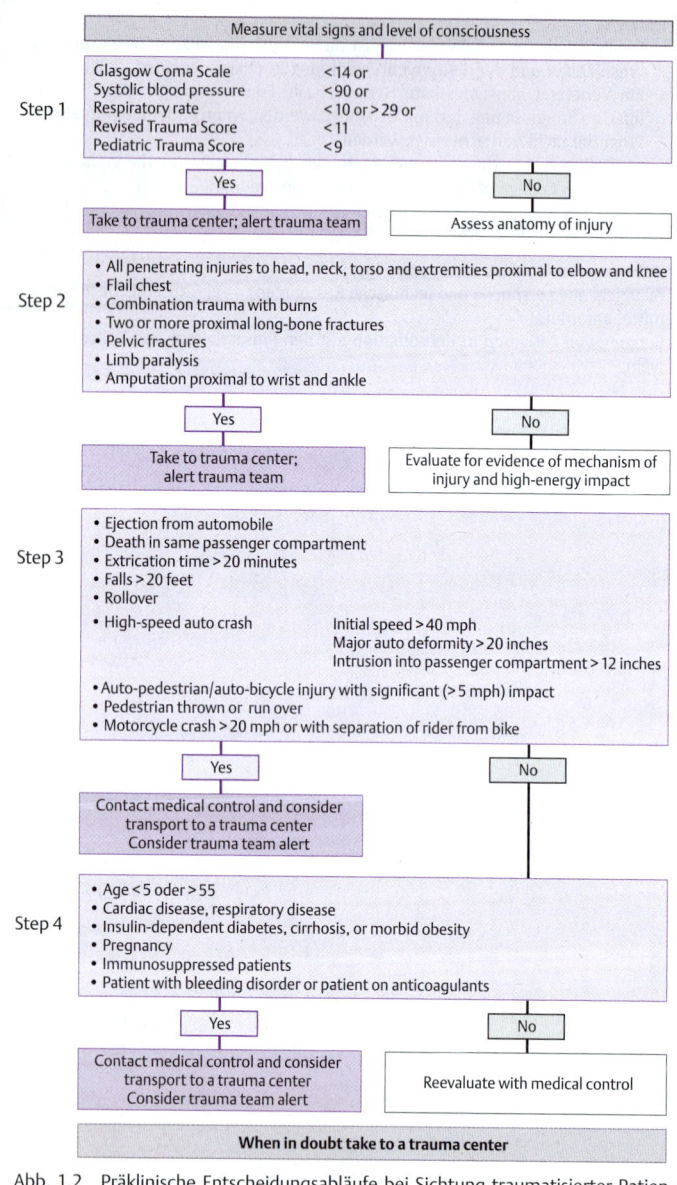

Measure vital signs and level of consciousness

Step 1
Glasgow Coma Scale	< 14 or
Systolic blood pressure	< 90 or
Respiratory rate	< 10 or > 29 or
Revised Trauma Score	< 11
Pediatric Trauma Score	< 9

Yes → Take to trauma center; alert trauma team

No → Assess anatomy of injury

Step 2
- All penetrating injuries to head, neck, torso and extremities proximal to elbow and knee
- Flail chest
- Combination trauma with burns
- Two or more proximal long-bone fractures
- Pelvic fractures
- Limb paralysis
- Amputation proximal to wrist and ankle

Yes → Take to trauma center; alert trauma team

No → Evaluate for evidence of mechanism of injury and high-energy impact

Step 3
- Ejection from automobile
- Death in same passenger compartment
- Extrication time > 20 minutes
- Falls > 20 feet
- Rollover
- High-speed auto crash   Initial speed > 40 mph
                               Major auto deformity > 20 inches
                               Intrusion into passenger compartment > 12 inches
- Auto-pedestrian/auto-bicycle injury with significant (> 5 mph) impact
- Pedestrian thrown or run over
- Motorcycle crash > 20 mph or with separation of rider from bike

Yes → Contact medical control and consider transport to a trauma center. Consider trauma team alert

No

Step 4
- Age < 5 oder > 55
- Cardiac disease, respiratory disease
- Insulin-dependent diabetes, cirrhosis, or morbid obesity
- Pregnancy
- Immunosuppressed patients
- Patient with bleeding disorder or patient on anticoagulants

Yes → Contact medical control and consider transport to a trauma center. Consider trauma team alert

No → Reevaluate with medical control

When in doubt take to a trauma center

Abb. 1.2 Präklinische Entscheidungsabläufe bei Sichtung traumatisierter Patienten (Triage Decision Scheme) nach den Empfehlungen des American College of Surgeons Committee on Trauma

2 Klinische Erstmaßnahmen bei nicht bedrohlichen Verletzungen

2.1 Anamnese

Anamnese

► **Objektive Anamnese:** Aussagen von Drittpersonen (Unfallzeugen, Begleitpersonen, Rettungsdienst). Beurteilung der Angaben als: ☐ sicher richtig / ☐ wahrscheinlich / ☐ unsicher / ☐ völlig unklar.
► **Subjektive Anamnese:** Aussagen des Patienten (→ mit der objektiven Anamnese vergleichen!). Sie dient sowohl der Analyse des Unfallgeschehens als auch der Beurteilung der Bewusstseinslage des Patienten → Amnesie, Orientierung (örtlich, zeitlich, zur Person, zur Situation)?
► **AMPLE-History (nach ATLS):** Tab. 2.1.

Tabelle 2.1 · AMPLE-History (nach ATLS)

A **Allergien**

- Asthma, Medikamente (v.a. Penicillin!), Narkosemittel (frühere Operationen), Lokalanästhetika, Kontrastmittel

M **Medikamente** (inkl. Alkohol, Drogen)

- *Antihypertonika* (v.a. β-Blocker und Ca^{2+}-Antagonisten): Möglicherweise Verschleierung der physiologischen Antwort auf eine Blutung; eine normale Herzfrequenz darf nicht falsch als Normovolämie interpretiert werden!

- *Antidiabetika:* Die Möglichkeit einer Insulin-Überdosierung muss bei Diabetikern in Betracht gezogen werden; *cave* eine Hypoglykämie könnte ursächlich das Unfallgeschehen mitbeeinflusst haben

- *chronische Diuretika-Therapie:* Mögliche Ursache einer Hypokaliämie

- *nicht steroidale Antirheumatika* (NSAR, v.a. Acetylsalicylsäure): Erhöhte Blutungstendenz durch Hemmung der Thrombozytenfunktion

- *orale Antikoagulanzien* (Kumarine): Erhöhung des Risikos einer massiven Blutung, insbesondere auch nach Bagatelltraumata (S. 198 intrakranielle Blutung)

- *Alkohol- und Drogen* erschweren die neurologische Beurteilung von SHT-Patienten → *großzügige Indikation zum Schädel-CT!* (vgl. S. 188)

Tabelle 2.1 · Fortsetzung

P persönliche Anamnese

- *aktuell bestehende Krankheiten*

- *Vorerkrankungen, Operationen*

- *bestehende Schwangerschaft* → veränderte Herz-Kreislauf-Parameter wegen physiologischer Hypervolämie: cardiac output = Herzzeitvolumen ↑ (ca. 1–1,5 l/min), Herzfrequenz ↑ (ca. 10–15/min), systemischer Blutdruck ↓ (ca. 5–15 mmHg)

◻ **Wichtige Hinweise:**

- Eklampsie als DD zum hämorrhagischen Schock

- möglicherweise starker Blutverlust *ohne* klinische Schockzeichen durch physiologisch erhöhtes intravaskuläres Volumen (Hypervolämie)! Die Plazenta-Perfusion kann jedoch bereits kompromittiert sein und der Fötus dadurch schockgefährdet!

- keine Verabreichung von Vasopressiva bei Schwangeren (Plazenta!)!

- die uterine Kompression der V. cava inferior kann das Herzzeitvolumen akut verringern und einen Schockzustand verschlechtern. Therapie: Linksseitenlage (rechte Hüfte um 10–15 cm anheben, Uterus manuell nach links verlagern)

- bei *allen* Schockraum-Patientinnen im gestationsfähigen Alter (10–50 Jahre) β-HCG im Urin bestimmen

- Röntgen-Aufnahmen des Beckens nur bei kritischer Indikation!

L letzte Mahlzeit (Zeitpunkt)

- vorgegebene zeitliche Nahrungskarenz (flüssig und fest) für Elektiveingriffe: 6 h

- bei Notfalleingriffen entfällt diese Vorgabe! (jeder Notfallpatient gilt als „operabel") → „rapid sequence intubation" s. S. 15

E Ereignisse in Bezug auf das Unfallgeschehen

- *Zeitpunkt des Unfalles?*

- *Situation am Unfallort:* Bewusstlosigkeit, Atemwege, (Be-)Atmung, Hämodynamik?

- *bisherige Therapie:* Intubation, Volumensubstitution, Vasopressoren, Therapieerfolg? (s. S. 17 Schock)

- *Unfallart:*

- Verkehrsunfall: PKW (◻ Fahrer; Beifahrer: ◻ vorne / ◻ hinten; Sicherheitsgurt:

Tabelle 2.1 · **Fortsetzung**

☐ ja / ☐ nein / ☐ unbekannt); LKW, Motorrad (Helm: ☐ ja / ☐ nein / ☐ unbekannt), Fahrrad, Mofa, Bus, Tram, Bahn, Fußgänger

- Arbeitsunfall

- Sport/Freizeit

- Haushalt

- Suizidversuch

- Überfall, Gewalttat

- Anderes:

- *Unfallmechanismus – **stumpfes** Trauma:*

- horizontales Dezelerationstrauma (z.B. Fahrzeugkollision)

- vertikales Dezelerationstrauma: Sturz

- Sturzhöhe: ☐ < 2 m / ☐ < 5 m / ☐ < 10 m / ☐ > 10 m

- Direkter Anprall (z.B. PKW gegen Fußgänger)

- Motorradunfall

- Einklemmung, Kompression

- Schlag (z.B. bei intentioneller Verletzung durch Gewalttat)

- Verbrennung

▶ **Cave:** Erhöhtes Risiko einer schwergradigen Verletzung bei *1)* anamnestisch am Unfallort verstorbener Person im selben Fahrzeug, oder bei *2)* Ejektion aus dem Fahrzeug. Wichtige Informationen betreffend Unfallmechanismus (Fremdanamnese) können auf spezifische Verletzungsmuster hinweisen (Tab. 1.1 S. 3)

- *Unfallmechanismus – **penetrierendes** Trauma:*

- niedrige Energie: Messerstichverletzung

- mittlere Energie: Handfeuerwaffen (S. 119)

- hohe Energie: Jagd-/Sturmgewehr (S. 119)

- weitere Ursachen: Schrotschussverletzungen, Pfählungsverletzungen nach Sturz, penetrierende Verletzungen bei Explosionen (S. 124)

2.2 Untersuchung

Allgemeines zur Untersuchung von Verletzten

▶ Die Untersuchung und Beurteilung erfasst den ganzen Menschen und seine Verletzungen einschließlich eventueller Vorschäden und Vorerkrankungen. Bei Leichtverletzten beschränkt sich die Untersuchung auf das für Diagnosestellung und Therapie notwendige Maß (Lokalbefund).

▶ Auch bei lokalisierten Verletzungen muss unter Umständen mit Systembelastungen gerechnet werden.

▶ **Schutz-/Hygienemaßnahmen:** Bei Kontakt mit Körperflüssigkeiten und Blut müssen zur Untersuchung Handschuhe getragen werden. Evtl. sind weitere Schutzmaßnahmen zu ergreifen.

▶ **Dokumentation:** Die durchgeführten Untersuchungsmaßnahmen und die pathologischen Befunde müssen schriftlich, gegebenenfalls auch fotografisch und radiologisch dokumentiert werden.

▶ **Systematisches Vorgehen bei der Untersuchung:**
  • Zur orientierenden Prüfung Bewusstseinslage, Kreislauf, Atmung, neurologischer Status, Thorax, Abdomen, Becken, Wirbelsäule, Extremitäten.
  • Der Lokalbefund muss im Detail erhoben werden, bei Verletzungen der Extremitäten müssen insbesondere Motorik, Sensibilität und Durchblutung peripher der Schädigung überprüft werden.

▶ **Induktives Vorgehen:** Zunächst Anamnese und klinische Untersuchung, dann erst ergänzende apparative Untersuchung (zur Bestätigung oder zum Ausschluss einer vermuteten Verletzung).

▶ **Spezielle Aspekte:**
  • *Unangenehme und schmerzhafte Untersuchungsabschnitte* sollten am Schluss der Untersuchung durchgeführt werden.
  • *Präklinisch angelegte sterile Schutzverbände* verbleiben auf den Wunden, ebenso werden suffizient angelegte Schienen an Frakturen belassen. Schnürende Verbände, Kleidungsreste und Schmuck werden entfernt, ebenso Brillen, Kontaktlinsen und Zahnprothesen.
  • *Offene Wunden* werden nach Inspektion steril verbunden, bei starker Blutung mit einem Druckverband. Stark dislozierte Frakturen werden unter Zug und Gegenzug wenigstens so weit reponiert, dass die Weichteile entlastet sind. Anschließend wird die Extremität geschient.

Untersuchungstechnik

▶ **Inspektion:**
  • Bewusstseinslage, Hautkolorit, Dyspnoe, Blutungen aus Körperöffnungen.
  • Wunden: Lokalisation, Größe, Form, Wundränder, Verschmutzung.
  • Am Rumpf auch Rücken, Damm und Flanken kontrollieren.
  • An den Extremitäten auf Verkürzungen, Achsenknickungen, Deformität und Instabilität achten. Periphere Funktionskontrollen an Händen und Füßen.

▶ **Auskultation:** Herz, Lunge, Abdomen, Gefäße.

▶ **Perkussion:** Thorax und Abdomen.

▶ **Palpation:**
  • Hauttemperatur, subkutanes Emphysem, Stabilität von Thorax und Becken.
  • Bimanuelle Tastuntersuchung des Abdomens, einschließlich rektaler Tastuntersuchung.

- Stabilität von Gelenken und langen Röhrenknochen, aktive Bewegungen der peripheren Gelenke gegen Widerstand prüfen (Innervation, Sehnenverletzungen, Frakturen).
- Druck auf Muskellogen.

▶ **Messung** von Puls, Blutdruck, Atemfrequenz, Länge/Umfang von Extremitäten, Bewegungsumfang von Gelenken.

▶ **Ergänzende apparative Untersuchungen:**

- *Röntgen:*
  - Bei Frakturverdacht Aufnahme der suspekten Region in 2 zueinander senkrechten Ebenen. Abbildung benachbarter Gelenke. Evtl. kontralaterale Vergleichsaufnahme in identischer Projektion.
  - Stressaufnahmen zum Nachweis von Kapselband-Instabilitäten.
- *EKG und Pulsoximetrie.*
- *Sonographie:* Abdomen, Thorax, Hämatome.
- *Dopplersonographie:* Periphere Gefäße.
- *Kompartmentdruckmessung:* Bei Verdacht auf Kompartmentsyndrom.
- *CT, MRT, Angiographie:* Zur gezielten weiterführenden Diagnostik bei spezieller Indikation.

Begleitende Maßnahmen

▶ Hochlagern und kühlen.
▶ Blutentnahme für diagnostische und präoperative Laboruntersuchungen.
▶ Tetanus-Prophylaxe (abhängig vom bekannten Impfstatus).
▶ Schmerzbekämpfung.

3 Management schwerer Verletzungsformen

3.1 Dringliche Erstmaßnahmen

Allgemeiner Versorgungsalgorithmus *(Abb. 3.1)*

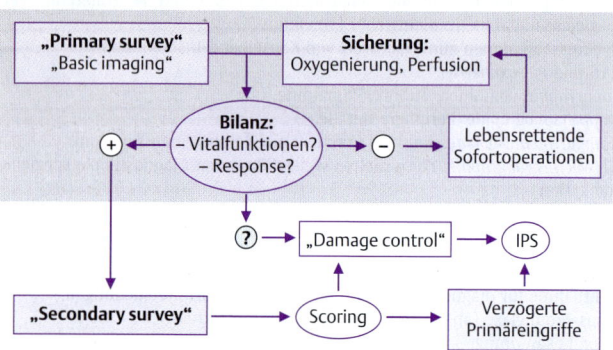

Abb. 3.1 Versorgungsalgorithmus zum klinischen Vorgehen

Grundlagen

- ► **Zeitrahmen:** 20–30 Minuten → Stoppuhr im Schockraum!
- ► **Ziele der dringlichen Erstmaßnahmen:**
  - Stabile Hämodynamik.
  - Keine Hypoxämie, keine Hyperkapnie.
  - Keine vasoaktive oder inotrope Stimulation.
  - Laktat im Serum < 2 mmol/l.
  - Normale Gerinnung.
  - Normothermie.
  - Ausscheidung > 1 ml/kgKG/h.

1. „Primary survey" (Erstbeurteilung) und Sicherung der Vitalfunktionen

- ► **Rasche Beurteilung der Vitalfunktionen** nach definiertem Algorithmus, entsprechend dem ATLS-Protokoll: Tab. 3.1.
- ☐ *Hinweis:* Bei hierdurch erfassten lebensbedrohlichen Verletzungen muss *unverzüglich eine simultane Behandlung* zur Sicherstellung der gefährdeten Vitalfunktion durchgeführt werden (Tab. 3.1), ggf. durch sog. lebensrettende Sofortoperationen (vgl. S. 21).

Management schwerer Verletzungsformen

Tabelle 3.1 · „Primary survey" zur Beurteilung und Sicherung der Vitalfunktionen (entsprechend ATLS®-Protokoll)

klinische Beurteilung	Therapie/Noteingriff	▶ Merke:
A – Airway maintenance with cervical spine protection		
• *Inspektion der oberen Atemwege:* Fremdkörper, Gesichtsfrakturen, Verletzung von Larynx, Trachea? • *verbale Antwort des Patienten:* Eupnoe und adäquate Antwort → obere Atemwege frei • *Zeichen der Obstruktion:* Stridor, Heiserkeit, Dyspnoe, Tachypnoe; bei Larynx-Fraktur: subkutanes Emphysem, Palpation der Fraktur	• Entfernung von Fremdkörpern • „chin lift"- oder „jaw thrust"-Manöver • oro-/nasopharyngealer Tubus • „definitiver Atemweg": Endotracheale Intubation oder Not-Koniotomie	• alle Manipulationen zur Sicherung der Atemwege müssen unter *Protektion der HWS* erfolgen! • dringender V.a. HWS-Verletzung bei allen mehrfachverletzten Patienten, bei GCS ≤ 8, peripheren neurologischen Ausfällen, und bei stumpfem Trauma kranial der Klavikula
B – Breathing and ventilation		
• *Inspektion:* Tachypnoe? Zyanose? Paradoxe Atmung? → instabile Thoraxwand bei Rippenserienfraktur. Gestaute Halsvenen? → Spannungspneumothorax • *Auskultation:* Unilateral abgeschwächtes/fehlendes Atemgeräusch? → Pneumothorax • *Perkussion:* Hyposonorer Klopfschall → Hämato-/Pneumothorax • *Palpation:* Hautemphysem (Spannungspneumothorax), Kompressionsschmerz (Rippenfraktur) • *Pulsoxymeter*	• *ATLS: „every trauma patient gets supplemental oxygen!"* → O_2-Maske, 4–10 l/min • *bei Spannungspneumothorax* (S. 242): • Sofortmaßnahme: Punktion des 2. ICR medioklavikulär mit großkalibriger Braunüle zur akuten Druckentlastung • definitive Versorgung: Bülau-Drainage (S. 61) • *bei offenem Pneumothorax* (S. 241): 1. Abdichtung mit steriler Kompresse, an drei Seiten fixiert (Luft entweicht in Exspiration, abgedichtet in Inspiration). 2. Bülaudrainage • *bei Hämatothorax* (S. 241): Bülaudrainage • *bei instabilem Thorax/ Lungenkontusionen* (S. 245): Endotracheale Intubation	• Spannungspneumothorax = klinische Diagnose! • *DD Spannungspneumothorax:* Verlegte Atemwege (Tachypnoe/Dyspnoe), Herztamponade (zentralvenöse Stauung, kardiogener Schock), andere Schockursachen (hämorrhagischer Schock) • Rippenserienfraktur/ instabile Thoraxwand: Indiz für massive Gewalteinwirkung › Lungenkontusion: Schwergradige Verletzung! • *Kinder:* Eine Lungenkontusion ist auch ohne begleitende Rippenfrakturen möglich

Tabelle 3.1 · Fortsetzung

klinische Beurteilung	Therapie/Noteingriff	▣ Merke:

C – Circulation with hemorrhage control

- *Schock:* Klinische Zeichen der inadäquaten Organperfusion! Verwirrtheit, Somnolenz. Haut blass und kaltschweißig. Reduzierte Ausscheidung bis zur Anurie. Puls: Oberflächlich, tachykard (> 100/min). Blutdruck-Abfall erst bei schwerem Schock (Blutverlust > 30–40%). Labor: Metabolische Azidose
- *Inspektion:* Externe Blutungen
- *Innere Blutungen:* Untersuchung von Thorax (s.o.), Abdomen (klinisch, Sonographie) und Becken (klinisch: Stabilität, Kompressionsschmerz? Röntgen: Beckenübersicht!)

- *ATLS®:* Zwei großlumige periphere Zugänge und initiale Volumensubstitution mit 2000 ml Ringerlaktat (aufgewärmt!)
- *Volumensubstitution:* „3 ÷ 1-Regel" (d.h. 300 ml Volumen pro 100 ml Blutverlust)
- *bei äußerer Blutung:* Direkte Kompression, Druckverband (*cave* keine Tourniquets!)
- *bei innerer Blutung* s. S. 261
- *bei Beckenverletzung* s. S. 291
- *bei Perikardtamponade* s. S. 253
- *bei Aortenruptur* s. S. 253

- Schock = klinische Diagnose!
- ▣ *Cave:* Beckenfraktur → Blutverlust von mehreren Litern (intra-/retroperitoneal)!
- bei β-Blocker-Therapie inadäquater Anstieg der Herzfrequenz bei Blutung
- Dauerkatheter erst nach Ausschluss einer Beckenfraktur (klinisch, radiologisch) anlegen – *cave* Gefahr der assoziierten Urethraruptur

D – Disability: neurologic status

- grobe neurologische Beurteilung (S. 17):
- GCS (oder AVPU), Pupillen
- kursorisch: Periphere Motorik und Sensibilität

- bei GCS ≤ 8 endotracheale Intubation

an eine eventuelle Bewusstseinstrübung durch Alkohol und Drogen denken!

E – Exposure/environmental control

- *komplettes Entkleiden des Patienten unter Kontrolle der Hypothermie:* Kursorische Orientierung über Zusatzverletzungen, Stichwunden, Weichteilverletzungen, etc.
- Inspektion des Rückens durch Drehen „en bloc" (4 Personen!)

- *Vermeidung von Hypothermie:* Wärmematte, warme Tücher, aufgewärmte Infusionslösungen (39 °C)

die Inspektion des Rückens wird häufig vernachlässigt!

2. Basis-Monitoring

► Kontinuierliches Monitoring von Hämodynamik und Oxigenierung.
► 3-Kanal-EKG.
► Pulsoximeter.
► Manuelle Blutdruckmessung.

► Kapnometrie (bei beatmeten Patienten).
► Blasenkatheter zur Kontrolle der Ausscheidung.

3. Maßnahmen zur Sicherung der oberen Atemwege

❏ *Cave:* A priori immer von einer HWS-Verletzung ausgehen!
   → Manipulationen an der HWS vermeiden!
   → Schanz-Kragen bis zum Ausschluss einer Fraktur (radiologisch; bei wachen Patienten auch klinisch) belassen!
► **Fremdkörper entfernen.**
► **Erbrochenes absaugen.**
► **„Chin-lift"- oder „jaw-thrust"-Manöver:** Das Kinn wird nach ventral geführt und gleichzeitig angehoben. Anschließend können die oberen Atemwege durch Platzieren eines oro- oder nasopharyngealen Tubus freigehalten werden.
► **Definitiver Atemwegszugang** (Tubus in der Trachea mit aufgeblähtem Cuff):
   • *Indikationen:*
     – Sicherung der oberen Atemwege: Bewusstlosigkeit, Gesichtsfrakturen, Gefahr der Atemwegsobstruktion oder Aspiration.
     – Notwendigkeit der mechanischen Ventilation: Apnoe, insuffiziente Atmung (Tachypnoe, Hypoxämie, Hyperkapnie, Zyanose), kontrollierte Beatmung beim schweren Schädel-Hirn-Trauma.
   • *Technische Möglichkeiten:* Orotracheal, nasotracheal, chirurgisch (Koniotomie [notfallmäßig] oder Tracheotomie [elektiv]).
   • Die notfallmäßige endotracheale Intubation erfolgt in der Regel als *rapid sequence intubation:*
     – Digitaler Druck auf das Krikoid zur Vermeidung einer Aspiration nach Relaxation mit Succinylcholin (1–2 mg/kg KG i.v.).
     – Intubation unter *HWS-Protektion!* → 2-Personen-Manöver: Intubation durch Anästhesisten und Immobilisation der HWS unter vorsichtigem axialen Zug durch Helfer. Nach Intubation wieder Fixation im Schanz-Kragen.
   • *Überprüfen der korrekten Lage des endotrachealen Tubus* (sowohl bei Eintritt im Schockraum [bei bereits intubierten Patienten] als auch im Verlauf nach jedem Umlagern):
     – Auskultation der oberen Lungenfelder bds. (Atemgeräusch?) und des Epigastriums (bei Fehllage im Ösophagus „Blubbern").
     – Endtidal-Kapnometrie: Exspiratorisch gemessenes CO_2 schließt ösophageale Intubation aus!
     – Röntgen-Thorax: Überprüfung der Tiefe des Tubus; die ösophageale Intubation kann im a.p.-Bild nicht ausgeschlossen werden.
❏ *Cave:* Die mechanische Ventilation nach endotrachealer Intubation kann einen zuvor nicht diagnostizierten einfachen Pneumothorax in kurzer Zeit in einen Spannungspneumothorax verwandeln (S. 241)! → *Maßnahmen:*
     – Kontinuierliche Re-Evaluation!
     – Ggf. prophylaktische Bülau-Drainage bei intubierten Patienten mit Rippenfrakturen.

4. Bildgebende Verfahren in der Basisdiagnostik („basic imaging")

❏ *Hinweis:* Bildgebende Verfahren dienen im Rahmen des „primary survey" der Unterstützung der Primärdiagnostik. Sie müssen gezielt eingesetzt werden und dürfen die klinische Beurteilung und Sicherstellung der Vitalfunktionen zeitlich *nicht* behindern oder verzögern. Ebenso darf die bildgebende Diagnostik die Verlegung des Unfallverletzten in eine Spezialklinik *nicht* verzögern!

▶ **Konventionelles Röntgen:**
- *Screening-Aufnahmen* bei Mehrfachverletzten und Patienten mit Bewusstseinstrübung (z.B. nach SHT):
  1. Thorax a.p.
  2. Beckenübersicht.
  3. HWS seitlich.
  ▷ *Merke:* Typische radiologische Zeichen einer *Aortenruptur:* Verbreitertes Mediastinum (davon haben aber nur 3% eine Aortenruptur → Angiographie anschließen), hohe Rippenfrakturen (I und II), Obliteration des Aortenbogens, Trachealdeviation nach rechts, Deviation des rechten Hauptbronchus und des Ösophagus (Magensonde) nach rechts, „pleurale Kappe", verschmälerter Abstand zwischen Pulmonalarterie und Aorta.
- *Weitere Aufnahmen* gezielt im Rahmen des „secondary survey" (s.u.) entsprechend der erhobenen klinischen Befunde, z.B. thorakolumbaler Übergang und LWS, Schädel, Extremitäten.

▶ **Sonographie des Abdomens:**
- *Screeningverfahren* zum Nachweis von intraperitonealer freier Flüssigkeit.
- *Wichtige Untersuchungsregionen:*
  1. Leber, rechte Niere (Recessus hepatorenalis = Morrison pouch).
  2. Milz, linke Niere.
  3. Harnblase, Douglas-Raum.
- *Vorteile:* Nicht invasiv, zeitsparend, hohe Sensitivität bei intraperitonealer Blutung und Läsion der parenchymatösen Organe.
- *Nachteile:* Niedrige Sensitivität für retroperitoneale Verletzungen (z.B. Pankreas) und Hohlorganläsionen (z.B. Dünndarmruptur); Zuverlässigkeit abhängig vom Untersucher.
- *Alternativen zur Abdomen-Sonographie:*
  - Diagnostische Peritoneallavage (DPL): Hohe Sensitivität Blutungen und Hohlorganverletzungen. *Nachteile:* Invasiv; retroperitoneale Verletzungen werden übersehen!
  - CT-Abdomen: Sensitiv für retroperitoneale Verletzungen. Hohe Spezifität! *Nachteile:* Teuer und zeitraubend.

▶ **Spiral-CT:** Die Computertomographie in der Spiraltechnik mit gleichzeitiger Erfassung multipler Schichten bis zum 64-Zeiler und Dünnschicht-Überlappung bringt auf neuestem technologischen Stand geeignete kurze Untersuchungszeiten, sodass sie mit wesentlichen Vorteilen in der Basisdiagnostik eingesetzt werden kann.
- *Vorteile:*
  - In einem einzigen Untersuchungsgang mit einem Zeitbedarf von weniger als 5 Minuten werden alle relevanten Verletzungen von Schädel, Wirbelsäule, Körperhöhlen, Becken und angrenzenden proximalen Gliedmaßenabschnitten dargestellt.
  - Unter Kontrastmittelgabe sind ebenfalls alle relevanten Gefäßverletzungen auch distal von Knie und Ellenbogen mit ausreichender Präzision erfassbar. Evaluationsstudien belegen die Zuverlässigkeit und das überlegene diagnostische Potenzial der Methode.
- *Voraussetzung zur effektiven Anwendung:*
  - Räumliche Nähe der Untersuchungseinheit zum Schockraum, idealer Weise im Nebenraum.
  - Interdisziplinär verbindliche Protokolle, orientiert an der Verletzungsschwere.
  - Durchgehende radiologische Betreuung zur raschen Bildaufbereitung des Datenmaterials.

▶ *Hinweis:* Unter den genannten Voraussetzungen kann auf eine konventionelle Basisdiagnostik mit Thorax- und HWS-Aufnahme verzichtet werden, darüber hinaus beschränkt sich die nachgehende bildgebende Diagnostik auf die distalen Abschnitte der Gliedmaßen.

5. Orientierende neurologische Untersuchung

▶ **Bewusstsein:**
- GCS: Tab. 15.1, S. 188.
- Oder AVPU („vereinfachter" GCS): Tab. 3.2.

▶ *Merke:* Bei einem GCS $\leq$ 8 besteht die Indikation zur endotrachealen Intubation!

Tabelle 3.2 · AVPU

A	Aufmerksam, wach (**a**lert)
V	Reaktion auf **v**erbale Stimuli (Ansprechen)
P	Reaktion auf Schmerz-(**p**ainful)-Reize
U	keine Reaktion/Koma (**u**nresponsive)

▶ **Pupillen:** Größe, Form, Symmetrie, Lichtreaktion.
▶ **Motorik und Sensibilität** (vgl. S. 225):
- Sensibilität und Motorik von oberen und unteren Extremitäten (spontane Bewegungen, Reaktion auf Schmerzreize, Reflexdifferenzen, Pyramidenbahnzeichen?).
- Perianale Sensibilität, Sphinktertonus (ebenfalls Beurteilung der Lage der Prostata [s. Beckenfraktur S. 290]).

6. Schockbehandlung

▶ **Definition** (Schock): Siehe S. 26, 27.
▶ **O_2-Bedarf:**
- Normal im Ruhezustand ca. 250 ml/min.
- Nach Trauma ca. 1000 ml/min.
- Zur Abschätzung des Bedarfs siehe Tab. 3.3.

Tabelle 3.3 · Nunn-Freeman-Formel

$O_2av = CO \times S_aO_2 \times Hb\ (g/dl) \times 1,34$

av = availability, CO = cardiac output, S_aO_2 = arterielle O_2-Sättigung,
Hb = Hämoglobin-Konzentration, 1,34 = Konstante

Beispiele:

– unter physiologischen Bedingungen (O_2-Bedarf gedeckt):
z.B. $5,250 \times 0,95 \times 0,15 \times 1,34 = 1000$ ml/min

– im hämorrhagischen Schock (deutliche Reduktion des O_2av):
z.B. $3,500 \times 0,64 \times 0,10 \times 1,34 = 300$ ml/min

- *Vorgehen:*
  - „Every trauma patient gets supplemental oxygen": O_2-Maske, 4–10 l O_2/min.
  - Ggf. Intubation und Beatmung (s.o.).
- ▶ **Abschätzung eines Blutverlustes** (intravasales Volumen normal bei Erwachsenen ca. 7% vom KG oder 70 ml/kg KG [z.B. bei 70 kg ca. 5 l], bei Kindern 8–9% vom KG):
  - *Klinische Abschätzung* (Schweregrade + Therapieoptionen):
    - *Grad I* (< 15% bzw. < 750 ml): In der Regel nicht klinisch fassbar.
    - *Grad II* (15–30% bzw. 750–1500 ml): Tachykardie (> 100/min), Tachypnoe, erregter Patient → Kristalloide.
    - *Grad III* (30–40% bzw. 1500–2000 ml): Tachykardie > 120/min, Blutdruckabfall! Patient verwirrt, verminderte Ausscheidung. → Kristalloide und Erythrozyten-Konzentrate!
    - *Grad IV* (> 40% bzw. > 2000 ml): Patient lethargisch, anurisch, Tachykardie > 140/min, massive Hypotonie! *lebensgefährlicher Schockzustand!* → Kristalloide + nicht ausgetestete Erythrozyten-Konzentrate (0 Rh –) + chirurgische Blutstillung.
  - *Blutungsausmaß bei Frakturen* (abhängig von Fraktur-Typ und Zeitabstand seit Unfall):
    - Tibia- oder Humerusschaft: ca. 750 ml.
    - Femurschaft: ca. 1500 ml.
    - Beckenfraktur: Mehrere Liter (intra- oder retroperitoneal)!
  - *Abklärung möglicher innerer Blutungen:*
    - *Thorax:* Klinische Untersuchung, Röntgen. Bei V.a. Aortenruptur transösophageale Echokardiographie.
    - ◻ *Aortenruptur loco classico (Aortenbogen, Lig. arteriosum):* Die meisten Patienten versterben bereits am Unfallort (sudden death)! Im Schockraum dringender Verdacht bei *1)* anamnestisch Dezelerationstrauma (Tab. 1.1), *2)* typischen radiologischen Zeichen im Thorax-Bild (S. 256). *Abklärungsalgorithmus:* Abb. 18.5, S. 237. Vorgehen: 1) kontrollierte Hypotonie, 2) Ausschluss SHT/intrakranielle Blutung (CCT → wegen postoperativer Heparinisierung), 3) herzchirurgische Versorgung.
    - *Schädel:* Klinik (GCS, S. 188), CCT.
    - *Abdomen:*
    - → Bei wachen Patienten (peritonitische Zeichen): Sonographie.
    - → Bei Bewusstseinsstörung (SHT, Intoxikation): Sonographie (S. 261), diagnostische Peritoneallavage (S. 63), CT (S. 262).
    - ◻ *Merke:* Bei *allen* Schockraumpatienten Abdomen-Sonographie als „Screening" durchführen!
- ▶ **Therapie – *Volumenersatz*** (nach ATLS):
  - Zwei großlumige periphere Zugänge und initiale Volumensubstitution mit 2000 ml Ringerlaktat (aufgewärmt!). Bei *Kindern* 20 ml/kg KG i.v.
  - 3 ÷ 1-Regel (= 300 ml Volumen pro 100 ml Blutverlust).
- ▶ **Therapie – *chirurgische Blutstillung*:**
  - *Äußere Blutung:* Direkte Kompression, Druckverband (*cave* keine Tourniquets!). Chirurgische Versorgung.
  - *Innere Blutung:*
    - Thorax: Bülau-Drainage (S. 61).
    - Schädel: Hämatom-Evakuation (S. 200).
    - Abdomen: Laparotomie (S. 263).
    - Becken: Sofortmaßnahme bei massivem Beckentrauma (z.B. „open-book" Verletzung): Grobreposition und Volumenreduktion durch Innenrotation der Hüften; Beckenzwinge, Laparotomie (S. 293).

▶ **Hinweise:**
- In der Schwangerschaft besteht eine physiologische Hypervolämie (Tab. 2.1).
- Junge Patienten/Sportler verfügen über ausgezeichnete kardiovaskuläre Kompensationsmechanismen → Dekompensation erst bei kritischem Blutverlust!
- β-Blocker maskieren eine Hypovolämie (fehlender Anstieg der Herzfrequenz)!
- Immer Dauerkatheter zur Kontrolle der Ausscheidung und Volumen-Bilanzierung, aber erst nach Ausschluss einer Urethraruptur (*klinische Hinweise:* Beckenfraktur [klinisch, radiologisch]; Blut am Meatus urethrae, Skrotalhämatom, perineale Ekchymose; hoch reitende oder nicht palpable Prostata). *Diagnosesicherung:* Urethro-/Zystographie (S. 21, 284).

7. Laborstatus

▶ **Testblut** (zur evtl. Erythrozyten-Substitution; siehe Schockbehandlung).
  ▶ **Cave:** Eine vollständige Kreuzprobe dauert ca. 1 h. Alternativen bei schwerem Schockzustand sind *1)* unausgetestete Erythrozyten-Konzentrate (AB0 und Rh-kompatibel): t = 10 min oder – falls nicht verfügbar – *2)* Konzentrate der Blutgruppe 0, Rh negativ (Universalspender).
▶ **Hämatologie:** Hb, Hkt, Leukozyten, Thrombozyten; bei Hb-Erniedrigung nach Volumensubstitution mit Kristalloiden/Kolloidlösungen an Verdünnungseffekt denken! → Verlaufskontrolle! Klinische Parameter, Ansprechen auf Volumensubstitution?
▶ **Gerinnungsparameter:** Prothrombinzeit (Quick) bzw. INR, aPTT, D-Dimere, Fibrinogen; ein initial tiefer Quick-/hoher INR-Wert beim Polytrauma ist ein Prädiktor für ein schlechtes Outcome!
▶ **Elektrolyte:** Na^+, K^+, Ca^{2+}, Mg^{2+}, Cl^-.
▶ **Nierenfunktion:** Harnstoff, Kreatinin, Kalium.
▶ **Leberfunktion:** Prothrombinzeit (Quick) bzw. INR, Transaminasen (GOT, GPT); bei Erhöhung V.a. Leberkontusion → CT zum Ausschluss einer Leberlazeration!
▶ **Cholestase-Parameter:** Bilirubin, γ-GT, alkalische Phosphatase.
▶ **Herzenzyme:**
  - Myoglobin, CK: Bei Erhöhung Gefahr der Crush-Niere → forcierte Diurese.
  - Troponin I, CKMB: Bei Erhöhung V.a. Myokardkontusion → EKG, Monitoring, Verlaufskontrolle!
▶ **Toxikologisches Screening** (insbesondere Ethanol).
▶ **Arterielle Blutgasanalyse:**
  - pO_2, pCO_2, pH, Basenüberschuss, O_2-Sättigung.
  - Laktat (arteriell!).
▶ **Urinstatus:**
  - Mikrohämaturie (als Hinweis auf Nierenkontusion, Verletzung der ableitenden Harnwege)?
  - Drogenscreening (Nachfragen: Opiate im Rahmen der präklinischen Versorgung?).
  - Frauen im gestationsfähigen Alter (10–50 Jahre): β-HCG im Urin!

3.2 Re-Evaluation

▶ **Hinweis:** In folgenden Fällen muss zunächst auf einen „Secondary survey" verzichtet werden:
- Persistierende Instabilität der vitalen Systeme → unverzüglich lebensrettende Sofortoperationen einleiten (s. Abb. 3.1 S. 12).

- Schwer verletzte Patienten, die sich auch nach der initialen Versorgung („primary survey" und lebensrettende Sofortoperationen) noch in einem labilen Zustand befinden → hier zunächst *Damage control* (S. 22) und *frühzeitige Verlegung auf die Intensivstation* zur Stabilisierung der vitalen Systeme (Zielgrößen: Stabile Hämodynamik, keine Hypoxämie, keine Hyperkapnie, keine vasoaktive/inotrope Stimulation, Laktat i.S. < 2 mmol/l, normale Gerinnung, Normothermie, Ausscheidung > 1 ml/kg KG/h).

1. Klinische Untersuchung

▶ **Prinzip:** Untersuchung des Patienten von „Kopf bis Fuß", um alle Zusatzverletzungen zu erfassen. Zusätzlich kontinuierliche Re-Evaluation der Vitalfunktionen!
▶ **Zeitpunkt:** Nach Sicherstellung der Vitalfunktionen und Durchführung des kompletten Check-ups im Rahmen des „primary survey".
▶ **Maßnahmen:**
  - *Erweiterte Anamnese:* AMPLE-Schema S. 13.
  - *Evaluation der verschiedenen Körperregionen und Organsysteme* („tubes and fingers in every orifice!"):
    – Kopf und Gesicht (vgl. S. 188).
    – Hals und HWS (vgl. S. 211).
    – Thorax (vgl. S. 238).
    – Abdomen (vgl. S. 261).
    – Perineum, Rektum, Vagina (vgl. S. 273).
    – Bewegungsapparat, inkl. Wirbelsäule.
    – Neurologischer Status (vgl. S. 225).

2. Erweiterte Diagnostik

◻ *Hinweis:* Erst nach Normalisierung der Vitalfunktionen!
▶ **CT-Schädel:**
  - *Weichteilfenster* zum Nachweis intrakranieller Verletzungen: Traumatische Blutung (EDH, SDH, SAB, intrazerebrale Blutung), zerebrale Kontusionen, Pneumokranium (bei offenem SHT).
  - *Knochenfenster:* Frakturen von Kalotte und Schädelbasis.
▶ **CT-Thorax** (s. Abklärungsalgorithmus Aortenruptur S. 237) Weitere Indikationen: Massiver Hämatothorax (Blutungsquelle?), instabile Thoraxwand (Lungenkontusionen?).
▶ **CT-Abdomen.**
▶ **CT-Wirbelsäule/Becken:** Bei konventionell-radiologischem Nachweis einer Fraktur zur exakten Bilanzierung. „Scout Topogramm" als Screening bei Indikation zum CT anderer Lokalisation (z.B. Schädel-CT).
▶ **Spiral-Dünnschicht-CT:** In Analogie zur Anwendung des Spiral-CT's (S. 70) in der Basisdiagnostik simultane Abklärung der vorstehenden CT-Indikationen zuzüglich Angiographiemöglichkeit, vorgeplante sekundäre Anwendung bei verbliebener Erstdiagnostik wegen vitaler OP-Indikation, auch bei primärer Nichtverfügbarkeit des Spiral-CT's (belegt, defekt, weiter Transportweg).
▶ **Transösophageale Echokardiographie (TEE):** Methode erster Wahl bei V.a. traumatische Aortenruptur (Abb. 18.5, S. 237). Alternativen: CT, Aortographie. Weitere Indikationen für TEE: Herzkontusion mit V.a. Perikardtamponade oder Abriss von Herzklappen oder Papillarmuskeln.
▶ **Angiographie:**
  - *Indikationen:* V.a. Aortenruptur (s.o.), „proximity injury" (Durchspießung in der Nähe von Hauptstammgefäßen), „mangled extremity" (schweres Quetsch-

trauma oder Kettenfrakturen mit kritischen Weichteilen), pulslose Extremität, selektive Gefäß-Embolisation (z.B. bei Beckenfraktur).

- *Problem:* Zeitaufwändig! Nur bei hämodynamisch stabilen Patienten!
- ▶ **Urethrographie**/Zystographie:
  - *Indikation:* Beckenverletzungen, klinischer V.a. Urethraruptur (Blut am Meatus, Skrotalhämatom, perineale Ekchymose, hoch-reitende oder nicht palpable Prostata).
  - *Technik der Urethrographie:* Vorsichtiges Einführen eines Blasenkatheters (12 Ch.) in den Meatus urethrae, Blockieren des Ballons (3 ml), langsames Einspritzen von unverdünntem Kontrastmittel (unter Bildwandler oder anschließend Röntgen-Untersuchung).
  - *Technik der Zystographie:* Wie oben; vorsichtiges Einspritzen von 250–300 ml wasserlöslichem Kontrastmittel; anschließend Röntgen-Becken a.p., schräg und *nach* Drainage (Ausschluss einer hinteren Ruptur!).

3. Scoring

- ▶ Zu Details siehe S. 90.
- ▶ Spätestens nach der sekundären Diagnostik erfolgt die umfassende Dokumentation aller zu diesem Zeitpunkt festlegbaren Diagnosen. Übertragung in die intern festgelegten Scoring-Systeme (S. 90), ggf. Überführung in Qualitätsstudien (z.B. Polytraumastudie der Deutschen Gesellschaft für Unfallchirurgie).

3.3 Operationsphasen

Übersicht über die Operationsphasen

Physiologischer Status	Operative Eingriffe	Timing
Response: – → Lebensrettende Soforteingriffe ? → "Damage control" + → Verzögerte Primäreingriffe		Tag 1
Hyperinflammation	Nur "Second looks"!	Tag 2 – 4
"Window of opportunity"	Geplante Folgeeingriffe	Tag 5 – 12
Immunsuppression	keine Operationen!	
Erholung	Sekundäre rekonstruktive Eingriffe	ab Woche 3

Abb. 3.2 Operationsphasen

1. Lebensrettende Sofortoperationen

- ▶ **Zeitpunkt:** Die lebensrettenden Sofortoperationen müssen ohne Verzögerung dann begonnen werden, wenn mit konservativen Mitteln die Vitalfunktionen nicht zu stabilisieren sind.
- ▶ **Maßnahmen:**
  - *Sicherung der Atemwege:* Falls konservativ nicht möglich, chirurgischer Zugang zu den Atemwegen.

- *Entlastung pathologischer intrathorakaler Druckverhältnisse:* Pleuradrainage zur Druckentlastung z.B. eines Spannungspneumothorax, Hämatothorax.
- *Perikardtamponade:* Perikardpunktion/-drainage (S. 62).
- *Entlastung pathologischer intrakranieller Druckverhältnisse,* z.B. Trepanation oder Kraniotomie bei perakutem Epiduralhämatom (S. 200).
- *Kontrolle von Massenblutungen:*
  - *Innere Blutungen:* Leber-/Milzruptur, große thorakale/abdominelle Gefäße.
  - *Äußere Blutungen:* Offene Beckenverletzungen, offene Verletzungen großer Stammgefäße, offene Sinusblutungen.

2. Damage control (Schadensbegrenzung)

► **Zeitpunkt, Prinzip:** Lassen sich die Vitalfunktionen nicht dauerhaft stabilisieren („undulierende" Response) oder ergibt das „Scoring" eine hohe traumatische Systembelastung (ISS > 40), werden chirurgische Eingriffe zur Blutungskontrolle, Kontaminationskontrolle und zur Ermöglichung einer effizienten Intensivpflege akut durchgeführt.
► **Indikationen** (vgl. oben):
- Patienten, die hämodynamisch und/oder respiratorisch nicht definitiv stabilisierbar sind.
- Scoring ergibt starke systemische Traumabelastung mit entsprechendem Risiko.
► **Maßnahmen:**
- Chirurgische Blutstillung.
- Schmerzausschaltung.
- Débridement von nekrotischem Gewebe und offenen Verletzungen.
- Dekompression von unter Druck stehenden Kompartimenten.
- Eingriffe, welche zum Organ-, Extremitäten- und Funktionserhalt wichtig sind, und den Patienten „intensivpflegefähig" machen.
- Fixation „zentraler" Frakturen (insbesondere Femur und Becken) und instabiler großer Gelenke.
- ☐ *Cave:* Hierbei muss im Sinne einer „Damage control" auf zeitraubende, gewebetraumatisierende und mit erheblichen Blutverlusten verbundene Eingriffe verzichtet werden, welche die körpereigenen Abwehrsysteme der Patienten zusätzlich belasten würden.

3. Verzögerte Primäroperationen

► **Definition:** Verzögert = nach Sicherung der Vitalfunktionen und definitiver hämodynamischer und respiratorischer Stabilisierung.
► **Indikationen:**
- Operationspflichtige thorakale/abdominelle Blutungen und Hohlorganläsionen (Tab. 3.4).

Management schwerer Verletzungsformen

Tabelle 3.4 · Indikationen zur Laparotomie und Thorakotomie

Indikationen zur Laparotomie (vgl. stumpfes Bauchtrauma S. 263)	• stumpfes Abdominaltrauma mit positiver Sonographie oder diagnostischer Peritoneallavage (DPL; vgl. S. 63): 1) > 100000 Erythrozyten/ml, 2) > 500 Leukozyten/ml, 3) positive Gramfärbung
	• stumpfes Abdominaltrauma mit instabiler Hämodynamik trotz adäquater Schockbekämpfung
	• stumpfes Abdominaltrauma mit Nachweis einer Hohlorganverletzung: 1) Thorax-Röntgen/-CT mit freier Luft, 2) positive DPL mit Fasern, positiver Gramfärbung
	• Peritonitis (bei wachen Patienten)
	• penetrierende Abdominalverletzungen (Schuss-/Pfählungsverletzung)
	• abdominale Messerstichverletzungen bei hämodynamisch stabilen Patienten, ohne Nachweis von freier Flüssigkeit in der Sonographie: Laparoskopische Exploration → bei Nachweis einer Durchspießung des Peritoneums Laparotomie!
	• Eviszeration
	• Blutung aus Magen, Rektum, oder Urogenitaltrakt bei penetrierenden Verletzungen
Indikationen zur Thorakotomie	• massiver Hämatothorax s. Algorithmus S. 234
	• mediastinal penetrierende Wunden (z.B. Schussverletzung)
	• offene Herzmassage: Indiziert bei pulsloser elektrischer Aktivität (PEA) nach *penetrierender* Thoraxverletzung → linksseitige anteriore Thorakotomie (*cave* ineffizient bei PEA nach *stumpfem* Thoraxtrauma!)

- Evakuation intrakranieller Hämatome, Implantation von Hirndrucksonden (S. 200).
- Wirbelsäulenverletzungen: Manifeste und progrediente Kompression des Myelons mit neurologischen Defiziten.
- Verletzungen großer Stammgefäße.
- Offene Frakturen, offene Gelenke, Wunden mit freiliegenden Sehnen, Nerven und Gefäßen.
- Kompartmentsyndrom.
- Grobe Skelett-Instabilitäten: Frakturen der langen Röhrenknochen (insbesondere Femurschaft- und Unterschenkelfrakturen), Luxationsfrakturen, instabile Beckenringverletzungen, instabile Wirbelsäulenverletzungen.
- Stark blutende Wunden (z.B. Gesichtsschädel).
- Verletzungen, die primär unversorgt zu gravierenden Funktionsausfällen führen.
- ❏ **Hinweis:** Lebensrettende Sofortoperationen, Damage control und verzögerte Primäroperationen werden innerhalb des ersten Tages durchgeführt (**Day-1-surgery**).

4. Geplante Folgeeingriffe

- ❏ **Merke:** Der Zeitraum zwischen dem *2. und 4. Tag nach Trauma* stellt eine sehr vulnerable und labile Erholungsphase für die körpereigenen Defensivsysteme dar (Phase der „Hyperinflammation"). Ausgedehnte Operationen während dieser Zeit können sich als „second-hit"-Phänomen deletär auswirken!
- ▶ Folgende Interventionen sind während dieser Phase tolerabel:
  - „second look".
  - Epigard-Wechsel.
  - Tamponadenwechsel (z.B. Abdomen, Becken).
  - Verbandwechsel.

► Der **5.–12. Tag nach Trauma** stellt für geplante Folgeeingriffe bei Mehrfachverletzten ein *„window of opportunity"* dar, zumal die anschließende Phase der systemischen Immunsuppression für Operationen riskant ist (drohende Gefahr von Sepsis und Organversagen!). Während der so genannten *„dritten Operationsphase"* (5.–12. Tag) werden folgende Eingriffe durchgeführt:

- Verzögerter Wundverschluss (sog. Sekundärnaht).
- Plastische Deckungen (z.B. Mesh grafts).
- Frühe operative Verfahrenswechsel
  (z.B. Fixateur externe → Marknagel/Plattenosteosynthese).
- Gelenkrekonstruktionen.
- Periphere Osteosynthesen (z.B. Malleolarfrakturen).
- Versorgung von Gesichtsschädelfrakturen.

3.4 Frühe Sekundärverlegung

Grundlagen

► Während der initialen Beurteilungsphase („primary survey", s. S. 12) stehen dem behandelnden Arzt in der Regel genügend Informationen zur Verfügung, um über eine Verlegung des Unfallverletzten in ein höher spezialisiertes Traumazentrum zu entscheiden.

Vorgehen nach Entscheidung zur Verlegung

► Zielklinik informieren und deren Aufnahmekapazität erfragen.

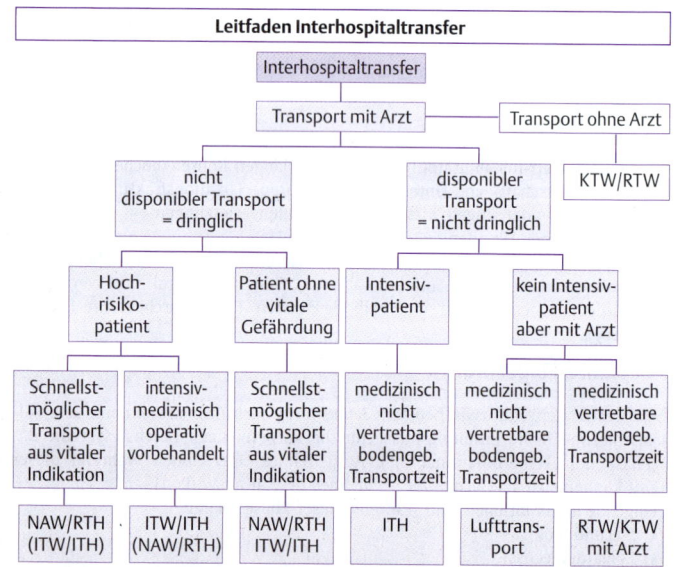

Abb. 3.3   Versorgungsalgorithmus Interhospitaltransporte

▶ „Primary survey" und lebensrettende Sofortmaßnahmen entsprechend den zur Verfügung stehenden Mitteln weiterführen.

▶ Auf keinen Fall dürfen erweiterte diagnostische oder therapeutische Maßnahmen die Verlegung des Patienten verzögern! → *„Do not further harm!"*

▶ Eine zusätzlich durchgeführte Diagnostik ist sinnlos, wenn sie ohne therapeutische Konsequenz bleibt (z.B. Zeitverlust durch CT-Abklärung bei fehlenden Ressourcen zur benötigten chirurgischen Therapie).

▶ Der Weitertransport darf nicht durch das Schreiben ausführlicher Verlegungsberichte verzögert werden! → zunächst telefonisch die entscheidenden Informationen für die aufnehmende Klinik weiterleiten und erst später den Verlegungsbericht faxen.

▶ *Hinweis:* Re-Evaluation (ABCDE-Schema; S. 13) und Fortführen der lebensrettenden Maßnahmen auch während des Transports!

4 Schock

4.1 Definitionen

Definition

▶ **Schock:** Inadäquate Organperfusion und gestörte Gewebsoxygenierung infolge eines kompromittierten Kreislaufsystems.

▶ „Schocksyndrom": Akute zelluläre energetische Insuffizienz aufgrund anhaltender Diskrepanz zwischen O_2-Bedarf und -Angebot bzw. -Utilisation.

Traumarelevante Schockformen

▶ **Hypovolämischer Schock:**
  • *Hämorrhagisch:* Bei äußeren/inneren Blutungen (Schweregrad des Blutverlustes s. S. 14).
  • *Nicht hämorrhagisch:* Bei massiven Flüssigkeitsverlusten, z.B. gastrointestinal (Erbrechen, Diarrhö), renal (Diabetes mellitus/insipidus, Diuretika, Polyurie nach akutem Nierenversagen), oder durch massive Plasmaverluste (z.B. Verbrennungen, Peritonitis, Ileus).

▶ **Kardiogener Schock:** Akutes myokardiales Pumpversagen. Ursachen des kardiogenen Schocks in der Traumatologie: Perikardtamponade nach Verletzungen des Myokards, Spannungspneumothorax, Herzkontusion mit myokardialer Ischämie oder Abriss von Herzklappen/Papillarmuskeln.

▶ **Neurogener Schock:** Eine traumatische Rückenmarkläsion kann durch Blockade der sympathischen Efferenzen zu einem Verlust der Vasomotorenfunktion und der β-adrenergen Innervation des Herzmuskels führen. Die periphere Vasodilatation führt zu einem venösen „pooling" und zu einer Reduktion der Vorlast mit konsekutiver Hypotonie. Der Verlust der kardialen sympathischen Innervation resultiert in einer Bradykardie bzw. einem fehlenden Anstieg der Herzfrequenz trotz Hypovolämie.
  ◻ *Merke:* Neurogener Schock ≠ *spinaler* Schock. (Spinaler Schock: Posttraumatische akute schlaffe Lähmung und Verlust der Eigenreflexe unterhalb des verletzten Niveaus, s. S. 228).

▶ **Septischer Schock:** Durch bakterielle Endotoxine (Lipopolysaccharide) induziertes Versagen der Kreislaufregulation mit massiver Erniedrigung des peripheren Gefäßwiderstandes. Der septische Schock stellt die schwerste Form einer Sepsis dar und hat eine Mortalität von 50–70%.
◻ *Merke:*
  • Für den schwer verletzten Patienten spielt der *hypovolämische* Schock in der Frühphase und der *septische* Schock in der Spätphase die wichtigste Rolle.
  • Ein isoliertes Schädel-Hirn-Trauma (SHT) führt *nie* zu einem (neurogenen) Schock! Bei Patienten mit Schocksymptomatik und SHT muss nach einer anderen Ursache des Schocks gesucht werden!

Klinische Symptomatik

▶ **Bei allen Schockformen Zeichen der inadäquaten Organperfusion:**
  • *Gehirn:* Angst, Unruhe, Verwirrtheit bis zur Somnolenz/Lethargie.
  • *Integument:* Kühle Peripherie, Kaltschweißigkeit, verzögerte kapilläre Füllung (> 5 s).

- *Niere:* Reduzierte Urinproduktion und Ausscheidung (ab 15–30% Blutverlust) bis zur Anurie im schweren Schockzustand (Blutverlust > 40%).

4.2 Diagnostik und Therapie

Diagnostisches Vorgehen

▶ **Klinische Untersuchung:**
  ☐ *Merke:* „Schock" ist eine rein klinische Diagnose! Es gibt *keine* objektivierbaren Parameter oder Messgrößen (wie z.B. „Schockindex" oder Laktat-Wert im Serum), welche einen Schockzustand diagnostizieren. Die Diagnose „Schock" erfolgt *ausschließlich* durch die klinische Präsentation des Patienten und dessen Ansprechen auf therapeutische Maßnahmen wie z.B. Volumensubstitution.
  - *Hypovolämischer Schock:* Tachykardie (> 100/min), verminderte Pulsdruck-amplitude, Tachypnoe (> 20/min), Hypotonie.
    ☐ *Merke:* Ein Blutdruckabfall durch Hypovolämie erfolgt in der Regel erst ab einem Blutverlust > 30% (> 1500 ml bei 70 kg KG). Jeder verletzte Patient mit kühler Peripherie und Tachykardie gilt als schockiert bis zum Beweis des Gegenteils!
  - *Kardiogener Schock:* Tachykardie, obere Einfluss-Stauung (gestaute Halsvenen, erhöhter ZVD > 12 cm H_2O), Brady-/Tachyarrhythmien oder Extrasystolen (EKG), klinische Zeichen der Links-/Rechtsherzinsuffizienz, Angst, Unruhe.
    ☐ *DD Schockzeichen mit erhöhtem ZVD (obere Einfluss-Stauung) nach Trauma:*
    – Spannungspneumothorax (hyposonorer Klopfschall und abgeschwächtes Atemgeräusch).
    – Perikardtamponade (Sonographie, TEE, CT). *Klinik:* Beck-Trias (erhöhter ZVD, erniedrigter Blutdruck, abgeschwächte Herztöne), „Pulsus paradoxus" (in-spiratorische Abnahme der RR-Amplitude > 10 mmHg), Kussmaul-Zeichen (paradoxer inspiratorischer Druckanstieg in der Jugularvene), pulslose elek-trische Aktivität (PEA). *Hoher Verdacht* bei Schockzustand nach penetrieren-dem Thoraxtrauma mit inadäquatem Ansprechen auf Volumentherapie.
    ☐ *Hinweis:* Die Perikardtamponade ist bei schwerverletzten Patienten selten, bei ihrem Auftreten jedoch akut lebensbedrohlich. Die klinische Diagnose ist in Realität oft schwierig, z.B. wegen erschwerter Herzauskultation im lärmigen Umfeld des Schockraums oder fehlender Halsvenenstauung bei gleichzeitig bestehender Hypovolämie.
  - *Kardiales Versagen* nach Herzkontusion oder Myokardinfarkt (evtl. ursächlich/primär! → EKG, Labor [Troponin, Myoglobin, CK, CK-MB]).
  - *Neurogener Schock:* Arterielle Hypotonie bei Normo-/Bradykardie und warmer Peripherie (trockene warme Haut mit Hyperämie)!
▶ **Labor:**
  - *Laktat-Azidose!*
  - *Hb/Hkt:* Beim traumatisch-hämorrhagischen Schock initial nicht verändert, da der intravasale Einstrom von interstitieller Flüssigkeit langsam erfolgt. Wichtig sind *wiederholte Messungen!* „Verdünnungseffekt" durch Kolloide/Kristalloide beachten.
  - *Gerinnung:* Quick, PTT, Thrombinzeit, Fibrinogen, Fibrinspaltprodukte, Throm-bozytenzahl.
  - *Serumelektrolyte:* Kontrolle der Volumensubstitution mit Flüssigkeitsverschie-bungen zwischen den Kompartimenten. Im protrahierten Schock: Hyperkaliä-mie durch Zellnekrosen und Niereninsuffizienz!

Komplikationen

► Akutes Nierenversagen mit Oligo-/Anurie.
► Verbrauchskoagulopathie (DIC).
► Lungenversagen (ARDS).
► Herzinsuffizienz durch verminderte Koronarperfusion.
► Zerebrale Ischämie durch verminderte zerebrovaskuläre Perfusion.
► Multiples Organversagen (MOF).

Allgemeine Schock-Therapie

► Zur Schockbehandlung siehe auch S. 17.
► **O₂-Gabe,** ggf. endotracheale Intubation und Beatmung.
► **Lagerung:** Oberkörper tief, Beine hochlagern („Autotransfusion"). *Cave* **nicht** beim kardiogenen Schock!
► **Initialer Volumenersatz** (nach ATLS): Zwei großlumige periphere Zugänge und initiale Volumensubstitution mit 2000 ml Ringerlaktat (aufgewärmt!). Bei Kindern 20 ml/kg KG.
► **Anlage eines zentralvenösen Katheters** sobald wie möglich (→ ZVD Monitoring).
► **Chirurgische Blutstillung:**
  • *Äußere Blutung:* Direkte Kompression, Druckverband (*cave* Tourniquets dringend vermeiden!). Chirurgische Revision.
  • *Innere Blutung:*
    – Thorax: Bülau-Drainage (S. 60).
    – Schädel: Hämatom-Evakuation (S. 200).
    – Abdomen: Laparotomie (S. 265).
    – Becken: Sofortmaßnahme bei massivem Beckentrauma (z.B. „openbook"-Verletzung): Grobreposition (zur Volumenreduktion des Beckens durch Innenrotation der Hüften; Beckenzwinge, Laparotomie [S. 263]).
► **Bei Kreislaufstillstand kardiopulmonale Reanimation (CPR).**
► ☐ *Hinweis:*
    – Die geschlossene Herzmassage ist beim hypovolämischen Patienten häufig ineffizient.
    – Eine lebensrettende Notthorakotomie nach Kreislaufstillstand ist nur Erfolg versprechend bei *penetrierenden* Thoraxtraumen mit pulsloser elektrischer Aktivität (PEA), wird jedoch nach *stumpfen* Thoraxtraumen mit PEA wegen infauster Prognose *nicht* empfohlen (American College of Surgeons Committee on Trauma).
► **Dauerkatheter** zur Kontrolle der Ausscheidung und Volumen-Bilanzierung (nach Ausschluss einer Urethraruptur; s. S. 57). Ziel: Diurese > 1 ml/kg KG/h.

Therapie spezifischer Schockformen

► **Kardiogener Schock** bei Perikardtamponade: Perikardiozentese (s. S. 62), Thorakotomie.
► **Herzkontusion:** Ggf. Katecholamine, Antiarrhythmika, Nachlastsenkung.
► **Spannungspneumothorax:**
  • Sofortige Dekompression durch Punktion des 2. ICR medioklavikulär mit großkalibriger Braunüle.
  • Definitive Versorgung durch Bülau-Drainage.
► **Neurogener Schock:** Vasopressiva (z.B. Noradrenalin i.v.) bei kritischer Hypotonie.

▶ **Hinweis:** Die adäquate Volumensubstitution kann beim neurogenen Schock *nicht* anhand der Herzfrequenz eingeschätzt werden und erfolgt deshalb mittels Monitoring des ZVD!

▶ **Septischer Schock:**
- *Blutkulturen.*
- *Katecholamine* bei RR < 80 mmHg über Perfusor:
  - Dopamin: 5 ml = 200 mg (= 1Amp.) + 45 ml NaCl, 9% mit Laufrate 2–12 ml/h.
  - Oder Dobutamin: 25 mg Trockensubstanz (= 1Amp.) + 50 ml Glukose 5% mit Laufrate 2–12 ml/h.
  - Frühzeitig Noradrenalin-Perfusor, v.a. bei weiter erniedrigtem ZVD trotz Volumengabe: 1 ml = 1 mg (= 1Amp.); 5Amp. + 45 ml NaCl 0,9% mit Laufrate 3–12 ml/h.
- *Herdsanierung:* Ggf. Entfernung und Wechsel verursachender Fremdkörper (Blasenkatheter, ZVK etc.) bzw. chirurgische Herdsanierung, soweit möglich.
- *Bei unbekannter Ursache weitere Diagnostik:* Urinstatus-/sediment/-kultur, Röntgen-Thorax und -Abdomen, ggf. CT, Lumbalpunktion, Abdomensonographie.
- *Antibiotische Therapie* entsprechend Grunderkrankung.

Tabelle 4.1 · **Hämodynamische Parameter zur Differenzialdiagnose verschiedener Schockformen (aus Leuwer et al, Checkliste Interdisziplinäre Intensivmedizin, 2. Aufl. Stuttgart: Georg Thieme; 2004)**

	HZV	SVR	PCWP	O_2-ER
hypovolämischer Schock	↓	↑	↓	↑
traumatisch-hämorrhagischer Schock	↓	↑	↓	↑
septischer Schock	↑	↓↓	↓	(↓)
anaphylaktischer Schock	↓	↓	↓	(↑)
kardiogener Schock	↓↓	↑	↑	↑↑
neurogener Schock	↓	↓	↓	(↑)

HZV = Herzzeitvolumen; SVR = systemvaskulärer Widerstand; PCWP = pulmonalkapillärer Verschlussdruck; O_2-ER = Sauerstoffextraktionsrate

4.3 Kardiopulmonale Reanimation

Grundlagen

▶ **Indikation:** Kreislaufstillstand.
▶ **Kontraindikation:** Sichere Todeszeichen, Finalstadium einer unheilbaren Erkrankung.
▶ **Achtung:** Im Zweifelsfall initial immer Reanimationsmaßnahmen einleiten!
▶ **Prinzipien:**
  1. Elektrotherapie von Kammerflimmern und pulslosen tachykarden Rhythmusstörungen. „See fib defib" → wichtigste Maßnahme bei Kammerflimmern!

2. Erhaltung einer Minimalperfusion und -oxigenierung vitaler Organe durch Beatmung und Thoraxkompressionen.
3. Medikamentöse Unterstützung von 1. und 2.
► **Ziele:** Wiederherstellen eines Spontankreislaufs, Verhindern von Organschäden, Verhindern von Sekundärkomplikationen.
► **Klinische Symptomatik des Kreislaufstillstands:**
  • *Bewusstlosigkeit:* Ansprechen/Schmerzreiz auslösen → fehlende Reaktion.
  • *Atemstillstand:* Keine sichtbaren Thoraxbewegungen, keine Atemgeräusche zu hören, kein spürbarer Luftstrom, fehlende Atemexkursionen (Palpation im Bereich des Epigastriums und der Rippenbogen).
  • *Pulslosigkeit:* Kein tastbarer Karotispuls. Wenn bei Bewusstlosigkeit und Vorliegen eines Atemstillstands Unsicherheit über den Puls besteht, sollte im Zweifel ohne Zeitverlust mit der Reanimation begonnen werden.
  • Zyanose bzw. gräuliche Hautfarbe (häufig).
► ABCD-Schema als mnestische Hilfe für das weitere Vorgehen: s. Tab. 4.2.

Tabelle 4.2 · Übersicht über die Maßnahmen: ABCD-Schema (aus Leuwer et al, Checkliste Interdisziplinäre Intensivmedizin, 2. Aufl. Stuttgart: Georg Thieme; 2004)

Basis-ABCD-Schema	→ erweitertes ABCD-Schema
A Atemwege: • Kopf überstrecken und Kinn anheben • Freiräumen und Absaugen des Mund-Rachen-Raumes	→ endotracheale Intubation
B Beatmung: • Mund-zu-Mund bzw. Mund-zu-Nase (ggf. mit einfachen Hilfsmitteln) • Maske + Beatmungsbeutel	→ über den Endotrachealtubus mittels Beatmungsbeutel oder Notfallrespirator
C Circulation: Thoraxkompressionen	→ venöser Zugang, kardiovaskulär wirksame Medikamente
D Defibrillation: Elektroschock bei Kammerflimmern und pulsloser Kammertachykardie	→ Differenzialdiagnose: Gründe des Kreislaufstillstands identifizieren, behandelbare Ursachen erwägen

A – Atemwege freimachen und freihalten

◨ *Achtung:* Bei geladenem Defibrillator EKG-Analyse → bei Kammerflimmern oder pulsloser Kammertachykardie sofort defibrillieren (s. S. 33) → erst dann ABCD!
► **Erstmaßnahmen:** Ggf. zuerst den Mund-Rachen-Raum manuell ausräumen (grobe Speisereste, Fremdkörper, Prothesen) und Sekret absaugen!
► **Intubation:** So früh wie möglich endotracheal intubieren (Technik s. S. 43) → Optimierung von Ventilation und Oxigenierung, Aspirationsschutz, Zugangsweg zur endobronchialen Applikation elementarer Medikamente.
► **Atemspende oder Beatmungsbeutel und -maske:** Zur Beatmung muss der Kopf überstreckt und das Kinn angehoben werden (Esmarch-Handgriff). Bei problematischer Maskenbeatmung kann ein Guedel- oder Wendl-Tubus hilfreich sein (Technik s. S. 46).

B – Beatmung

▶ **Varianten:**
- *Mund-zu-Mund- oder Mund-zu-Nase-Beatmung* kommt in der Klinik nur ausnahmsweise zum Einsatz (muss aber von jedem beherrscht werden!).
- *Beatmungsmaske + Beatmungsbeutel:* In medizinischen Einrichtungen bei Reanimationen die übliche Beatmungsform bis zur Intubation. Diese Technik erfordert ebensoviel Übung wie die endotracheale Intubation (s. S. 46).
- *Nach der endotrachealen Intubation* kann der Patient alternativ weiter mit dem Beatmungsbeutel oder mit einem Respirator beatmet werden (bei der Beutelbeatmung ist eine Koordination mit den Thorax-Kompressionen möglich).

▶ **Vorgehen:**
- *Kontrollparameter* sind sichtbare Thoraxbewegungen. Beim nicht intubierten Patienten müssen große Atemzugvolumina und hohe Beatmungsdrücke wegen der Möglichkeit der Magenüberblähung und der damit verbundenen Aspirationsgefahr vermieden werden (bei einem Drittel der reanimierten Patienten finden sich Zeichen einer Aspiration!).
- *O_2-Zufuhr:* Idealerweise wird während der Reanimation mit 100% Sauerstoff beatmet. Hierzu ist bei der Beutelbeatmung die Zufuhr eines hohen Sauerstoffflusses (8–10 l/min) in den Beutel notwendig (über einen Sauerstoff-Reservoirbeutel oder sog. „100%-Beutel" mit Demand-Ventil; vgl. S. 47).

▷ *Achtung:*
- Bei Verwendung eines Beatmungsgeräts während der Reanimation immer auf eine ausreichende Ventilation des Patienten achten!
- Bei einzelnen Patienten kann es bei der Beatmung im Rahmen der Reanimation durch Air Trapping zu einer dynamischen Überblähung der Lungen kommen, die die Reanimationsmaßnahmen erfolglos werden lässt → keine zu hohen Atemfrequenzen, ggf. Beatmungspause für eine komplette Exspiration einlegen.
- *Atemfrequenz* 10/min.
- *Atemzugvolumen:* 10 ml/kg KG. Bei Beatmung mit Raumluft (21% O_2) ca. 700–1000 ml; bei Beatmung mit höheren Sauerstoffkonzentrationen Reduktion auf 400–600 ml möglich.

C – Circulation (Thorax-Kompression)

▶ **Prinzip:** Durch externe Kompression des Thorax wird über die direkte Herzkompression und einen thorakalen Pumpeffekt ein gewisses Herzzeitvolumen aufrechterhalten.

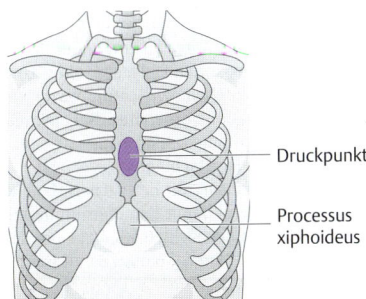

Druckpunkt

Processus xiphoideus

Abb. 4.1 Druckpunkt bei Herzdruckmassage

▶ **Druckpunkt:** Beim Erwachsenen 3 Querfinger oberhalb des Xiphoid-Fortsatzes bzw. am Übergang vom unteren zum mittleren Sternumdrittel; bei kleineren Kindern in der Sternummitte bzw. zwischen den Mamillen (s. Abb. 4.1).
▶ **Drucktechnik** (s. Abb. 4.2):
  • Harte Unterlage! (z. B. Boden; im Bett „Reanimationsbrett" unter den Oberkörper des Patienten legen).
  • Die Hände werden so übereinander gelegt, dass die obere Hand Druck auf den Handrücken der unteren ausüben kann; um das Risiko von Rippenfrakturen möglichst klein zu halten, streng in der Mittellinie (tastbare Rinne) und nicht mit der ganzen Handfläche komprimieren.
  • Die Arme sind gestreckt, die Thoraxkompression entsteht durch Bewegungen des Oberkörpers.
  • Druck- und Entlastungsphase sind in etwa gleich lang (ruckartige kurze Kompressionen sind hämodynamisch weniger effektiv).
  • Effektivitätskontrolle = Tasten des Femoralispulses in der Leiste (*cave* mechanische Erschütterungen können als Puls fehlinterpretiert werden!).

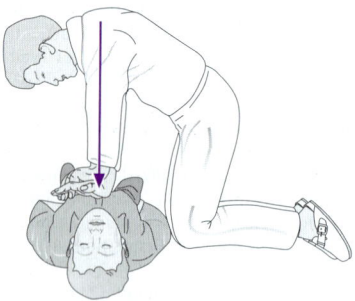

Abb. 4.2   Herzdruckmassage

▶ **Kompressionsfrequenz:** Beim Erwachsenen 100/min, nicht langsamer.
▶ **Koordination von Kompression und Ventilation:**
  • *Intubierte Patienten:* Hier ist die Koordination der Beatmung mit den Kompressionen nicht zwingend notwendig; die Kompressionen erfolgen durchgehend in einem festen Rhythmus und werden für die Beatmung möglichst nicht unterbrochen.
  • *Nicht intubierte Patienten* (Atemzüge zwischen die Kompressionen interponieren: Nach 15 Kompressionen 2 Beatmungszüge [15 : 2]).
  ◘ *Hinweis:* In den aktuellen Richtlinien (2000) wird auch bei Reanimation durch zwei Personen bis zur Intubation ein 15 : 2-Verhältnis empfohlen. Hierdurch kann die beatmende Person ohne Unterbrechung der Basis-Reanimation in der Zeit zwischen den Beatmungszyklen andere Maßnahmen wie Defibrillation und Intubation vorbereiten. Bei einem 2 : 15-Verhältnis können die Beatmungen in der Kompressionspause sicherer und effektiver durchgeführt werden.
▶ **Präkordialer Faustschlag:**
  • *Technik, Prinzip:* Mit der flachen Hand kräftig auf das Sternum schlagen. Gelegentlich kann damit Kammerflimmern beendet werden.
  • *Indikation:* Beobachteter Kollaps bei Kammerflimmern, wenn ein Defibrillator nicht schnell genug einsatzbereit ist.

D – Defibrillation

► **Allgemeine Vorbemerkungen:**
- Die Defibrillation ist die einzige effektive Maßnahme bei Kammerflimmern oder pulsloser Kammertachykardie → immer zuerst defibrillieren, wenn bereits zu Beginn einer Reanimation ein einsatzbereiter Defibrillator zur Verfügung steht!
- Die Defibrillation hat hier oberste Priorität und muss so früh wie möglich erfolgen. Die Basismaßnahmen Beatmung und Thoraxkompressionen dienen initial nur zur Überbrückung, bis ein Defibrillator angeschlossen und schockbereit ist.
- ▶ **„Never meet your defibrillator the first time at a cardiac arrest"!** Die Bedienung des vorhandenen Geräts muss bekannt sein → regelmäßig üben!
- Je länger das Intervall bis zur Defibrillation, desto geringer ist die Überlebensrate (auch unter suffizienter Beatmung und Thoraxkompression)!
- Wenn die erste Defibrillation nicht erfolgreich ist, dann sollte unmittelbar ein zweiter und ggf. auch dritter Schock folgen (Senkung der Thoraximpedanz durch den ersten Versuch → Chance einer erfolgreichen Defibrillation ↑).
- Deshalb nach einer Schockabgabe den Ladevorgang sofort wieder starten (ggf. mit der nächsthöheren Energiestufe).
- Bei optimaler Koordination können so 3 Defibrillationen innerhalb von 30–45 Sekunden abgegeben werden, ohne dass die Sequenz durch Basisreanimation unterbrochen wird. Bei verzögerter Ladung des Defibrillators müssen allerdings während der Wartezeit Thoraxkompression und Beatmung erfolgen.

► **Technik und Ablauf der Defibrillation:**
1. Fortführen der Basis-Reanimation („ABCD"); Pausen so kurz wie möglich.
2. Rhythmusanalyse (über Oberflächen-EKG oder Defibrillator-Elektroden).
3. Defibrillator-Elektroden mit Elektrodengel bestreichen.
4. Defibrillator laden (initial 200 J).
   ▶ **Achtung:** Nach einiger Zeit entladen sich die Defi-Kondensatoren intern → dann nachladen, sonst wird keine Energie abgegeben!
5. Defibrillationselektroden aufsetzen (Apex-Elektrode lateral der Herzspitze in der vorderen Axillarlinie, Sternum-Elektrode rechts unterhalb der Clavicula in der Medioklavikularlinie).
6. Sicherstellen, dass niemand Kontakt zum Patienten hat (laut rufen!).
7. Entladen – hierzu die entsprechenden Knöpfe an beiden Defibrillationselektroden drücken.
8. Sofort neu aufladen.
9. Rhythmusanalyse → evtl. höhere Energie vorwählen (dann 360 J) + weiter mit Punkt 5.

► **Energiewahl** bei Kammerflimmern und pulsloser Kammertachykardie:
- *Erwachsene:* 200 J → 200 J → 360 J → danach immer 360 J.
- *Kinder:* Initial 2 J/kg Körpergewicht, bei fehlendem Erfolg 4 J/kg KG.
- *Nach initial erfolgreicher Defibrillation* wird bei einer erneuten Defibrillation/Kardioversion zunächst die Energie des letzten erfolgreichen Schocks gewählt.
- ▶ **Cave:** Bei einigen Defibrillatoren (z.B. Corpuls) können aufgesetzte Kinderpaddles (= Elektroden) zu einer Reduktion der Energie führen!

► **EKG-synchronisierte Entladung:**
- *Prinzip:* R-Zacken-getriggerte Auslösung des Defibrillators. Der Defibrillator gibt dann innerhalb von 40 ms nach registrierter R-Zacke die Energie ab, um die Induktion von Kammerflimmern durch den Elektroschock zu vermeiden.
- *Indikation:* Kardioversion tachykarder Herzrhythmusstörungen, die nicht mit einem reanimationspflichtigen Zustand einhergehen.

▷ *Achtung:* Bei versehentlicher Aktivierung des Synchron-Modus wird bei Kammerflimmern und schnellen oder unregelmäßigen Tachykardien keine R-Zacke registriert und folglich die Entladung verweigert. Das ist keine Geräte-Fehlfunktion!

Medikamente für die Reanimation

▶ **Applikationsformen:**
- *Periphervenös:*
  - Ein peripher venöser Zugang reicht für die Medikamentenapplikation aus, wenn diese durch entsprechendes Nachinjizieren oder -infundieren von Flüssigkeit in die zentrale Zirkulation eingespült werden.
  - Gefäße: V. jugularis externa (bei Reanimationen häufig gut gefüllt und punktierbar mit dem Vorteil einer relativ herznahen Lage), Kubitalvenen (ebenfalls gut punktierbar).
- *Zentralvenös:* Nur in den seltensten Fällen (s. u.) erforderlich. *Nachteil:* Die Thorax-Kompressionen müssen für die Punktion unterbrochen werden (→ u. U. lange Reanimations-Pausen!). Daher in der Regel nur indiziert, wenn es nicht gelingt, einen peripheren venösen Zugang zu legen.
- *Endobronchial:*
  - Für die initial wichtigen Medikamente (Adrenalin, Lidocain, Atropin) ist ein venöser Zugang nicht zwingend erforderlich. Diese Medikamente sind bei Applikation über einen Endotrachealtubus ebenfalls wirksam.
  - Dosierung: i.v.-Dosis × Faktor 2–3; zur besseren Verteilung mit physiologischer Kochsalzlösung (10 ml) verdünnen!
▶ **Adrenalin** (s. S. 251): Bei nahezu jeder Reanimationssituation indiziert. *KI:* Sofort erfolgreich defibrilliertes Kammerflimmern/-flattern mit stabiler Hämodynamik; Reanimation bei tiefer Hypothermie ($< 30\,°C$) → dann wirkungslos. *Dosierung:*
- *Aktuelles Standardschema:* 1 mg i. v. alle 3 min.
- *Endotracheale Applikation:* 3 mg.
- *Alternative Dosierungen* bei fehlendem Effekt des Standardschemas (kein Bestandteil der aktuellen Empfehlungen):
  1. Intermediate dose: 2–5 mg i. v. alle 3 min.
  2. Escalating dose: Erst 1 mg, dann 3 mg und dann 5 mg i. v. alle 3 min.
  3. High dose: 0,1 mg/kg i. v. alle 3 min.
- *Dosierung bei Kindern:* 0,01 mg/kg i. v. als Initialbolus, dann 0,01– 0,1 mg/kg i. v. alle 3 min. Endotracheal bei Kindern 0,1 mg/kg.
▷ *Achtung:*
- Nur kurze Wirkdauer, deshalb alle 3–5 min wiederholen! In der Praxis wird oft nicht rechtzeitig an die Wiederholungsdosis gedacht.
- Die adäquate Dosierung ist von Patient zu Patient unterschiedlich (abhängig u.a. von Hypoxiezeit, Säure-Basen-Status etc.).
- Die bei hohen Dosierungen auftretende Mydriasis durch β-adrenerge Wirkung auf den M. dilatator pupillae kann als erfolglose Reanimation fehlinterpretiert werden.
- Wird durch $NaHCO_3$ inaktiviert → nicht mit $NaHCO_3$ mischen, nicht parallel dazu infundieren!
▶ **Amiodaron** (s. S. 251): Indiziert bei Kammerflimmern oder pulsloser Kammertachykardie, wenn die ersten drei Defibrillationen erfolglos geblieben sind. *Dosierung:*
- 300 mg in 20 ml Glukose 5% als i. v. Bolus (kann in dieser Situation periphervenös gegeben werden).
- Ggf. weitere 150 mg i. v. bei Fortbestehen bzw. Wiederauftreten von Kammerflimmern/pulsloser Kammertachykardie.

- Anschließend Infusion von Amiodaron 1 mg/min für 6 h, dann 0,5 mg/min (bis zu einer initialen Maximaldosis von 2 g).
► **Atropin** (s. S. 251): Indiziert bei hochgradigen Bradykardien mit hämodynamischer Instabilität; Asystolie. *KI:* Tachykardien. *Dosierung:*
  - *Bei Bradykardie* 0,5 mg (= 1 ml = 1 Amp.) i. v. alle 3–5 min bis maximal 3 mg.
  - *Bei Asystolie* einmalige Applikation eines Bolus von 3 mg i. v.
► **Lidocain** (s. S. 251): Kann bei Kammerflimmern oder pulsloser Kammertachykardie eingesetzt werden, wenn Amiodaron nicht verfügbar ist. Nicht zusätzlich zu Amiodaron geben! *KI:* Ventrikuläre Ersatzaktionen bzw. Escape-Rhythmen bei höhergradigen AV-Blockierungen. *Dosierung:*
  - 1,0–1,5 mg/kg KG i. v. als Initialdosis, bei fehlendem Effekt alle 2–10 min 0,5–0,75 mg/kg KG i. v. als Repetitionsdosis bis zur Maximaldosis von 3 mg/kg KG (= 3–4 Wiederholungsdosen). Als Faustregel 100 mg initial i. v.
  - Infusion (über Perfusor) nach erfolgreicher Defibrillation: 30–50 µg/kg KG/min bzw. 2–4 mg/min.
  - ▶ *Perfusor – Lidocain 20%:* 5 ml (= 1000 mg) +45 ml NaCl 0,9 %, LR 6–12 ml/h.
  - ▶ *Hinweis:* Wenn vor der erfolgreichen Defibrillation ein anderes Antiarrhythmikum eingesetzt wurde, dann dieses an Stelle einer Lidocain-Infusion verwenden!
► **Natriumbikarbonat (NaHCO$_3$ 8,4 %):** Indiziert bei protrahierter Reanimation, schwerer metabolischer Azidose, Hyperkaliämie, Überdosierung mit trizyklischen Antidepressiva. *Dosierung:*
  - *Blindpufferung* (bei fehlender Blutgasdiagnostik): 1 mmol/kg KG i. v.
  - *Nach Blutgasanalyse:* Negativer Base excess (BE) × 0,3 × Körpergewicht = mmol NaHCO$_3$. Von der so berechneten Dosis zunächst nur die Hälfte infundieren, danach erneut BE kontrollieren (Ziel-BE: +3 bis –3 mmol/l).
  - *Probleme:* Schnelle CO$_2$-Freisetzung → paradoxe intrazelluläre Azidose, negativ inotrope Wirkung; Hypernatriämie und Hyperosmolalität; Linksverschiebung der Sauerstoffbindungskurve → verschlechterte O$_2$-Abgabe im Gewebe.

Kammerflimmern und pulslose Kammertachykardie

► **Elementar ist die sofortige elektrische Defibrillation;** diese Maßnahme hat absolute Priorität!
► Je länger die Zeit von Beginn des Kreislaufstillstands bis zur Defibrillation, desto schlechter die Prognose des Patienten.
► Nach einer erfolgreichen Defibrillation tritt häufig eine vorübergehende Asystolie bzw. eine Nulllinie auf, die dann in einen geordneten Rhythmus übergeht. Wenn diese Asystolie länger als einige Sekunden anhält, sollten für eine Minute Thoraxkompressionen und Beatmung durchgeführt und dann der Rhythmus neu analysiert werden.

Refraktäres Kammerflimmern

► **Unzureichende Basismaßnahmen?** → Intubation, effektive Ventilation + Oxigenierung mit 100% O$_2$, effektive Thorax-Kompression, Adrenalin (koronarer Perfusionsdruck ↑).
► **Unzureichende Defibrillation?**
  1. Höhere Energie wählen.
  2. Elektroden-Position verändern (beide Elektroden in der mittleren Axillarlinie rechts und links platzieren).
  3. In der Exspiration defibrillieren.
  4. Paddle (= Elektroden)-Andruck verstärken (Auspressen intrathorakaler Luft).

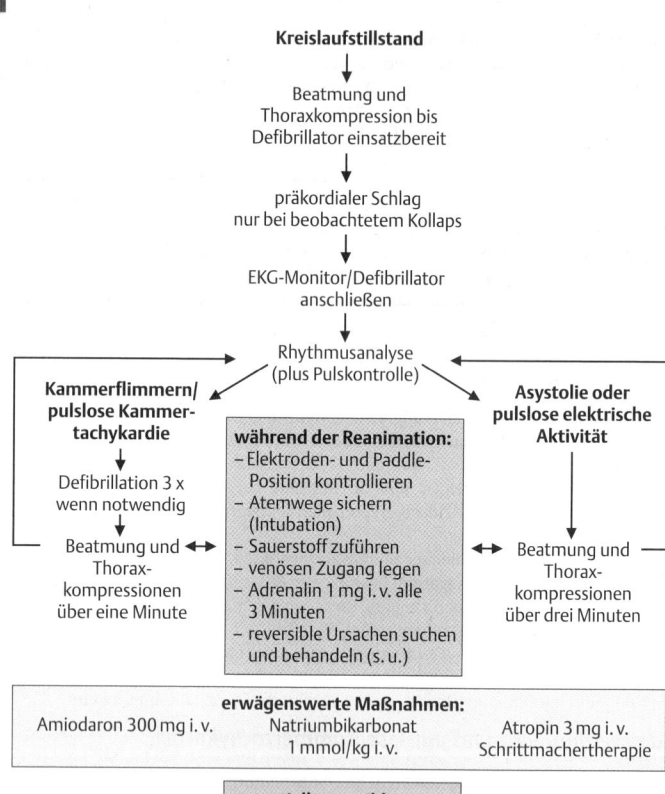

Kreislaufstillstand

↓

Beatmung und
Thoraxkompression bis
Defibrillator einsatzbereit

↓

präkordialer Schlag
nur bei beobachtetem Kollaps

↓

EKG-Monitor/Defibrillator
anschließen

↓

Rhythmusanalyse
(plus Pulskontrolle)

**Kammerflimmern/
pulslose Kammer-
tachykardie**

↓

Defibrillation 3 x
wenn notwendig

↓

Beatmung und ◄►
Thorax-
kompressionen
über eine Minute

während der Reanimation:
– Elektroden- und Paddle-
  Position kontrollieren
– Atemwege sichern
  (Intubation)
– Sauerstoff zuführen
– venösen Zugang legen
– Adrenalin 1 mg i. v. alle
  3 Minuten
– reversible Ursachen suchen
  und behandeln (s. u.)

**Asystolie oder
pulslose elektrische
Aktivität**

↓

◄► Beatmung und
Thorax-
kompressionen
über drei Minuten

erwägenswerte Maßnahmen:

| Amiodaron 300 mg i. v. | Natriumbikarbonat 1 mmol/kg i. v. | Atropin 3 mg i. v. Schrittmachertherapie |

**potentiell reversible
Ursachen:**
Hypoxie
Hypovolämie
Hyperkaliämie, Hypokaliämie
metabolische Entgleisung
Hypothermie
Spannungspneumothorax
Perikardtamponade
Intoxikation
Lungenembolie

Abb. 4.3 Kardiopulmonale Reanimation

5. Wenn möglich, anderen Defibrillator ausprobieren.
6. Falls erfolglos, den Patienten auf eine Seite drehen und Defibrillationselektroden anterior-posterior platzieren (vorne auf dem Sternum, hinten zwischen
   den Schulterblättern).

► **Hypothermie?** → Spontanes Kammerflimmern, das elektrisch und medikamentös
nicht zu durchbrechen ist. Einzig effektive Maßnahme ist das schnelle und aggressive Aufwärmen des Patienten, möglichst mit extrakorporalen Verfahren (s. S. 124).

- **Hypokaliämie?** → Kaliumchlorid 20 mmol i. v.).
- **Intoxikation?** (u.a. trizyklische Antidepressiva [TAD], Antiarrhythmika) → u.U. schwerste Herzrhythmusstörungen bis zum refraktären Kammerflimmern → bei TAD-Intoxikation wirkt die Alkalisierung des Blutes mittels Hyperventilation und $NaHCO_3$ ggf. lebensrettend (Eiweißbindung ↑); ggf. $MgSO_4$.
- **Katecholamin-Überschuss?** Wenn unmittelbar nach einer erfolgreichen Defibrillation der Patient über eine Tachykardie wieder ins Kammerflimmern gerät, dann kann dies u. a. an einer relativen Überdosierung der Katecholamine liegen. (Größere Erfahrungen zur Applikation eines β-Blockers existieren hierzu nicht.)
- **Großer Myokardinfarkt?** → Thrombolysetherapie erwägen (s. u.).
- **Ultima-ratio-Maßnahmen bei refraktärem Kammerflimmern:**
  - *Magnesiumsulfat:* 1–2 g i. v., ggf. Repetitionsdosen bis zur Gesamtdosis von 5–10 g i.v.
  - *Amiodaron:* 5 mg/kg KG i. v.
  - *β-Blocker:* Metoprolol 5 mg i. v. beim Erwachsenen bzw. 0,1–0,2 mg/kg KG i. v. oder Esmolol 0,5–1 mg/kg KG i. v. über eine Minute, dann Infusion mit 100–200 μg/kg KG/min.
  - *Thrombolyse:* Unter Reanimation eine Rarität und vermutlich nur in Einzelfällen zu rechtfertigen (evtl. als Ultima Ratio bei entsprechendem Anhalt für einen Myokardinfarkt oder eine fulminante Lungenembolie, besonders bei beobachtetem Kollaps des Patienten („Witnessed Collapse") mit raschem Reanimationsbeginn.

Asystolie

- **Maßnahmen mit gesicherter Wirkung:** Intubation/Beatmung. Thoraxkompressionen, Adrenalinzufuhr.
- ▶ *Hinweis:* Defibrillation nur in bestimmten Situationen, wie z. B. schlechte EKG-Ableitung, Störeinflüsse, Adipositas → hier ist u. U. feines Kammerflimmern möglich. Ansonsten ist die Defibrillation als primäre Maßnahme bei Asystolie nicht indiziert.
- Unter den Reanimationsmaßnahmen (Adrenalinzufuhr) bei Asystolie entwickelt sich häufig Kammerflimmern → dann entsprechend dieser Diagnose handeln (s. S. 250)! (Häufig führt erst dieser Umweg über Kammerflimmern und Defibrillation wieder zu einem Spontankreislauf.)
- ▶ *Hinweis:* Reanimationen bei Asystolie haben geringere Erfolgsaussichten. Diese schlechtere Prognose darf aber nicht durch eine halbherzige Therapie zu einer sich selbst erfüllenden Prophezeiung werden!
- **Der Einsatz eines Herzschrittmachers** wird nur dann empfohlen, wenn gewisse elektrische Aktivitäten im EKG zu erkennen sind (einzelne P-Wellen, vereinzelte Kammerkomplexe). Aufgrund des geringeren Zeitaufwands bieten hier transkutane Schrittmacher Vorteile, bei denen das Herz von extern über Klebeelektroden auf der Haut stimuliert wird.
- **Atropin** kann bei brady-asystolischem Kreislaufstillstand sinnvoll sein. Die einmalige Gabe von 3 mg Atropin i. v. sollte daher erwogen werden.
- **Pufferung** (z. B. Natriumbikarbonat: Ggf. indiziert bei prolongierter Reanimation oder bei spezifischen Ursachen (z. B. Hyperkaliämie, schwerste Azidose, Vergiftung mit trizyklischen Antidepressiva).
- **Abbruch der Reanimation:** Erwägen bei persistierender Asystolie ohne jede elektrische Aktivität des Herzens trotz suffizienter Reanimation und hoher Adrenalindosen, wenn behandelbare Ursachen einer persistierenden Asystolie nicht erkennbar sind (s. Abb. 4.3).

Pulslose elektrische Aktivität (PEA, elektromechanische Entkopplung)

▶ **Kennzeichen:** Im EKG-Monitor sind mehr oder weniger geordnete elektrische Aktivitäten zu sehen, der Patient zeigt jedoch die Symptome eines Kreislaufstillstands (Bewusstlosigkeit, Atemstillstand, Pulslosigkeit).

◣ *Achtung:* Bei bewusstlosen Patienten mit Atemstillstand ohne tastbare Karotispulse muss sofort mit Reanimationsmaßnahmen begonnen werden, auch wenn im EKG noch ein Rhythmus zu erkennen ist.

▶ Entscheidend bei pulsloser elektrischer Aktivität ist das Fahnden nach möglichen Ursachen und deren Behandlung.

▶ Da Hypoventilation und Hypoxämie häufige Ursachen sind, sind adäquates Atemwegs-Management (endotracheale Intubation) und suffiziente Beatmung sowie die Adrenalinzufuhr Grundelemente der Versorgung einer PEA.

Probleme + Maßnahmen nach erfolgreicher Reanimation

▶ **Allgemeine Maßnahmen:** Magensonde, Urinkatheter, Bilanzierung und Ausgleich von Flüssigkeits- und Elektrolythaushalt, Stressulkusprophylaxe, pflegerische u. physiotherapeutische Prophylaxen.

▶ **Instabile Hämodynamik:**
- Invasives hämodynamisches Monitoring: Invasive arterielle Blutdruckmessung, zentraler Venenkatheter, Pulmonalarterienkatheter.
- Katecholamintherapie (s. S. 129).
- Ggf. intraaortale Ballongegenpulsation (IABP).
- Bei großem Myokardinfarkt ggf. Akut-PTCA, (intrakoronare) Thrombolysetherapie (s. S. 86).

▶ **Persistierende Arrhythmieneigung:**
- Basismaßnahmen: Großzügige O_2-Zufuhr, Analgesie bei Schmerzen, Sedierung (s. S. 84).
- Wenn kein Hinweis auf Herzinsuffizienz, Beginn einer β-Blocker-Therapie.
- Lidocain (s. S. 251) bzw. das Antiarrhythmikum, dass vor der erfolgreichen Defibrillation appliziert wurde.
- Kalium- und Magnesium-Plasmakonzentration hochnormal halten.
- Bei Myokardinfarkt Thrombolyse bzw. Akut-PTCA erwägen.

▶ **Zerebrale Reanimation:**
- *Arteriellen Mitteldruck hochnormal halten* ($\rightarrow$ Aufrechterhaltung eines ausreichenden zerebralen Perfusionsdrucks in ischämischen Penumbra-Gebieten sowie bei postischämischer Hirnschwellung mit Erhöhung des intrakraniellen Drucks).
- *Ausreichender Volumenersatz* (*cave* Hämokonzentration) mit isotonen kristalloiden und kolloidalen Volumenersatzmitteln (s. S. 73, 74).
- *CCT* bei Hinweis auf zerebrale Ursache innerhalb von 12–24 h nach Reanimation zur Erkennung von Hirnschwellung/Hirndruck bzw. Einschätzung der zerebralen Ischämiefolgen.
- *Beatmung:* Milde Hyperoxie (pO_2 100–150 mmHg) + Normoventilation; extreme Hyperventilation ($pCO_2 < 32$ mmHg) nur bei Einklemmungssymptomatik; vgl. S. 192.
- *Zerebral vasodilatierende Substanzen vermeiden*, z. B. Nitroglycerin, Nitroprussid-Natrium.

- *Bei Hirnschwellung/Hirndruck:*
  - Zerebralen Perfusionsdruck aufrechterhalten
    (MAP hoch, MAP – ICP > 70 mmHg).
  - 30°-Oberkörperhochlagerung (wenn hämodynamisch tolerabel).
  - Neurochirurgie hinzuziehen, ggf. Hirndruckmessung (s. S. 64).
  - Engmaschige klinische Überwachung (Pupillenstatus, Vigilanz).
  - Ausreichende Analgosedierung (Senkung des zerebralen Sauerstoffverbrauchs, Vermeiden von Husten und Pressen; s. S. 84).
  - Hyperthermie/Fieber und Hyperglykämie aggressiv behandeln (verstärken Hirnschädigung). Ziel: Normothermie, Normoglykämie.
  - Osmotherapie, z. B. mit Mannitol 20% 3 × 125 ml i. v., weitere Boli bei Hirndruckkrisen (vgl. S. 197).
  - Obsolet: Steroidgabe zur Behandlung des postischämischen Hirnödems.
▸ Komplikationen der kardiopulmonalen Reanimation: Sternumfraktur, Rippenfrakturen, Pneumothorax, Lungenkontusion, Herzkontusion, Leber- und Milzverletzungen.

Abbruch von Reanimationsmaßnahmen

▸ Es gibt keine feststehenden Abbruchkriterien → immer Einzelfallentscheidung, in die verschiedene Kriterien eingehen müssen: Erfolg der bisherigen Maßnahmen, Grunderkrankung/Vorerkrankungen, situatives Umfeld.
▸ **Der Reanimationsabbruch kann erwogen werden bei:**
  - Asystolie und/oder Zeichen des zerebralen Kreislaufstillstands trotz suffizienter Reanimation > 15–30 min (weite, lichtstarre Pupillen, fehlende Spontanatmung).
  - Kreislaufstillstand im Endstadium unheilbarer Krankheiten.
  - Eindeutige Erkenntnisse, dass der Patient die Reanimationsmaßnahmen strikt ablehnt (s. Anmerkung).
▱ *Anmerkung:* Bei einem Kreislaufstillstand mit Bewusstlosigkeit muss der Arzt den mutmaßlichen Willen des Patienten berücksichtigen; primär wird davon ausgegangen, dass der Patient weiterleben will, er also die Reanimationsmaßnahmen wünscht. Bei diesen Entscheidungen muss man sich im Zweifel pro vita entscheiden und Wiederbelebungsmaßnahmen einleiten. Wenn man sich an die möglicherweise zu einem früheren Zeitpunkt vom Patienten geäußerte Ablehnung von Reanimationsmaßnahmen halten will (z.B. Patiententestament), dann setzt dies voraus, dass der Patient umfassend aufgeklärt und voll entscheidungsfähig war. Selbst dann bleibt unklar, ob der Patient zum aktuellen Zeitpunkt die Maßnahmen immer noch ablehnen würde. Andere Interessen als die des Patienten dürfen nicht berücksichtigt werden.
▸ **Ein Reanimationsabbruch ist nicht gerechtfertigt** bei Kammerflimmern, Schnappatmung, intermittierendem Einsetzen eines Spontankreislaufs, Hypothermie, solange es Anhalt für spezifisch behandelbare Ursachen des Kreislaufstillstands gibt (z. B. Spannungspneumothorax, Elektrolytentgleisung, Intoxikation), nur aufgrund hohen Lebensalters.

4.4 Organspende

Tod des Patienten

▶ **Feststellung des Todes:**
- *Unsichere Todeszeichen:* Bewusstlosigkeit, Pulslosigkeit, Atemstillstand, weite reaktionslose Pupille, Blässe, Abkühlung.
- *Erste sichere Todeszeichen:*
  - Totenflecke (Livores): Rotviolette Flecken durch Absinken des Blutes in die tiefer liegenden Körperabschnitte; meist 1/2–1 h nach Todeseintritt.
  - Totenstarre: 4–12 h nach Todeseintritt beginnende Muskelstarre durch Abbau von ATP (Unterkiefer → Hals → Nacken → weitere Peripherie).

▶ **Hirntodbestimmung:**
- *Voraussetzungen:*
  - Akute schwere primäre oder sekundäre Hirnschädigung.
  - Ausschluss von Intoxikationen, neuromuskulärer Blockade, primärer Unterkühlung, Kreislaufschock, endokrinem oder metabolischem Koma als mögliche Ursache oder wesentliche Mitursache des Ausfalls der Hirnfunktion im Untersuchungszeitraum.
- *Symptome des Ausfalls der Hirnfunktion:* Bewusstlosigkeit (Koma), Ausfall der Spontanatmung, Lichtstarre beider wenigstens mittel-, meistens maximal weiten Pupillen (cave: Wirkung eines Mydriatikums), Fehlen des okulozephalen Reflexes, des Kornealreflexes, Fehlen von Reaktionen auf Schmerzreize im Trigeminusbereich, Fehlen des Pharyngeal-/Trachealreflexes.
- ❏ *Beachte:* Das Vorliegen *aller* dieser Befunde muss übereinstimmend von zwei Untersuchern festgestellt werden.
- *Ergänzende apparative Untersuchungen zur Bestätigung der klinischen Zeichen des Todes:*
  - *EEG-Untersuchung:* Bei kontinuierlicher Registrierung über mindestens 30 Minuten und Null-Linien-EEG kann (außer bei Säuglingen und Kleinkindern) der Hirntod ohne weitere Beobachtungszeit festgestellt werden. *Säuglinge und Kleinkinder* bis zum zweiten Lebensjahr: Wegen der physiologischen Unreife des Gehirns muss die EEG-Registrierung nach 24 Stunden wiederholt werden.
  - *Akustisch evozierte Potenziale (AEP):* Schrittweise bilaterales Erlöschen der frühen akustisch evozierten Potenziale (FAEP), Welle II–V (primär supratentorielle Hirnschädigung) kann bei mehrfachen Untersuchungen die Irreversibilität des Hirnstamm-Funktionsausfalles beweisen und als ergänzende Untersuchung eine weitere Beobachtungszeit ersetzen (nicht bei Frühgeborenen).
  - *Angiographie der zerebralen Gefäße:* Nachweis eines zerebralen Zirkulationsstillstandes bei einem ausreichenden Systemblutdruck. Bei neurologischen Symptomen kann der Hirntod ohne weitere Beobachtungszeit festgestellt werden.
  - *Transkranielle Dopplersonographie* (TCD) der intrakraniellen Gefäße erfasst die Durchblutung der basalen Hirnarterien sowie von Hauptästen der A. cerebri media und der A. basilaris. Die Untersuchung kann nur unter den von der Bundesärztekammer festgelegten Richtlinien zum Nachweis der ausgefallenen Hirndurchblutung angewandt werden.
  - *Zerebrale Perfusionsszintigraphie* mit ^{99m}Tc-HMPAO. Eine zerebrale fehlende Anreicherung belegt den vollständigen Ausfall von Hirnperfusion und Hirn-

funktion. Die Methode ist zur Bestätigung der klinischen Zeichen des Todes geeignet.
- *Zeitdauer der Beobachtung:*
  - Nach primärer Hirnschädigung während mindestens 12 Stunden.
  - Nach sekundärer Hirnschädigung während 3 Tagen.
  - Mehrmals übereinstimmender Nachweis, bis der Hirntod festgestellt werden kann.
  - Bei Säuglingen und Kleinkindern bis zum zweiten Lebensjahr soll bei primärer Hirnschädigung die Beobachtungszeit 24 Stunden betragen.

▶ **Protokoll zur Feststellung des Hirntodes:**
- Gemeinsame Stellungnahme der Arbeitsgruppe des Wissenschaftlichen Beirates der Bundesärztekammer (Deutschland) und der Arbeitsgemeinschaft der Wissenschaftlichen Fachgesellschaften (www.bundesaerztekammer.de).
- In der Schweiz gemäß dem Protokoll in den „Richtlinien zur Definition und Feststellung des Todes im Hinblick auf Organtransplantationen" der Schweizerischen Akademie der medizinischen Wissenschaften. Schweiz. Ärztezeitung 77, 1996, 1773–1779.

▶ **Todesbescheinigung (Leichenschauschein):**
- Leichenschau (unbekleidete Leiche): Der Arzt muss mindestens ein sicheres Todeszeichen feststellen.
- Übliches Schema: Personalien, Todesfeststellung, Todeszeitpunkt, Todesart/ *Todesursache* (Beispiel): Kardiogener Schock – *Folge von:* Myokardinfarkt – *ursächliche Grunderkrankung:* Koronare Herzkrankheit. (Auch bei unklarer unmittelbarer Todesursache dieses Schema verwenden und die wahrscheinliche Todesursache mit möglichem pathophysiologischen Zusammenhang nennen).
- Bei völlig unklarer Todesursache bzw. bei Verdacht auf unnatürliche Todesursache polizeiliche Anzeige erstatten bzw. Staatsanwaltschaft informieren.
- Bei übertragbarer Krankheit (nach Bundesseuchengesetz) Amtsarzt/örtliches Gesundheitsamt informieren.

Organspende

▶ **Untersuchungen beim Spender:**
- Zustimmung zur Organspende?
- Infektions-Screening (Serologie): Lues, HIV, Hepatitis, CMV.
- Blutgruppe, Rh-Faktor, HLA-Typisierung.
- Komplettes Routinelabor.
- Sono (Abdomen, Nieren): Organgröße, Auffälligkeiten?
- Ausschlusskriterien?: *Allgemein:* Sepsis/generalisierte Infektion (HIV; HBV-/ HBC-Infektion), Malignom (außer Haut- + Hirntumoren), prolongierter Schock, Drogenmissbrauch in der Vorgeschichte; *speziell* s. Tab. 4.3.

▶ **Organerhaltende Maßnahmen beim Spender:**
- *Beatmung:* Normoxämie anstreben, *cave* hohe F_iO_2- ($> 0,5$) und PEEP-Werte.
- *Hämodynamik → Volumentherapie:*
  - Isotone oder halbisotone NaCl-Lösung (ggf. HES, Albumin); Monitoring durch arteriellen Mitteldruck → Ziel: 70–80 mmHg; Ziel-ZVD: > 10 cm H_2O.
  - Bei Polyurie mit erheblichem Volumenbedarf ggf. Desmopressin 2–4 µg s.c./i.v. (Ziel ist die Vermeidung von schweren Elektrolytstörungen).
- *Hämodynamik → Katecholamine:*
  - Immer Dopamin niedrig dosiert (2 µg/kg KG/min) als „Nierendosis".
  - Zusätzlich Dobutamin, wenn Dopamin + Volumen nicht ausreichen.

■ *Cave:* Katecholamine mit vorwiegend α-adrenerger Wirkung (Noradrenalin, Adrenalin) → Nieren- und Leberdurchblutung ↓ mit evtl. Organschäden.
- *Azidose:* Meist metabolische Azidose → Azidose-Korrektur.
- *Hypothermie < 35 °C:* Heizmatten, vorgewärmte Infusionslösungen.
- *Hyperthermie > 38,5 °C:* Physikalische Maßnahmen (evtl. Metamizol).

Tabelle 4.3 · Organspende – spezielle Ausschlusskriterien (nach Largiadèr)

Organ (Altersgrenze)	Ausschlusskriterien
Niere (jedes Alter)	rezidivierender Harnwegsinfekt, renaler Hypertonus, generalisierte Arteriosklerose, Oligoanurie, Anstieg der harnpflichtigen Substanzen unter Kreislaufunterstützung und Infusionstherapie
Leber (< 65)	Alkoholanamnese, Hepatitis, Medikamentenintoxikation, schweres Lebertrauma, Fettleber, protrahierter Schock, Oligoanurie, Azidose, Transaminasen > 100U/l ohne Rückbildungstendenz
Herz (< 65)	(intraoperativ tastbare) Koronarsklerose, Kammerflimmern vor Kardioplegie, schlechte myokardiale Funktion, Klappenvitium
Lunge (< 55)	pulmonale Vorerkrankungen, Thoraxtrauma, Raucheranamnese, pulmonales Infiltrat, Aspiration
Pankreas (< 50)	(s. *Leber*), Amylasämie, Diabetes mellitus, Trauma, Operationen im Oberbauch, Reanimation

► **Wichtige Adressen:**
  ☐ *Regionaler Transplantationsbeauftragter:* ☎ _____ .
- *Eurotransplant* (für Organaustausch innerhalb Belgien, Deutschland, Luxemburg, Niederlande, Österreich): *Eurotransplant Foundation; P.O. Box 2304; NL-2301 Leiden, The Netherlands; Tel. (0031)-71-5795795.* Internet: *www.transplant.org*
- *Weitere Internetadressen:* www.akos.de (Arbeitskreis Organspende – Deutschland), www.tpiweb.com/tpi.htm (Transplant Information – international), www.swisstransplant.org (Swisstransplant – Schweiz).

5 Zugänge

5.1 Atemwege

Orotracheale Intubation (s. Abb. 5.1)

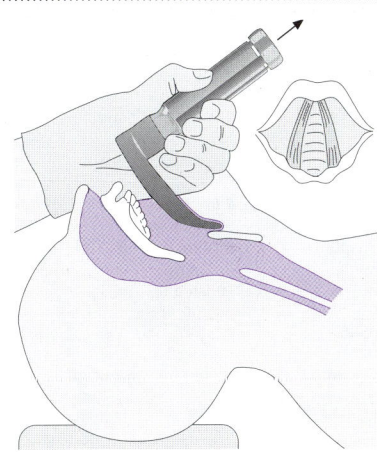

Abb. 5.1 Orotracheale
Intubation

▶ **Indikationen:**
- Akute Notfallsituationen (Notfallintubation): Atemstillstand, respiratorische Insuffizienz, Herz-Kreislauf-Stillstand, Bewusstlosigkeit und Aspirationsgefahr, ausgeprägter Schock, schwere Verletzungen.
- Notwendigkeit zur Respiratortherapie (s. S. 240).

▶ **Kontraindikationen:** Mundöffnung aus anatomischen Gründen nicht möglich.

▶ **Instrumentarium:**
- *Laryngoskop* (Standardspatel = *Macintosh-Spatel* – bei fast allen Patienten die beste Einstellung des Kehlkopfeingangs möglich). *Spatelgröße:* Nr. 1 (Säuglinge), Nr. 2 (Kleinkinder), Nr. 3 (Standardgröße für die meisten Erwachsenen, Jugendlichen und älteren Kinder), Nr. 4 (nur für sehr große Patienten bzw. bei Patienten mit sehr langem Hals).
- *Geeigneter Endotrachealtubus* (mit so genanntem Niederdruck-Blockungsballon [High Volume/Low Pressure-Cuff], der seltener zu Schädigungen der Trachealwand führt. Für die orale Intubation stehen Magill-Tuben und Oxford-Tuben zur Verfügung). Zur *Tubusgröße* s. Tab. 5.1.
- Führungsstab, 10-ml-Blockungsspritze, Absauggerät, Magill-Zange, Mullbinde bzw. Pflaster zur Fixation, Stethoskop, Gleitmittel, Cuffdruckmesser.

Tabelle 5.1 · **Tubusgrößen für orale Intubation**

Gewicht (kg)	Alter	ID (mm)	Charrière	Einführtiefe ab Zahnreihe (cm)
< 2,5	Frühgeborene	2,5	12	10
2,5–5	Neugeborene	3,0	14	11
5–8	ca. 1/2 Jahr	3,5	16	11
8–10	ca. 1 Jahr	4,0	18	12
10–15	ca. 2–3 Jahre	4,5	20	13
15–20	ca. 4–5 Jahre	5,0	22	14
20–25	ca. 6 Jahre	5,5	24	15–16
25–30	ca. 8 Jahre	6,0	26	16–17
30–45	ca. 10 Jahre	6,5	28	17–18
45–60	ca. 12 Jahre	7,0	30	18-22
Frauen	> 14 Jahre	7,0–8,0	30–34	20–24
Männer	> 14 Jahre	8,0–9,0	34–38	20–24

ID = Innendurchmesser; 1 Charrière = 1/3 mm

► **Durchführung:**
- Funktionsfähigkeit von Laryngoskop und Absauggerät überprüfen.
- Tubus vorbereiten: Blockung prüfen, gleitfähig machen; Führungsstab gleitfähig machen und einführen (*cave* dieser darf nicht über das distale Ende hinausragen!).
- *Venösen Zugang legen*, Präoxygenierung mit 100% O_2, Narkoseeinleitung/Muskelrelaxation (s. S. 78).
- Zahnprothesen entfernen.
- *Lagerung:* Kopf des Patienten etwa 10 cm über der Unterlage erhöht lagern (durch Unterpolsterung) und leicht überstrecken = sog. „Schnüffelstellung" (*cave* modifiziertes Vorgehen bei Anhalt für HWS-Verletzung! → fiberoptische Intubation, s. S. 48, 211).
- Mund des Patienten mit Daumen und Zeigefinger der rechten Hand weit öffnen und geöffnet halten. Bei Kiefersperre fiberoptische Intubation (S. 48).
- Laryngoskop mit der linken Hand am rechten Rand der Zunge vorsichtig einführen und am Zungenrand entlang bis in den Hypopharynx vorschieben. Zunge dabei nach links schieben.
- Spatel dann in die Mittellinie bringen und vorsichtigen Zug in Griffrichtung des Laryngoskopes ausüben.
- ▷ *Achtung:* Auf keinen Fall darf mit dem Laryngoskopgriff eine hebelnde Bewegung ausgeübt werden! *Cave* Schäden an den Oberkieferfrontzähnen!
- Im Idealfall wird jetzt die Epiglottis und bei weiterem Zug der Kehlkopfeingang sichtbar. Gegebenenfalls muss die Position der Spatelspitze korrigiert werden.

Sie sollte in der Vallecula epiglottica zwischen Kehldeckel und Zungengrund liegen.

▪ *Hinweis:* Bei schlechter Sicht auf den Kehlkopfeingang kann sanfter Druck auf den Kehlkopf von außen durch eine Hilfsperson die Bedingungen verbessern.

- Wenn der Kehlkopfeingang eingestellt ist, den Tubus mit der rechten Hand von der rechten Seite aus durch den Kehlkopfeingang in die Trachea einführen. Der Cuff sollte 2–3 cm unterhalb der Stimmbänder liegen.
- Cuff mit Luft (5–10 ml) blocken, bis der Tubus bei der Beatmung gegenüber der Luftröhre abgedichtet ist = bei normalen Beatmungsspitzendrücken (20–30 cm H_2O) entstehen keine Nebengeräusche durch aus der Trachea ausweichendes Atemgas. (Cuffdruckmessung wünschenswert – nicht über 20–30 cm H_2O).
- *Beatmungs-Beutel* aufsetzen.
- *Kontrolle der Tubuslage:* Symmetrische Thoraxexkursionen bei der Beatmung, auskultatorisch keine Strömungsgeräusche über dem Epigastrium („Blubbern" bei Ösophagusintubation), seitengleiche Strömungsgeräusche über der lateralen Thoraxwand. Falls links kein Atemgeräusch (einseitige Intubation): Tubus entblocken und etwas zurückziehen!

▪ *Achtung:* Eine einseitige Intubation muss unbedingt vermieden werden! Sie kann rasch zu einer kompletten Atelektase einer Lunge führen, die oft schwer zu behandeln ist. Im atelektatischen, unbelüfteten Gebiet kann sich leicht eine Infektion entwickeln, die bis zu einem schweren generalisierten Erkrankungsbild mit Sepsis und ARDS führen kann.

- Beißschutz einführen und Tubus sicher mit Pflaster fixieren. Nach dem Fixieren erneut Tubuslage kontrollieren (s.o.).

▪ *Achtung:* Dauer eines Intubationsversuchs nicht länger als 30 s!

▶ **Bei Fehlintubation:**
   1. Ruhe bewahren!
   2. Hilfe rufen (Erfahrenen).
   3. Tubus ziehen.
   4. Maskenbeatmung.
   5. Erneuter Versuch.

▶ **(Früh-)Komplikationen:** Erfolglose Intubation oder Fehlintubation des Ösophagus (Hypoxie, Aspiration): einseitige Intubation eines Stammbronchus → Atelektase (s.o.); Tubusobstruktion; Zahnschäden; Kehlkopfschäden; Schäden der Luftröhre; Kreislaufreaktionen (Herzfrequenz, Blutdruck).

▶ **Spätkomplikationen:** Trachealstenose, Tracheomalazie, Ringknorpelstenose, Stimmbandgranulome.

Nasotracheale Intubation

▶ **Indikation:** Notwendigkeit einer längerfristigen Respiratortherapie.

▶ **Kontraindikationen:** Koagulopathie, frontobasale Schädelfrakturen, nasale Liquorfistel.

▶ **Instrumentarium:**
   - *Laryngoskop* wie bei oraler Intubation (s. S. 43).
   - *Tubus* (nahezu ausschließlich Magill-Tuben): Für die nasale Intubation wird der Tubus 1–2 Größen kleiner als bei der oralen Intubation gewählt (ID 6,5–7,0 mm bei Frauen, ID 7,0–7,5 mm bei Männern).
   - Magill-Zange, 10-ml-Blockungsspritze, Absauggerät (kein Führungsstab notwendig).

▶ **Durchführung:**
   - Instrumentarium vorbereiten wie bei oraler Intubation (s. S. 43).

- Abschwellende Nasentropfen und Lokalanästhetikum (z. B. Lidocain 4%) in beide Nasenlöcher einträufeln.
- Präoxygenierung mit 100% O_2.
- Narkoseeinleitung (s. S. 78).
- Laryngoskopie wie bei oraler Intubation (s. S. 43).
- Tubus vorsichtig durch den unteren Nasengang einführen (nach hinten und unten).
- Meist kann der Tubus, sobald er im Hypopharynx zu sehen ist, mit einer drehenden Bewegung am äußeren Tubusende unter Sicht durch den Kehlkopfeingang in die Trachea eingeführt werden. Gelegentlich benötigt man eine Magill-Zange, mit der man den Tubus im Hypopharynx fasst und unter Sicht in die Trachea einführt (*cave* Cuff-Läsion durch die Metallzange).
- Blocken des Tubus und Kontrolle der Tubuslage (s. S. 45).
- Tubus an der Nase durch Pflaster sicher fixieren.
- Bei eindeutig kontrollierter Tubuslage (ggf. durch Thorax-Röntgen) sollte der Tubus in Höhe des Naseneingangs markiert werden. Damit ist im weiteren Verlauf leicht erkennbar, ob der Tubus zu weit in das Tracheobronchialsystem hineingeglitten ist (Problem der einseitigen Intubation, s. S. 47).

◪ *Hinweis:* Für die nasale Tubuspassage ist die Verwendung einer Einführhilfe zu empfehlen (gleichzeitig Leitschiene für den Tubus und Schutz für Tubusspitze und Cuff). Der Einsatz von einfachen Cuff-Schonern in Form von auf die Tubusspitze gestülpten Kunststoffhüllen oder Fingerlingen ist abzulehnen (*cave* Aspirationsgefahr dieser Hüllen!).

▶ **Komplikationen:** Wie bei oraler Intubation (s. S. 45), zusätzlich: Epistaxis, Perforation der Pharynxwand, bakterielle Sinusitis (*cave* infektiöser Fokus), Ulzerationen in der Nase und am Naseneingang (bei längerer Lagedauer).

◪ *Nasotracheale Umintubation:*

- *Indikation:* Geplantes „Weaning" (nasaler Tubus wird besser toleriert); nach primärer Intubation mit high-pressure-Cuff (Vermeidung von Schäden an der Trachealschleimhaut); längere Beatmungsdauer (nasaler Tubus besser toleriert, bessere Mundpflege); Tubusprobleme (Cuff-Defekt, Obstruktion durch Sekretverkrustungen etc.).
- *Voraussetzungen:* Nur bei stabilem hämodynamischen und respiratorischen Zustand und nur wenn die Umintubation unproblematisch ist (Vorsicht bei Schwellung von Gesicht, Zunge, Hypopharynx, Larynx, Halsweichteilen; Mittelgesichts- und Kieferfrakturen; instabilen HWS-Verletzungen; Hirndruckproblematik).

Maskenbeatmung (Abb. 5.2)

▶ **Indikation:** Notfallbeatmung in Akutsituationen zur Überbrückung bis zur Intubation bzw. bei komplizierter oder unmöglicher Intubation.

▶ **Einschränkungen:** Der Patient ist nicht nüchtern bzw. hat ein hohes Aspirationsrisiko, Verletzungen im Gesichtsbereich, Verletzungen der Halswirbelsäule, Schwellungen, Raumforderungen oder Fremdkörper im Bereich der Atemwege (Mund, Pharynx, Hypopharynx, Larynx).

◪ *Hinweis:* Die Maskenbeatmung ist in der Intensiv- und Notfallmedizin als echte Notfallmaßnahme zu verstehen. Gerade deshalb ist es wichtig, dass jeder intensivmedizinisch Tätige eine Maskenbeatmung durchführen kann. Die Maskenbeatmung ist technisch nicht einfach: Übung ist unverzichtbar.

▶ **Durchführung:**

- Geeignete Gesichtsmaske: Die Maske sollte von der Nasenwurzel bis unter die Unterlippe reichen. Evtl. verschiedene Maskengrößen ausprobieren.

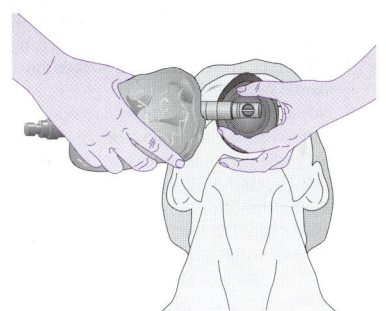

Abb. 5.2   Maskenbeatmung

- Auf freie Atemwege achten: Vor Beginn kurz Mund und Rachen inspizieren, Fremdkörper entfernen, Sekret absaugen.
- Kopf leicht überstrecken (*cave* Kontraindikationen!), mit einer Hand den Unterkiefer fassen, kinnwärts ziehen und in dieser Stellung halten.
- Maske auf das Gesicht aufsetzen, sodass Nasenwurzel, Unterlippe und Mundwinkel vom Maskenwulst umschlossen werden.
- Maske mit der Hand, die noch den Unterkiefer in Position hält, fassen und fest gegen das Gesicht drücken; Unterkiefer dabei nicht loslassen.
- Mit der anderen Hand den Beatmungsbeutel komprimieren (ca. 400–600 ml pro Atemzug über 2 Sekunden, Druckspitzen vermeiden, keine stoßartige Beatmung, ◻ *cave:* Gefahr der Magenaufblähung). Den Beatmungserfolg anhand der Thoraxexkursionen kontrollieren.
▶ **Sauerstoffzufuhr:** In Notfallsituationen möglichst hohe Sauerstoffkonzentration über einen Schlauch in den Beatmungsbeutel zuführen. Damit ist aber maximal nur eine Sauerstoffkonzentration von 40–50% möglich, da der Beatmungsbeutel zusätzlich noch Raumluft ansaugt. Um Sauerstoffkonzentration > 90% applizieren zu können, muss ein ausreichend hoher Sauerstofffluss (größer als das Atemminutenvolumen des Patienten = meist > 10 l/min) über ein so genanntes Reservoir dem Beatmungsbeutel zugeführt werden.
◻ *Tipps:*
- Bei schwieriger Maskenbeatmung kann das Einlegen eines oropharyngealen Tubus (Guedel-Tubus) und/oder eines nasopharyngealen Tubus (Wendl-Tubus) die Bedingungen entscheidend verbessern.
- Wenn es nicht gelingt, die Maske ausreichend abzudichten, dann sollte man Maske und Unterkiefer mit beiden Händen fassen und den Beatmungsbeutel von einer Hilfsperson komprimieren lassen.

Probleme im Rahmen des Atemwegsmanagements

▶ **Schwierige Intubationsbedingungen:** Eingeschränkte Mundöffnung, kurzer dicker Hals, große Zunge (Zunge verdeckt bei Inspektion am sitzenden Patienten die Sicht auf die Uvula), prominente Schneidezähne, Retro- oder Prognathie, eingeschränkte HWS-Beweglichkeit, Verletzung, Schwellung, Raumforderung im Bereich von Gesichtsschädel, Kiefer, Hypopharynx, Larynx.
▶ **Vorgehen bei Komplikationen am intubierten Patienten:**
- *Einseitige Intubation:* Tubus entblocken + zurückziehen, intensives endobronchiales Absaugen mit Lagerung und Thoraxvibration, ggf. fiberbronchoskopische Kontrolle.

- *Atelektase:* Tubuslage überprüfen (S. 45), intensive Tracheobronchialtoilette, Absaugen in Kombination mit Lagerungsdrainage und Thoraxvibration, intermittierendes Beatmen und Blähen mit dem Beatmungsbeutel, Fiberbronchoskopie mit Freisaugung verlegter Bronchialpartien.
- *Blockade der Luftwege bei liegendem Tubus:* Bei totaler Verlegung sofortiger Tubuswechsel, alternativ Durchgängigkeit des Tubus mittels Absaugkatheter überprüfen (Tubus und Trachea absaugen), Cuff entblocken (möglicherweise Cuff-Hernie mit Blockungsballon vor der Tubusöffnung), bei anhaltender Verlegung Umintubation (s. S. 46).
- *Aspiration*: Rachenraum und tracheobronchial absaugen (fiberbronchoskopisch bei Aspiration von soliden Elementen), engmaschige Überwachung (Blutgase, Röntgen-Thorax, Mikrobiologie etc.).
- ▶ *Achtung:* Keine routinemäßige Bronchiallavage (flüssiges Aspirat kann nicht mehr herausgespült werden), keine Kortikoide, keine routinemäßige antibiotische Prophylaxe; Antibiose nur bei Aspiration hochinfektiösen Materials (z. B. Stuhl bei Ileus) oder nach Antibiogramm bei Anhalt für eine Infektion.

Fiberoptische Intubation

- ▶ **Indikation:** Erwartete schwierige Intubationsbedingungen bei planbarer endotrachealer Intubation, Misslingen der konventionellen Intubation.
- ▶ **Technik:** Ein flexibles Fiberbronchoskop wird nasal oder oral unter Sicht in die Trachea eingeführt. Ein vorher auf das Bronchoskop aufgeschobener Endotrachealtubus wird dann über das Bronchoskop als Leitschiene in die Trachea vorgeschoben. Eine direkte Kontrolle der Tubuslage ist durch das Bronchoskop möglich.
- ▶ **Vorteile:** Auch bei – für die konventionelle Intubation – schwierigen Bedingungen durchführbar; kann bei entsprechendem Management unter Spontanatmung durchgeführt werden → erhöhte Sicherheit, keine hämodynamischen Probleme durch Anästhetika → nicht invasives schonendes Verfahren.
- ▶ **Nachteile:** Spezielles Instrumentarium, spezielle Fertigkeiten erforderlich.

Alternative Techniken zur Notfallbeatmung

- ▶ **Combitubus:** Tubus mit zwei Lumen und zwei Blockungs-Ballons. Er wird blind durch den Mund eingeführt; nach dem Blocken beider Cuffs kann man in der Regel über eines der beiden Lumen den Patienten beatmen. *1.* Lage in der Trachea → Ventilation wie bei einem Trachealtubus; *2.* Lage im Ösophagus → über das zweite Lumen beatmen, dessen Öffnungen jetzt im Hypopharynx liegen (das Entweichen von Luft durch Mund oder Nase wird durch den zweiten großen Cuff verhindert).
- ▶ **Larynxmaske:** Kleine Maske mit aufblasbarem Wulst und Verlängerungstubus. Wird unter digitaler Führung in den Hypopharynx bis vor den Kehlkopfeingang eingeführt. Nach Aufblasen des Blockungswulstes dichtet sich die Maske gegen Ösophagus und Hypopharynx weitgehend ab.
- ▶ **Koniotomie:**
  - *Indikation:* Atemstillstand, Maskenbeatmung/Intubation sind nicht durchführbar.
  - *Technik:* Kopf lagern (Reklination, Nackenrolle); Hautdesinfektion; streng medianer Längsschnitt durch die Haut über Schild- und Ringknorpel; Blutstillung durch Druck mit steriler Kompresse; quere Stichinzision des Lig. cricothyroideum; Inzision mit einem sterilen Nasenspekulum oder mit dem sterilen Skalpellgriff spreizen und sterilen Endotrachealtubus (5–6 mm Innendurchmesser) einführen; blocken und Tubuslage kontrollieren (s. S. 45).

- *Komplikationen:* Asphyxie/Hypoxie, Aspiration (Blut), Bahnen einer Via falsa ins Gewebe, Trachealverletzungen, Kehlkopfschäden, Verletzung großer Gefäße (A. carotis, V. jugularis interna), Ösophagusperforation, Mediastinalemphysem.
- ▣ *Achtung:* Zur Vermeidung von Kehlkopfschäden muss eine erfolgreiche Koniotomie möglichst bald HNO-ärztlich versorgt und ggf. in eine Tracheotomie umgewandelt werden!

Tracheotomie

- ► **Indikationen:** Verengung von Kehlkopf oder Hypopharynx durch Schwellung, Trauma, Verbrennung, Verätzung, Tumor; Notwendigkeit einer länger dauernden Beatmung (länger als 1 Woche).
- ► **Vorteile:** Bessere Toleranz durch den Patienten, erleichterte Bronchialtoilette, einfacherer Tubuswechsel, Entlastung von Kehlkopf und Nasenrachenraum.
- ► **Nachteile:** Operativer Eingriff (Invasivität); mögliche Komplikationen (s.u.).
- ► **Technik (Prinzip):** Kopf überstreckt lagern; Hautdesinfektion, steril abdecken; Lokalanästhesie mit Vasokonstriktorzusatz: streng medianer Hautschnitt vom Unterrand des Schildknorpels bis zum Jugulum; alternativ horizontaler Hautschnitt 1–3 cm unterhalb des Ringknorpels; Trachea bis mindestens zur vierten Trachealspange freilegen: Trachea eröffnen; ggf. Haut der Wundränder an die Trachealvorderwand um das Tracheostoma nähen: Trachealkanüle einführen (ggf. vorher Tracheostoma mit langem Nasenspekulum aufspreizen), evtl. Hautnaht.
- ► **Komplikationen:** Kanülenfehllage, Kanülenobstruktion, Blutung bzw. Nachblutung aus dem Tracheostoma, Wundinfektion, subkutanes Emphysem, Mediastinalemphysem, Pneumothorax.
- ► **Spätkomplikationen:** Arrosionsblutung, Trachealstenose, tracheoösophageale Fistel.

Perkutane Punktionstracheotomie *(Abb. 5.3)*

- ► **Indikationen:** Alternative zur konventionellen Tracheotomie (s.o.). Keine Indikation: Notfallmäßige Sicherung der Atemwege.
- ► **Vorteile:** Geringe Rate an Blutungskomplikationen und Stomainfektionen, gutes kosmetisches Ergebnis nach spontanem Tracheostomaverschluss.
- ► **Kontraindikationen:** Manifeste Gerinnungsstörungen, Kinder und Jugendliche, schwierige Intubationsbedingungen (bei Kanülendislokation zunächst endotracheale Intubation notwendig, da Aufsuchen des Stomakanals und Rekanülierung in den ersten Tagen schwierig bis unmöglich), Struma.
- ► **Voraussetzungen:** 6 h Nahrungskarenz (gilt auch für Sondennahrung); Ausschluss manifester Gerinnungsstörungen und Thrombopenie (→ ggf. vor Anlage Substitution); zweiter Arzt zur Durchführung von Narkose und Beatmung, nach Möglichkeit Erfahrung in der konventionellen Tracheotomie.
- ► **Technik nach Ciaglia:**
  - ▣ *Hinweis:* Eine kontinuierliche bronchoskopische Kontrolle des Kanülierungsvorgangs ist zu empfehlen!
  - • Fiberbronchoskop einführen.
  - • Liegenden Endotrachealtubus bis in den Larynx zurückziehen. Die Position der Tubusspitze kann dabei von außen durch Diaphanoskopie (mit dem Bronchoskop) kontrolliert werden.
  - • Hautdesinfektion, steril abdecken.
  - • Etwa 2 cm lange horizontale Hautinzision 1–2 cm kaudal des Ringknorpels (s. Abb. 5.3a).

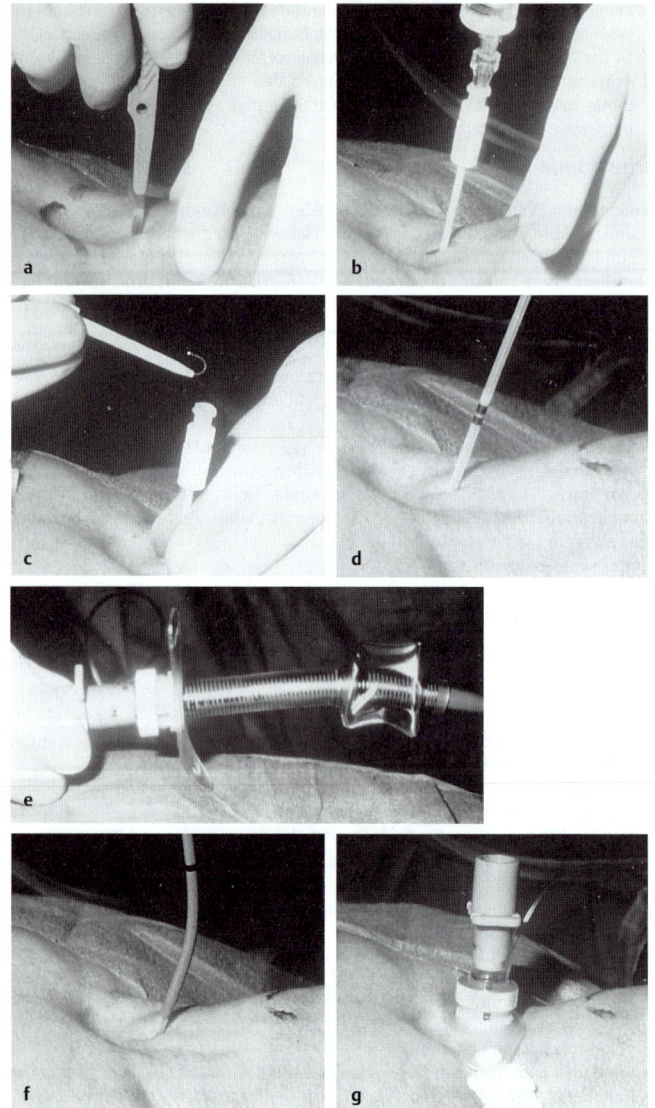

Abb. 5.3 Pekutane Punktionstracheotomie a) Hautinzision, b) Punktion der Trachea, c) Einführen des Seldinger-Drahtes mit J-förmiger Spitze, d) Kunststoff-katheter zur Armierung des Seldinger-Drahtes, e) Dilatation des Tracheostomas, f) Einführen der Trachealkanüle, g) Trachealkanüle in situ.

- Subkutangewebe stumpf spreizen (Kocherklemme, Präparierschere) bis zur eindeutigen Identifizierung der Trachea.
- Punktion der Trachea mit 14-G-Teflon-Kanüle (s. Abb. 5.3b); Bestätigung der intratrachalen Lage durch Aspiration mit NaCl 0,9%-gefüllter Spritze.
- Seldinger-Draht mit J-förmiger Spitze einführen (s. Abb. 5.3c).
- Kunststoffkatheter zur Armierung des Seldinger-Drahtes (Knickschutz, s. Abb. 5.3d).
- Schrittweise Dilatation des Tracheostomas durch über den Seldinger-Draht eingeführte Bougies (s. Abb. 5.3e). Alternativ: Einmalige Dilatation mit einem speziellen Dilatator/Besteck (z. B. Blue Rhino) oder mit einem Schraubdilatator (z. B. PercuTwist).
- Trachealkanüle mit eingeführtem passenden Dilatator über Seldinger-Draht einführen (dabei Dilatator ausreichend mit Gleitmittel versehen, s. Abb. 5.3f).
- Seldinger-Draht, Kunststoffarmierung und Dilatator entfernen, Cuff der Trachealkanüle blocken, über Trachealkanüle beatmen.

▶ **Technik mit Dilatationszange** (nach Griggs):
- Vorbereitung, Punktion und Einführen des Führungsdrahtes wie oben.
- Dilatation des Punktionskanals mit Dilatator auf die Größe der Dilatationszange.
- Einführen der geschlossenen Dilatationszange über den Führungsdraht.
- Aufweiten der prätrachealen Gewebe durch Spreizen der Zange.
- Schließen der Zange, weiteres Vorschieben über den Führungsdraht in das Tracheallumen.
- Erneutes Spreizen der Dilatationszange, dadurch Spreizen/Aufweiten des Tracheostomas.
- Einführen der Trachealkanüle mit speziellem Obturator über den Führungsdraht.

▶ **Technik nach Fanconi:**
- Vorbereitungen wie oben, Punktion der Trachea ohne vorherige Hautinzision.
- Vorschieben des Führungsdrahtes am Endotrachealtubus vorbei nach oral, Draht aus dem Mund herausführen. Distales Drahtende mit Klemme sichern.
- Vorderen Teil des Führungsdrahtes abschneiden, verbleibendes Ende in die Trachealkanüle führen und verknoten.
- Umintubation des Patienten.
- Den im Set befindlichen speziellen 4-mm-Endotrachealtubus bis kurz oberhalb der Carina einführen und blocken.
- Distales Ende des Führungsdrahts auf Handgriff aufwickeln und Trachealkanüle mit dem Dilatationskonus durch den Pharynx in die Trachea ziehen und dann aus der Trachea perkutan ausleiten. Eine Hautinzision erleichtert den Durchtritt durch die Haut.
- Dilatator von der Trachealkanüle abschneiden und Cuffblockung anschließen.
- Trachealkanüle mit Obturator senkrecht ausrichten, um 180° drehen und nach distal in die Trachea vorschieben.
- Kanüle mit Befestigungshilfe und Konnektor komplettieren, temporären Endotrachealtubus entfernen und Trachealkanüle blocken.

▶ **Komplikationen** der Punktionstracheotomie: Fehllage der Kanüle; Tracheahinterwandperforation; Pneumothorax, Pneumomediastinum; Stomainfektionen; Verletzungen großer Gefäße mit relevanten Blutungen; Kehlkopfverletzungen; Trachealstenose als Spätkomplikation. Ruptur von Trachealknorpeln.

5.2 Venöser Zugang

Grundlagen

▶ **Punktionsstellen:**
- *Peripherer Venenkatheter:* Handrücken, Unterarm- und Ellenbeuge, Fußrücken (in Ausnahmefällen).
- *Zentraler Venenkatheter:*
  - V. jugularis: Komplikationsarm; schwieriger bei Hypovolämie.
  - V. subclavia: Punktionsort der Wahl bei Hypovolämie (wegen bindegewebiger Fixierung kein Gefäßkollaps!); jedoch hohes Pneumothoraxrisiko!
  - V. basilica: Komplikationsarm; jedoch relativ schwierige Katheteranlage (häufige Dislokationen).
  - In Ausnahmefällen V. femoralis.

▶ **Indikationen:**
- *Peripherer Venenkatheter:*
  - Blutentnahme, Infusion und Injektion.
  - Volumensubstitution durch Anlage mehrerer Verweilkanülen 14G (Erstversorgung).
- *Zentraler Venenkatheter (zusätzlich):*
  - Ausgleich größerer Volumen- und Blutverluste (Klinik).
  - Messung des zentralvenösen Drucks (ZVD) und Pulmonalarteriendrucks.
  - Parenterale Ernährung.

▶ **Kontraindikationen:**
- *Peripherer Venenkatheter:*
  - Lokale Zeichen der Infektion oder Thrombophlebitis.
  - Lymphabflussstörung (z.B. nach Lymphknotendissektion).
  - Bestehender oder geplanter AV-Shunt (terminale Niereninsuffizienz).
- *Zentraler Venenkatheter:*
  - Erhöhte Blutungsneigung (Thrombozytopenie, Quick < 40%).
  - Schädelhirntrauma, Karotisstenose (bei V. jugularis interna).
  - Kontralaterales Thoraxtrauma bei Punktion der V. subclavia.

Peripherer Venenkatheter – Vorgehen

▶ Venöse Stauung anlegen (Staubinde, Blutdruckmanschette). Der angelegte Druck sollte dabei knapp unterhalb des diastolischen Blutdrucks liegen. Bei Kleinkindern genügt die zirkulär am Oberarm anliegende und komprimierende Hand eines Helfers.

▶ Desinfektion der Haut (*cave* bei Blutentnahme im Rahmen des Drogen- und Alkoholscreenings alkoholfreie Tupfer verwenden!).

Zentraler Venenkatheter – Vorgehen

▶ **Direkte Punktion:** Wegen der Luftembolie-Gefahr nur unter Verwendung einer Sicherheitsschleuse punktieren!

▶ **Material:** Punktionsset; sterile Abdecktücher, Handschuhe, Mundschutz; 10-ml-Spritze mit NaCl 0,9%, 5–10 ml Lokalanästhesie (z.B. Lidocain 1%).

▶ **Seldinger-Technik:** *Methode der Wahl* für die Anlage zentralvenöser Verweilkatheter in der Klinik, aufgrund des Zeitaufwands und der hohen Anforderungen an die Sterilität jedoch ungeeignet für die Notfallversorgung am Unfallort, s. Abb. 5.4.

▶ **Lagekontrolle:** Röntgen-Thorax nach Katheteranlage – die Katheterspitze sollte unmittelbar vor der Einmündung der V. cava sup. in den rechten Vorhof liegen.

Abb. 5.4 1 Seldinger-Technik
1 Gefäßpunktion mit
Punktionskanüle.
2 Führungsdraht über die
liegende Punktionskanüle
in das Gefäß einführen.
3 Entfernen der Punktionskanüle,
Belassen des Führungsdrahtes.
4 Gefäßkatheter über den
liegenden Führungsdraht in das
Gefäß einführen, vorherige

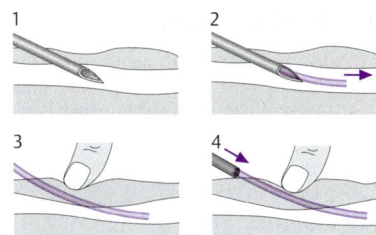

Erweiterung der Einstichstelle mit dem Skalpell und Drehbewegungen des Katheters erleichtern die Passage. Dann Führungsdraht entfernen, dabei den Gefäßkatheter fixieren

A. Vena jugularis interna (posteriorer Zugang):

- Drehung des Kopfes zur Gegenseite, Kopftieflage (*cave* Luftembolie).
- Tasten der A. carotis.
- Einstich an der Kreuzungsstelle von V. jugularis externa und Hinterrand des M. sternocleidomastoideus.
- Vorschieben der Punktionsnadel im flachen Winkel unter Aspiration hinter den M. sternocleidomastoideus in Richtung auf den Ansatz des Muskels an der Klavikula.

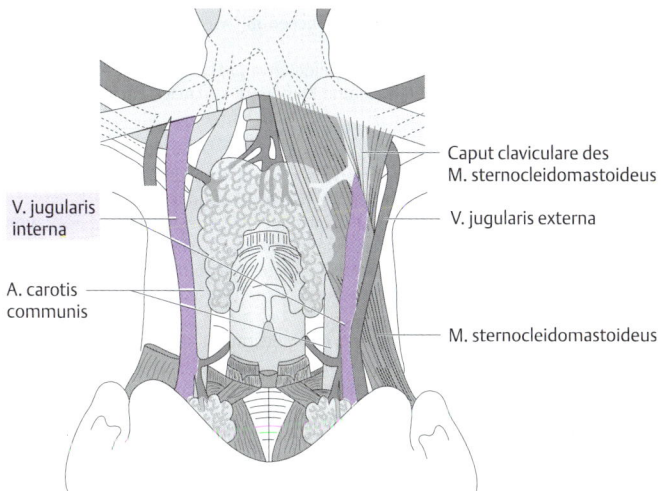

Abb. 5.5 Punktion der V. jugularis interna

B. Vena subclavia (inferiorer Zugang):

- Drehung des Kopfes zur Gegenseite, Kopftieflage (*cave* Luftembolie).
- Identifikation wichtiger Landmarken: Clavicula, erste Rippe, Sternoklavikulargelenk.
- Einstich unmittelbar unterhalb der Clavicula in der Medioklavikularlinie.

- Infiltration des Periosts mit z.B. 1–2 ml Lidocain 1%.
- Vorschieben der Punktionsnadel unter Aspiration und ständigem Kontakt mit der Clavicula in Richtung des Oberrandes des Sternoklavikulargelenks.
- Die Vene wird in etwa 4–6 cm Tiefe erreicht. Weiter siehe Seldinger-Technik S. 52.
- Lagekontrolle und Ausschluss eines Hämato-/Infusothorax durch Röntgen-Thorax.

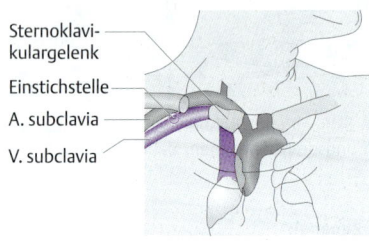

Sternoklavikulargelenk

Einstichstelle

A. subclavia

V. subclavia

Abb. 5.6   Punktion der V. subclavia

C. Vena basilica/cephalica:

- Arm leicht abduzieren, Ellenbogen strecken.
- Staumanschette so fest anlegen, dass die peripheren Pulse gerade noch tastbar sind. Venenfüllung abwarten.
- Punktion der V. basilica.
- Stauung lösen (!), Stahlkanüle zurückziehen, Kunststoffkanüle belassen.
- Katheteransatzstück aufsetzen und den Katheter vorschieben. Bei Widerstand leicht zurückziehen und erneut versuchen mit weiter abduziertem Arm oder leichtem Zug am Arm (Hilfsperson!).
- Katheter vorschieben, bis sich das Ende etwa in Handgelenk-Höhe befindet.
- Röntgenkontrolle – Schutzhülle und Mandrin erst danach entfernen.

Komplikationen

▶ **Punktion der benachbarten Arterie** → Punktionsnadel zurückziehen unter gleichzeitiger Kompression des Gefäßes für ca. 10 Minuten. Blutdruck- und Pulskontrolle (*cave* Druck auf den Karotissinus). Bei anhaltender Blutung oder zunehmender Schwellung (Atemnot) ist eine operative Revision erforderlich. Bei versehentlicher Punktion der A. subclavia Röntgenaufnahme des Thorax zum Ausschluss eines Hämato- oder Pneumothorax (→ in diesem Fall Anlage einer Thoraxdrainage; S. 60).
▶ **Luftembolie** → Sofortige Einleitung einer Beatmung mit PEEP, wenn möglich Sauerstoffüberdrucktherapie (s. S. 153).
▶ **Plexusschädigung oder Herzrhythmusstörungen** → Entfernung des Katheters bzw. Korrektur der Katheterfehllage.
▶ **Pneumo-/Chylothorax:** Bei sichelartig ausgeprägtem Mantel-Pneumothorax kann die Resorption der Luftsichel abgewartet werden, sonst Anlage einer Thoraxdrainage (s. S. 60).
▶ **Infektion:** Katheter entfernen, die Katheterspitze zur bakteriologischen Untersuchung in die Mikrobiologie schicken, systemische Antibiose mit Cephalosporin der 3. Generation (z.B. Ceftriaxon) bei Sepsiszeichen.
▶ **Thrombose der V. subclavia:**
  - Katheter entfernen unter laufender Vollheparinisierung.
  - Bakteriologische Untersuchung der Katheterspitze.
  - Bettruhe, Arm hoch lagern und elastisch wickeln.
  - Bei Fieber Antibiose mit Cephalosporin der 3. Generation.

5.3 Arterieller Zugang

Grundlagen

▶ **Punktionsstellen:** Arteria radialis, Arteria femoralis, ggf. Arteria brachialis (wenn die Punktion der oben genannten Gefäße nicht möglich ist).
▶ **Indikationen:**
  • Invasive Blutdruckmessung (Intensivpatienten, größere operative Eingriffe, Risikopatienten).
  • Gewinnung arterieller Blutproben für Blutgasanalysen.
  • Angiographie.
▶ **Kontraindikationen:**
  • Erhöhte Blutungsneigung (Quick < 60%, PTT > 60 s).
  • Infektion im Bereich der Punktionsstelle.
  • Pathologischer Allen-Test (bei Punktion der A. radialis).

Kanülierung der Arteria radialis

▶ **Allen-Test:**
  • *Prinzip:* Überprüfung des Kollateralkreislaufs der Hand.
  • *Durchführung:*
    – A. radialis und A. ulnaris bei hoch gehaltener Hand so lange abdrücken, bis diese abgeblasst ist.
    – Dann A. ulnaris freigeben, die A. radialis bleibt komprimiert.
  • *Beurteilung:* Bei rascher (≤ 15 s) Reperfusion der Hand (Rötung) ist eine ausreichende Versorgung über die A. ulnaris gewährleistet.
▶ **Vorbereitungen:**
  • *Lagerung:* Unterarm fixieren, Handgelenk leicht überstrecken (bei Rechtshändern Punktion der linken A. radialis bevorzugen – und umgekehrt).
  • Hautdesinfektion, steriles Abdecken.
  • Beim wachen Patienten Lokalanästhesie (Hautquaddel).
  • A. radialis mit Zeige- und Mittelfinger der nicht punktierenden Hand palpieren
  • Möglichst weit distal punktieren, um bei Fehlversuch nochmals weiter proximal punktieren zu können.
▶ **Eigentliche Punktion:**
  • Kanüle (20 G) in einer gedachten Verlängerung der A. radialis nahe dem Lig. carpale in einem Winkel von 30–40° langsam auf die Arterie vorschieben. Sobald arterielles Blut zurückfließt (pulsatiler Fluss), sofort Kanüle senken (Ein-

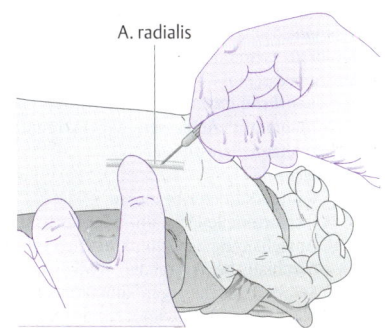

A. radialis

Abb. 5.7 Punktion der
A. radialis

stichwinkel verkleinern). Weiteres Vorschieben ist bei arterieller Punktion nicht erforderlich.
- Die Durchstichtechnik ist bei Erwachsenen akzeptabel.

Kanülierung der Arteria femoralis

► Bein in der Hüfte strecken, Oberschenkel leicht abduzieren und außenrotieren, ggf. Rasur.
► Desinfektion.
► A. femoralis mit Zeige- und Mittelfinger der nicht punktierenden Hand unterhalb des Lig. inguinale in ihrem Verlauf palpieren (*IVAN* = *I*nnen *V*ene → *A*rterie → *N*erv).
► Kanüle (20 G, 18 G) im 45°-Winkel auf die A. femoralis vorschieben (liegt meist in 3–5 cm Tiefe).
→ Weiteres Vorgehen = Seldinger-Technik (S. 52).

Kanülierung der Arteria brachialis

◻ **Beachte:** Die A. brachialis ist eine Transportarterie ohne Kollateralisierung! Nur indiziert, wenn die Punktion anderer Arterien nicht möglich ist!
► Nicht-dominanten Arm bevorzugen, Arm abduzieren und leicht überstrecken.
► A. brachialis mit Zeige- und Mittelfinger der nicht punktierenden Hand in der Ellenbeuge in ihrem Verlauf palpieren.
► Desinfektion.
► Kanüle in spitzem Winkel auf die A. brachialis vorschieben; sobald arterielles Blut zurückfließt, Seldinger-Draht einführen oder Verweilkanüle vorschieben (bei korrekter intravasaler Lage leicht und widerstandslos möglich).
► Bei Seldinger-Technik Katheter über Seldinger-Draht einführen (S. 52).

Komplikationen und Akuttherapie

► **Blutung:** Bildet sich während der Punktion an der Eintrittsstelle ein Hämatom → Kanüle sofort entfernen, Punktionsstelle mit sterilem Tupfer komprimieren und nach einigen Minuten erneut proximal versuchen oder andere Arterie wählen.
► **Thrombose:** Die Inzidenz steigt mit Liegezeit, Katheterlumen, fehlender kontinuierlicher Spülung → Katheter unter Aspiration entfernen, Vollheparinisierung, engmaschige Überwachung auf Ischämiezeichen; bei Ischämie evtl. Thrombolyse oder chirurgische Intervention erwägen.
► Infektion.
► Verletzung benachbarter Strukturen (Nerven, Venen).
► Aneurysma (v.a. bei Punktion der A. femoralis).
► Diskonnektion.
► Zerebrale Luftembolie (Luft im Spülsystem; v.a. bei Kindern gefährlich!).
► Arterienverschluss mit ischämischen Nekrosen → siehe Thrombose.
◻ **Versehentliche intraarterielle Injektion – Klinik + Vorgehen:**
- *Symptomatik:* Abblassen der Extremität, Verlust des Pulsoxymetersignals, Schmerzen, Parästhesien.
- *Vorgehen:*
  - Kanüle/Katheter belassen.
  - Intraarterielle Lidocain- oder Kortisongabe erwägen.
  - Ausschaltung der sympathischen Innervation durch Plexusblockade (Plexus brachialis bei A. radialis) erwägen.
  - Sofort Gefäßchirurgen kontaktieren.

5.4 Blasenkatheter

Grundlagen

► **Mögliche Alternativen:**
- Transurethrale Katherisierung.
- Suprapubischer Blasenkatheter.
- Intraoperative Kathetereinlage nach Rekonstruktion der Blase.

► **Indikationen:**
- Neurogene Blasenentleerungsstörung nach spinalem Trauma.
- Spülbehandlung bei Blasentamponade oder Infekt.
- Urethro-Zystographie bei Beckenverletzungen.
- Bilanzierung von Ausscheidung und Flüssigkeitszufuhr beim Schwerverletzten, Überwachung der Körpertemperatur (Katheter mit Temperatursensor).
- Präoperative Vorbereitung.
- Harninkontinenz.
- Intraoperativ zur Schienung von Harnröhrenverletzungen.

► **Kontraindikationen:**
- Bestehende Harnröhrenstriktur.
- Kompletter Harnröhrenabriss.

Durchführung – transurethrale Katheterisierung

► **Bei Frauen:**
- Rückenlage, Beine anstellen und in den Hüften abduzieren.
- Desinfektion des äußeren Genitale (z.B. Braunol).
- Sterile Handschuhe, Lochtuch.
- Labien spreizen, Labien und Vaginaleingang desinfizieren.
- Katheter in die Harnröhrenöffnung einführen und vorschieben, bis Urin fließt.
- Katheterballon mit 10 ml blocken und vorsichtig den Katheter bis zum Anschlag zurückziehen. Dann das Katheterende mit dem sterilen Urinbeutel verbinden.

► **Bei Männern:**
- Rückenlage, Desinfektion des äußeren Genitale.
- Sterile Handschuhe, nicht alkoholisches Desinfektionsmittel (z.B. Braunol), Katheterset, Katheter 16–18 Ch., Urinbeutel.
- Lochtuch über das Genitale führen, der Penis wird mit einer Hand gefasst und die Vorhaut retrahiert. Nochmalige Desinfektion der Glans penis und des Meatus urethrae.
- Gleitmittel (z.B. Instillagel) instillieren, Penis nach vorne oben strecken und den Katheter vorsichtig manuell oder mit der dem Set beiliegenden Pinzette in die Harnröhre einführen.
- Penis absenken, sobald ein leichter Widerstand spürbar wird, um die Knickbildung auf Höhe der pars membranacea der Harnröhre zu überwinden.
- Katheterballons mit 10 ml blocken und den Katheter vorsichtig bis zum Anschlag zurückziehen. Dann das Katheterende mit dem sterilen Urinbeutel verbinden.
- Katheterlage überprüfen: Spontaner Fluss des klaren Urins bedeutet eine korrekte Lage. Bei wenig gefüllter Blase kann es erforderlich sein, den Fluss durch manuelle Kompression der Blasenregion mit der flachen Hand zu provozieren. Jede mit bloßem Auge sichtbare Blutbeimengung bedarf der weiteren Abklärung mittels Sonographie, Urethrozystographie oder i.v.-Urographie.

Durchführung – suprapubischer Blasenkatheter

► **Spezielle Indikationen:** Strikturen- oder Verletzungen der Harnröhre; intraoperativ bei Laparotomie.

► **Durchführung:**

- Die Punktion der Harnblase sollte nur bei voller Blase erfolgen, deshalb vorherige sonographische Kontrolle des Füllungszustands. Ausnahme: Offene Anlage während einer Laparotomie.
- Schambehaarung rasieren, Haut desinfizieren.
- Sterile Handschuhe, Abdeckung mit Lochtuch, steriles Katheterset, Stichskalpell, Lokalanästhetikum (z.B. Xylocain 1%).
- Lokale Infiltrationsanästhesie – 2 QF oberhalb der Symphyse senkrecht zur Haut. Nadel vorschieben, bis Urin aspiriert werden kann.
- Stichinzision der Haut an gleicher Stelle, dann den Katheter in die Hohlschliff-Punktionskanüle einführen. Der Katheter darf vorne das Kanülenende nicht überragen, da sonst die Gefahr des Abscherens des Katheters durch die Schneide besteht.
- Blase punktieren und Katheter vorschieben. Unter Fixierung des Katheters wird die Kanüle zurückgezogen und an der seitlichen Perforation auseinandergezogen und entfernt.
- Befestigung des Katheters an der Haut mit beiliegender Fixationshilfe und Klebeverband.

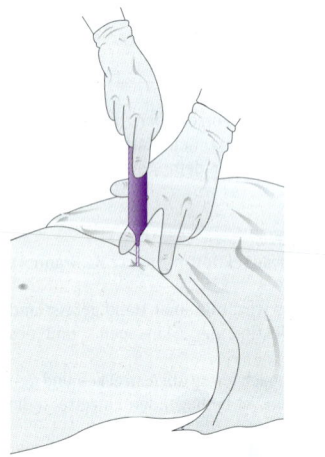 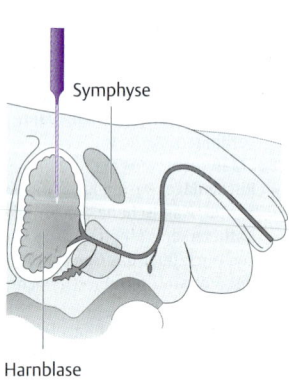

Symphyse

Harnblase

Abb. 5.8 Suprapubische Blasenpunktion

Fehler und Gefahren

► Harnwegsinfekt durch unsterile Handhabung.
► Via falsa durch zu dünne Katheter und Erzwingen der Passage.
► Verletzung der Harnröhre mit Strikturentwicklung.
► Peritonitis, Urinphlegmone bei Fehlpunktion (bei suprapubischem Katheter).

5.5 Magensonde

Grundlagen

▶ **Indikationen:**
- Ableitung von Luft und Mageninhalt intra- und postoperativ.
- Ernährung über Magenverweilsonde in der Intensivtherapie und z.B. bei Kieferfrakturen.

▶ **Kontraindikationen:**
- Verletzungen von Larynx und Ösophagus.
- Frische Naht oder Anastomose an Ösophagus oder Magen: Hier die Sonde intraoperativ unter Sicht und direkter Palpation platzieren.

Durchführung

▶ **Wache Patienten → transnasal:**
- Patient mit erhöhtem Oberkörper lagern, Vorgang erklären und beruhigend einwirken.
- Sonde aus Kühlschrank und Verpackung entnehmen, die ersten 10 cm mit Xylocain-Gel benetzen.
- Patient atmet ruhig, Sonde vorsichtig und im flachen Winkel einführen, um die Passage der Rachenhinterwand zu erleichtern.
- Hat die Sonde den Pharynx erreicht, Patient zum Schlucken auffordern, weiteratmen lassen.
- Bei Hustenreiz oder Atemnot (Fehllage in Trachea, Bronchialsystem) Sonde zurückziehen.
- Lagekontrolle durch Einblasen von Luft mit einer Magenspritze bei gleichzeitiger Auskultation des gurgelnden Geräusches über dem Magen.
- Sonde an der Nase mit Pflaster befestigen.

▶ **Bewusstloser Patient → transoral oder -nasal:**
- Sonde mit Gleitmittel benetzen.
- Situs mit dem Laryngoskop einstellen.
- Sonde unter Sicht (Magill-Zange) in den Ösophagus einführen.
- Fixation mit Pflaster oder Naht (bei unruhigen Patienten).

▶ **PEG (perkutane endoskopische Gastroenterostomie):**
- *Indikationen:* Enterale künstliche Ernährung länger als 3 Wochen (z.B. bei Langzeitbeatmung); Stenosen im Mund, Pharynx, Ösophagus, Kardiaregion, Schluckstörungen (z.B. bei neurologischen Erkrankungen).
- *Kontraindikationen:* Magenerkrankung (Ulkus, Karzinom), Peritonealkarzinose, Morbus Crohn (Gefahr der Induktion einer Fistel), fehlende Darstellbarkeit des Magens (z.B. upside-down-Magen), schwere Gerinnungsstörungen (Thrombozyten < 50000/μl, Quick < 30%).
- *Anlage (Faden-Durchzugsmethode):*
  1. Gastroskopisch den optimalen Punktionsort wählen, Magen unter endoskopischer Sicht punktieren.
  2. Führungsfaden mit dem Endoskop durchziehen.
  3. Führungsfaden und Sonde verknüpfen.
  4. Sonde mit dem Führungsfaden bis zur Arretierung der Gegenhalteplatte im Magen durchziehen.
  5. Äußere Halteplatte fixieren und konnektieren.
  6. Für 24 h auf eine festere Adaptation der äußeren Halteplatte achten.
  7. Danach äußere Halteplatte lockern (Spielraum von ca. 5 mm zur Haut) für Kompressenverband.

8. Die erste Nutzung mit Nährlösung kann nach 24 h erfolgen.
- *Komplikationen:* Blutung, Magenwandnekrose, Infektion, Abszedierung, Peritonitis, Leckage, Lockerung der Halteplatten, Materialermüdung und Sondenbruch, Einwachsen der inneren Halteplatte, Sondenverstopfung.
- *Liegezeit der Sonden:* Mehr als 5 Jahre sind möglich.

5.6 Thoraxdrainage

Grundlagen

▶ **Punktionsstellen:**
- *Monaldi-Drainage:* 2.–3. ICR ventral bei ausschließlichem Pneumothorax; Nachteil der kosmetisch störenden Narbenbildung.
- *Bülau-Drainage:* 6. ICR vordere Axillarlinie bei Pneumothorax und Hämatothorax.

▶ **Indikationen:**
- Hämatothorax, Pneumothorax und Kombinationsform.
- Massives Thoraxtrauma (z.B. Rippenserienfraktur) vor Einleitung einer Überdruckbeatmung, insbesondere vor Hubschraubertransport (Spannungspneumothorax).

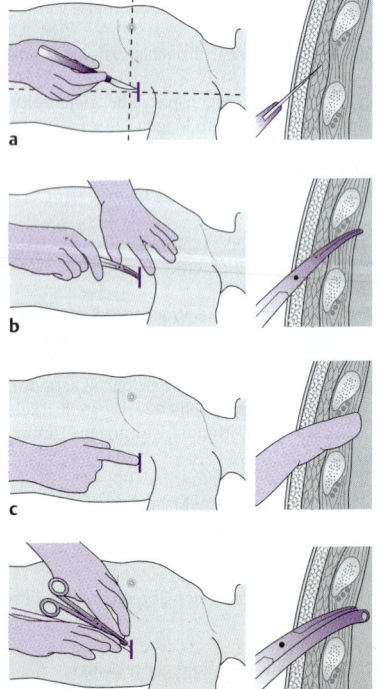

a

b

c

d

Abb. 5.9 Thoraxdrainage

- Nach Thorakotomie.
- Nach Versorgung einer Zwerchfellruptur.
▶ **Kontraindikationen:** Keine bei Anwendung der Minithorakotomie-Technik.

Durchführung (Bülau-Drainage)

▶ **Offen** → im Rahmen einer Thorakotomie.
▶ **Halboffen** mit Minithorakotomie:
  - *Instrumente, Material:*
    – Lokalanästhesie, sterile Handschuhe, Mantel, Mundschutz, Lochtuch, 10er-Skalpell, stumpfe Schere, Nadelhalter, chirurgische Pinzette, Nahtmaterial; Wasserschloss vorbereiten.
    – Thoraxdrainage (Größe 28–36 Charrière bei Hämato-Pneumothorax, kleiner bei ausschließlichem Pneumothorax).
  - *Lagerung:* Rückenlage und Auslagerung des Armes, evtl. Anzeichnen des Zugangs im 6. ICR nach Palpation.
  - Desinfektion der Haut mit alkoholischem Desinfektionsmittel und Anbringen des Lochtuchs.
  - 4 cm lange Hautinzision parallel zum Verlauf der Rippen.
  - Mit der spreizenden Schere werden die einzelnen Muskelschichten eröffnet und die Tiefe immer wieder mit dem Finger sondiert. Auf Oberkante der Rippe eingehen. Nach Erreichen der Pleura wird diese neben dem palpierenden Finger mit der Schere durchstoßen.
  - Digitales Austasten der inneren Thoraxwand, evtl. stumpfes Lösen von Verwachsungen und Einbringen der Drainage entlang des Fingers.
  - Anzustreben ist eine dorso-kaudale Lage der Drainage, die durch entsprechendes Einführen und digitale Manipulation erreicht werden kann.
  - Fixierung der Drainage an der Haut mit kräftiger nicht resorbierbarer Naht ohne Steg.
  - Verbindung der Drainage mit dem Wasserschloss. Die Verbindung wird durch einen längs aufgebrachten breiten Pflasterstreifen gesichert. Sog 15–20 cm Wassersäule.
  - Röntgen-Thorax p.a. und seitlich zur Lagekontrolle und Dokumentation der Effektivität der Maßnahme (vollständige Entfaltung der Lunge, eingetretene Evakuation des Ergusses).

Fehler und Gefahren

▶ „Blinde" Punktion des Thorax mit der Gefahr der Verletzung von Lunge und Herz sowie bei zu tiefer Punktion Verletzung des Zwerchfells, Leber und Milz.
▶ Wird die Pleura parietalis insbesondere bei entzündlich verdickter Pleura nicht sicher perforiert, besteht die Gefahr der Platzierung der Drainage unter der abgehobenen Pleura → kein Drainage-Effekt.
▶ Anschluss der Drainage an einen unbelüfteten Drainagebeutel für Transportzwecke: Gefahr des Spannungspneumothorax und Sekretverhalts.

5.7 Perikardpunktion

Grundlagen

▶ **Punktionsstelle:** Larrey-Punkt zwischen Xiphoid und Ansatz des linken Rippenbogens.
▶ **Indikation:** Herzbeutel-Tamponade.
▶ **Kontraindikation:** Keine bei vitaler Indikation.

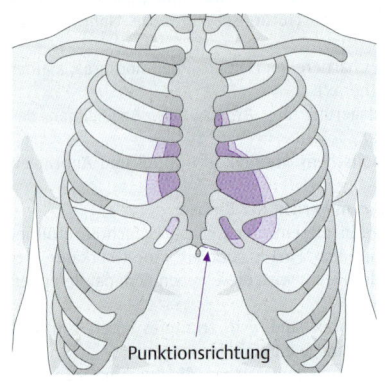

Punktionsrichtung

Abb. 5.10   Perikardpunktion

Durchführung

▶ **Instrumente, Material:** Sterile Handschuhe, Mantel, Mundschutz, 11er-Skalpell, Punktionskanüle mit 6–8 cm Länge (Nr. 16–18), Glaskolbenspritze 20 ml, Lokalanästhesie.
▶ Lagerung: Rückenlage, halbsitzend (s. Abb. 5.10).
▶ Lokalanästhesie am Larrey-Punkt; Stichinzision mit Stichskalpell.
▶ Punktionskanüle auf Spritze aufsetzen, Haut in einem Winkel von 45° durchstechen, dann Spritze und Kanüle absenken, danach flach unter dem Sternum vorschieben.
▶ Durchtritt durch das Perikard in 3–4 cm Tiefe → Aspiration von Blut oder seröser Flüssigkeit.
▶ Punktionserfolg zeigt sich sofort → Absinken von ZVD und Rückgang der Tachykardie, Erholung des systemischen Blutdrucks.

Fehler und Gefahren

▶ Verletzung des Myokards bei zu tiefer oder zu steiler Punktion.
▶ Verletzung von Koronararterien des Herzens: Zunahme des Perikardergusses, Myokardischämie.
▶ Fehlpunktion bei bereits koaguliertem Perikarderguss.

5.8 Diagnostische Peritoneallavage

Grundlagen

▶ **Definition:** Spülung der Bauchhöhle zur Erkennung intraabdominaler Blutungen und Hohlorganleckagen.
▶ **Indikationen:**
  • Abklärung eines stumpfen Bauchtraumas bei fehlender Sonographie-Möglichkeit.
  • Qualitative Beurteilung sonographisch nachgewiesener freier Flüssigkeit, z.B. bei oder nach Dünndarmruptur.
▶ **Kontraindikationen:**
  • Ausgedehnte intraabdominelle Verwachsungen (vorausgegangene Laparotomien?).
  • Schwangerschaft.

Durchführung

▶ **Instrumente:** 11er-Stichskalpell, Lochtuch, Tuchklemmen, Lokalanästhesie, Peritoneallavage-Set, Nadelhalter, chirurgische Pinzette, Naht, 1000 ml Ringer-Lösung mit Infusionsbesteck.
▶ **Lagerung:** Rückenlagerung.
▶ **Punktionsstelle:** 3 cm unterhalb des Nabels in der Medianlinie.
▶ **Vorgehen:**
  • Blase entleeren (Ballonkatheter).
  • Punktionsstelle desinfizieren, steril abdecken (Lochtuch), Infiltrationsanästhesie im Bereich der Stichinzision und der Ansatzstellen der Tuchklemmen.
  • Stichinzision der Haut (Punktionsort s.o.), Haut mit Tuchklemmen anklemmen.
  • Bauchdecke hochziehen.
  • Stilettkatheter vorschieben. Ein spürbares Nachlassen des Widerstandes nach Überwindung der Aponeurose in der Linea alba zeigt das Erreichen der Bauchhöhle an.
  • Katheter nach Entfernung der Punktionskanüle vorschieben und dann den Katheter mit Naht und beiliegendem Fixierungsmaterial fixieren.
  • Ringer-Infusion (Erwachsene 1000 ml, Kinder 20 ml/kg KG) einlaufen und nach dem Prinzip der kommunizierenden Röhren ablaufen lassen.

Beurteilung

▶ **„Positiv-Kriterien"** → **Indikation zur Laparotomie:**
  • Sofortiger Blutaustritt oder Austritt trüber Flüssigkeit vor Beginn der Spülung.
  • Blutige, trübe oder gallige Spülflüssigkeit.
  • Abfluss der Spülflüssigkeit über Thoraxdrainage oder Blasenkatheter.
  • Objektive Kriterien (Nachweis in der Spülflüssigkeit):
    – Erythrozyten > 100000/µl.
    – Leukozyten > 500/µl.
    – α-Amylase > 200 mU/µl.
▷ *Hinweis:* Schwach positive Befunde erfordern eine engmaschige halbstündliche Befundkontrolle. Hierbei ist der Spülkatheter in der Bauchhöhle zu belassen und das Spülmanöver entsprechend zu wiederholen.

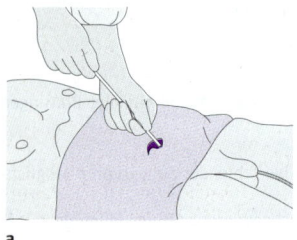

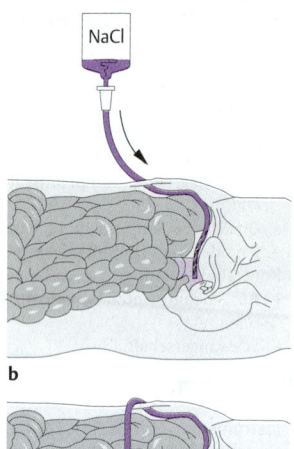

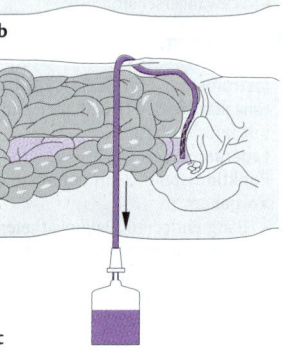

Abb. 5.11   Diagnostische
Peritoneallavage.
a   Einführen des Katheters.
b   Einlaufen der Spülflüssigkeit.
c   Beurteilung der Qualität der
    zurückfließenden Flüssigkeit
    durch Hinunterhalten des
    Infusionsbeutels

Fehler und Gefahren

► **Falsch** positiv: Iatrogene Darm-, Netz- oder Gefäßverletzung, Punktion des Retroperitoneums.
► **Falsch negativ:** Extraperitoneale Lage der Punktionsnadel und des Katheters bei
  abgehobenem Peritoneum?
► **Punktion von Gefäßen und Hohlorganen,** z.B. Aorta, Mesenterialgefäße, Darm-
  und Harnblase.

5.9 Intrakranielle Druckmessung

Grundlagen

► **Ziele des intrakraniellen Druckmonitorings:**
  • Frühzeitige Erkennung intrakranieller Komplikationen (v.a. Blutungen).
  • Ermöglichung eines gezielten Einsatzes ICP-beeinflussender Maßnahmen.
  • Ermöglichung prognostischer Aussagen:
    – Nicht kontrollierbare intrakranielle Druckanstiege gelten als häufigste
      Ursache des letalen Ausganges von Schädel-Hirn-Verletzungen.
    – Bei intubierten, relaxierten und beatmeten Patienten mit Schädel-Hirn-
      Trauma ist eine klinisch-neurologische Verlaufsbeobachtung nicht möglich.

► **Sondentypen:**
  • *Mit Eröffnung der Dura:*
    – Intraventrikuläre ICP-Sonden = „Goldstandard".
    – Subdurale Mess-Sonden.
    – Intraparenchymale Sondensysteme.
  • *Ohne Eröffnung der Dura:* Epidurale Mess-Systeme.
► **Indikationen:** *Patienten mit einem Schädel-Hirn-Trauma +*
  • Glasgow-Coma-Score < 9 + pathologischer CT-Befund.
  • Glasgow-Coma-Score < 9 bei unauffälligem CT-Befund, aber Bewusstseins-verlust > 6 Stunden.
  • kontrollierte Beatmung im Anschluss an eine Kraniotomie.
  • Mehrfachverletzungen + pathologischer CT-Befund, bei denen ein lang dauern-der extrakranieller Eingriff durchgeführt wird.
► **Kontraindikationen für die Verwendung von Ventrikelkatheter:**
  • Wesentliche Gerinnungsstörungen.
  • Verlagerte oder sehr enge Ventrikel.
  • Offenes Schädel-Hirn-Trauma (wegen Infektrisiko).
  • Mehrfachverletzte mit geringen intrazerebralen Läsionen, die aus anderen („extrakraniellen") Gründen beatmet werden müssen.
  • Vorliegen eines Okklusivhydrozephalus durch Kompression des Aquädukts und/oder des 4. Ventrikels durch raumforderndes Hämatom in der hinteren Schädelgrube.

Implantation von Drucksonden

► **Schritt 1:** Rasur des ganzen Schädels. Desinfektion und steriles Abdecken. Ein-zeichnen der Mittellinie (Abb. 5.12a).
► **Schritt 2:**
  • Hautinzision frontal und parietal in der Pupillarlinie beginnend ca. 3 cm vor und ca. 2 cm nach der Koronarnaht.
  • Hautinzision in einem Zug bis auf den Knochen.
  • Abschieben des Galea-Periosts von der Tabula externa mit scharfem Raspa-torium.
  • Hämostase mit Elektrokoagulation.
  • Einsetzen eines selbsthaltenden Wundspreizers.

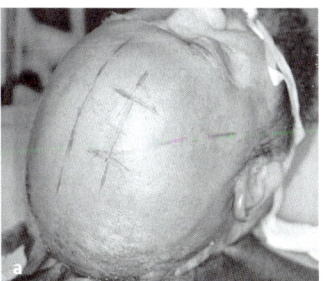 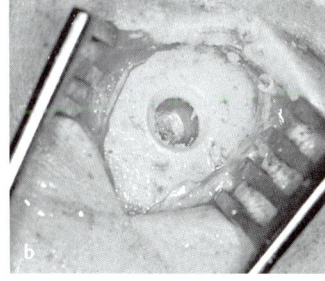

Abb. 5.12 a, b. a) Lagerung und Hilfslinien vor Anlage eines Bohrlochs zur Implantation einer Sonde zur Messung des intrakraniellen Drucks.
b) Fertiges Bohrloch

▶ **Schritt 3** (Abb. 5.12b):
  • Frontales Bohrloch, Hämostase an der Diploe mit Knochenwachs.
  • Eindrehen von epiduralen Messsystemen.

Weiteres Prozedere bei der Verwendung von intraventrikulären oder subduralen ICP-Sonden

▶ **Schritt 4:** Vorsichtige Koagulation der Duragefäße.
▶ **Schritt 5:** Einsetzen eines Durahäkchens. Anspannen der Dura. Schneiden eines Durafensters mit spitzer Skalpellklinge. Radiäre Inzision bis zum Rand des Bohrloches.
▶ **Schritt 6:** Punktieren des Vorderhorns des Seitenventrikels mit dem Ventrikelkatheter. Alternativ: Einschieben der subduralen ICP-Sonde.
▶ **Schritt 7:** Ausleiten und Fixieren des Ventrikelkatheters.
▶ **Schritt 8:** Verbinden des Katheters mit der Drainage/ICP-Messeinrichtung.

ICP-gesteuerte therapeutische Maßnahmen

▶ Maßnahmen bei gesteigertem Hirndruck s. S. 197.

Komplikationen

▶ **Intraoperativ:**
  • Intrakranielle Blutung.
  • Verletzung von Gehirnarealen durch „Via-falsa-Punktion".
▶ **Postoperativ:**
  • Infektionen (Meningitis, Ventrikulitis, Hirnabszess).
  • Blutungen.
  • Dislokation der Drucksonde.
  • Epileptische Anfälle.

5.10 Intraabdominelle Druckmessung

▶ **Technik** (Abb. 5.13):
  • Retrograde Füllung der Harnblase durch sterile Injektion von 50 ml NaCl über den Blasenkatheter, Abklemmen des Katheters.
  • Punktion des Injektionsports des Blasenkatheters mit 18 G Venenverweilkanüle. Entfernen des Stahlmandrins der Kanüle. Anschluss an Druckmesssystem (z.B. Druckaufnehmer für ZVD/invasive Blutdruckmessung).
  • Prüfung des Druckmesssystems durch vorsichtige Applikation von manuellem Druck auf das Abdomen → Anstieg des IAP.
  • Referenzpunkt für Druckmessung: Symphysis pubis.

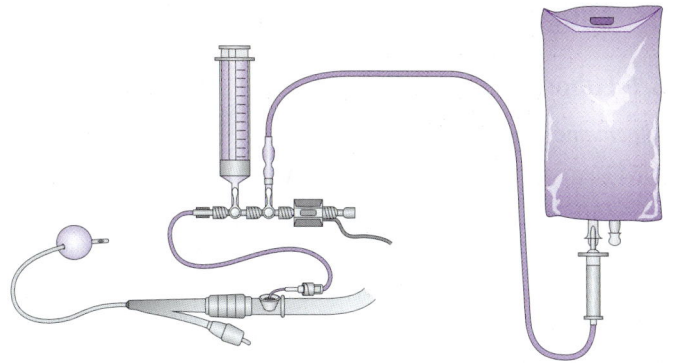

Abb. 5.13 Messaufbau zur Bestimmung des intraabdominellen Drucks
(n. Cheatham)

6 Diagnostik

6.1 Labor

Allgemeine Hinweise

▶ Bei einfachen, nicht operationspflichtigen Verletzungen der Extremitäten sind *keine* Laboruntersuchungen erforderlich.

◼ **Ausnahme:** Bestimmung der Thrombozytenzahl vor Einleitung einer medikamentösen Thromboseprophylaxe bei Immobilisierung (*cave* heparininduzierte Thrombozytopenie).

▶ Bei der Festlegung des Umfangs von Laboruntersuchungen ist nicht nur das aktuelle Verletzungsmuster, sondern auch der Unfallmechanismus im Hinblick auf mögliche Begleitverletzungen und den damit verbundenen Blutverlust zu beurteilen, z.B. die Rippenserienfraktur als Ausdruck eines stumpfen Oberbauchtraumas mit der Notwendigkeit der diagnostischen Abklärung von Leber und Pankreas.

Einfacher Laborstatus

▶ **Indikation:** Einfache operationspflichtige Verletzungen der Extremitäten.
▶ **Labor-Parameter:**
   • *Hämatologie (Normwerte):*
     – Hämoglobin: Männer 15,5–17 g/dl (9–10,5 mmol/l); Frauen 12,5–16 g/dl (7,76–9,93 mmol/l).
     – Leukozyten: 3700–9600/µl (3,7–9,6 G/l).
     – Thromboplastinzeit (= Quick): 70–120% (100% = 12 s).
     – Blutgruppe: AB0-System und Rh-Faktor.
   • *Urinstatus.*

Erweiterter Laborstatus

▶ **Indikationen:**
   • Schädel-Hirn-Trauma Grad II und III.
   • Verletzung der Wirbelsäule, v.a. des thorako-lumbalen Übergangs.
   • Stumpfes Bauch- oder Thoraxtrauma.
   • Perforierende Verletzungen der großen Körperhöhlen- und Öffnungen (Pfählungsverletzung).
   • Becken-, Oberschenkel- und hüftgelenknahe Frakturen.
   • Massivtransfusion und Volumensubstitution (Gerinnung).
▶ **Laborparameter:** Blutbild (ggf. Differenzial-Blutbild), Gerinnung, Blutzucker, Elektrolyte, Harnstoff, Kreatinin; Lipase, α-Amylase; GOT, GPT, γ-GT, Bilirubin, alkalische Phosphatase, Cholinesterase; CK-MB (bei Contusio cordis, V.a. Myokardinfarkt als mögliche Unfallursache); Blutgasanalyse (p_aO_2, p_aCO_2, pH, Basenüberschuss, O_2-Sättigung).

6.2 Sonographie

▶ **B-Bild-Sonographie:**
- *Grundlagen:* Die Sonographie gestattet es dem Untersucher, gewebliche Differenzierungen vorzunehmen. Es handelt sich um ein Real-Time-Schnittbildverfahren, mit dem im Unterschied zur Computer- und Kernspintomographie reale Körpervorgänge und zugleich Manipulationen dynamisch abgebildet werden können.
- *Indikationen:*
  – Untersuchung von parenchymatösen Organen, flüssigkeitsgefüllten Hohlorganen, großen Gefäßen sowie die Darstellung freier Flüssigkeit in der Abdominal- und Thoraxhöhle.
  – Untersuchung von intra- und periartikulären Strukturen und Weichteilen.
  – Ultraschall-gezielte Punktionen.
- *Vorteile (u.a.):* Beliebige Wiederholbarkeit der Untersuchung.
- *Nachteile:* Fehlende Reproduzierbarkeit der Befunde; physikalisch bedingte Schallauslöschung durch Knochengewebe und Luft.
▶ **Dopplersonographie** (bietet Informationen über Blutflussverhältnisse):
- *CW-(continuous-wave)Doppler:* Eine Strömung in Richtung Schallkopf wird über der Nulllinie angezeigt, eine Strömung vom Schallkopf weg unter der Nulllinie. Eignet sich v.a. zur Analyse hoher Strömungsgeschwindigkeiten (z.B. bei Gefäßstenosen).
- *PW-(pulsed-wave)Doppler:* Ermöglicht eine Darstellung von Dopplersignalen in einem wählbaren Tiefenbereich.
- *Farbdoppler:* Strömungen werden farblich kodiert: *rot* = auf den Schallkopf zu; *blau* = vom Schallkopf weg.

6.3 Konventionelles Röntgen

▶ **Indikationsstellung:** Aufgrund eines präzisen klinischen Befundes bzw. anamnestischen Verdachts. Unfallhergang und äußere Verletzungszeichen wie Gurtmarken sind wichtige Indikatoren für die Röntgendiagnostik.
▶ **Standarddiagnostik des Polytraumas** (s. S. 1): Vollständige Röntgendiagnostik des Stammskeletts → Thoraxaufnahme, Beckenübersicht, gesamte Wirbelsäule in 2 Ebenen.
▶ **Extremitäten:** Immer Aufnahmen in zwei Ebenen. Bei langen Röhrenknochen müssen auch die benachbarten Gelenke abgebildet sein.
▶ **Röntgendiagnostik zum Ausschluss häufiger Begleitverletzungen:**
- *Patellafraktur, Oberschenkelfraktur (Knieanpralltrauma)* → Proximales Femur und Azetabulum.
- *Sternumfraktur (Hyperflexions-Verletzung)* → BWS.
- *Innenknöchelfraktur (Maisonneuve-Verletzung):* Gesamter Unterschenkel mit Kniegelenk.
- *Ulnaschaftfraktur (Parierverletzung)* → Ellenbogengelenk.
- *Radiusschaftfraktur* → Hand- und Ellenbogengelenk.
- *Schädelfraktur, Stirnplatzwunden beim älteren Menschen* → Röntgenaufnahmen der Halswirbelsäule (z.B. Densfraktur).
▶ **Funktionelle Röntgendiagnostik:**
- *HWS-Funktionsdiagnostik:* Seitliche Bildverstärker-Aufnahmen der Halswirbelsäule in Reklination und Inklination zum Ausschluss einer diskoligamentären Instabilität.

- *Banddiagnostik:*
  - Oberes Sprunggelenk: Gehaltene Aufnahmen des Gelenks in zwei Ebenen unter Supinationsstress und Talusvorschub zur Beurteilung des fibularen Bandapparates.
  - Daumengrundgelenk: Abduktions- und Adduktionsstress zur Beurteilung des radialen und ulnaren Kollateralbandes.

▶ **Hinweis:** Aus Gründen des Strahlenschutzes müssen Vergleichsaufnahmen mit der Gegenseite v.a. bei Kindern auf das Nötigste beschränkt werden.

6.4 Schnittbildverfahren

Computertomographie (CT)

▶ **Grundlagen:**
- Die computertomographische Untersuchung liefert Schnittbilder auf jedem Niveau, die unter Verwendung entsprechender Software zur Herstellung zwei- und dreidimensionaler Rekonstruktionen herangezogen werden. Sie ermöglicht damit auch die Darstellung von Frakturen mit komplexer räumlicher Struktur. Die Möglichkeit zur anästhesiologischen Betreuung und Überwachung auch des polytraumatisierten Patienten ist gegeben.
- *CT mit KM:* Differenzierung einzelner Organe, Abgrenzung vitaler Gewebe von Ergüssen, Hämatomen und Abszessen.
- *Spiral-CT:* Verkürzung der Untersuchungszeiten, Reduzierung von Bewegungs-Artefakten, Möglichkeit zur Angio-CT.

▶ **Indikationen in der Traumatologie:**
- *Notfalldiagnostik:*
  - Lebensbedrohliche Verletzungen der drei großen Körperhöhlen (Schädel, Thorax und Bauchhöhle).
  - Wirbelsäulenverletzungen des zerviko-kranialen und -thorakalen Übergangs, Beurteilung von Frakturen des Achsenorgans hinsichtlich Stabilität und Spinalkanaleinengung.
- *Operationsplanung (Beispiele):*
  - Becken/Acetabulum: Transversale Schichtung, sagittale und 3D-Rekonstruktion zur Darstellung des Frakturausmaßes, der Fragmentdislokation und interponierter Fragmente.
  - Wirbelsäule: Festlegung der Operationsstrategie entsprechend der Frakturklassifikation und einer möglichen spinalen Kompression.
  - Fersenbein: Beurteilung der Fragmentdislokation und der Beteiligung von Gelenkflächen des unteren Sprunggelenks.
  - Schulter: Begleitverletzungen (Hill-Sachs, Bankart-Läsion) nach Luxation, Gelenkbeteiligung und Ausmaß der Abkippung des Gelenkanteils bei Schulterblattfrakturen.

Mehrschicht-Spiral-CT

▶ Moderne CT-Verfahren mit gleichzeitiger mehrschichtiger (64-Zeiler) Datenaufnahme und überlappender dünnschichtiger Bildgebung erlauben hoch auflösende Rekonstruktionen in 2D- oder 3D-Darstellungen.
▶ Derartige Bildrekonstruktionen erleichtern die Operationsplanung an Wirbelsäule, Beckenring, Acetabulum und für Gelenkverletzungen.

Magnetresonanztomographie (MRT)

▶ **Allgemein:**
- *Vorteile:* Hoher Gewebekontrast des MR-Bildes → hohe diagnostische Empfindlichkeit; Darstellung beliebig wählbarer Bildebenen.
- *Nachteile:* Gegenüber der Computertomographie deutlich verlängerte Untersuchungszeiten → Einschränkung in der traumatologischen Notfalldiagnostik.

▶ **Traumatologische Fragestellungen für eine MRT-Untersuchung:**
- Läsionen des Gehirns und des Rückenmarks?
- Verletzungen des Hirnstamms?
- Diskoligamentäre Verletzungen der Wirbelsäule?
- Gelenk- und Weichteilverletzungen?

▶ **Kontraindikationen für MRT-Untersuchungen:** Herzschrittmacher, ferromagnetische Implantate oder Einschlüsse im Gewebe (z.B. Metallsplitter); massive Platzangst (→ ggf. Sedierung, schnelle Sequenzen).

7 Adjuvante Verfahren und Therapien

7.1 Tetanusprophylaxe

Risikoabschätzung (→ Art und Abfolge der Impfung)

▶ **Ausdehnung, Tiefe und Verschmutzungsgrad der Wunde:**
- *Normales Risiko:* Saubere, geringfügige Wunden.
- *Hohes Risiko:*
  - Tiefe und/oder verschmutzte, z.B. mit Staub, Erde, Speichel oder Stuhl kontaminierte Wunden, Verletzungen mit Gewebszertrümmerung und reduzierter Sauerstoffversorgung.
  - Quetsch-, Riss-, Biss-, Stich- und Schusswunden.
  - Schwere Verbrennungen und Erfrierungen.
  - Gewebsnekrosen.
▶ **Vorausgegangene Tetanus-Immunisierung** (s. Tab. 7.1)?

Impfempfehlungen

▶ **Grundsätzlich:**
- Die Tetanus-Immunisierung sollte unmittelbar nach Exposition durchgeführt werden.
- Die *Tetanus-Simultanimpfung* (= Tetanus-Toxoid + Tetanus-Immunglobulin [= Tetanus-Antitoxin]) sollte immer bei länger zurückliegenden Ereignissen und Hochrisikowunden durchgeführt werden.
▶ **Impfstoff:** Empfohlen wird die Verwendung des bivalenten Diphterie-Tetanus-Impfstoffs („DT").
◼ *Cave:* Bei Kindern < 6 Jahre und alten Menschen Impfstoff mit verminderter Diphterie-Toxoid-Konzentration verwenden!

Tabelle 7.1 · Impfempfehlungen

Anzahl der Immuni-sierungen	Normalrisiko		hohes Risiko	
	Tetanus-Toxoid[1]	Tetanus-Immunglobulin[2]	Tetanus-Toxoid[1]	Tetanus-Immunglobulin[2]
unbekannt	ja	nein	ja	ja
0–1	ja	nein	ja	ja
2	ja	nein	ja	nein (ja, wenn Verletzung > 24 h zurück)
> 3	nein (ja, wenn letzte Impfung > 10 Jahre zurück)	nein	nein (ja, wenn letzte Impfung > 5 Jahre zurück)	nein

[1] z.B. Tetanol 0,5 ml i.m.
[2] z.B. Tetagam 250 IE i.m.

7.2 Infusionstherapie

Flüssigkeitsbedarf – Grundlagen

▶ **Gesamtkörperwasser:** Etwa 60% des Körpergewichts beim Erwachsenen mit Verteilung auf verschiedene Kompartimente: Intrazellulär (60%), Interstitium (31%), Plasma (7%), transzellulär (2% = Liquor, Flüssigkeit in den Harnwegen, exkretorische Drüsen).
▶ **Blutvolumen:** 65–80 ml/kg KG bzw. 7,5% des Körpergewichts.
▶ **Ziele der Infusionstherapie:** Aufrechterhaltung des Flüssigkeitshaushaltes bzw. Ersatz von Flüssigkeitsdefiziten in Abhängigkeit von Grund- und Begleiterkrankungen. Damit Aufrechterhaltung der Makro- und Mikrozirkulation sowie des O_2-Angebotes an die Gewebe.

Ausmaß eines Flüssigkeitsdefizits

▶ **Anamnese:** Medikamente (v. a. Diuretika), Diarrhö, Diabetes, Erbrechen, Diurese, Fisteln, Erguss, Aszites, Nahrungskarenz, intraoperative Flüssigkeitsverluste durch Blutung und Sequestration in den sog. dritten Raum (insbesondere bei Ileus), Blutverluste, postoperative Drainageverluste, Fieber (pro °C steigt der Bedarf um 10%), Schwitzen.
▶ **Klinische + apparativ-diagnostische Zeichen:**
  • Durst.
  • Trockene Haut und Schleimhäute, „stehende" Hautfalten (verminderter Hautturgor).
  • Zentralisation mit kalten, feuchten Akren.
  • Rekapillarisierungszeit verlängert (Zeit bis zum Wiederauftreten rosiger Färbung nach Druck auf das Nagelbett; normalerweise < 2 s).
  • Unruhe bis Verwirrung, zerebrale Krampfanfälle, Koma.
  • Tachykardie, Hypotonie, Schockindex > 1 (HF ÷ RR_{syst}).
  • Schwankungen des arteriellen Drucksignals bei invasiver RR-Messung.
  • Zentraler Venendruck < 5 cm H_2O.
  • Urinproduktion < 1 ml/kg KG/h (die Zunahme der Urinproduktion ist ein guter Indikator für die Effizienz einer Volumensubstitution).
◼ *Achtung:* Ein akuter Volumenverlust (z. B. durch eine starke Blutung) kann vom sonst gesunden Organismus relativ lange soweit kompensiert werden, dass manifeste Symptome wie Blutdruckabfall oder Herzfrequenzanstieg nicht auftreten. Bei Überschreiten der Kompensationsmöglichkeiten kann es deshalb scheinbar plötzlich zu einem schwer beherrschbaren Kreislaufzusammenbruch kommen.
▶ **Perioperativer Flüssigkeitsbedarf:**
  • Bei kleinen Eingriffen 5–7 ml/kg KG/h.
  • Einhöhleneingriff 8–10 ml/kg KG/h
  • Zweihöhleneingriff > 15 ml/kg KG/h.

Tabelle 7.2 · Blutverluste bei Verletzungen (die angegebenen Zahlen sind Richtwerte! Die Substitution muss sich immer an der speziellen Situation des Patienten orientieren!)

Körperregion	Verletzung	Blutverlust
Thorax	Rippenserienfrakturen mit Hämatothorax	1–3 l
Abdomen	Milz-/Leberverletzungen	1 l bis Verbluten (V. cava)
Becken	bei Instabilität (a.p. Kompression)	2 l bis Verbluten (Plexux sacralis)
Extremitäten-frakturen	Oberarm	100–800 ml
	Unterarm	50–400 ml
	Oberschenkel	600–2000 ml
	Unterschenkel	200–1000 ml

Wahl des geeigneten Volumenersatzmittels

► Volumenverluste bis 30% des Blutvolumens: Kristalloide und kolloidale Lösungen (s.u.).
► Volumenverluste ab 40% des Blutvolumens: Zusätzlich Erythrozytenkonzentrate (s. S. 74).
► Volumenverluste über 70% des Blutvolumens: Zusätzlich Fresh-Frozen-Plasma (FFP, s. S. 76).
► Volumenverluste über 80% des Blutvolumens: Zusätzlich Thrombozytenkonzentrate (s. S. 75).

Systematik von Flüssigkeits- bzw. Volumenersatzmitteln

► **Kristalloide Lösungen:**
  • *Elektrolytlösungen:* Voll-, 2/3-, halb-, 1/3-Elektrolytlösungen.
  • *Kohlenhydratlösungen:* Glukose (5% bis 40%), andere Kohlenhydrate.
  • *Mischlösungen:* Kohlenhydrate + Elektrolyte.
► **Kolloidale Lösungen:**
  • *Natürliche Kolloide:* Albumin 5% und 20%.
  • *Künstliche Kolloide:* Gelatine, Dextrane, Hydroxyethylstärke.
► **Blut und Blutderivate** (s. S. 74 ff).

7.3 Transfusionstherapie

Indikation

► **Akuter Mangel an Blutbestandteilen** mit der Gefahr der Unterversorgung lebenswichtiger Organe sowie des Auftretens von Gerinnungsstörungen.
► **Unterschreitung kritischer Schwellenwerte:**
  1. *Hämoglobin und Hämatokrit* → Erythrozyten-Konzentrate:
     – Kinder: Hb 6 g/dl.
     – Erwachsene: 8 g/dl.
     – Ältere Patienten: ≥ 10 g/dl.

◨ *Cave: Einflussfaktoren auf den Schwellenwert:*
- Guter körperlicher Trainingszustand → Schwellenwert ↓.
- Risikofaktoren wie koronare Herzkrankheit, Myokardinfarkt, zerebrale Durchblutungsstörungen → Schwellenwert ↑.

2. *Thrombozytenzahl und der Thromboplastinzeit (Quick) → Thrombozyten-Konzentrate:*
- Thrombozytenzahl < 50000/µl bei ungestörter Thrombozytenfunktion.
- Thromboplastinzeit < 30%.

Rechtliche Aspekte

▶ **Zustimmungspflicht:** Die Transfusion von Fremdblut stellt einen ärztlichen Eingriff dar, der der Zustimmung des Patienten bedarf.
▶ **Aufklärungspflicht über:**
- *Mögliche Alternativen* einer homologen Bluttransfusion (siehe unten).
- *Risiken:*
  - Infektions-Übertragungsrisiko: HIV (1:100 000–1:3 Mio); Hepatitis B (1:500–1:5000); Hepatitis C (1:50–1:500); andere Erreger (Zytomegalie und Epstein-Barr-Virus).
  - Unverträglichkeit und allergische Reaktionen.
  - Immundepression.

◨ *Achtung:* Die Transfusion von Fremdblut ist ärztliche Aufgabe und nicht delegierbar!

Labordiagnostik

◨ *Cave:* Für die Übereinstimmung von Blutprobe und Patientendaten ist der die Probe entnehmende Arzt verantwortlich! Dies gilt auch und insbesondere für vom Notarzt bereits am Unfallort oder im Notarztwagen entnommene Blutproben → genaue Kennzeichnung beim Massenunfall!
▶ **Blutgruppenbestimmung:** 10 ml Nativblut → AB0, Rhesusfaktor und Antikörpersuchtest.
▶ **Kreuzprobe:** 10 ml Nativblut → Durchführung der Verträglichkeitsuntersuchungen. Die Gültigkeitsdauer einer Kreuzprobe ist wegen möglicher Antikörperbildung auf 72 Stunden begrenzt.

Durchführung der Transfusion

▶ **Vorbereitung:**
1. Kontrolle der Identität des Patienten.
2. Überprüfung der Übereinstimmung mit dem auf der Konserve aufgedruckten *Namen, Vornamen und Geburtsdatum des Empfängers.*
3. Kontrolle der Konserve: Verfallsdatum und Unversehrtheit.
4. Durchführung des Bedside-Tests:
   - Bei der *ersten* Konserve Blutentnahme beim Patienten und aus der Konserve (Abfüllschlauch) und Bedside-Tests vollständig durchführen. Den Testtropfen jeweils mit physiologischer Kochsalzlösung verdünnen.
   - Bei weiteren Transfusionen beim selben Patienten muss nur noch das Konservenblut getestet werden.

▶ **Transfusion** der auf Raumtemperatur erwärmten Konserve. Während der ersten 5 Minuten der zügig einlaufenden Transfusion muss der Arzt anwesend sein und die Transfusion überwachen, danach ist die regelmäßige Überwachung durch den Pflegedienst bei unauffälligem Verlauf ausreichend.

▶ **Notfall-Transfusion:** Hier ist auch die Transfusion von Fremdblut ohne vorherige Kreuzprobe erlaubt. Verwendet werden Konserven der *Blutgruppe 0 Rh negativ.* Dabei ist die vitale Indikation entscheidend, die Nachteile des höheren Transfusionsrisikos (Unverträglichkeitsreaktion) sind von sekundärer Bedeutung.

▶ **Massiv-Transfusion:**
- *Definition:* Innerhalb von 24 h wird mehr als das 1,5fache des körpereigenen Blutvolumens transfundiert.
- *Erythrozyten:*
  ▶ **Achtung:** Wenn Blutgruppen-ungleiches, aber kompatibles Blut transfundiert werden muss (z.B. 0 Rh⁻), muss unbedingt *vorher Blut für die Blutgruppenbestimmung* (und Kreuzblut) abgenommen werden!
  – Möglichst frisches Blut verwenden (< 5 Tage alt).
  – Alle Konserven und Infusionen erwärmen; Auskühlung des Patienten verhindern (bei Hypothermie verstärkte Blutungsneigung).
- *Thrombozytensubstitution:* In der Regel indiziert ab der 10.–15. Konserve bzw. bei Thrombozytenabfall auf 75000–100000/µl (TK 1:1 infundieren, d.h. ein TK pro transfundiertem EK).
- *FFP-Gabe (meistens notwendig):*
  – Frühzeitig daran denken (das Auftauen kostet Zeit!).
  – Kriterien für FFP-Gabe: Quick und PTT sind mindestens auf das 1,5fache erhöht (Quick < 40%, PTT > 60 s) *oder* Fibrinogen < 0,75 g/l.
  – Vorgehen: Verhältnis FFP-Einheiten : EK = 1:3 bis 1:1.
- *Monitoring:* Engmaschige Laborkontrollen, EKG-Monitoring.
- *Mögliche Nebenwirkungen:* Verstärkte Blutungsneigung (meist Verdünnungsthrombopenie!).

Thrombozyten-Transfusion

▶ **Voraussetzungen – Kompatibilität:** AB0-identisch, möglichst auch Rhesus-D-kompatibel. Bei *wiederholten* Transfusionen auch HLA-kompatibel.
▶ **Dosierung:**
- Formel zur Abschätzung des minimalen Thrombozytenbedarfs:
  Dosis (Thrombozytenzahl) = gewünschter Konzentrationsanstieg ($\times 10^9$/l) $\times$ Blutvolumen (l) $\times$ 1,5 (→ Anzahl der Präparate = Dosis [Thrombozytenzahl] ÷ Thrombozyten pro Präparat).
  ▶ **Faustregel:** 6–8 Einzelspender-TK führen beim Erwachsenen in der Regel zu einem Anstieg der Thrombozyten um etwa 50000/µl bzw. *1 TK → die Thrombozyten steigen um 7000–10000/µl.*

Alternativen

▶ **Eigenblutspende:** Methode der Wahl bei allen planbaren Eingriffen mit voraussehbar größeren Blutverlusten > 500 ml.
- *Kontraindikationen:* Infektionen, akute Erkrankungen, Anämie, Herzerkrankung (Hauptstammstenose einer Koronararterie, Aortenstenose, dekompensierte Herzinsuffizienz, frischer Myokardinfarkt, kardiale Synkopen).
- *Voraussetzungen:*
  – Planung des Operationstermins.
  – Festlegung der Anzahl der Eigenblutspenden sowie der Abnahmetermine.
  – Aufklärung und Zustimmung des Patienten.
- *Vorgehen:* Je nach zu erwartendem Blutverlust werden präoperativ in wöchentlichen Abständen Einheiten von bis zu 500 ml Blut abgenommen.
  ▶ **Cave:** Erythrozytenkonzentrate sind nur 49 Tage haltbar!

► **Präoperative Hämodilution:**
- *Indikation:* Einsparung von Fremdblut bei größeren zu erwartenden Blutverlusten.
- *Kontraindikationen:*
  - Präoperativ niedriger Hämatokrit.
  - Sepsis, akute Infektionen.
  - Gerinnungsstörung (Quick < 60%, PTT > 60s).
- *Durchführung:* Entnahme autologen Vollbluts unmittelbar vor dem geplanten operativen Eingriff und Ersatz durch eine kolloidale oder kristalloide Lösung (= akute normovolämische Hämodilution [ANH]).
- *Normovolämische Hämodilution:*
  - Ausgleich eines Blutverlustes bis zu 2000 ml durch unmittelbar präoperative Blutentnahme + Volumenausgleich durch die gleiche Menge einer kolloidalen Lösung.
  - Kontraindikationen: Siehe KI der Eigenblutspende.
- *Grenzwerte – Abbruchkriterien:*
  - Herzgesunde Patienten: Hämatokrit 21%.
  - Bei kardiopulmonaler Vorerkrankung: Hämatokrit 30%
► **Intraoperative Möglichkeiten der Fremdbluteinsparung:**
- *Maschinelle Autotransfusion („Cell-Saver"):*
  - Indikation: Blutverluste > 1000 ml.
  - Kontraindikation: Septische Eingriffe, Tumorresektion und Eröffnung von Hohlorganen

Mögliche Transfusions-Komplikationen

► **Hämolytische Sofortreaktionen:**
- *Definition, Ursachen:* Systemische Reaktion während oder kurz nach der Transfusion von Erythrozyten, meist durch ABO-Inkompatibilität.
- *Klinik:* Frösteln, Fieber, Schweißausbruch, Kopfschmerzen, Tachykardie, Blutdruckabfall, Brust-, Bauch- oder Flankenschmerzen. *In Narkose* RR-Abfall, Hämoglobinurie, Blutungsneigung. In schweren Fällen Schock, disseminierte intravasale Gerinnung, Nierenversagen → Lebensgefahr!
- *Therapie:* Transfusion stoppen, großzügige Volumensubstitution, hochdosiert Glukokortikoidgabe (z.B. 1 g Prednisolon i.v.), Sauerstoff, ggf. Schocktherapie (evtl. Katecholamine, Beatmung).
► **Verzögerte hämolytische Reaktion:**
- *Definition, Ursachen:* Tage nach der zunächst unauffälligen Übertragung von Erythrozyten systemische Reaktion.
- *Klinik:* Fieber, Hämoglobinabfall, leichter Ikterus (selten Nierenversagen und tödliche Zwischenfälle).
- *Therapie:* Symptomatisch; keine spezifischen Maßnahmen.
► **Allergische Reaktionen:**
- *Anaphylaktische Reaktion:* Sofortreaktion in den ersten Minuten mit generalisiertem Flush, Quaddel-Bildung, Atemnot, Bronchospasmus, Blutdruckabfall, Tachykardie, Schock. → Therapie initial wie bei hämolytischer Sofortreaktion.
- *Urtikarielle Transfusionsreaktion:* Meist lokal beschränkte Effloreszenzen (selten generalisierte Urtikaria). Therapie: Bei generalisierter Urtikaria Transfusion abbrechen, Antihistaminika, Glukokortikoide (Prednisolon 50–125 mg i.v.).
► **Febrile nicht-hämolytische Reaktionen:**
- *Definition:* 30 min–2 h nach Transfusionsbeginn Anstieg der Körpertemperatur um mindestens 1 °C ohne Zeichen einer hämolytischen Reaktion oder anderer transfusionsbedingter Reaktionen.

- *Klinik:* Plötzliches Kältegefühl (± Schüttelfrost), danach Fieber.
- *Therapie:* Transfusion abbrechen.

▶ **Transfusions-assoziierte akute respiratorische Insuffizienz:**
  - *Definition, Ursachen:* Akut, unmittelbar während oder nach der Transfusion auftretende respiratorische Insuffizienz.
  - *Klinik:* Respiratorische Insuffizienz mit Lungenödem und pulmonalen Infiltraten; oft beatmungspflichtiger Zustand des Patienten.
  - *Therapie:* Symptomatische Therapie.

▶ **Posttransfusionelle Purpura:**
  - *Definition, Ursachen:* Etwa 5–10 Tage nach Transfusion einer plättchenhaltigen Konserve auftretende Thrombopenie durch Alloantikörper gegen Antigene auf Spender-Thrombozyten.
  - *Klinik:* Akute isolierte Thrombozytopenie mit oder ohne klinische Blutungsneigung, ggf. lebensbedrohliche hämorrhagische Diathese.
  - *Therapie:* Hochdosiert Immunglobuline (1 g IgG/kg KG an zwei aufeinander folgenden Tagen als langsame Dauerinfusion).

▶ **Infektionen:** s.o. unter „Rechtliche Aspekte".

7.4 Schmerzausschaltung

Allgemeinanästhesie

▶ **Intubation:**
  - *Vorteile:* Sichere und fixierte Lage des Tubus, Freiheit in der Lagerung des Patienten.
  - *Nachteile:* Passage der Stimmritze.

▶ **Larynxmaske:**
  - *Vorteile:* Schnelles Verfahren, keine Belastung der Stimmlippen.
  - *Nachteile:* Eingeschränkte Lagerungsmöglichkeiten, die Fixierung der Maske ist häufig schwierig.

Regionalanästhesie – Grundlagen, allgemeine Technik, Zubehör

▶ **Grundlagen:**
  - Unter dem Begriff „Regionalanästhesie" werden von der Lokal- bis zur Spinalanästhesie alle Verfahren zusammengefasst, die unter Verwendung von Lokalanästhetika eine regional begrenzte Schmerzausschaltung bewirken.
  - Viele traumatologische Eingriffe können unter diesen regionalanästhesiologischen Verfahren durchgeführt werden, ein besonders großes Anwendungsspektrum besitzen diese Verfahren in der Handchirurgie.
  - Die einzelnen Verfahren können miteinander kombiniert werden. So kann z.B. die Plexusanästhesie durch eine zusätzliche Leitungs- oder Spinalanästhesie ergänzt werden.
  - *Vorteile:* Kein Einhalten einer Nahrungskarenz erforderlich; prinzipiell durch den Operateur selbst durchführbar.
  - *Nachteile:* Bei langer Operationsdauer oder ängstlichen Patienten kann eine zusätzliche Sedierung erforderlich werden. Insgesamt längere Einleitungs- bzw. Wechselzeiten.

▶ **Kontraindikation:** Infektion am Injektionsort.

▶ **Vorbereitung:**
  - Aufgrund der möglichen Nebenwirkungen sollte immer ein Notfallinstrumentarium griffbereit sein.

- Bei den meisten Verfahren sollte ein venöser Zugang liegen.
- Streng steril arbeiten!
► **Material:**
  - *Kanülen:* Einmalkanülen (von 18G am Finger bis 12G für Plexusanästhesie) oder atraumatische Spezialkanüle für Plexusanästhesie. (Bei Auslösen von Parästhesien Nadel immer etwas zurückziehen!)
  - *Spritzen:*
    - Max. 20 ml, da sonst schwierige Handhabung. Nicht zu klein, um mehrfaches Nachladen zu vermeiden.
    - Bei Plexusanästhesie ggf. Punktion nur mit Nadel und Injektion über kurzen Schlauch auf Distanz.
  - *Lokalanästhetika:* s. Tab. 7.3. Evtl. Kombination eines kurz wirkenden (schneller Wirkungseintritt → rasche Überprüfung des guten Sitzes möglich) mit einem lang wirkenden Lokalanästhetikum (bei gutem Sitz nachzugeben, dann ausreichend lange Wirkungsdauer).

Tabelle 7.3 · Übersicht über in der Regionalanästhesie verwendete Lokalanästhetika

Lokalanästhetikum	Wirkdauer
Mepivacain (Scandicain) 1/2%	bis zu 4 h
Prilocain (Xylonest) 1/2%	bis zu 4 h
Bupivacain (Carbostesin) 0,25/0,5%	8–10 h
Lidocain (Xylocain) 0,5/1/2%	1–2 h

□ **Cave:** Nur Lokalanästhetika *ohne* Adrenalinzusatz verwenden (Gefahr der Nekrose/Gangrän bei Anästhesien in Endarteriengebieten)!

Regionalanästhesie – Infiltrationsanästhesie

► **Indikation:** Wundversorgung, Ganglienexstirpation, Bursektomie, Fremdkörperentfernung, Punktionen, etc.
► **Technik** (niedrige Konzentrationen und geringe Mengen verwenden!):
  - *Direkte* fächerförmige Infiltration des Operationsgebietes sub- oder intrakutan mit lang wirkendem Lokalanästhetikum (z.B. Bupivacain).
  - *Feldblock = indirekte* Analgesie durch Umspritzung des Wundgebietes, ohne dieses selbst zu infiltrieren.
► **Nachteile:** Quellen des Gewebes, Verlust der Übersichtlichkeit, potenzielle Keimverschleppung, keine Blutsperre möglich.

Regional-/Infiltrationsanästhesie – Bruchspaltanästhesie

► **Indikation:** Reposition und evtl. Kirschner-Draht-Osteosynthese bei distaler Radiusfraktur, Metakarpale-Fraktur, Klavikulafraktur (Ausnahmeindikation).
► **Technik:**
  - Vorbereitung und Funktionsprüfung des Bildverstärkers.
  - Desinfektion und sterile Abdeckung.
  - Unter Bildwandlerkontrolle sterile Punktion des Bruchspaltes.
  - Aspiration eines eventuell vorhandenen Frakturhämatoms.

- Instillation von 5–10 ml Lokalanästhetikum.
- Nadel entfernen.
- ☐ *Cave:* Vor Manipulation Wirkungseintritt abwarten!

Intravenöse Regionalanästhesie (nach Bier)

► **Indikation:** Repositionen und kleinere Eingriffe an Unterarm und Hand.
► **Technik:**
- Periphervenösen Zugang legen, 2 Blutsperren anlegen.
- Extremität auswickeln, proximale Blutsperre schließen.
- Injektion von ca. 30 ml eines mittellang wirkenden Lokalanästhetikums.
- Nadel entfernen.
- Distale Blutsperre schließen und proximale öffnen (zur Vermeidung von Schmerzen im Bereich der geschlossenen Blutsperre).
► **Bewertung:**
- *Vorteil:* Einfaches, rasch anwendbares Verfahren.
- *Nachteil:* Ein Öffnen der Blutleere zur Blutstillung ist nicht möglich.

Regionalanästhesie – Plexus-brachialis-Blockade

► **Interskalenär:**
- *Indikationen:*
  - Operationen an Schulter und Oberarm.
  - Krankengymnastische Übungstherapie bei Schulterteilsteife.
  - Reposition von Schultergelenkluxationen.
- *Kontraindikationen:* Kontralaterale Rekurrens- oder Phrenikusparese.
- *Nebenwirkungen:* Horner-Syndrom, Phrenikusblockade, Rekurrensparese.
- *Komplikationen:* Totale Spinalanästhesie, hohe Periduralanästhesie, ZNS-Intoxikation (bei Punktion der A. vertebralis!).
- *Punktionsstelle:* In der interskalenären Furche in Höhe des Krikoids (C6).
- *Kanülenführung:* Nach medial, kaudal, ca. 30° zur Sagittalebene und in Richtung auf den Querfortsatz von C6.
- *Dosierung, Wirkdauer:*
  - 30–40 ml mittellang wirkendes Lokalanästhetikum: 3 Stunden.
  - 30–40 ml lang wirkendes Lokalanästhetikum: 10 Stunden.
► **Supraklavikulär:**
- *Indikationen:* Operationen an Oberarm, Unterarm und Hand.
- *Kontraindikationen:* Hämorrhagische Diathese, kontralaterale Phrenikus- oder Rekurrensparese, kontralateraler Pneumothorax.
- *Nebenwirkungen:* Horner-Syndrom, Phrenikusparese, Rekurrensparese.
- *Komplikationen:* Pneumothorax, Punktion der A. subclavia.
- *Punktionsstelle:* Unmittelbar dorso-lateral der palpierten Pulsation der A. subclavia.
- *Kanülenführung:* Kaudale Richtung und etwas lateral, d.h. parallel dem Verlauf der Skalenusmuskulatur.
- *Dosierung:* 40 ml mittellang oder lang wirkendes Lokalanästhetikum.
► **Axillär:**
- *Indikationen:* Operationen an Hand und Unterarm.
- *Kontraindikationen:* Lymphangitis.
- *Komplikationen:* Punktion der A. axillaris.
- *Punktionsstelle:* Direkt über der tastbaren Arterienpulsation, möglichst weit proximal.

- *Kanülenführung:* In Richtung auf den kranialen Rand der Arterie, in ca. 1 cm Tiefe wird die Faszienscheide punktiert, danach die Kanüle millimeterweise vorschieben.
- *Dosierung:* 40 ml mittellang oder lang wirkendes Lokalanästhetikum.

Regionalanästhesie – Periphere Nervenblockaden an der oberen Extremität

▶ **Mögliche Anwendungen:**
  - *Diagnostische Blockade* zur Differenzierung schmerzverursachender Strukturen.
  - *Therapeutische Blockade* zur Schmerzlinderung und zur Unterbrechung pathologischer nozizeptiver Reflexe.
▶ **Im Ellenbogenbereich** (zur diagnostischen, therapeutischen und operativen Intervention im sensiblen Versorgungsgebiet bzw. zur Ergänzung einer inkompletten Plexusanästhesie; keine Kontraindikationen):
  - *Nervus ulnaris:*
    – Punktionsstelle: 1–2 cm proximal des im Sulcus nervi ulnaris getasteten N. ulnaris.
    – Kanülenführung: Kanüle in Richtung zur Humeruslängsachse 1–2 cm tief einführen.
    – Dosierung: 2–5 ml mittellang oder lang wirkendes Lokalanästhetikum.
  - *Nervus medianus:*
    – Punktionsstelle: Unmittelbar medial der A. brachialis auf der Verbindungslinie zwischen dem Epicondylus medialis und lateralis humeri.
    – Kanülenführung: Kanüle 5 mm tief einführen.
    – Dosierung: 5 ml mittellang oder lang wirkendes Lokalanästhetikum.
  - *Nervus radialis:*
    – Punktionsstelle: In der Furche zwischen M. brachioradialis und Bizepssehne in Höhe des Ellenbogengelenkes.
    – Kanülenführung: Vorschieben der Kanüle nach proximal und lateral in Richtung auf den lateralen Rand des Epicondylus lateralis humeri. Bei Knochenkontakt nach kranial ca. 1–3 cm entlang der Humeruslängsachse weiter vorschieben, hier Infiltration von 2–4 ml des Lokalanästhetikums. Danach Aufsuchen von Knochenkontakt und dann Kanüle um 2–5 mm zurückziehen.
    – Dosierung: 10–15 ml mittellang/lang wirkendes Lokalanästhetikum.
▶ **Im Handwurzelbereich** (zur Ulnaris-, Medianus- und Radialisblockade [= Handblock] für sämtliche Operationen an der Hand; keine Kontraindikationen):
  - *Nervus ulnaris:*
    – Punktionsstelle: Unmittelbar bds. neben der Sehne des M. flexor carpi ulnaris.
    – Kanülenführung: Kanüle senkrecht zur Haut, etwa 0,5–1 cm tief einführen (bei festem Widerstand um ca. 2 mm zurückziehen).
    – Dosierung: 2 ml mittellang oder lang wirkendes Lokalanästhetikum.
  - *Nervus medianus:*
    – Punktionsstelle: Unmittelbar bds. neben der Sehne des M. palmaris longus, bei fehlender Sehne in der Mitte der Handwurzel.
    – Kanülenführung: Kanüle senkrecht zur Haut, etwa 0,5–1 cm tief einführen (bei festem Widerstand um ca. 2 mm zurückziehen).
    – Dosierung: 2 ml mittellang oder lang wirkendes Lokalanästhetikum.
  - *Nervus radialis:*
    – Punktionsstelle: 1 cm ulnar der Pulsation der A. radialis.
    – Kanülenführung: Parallel zur Handwurzel über die radiale Seite (bei anatomischer Variation über die ulnare Seite der Handwurzel).
    – Dosierung: 5–10 ml mittellang oder lang wirkendes Lokalanästhetikum.

▶ **Oberst-Leitungsanästhesie:**
- *Indikation:* Eingriffe, Wundversorgung an Fingern und Zehen.
- *Blutsperren* im Sinne eines Gummizügels werden in der Regel gut toleriert.
- *Punktionsstelle, Kanülenführung:* An der Basis der Grundphalanx Einspritzen von Lokalanästhetikum an die 4-Gefäß-Nerven-Straßen. Hierzu zunächst auf einer Seite vertikal eingehen, dann horizontal auf die kontralaterale Seite und abschließend auf der kontralateralen Seite nochmals vertikal.
- *Dosierung:* 2–3 ml mittellang oder lang wirkendes Lokalanästhetikum.

Regionalanästhesie – Nervus-ischiadicus-Blockade

▶ **Indikationen:** In Kombination mit dem Drei-in-Eins-Block sämtliche Operationen am Bein.
▶ **Hintere Ischiadikusblockade:**
- *Punktionsstelle:* 3–4 cm kaudal der Mitte der Verbindungslinie Spina iliaca posterior superior – Trochanter major.
- *Kanülenführung:* Kanüle senkrecht zur Haut 6–8 cm tief einführen.
- *Dosierung:* 20–30 ml mittellang oder lang wirkendes Lokalanästhetikum.
▶ **Vordere Ischiadikusblockade:**
- *Punktionsstelle:* Im Schnittpunkt einer senkrecht vom Übergang des mittleren zum medialen Drittel des Leistenbandes gedachten Linie mit einer vom Trochanter major ausgezogenen Parallele zum Leistenband.
- *Kanülenführung:* Leicht laterale Richtung, Knochenkontakt mit der Femurvorderseite, Zurückziehen der Kanüle in die Subkutanschicht und Korrektur der Stichrichtung bis die Kanüle am Femur abgleitet, dann Kanüle etwa 5 cm weiter vorschieben.
- *Dosierung:* 10–20 ml mittellang oder lang wirkendes Lokalanästhetikum.
▶ **Drei-in-Eins-Block:**
- *Indikationen* (in Kombination mit der Ischiadikusblockade):
  - Sämtliche Operationen am Bein.
  - Funktionelle Nachbehandlung bei großen Operationen.
  - Mobilisation bei teilweiser Versteifung des Kniegelenks.
- *Punktionsstelle:* Unterhalb des Leistenbandes 1–1,5 cm lateral der A. femoralis. Zur Ischiadikusblockade s.o.
- *Kanülenführung:* In leicht kranialer Richtung.
- *Dosierung:* 25–30 ml mittellang oder lang wirkendes Lokalanästhetikum in Kombination mit der Ischiadikusblockade.

Regionalanästhesie – Periphere Nervenblockaden an der unteren Extremität

▶ **N. peronaeus:**
- *Indikationen:*
  - Ergänzung bei inkompletter Periduralanästhesie oder Ischiadikusblockade.
  - Diagnostische, therapeutische und operative Interventionen im sensiblen Versorgungsgebiet.
  - Bevorzugt Außenknöchelfrakturen und Außenbandrupturen.
- *Kontraindikationen:* Peronaeusparese und -neuritis.
- *Punktionsstelle:* 2 cm unterhalb des Caput fibulae.
- *Kanülenführung:* Kanüle senkrecht zur Haut ca. 1 cm tief einführen.
- *Dosierung:* 5 ml mittellang oder lang wirkendes Lokalanästhetikum.

▶ **Nervus tibialis:**
- *Indikationen:*
  - Ergänzung bei inkompletter Periduralanästhesie oder Ischiadikusblockade.
  - In Kombination mit Peronaeus- und Saphenusblockade.
  - Operationen im gesamten Unterschenkel- und Fußbereich (Fußblock).
- *Punktionsstelle:* In der Mitte der Verbindungslinie Epicondylus medialis femoris
  - Epicondylus lateralis femoris.
- *Kanülenführung:* Kanüle senkrecht zur Haut 1,5–3 cm tief einführen.
- *Dosierung:* 5–10 ml mittellang oder lang wirkendes Lokalanästhetikum.

▶ **Nervus saphenus:**
- *Indikationen:*
  - Ergänzung bei inkompletter Blockade des N. femoralis.
  - In Kombination mit Tibialis- und Fibularisblockade: Fußblock.
- *Punktionsstelle:* Am medialen Teil der Tuberositas tibiae.
- *Kanülenführung:*
  - Vom medialen Teil der Tuberositas tibiae über den Condylus medialis tibiae in Richtung des M. gastrocnemius.
  - Subkutane Infiltration eines Hautwalles.
- *Dosierung:* 5–10 ml mittellang oder lang wirkendes Lokalanästhetikum.

▶ **Fußblock:**
- *Indikationen:* Sämtliche Operationen im Fuß- und Zehenbereich.
- *Punktionsstelle:* Unmittelbar bds. der A. tibialis.
- *Kanülenführung:* Kanüle senkrecht zur Haut einstechen und 0,5–2 cm vorschieben.
- *Dosierung:* 2–3 ml mittellang oder lang wirkendes Lokalanästhetikum.
- *Punktionsstelle:* Unmittelbar bds. der A. dorsalis pedis.
- *Kanülenführung:* Kanüle senkrecht zur Haut einstechen und Kanülenspitze direkt neben bis leicht unter die Arterie platzieren.
- *Dosierung:* 2–3 ml mittellang oder lang wirkendes Lokalanästhetikum.

Regionalanästhesie – Epidural- und Spinalanästhesie

▶ **Allgemeines:**
- *Prinzip:* Rückenmarknahe Verfahren zur kontinuierlichen oder intermittierenden Applikation von Lokalanästhetika und/oder Opioiden über einen Epiduralkatheter.
- Ein streng aseptisches Vorgehen (Desinfektion, Abdeckung, Mundschutz, sterile Handschuhe) ist hier besonders wichtig!
- *Vorteile:* Bessere Analgesiequalität, regional begrenzte segmentale Wirkung, geringe systemische Nebenwirkungen, Sympathikolyse mit Verbesserung von Perfusion und Darmmotilität, prophylaktischer Effekt bezüglich chronischer Schmerzsyndrome.

▶ **Indikationen:**
- Sämtliche Operationen an den unteren Extremitäten.
- Schmerztherapie: Bei größeren Eingriffen; intensive, schmerzhafte, unmittelbar postoperative Bewegungstherapie; intensive, meist segmental begrenzte Schmerzen.
- Behandlung des CRPS, Sympathikusblockade.

▶ **Kontraindikation:** Schwere Gerinnungsstörungen.

▶ **Nebenwirkungen:**
- *Hämodynamische Reaktionen* mit Blutruckabfall aufgrund der Sympathikolyse und Gefäßdilatation.
- *Atemdepression* bei epiduraler Anwendung von Opioiden (bei rostralem Aufsteigen).

- ► **Eingesetzte Substanzen:**
  - *Bupivacain 0,25%:* 2–10 ml/h bzw. Bolusinjektionen von 5 ml.
  - *Morphin:* 2–5 ml in 8–12-stündigen Abständen.
- ► **Vorbereitung:** 6 Stunden Nahrungskarenz.
- ► **Technik:**
  - „Katzenbuckel" des Patienten in sitzender Position oder in Seitenlage.
  - Injektion meist zwischen Dornfortsatz L4 und L5.
  - Markieren der Einstichstelle.
  - Hautdesinfektion, Lochtuch, Lokalanästhetikum-Hautquaddel.
  - Kanüle: Spezialkanüle mit stumpfem Anschliff verwenden; alternativ Tuoly-Kanüle mit Spitzenkrümmung und Mandrin.
  - Ein erhöhter Widerstand beim Vorschieben ist ein Hinweis auf das Lig. interspinale.
  - Mandrin entfernen.
  - Eine mit Kochsalz gefüllte 10-ml-Spritze aufsetzen und Kanüle unter leichtem Stempeldruck vorschieben. *Cave* dabei mit den Fingern am Patientenrücken abstützen, um ein plötzliches Tiefertreten der Nadel zu vermeiden.
  - Die Kanüle liegt korrekt im Epiduralraum, wenn widerstandslos injiziert werden kann.
- ► **Applikationsformen:** Single-shot, Katheter.

Peri- und postoperative Schmerztherapie – Grundlagen

- ► **Positive Effekte der postoperativen Schmerztherapie:**
  - Unmittelbarer Gewinn durch Schmerzlinderung.
  - *Vermeidung einer Schonatmung* → verbesserte Atemgymnastik zur Prophylaxe von respiratorischen Komplikationen.
  - *Reduktion des schmerzbedingten hohen Sympathikus-Tonus* und der damit bedingten Tachykardie und des Hypertonus → verminderter myokardialer Sauerstoffverbrauch.
  - *Verminderung von schmerzbedingter Darmatonie,* Übelkeit und Erbrechen (*cave* Verstärkung durch Opioide!).
  - *Verminderung der neuroendokrinen und metabolischen Stressreaktion* mit nachfolgender Katabolie.
  - *Vermeidung einer Schonhaltung* des Patienten und Ermöglichung einer frühzeitigen Mobilisation mit effizienter Krankengymnastik mit konsekutiver Verbesserung des operativen Ergebnisses.
  - *Akutschmerztherapie zur Prophylaxe* von chronischen Schmerzsyndromen.
- ► **Allgemeine Regeln:**
  - Durch Kombination verschiedener Wirkstoffe bzw. durch begleitenden Einsatz von Lokal- und Regionalanästhesie können die Einzelmengen von Analgetika reduziert werden.
  - Durch die rechtzeitige peri- und postoperative Gabe von Analgetika kann die benötigte Gesamtmenge reduziert und einem chronischen Schmerzsyndrom vorgebeugt werden.

Medikamentöse Schmerztherapie

- ► **Opioide:**
  - *Wirkung:* Zentraler Angriffsmechanismus, hohe Wirkstärke, mit Ausnahme von Tramadol BTM-pflichtig! (Steigerung der Effektivität durch Kombination mit Nichtopioid-Analgetika, s.u.).

- *Präparate:* Piritramid, Buprenorphin, Morphin, Tramadol. (Kurz wirkende Opioide mit raschem Wirkungseintritt wie Fentanyl, Alfentanil und Sufentanil sind der Intensivstation, der Anästhesie und der Analgosedierung vorbehalten.)
- *Nebenwirkungen:* Übelkeit, Erbrechen, Obstipation, Miktionsstörung, Müdigkeit, zentrale Atemdepression.
  - ▶ *Vorgehen bei manifester Atemdepression:* Sauerstoffapplikation, ggf. Beatmung, Antagonisierung mittels Naloxon, Intensivüberwachung.

► **Nichtopioid-Analgetika** (Antipyretika):
- *Nicht steroidale Antiphlogistika (NSAR):*
  - Besonders wirksam bei Mediatoren-vermittelter Schmerzgenese wie in der Gelenkchirurgie.
  - Verabreichung in regelmäßigen Intervallen.
  - Nebenwirkungen: Thrombozytenfunktionsstörungen (→ Blutungsneigung), Nierenfunktionsstörungen, „Analgetikaasthma".
- *Pyrazolonderivate (z.B. Metamizol):*
  - Wegen des spasmolytischen Effektes vor allem wirksam im viszeralchirurgischen (abdominellen) Bereich.
  - Periphere und zentrale Angriffspunkte.
  - Ggf. Kombination mit Tramadol als Infusion.
  - ▶ *Cave:* Als häufige Nebenwirkung Blutdruckabfall!
- *Substanzen der Anilingruppe (z.B. Paracetamol):*
  - Indikation vor allem bei kleineren Eingriffen.
  - Im Vergleich zu den übrigen Präparaten schwächere analgetische Potenz.
  - Auch als Suppositorium möglich (dadurch v.a. auch bei Kindern geeignet).
  - ▶ *Cave:* Die Substanzen haben nur eine geringe therapeutische Breite! Daher exakte Anpassung an Alter bzw. Körpergewicht bei Kindern!
  - Nebenwirkungen: Leber- und Nierenschädigungen.

► **Patientenkontrollierte Analgesie (PCA):**
- *Prinzip:* Die Patienten bestimmen die Dosisintervalle für die Einnahme oder Injektion (i.v. Verabreichung mittels programmierbarer Spritzenpumpen) eines vom Arzt festgelegten Medikamentes innerhalb vorher bestimmter Grenzen selbst.
- *Indikation:*
  - Eingriffe oder Traumata mit erfahrungsgemäß hohem, jedoch interindividuell schwankendem Analgetikabedarf.
  - Voraussichtlich länger bestehende stärkere Schmerzen.
- *Risiken und Nebenwirkungen:* Wie bei den entsprechenden Medikamenten.
- *Logistische Voraussetzungen:*
  - Initial spezielle Überwachungsbedingungen.
  - Einrichtung eines Schmerzpumpendienstes (i.d.R. durch die Anästhesie).
- *Technische Voraussetzungen:*
  - Verwendung von Rückschlagventilen zur Vermeidung unbeabsichtiger Bolusapplikationen.
  - Bolusdosis (i.d.R. Piritramid 1–2 mg i.v.).
  - Intervallsperre (sog. Lock-out-Zeit) 5–10 min, an der Anschlagzeit des Analgetikums orientierend.
  - Dosislimit = Begrenzung der Gesamtdosis für definierte Zeiträume.

Nichtmedikamentöse Schmerztherapie

▶ *Hinweis:* Den nichtmedikamentösen Verfahren kommt in der akuten posttraumatischen oder postoperativen Schmerzbehandlung lediglich ein adjuvanter Stellenwert zu.

► **Kälteapplikation:**
  • *Konventionelle externe Kälteanwendung* als antiödematöse und analgetische Therapie.
  • *Kryosonden:* Blockade einzelner Nerven durch Kälteapplikation über eine Sonde.
► **Gegenirritationsverfahren:** Transkutane elektrische Nervenstimulation (TENS).

Schmerztherapie-Standards für die Allgemeinstation

► **Allgemeine Informationen** s. Tab. 7.4.

Tabelle 7.4 · Analgesie

Wirkstoff	Dosierung		
	oral	*i.v.*	*Dauerinfusion*
Tramadol	50–100 mg alle 4 h	25–50 mg alle 15 min	300–600 mg/24 h
Metamizol	0,5–1 g alle 4 h	0,5–1 g als Bolus	4–6 g/24 h
Acetylsalicylsäure (ASS)	0,5–1 g alle 4 h	0,5–1 g als Kurzinfusion	4–6 g/24 h
Paracetamol	0,5–1 g alle 4 h (auch als Supp.)		
Piritramid		3,75–7,5 mg, ggf. nach 10 min wiederholen	

► **Stufenplan – *orale* Therapie:**
  1. *Stufe:* Tramadol 50–100 mg alle 4 h.
  2. *Stufe:* Metamizol 0,5–1 g alle 4 h.
  3. *Stufe:* Kombination von 1. und 2. Stufe.
  4. *Stufe:* Wechsel auf parenterale Therapie (s.u.).
► **Stufenplan – *parenterale* (i.v.) Therapie:**
  Initial Tramadol 25–50 mg als Bolus, ggf. wiederholen.
  1. *Stufe:* Tramadol-Dauerinfusion 400–600 mg/24 h.
  2. *Stufe:* 1. Stufe + Metamizol 4–6 g/24 h.
  3. *Stufe:* Wechsel auf andere Verfahren ggf. nach Rücksprache mit dem Schmerzdienst.

7.5 Thromboembolieprophylaxe

Allgemeine Prinzipien

► **Nicht medikamentös:**
  • Frühzeitige Mobilisation.
  • Kompressionsstrumpf (Antithrombosestrümpfe = AT-Strümpfe).
► **Medikamentös** (s.u.).

Allgemeine Indikationen zur Thromboembolieprophylaxe

► Eine perioperative Thromboembolieprophylaxe ist bei allen hospitalisierten Patienten indiziert, sowie auch bei ambulanten Operationen, die mit einer längeren Liegezeit verbunden sind. Ausnahme: Kleinere Eingriffe an den Extremitäten, oberflächliche Operationen am Rumpf.
► Immobilisation, nach Traumen, bei kardiovaskulären Erkrankungen.
► Rezidivprophylaxe nach Lungenembolie.
► Prophylaxe der arteriellen Thrombose (und damit des arteriellen Verschlusses) nach Eingriffen und Anastomosen an kleinen Arterien und nach Arterienersatz mit Kunststoff.
► Rezidivprophylaxe nach arterieller Embolektomie.

Heparin

► **Wirkungsmechanismus:**
  • Inhibition mehrerer plasmatischer Gerinnungsfaktoren, v. a. F X und F II.
  • Kofaktor von Antithrombin III.
  • In hohen Dosen auch Hemmung der Thrombozytenaggregation und -ädhäsion sowie fibrinolytische Komponente.
► **Wirkung:** Gerinnungshemmung (Inhibition der plasmatischen Gerinnung).
► **Unerwünschte Wirkungen:** Heparinallergie, Pruritus, Urtikaria, Bronchospasmus, heparininduzierte Thrombopenie, Blutungen (v.a. high-dose-Heparinisierung), Transaminasen-, Lipase- und LDH-Erhöhung, reversible Alopezie, Kopf- und Gliederschmerzen, Osteoporose (bei längerer Anwendung).
► **Präparate:**
  • *Unfraktioniertes* Heparin (z.B. Calciparin, Liquemin N).
  • *Fraktioniertes* (= niedermolekulares) Heparin (z.B. Fragmin, Fraxiparin, Mono Embolex NM, Sandoparin): Aufgrund längerer Halbwertszeit einmalige Tagesgabe ausreichend. Weniger unerwünschte Wirkungen, jedoch höhere Kosten gegenüber unfraktioniertem Heparin; teilweise nur im operativen Bereich zugelassen.
► **Indikationen:**
  • *Prophylaktische Heparinisierung (low-dose):* Erhöhtes Risiko thromboembolischer Ereignisse bei Immobilisation, nach Operationen oder Traumen, bei kardiovaskulären Erkrankungen.
  • *Therapeutische Heparinisierung (high-dose):* Thromboembolische Erkrankungen, extrakorporale Blutzirkulation (z.B. Dialyse).
► **Kontraindikationen:** Manifeste Blutung oder Blutungsneigung.
► **Dosierung:**
  • *Prophylaktische Heparinisierung (low-dose):*
    – Unfraktioniertes Heparin: z.B. 2×7500 IE/d s.c.
    – Fraktioniertes (= niedermolekulares) Heparin: z.B. 1×5000 IE/d s.c.
  • *Therapeutische Heparinisierung (high-dose):*
    – Subkutane Applikation: Initialdosis 2×12500–15000 IE s.c., dann nach PTT (s.u.).
    – Intravenöse Applikation: Initial Bolusgabe von 5000 IE i.v., dann kontinuierliche Applikation über Perfusor, z.B. 25000 IE/50 ml (= 500 IE/ml) mit zunächst 2–2,5 ml/h, dann nach PTT (s.u.).

▶ **Therapieüberwachung, Dosissteuerung:** Bestimmung der *PTT (partielle Thromboplastinzeit).* Bestimmung 6 Stunden nach Beginn der therapeutischen Heparinisierung, dann 1–2-mal täglich.
  • *Normbereich der PTT:* 17–24 Sekunden.
  • *Therapeutischer Bereich:* 1,5–2,5fache Verlängerung.
▶ **Antagonisierung:**
  • *Indikation:* z.B. bei Blutungen.
  • *Substanzen:*
    – Protaminchlorid (z.B. Protamin-Roche 1000, 5 ml/Amp.).
    – Protaminsulfat (z.B. Protaminsulfat Novo Nordisk 100 mg/10 ml/Amp.).
  • *Dosierung:* 1 ml Protamin inaktiviert 1000 IE unfraktioniertes Heparin. Da die zu antagonisierende Heparinmenge häufig schwer abzuschätzen ist, erfolgt zunächst die Gabe von 5 ml Protamin und anschließende PTT-Kontrolle.
  • *Nebenwirkungen:* Allergische Reaktionen.

Kumarinderivate

▶ **Wirkungsmechanismus:** Vitamin-K-Antagonismus, dadurch verminderte Synthese der abhängigen Gerinnungsfaktoren II, VII, IX und X (sowie Protein C und S) in der Leber.
▶ **Wirkung:** Gerinnungshemmung.
▶ **Unerwünschte Wirkungen:** Blutungen, Appetitlosigkeit, Übelkeit, Diarrhö, Hautnekrosen, Urtikaria, Dermatitis, reversible Alopezie, Transaminasenerhöhung.
  ◨ *Beachte:* Wechselwirkungen mit einer Vielzahl anderer Substanzen und Pharmaka möglich!
▶ **Präparat:** z.B. Phenprocoumon (Marcumar) 3 mg/Tbl.; HWZ ca. 6 Tage.
▶ **Indikation:** Erforderliche Langzeitantikoagulation bei Erkrankungen mit erhöhtem Risiko thromboembolischer Ereignisse.
▶ **Kontraindikationen:** Wie bei therapeutischer Heparinisierung.
◨ *Beachte:* Vor Beginn einer oralen Antikoagulantientherapie muss der Patient über Risiken und mögliche unerwünschte Wirkungen detailliert aufgeklärt werden!
▶ **Dosierung:** Richtet sich nach der Grunderkrankung und orientiert sich am Quick-Wert (s.u.). Beginn der Behandlung überlappend zu der meistens vorangehenden Heparintherapie, die bis zum Erreichen des therapeutischen Quick-Bereichs fortgeführt wird. Initialdosis von Phenprocoumon (Marcumar) bei einem Ausgangs-Quickwert von 100%:
  • 1. Tag: 4 Tbl. = 12 mg.
  • 2. Tag: 2 Tbl. = 6 mg.
  • 3. Tag und folgende: Dosierung nach Quick-Wert, Erhaltungsdosis meist 1/2–11/2 Tbl. täglich (Einnahme abends). Verlängerung der Quick-Kontrollintervalle nach Erreichen des therapeutischen Wertes (z.B. 14-tägliche Bestimmung).
▶ **Therapieüberwachung, Dosissteuerung:**
  • *Quick-Wert (Thromboplastinzeit, TPZ):* Maß für das „extrinsic system" der Gerinnung.
    – Normbereich: 70–100%.
    – Therapeutischer Bereich 15–25%.
    ◨ *Beachte:* Unterschiedliche therapeutische Bereiche durch unterschiedliche Quick-Reagenzien.
  • *INR (International Normalized Ratio):* Internationaler WHO-Standard, der einen Vergleich therapeutischer Bereiche und Messergebnisse ermöglicht. Entspricht die Empfindlichkeit des Thromboplastins (z.B. Thromborel S) bei der Quick-Bestimmung in etwa der des Referenzthromboplastins, können die Werte entsprechend Tab. 7.5 einander zugeordnet werden.

Adjuvante Verfahren und Therapien

Tabelle 7.5 · INR- und Quick-Werte im Vergleich (Quick-Reagenz = Thromborel S)

INR	Quick (%)	INR	Quick (%)	INR	Quick (%)
1,5	50	2,5	28	3,5	20
2,0	35	3,0	23	4,5	15

▶ **Vorgehen bei Überdosierung:** Therapiepause und tägliche Quick-Kontrollen bis zum Erreichen des therapeutischen Bereiches. Bei Quick < 10% Gabe von Vitamin K (z.B. Konakion MM) 5–10 mg. Wirkungseintritt nach 8–12 Stunden.
▶ **Vorgehen bei bedrohlicher Blutung:** Gabe von PPSB oder 1–2 Einheiten Frischplasma; zusätzlich Vitamin K (z.B. Konakion MM) 10 mg (= 1Amp.) langsam i.v.

Thrombozytenaggregationshemmer

▶ **Wirkungsmechanismus:** Hemmung der thrombozytären Zyklooxygenase.
▶ **Wirkung:** Gerinnungshemmung (Thrombozytenaggregationshemmung). Analgetikum, Antiphlogistikum und Antipyretikum
▶ **Unerwünschte Wirkungen:** Gastrointestinale Beschwerden, Ulzera, Blutungen, allergische Reaktionen, Bronchospasmus, Ekzeme, selten Thrombopenie.
▶ **Substanz:** Acetylsalicylsäure (z.B. ASS, Aspirin).
▶ **Indikationen:**
  • Koronare Herzkrankheit, Z.n. Myokardinfarkt, instabile Angina pectoris.
  • Z.n. ischämischem zerebralen Insult.
  • Arterielle Verschlusskrankheit, Z.n. gefäßchirurgischen Eingriffen.
▶ **Kontraindikationen:** Allergie, hämorrhagische Diathese, floride Magen-Darm-Ulzera, bekannter Bronchospasmus nach ASS-Einnahme, letztes Trimenon der Schwangerschaft.
▶ **Dosierung:** Bei Anwendung zur Thrombozytenaggregationshemmung 100 300 mg/d p.o.

Praktisches Vorgehen

▶ **Perioperative Prophylaxe venöser Thrombosen:**
  • *Routineprophylaxe bei den meisten Patienten:* Fraktioniertes (= niedermolekulares) Heparin, 3000 oder 5000 IE s.c. (bei Patienten mit Körpergewicht > 80 kg Dosis verdoppeln). Erste Dosis am Vorabend der Operation, zweite Dosis nach der Operation, dann täglich eine Dosis bis zur vollständigen Mobilisation.
  • *Nach großen Operationen und/oder bei Intensivpatienten* i.v. Applikation von Heparin, vorzugsweise als Dauerinfusion mit Perfusor wegen der Möglichkeit der raschen Dosisanpassung.
  • *Patienten unter Kumarin-Therapie:*
    – Wenn verantwortbar, Kumarin präoperativ absetzen, Quick auf über 50 steigen lassen, perioperative Gabe von fraktioniertem Heparin wie beschrieben.
    – Wenn die Antikoagulation nicht unterbrochen werden darf: Ersatz der Kumarin-Therapie durch eine i.v.-Heparin-Therapie, bis die Drainagen kein Blut mehr fördern, dann wieder Übergang auf Kumarin.
  • *Patienten unter Therapie mit Thrombozytenaggregationshemmern:* Keine zusätzliche perioperative Heparingabe. Einsetzen des fraktionierten Heparins 1–2 Tage postoperativ, wenn die Drainagen nicht vermehrt Blut fördern.

8 Dokumentation

8.1 Systematische Befunddokumentationen

► Eine systematische Befunddokumentation dient verschiedenen Zwecken:
  - Archivierung aller relevanten Befunde, Interventionen und diagnostischer/therapeutischer Überlegungen.
  - Rechtssichere Dokumentation, z.B. für Abrechnung gegenüber Kostenträgern, nachgehende Gutachtenerstellung, Abwehr von Behandlungsfehlervorwürfen etc.
  - Interne und externe Qualitätskontrollen.
  - Wissenschaftliche Untersuchungen.
► Gesetzliche Vorgaben und wissenschaftliche Studien erfordern eine systematische Datenerhebung z.B. für Abrechnung diagnosebezogener Fallpauschalen, Erfassung in der Polytraumastudie der Deutschen Gesellschaft für Unfallchirurgie, klinik-interne und externe Leistungsvergleiche.

8.2 Schweregradklassifikation – Scoring

Allgemeines

► **Ziele:**
  - Frühzeitiges Erkennen der Gefährdung von Patienten.
  - *Entscheidungshilfe bei der*
    - initialen Behandlung von Polytrauma-Patienten.
    - Terminierung erforderlicher Verfahrenswechsel und Sekundäroperationen bei Schwerverletzten.
    - Frage des Extremitätenerhaltes bei kritischer lokaler oder Allgemeinsituation.
  - *Vergleichbarkeit von Patientenkollektiven/Krankheitsverläufen:*
    - Klinische Untersuchungen/Studien.
    - Qualitätssicherung (s. S. 96).
► **Anforderungen:**
  - Objektivierbare Kriterien.
  - Reproduzierbarkeit.
  - Praktikabilität.
  - Hohe Vorhersagewahrscheinlichkeit.
► **Verwendete Scores:**
  - *Physiologische Scores* erfassen die Reaktion physiologischer Systeme auf ein Trauma:
    - GCS (Glasgow Coma Scale).
    - APACHE III (Acute Physiology and Chronic Health Evaluation).
    - MOF (Multiple Organ Failure Score).
  - *Anatomische Scores* basieren auf den klinisch erkennbar verletzten anatomischen Strukturen:
    - AIS (Abbreviated Injury Scale) bzw. ISS (Injury Severity Score).
    - PTS (Hannoveraner Polytraumaschlüssel).
  - *Trauma Outcome Evaluation* dient der Prognoseeinschätzung. Hierzu werden Scores mit unterschiedlichen statistischen Verfahren ausgewertet: TRISS.

- *Schweregradbeurteilungen lokaler Verletzungen* erfolgen als Klassifikation rein beschreibend (siehe Extremitätenverletzungen):
  - AO-Klassifikation – Art der knöchernen Verletzung.
  - Weichteilschaden geschlossen nach Tscherne.
  - Weichteilschaden offen nach Gustilo.
- *Schweregradbeurteilung des ausgedehnten Weichteilschadens* (Aussagen zur Erhaltungsfähigkeit einer Gliedmaße; s.u.):
  - MESS – Mangled Extremity Severity Score.
  - Hannover Fracture Scale.
- *Schweregradbeurteilung des Traumas* (s.u.): AIS/ISS, PTS, GCS.
- *Beurteilung der Patienten während der Intensivphase* (s. S. 91): APACHE III, MOF-Score.

Allgemeine Schweregradbeurteilung des Traumas

- ▶ **Ziel:** Hilfestellungen zur Versorgungsstrategie innerhalb der verschiedenen Phasen (Primär-, Sekundär-, Tertiärphase) geben.
- ▶ **AIS/ISS:**
  - Katalog, der 2000 Diagnosen und Symptome erfasst.
  - Jede Einzelverletzung wird einem von 6 Schweregraden zugeordnet.
  - Eine Verletzung mit dem AIS-Score 6 ergibt automatisch den ISS-Score 75 (sie wird in der Regel nicht überlebt).
  - Berechnung des ISS-Scores: AIS-Score der drei am schwersten betroffenen Körperregionen ermitteln → diese Werte quadrieren und summieren.
- ▶ Hannoveraner Polytraumaschlüssel: Neben anatomisch orientierten Verletzungskriterien werden berücksichtigt: GCS, Patientenalter, Oxygenierungsquotient p_aO_2/FiO_2, Basendefizit.

Schweregradbeurteilung des ausgedehnten Weichteilschadens

- ▶ **Problemstellung:** Mit den modernen Techniken der Traumatologie ist ein Erhalt der Extremitäten häufig auch bei massiven Weichteildestruktionen möglich. Dies kann jedoch auch zu einer vitalen Gefährdung gerade des Mehrfachverletzten führen. Scores können hier Entscheidungshilfen geben.
- ▶ **MESS – Mangled Extremity Severity Score:**
  - Neben dem Energiegehalt des initialen Traumas berücksichtigt dieser Score Extremitätenischämie, Schockzustände und das Patientenalter.
  - Hohe Spezifität für die Prognose bei Extremitätenerhalt.
- ▶ **Hannoveraner Fracture Scale:**
  - Sehr ausführlicher und exakter Score.
  - Wegen des hohen Aufwandes geringe Praktikabilität.
  - Bei Studien und zur Qualitätssicherung jedoch wegen der Genauigkeit wertvoll.

Beurteilung des Patienten während der Intensivphase

- ▶ **Möglichst objektive Bestimmung des Schweregrades** einer Erkrankung mit Berechnung von „Outcome" und Prognose eines Patienten vor Behandlungsbeginn. Darüber hinaus wird die multizentrische und multinationale Vergleichbarkeit unterschiedlicher Intensivpatienten und die Qualitätskontrolle (interner Vergleich und mit externen Intensiveinheiten) erleichtert.
- ▶ **Charakterisierung standardisierter Patientengruppen** bei der Einführung neuer Medikamente und Therapieverfahren, wobei für Studienzwecke zwischen Therapie-„Respondern" und „Non Respondern" unterschieden wird.

▶ **Kosten/Nutzen-Analyse von Therapiemaßnahmen** mit optimaler Einbeziehung aller Ressourcen (Personal, Apparate, Bettenkapazität, Medikamente etc.).

◩ *Achtung:* „Outcome"-Vorhersagen beziehen sich immer nur auf Patientengruppen, das individuelle Patientenschicksal kann nicht vorhergesagt werden. Die „klinische" Beurteilung eines Patienten und ärztliche Entscheidungen dürfen nicht durch Scorepunktewert ersetzt werden. Auch die individuelle Lebensqualität wird nicht erfasst.

▶ **Methodik:** Pathophysiologische und biochemische Variablen sowie morphologische und anatomische Gegebenheiten, z.T. auch therapeutische Parameter bzw. Parameter aus verschiedenen Bereichen, werden erfasst. Das Ausmaß der Normabweichung eines Parameters wird mit Punkten bewertet (je größer die Abweichung, desto schwerer ist die Erkrankung und umso schlechter die Prognose).

Anwendung *(s. Tab. 8.1)*

Tabelle 8.1 · Spezifische Anwendung bestimmter Scoringsysteme

Notfallaufnahme/ Unfallort (Prognose, Triage)	Intensivstation (Aufnahme, initiale 24 h (Prognose)	Intensivstation (tägliche Verlaufs- und Therapiekontrolle)	chirurgische Patienten
GCS, TS, RTS, PTS,TRISS, ISS	SAPS, APACHE, POSSUM, MPM, PSI, Euro, SOFA	APACHE, SAPS, HIS, TISS, SSS, SS, PSI, MOF, SOFA	TS, RTS, TRISS, PTS, ISS, POSSUM, SSS, Euro

GCS = Glasgow Coma Scale; TS = Trauma Score; RTS = Revised Trauma Score; PTS = Poly Trauma Score; TRISS = Trauma Score Injury Severity Score; ISS = Injury Severity Score; SAPS, APACHE, SOFA, EURO, POSSUM, MPM, PSI, HIS, TISS, SSS, SS, MOF s.u.

Apache II

▶ **3-teiliger „Standard-Intensivscore":**
  • *A. Physiologischer Score* (s. Tab. 8.2): Normabweichungen von 12 physiologischen/biochemischen Parametern innerhalb der ersten 24 h nach Aufnahme auf eine Intensivstation werden mit Punktwerten von 1–4 bewertet. Die Glasgow Coma Scale (GCS, S. 188) als Messparameter für die neurologische Funktion wird stärker gewichtet (s.u., max. 12 Punkte). Auch ein akutes Nierenversagen wird besonders gewertet, die Punkte für die Normabweichungen des S-Kreatinins werden in diesem Falle verdoppelt.

Tabelle 8.2 · **APACHE II – physiologischer Score (Teil A)**

physiologische Variablen	erhöhter Wertebereich				0	erniedrigter Wertebereich			
	+4	+3	+2	+1		+1	+2	+3	+4
Temperatur rektal (°C)	≥ 41	39–40,9		38,5–38,9	36–38,4	34–35,9	32–33,9	30–31,9	≤ 29,9
arterieller Mitteldruck (mmHg)	≥ 160	130–159	110–129		70–109		50–69		≤ 49
Herzfrequenz (min⁻¹)	≥ 180	140–179	110–139		70–109		55–69	40–54	≤ 39
Atemfrequenz (spontan oder beatmet; min⁻¹)	≥ 50	35–49		25–34	12–24	10–11	6–9		≤ 5
Oxygenation (aaDO₂ oder pₐO₂)									
a. FiO₂ > 0,5 (→ AaDO₂)	≥ 50	350–499	200–349		< 200				
b. FiO₂ < 0,5 (→ pₐO₂)					> 70	61–70		55–60	< 55
arterieller pH	≥ 7,7	7,6–7,69		7,5–7,59	7,33–7,49		7,25–7,32	7,15–7,24	< 7,15
Serum-Natrium (mmol/l)	≥ 180	160–179	155–159	150–154	130–149		120–129	111–119	≤ 110
Serum-Kalium (mmol/l)	≥ 7	6–6,9		5,5–5,9	3,5–5,4	3–3,4	2,5–2,9		< 2,5
Serum-Kreatinin (mg/dl); bei ANV: Wert × 2	≥ 3,5	2–2,4	1,5–1,9		0,6–1,4		< 0,6		
-lämatokrit (in %)	≥ 60		50–59,9	46–49,9	30–45,9		20–29,9		< 20
Leukozyten (1000/mm³)	≥ 40		20–39,9	15–19,9	3–14,9		1–2,9		< 1
Glasgow Coma Scale (S. 188) Punktwert = 15 minus aktueller CCS-Punkterang									
HCO₃⁻ (mmol/l); nur wenn keine BGA	≥ 52	41–51,9		32–40,9	22–31,9		18–21,9	15–17,9	< 15

- B. *Alter* (s. Tab. 8.3): Höheres Alter geht einher mit reduzierten physiologischen Reserven. Je nach Altersgruppe 0–6 Punkte.

Tabelle 8.3 · APACHE II – Alterspunkte (Teil B)

Alter	Punkte
≤ 44	0
45–54	+2
55–64	+3
65–74	+5
≥ 75	+6

- C. *Vorbestehende chronische Erkrankungen* (s. Tab. 8.4): Für schwere Organinsuffizienzen werden zusätzliche Punkte vergeben. Nicht operative Patienten oder postoperative Notfallpatienten mit einer der genannten Erkrankungen werden mit 5 Punkten bewertet, Patienten nach einem Elektiveingriff erhalten 2 Punkte.

Tabelle 8.4 · APACHE II – Berücksichtigung vorbestehender chronischer Erkrankungen (Teil C)

Organsystem	Erkrankung
Leber	Zirrhose mit portaler Hypertension, frühere Episoden oberer gastrointestinaler Blutung bei portaler Hypertension, frühere Episoden von Leberversagen, Leberkoma, hepatische Enzephalopathie
Herz/Kreislauf	Herzinsuffizienz NYHA IV
Lunge	schwere chronisch obstruktive, restriktive oder vaskuläre Lungenerkrankung, chronische Hypoxie, Hyperkapnie, sek. Polyzythämie, pulmonale Hypertension > 40, Respiratorabhängigkeit
Niere	chronische Dialysepflichtigkeit
Immunschwäche	immunsuppressive Therapie, Radiatio, Chemotherapie, AIDS, Leukämie, malignes Lymphom etc.

▶ **Bewertung:** Gesamt-Punktewert = A + B + C (maximal 71 Punkte). Die Letalität nimmt mit steigender Punktezahl zu.

Weitere Scores

▶ **SAPS II (Simplified Acute Physiology Score):** Dem APACHE-System sehr ähnlich (17 Variablen): *a)* physiologische Variablen (HF, RR$_{syst}$, Temp., Diurese, Harnstoff, Leukozyten, Na$^+$, K$^+$, HCO$_3^-$, Bilirubin, GCS, PaO$_2$/FiO$_2$), *b)* Alter, *c)* Grunderkrankungen (AIDS, maligne hämatolog. Erkrankung, Metastasen), *d)* Notfall?, chirurgischer Wahl- oder Notfalleingriff in der Anamnese? Die Letalität nimmt mit steigender Punktezahl zu.

► **Sepsis Score (SS):**
  - Zur Schweregradbeurteilung einer Sepsis und zu deren Verlaufskontrolle.
  - Vier Bereiche werden erfasst (pro Parameter werden 1–6 Punkte vergeben): *a)* lokale Infektzeichen (Wundinfekte, Peritonitis, Pneumonie, Abszesse, Osteomyelitis), *b)* Körpertemperatur, *c)* Laborwerte (Blutkultur, Leukozytenzahl, Hämoglobin, Thrombozyten, Serumprotein), *d)* Sekundärfolgen der Sepsis (Ikterus, Azidose, Nierenversagen, neurologische Störung, DIC).
  - Je schwerer die Sepsis, desto höher die Punktezahl. Werte > 20 gehen mit einer stark erhöhten Letalität einher.

► **SSS (Sepsis Severity Score):** Erfassung des Ausmaßes und Schweregrades eines septischen Prozesses. Erfasst werden Lunge, Niere, Gerinnung, Herzkreislaufsystem, Leber, Gastrointestinaltrakt, ZNS. Je nach Dysfunktion werden 1–5 Punkte vergeben.

► **SOFA** (**S**epsis-related **O**rgan **F**ailure **A**ssessment/Sequential Organ Failure Assessment Score): Scoresystem zur Morbiditätsbeurteilung und Verlaufsbeobachtung von *Patienten mit sepsisassoziierten Krankheitsbildern.* Beurteilt werden die sechs Organsysteme Atmung, Gerinnung, Leber, Herz-Kreislauf-System, zentrales Nervensystem und die Niere. Abhängig vom Grad der Dysfunktion werden je Organsystem 0–4 Punkte vergeben.

► **MOF (Multi Organ Failure Score):** Für Patienten mit Multiorganversagen. Bewertet werden Lunge, Herz-Kreislauf, Niere, Leber, Thrombozyten- und Leukozytenfunktion, Gastrointestinaltrakt, ZNS. Je nach Grad der Dysfunktion werden pro Organsystem 0–2 Punkte vergeben. Je höher die Punktezahl, umso ausgeprägter das Multiorganversagen. Die maximal erreichbare Punktezahl beträgt 14 Punkte.

► **POSSUM (Physiological and Operative Severity Score For The Enumeration Of Mortality And Morbidity):** Zur Abschätzung von *postoperativer Mortalität und Morbidität. A)* 14 physiol. Parameter (Alter, EKG, Rö-Thorax, GCS, RR, HF, Hb, Leukozyten, Harnstoff, Na⁺, K⁺, kardiale u. pulmonale Anamnese), *b)* 6 operative Parameter (Blutverlust; Größe, Art und Anzahl des Eingriffs, maligner Tumor?, peritoneale Kontamination?).

► **Euro Score** (European System for Cardiac Operative Risk Evaluation): Spezieller Score zum Qualitätsmanagement in der Herzchirurgie. Die Patienten werden in Risikogruppen eingeteilt. Erfasst werden Alter, Geschlecht, bestehende präoperative Begleiterkrankungen, sowie Art und Größe des operativen Eingriffs. Der präoperative kardiale Zustand wird sehr detailliert bewertet. Je nach Risikofaktor werden 1–4 Punkte vergeben. Aufgrund seiner Differenzierung ist eine relativ genaue *Risiko-Beurteilung bei herzchirurgischen Patienten* möglich.

► **HIS (Hannover Intensiv Score):** Zur Verlaufsbeobachtung und Prognosestellung. Erfasst werden 22 Parameter von 6 Organsystemen (Lunge, Herzkreislaufsystem, ZNS, Niere, hämatologisch-immunologisches System, Gastrointestinaltrakt). Pro Organsystem werden dabei je nach Funktionseinschränkung 0–3 Punkte vergeben (bei besonderen Komplikationen Extrapunkte). Insgesamt sind maximal 32 Punkte möglich.

► **TISS (Therapeutic Intervention Scoring System):** Rein *therapiebezogener* Score, der mehr als 70 therapeutische und pflegerische Maßnahmen erfasst. Damit indirekte Erfassung des Erkrankungsschweregrades am Ausmaß der durchgeführten Maßnahmen und der Pflegeintensität. Er dient zur Leistungserfassung und ist Grundlage von Personalbedarfsberechnungen. Einteilung in 4 Intensivpflegekategorien: I (< 10 Punkte), II (10–19 Punkte), III (20–39 Punkte), IV (> 40 Punkte).

► **MPM II (Mortality Probability Score):** Statistischer Score zur *Vorhersage der Sterbewahrscheinlichkeit.*

Dokumentation

► **PSI (Physiology Stability Index):** Pädiatrischer Intensivscore, wobei Säuglinge gesondert erfasst werden. Bewertet werden 7 Organsysteme mit insgesamt 34 Parametern. Zusammen mit modifiziertem TISS lässt sich die Interaktion zwischen Dysfunktionen und therapeutischen Maßnahmen bewerten (PSI/TISS-Index).

8.3 Qualitätssicherung

Grundlagen

► **Prinzip:** „Qualität" bedeutet den Vergleich mit ideal vorgestellten Verhältnissen (ursprünglich wurde die Idee der Qualitätssicherung geboren, als durch Einführung von Fallpauschalen in den USA ein enormer Kostendruck entstand und einem drohenden Qualitätsverlust entgegengetreten werden sollte).
► **Gesetzliche Grundlagen:** Sozialgesetzbuch §§ 135 und 137.
► **Ziele der Qualitätssicherung:**
  • *Für die Patienten:* Gutes Behandlungsergebnis, humane Behandlung, Leistung nach anerkanntem Stand der Medizin, gleichmäßige Leistungserbringung. Wahrung des Patientengeheimnisses, Zufriedenheit bei Kurzzeit- und Langzeitergebnis.
  • *Für die Ärzte:* Selbstkontrolle, Qualitätssteigerung, Komplikationserfassung/ Risikoanalyse, Methodenvergleich/Methodenvielfalt, Fort- und Weiterbildung, Datenschutz.
  • *Für die Krankenhäuser:* Leistungsfähigkeit der Organisationsstrukturen, diagnostische und therapeutische Voraussetzungen, personelle Ausstattung, Zusammenhang zwischen Fallzahl und Qualität, Erfassung des Versorgungsablaufes.
  • *Für die Krankenkassen:* Ausreichende und zweckmäßige Versorgung, Leistung nach anerkanntem Stand der Medizin, gleichmäßige Leistungserbringung, Wirtschaftlichkeit, kurze Behandlungszeiten, dauerhafter Behandlungserfolg.
  • *Für die Wissenschaft:* Vergleich der Behandlungsmethoden, Entwicklung neuer Methoden, Komplikationsanalyse, Entwicklung der Diagnostik, Entwicklung von Grundlagen, Methodik der Qualitätssicherung.
► **Formen der Qualitätssicherung:**
  • Gesetzliche Regelungen zur Erfassung von Infekt-Komplikationen (Infektionsschutzgesetz), Dokumentation und Aufbewahrung nach Röntgendiagnostik.
  • Teilnahme an wissenschaftlichen Studien, z.B. Arbeitsgemeinschaft für Osteosynthesefragen (AO), Polytraumastudie der Deutschen Gesellschaft für Unfallchirurgie (DGU).
  • Fortbildung durch regelmäßige Teilnahme an wissenschaftlichen Veranstaltungen: Jahrestagung DGU, Instructional Course Lectures bei der American Association for Orthopaedic Surgeons (AAOS).
  • Berichtpflicht und Gutachtenerstellung zur berufsgenossenschaftlichen Heilbehandlung der gesetzlichen Unfallversicherungen.
► **3 Stufen der Qualitätssicherung:** Strukturqualität, Prozessqualität, Ergebnisqualität.
► **Standards/Empfehlungen:**
  • Bei Standards liegt die Gefahr in deren Einklagbarkeit, wenn sie nicht eingehalten werden oder wurden.
  • Besser ist die Herausgabe von Empfehlungen (z.B. Leitlinien der Deutschen Gesellschaft für Chirurgie bzw. Unfallchirurgie).

9   Versicherungsrechtliche Grundlagen

9.1 Gesetzliche Krankenversicherung

► **Krankenkassen:** Sie sind als Selbstverwaltungskörperschaften des öffentlichen Rechts Träger der Krankenversicherung.
► **Beiträge** zur Krankenversicherung werden geleistet von
- Arbeitgebern und versicherten Arbeitnehmern je zur Hälfte.
- Trägern der Rentenversicherung von Arbeitern und von Angestellten.
- Bund.
- Zuständigen Trägern einer Rehabilitationsmaßnahme.
- ◗ *Hinweis:* Ehegatten und Kinder von Mitgliedern sind in der Regel beitragsfrei mitversichert.
► **Leistungen** (Anspruch besteht im Wesentlichen bei Krankheitseintritt):
- Zur Förderung der Gesundheit.
- Zur Verhütung bzw. Früherkennung und Behandlung von Krankheiten.
- Bei Schwerpflegebedürftigkeit.
- Bei Schwangerschaft und Mutterschaft.
- ◗ *Definitionen:*
  - Krankheit: Regelwidriger Körper- oder Geisteszustand, der Krankenpflege erfordert oder Arbeitsunfähigkeit verursacht.
  - Arbeitsunfähigkeit: Der Versicherte ist wegen seiner Krankheit nicht oder nur mit der Gefahr, seinen Zustand zu verschlimmern, in der Lage, seiner bisher ausgeübten Tätigkeit nachzugehen.
► **Das Verhältnis Arzt – Krankenversicherung** ist in SGB V geregelt („ausreichende, zweckmäßige und wirtschaftliche Versorgung der Mitglieder"). Die ärztliche Begutachtung im Rahmen der Aufgabenerfüllung der Krankenversicherung liegt beim Medizinischen Dienst.

9.2 Gesetzliche Unfallversicherung

► **Berufsgenossenschaften** sind die Träger der gesetzlichen Unfallversicherung (Regelung im Sozialgesetzbuch VII).
► **Versicherte Personen:** Arbeitnehmer, Kinder in Kindergärten und Schulen, Studenten, Nothelfer am Unfallort.
► **Beiträge** zur gesetzlichen Unfallversicherung werden von Arbeitgebern alleine (kein Arbeitnehmerbeitrag) und vom Staat erbracht.
► **Leistungen, Aufgaben** (Leistungsanspruch besteht bei Vorliegen eines Arbeits- oder Wegeunfalls bzw. einer Berufskrankheit):
- Maßnahmen zur Prävention, Rehabilitation und Entschädigung „mit allen geeigneten Mitteln", (*Grundsatz:* „Rehabilitation vor Rente").
- „Alles aus einer Hand": Erste Hilfe, Heilbehandlung, medizinische, berufliche und soziale Rehabilitation.
- Betreuung der Schwerverletzten vom Krankenbett über die berufliche und soziale Wiedereingliederung durch Berufshelfer (besonders geschulte Mitarbeiter der UV-Träger).
- Organisation nach Gewerbebranchen → fördert den engen Bezug zu den Betrieben und zum Arbeitsplatz bei Präventionsmaßnahmen und bei der beruflichen Wiedereingliederung Behinderter.

► **Besondere Qualitätsmaßnahmen** (in der Heilbehandlung und Rehabilitation):
  • Die ambulante Versorgung darf nur von besonders qualifizierten Ärzten durchgeführt werden (sog. Durchgangsärzte = D-Ärzte).
  • Die *Qualifikation als Durchgangsarzt* erfordert die Facharztbezeichnung für Chirurgie oder für Orthopädie und Unfallchirurgie, zusätzlich die Schwerpunktbezeichnung Unfallchirurgie oder die Zusatzweiterbildung Spezielle Unfallchirurgie; die Zulassung als Durchgangsarzt mit Verletzungsartenverfahren erfordert zusätzlich eine mindestens 2-jährige Tätigkeit an einem zugelassenen Haus nach Erwerb der Schwerpunktbezeichnung.
  • Krankenhäuser müssen einen Katalog von Anforderungen erfüllen, um zum D-Arzt-Verfahren zugelassen zu werden.

► **Voraussetzungen für den Versicherungsfall:**
  • *Arbeitsunfall* = Unfall, den ein Versicherter infolge einer Tätigkeit erleidet, durch die er in den versicherten Personenkreis aufgenommen wurde.
  • *Unfall* = zeitlich begrenzte, von außen auf den Körper einwirkende Ereignisse, die zu einem Gesundheitsschaden oder zum Tod führen.
  • *Haftungsbegründende Kausalität* = das Ereignis muss mit der versicherten Tätigkeit in *ursächlichem Zusammenhang* stehen.
  • *Haftungsausfüllende Kausalität* = auch zwischen Unfallereignis und Körperschaden muss ein ursächlicher Zusammenhang bestehen.

► **Berufskrankheiten:** Krankheiten, welche die Bundesregierung durch Rechtsverordnung mit Zustimmung des Bundesrates als solche bezeichnet und die ein Versicherter infolge einer versicherten Tätigkeit erleidet.

► **Verletzungsartenverfahren:**
  • Bei Gesundheitsschäden, für die wegen ihrer Art oder Schwere eine besondere unfallmedizinische stationäre Behandlung angezeigt ist, wird diese in besonderen Einrichtungen erbracht (§ 33 Abs. 3 SGBVII).
  • Es gibt 800 Krankenhäuser mit besonderen personellen und technischen Einrichtungen.

► **Berufshilfemaßnahmen:** Die Verletzten sollen unter Anwendung aller geeigneter Mittel nach ihrer Leistungsfähigkeit unter Berücksichtigung ihrer Eignung, Neigung und bisherigen Tätigkeit möglichst auf Dauer beruflich eingegliedert werden (§ 35 Abs. 1 SGBVII). Maßnahmen hierzu sind Belastungserprobung, Eingliederungshilfen, innerbetriebliche Umsetzungsmaßnahmen.

► **Geldleistungen:**
  • *Verletztengeld:* Erhält der Arbeitnehmer, solange er im Sinne der Krankenversicherung arbeitsunfähig ist.
  • *Übergangsgeld:* Erhält der Versicherte während einer Berufshilfemaßnahme.
  • *Verletztenrente* (nach Wegfall des Anspruchs auf Verletztengeld):
    – *Voraussetzung* ist, dass eine Minderung der Erwerbsfähigkeit (MdE) von mindestens 20% über die 26. Woche nach dem Unfall hinaus besteht.
    – *Eine vorläufige Rente* kann bei Änderung der Verhältnisse jederzeit anders festgesetzt werden, vorausgesetzt die Änderung ist wesentlich (mindestens 10%). (Wenn voraussichtlich nur eine vorläufige Rente zu gewähren ist, kann der Rentenaufwand auch in Form einer Gesamtvergütung gewährt werden.)
    – *Eine Rente auf unbestimmte Zeit* tritt ein nach Ablauf von 3 Jahren und kann nur in Abständen von mindestens einem Jahr geändert werden.

10   Weichteilschaden

10.1 Grundlagen

Allgemeine Grundlagen

▶ Grundsätzlich muss zwischen einer Weichteilverletzung mit und ohne begleitende Fraktur unterschieden werden:
- *Weichteilverletzung ohne begleitende Fraktur* – für die Prognose des Weichteilschadens sind entscheidend:
  - Morphologie und Vitalität der betroffenen Haut, des Subkutangewebes, der Muskeln und der Muskelfaszien.
  - Verschmutzungsgrad (Kontamination).
  - Allgemeinverletzungen (Schock, Polytrauma).
  - Lokale Begleitverletzungen, Gefäßverletzungen, Nervenverletzungen, Kompartmentsyndrom.
- *Weichteilverletzungen mit begleitender Fraktur:*
  - Weichteilschäden treten nicht nur in Zusammenhang mit offenen Frakturen auf, sondern auch bei geschlossenen Frakturen.
  - Zur Beurteilung des Schweregrades einer Fraktur muss die Weichteilschädigung differenziert beurteilt und klassifiziert werden (s. u.).
  - ▣ *Cave:* Eine Fraktur mit Weichteilverletzung ist – ob offen oder geschlossen – ein dringender Notfall! Im Vordergrund stehen die Infektionsprophylaxe und die Erhaltung der Vitalität des betroffenen Skelettabschnittes.

Klassifikation des Weichteilschadens bei Frakturen

▶ **Die Arbeitsgemeinschaft für Osteosynthese (AO)** hat 1991 folgende Kodierung der Verletzungen bei Frakturen vorgeschlagen: Tab. 10.1.

Tabelle 10.1 · Klassifikation des Weichteilschadens bei Frakturen (AO 1991)

Haut (I = Integument)

A. IC = integument closed (geschlossene Fraktur)

IC I	geschlossene Haut, keine manifeste Weichteilschädigung
IC II	Prellung
IC III	Schürfung, umschriebenes Décollement (Ablederung)
IC IV	ausgedehntes Décollement (Ablederung)
IC V	geschlossene Hautnekrose

B. IO = integument open (offene Fraktur; s. S. 100)

IO I	Durchbrechung der Haut von innen nach außen
IO II	Durchbrechung des Hautmantels von außen nach innen, Eröffnungsstelle < 5 cm, kontusionierte Wundränder

Tabelle 10.1 · Fortsetzung

IO III	Wunde > 5 cm, ausgedehnte Kontusionszonen, devitalisierte Wundränder
IO IV	ausgedehnte, tief greifende Kontusionszonen, extreme Desquamationen mit Haut-Weichteilverlust, subtotale Amputationen

Muskel – Sehnen (MT = muscle – tendon)

MT I	keine Läsion
MT II	umschriebene Verletzung einer Muskel-Sehnen-Gruppe
MT III	ausgedehnte Muskel-Sehnen-Verletzung (2 Kompartimente betroffen)
MT IV	Sehnen- und Muskeldefekte (ausgedehnte Kontusion)
MT V	Kompartmentsyndrom, Crush-Verletzung

Nerven – Gefäße (NV = nerve – vessel)

NV I	keine Läsion
NV II	isolierte Nervenläsion
NV III	isolierte Gefäßläsion
NV IV	kombinierte Nerven- und Gefäßläsion
NV V	subtotale oder vollständige traumatische Amputation

10.2 Offene Frakturen

Klassifikation

▶ **Allgemein:** Für offene Frakturen existiert klassischerweise eine III-Grad-Einteilung, die auf Gustilo und Anderson zurückgeht.
▶ **Schweregradeinteilung, Definitionen:** siehe Tab. 10.2.

Tabelle 10.2 · Schweregradeinteilung offener Frakturen (nach Gustilo und Anderson)

Grad I	Durchbrechung der Haut von innen nach außen (Hautläsion < 1 cm); nicht verschmutzt; minimale Muskelkontusion; einfache Quer- oder kurze Schrägfraktur
Grad II	ausgedehnter Weichteilschaden mit Lappenbildung oder Décollement (Hautläsion > 1 cm); geringe bis mäßige Muskelquetschung; einfache Quer- oder kurze Schrägfraktur mit kleiner Trümmerzone
Grad III	ausgedehnter Weichteilschaden unter Einbeziehung von Haut, Muskulatur und neurovaskulären Strukturen; oft Rasanztrauma mit schwerer Gewebequetschung

Tabelle 10.2 · Fortsetzung

A	großer Weichteildefekt, Knochen noch mit vitalem Periost bedeckt
B	großer Weichteildefekt, Knochen liegt deperiostiert über weite Strecken frei; massive Kontamination
C	gleichzeitig liegt eine rekonstruktionspflichtige Arterienverletzung vor

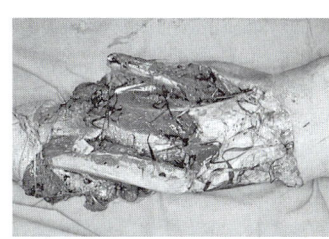

Abb. 10.1 Drittgradig offene Unterschenkelfraktur mit starker Verschmutzung

Erstversorgung

▶ **Cave:** Am Unfallort keine Manipulationen an der Wunde durchführen (z. B. Reinigen, Anwendung von Desinfektionsmitteln, Situationsnähte)!
▶ **Sterile Wundabdeckung:**
  • Sollte bei Verdacht auf eine offene Fraktur so schnell wie möglich erfolgen, um die Gefahr weiterer Kontaminationen zu minimieren.
  • Dieser am Unfallort angelegte, ausreichend große Verband sollte grundsätzlich bis zur definitiven Versorgung im Operationssaal nicht mehr entfernt werden!
▶ **Kompressionsverband** bei starker Blutung durch die sterile Wundabdeckung. Keine strangulierenden Abbindungen!
▶ **Volumenersatz.**
▶ **Ausreichende Analgetikagabe** bei offenen Frakturen grundsätzlich schon am Unfallort, weil vasomotorische Reaktionen auf Schmerzen das Bild eines Volumenmangelschocks verstärken können (z. B. Dolantin 50 mg i.v.).
▶ **Reposition:** Eine offene Fraktur muss, ebenso wie eine geschlossene Fraktur oder ein luxiertes Gelenk, reponiert werden. Durchblutungsstörungen und Drucknekrosen im luxierten Zustand begünstigen die Entwicklung eines Infektes in der Regel mehr als eine mögliche Inokulation von Keimen in die Tiefe der Wunde bei der Retraktion durchspießender Knochenareale.
▶ **Antibiotikaprophylaxe:** Frühzeitig noch am Unfallort beginnen mit einem möglichst breiten Wirkspektrum und hohen lokalen Gewebespiegeln in Knochen- und Weichgeweben.
▶ **Tetanusschutz** (Auffrischung oder Simultanimpfung), s. S. 72.

Operative Versorgung

▶ **Immer indiziert!**
▶ **Vorbereitungen:**
  • *Anästhesie:* Allgemeinanästhesie.
  ▶ *Hinweis:* Möglichst ohne Blutsperre arbeiten.

- *Antibiotikaprophylaxe:* Während der frühen postoperativen Phase über 7–14 Tage fortsetzen.
- Verbandswechsel erst unter aseptischen Bedingungen im Operationssaal.
► **Vorgehen:**
- *Exzision der kontusionierten Wundränder,* Weichteil-Débridement, Spülung (ggf. mit Jet-System und Ringerlösung), bei stark verschmutzten Frakturenden auch Einsatz von sterilen Bürsten.
- *Exzision von nicht vitaler Muskulatur* („Vitalitätszeichen" = 4 K: Konsistenz, Kolorit, Kontraktilität, Kapillarblutung).
- *Operative Stabilisierung der Fraktur:*
  – Standardverfahren: Fixateur externe.
  – In ausgewählten Situationen (erstgradig offene Frakturen) auch durch Marknagel bzw. im Gelenkbereich durch Plattenosteosynthese.
- *Primärer Hautverschluss:* Dieser darf nur spannungsfrei erfolgen, im Zweifelsfall provisorischer Wundverschluss durch Hydroverband/Vakuumversiegelung (z. B. Coldex; Abb. 10.2). Sehnen, Gefäße, Nerven, Implantate müssen von vitalem Gewebe bedeckt sein. *Cave:* Keinen Hautverschluss erzwingen!

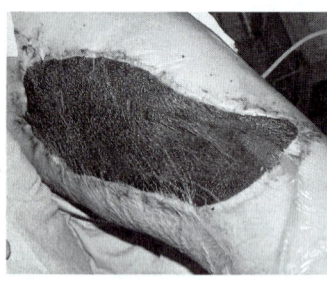

Abb. 10.2   Vakuumversiegelung einer drittgradig offenen Femurschaftfraktur

▶ **Hinweis:**
  – Keine primären Plastiken (Haut-, Muskel-, myokutane Lappen) bei offenen Frakturen am Unterschenkel.
  – Frühzeitige Indikation zum Einsatz freier Lappentransplantate bei ausgedehnten Defektzonen (2.–4. Tag).
- *Wundbedeckung* mit dünner Fettgaze oder Kunsthaut.

Nachbehandlung

► **Klinische Überwachung** der Durchblutungssituation und bezüglich eines eventuellen Logen-/Kompartmentsyndroms (S. 109).
► **Medikamentös:**
- *Antibiotika* kurzdauernd weiterführen (5–10 Tage).
- *Thromboseprophylaxe* weiterführen.
► **Wundversorgung:**
- Täglicher Verbandswechsel.
- Die Kunsthautbedeckung muss regelmäßig gewechselt werden (alle 2–4 Tage).
- Ein zweites operatives Débridement ist nach 2 Tagen erforderlich (weitere evtl. später), evtl. kombiniert mit einem plastischen Eingriff.
- Verschluss offener Wunden in Etappen nach Abschwellung, evtl. Spalthauttransplantat (S. 527).

► **Mobilisation, Physiotherapie:** Beginn mit aktiv-passiver Mobilisation, sobald die Wundheilung gesichert ist.
► Die weitere Nachbehandlung richtet sich nach der Art der Fraktur.

Prognose

► Bei kompetenter Primärversorgung kann die Infektionsrate gering gehalten werden.
► Verzögerte Frakturheilung und trophische Störungen sind möglich.
► Oft sind Verfahrenswechsel und spätere plastische Korrektureingriffe zur Beschleunigung der Frakturheilung und zur Verbesserung des Resultates erforderlich.

10.3 Amputationsverletzungen

Grundlagen

► **Definitionen:**
  - *Amputation:* Verlust von Extremitäten(teilen).
  - *Replantation:* Wiederannähen vollständig abgetrennter Körperteile, im Allgemeinen unter Wiederherstellung der Blutzirkulation durch vaskuläre Anastomosen.
  - *Mikroreplantation versus Makroreplantation:* Bezieht sich auf die Gesamtmasse des Amputates, nicht auf Gefäß- und Nervendurchmesser der zu replantierenden Extremität. Mikroreplantationen (Hand bis proximal des Handgelenkes/Fußbereich bis einschließlich Sprunggelenk) haben im Gegensatz zur Makroreplantationen keine große Gefahr von Ischämie-Reperfusionsschäden mit den entsprechenden pathophysiologischen Reaktionen.
  - *Revaskularisation:*
    – *Überlebensrevaskularisation:* Gewisse anatomische Strukturen sind noch in ihrer Kontinuität erhalten. Distal der Verletzungsstelle ist die Durchblutung jedoch so weit zusammengebrochen, dass ein Überleben ohne chirurgische Gefäßrekonstruktion nicht zu erwarten ist.
    – *Verbesserungsrevaskularisation:* Das Überleben des Gewebes distal der Verletzung ist nicht vital gefährdet. Zur Verbesserung der Durchblutung werden arterielle und venöse Gefäßanastomosen angelegt.
► **Ursachen, Verletzungsmechanismus:** Trauma in Verkehr, Arbeit, kriegerischen Auseinandersetzungen (Minenverletzungen).
► **Klassifikation:**
  - *Komplette Abtrennung:*
    – Scharfe, guillotineartige Amputation: glatte Schnittfläche mit fast unversehrtem Weichteilmantel (amputatio sensu stricto).
    – Abquetschamputation mit begrenztem Weichteilschaden.
    – Abquetschamputation mit ausgedehnter diffuser Schädigung des Weichteilmantels.
    – Avulsionsamputation: Ausreißen des amputierten Teiles an den Stellen der geringsten Reißfestigkeit der verschiedenen Gewebe (unterschiedliche Läsionshöhen).
  - *Inkomplette Abtrennung:* Die Hauptgefäßverbindungen und wesentlichen funktionellen Strukturen sind durchtrennt.

Klinische Symptomatik

▶ Insgesamt abhängig von betroffenem Körperteil, Unfallmechanismus und verstrichener Zeit zwischen Unfall und primärer bzw. definitiver Versorgung.
▶ **Kleinamputationen (Finger, Zehen):** Keine schwer wiegenden systemischen Reaktionen, evtl. aber erhebliche psychische Belastung (z. B. bei Verlust von Fingern der dominanten Hand).
▶ **Großamputationen (Hand, Arm, Fuß, Bein):** (Fast) immer erheblicher Blutverlust bzw. verbunden mit weiteren Verletzungen (Polytrauma, lebensgefährliches Verletzungsmuster).

Diagnostisches Vorgehen

▶ **Anamnese:**
  • *Unfallzeitpunkt:* entscheidend für Replantationsversuch.
  • *Unfallhergang:* Kenntnis des Verletzungsmechanismus lässt Schlüsse auf eventuelle zusätzliche Schädigungen des Amputates zu (z. B. scharfe Abtrennung, Quetschverletzung, Ausriss).
▶ **Klinische Untersuchung:**
  • *Allgemein:* Vitalfunktionen und Untersuchung auf weitere Verletzungen, da das Verletzungsmuster die Entscheidung über eine eventuelle Replantation erheblich beeinflusst.
  • *Abklärung bezüglich Vorerkrankungen* (kardiopulmonal, vaskulär oder metabolisch) bzw. Replantationskontraindikationen.
  • *Amputat bzw. Stumpf:* Höhe der Amputation. Ausdehnung der Gewebedefekte distal (Amputat) und proximal (Stumpf). Bestimmung der Amputationslinie.
▶ **Röntgen:** Standardaufnahmen der betroffenen Extremität und des Amputates.

Therapieprinzipien

▶ **Primärmaßnahmen:**
  • *Kleinamputationen:* steriler Druckverband am Amputationsstumpf, Hochlagern der Extremität.
  • *Großamputationen:*
    – Stabilisierung der vitalen Funktionen.
    – Kein Zeitverlust durch Suchen von abgetrennten Körperteilen, sondern sofortiger Transport in eine Klinik.

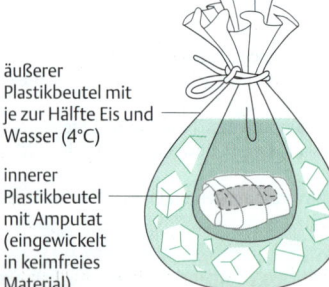

äußerer
Plastikbeutel mit
je zur Hälfte Eis und
Wasser (4°C)

innerer
Plastikbeutel
mit Amputat
(eingewickelt
in keimfreies
Material)

Abb. 10.3 Sachgerechte Amputat-
kühlung zum Transport: äußerer
Plastikbeutel mit je zur Hälfte Eis und
Wasser (4 °C), innerer Plastikbeutel
mit Amputat (eingewickelt in keimfreies Material)

- – Schmerzbekämpfung, steriler Druckverband am Amputationsstumpf (*cave:* Keine Abbindungen vornehmen!), eventuell mit Blutdruckmanschette, Hochlagern der betroffenen Extremität.
- – Transport des Amputates s. u.
- ▶ **Transport des Amputates:** Das Amputat in sterilen Kompressen trocken in einer Kühlpackung mit zwei Plastiksäcken verpacken. Das Amputat befindet sich dabei wasserdicht in der ersten Packung (kein direkter Kontakt mit Eis!), die in einen zweiten Beutel mit Eiswasser (1/3 Eis, 2/3 Wasser) gelegt wird (vgl. Abb. 10.3).
- ▶ **Klinik:** Ziel ist die möglichst rasche, endgültige Behandlung, entweder die Replantation oder definitive Amputation.

Replantation

- ▶ **Indikationen:**
  - *Relative Indikation:* Abtrennung eines einzelnen Langfingers, von Zehen oder von Vorfußteilen. Ganzer Arm oder Bein (siehe Anmerkungen zur Amputationslinie).
  - *Absolute Indikation:* Abtrennung von Daumen, sämtlicher Langfinger, der ganzen Hand oder dem ganzen Fuß.
- ▷ **Aber:** Die Indikation zur Replantation ist entscheidend abhängig vom Unfallzeitpunkt, von der Höhe der Amputationslinie, vom Ausmaß des Weichteilschadens der betroffenen Extremität, von Zusatzverletzungen (Polytrauma?) und vom Alter des Patienten.
  - *Unfallzeitpunkt:*
    - – *Kleinamputationen:* Eine schnellstmögliche Replantation ist anzustreben. Kleinamputate können, bei + 4 °C und trocken verpackt, viele Stunden konserviert werden (ein Finger bis zu 24 h, eine Hand bis zu 12 h).
    - – *Großamputation:* Für die Replantation einer Extremität gilt die 6-Stunden-Grenze. Nur bei exakter Kühlung (+ 4 °C) der Amputate ist eine Anoxämiezeit von mehr als 6 h tolerabel.
  - *Höhe der Amputationslinie:* Bei Makroreplantationen gilt: Je proximaler die Amputation, desto zurückhaltender die Indikation zur Replantation, wegen drohender Ischämie-Reperfusionsschäden mit den teilweise erheblichen nachfolgenden pathophysiologischen Reaktionen und der ungünstigeren sensorisch-motorischen Nervenregeneration.
  - *Ausmaß des Weichteilschaden:* Massive Weichteilzerstörungen stellen eine Kontraindikation zur Replantation dar, ebenso massive Schädigungen von Nervenplexen bei Ausrissamputationen.
  - *Zusatzverletzungen:* Abzuwägen ist der zu erwartende funktionelle Gewinn gegenüber dem Risiko für den Patienten. Bei polytraumatisierten Patienten erlaubt das Verletzungsmuster häufig keine zeitaufwendigen Replantationsversuche („limb for life"). Bei Amputaten mit großer Muskelmasse drohen erhebliche Ischämie-Reperfusionsschäden.
  - *Alter des Patienten:* Beurteilung des biologischen Alters des Patienten und nicht des chronologischen. Bei Kindern ist die Indikation zur Replantation und Revaskularisation weiter zu stellen, da eine erheblich bessere Tendenz zur Nervenregeneration besteht. Die Replantation großer Gliedmaßenabschnitte jenseits des 50. Lebensjahres erfolgt nur in Ausnahmefällen.
- ▶ **Reinigung und Débridement:**
  - Zur Verkürzung der Operationszeit arbeiten zwei Teams gleichzeitig: das eine am Stumpf, das andere am Amputat.
  - Reinigung des Amputates unter sterilen Bedingungen mit Bürste unter intensiver Spülung. Keine Desinfektion der Wunde selbst, lediglich die umliegende

Haut behandeln unter Verwendung einer farblosen Desinfektionslösung (erlaubt Beurteilung der Mikrozirkulation). Gleichzeitig Markieren der später zu verwendenden Nerven und Gefäße mit feinem Nahtmaterial.

- Amputate mit großer Muskelmasse mit UW-(University of Wisconsin) oder Euro-Collins-Lösung von + 4 °C blutleer spülen zur Kühlung und Verminderung der Gefahr eines Ischämie-Reperfusion-Syndroms. Dann Débridement unter Spülung mit Ringer-Lösung und stetiger Kühlung des Amputates vornehmen.

▶ **Vorgehen bei Replantation:**

1. Skelettstabilisation: Eventuell Verkürzungsosteotomie, gefolgt von primär stabiler Osteosynthese.
2. Kontinuitätswiederherstellung der durchtrennten Strukturen: von der Tiefe gegen die Oberfläche. Anlegen der Gefäßanastomosen zur Reperfusion. Vor der Freigabe der arteriellen Zirkulation eine, besser mehrere Venenanastomosen sicherstellen.
3. Mikrochirurgie an Nerven und weiteren Gefäßen. Insbesondere bei den Nerven auf Spannungsfreiheit achten.
4. Sehnennähte oder primäre Sehnen-Muskel-Transposition.
5. Vor der Hautnaht soll beim Wundverschluss eine primäre Dekompression aller Muskelkompartimente durch Fasziotomie(n) gesichert werden. Bei nicht spannungsfreiem Verschluss der Hautwunde temporäre Kunsthautdeckung (z. B. Epigard).

   ▶ *Hinweis:* Eine Replantation hat nur Erfolg, wenn eine ausreichende Zirkulation wiederhergestellt ist. Ein optimales funktionelles Resultat kann nur durch eine gute Reinnervation erzielt werden.

6. Je nach Weichteilschaden und Replantationsverfahren Second Look nach 24–48 Stunden.
7. Eventuell notwendige plastisch-rekonstruktive Maßnahmen (mikrovaskuläre Gewebetransplantationen und Kallusdistraktion) erst nach geglückter Replantation.

▶ **Nachbehandlung:**

- *Periodische klinische Kontrolle* der Blutzirkulation im revaskularisierten Teil: In den ersten 8 h alle 30 min, anschließend stündlich für weitere 48 h, danach alle 2–3 h bis zum 6. postoperativen Tag.
- *Laborüberwachung* von Serumelektrolyten, Lungen- und Nierenfunktion zur Erfassung eines möglichen Postischämie-Syndroms.
- *Postoperativer Blutersatz* bei ausgedehnten Blutverlusten, bis ein Hämatokritwert von ca. 32% erreicht ist (Hämodilution für optimale Perfusion im Bereich der Mikrozirkulation).
- *Antikoagulation:* Nicht zwingend bei Replantation scharfer Amputationen (Voraussetzung: perfekt ausgeführte mikrovaskuläre Anastomosen). Bei ausgedehnten Gewebeschäden Heparin 10000 IE i.v. und zusätzlich Acetylsalicylsäure 3 × 300 mg über fünf Tage.
- *Breitspektrumantibiotikum* bis zum fünften postoperativen Tag.

▶ **Prognose:**

- Entscheidend ist die Beurteilung des biologischen Alters des Patienten. Amputationen auf günstigem Niveau und von günstigem Verletzungstyp können auch bei älteren Personen prognostisch gut verlaufen.
- Die Einheilung nach scharfer Amputation ist in der Regel gut.
- Prognostisch ungünstig sind Amputationsverletzungen mit diffuser Gewebeschädigung, da nicht auszumachendes devitalisiertes Gewebe zur Infektion und starke Fibrosierung zu einer Funktionseinbuße führen können.

- Avulsionsamputationen haben die schlechteste Prognose. Meistens sind hier Gefäßrekonstruktionen mit langen Veneninterponaten und Reinnervation durch sekundäre Nerventransplantation notwendig.
- Als mögliche Komplikationen im Alter (v. a. ab 50 Jahren) sind die höhere Anfälligkeit auf postoperative Komplikationen, das Versteifen von Gelenken, Sehnenadhäsionen, eine schlechtere Nervenregeneration und die Kälteintoleranz zu nennen.

Amputation

▶ *Hinweis:* Ist keine Replantation einer abgetrennten Extremität möglich, so ist eine Amputation nicht als verzweifelter Abschluss einer erfolglosen Behandlung anzusehen, sondern als Beginn der Rehabilitation.

▶ **Ziel** einer guten Amputation ist die Schaffung eines schmerzfreien, muskelkräftigen und gut durchbluteten Stumpfes, der eine gute Belastung erlaubt und mit einer Kontaktprothese versorgt werden kann.

▶ Amputationshöhe:
  - *Generell:*
    - So sparsam wie möglich amputieren bzw. nachamputieren. Die Höhe der Amputation wird durch den Zustand der Weichteile bestimmt. Beim primären Eingriff muss so viel wie möglich von intakter Haut belassen werden. Die endgültige Stumpfform kann bei einem sekundären Eingriff konfiguriert werden.
    - Der längere Amputationsstumpf ist bei erhaltener funktionstüchtiger Muskulatur besser, wegen des längeren Hebelarmes. Die Haut über der Amputationsstelle sollte eine normale Sensibilität oder zumindest eine Schutzsensibilität haben.
  - An *Arm und Bein* ist jeder Zentimeter wichtig, wenn möglich die Kondylen erhalten (→ bessere und kürzere prothetische Versorgung).
  - *Amputationsgrenze am Unterschenkelstumpf:* Die günstigste Länge ist oberhalb der Mitte bis zur oberen Drittelgrenze der Tibia, da die Wadenmuskulatur zur Deckung zur Verfügung steht. Alternativ: Exartikulation im Kniegelenk oder Callander-Stumpf (Amputationslinie kurz oberhalb der Kondylen unter Wegfall der Kniescheibe).
  - *Am Oberschenkelstumpf:* Exartikulation im Kniegelenk oder Amputation auf Höhe des unteren Drittels des Oberschenkelschaftes.

▶ **Amputationstechniken:**
  - *Offene* (mehrzeitige): bei allen Amputationen bzw. Nachamputationen mit großem Weichteilschaden. Initial Guillotine-(Nach)-Amputation mit Versorgung der Blutgefäße und Zurückkürzen der Nerven. Second Look nach 24–48 h. Bei sauberen Wundverhältnissen endgültige Stumpfbildung.
  - *Geschlossene* (einzeitige): häufig bei Fingeramputationen, bei denen keine Replantation erfolgt. Nach Débridement definitive Stumpfversorgung.

▶ **Wichtige Strukturen, die besonders beachtet werden müssen:**
  - Knochen:
    - Bei allen Extremitätenamputationen muss eine optimale Durchblutung auch der terminalen Knochenabschnitte sichergestellt sein. Neben diesen physiologischen Überlegungen kommen noch mechanische Anforderungen an das Amputat hinzu.
    - Das *Periost* führt einen Teil der knochenernährenden Gefäße und muss daher bei der Amputation sehr sorgfältig behandelt werden. Durchschneiden des Periostes mehrere Zentimeter unterhalb der geplanten Amputationshöhe. Sorgfältiges Hochschieben des Periosts und anschließend Durchtrennen **107**

des Knochens (*cave:* Überhitzung des Knochens bei der Durchtrennung vermeiden!). Das Periost über den Sägequerschnitt des Knochens ziehen und dicht vernähen.

- *Muskulatur* (myoplastische Deckung und Myodese):
  - Ziel der myoplastischen Deckung ist die Herstellung von funktionstüchtigen Muskelschlingen über den Knochenstumpfenden zur Wiederherstellung einer normalen Muskelspannung, von normalen Muskelaktionen im Stumpfgebiet, zur Besserung des arteriellen Blutzuflusses und des venösen Rückflusses zum bzw. vom Stumpf, zur muskulären Führung des Stumpfendes, zur guten Anpassung einer Kontaktprothese.
  - Bei der *myoplastischen* Deckung des Stumpfendes sollten Agonisten mit den Antagonisten über dem Stumpfende verbunden werden. Bei der *Myodese* werden einzelne Muskelgruppen am Knochen fixiert. Dabei muss auf eine gute Deckung des Stumpfendes geachtet werden.

- *Gefäße:*
  - Große Arterien und Venen aufsuchen und unterbinden (Ligatur und zusätzliche Gefäßdurchstechung), kleinere Gefäße koagulieren.
  - Da die meisten Amputationen in Blutsperre mit einer pneumatischen Blutdruckmanschette durchgeführt werden, muss vor Vervollständigung des Stumpfes die exakte Hämostase durch Ablassen der pneumatischen Blutsperre überprüft werden.

- *Nerven:*
  - Die großen Nerven aufsuchen und so durchtrennen, dass später keine Nerven- oder Stumpfschmerzen auftreten. Zur Verhinderung von Neuromen werden verschiedene Verfahren empfohlen.
  - Gute Erfahrungen wurden mit einer Durchtrennung und Ligatur der großen Nerven einige Zentimeter oberhalb der Amputationslinie gemacht, wobei oberhalb der Ligatur der Nerv nochmals gequetscht wurde. Kleinere Nerven müssen nicht unterbunden oder gequetscht werden.

- *Haut und Unterhaut:* Die Subkutis und die Haut erhalten ihre Blutversorgung über Gefäße von der Muskulatur, die durch die Faszie dringen. Das muss bei allen Manipulationen am Stumpfende beachtet werden, da die Haut bei Amputationen ein wichtiges und empfindliches Organ darstellt. Nur Haut mit intakter Sensibilität (zumindest eine Schutzsensibilität) garantiert einen Stumpf, der prothetisch versorgt werden kann. Die Hautlappen müssen so präpariert sein, dass ihre Länge nicht größer ist als ihre Basis. Ein Stumpf muss spannungsfrei mit Haut zu decken sein.

▶ **Nachbehandlung:**

- Nach gesicherter Wundheilung erfolgt am Arm oder Bein das Wickeln des Stumpfendes zur Reduktion des postoperativen Ödems.
- *Prothetische Versorgung* des Stumpfes so früh wie möglich, wobei häufig die Prothese in der ersten Zeit den wechselnden Stumpfverhältnissen angepasst werden muss. Bei der prothetischen Sofortversorgung wird unmittelbar nach der Amputation eine provisorische Prothese angelegt, die an der Verbindungsstelle (Interface) Stumpfende/Prothesenschaft eine gewisse Elastizität aufweist, jedoch auch ein Abgleiten der Prothese verhindert. Der Patient kann damit mobilisiert werden. Eine gute Wundkontrolle ist obligat, der Stumpf muss entsprechend seiner Lokalisation gewickelt werden. Eine definitive Prothese kann nach 6–8 Wochen angepasst werden.

Comp. post. pars emp. mit d. Kriegs sunda + d. plant.

▶ **Komplikationen:**
- *Stumpfschmerzen:* Ursachen dieser Form von Schmerzen müssen genau abgeklärt werden (z. B. ausgehend von der Narbe, schlechte Durchblutung der Weichteile, Neurom[e], Infekt). Eventuell Stumpfkorrektur.
- *Phantomschmerzen:* Die Phantomschmerzen müssen vom Phantomgefühl (Gefühl der noch vorhandenen Extremität, aber ohne Empfinden von Schmerzen) unterschieden werden. Die Ursache von Phantomschmerzen sind nicht bekannt.
- *Therapie:*
  - Konservative Maßnahmen: Analgetika, Neuroleptika, lokale Injektionen, Nervenblockaden, elektrische Stimulation, Akupunktur.
  - Chirurgische Maßnahmen (bei starken Schmerzen, am besten in darauf spezialisierten Einrichtungen): periphere Neurektomie, dorsale Rhizotomie, Sympathektomie, anterolaterale Chordotomie und neurochirurgische Interventionen am Gehirn.
- *Weitere:* instabiler Stumpf, zu langer Weichteilmantel, Neurome. Therapie: Lokaler chirurgischer Eingriff.

▶ **Sonderfall** *nicht replantierbare Amputate als Gewebebank:* Aus nicht mehr replantierbaren Amputaten können Knochenstücke, Gelenke, Gefäß- und Nervensegmente oder sogar ganze mikrovaskulär transplantierbare Gewebsareale gewonnen werden. Besonders nutzbringend ist die Verwendung einer intakten Fußsohle als reiner Weichteillappen, als osteokutanes Transplantat (Stumpfverlängerung) oder zur Herstellung eines auf Dauer endständig belastbaren Amputationsstumpfes (Erleichterung der prothetischen Versorgung).

10.4 Kompartmentsyndrom

Grundlagen

▶ **Definition, Mechanismus:** Multifaktoriell bedingte Gewebedruckerhöhung in geschlossenen, von Faszien umgebenen Räumen, die zu einer Störung der Mikrozirkulation führt (verbunden mit Endothelzellschädigung, Kapillarleckbildung und Proteinverlust). Dies führt zu vorübergehendem oder dauerhaftem Funktionsverlust von Nerven und Muskeln bis hin zum Gewebeuntergang in Form von Nekrosen.

▶ **Ursache, Verletzungsmechanismus:** allgemein durch eine Begrenzung des Raumes sowie durch Druckerhöhung von außen (durch Vermehrung des Kompartmentinhalts oder durch Verminderung des Kompartmentvolumens): s. Tab. 10.3.

[handschriftliche Notizen:]

Tib. ant. Syndrom: 4 Kompartimente

comp. ant. = Extensorenloge mit M. tib. ant.: M. ext. dig. long.,
M. ext. hall. long.
N. fib. prof.; A. + V. tib. ant.

com. lat. = Fibularisloge mit M. fib. long + brevis
com. post. tief = Flexorengruppe profunda mit M. tib. post.; M. flex. dig. long +
M. hall. prox. long.
N. tib.; A + V. tib. post.; A. + V. fib.

Tabelle 10.3 · Ursachen eines Kompartmentsyndroms (nach Oestern)

Verkleinerung eines Kompartments

- Verschluss eines Fasziendefekts
- einschnürende Verbände (Blutsperre)

Inhaltsvermehrung des Kompartments

Blutung	• Gefäßverletzung • Antikoagulanzientherapie • vermehrte Blutungsbereitschaft
erhöhte Kapillar-permeabilität	• postischämische Schwellung, arterielle Verletzung, arterielle Thrombosen oder Embolien, rekonstruktive Gefäßchirurgie, Replantation, verlängerte Blutsperre, arterieller Spasmus • Verbrennungen und Erfrierungen • Gift (Schlangenbiss) • intensiver Muskelgebrauch, Muskelübungen (Sport), Tetanus, Eklampsie • Lagerung unter Kompression einer Extremität • medikamentös induziert

Kombination von Blutung und erhöhter Kapillarpermeabilität

- Frakturen (primär und durch Extensionsbehandlung)
- Weichteilverletzungen (Quetschung)
- Osteotomie

weitere Ursachen

- Hochdruckinjektion
- paravasale Infusionen
- Entzündungen
- „Crush"-Syndrome bei Weichteilverletzungen

▶ **Typische Lokalisationen:**
  - *Obere Extremität:* dorsale und ventrale Oberarmlogen, Unterarmbeuger- und -streckerlogen, Mm. interossei, Thenar.
  - *Untere Extremität:* Mm. glutaei, dorsale und laterale Oberschenkellogen, M. tibialis anterior, Peronäusloge, tiefe und oberflächliche hintere Unterschenkelloge, Mittelfuß.
▶ **Klassifikation:** Tab. 10.4.

Tabelle 10.4 · **Klassifikation des Kompartmentsyndroms**

Stadium	klinische Merkmale	Druckdifferenz in der Logendruckmessung
drohendes Kompartment-syndrom	bohrender Schmerz, Muskelkompressions-schmerz und angedeutete neurologische Ausfallserscheinungen wie Parästhesien und Paralyse	< 30 mmHg
manifestes Kompart-mentsyndrom	neurologisches Defizit voll ausgebildet	> 30 mmHg
chronisches Kompartment-syndrom	leistungseinschränkende Beschwerde-symptomatik bei chronischer Überlastung einzelner Muskelgruppen z. B. bei Leistungssportlern	wiederkehrende Druckerhöhung in einzelnen Muskellogen

▶ *Hinweis:* Bei der Interpretation der Kompartmentdruckwerte müssen auch die Kreislaufverhältnisse beurteilt werden, weil beispielsweise bei Schock die Differenz aus arteriellem Mitteldruck und Gewebedruck betrachtet werden muss.

Klinische Symptomatik und Befunde

► Charakteristisches Leitsymptom: Muskeldehnungsschmerz der betroffenen Muskulatur.
► Bohrender, stechender Schmerz, progrediente Symptomatik, die mit dem Verletzungsausmaß nicht erklärbar ist.
► Druckdolentes Kompartment, Verhärtung der betroffenen Muskellogen.
► Sensible (Parästhesien) und motorische (Paralyse) Ausfälle (Spätstadium).
► Erhaltene periphere Pulse.

Diagnostisches Vorgehen

► **Primär klinische Diagnose!** Zwischen Unfall und Kompartmentsyndrom können Stunden und Tage vergehen → beim gefährdeten Patienten die Punkte zur Symptomatik (Punkte 3.–10.) der Checkliste nach Echtermeyer *stündlich* überprüfen:
  1. Name und Aufnahmenummer des Patienten.
  2. Datum und Zeitpunkt des Unfalls.
  3. Zeitpunkt der Untersuchung, Name des Untersuchers.
  4. Schmerzen: keine, leicht, mittel, stark?
  5. Palpationsbefund: weich, gespannt, hart?
  6. Muskeldehnungsschmerz: ja, nein?
  7. Sensibilität: normal, vermindert, fehlt; spitz-stumpf, 2-Punkt?
  8. Motorik: normal, abgeschwächt, aufgehoben?
  9. Puls peripher: A. dorsalis pedis, A. tibialis posterior?
  10. Haut: Farbe, Kapillardurchblutung, Blasen?
▶ *Cave:* **ausführlich dokumentieren!** Die weitreichenden Konsequenzen eines übersehenen Kompartmentsyndroms erfordern im Verdachtsfalle eine umfangreiche, genaue und differenzierte klinische und apparative Befunderhebung mit exakter Zeitangabe des Untersuchungszeitpunktes und Namensangabe des Untersuchers.

Weichteilschaden

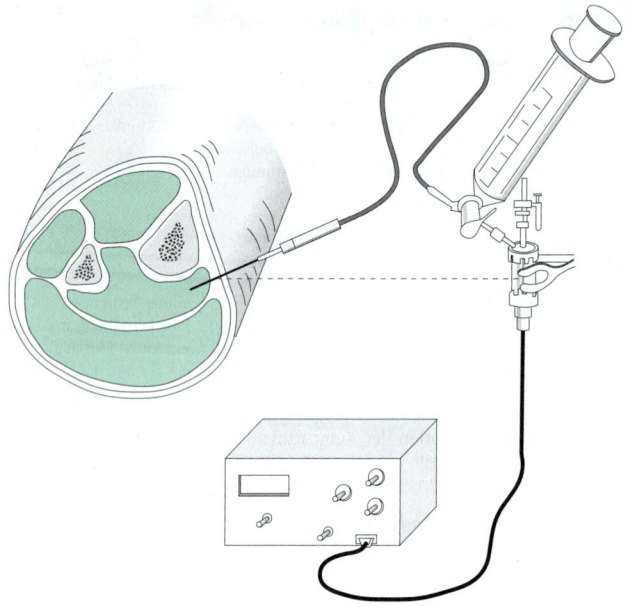

Abb. 10.4 Kompartmentdruckmessung in der tiefen Beugerloge des Unterschenkels

► **Einmalige oder kontinuierliche subfasziale Druckmessung:**
- *Indikation:* Bei Bewusstlosigkeit oder sonst nicht eindeutig zu stellender Diagnose.
- *Prinzip, Durchführung* (Abb. 10.4, 10.5): Nach dem piezoresistiven Prinzip arbeitende Druckmesssonden werden in flachem Winkel in die Muskelloge mit dem zu erwartenden Druckmaximum eingestochen. Bei Frakturen sollte die Sondenspitze in Frakturnähe liegen, bei sekundärem Wundverschluss oder bei Faszienlückenverschlüssen an der Logenperipherie.
- ▶ *Cave:* Auch in anderen Logen messen, die der klinischen Untersuchung nicht zugänglich sind!

Differenzialdiagnose

► **Drohendes, manifestes Kompartmentsyndrom:**
- *Thrombose:* Schwellung, Wadendruckschmerz, Überwärmung, Fieber.
- *Arterielle Zirkulationsstörung:* Ischämieschmerz, kaltes Bein, fehlende Fußpulse, keine Druckempfindlichkeit; *Diagnostik:* Dopplersonographie, ggf. Angiographie.
- *Akuter postoperativer Infekt:* Wundrötung, Fieber, Leukozytose.
- *N.-peronaeus-Läsion:* kein Schmerz, Parese lateraler Fußheber und Großzehenheber, keine Schwellung, Anästhesie zwischen Dig. I und II.

► **Chronisches Kompartmentsyndrom:**
- *Stressfrakturen von Tibia und Fibula:* diagnostisch Röntgen, evtl. Szintigraphie.

- *Tenosynovitis der Dorsalflektoren des Fußes:* Krepitation, Erythem, Bewegungsschmerz.
- *Skin Splits* (= „Schienbeinbersten"): Bei Sportlern bei Aufnahme der Aktivität auftretende Schmerzen der vorderen Unterschenkelmuskulatur, verschwindet bei zunehmendem Training.
- *Mediales Tibiasyndrom bei Sportlern:* Stressreaktion im Bereich von Faszien und Knochen.

Allgemeine Therapie

► **Allgemein:**
- Anheben der Extremität von der Unterlage (zur Druckentlastung).
  - ▷ *Cave:* nicht hochlagern!
- Adäquate Volumentherapie.
- Ggf. AV-Impulskompression der Fußsohle (reduziert die Schwellneigung des Unterschenkels).
- Antiphlogistika.
- Hämofiltration bei Rhabdomyolyse abhängig von CK-Wert und Kalium.

► **Sofortmaßnahmen bei neuromuskulärem Defizit:**
- Gipsverbände spalten, aufspreizen, schalenförmig ausschneiden.
- Zirkuläre Verbände aufschneiden.
- Nervendruckpunkte entlasten.
- Sofortige Gewebedruckmessung bei mangelnder Besserung bzw. bei einer Verschlechterung der Situation:
  - < 30 mmHg (Patient normotensiv) → weiter konservativ: allgemeine Erstbehandlung (s. o.), Überwachung (s. o. Checkliste).
  - > 30–40 mmHg → operatives Vorgehen (abhängig vom klinischen Befund!).

Operative Therapie

▷ *Cave:* Am Unterarm (3), an der Hand (10), am Unterschenkel (4) und am Fuß (6) bestehen zahlreiche nicht miteinander kommunizierende Kompartimente. Aus diesem Grund kann u. U. auch eine bilaterale Fasziotomie zur Spaltung aller Kompartimente notwendig sein.

► **Drohendes Kompartmentsyndrom:** halbgedeckte Fasziotomie über kleine Hautinzisionen.

► **Manifestes Kompartmentsyndrom** (Notfallindikation):
- Konsequente und ausgedehnte Dermatofasziotomie in ganzer Länge aller betroffenen Kompartimente (Abb. 10.5, 10.6).
- Osteosynthese eventueller Frakturen.
- Sorgfältiges, evtl. wiederholtes Débridement. Bei zweifelhaftem Erstbefund sollte die Muskulatur nicht primär reseziert werden.
  - ▷ *Vitalitätszeichen der Muskulatur:* Kontraktilität, Konsistenz, Kolorit und Kapillarblutung.
- Hautinzisionen offen lassen und mit Kunsthaut decken, z. B. mit Epigard.
- Geplanter „Second Look" alle 48 Stunden (Inspektion, Débridement).
- Sekundärer Wundverschluss erst bei spannungsfreien Verhältnissen (ggf. intraoperative Fasziendruckmessung), evtl. dynamischer Wundverschluss mit Skinstretcher oder Spalthautdeckung.
- Hyperbare Sauerstofftherapie bei Muskelnekrosen (Problemwundenschema).

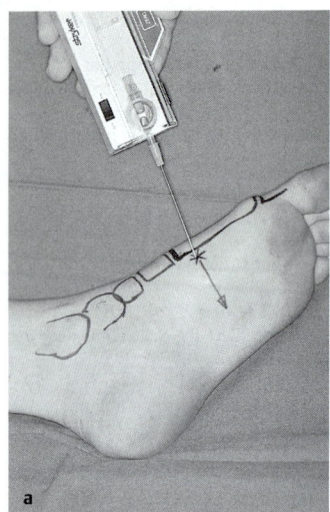

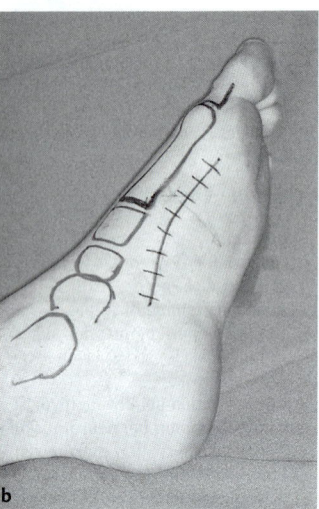

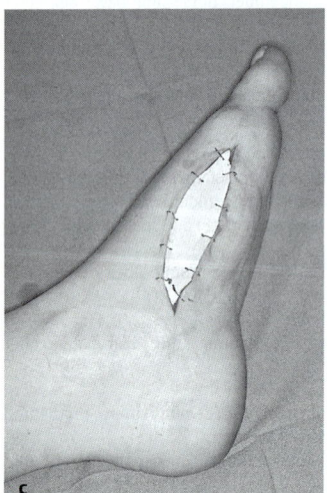

Abb. 10.5 a–c. Kompartmentsyndrom am Fuß nach Quetschtrauma:
a) Messung des Logendrucks,
b) Anzeichnen der Inzision,
c) nach Kompartmentspaltung und temporärer Epigard-Deckung

▷ *Spezielles Vorgehen:*

– Oberschenkel: laterodorsale Inzision der Fascia lata.
– Unterschenkel: parafibulare Fasziotomie über die Gesamtlänge der Fibula, in der Regel zusätzlicher medialer Zugang hinter der medialen Tibiahinterkante. Spalten des lateralen Kompartments mit dem N. peronaeus superficialis, des ventralen Kompartments mit N. peronaeus profundus, des oberflächlichen dorsalen Kompartments und des tiefen dorsalen Kompartments. Alternative: bilaterale Inzisionen (Abb. 10.6).

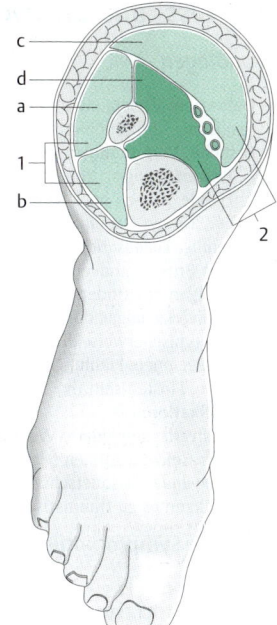

Abb. 10.6 Querschnitt durch das distale Drittel des rechten Unterschenkels mit Aufsicht von oben. Zugänge zur Kompartmentdekompression, 1) anterolateraler Zugang zur Entlastung des ventralen (b) und lateralen (a) Kompartments, 2) posteromedialer Zugang zur Entlastung des oberflächlichen (c) und tiefen (d) Kompartments

▶ **Chronisches Kompartmentsyndrom:** endoskopisch kontrollierte Fasziotomie in minimal-invasiver Technik.

Nachbehandlung

▶ Nach 1 Woche kann die Hautinzision durch Sekundärnaht geschlossen oder der verbleibende Defekt mit Mesh Graft gedeckt werden.
▶ Die weitere Behandlung richtet sich nach der zugrunde liegenden Verletzung und deren Behandlungsstrategie.

Prognose und Komplikationen

▶ **Allgemein:** Abhängig von der Vitalität der Muskel- und Nervenfasern zum Zeitpunkt der Entlastung (Biopsie). Bei früher Operation restitutio ad integrum. Bei verspäteter Operation partielle oder vollständige Muskel- oder Nervennekrose (Infektionsbegünstigung, neurologische Defizite), später Fibrose (Tenodeseeffekt mit Kontrakturen). Volkmann-Kontraktur, Deformität. Oft schwer wiegende Invalidität.
▶ **Beispiel Unterschenkel:** Bewegungseinschränkung des oberen Sprunggelenkes, Spitzfußdeformität, Kurzfuß-, Hammerzehen- und Krallenzehendeformität.

10.5 Biss- und Stichverletzungen

Grundlagen

▶ **Definition:** Verletzung durch Biss oder Einstich von Gegenständen in den Körper (exklusive Körperhöhlen).
▶ **Ursache, Verletzungsmechanismus:**
  • *Bissverletzungen:* äußerst vielfältige Verletzungsmechanismen wie Bisse durch Hunde, Katzen oder Menschen sowie Selbstbisse in Lippe, Zunge und Wange bei Stürzen, Auseinandersetzungen, Sportunfällen oder epileptischen Anfällen. *Häufige Lokalisationen:* Biss in den Arm oder in die Schulter sowie in Genitalien und Brust. Handverletzungen durch Faustschlag in die Zahnreihen. Tierbisse erfolgen bei Kindern häufig beim Spielen mit Hunden oder Katzen.
  • *Stichverletzungen* durch spitze Gegenstände wie z. B. Messer oder Feilen entstehen typischerweise durch Selbstunfall oder durch gewalttätige Übergriffe anderer Personen. Pfählungsverletzungen können z. B. Folge eines Sturzes auf einen Zaun, Pfosten sein.
▶ **Klassifikation:**
  • *Stichverletzung:* glatte Wundrandbegrenzung (*cave:* Auch tiefe Strukturen und/oder Gelenke können betroffen sein).
  • *Bisswunde:* Rissquetschwunde mit unregelmäßigen Wundrändern. Im Extremfall kann es zu traumatischen Amputationen kommen.

Klinische Symptomatik und diagnostisches Vorgehen

▶ **Symptomatik:** Es gibt eine große Vielfalt an Wundformen und Tiefe der Verletzungen bis hin zum Bissdécollement; Kulissen! Bei vernachlässigten Wunden durch Infektion, lokales Erythem, Schwellung, Lymphadenopathie, Fieber, Schmerzen und Eiterausfluss.
▶ **Häufige Begleitverletzungen:** Lazerationen von Sehnen, Gefäßen oder Nerven sowohl oberflächlich als auch in der Tiefe. Gelenkeröffnung.
▶ **Diagnostisches Vorgehen:**
  • *Anamnese:* Zeitpunkt, Ort, Unfallhergang und involvierte Spezies.
  • *Klinische Untersuchung:* Inspektion und Exploration der Wunde.
    ▷ *Cave:* Das Ausmaß der Verletzung wird leicht unterschätzt, da die Wundformen harmlos erscheinen können (z. B. punktförmige Wunden bei Nagerbissen) oder durch Gleiten der verschiebbaren Gewebeschichten tiefer gelegene verletzte Strukturen (wie Sehnen, Bänder, Gelenke) verdeckt werden können, Kulisseneffekt.
  • *Röntgen:* Standardaufnahmen bei Verdacht auf Begleitverletzungen.
  • *Labor:* Abstrichentnahme, aerobe sowie anaerobe Blutkultur, Gramfärbung erst bei eindeutigen Infektzeichen. HIV-Test bei Biss durch Angehörigen einer Risikogruppe (Testwiederholung nach 3 und 6 Monaten zur Feststellung einer eventuellen Serokonversion).

Therapieprinzipien

▶ **Allgemeine Indikationen für eine stationäre Behandlung** unter i.v.-Antibiose und Ruhigstellung der betroffenen Extremität:
  • Systemische Infektmanifestation (Fieber, Schüttelfrost).
  • Schwere Zellulitis, Infektprogression in Gelenken, Nerven, Knochen, Sehnen, ZNS.
  • Schlechte Patientencompliance.
  • Peripher-vaskuläre Erkrankungen.

- Immunsupprimierte Patienten, Diabetes mellitus.
► **Differenziertes Vorgehen bei Verletzungen spezieller Körperregionen:**
  - *Biss- und Stichverletzungen an den Extremitäten:* Débridement, Drainage und Verschluss von Gelenken. Hautwunde bleibt offen.
  - *Biss- und Stichverletzungen am Kopf:* unter ausreichender Drainage und Antibiotikaschutz verschließen.
  - *Stichverletzungen der Körperhöhlen:* Exploration (siehe penetrierendes Abdominaltrauma S. 264 und Thoraxtrauma S. 233).
► **Kriterien für einen spannungsfreien Primärverschluss** (oder zumindest für eine Adaptation):
  - *Alle Wunden im Gesicht und am Kopf* (wegen guter Durchblutung).
  - *Vorliegen großer Wundflächen* mit der Gefahr eines schlechten kosmetischen Ergebnisses.
  - *Tendenz zur Ausbildung ausgedehnter Kontrakturen* und daraus resultierender Bewegungseinbußen (z. B. Hautareale über Gelenken).
► **Prinzipien der Nachbehandlung:**
  - Einem Débridement folgt die Ruhigstellung und regelmäßige Wundkontrolle.
  - Bei größeren Verletzungen werden geplante Second Looks durchgeführt, bis sicher kein Infekt vorliegt.
  - Adjuvante Antibiotikagabe (s. u.).
  - Überprüfung des Tetanusschutzes (s. u. und S. 72).
  - Bei Verdacht auf Tollwutinfektion entsprechende Impfung (s. u.).
  - Bei HIV-Verdacht entsprechende medikamentöse Therapie (S. 482).

Therapeutisches Vorgehen bei Biss- und Stichverletzungen an den Extremitäten

► **Débridement und Spülung der Wunde:**
  - Nach Inspektion und Ausschluss von Gefäß-, Nerven-, Sehnen- und Gelenkverletzungen Spülen der Wunde mit 0,9%iger NaCl-Lösung. Bei Verdacht auf Rabies-Infektion antiseptische Lösungen (Polyvidon-Jod-haltige Lösungen) sowie Seifen- oder Invertseifenlösungen verwenden (zur Inaktivierung des Virus).
  - *Oberflächliches Débridement* und – wenn nötig – weitere chirurgische Exploration. Ausreichende Drainage. Eröffnete Gelenke verschließen und drainieren, sonst offene Wundbehandlung. „Second Look" nach 24–48 Stunden.
  - *Zu den Kriterien für einen spannungsfreien Primärverschluss* oder zumindest für eine Adaptation s. o.
► **Ruhigstellung:** Hochlagerung der verletzten Körperregion und Ruhigstellung mit nicht zirkulären Gipsverbänden oder Kunststoffschienen.
► **Antibiose:**
  - *Prophylaktische Antibiose:* Immer empfehlenswert, da häufig eine Kontamination durch eine Mischflora besteht.
  - *Verwendete Antibiotika:* Substanzen mit breitem Wirkspektrum wie z. B. Amoxicillin + Clavulansäure (Augmentan) 3×1 Tbl./d p.o. bzw. $3 \times 1,2$ g i.v. *oder* Cephalosporine (z. B. Cefuroxim [z. B. Zinnat] 2×1 Tbl. à 250 mg/d p.o. bzw. Ceftriaxon [z. B. Rocephin] 1–2 g/d i.v.) (unter stationären Bedingungen i.v., bei ambulanter Behandlung p.o.).
  - *Therapiedauer:* 2–10 Tage.
► **Tetanusprophylaxe** – Überprüfung des Tetanusimmunisierungsstatus + Vorgehen:
  - *Komplette Tetanusimmunisierung liegt < 5 Jahre zurück:* keine Auffrischung (Booster).
  - *Komplette Tetanusimmunisierung liegt 5–10 Jahre zurück:* Auffrischung mit Tetanus-Toxoid (1 Amp. i.m. = 1 Fertigspritze à 0,5 ml).

- *Nicht vollständig durchgeführte Impfungen oder Tetanus-Immunisierung, die* > 10 *Jahre zurückliegt:* Simultanimpfung = Verabreichung von Tetanus-Immunglobu-lin (250 IE) und Tetanus-Toxoid mit anschließender Komplettierung der Immu-nisierung mit zwei weiteren Gaben von Tetanus-Toxoid nach 2–4 Wochen und 8–14 Monaten.

▶ **Tollwutprophylaxe (Rabies):**
- *Indikation:* Eine Abklärung ist dringend erforderlich, wenn das Tier auffällig war und aus einem Tollwutgebiet stammen könnte.
- *Präexpositionelle Impfung:* Gefährdete Personen (Forstarbeiter, Reisende in gefährdete Gebiete) im Zweifelsfalle gegen Tollwut immunisieren:
  - Grundimmunisierung als aktive Immunisierung mit Humane-Diploide-Cell-Vaccine (HDCV) (z. B. Mérieux, Lyssavac) an Tag 0, 7, 21 (oder 28) und nach 1 und 2 Monaten.
  - Kontrolle der Serokonversion 1–3 Wochen nach der letzten Impfdosis.
  - Booster: Alle 1–2 Jahre oder nach Titerbestimmung bei ungenügendem Titer ($< 0,5$ IU/ml) → Dosis i.m. Mérieux oder Lyssavac.
- *Postexpositionelle Impfung bei ungeimpften/unvollständig geimpften Personen:*
  - Passive Immunisierung: Humanes-Rabies-Immunglobulin (HRIG) 20 IU/kg KG verabreicht am Tag 0 als Einzeldosis – zur Hälfte infiltrierend um die Bissstelle herum und zur anderen Hälfte i.m. (M. deltoideus), kombiniert mit
  - Aktive Immunisierung: Humane-Diploide-Zell-Vakzine (HDCV) i.m. in den M. deltoideus (Erwachsener) bzw. anterolateralen Oberschenkel (Kleinkind) – Injektion von 1 an Tag 0, 3, 7, 14 und 28 nach Biss.
  - Antikörpertiter an Tag 21 bestimmen. Bei Titer $< 0,5$ IU/ml Boosterdosen (s. o.) bis zum Impferfolg (alle 1–2 Wochen), bei Titer $> 0,5$ IU/ml keine weiteren Impfungen.
- *Postexpositionelle Impfung bei vollständig geimpften Personen:*
  - Kein HRIG, lediglich Vakzine (Mérieux oder Lyssavac) 1 ml i.m. in den M. del-toideus (Erwachsener) bzw. anterolateralen Oberschenkel (Kleinkind) – Injektion von 1 ml an Tag 0 und 3 nach Biss.
  - Die letzte Impfdosis liegt > 3 Jahre zurück: 1 Dosis Mérieux oder Lyssavac i.m. an Tag 7. Titerbestimmung an Tag 14. Bei Titer $< 0,5$ IU/ml Boosterdosen bis zum Impferfolg (alle 1–2 Wochen), bei Titer $> 0,5$ IU/ml keine weiteren Impfungen.
- ▣ *Hinweis:* Der Krankheitsverdacht, die Erkrankung und der Tod an Tollwut ist meldepflichtig!

Spezielle Probleme

▶ **Menschenbiss:**
- Allgemein erhöhtes Infektionsrisiko durch Inokulation aerober oder anaerober Organismen der Mundflora.
- Gefahr der Übertragung von Krankheiten wie Hepatitis B oder C, Lues, Aktino-mykose, Herpes, Tetanus, Tuberkulose oder HIV.
- Postexpositionelle Maßnahmen hängen davon ab, ob eine gesicherte Infektion vorliegt und ob es sich um eine signifikante Exposition handelt. Weitere Infor-mationen werden von den Beratungsstellen in größeren Kliniken (z. B. HIV-Sprechstunde, infektiologische Sprechstunde) gegeben.

▶ **Katzenbiss:** Meist kommt es zu einer schnell fortschreitenden Infektion durch Pasteurella multocida und/oder Staphylococcus aureus. Besonders gefährdet sind Personen mit herabgesetzter Immunabwehr, angeborenem oder erworbenem Immundefekt, Diabetes mellitus, chronischem Alkoholismus, Z. n. Splenektomie, Gelenkersatz sowie mit Implantaten (z. B. Herzklappen).

▶ **Giftige Tiere** (chemisch-toxisch, lokal begrenzt oder systemisch wirkende Substanzen, meist Parasympathomimetika, Parasympatholytika oder histaminfreisetzende Substanzen):

- *Hymenoptera (Bienen,* Wespen, Hornissen): Giftsack/Stachel entfernen, gründlich mit Wasser spülen und lokal kalte Kompressen anlegen.
  - ▷ *Cave:* Bei anaphylaktischer Reaktion sofortige Gabe von 0,3–0,5 ml Adrenalin (1 ÷ 1000) s.c. und Schockbehandlung.
- *Schlangen:*
  - Anamnese: giftig oder ungiftig? Wenn möglich Identifikation des Reptils. Weitere Informationen über Giftzentralen; hier kann auch die Bezugsmöglichkeiten von Schlangenseren erfragt werden.
  - Labor: Hkt, Thrombozyten, PTT, Quick.
  - Bei tiefen Bisswunden chirurgische Wundtoilette, Antibiotika- und Tetanusprophylaxe (s. o.) sowie Gabe eines spezifischen Antiserums.
- *Spinnen:* supportive Behandlung, Antiseren sind nicht verfügbar. Evtl. frühe Exzision der Bissstelle, um Ulzerationen vorzubeugen.

Nachbehandlung

▶ Engmaschige Kontrollen (alle 1–2 Tage) zur Beurteilung der Wundheilung.
▶ Wundbeurteilung nach 72 h mit der Entscheidung, ob eine „Delayed primary Suture" durchgeführt werden kann.
▶ Kosmetische Revisionen nach vollständiger Abheilung.

Komplikationen und Prognose

▶ Zellulitis, Adenitis, Abszessbildung oder Phlegmone, septische Arthritis, Osteomyelitis, Meningitis, Sepsis, Endokarditis, Sinusitis und Pneumonie (häufig durch Pasteurella multocida).
▶ Sepsis bzw. systemischer Infekt mit Bakteriämie oder Meningitis.
▶ Bei tiefer gehenden Bissverletzungen: Fraktur, Sehnenverletzung traumatische Amputation. Gesteigerte Tendenz zu Keloidbildung.
▶ Allgemeine Infektionshäufigkeit: In 10% der Fälle bei Handverletzungen und in 3–5% der Bisswunden an den übrigen Körperstellen.

10.6 Schussverletzungen

Grundlagen

▶ **Definition:** Verletzungen durch eindringende Projektile.
▶ **Ursache:** Einwirkung von Projektilen aus Schusswaffen oder Explosionsfragmenten von Bomben, Granaten oder Minen.
▶ **Physikalische Grundlagen:**
- Eine kleinflächig einwirkende Gewalt penetriert die Körperoberfläche schon bei relativ niedriger kinetischer Energie.
- Die kinetische Energie ($E_{kin} = 1/2\ m \times v^2$; m = Masse, v = Geschwindigkeit) steigt mit dem Quadrat der Geschossgeschwindigkeit, die abhängig ist von der Mündungsgeschwindigkeit der Feuerwaffe und der zurückgelegten Flugstrecke des Projektils. Nach der Mündungsgeschwindigkeit unterscheidet man „Low Velocity"- (< 800 m/s) von den „High-Velocity"-Geschossen (> 800 m/s = Hochrasanzgeschosse).

- *Wichtige Begriffe der Ballistik:*
  - „Yawing": pendelnde oder rotierende Abweichungen der Geschosslängs-achse um die Flugrichtung.
  - „Tumbling": Rotation des Geschosses um seine Querachse.
  - Neben den Geschossgeschwindigkeiten spielen Größe, Gewicht und Form des Geschosses eine wichtige Rolle.

► **Verletzungsmechanismus:**
- Typisch für den Verletzungsmechanismus von **Hochrasanzgeschossen** sind nicht nur die direkten Gewebezerstörungen an der (meistens kleineren) Ein-trittswunde, um den Schusskanal und an der (größeren) Ausschusswunde, son-dern auch die Umgebungsverletzungen durch Schockwellen und **Kavitation**. Schockwellen breiten sich mit 1500 m/s aus und können empfindliche Struktu-ren (v. a. Nerven und Gefäße) in der näheren Umgebung verletzen. Die Kavita-tion entsteht durch radiären Kraftfluss um den Schusskanal und kann den 10–40-fachen Durchmesser des Geschosses erreichen. Trifft ein Geschoss auf Knochen und fragmentiert diesen, so können Projektilfragmente und Knochen-splitter als „Sekundärgeschosse" zusätzliche Gewebezerstörungen verursachen.
- Ähnlich schwere Verletzungen wie Hochrasanzgeschosse verursachen Nah-schüsse mit Schrotflinten, abgesägte Geschossspitzen (so genannte Dum-Dum-Geschosse) und Explosivgeschosse („Devastor").

► **Klassifikation:**
- *Nach Projektilgeschwindigkeit:*
  - Low-Velocity-Geschosse (< 800 m/s): am Knochen „Bohrloch"-Frakturen und radiär verlaufende Frakturlinien („cracks").
  - High-Velocity-Geschosse (> 800 m/s) verursachen am Knochen unterschied-liche Zonen der Zerstörung:
    Zone 1: Im Schusskanal Pulverisation des Knochens mit segmentalem Defekt.
    Zone 2: multiple Knochenfragmente.
    Zone 3: linear auslaufende Frakturlinien („Cracks").
- *Nach Unterteilung der Wundzonen:*
  - Primärer Schusskanal.
  - Kontusionszone des Gewebes um den Schusskanal (Kavitation).
  - Erschütterungszone.
- *Nach der Red Cross War Wounds Classification* (Auflistung der „Scoring"-Krite-rien und daraus resultierende Wundklassifikation):
  - Kriterien: siehe Tab. 10.5.

Tabelle 10.5 · Kriterien der Red Cross War Wounds Classification

Kriterium	Beschreibung
E	Einschuss (maximaler Durchmesser in cm)
X	Ausschuss (maximaler Durchmesser in cm)
C	Kavitation (fasst die Kavitationshöhle vor dem Débridement zwei Finger? → C0 = nein, C1 = ja)
F	Fraktur → F0 = keine Fraktur, F1 = einfache Fraktur, F2 = Trümmerzone
V	V = Vitale Struktur (Hirn, Viszera, große Gefäße) → V0 = nicht betroffen, V1 = Dura, Pleura, Peritoneum eröffnet, große Gefäße verletzt
M	metallische Fremdkörper (Röntgen) → M0 = keine, M1 = ein, M2 = multiple

– Klassifikation: siehe Tab. 10.6.

Tabelle 10.6 · **Klassifikation der Red Cross War Wounds Classification**

Grad 1	E + X < 10 mit C0/F0 oder F1 („Low Velocity")
Grad 2	E + X < 10 mit C1 oder F2 („High Velocity")
Grad 3	E + X > 10 mit C1 oder F2

- *Nach dem „Mangled Extremity Severity Score" (MESS; Tab.* 10.7*):* Als Entscheidungshilfe unter dem Aspekt "Limb for Life" bei Verletzungen an der unteren Extremität: ≥ 7 Punkte → Amputation.

Tabelle 10.7 · **Mangled Extremity Severity Score (MESS)**

Kategorie	Punkte
Knochen- und Weichteilverletzung	
• niedrige Energie (einfache Fraktur, „Low-Velocity"-Schusswunde)	1
• mittlere Energie (offene oder multiple Frakturen mit starker Dislokation)	2
• hohe Energie (Nahschuss mit Schrot, „High-Velocity"-Schusswunde)	3
• Hochrasanztrauma (zusätzlich schwere Kontamination, Weichteilavulsion)	4
Extremitätenischämie	
• Pulse abgeschwächt oder fehlend, ausreichende Perfusion	1
• pulslos, Parästhesien, verminderte Kapillarfüllung	2
• kühl, motorische Lähmung, asensibel (doppeltes Scoring für Ischämie > 6 Stunden)	3
Schock	
• systolischer Druck immer > 90 mmHg	0
• vorübergehende Hypotension	1
• anhaltende Hypotension	2
Alter	
< 30 Jahre	0
30–50 Jahre	1
> 50 Jahre	2

- *Einordnung der Schussfrakturen in der Gustilo- und Anderson-Klassifikation offener Frakturen* (S. 100): Schusswunden mit Knochenbeteiligung sind immer Verletzungen des Grades 3 nach dieser Klassifikation (= ausgedehnte Frakturen mit Zerstörung von Haut, Muskeln und neurovaskulären Strukturen. Hochrasanztrauma mit schwerer Gewebequetschung:
  - 3 A: ausgedehnte Weichteilwunde mit noch adäquater Knochendeckung, Stück-, Schussfrakturen.
  - 3 B: ausgedehnter Weichteilschaden mit Deperiostierung und freiliegendem Knochen, massive Kontamination.
  - 3 C: rekonstruktionspflichtige Gefäßverletzung.

Klinische Symptomatik

- ► Große Variation in Form und Ausdehnung der Verletzungen, z. B. mit Nerven- oder Gefäßverletzungen. Einfache oder mehrfache Schussverletzungen, Organverletzungen, Frakturen, etc.
- ► Weichteilverletzungen können auch ohne direkten Kontakt mit dem Projektil entstehen.
- ► Akutes Abdomen und/oder Kreislaufinstabilität weisen auf intraabdominale Verletzungen hin. Am häufigsten verletzt sind Dünndarm, Kolon und Leber.

Diagnostisches Vorgehen

- ► **Anamnese:**
  - Unfallhergang, Tatumstände, Waffentyp, Schussdistanz, Anzahl Einschüsse?
  - Intention: suizidal, fahrlässig, kriminell, kriegerisch?
- ► **Klinische Untersuchung** (Abb. 10.7):
  - Inspektion des ganzen Körpers, inklusive Rücken (!).
  - Vaskulärer und neurologischer Status der betroffenen Region(en).
  - Jede Wunde einzeln beurteilen. Achten auf Blutansammlungen (v. a. Magen, Rektum).

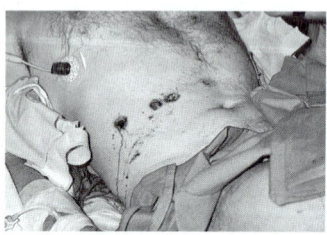

Abb. 10.7   Aufnahmebefund bei multiplen Bauchschüssen

- ► **Röntgen:** Standardaufnahmen in zwei Ebenen der betroffenen Körperregion zur Identifikation und Lokalisation von Projektilen und eventuellen Frakturen (Abb. 10.8).
  - ◘ *Cave:* Bei Explosionsverletzungen sind u. U. nicht alle im Schusskanal befindlichen Materialien auf dem Röntgenbild zu erkennen (z. B. Schmutz, Kleider, Plastikanteile von Minen).
- ► **Angiographie:** bei Verdacht auf Gefäßläsionen oder bei penetrierenden Verletzungen in der Nähe wichtiger Stammgefäße („proximity injury").
- ► **Computertomographie:** bei Schussverletzungen von Kopf, Thorax und Abdomen. *Cave:* Nur bei kreislaufstabilen Patienten durchführen!

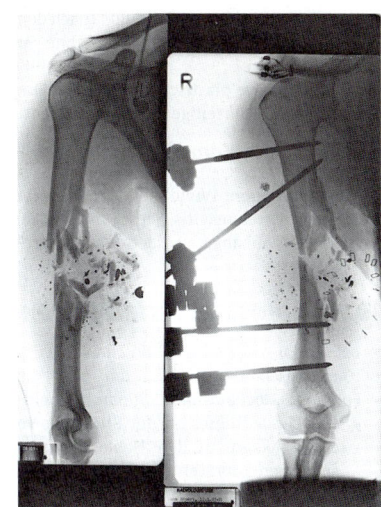

Abb. 10.8 Schussfraktur des rechten Humerusschaftes durch Hochrasanzgeschoss

► **Sonographie:** Nachweis von freier Flüssigkeit im Abdomen und eventuell Nachweis von Flüssigkeit im Thorax.

Therapieprinzipien

▸ *Hinweis:* Immer an Zweihöhlenverletzung denken bei Schussverletzungen zwischen Hals und Leiste! Bei Thoraxbeteiligung Pleuradrainage(n).
► **Beim kreislaufstabilen Patienten** wird anhand der durchgeführten CT das operative Vorgehen entschieden (z. B. Organerhaltung/-resektion/-entfernung).
► **Beim kreislaufinstabilen Patienten** mit abdomineller Schussverletzung wird ohne CT eine notfallmäßige Laparotomie durchgeführt.

Wundbehandlung

► Das erste chirurgische Débridement ist für einen schnellen und unkomplizierten Heilungsverlauf der wichtigste Eingriff und bestimmt letztendlich das Resultat.
▸ *Hinweis:* Alle Schusswunden sind kontaminiert! *Aber auch:* Das beste „Antibiotikum" ist ein gründliches chirurgisches Débridement.
► **Vorgehen bei der operativen Exploration:**
  • Débridement und Entfernung der Gewebsnekrosen, loser Knochenfragmente und Kontaminationen.
  • Bei Frakturen entsprechend dem Management für offene Frakturen vorgehen (S. 101).
  • Knochenfragmente, die an vitalem Gewebe hängen, werden belassen.
  • Ausgiebiges Spülen mit NaCl 0,9% oder Ringer-Laktat-Lösung.
  • Die Wunden offen lassen und nicht austamponieren.
► **Breitspektrum-Antibiotikum** (z. B. Cephalosporine der zweiten Generation).
► **Tetanusschutzimpfung** (siehe Bisswunden S. 117).
► **Obligates sekundäres Débridement nach 48–72 h.**

► Erst zu einem späteren Zeitpunkt (nach dem 4.–5. Tag) werden „saubere" und vital erscheinende Wunden sekundär ohne Spannung verschlossen *(DPS = Delayed Primary Suture)*.
► **Rekonstruktive plastisch-chirurgische Eingriffe** im Verlauf. Bei sehr großem Substanzverlust frühzeitige Weichteilrekonstruktion mit Lappenplastiken.

Prognose und Komplikationen

► **Komplikationen:** Wundinfektionen durch ungenügendes Débridement, posttraumatische Osteomyelitis, Sepsis, multiples Organversagen.
► **Prognose:** Abhängig von betroffenen Körperregionen und verletzten Organen.

10.7 Explosionsverletzungen

► Bei Explosionen wird in Bruchteilen von Sekunden explosives Material in ein „Gasgemisch" umgewandelt mit Freisetzung von enormer Energie.
► **Folgende Mechanismen können hierbei zu Verletzungen führen:**
  • *Druckwelle:* Dieser nur für Bruchteile von Sekunden entstehende hohe Druckanstieg kann an den Hohlorganen (Lunge, Magen-Darm-Trakt, Blase) zu gedeckten Rupturen führen.
  • *„Blast Wind":* Er folgt der Explosion (ca. 1600 km/h) und kann durch fliegende Gegenstände zusätzlich stumpfe oder penetrierende Verletzungen verursachen bzw. den Verletzten gegen feststehende Objekte schleudern (mit entsprechenden Verletzungsmustern).
  • *Projektile* (z. B. Teile von Bomben, Minen oder von bei der Explosion zerstörten Gegenständen): Diese können zu multiplen und komplexen Verletzungen unterschiedlichen Ausmaßes führen. Nahe dem Explosionszentrum erreichen diese Gegenstände Geschwindigkeiten von 1500 m/s.
  • *Die freigesetzte Hitze* kann je nach Umständen zu Verbrennungen von unterschiedlichem Ausmaß führen (vgl. S. 125).

10.8 Erfrierung

Grundlagen

► **Definition:** lokaler Gewebeschaden durch (intensive) Kälteeinwirkung.
► **Klassifikation** (Erfrierungsgrade):
  • *Grad I* (Kutis): Blässe, Hypästhesie/Hypalgesie.
  • *Grad II* (Kutis, Subkutis): Schwellung (Ödem), Blasenbildung, livide Verfärbung, Anästhesie/Analgesie.
  • *Grad III* (Kutis, Subkutis, Muskulatur): Zyanose, hämatoseröse Blasen, evtl. Mumifizierung.

Klinische Symptomatik

► Zunächst Schmerzen, im Verlauf evtl. Sensibilitätsstörung bis zur Anästhesie.
► Hautblässe.
► Schwellungen.
► Blasenbildung.

Diagnostisches Vorgehen

▶ Anamnese, klinische Untersuchung (dabei ausreichende Analgesie sicherstellen!).
▶ Ausschluss einer systemischen Hypothermie (Temperaturmessung, neurologische Untersuchung, Puls-, Blutdruckmessung, EKG).

Therapieprinzipien

▶ Schmerztherapie (z. B. Morphin 5–10 mg i.v.).
▶ Auskühlung des Patienten verhindern (mit Decken o. ä.).
▶ Betroffene Körperteile gepolstert lagern.
▶ Wiedererwärmung betroffener Körperteile so frühzeitig wie möglich beginnen: z. B. Eintauchen in 38–40 °C warmes Wasser für 20–30 Minuten (dabei auf ausreichende Analgesie achten!).
▶ Abtragung von Nekrosen, eventuell Amputation von Gliedmaßen (vgl. S. 107).

10.9 Verbrennung

Grundlagen

▶ **Definition:** Gewebsschädigung durch lokale Hitzeeinwirkung.
▶ **Ursachen:**
  • Heiße Flüssigkeiten (Verbrühung), Gegenstände und Strahlung.
  • Offenes Feuer, Hochspannungsunfall, Blitzschlag.

Pathophysiologie

▶ **Lokale Gewebeschädigung:**
  • *Primäre* lokale Gewebeschädigung durch direkte Hitzeeinwirkung.
  • *Sekundäre* lokale Gewebeschädigung durch überhitztes umgebendes Gewebe (sog. „Nachbrennen").
  • Lokale Freisetzung gewebeschädigender Mediatoren.
▶ **Verbrennungskrankheit:** systemische Auswirkungen der lokalen Verbrennung durch Mediatorfreisetzung (z. B. Zytokine, Proteinasen):
  • Generalisierter Kapillarschaden (erhöhte Kapillarpermeabilität): Entwicklung eines interstitiellen Ödems mit intravasalem Flüssigkeitsmangel.
  • Disseminierte intravasale Gerinnung (DIC).
  • Organschädigung, z. B. Lunge, Niere: Multiorganversagen.
▶ **Hypovolämischer Schock:** Flüssigkeitsverluste über die Wunde und in das Interstitium.
▶ **Rauchgasvergiftung:** Inhalationstrauma und/oder Vergiftung durch Feuer in geschlossenen Räumen:
  • *Heiße Gase:* Direkte thermische Atemwegs- und Lungenschädigung.
  • *Reizgase:* Atemwegsschwellung und Lungenödem.
  • *Unvollständige Verbrennung:* Kohlenmonoxidvergiftung.
  • *Kunststoffverbrennung:* Zyanidvergiftung; klinisch relevante Zyanidvergiftung, im Rahmen einer Verbrennung jedoch selten.

Verbrennungsgrade

▶ **Verbrennung I. Grades:** keine Hautzerstörung. Für die Prognose der Verbrennung wenig bedeutsam. Hautrötung (Hyperämie), Schwellung (Ödem), Schmerzen bei Berührung. Spontanheilung (z. B. Sonnenbrand).

Weichteilschaden

▶ **Verbrennung II. Grades:**
- *IIa:* Schädigung der Epidermis: Hautrötung, Blasenbildung, feuchter Wundgrund, Schmerzen bei Berührung, Sensibilität erhalten. Spontanheilung zu erwarten.
- *IIb:* Schädigung von Oberhaut, Lederhaut: Blasenbildung, trockener Wundgrund, blasse und gerötete Areale, Sensibilitätsverlust. Defektheilung mit Narbenbildung.

▶ **Verbrennung III. Grades:** Schädigung aller Hautschichten bis in die Subkutis: gräulich-weißliche Verfärbung der Haut (koaguliertes Kollagen) mit sichtbaren koagulierten Blutgefäßen. Keine Schmerzen, da Schmerzrezeptoren zerstört. Hautregeneration nicht mehr möglich.

▶ **Verbrennung IV. Grades:** Beteiligung von Muskeln, Sehnen oder Knochen: Gewebeverkohlung.

Verbrennungsausmaß

▶ **Abschätzung der verbrannten Körperoberfläche bei Erwachsenen:**
Neuner-Regel nach Wallace (Abb. 10.9):
- *Kopf* (inkl. Hals): 9%.
- *Arm:* 9%, beide Arme 18%.
- *Bein:* 18%, beide Beine 36%.
  - Unterschenkel: 9%, beide Unterschenkel 18%.
  - Oberschenkel: 9%, beide Oberschenkel 18%.
- *Stamm:* 36%.
  - Thoraxvorderseite: 9%.

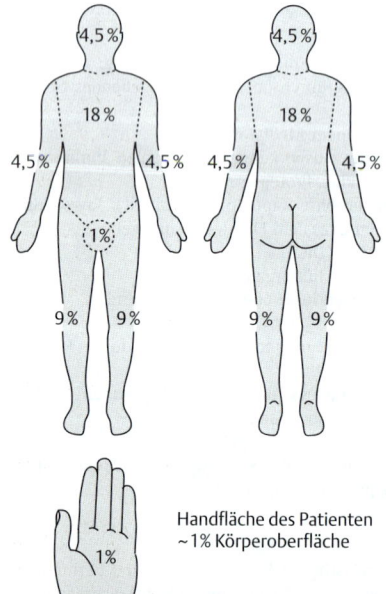

Handfläche des Patienten
~1% Körperoberfläche

Abb. 10.9 Abschätzung der verbrannten Körperoberfläche nach Wallace („Neunerregel")

- Thoraxrückseite: 9%
- Abdomenvorderseite: 9%.
- Lendenregion (Abdomenrückseite): 9%.
- *Genitalregion:* 1%.
▶ **Abschätzung der verbrannten Körperoberfläche bei Kindern** (Abb. 10.10):
  - *Altersabhängige Unterschiede der Körperproportionen:* Insbesondere ist die Hautoberfläche des Kopfes an der Gesamtkörperoberfläche in der frühen Kindheit deutlich höher als im Erwachsenenalter und der Anteil der Beine deutlich niedriger.
  - *Faustregel* für Kinder < 10 Jahre in Bezug auf die Neunerregel:
    - *Kopf:* $9 + (10 - \text{Alter}_{[\text{Jahre}]})$.
    - *Bein:* $18 - (10 - \text{Alter}_{[\text{Jahre}]}) \div 2$.

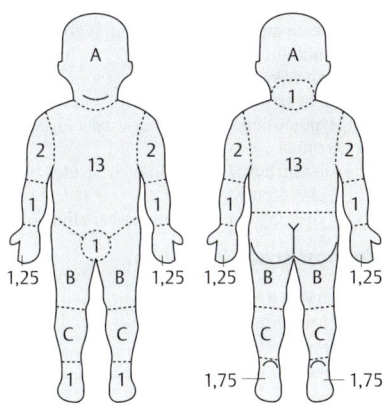

Alter (Jahre)	A (50% des Kopfes)	B (50% eines Oberschenkels)	C (50% eines Unterschenkels)
0	9,5%	2,75%	2,5%
1	8,5%	3,25%	2,5%
5	6,5%	4%	2,75%

Abb. 10.10 Berechnung der verbrannten Körperoberfläche bei Kindern

▶ **Faustregel für Erwachsene und Kinder** (gilt für alle Altersgruppen): 1 Patienten-handfläche (inkl. der Finger) = etwa 1% KOF.

Schweregradeinteilung (nach American Burn Association)

▶ **Geringgradige Verbrennungen:**
  - Verbrennungen I. Grades.
  - Verbrennungen II. Grades < 15% KOF bei Erwachsenen; < 5% KOF bei Kindern und Greisen.
  - Verbrennungen III. Grades < 2% KOF.

► **Mäßiggradige Verbrennungen:**
- Verbrennungen II. Grades 15–25% KOF bei Erwachsenen; 5–20% KOF bei Kindern und Greisen.
- Verbrennungen III. Grades 2–10% KOF.

► **Schwere Verbrennungen:**
- Verbrennungen II. Grades > 25% KOF bei Erwachsenen; > 20% KOF bei Kindern und Greisen.
- Verbrennungen III. Grades > 10% KOF.
- Verbrennungen der Hände, Gesicht, Augen, Ohren, Füße, Geschlechtsteile.
- Begleitendes Inhalationstrauma, begleitendes Polytrauma, Stromverletzung, erhebliche vorbestehende Erkrankungen.

Klinische Symptomatik

► **Lokale Symptome:** Schmerzen (Verbrennungen I. und II Grades), Hautrötung, Blasenbildung, Hautablösung, Verkohlung.
► **Allgemeinsymptome:**
- Tachykardie.
- Hypotension (durch Schock) *oder* Hypertension (durch starke Schmerzen).
- *Atemnot:*
  - Bronchospasmus und/oder Stridor bei Inhalationstrauma und Verbrennung der Atemwege.
  - Störung der Atempumpe bei zirkulären Verbrennungen des Thorax.

Diagnostisches Vorgehen

► Inspektion des entkleideten Patienten; Inspektion der Mundhöhle (Verbrennungsanzeichen? Ruß?).
► Anamnese: Unfallhergang.
► Apparativ: Puls-, Blutdruckmessung, EKG, Pulsoxymetrie.

Notfalltherapie

► **Sauerstoffgabe** 4–8 l/min.
► **Intubation und Beatmung** – großzügige Indikationsstellung bei:
- Bewusstlosen und ateminsuffizienten Patienten.
- Verbrennungen im Gesichtsbereich, Mund und Rachen (*cave:* Schwellungsgefahr und Gefahr der Atemwegsverlegung!).
- Schweren Verbrennungen.

► **Infusionstherapie:**
▷ *Achtung:* Eine adäquate Infusionstherapie ist neben der Atemwegssicherung die entscheidende präklinische Maßnahme!
- *Venenpunktion* (1–2 Venenverweilkanülen):
  Möglichst nicht im Bereich verbrannter Hautareale.
- *Wahl der Infusionslösung:*
  - Kristalloide: Vollelektrolytlösung, z. B. Ringer-Lösung; Volumenersatzlösung der 1. Wahl.
  - Kolloide wie HAES, Dextrane oder Gelatine können insbesondere im schweren hypovolämischen Schock und bei zusätzlichen Volumenverlusten, z. B. durch begleitendes Trauma, eingesetzt werden.
▷ *Achtung:* Kolloidale Volumenersatzmittel sind in der initialen Volumentherapie von Verbrennungen meist nicht erforderlich; sie sind jedoch *nicht* kontraindiziert!
- *Dosierungsanhalt nach der Parkland- oder Baxter-Formel:*

▪ *Achtung:* Infusionsmenge (Vollelektrolytlösung) pro 24 h in ml = 4 × kg KG × % verbrannter KOF.
  – Hälfte innerhalb der ersten 8 Stunden infundieren.
  – Zusätzlich Deckung des Basisbedarfs: ca. 30–40 ml/kg KG/d.
  – Tatsächliche Infusionsmenge vom aktuellen Volumenstatus (Urinausscheidung, ZVD, PCWP) und der Kreislaufsituation (z. B. Hypotension) abhängig machen.
  – Überinfusion vermeiden, sonst Ödemverstärkung.
  – Unterinfusion vermeiden, sonst Hypoperfusion, Schock.

▪ *Faustregel:* Anhalt für präklinische Infusionsmenge bei Patienten mit schwerer Verbrennung innerhalb der 1. Stunde nach Verbrennung (im Schock kreislaufangepasst u. U. mehr infundieren!):
  – Erwachsene: 1000 ml Vollelektrolytlösung, z. B. Ringer-Lösung.
  – Kinder: 20 ml/kg KG Vollelektrolytlösung, z. B. Ringer-Lösung.

▶ **Katecholamintherapie:** Nur bei infusionstherapieresistenter Hypotension (schwerer Schock) indiziert; z. B. Akrinor 0,5–2 ml i.v. oder Dopamin 5–20 µg/kg KG/min.

▶ **Analgesie:** Opioide, z. B. Morphin 5–10 mg i.v. (*oder* Ketamin 20–40 mg i.v.).

▶ **Narkose (ggf.):** Stets als Intubationsnarkose mit kontrollierter Beatmung:
  • *Narkoseeinleitung:* z. B. Etomidate 0,2–0,3 mg/kg KG (20–30 mg) i.v. *oder* Ketamin 1–2 mg/kg KG (50–200 mg) i.v.
  • *Narkoseaufrechterhaltung:* Mehrere Möglichkeiten, z. B.:
    – Opioid-Benzodiazepin-Kombinationsnarkose: Fentanyl 1–4 µg/kg KG alle 10–30 Minuten i.v. + Diazepam oder Midazolam 0,1 mg/kg KG alle 10–30 Minuten i.v.
    – Ketamin-Benzodiazepin-Kombinationsnarkose (indiziert besonders im Schock): Ketamin 1 mg/kg KG alle 10–15 Minuten + Diazepam oder Midazolam 0,1 mg/kg KG alle 10–15 Minuten i.v.

▶ **Kaltwasserbehandlung:**
  • *Prinzip:* Schmerzlinderung und Verminderung des Nachbrennens durch frühzeitige lokale Kühlung.
  • *Durchführung* (wenn möglich):
    – Kaltes Wasser ca. 10–20 Minuten über verbrannte Hautareale fließen lassen.
    – Alternativ wiederholt wassergetränkte Kompressen auflegen.
  • *Gefahren:* Hypothermie, insbesondere bei Kindern!
    ▪ *Cave:* Zu intensive und zu lange andauernde Kühlung vermeiden!

▶ **Abdeckung verbrannter Körperareale** (nach der Kühlungsbehandlung): mit steriler Folie (z. B. Metallinetücher).

▶ **Therapie bei Rauchgasinhalation:**
  • *Inhalative Kortikosteroide:* z. B. Budesonid 2–4 Hübe p.i. alle 5–10 min.
  • *Bronchospasmolytika:* z. B. Fenoterol 2 Hübe p.i. bei Bedarf *oder* Theophyllin 200–400 mg i.v.

▶ **Verlegung:** Bei schweren Verbrennungen möglichst rasche Verlegung in ein Verbrennungszentrum – Adressen siehe S. 578.

Chirurgische Initialbehandlung

▶ Desinfektion mit PVP-Jod.
▶ Entfernung von Haaren, Blasen und Hautfetzen.
▶ Applikation antimikrobieller Substanzen (Salbentüll, Silbersulfadiazine).
▶ Eventuell Spalten von Verbrennungsschorf (Escharotomie; Abb. 10.11) oder Muskelfaszien (Fasziotomie).

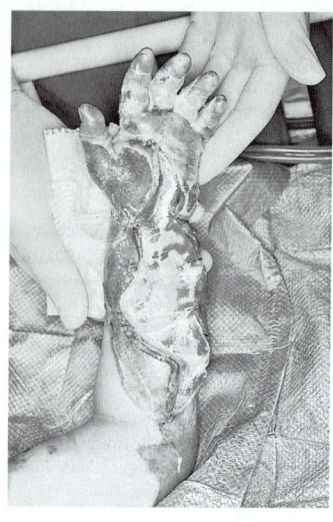

Abb. 10.11 Verbrennungen am Unterarm und der Hand mit entlastender Escharotomie und Fasziotomie. Defekt temporär mit Epigard gedeckt

Chirurgische Definitivbehandlung

► Tangentiale Exzision (mit Dermatom).
► Tiefe Exzision.
► Freie Hauttransplantation (Mesh Graft) und Lappenplastiken.

10.10 Ingestion ätzender Substanzen

Grundlagen

► **Definition:** Chemische Verbrennung des oberen Gastrointestinaltrakts durch orale Zufuhr ätzender Substanzen.
► **Pathophysiologie/Beispiele:**
  • *Säuren:*
    – Führen durch Koagulation von Proteinen zur Bildung einer Schutzschicht, wodurch das darunter liegende Gewebe geschützt bleibt. Die Heilung erfolgt in der Regel schneller als bei Laugenverletzungen.
    – Beispiele: Schwefelsäure (H_2SO_4), Salzsäure (HCl), Flusssäure (HFl), Salpetersäure (HNO_3).
  • *Laugen:*
    – Führen zur Verflüssigung des Eiweißes (Kolliquation = Einschmelzung), weshalb es zu einem tieferen Eindringen und zur Zerstörung tiefer Gewebeschichten kommt.
    – Beispiele: Natriumhydroxid = Natronlauge (NaOH), Kaliumhydroxid = Kalilauge (KOH), Ammoniumhydroxid (NH_4OH), Lithiumhydroxid (LiOH), Kalziumhydroxid ($Ca[OH]_2$), Bariumhydroxid ($Ba[OH]_2$).
  • *Oxidierende Substanzen:* Natriumhypochlorit (NaClO), Chromoxid (CrO_3), Kaliumpermanganat ($KMnO_4$).

► **Ursache:** Unfall bei Kindern oder Suizidversuch bei Erwachsenen. Verätzungen durch Laugen kommen 10-mal häufiger vor als durch Säuren.
► **Klassifikation:** s. Tab. 10.8.

Tabelle 10.8 · **Grad der Verbrennung an Schleimhäuten bei Säure- und Laugenverletzungen**

Grad	Kriterien
0	normale Verhältnisse
I	Hyperämie und Ödem; keine Ulzerationen
II	Hyperämie, Ödem, oberflächliche Nekrosen
III	ausgedehnte Nekrose, Mukosaablösungen, Hämorrhagie, Ulzerationen
IV	schwere Nekrose, schwarze Mukosa, starke Hämorrhagie; Perforationsgefahr

Klinische Symptomatik

► Starke orale, retrosternale oder epigastrische Schmerzen.
► Stridor durch Schwellung der Weichteile (Larynx, Epiglottis und Stimmbänder).
► Brechreiz und Dysphagie (schon Minuten nach dem Ereignis) möglich.
► In schweren Fällen sichtbare Nekrosen, Schock, Tachypnoe, kardiovaskulärer Kollaps und Azidose, Nierenversagen, Verbrauchskoagulopathie, Leberzell-nekrosen, Hämolyse.
► Selten Hämatemesis.

Diagnostisches Vorgehen

► **Anamnese:** Unfallhergang. Präzise Information über Konzentration und Art der Substanz (Lauge, Säure, oxidierende Substanz?); evtl. mit pH-Indikatoren bestimmen.
► **Klinische Untersuchung:**
  • Beurteilung der Vitalfunktionen, insbesondere der Atmung (Trachea- oder Bronchialstenose durch Ödem?).
  • *Erfassung von Tiefe und Ausdehnung der Läsion:* Inspektion des Oropharynx, Endoskopie (s. u.), Laryngoskopie und evtl. Bronchoskopie zur Feststellung des Verbrennungsgrads (s. o.).
► **Röntgen:** Thorax- und Abdomenaufnahme zur Abklärung eventueller Perforationen (z. B. im Mediastinum?), evtl. Kontrastmitteldarstellung (*cave:* Nur wasser-lösliche Kontrastmittel verwenden, bariumhaltige Lösungen in der Akutphase vermeiden!).
► **Labor:** Blutbild, Blutgase. Blutgruppe und Kreuzprobe bei instabiler Hämodyna-mik oder Perforation.
► **Endoskopie** (Ösophagogastroskopie):
  • Endoskopie durchführen, sobald der Patient kardiopulmonal stabilisiert ist. Endotracheale Intubation und Allgemeinanästhesie nur im Bedarfsfall.
  • Vorsichtige Abklärung des kompletten Ösophagus und Magens.
  • Wiederholung der Endoskopie nach 2 Wochen zur Beurteilung der Abheilung und Erfassung möglicher Komplikationen.

- Behandlung im weiteren Verlauf: Dilatation von Ösophagusstrikturen, Ballon-dilatation von Antrumstenosen.

Therapieprinzipien

▶ Die Wahl der Therapie richtet sich nach der Substanzklasse.
▶ Ist die ätzende Substanz fester Natur: Einnahme von Wasser mit dem Ziel, an der Schleimhaut festsitzende Partikel in den Magen zu spülen (Verdünnung).
▶ **Management:**
  - Rascher Transport in eine Klinik. Spezifische Informationen über die Substanz bei einem Vergiftungszentrum abfragen.
  - Stabilisierung der Vitalfunktionen (Intubation?) und unverzügliche klinische Untersuchung.
  - Nach Endoskopiebefund (s.o.):
    – *Bei Grad I:* konservative Therapie: klinische Untersuchung, parenterale Ernährung. Prognose: Spontanheilung.
    – *Bei Grad II:* konservative Therapie: klinisches Monitoring, parenterale Ernährung und Antibiotika.
    – *Bei Grad III und IV:* notfallmäßige chirurgische Intervention (sofort bei Perforation oder massiver Hämorrhagie) bzw. frühe chirurgische Intervention (erste 24–36 h), parenterale Ernährung. In der 3. Woche Kontrastmittel-darstellung des Ösophagus und erneute endoskopische Untersuchung.
▷ *Cave:* Kein induziertes Erbrechen (keine Brechmittel!) zur Vermeidung erneuter Verätzungen bereits geschädigter Areale!

Spezifische Therapie nach Substanzklasse

▶ **Laugen (Kolliquationsnekrose):**
  - *Keine nasogastrische oder orogastrische Absaugung oder Lavage,* da ineffektiv (Laugen durchdringen und schädigen das Gewebe rasch). Darüber hinaus Perforationsgefahr!
  - *Einnahme von Milch* (Neutralisation der Lauge) und Wasser (Kühlung).
  - *Steroide* (z.B. Methylprednisolon 40–60 mg/d i.v.) über 3 Wochen zur Reduktion der Bildung ösophagealer Strikturen. Kontraindikation: Perforationen.
    ▷ *Cave:* Steroide maskieren Entzündungszeichen und erhöhen das Risiko von Perforationen.
▶ **Säuren (Koagulationsnekrose):**
  - Keine Neutralisation oder Verdünnung (*cave:* Entstehende Neutralisations-wärme bis 80 °C)!
  - Unverzügliche Aspiration über Magensonde und Magenspülung mit Eiswasser.
  - Keine prophylaktische Gabe von Steroiden oder Antibiotika (ineffektiv).

Operationstechniken

▶ Nach klinischen Symptomen und Verletzungsausmaß.
▶ Eventuell Rekonstruktion von betroffenen Teilen des Gastrointestinaltrakts.
▶ Dilatation (kurze Strikturen endoskopisch, lange Strikturen chirurgisch).

Nachbehandlung

▶ Überwachung und Endoskopie bei Patienten mit anhaltenden Schmerzen und bei Kleinkindern. Erkennung von Frühzeichen einer Gastritis bzw. Duodenitis.
▶ Behandlung von Spätkomplikationen wie z.B. Ösophagusstrikturen, beeinträchtigte Motilität, Antrumstenose oder erhöhtes Ösophaguskarzinomrisiko.

► Abklärung eventueller psychiatrischer Erkrankungen (insbesondere Depressionen und Psychosen).

Prognose

► Ausmaß und Typ der Verletzung hängen ab von Menge, Konzentration und Art der eingenommenen Substanz, der Kontaktzeit mit dem Gewebe, vom Zustand des Patienten und der Behandlung.
► Schlechte Prognose bei Ösophagusperforation.
► Bei schweren Verletzungen 40% Letalität.

11 Frakturen bei Kindern

11.1 Allgemeine Aspekte

Knochenwachstum und Frakturheilung

▶ Der kindliche Knochen ist gekennzeichnet durch eine hohe Elastizität, ein starkes widerstandsfähiges Periost und eine hohe Wachstumspotenz. Im Vergleich zu Erwachsenen besteht eine beschleunigte Frakturheilung mit höherem Korrekturpotenzial und geringerer Neigung zu Immobilisationsschäden.
▶ Die Wachstumsfugen beim Kind sind besonders vulnerabel und stellen eine häufige Lokalisation von Verletzungen mit potenzieller Wachstumsstörung dar.
▶ Epiphysenfrakturen erfordern eine exakte anatomische Reposition und eine „wasserdichte" Osteosynthese, um eine Kallusbildung in der Epiphysenfuge mit der Gefahr der Epiphyseodese zu vermeiden.

Physiologische Korrekturmechanismen

▶ **Seit-zu-Seit-Verschiebung:** Seitverschiebungen werden durch funktionelle Anpassung des Knochens in Form periostaler und enostaler An- und Abbauprozesse bis zu kompletter Schaftbreite gut korrigiert.
▶ **Achsenfehler in der Frontal- und Sagittalebene:** Aus einer Kombination enostaler/periostaler Umbauvorgänge und epiphysärer Wachstumsveränderungen (Epiphysenfuge stellt sich während des Wachstums immer senkrecht zur Belastungsebene ein) können Achsenfehler altersabhängig senkrecht zur Hauptbewegungsebene korrigiert werden.
▶ **Rotationsstörungen:** Für Rotationsfehlstellungen besteht die geringste Korrekturpotenz (nur im Rahmen physiologischer Umbauvorgänge).
▶ **Verkürzungen/Verlängerungen:** Die frakturbedingte Hyperämie kann altersabhängig stimulative oder hemmende Wachstumsstörungen am Periost und den Epiphysenfugen auslösen.

Frakturformen

▶ **Schaftfrakturen:** siehe Tab. 11.1.

Tabelle 11.1 · Formen von kindlichen Schaftfrakturen

Diaphyse	• „Grünholzfraktur": Vollständiges Durchreißen der konvexen Kortikalis bei angebrochener konkavseitiger Kortikalis mit erhaltenem Periost
	• „plastische Verbiegung"
Metaphyse	• metaphysäre Wulstfraktur
	• metaphysäre Grünholzfraktur
	• komplette metaphysäre Frakturen
	• metaphysäre Bandausrisse
	• Apophysenausrisse

► **Gelenkläsionen:** siehe Tab. 11.2.

Tabelle 11.2 · Formen von Gelenkläsionen bei Kindern (Epiphysenverletzungen)

Epiphyseolyse	durch Scherkräfte verursachte Lösung der chondralen Ossifikation, die lediglich die perichondrale Blutversorgung schädigt und dadurch selten Wachstumsstörungen hervorruft
Epiphysenfrakturen	prognostisch ernste Verletzung. Immer Gelenkflächenbeteiligung, teilweise mit metaphysärem Keil. Es kommt immer zu einer Störung der Blutversorgung mit möglicher Wachstumsstörung
Übergangsfrakturen	bei partiell verknöcherter Epiphysenfuge (Adoleszenz) führt ein Schertrauma zur Ablösung der nicht verknöcherten Epiphyse (ohne metaphysären Keil „Twoplane"-Fraktur, mit metaphysärem Keil „Triplane"-Fraktur)

- Zur Klassifikation der Epiphysenfugenverletzungen nach Salter und Aitken siehe Abb. 11.1.

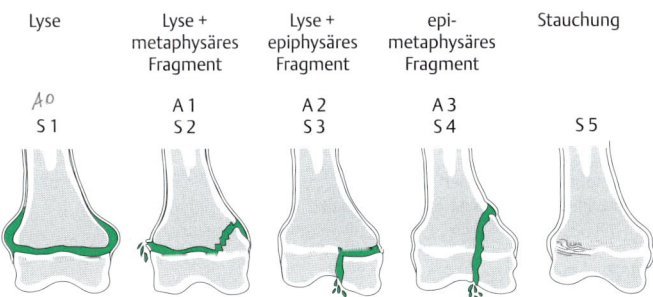

Lyse	Lyse + metaphysäres Fragment	Lyse + epiphysäres Fragment	epi- metaphysäres Fragment	Stauchung
A 0 S 1	A 1 S 2	A 2 S 3	A 3 S 4	S 5

Abb. 11.1   Klassifikation der Epiphysenfugenverletzungen nach Salter (S 1–S 5) und Aitken (A 1–A 3)

Diagnostisches Vorgehen

► **Röntgen:** „So wenig wie möglich, so viel wie nötig."
  - Standardaufnahmen bei Frakturverdacht.
  - Selten Vergleichsaufnahmen der gesunden Seite.
  - Funktionsaufnahmen sind bei Ultraschall und MRT nicht mehr nötig.
  - Gehaltene Aufnahmen sind bei offenen Wachstumsfugen kontraindiziert!
  - Verlaufsaufnahmen nur bei hochgradig instabilen Frakturen.
► **Computertomographie:** bei knöchernen Komplexverletzungen von Gelenken, Becken- und Wirbelsäulenverletzungen.
► **Kernspintomographie:** erweiterte Indikation bei Band- und Gelenkverletzungen.

Therapieprinzipien

▶ **Die Therapie kindlicher Frakturen erfolgt überwiegend konservativ:**
- Moderne Kunststoffverbände ermöglichen eine geeignete Retention bei hohem Tragekomfort.
- Extensionsverbände nur am Oberschenkel bei Kindern < 2 Jahre anwenden („Overhead-Extension", s. S. 488).
- Durch Gipskeilung können Fehlstellungen elegant korrigiert werden.
- Funktionelle Verbände (cuff and collar) erweitern das Behandlungsspektrum.

▶ **Indikationen zur operativen Therapie:**
- Offene Frakturen.
- Beteiligung von Nerven und Gefäßen.
- Epiphysenfugenfrakturen.
- Dislozierte Gelenkfrakturen (> 2 mm), Gelenk-Binnen-Läsionen (Kreuzband, chondrale „flakes").
- Schwer reponierbare und retinierbare Frakturen (suprakondyläre Oberarmfrakturen, Bruch des Condylus radialis humeri, Abriss der ulnaren Apophyse, instabile Schaftfrakturen).
- Polytrauma.
- Kettenfrakturen einer Extremität.
- Bilaterale Frakturen.

▶ **Implantate:** Kirschner-Drähte, Kleinfragmentschrauben, intramedulläre dynamische Markraumnagelung (Prévot), größenadaptierte Platten, Fixateur externe.

Nachbehandlung

▶ **Metallentfernung:** Aufgrund der raschen Frakturheilung können Implantate nach 4 Wochen (K-Drähte, Fixateur externe) bzw. 6 Monaten (Platten, Nägel) entfernt werden.

▶ Immobilisationsschäden und Gelenkeinschränkungen sind bei Kindern selten. Eine Physiotherapie ist nur bei spezieller Indikation notwendig.

11.2 Spezielle Aspekte

Klavikulafraktur

▶ Allgemeine Informationen s. S. 385.
▶ **Spezielle Therapie:** Therapie mit Rucksackverband für 2 Wochen.

Proximaler Oberarm

▶ Allgemeine Informationen s. S. 406. Bei Kindern überwiegend subkapitale Frakturen, seltener Epiphysenlösungen (meist mit metaphysärem Keil).
▶ **Spezielle Therapie:**
- *Undislozierte Frakturen:* konservative Therapie mit Gilchrist-Verband.
- *Dislozierte Frakturen* mit Dislokationswinkel > 30° sollten geschlossen reponiert werden. Kann die Reposition nicht mühelos erreicht oder gehalten werden, liegt möglicherweise die Interposition der Bizepssehne vor. Bei offener Reposition ermöglicht die Kirschnerdraht-Osteosynthese eine spätere frühfunktionelle Weiterbehandlung.

Distaler Oberarm

▶ Allgemeine Informationen s. S. 414.
▶ **Spezielle Therapie:**
  • *Undislozierte Apophysenfrakturen und suprakondyläre Frakturen* können konservativ/funktionell behandelt werden (Gips, cuff and collar/Blount).
  • *Dislozierte epikondyläre Abrissfrakturen* müssen offen reponiert werden und mit Kirschner-Draht oder Kleinfragmentschraube fixiert werden.
  • *Verletzungen mit Fehlstellungen* (insbesondere Rotationsfehler):
    ▣ *Hinweis:* Rotationsfehlstellungen werden nicht spontan korrigiert, Achsfehlstellungen (Cubitus varus) sind die Spätfolge.
    – Primär geschlossene Reposition anstreben (*cave:* Auf Rotationssporn achten!), dabei ulnares Abkippen und radiales Verdrehen verhindern. Wenn die Retention nicht mühelos im Verband gelingt, sollten perkutan eingebrachte Kirschner-Drähte Anwendung finden (3–4 Wochen belassen).
    – Die offene Reposition und Retention ist immer dann zu bevorzugen, wenn das geschlossene Vorgehen misslingt.
  • *Bei radialen Trümmerzonen* kommt der Minifixateur externe zur Anwendung.

Olekranonfraktur

▶ Allgemeine Informationen s. S. 420.
▶ **Spezielle Therapie:**
  • Undislozierte Frakturen (< 2 mm Dislokation): Ruhigstellung im Gipsverband.
  • Dislozierte extra- und intraartikuläre Frakturen: klassische Zuggurtung (S. 545).

Radiusköpfchenfraktur

▶ Allgemeine Informationen s. S. 422.
▶ **Spezielle Therapie:**
  • *Subkapitale Frakturen:*
    – Bis zum 10. Lebensjahr hohe Achskorrekturpotenz. Bei Seitverschiebung und Abkippungen bis 50° konservatives Vorgehen (Oberarmgipsschiene).
    – Ab dem 10. Lebensjahr ist eine Achskippung bis 20° tolerabel. Konservative Therapie mit OA-Gipsschiene.
  • *Dislozierte Frakturen:* Überwiegend geschlossene, selten offene Reposition. Gegebenenfalls Stabilisierung mit intramedullärem Nagel oder offen mit Kirschner-Draht. Keine primäre Entfernung des Radiusköpfchens.

Unterarmfraktur

▶ Allgemeine Informationen s. S. 424.
▶ **Spezielle Therapie:**
  • *Unterarmschaftfrakturen:*
    – Bis zum 10 Lebensjahr in der Längsachse reponieren (ggf. bei Grünholzfrakturen Gegenkortikalis „überbrechen") und konservativ mit Oberarmgipsschiene behandeln. Achsfehlstellungen bis 20° können toleriert werden. Bei hochgradig instabilen Frakturen (komplett dislozierte Frakturen) besonders auch am distalen Unterarm Markraumschienung oder primäre Plattenosteosynthese erwägen.
    – Ab dem 10. Lebensjahr Behandlung wie bei Erwachsenen (S. 424). Bei geschlossener Reposition intramedulläre Markdrahtung (Prévot; *cave:* Keine Rotationsstabilität!). Ansonsten offene Reposition und Plattenosteosynthese nach AO-Prinzipien.

- *Metaphysäre Wulstbrüche* haben die beste Prognose und werden für 3 Wochen zur Schmerztherapie im Gipsverband immobilisiert. Bei Achsabweichung von < 20° Reposition und Oberarmgips erforderlich. Instabile Aitken-I-Frakturen können mit 1–2 Kirschner-Drähten stabilisiert werden.

Fraktur des proximalen Femurs

► Allgemeine Informationen s. S. 314.
► **Spezielle Therapie:**
  ❑ *Hinweis:* Sämtliche Schenkelhalsfrakturen stellen einen Notfall dar und müssen umgehend versorgt werden! *Cave:* Komplikationen wie Hüftkopfnekrosen, Pseudarthrosen und Wachstumsstörungen.
  - *Versorgungsprinzipien:* offene Reposition und Schrauben- oder K-Draht-Osteosynthesen. Wachstumsfugen müssen geschont werden!

Femurschaftfraktur

► Allgemeine Informationen s. S. 319.
► **Spezielle Therapie:**
  - *Undislozierte Femurfrakturen:*
    – Ruhigstellung im Becken-Bein-Gips für 3–6 Wochen.
    – Bei Kindern bis zum 3. Lebensjahr kommt der „Over-Head"-Extensions-Heftpflasterverband zur Anwendung (als Toleranzgrenzen der Fehlstellung gelten 10° in der Sagittal- und Frontalebene, Rotationsfehler < 20° und Seitverschiebungen bis 50% der Schaftbreite).
    – Bei älteren Kindern sind die offene Reposition und elastische Markraumschienung oder größenadaptierte Plattenosteosynthese Methode der Wahl.
  - *Querfrakturen* sind für die elastische intramedulläre Markraumschienung geeignet.
  - *Polytrauma:* Fixateur externe ideal für die Primärversorgung, auch zur definitiven Versorgung.

Distale Femurfraktur

► Allgemeine Informationen s. S. 324.
► **Spezielle Therapie:** Distale Femurepiphysenverletzungen bedürfen der exakten Reposition und ggf. Osteosynthese mit Kirschner-Drähten oder Schrauben. Interponate werden offen entfernt. Den Gelenkflächen und der Symmetrie der Knieachsen ist dabei besondere Beachtung zu schenken.

Proximale Tibiafraktur

► Allgemeine Informationen s. S. 349.
► **Spezielle Therapie:**
  - *Frakturen der Eminentia intercondylaris* werden unter Berücksichtigung des Dislokationsgrades nach Meyer und Mc Keever eingeteilt. Bei Dislokation ist die arthroskopische oder offene Reposition und die Retention mit K-Draht oder Schraube anzustreben.
  - *Abrissbrüche der Tuberositas tibiae* sind offen zu reponieren und mit Schraube zu fixieren.
  - *Metaphysäre Unterschenkelfrakturen:* Therapie zur Vermeidung einer Valgusstellung. Zunächst geschlossene Reposition versuchen, wenn diese misslingt, offene Reposition und Plattenosteosynthese anstreben.

- *Impressionsfrakturen* des Schienbeinkopfes treten praktisch nicht auf.
- Gipsschiene für 4–6 Wochen.

Tibiaschaftfraktur

▶ Allgemeine Informationen s. S. 353.
▶ **Spezielle Therapie:**
  - *Isolierte Tibiafrakturen:* Konservative Therapie über 4–6 Wochen mit Oberschenkelgips. Achsabweichungen > 10° lassen sich durch Gipskeilung korrigieren. Rotationsfehler müssen vermieden werden!
  - *Dislozierte, nicht reponible Frakturen und offene Frakturen:* Die elastische Markraumschienung oder größenadaptierte Plattenosteosynthese sind die Verfahren der Wahl.

Distale Tibiafraktur

▶ Allgemeine Informationen s. S. 357.
▶ **Spezielle Therapie:**
  - *Stauchungsbrüche der distalen Metaphyse* sind unproblematisch. Eine Unterschenkelgipsbehandlung über 4 Wochen ist ausreichend.
  - *Distale Epiphysenfrakturen:*
    – Wegen des frühzeitigen Epiphysenfugenverschlusses gefürchtet.
    – Offene Reposition und Stabilisierung mit Kleinfragmentschrauben parallel zur Epiphysenfugenlinie. Dabei wird die „wasserdichte" Osteosynthese angestrebt.
    – Bei „Two-Plane"-Frakturen ist eine epiphysäre Schraube ausreichend, „Tri-Plane"-Frakturen bedürfen einer weiteren metaphysären Schraube.

Wirbelsäule

▶ Allgemeine Informationen s. S. 211.
▶ **Vorkommen, Lokalisation:**
  - Verletzungen der Wirbelsäule sind bei Kindern selten. Je jünger ein verletztes Kind, desto wahrscheinlicher liegt eine Verletzung der oberen HWS vor. Der Abschnitt C0/C1 und die Synchondrose des Dens axis sind am häufigsten betroffen.
  - Besondere Verletzungen der wachsenden Wirbelsäule sind Lösungen der Epiphysenplatten sowie Frakturen der knorpeligen Zwischenzone (Synchondrose).
▶ **Spezielle Therapie bei Verletzungen der HWS:**
  - Ab dem 10. Lebensjahr entsprechen Diagnostik und Behandlung weitgehend den Therapieprinzipien Erwachsener (S. 213).
  - *Konservative Therapie* mit Halofixateur.
  - *Operative Therapie:*
    – Indikationen: An der oberen HWS nicht retinierbare sowie hochgradig instabile Verletzungen, an der unteren HWS Typ-B- und -C-Verletzungen (S. 212).
    – Operationstechnik: Sie entspricht in allen Einzelheiten der bei Erwachsenen (S. 216).
▶ **Spezielle Therapie bei Verletzungen der BWS und LWS:**
  - *Undislozierte Frakturen* werden konservativ funktionell behandelt.
  - *Luxationen und Luxationsfrakturen* werden offen reponiert (die Indikation zur Spondylodese erfolgt seltener als beim Erwachsenen).

▷ *Hinweis:* Die *SCIWORA*-Verletzung (**S**pinal **c**ord **i**njury **with**o**ut **r**adiographic **a**bnormality) ist eine für das Kleinkindesalter charakteristische Läsion, die am häufigsten und ausgeprägtesten in Höhe der HWS vorkommt. Definitionsgemäß handelt es sich um Rückenmarkverletzungen mit inkompletten oder kompletten neurologischen Defiziten, bei denen in Röntgenaufnahmen und Computertomographie keine Frakturen nachweisbar sind.

Beckenfraktur

▶ Allgemeine Informationen s. S. 290.
▶ Beckenverletzungen bei Kindern sind sehr selten.
▶ **Spezielle Therapie:** Instabile Frakturen werden geschlossen reponiert. Meist ist ein Beckenfixateur als Stabilisierung ausreichend. Selten ist die offene Reposition mit Schraubenosteosynthese erforderlich.

▷ *Cave:* Besonderes Augenmerk muss auf intraabdominelle und urologische Begleitverletzungen gelegt werden!

12   Sportverletzungen

12.1 Distorsion

Grundlagen

▶ **Definition:** Kapsel-Band-Zerrung als Folge einer gewaltsamen, traumatischen Überschreitung der physiologischen Bewegungsgrenze – meist eines Scharniergelenkes – durch abnorme Beugung, Streckung oder Torsion.
▶ **Ursache, Verletzungsmechanismus:** Eine momentane „Subluxation" (mit sofortiger Selbstreposition) bewirkt eine Überdehnung oder Rupturierung („Zerreißung") des Kapsel-Band-Apparates mit intra- und/oder paraartikulärer Blutung.
▶ Keine Klassifikation.

Klinische Symptomatik und diagnostisches Vorgehen

▶ **Klinische Symptomatik und Untersuchung:** Spontan- und Druckschmerz, Gelenkerguss, abnorme Beweglichkeit, lokale Überwärmung, Hämatom, Funktionseinschränkung.
▶ **Röntgen:**
  • Ausschluss knöcherner Verletzungen.
  • Ausschluss von Bandverletzungen (gehaltene Aufnahmen von oberem Sprunggelenk, Knie, Ellbogen).
▶ **Sonographie** zur Klärung der Ergusslokalisation (intra/extraartikulär).
▶ **Computertomographie** bei V. a. osteochondrale Fragmente.
▶ **MRT** bei Beschwerdepersistenz > 14 Tage (zum Ausschluss von chondralen Läsionen, bone bruise, Meniskopathien, Bandläsionen).

Therapie

▶ Schonung/Hochlagern, Kühlung, Kompressionsverband, bei starken Schmerzen und massiver Schwellung Gipsschienenimmobilisation für 1 Woche.
▶ Lokale (z. B. Diclofenac-Salbe 2- bis 3-mal tägl.) und systemische Antiphlogistika (z. B. Diclofenac 2–3 × 50 mg/d p.o.).
▶ Ebenfalls möglich: Dimethylsulfoxid-Salbe, Bromelain-Salbe oder -Tabletten, Trypsin.
▶ Beschwerdenorientierte frühfunktionelle Behandlung, ggf. unter temporärer Ent- bzw. Teilbelastung.
▶ Arthroskopie bei Hämarthros zur Spülung und zum Ausschluss intraartikulärer operationsbedürftiger Verletzungen.

Prognose

▶ Bei sicherem Ausschluss schwer wiegender Verletzungen überwiegend gute Prognose mit Restitutio ad integrum, selten Dystrophie.

12.2 Muskelteilrupturen

Grundlagen

▶ **Definitionen:**
  • *Muskelfaserriss:* Überschreitung der Elastizität von Myofibrillen mit Mikrorupturen.
  • *Muskelriss:* Ruptur im Bereich der Faszie mit zurückgezogenem Muskelbauch und Dellenbildung.
▶ **Ursache, Verletzungsmechanismus:**
  • Überlastung ungenügend trainierter Muskulatur.
  • Unkontrollierte Bewegung mit plötzlichen Spannungsänderungen durch Kontraktur der antagonistisch wirkenden Muskulatur.
  • Fehlende bzw. verzögerte Relaxation besonders bei Ermüdung, Flüssigkeits- und Elektrolytverlust.
  • Mangelnder Kälteschutz und ungenügende Aufwärmphase.
  • Direktes Trauma durch Stoß oder Schlag oder Tritt.

Klinische Symptomatik und Befunde

▶ Plötzlich stechender Schmerz, Druckschmerz.
▶ Geringe Schwellung, Funktionseinschränkung, Schonhaltung, Bluterguss (Spätzeichen), tastbare, selten sichtbare Dellenbildung.

Diagnostisches Vorgehen

▶ **Klinische Untersuchung:** typische Symptomatik s. o.
▶ **Röntgen** zum Ausschluss knöcherner Verletzungen und von Bandverletzungen (gehaltene Aufnahmen).
▶ **Sonographie** zur Abgrenzung einer Sehnenruptur.
▶ **MRT** als Ausnahme bei diagnostischer Unsicherheit und bei komplexen Verletzungen.

Therapieprinzipien

▶ **Konservative Therapie** bei einfachen Verletzungen wie Dehnungen, Zerrungen, Muskelfaserriss.
▶ **Operatives Vorgehen** bei komplettem Muskelabriss, zu erwartendem Funktionsausfall, großem Hämatom, drohendem oder manifestem Kompartmentsyndrom, Notwendigkeit der schnellstmöglichen Wiederherstellung der Sportfähigkeit (Profisport).

Konservative Therapie

▶ Lokale (z. B. Diclofenac-Salbe) und systemische Antiphlogistika (z. B. Diclofenac 2–3 × 50 mg/d p.o.).
▶ Kühlung, elastischer Verband, Immobilisation, Sportkarenz.
▶ Selten erweiterte physikalische Therapie erforderlich (Elektrotherapie, Iontophorese, Ultraschall).

Operationstechnik

▶ Direkte Naht.

Prognose

▶ Faserrisse heilen narbig aus, hinterlassen aber keine funktionellen Defizite.
▶ Volle Belastbarkeit ist nach 3–6 Wochen wieder erreicht.

12.3 Überlastungssyndrome, Insertionstendopathien

Grundlagen

▶ **Definition „Insertionstendopathien":** abakterielle Entzündung der Sehnen bzw. Sehnenscheiden in Ansatznähe oder degenerative Veränderungen an Sehnenursprüngen und -ansätzen.
▶ **Mögliche Lokalisationen:**
  • *Ellbogen:* Epicondylitis humeri radialis (M. extensor digitorum, M. extensor carpi radialis brevis), Epicondylitis humeri ulnaris (M. pronator teres).
  • *Schulter:* Impingementsyndrom bei Tendinitis calcarea.
  • *Patella:* Ansatz des M. rectus femoris, Lig. patellae (Patellaspitzensyndrom).
  • *Schienbein:* M. tibialis, M. flexor hallucis longus, M. flexor digitorum longus.
  • *Plantaraponeurose:* plantarer Fersenschmerz.
  • *Achillessehne:* Achillodynie.
▶ **Ursache, Verletzungsmechanismus:** chronische Überlastung bei sportspezifischen Bewegungsabläufen mit Mikrotraumatisierung, lokaler Ödembildung und rezidivierenden Entzündungen. Störung der Mikrozirkulation mit nachfolgender Fibrose bis hin zur Sehnenruptur auf der Basis degenerativer Veränderungen.

Klinische Symptomatik

▶ Bewegungsspezifisch wiederkehrende Belastungsschmerzen disponierter Regionen (Tennisrückhand, Wurfdisziplinen, „Schwimmerschulter", „Läuferknie", Adduktorenzerrung).
▶ Lokale Ödembildung, Bursitis.

Diagnostisches Vorgehen

▶ **Klinische Untersuchung** mit Überprüfung typischer Bewegungsmuster (typische Symptome s. o.). Lokale Druckschmerzhaftigkeit.
▶ **Sonographie** (z. B. Kalk nachweisbar [Tendinosis calcarea], Bursitis).
▶ **Magnetresonanztomographie** zur Abgrenzung intraartikulärer Befunde bzw. multikausaler Schmerzursachen.

Konservative Therapie

▶ Reduktion der Belastung bis hin zur Immobilisierung, Sportkarenz.
▶ Bei Senk-Spreiz-Fuß ggf. Einlagenverordnung.
▶ Akut lokale und systemische Antiphlogistika (Diclofenac-Salbenverbände, Diclofenac 2–3 × 50 mg/d p.o.), ggf. auch Kortikoidinjektionen.
▶ Lokalanästhesieinjektionen.
▶ Lokale physikalische Therapie, Eis, Elektrotherapie, Iontophorese, Ultraschall.
▶ Extrakorporale Stoßwellentherapie: Die hochenergetische Stoßwellentherapie führt zur Auslösung einer Hyperstimulationsanalgesie und zu Resorptionsmechanismen bei letztlich noch ungeklärten Wirkmechanismen. Nachweisbare/reproduzierbare positive Effekte bei Tendinosis calcarea, plantarem Fersenschmerz, Epicondylitis.

Operationstechniken

► **Indikation:** Therapieresistenz.
► **Differenziertes Vorgehen:**
  • *Epicondylitis radialis humeri:* ovaläre Diszision nach Homann und Denervierung nach Wilhelm.
  • *Tendinosis calcarea:* Arthroskopie und subakromiale Dekompression, ggf. mit Ausräumung eines Kalkdepots.
  • Ausräumung der Bursa subachillea, Paratenonresektion.

Prognose

► Zum Teil hartnäckige Beschwerden.
► Gegebenenfalls Optimierung der Technik (z. B. beim Tennis) oder Wechsel der Sportdisziplin empfehlen.

12.4 Abrissfrakturen

Grundlagen

► **Definition:** Knöcherne Ausrisse der Sehnenansätze bei nicht knöchern durchbauten Apophysen durch Kontraktion der an der entsprechenden Apophyse ansetzenden Muskelgruppe.
► **Ursache, Verletzungsmechanismus:** übermäßiger aktiver oder passiver Muskelzug oder direktes Trauma (Sprint, Sprung, Kampfsport).
► **Lokalisation:**
  • Spina iliaca anterior inferior (M. rectus femoris).
  • Spina iliaca anterior superior (M. sartorius, M. tensor fasciae latae).
  • Tuber ischiadicum (ischiokrurale Muskulatur).
  • Trochanter minor (M. iliopsoas).
  • Trochanter major (M. gluteus medius).
  • Tuberositas tibiae (Patellarsehne).
  • Wirbelsäule (Aponeurosis lumbodorsalis).
  • Olekranon (M. triceps brachii).
  • Tuber calcanei (Achillessehne).

Klinische Symptomatik

► Plötzlich auftretende Schmerzen nach Schnellkraftleistung, verbunden mit Funktionsverlust der betroffenen Muskulatur und lokaler Druckschmerzhaftigkeit.

Diagnostisches Vorgehen

► **Anamnese:** adäquates Trauma?
► **Klinische Untersuchung:** typische Symptomatik s. o.
► **Röntgen:** initial zur Abgrenzung muskulärer und tendinöser Verletzungen. Im Verlauf zum Ausschluss sekundärer Dislokationen.

Therapieprinzipien

► Überwiegend konservative Therapie (auch bei Sportlern!).
► Zu Indikationen für ein operatives Vorgehen s. u.

Konservative Therapie

► Im Bereich der Wirbelsäule, des Beckens und der Trochanteren kurzfristige Schonung und Sportkarenz über ca. 2 Wochen.
► Lokale und systemische Antiphlogistika.

Operative Therapie

► **Indikation + Vorgehen:** Abrissfrakturen an Fingerendgliedern (→ S. 438), Olekranon (S. 420), Tuberositas tibiae (→ Reposition und Schraubenosteosynthese) und Abrissfrakturen des Fersenbeines i. S. einer Entenschnabelfraktur (S. 375), sek. dislozierte Apophysen mit zu erwartendem Funktionsverlust (z. B. Spina iliaca anterior superior).

Prognose

► Nach 6–8 Wochen sind die Frakturen knöchern überbrückt, die Sportfähigkeit ist nach 2–3 Monaten wiederhergestellt.
► Langfristig ist mit einer vollständigen Wiederherstellung der Funktion zu rechnen.

12.5 Ermüdungsfrakturen

Grundlagen

► **Definition:** Kontinuitätstrennung des Knochengewebes durch Mikrotraumen als Folge einer ungewohnten Überbeanspruchung.
► **Ursachen, Verletzungsmechanismus:** Außergewöhnlich hohe und dauerhafte Wechselbiegebelastung des Knochens (Materialermüdung). Häufig Beginn mit nur mikroskopisch sichtbarem, meist subperiostalem Anriss als Dauer- oder Gewaltfissur. Diese Primärschwächung führt durch Ausdehnung der Fissur zur spontanen Fraktur.
► **Beispiele:** Schipperfraktur des Dornfortsatzes von HWK 7, Marschfraktur von Mittelfußknochen, Hustenfrakturen von Rippen. Am häufigsten sind die unteren Extremitäten (mittlere und distale Tibia, Mittelfuß) betroffen.

Klinische Symptomatik

► Schmerzsymptomatik ohne erinnerliches Trauma.

Diagnostisches Vorgehen

► **Anamnese:** Nach etwaigen Überlastungen fragen.
► **Klinische Untersuchung:** lokaler Druck- oder Belastungsschmerz (Biegebeanspruchung, axiale Stauchung).
► **Röntgen:** In der Anfangsphase häufig ohne verwertbares Ergebnis, gelegentlich kann eine haarfeine Linie vermutet werden. In wöchentlichen Abständen wiederholte Aufnahmen zeigen periostale Auftreibungen durch Kalluswolken.
► **Szintigraphie** (Methode der Wahl): Deutlich sensitiver als Röntgendiagnostik (meist mehrere Wochen früher entsprechende Veränderungen sichtbar). Indiziert bei ungeklärter Beschwerdepersistenz.
► **MRT** zur differenzialdiagnostischen Abgrenzung z. B. von Osteonekrosen.

Therapie

▶ Kurzfristige Schonung und Sportkarenz über ca. 4 Wochen bis hin zur Teil- oder Vollentlastung.
▶ Extrakorporale Stoßwellentherapie?

Prognose

▶ Langfristig ist mit einer vollständigen Wiederherstellung der Funktion zu rechnen.
▶ Rezidivprophylaxe durch Beratung über Verhaltensmaßnahmen (Art und Dosierung der sportlichen Aktivitäten, z. B. Sportkarenz, Disziplinwechsel) und Ausrüstung (festes Schuhwerk).

13 Besondere Verletzungsformen

13.1 Elektrounfall

Grundlagen

▶ **Mögliche Formen:**
- Niederspannungsunfall (Spannung < 1000 Volt).
- Hochspannungsunfall (Spannung ≥ 1000 Volt).
- Blitzschlag.

▶ **Mögliche Folgen, Verletzungsmechanismus:**
- *Primäre Stromschäden:*
  - Elektrische Schädigung: Herzrhythmusstörungen.
  - Thermische Schädigung: Verbrennung.
- *Sekundäre Stromschäden:* Sturz, Schädel-Hirn-Trauma, Querschnittlähmung, Frakturen.

Mögliche klinische Symptomatik

▶ Herzrhythmusstörungen bis hin zu Kammerflimmern, Asystolie (v. a. bei Niederspannungsunfällen).
▶ Blutdruckschwankungen (Hypertension, Hypotension, Schock).
▶ Atemstörungen, Bewusstseinsstörungen.
▶ Verbrennungen (v. a. bei Hochspannungsunfällen; Abb. 13.1).
▶ Oligo-/Anurie (Nierenaffektion/-versagen durch Myoglobinurie bei thermischer Zerstörung von Muskelgewebe → Crush-Niere).
▶ Frakturen.

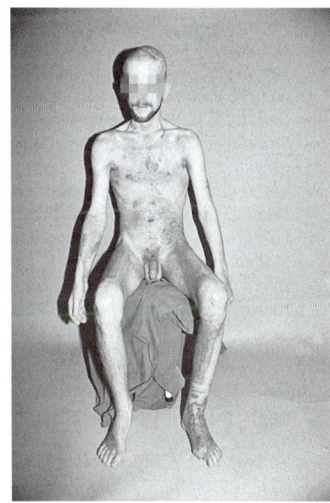

Abb. 13.1 Patient nach Starkstromverbrennungen. Eintrittsstelle am Kopf und Austrittsstelle am linken Fuß mit Zehenteilverlust

Diagnostisches Vorgehen

► Anamnese, klinische Untersuchung.
► Puls-, Blutdruckmessung, EKG.

Therapieprinzipien

► Kontinuierliche Kreislaufüberwachung und -stabilisierung.
► Bei Herzrhythmusstörungen Therapie nach internistischer Maßgabe.
► Bei Verbrennungen s. S. 128.
► Flüssigkeitstherapie zur Beherrschung einer Myoglobinurie (Flüssigkeitszufuhr und damit Diurese steigern, evtl. zusätzlich Mannitol und/oder Natriumbikarbonat).
► Auf ausreichende Analgesie achten (S. 84).

13.2 Blitztrauma, Verletzung durch Blitzschlag

Grundlagen

► **Allgemeine Informationen:**
  • Bei Blitzen handelt es sich um Gleichstrom-Lichtbögen, die von Wolke zu Wolke oder von Wolke zu Erdoberfläche fließen.
  • In seinem Zielbereich ist der Blitz ziemlich genau abgegrenzt und kann eine Fläche mit einem Durchmesser von 6–60 Metern treffen.
  • Der Gleichstrom-Lichtbogen dauert 0,0001–0,001 Sekunden, hat eine Stromstärke von 10 000–300 000 Ampère und eine Spannung von 25 Millionen bis 1 Milliarde Volt.
  • Die Einwirkzeit des Stromflusses auf das Opfer ist sehr kurz (0,0001–0,001 Sekunden). Ein einzelner Blitzschlag kann bis zu 100 Personen verletzen oder sogar töten.
  • Der anschließende Donnerschlag entsteht durch vom Stromfluss aufgeheizte, sich explosionsartig ausbreitende Luft.
► **Ursachen, Verletzungsmechanismus:**
  • Direkter Blitzeinschlag im Menschen.
  • Stromübertragung vom Körper eines anderen Opfers oder von einem vertikalen Objekt (z. B. Baum).
  • Verbrennungen bei brennender Kleidung.
  • Sekundärverletzungen (z. B. Frakturen, Distorsionen), wenn die Opfer durch die Luft geschleudert werden und dabei z. B. gegen eine Wand oder einen Baum prallen.
  • Durch den Donnerschlag evtl. Trommelfellverletzung und/oder andere Detonationseffekte.

Klinische Symptomatik, diagnostisches Vorgehen

► **Auffindesituation:** Häufig unter Bäumen, in Schuppen, auf Balkonen oder sogar in Häusern, selten in Autos oder Flugzeugen.
► **Haut:**
  • Verbrennungen mit charakteristischen Blitzfiguren (farnkrautartige „Tannenbaummuster").
  • An den Stromein- und -austrittsstellen entstehen oft Brand- und Rissquetschwunden (gehäuft an Ellbogen, Fersen, Fußsohlen).
  • Knochen, Nerven und Gefäße einer Extremität können so schwer verbrannt sein, dass eine Amputation notwendig wird.

▶ **Nervensystem:**
- *Zentralnervensystem:*
  – Häufig Bewusstlosigkeit und Apnoe. Die Bewusstlosigkeit kann mehrere Tage andauern, geht aber oft ohne bleibende Ausfälle vorüber.
  – Visusminderung und Hypakusis.
  – Häufig besteht eine retrograde Amnesie.
- *Periphere, neurovaskuläre Paralysen:*
  – Aufgrund elektrisch induzierter Vasospasmen und damit verbundenen Nervenschädigungen kann es zu einer Paraplegie, Hemiplegie oder Monoparese kommen.
  – Die betroffene Extremität ist blass, kalt, der Puls ist nicht tastbar.
  – 2–5 Stunden nach dem Ereignis kommt es in der Regel zu einer häufig extrem schmerzhaften Rückbildung der Symptomatik.
  ▷ *Hinweis:* In dieser Heilungsphase sollten gefäßchirurgische Interventionen oder Fasziotomien unterbleiben!
- *Weitere neurologisch-psychiatrische Folgeerscheinungen:* hysterische Konversionsreaktion, Angstzustände, Psychose, Depression, Langzeitkoma, Sprachstörungen, Kopfschmerzen, epileptische Anfälle, periphere Neuropathien.

▶ **Herz:**
- Häufig passagere arterielle Hypertonie.
- EKG: Herzrhythmusstörungen, verlängertes QT-Intervall, ST-Hebung, T-Wellen-Inversion als Hinweis auf subendokardiale oder intramurale Myokardverletzungen.

▶ **Muskulatur:** Muskelverletzung mit Myoglobinurie, im Serum CK stark erhöht.

▶ **Niere:** selten Nierenversagen bei Myoglobinurie. Therapie: Sicherung der renalen Ausscheidung > 100 ml/h (Flüssigkeit, Furosemid, Mannitol).

▶ **Ohr:** Hypakusis bei Trommelfellverletzung.

Therapie

▶ Kardiopulmonale Reanimation:
- Mund-zu-Mund-Beatmung oder Beatmung mit Hilfsmitteln bis zum Einsetzen der Spontanatmung.
- Geschlossene oder offene Herzmassage, Defibrillator.
▷ *Hinweis:* Blitzopfer mit Herz-Kreislauf-Stillstand sollten kardiopulmonal bis zu 3 Stunden reanimiert werden! Opfer eines Blitzschlages erholen sich in der Regel wieder vollständig!

▶ Flüssigkeitsgabe, Mannitol, Furosemid (Nierenprotektion, s. o.).

▶ Evtl. Hypothermie, Steroide und osmotisch wirksame Substanzen zur Verhinderung eines Hirnödems.

▶ Behandlung von Verbrennungen, Wunddébridement.

▶ Behandlung der Schädel- und Extremitätenfrakturen.

▶ Tetanusprophylaxe (S. 72).

Prognose und Prävention

▶ **Prognose:**
- Die Letalität wird auf > 30% geschätzt. Unmittelbare Todesursachen sind schwere Hirnverletzungen mit Apnoe und Bewusstlosigkeit sowie Kammerflimmern (ausgelöst durch den Stromstoß während einer Refraktärperiode des Herzens).
- Überlebende erholen sich in der Regel wieder vollständig.

▶ **Prävention** (Verhalten während eines Gewitters):
  • Sich nicht unter freiem Himmel aufhalten, ansonsten flach hinlegen.
  • Keine Gegenstände aus Metall mitführen (z. B. Regenschirme, Gewehre, Golf-schläger, Fahrrad).
  • Keine Zuflucht unter Bäumen oder Unterständen suchen.
  • In Häusern Fenster und Türen schließen.

13.3 Strahlenunfall

Grundlagen

▶ **Definition:** Schädigung durch externe Bestrahlung/Strahlenquellen oder akziden-telle Ingestion von radioaktiven Substanzen.

Klinische Symptomatik

▶ Das Ausmaß der Schädigung ist abhängig von der Strahlendosis und Expositions-zeit.
▶ Äußerlich ist evtl. nur eine Hautrötung erkennbar ohne sichtbare Schäden.

Tabelle 13.1 · Akute Strahlenschäden

Bestrahlungs-region	Dosis (Sv)	Symptome
Teilkörper	> 3	Erythem, Epilation der Haut (nach Latenzzeit)
	> 5	Früherythem nach Stunden
	> 50	Früherythem nach Stunden
		Gewebezerfall Ulzerationen (nach Latenzzeit)
Ganzkörper	1–2	> 2–6 Stunden: leichte Übelkeit, kurzzeitiger Kopfschmerz
	2–6	> 0,5–1 Stunde: schweres Erbrechen, ständiger Kopfschmerz, ggf. leichtes Früherythem, allgemeine Körperschwäche
	> 6	> 0,5 Stunden: unstillbares Erbrechen, sehr starker Kopfschmerz, schwach ausgeprägtes Früherythem, stark ausgeprägte Körperschwäche, Bewusstseinstrübung

Sv = Sievert (Äquivalentdosis, s. Tab. 13.2)

Diagnostisches Vorgehen

▶ **Klinische Untersuchung:** zur möglichen Symptomatik s. o.
▶ **Unfallhergang ermitteln:**
  • Externe Bestrahlung: Bestrahlungseinrichtung ermitteln (Dosisleistung).
  • Zur Abschätzung der Teil- bzw. Ganzkörperdosis Rekonstruktion des Unfaller-ganges zur Ermittlung von Expositionszeit und Abstand zur Strahlenquelle.

Tabelle 13.2 · Messgrößen radioaktiver Aktivität und Strahlung

Größe	Definition	Einheit
Aktivität	Anzahl radioaktiver Kernumwandlungen pro Zeiteinheit	Bq (Becquerel)
Äquivalentdosis	Energiedosis, bewertet mit der vorliegenden Strahlenart	Sv (Sievert)
Äquvalentdosisleistung	Äquivalentdosis pro Zeiteinheit	Sv/h

Maßnahmen zur Erstversorgung

▶ *Hinweis:* Die medizinische Erstversorgung hat immer Vorrang! Die Strahlenexposition des Rettungsdienstpersonals durch die kontaminierte Unfallstelle bzw. den Strahlenunfallpatienten während der Erstversorgung ist, außer in Extremfällen (KKW-GAU), minimal bzw. zu vernachlässigen. Hilfeleistung hat Priorität vor Strahlenschutzmaßnahmen!
▶ Den Verletzten aus der Gefahrenregion retten.
▶ Mit Dekontamination beginnen: Kleidung entfernen, Inkorporation in z. B. offene Wunden verhindern. Bei durch einen α-Strahler kontaminierten Wunden ggf. chirurgisches Wunddébridement.
▶ Nach externer Bestrahlung mit extrem hohen Dosen sterile Abdeckung der Haut.
▶ Bei schweren Zusatzverletzungen Transport in nächstgelegene geeignete Klinik mit Voranmeldung.
▶ Sonst immer Transport in das nächstgelegene regionale Strahlenschutzzentrum.

Weiterbehandlung im Strahlenschutzzentrum

▶ Adressen von Zentren s. S. 583.
▶ Bei externer Bestrahlung: Behandlung der Ulzera, ggf. „Steril"-Therapie bzw. Knochenmarktransplantation.
▶ Bei Inkorporation strahlenden Materials: Inkorporationsmessungen, Dekorporation, Messung der Ausscheidung.

13.4 Dekompressionssyndrom (Tauchunfall, Barotrauma)

Grundlagen

▶ **Definitionen, Phaseneinteilung:**
  • *Kompressionsphase:* Schädigung durch Druckänderung (▶ *cave:* Inverses Barotrauma).
  • *Isopressionsphase:* O_2-Oxidose; N-Inertgasnarkose (Tiefenrausch); CO_2-Intoxikation; CO-Intoxikation.
  • *Dekompressionsphase:*
    – Inertgasproblem, inverses Barotrauma. Dekomprimiert ein Taucher schneller als es sein Körper toleriert (z. B. bei Tauchunfall, Caisson-Baustelle), können Stickstoffbläschen in Geweben, Lymph- und Blutgefäßen und im Zentralner-

vensystem entstehen. Diese Bläschen führen zu einer regionalen Raumforderung bzw. Verlegung der Endstrombahn (Arterien/Lymphgefäße).
– Luftgefüllte Hohlräume des Körpers passen sich nur verzögert den Druckverhältnissen der Umgebung an und können bei unkontrollierter Dekompression bzw. bei behindertem Druckausgleich zu Verletzungen der Lunge, der Nasennebenhöhlen, der Augen, der Ohren inkl. Vestibularisorgan, des Magen-Darm-Traktes führen *(= Barotrauma)*.

▶ **Ursache, Verletzungsmechanismus:**
- *Barotrauma,* z. B. durch entzündlich veränderte Schleimhäute mit konsekutiver Behinderung des Druckausgleiches. (Lungenbarotrauma/Lungenriss ist auch bei kurzem Aufenthalt in geringer Tiefe möglich.)
- *Dekompressionsunfall:* Nichtbeachten der Dekompressionszeiten, aber auch bei kontrolliertem Auftauchen möglich!

▶ **Klassifikation der Dekompressionserkrankung** (= Caisson-Krankheit): s. Tab. 13.3
☐ *Cave:* Möglicherweise Progredienz der Symptomatik → die wiederholte klinische Untersuchung ist sehr wichtig!

Tabelle 13.3 · Schweregradeinteilung von Dekompressionssyndromen (DCS)

Schweregrad		klinische Befunde
	Grad I	Hautsymptome, Gelenkbeschwerden
Notfall	Grad II	schwere Erkrankung mit neurologischen und allgemein-körperlichen Symptomen
	Grad III	Mischbild eines DCS Grad II und einer arteriellen Gasembolie infolge eines hyperbaren Barotraumas der Lunge

Klinische Symptomatik und Befunde

▶ **Allgemein:** Hautjucken, Muskel- und Gelenkschmerzen („bends"), juckende Hautflecken, schmerzhafte „Apfelsinenhaut".
▶ **Neurologisch:** Bewusstseinsstörungen aller Schweregrade, fokal neurologische Störungen, allgemeine Wesensveränderung bis Mittelhirnsyndrom, Krampfanfälle, Lähmungen bis komplette Hemiplegie, Gleichgewichtsstörungen bei Embolie in Kleinhirn oder Innenohr, Rückenmarkschäden bis zur kompletten Plegie überwiegend im thorakolumbalen Übergangsbereich.
▶ **Pneumologisch:** Dyspnoe, Hustenreiz, Heiserkeit, blutiger Auswurf, Pneumothorax bei peripherem Lungenriss, Mediastinalemphysem bei zentralem Lungenriss, arterielle Gasembolie bei zentralem Lungenriss möglich.
▶ **Kardial:** Stenokardien, Rhythmusstörungen, kardiogener Schock.
▶ **Vestibulär:** Trommelfellriss, Innenohrstörungen mit Hörverlust, Tinnitus, Schwindel, Erbrechen.
▶ **Intestinal:** selten akutes Abdomen durch Hohlorganperforation.

Diagnostisches Vorgehen

▶ **Anamnese:** Tauchganganamnese (Tauchcomputer?), Fremdanamnese bei Tauchkameraden.
▶ **Klinische Untersuchung:**
- *Prüfung der Vitalfunktionen.*

- *Neurologie:* orientierende neurologische Untersuchung (Bewusstsein, fokale neurologische Störungen, Querschnittlähmung, Gleichgewichtsstörungen?).
- *Kardial:* EKG bei Stenokardien, Rhythmusstörungen, kardiogenem Schock.
- *Lunge, Thorax:* Auskultation, Hautemphysem?
- *Intestinal:* Auskultation, Palpation (Perforationszeichen?).
- *Vestibulär:* HNO-Untersuchung.
- *Augen:* augenärztliche Untersuchung.
▶ **Apparativ:**
  - *Röntgen:* Röntgenthorax (Pneumothorax, Mediastinalemphysem?), Röntgenabdomenübersicht bei V. a. intestinale Perforation.
  - *MRT:* Zur Lokalisation der Herde (ohne therapeutische Konsequenz), differenzialdiagnostische Abgrenzung zu Infarktgeschehen oder spinalem epiduralem Hämatom.
  - Lungenfunktion.

Präklinische Therapie

▶ **Orientierende Diagnostik,** Prüfung der Vitalfunktionen (EKG, RR, O_2-Sättigung).
▶ **Erhaltung der Vitalfunktionen** (ggf. Intubation und Beatmung mit 100 % O_2), 100 % O_2-Sauerstoffinsufflation, ggf. mit Konstant-Flow-Systemen [15–20 l O_2/min]).
▶ **Lagerung:** Rückenlage bei wachen Patienten, stabile Seitenlage bei Bewusstseinsstörung.
▶ **Volumentherapie:** Hydroxyäthylstärke (HAES) i.v. + Ringer (großzügige Indikation bei Taucherdehydratation).
▶ **Schmerzbehandlung, Thrombozytenaggregationshemmung** (an intravasalen Blasen) mit Acetylsalicylsäure (?) 500 mg i.v.; ggf. Fentanyl 0,1–0,3 mg i.v. zur Analgesie.
▶ **Sedierung,** z. B. Diazepam 5–10 mg i.v.
▶ **Thoraxdrainage** bei Pneumothorax.
▶ **Schutz vor Auskühlung** (Hypothermie führt zu Vasokonstriktion und erschwert die Inertgasabgabe).
▶ **Schnellstmöglicher Transport** (RTH) in Druckkammerzentrum zur kontrollierten Rekompression mit hyperbarer Oxygenation.
  ▷ *Cave:* Die hyperbare Oxigenierung ist bei allen Schweregraden indiziert! Auch bei unauffälliger Klinik Kontaktaufnahme mit nächstliegendem Druckkammerzentrum zur Klärung der Indikation zur Rekompression.

Klinische Therapie

▶ **Fortsetzung der O_2-Therapie** mit FiO$_2$ = 1,0 unabhängig von Blutgasen oder Sättigung.
▶ **Vervollständigung präklinischer Maßnahmen** und Ergänzung durch apparative Diagnostik (z. B. EKG, Röntgenthorax, BGA, Lungenfunktion, Labor).
▶ Im Zweifelsfalle Behandlung unter der Diagnose Tauchunfall bis zum Beweis des Gegenteiles. Fortsetzung der intensivmedizinischen Maßnahmen.
▶ **Aggressive** hyperbare Sauerstofftherapie (Druckkammer).
  ▷ *Cave:*
    – *Keine* nasse Rekompression (= *kein* Wiederholungstauchgang)!
    – *Keine* Ein-Mann-Dekompressionskammer-Therapie (die Kontrolle und Sicherung der Vitalfunktionen, die kontrollierte O_2-Atmung sowie medikamentöse Maßnahmen sind nicht möglich)!

Zentren mit stationärer ständig einsatzbereiter Druckkammer

Tabelle 13.4 · **Druckkammeranlagen mit 24-h-Bereitschaft zur hyperbaren Sauerstofftherapie**

Ort	Betreiber	Telefon
Deutschland		
52072 Aachen	HBO-Zentrum	241–84044 (Notruf 180–5234234)
14195 Berlin	Oskar-Helene-Heim	30–810041
28777 Bremen	Zentrum für Tauchmedizin	421–6007577 D2: 172–4297484 oder 4300453
40547 Düsseldorf	Sauerstoff-Therapiezentrum Düsseldorf	211–570583 oder 171–3867099 oder 3866348
47139 Duisburg	St.-Josefs-Hospital	203–80010 oder 8001620
90763 Fürth	HBO-Abteilung Euro-Med-Clinic	911–9714541 (nach Dienst 911–9714835)
38640 Goslar	Zentrum für Hyperbare Sauerstofftherapie	5321–20528 (nach Dienst 5321–19222)
58095 Hagen	Druckkammerzentrum Hagen	2331–91510 (nach Dienst 2331–19222)
06120 Halle	Institut für Hyperbare Sauerstofftherapie	345–5400456 oder 172–3413109
22307 Hamburg	Institut für hyperbare Sauerstofftherapie im Krankenhaus Barmbek	40–63273434 (nach Dienst 40–28824777)
30163 Hannover	Druckkammerzentrum	511–965610 (nach Dienst 511–19222)
74072 Heilbronn	HBO-Zentrum Neckar-Franken	7131–7868500 (nach Dienst 7131–19222)
65719 Hofheim	HBO-Zentrum	6192–5062 (nach Dienst 6192–5095)
34121 Kassel	Druckkammerzentrum Kassel	561–9324700 (nach Dienst 561–3086361)
50931 Köln	Druckkammerzentrum Köln	221–4201051 oder 221–4790
24119 Kronshagen/ Kiel	Schifffahrtsmedizinisches Institut	431–54090
21337 Lüneburg	DLT-Druckkammer	4131–860066 (nach Dienst 4131–19222)

Besondere Verletzungsformen

Tabelle 13.4 · Fortsetzung

Ort	Betreiber	Telefon
47441 Moers	Zentrum für Hyperbare Medizin	2841–93720 (nach Dienst 2841–1070)
81671 München	Branddirektion	89–406655
80333 München	Hyperbares Sauerstoffzentrum	89–5482310
82418 Murnau	Berufsgenossenschaftliche Unfallklinik	8841–480
93059 Regensburg	HBO-Regensburg	941–466140 (nach Dienst 941–19222)
70372 Stuttgart	HBO-Zentrum Stuttgart	711–5094453 (nach Dienst 711–19222)
70469 Stuttgart	Druckkammerzentrum Stuttgart	711–851032 (nach Dienst 711–19222)
83278 Traunstein	Druckkkammerzentrum Traunstein	861–15967 (nach Dienst 861–19222 oder 7050)
88662 Überlingen	Städtisches Krankenhaus Überlingen	7551–990
89081 Ulm	Bundeswehrkrankenhaus	731–1712285 oder 2286
Österreich		
8036 Graz	Chirurgische Universitätsklinik	(0043) – (0)316-3852205
1140 Wien	Zentrum für Tauch- und Hypermedizin	(0043) – (0)1-914470115; nach Dienst (0043) – (0)1-8914522
Schweiz		
4057 Basel	HBO-Zentrum Dr. Schmutz	(0041) – (0)61-6313013
3010 Bern	HBO-Zentrum der Universität	(0041) – (0)31-6323916
1211 Genf	HBO-Zentrum der Universität	(0041) – (0)22-3728132
1011 Lausanne	HBO-Zentrum der Universität	(0041) – (0)21-31416321111
8091 Zürich	HBO-Zenrum der Universität	(0041) – (0)1-2552036

14 Komplikationsbehandlungen

14.1 Verzögerte Knochenheilung

Grundlagen

▶ **Definitionen:**
- *Verzögerte Knochenbruchheilung:* Die Frakturheilung erfolgt unter Berücksichtigung der Lokalisation (z. B. schaft-, gelenknah), des Typs (z. B. einfache Querfraktur, Trümmerbruch), der Versorgungsform (z. B. Marknagelosteosynthese, konservative Therapie) und des Patientenalters (z. B. kindliche Fraktur, alter Mensch) nicht zeitgerecht.
- *Gestörte Knochenbruchheilung:* Verzögerte Knochenbruchheilung mit erkennbaren ursächlichen Faktoren, wie z. B. sperrende Osteosynthese, Fehlstellung, großes Zwischenfragment, Infekt.
- *Drohende Pseudarthrose:* Absehbare Entwicklung einer voll ausgebildeten Pseudarthrose, reguläre Frakturheilung erscheint nicht mehr wahrscheinlich.
- *Ausgebildete Pseudarthrose:* Die Pseudarthrose ist etabliert, ggf. mit Pseudokapsel, Einschleifen der Fakturenden in Form eines Falschgelenkes.
- *Symptomatische Pseudarthrose:* Die Falschgelenkbildung bereitet Schmerzen, stört die Funktion, führt zur Fehlstellung (z. B. Pseudarthrose distaler Unterschenkel, s. auch Abb. 14.1, S. 157).
- *Asymptomatische Pseudarthrose:* ausgebliebene Knochenbruchheilung ohne Beschwerden oder Funktionsstörung (z. B. straffe Pseudarthrose nach Densfraktur).
- *Komplizierte Pseudarthrose:* infizierte Pseudarthrose.
▶ **Ursachen:** Biologische und mechanische Faktoren (oft treffen mehrere Faktoren zusammen):
- Systemische Ernährungsstörung.
- Alter, Osteoporose, Nikotin, Alkohol, Steroide, NSAR.
- Lokale Ernährungsstörungen.
- Komplexe Frakturform, Periostschädigung, Weichteilschädigung, Schädigung der Durchblutung (Gefäßverletzung).
- *Pathomechanik:* Dehiszenz des Frakturspaltes am Schaft über 5 mm, hohe anhaltende Instabilität der Fraktur, Fehlstellung mit biomechanisch ungünstiger Abweichung und Lokalisation (z. B. Varusstellung bei subtrochantärer Fraktur des Femurs).
▶ **Klassifikation:** Einteilung nach Weber und Czech in A = biologisch reaktionsfähige (Elefantenfußpseudarthrose) und B = inaktive Pseudarthrosen (Defekt- und arthrophe Pseudarthrosen).
▶ **Häufigkeit:** Humerusschaftfrakturen konservativ < 5%, nach Marknagelung > 5%. Clavicula konservativ < 4%, operativ > 5%. Femur mit operativer Behandlung < 2%. Tibiaschaft bei geschlossenen Frakturen < 3%, bei offenen Frakturen > 10%.

Klinische Symptomatik

▶ Kardinalsymptom ist die Falschbeweglichkeit im ehemaligen Frakturbereich, weitere klinische Symptome sind Schmerz, Schwellung und Rötung, oft nicht von den Symptomen einer Infektion zu unterscheiden.

Diagnostisches Vorgehen

▶ **Anamnese:** stattgehabte Fraktur, anhaltende Beschwerdesymptomatik, Belastungsunfähigkeit, fehlende Kraft.

▶ **Klinische Untersuchung:** Prüfung auf Falschbeweglichkeit, Druckdolenz über der Pseudarthrose.

▶ **Röntgen:** Darstellung in zwei Ebenen, ggf. Schrägaufnahmen, Fehlheilungen von schräg verlaufenden Frakturen sind durch Überprojektion oft nicht eindeutig erkennbar (Abb. 14.1a). In Zweifelsfällen werden daher Schichtaufnahmen angefertigt.

▶ **CT:** Methode der Wahl zur Darstellung einer persistierenden Instabilität in den verschiedenen Ebenen, bestes Verfahren Mehrschicht-Spiral-CT mit dünnen Schichten und Rekonstruktion (Abb. 14.1b).

▶ **Szintigraphie:** Die szintigraphische Untersuchung ergibt in aller Regel einen Positivbefund mit erhöhtem Stoffwechselgeschehen, eine Differenzierung von einem Infekt ist in der Regel nicht möglich. Bei Infektverdacht ggf. vorherige Punktion oder Probefreilegung mit Abstrichentnahme vor endgültigem operativem Vorgehen.

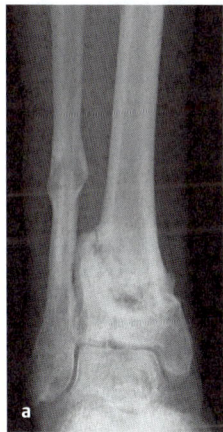
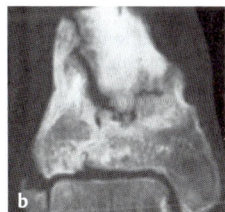

Abb. 14.1 a u. b
Pseudarthrose des
distalen Unterschenkels: Röntgennativaufnahme (a) zeigt keinen
durchgehenden Pseudarthrosenspalt, dieser
kommt erst in der
Computertomographie
(b) deutlich zum
Ausdruck

Therapieprinzipien

▶ Die Therapie orientiert sich generell an der biologischen Reaktionsfähigkeit und Instabilität der Pseudarthrose, im Einzelfall an der klinischen Symptomatik, der Lokalisation, den ggf. einliegenden Osteosynthesematerialien und anderen Begleitumständen (Infekt, Fehlstellung).

▶ **Biologisch reaktionsfähige Pseudarthrose** (Abb. 14.2):

• Bei nicht störender Instabilität oder stabil einliegendem Implantat (z. B. Marknagel) und Elefantenfußpseudarthrose Versuch der biologischen Aktivierung mittels Stoßwelle oder Magnetfeldtherapie.

• Bei Instabilität und Dehiszenz: Klassisches Vorgehen am Schaft mit Aufbohren über die Pseudarthrose hinaus (biologische Aktivierung), anschl. Remarknagelung, bei hypertropher Pseudarthrose unter Kompression. Pseudarthrosen mit

Komplikationsbehandlungen

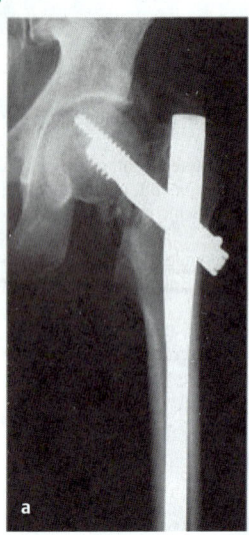 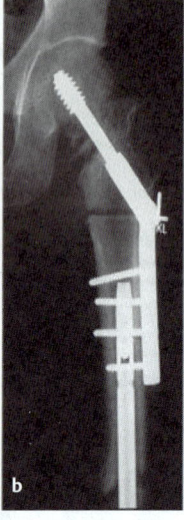

Abb. 14.2 a u. b Oberschenkelschaftfraktur mit Schenkelhalsfraktur mittels Gammanagel und Einzelzugschraube versorgt, Pseudarthrose des Schenkelhalses (a), Versorgung mit subtrochantärer Umstellungsosteotomie und Kompressionsschraubenosteosynthese mit dynamischer Hüftschraube (b)

breitem Defektspalt in der Nähe von Gelenken werden ausgeräumt und mit Spongiosaplastik aufgefüllt, anschließend stabile Reosteosynthese.

► **Inaktive Pseudarthrosen:** Zusätzlich zu den vorgenannten Prinzipien (biologische Aktivierung, Stabilisierung mit Osteosynthese) ist regelhaft ein Knochenersatz durchzuführen, in der Regel autologe Spongiosaplastik, Einpflanzung Knochenspan, Eingeben von Knochenwachstumshormonen (BMP). Defektspeudarthrosen werden durch Kallusdistraktion oder Knochentransplantation (gefäßgestielte Fibula) versorgt.

► **Infekt-Defekt-Pseudarthrose:** Behandlung prinzipiell wie oben beschrieben, aber zuvor muss immer die Infektion saniert werden (zum Vorgehen s. chronische Osteitis S. 182)!

14.2 Stellungsabweichungen

Grundlagen

► **Definition:** Fehlstellungen und Formveränderungen nach Trauma, zu unterscheiden von angeborenen oder erworbenen (z. B. nach Knochenerkrankungen und Destruktionen) Fehlstellungen.

► **Ursachen:** Fehlheilung wegen Knochenverlust, nicht möglicher oder ungenügender Reposition, ungenügender Retention, z. B. durch Gips oder instabile Osteosynthese, ausbleibende Knochenbruchheilung (Pseudarthrose). Späte oder sekundäre Fehlstellung durch Versagen der Osteosynthese, Nachsintern der Fraktur nach Osteosyntheseentfernung (z. B. an der Wirbelsäule), Fehlstellung durch posttraumatische Arthrose.

▶ **Klassifikation:** Abweichungen in den drei Achsen des Raumes (werden in Grad angegeben):
  - *Querachse:* Varus–Valgus.
  - *Sagittal-/a.p.-Achse:* Antekurvation–Rekurvation.
  - *Längsachse:* Rotation innen–außen.
  - *Änderungen der Länge* (werden in mm angegeben): Verlängerung–Verkürzung.
  - *Seitlicher Versatz* bei sonst korrekter Achse: ad latum.

Klinische Symptomatik

▶ Grobe Stellungsabweichungen sind augenfällig.
▶ Funktionsbehinderung durch veränderten Aktionsradius der Extremität.
▶ Schiefstand Becken-Wirbelsäule bei Verkürzung oder Verlängerung eines Beines.
▶ Posttraumatische Arthrose durch unphysiologische Gelenkbelastung und Stufenbildung im Gelenk.

Diagnostisches Vorgehen

▶ **Klinische Untersuchung:** Messung der Gelenkausschläge nach Neutral-Null-Methode und Seitenvergleich, Messung der Extremitätenlänge im Seitenvergleich, Messung der Rotation im Seitenvergleich, Funktionstest, Ermittlung der Endlage.
▶ **Röntgendiagnostik:** standardisierte Langaufnahmen der Extremitäten, Ausmessen der Fehlstellung direkt in der Abweichung, Seitenvergleich des Verlaufes der physiologischen Achsen durch die Gelenkmittelpunkte.
▶ **CT-Messung:** Ermittelung der Gelenkachsen mit standardisierten Schnitten, Rotationsbestimmung im Seitenvergleich (Rotations-CT).
▷ *Merke:* Wesentlich ist die klinische Beurteilung der Funktion: Können wichtige Bewegungsausmaße erreicht werden? (90°-Kniebeugung zum Sitzen, Hand erreicht Mund zum Essen, Hand erreicht die zur Körperpflege wesentlichen Regionen etc.). An der unteren Extremität ist wesentlich, ob die Neutralstellung der Gelenke durchlaufen werden kann: Wird z. B. durch ausgeprägte Außenrotationsfehlstellung des Oberschenkels am Kniegelenk und am Sprunggelenk die Neutralstellung nicht mehr erreicht, resultiert eine persistierende Beschwerdesymptomatik und droht eine vorzeitige Arthrose.

Therapieprinzipien

▶ Geringgradige Stellungsabweichungen werden über physiologische Mechanismen kompensiert und können belassen werden, höhergradige Stellungsabweichungen sollen operativ korrigiert werden, die Indikation ist in Abhängigkeit von Alter, funktionellem Anspruch, Lokalisation, Gesamtverletzung und Erfolgsprognose individuell zu stellen.
▶ **Allgemeine Toleranzen am Skelettsystem:**
  - *Wirbelsäule:* Kyphose über 20°.
  - *Becken:* Beinlängendifferenz über 2 cm.
  - *Obere Extremität:* Achsabweichung von mehr als 15°, Rotationsabweichung von mehr als 20°.
  - *Untere Extremität:* Achsabweichung je nach Lokalisation, mittlerer Wert ist 10°, (sprunggelenksnah 5°, hüftnah 15°), Valgus ist generell günstiger als Varus, Fehlstellung in Extention generell günstiger als Fehlstellung in Flektion.
  - Beinlängendifferenzen von mehr als 2 cm stellen eine relative, von mehr als 4 cm eine absolute Indikation dar: Rotationsabweichungen ebenfalls in Abhängigkeit von der Lokalisation, mittlerer tolerabler Wert ist 15°.

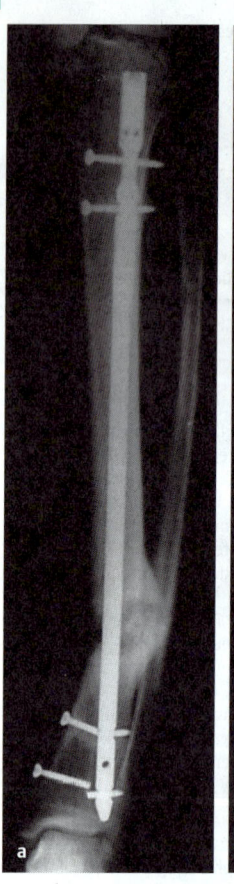 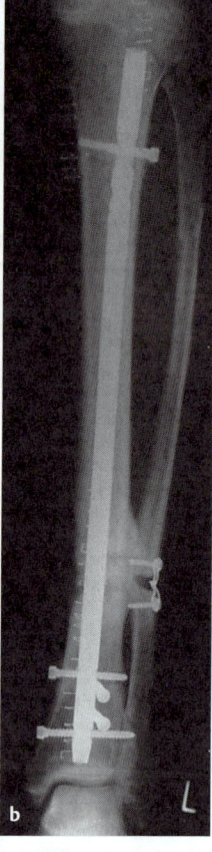

Abb. 14.3 a u. b
Mit ungebohrtem Tibia-
nagel (UTN) versorgte
Unterschenkelfraktur am
distalen Drittelpunkt,
Pseudarthrose mit
erheblicher Varusab-
weichung, Bruch der
distalen Verriegelungs-
schrauben (a), Korrektur
mittels Umstellungs-
osteotomie von Tibia
und Fibula, Osteosyn-
these der Tibia mit
Kompressionsmarknagel,
Osteosynthese der Fibula
mit Drahtzuggurtung (b)

▶ **Operationsplanung:** Jede Umstellung setzt eine sorgfältige Planung voraus. Diese wird auf der Grundlage der Röntgendiagnostik von Hand oder rechnergestützt vorgenommen. Komplexe und schwierige Fehlstellungen erfordern bisweilen die Anfertigung eines Modells mit vorheriger Probeoperation. Planerische Festlegung des Zentrums der Fehlstellung (CORA = Center of Rotation of Angulation).

▶ **Operationsprinzipien:** bei einfachen Fehlstellungen:
- Osteotomie im Zentrum der Fehlstellung zur Korrektur von Varus/Valgus und Ante-/Retrokurvation.
- Beliebig wählbare Querosteotomie zu Korrektur der Rotation.
- *Längenkorrektur:* Seltene Indikation zur Verkürzung mit Aussägen eines Kno-chenabschnittes, Verlängerung einzeitig am Oberschenkel 2–3 cm möglich, am Unterschenkel weniger als 2 cm.
- Kontinuierliche Verlängerung mittels Kallusdistraktion durch Fixateur externe oder Verlängerungsmarknägel.

▶ **Komplexe Fehlstellungen:** Osteotomie in Kompromisslokalisation, ggf. mehrere Osteotomien, bei Verwendung eines Fixateur externe sekundäres, ggf. kontinuierliches Nachstellen möglich.

▶ **Korrekturzeitpunkt:**
- Frühzeitig bei noch mobiler Fraktur, bei sich entwickelnder Pseudarthrose, günstig zur Verhinderung von Sekundärschäden, Prinzip der Reosteosynthese.
- Sekundär zum Wahlzeitpunkt: Nach Konsolidierung der Weichteile und Abschluss der Knochenheilung, Erholung des Patienten (Polytrauma).

▶ **Osteotomieformen:**
- *Horizontal:* Derotation und Verlängerung.
- *Keilförmig:* Additiv mit Einfügung eines Knochenspans, subtraktiv unter Entnahme des Knochens in Abhängigkeit von der Extremitätenlänge.
- *Bogenförmig:* Kontinuierliche Einstellmöglichkeit der Achse, bei Fixateur sekundäre Korrektur möglich.
- *Stufenförmig:* Zur Verlängerung unter Kontinuitätserhaltung des Knochens.

14.3 Posttraumatische Arthrose

Grundlagen

▶ **Definition:** Zerstörung oder vorzeitiger Verschleiß eines Gelenkes nach Trauma.
▶ **Ursachen:** artikuläre Frakturen mit Knorpelschäden und direkter Gelenkverwerfung, periartikuläre Frakturen mit verbleibender Achsfehlstellung des Gelenkes, Schaftfrakturen mit hochgradig verbleibender Achsfehlstellung.
▶ **Vorkommen, Lokalisation:** klassische Verletzungsmuster:
- Hüftgelenksarthrose nach komplexer Acetabulumfraktur.
- Kniegelenksarthrose nach Tibiakopfkompressions- oder Luxationsfraktur.
- Arthrose des oberen Sprunggelenkes nach Luxationsfraktur Typ Weber C oder Pilonfraktur.
- Arthrose des unteren Sprunggelenkes nach intraartikulärer Fraktur des Fersenbeines.
- Arthrose des Handgelenkes nach intraartikulärer Radiusfraktur.
▶ **Klassifikation:** Keine einheitliche Klassifikation für posttraumatische Arthrosen, gelenkspezifische Klassifikationen bei degenerativen Erkrankungen können Anwendung finden.

Klinische Symptomatik

▶ **Schmerzen:** Durch Gelenkabrieb mit resultierender Synovialitis und durch Fehlstellung mit konsekutiver Überbelastung. Unterschieden werden:
- *Anlaufschmerz:* Das Gelenk muss morgens eingelaufen werden.
- *Belastungsabhängiger Schmerz:* Je länger und intensiver belastet wird, um so höher ist die Schmerzhaftigkeit.
- *Dauerschmerz:* Das Gelenk schmerzt permanent, teilweise wetterabhängig, stellungsabhängig (langes Autofahren).
▶ **Fehlstellung:** Durch einseitigen Gelenkabrieb Achsfehlstellung, oft über die Zeit zunehmend.
▶ **Bewegungseinschränkung:** Gelenkendstellungen werden nicht mehr erreicht, höhere Bewegungseinschränkungen mit nur noch limitiertem Bewegungsradius des Gelenkes, hochgradige Einsteifungen (Wackelsteife), bis zur kompletten Einsteifung des Gelenkes.

Diagnostisches Vorgehen

► **Klinische Untersuchung:** Messung der Gelenkbeweglichkeit nach Neutral-Null, Schmerzpunkte.
► **Gelenkpunktion:** gelegentlich zum Ausschluss eines Infektes.
► **Röntgen:** Fehlstellung des Gelenkes, Verschmälerung des Gelenkspaltes, sekundäre Arthrosezeichen wie Osteophyten, Knochendestruktion, Bandverkalkungen.
► **CT:** Darstellung radiologisch unübersichtlicher Gelenke, z. B. unteres Sprunggelenk, Ellenbogengelenk, Handgelenk.
► **Kernspintomographie:** Knorpeldiagnostik, Darstellung von Osteonekrosen (Oberarmkopf, Hüftkopf), Begleitveränderungen an Weichgeweben (Menisken, Kreuzbänder, Kapsel).
► **Mäßiggradige Arthrose und gute Funktion:** physikalische Therapie und Verhaltensmaßregeln, ggf. Korrektur intraartikulärer Fehlstellungen, Korrekturosteotomie für extraartikuläre Fehlstellungen, bei umschriebenem Befund Gelenkknorpelersatz durch Transplantation.
► **Hochgradige Arthrose:**
   • An der oberen Extremität bei Schmerzhaftigkeit und Bewegungseinschränkung ggf. Arthroplastik, ansonsten Entscheidung zwischen Gelenkersatz und Versteifungsoperation, bei nicht Operabilität orthopädisch-technische Versorgung (Arthrodese-Schuh, Schienenversorgung).
   • *Hüftgelenk:* Bei hochgradiger Schmerzhaftigkeit und Bewegungseinschränkung vorzugsweise Gelenkersatz durch Prothetik altersadaptiert.
   • *Kniegelenk:* Bei jüngeren Patienten frühzeitig Umstellungsosteotomie, ansonsten vorzugsweise prothetischer Gelenkersatz, Versteifung im Ausnahmefall.
   • *Oberes Sprunggelenk:* Konkurrenz zwischen Endoprothetik (Funktionserhalt) und Arthrodese mit sicherem und anhaltendem Behandlungserfolg.
   • *Unteres Sprunggelenk:* Arthrodese im Bedarfsfall mit Stellungskorrektur.
   • *Schulter:* arthroskopische Therapie mit Mobilisierung, bei hochgradiger Arthrose Prothetik.
   • *Ellenbogengelenk:* Arthroplastik, Endoprothetik unter ausgewählter Indikation.
   • *Handgelenk:* Denervierung, Arthrodese als Ultima ratio.

14.4 Bakterielle Infektionen

Allgemeine Grundlagen

► Entstehung, Ausdehnung und Progredienz bakterieller Infektionen werden bestimmt durch
   • Anzahl und Virulenz der Erreger.
   • Immunitätslage des Organismus.
   • Lokale Abwehrlage, abhängig vom Gewebeschaden und der lokalen Durchblutung.
   • Implantatbedingte lokale Immunmodulation (z. B. Nickelallergie).
► **Art der Infektion:**
   • Infektionen der Weichteile, z. B. Phlegmone, Abszess.
   • Infektionen des Knochens, z. B. akute und chronische Osteitisformen.
   • Infektionen der Gelenke, Synovialitis, Gelenkempyem, Panarthritis.

Klinische Untersuchung

▶ Lokale Verhärtung, Schwellung, Druckschmerz?
▶ Rötung; evtl. Sekretion?
▶ Fieber > 38,5 °C in den ersten 3 Tagen, persistierendes Fieber?

Diagnostik

▶ **Labor:** BSG ↑, CRP ↑, Blutbild (Leukozytose, Linksverschiebung), PMN-Elastase, Elektrolyte, Leberenzyme, Gerinnung, Kreatinin; ggf. Serologie.
▶ **Hinweis:** Von herausragender Bedeutung v. a. bei Knochen- und Gelenkinfektionen ist die Früherkennung durch engmaschige klinische und laborchemische Kontrollen!
▶ **Mikrobiologie:** Punktion, Abstrich, Blutkulturen.
▶ **Röntgen:**
  • Gelenkspaltverbreiterung? → Ausdruck eines Gelenkergusses.
  • Resorptionssaum? → Hinweis auf eine Implantatlockerung.
  • Osteolysezeichen, Sklerose, Osteodestruktion? → Infektspätzeichen.
  • Fistelfüllung mit Kontrastmittel? → Bestimmung der Infektausdehnung und -tiefe.
▶ **Angiographie:** Im Einzelfall zur Klärung der Durchblutungssituation; z. B. vorbereitend bei erforderlicher plastischer Deckung eines Defekts durch einen freien Lappen.
▶ **Szintigraphie** ($^{99\,m}$Tc-markierte Phosphatkomplexe mit einer Halbwertszeit von 6 Stunden. Nach i.v.-Gabe erfolgt die Einschleusung in den Knochen innerhalb von 2–3 Stunden).
  • *Indikationen:* V. a. multifokalen entzündlichen Befall bei Sepsis; Aktivitätsnachweis eines Herds; Endoprothesenlockerung.
  • *Sonderform zur spezifischen Darstellung von entzündlichen Prozessen:* Granulozytenszintigraphie. Hier werden Granulozyten verwendet, die mit ^{111}Indium- oder $^{99\,m}$Tc-markierten monoklonalen Antikörpern markiert wurden.
  • *Kontraindikation:* Schwangerschaft.
  • *Komplikation* (bei Granulozytenszintigraphie): Antikörperbildung.
  • *Durchführung:*
    – i.v.-Gabe des Markers.
    – 3-Phasen-Szintigraphie mit Radionuklidangiogramm, Frühaufnahme mit arterieller und venöser Phase und erster Darstellung des Knochenstoffwechsels. Spätaufnahme 2–3 Stunden nach der Injektion zur Beurteilung des Knochenstoffwechsels.
    – Bei Gallium-67-Zitrat-Untersuchungen erfolgen Aufnahmen der betroffenen Skelettregion 14, 48 und 72 Stunden nach der Injektion.
    – Die Granulozytenszintigraphie wird nach Entnahme, Markierung und Reinjektion von patienteneigenen Granulozyten durchgeführt.
    – Markierte Antigranulozyten-Antikörper können direkt injiziert werden.
  • *Aussage:*
    – Der Nachweis einer Infektion im Bereich einer Fraktur ist durch die Skelettszintigraphie alleine nicht möglich. Die Zusatzuntersuchung mit Granulozytenszintigraphie und/oder Gallium-67-Zitrat-Szintigraphie ist hierfür erforderlich.
    – Die Spezifität der Galliumszintigraphie liegt etwa bei 80%, bei Kombination von Gallium- und Granulozytenszintigraphie bei bis zu 100%.
▶ **Sonographie:** indiziert bei V. a. Einschmelzung.

▶ **Computertomographie:** indiziert zur Feindiagnostik knöcherner Durchbauung bzw. Osteolyse; Sequestersuche; Nachweis eines perifokalen Abszesses durch Kontrastmittel-CT.

▶ **Magnetresonanztomographie:** Indiziert zur Sequestersuche, Untersuchung der Durchblutungsverhältnisse (Angio-MRT), Einschmelzung, DD posttraumatische Knochennekrose -infekt.

Allgemeine Therapieprinzipien

▶ **Reduktion der Keimzahl:**
- *Radikale Entfernung von schlecht durchblutetem Gewebe oder Nekrosen:*
  – Großzügige Indikationsstellung zum „Second Look" bei Hämatomen, Seromen und Verdacht auf Frühinfekt.
  ◨ *Cave:* Revisionseingriffe immer unter den aseptischen Bedingungen eines OP-Saals vornehmen. Keine Punktionen und Manipulationen am Krankenbett!
- *Verbesserung der lokalen Abwehrlage durch Steigerung der Durchblutung und Anhebung der Sauerstoffsättigung des Gewebes:*
  – Freien Abfluss von Sekreten sicherstellen oder kontinuierliche Absaugung durch Vakuumversiegelung mit Dauersog (z. B. Coldex).
  – Entstauende und abschwellende Maßnahmen, z. B. Hochlagern der Extremität, medikamentös durch Gabe von Diuretika und Antiphlogistika (z. B. Diclofenac).
  ◨ *Cave:* Keine elastischen Verbände oder Lymphdrainage bei tiefen Weichteil- oder Knocheninfektionen wegen der Gefahr der Einschwemmung in den Systemkreislauf. *Ausnahme:* Ulcus cruris auf dem Boden einer chronisch venösen Insuffizienz.
  – Bei peripherer arterieller Verschlusskrankheit Verbesserung der lokalen Durchblutung durch Tieflagern, bei umschriebener Gefäßstenose interventionelle Dilatation und Stenteinlage, gefäßchirurgische Sanierung.
  – Diätetische und medikamentöse Einstellung eines Diabetes mellitus.
  – Hyperbare Sauerstofftherapie in einer Druckkammer (s. S. 153).
  – Keine lokale Antibiotikaapplikation wegen der Gefahr der Resistenzbildung bei oberflächlichen Infektionen mit freiem Abfluss.
  – Einbringen von Antibiotikaträgern, z. B. Sulmycin- oder Septopal-Ketten bei tiefen Knocheninfekten, Wundhöhlen- oder Wundtaschenbildung.
- *Adjuvante systemische Antibiose nach Resistenztestung.* Bei noch unbekanntem Erregerspektrum Gabe eines knochen- und weichteilgängigen Cephalosporins der 2. Generation, z. B. Cefaclor (Panoral) 3–4 × 0,5 g p.o.
▶ **Antipyretische Therapie** (z. B. Paracetamol, Metamizol).
▶ **Infektmonitoring:** klinische Kontrolle; Laborparameter s. o.

Management von Komplikationen

▶ **Knochen-, Gelenkinfektionen:**
- *Infektrezidiv* → Wiederaufnahme der Stufentherapie (s. S. 164).
- *Pseudarthrose und Spontanfraktur* → erneute Osteosynthese, u. U. mit Spongiosaplastik, zu bevorzugen ist die innere Fixation.
- *Fistelkarzinom* → Amputation.
▶ **Sepsis** → s. S. 185.
▶ **Psychosoziale Auswirkungen** (durch die lange Behandlungsdauer, Hospitalisation und den drohenden Funktionsverlust):
- Alkohol-, Nikotin- und Schmerzmittelabusus.
- Verlust der familiären und sozialen Einbindung.

- Verlust der beruflichen Perspektive.
- Zukunftsangst.
- Begleitende Betreuung durch Sozialdienst, Berufshelfer und psychotherapeutisch geschulte Mitarbeiter.

β-Laktam-Antibiotika: Penicilline

▶ **Aminopenicilline** (bakterizid durch Hemmung der Zellwandsynthese):

- *Kontraindikationen:* Allergie (auch Kreuzallergie z. B. mit Cephalosporinen), infektiöse Mononukleose, lymphatische Leukosen.
- *Nebenwirkungen:* Allergie, Exanthem (makulös), Neutropenie (> 10 d bei 5–15%), Thrombozytopenie, pseudomembranöse Kolitis (selten), Transaminasenanstieg ($< 3\%$), Venenreizung (i.v.-Anwendung), gastrointestinale Beschwerden (orale Anwendung; 10%).
- *Klinische Anwendung:* Anfangsbehandlung mittelschwerer Infektionen, bei Verdacht auf aerobe/anaerobe Mischinfektion und zur intraoperativen Prophylaxe in der Bauchchirurgie und Gynäkologie (Enterokokkeninfektionen, Salmonellosen, Meningitis, Epiglottitis durch Haemophilus influenzae).
- *Resistenzlage:* in der BRD Hämophilus 5%, E. coli 20%.
- 🔲 *Hinweis:* Mittel der Wahl gegen Enterokokkeninfektionen.
- *Pharmakokinetik:* Plasmaeiweißbindung 15–20%; Ausscheidung mit dem Urin 60–70%; geringe Ausscheidung mit der Galle; gute Gewebediffusion; geringe Liquorgängigkeit.
- *Wechselwirkungen:* Antikoagulanzien, Thrombozytenaggregationshemmer (Blutungskomplikationen bei hohen i.v.-Penicillindosen); orale Kontrazeptiva (kontrazeptive Wirkung ↓).
- → *Ampicillin (z. B. Binotal):* **WS** H. influenzae, Enterokokken *(Mittel der Wahl)*, E. coli, Proteus, Listerien, Shigellen, Salmonellen, Anaerobier, Aktinomyzeten. **D** 3–4 × 0,5–5 g i.v.
- → *Ampicillin + Sulbactam (z. B. Unacid):* **WS** wie Ampicillin + β-Laktamasebildner, Anaerobier, Klebsiellen. **D** 3–4 × 0,75–3 g i. v.
- → *Amoxicillin (z. B. Amoxypen , Clamoxyl):* **WS** wie Ampicillin. **D** 3–4 × 0,5–5 g i.v.
- → *Amoxicillin + Clavulansäure (z. B. Augmentan):* **WS** wie Amoxicillin + β-Laktamasebildner, Anaerobier, Klebsiellen. **D** 3–4 × 1,2–2,2 g i.v.

▶ **Acylureidopenicilline** (bakterizid durch Hemmung der Zellwandsynthese): *Kontraindikationen, NW s. o.* unter Aminopenicilline S. 165.

- *Klinische Anwendung:* Reservemittel zur Behandlung schwerer gramnegativer Infektionen (Enterokokken, Enterobakterien [außer Klebsiellen], Pseudomonas aeruginosa). In Kombination mit β-Laktamase-Inhibitor bei schweren nosokomialen Infektionen (auch gegen Klebsiellen, Staphylokokken, Anaerobier).
- *Pharmakokinetik:* Plasmaeiweißbindung 20–30%; Ausscheidung mit dem Urin 60–70%; Ausscheidung mit der Galle (Mezlocillin) 25%; geringe Liquorgängigkeit.
- *Wechselwirkungen:* s. unter Aminopenicilline.
- 🔲 *Hinweis:* Mezlocillin eignet sich als Breitspektrumpenicillin hauptsächlich für Gallenwegsinfektionen.
- → *Mezlocillin (z. B. Baypen):* **WS** Enterokokken, Enterobakterien (außer Klebsiellen), Anaerobier. **D** 3–4 × 2–4 g i.v.
- → *Mezlocillin (z. B. Baypen) + Sulbactam (z. B. Combactam):* **WS** wie Mezlocillin + Staphylokokken, Klebsiellen, Anaerobier. **D** *Mezlocillindosis* (s. o.) + 3–4 × 1 g *Sulbactam.*
- → *Piperacillin (z. B. Pipril):* **WS** wie Mezlocillin + Pseudomonas aeruginosa. **D** 3–4 × 2–4 g i.v.

WS = Wirkspektrum; **D** = Dosierung

→ *Piperacillin + Tazobactam (z. B. Tazobac): **WS*** wie Piperacillin + Staphylokokken, Klebsiellen, Anaerobier. **D** 3–4 × 4,5 g.

▶ **Isoxazylpenicilline/Staphylokokkenpenicilline** (sog. „Staphylokokken-Penicilline; bakterizid durch Hemmung der Zellwandsynthese): *Kontraindikationen, NW* s. o. unter Aminopenicilline.

→ *Flucloxacillin (z. B. Staphylex): **WS*** Methicillinempfindliche Staphylococcus-aureus-Stämme. **D** 3–4 × 0,5–1 g p.o. *oder* 4 × 1–2 g i.v., i.m.

▶ **Penicillin G – Oralpenicilline** (bakterizid durch Hemmung der Zellwandsynthese): *Kontraindikationen, NW* s. o. unter Aminopenicilline S. 165.
- *Klinische Anwendung:* Erysipel, Milzbrand, Gasbrand, Tetanus, Lues.
→ *Penicillin G: **WS*** Streptokokken, Pneumokokken, Meningokokken, Corynebakterien, Spirochäten, Anaerobier (außer Bact. fragilis). **D** 4 × 2–5 Mio. IE i.v./i.m.
→ *Penicillin V (z. B. Isocillin , Megacillin): **WS*** wie Penicillin G. **D** 3 × 0,6–1,5 Mio. IE p.o.
→ *Propicillin (z. B. Baycillin): **WS*** wie Penicillin G. **D** 3 × 1 g p.o.

β-Laktam-Antibiotika: Cephalosporine

▶ **Cephalosporine 1. Generation** (bakterizid durch Hemmung der Zellwandsynthese):
- *Kontraindikationen:* Allergie (auch Kreuzallergie beachten!), eingeschränkte Nierenfunktion (Dosisanpassung!).
- *NW:* Exanthem, Allergie (10% Kreuzallergie mit Penicillin), gastrointestinale Beschwerden, Neutropenie, Thrombopenie, pseudomembranöse Kolitis (selten).
- *Klinische Anwendung:* leichte Infektionen, perioperative Prophylaxe.
- *Pharmakokinetik:* Plasmaeiweißbindung 84%; Ausscheidung mit dem Urin 92%; gute Gewebegängigkeit; geringe Liquorgängigkeit.
- *Wechselwirkungen:* Aminoglykosid-Antibiotika, Polymyxin B, Colistin, hochdosierte Schleifendiuretika (Nephrotoxizität ↑), Antikoagulanzien, Thrombozytenaggregationshemmer (Blutungsgefahr ↑).
→ *Cefazolin (z. B. Gramaxin, Elzogram): **WS*** Streptokokken, Pneumokokken, Staphylokokken, Gonokokken, Meningokokken, E. coli, Klebsiellen, Proteus. *Nicht wirksam gegen:* Enterokokken, einige Pneumokokkenstämme, Methicillinresistente Staph. aureus, Pseudomonas, Enterobacter, Serratia, Providencia, Morgatella, Citrobacter, Acinetobacter, Edwardsiella, Bacteroides fragilis, Mykoplasmen.

▶ **Cephalosporine 2. Generation** (bakterizid durch Hemmung der Zellwandsynthese): *Kontraindikationen* s. o. unter Cephalosporine 1. Gen.; *NW* s. Cephalosporine 1. Gen. + Hypoprothrombinämie (Interferenz mit Vit.-K-Stoffwechsel), Anstieg von Transaminasen und alkalischer Phosphatase.
- *Klinische Anwendung:* Therapie leichter bis mittelschwerer Infektionen bei relativ breitem Spektrum gegen grampositive und gramnegative Keime; z. B. ambulant erworbene Pneumonie, Dekubitus, Darmperforation.
- *Pharmakokinetik:* Plasmaeiweißbindung 20–70%; Ausscheidung mit dem Urin: 70–90%; gute Gewebegängigkeit; bei Ceftriaxon gute Ausscheidung mit der Galle.
- *Wechselwirkungen:* s. unter Cephalosporine 1. Generation.
→ *Cefuroxim (z. B. Zinacef, Cefuroxim Lilly): **WS*** wie Cephalosporine 1. Gen. + Haemophilus influenzae, indolpositive Proteusarten. *Nicht wirksam gegen:* Enterokokken, Pseudomonas, Methicillinresistente Staph. aureus, Bacteroides fragilis, Mykoplasmen, Chlamydien. **D** 3–4× 0,75–2 g i.v., i.m.
→ *Cefotiam (z. B. Spizef): **WS*** wie Cefuroxim. **D** 2–3 × 1–2 g i.v., i.m.
→ *Cefoxitin (z. B. Mefoxitin): **WS*** wie Cefuroxim. **D** 3 × 2 g.

▶ **Cephalosporine 3. Generation** (bakterizid durch Hemmung der Zellwandsynthese): *Kontraindikationen* s. o. unter Cephalosporine 1. Gen. *NW* wie bei Cephalosporinen 2. Generation (s. o.) + sonographische Veränderungen der Gallenblase (50%, davon 9% symptomatisch).
- *Klinische Anwendung:* Reserveantibiotika bei schweren gramnegativen Infektionen (nosokomiale Pneumonien, intraabdominelle Infektionen, Meningitis, [relativ gute Liquorgängigkeit]).
- *Pharmakokinetik:* Plasmaeiweißbindung < 50% (Ceftriaxon 90%); Ausscheidung mit dem Urin 40–60%; gute Gewebegängigkeit; schlechte Liquorgängigkeit.
- *Wechselwirkungen:* siehe unter Cephalosporine 1. Generation.
→ *Cefotaxim (z. B. Claforan):* **WS** Enterobakterien (häufig Resistenz gegen Enterobacter cloacae sowie multiresistente Formen), Haemophilus influenzae, Gonokokken, Meningokokken. *Nicht wirksam gegen:* Enterokokken, Listerien, Mykoplasmen, Chlamydien, Legionellen. *Schlecht wirksam gegen:* Staphylokokken, Pseudomonas, Acinetobacter, Enterobacter chloacae. **D** 2–3 × 1–3 g i.v.
→ *Ceftriaxon (Rocephin):* **WS** wie Cefotaxim. **D** 1 × 2 g i.v.; bei Meningitis ggf. auch 2 × 1–2 g i.v.

▶ **Cephalosporine 3. Generation mit Pseudomonasaktivität:**
- *Klinische Anwendung:* Reserveantibiotika bei schweren gramnegativen Infektionen mit Pseudomonasbeteiligung. Wegen der Lücken im Keimspektrum häufig Kombination mit Aminoglykosiden bzw. staphylokokkenwirksamen Antibiotika erforderlich. *Sonderindikation:* Mukoviszidose.
- *Pharmakokinetik:* Plasmaeiweißbindung 10–20%; Ausscheidung mit dem Urin 80–90%; Ausscheidung mit der Galle < 1%; relativ gute Gewebepenetration.
- *Wechselwirkungen:* s. unter Cephalosporine 1. Generation S. 166.
→ *Ceftazidim (z. B. Fortum):* **WS** wie Cefotaxim + Pseudomonas aeruginosa. *Nicht wirksam gegen:* Enterokokken, Methicillinresistente Staph. aureus, Listerien. **D** 2–3 × 1–2 g i.v.
→ *Cefepim (z. B. Maxipime):* **WS** wie Ceftazidim. **D** 2 × 1–2 g i.v.

β-Laktam-Antibiotika: Monobactame

▶ Bakterizid durch Hemmung der Zellwandsynthese.
▶ **Kontraindikationen:** Allergie, Schwangerschaft, Stillzeit. *NW:* Blutbildveränderungen (Eosinophilie in bis zu 8%), Phlebitis (4%), allergische Hautreaktion (2%), gastrointestinale Beschwerden (1%), pseudomembranöse Kolitis.
▶ **Klinische Anwendung:** Reserveantibiotikum bei schweren gramnegativen *Aerobier*-Infektionen mit Pseudomonasbeteiligung. Kaum Kreuzallergien mit anderen β-Laktam-Antibiotika (< 1%), daher Alternative bei Penicillin- oder Cephalosporinallergie.
▶ Pharmakokinetik: Plasmaeiweißbindung 50–60%; Ausscheidung mit dem Urin 70%; geringe Ausscheidung mit der Galle; schlechte Liquorgängigkeit.
→ *Aztreonam (z. B. Azactam):* **WS** gramnegative Keime inkl. Pseudomonas. *Nicht:* grampositive Keime, Anaerobier. **D** 2–4 × 1–2 g i.m., i.v.

β-Laktam-Antibiotika: Carbapeneme

▶ Bakterizid durch Hemmung der Zellwandsynthese.
▶ **Kontraindikationen:** Allergie (auch gegen Penicilline, Cephalosporine = Parallelallergie möglich!), erhöhtes Blutungsrisiko.
▶ **Nebenwirkungen:** Transaminasenanstieg (1%), gastrointestinale Beschwerden (5–10%), Exanthem (2–3%), ZNS-Störungen (Krämpfe, Schwindel, Verwirrtheit, v. a. bei Vorschädigungen/eingeschränkter Nierenfunktion [seltener bei Meronem]).

▶ **Klinische Anwendung:**
- Sehr breites Wirkspektrum. Reserveantibiotika bei schweren gramnegativen Infektionen, v. a. bei Mischinfektionen mit Pseudomonas und Anaerobiern.
- 20% Kreuzallergie mit anderen β-Laktam-Antibiotika.
- Alternative zu Mehrfachkombinationen anderer Antibiotika.
- Meropenem ist zur Behandlung einer Meningitis durch sonst resistente Keime zugelassen.

▶ **Pharmakokinetik:** Plasmaeiweißbindung (Imipenem/Cilastatin 25%, Meropenem 2%); Ausscheidung mit dem Urin 70%; geringe Ausscheidung mit der Galle; Liquorgängigkeit bei Imipenem/Cilastatin gering, bei Meropenem gut.

▷ *Hinweis:* Cilastatin reduziert die Hydrolyse von Imipenem in der Niere. Es erhöht die Konzentration des aktiven Antibiotikums und hemmt die bei hoher Dosierung auftretende Nephrotoxizität des Imipenem. Die Kombination beider Substanzen scheint unproblematisch zu sein.

▶ **Wechselwirkungen:**
- *Meropenem, Cilastatin/Imipenem:* Probenezid kann Halbwertszeit und Plasmakonzentration erhöhen.
- *Cilastatin/Imipenem:* Bei gleichzeitiger Einnahme von Ganciclovir wurden generalisierte Krampfanfälle beobachtet.

→ *Imipenem/Cilastatin* (z. B. Zienam): **WS** grampositive Keime (u. a. Staphylokokken, Enterokokken), gramnegative Keime, Pseudomonas aeruginosa, Anaerobier (u. a. Bacterium fragilis). *Nicht:* Enterococcus faecium, Legionellen, Mykoplasmen, MRSA. **D** 3 × 0,5–1 g i.v.

→ *Meropenem* (z. B. Meronem): **WS** wie bei Imipenem/Cilastatin. **D** 3 × 0,5–1 g i.v.

Aminoglykoside

▶ **Wirkungsmechanismus:** Hemmung der Proteinsynthese bei ruhenden und wachsenden Keimen. Starke konzentrationsabhängige Bakterizidie mit ausgeprägtem postantibiotischem Effekt).

▶ **Kontraindikationen:** Allergien, Vorschädigungen des Vestibular- und Cochlearorgans, Schwangerschaft, Stillzeit, terminale Niereninsuffizienz, Kombination mit anderen nephrotoxischen Substanzen, bei Patienten mit Myasthenie bzw. Parkisonismus (relativ).

▶ **Nebenwirkungen:** Oto- und Nephrotoxizität: Aminoglykoside und Nephrotoxizität , Allergie, Parästhesie, Muskelschwäche (bei Elektrolytverschiebungen, rascher i.v. Gabe hoher Dosen bzw. nach Gabe von Muskelrelaxanzien).

▷ *Oto- und Nephrotoxizität:* Durch rezeptorgekoppelte Anreicherung in den Nierentubuli bzw. der Peri- und Endolymphe im Innenohr. Die Rezeptoren sind früh gesättigt, deshalb sind wenige hohe Dosen weniger schädlich als mehrere kleine. Eine Dosisanpassung an die Nierenfunktion ist erforderlich.

▶ **Klinische Anwendung:** schwere septische Infektionen mit gramnegativen Keimen und Pseudomonas aeruginosa *in Kombination* mit anderen β-Laktam-Antibiotika. Resistenzen gegenüber Amikacin sind seltener als bei anderen Aminoglykosiden.

▶ **Pharmakokinetik:** Plasmaeiweißbindung 0–10%; Ausscheidung mit dem Urin 85–95%; Gewebepenetration schlecht in Knochen; geringe Liquorgängigkeit.

▶ **Wechselwirkungen:** Cephalosporine, Methoxyfluran (Nephrotoxizität ↑); oto- und nephrotoxische Medikamente, z. B. Amphotericin B, Colistin, Ciclosporin, Cisplatin, Schleifendiuretika (Oto- und Nephrotoxizität ↑); Halothan, curareartige Muskelrelaxanzien (neuromuskuläre Blockade ↑).

▷ *Hinweis:* Nur sehr selten als Monotherapeutika eingesetzt, meist in Kombination mit β-Laktam-Antibiotika s. S. 165 ff.). Aufgrund der geringen therapeutischen

Breite ist eine Serumspiegelbestimmung erforderlich – meist wird nur der Talspiegel vor Gabe der nächsten Dosis bestimmt.

▶ **Wirkspektrum:** gramnegative Erreger (Enterobakterien, Pseudomonas [v. a. Tobramycin]), Staphylokokken (v. a. Gentamicin). *Nicht:* Anaerobier, Streptokokken, Hämophilus, im sauren bzw. anaeroben Milieu (Eiter, Abszess).

→ *Gentamicin* (z. B. Refobacin): **WS** s. o. **D** 1 × 3–5 mg/kg KG.

→ *Tobramycin* (z. B. Gernebcin): **WS** s. o. **D** 1 × 3–5 mg/kg KG.

→ *Netilmicin* (z. B. Certomycin): **WS** s. o. **D** 1 × 4–7,5 mg/kg KG.

→ *Amikacin* (z. B. Biklin): **WS** s.o. **D** 1 × 10–15 mg/kg KG.

Chinolone (Gyrasehemmer)

▶ **Wirkungsmechanismus:** Hemmung der Proteinsynthese der Bakterien durch Inaktivierung der bakteriellen Gyrase.

▶ **Kontraindikationen:** Allergie, zerebrale Anfallsleiden, Schwangerschaft, Stillzeit, Kinder und Jugendliche in der Wachstumsphase (< 18 Jahre).

▶ **Nebenwirkungen:** Unruhen, Psychosen (Verwirrtheit, Halluzinationen), Allergie, gastrointestinale Beschwerden, Tendovaginitis, Achillessehnenruptur, Photosensibilisierung, Arrhythmien. Hypercholesterinämie, Hypertriglyzeridämie, Anstieg von Transaminasen, Bilirubin und alkalischer Phosphatase.

▶ **Klinische Anwendung:** als Alternative bei schweren Infektionen mit Pseudomonas; bei Harnwegsinfekten; in Fällen, bei denen rasch auf orale Gabe umgestellt werden kann.

▶ **Spezielle Indikationen:**
• Chlamydien, Mykoplasmen, Legionellose.
• Sanierung von Salmonellendauerausscheidern.

▶ **Pharmakokinetik:** Plasmaeiweißbindung 25–30%; Ausscheidung mit dem Urin 55–75%; gute Gewebediffusion; Liquorgängigkeit bei Ciprofloxacin gering, bei Ofloxacin relativ gut.

▶ **Wechselwirkungen:** mineralische Antazida, Eisen, Zink, Multivitamine (Chinolonabsorption↓); Theophyllin, Koffein (Halbwertszeit und Plasmakonzentration dieser Substanzen ↑); Ciclosporin (Ciclosporinplasmaspiegel ↑); Fenbufen (Krampfanfälle ↑); orale Antikoagulanzien (antikoagulatorische Wirkung ↑); Glibenclamid (Hypoglykämie ↑).

→ *Ciprofloxacin* (z. B. Ciprobay): **WS** nahezu alle grampositiven + gramnegativen Keime, auch Legionellen, Chlamydien, atypische Mykobakterien. *Lücke, Schwäche:* Anaerobier, Pneumokokken, Enterokokken, Streptokokken. **D** 2 × 200–400 mg i.v. oder 2 × 250–500 mg p.o.

→ *Ofloxacin* (z. B. Tarivid): **WS** wie bei Ciprofloxacin; insbesondere gegen Haemophilus influenzae, Staphylococcus aureus, Enterobakterien, Chlamydien. **D** 2 × 200–400 mg i.v. oder 2 × 250–500 mg p.o.

→ *Levofloxacin* (z. B. Tavanic): linksdrehendes Stereoisomer des Racemats Ofloxacin; längere HWZ, in vitro doppelte Wirkstärke. **WS** wie Ofloxacin. **D** 1–2 × 100–200 mg p.o.

▷ *Hinweis:* Aufgrund der guten Bioverfügbarkeit oraler Präparate kann relativ problemlos von der i.v.-Gabe auf orale Gabe umgesetzt werden.

Lincosamine – Clindamycin

▶ **Wirkungsmechanismus:** Hemmung der Proteinsynthese, je nach Konzentration am Wirkort und Empfindlichkeit der Erreger bakteriostatisch oder bakterizid.

▶ **Kontraindikationen:** Allergie, schwere Leberinsuffizienz, Störungen des Magen-Darm-Traktes, Morbus Crohn, Colitis ulcerosa, Myasthenia gravis (relativ), Schwangerschaft, Stillzeit.

▶ **Nebenwirkungen:** Hepatotoxizität (Transaminasen- und Bilirubinanstieg), Diarrhö, pseudomembranöse Kolitis (bei bis zu 10%), Allergie, Leukopenie, Thrombozytopenie, Blutdruckabfall bei schneller i.v.-Injektion, Thrombophlebitis.

▷ *Pseudomembranöse Kolitis:* Ersatz der normalen Darmflora durch Überwucherung mit toxinproduzierenden Clostridium-difficile-Stämmen. *Diagnostik:* Toxinnachweis im Stuhl, Proktosigmoidoskopie. *Therapie:* Metronidazol 3×400 mg p.o. oder 2×500 mg i.v. für 6 Tage, bei schweren Fällen auch Vancomycin oral 4×125 mg (i.v. nicht wirksam!). Immer verursachende Antibiotika absetzen.

▶ **Klinische Anwendung:** Infektionen durch Staphylokokken und Anaerobier (auch Osteomyelitis – gute Knochengängigkeit).

▶ **Pharmakokinetik:** Plasmaeiweißbindung 84%; Ausscheidung mit dem Urin 20–40%; gute Gewebediffusion (gute Penetration in Knochen); keine Liquorgängigkeit.

▶ **Wechselwirkungen:** Makrolidantibiotika (gegenseitige Wirkungsminderung); Substanzen, die eine neuromuskuläre Blockade hervorrufen (Blockade ↑).

→ *Clindamycin* (z. B. Sobelin): **WS** Staphylokokken (15–20% resistent!), Streptokokken, Anaerobier; *Schwäche gegen* Enterokokken, gramnegative Stäbchen (auch Hämophilus). **D** $3–4 \times 300–600$ mg i.v., $3–4 \times 150–450$ mg p.o.

Makrolide

▶ **Wirkungsmechanismus:** bakteriostatisch durch Hemmung der bakteriellen Proteinbiosynthese.

▶ **Kontraindikationen:** Leberinsuffizienz, höhergradige Niereninsuffizienz; gleichzeitige Verabreichung von Ergotamin /Dihydroergotamin (bei Roxithromycin), von Terfenadin /Astemizol (bei Erythromycin, Clarithromycin), Stillzeit.

▶ **Nebenwirkungen:** intrahepatische Cholestase, gastrointestinale Beschwerden *cave:* Verwechslung mit Koliken), Phlebitis, ventrikuläre Arrhythmien und Tachykardien.

▶ **Klinische Anwendung:**
  • Alternative bei Penicillinallergie.
  • Mittel der Wahl bei atypischen Pneumonien durch Mykoplasmen und Chlamydien.
  • Legionellose.
  • Clarithromycin, Azithromycin: atypische Mykobakteriosen.
  • Peptische Ulzera (Helicobactertherapie).

▶ **Pharmakokinetik:** Plasmaeiweißbindung 60%; Ausscheidung mit dem Urin 20–40%; Ausscheidung mit der Galle 20–30%; gute Gewebepenetration (hohe intrazelluläre Konzentrationen); geringe Liquorgängigkeit.

▶ **Wechselwirkungen:** Theophyllin, Carbamazepin, Valproinsäure, Digoxin (jeweilige Plasmaspiegel ↑ mit Gefahr von Nebenwirkungen); Ciclosporin (Nephrotoxizität ↑); Terfenadin, Astemizol (lebensbedrohliche Herzrhythmusstörungen möglich); Omeprazol (Erythromycin-Bioverfügbarkeit ↑).

▶ **Anmerkungen:**
  • Wird häufig als Alternative bei Penicillinallergie benutzt.
  • Makrolide reichern sich stark in Gewebe und Körperzellen an.
  • Ausgeprägte Wirkung auf die Darmmotilität. Diese Eigenschaft wird teilweise bereits unabhängig von der antibiotischen Wirksamkeit ausgenützt.
  • Ablösung durch neuere Substanzen der gleichen Gruppe für die orale Gabe (Clarithromycin, Azithromycin).

→ *Erythromycin* (z. B. Erythrocin): **WS** Streptokokken, Pneumokokken, Listerien, Legionellen, Mykoplasmen, Chlamydien. *Schwäche gegen:* Enterokokken, Haemophilus influenzae, häufig Resistenzen bei Staphylokokken und Anaerobiern (je bis zu 50%). **D** 4 × 0,25–1 g.

→ *Roxithromycin* (z. B. Rulid): **WS** wie Erythromycin. **D** 2 × 150 mg p.o. (nüchtern).

→ *Clarithromycin* (z. B. Klacid): **WS** wie Erythromycin. **D** 2 × 250 mg p.o.

→ *Azithromycin* (z. B. Zithromax): **WS** wie Erythromycin. **D** 1 × 500 mg p.o. über 3 Tage.

Glykopeptid-Antibiotika

▶ **Wirkungsmechanismus:** Bakterizid durch Hemmung der Bakterienzellwandsynthese.

▶ **Kontraindikationen:** Vorschädigung des Vestibular-Cochlear-Apparates, akutes Nierenversagen (Vancomycin ist nicht dialysierbar; relative KI), Kombination mit anderen nephrotoxischen Substanzen (z. B. Aminoglykoside).

▶ **Nebenwirkungen:** Oto- und Nephrotoxizität , Exanthem („Red Man Syndrome" bei zu rascher Infusion durch Histaminfreisetzung), Phlebitis (13%), Neutropenie (2%), bei Teicoplanin Anstieg von Transaminasen und alkalischer Phosphatase.

▶ **Klinische Anwendung:**
• Reserveantibiotikum für Infektionen mit multresistenten Staphylokokken und Enterokokken, aufgrund von Oto- und Nephrotoxizität Spiegelbestimmungen (Talspiegel nach 12 Stunden 5–10 mg/l).
• Orale Gabe bei antibiotikaassoziierter pseudomembranöser Kolitis durch Clostridium difficile.
• Therapiedauer > 14 Tage aufgrund zunehmender Nebenwirkungen vermeiden.

▶ **Pharmakokinetik:** Plasmaeiweißbindung für Vancomycin 55%, Teicoplanin 90%; Ausscheidung mit dem Urin bei Vancomycin 80–90%, Teicoplanin 50%; geringe Ausscheidung mit der Galle; gute Gewebepenetration (jedoch nicht in Knochen); geringe Liquorgängigkeit.

▶ **Wechselwirkungen:** andere nephro- und ototoxische Medikamente (Toxizität ↑).

→ *Vancomycin* (z. B. Vancomycin CP Lilly): **WS** nur grampositive Bakterien (Staphylokokken, Enterokokken, Pneumokokken, Corynebakterien, Clostridien); partielle Kreuzresistenz zwischen Vancomycin und Teicoplanin. **D** 2 × 1 g (4 × 0,5 g) i.v.; bei *pseudomembranöser Kolitis* 4 × 125 mg p.o.

→ *Teicoplanin* (z. B. Targocid): **WS** wie bei Vancomycin. **D** initial 1–3 × 400 mg i.v., dann 1–2 × 200–400 mg i.v. *Empfehlung:* Über mindestens 1 Stunde infundieren.

Nitroimidazole

▶ **Wirkungsmechanismus:** Stark bakterizid durch Hemmung der Nukleinsäuresynthese bei anaeroben Bakterien.

▶ **Kontraindikationen:** Erkrankungen des hämatopoetischen Systems, Erkrankungen des ZNS, schwere Leberinsuffizienz.

▶ **Nebenwirkungen:** gastrointestinale Beschwerden, periphere Neuropathie, ZNS-Störungen (Schwindel, Krämpfe, Ataxie), Neutropenie; *Cave:* rotbraune Verfärbung des Urins.

▶ **Klinische Anwendung:** Kombination mit β-Laktam-Antibiotika bei aerob/anaeroben Mischinfektionen. Gute Penetration in Abszesse. Perioperative Prophylaxe in der Gynäkologie und Kolonchirurgie. Mittel der 1. Wahl bei antibiotikainduzierter Kolitis.

► **Pharmakokinetik:** Plasmaeiweißbindung 15%; Ausscheidung mit dem Urin 30%; Ausscheidung mit der Galle 10%; sehr gute Gewebepenetration (auch in Abszesse); sehr gute Liquorgängigkeit.
► **Wechselwirkungen:** Alkohol (Alkoholunverträglichkeit); orale Antikoagulanzien (antikoagulatorische Wirkung ↑).
→ *Metronidazol* (Clont): **WS** obligate Anaerobier, Protozoen (u. a. Trichomonaden, Amöben). *Schwäche gegen* Aerobier, fakultativ anaerobe Bakterien, Propionibakterien, Aktinomyceten. **D** 3 × 0,5 g i.v., p.o.
→ *Tinidazol* (Simplotan): **WS** wie Metronidazol. **D** 1 × 1–2 g p.o. über 5–6 Tage.

Weitere Antibiotika

► **Linezolid (z. B. Zyvoxid):**
• *Wirkungsmechanismus:* Hemmung der bakteriellen Proteinsynthese.
• *Klinische Anwendung:* Infektionen mit grampositiven Problemkeimen wie: Methicillinresistenten Staphylokokken (MRSA), Vancomycinresistenten Enterokokken (VRE).
• *Anmerkung:* Durch nichtselektive reversible MAO-Hemmung Blutdrucksteigerung und ZNS-Störungen möglich.
• *Dosierung:* 2 × 600 mg p.o./i.v. Keine Dosisanpassung bei Niereninsuffizienz.
► **Quinupristin/Dalfopristin (z. B. Synercid):**
• *Wirkungsmechanismus:* Hemmung der bakteriellen Proteinsynthese.
• *Klinische Anwendung:*
 – Aktivität gegen grampositive Kokken incl. VRE, MRSA. Moraxella catarrhalis, Legionellen, Mykoplasmen, Chlamydien.
 – Reserveantibiotikum bei nosokomialen Pneumonien, Haut- und Weichteilinfektionen und klinisch relevanten Infektionen durch Vancomycinresistente E. faecium (wenn diese durch einen Synercidempfindlichen, grampositiven Erreger verursacht werden).
• *Nebenwirkungen:* Venenreizung, Arthralgien, Myalgien.
• *Wechselwirkungen:* Vielfältige Interaktionen mit anderen Pharmaka möglich (z. B. Ergotamin, Dihydroergotamin, Terfenadin, Astemizol, Cisaprid, Disopyramid, Chinidin, Lidocain).
• *Dosierung:* 3 × 7,5 mg/kg KG/d i.v. Keine Dosisanpassung bei Niereninsuffizienz.
 ▷ *Beachte:* Imkompatibel mit NaCl → in 5%iger Glukoselösung auflösen; langsam (über 60 Minuten) infundieren.
► **Fosfomycin (z. B. Fosfocin):**
• *Nebenwirkungen:* Exanthem, gastrointestinale Beschwerden, Transaminasenanstieg, Anstieg der alkalischen Phosphatase.
• *Klinische Anwendung:* Alternative in der Behandlung von Staphylokokkeninfektionen. Als kleines Molekül diffundiert es in „pharmakologische Nischen" und ist daher geeignet bei Infektionen wie Osteomyelitis, Endokarditis oder Shuntmeningitis.
• *Anmerkung:* Es gibt keine Kreuzallergie mit anderen Antibiotika. Der hohe Natriumgehalt muss mitbilanziert werden. Bei Niereninsuffizienz Dosisanpassung erforderlich.
• *Dosierung:* 2–3 × 3–5 g (max. 20 g/d) als Kurzinfusion über 30 min.
► **Cotrimoxazol = Trimethoprim/TMP + Sulfamethoxazol/SMZ (z. B. Bactrim):**
• *Wirkungsmechanismus:* Bakteriostatisch durch Hemmung der bakteriellen Folsäuresynthese.
• *Kontraindikationen:* Allergie, Erythema exsudativum multiforme (auch in der Anamnese), pathologische Blutbildveränderungen, angeborener Glukose-6-

Phosphat-Dehydrogenasemangel, Niereninsuffizienz, Leberinsuffizienz, akute
hepatische Porphyrie.
- *Nebenwirkungen:* Allergie, gastrointestinale Beschwerden, Cholestase, Transaminasenanstieg, Thrombophlebitis.
- *Klinische Anwendung:*
  - Bewährtes Breitspektrumantibiotikum zur Therapie nicht lebensbedrohlicher Infektionen wie Harnwegsinfektionen oder chronischen Bronchitiden.
  - Therapie der Pneumocystis-carinii-Pneumonie bei schwerer Immunstörung.
- *Wechselwirkungen:* Antikoagulanzien, Phenytoin, Methotrexat, Thiopental (Wirkung dieser Substanzen ↑); Probenecid, Indometacin, Phenylbutazon, Salicylate, Sulfinpyrazon (Cotrimoxazol-Wirkung ↑); Ciclosporin (Nierenfunktion ↓); Diuretika (Thrombozytopenierisiko ↑); Digoxin (Plasmaspiegel ↑); Rifampicin (Rifampicin-Clearance ↓).
- *Dosierung:* Standarddosis für Erwachsene: 2 × 960 mg/d („-0 forte" = 800 mg SMZ + 160 mg TMP); bei Pneumocystis-carinii-Pneumonie bis zur 5fachen Standarddosis: 20 mg TMP + 100 mg SMZ/kg KG/d.

▶ **Tetracycline:**
- *Substanzen:* Doxycyclin (z. B. Vibravenös).
- *Kontraindikationen:* Allergie, schwere Leberfunktionsstörung, Niereninsuffizienz, Schwangerschaft, Stillzeit, Kinder < 8 Jahre (relativ).
- *Nebenwirkungen:* Allergie, phototoxische Reaktionen, gastrointestinale Beschwerden, Thrombophlebitis, Bronchospasmus, Leukopenie, Thrombozytopenie.
- *Klinische Anwendung:*
  - Können bei gesicherten Infektionen mit Mykoplasmen, Chlamydien und Rickettsien (Q-Fieber) in Betracht gezogen werden.
  - Als bakteriostatische Antibiotika *nicht* zur Behandlung von schweren Infektionen wie Meningitis, Endokarditis oder Sepsis geeignet.
- *Wechselwirkungen:* Antacida, Milchprodukte, Eisensalze, Aktivkohle (orale Resorption ↓); orale Antidiabetika (BZ-Senkung ↑); orale Antikoagulanzien (antikoagulatorische Wirkung ↑); Ciclosporin, Methotrexat (Toxizität der entsprechenden Substanz ↑); Digoxin (Digoxin-Plasmaspiegel ↑).
- *Dosierung:* Initial 200 mg, dann 1 × 100–200 mg i.v.

▶ **Rifampicin (z. B. Rifa):**
- *Klinische Anwendung:* zur Kombinationsbehandlung bei Tbc; bei Lepra; bei multiresistenten Staphylokokken oder Penicillinresistenten Pneumokokken.
- *Kontraindikationen:* schwere Leberfunktionsstörungen
- *Nebenwirkungen:* gastrointestinale Beschwerden, Allergie, stark hepatotoxisch (Anstieg der Transaminasen bei 20%).
- *Wechselwirkungen:* beschleunigter Wirkungsverlust von oralen Antikoagulanzien, Digitoxin, Sulfonylharnstoffen, Barbituraten, Glukortikoiden, Chloramphenicol, β-Blockern, Mexiletin, Theophyllin, Verapamil, Azathioprin, Cimetidin.
- *Dosierung:* 1 × 10 mg/kg KG p.o.

▶ **Chloramphenicol (z. B. Paraxin):**
- *Klinische Anwendung:* nur bei schweren Salmonelleninfektionen, Hirnabszess und Meningitis bei Penicillinallergie.
- *Nebenwirkungen:* gastrointestinale Beschwerden (häufig), Neuritis nervi optici, ▶ *cave:* irreversible Knochenmarksaplasie (1:40.000), Neurotoxizität.
- *Kontraindikationen:* Allergie, akute intermittierende Porphyrie, schwere Leberfunktionsstörungen, Schwangerschaft, Stillzeit.
- *Wechselwirkungen:* Sulfonylharnstoffe, orale Antikoagulanzien, Phenytoin (Wirkung dieser Substanzen ↑).
- *Dosierung:* 3–4 × 0,5–1 g i.v.

14.5 *Multiresistente Erreger*

Grundlagen

▶ **Definition:** Auf gängige, bisher wirksame Antibiotika resistente Bakterienstämme, am häufigsten und bekanntesten MRSA (Methicillin resistenter Staphylococcus aureus), inzwischen auch entsprechende Resistenzen z. B. für Enterokokken und Pseudomonas nachgewiesen.

▶ **Ursachen:** Resistenzentwicklung über verschiedene Ursachen wie unkritische Verwendung von Antibiotika, Verbreitung durch unzureichende Hygienemaßnahmen (Handhygiene des Pflegepersonals), Zunahme durch steigende Zahl multimorbider Patienten.

▶ **Vorkommen:** In Europa Süd-Nord-Gefälle, in Griechenland und Türkei Inzidenz über 80% auf Intensivstationen, in Mittelmeerländern über 50%, Großbritannien über 30%, Deutschland über 10%, Skandinavien um 5%, Niederlande unter 2%.

Klinische Symptomatik

▶ **Kontamination:** Der Patient trägt den Keim, ohne dadurch verursacht Krankheitssymptome aufzuweisen, kann den Keim aber potenziell auf andere Patienten übertragen.

▶ **Infektion:** Der Patient trägt den Keim und zeigt dadurch verursacht klinische Zeichen einer Infektion, gefürchtet sind Pneumonien und Wundinfektionen, insbesondere Osteitis.

▶ **Chronische Wundinfektion:** chronische Osteitiden ohne Besserungstendenz unter systemischer oder lokaler Antibiotikagabe, persistierende Gelenkinfekte, insbesondere nach Gelenkersatz.

Diagnostisches Vorgehen

▶ **Bakteriologische Abstriche:** systematisch von Mund- und Nasenschleimhäuten, Trachealsekret, Hautfalten (Achsel und Leiste) und Wunden (insbesondere Liegegeschwüre und chronisch nicht heilende Verletzungen).

Therapieprinzipien

▶ **Dekontamination:** Lokale Behandlung der Mund- und Nasenschleimhäute mit entsprechenden Salben, desinfizierende regelmäßige Waschungen, Vorgehen entsprechend Vorschriften des Robert-Koch-Instituts.

▶ **Isolierung:** Einzelisolierung des Patienten, Zugang für Pflegepersonal und Besucher über Schleuse, strenge Einhaltung der Hygieneregeln, Transporte des Patienten in der Klinik (OP, Diagnostik) auf das unbedingt Notwendige beschränken, Aufrechterhaltung der Isolierung bis drei konsekutiv negative Abstriche vorliegen.

▶ **Antibiotikatherapie:** Keine Antibiotikagabe bei reiner Kontamination, Gabe der Reserveantibiotika (Vancomycin) bei klinisch relevantem Infekt.

▶ **Wundinfektion:** Konsequente chirurgische Maßnahme mit Débridement und seriellem Vorgehen mit Vakuumversiegelung bis zum wiederholten Nachweis der Erregerfreiheit.

▶ **Prävention:** Bei Kontamination oder floridem Infekt keine elektiven oder relativ indizierte Eingriffe, um weitere Wundkontaminationen zu vermeiden.

14.6 Weichteilinfektionen

Phlegmone

► **Grundlagen:** eitrige Entzündung (meist durch Streptokokken und Staphylokokken, häufig Mischinfektion) mit Gewebseinschmelzung mit flächenhafter Ausbreitung. Oft nach banalen Verletzungen.

► **Klinische Symptomatik:** schmerzhafte, flächenhafte Überwärmung, livide/am Rand abblassende Rötung, verbunden mit Schwellung der Haut. Hohes Fieber, Schüttelfrost, Schwellung regionaler Lymphknoten.

► **Diagnostik:** Klinik, Leukozytose, BSG ↑, Fieber, Mikrobiologie (Abstrich).

► **Therapie:** stationäre Aufnahme, hochdosierte antibiotische Abdeckung (*primär* Penicillin G 20–30 Mio. IE + Gentamicin 1 × 240 mg i.v.; bei Penicillinunverträglichkeit Vancomycin 2 × 1 g/d + Gentamicin; weiter nach Antibiogramm), danach chirurgische Eröffnung. Hochlagerung, Kühlung.

Erysipel

► **Grundlagen:** Entzündung des Koriums durch Streptokokken der Gruppe A, meist durch Eintrittspforte (kleine Hautläsionen). Die Ausbreitung erfolgt über die Lymphgefäße.

► **Klinische Symptomatik:** hochrotes, scharf begrenztes Erythem, Schmerzen, hohes Fieber, Schüttelfrost.

► **Diagnostik:** Klinik, Leukozytose, BSG ↑, ASL-/ADB-Titer ↑.

► **Therapie:**
• *Allgemein:* Hochlagern der Extremität, Antisepsis (Sanierung der Eintrittspforte), Kühlung, evtl. stationäre Aufnahme und Bettruhe (dann auch Thromboseprophylaxe!).
• *Antibiose:*
  – Leichte Fälle: Penicillin V 3 × 1,2 Mio IE/d p.o. (z.B. Isocillin).
  – Mittelschwere Fälle: Penicillin G 1–4 Mio IE/d i.v. (Kurzinfusion).
  – Schwere Fälle: Penicillin G 3 × 10 Mio IE/d i.v. (Kurzinfusion).
  – Bei Penicillinallergie: Vancomycin 1–1,5 g/d i.v.
  – Bei Staphylokokkenbeteiligung Flucloxacillin 3 × 1 g/d i.v.

Furunkel, Karbunkel

► **Grundlagen:** an Haarfollikel gebundene, dermal bis subdermal lokalisierte Staphylokokkeninfektion an Hals, Gesicht, Axillen, Leisten, oberem Rücken.

► **Klinische Symptomatik, Diagnostik:** Zu Beginn derber roter Knoten, zunehmende Schmerzen, nach einigen Tagen Einschmelzung und im Verlauf von einigen Wochen narbige Abheilung.

► **Therapie:** initial antibiotische Therapie mit Flucloxacillin oder Dicloxacillin oder Cefalexin p.o. für 7–10 Tage. Bei Penicillinallergie Erythromycin oder Fusidinsäure.

Lokale Pseudomonas-aeruginosa-Infektion

► **Klinische Symptomatik, Diagnostik:** typischer grüner Farbton (Verbandsmaterial!) und süßlich-fauliger Geruch des eitrigen Exsudats (► *cave:* Sepsisgefahr!).

► **Therapie:** Lokal feuchte Umschläge mit/ohne Farbstoffe (z. B. Pyoktanin 0,5% wässrig), oder mit Antiseptikumzusatz (z. B. Chinosol).

Lebens- und extremitätenbedrohende „nekrotisierende" Weichteilinfektionen

► **Prädisponierende Faktoren:**
- Unsachgemäß versorgte Wunden („neglected wound").
- Nach operativen Eingriffen.
- i.v.-Drogenabusus.
- Konsumierende Erkrankungen, Immunsuppression.

► **Differenzierung der nekrotisierenden Weichteilinfektionen** nach Erreger (bestimmt die Auswahl des Antibiotikums) und Gewebeniveau (bestimmt das chirurgische Vorgehen): siehe Tab. 14.1.

Tabelle 14.1 · Differenzierung der nekrotisierenden Weichteilinfektionen

Erreger		Gewebeniveau
	Subkutis/Faszie	Muskulatur
Streptococcus pyogenes	*Streptokokkengangrän*	*Streptokokkenmyositis*
Clostridium perfringens	Klostridienzellulitis	*Klostridienmyonekrose*
Mischinfektionen	nekrotisierende Fasziitis Typ I	Nonklostridienmyonekrose
Streptokokken und Staphylokokken	nekrotisierende Fasziitis Typ II	*Myositis*

kursiv = rasche Infektprogredienz (< 24 h)

► **Formen mit Affektion des Subkutangewebes und der Faszie:**
- *Streptokokkengangrän* (durch β-hämolysierende Streptokokken):
  - Fulminante Infektion, Entwicklung innerhalb von 24 h.
  - Früh auftretende Infektzeichen wie Überwärmung, Schwellung, Rötung, starke lokale Schmerzen.
  - Nach 2–4 Tagen große Blasen mit geruchloser, seröser Flüssigkeit.
  - Frühzeitig Hautgangrän durch thrombosierte Kapillaren.
- *Nekrotisierende Fasziitis:*
  - Typ I = Mischinfektion aus Anaerobiern und fakultativ anaeroben Bakterien; Typ II = Streptokokken der Gruppe A alleine oder in Kombination mit Staphylokokken.
  - Initial eher dumpfe Empfindung (im Gegensatz zur Streptokokkengangrän, s. o.).
  - Frühe systemisch wirksame toxische Zeichen wie Tachykardie, Hypotonie, Unwohlsein.
  - Erst im Spätstadium Hautgangrän, das Subkutangewebe und die Faszien sind ausgedehnter befallen als vom Hautbefund her vermutet.
- *Synergistische, nekrotisierende Zellulitis* (Variante der nekrotisierenden Fasziitis):
  - Kombination von Anaerobiern und Enterobakterien.
  - Am häufigsten an den unteren Extremitäten und am Perineum.
  - Multiple kutane Ulzera mit rotbrauner Flüssigkeit.
  - Meist bei älteren Patienten sowie bei Vorerkrankungen wie Diabetes mellitus, kardiovaskuläre und/oder renale Erkrankungen.

- *Klostridienzellulitis:*
  - Entwicklung 3–5 Tage nach einem Trauma.
  - Initial starke Schmerzen.
  - Blasen mit rotbrauner, faulig riechender Flüssigkeit.
  - Keine septisch-toxischen Reaktionen (im Vergleich zur Klostridienmyonekrose).
- *Nonklostridienzellulitis:* klinisch wie Klostridienzellulitis (s. o.).
► **Formen mit Affektion der Muskulatur:**
- *Klostridienmyonekrose:*
  - Erreger: Clostridium perfringens, novyi oder septicum.
  - Rasch stärkste Schmerzen, schwere systemische Reaktionen (hohes Fieber, Myolyse, Koagulopathie, Multiorganversagen).
  - Wundsekret mit süßlich-fauligem Geruch.
- *Streptokokkenmyositis:*
  - Muskulatur verfärbt und geschwollen.
  - Starke systemische Reaktionen bis zum „Toxic Shock Syndrome" (Tab. 14.2).

Tabelle 14.2 · Definition des „Streptococcal Toxic Shock Syndrome" (STSS)

I: **Isolierung von Streptokokken der Gruppe A** (S. pyogenes):
A: Von einer normalerweise sterilen Körperflüssigkeit oder -stelle (z. B. Blut, Liquor, Pleura-/Peritonealsekret)
B: Von einer nicht sterilen Körperflüssigkeit oder -stelle (z.B. Rachen, Sputum, Vagina, oberflächliche Hautverletzungen)

II: **Klinische Zeichen**[*]
A: Hypotension: $RR_{syst} \leq 90$ mmHg (Erwachsene)
und
B: ≥ 2 der folgenden klinischen Veränderungen:
1. Niereninsuffizienz
2. Gerinnungsstörungen
3. Leberbeteiligung
4. Adult Respiratory Distress (ARDS)
5. Generalisierter ödematöser Ausschlag (evtl. mit Blasen)
6. Weichteilnekrose (Fasziitis oder Myositis, Gangrän)

Beurteilung:
- STSS *gesichert:* Kriterien I A + II (A und B)
- STSS *wahrscheinlich:* Kriterien I B + II (A und B) + Ausschluss einer anderen Ursache

[*] klinische Phasen:
I Myalgie, Übelkeit, Erbrechen, Schüttelfrost, Diarrhö, lokale Schmerzen
II Tachykardie, Fieber, Tachypnoe, zunehmende lokale Schmerzen
II persistierendes Fieber, verminderte lokale Schmerzen, Schocksymptomatik

► **Diagnostisches Vorgehen** (frühe Diagnosestellung ist entscheidend!):
- *Klinisches Bild:* Frühsymptome sind unerträgliche Schmerzen, Erythem mit zentralen schwärzlichen Bezirken. Evtl. Fieber.
- *Sonographie:*
  - Abszess: scharf begrenzte, hypoechogene Läsion mit dorsaler Schallverstärkung (► *cave:* keine sichere Differenzierung gegenüber umschriebenem Hämatom oder entzündlichem intramuskulärem Prozess mit Flüssigkeitsansammlung).

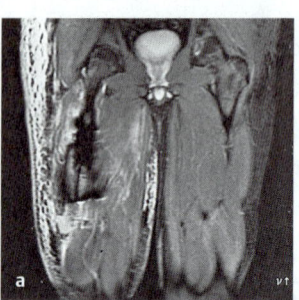

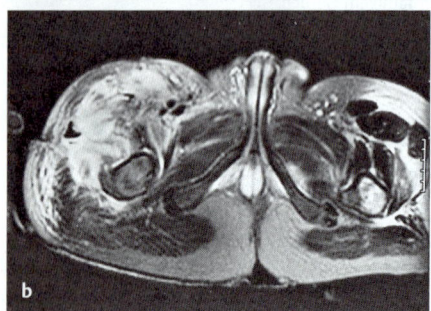

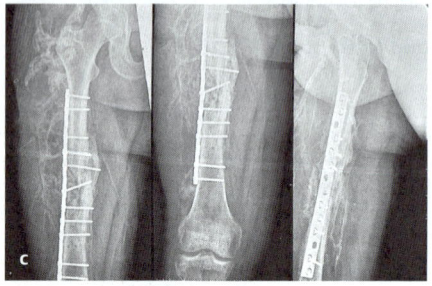

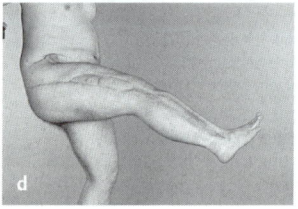

Abb. 14.4 a–d
Gasbrand nach Ober-
schenkelfraktur rechts.
a) und b) MRI-Befunde
bei Aufnahme,
c) nach Abheilung und
Reosteosynthese,
d) Narbensituation
nach radikalem Débri-
dement des rechten
Beins und des rechten
Peritonealraums

– Kolliquationsnekrose der Faszie: echoarmer Saum zwischen Subkutis und Muskulatur.
- *CT mit KM:* Differenzierung zwischen gut und schlecht durchbluteten Arealen (damit auch Abgrenzung von Hämatom oder diffusem Weichteilprozess möglich), Ausdehnung der Nekrose, betroffene Strukturen, Möglichkeit einer CT-gesteuerten Punktion.
- *Kernspintomographie* (Abb. 14.4): große Bedeutung bei der Diagnosestellung. Gute Darstellung von Weichteilprozessen, genaue räumliche Orientierung.
  – Akute Zellulitis: auf Subkutis beschränkte Veränderungen.
  – Nekrotisierende Fasziitis: Veränderungen entlang der intermuskulären Septen.
  – Bakterielle Myositis: im Frühstadium diffuse Muskelschwellung, im Verlauf Abszedierungen.
- *Röntgenweichteilaufnahme:* Weichteilemphysem nur bei Gasbildnern; nur geringe Sensitivität.
- *Histologie:*
  – Die Biopsie darf *nicht* aus dem Bereich der primären Weichteilläsion entnommen werden! Das Biopsat muss alle Schichten umfassen (Kutis, Subkutis, Faszie, Muskulatur).
  – Kriterien einer nekrotisierenden Weichteilinfektion: Fokalnekrosen, Mikroabszesse in Faszien/subkutanem Gewebe, polymorphkernige Zellinfiltrate, thrombosierte Gefäße.
- *Mikrobiologie:* Blutkulturen, Abstriche, Gewebeproben.
- *Labor:*
  – Keine beweisenden Laborparameter.
  – Unspezifische Entzündungs- und Sepsiszeichen.
  – Anstieg CRP, Fibrinogen, BSG, Leukozyten, harnpflichtige Substanzen und Leberenzyme.

► **Therapieprinzipien:**
- Aggressive, kompromisslose chirurgische Behandlung.
- Resistenzgerechte Antibiotikatherapie.

► **Chirurgische Interventionen:**
- *Radikale Entfernung des gesamten nekrotischen Gewebes.* Dabei besonders darauf achten, dass eine sog. zentrale Blockade erreicht wird (die Weichteilinfektion darf nicht von den Extremitäten auf den Körperstamm übergreifen!). Hierzu muss das Weichteilgewebe inklusive Faszien, Lymphgefäßen und Lymphknoten in einer Art Schneise entfernt werden.
- *Intensive Wundspülung.*
- *Offene Wundbehandlung* mit feuchten Kompressen oder temporäre Deckung der Defekte mit Kunsthaut (Epigard).
- *Ruhigstellung* betroffener Extremitäten.
- *„Second Look"* obligat erstmals innerhalb von 6–12 Stunden, abhängig vom klinischen Verlauf regelmäßig wiederholen!
- Bei fortschreitendem Infekt, Myonekrose, Toxic-Shock-Syndrom kann das Leben des Patienten nur durch eine Amputation/Exartikulation gerettet werden!

► **Antibiotische Therapie** (parallel zur chirurgischen Intervention): Hoch dosierte Dreierkombination aus Penicillin oder Ampicillin, Aminoglykosid und Metronidazol.

► **Nachbehandlung:**
- Tägliche Verbandswechsel nach Abschluss des Débridements.
- Evtl. Einsatz adjuvanter Therapieformen: hyperbare Sauerstofftherapie, Immunglobuline (Wirkung nicht gesichert).

- Sekundärnaht, Mesh-Graft-Transplantation, plastische Deckung erst nach chirurgischer Kontrolle des Infekts.
► **Prognose:**
  - Die Letalität bei Toxic-Shock-Syndrom liegt zwischen 10 und 60%.
  - Die Amputationsrate beträgt ca. 25%.

Gasbrand (Clostridiuminfektion)

► **Grundlagen:** Wundinfektion mit meist verschiedenen Clostridienspezies, häufig Mischinfektion mit Anaerobiern, Enterobakterien. Toxinbildung.
► **Klinische Symptomatik:** Phlegmone (s. o.), Myositis (Schwellung, Schmerz), Blasenbildung, Hämolyse, Abszedierungen, akutes Nierenversagen.
► **Diagnostik:** Krepitation über geschwollenem Gewebe, Mikrobiologie.
► **Therapie:** Penicillin G 20–40 Mio IE/d i.v. Operative Exzision, ggf. hyperbare Sauerstofftherapie (S. 153).
▣ *Hinweis:* Meldepflicht bei Erkrankung und Tod!

Tetanus

► **Erreger, Pathogenese:** Clostridium tetani. Die Erreger dringen über Bagatellverletzugen in den Körper ein. Hauptvirulenzfaktor ist das Tetanustoxin, das retrograd in Axonen zentripetal transportiert wird. Wirkung durch Störung der Transmitterfreisetzung an der Synapse (→ Hemmung hemmender Einflüsse → Spasmen, autonome Enthemmung).
► **Epidemiologie:** Inzidenz in Zentraleuropa ca. 0,5/100 000.

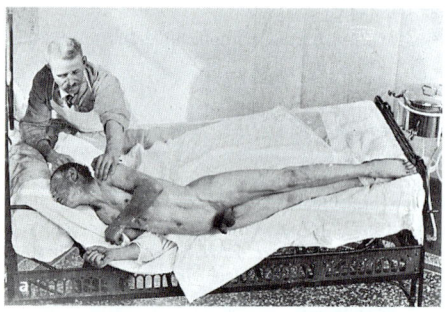

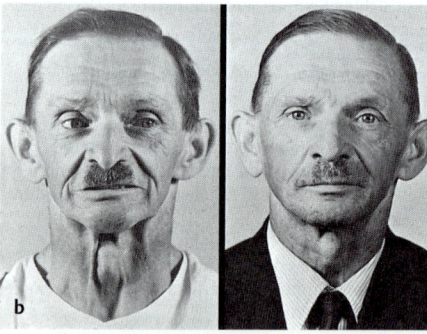

Abb. 14.5 a u. b
a) Tetanuspatient im Krampfanfall mit Opisthotonus,
b) links mit Risus sardonicus, rechts nach Abheilung

▶ **Risikofaktoren:** mangelnder Impfschutz, mangelnde Hygiene
▶ **Klinik** (nach einer Inkubationszeit von Stunden bis Wochen oder Monaten):
- *Grippales Prodromalstadium:* Fieber, Abgeschlagenheit, Erbrechen, Kopfschmerzen.
- *Lokaler Tetanus* (selten): im Bereich der Wunde.
- *Generalisierter Tetanus:* bei vollem Bewusstsein schmerzhafte Tonuserhöhung und Krämpfe (durch externe Reize auslösbar), Risus sardonicus (Abb. 14.5b) (Teufelsgrinsen), Trismus (Kiefersperre), Opisthotonus (Abb. 14.5a), Sprech- und Schluckunfähigkeit, Ateminsuffizienz (▶ *cave:* Hypoxie!), autonome Störungen (Herzrhythmusstörungen, Herzfrequenzschwankungen, Schwankungen der Körpertemperatur, Schwitzen).
▶ **Diagnostik:** typische Klinik, Toxinnachweis im Tierversuch (oft ohne Ergebnis!), EMG (andauernde Aktivität, silent Period ↓), Liquor, Blutwerte (CK beobachten, *cave:* Rhabdomyolyse!), Bildgebung ist unspezifisch verändert oder unauffällig.
▶ **Differenzialdiagnose:** neuroleptikainduzierte Dystonien (Besserung durch 2 mg Biperiden = 1 Amp. Akineton i.v.), malignes Neuroleptikasyndrom (Anamnese!), Strychninintoxikation (Besserung durch Barbituratgabe), Stiff-Man-Syndrom (im EMG silent period erhalten).
▶ **Therapie:**
- „Kausal":
  - Breite Exzision der Wunden/Eintrittspforte unter offener Wundbehandlung.
  - Tetanus-Immunglobulin (Tetagam): 5000–10000 IE i.m. In Abhängigkeit vom Krankheitsbild evtl. weitere 3000 IE/d.
  - Parallel aktive Immunisierung (S. 72).
  - Metronidazol (Clont) 4 × 500 mg/d für 7–10 Tage *oder* Penicillin G 1 Mio. IE alle 6 h i.v. *oder* Doxyzyklin 2 × 100 mg/d p.o./i.v. für 10–14 Tage.
- *Symptomatisch Intensivtherapie:*
  - Reizabschirmung (Ruhe, Abdunkelung, Sedierung).
  - Intubation, besser Tracheotomie.
  - Analgosedierung und Relaxierung nach Bedarf.
  - Evtl. Baclofenpumpe.
  - Bei autonomen Störungen Magnesium i.v.
▶ **Prognose:** Unbehandelt in 50% letal (v. a. durch zerebrale Hypoxie und autonome Herz-Kreislauf-Dysregulation).

14.7 Akute Osteitis

Klinische Symptomatik und spezielle Diagnostik

▶ **Klinische Symptomatik:**
- Lokale Rötung und Überwärmung.
- Glanzhaut durch Schwellung und Ödembildung.
- Ruhe- und Belastungsschmerz (evtl. nach freiem Intervall).
- Trübe Sekretion aus der Wunde oder Drainage.
- Allgemeinsymptome (Fieber, Schüttelfrost, Abgeschlagenheit).
▶ **Diagnostik:**
- Labor: BB (inkl. Differenzial-BB; Leukozytose), Leukozytenelastase ↑, CRP ↑↑, BKS ↑ (verspätet) , Gerinnung.
- Messung der Körpertemperatur.
- Blutkultur (meist negativ).

- Röntgenaufnahmen der betroffenen Strukturen in 2 Ebenen (*cave:* keine Infektzeichen innerhalb der ersten 10 Tage!).
- Sonographie: Sekretverhalt? Muskelödem?
- (Sonographisch gesteuerte) Punktion (wenn nicht Sekret aus Wunde oder Drainage abfließt): trüb-eitrige Flüssigkeit, Keimnachweis im Direktausstrich.

Stufentherapie

1. Operative Revision als Eingriff hoher Dringlichkeit:
- Abstrichgewinnung.
- Resektion nekrotischer und minderdurchbluteter Weichteile, primär keine ausgedehnten Knochenresektionen.
- Festsitzendes Osteosynthesematerial kann belassen werden.
- Ausgiebige mechanische Reinigung, z. B. durch Wechseldruckspülung (z. B. Jet-Lavage):
  - Spülung mit mindestens 3000 ml isotoner Spüllösung je nach Ausdehnung der Wunde.
  - Die Indikation zur Spülung mit Antiseptika (z. B. Lavasept, Taurolin) ist wegen einer möglichen Resorption und Anaphylaxiegefahr zurückhaltend zu stellen. Kontraindikation: Spülung von Markhöhlen langer Röhrenknochen.
  - ▷ *Cave:* Interaktionen mit anderen Wundbehandlungs-Spezifika, z. B. Polyvidon-Jod-Lösung und Wasserstoffperoxid streng vermeiden!
- Fakultativ Einlage von Antibiotikaträgern (z. B. Palacos-Kugelketten, Sulmycin-Vlies).
- Drainage des Wundgebiets.
- *Absolut spannungsfreier Verschluss der Weichteile.* Ist dies infolge Weichteildefekten oder Schwellungszuständen nicht möglich, so ist eine Vakuumversiegelung (z. B. Coldex) oder in Einzelfällen die primäre plastische Deckung vorzunehmen, um ein Austrocknen des Knochens und benachbarter bradytropher Gewebe (Sehnen, Knorpel) zu vermeiden.
- Falls erforderlich, temporäre Stabilisierung durch Anlage eines Fixateur externe, *keine* Gipsverbände.

2. Operative Revision als geplanter Eingriff (2–3 Tage nach Erstrevision):
- Abstrichentnahme und erneutes Débridement der Weichteile.
- Bei weiter bestehenden Infektzeichen noch vorhandenes Osteosynthesematerial und sicher avitalen Knochen entfernen.
- Bei Markraumphlegmonen Markhöhle mit flexibler Bohrwelle (2–3 mm über Nageldurchmesser) aufbohren.
- Mechanische Reinigung und Einlage von Antibiotikaträgern nach Austestung.
- Temporäre Stabilisierung durch Fixateur externe.
- Systemische Antibiose nach Antibiogramm.
- Weitere geplante Eingriffe nach Entzündungszeichen (Infektmonitoring).

14.8 Chronische Osteitis

Klinische Symptomatik und spezielle Diagnostik

▶ **Klinische Symptomatik:** lokale Induration von Haut und Weichteilen, Fistelöffnung mit Sekretion, perifokale Rötung und Schwellung.
▶ **Diagnostik:**
- Anamnese.

- Labor: BB (inkl. Differenzial-BB; nur mäßige Leukozytose), CRP und BKS nur mäßig erhöht, Gerinnung.
- Bildgebung:
  - Röntgen in 2 Ebenen, evtl. Feinfokusaufnahmen: Osteolyse, Sequester, Sklerosierung, Verdickung, unregelmäßige Konturen, Implantatlockerung?
  - Computertomographie (KM-CT): Abszess, Sequester, Destruktionen?
  - Fistelfüllung: Verlauf der Fistelsysteme?
  - Sonographie: Flüssigkeitsansammlung, Muskelödem?
  - Angiographie: lokale Durchblutungssituation (arteriell + venös)?
  - MRT mit KM: Markraumbefall, Sequester, Weichteilaffektion?

Stufentherapie

1. Infektberuhigung:
- Resektion avitalen Knochens, Entfernung von Osteosynthesematerial und evtl. Knochenzement, Débridement der Weichteile, Keimbestimmung durch Abstrichgewinnung.
- Mechanische Stabilisierung durch Anlage eines Fixateur externe.
- Temporärer Wundverschluss bei Weichteildefekt.
- Falls erforderlich, rekonstruktiver Gefäßeingriff zur Verbesserung der lokalen Durchblutungssituation.

2. Definitive Sanierung und Stabilisierung (ca. 2–8 Wochen nach Erstrevision):
- Plastisch-chirurgische Deckung von Weichteildefekten.
- Osteosynthese-Verfahrenswechsel: Äußere › innere Fixationstechniken.
- Evtl. Kallusdistraktion bei Knochenverlust.

14.9 Gelenkinfektionen (infektiöse Arthritis)

Grundlagen

▶ **Ätiologie:**
- *Primäre Arthritis:* Gelenkeröffnung durch Trauma, chirurgischen, diagnostischen oder therapeutischen Eingriff.
- *Sekundäre Arthritis:* Hämatogene Einschwemmung von Keimen oder per continuitatem durch Übergreifen einer Weichteilinfektion.

▶ **Prädisponierende Faktoren:**
- Begleitende Infektionen (z. B. Pneumonie, Harnwegsinfektion).
- Immunsuppressive Therapie.
- Vorerkrankungen: Arthrose, rheumatoide Arthritis, Malignome, Diabetes mellitus, Alkoholabusus, kardiale/pulmonale/renale/metabolische Erkrankungen, HIV-Infektion.

▶ **Stadien** (Abb. 14.6):
1. Synovialitis (mit serösem oder fibrinösem Reizerguss).
2. Gelenkempyem (mit eitrigem Erguss).
3. Panarthritis (Kapselphlegmone).
4. Destruierende Arthroosteomyelitis.

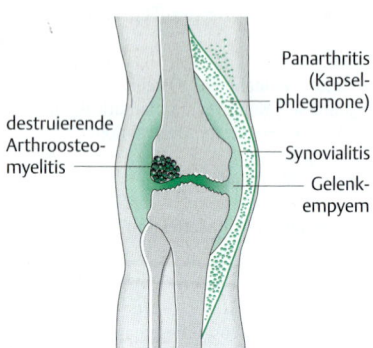

Panarthritis
(Kapsel-
phlegmone)

destruierende
Arthroosteo-
myelitis

Synovialitis

Gelenk-
empyem

Abb. 14.6 Stadien der
Gelenkinfektion

Klinische Symptomatik und spezielle Diagnostik

▶ **Klinische Symptomatik:**
- Ruheschmerz.
- Lokale Überwärmung des Gelenks.
- Ergussbildung, evtl. Rötung, trübe Sekretion aus Drainage oder Zugangsöffnungen nach vorausgegangener Arthroskopie (z. B. beim Kniegelenk; vgl. Abb. 14.7).
- Schmerzhafte Bewegung.
- Allgemeinsymptome (z. B. Fieber).

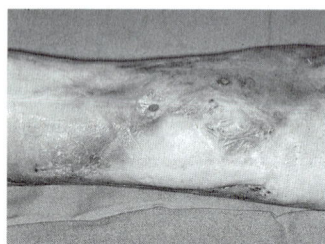

Abb. 14.7 Weichteilbefund am Unterschenkel bei chronischer Osteomyelitis

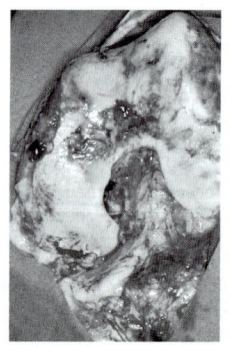

Abb. 14.8 Zerstörtes Kniegelenk nach Kniegelenkinfekt

▶ **Diagnostik:**
- *Obligat:*
  - *Labor:* Blutbild (inkl. Differenzial-BB), CRP (meist > 10 mg/dl), BKS ↑, evtl. Blutkultur, Gerinnung.
  - *Röntgen* des Gelenks in 2 Ebenen.
  - *Gelenkpunktion* und mikrobiologische Diagnostik des Punktates.

- *Fakultativ:*
  - Szintigraphie.
  - MRT mit KM: hohe Sensitivität, eingeschränkte Spezifität (tumoröse oder traumatische Läsionen können ähnlich aussehen).
  - Großzügige Indikationsstellung zur Arthroskopie.

Therapie

▶ **Allgemeinmaßnahmen:** Kühlung, Analgesie, Physiotherapie.
▶ **Synovialitis und Gelenkempyem:**
  - Mehrfache arthroskopische Gelenkspülungen ohne Antibiotikazusatz. Im Vordergrund steht die mechanische Reinigung.
  - Adjuvante systemische Antibiotikagabe nach Resistenztestung.
▶ **Infektpersistenz:** radikale Synovektomie.
▶ **Panarthritis, destruierende Arthroosteomyelitis:**
  - Bei fortschreitender Gelenkzerstörung ist die Gelenkresektion mit äußerer Stabilisation durch Fixateur externe erforderlich.
  - Falls erforderlich, Einlage eines temporären Platzhalters (z. B. Palacos-Zementplombe).
  - Sekundäre definitive Versorgung durch Arthrodese nach Abklingen des Infekts. Alloplastischer Gelenkersatz nach mehrmonatiger Infektfreiheit.

Nachbehandlung

▶ Bewegung, Antibiose, Analgesie, Kühlung, Physiotherapie.

Risiken und Komplikationen

▶ Nachblutung, Gefäß-Nerven-Läsion, Wundheilungsstörung, Sepsis.
▶ Thrombose, Embolie, persisitierende Infektion, Fistelbildung, Ankylose, Gelenkdestruktion/-instabilität.

14.10 Sepsis

Klinische Symptomatik, spezielle Diagnostik

▶ **Klinische Symptomatik und Befunde:** Fieber, Schüttelfrost, Tachykardie, Bewusstseinsstörung, RR-Abfall, Gerinnungsstörungen, Osler-Knötchen, Petechien, Abszedierungen, Nierenversagen, disseminierte intravasale Gerinnung, ARDS, Schock.
▶ **Spezielle Diagnostik:**
  - *Eingrenzung des Sepsisherds:* Röntgenthorax (pneumonisches Infiltrat, Abszess?), Abdomensonographie (Niere, Leber, Galle, Pankreas, Milz?), Echokardiographie (Klappenvegetationen?), MRT, leukozytenmarkierte Szintigraphie; ggf. CT-Abdomen, CCT, Liquorpunktion, HNO-/Zahnstatus.
  - *Labor:* AT III, Fibrinogen, Fibrinspaltprodukte, Laktat, BGA, Blutbild (Thrombozytensturz?, Leukopenie?).
  - *EKG:* Ischämie, Rhythmusstörungen?

Therapie

▶ Intensivtherapie.
▶ Zugänge entfernen/wechseln.
▶ Systemische Breitbandantibiose bis zum Erregernachweis (Tab. 14.3).

Tabelle 14.3 · Kalkulierte antimikrobielle Therapie bei Sepsis

Herd	Erreger	Antibiotika			
unbekannt	alle	Cephalosporin 3. Gen.	+ Vancomycin	+ Aminoglykosid	HHH
		Acylureidopenicillin	+ β-Lactamasehemmer	+ Aminoglykosid	
Wunde, Abszess	Staphylokokken, Streptokokken, Anaerobier	Cephalosporin 2./3. Gen.	+ Clindamycin		
Venenkatheter, Shunt	Staphylokokken	Cephalosporin 2./3. Gen.	+ Vancomycin		
Lunge	*ambulant:* Pneumokokken, Haemophilus	Aminopenicillin	+ β-Laktamasehemmer		
		Cephalosporin 2. Gen.			
Erythromycin					
	nosokomial: Enterobakterien, Pseudomonaden, Staph. aureus	Cephalosporin 3. Gen.	+ Vancomycin	+ Aminoglykosid	
		Carbapenem		+ Aminoglykosid	
		Gyrasehemmer	+ Clindamycin		
Niere	E. coli, Enterokokken, Enterobakterien	Acylureidopenicillin	+ β-Laktamasehemmer	+ Aminoglykosid	
		Cephalosporin 3. Gen.		+ Aminoglykosid	
		Gyrasehemmer			

Tabelle 14.3 · Fortsetzung

Herd	Erreger	Antibiotika			
Abdomen	Enterobakterien, Anaerobier, Enterokokken	Cephalosporin 3. Gen.	+ Clindamycin	+ Aminoglykosid	
		Cephalosporin 3. Gen.	+ Metronidazol	+ Aminoglykosid	
		Acylureidopenicillin	+ β-Laktamasehemmer	+ Aminoglykosid	
		Carbapenem		+ Aminoglykosid	
Verbrennung	Pseudomonas spp., Staph. aureus	Cephalosporin mit Pseudomonasaktivität	+ Vancomycin	+ Aminoglykosid	
		Gyrasehemmer	+ Vancomycin	+ Aminoglykosid	
Immunsuppression	Pseudomonas spp., Staph. aureus, Pilze	Cephalosporin mit Pseudomonasaktivität	+ Vancomycin	+ Aminoglykosid	+ Antimykotikum
		Cephalosporin mit Pseudomonasaktivität	+ Clindamycin	+ Aminoglykosid	+ Antimykotikum
		Carbapenem		+ Aminoglykosid	+ Antimykotikum

15   *Schädel-Hirn-Trauma (SHT)*

15.1 SHT – Grundlagen

Definition

▶ Durch Gewalteinwirkung auf den Kopf verursachte Hirnfunktionsstörung mit oder ohne morphologisch fassbare Schädigung des Gehirns und seiner Hüllen einschließlich des Gehirnschädels und der Kopfschwarte.

Mögliche klinische Symptomatik der Hirnfunktionsstörung

▶ **Psychopathologisches Syndrom:**
- *Vigilanzstörungen:* Mit zunehmender Vigilanzstörung nimmt zuerst die Reaktion auf optische, dann auf akustische und zuletzt auf Schmerzreize ab.
  - *Somnolenz:* abnorme Schläfrigkeit bei erhaltener akustischer Weckreaktion.
  - *Sopor:* keine spontanen Bewegungen, nach Aufforderung kurzes Augenöffnen, auf Schmerzreize adäquate Abwehrbewegungen.
  - *Bewusstlosigkeit (Koma):* unerweckbarer Zustand der Kontakt- und Wahrnehmungslosigkeit. Augen werden weder nach Aufforderung noch nach Schmerzreizen geöffnet. Abwehrbewegungen auf Schmerzreize können erhalten sein.
- ◪ *Glasgow Coma Scale (GCS):*
  - Ziel, Indikation: Beurteilung und Verlaufsbeobachtung der Bewusstseinslage.
  - Prinzip: Mit Hilfe einer Punktewertung wird nach kardiopulmonaler Stabilisierung die bestmögliche Reaktion auf einen Anruf oder Schmerzreiz bewertet: s. Tab. 15.1.
- *Orientierungsstörungen:* Orientierung zu Zeit, Ort, Situation und eigener Person.
- *Gedächtnisstörungen:* retrograde und anterograde Amnesie: Erinnerungslücken für den Zeitraum vor bzw. nach dem Unfallereignis.
- *Durchgangssyndrom:* reversible posttraumatische Funktionspsychose mit Störungen von Orientierung, Gedächtnis, Antrieb, Affektivität und Auftreten von paranoid-halluzinatorischen Erscheinungen. Nimmt graduell während der Erholungsphase vom psychopathologischen Syndrom ab.
▶ **Neurologische Ausfälle:** Pupillenstörungen (Weite und Lichtreaktion), Reflexstatus, Motorik, Sensibilität, Muskeltonus.
▶ **Vegetatives Syndrom:** Schwindel, Brechreiz, Kreislaufinstabilität, Störung der Wärmeregulation.

Tabelle 15.1 · **Glasgow Coma Scale (GCS)**

Kriterium	Reaktion	Punkte
Augenöffnen	spontan	4
	nach Aufforderung	3
	nach Schmerzreiz	2
	keine Reaktion	1
verbale Antwort	orientiert, prompt	5

Tabelle 15.1 · Fortsetzung

Kriterium	Reaktion	Punkte
	desorientiert	4
	unverständliche Worte	3
	Stöhnen, unverständlich	2
	keine Reaktion	1
motorische Reaktion	befolgt Aufforderungen	6
	gezielte Abwehr nach Schmerzreiz	5
	ungezielte Abwehr nach Schmerzreiz (Beugen, Wegziehen)	4
	pathologische Beugemechanismen nach Schmerzreiz	3
	Streckmechanismen nach Schmerzreiz	2
	keine Reaktion	1

Summe: maximal 15

Schweregradeinteilung des Schädel-Hirn-Traumas nach GCS:
– *GCS 15–13:* leichte Schädel-Hirn-Verletzung
– *GCS 12–9:* mittelschwere Schädel-Hirn-Verletzung
– *GCS 8–3:* schwere Schädel-Hirn-Verletzung

15.2 SHT – Spezielle Manifestationsformen

Kopfschwartenverletzungen

► **Mögliche Formen:** Rissquetschwunden, Skalpierung und Schusswunden.
  ▶ *Cave:* Hinter jeder scheinbar harmlosen Kopfschwartenverletzung kann sich eine penetrierende Schädel-Hirn-Verletzung verstecken.
► **Diagnostik:**
  • Sorgfältige klinische Untersuchung, aber kein Sondieren.
  • Röntgen-Schädel in 2 Ebenen zum Ausschluss von eingedrungenen Fremdkörpern, Luft, etc.
  • In Zweifelsfällen immer großzügige Indikation zur CT.

Schädelfrakturen

► **Mögliche Formen** (Fissuren, Spalt-, Berstungs-, Stück- und Trümmerfrakturen [*cave:* bei Impressions-, Loch- oder Schussfrakturen können u. U. Knochenstücke in das Schädelinnere bzw. Gehirn eingedrungen sein!]):
  • *Biegungsbrüche:* durch unmittelbare örtliche, umschriebene Gewalteinwirkung.
  • *Berstungsbrüche:* Verursacht durch Kompression des gesamten Schädels.
  • *Impressionsfrakturen:* Unter Kalottenniveau verlagerte Knochenfragmente können zur Druckschädigung des Gehirns führen. Operationsindikation bei Dislokation um mehr als Kalottendicke, bzw. bei offener Schädelfraktur.

- *Schädelbasisfrakturen:*
  - Klinische Zeichen: Monokel- oder Brillenhämatom, retroaurikuläres Hämatom („battle's sign"), Blut- und Liquorausfluss aus Nase, Mund und/oder Ohr.
  - Diagnosestellung: schwieriger Nachweis auf konventionellen Röntgenbildern. In der CT Nachweis von Luftansammlungen unter der Dura bzw. im Gehirnparenchym (Pneumatozephalus).
- *Suturensprengung* (u. U. im Kindesalter). Bei manchen Frakturen wird durch die eingeklemmte Dura die knöcherne Ausheilung behindert („wachsende Frakturen").

▶ **Diagnostik:**
  - ◰ *Cave:* Bei Schädelfrakturen besteht ein hohes Risiko, ein operationsbedürftiges intrakranielles Hämatom zu entwickeln, wobei Patienten besonders gefährdet sind, bei denen die Fraktur die A. meningea media oder einen der venösen Sinus kreuzt.
  - Deshalb muss bei jedem Patienten mit Schädelfraktur eine CT durchgeführt werden und eine engmaschige neurologische Überwachung während der ersten 24 Stunden erfolgen.

Primäre Hirnschädigung

▶ **Definition:** Durch traumatischen Insult bedingte Schädigung des Gehirns, die irreversibel und therapeutisch nicht beeinflussbar ist.
▶ **Mögliche Formen:**
  - *Fokaler Hirnschaden:* Durch direkte Gewalteinwirkung auf den fixierten Schädel verursachte Kontusionsherde (Coup und Contrecoup).
  - *Diffuser Hirnschaden:* ausgedehnte oder multilokuläre Hirnschädigung. Durch Beschleunigungstraumen bei frei beweglichem Schädel verursachte zentrale Hirnschäden (Marklager, Stammganglien) durch Druckgradienten um die Ventrikel („shearing injuries").

Sekundäre Hirnschädigung

▶ **Definition:** posttraumatische Schäden im weiteren Verlauf nach dem Ereignis.
▶ **Mögliche Ursachen** (intra- und extrakranielle Ereignisse): Hypovolämie, Hypoxämie, Hyperkapnie, Hypotonie, Hyperglykämie, neurohormonelle Dysregulation, ungenügend oder nicht kontrollierte epileptische Anfälle, erhöhter intrakranieller Druck (z. B. durch nicht evakuierte intrakranielle Hämatome, Hirnödem).

Offene Schädel-Hirn-Verletzung

▶ **Definition:** Traumatisch entstandene Verbindung zwischen Gehirn und Außenwelt (inkl. Nasennebenhöhlen). Entscheidendes Kriterium ist die traumatische Eröffnung der Dura, womit automatisch eine schwere Schädel-Hirn-Verletzung vorliegt.
▶ **Therapie:** immer operativ (siehe schwere Schädel-Hirn-Verletzung S. 197).
▶ Sonderformen: frontobasale Schädel-Hirn-Verletzung (S. 208).

Gedeckte Schädel-Hirn-Verletzung

▶ **Klassische Einteilung:**
  - *Commotio cerebri:*
    - Definition: traumatisch bedingte, reversible, funktionelle Störung des Gehirns ohne morphologisch fassbare Veränderungen. Die klinischen Symptome können einzeln oder zusammen vorkommen und klingen innerhalb kurzer Zeit restlos ab.

– Klinik (Commotiosyndrom): kurzzeitige Bewusstlosigkeit, anterograde und/oder retrograde Amnesie, Brechreiz oder Erbrechen, Kopfschmerzen.

→ *Contusio cerebri:*

– Definition, Klinik: Nachweisbare morphologische Schädigungen des Gehirns in Form von Prellungsherden (Coup und Contrecoup), vor allem im Frontal-, Okzipital- und Temporallappen. Fast immer Auftreten von lokalen subarachnoidalen Blutungen, die zu einem Meningismus (Nackensteifigkeit) führen können. Je nach Lokalisation im Gehirn können neurologische Ausfälle entstehen, so genannte „Herdsymptome".

▸ *Cave:*

→ Commotiosyndrom und Contusio cerebri können in Kombination vorliegen. Je schwerer die Gewalteinwirkung, desto wahrscheinlicher ist allerdings dem Commotiosyndrom das organische Substrat einer Contusio cerebri überlagert. Eine Contusio cerebri ohne Kommotionssyndrome ist vorwiegend bei eng umschriebener Gewalteinwirkung (z. B. offene Impressionsfraktur) zu beobachten.

→ Auch bei einer Commotio cerebri besteht die Möglichkeit der Ausbildung eines intrakraniellen Hämatoms ohne primäre Läsion des Gehirns. Das Hirnödem ist dagegen als Sekundärläsion im Gefolge einer Primärschädigung (Contusio, Hypoxie) anzusehen.

▸ *Sonderform Hirnstammkontusion:* tiefe Bewusstlosigkeit; Beuge-, Streckkrämpfe (spontan oder auf Schmerzreiz), Enthemmung vegetativer Zentren für Atmung, Kreislauf, Temperatur, Wasser- und Elektrolythaushalt, Pupillen entweder entrundet oder träge bis fehlende Lichtreaktion. Unkontrollierte Automatismen wie Kauen, Schmatzen und Gähnen.

• *Compressio cerebri:*

– Definition, Ätiologie: Schädigung des Gehirns durch Druck. Beim geschlossenen Schädel-Hirn-Trauma durch Hirnödem und Blutungen (epi-, subdurale und intrazerebrale Blutungen).

– Klinische Zeichen einer intrakraniellen Drucksteigerung sind zunehmende motorische Unruhe, Verschlechterung der Bewusstseinslage, Anstieg des systolischen Blutdruckes, Veränderungen des Atmungsmusters (langsame, unregelmäßige Atmung, Cheyne-Stockes-Atmung), Bradykardie, Pupillendifferenz und weite, nicht reagierende Pupillen.

▸ **Einteilung nach Tönnis und Loew (1953):** Einteilung in drei Grade nach klinischen Gesichtspunkten, nach Zeitintervall der Bewusstseinsstörung und nach Dauer der Rückbildung der Symptome:

• *Leichtes gedecktes Schädel-Hirn-Trauma oder Schädel-Hirn-Trauma 1. Grades* (entspricht der Commotio cerebri): kurz dauernde funktionelle Störung des Gehirns. Bewusstlosigkeit < 5 Minuten, Erbrechen, Kopfschmerzen, antero- und retrograde Amnesie. Komplette Rückbildung innerhalb von 5 Tagen.

• *Mittelschweres gedecktes Schädel-Hirn-Trauma oder Schädel-Hirn-Trauma 2. Grades:* Bewusstseinsverlust bis 30 Minuten. Rückbildungsphase innerhalb von 5 bis 30 Tagen. Symptome: Kreislauf- und Atemstörungen. Herdzeichen wie Paresen, Pyramidenbahnzeichen oder Reflexdifferenzen, die sich vollständig wieder zurückbilden können.

• *Schweres gedecktes Schädel-Hirn-Trauma oder Schädel-Hirn-Trauma 3. Grades:* Bewusstlosigkeit länger als 30 Minuten, eventuell über Tage oder Wochen. Symptome: motorische Unruhe, neurologische Herdsymptome, Atem- und Kreislaufstörungen, vegetative Störungen (Thermoregulationsstörungen, hormonelle Dysregulationen, Störungen des Elektrolyt- und Wasserhaushaltes), eventuell Hirnödem. Betroffen sind Groß- und eventuell Stammhirn. Es verbleiben permanente Schäden.

Hirnödem

▶ **Definition:** Extra- oder intrazelluläre Flüssigkeitsansammlung des Hirnparenchyms mit konsekutivem intrakraniellem Druckanstieg und Parenchymschädigung.
▶ **Mögliche Formen:**
  • *Vasogenes (extrazelluläres) Ödem:* Durch Störung der Blut-Hirn-Schranke mit überwiegend extrazellulärer Anreicherung von plasmaähnlicher, eiweißreicher Flüssigkeit und konsekutiv folgender Veränderung des onkotischen Druckes. Betrifft überwiegend die weiße Substanz.
  • *Zytotoxisches (intrazelluläres) Ödem:* Durch Störungen des zellulären Stoffwechsels mit Ausfall der Natrium-/Kaliumpumpe.

Einklemmungssyndrome

▶ **Grundlagen:** Es kommt zur Verlagerung bzw. Einklemmung des Zwischen- und Mittelhirns im Tentoriumschlitz bzw. der Medulla oblongata im Foramen occipitale magnum, wenn ein intrakranieller Druckanstieg nicht ausgeglichen werden kann. Typische Zeichen der Einklemmung sind Vigilanzstörungen bis zum Koma, Streckkrämpfe und letztendlich lichtstarre weite Pupillen.
▶ **Zwischenhirnsyndrom** (dienzephales Syndrom) bei beginnender Verlagerung von Gehirnanteilen:
  • *Vigilanz:* gestört bis Sopor (S. 188).
  • *Motorik:* spontane Massenbewegungen, Wälzen, auf Schmerzreize, Beuge-Streck-Synergien. Gesteigerter Muskeltonus der Extremitäten, Nackensteife.
  • *Hirnnerven, Hirnstammreflexe:* Miosis; erhaltener Korneal-, ziliospinaler, okulozephaler, vestibulookulärer und Würgereflex.
  • *Vegetativum:* Blutdruckschwankungen, unregelmäßige Herzfrequenz und Atmung.
▶ **Mittelhirnsyndrom** (mesenzephales Syndrom) bei Mittelhirneinklemmung im Tentoriumschlitz bei zunehmender Raumforderung durch Blutung oder Hirnödem:
  • *Vigilanz:* komatöser Patient. Tiefe Bewusstlosigkeit.
  • *Motorik:* ungezielte Massenbewegungen, Streckkrämpfe der Extremitäten und des Rumpfes (Opisthotonus), Adduktionsstellung und Pronation der oberen Extremitäten, die durch Schmerzreize ausgelöst bzw. verstärkt werden können.
  • *Hirnnerven, Hirnstammreflexe:* Korneal- und Würgereflex noch auslösbar. Dissoziation von Augenbewegungen und Pupillenreaktion (Mittel- bis Weitstellung und Erlöschen des Lichtreflexes).
  • *Vegetativum:* Dysregulation von Kreislauf und Atmung, vegetative Entgleisungen, akute Gastritis, evtl. „Stressulkus".
▶ **Pontines Syndrom:**
  • *Vigilanz:* Koma.
  • *Motorik:* Auf Schmerzreiz nur noch leichte Streckbewegungen, der Muskeltonus ist herabgesetzt.
  • *Hirnnerven, Hirnstammreflexe:* Lichtstarre und mittelweite Pupillen, fehlender vestibulookulärer und okulozephaler Reflex.
  • *Vegetativum:* s. o.

▶ **Bulbärhirnsyndrom** (Einklemmung der Medulla oblongata): Die Kleinhirntonsillen werden in das Foramen occipitale magnum gepresst, wodurch die Medulla oblongata eingeklemmt wird:
- *Vigilanz:* Koma. Tiefe Bewusstlosigkeit.
- *Motorik:* fehlende Streckkrämpfe. Fehlende Reaktion auf Schmerzreize.
- *Hirnnerven, Hirnstammreflexe:* maximal weite, nicht auf Licht reagierende Pupillen.
- *Vegetativum:* Dysregulation, Atmung geht terminal über in eine Schnappatmung, Atemstillstand, Kreislaufstillstand.

Apallisches Syndrom

▶ **Synonyme:** Coma vigile, vegetatives Stadium, dezerebriertes Stadium.
▶ **Ätiologie:** Meist Folge eines traumatischen Mittelhirnsyndroms mit funktioneller Entkopplung von Hirnmantel und Hirnstamm. → Reduktion der Hirnfunktion auf mesodienzephale Funktionen.
▶ **Klinik:**
- Der Patient öffnet die Augen, fixiert jedoch nicht und nimmt keinen Kontakt auf.
- Bulbuswandern, Amimie, „Salbengesicht", Hypersalivation.
- Orale Automatismen, pathologische Reflexe (Saug-, Greifreflexe, Haltungs- und Stellreflexe).

15.3 SHT – Allgemeine Diagnostik und Prognose

Diagnostik

▶ **Neurologische Untersuchung:**
- *Beurteilung der Pupillen:* Nach Pupillenform und -weite, Reaktion auf Licht, Bulbusstellung, Kornealreflex.
- *Motorik und Muskeltonus:* Untersuchung auf Halbseitenlähmung, einseitige Strecksynergien, schlaffer Muskeltonus, epileptische Krampfanfälle, Paresen.
▶ **Computertomographie:**
- *Indikationen in der Akutdiagnostik:*
  - Verdacht auf ein Schädel-Hirn-Trauma bei nicht ausreichender klinischer Beurteilbarkeit der Vigilanz (Alkoholeinfluss, Sedierung).
  - Wacher, neurologisch unauffälliger Patient mit Schädel-Hirn-Trauma und nachgewiesener Schädelfraktur.
  - Wacher Patient ohne nachweisbare Schädelfraktur, aber Klagen über starke Kopfschmerzen sowie Verschlechterung seines Bewusstseinszustandes.
  - Mittelschweres und schweres Schädel-Hirn-Trauma.
  - Nachweis einer Impressionsfraktur.
  - Verdacht auf frontobasale oder otobasale Verletzung.
- *Indikationen im Verlauf der Behandlung:*
  - Nachgewiesene intrazerebrale Verletzung.
  - Klinische Hinweise auf ein mittelschweres oder schweres Schädel-Hirn-Trauma, auch wenn im initialen CT keine Pathologie sichtbar war (*cave:* Intrazerebrale Blutungen manifestieren sich u. U. erst mit einer gewissen Zeitverzögerung!).

Mögliche Spätfolgen

► **Posttraumatische Meningitis** (bei jedem offenen Schädel-Hirn-Trauma besteht die Möglichkeit einer posttraumatischen Meningitis):
  • *Symptome:* Kopfschmerzen, Erbrechen, Nackensteifigkeit und Temperatur-erhöhung.
  • *Diagnostik:* CT und Lumbalpunktion (Erhöhung von Zellzahl und Eiweißgehalt im Liquor; Zytologie, Bakteriologie vor Therapie).
  • *Therapie:* Hoch dosierte resistenzgerechte Antibiotikagabe.
► **Posttraumatischer Hydrozephalus** (Missverhältnis zwischen Liquorproduktion und -resorption bei ca. 5% aller Patienten nach schwerem Schädel-Hirn-Trauma):
  • *Symptome:* Nachlassen der Konzentration und des Gedächtnisses, Koordin-ationsstörungen und zunehmender Persönlichkeitsverlust.
  • *Diagnostik/Diagnosestellung:* CCT.
  • *Therapie:* Shunt.
► **Chronisches subdurales Hämatom** (v. a. beim alten Menschen Entstehung über Wochen oder Monate):
  • *Symptome:* Kopfschmerzen, psychische Veränderungen, Konzentrations- und Merkfähigkeitsstörungen, fortschreitende Bewusstseinstrübung, Entwicklung von Halbseitenzeichen.
  • *Diagnostik:* CCT.
  • *Therapie:* Bohrlochtrepanation und Evakuation des Hämatoms, Drainage über 24–48 Stunden.
► **Posttraumatische Epilepsie:** Ursache sind intrazerebrale Narbenbildungen, von denen epileptische Anfälle ausgehen.
  • *Symptome:* Die Qualität der Anfälle hängt von der Lokalisation und Ausdehnung der geschädigten Areale ab.
  • *Diagnostik:* neurologisches Konsil, EEG.
  • *Therapie:* nach neurologischer Maßgabe (Antiepileptika-Therapie).

Prognoseskala

► **Glasgow Outcome Scale (GOS)** zur Bestimmung des Behandlungsergebnisses nach Schädel-Hirn-Trauma: s. Tab. 15.2.

Tabelle 15.2 · Glasgow Outcome Scale (GOS)

GOS	neurologischer Status
I	Tod
II	Coma vigile (persistent vegetative state, apallisches Syndrom)
III	schwere Behinderung, der Patient ist für die täglichen Aktivitäten vollständig betreuungs- und pflegebedürftig
IV	mäßige Behinderung; der Patient hat neurologische Beeinträchtigung oder geistige Behinderung, ist aber von der Hilfe anderer unabhängig
V	gute Erholung; der Patient führt ein unabhängiges und normales Leben ohne oder mit minimalen neurologischen Ausfällen

15.4 Leichte Schädel-Hirn-Verletzung

Grundlagen

▶ **Epidemiologie:** 80% aller Schädel-Hirn-Verletzungen.
▶ **Ursache, Verletzungsmechanismus:** 40% der Schädel-Hirn-Verletzungen durch Verkehrsunfälle, je 20% durch Stürze, Schlägereien und Überfälle. *Cave:* In 2–5% sind SHT mit Verletzungen der Halswirbelsäule kombiniert.
▶ **GCS-Score:** 15–13.

Klinische Symptomatik, diagnostisches Vorgehen

▶ **Symptomatik:** Bewusstlosigkeit < 5 Minuten, antero- und/oder retrograde Amnesie, Kopfschmerzen, Schwindel, Erbrechen, Nystagmus.
▶ **Diagnostik:**
  • *Anamnese:* entsprechender Unfallhergang. Häufig nur verlässliche Angaben durch Fremdanamnese.
  • *Allgemeine klinische Untersuchung:*
    – Inspektion auf äußere Verletzung: Prellmarken, Galea-Hämatom, Monokel- oder Brillenhämatom, Kalottenschmerz?
    – Palpation von Gesichtsschädel, Gebiss.
    – Bei Bewegungen des Kopfes: Schmerzen im Bereich der HWS.
    – Suche nach/Ausschluss weiterer Begleitverletzungen.
  • *Orientierende neurologische Untersuchung:*
    – Glasgow Coma Scale (S. 188).
    – Pupillenmotorik: Weite, Form, Lichtreaktion im Seitenvergleich.
    – Grobmotorik der Extremitäten: Paresen, Halbseitensymptomatik, „Lateralisieren", Reflexdifferenzen?
    – Sensibilitätsstörung?
  • *Röntgen:*
    – Schädel a.p. und seitlich (Kalottenfraktur?), Schädel halbaxial (Gesichtsschädelstrukturen, Spiegelbildung in den Nasennebenhöhlen?).
    – Bei HWS-Schmerzen HWS a.p. und seitlich, Dens-Zielaufnahme.
  • *Computertomographie:* großzügige Indikationsstellung! Bei Klagen über starke Kopfschmerzen, Halbseitensymptomatik, Zunahme der Bewusstseinstrübung oder beim bewusstlosen Patienten Durchführen zum Ausschluss einer intrakraniellen Blutung bzw. eines Hirnödems.
▶ **Differenzialdiagnostik:** kardiovaskulär, endokrin, Drogen, Medikamentenintoxikation, Epilepsie, intrakranieller Prozess (z. B. Blutung).

Therapie

▶ **Engmaschige Überwachung** zur Vermeidung zusätzlicher Schäden des Gehirns durch Hypoxämie, Hypotonie oder intrakranielle Raumforderungen.
▶ **Stationäre Aufnahme des Patienten für 24 Stunden.** Früherkennung einer intrakraniellen Raumforderung durch engmaschige neurologische Überwachung: Anfänglich alle 30 Minuten Kontrolle von Vigilanz, Pupillen und Motorik der Extremitäten. Bei GCS < 13-Punkte-Computertomographie veranlassen.
▶ Körperliche Schonung für 14 Tage.

Prognose

► Restitutio ad integrum. Evtl. passageres „postkommotionelles Syndrom" mit Kreislauflabilität, Kopfschmerzen, Konzentrationsschwierigkeiten, Schwindel und Lichtscheu während einiger Tage.
► Zum GOS-Prognose-Score s. S. 194.

15.5 Mittelschwere Schädel-Hirn-Verletzung

Grundlagen

► **Epidemiologie:** 10% aller Schädel-Hirn-Verletzungen.
► **Ursachen, Verletzungsmechanismus:** siehe leichte Schädel-Hirn-Verletzung S. 195.
► **GCS-Score** 12–9.

Klinische Symptomatik

► **Neurologische Symptome:**
  • *Bewusstlosigkeit* bis zu 30 Minuten. Bewusstseinstrübung unterschiedlicher Ausprägung und mit mehrphasigem Verlauf möglich.
  • *Bei subkortikaler axonaler Verletzung* sind pathologische Beuge- und Streckmechanismen möglich.
  • *Herdsymptome* in unterschiedlichem Ausmaße: hemianoptische oder dysphasische Störungen, Dystaxien, Sensibilitätsstörungen, fokale motorische Ausfälle.
► **Psychopathologische Symptome** („Durchgangssyndrom"): psychische Störungen unterschiedlichen Ausmaßes: Verwirrtheit, fehlende Krankheitseinsicht, Antriebsverminderung, Unruhezustände, Wahrnehmungsstörungen.
► **Vegetative Störungen:** Herzrhythmusstörungen: Tachy- oder Bradykardien, Hypo- oder Hypertonie, Kopfschmerzen, Schwindel.

Diagnostisches Vorgehen

► Siehe leichte Schädel-Hirn-Verletzung S. 195.
► CT: obligat zu Beginn. Verlaufs-CT innerhalb der ersten Woche, neurotraumatologische Nachkontrolle inklusive neuer CT nach 3 Monaten.

Therapie

► Immer stationäre Aufnahme des Patienten für mehrere Tage.
► Engmaschige, neurologische Kontrolle am ersten Tag.
► Symptomatische Therapie der Beschwerden. Bei Bewusstseinstrübung bzw. -verlust Vorgehen wie bei schwerer Schädel-Hirn-Verletzung (S. 197).

Prognose

► Je nach Lokalisation und Ausmaß der primären Parenchymläsion verbleiben Restparesen oder Spastizität (→ Notwendigkeit einer Neurorehabilitation erwägen).
► Zum GOS-Prognose-Score s. S. 194.

15.6 Schwere Schädel-Hirn-Verletzung

Grundlagen

▶ **Epidemiologie:** Etwa 10% der Schädel-Hirn-Traumata.
▶ **Ursachen, Verletzungsmechanismus:** siehe S. 195.
▶ **GCS-Score** < 9.

Klinische Symptomatik

▶ Tief bewusstloser Patient mit GCS < 9 (GCS s. S. 188).
▶ Unabhängig vom GCS ist eine schwere Schädel-Hirn-Verletzung vorhanden bei offenem Schädel-Hirn-Trauma, weiter werdenden Pupillen posttraumatisch, Halbseitensymptomatik, Austritt von Liquor aus Nase und/oder Ohr.

Diagnostisches Vorgehen

▶ Siehe Vorgehen bei leichter Schädel-Hirn-Verletzung S. 195.
▶ Initale CT mit geplanten Kontrollen im Verlauf.

Therapie

▶ **Sicherung der Vitalfunktionen** zur Vermeidung sekundärer Schäden.
▶ **Operative Maßnahmen:**
   • *Intrakranielles Druckmonitoring* mit epi-, subduralen, intraventrikulären oder parenchymal liegenden Drucksonden: zur Implantation s. S. 65.
   • Hämatomevakuation, Débridement von offenen Kalottenimpressionsfrakturen und bei penetrierendem Kraniozerebraltrauma (S. 200).
▶ **Intensivmedizinische Basisbehandlung** (Ziel: intrakranieller Druck [ICP] < 15 mmHg):
   • Sicherung der Atemwege: Intubation.
   • Beatmung – Zielparameter: p_aO_2 > 13 kPa, p_aCO_2 3,5–4,5 kPa, pH = 7,4.
   • Hämodynamische Stabilisierung: Volumengabe.
   • Sedierung und Analgesie.
   • Adäquate Flüssigkeits- und Elektrolytbilanz.
   • Adäquate enterale Ernährung über Magen- bzw. Duodenalsonde, parenterale Ernährung vermeiden.
▶ **Neuromonitoring:**
   • Registrierung des intrakraniellen Druckes. Indirektes Abschätzen der zerebralen Durchblutung durch Kalkulation des zerebralen Perfusionsdruckes (CPP), wobei CPP = MAP – ICP (MAP = mittlerer arterieller Druck, ICP = intrakranieller Druck).
   • Ableitung eines Elektroenzephalogrammes (EEG) und somatosensorisch evozierter Potenziale (SEP).
   • Geplante CT-Kontrollen.
▶ **Stufenprotokoll bei gesteigertem** Hirndruck (> 15 mmHg > 5 Minuten):
   1. Vertiefen von Sedation und Analgesie.
   2. CT-Kontrolle zum Ausschluss eines sich neu bildenden bzw. sich vergrößernden intrazerebralen Hämatoms mit Operationsindikation.
   3. Liquordrainage, wenn intraventrikuläre Drucksonde vorhanden ist.
   4. Mannitol 20% i.v. in 25-/50-/100-ml-Schritten unter Beachtung der Serumosmolalität (< 315 mosmol/l).
   5. Stufenweise Hyperventilation bis p_aCO_2 = 3,0 kPa.
   6. Hypothermie bis zu einer Körperkerntemperatur von 33 °C.
   7. Barbituratgabe unter kontinuierlicher EEG-Kontrolle.

▶ **Aufwachversuch bei folgenden Voraussetzungen:**
1. Keine therapiepflichtigen ICP-Anstiege über 24 Stunden.
2. Liquordrainagemenge < 50 ml/24 Stunden.
3. CT-Befund ohne Anhalt für drohende Komplikation.

Nachbehandlung

▶ Intensive Neurorehabilitation in Spezialeinrichtungen.

Prognose

▶ Je nach Verlauf sind die vollständige Wiederherstellung aller kognitiven Funktionen oder auch der Tod des Patienten bei nicht kontrollierbarem Hirndruck möglich.
▶ Fokale Schäden können als Dauerschäden verbleiben. 2–3% der Patienten entwickeln ein apallisches Syndrom (S. 193). Neuropsychologische Defizite mit erschwerter/ausbleibender sozialer Reintegration.
▶ Zum GOS-Prognose-Score s. S. 194 (Tab. 15.2).

15.7 Intrakranielles Hämatom

Grundlagen

▶ **Definition:** Ansammlung von Blut im Gehirnschädel (epi- und subdural, intrazerebral) häufig mit Kompressionswirkung auf das Gehirn.
▶ **Ursache:** Blutung aus verletzten Ästen der A. meningea media, abgerissenen Brückenvenen oder aus Kontusionen.
▶ **Klassifikation:**
→ *Subduralhämatom:*
  – Blutungslokalisation: zwischen Hirnoberfläche und Dura mater.
  – Ursachen: Sickerblutung aus venösen Kortexgefäßen, meist bei mittelschweren oder schweren Schädel-Hirn-Verletzungen.
• *Epiduralhämatom:* Weniger häufig als das Subduralhämatom.
  – Blutungslokalisation: zwischen Dura mater und dem Schädelknochen, meist temporal (kann aber überall vorkommen), selten infratentoriell.
  – Ursachen: In den meisten Fällen Kalottenfraktur mit Abscherungsverletzung der A. meningea media oder einer ihrer Äste. Seltener durch eine Verletzung eines Hirnsinus oder als Frakturspalthämatom.
→ *Intrazerebrale Blutungen:* Können überall im Gehirn vorkommen in unterschiedlichem Ausmaß, stecknadelkopfgroße Blutungen bis zu ausgedehnten Massenblutungen mit erheblicher Verdrängungspotenz. Entwicklung von ausgeprägten perifokalen Ödemen. Häufig Kombination von Subduralhämatom und intrazerebraler Blutung.

Klinische Symptomatik

▶ **Allgemein:** posttraumatischer Bewusstseinsverlust unterschiedlicher Tiefe und Länge.
▶ Typischer Verlauf bei *epiduralem Hämatom:* „Freies lucides Intervall", auch „Patients who talk and die" genannt: Der Patient ist nach dem Schädel-Hirn-Trauma völlig wach und ansprechbar, bevor es zu einer Bewusstseinstrübung mit homolateraler Mydriasis und kontralateraler Parese kommt.

Diagnostisches Vorgehen

▶ **Anamnese:** entsprechender Unfallmechanismus.
▶ **Klinische Untersuchung** (Erhebung des „Minineurostatus" s. S. 17):
  • *Verlaufsprofile bzgl. Bewusstseinslage:*
    – Zunehmende Eintrübung nach freiem Intervall spricht eher für epidurales Hämatom.
    – Nichterwachen aus initialem Bewusstseinsverlust deutet auf Substanzschäden des Gehirns hin.
  • *Pupillen:* einseitige Erweiterung (Anisokorie), verlangsamte Reaktion bei direkter oder konsensueller Reaktion? (Pupillenerweiterung tritt anfänglich ipsilateral zum Hämatom, später beidseits auf. Die Erweiterung einer oder beider Pupillen ist ein Spätzeichen für erhöhten intrakraniellen Druck. Eine absolute Pupillenstarre weist auf eine intrakranielle Massenverschiebung mit Hirnstammdislokation hin.)
  • *Periphere Motorik:* Bei sekundär aufgetretenem Hemisyndrom Verdacht auf intrakranielles Hämatom oder Hirnödem.
  • *Reflexe:* Eigen- und Fremdreflexe sind bei frischen zentralen Paresen abgeschwächt oder fehlend. Auftreten pathologischer Reflexgruppen (Babinski).
  • Bei infratentorieller Lokalisation eines Hämatoms überraschend einsetzende Hirnstammsymptomatik mit zentraler Atemstörung, Kreislaufstillstand, Streckkrämpfen, beidseitiger Lichtstarre mit Mydriasis. Puppenaugenphänomen, okulovestibulärer Reflex.
▶ **Röntgen:**
  → *Schädel a.p. und seitlich:* Frakturnachweis deutet auf erhebliche Gewalteinwirkung hin. Kalottendislokation, Pneumokranium, Lage der verkalkten Glandula pinealis?
  • *Obligat* seitliche Aufnahme der Halswirbelsäule mit Darstellung des zervikothorakalen Übergangs.
▶ **CT:** Indiziert bei Patienten mit pathologischem neurologischem Befund oder Schädelfraktur (Kalotte, Basis oder Mittelgesicht). Durch die CT optimale Darstellung von intrakraniellem Hämatom an jeder Lokalisation, auch infratentoriell oder intrazerebral. Hirnödem?
  • *Subduralhämatom:* in der CT hyperdense, konkave Struktur mit großer Ausdehnung über die Gehirnoberfläche (Abb. 15.1b).
  • *Epiduralhämatom:* hyperdense, typisch bikonvexe Form (Abb. 15.1a).
▶ **Cave Lumbalpunktion:** Kontraindiziert in der akuten Phase wegen möglicher axialer Hirnstammdislokation beim Ablassen von Liquor! Die Funduskopie ist eine zwecklose Untersuchung, da im akuten Stadium keine Stauungspapillen sichtbar sind! Das Einträufeln eines Mydriatikums ist ein Kunstfehler, da eine lichtstarre Pupille vorgetäuscht wird!

Therapieprinzipien

▶ Unter Berücksichtigung von Alter, Lage und Größe des Hämatoms besteht fast für jedes extrazerebrale Hämatom die Indikation zur operativen Evakuation. Ausnahmen:
  • Hämatom dünner als Schädelkalottenbreite.
  • Blutung ohne Kompressionsanzeichen.
  • Wacher Patient.
  → abwartende Haltung unter intensivmedizinischer Überwachung.
▶ Bei GCS < 9 muss nach Hämatomausräumung ein intrakranielles Druckmonitoring durchgeführt werden, um sekundäre Einblutungen frühzeitig zu erkennen (S. 64). **199**

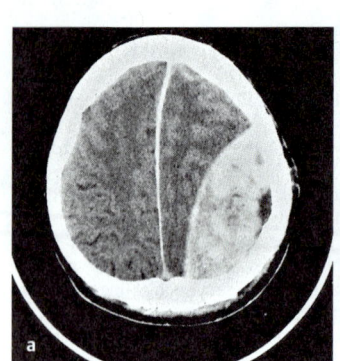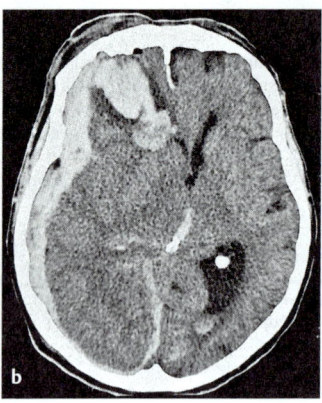

Abb. 15.1 a u. b   a) Typisches Epiduralhämatom hochparietal mit Mittellinienshift, b) frontale Kontusionsblutung mit subduralem Hämatom mit Mittellinienshift

Konservative Therapie

▶ **Indikationen:**
- Nicht operationswürdiges extrazerebrales Hämatom (Hämatomdicke < Schädelkalottenbreite) und/oder neurologisch überwachbarer Patient.
- Inoperables intrazerebrales Hämatom.

Operationstechniken

▶ **Osteoplastische Kraniotomie** (Entfernung akuter supratentorieller Hämatome durch Aussägen eines großzügig bemessenen Kalottenstückes als Zugang zum akuten Hämatom):
- *Schritt 1:* Rasur des ganzen Schädels. Lagerung des Patienten in Rückenlage, Kopf in Mayfield-Klemme eingespannt. Drehung des Kopfes zur Seite (30–45°), höchster Punkt: Ansatz des Jochbeines am Stirnbein. Operationstisch leicht angehoben (Trendelenburg-Lagerung). Anheben der gleichseitigen Schulter mit einem Kissen.
- *Schritt 2:* Einzeichnen der Mittellinie und Schnittführung nach Desinfektion und sterilem Abdecken (s. Abb. 15.12, S. 205). Ausschneiden eines nach der Schädelbasis zu gestielten Haut-Galea-Lappens. Abpräparieren desselben von der Temporalisfaszie. Hämostaseclips an die Schnittränder.
- *Schritt 3:* Inzision der Temporalisfaszie mit dem Elektromesser. Sparsames Abschieben der Muskulatur vom Schädelknochen (Abb. 15.2).
  - ▷ *Alternative:* Schnitt in einem Zug durch alle Schichten bis auf die Tabula externa, scharfes Ablösen des Weichteillappens einschließlich Temporalismuskel von der Kalotte mit dem Elektromesser und dem Raspatorium.
- *Schritt 4:* Bohrlöcher mit Hand- oder Motorbohrer und Verbindungsschnitte unter sorgfältiger Schonung der Dura durchführen (Abb. 15.3). Hochklappen des Kalottendeckels, der an der Temporalismuskulatur gestielt bleibt. Hämostase an der Diploe mit Knochenwachs.

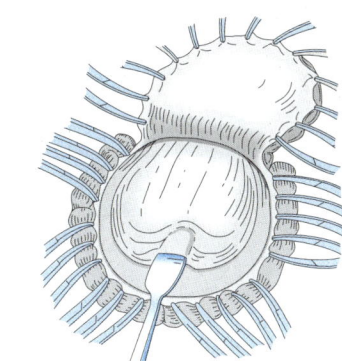

Abb. 15.2 Lappenförmig inzidierte Temporalismuskulatur wird vom vorgesehenen Rand der Kraniotomie abgeschoben

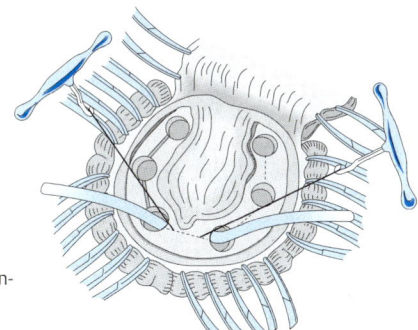

Abb. 15.3 Anlegen von Verbindungsschnitten zwischen den Bohrlöchern, hier Handsäge

- *Schritt 5:*
  - *Epiduralhämatom:* Jetzt frei zugänglich und kann abgetragen bzw. abgesaugt werden. Aufsuchen der Blutungsquelle, situationsgerechte Hämostase mittels Durchstechungsligatur, Clips oder bipolarer Koagulation.
  - *Subduralhämatom* (Abb. 15.4): Die Dura ist prall gespannt und schimmert bläulich durch. Öffnen der Dura zu einem parietal-gestielten Lappen, wobei präliminär die Arteria meningea media ligiert oder koaguliert wird. Evakuation des Subduralhämatoms. Aufsuchen der Blutungsquelle (Kontusionsherde, kortikale Venen). Hämostase sichtbarer Gefäße: bipolare Koagulation oder Clips. Hämostase der kapillären Sickerblutung mit Wasserstoffsuperperoxid 3% (aseptisch zubereitet). Reichliches Spülen mit körperwarmer Ringerlösung. Belegen des kontusionierten Kortex mit resorbierbarer, blutstillender Gaze (z. B. Tabotamp).
- *Schritt 6:* Einbringen einer ICP-Sonde (subdural, intraparenchymal oder Ventrikelkatheter; vgl. Abb. 5.12, S. 205). Verschluss der Dura mit atraumatischem Vicryl oder PDS 3/0 (Abb. 15.5), Hochnaht an den Rand der Kraniotomie (Abb. 15.6).
- *Schritt 7:* Entscheidung, ob Kalottendeckel eingesetzt werden soll oder nicht. Bei Einsetzen werden an den Bohrlöchern kleine Bohrungen angelegt und die Kalotte mit Dexon-Fäden refixiert. Bei Entfernung des Kalottendeckels postope-

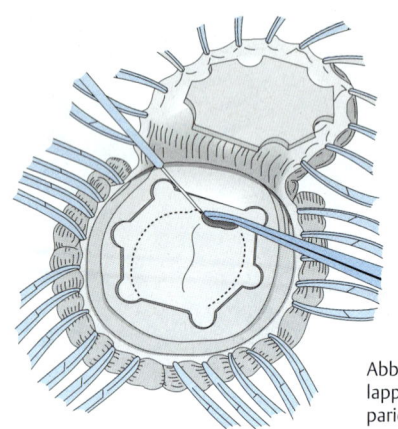

Abb. 15.4 Subduralhämatom: lappenförmige Eröffnung der Dura, parietal gestielt

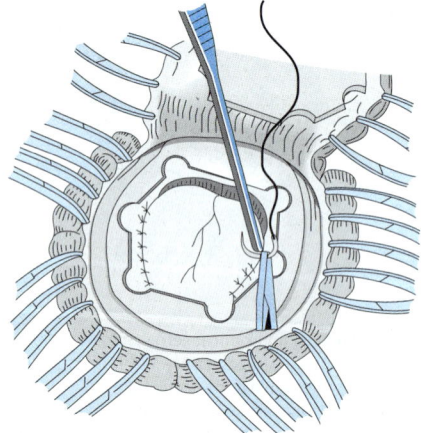

Abb. 15.5 Duraverschluss mit Einzelstichen. Die Dura ist bereits am freien Knochenrand hochgenäht

rative Versenkung des Kalottendeckels in eine subkutane Tasche am linken Unterbauch oder sterile Lagerung im Tiefkühlfach.

- *Schritt 8:* Einlage von 1–2 Redondrainagen epidural. Verschluss der Galea mit Dexon 2/0, Hautnähte, bzw. Hautklammern.

▶ **Débridement bei offener Kalottenimpressionsfraktur oder bei penetrierender Schädel-Hirn-Verletzung:**

- *Schritt 1:* Rasur des ganzen Schädels, Einspannen in die Mayfield-Klemme, Kopf seitlich gedreht, so dass der Befund gut erreicht werden kann. Türflügelartige Erweiterung der Wunde durch Hilfsschnitte (Abb. 15.7). Verschließen von kleinen Platzwunden, die nicht in den Zugang integriert werden (Abb. 15.8). Inzision des Perikraniums mit Elektromesser zirkulär in mindestens 1,5 cm Abstand von der Impressionszone, Abschieben des Perikraniums mit scharfem Raspatorium beiderseits der Inzision.

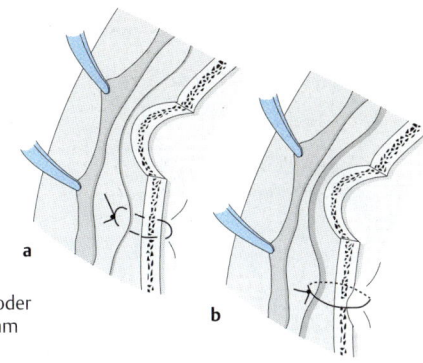

Abb. 15.6 a u. b
Durahochnaht:
a) Befestigung der Dura
entweder am Perikranium oder
b) mittels Bohrloch direkt am
Knochen

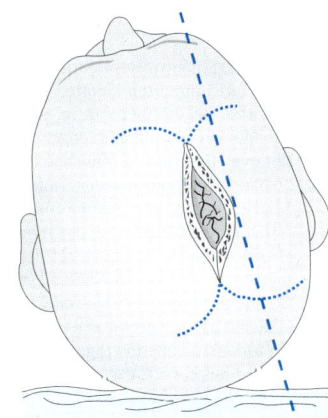

Abb. 15.7 Offene Impressions-
trümmerfraktur: Erweiterung der
Gelegenheitswunde durch
Hilfsschnitte (blau)

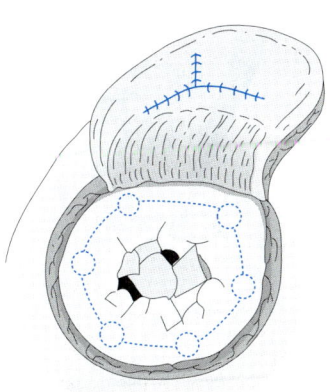

Abb. 15.8 Direkter Verschluss einer
Platzwunde über penetrierendem Hirn-
trauma. Temporal gestielter Weichteil-
lappen um die Impression, zerfetzter
Temporalismuskel angefrischt.
Blau: vorgesehene Kraniotomie

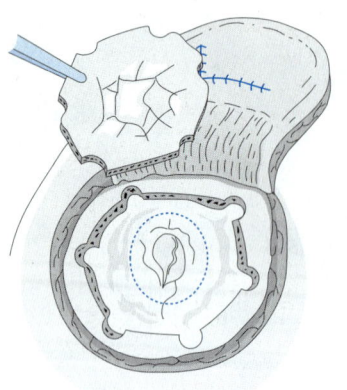

Abb. 15.9 Nach Kraniotomie
Entfernung des Imprimates en bloc.
Blau: Resektion der zerfetzten Dura

- *Schritt 2:* Stufenweises Débridement der Weichteilbedeckung, der imprimierten oder zertrümmerten Kalotte.
- *Schritt 3:* Bei eröffneter Dura Abfluss von Liquor und Hirnbrei (penetrierendes Schädel-Hirn-Trauma im engeren Sinne).
  - ▶ *Cave:* Imprimierte Knochensplitter wegen Gefahr einer nicht kontrollierbaren Blutung aus der Tiefe nicht einzeln herausziehen. Anlegen einer genügend großen Kraniotomie um die Impression zur Schaffung übersichtlicher Verhältnisse bei der Hämostase am Kortex.
- *Schritt 4:* Anfrischung der zerfetzten Duraränder. Débridement am kontusionierten Gehirn durch Spülen, vorsichtiges Absaugen, Hämostase blutender Gefäße mit bipolarer Elektrode oder Clips.
  - Kapilläre Sickerblutungen werden mit Wasserstoffsuperoxid-Lösung 3% (aspetisch zubereitet) gestillt und der Kortex anschließend mit blutstillender resorbierbarer Gaze (z. B. Tabotamp) belegt.

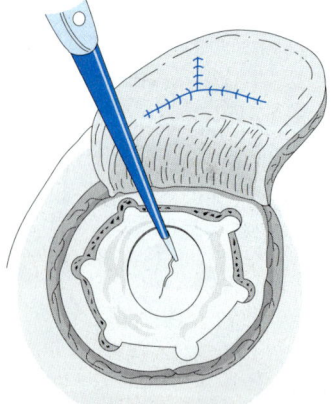

Abb. 15.10 Dura nach Ligatur der
A. meningea media angefrischt.
Débridement und Hämostase am
kontusionierten Kortex

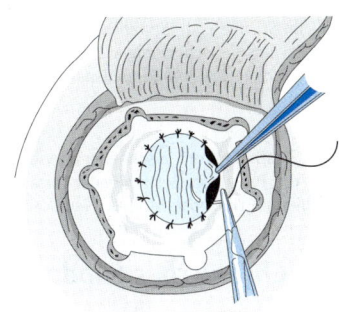

Abb. 15.11 Verschluss des Duralecks mit einem autologen Transplantat (Fascia lata)

– Bei Verletzung des Sinus sagittalis superior (massive Blutung) Hämostase durch Tamponade mit einem ad hoc aus der Umgebung gewonnenen Muskel- oder Perikraniumlappen, der zunächst in das Leck gepresst und mit Situationsnähten festgehalten wird.

• *Schritt 5:* Verschluss der Dura mit autologem Fascia-lata-Transplantat (Abb. 15.11). Verschmutzte Kalottentrümmer werden nicht wieder verwendet. Nach Duraverschluss Überprüfen der Hämostase, Redon-Drainage, Zurücklegen und Verschluss des Weichteillappens.

► **Bei unverletzter Dura:**

• Imprimierte Kalottenfragmente dürfen einzeln angehoben und entfernt werden. Bei starker Verschmutzung Kalottenrand mit scharfer Knochenzange anfrischen.

• Die Dura grundsätzlich exploratorisch eröffnen zur Verifikation einer Contusio cerebri oder Entleerung eines Subduralhämatoms.

Nachbehandlung

► Siehe schweres Schädel-Hirn-Trauma S. 197.
► Breitbandantibiotikum und Hirnödemprophylaxe.

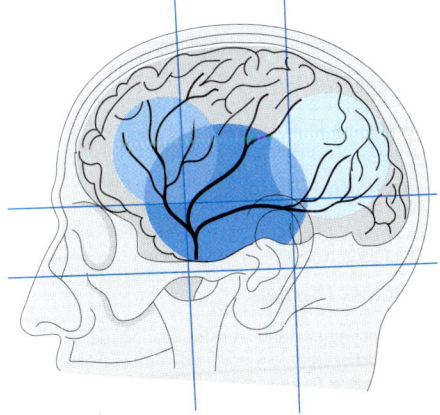

Abb. 15.12 Das klassische „Krönlein-Schema" für epidurale Hämatome stellt auch heute noch eine praktikable Lokalisierungshilfe für temporale Hämatome dar, wenn CT oder Angiographie nicht zur Verfügung stehen

▶ Schädeldachplastik nach frühestens 6 Monaten mit autologem Material:
  • Im Stirnbereich Rippenknorpel als so genannte „Diced Cartilage".
  • An kosmetisch weniger relevanten Stellen (behaarter Kopf) ganze oder auf Fläche gespaltene Rippenspangen.

Prognose

▶ Epiduralhämatom: Je schneller operiert und die Blutung gestillt wird, desto besser ist die Prognose. Bei fehlender zusätzlicher Gehirnschädigung durch eine verschleppte Diagnose ist eine folgenlose Ausheilung möglich.

15.8 Chronisches Subduralhämatom

Grundlagen

▶ **Definition:** Subdurale Blutansammlung, wobei das verursachende Schädel-Hirn-Trauma einige Wochen bis Monate zurückliegt.
▶ **Ursache, Verletzungsmechanismus:** Stumpfes, geschlossenes Schädel-Hirn-Trauma, meistens Bagatelltrauma, das nicht als „schweres" Trauma wahrgenommen wurde.
▶ **Klassifikation:** Beschreibung von Lokalisation und Ausdehnung.

Klinische Symptomatik

▶ Progredientes Psychosyndrom bis hin zur Somnolenz.
▶ Hemiparesen oft nur diskret nachweisbar. Gangunsicherheit, Ataxie.
▶ Kopfschmerzen wegen chronisch erhöhtem intrakraniellem Druck, selten Erbrechen und Stauungspapille.

Diagnostisches Vorgehen

▶ **Anamnese:** meist fremdanamnestisch.
▶ **Klinische Untersuchung:** Kurzneurostatus unter Beurteilung der Bewusstseinslage, Pupillenmotorik (S. 199) und Motorik (Halbseitensymptomatik?).
▶ **Röntgen** (Schädel a.p. und seitlich): Fraktur?
▶ **CT:** hypodense oder gemischt hypo-/hyperdense Raumforderung, Kompression der ipsilateralen Hemisphäre, verstrichene Sulci und Gyri, gestautes Ventrikelsystem, Mittellinienverschiebung?

Therapieprinzipien

▶ Kleine Subduralhämatome (< Kalottenbreite) werden konservativ behandelt, größere und diejenigen mit klinischer Symptomatik werden evakuiert.

Konservative Therapie

▶ Stationäre Überwachung über mehrere Tage, Gabe von Steroiden (z. B. 4 × 4 mg Prednison p.o.), CT vor Entlassung.

Operative Therapie

▶ Bohrlochtrepanation zur Evakuation des verflüssigten Hämatoms durch 2–3 Bohrlöcher frontoparietal, evtl. temporal (auch in Lokalanästhesie möglich):
  • *Schritt 1:* Rasur des ganzen Schädels. Desinfektion und steriles Abdecken. Einzeichnen der Mittellinie sowie des Hautlappens analog osteoplastischer Kranio-

tomie (S. 200). Bei Eingriff in Lokalanästhesie Unterspritzen mit 1%igem Scandicain oder Mepivacain.

- *Schritt 2:* Hautinzision frontal und parietal am angezeichneten Rand des Hautlappens, können bei evtl. notwendiger osteoplastischer Kraniotomie verbunden werden. Inzision in einem Zug bis auf den Knochen. Abschieben des Galeaperiostes von der Tabula externa mit scharfem Raspatorium. Hämostase mit Elektrokoagulation. Einsetzen eines selbsthaltenden Wundspreizers.
- *Schritt 2:* frontales Bohrloch, Hämostase an der Diploe mit Knochenwachs.
- *Schritt 3:* vorsichtige Koagulation der Duragefäße.
- *Schritt 4:* Einsetzen eines Durahäkchens. Anspannen der Dura. Schneiden eines Durafensters mit spitzer Skalpellklinge. Radiäre Inzision bis zum Rand des Bohrloches.
- *Schritt 5:* Entleerung des Hygroms. Bei chronischem Hämatom findet sich an der Dura zunächst die „Hämatommembran".
- *Schritt 6:* Inzision der dunkel verfärbten Pseudomembran, bis das chronische, verflüssigte Subduralhämatom ausfließt.
- *Schritt 7:* Resektion der Hämatommembran im Bereich des Bohrlochs. Anlegen des zweiten occipitalen Bohrloches in analoger Weise.
- *Schritt 8:* Durchspülen des Subduralraumes in beiden Richtungen mit körperwarmer Ringer-Lösung.
- *Schritt 9:* Beobachtung der Hirnpulsation und Entfaltung des Gehirnes.
- *Schritt 10:* Einlegen eines Monaldi-Drains ins frontale Bohrloch.
- *Schritt 11:* 2-schichtiger Verschluss von Galea und Haut.
  - ▸ *Cave:* Bei gekammerten Prozessen ist ausnahmsweise ein drittes, tief temporal angesetztes Bohrloch notwendig.

▶ **Trepanation bei infratentoriellem Hämatom** (epi- oder subdural):

- *Schritt 1:* Bauchlage, Rasur des ganzen Schädels.
- *Schritt 2:* Bildung eines Hautlappens, Ablösen von der Faszie, transmuskulärer Zugang auf die Hinterhauptschuppe mit dem Elektromesser (Abb. 15.13).
- *Schritt 3:* Probebohrloch analog wie beim chronischen Subduralhämatom.
  - *Chronisches Subduralhämatom:* Zuerst osteoklastische Erweiterung des Bohrlochs, dann kreuzweise Eröffnung der Dura, Ausspülen und Absaugen des Hämatoms.
  - *Epidurales Hämatom:* osteoklastische Bohrlocherweiterung, Hämostase an der Diploe mit Knochenwachs, Hämatom absaugen und ausspülen.
- *Schritt 4* (Verschluss): Dura offen lassen. Redon-Drainage auf Hinterhauptschuppe, schichtweiser Wundverschluss.

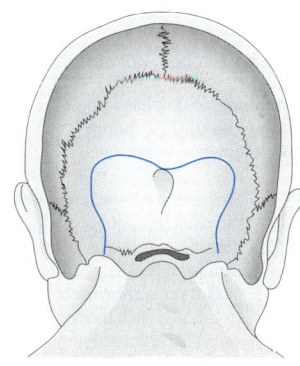

Abb. 15.13   Okzipitale Inzision lappenförmig gestielt im Bereich des Planum nuchae

Nachbehandlung

▶ Zur Förderung der Gehirnentfaltung Kopf tief lagern, reichliche Hydrierung, Drainagebeutel auf Höhe des Kopfes.
▶ Entfernung des Monaldi-Drains nach 48 Stunden.
▶ Bei fehlender psychischer Aufhellung Wiederholung der CT zum Ausschluss eines Rezidivhämatoms.

Prognose

▶ Abhängig von Alter und Größe des subduralen Hämatoms und eventueller zusätzlicher Gehirnverletzungen.
▶ Zum GOS-Prognose-Score s. S. 194.

15.9 Frontobasaltrauma

Grundlagen

▶ **Definition:** Frakturen der Knochenlamellen von Orbita und Nasennebenhöhlen-Bedachung, Lamina cribrosa und Hinterwand des Sinus frontalis.
▶ **Ursache, Verletzungsmechanismus:**
• Massives Trauma im Bereich des Gesichtsschädels bzw. des Frontobasalbereiches. Dislokationen führen innen zur Zerreißung der Dura, außen zu Lazerationen der Schleimhäute. Dadurch entsteht die für ein Frontobasaltrauma charakteristische pathologische Kommunikation zwischen Endokranium und Nasen-Rachen-Raum oder Nebenhöhlen, durch welche Liquor und/oder nekrotische Hirnsubstanz nach außen abfließen und in umgekehrter Richtung Luft und Bakterien aszendierend den Schädelinnenraum erreichen. Dadurch können rhinogene Meningitiden oder Hirnabszesse entstehen.
• Die Gewalteinwirkung wird vom Bereich des Gesichtsschädels und der Nasenwurzel fortgeleitet in die Schädelbasis, weshalb sich häufig Begleitverletzungen in Form von Gesichtsschädelfrakturen ergeben: Nasenbein, Jochbein, Blow-out-Frakturen der Orbita, Oberkieferfraktur.
▶ **Klassifikation:** Beschreibung von Lokalisation und Ausdehnung des Befundes.

Klinische Symptomatik

▶ Je nach Ausdehnung und Gewalteinwirkung: wacher bis bewusstloser Patient (S. 188).

Diagnostisches Vorgehen

▶ **Anamnese:** Unfallanamnese.
▶ **Klinische Untersuchung:**
• *Allgemeine Inspektion:*
– Monokelhämatom, Brillenhämatom, Abflachung des Mittelgesichtsfeldes bei Frakturen (falsche Beweglichkeit des Oberkiefers, Dislokation des Jochbeines mit Stufe am Infraorbitalrand)?
– Blutung aus Nase oder in den Rachen: Nur bei Liquorbeimengung = Liquorrhö (bei frischer Verletzung vermischt mit Blut) beweisend für Frontobasaltrauma. *Nachweis von Liquor:* Blut auf Gazekompresse hat wässrigen Hof. Glukosenachweis.
• *Trommelfell:* Hämatotympanon, Liquorrhö?

- *Augen:*
  - Augenstellung (Bulbusmotorik), Pupillenweite, Pupillenreaktion?
  - Visusprüfung: Besonders auf eine primäre Amaurose durch Frakturen im Canalis opticus mit amaurotischer Pupillenstarre achten. Diese Befunde sind unbedingt zu protokollieren.
- *Geruchsprüfung:* evtl. Anosmie durch Olfaktoriusläsion oder -abriss bei Frontalhirnkontusion (im akuten Stadium nicht endgültig beurteilbar).
► **Röntgen:**
  - *Schädel a.p. und seitlich, Gesichtsschädel halbaxial:* Frakturlinie, Verwerfung, Pneumocranium, Pneumatocephalus internus (traumatisches Ventrikulogramm), Spiegelbildung?
  - *Evtl. Spezialaufnahme des Canalis opticus nach Rhese* (bei primärer Amaurose).
► **CT:** Bilanzierung der Verletzungen.

Therapieprinzipien

► **Vermeidung von Sekundärschäden,** v. a. bei Patienten mit Glasgow-Coma-Scale < 9 (S. 188).
► **Konservative Therapie** bei kurz dauernder (24 Stunden) Liquorrhö, aufklarender Bewusstseinslage. Radiologische Voraussetzung: keine Verwerfung im Bereich der vorderen Schädelgrube. Pneumocranium nach 3 Tagen völlig resorbiert.
► **Operative Therapie** bei:
  - Liquorrhö, die über mehrere Tage persistiert, und chronische sekundäre Liquorfistel wegen der Gefahr einer Spätmeningitis/eines Hirnabszesses.
  - Verwerfungen der vorderen Schädelbasis, auch wenn eine initiale Liquorrhö sistiert → scheinbare Ausheilung durch Frontalhirnprolaps in die Frakturspalte bzw. Ethmoidzellen mit ständiger Gefahr eines aszendierenden Infektes.
  - Carotis-Sinus-cavernosus-Fistel (Exophthalmus pulsans) und dislozierten Begleitfrakturen des Gesichtsschädels.

Konservative Therapie

► Stationäre Überwachung mit anfangs engmaschiger neurologischer Überwachung.
► Antibiotikaschutz, z. B. mit Cotrimoxazol (z. B. Bactrim forte) 2 × 1 Tbl./d für 14 Tage.

Operationstechniken

► Stabilisierung von Gesichtsschädelfrakturen.
► Frontobasale Revision: bifrontale Kraniotomie, Débridement von Frontalhirn und Knochenfragmenten, Duraplastik unter Verwendung eines Perikraniumlappens oder von Fascia lata.
► Bei chronischer Liquorfistel: transnasaler-transethmoidaler Zugang als Wahleingriff.
► Carotis-Sinus-cavernosus-Fistel: interventionell-radiologische Embolisierung im Rahmen einer Angiographie.

Nachbehandlung

► Abhängig von der Symptomatik.

Prognose

▶ **Abhängig von der primären Läsion:**
- *Organisches Psychosyndrom* bei schwerer Frontalhirnkontusion („Frontalhirn-syndrom"): im Vordergrund Wesensveränderungen mit euphorischer Enthemmung, Antriebsmangel und psychomotorischer Verlangsamung.
- *Anosmie* durch Olfaktoriusverletzung oder Ausriss der Fila olfactoria, frontobasale Hirnkontusion (vollständig und bleibend in 20% der Fälle).
- *Amaurose:* Verlauf unterschiedlich. Eine akute operative Dekompression des Canalis opticus ist nach wie vor umstritten. Spontane Remission möglich.
- *Spätinfekt:* Meningitis und Hirnabszess bei persistierender Verbindung zum Nasen-Rachen-Raum, evtl. noch nach Jahren.

16   Wirbelsäule

16.1 Halswirbelsäulenverletzungen

Grondlagen

▶ **Definition:** Ossäre und/oder ligamentäre Verletzung der Halswirbelsäule mit oder ohne neurologische Ausfallsymptomatik.
▶ **Ursache, Verletzungsmechanismus:**
  • Indirekte Krafteinwirkung über den Kopf, am häufigsten übermäßige axiale Kompressions- sowie Flexionskräfte.
  • Übermäßige Überstreckungs- (Hyperextension; vgl. Abb. 16.1) und Rotationsbeanspruchungen durch Verkehrsunfälle (z. B. Herausschleudern aus dem PKW), Sportunfälle (z. B. Sprünge in zu flaches Wasser, Sturz vom Pferd, etc.); *cave:* Bei alten Menschen u. U. auch durch Stürze ohne große Gewalteinwirkung.

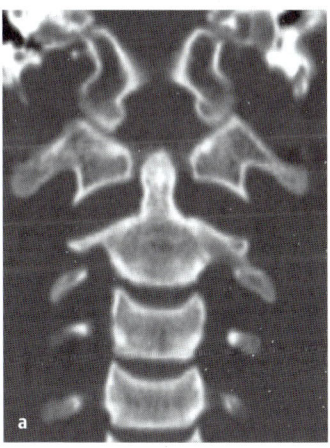 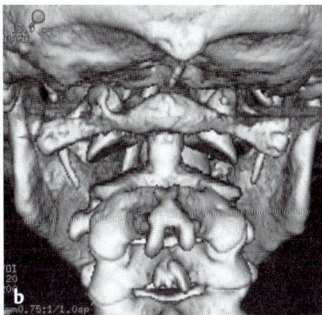

Abb. 16.1 a u. b   Instabile Verletzung zwischen 1. und 2. Halswirbelkörper, weite Dehiszenz der Facettengelenke mit Darstellung in der 2-D-Rekonstruktion (a) und in der dreidimensionalen Rekonstruktion (b)

▶ **Klassifikation:**
  • *Nach anatomischen Gesichtspunkten:*
    – Obere HWS mit Okzipitalkondylen, atlantookzipitalem Bewegungssegment (C0/C1), Atlas, atlantoaxialem Bewegungssegment (C1/C2), Axis mit Dens.
    – Untere HWS mit Bewegungssegmenten C2/C3 bis C7/Th1, Wirbelkörpern, Gelenkfortsätzen, Wirbelbögen und Dornfortsätzen.
  • *Nach verletzten Strukturen:* Frakturen, ligamentäre oder diskoligamentäre Verletzungen.
  • *Nach Stellung der angrenzenden Wirbel:* Dislokationen, Subluxationen und Luxationen.
▶ **Spezielle Klassifikation:**
  • Frakturen der Okzipitalkondylen (Jeanneret 1994).

- Atlantookzipitale Dislokation (AOD; Harris et al. 1994).
- Atlasfrakturen (Jefferson-Fraktur; Gehweiler et al. 1980).
- Atlantoaxiale Dislokation (AAD; Fielding und Hawkins 1977).
- Densfrakturen (Anderson und D'Alonzo 1974).
- Traumatische Spondylolisthese (Effendi et al. 1981).
- Kombinationsverletzung der oberen HWS (Aebi und Nazarian 1987).
- Verletzungen der unteren HWS (Aebi 1994, angelehnt an Magerl et al. 1994).
- Verletzung des Rückenmarks (Frankel et al. 1979, modifiziert von der American Spinal Association [ASIA] und der International Medical Society of Paraplegia [IMSOP 1992]): s. Tab. 16.1.

Tabelle 16.1 · Klassifikation bei Verletzung des Rückenmarks (nach Frankel, mod. von ASIA und IMSOP)

Grad	Kriterien
A *(komplett)*	keine motorische oder sensible Funktion mehr in den sakralen Segmenten S4 bis S5 erhalten
B *(inkomplett)*	sensible Funktionen sind erhalten, aber keine motorischen Funktionen mehr unterhalb des neurologischen Niveaus. Ausdehnung bis in die sakralen Segmente S4/S5
C *(inkomplett)*	motorische Funktionen sind unterhalb des neurologischen Niveaus erhalten. Ein Großteil der Kennmuskeln unterhalb des neurologischen Niveaus haben einen Aktivitätsgrad < 3
D *(inkomplett)*	motorische Funktionen sind unterhalb des neurologischen Niveaus erhalten. Ein Großteil der Kennmuskeln unterhalb des neurologischen Niveaus haben einen Aktivitätsgrad ≥ 3
E *(normal)*	motorische und sensible Funktionen sind normal

Klinische Symptomatik

► Je nach Höhe des betroffenen Wirbelsäulenabschnittes und der verletzten Strukturen (v. a. bei Rückenmarkschädigung): spontaner Nackenschmerz, Bewegungsschmerz, Kopfhaltungsschwäche, neurologische Ausfallerscheinungen bis zur kompletten Tetraplegie.

► *Cave:* Bei einer schweren Schädel-Hirn-Verletzung liegt häufig eine Kombination mit einer HWS-Verletzung vor!

Diagnostisches Vorgehen

► **Anamnese:** typischer Unfallmechanismus (siehe Ursache).
► **Klinische Untersuchung:**
- Allgemeinzustand? Begleitverletzungen? Lokal: spontane örtliche Schmerzen? Schwellung? Hämatom? Hautkontusionen? Abschürfungen? Achsenabweichung der Dornfortsätze? Örtliche Gibbusbildung? Tastbare Lücke zwischen Dornfortsätzen? Örtlicher Druck-, Klopf-, und/oder Stauchungsschmerz? Schmerzhaft eingeschränkte aktive und passive Beweglichkeit?

- *Orientierende neurologische Untersuchung* (s. S. 225), Erfassung aller sensiblen und motorischen Ausfallerscheinungen einschließlich einer eventuellen sakralen Aussparung.
  - Beim inkompletten Querschnittsyndrom ist eine sakrale Aussparung vorhanden sowie Restqualitäten von Motorik und Sensibilität.
  - *Beim bewusstlosen Patienten* weist eine Abdomenatmung und ein Priapismus auf eine HWS-Verletzung mit neurologischen Ausfällen hin.

► **Röntgen-HWS:**
- *2 Ebenen* unter besonderer Berücksichtigung des zervikothorakalen Überganges.
- *Transorale Aufnahme a.p.:* Achten auf indirekte Instabilitätszeichen wie z. B. Verlauf der Wirbelvorder- oder -hinterkante, der dorsalen Spinalkanalbegrenzung und der Dornfortsätze, Verbreiterung des prävertebralen Weichteilschattens.
  - ▸ *Cave:* Immer Suche nach einer möglichen Zweitverletzung der HWS und einer diskoligamentären Verletzung!
- *Funktionsaufnahmen* (HWS seitlich in Flexion und Extension als Funktionsprüfung unter Röntgenbildverstärker): Zur Diagnose einer diskoligamentären Verletzung indiziert nach Ausschluss einer Fraktur in den konventionellen Röntgenaufnahmen.

► **CT (Spiral-CT mit multiplaner Rekonstruktion) oder Tomographie:** Beurteilung knöcherner Verletzungen und Dislokationen und bei Nichtdarstellung des zervikothorakalen Überganges in den konventionellen Röntgenaufnahmen.

► **MRT:** Bei neurologischem Defizit zum Nachweis von Schäden am Myelon, Einblutungen in den Spinalkanal, bei V. a. Bandscheibenvorfälle, Weichteilverletzungen (v. a. wenn die Ursache des neurologischen Defizits durch keine andere bildgebende Untersuchung geklärt werden konnte).

► **Fakultative Zusatzuntersuchungen:**
- *Schwimmer- oder Fechteraufnahme:* zur Darstellung des zerviko-thorakalen Überganges.
- *Schrägaufnahmen:* bei V. a. eine Rotationssubluxation oder Gelenkfortsatzfraktur.
- *Angiographie bzw. Angio-MRT:* bei V. a. eine Läsion der Vertebralarterien oder der A. carotis.
- *Kranielles CT oder MRT:* bei V. a. Hirnstamm- oder Kleinhirnfunktionsstörungen durch eine Vertebralarterienläsion.
- *Dopplersonographie der Halsgefäße:* Durch geübten Untersucher Nachweis von Gefäßverletzungen v. a. der Vertebralarterien und/oder der A. carotis.

Differenzialdiagnose

► Degenerative Veränderungen an ossären Strukturen, Gelenken und Bandscheiben (z. B. bei Morbus Bechterew, rheumatoider Arthritis).
► Angeborene Fehlbildungen/-haltungen, z. B. unvollständiger Bogenschluss des Atlas, Blockwirbelbildungen, persistierende Apophysen, Os odontoideum.
► Folgen vorausgegangener Verletzungen oder neurologischer Erkrankungen.
► Pathologische Fraktur.

Therapieprinzipien

▸ *Grundsatz:* Sekundäre Schäden vermeiden!
- Bereits bei der Bergung, Rettung und Lagerung des Patienten Hyperflexion/ -extension der HWS vermeiden und steife Zervikalorthese anlegen.
- *Keine* Repositionsmanöver an der Unfallstelle!

- Transport auf Vakuummatratze, unter Beachtung vorbestehender Körperstellungen, wie z. B. bei Patienten mit Morbus Bechterew.
- Fakultativ Gabe von Methylprednisolon (s. u. NASCIS-Schema).

▶ **Bei neurologischer Symptomatik** ultrahochdosiert Methylprednisolon nach dem NASCIS-III-Schema (unter besonderer Beachtung des Blutzuckers):
- *Zeitfenster:* innerhalb von 3 Stunden nach Eintreten der Querschnittlähmung.
- 1. *i.v.-Bolus (innerhalb von 15 min)* 30 mg/kg KG (bei 60–70 kg ca. 2000 mg) Methylprednisolon (z. B. Urbason).
- 2. *Erhaltungstherapie:*
  - – *Methylprednisolon* 5,4 mg/kgKG über 24–48 h.
  - – Alternativ *Tirilazad Mesylate* (z. B. Freedox) 2,5 mg/kg KG alle 6 Stunden i.v. über insgesamt 48 Stunden. *Cave:* Tirilazad Mesylate ist inkompatibel mit Ringer-Laktat-Lösung und muss daher in NaCl 0,9% gelöst werden. Es darf *nicht* zusammen mit anderen intravenös zu verabreichenden Medikamenten gegeben werden!

▶ **Konservative Therapie:**
- *Definitiv* bei Verletzungen, bei denen im weiteren Verlauf keine Verschiebung oder Fehlstellung droht.
- *Vorübergehend* bis zur definitiven operativen Versorgung.

▶ **Notfalloperationen** – *Indikationen:*
- Inkomplettes neurologisches Defizit und Myelonkompression durch Fehlstellung und/oder Einengung des Spinalkanals (v. a. bei Progredienz).
  - ▷ *Hinweis:* Bei sofortigem, komplettem Querschnittsyndrom am Unfallort ist der Nutzen einer notfallmäßigen Intervention jedoch nicht bewiesen.
- Hochgradige, nicht retinierbare Instabilität.

▶ **Indikationen zur operativen Therapie:** neurologische Ausfallsymptomatik, nachgewiesene Instabilität, Ziel einer frühzeitigen Mobilisierung des Patienten.

▶ **Operative Verfahren:**
- Reposition von Fehlstellungen:
  - – Geschlossen: durch spezielle Lagerungsverfahren.
  - – Und/oder offen: chirurgische Repositionstechniken.
- Versteifung von Bewegungssegmenten (möglichst wenige!).

Konservative Therapie

▶ **Indikationen:**
- *An der oberen HWS:*
  - – Frakturen der Okzipitalknochen ohne Instabilität im Segment C0/C1.
  - – Stabile Atlasfrakturen ohne Ruptur des Ligamentum transversum atlantis.
  - – Abrissfrakturen des Dens axis (Typ Anderson I) ohne atlantoaxiale Instabilität.
  - – Stabile unverschobene Densfrakturen mit großen Frakturanteilen (Typ Anderson III).
  - – Unverschobene traumatische Spondylolisthesen in Höhe C2 ohne Instabilität (Typ Effendi I).
- *An der unteren HWS:*
  - – Impressions- und Keilfrakturen der Wirbelkörper bei unverletzter Hinterkante.
  - – Abrissfrakturen von Wirbelkörpern, Dornfortsatzfrakturen, Gelenkfortsatzfrakturen sowie Laminafrakturen ohne Instabilität des Bewegungssegmentes.
  - – Distorsionen der HWS.
- *Allgemein:* sog. *SCIWORA*-Syndrom: „Spinal Cord Injuries without radiographic Abnormalities" = Verletzung mit neurologischem Defizit, aber ohne nachweis-

bare knöcherne oder diskoligamentäre Verletzung und ohne Myelonkompression).

▶ **Vorgehen** (je nach Verletzungstyp, Zusatzverletzungen und Alter des Patienten):
- Manuelle Reposition.
- Reposition und Extensionsbehandlung mittels Crutchfield- oder Gardner-Wells-Zange (Abb. 16.2).
- Extension und Immobilisation mit der Halo-Orthese (Abb. 16.3), Minerva-Gipsverband oder Schanz-Krawatte.

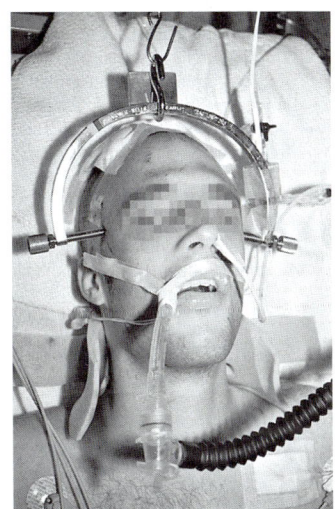

Abb. 16.2 Notfallbehandlung einer instabilen Halswirbelsäulenverletzung über eine Gardner-Wells-Extension

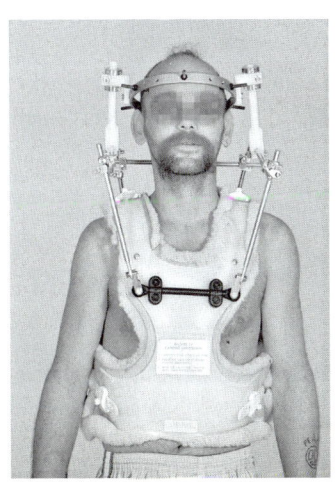

Abb. 16.3 Immobilisation einer Halswirbelverletzung mit einem Halo-Jacket

- Nach Besserung der subjektiven Beschwerden intensive physiotherapeutische Übungen zur Stärkung der Halsmuskulatur.

Operative Therapie

▶ **Verletzungen der oberen HWS:**
- *Geschlossen nicht retinierbare atlantookzipitale* Dislokationen (AOD): okzipito-zervikale Fusion von dorsal mit Platte(n) und autogener Knochentransplantation.
- *Instabile Atlasberstungsfrakturen mit Ruptur des Lig. transversum atlantis:* Osteosynthese des Atlasringes und dorsale atlanto-axiale Fusion mit autogener Knochentransplantation.
- *Translatorische* atlantoaxiale Dislokationen (AAD): dorsale atlantoaxiale Fusion mit Zerklagen oder transartikulärer Verschraubung C1/C2 und zusätzlicher autogener Knochentransplantation.
- *Dislozierte Densfrakturen* (Typ Anderson II und III), sog. „transdentale Luxationsfrakturen":
  - Ventrale Zugschraubenosteosynthese nach geschlossener Reposition (Abb. 16.4).
  - Ventrale Osteosynthese mit Antigleitplatte.
  - Bei Kontraindikation zur ventralen Zugschraubenosteosynthese primäre dorsale atlantoaxiale Spondylodese mit Zerklagen oder transartikulärer Verschraubung von dorsal.

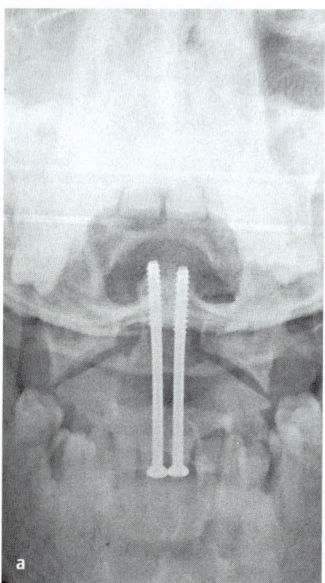
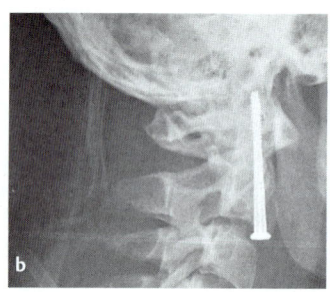

Abb. 16.4 a u. b   Schraubenosteosynthese einer Fraktur des Dens axis.
a) In der a.p.-Projektion,
b) in der seitlichen Aufnahme

- *Traumatische Spondylolisthesen mit Verhakung der Gelenkfortsätze*
  (Typ Effendi III):
    - Ventrale interkorporelle Spondylodese C2/C3.
    - Zugschraubenosteosynthese von dorsal nach Judet.
    - Dorsale Spondylodese C2/C3.
▶ **Verletzungen der unteren HWS:**
  - *Indikationen:*
    - Alle Verletzungen mit Einengung des Spinalkanals durch Knochen- und/oder Bandscheibenmaterial und neurologischem Defizit.
    - Kompressions- und Berstungsfrakturen ohne neurologisches Defizit mit größerer kyphotischer Knickbildung.
    - Diskoligamentäre Instabilitäten, z. B. „Tear-drop"-Frakturen.
    - Luxationsfrakturen: einseitig, beidseitig, reitend, verhakt.
    - Hyperextensionsverletzungen.
  - *Vorgehen:*
    - Je nach Lokalisation Dekompression von Rückenmark und Nervenwurzeln, ventrale und dorsale interkorporelle Spondylodese mit Platte und autogener Knochentransplantation (Abb. 16.5).
    - *Alternativ* a) Verwendung von allogenem Knochenmaterial zum Wirbelkörperersatz oder b) Cages.

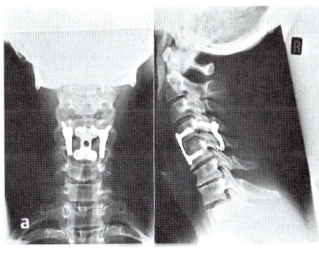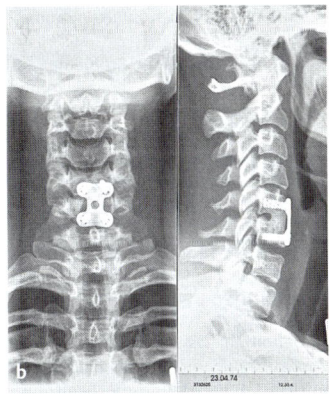

Abb. 16.5 a u. b   a) Versorgung einer Luxationsfraktur zwischen 4. und 5. Halswirbel mit Morscherplatte und Hakenplättchen, b) ausgeheilte ventrale Fusion zwischen 5. und 6. Halswirbelkörper

▷ *Hinweis:* *In speziellen Fällen* kann zur Ausheilung von Frakturen der oberen und unteren HWS eine Halo-Orthese verwendet werden (s. o.)!

Komplikationsmöglichkeiten bei der operativen Intervention

▶ Postoperativ auftretende neurologische Ausfallssymptome (z. B. Schluckstörungen, Läsionen des N. laryngeus recurrens, Horner-Syndrom) bzw. Verschlechterung einer bereits bestehenden Symptomatik.
▶ Verletzung der A. vertebralis oder der A. carotis (mit der Gefahr einer zerebralen Ischämie).
▶ Gefahr des Kreislaufstillstandes bei Druck auf hypersensiblen Karotissinus.
▶ Implantatlockerungen, Implantatfehllage, Pseudarthrose, Implantatversagen.

Nachbehandlung

▶ Thromboseprophylaxe.
▶ Mobilisation und Physiotherapie so früh wie möglich.
▶ Postoperative Röntgenkontrolle (konventionell und CT).
▶ Generell keine geplante Entfernung des internen Osteosynthesematerials.
▶ Entfernung des Halo-Fixateurs nach 12 Wochen, eventuell früher.
▶ Bei Patienten mit Querschnittsyndrom:
  • Von Anfang an konsequente intensivmedizinische Betreuung, differenzierte Lagerungstherapie zur Verbesserung der pulmonalen Funktion und Vermeidung von Druckgeschwüren.
  • Verlegung in ein spezialisiertes Querschnittzentrum, intensive Krankengymnastik, Umgestaltung der Infrastruktur (z. B. Wohnung, Arbeitsplatz).

Prognose

▶ **Bei Frakturen** hohe Heilungsrate bei Fusionen der oberen und unteren HWS. 5–10% Pseudarthroserate bei Densosteosynthesen.
▶ **Bei Verletzungen neurogener Strukturen:**
  • Nervenwurzelläsionen: bei Kompression nach operativer Dekompression gut, bei Zerrung oder Ausriss schlecht.
  • Inkomplette Querschnittsyndrome: Erholung in 60–80% der Fälle.
  • Komplette Querschnittsyndrome: nur in Einzelfällen klinisch relevante Erholung.
▶ **Mögliche zusätzliche Probleme:**
  • *Urologisch:* z. B. Blasenentleerungsstörungen, Harnrückstau, aufsteigende Harnwegsinfekte.
  • *Orthopädisch-statisch:* z. B. progrediente Wirbelsäulenfehlstellung, Kontrakturen, Spontanfrakturen.
  • *Gastroenterologisch:* z. B. Koprostase, Analfissuren.

16.2 Brust- und Lendenwirbelsäulenverletzung

Grundlagen

▶ **Definition:** Ossäre oder ligamentäre Verletzung der Brust- und/oder Lendenwirbelsäule mit oder ohne neurologische Ausfallsymptomatik.
▶ **Ursache, Verletzungsmechanismus:**
  • *Einwirkung großer Kräfte:* z. B. Sturz aus großer Höhe, Aufprall mit hoher Geschwindigkeit im Sport oder Straßenverkehr. Häufig beim polytraumatisierten Patienten anzutreffen (in 25% der Fälle).
  • *Sog. Osteoporosefrakturen:* Schon bei Bagatelltraumen sind Frakturen möglich.
  • Je nach Kraftrichtung und Lage der Hauptdrehachsen führen solche Kräfte zu Kompression, Distraktion, Translation, Rotation bzw. Kombinationsformen.
▶ **Klassifikation:**
  • Entsprechend dem Dreierschema der AO-Fraktureinteilung werden BWS- und LWS-Frakturen nach Magerl, Harms, Gertzbein, Aebi und Nazarian in 3 Typen mit jeweils 3 Gruppen und Untergruppen eingeteilt. Die Verletzungen sind entsprechend dem Grad der Instabilität hierarchisch geordnet. Die Einteilung basiert auf der Zwei-Säulen-Theorie, wobei Wirbelkörper und Bandscheibe eine druckfeste Säule darstellen und die hintere Säule aus den dorsalen Wirbelelementen und den sie verbindenden Ligamenten besteht.

- *Typ A (= Wirbelkörperkompressionsfrakturen):* Von der Verletzung ist nur die vordere Säule betroffen, die hinteren Strukturen sind intakt. Sie werden durch axiale Druckkräfte oder über ein nach ventral gerichtetes Drehmoment um eine im Bereich der dorsalen Wirbelelemente gelegene horizontale Achse ausgelöst.
- *Typ B (= Distraktionsverletzungen):* Schädigung ventraler und dorsaler Wirbelelemente. Die horizontale Zerreißung einer oder beider Säulen führt zu charakteristischen Flexions-Distraktions- (Typ B1 und B2) bzw. Hyperextensionsverletzungen (Typ B3).
- *Typ C (= Rotationsverletzungen):* Beide Säulen sind betroffen und durch die Zerreißung aller Bandstrukturen besteht eine Instabilität gegen axiale Drehung und Translation. Begleitet werden diese Verletzungen häufig von Querfortsatzbrüchen oder Luxation bzw. Frakturen von Rippen.
- *Verletzung des Rückenmarks:* S. 225.

Klinische Symptomatik

▶ Je nach Höhe des betroffenen Wirbelsäulenabschnittes und der verletzten Strukturen (v. a. bei Rückenmarkschädigung): spontaner Schmerz, Bewegungsschmerz, Haltungsinsuffizienz, neurologische Ausfallerscheinungen bis zur kompletten Paraplegie.

Diagnostisches Vorgehen

▶ **Anamnese:** typischer Unfallmechanismus (siehe Ursache).
▶ **Klinische Untersuchung:** siehe HWS-Verletzung S. 211.
▶ **Röntgen:** BWS und LWS in 2 Ebenen unter besonderer Berücksichtigung des thorakolumbalen Überganges.
  - *Beurteilung der Wirbelsäule in der seitlichen Aufnahme:* Form und Kontinuität von Deck- und Grundplatte, Höhe der Zwischenwirbelabstände, Form und Lage von Vorder- und Hinterkante, Lage der Gelenk- und Dornfortsätze, Verlauf der Schwingungen (Kyphose und Lordose).
  - *Beurteilung der Wirbelsäule in der a.p.-Aufnahme:*
    - Wirbelkörperhöhe und -breite, Lage der Bogenwurzelabgänge, Stellung der Dornfortsatzreihe.
    - Indirekte Instabilitätszeichen wie z. B. Verlauf der Wirbelvorder- oder -hinterkante, der dorsalen Spinalkanalbegrenzung und der Dornfortsätze.
    - Prävertebraler Weichteilschatten (Verbreiterung?).
  - ▶ *Hinweis:* Bei allen Frakturen der Brustwirbelsäule muss nach einer begleitenden Sternumfraktur gesucht werden, da diese zu einer erhöhten Instabilität führt.
▶ **Computertomogramm (Spiral-CT mit mutiplaner Rekonstruktion):** Beurteilung knöcherner Verletzungen und Dislokationen:
  - Hinterkante intakt? Verlegter Spinalkanal?
  - Kleinere, für die Frakturklassifikation wichtige Zusatzverletzungen wie Abrissfrakturen an den Wirbelkanten, knöcherne Bandausrisse an den Dornfortsätzen.
  - Die Stellung der Gelenkfortsätze wird häufig erst im CT sichtbar.
▶ **MRT:** Bei neurologischem Defizit indiziert zum Nachweis von Schäden am Myelon, Einblutungen in den Spinalkanal, Bandscheibenvorfällen.

Differenzialdiagnose

▶ Degenerative Veränderungen an ossären Strukturen, Gelenken und Bandscheiben (z. B. Morbus Bechterew, rheumatoide Arthritis).

▶ Fehlhaltungen und angeborene Fehlbildungen (z. B. unvollständiger Bogenschluss im lumbosakralen Übergang, Blockwirbelbildungen).
▶ Folgen vorausgegangener Verletzungen oder neurologischer Erkrankungen.
▶ Pathologische Fraktur.

Therapieprinzipien

▶ **Therapieziele:**
  • Beseitigung spinaler oder radikulärer Kompressionen.
  • Wiederherstellung der Wirbelsäulenstabilität unter Opferung möglichst weniger Bewegungssegmente.
  • Wiederherstellung der Wirbelsäulenachsen und Schwingungen (richtige Kyphose/Lordose).
  • Schmerzarme Frühmobilisation, vorzugsweise ohne Orthese.
  • Frührehabilitation bei Querschnittsyndrom.
▶ **Bei neurologischer Symptomatik:** Gabe von ultrahochdosiertem Methylprednisolon nach dem NASCIS-III-Schema (S. 214).
▶ **Konservative Therapie:** Indiziert bei stabilen Frakturen und wenn keine neurologischen Ausfälle vorliegen.
▶ **Operative Therapie:**
  • *Indikationen:* alle Wirbelsäulenverletzungen mit neurologischen Ausfällen, diskoligamentären Instabilitäten, Kyphosewinkel > 20 Grad und Verlegung des Spinalkanals > 50%.
  • *Entscheidungskriterien für dorsales, ventrales oder kombiniertes Vorgehen:*
    – Klassifikation der Wirbelsäulenverletzung.
    – Lokalisation und Ausmaß der spinalen Kompression.
    – Alter der Verletzung.
    – Art und Schwere der Begleitverletzungen und ihre systemische Traumabelastung.
    – Verfügbares Stabilisierungssystem.
    – Vorhandene Infrastruktur.
    – Persönliche Erfahrung des Operateurs.
  • *Grundsätzliches operatives Vorgehen:*
    – Gedeckte oder offene Reposition, das Repositionsergebnis wird dann mit einer stabilen Instrumentierung retiniert.
    – Mögliche zusätzliche Komponenten: „Clearance" des Spinalkanals zur medullären und/oder radikulären Dekompression, plastische Rekonstruktion der ventralen Säule (hier werden zur mono-, bi- oder mehrsegmentalen ventralen Spondylodese Spongiosa, kortikospongiöse Späne, allogener Knochen oder Metallimplantate, z. B. Cages, verwendet).
  • *Realisierbare Versorgungskonzepte:*
    – *Dorsales Vorgehen* mit vorwiegend transpedikulärer Verankerung der Instrumentation.
    – *Isoliertes ventrolaterales Vorgehen* mit Rekonstruktion des Wirbelkörpers und Instrumentierung über transthorakale, retroperitoneale oder transabdominelle Zugänge.
    – *Kombination von dorsalem und ventrolateralem Vorgehen* als „Single Operation" oder als „Staged Operation" bei hochgradig instabilen Verletzungen mit gravierender spinaler Einengung und bei Frakturtypen mit stark zerstörter ventraler Säule. Auf jeden Fall muss bei diesen Wirbelsäulenverletzungen zur Vermeidung von sekundären Schäden eine Primärstabilität erreicht werden. Bei schwerverletzten Patienten wird aus diesem Grund zuerst die Wirbelsäule von dorsal angegangen (im Sinne einer „Day one-sur-

gery", siehe Polytraumamanagement). Nach Erholung der Defensivsysteme und Abklingen der systemischen Traumabelastung erfolgt – meistens zwischen dem fünften und zehnten Tag post Trauma – die ventrolaterale Komplettierung.

Konservative Therapie

▶ **Stabile Frakturen ohne Notwendigkeit einer aktiven Korrektur:** Rein symptomatische Behandlung, abhängig von den individuellen Beschwerden:
- Bettruhe, Analgetika/Antiphlogistika.
- Bei passagerer Darm-, gelegentlich auch Blasenatonie (fast in allen Fällen vorhanden; Ursache: retroperitoneales, frakturbedingtes Hämatom; Dauer: meist 3–4 Tage): Abführmaßnahmen bzw. intermittierende Katheterisierung.
- In den ersten 4 Wochen vorwiegend liegen, stehen oder gehen, aber wenig sitzen.
- Physiotherapie (über 8–12 Wochen):
  - Noch im Liegen Anspannungsübungen der Rückenmuskulatur und der Bauchwand.
  - Primär weitere Kräftigung der Muskulatur, später zur Wiedererlangung der Wirbelsäulenbeweglichkeit.
- Massagen: erst nach Rückgang der lokalen Druckschmerzhaftigkeit und bei anhaltendem Hartspann.

▶ **Instabile Wirbelsäulenfrakturen** – Aufrichtung nach Böhler:
- *Indikation:* Nur bei geeignetem Patienten, der kooperativ ist und über die gesamte Behandlung aufgeklärt wurde.
- *Vorgehen:*
  - Der analgesierte Patient wird im Durchhang gelagert.
  - Das in dieser Stellung angelegte Gipsmieder greift ventral über der Symphyse und dem Sternum und dorsal auf Höhe des Scheitelpunktes der Lordose.
  - Über dem Abdomen muss ein ausreichend großes „Atemloch" verbleiben, gefährdete Stellen müssen gut abgepolstert werden.
  - Wechsel des Gipsmieders alle 2–3 Wochen.
  - Die Gesamtdauer der Ruhigstellung richtet sich nach dem Ausmaß der korrigierten Fehlstellung (Fehlwinkel) – Faustregel: Fehlwinkel in Grad = Dauer der Ruhigstellung in Wochen.
  - Während der Fixierung müssen Übungen zur Kräftigung der Bauch- und Rückenmuskulatur durchgeführt werden.

Operative Therapie

▶ **Dorsaler Zugang:**
- Lagerung auf dem Bauch mit Kissen unter Schultern und vorderen Beckenkämmen.
- Geschlossene Reposition unter Röntgenbildwandler.
- Hautschnitt von 15–20 cm in der Mittellinie. Ablösen der paraspinalen Muskulatur von den Seitenflächen der Dornfortsätze und den Wirbelbögen, bis zu den Gelenkfortsätzen des verletzten und jeweils zwei benachbarten Wirbelsegmenten.
- Einbringen von 1,8 mm dicken Kirschner-Drähten unter Röntgenbildwandler (im dorsoventralen Strahlengang) in die Pedikelabgänge.
- Unter Kontrolle im seitlichen Strahlengang Präparation der Schraubenlager, wobei die Schrauben in der BWS 10 Grad nach medial und in der LWS 10–15 Grad nach medial konvergieren sollen. Es ist darauf zu achten, dass zur Vorder-

Wirbelsäule

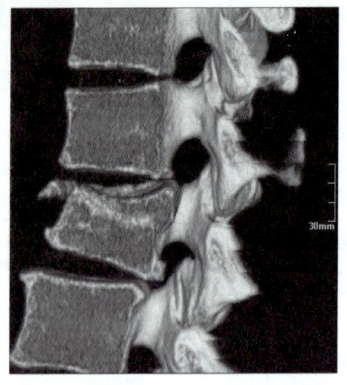

Abb. 16.6   Inkomplette Berstungsfraktur des 1. Lendenwirbelkörpers in 3-D-Darstellung, die obere Hälfte des Wirbelkörpers ist zerborsten, das typische dorso-kraniale Fragment in Richtung Spinalkanal vorgetrieben

kante röntgenologisch ein Abstand von 10–15 mm verbleibt, da die röntgenologisch sichtbare Wirbelkörperbegrenzung des runden Wirbelkörpers nicht der tatsächlich zur Verfügung stehenden Distanz entspricht.
- Nach Einbringen der transpedikulären Implantate Aufrichten des Wirbelkörpers (Lordosierung und Stellung der Wirbelhinterkante) und Retention des Repositionsergebnisses.
- Refixation der Muskulatur.
- Aufwachversuch und neurologische Kontrolle.
- Zusätzlich kann in bestimmten Fällen über eine Laminektomie eine Dekompression des Spinalkanales erfolgen. In manchen Fällen lassen sich nach vorsichtigem Beiseitedrängen des Rückenmarks eingedrungene Wirbelkörperanteile nach ventral stoßen (Abb. 16.7).

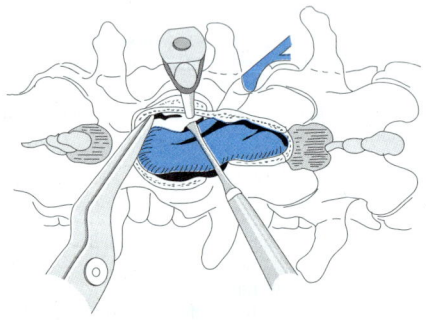

Abb. 16.7   Dekompressive Laminektomie

▶ **Ventrolateraler Zugang:**
- Lagerung je nach Interventionshöhe: s. Tab. 16.2.

Tabelle 16.2 · Lagerung je nach Interventionshöhe bei BWS-/LWS-Eingriffen

Segmenthöhe	Lagerung	Bemerkungen
Th2 – Th3	Rückenlage	evtl. zusätzlich obere Sternotomie
Th4 – Th8	Linksseitenlage *oder* Rückenlage	laterale Thorakotomie von rechts im 5. oder 6. Interkostalraum
Th9 – L2	Rechtsseitenlage	laterale Thorakotomie von links im 10. oder 11. Interkostalraum
L2 – L4	Rechtsseitenlage *oder* Halbseitenlage	linksseitige Lumbotomie; Pararektalschnitt

- Darstellen der Fraktur nach Absetzen der Segmentgefäße des frakturierten Wirbels (evtl. auch die der beiden benachbarten Wirbel).
- Reposition (wenn notwendig).
- Spinale Dekompression (wenn notwendig).
- Rekonstruktion der ventralen Säule wahlweise mit a) autologem trikortikalem Vollprofilblock vom Beckenkamm, b) allogenem Knochen oder c) Cage (Abb. 16.9).

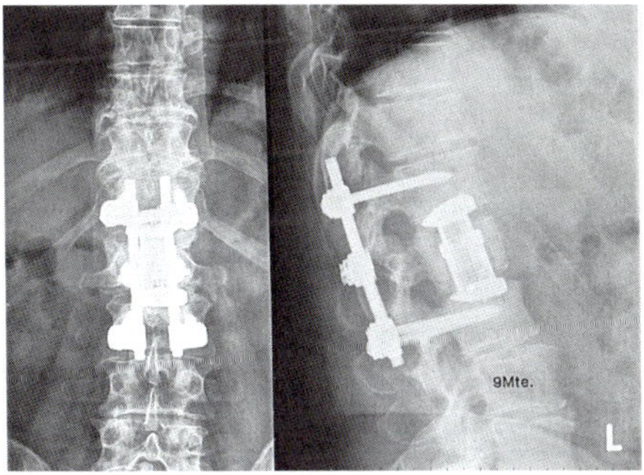

Abb. 16.8 Stabilisierung einer LWK-1-Fraktur dorsal mit Fixateur interne, ventral im Cage und Knochentransplantaten

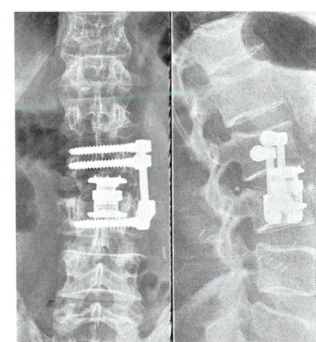

Abb. 16.9 Versorgung einer LWK-3-Fraktur mit Cage und Ventrofix-System

- Zusätzliche Instrumentierung (Platte, Fixateur-interne-System [Abb. 16.9]), wobei die Indikation hierzu großzügig gestellt werden sollte. Auf jeden Fall sollte bei der Rekonstruktion der ventralen Säule über zwei oder mehr Bewegungssegmenten eine zusätzliche ventrale Instrumentierung erfolgen.

Nachbehandlung und Prognose

▶ Siehe HWS-Verletzung S. 218.

17 Läsionen des Rückenmarks

17.1 Allgemeine Diagnostik

Diagnostik

▶ **Klinische Untersuchung:** Zum Vorgehen/Ablauf siehe Wirbelsäulenverletzungen S. 212. Dokumentation entsprechend dem Erhebungsbogen der American Spinal Injury Association (ASIA).
▶ **Neurologische Diagnostik:** Bestimmung von Höhe und Ausprägung einer Querschnittlähmung:
  • *Wahrnehmung von Schmerz- und Berührungsreizen* an den Beinen, am Rumpf und an den Armen: s. Tab. 17.1.

Tabelle 17.1 · **Dermatomgrenzen zur Höhenlokalisation von Querschnittsyndromen**

Segment	Dermatom
C 4	Schulter
C 5	Oberarmaußenseite
C 6	Daumen
C 7	Mittelfinger
C 8	Kleinfinger
Th 1	Ellbogeninnenseite
Th 2	Oberarminnenseite
Th 4	Mamillenhöhe
Th 7	Höhe Processus xiphoideus
Th 10	Bauchnabel
Th 12	Leiste
L 2	Innenseite Oberschenkel, proximal
L 3	Innenseite Oberschenkel, distal bis Knie
L 4	Unterschenkel Innenseite
L 5	Großzehe
S 1	Kleinzehe und Fußrand
S 5	Anus

- „Neurologisches Kontrolldreieck" der Sensibilität zur Unterscheidung zwischen Para- bzw. Tetraplegie:
  - Sensibilität Daumen: C 6.
  - Kleinfinger: C 8.
  - Ellbogen: Th 1.
- *Sakrale Aussparung:* Jede zu Beginn vollständig erscheinende Querschnittläsion bedarf der sorgfältigen Kontrolle des Anogenitalbereiches (S 3–S 5). Besteht hier eine Restsensibilität, so ist die Läsion inkomplett und damit die Möglichkeit einer neurologischen Erholung gegeben → vollständige Untersuchung der unteren sakralen Segmente:
  - Perianale Sensibilität (Schmerzreize), Analreflex.
  - Rektale Untersuchung: Sphinktertonus, aktive Sphinkterkontraktion, Bulbokavernosusreflex.
  - Beugung der Großzehe (S 2).
- *Aktive Beweglichkeit (v. a. an Beinen und Armen):*

Tabelle 17.2 · Kennmuskeln zur Höhenlokalisation von Querschnittsyndromen

Segment	Kennmuskeln
C 4	Zwerchfell
C 5	M. deltoideus
C 6	Handstrecker
C 7	Oberarmstrecker
C 8	Fingerbeuger
Th 1	Fingerabduktoren
L 2	Hüftbeuger
L 3 – L 4	Kniestrecker
L 4 – L 5	Fußheber
L 5	Großzehenheber
S 1	Fußbeuger
S 2	Großzehenbeuger

- *Muskeltonus:* normal, schlaff (hypoton), gesteigert (hyperton, spastisch).
- *Muskelkraft:* Tab. 17.3.

Tabelle 17.3 · Paresegrade (nach British Medical Research Council)

Grad	Kriterien
0	keine Muskelaktivität
1	tastbare oder sichtbare Kontraktionen ohne Bewegungserfolg
2	Bewegungen bei Ausschaltung der Schwerkraft
3	Bewegungen gerade gegen die Schwerkraft
4	Bewegungen gegen Widerstand
5	normale Kraft

- *Eigen- und Fremdreflexe:* Tab. 17.4.

Tabelle 17.4 · Wichtige Eigen- und Fremdreflexe

Segment	Reflex
C5 – C6	Bizepssehnenreflex (BSR)
C5 – C6	Brachioradialisreflex
C7 – C8	Trizepssehnenreflex (TSR)
Th 6 –Th 7	oberer Bauchhautreflex (BHR)
Th 8 –Th 9	mittlerer Bauchhautreflex
Th 10 – Th 12	unterer Bauchhautreflex
L 1 – L 2	Kremasterreflex
L 2 – L 4	Adduktorenreflex
L 3 – L4	Patellarsehnenreflex (PSR)
S 1 – S 2	Achillessehnenreflex (ASR)
S 3 – S 4	Bulbokavernosusreflex
S 3 – S 5	Analreflex

- *Pathologische Reflexe,* z. B. Babinski, Oppenheim, Chaddok, Gordon.
- ☐ *Mögliche Hinweise auf eine Querschnittlähmung bei Bewusstlosen* (die oben genannten Untersuchungen sind bei bewusstlosen Patienten nur eingeschränkt oder nicht durchführbar):
  - Schlaffer Muskeltonus.
  - Fehlende oder abgeschwächte Abwehrreaktion auf Schmerzreize.
  - Reine Bauchatmung.
  - Priapismus.

► **Röntgen:** siehe Wirbelsäulenverletzungen S. 213, 219.
► **Magnetresonanztomographie:** Indiziert bei neurologischem Defizit, insbesondere wenn die Ursache der Ausfallerscheinungen durch keine andere bildgebende Untersuchung geklärt werden konnte.
► **Evozierte Potenziale** (somatosensorisch evozierte Potenziale = SSEP; motorisch evozierte Potenziale = MEP): Messung der zentralen und peripheren Nervenleitung.

17.2 Spezielle Manifestationen

Spinaler Schock

► **Definition:** akute, passagere Querschnittsymptomatik mit schlaffer Para- oder Tetraparese mit Areflexie, charakteristischer Schocksymptomatik sowie Sensibilitäts- und autonomen Störungen.
► **Ursache, Verletzungsmechanismus:** Meistens traumatisch bedingte Rückenmarkschädigung, aber auch vaskuläre Läsionen (Rückenmarkinfarkt, spinale Blutung). Durch akuten Wegfall zentraler Einflüsse auf das Rückenmark kommt es zum vollständigen Funktionsausfall der Bahnen unterhalb der Läsion.
► **Klinische Symptomatik:**
  • *Schlaffes Querschnittsyndrom* (Para- oder Tetraparese) mit Areflexie.
    ▷ *Cave:* Bei hohem zervikalem Niveau ist die Interkostalmuskulatur betroffen. Komplette Atemlähmung durch Zwerchfellparese (Läsion oberhalb von C 4).
  • *Charakteristische Schocksymptomatik:* Bradykardie, arterielle Hypotonie, Anhidrose mit Hyperthermiegefahr.
  • *Weitere Symptome:*
    – Verlust der Muskeleigen- und Fremdreflexe.
    – Harnverhalt mit Überlaufblase und Gefahr der Blasenüberdehnung (Tab. 17.5).

Tabelle 17.5 · Differenzialdiagnose von Blasenfunktionsstörungen

Diagnose	Pathophysiologie	Symptomatik
spinaler Schock	atone Überlaufblase	• fehlender Harndrang • Retention mit Blasenüberdehnung
komplette Querschnittlähmung	spinal ungehemmte Blase	• fehlender Harndrang, evtl. Schwitzen und Blutdruckanstieg • unwillkürliche Miktion bei geringer Blasenfüllung
Konus-/Kauda-Syndrom	Denervierung der Blase	• fehlender Harndrang • spontane Entleerung kleiner Harnmengen, große Restharnmenge

  – Paralytischer Ileus.
  – Dekubitalulzera durch Vasoparalyse der Haut und Ausfall der Schutzsensibilität.
    ▷ *Cave:* Nach Abklingen des spinalen Schocks und Querschnittlähmung oberhalb Th 5:

→ Gefahr der vegetativen Entgleisung mit ausgeprägter orthostatischer Hypotonie.

→ Auftreten von paroxysmaler autonomer Hyperreflexie: anfallsartige hypertone Reaktion mit exzessivem Blutdruckanstieg, heftigen Kopfschmerzen, Schweißausbruch und Hyperämie.

Komplette Querschnittlähmung

▶ **Definition:** Läsion des gesamten Rückenmarkquerschnitts mit initial schlaffer Plegie, die in eine spastische Plegie übergeht mit Hyperreflexie, pathologischen Reflexen, Sensibilitätsverlust und autonomer Reflextätigkeit als Residuum eines spinalen Schocks.

▶ **Ursache, Verletzungsmechanismus:** Vier bis sechs Wochen nach akuter Querschnittlähmung kommt die Reflextätigkeit auf spinaler Ebene unterhalb der Läsion wieder in Gang, was zur Ausbildung der spastischen Tonuserhöhung führt.

▶ **Klinische Symptomatik** (zur Höhe der Läsion siehe spinaler Schock S. 228):
- Die schlaffe Para- oder Tetraparese des spinalen Schocks wird spastisch, d. h. sensible Reize an den Fußsohlen lösen Beugereflexe (Fluchtreflexe) aus.
- Allmähliche Rückkehr von Eigenreflexen. Hyperreflexie.
- Pathologische Reflexe: Babinski-Reflex.
- Reflexsynergien (ausgelöst durch kutane Reize oder Muskeldehnungen).
- Beugereflexsynergien: symmetrische ruckartige Flexion in Hüft-, Knie- und Ellbogengelenk. Die betroffenen Extremitäten kehren allmählich spontan oder erst nach passiver Streckung wieder in die Ausgangslage zurück.
   ▶ *Cave:* Diese spinalen Automatismen begünstigen das Auftreten von Gelenkkontrakturen!
- Streckreflexsynergien: paroxysmale Innervation der Hüft-, Knie- und Fußstrecker beim Aufrichten.
- Reflektorische Blasen- und Darmentleerung.

Inkomplette Lähmungen des Rückenmarks

▶ **Grundlagen:** Unter den inkompletten Lähmungen des Rückenmarks können spezielle neurologische Syndrome mit unterschiedlicher Prognose abgegrenzt werden. Siehe Tab. 17.6.

Tabelle 17.6 · Symptome einer inkompletten Verletzung des Rückenmarks

inkomplette Lähmungen des Rückenmarks	Häufigkeit	Symptome	funktionell bedeutsame Rückbildung
zentral	+++	Tetraparese mit sakraler Aussparung. Arme sind stärker betroffen als Beine	75%
vordere	++	komplette Lähmung. Aufgehobenes Temperatur- und Schmerzempfinden	10%
hintere	+	Störung des Lage- und Vibrationsempfindens	
Brown-Séquard	(+)	homolateral zentrale Lähmung, kontralateral Störung des Schmerz- und Temperaturempfindens	< 90%

► **Zentrales Rückenmarksyndrom:** Stärkere Lähmungserscheinungen an den Armen im Vergleich zu den Beinen durch die somatotopische Anordnung der langen Bahnen. Symptome je nach Höhe der Läsion, in manchen Fällen ist die resultierende Restfunktion bis auf eine sakrale Aussparung beschränkt. Restfunktionen im Perianal- und Genitalbereich, frühzeitige Remission der Blasen- und Mastdarmfunktion sowie der sensomotorischen Funktionen der Beine. Motorische Ausfälle im Armbereich bleiben häufig bestehen. Dissoziierte Sensibilitätsstörung.

► **Vorderes Rückenmarksyndrom:** Zentrale Lähmung der Extremitäten in Verbindung mit einer gestörten Wahrnehmung von Schmerz, Temperatur und Berührung. Erhaltene Funktion der Hinterstränge (Lage- und Vibrationsempfinden). Dissoziierte Sensibilitätsstörung.

► **Hinteres Rückenmarksyndrom:** Störungen von Lage- und Vibrationsempfinden. Sensible Ataxie, gestörte Feinmotorik.

► **Brown-Séquard-Syndrom:** Halbseitige Rückenmarkläsion mit homolateraler Parese und Hypästhesie bei kontralateralem Ausfall der Schmerz- und Temperaturempfindung (dissoziierte Sensibilitätsstörung). Bei fast allen Patienten kommt es zu einer partiellen Rückbildung der motorischen und sensiblen Ausfälle und einer Normalisierung der Blasen- und Mastdarmfunktion.

► **Conus-medullaris- und Cauda-equina-Syndrom:**
  • Isolierte Läsion des Conus medullaris (S3–S5) verursacht neben einer „Reithosenanästhesie" Miktions-, Defäkations- und Sexualfunktionsstörungen (Konussyndrom).
  • Bei einer Cauda-equina-Läsion zeigen sich radikuläre motorische und sensible Ausfälle an den unteren Extremitäten.

Tabelle 17.7 **· Klinische Differenzierung zwischen Konus- und Kaudasyndrom**

Konussyndrom	Kaudasyndrom
Sensibilitätsstörung:	
• Reithosenanästhesie	• Reithosenanästhesie
• bilateral, symmetrisch	• asymmetrisch
• eher früh im Verlauf	• eher spät im Verlauf
Schmerzen:	
• eher ungewöhnlich	• fast immer
• leicht	• stark
• bilateral, symmetrisch	• asymmetrisch
• perineal + Hüftregion	• radikulär
schlaffe Paresen:	
• symmetrisch (v. a. distal!)	• asymmetrisch
• leicht	• mittel- bis hochgradig
• keine Atrophie	• Atrophie vorhanden
Reflexe:	
• ASR erloschen, PSR normal	• variabel

Tabelle 17.7 · Fortsetzung	
Konussyndrom	**Kaudasyndrom**

Sphinkterstörung:

▸ früh + hochgradig	▸ spät + weniger schwer
▸ Anal- + Bulbokavernonusreflex erloschen	▸ meist normaler Reflexstatus

Sexualfunktionsstörung:

▸ Erektion + Ejakulation	▸ eher ungewöhnlich

17.3 Therapie und Prognose

Therapieprinzipien

- ▶ Vermeidung sekundärer Schäden.
- ▶ Gabe von ultrahochdosiertem Methylprednisolon: siehe Wirbelsäulenverletzung S. 214.
- ▶ Symptomatische Therapie: Kreislaufstabilisierung, Thromboseprophylaxe.
- ▶ Operative Versorgung von instabilen Wirbelsäulenfrakturen (vgl. HWS S. 216, BWS/LWS S. 220, 221).
- ▶ Suprapubische Drainage der Blase (S. 58).
- ▶ Regelmäßige Lagerungswechsel.
- ▶ Physiotherapie, Atemtherapie.
- ▶ Regelmäßige Wiederholung der neurologischen Untersuchung.

Allgemeine Therapie

- ▶ **Schockbehandlung:** Bei traumatischen Begleitverletzungen entsprechende Therapie (S. 28).
  - ◻ *Cave:* Bei Para- oder Tetraplegie ist der Blutdruck üblicherweise erniedrigt – auch ohne das Vorliegen von Begleitverletzungen –, es besteht aber keine Tachykardie! Abgrenzung zum hämorrhagischen Schock: Bei spinalem Schock ist die Peripherie warm!
- ▶ **Dekubitusprophylaxe:** Schaumgummimatratze (2-stündliches Umlagern „en bloc"), intensive Hautpflege, Trockenhalten von Gesäß und Inguinalfalten.
- ▶ **Blase:** Katheterisieren wegen Blasenlähmung mit Harnretention. Frühzeitige suprapubische Harnableitung.
- ▶ **Darm:** Wegen initial bestehendem Ileus tägliche Entleerung des Darms (z.B. mit Dulcolax-Suppositorien, Practo-clyss, hohem Einlauf oder digitaler Ausräumung).
- ▶ **Thromboseprophylaxe:**
  - • Initial 10 000 IE Heparin i.v. über 24 Stunden, später Übergang zu niedermolekularem Heparin 1-mal täglich s.c.
  - • Physiotherapie (s. u.).
- ▶ **Physiotherapie:** 2- bis 3-mal täglich Durchbewegung der großen und kleinen Gelenke zur Verhinderung von Kontrakturen und als Thromboseprophylaxe.
- ▶ **Atemtherapie.**
- ▶ **Lagerung:** Leicht abgespreizte, gestreckte Arme und Beine. Polster in der Hohlhand (Funktionsstellung), Fuß in Rechtwinkelstellung (mit Gipsschiene oder

Läsionen des Rückenmarks

hohen, über das obere Sprunggelenk hinausreichenden Schuhen). Zur Verhinderung eines Fersendekubitus Ferse frei lagern.

Operative Therapie

► Siehe Wirbelsäulenverletzungen S. 216, 221.

Nachbehandlung

► Je nach Verlauf und Rückbildung bzw. Persistenz der Symptome Rehabilitation in einem Zentrum für Querschnittverletzte.

Prognose

► Die Prognose hängt entscheidend vom Ausmaß der primären Verletzung ab.
► Die Symptome können sich innerhalb von Tagen bis zu etwa 6 Wochen zurückbilden. Danach zeigen sich je nach Ausdehnung und Höhe der Rückenmarkschädigung die Symptome einer zentralen Lähmung mit Spastik und Reflexsteigerungen.
► Wenn nach einer kompletten Querschnittlähmung durch Rückenmarkverletzung innerhalb von 24–48 Stunden keine Besserung eintritt, kann mit einer Erholung kaum noch gerechnet werden.
► Bei partiellen Querschnittlähmungen kann bei 60% der Patienten mit einer bedeutsamen, funktionellen Erholung gerechnet werden.
► Anal- und Bulbokavernosusreflex sind in 90% der Fälle nach 24–48 Stunden wieder auslösbar, solange keine Schädigung von Konus oder der Nervenwurzeln S 3–S 4 vorliegt.

18 Thorax

18.1 Leitsymptome

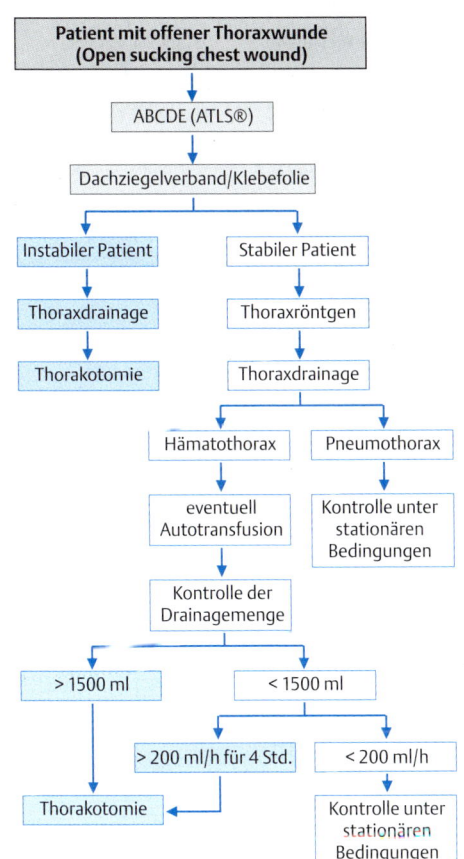

Patient mit offener Thoraxwunde (Open sucking chest wound)

ABCDE (ATLS®)

Dachziegelverband/Klebefolie

Instabiler Patient · Stabiler Patient

Thoraxdrainage · Thoraxröntgen

Thorakotomie · Thoraxdrainage

Hämatothorax · Pneumothorax

eventuell Autotransfusion · Kontrolle unter stationären Bedingungen

Kontrolle der Drainagemenge

\> 1500 ml · < 1500 ml

\> 200 ml/h für 4 Std. · < 200 ml/h

Thorakotomie · Kontrolle unter stationären Bedingungen

Abb. 18.1 Algorithmus zum Vorgehen bei offener Thoraxverletzung („open sucking chest wound")

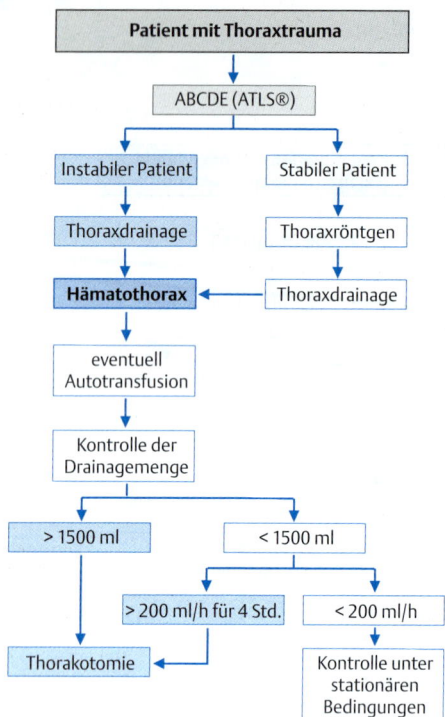

Abb. 18.2 Algorithmus zum Vorgehen bei Blutung aus Thoraxdrainage

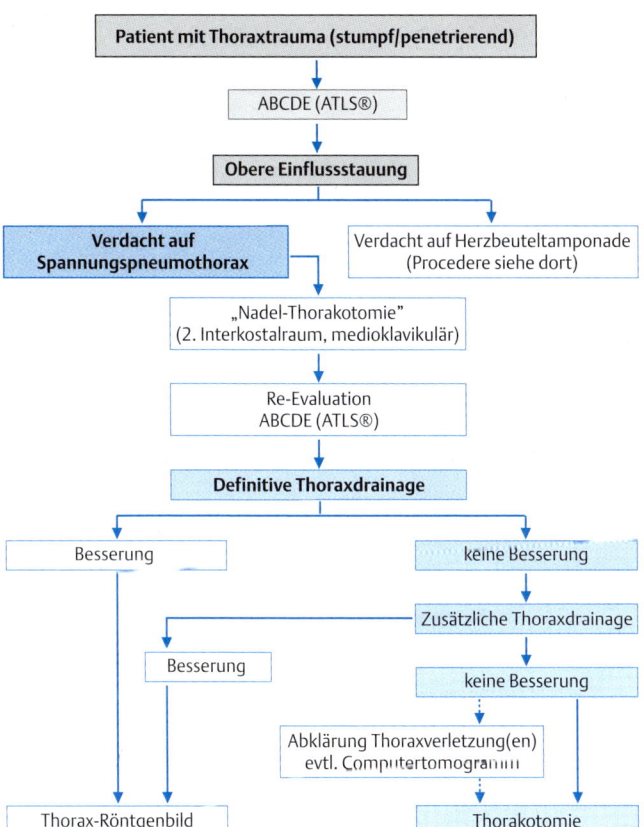

Abb. 18.3   Algorithmus zum Vorgehen bei oberer Einflussstauung (Spannungspneumothorax)

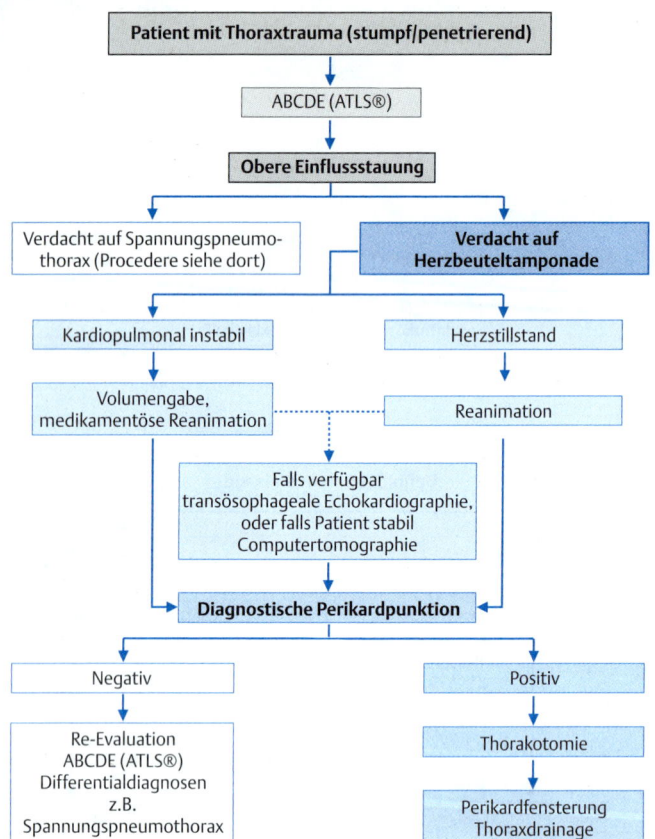

Abb. 18.4 Algorithmus zum Vorgehen bei oberer Einflussstauung
(Herzbeuteltamponade)

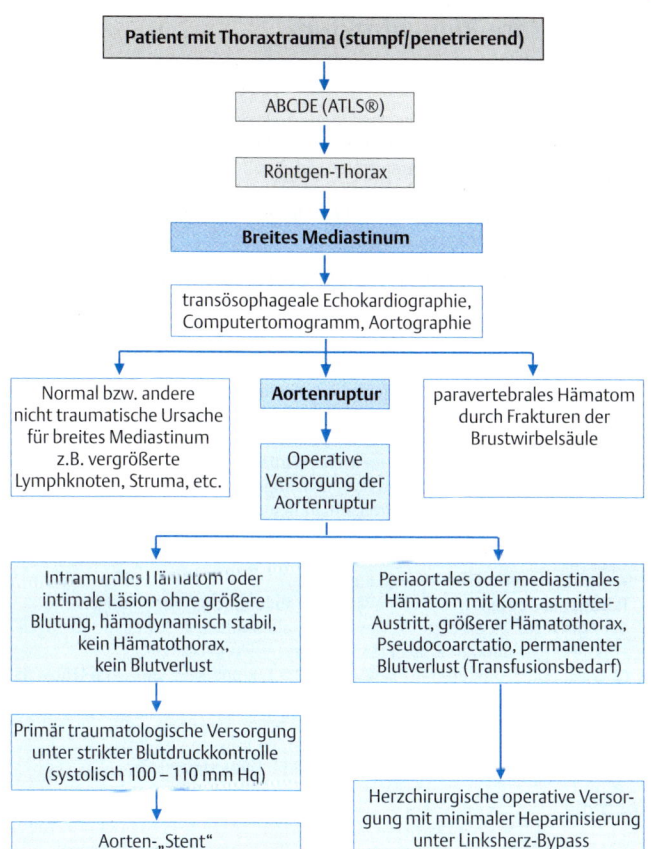

Abb. 18.5 Algorithmus zum Vorgehen bei breitem Mediastinum im Röntgenthorax

18.2 Solitäre Rippenfraktur

Grundlagen

▶ **Definition:** Fraktur einer einzelnen Rippe im knöchernen oder knorpeligen Anteil.
▶ **Ursachen, Verletzungsmechanismus:** umschriebenes direktes Trauma (Schlag, Stoß). Pathologische Frakturen treten auf durch Bagatelltraumen (z. B. forciertes Husten) bei Osteoporose oder Tumorleiden.
▶ **Klassifikation:** Nummerierung der betroffenen Rippe mit Lokalisation der Fraktur und Dislokation der Fragmente.

Klinische Symptomatik und diagnostisches Vorgehen

▶ **Leitsymptom:** atemabhängige Schmerzen im Frakturbereich, forciert beim Anhusten.
▶ **Klinische Untersuchung:** siehe Erstdiagnostik S. 7. Lokaler Druckschmerz, Kompressionsfernschmerz bei seitlichem oder sagittalem Druck auf den Thorax, selten Krepitation. Prellmarke, Hämatom der Brustwand.
▶ **Röntgen-Thorax** (in 2 Ebenen im Stehen, evtl. knöcherner Hemithorax):
  • *Knöcherne Strukturen:* Frakturen von Wirbelsäule, Rippen, Sternum?
    ◻ *Hinweis:* Solitäre Frakturen sind häufig im initialen Röntgenbild nicht zu erkennen → immer Kontrollaufnahmen nach einigen Tagen!
  • *Pleuraraum:* Pneumothorax, Hämatothorax?
  • *Lungen:* Kontusionen, Blutungen?
  • *Mediastinum:* Verbreiterung, Emphysem?
▶ **Röntgenabdomen:** freie Luft (Ausschluss abdomineller Verletzungen)?
▶ **Sonographie:** Pleuraerguss? Ausschluss abdomineller Begleitverzungen bei Frakturen der unteren Rippen (Milz-, Leber-, Nierenverletzung).
  ◻ *Cave:* Solitärfrakturen im Bereich der 1.–3. Rippe sind immer ein Hinweis auf eine große Gewalteinwirkung, sodass Verletzungen der A. und V. subclavia, des Truncus brachiocephalicus, des Plexus brachialis oder intrathorakale Begleitverletzungen ausgeschlossen werden müssen!
▶ **Differenzialdiagnose:** Rippenprellung, Sternumfraktur.

Therapie

▶ **Konservative Therapie** (in den meisten Fällen ambulant durchführbar):
  • *Indikation:*
    – Solitäre Fraktur *ohne* Pneumo- bzw. Hämatothorax.
    – Bei schmalem Mantelpneumothorax (< 2 Finger breit) keine Drainage, aber radiologische Verlaufskontrolle bis zur vollständigen Resorption.
  • *Vorgehen:*
    – Symptomatische Behandlung mit Analgetika (*cave:* Schmerzbedingte Hypoventilation mit konsekutiver Atelektase und Pneumonie).
    – Dämpfung des Hustenreizes (z. B. 20–40 Tropfen Paracodin).
  ◻ *Cave:* Keine zirkulären Verbände wegen Behinderung der Atemmechanik!
▶ **Operative Therapie:** indiziert bei Pneumothorax > 2 Finger breit → Pleuradrainage (Technik s. S. 60) und stationäre Aufnahme.

Nachbehandlung und Prognose

▶ **Nachbehandlung:** Analgetika bis zum Abklingen der Symptome, intensive Atemtherapie, Röntgenkontrolle.

► **Prognose:** Restitutio ad integrum, aber über längere Zeit Schmerzen im betroffenen Bereich möglich. Selten Interkostalneuralgie.

18.3 Rippenserienfrakturen

Grundlagen

► **Definition:** Frakturen von 3 oder mehr benachbarten Rippen.
► **Verletzungsmechanismus:** massive stumpfe Gewalteinwirkung auf den Thorax, z. B. Einklemmung zwischen Lenkrad und Sitz, nach Verschüttung (Bergwerk, Lawine), Reitunfall.
► **Klassifikation:**
  • Nach Anzahl der betroffenen Rippen.
  • „Volet mobile" bei Serienstückfrakturen.
  • Doppelte Rippenserienfrakturen.

Klinische Symptomatik

► **Massive Schmerzen** mit schmerzbedingter Atemhemmung/Schonatmung und Störung der Atemmechanik durch Instabilität. „Nachhinken" einer Thoraxhälfte.
  ▷ *Hinweis:* Je weiter ventral die Frakturen lokalisiert sind, desto schwerer ist die Beeinträchtigung der Atemmechanik. Bei paravertebral gelegenen Frakturen wirkt die Schienung durch die Rückenmuskulatur weniger destabilisierend.
► **„Paradoxe Atmung"** bei Serienstückfrakturen: inspiratorische Einziehung und exspiratorische Vorwölbung des instabilen Wandsegmentes („Volet mobile").
► **Kreislaufstörungen** durch intrathorakale Begleitverletzungen: Lungen- und Myokardläsionen, Bronchus- und Aortenruptur.
► **Extrathorakale Begleitverletzungen** (häufig): Schädel-Hirn-Trauma, stumpfes Bauchtrauma, Extremitätenverletzungen.

Diagnostisches Vorgehen

► **Klinische Untersuchung:** siehe oben und Erstdiagnostik S. 7.
► **Röntgenthorax a.p.:**
  • Durchführung im Liegen oder in halbsitzender Position (falls möglich im Stehen).
  • Beurteilung: sichtbare Läsionen im knöchernen Anteil der Rippen (allerdings nicht im knorpeligen Anteil!). Verschobene Frakturenden der Rippen. Pneumobzw. Hämatopneumothorax, intrapulmonale Verschattung durch Aspiration, Lungenkontusionen.
► **Röntgensternum seitlich:** Sternumfraktur?
► **Computertomographie** (bei polytraumatisierten Patienten Computertomographie in Spiraltechnik): thorakale und abdominelle Verletzungen? → intrapulmonale Blutungen, Zwerchfellruptur, Ergussbildungen?
  ▷ *Hinweis:* Es bietet sich an, im gleichen Untersuchungsgang stammnahe Frakturen im „Scout-Topogramm" auszuschließen.
► **Sonographie:** Pleuraerguss? Herz-/Perikarderguss? Freie Flüssigkeit im Abdomen, insbesondere bei Frakturen der unteren Rippen (Milz-, Leber-, Nierenverletzung)?
► **EKG:** Rhythmus- und Repolarisationsstörungen bei Herztrauma?
► Extrathorakale Begleitverletzungen?

Therapie

► **Sicherung der Sauerstoffversorgung:**
- *Spontanatmung:*
  - Auch bei gestörter Atemmechanik anzustreben, da sie gegenüber der Respiratorbeatmung mit einem geringeren Risiko der bronchopulmonalen Infektion belastet ist.
  - Voraussetzungen: kein Bewusstseinsverlust, keine schweren intrapulmonalen Verletzungen, keine funktionelle respiratorische Insuffizienz ($pO_2 > 8$ kPa), ausreichende Analgesie (s. u.).
- *Respiratorbehandlung:*
  - Indikation: Anzeichen von respiratorischer Insuffizienz (Tachykardie, Tachypnoe, $pO_2 < 8$ kPa).
  - Ziel, Prinzip: Aufhebung der schmerzbedingten Hypoventilation, Schienung der instabilen Thoraxwand → Reduktion von Atelektasen und intrapulmonalen Shunts.
  - ▷ *Cave:* Dabei akute Gefahr eines Spannungspneumothorax → obligatorisch Pleuradrainage beim primärem Pneumothorax!

► **Analgesie bei Spontanatmung:**
- Hoch dosierte Analgetika regelmäßig oder als „Patient controlled Analgesia" (PCA), z. B. Pethidin, Nicomorphin (evtl. i.v.) unter stationärer Überwachung.
- In schweren Fällen thorakaler Epiduralkatheter zur intrathekalen Applikation von Lokalanästhetikum (z. B. 0,375 % Naropin 4–8 ml/h) unter intensivmedizinischer Überwachung und regelmäßiger Blutgasanalyse.

► **Intensive Atemgymnastik:** kinetische Therapie, Lageveränderungen des Patienten (evtl. intermittierende Bauchlage), medikamentöse Sekretolyse, Frühmobilisation.

► **Bei gleichzeitiger ipsilateraler Klavikulafraktur** operative Stabilisierung zur Verbesserung der Atemmechanik (auxiliäre Atemmuskulatur).

► **Pleurasaugdrainage:**
- *Indikationen:* Hämato-/Pneumothorax, prophylaktisch bei Rippenserienfrakturen (bei geplanter Überdruckbeatmung), Mantelpneumothorax (zur Vermeidung eines Spannungspneumothorax bei Sekundärverlegungen mit dem Helikopter).
- *Prinzip:* Einlage einer intrapleuralen Saugdrainage durch eine Minithorakotomie bis zur vollständigen Wiederausdehnung der Lunge und Evakuation von Blut und Luft aus dem Pleuraraum. Die Ausdehnung der Lunge ist Voraussetzung zur Verklebung der Luftleckage und stoppt eine eventuelle Blutung aus dem Lungenparenchym in die Pleurahöhle.
- *Vorgehen:*
  - Minithorakotomie: Lokalanästhesie, ca. 4 cm langer Hautschnitt über 6. Rippe in der mittleren Axillarlinie. Mit stumpfer Schere Präparation eines subkutanen und transmuskulären Kanals. Vorsichtiges Durchstoßen der Interkostalmuskulatur am Oberrand der 6. Rippe und der Pleura parietalis. Exploration des Pleuraraumes mit dem Finger, evtl. stumpfes Lösen von Verwachsungen. Legen der Pleurasaugdrainage über Finger nach oben dorsal ohne Trokar. Fixation an der Thoraxwand. Anschluss an ein Saugsystem (Sog ≥ 25 cm H_2O).
  - ▷ *Hinweise:*
    - Bei reinem Pneumothorax anteriorer Zugang im 2.–3. Interkostalraum Medioklavikularlinie, Pleurasaugdrainge Charrière 20, z. B. Argyle-Trokar-Katheter.

- – Bei Frauen aus kosmetischen Gründen über einen lateralen Zugang (Mammaumschlagfalte), Drainage wird vor der Lunge nach vorne kranial geschoben.
- – Bei Hämatopneumothorax lateraler Zugang im 4.–6. Interkostalraum in der mittleren Axillarlinie. Pleurasaugdrainage ≥ Charrière 32.
- • *Nachweis der richtigen Lage der Pleurasaugdrainage:*
  - – Beim Einlegen kommt Blut, Niederschlag von Wasserdampf am Inneren des Schlauches, atemabhängiges „Spielen" des Blutpegels im Schlauchsystem.
  - – Röntgenkontrolle.
- ► **Thorakotomie:**
  - • *Indikationen:* Bei persistierender Blutung (> 1,5 l initial, > 200 ml stündlich) und/oder bei Pneumothorax trotz funktionierender Drainage (anhaltendes erhebliches Luftleck).
  - • *Vorgehen:* s. S. 243.

Nachbehandlung

- ► Intensive Atemtherapie.
- ► Entfernen der Pleurasaugdrainage: unter Sog mit einem Ruck in Exspirationsstellung. Danach Dachziegelverband für 48 Stunden. Kontrollthorax im Stehen zum Ausschluss eines verbliebenen Pneumothorax.
- ► Entfernung der Pleurasaugdrainage bei einer Drainagemenge < 150 ml/24 h und bei vollständig entfalteter Lunge.

Prognose

- ► Abhängig von den Begleitverletzungen.

18.4 Hämato-(Pneumo-)Thorax

Grundlagen

- ► **Definition:** posttraumatische Blut- und Luftansammlung im Pleuraraum.
- ► **Ursachen, Verletzungsmechanismus:**
  - • *Geschlossener Hämatopneumothorax:* stumpfes Thoraxtrauma mit Verletzung der viszeralen Pleura (Lungenlazeration, Anspießung durch Rippenfragmente, tracheobronchiale Verletzung).
  - • *„Blast Lung":* Druckwelle von Explosionen schädigen das Lungengewebe durch die Brustwand und *nicht* via Luftwege. Die „Implosion" der komprimierten Alveolarräume treibt Luft in die Alveolarkapillaren → Luftembolie → „Sudden Death".
  - • *Offener Hämatopneumothorax:* Verletzung der Thoraxwand mit klaffendem Leck und „Sucking Wound"; nahezu immer Mitverletzung der Lunge durch penetrierendes Trauma (Schuss, Stich).
  - • *Hämatothorax ohne Pneumothorax:* Läsion der parietalen Pleura und Interkostalgefäße durch Rippenfrakturen und/oder Organe des Mediastinums (z. B. Aortenruptur), im Pleuraraum kein Tamponadeneffekt. Dabei sind bis zu 6 Liter Blut in einer Pleurahöhle möglich.
  - • *Iatrogen bedingter Hämatopneumothorax:* Punktionsversuch der V. subclavia mit konsekutiver Verletzung des Lungenparenchyms.

Klinische Symptomatik und Befunde

► **Allgemeine klinische Symptomatik:**
- Schmerzen, Dyspnoe bei ausgeprägtem Hämato-(Pneumo-)Thorax.
- Hämorrhagischer Schock bei massiver Blutung.
- Orthopnoe, Angst, Unruhe.
- Totalkollaps der Lunge nur bei Fehlen pleuraler Adhäsionen.

► **Spezielle klinische Symptomatik:**
- *Mediastinalflattern* (bei offenem Pneumothorax):
  - *Definition:* Verschiebung des Mediastinums während der Inspiration zur gesunden Seite und bei Exspiration zur verletzten Seite, wodurch die Luftfüllung der gesunden Lunge beeinträchtigt wird.
  - *Klinische Folgen:* akut lebensbedrohliche Situation mit gestörtem Blutrückfluss zum Herzen, Hypoxämie und Herzrhythmusstörungen!
- *Spannungspneumothorax* (Abb. 18.6):
  - *Definition:* Luftansammlung im Pleuraraum durch Lungen-/Bronchusverletzung mit Anstieg des intrapleuralen Druckes durch Ventilmechanismus (Luft wird durch Inspiration in die Lunge eingesogen, bei Exspiration wird die Luft durch die Leckage in den Pleuraspalt gedrückt und kann den Pleuraraum nicht mehr verlassen).
  - *Klinische Folgen:* massiver Druckanstieg in der betroffenen Pleurahöhle mit Kollaps der Lunge, Verschiebung des Mediastinums zur Gegenseite, Störung des venösen Rückstroms zum Herzen, Abfall des Herzzeitvolumens, Hypoxämie, letztendlich lebensbedrohliche kardiopulmonale Funktionsstörung!

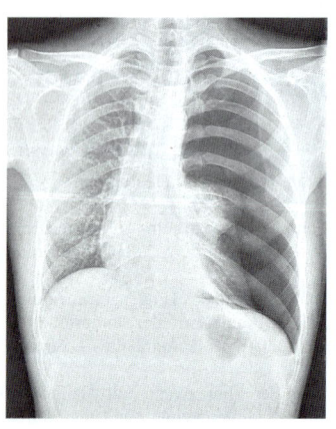

Abb. 18.6   Spannungspneumothorax links mit deutlicher Mediastinalverschiebung

Diagnostisches Vorgehen

► **Klinische Untersuchung:** siehe Erstdiagnostik S. 7.
- *Atemmechanik:* Nachhinken der betroffenen Thoraxhälfte, paradoxe Atmung? Lufthunger, Tachypnoe, Tachykardie?
- *Auskultation:* abgeschwächtes oder fehlendes Atemgeräusch?
- Einflussstauung (Zyanose, gestaute Halsvenen)?

- Subkutanes Hautemphysem? – Anfangs am oberen Thorax (z. B. Mamma) und Hals, sekundär auf Gesicht (Augenlider), Schulter und Bauchdecke (z. B. Skrotum) übergreifend.
- Penetrierendes Thoraxtrauma? → Aufsuchen der Eintritts- bzw. Austrittswunden, extrathorakale Verletzungen?

▶ **Sonographie:** Nur bedingt aussagefähig wegen Schallschatten. Bei massivem Erguss Flüssigkeitsnachweis ohne den normalerweise vorhandenen Schallschatten im Thoraxbereich.

▶ **Röntgen** (Abb. 18.6):
- *Thorax stehend p.a oder halb sitzend.* Typisches Bild: Blut im unteren Thoraxbereich (Flüssigkeitsspiegel sind ab 200 ml sichtbar, darüber Luft). Auf eine evtl. Verlagerung des Mediastinums und Skelettverletzungen achten.
- *Thorax im Liegen:* Hämatothorax ist wegen flächiger Ausbreitung als diffuse Verschattung erkennbar. (Differenzialdiagnose: Atelektasenbildung; Zwerchfellruptur ausschließen [S. 258]!)

▶ **Computertomographie:** Mediastinalverletzung, ventraler Pneumothorax, Lungenkontusion, sonstige thorakale oder abdominale Verletzungen.

▶ **EKG:** Herzkontusion? Herzrhythmusstörungen?

▶ **Blutgasanalyse:** Gasaustauschstörungen?

▶ **Pulsoxymetrie:** Sauerstoffsättigung?

Differenzialdiagnose

▶ Spontanpneumothorax.
▶ Zwerchfellruptur mit intrathorakaler Verlagerung des Magens (S. 258).

Therapie

▶ **Notfalltherapie bei Spannungspneumothorax** (klinische Diagnose s. o., lebensbedrohliche Notfallsituation!):
- Sofortige Entlastung durch Punktion der Pleurahöhle im 2. oder 3. Interkostalraum in der Medioklavikularlinie zumindest mit großlumiger Kanüle (möglichst Ventilkanüle).
- Endgültige Therapie durch Pleurasaugdrainage (S. 60).

▶ **Offener Pneumothorax:**
- Notfallmäßige endotracheale Intubation und Beatmung (zur Verminderung des Mediastinalflatterns), lockerer Verband über offener Thoraxwunde.
- Wenn die Intubation nicht möglich ist, Umwandlung des offenen in einen geschlossenen Pneumothorax durch Anlegen eines luftdichten Klebeverbandes (verhindert Mediastinalflattern) mit gleichzeitiger Pleuradrainage (S. 60) zur Vermeidung eines Spannungspneumothorax.

▶ **Geschlossener Hämatothorax:**
- Kleine Ergüsse (< 200 ml) → keine Drainage notwendig (aber Röntgenkontrolle nach 12–24 h!).
- Ergüsse > 200 ml → eine, evtl. zwei (dann apikal und dorso-kaudal) Pleurasaugdrainage(n) einlegen.
- Kontrolle der Kreislaufverhältnisse und Volumensubstitution.

▶ **Respiratorbehandlung:** s. S. 240.

▶ **Thorakotomie:**
- *Indikationen:*
  - Massiver Luft- und/oder Blutverlust (> 1,5 l initial bzw. > 200 ml/h).
  - Koagulierter Hämatothorax (wegen Empyemgefahr ist die operative Ausräumung notwendig).

- *Technik:*
  - Zugang im 5. ICR oder im Bereich einer Thoraxwunde.
  - Blutstillung, Débridement, Übernähung, evtl. Resektion von lazerierten Lungenabschnitten, Einlage von Pleurasaugdrainagen, Verschluss des Thorax.
- ▶ **Videoassistierte** Thorakotomie (VATS): indiziert bei Koagulothorax.

Nachbehandlung

- ▶ **Röntgenkontrollen:**
  - Postoperativ sowie in regelmäßigen Abständen (täglich!) bis zur Entfernung der Pleurasaugdrainage.
  - Nach Entfernung der Drainage innerhalb von 24 Stunden Röntgenthorax im Stehen zum Ausschluss eines Pneumothorax.
  - Sofort bei Atemnot neben klinischer Untersuchung zum Ausschluss eines Spannungspneumothorax.

Prognose

- ▶ Abhängig vom Ausmaß der Lungen- oder sonstigen Verletzungen.
- ▶ Möglicherweise Ausbildung von Pleuraschwarten bzw. einer restriktiven Ventilationsstörung.

18.5 Chylothorax

Grundlagen

- ▶ **Definition:** Ansammlung von Lymphflüssigkeit in der Pleurahöhle.
- ▶ **Ursachen, Verletzungsmechanismus:** Verletzung des Ductus thoracicus durch stumpfes (Hyperextensionstrauma oder Translation der Wirbelsäule, Sturz aus großen Höhen, schwere Thoraxkompression) oder penetrierendes Thoraxtrauma, postoperativ.

Klinische Symptomatik und Befunde

- ❑ *Leitsymptom:* Ständig nachlaufender Pleuraerguss von bis zu 2 Litern pro Tag.
- ▶ Ergussbildung und evtl. Schmerzen (bei zusätzlichen Rippenfrakturen) 2–10 Tage nach dem Thoraxtrauma.
- ▶ Dyspnoe durch Kompression der Lunge.
- ▶ Meist Zufallsbefund bei Pleurasaugdrainage (milchiger Erguss).

Diagnostisches Vorgehen

- ▶ **Klinische Untersuchung:** siehe oben und Erstdiagnostik S. 7.
- ▶ **Röntgen:** Thorax in 2 Ebenen im Stehen. Deutliche Ergussbildung im betroffenen Thoraxbereich.
- ▶ **Sonographie:** Differenzierung Erguss – solider Pleuraprozess.
- ▶ **Diagnostische Pleurapunktion und Analyse des Pleurapunktates** (zur Differenzierung ob Chylus, Trans- oder Exsudat):
  - Spezifisches Gewicht, Gesamteiweiß, LDH, Glukose, Leukozyten, Erythrozyten, Triglyzeride, Lipase. Anfärben mit Sudan III ergibt spezifische Anfärbung der Fetttröpfchen.
  - Bakterielle Diagnostik, Tbc-Diagnostik, Zytologie.

Differenzialdiagnose

► Pleuraerguss, Hämatothorax und Pleuraempyem.
► Gestörter Lymphabfluss durch Malignome oder kongenitale Lymphgefäßdysplasien, Pleurakarzinom.

Therapie

► **Konservative Therapie:** initial immer! → Drainage und totale parenterale Ernährung.
► **Operative Therapie:**
  • *Thoraxdrainage* (S. 60): indiziert bei großen Flüssigkeitsmengen.
  • *Operativer Verschluss des Lymphlecks* (über Thorakotomie oder VATS):
    – Indikation: erfolglose konservative bzw. Drainagetherapie, spätestens nach 3 Wochen.
    – Prinzip, Ziel: Ligatur des Ductus thoracicus. Der Lymphabfluss erfolgt dann über das Kollateralsystem.
    – Technik: *a)* rechtsseitige tiefe posterolaterale Thorakotomie (Technik s. S. 244) oder *b)* über einen video-assistierten thorakoskopischen Eingriff (VATS= video-assisted thorascopic surgery).

Nachbehandlung und Prognose

► **Nachbehandlung:** abhängig von Begleitverletzungen.
► **Prognose:** Restitutio ad integrum.

18.6 Lungenverletzung

Grundlagen

► **Definition:** Verletzung der Lunge durch stumpfes, penetrierendes oder Barotrauma.
► **Ursachen, Verletzungsmechanismus:** Thoraxkontusion/-kompression, evtl. verbunden mit Rippenfrakturen. Penetrierendes Thoraxtrauma durch Schuss, Stich (Abb. 18.7) oder Pfählung, Lungenkontusionen durch Explosions-(Baro-)Trauma (vgl. S. 124).

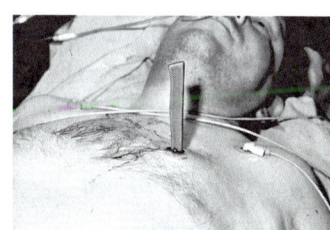

Abb. 18.7 Messerstichverletzung linker Thorax

► **Klassifikation:**
  • *Lung Injury Scale* nach Moore et al.: s. Tab. 18.1.

Tabelle 18.1 · Lung Injury Scale (nach Moore et al.)

Grad	Verletzungsart	Beschreibung	AIS-90 (S. 91)
I	Kontusion	unilateral < 1 Lappen	3
II	Kontusion	unilateral, 1 Lappen	3
	Lazeration	einfacher Pneumothorax	3
III	Kontusion	unilateral > 1 Lappen	3
	Lazeration	distale Luftleckage > 72 Stunden persistierend	3–4
	Hämatom	intraparenchymal, nicht zunehmend	
IV	Lazeration	größere Luftleckage (Segment- oder Bronchusniveau)	4–5
	Hämatom	intraparenchymal, zunehmend	
	Gefäß	Bronchialgefäßverletzung	3–5
V	Gefäß	Hilusgefäßverletzung	4
VI	Gefäß	Transsektion des Hilus	4

- *Lungenkontusion:* Parenchymverletzung ohne Läsion der viszeralen Pleura. Der Kontusionsherd führt zu intrapulmonalen Blutungen, Infiltraten, Atelektasen und perifokalem Ödem. Kein Luft- oder Blutaustritt in den Pleuraraum.
- *Lungenlazeration:* Parenchymverletzung mit Ruptur der viszeralen Pleura; neben intrapulmonalen Blutungen Hämatothorax und/oder Pneumothorax, durch stumpfes oder penetrierendes Trauma.
- *Sonderformen der Lungenruptur:*
  - Intrapulmonales Hämatom: Sonderform der zentralen Lungenruptur.
  - Posttraumatische Lungenpseudozyste (Pneumatozele).
  - Explosionsverletzungen (sog. blast injuries).
  - Traumatisches Asphyxiesyndrom.

Klinische Symptomatik und Befunde

▶ Abhängig vom Ausmaß der Lungenverletzung bzw. des Thoraxtraumas und der Begleitverletzungen reicht das klinische Spektrum von keinerlei Beeinträchtigung bis zur schwersten Dyspnoe und/oder Kreislaufinstabilität, Hämoptoe (Aushusten von schaumigem Blut).

Diagnostisches Vorgehen

▶ **Klinische Untersuchung:** siehe oben und Erstdiagnostik S. 7. Auf mögliche intrathorakale Begleitverletzungen achten (z. B. Contusio cordis, Aortenruptur).
▶ **Röntgenthorax stehend, p.a. und seitlich:**
  - *Rippenserienfrakturen?* Lokalisierte Parenchymverschattung im Bereich der Thoraxwandverletzung? Hämatothorax oder Pneumothorax (bei Einriss der viszeralen Pleura)?

- *Posttraumatische Lungenpseudozyste (Pneumatozele):* Teils mit Sekret, teils mit Luft gefüllter Hohlraum?
- *Explosionsverletzungen* („Blast Injuries" → *cave:* Luftembolie; s. S. 124): Pneumo-, Hämatothorax, Mediastinalemphysem, Zeichen eines interstitiellen und alveolären Lungenödems?
► **Computertomographie:** Bestimmung des Verletzungsausmaßes, Lungenkontusionen und -lazerationen, sonstige thorakale oder abdominelle Verletzungen.
► **Blutgasanalyse:** gestörter Gasaustausch?

Therapeutisches Vorgehen

► **Sicherung der Sauerstoffversorgung:**
- *Spontanatmung:* Vorteile und Voraussetzungen s. S. 240.
- *Respiratorunterstützung:*
  – Indikationen: Bewusstseinsstörung oder klinische, blutgasanalytische und/ oder radiologische Verschlechterung nach anfänglicher Spontanatmung, Anzeichen einer respiratorischen Insuffizienz (Tachykardie, Tachypnoe, Fieber, evtl. Zyanose, $pO_2 < 8$ kPa, zunehmende Unruhe des Patienten, Somnolenz).
  ▷ *Hinweis:* Die Verschlechterung der Blutgasanalyse geht den radiologischen Veränderungen um Stunden oder Tage voraus.
  – Vorteile: Respiratoratmung verbessert den Gasaustausch, eröffnet Atelektasen und reduziert den intrapulmonalen Shunt, reduziert die pathologisch gesteigerte Atemarbeit und den Energieverbrauch des Verletzten (durch Fieber, Tachykardie).
  – Nachteile: erschwerte Beurteilung des klinischen Neurostatus und Abdominalbefundes, Vervielfachung des Luftaustritts bei Lungenleckage (Pleurasaugdrainage!), erhöhte bronchopulmonale Infektionsgefahr (Hospitalismus) und bei längerfristiger Anwendung Gefahr irreversibler Veränderungen des Lungenparenchyms (Sauerstofftoxizität, Barotrauma).
  ▷ *Hinweis:*
  – Die Verfügbarkeit der Computertomographie und der Sonographie relativiert die oben genannten Überwachungsprobleme bezüglich Schädel und Abdomen.
  – Bei beatmeten Polytraumatisierten mit Thorax-, Schädel- und Abdominalverletzungen ist zur optimalen Überwachung ein hoher personeller und apparativer Aufwand notwendig.
► **Analgesie bei Spontanatmung:**
- Hoch dosierte Analgetika regelmäßig oder als „Patient-controlled Analgesia" (PCA), z.B. Pethidin, Nicomorphin (evtl. i.v.) unter stationärer Überwachung.
- In schweren Fällen thorakaler Epiduralkatheter zur intrathekalen Applikation von Lokalanästhetikum (z.B. 0,375% Naropin 4–8 ml/h) unter intensivmedizinischer Überwachung und regelmäßiger Blutgasanalyse.
► **Thoraxdrainage** (S. 60):
- *Indikationen:* Pneumo- oder Hämatopneumothorax bis zur vollständigen Wiederausdehnung der Lunge und Verklebung der Leckage.
- Die biologische Besonderheit des verletzten Parenchyms ist die Tendenz zur spontanen Hämostase, sodass bei entfalteter Lunge eine operative Entfernung lazerierten Gewebes fast nie notwendig ist.
► **Thorakotomie:**
- *Indikation:* anhaltende Blutung (> 200 ml/h) und/oder persistierender Pneumothorax trotz funktionierender Drainage zur Versorgung größerer Lungenverletzungen.

- *Vorgehen* (Übernähung, Lungensegmentresektion oder Lobektomie):
  - Halb schräge oder Halbseitenlagerung des Patienten.
  - Anterolaterale Thorakotomie mit der Möglichkeit zur posterolateralen Erweiterung im Bereich der Blutungsquelle oder der Thoraxwunde.
  - Naht von Lungenverletzungen: Mobilisation der verletzten Lunge und nach Anheben vorübergehendes Abklemmen des Lungenhilus mit weicher Gefäßklemme. Hämostase, evtl. Débridement und Naht größerer peripherer Bronchien. Lungenwunden werden mit resorbierbarem Nahtmaterial übernäht.
  - Resektion von lazerierten Lungenabschnitten: Nicht zu erhaltendes Gewebe wird durch ein extra-anatomisches Resektionsdébridement entfernt, seltener Segmentresektion oder Lobektomie. Keine Pneumonektomie.
  - Einlage von einer oder zwei Thoraxdrainagen.
  - Verschluss des Thorax.
- ▶ **VATS:** Indiziert bei koaguliertem, durch Drainage nicht entleerbarem Hämatothorax.

Nachbehandlung und Prognose

- ▶ **Nachbehandlung:** intensive Atemtherapie. Röntgenkontrollen nach Einlage der Pleurasaugdrainage sowie in regelmäßigen Abständen bis zur Entfernung der Drainage.
- ▶ **Prognose:** abhängig von den Begleitverletzungen.

18.7 Tracheobronchialverletzung

Grundlagen

- ▶ **Definition:** (Seltene) Tracheal- und/oder Bronchusverletzung nach stumpfem oder penetrierendem Trauma.
- ▶ **Ursachen, Verletzungsmechanismus:**
  - *Quetschtrauma* beim Einwirken von stumpfer Gewalt: Anpralltrauma ans Lenkrad.
  - *Tracheobronchialruptur:* Entstehung durch massive Thoraxkompression bei geschlossener Glottis, nicht bei gleichzeitiger Lungenlazeration.
  - *Lazeration/Perforation* des Tracheobronchialsystems durch penetrierendes Trauma (Schuss/Stich).
- ▶ **Klassifikation:** Das Ausmaß der Verletzung reicht von der spontan heilenden Schleimhautläsion bis hin zur massiven Zerstörung von Trachea und Bronchialästen. Eine typische Bronchusverletzung ist der quer verlaufende Riss.

Klinische Symptomatik und Befunde

- ▶ Schmerzen, Dyspnoe, Hämoptoe, Asphyxie.
- ▶ Hautemphysem (beginnend in den oberen Thoraxpartien und am Hals, Ausbreitung auf Schultern, Gesicht, Bauchdecken und Skrotum). *Differenzialdiagnose:* subpleurale Lungenlazeration, Pneumothorax mit gleichzeitiger Innenschichtverletzung der Thoraxwand (Zerreißung der parietalen Pleura).
- ▶ Therapieresistenter Pneumothorax trotz liegender Thoraxdrainage.
- ▶ Ausgeprägtes Mediastinalemphysem, therapieresistente Atelektasenbildung, Aspiration.

Diagnostisches Vorgehen

▶ **Anamnese:** Entsprechend dem Unfallmechanismus beim stumpfen Thoraxtrauma beziehungsweise beim penetrierenden Trauma.
▶ **Klinische Untersuchung:** siehe oben und Erstdiagnostik S. 7.
▶ **Bronchoskopie:** Verfahren der Wahl zur Lokalisation des Lecks.
▶ **Röntgenthorax:** mediastinales und subkutanes Emphysem, eventuell in Kombination mit Atelektasen. Evtl. Hämatopneumothorax, Spannungspneumothorax und Rippenfrakturen.
▶ **CT** (Abb. 18.8):

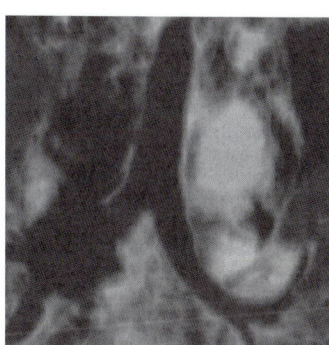

Abb. 18.8 Schweres Thoraxtrauma mit CT-Darstellung von Trachea und Bronchien, Ruptur des rechten Hauptbronchus

Therapieprinzipien

▶ **Konservative Therapie** bei bronchoskopisch gesicherter kleiner Schleimhautverletzung, Entfaltung der Lunge, Verschwinden des Pneumothorax, Rückbildung des Emphysems.
   ◨ *Cave:* möglicherweise akute Einflussstauung!
▶ **Indikationen zur operativen Therapie:**
   • Zervikale oder thorakale Ruptur der Trachea, Ruptur oder Perforation von Trachea und Hauptbronchus, Läsionen von Segmentbronchien bei persistierender Atelektase.
   • Therapieresistenter Pneumothorax (= Persistenz auch unter adäquater Drainage).
   • Ausgeprägtes Mediastinalemphysem: Beim kompressiven Mediastinalemphysem muss die Bronchusruptur notfallmäßig operativ versorgt werden (evtl. Notfallmediastinotomie).
   • Nicht beherrschbare Atelektasenbildung (s. o.).

Konservative Therapie

▶ Anlage einer Thoraxdrainage bei Pneumothorax und/oder Hautemphysem (S. 60).

Operationstechnik

▶ **Bronchusruptur:**
   • Zugang über eine postero- oder anterolaterale Thorakotomie im fünften Interkostalraum.
   • Anfrischen der Bronchusränder und direkte End-zu-End-Anastomosierung.
   • Naht mit atraumatischem, verzögert resorbierbarem Faden der Stärke 2-0 oder Klammernahtgerät. Versorgung mit Einzelknopfnähten. Innerste Schicht der

Mukosa wird nicht durchstochen. Die Naht kann durch Aufsteppen eines gestielten Lappens aus der Pleura mediastinalis oder dem Perikard zusätzlich abgedichtet werden.

► **Trachealruptur:**
- Zugang über obere mediane Sternotomie (oder zervikal).
- Längseinrisse werden mit verzögert resorbierbarem Nahtmaterial der Stärke 2-0 verschlossen.
- Totale Abrisse der zervikalen Trachea werden durch primäre End-zu-End-Anastomosen versorgt.

Nachbehandlung

► Extubation sobald Gesamtzustand es zulässt. Mobilisation des Patienten und intensive Atemtherapie.

Prognose und Komplikationen

► **Prognose:** Kleinere Rupturen verkleben spontan, das Emphysem resorbiert sich innerhalb weniger Tage, es kommt zu einer Restitutio ad integrum.
► **Komplikationen:** Verletzung des N. recurrens, akute Lebensgefahr durch Einflussstauung, Mediastinitis/Pleuraempyem (bei persistierendem Leck), Nahtanastomosen-Insuffizienz, Stenosen, Strikturen.

18.8 Myokardverletzung

Grundlagen

► **Definition:** Verletzung des Herzens durch stumpfes oder penetrierendes Trauma.
► **Ursachen, Verletzungsmechanismus:**
- *Stumpfes Thoraxtrauma:* häufig Herzkontusion durch Kompression oder Dezelerationstrauma (Lenkradaufprall).
- *Penetrierende Verletzung:* Schuss oder Stich.
► **Klassifikation:**
- *Myokardkontusion* (Contusio cordis): Häufig nicht diagnostizierte Begleitverletzung des stumpfen Thoraxtraumas, die zu unterschiedlichsten Veränderungen führt (von kleinen subepikardialen Blutungen bis zu ausgedehntesten Kontusionsherden des Herzmuskels).
  – *Lazeration:* Komplette oder inkomplette Ruptur des Myokards.
- *Seltene Herzverletzungen:*
  – Perikardverletzung mit Herzluxation.
  – Traumatischer Septumdefekt.
  – Traumatische Herzklappen- und Papillarmuskelverletzung.
  – Verletzung von Koronararterien.

Klinische Symptomatik und Befunde

► Je nach Schweregrad der Verletzung atemunabhängige präkordiale Schmerzen, Rhythmusstörungen (Kammertachykardie, Kammerflimmern), eventuell Herzinsuffizienz bei Herzwandlazeration oder Ruptur. Angst, Unruhe.
► **Herzbeuteltamponade:** Perikard nur wenig dehnbar, durch Anstieg des intraperikardialen Drucks venöse Einflussstauung sowie Behinderung der Ventrikeldilatation in der Diastole. Gefahr des kardiogenen Schocks, letal bei Hämatoperikard von 150–300 ml Blut.

Diagnostik

▶ **Klinische Untersuchung:** siehe oben und Erstdiagnostik S. 7. Achten auf Rhythmusstörungen und Zeichen einer Rechts- oder Linksherzinsuffizienz. Positiver Venenpuls am Hals?
▶ **EKG:** Rhythmusstörungen, Repolarisationsstörungen?
▶ **Röntgen:**
  • Thorax in 2 Ebenen → Mediastinalverbreiterung?
  • Röntgensternum seitlich → Fraktur?
▶ **Sonographie:** Herzbeuteltamponade?
▶ **Transösophageale Echokardiographie:** Nachweis der Herzbeuteltamponade und eventueller Verletzungen der Binnenstruktur des Herzens. Ventrikelfunktion? Papillarmuskelabriss?
▶ **Zentraler Venendruck:** Niedriger peripherer Blutdruck bei hohem ZVD spricht für akute Einflussstauung oder Hämoperikard.
▶ **Labor** – *Analyse der Serumenzyme:* CPK, CPK-MB, Isoenzyme 1 und 2 der LDH, Troponin I. Als beweisend gilt der Quotient MB-CK ÷ Total CK > 8.

Therapeutisches Vorgehen

▶ **Prinzip:** stufenweises Vorgehen abhängig von der Verletzung. Herzkontusionen ohne weitere Symptomatik werden exspektativ behandelt.
▶ **Monitoring, allgemeine Maßnahmen:**
  • Intensivüberwachung, EKG-Monitoring, Swan-Ganz-Katheter, Pulsoxymetrie.
  • Sicherstellung der Ventilation: Analgetika, Sauerstoffzufuhr, Pleurasaugdrainage, Respiratortherapie nach Gesamtsituation.
▶ **Akute Herzinsuffizienz:** Katecholamine und vasoaktive Substanzen je nach Hämodynamik.
▶ **Rhythmusstörungen:**
  • *Bradykardie:* Atropin oder Sympathomimetika, evtl. temporärer Schrittmacher, im Notfall transkutane Stimulation.
  • *Ventrikuläre Extrasystolen:* a) Lidocain, b) Amiodaron.
  • *Kammerflimmern und Asystolie:* Mittels EKG differenzieren, kardiopulmonale Reanimation (äußere Herzmassage, Defibrillator, Beatmung), sofern die Gesamtbeurteilung eine sinnvolle Überlebensprognose ergibt. Bei Kammerflimmern Defibrillation.
▶ **Herzbeuteltamponade:** notfallmäßige Perikardpunktion (s. u. und S. 62), anschließend offene Versorgung. Volumenzufuhr darf erst nach Eröffnung des Herzbeutels erfolgen → *cave:* Verstärkung des Tamponadeneffektes!
▶ **Perforierende Herzverletzung:**
  ▶ *Cave:* Bei Pfählungsverletzungen darf der Gegenstand keinesfalls vor Freilegung des Herzens entfernt werden → drohende Verblutung!
  1. Perikardpunktion (vgl. S. 62):
    – Mit 10 cm langer Nadel im Winkel zwischen Xiphoid und linksseitigem Rippenbogenrand, 30–45° zur Frontalebene geneigt einstechen und nach kranial in Richtung Klavikulamitte vorschieben.
    – Aspiration von Blut aus dem Herzbeutel.
    ▶ *Hinweis:* Am besten unter EKG-Kontrolle punktieren, wobei die Punktionsnadel mit dem Brustwandableitungskabel des EKG-Monitors verbunden wird. Bei Berühren der Nadel mit Epikard wird ein epikardiales EKG abgeleitet. Charakteristisch hierfür ist eine massive ST-Hebung.
  2. Freilegung (offener Zugang zur definitiven Versorgung der Verletzung):
    – Indikation: positives Ergebnis der Perikardpunktion.

– Zugangswege:
a) Lateral im 4./5. Interkostalraum links: längsgerichtete Eröffnung des Perikards etwa 2 cm vom gut sichtbaren N. phrenicus entfernt.
b) Median durch Sternotomie und mediane Perikardiotomie.
– Blutungsquelle orten, Blutkoagel ausräumen und ausspülen.
– Naht der Herzwunde unter Defibrillationsbereitschaft, Fensterung des Perikards, Einlage einer Thoraxdrainage (S. 60).

► **Stich- oder Schussverletzung:** anterolaterale Thorakotomie (4./5. Interkostalraum) mit Zugang auf der Seite der Verletzung (→ evtl. vorhandene Lungen- und Zwerchfellverletzungen können so mitversorgt werden). Weiteres Vorgehen s. o.

► **Verletzung der Vorhöfe:**
• Fingertamponade oder Ausklemmen der Läsion mit gebogener Gefäßklemme und anschließender fortlaufender Naht mit nicht resorbierbarem Nahtmaterial Stärke 3-0 oder 4-0.
• Bei größeren Verletzungen Abklemmen beider Hohlvenen intraperikardial.
• Versorgung der Wunden am leer schlagenden Herzen innerhalb von 2–3 Minuten.
• In die Herzhöhle eingedrungene Luft wird durch kurzfristiges Öffnen der oberen Hohlvene und gleichzeitiger Lungenblähung ausgeschwemmt.
• Öffnen der Klemmen. Falls sich der Kreislauf nicht spontan erholt, manuelle Herzmassage oder Defibrillation bei Kammerflimmern.

► **Verletzung der Ventrikel:**
• Verschluss von Ventrikelwunden ohne Wundrandexzision. Durchstechung mit großer Nadel (Stärke 0) über Teflon- oder Perikardstreifen.
• Adaptation der Wundränder unter geringer Spannung der Fäden, um ein Durchschneiden zu verhindern.
• Unterstechen von Herzkranzgefäßen in unmittelbarer Nähe der Wunde.
• Herzkranzgefäße < 1 mm Durchmesser werden ligiert, größere mit glattem Wundrand werden direkt anastomosiert.
• Größere Gefäßverletzungen müssen mit einem aortokoronaren Bypass versorgt werden.

► **Penetrierende Verletzungen:**
• Immer Herz aus dem Herzbeutel luxieren, um eine Hinterwandverletzung zu verifizieren bzw. auszuschließen.
▣ *Cave:* Bei diesem Manöver kommt es zum Blutdruckabfall, ZVD-Anstieg, Bradykardie und Kammerflimmern → deshalb Herz nur jeweils kurz luxieren.
• Nach Versorgung Herzbeutel mit physiologischer Kochsalzlösung spülen und locker mit Einzelknopfnähten verschließen. Drainage für 2 Tage.

Nachbehandlung und Prognose

► **Nachbehandlung:** abhängig vom Verletzungsausmaß.
► **Prognose:**
• *Myokardkontusion:* Restitutio ad integrum, eventuell bei schwerer Kontusion persistierende Rhythmusstörungen und Herzinsuffizienz.
• *Myokardperforation:* Überleben ist abhängig vom Verletzungsausmaß und Zeitintervall bis zur operativen Versorgung.
► **Komplikation:** Ausbildung eines Aneurysmas.

18.9 Herzbeuteltamponade

Grundlagen

▶ **Definition:** Raumfordernde Blutung in den Herzbeutel nach Myokardverletzung.
▶ **Ursachen, Verletzungsmechanismus:** Stumpfes Herztrauma (Lenkradaufprall) bzw. penetrierende Verletzungen (Schuss, Stich) führen zum Hämoperikard und damit zur intrakardialen Kompression der großen Hohlvenen und des rechten Vorhofes mit akuter Einflussstauung (bei leeren Herzkammern). Volumen des kompressiven Hämoperikards 100–400 ml.

Klinik, klinischer Befund, Diagnostik

▶ **Klinik, klinischer Befund** (abhängig von der Art der Perikardverletzung und der Ausbildung des Hämoperikards):
 • Die Symptome reichen von Thoraxschmerz mit geringer Kreislaufbeeinträchtigung bis zum manifesten kardiogenen Schock.
 • Häufig Tachykardie mit Rhythmusstörungen.
 • Blutdruckabfall bei gleichzeitiger extremer Einflussstauung.
 • Anstieg des zentralen Venendruckes.
 • Angst, Unruhe.
▶ **Diagnostik:**
 • *Klinische Untersuchung:* siehe Erstdiagnostik S. 7.
 • *EKG:* Tachykardie? Rhythmusstörungen? „Low Voltage"?
 • *Sonographie:* Nachweis der Herzbeuteltamponade, mehrmals als Verlaufskontrolle.
 • *Röntgenthorax a.-p.:* Vergrößerung des Herzschattens möglich, aber nicht zwingend, da das Perikard nicht immer gleich ausdehnungsfähig ist.
 • *Computertomographie:* Nachweis des Hämoperikards.

Therapie

▶ **Notfallmaßnahme:** Perikardpunktion (Technik s. S. 62, 251).
▶ **Operationsindikation:** akutes Hämoperikard bei penetrierender Herzverletzung, Herzlazeration. Hämoperikard, das sich nach Punktion wieder auffüllt. Vorgehen s. S. 251.

Nachbehandlung und Prognose

▶ **Nachbehandlung:** sonographische Kontrolle und EKG-Kontrolle.
▶ **Prognose:** abhängig vom Verletzungsausmaß.

18.10 Verletzung großer intrathorakaler Gefäße

Grundlagen

▶ **Definition:** Verletzung der intrathorakalen Gefäße (Aorta, Truncus brachiocephalicus, A. subclavia, Vena cava, pulmonale Venen) durch ein stumpfes oder penetrierendes Trauma.
▶ **Ursachen, Verletzungsmechanismus:**
 • *Aorta:* stumpfes Trauma, meist durch Lenkradaufprall, Sturz aus großer Höhe, Sturz auf den flachen Rücken oder durch penetrierendes Trauma (Schuss, Stich).

- *Truncus brachiocephalicus:* verursacht durch Hyperextension der Wirbelsäule bei gleichzeitigem Kompressionstrauma.
- ▢ *Cave:* Solitärfrakturen in Bereich der 1.–3. Rippe sind immer ein Hinweis auf große Gewalteinwirkung, so dass Verletzungen der A. und V. subclavia, des Truncus brachiocephalicus, des Plexus brachialis oder intrathorakale Begleitverletzungen ausgeschlossen werden müssen!

▶ **Klassifikation:**
- *Aorta:*
  - Lokalisation: typischerweise (ca. 95% der Fälle) im Isthmusbereich unmittelbar nach Abgang der linken A. subclavia in Höhe des Lig. arteriosum (= „loco classico"). Der Rest ist im Bereich von Aorta ascendens und Aortenbogen lokalisiert.
  - Unterscheidung in 3 Verlaufsformen:
  1. Vollständige Ruptur mit sofortigem Tod.
  2. Teilweise Ruptur von Tunica intima und media, Tunica adventitia bleibt erhalten, somit auch die Gefäßkontinuität: Ausbildung eines Aneurysma spurium bzw. Haematoma pulsans mit mediastinalem Hämatom.
  3. Ausbildung eines chronischen Aneurysmas über mehrere Monate. Zufallsbefund im Thoraxröntgenbild als Mediastinaltumor.
- *Truncus brachiocephalicus, A. subclavia:* seltene Verletzungen.
- *Vena cava:* meist bei perforierenden Verletzungen.
- *Große Lungenvenen:* Kombination mit anderen Herz- oder Lungenverletzungen.

Klinische Symptomatik und Befunde

▶ **Aorta** (abhängig von der Schwere des einwirkenden Traumas):
- *Persistierende Thoraxschmerzen,* Schmerzen im Brustkorb-, Rückenbereich, Kreislaufinstabilität bis zum manifesten Schock, evtl. Atemnot.
- *Akutes Koarktationssyndrom:* Hypertonie im prästenotischem Kreislauf (Karotis, obere Extremitäten) bei gleichzeitigem Druckabfall poststenotisch (untere Körperhälfte) → RR-Differenz.
- ▢ *Hinweis:* Bei adäquatem Trauma an die Möglichkeit einer Aortenruptur denken (Leitsymptom: breites Mediastinum bei Hämatothorax, S. 241).

▶ **Truncus brachiocephalicus:** Der Radialispuls fehlt nur in der Hälfte der Fälle, d. h. ein normaler Puls schließt diese Läsion nicht aus.

▶ **A. subclavia:** fehlender peripherer Puls.

▶ **V. cava:** Bei Verbindung mit dem Thorax entsteht ein Hämatothorax, intraperikardial eine Herzbeuteltamponade (S. 250).

▶ **Langsame Ausbildung eines paraaortalen Hämatoms:** evtl. Heiserkeit, Horner-Syndrom links durch Überdehnung von N. recurrens und Halssympathikus, Ösophagussymptomatik (Dysphagie).

Diagnostisches Vorgehen

▢ *Hinweis:* Nur eine rasche Diagnose kann das Überleben des Patienten sichern. Der angiographische Nachweis der Gefäßrupturen ist allerdings aus Zeitgründen häufig nicht möglich.

▶ **Anamnese:** adäquates Trauma (Lenkradaufprall, penetrierendes Thoraxtrauma).

▶ **Klinische Untersuchung:** siehe oben und Erstdiagnostik S. 7.

▶ **Transösophageale Echokardiographie:** Sensitivste *nichtinvasive* Nachweismethode einer Aortenruptur, erlaubt gleichzeitig die Untersuchung der Herzkammern sowie deren Funktionsfähigkeit. Kann beliebig oft (auch intraoperativ) wiederholt werden.

► **Sonographie:** evtl. Nachweis eines Hämatopneumothorax und/oder einer Herzbeuteltamponade (S. 253).
► **Röntgenthorax a.p.:**
  • *Aorta:* breites Mediastinum mit verstrichenen Herzkonturen.
  • *Truncus brachiocephalicus:* nach rechts verbreitertes Mediastinum.
  • *A. subclavia:* verbreitertes oberes Mediastinum, Hämatothorax.
► **Computertomographie:** Kontrastmittelverstärkt kann das CT Hinweise auf das Vorliegen einer Aortenruptur geben.
► **Aortographie:** sicherstes Nachweisverfahren (v. a. von Verletzungen des Truncus brachiocephalicus). Allerdings als invasives Verfahren beim kreislaufinstabilen Patienten nicht einsetzbar. Methode der Wahl: Spiral-CT mit Kontrastmittelgabe.

Therapieprinzipien – operative Therapie

► **Operationszeitpunkt:** Dieser richtet sich nach Zusatzverletzungen, z. B. beim Hirntrauma Kontrolle der Hämodynamik; ausreichenden zerebralen Perfusionsdruck garantieren!
► **Allgemeines Vorgehen:**
  • Wichtig ist die Wahl des richtigen Zuganges.
  • Präoperativ genügend venöse Zugänge für den Volumenersatz schaffen.
  • Verletzung der Aorta: Jede nachgewiesene Aortenruptur muss operiert werden → direkte Naht, Protheseninterponat; bei Verfügbarkeit Verfahren der Wahl: endovaskuläres „Stenting".
  • Verletzung von Truncus brachiocephalicus, A. subclavia, großen intrathorakalen Venen → Naht oder Rekonstruktion mit Protheseninterposition.

Operationstechniken bei Verletzung der Aorta

► Beatmung mit Doppellumentubus zur Ausschaltung der linken Lunge.
► Posterolaterale linksseitige Thorakotomie im 4. Interkostalraum.
► Die Gefäßruptur kann durch die Vorwölbung des paraaortalen Hämatomes erkannt werden.
► Unterfahren und Anschlingen der Aorta descendens distal des Hämatoms.
► Nach Eröffnen der Pleura parietalis Unterfahren und Anschlingen der A. subclavia sinistra.
► Isolieren und Anschlingen des N. phrenicus.
► Präparation und Umfahren des Aortenbogens zwischen linker A. carotis und A. subclavia.
► Abklemmen der Aorta proximal und distal der Ruptur und Abklemmen der A. subclavia sinistra.
  ▻ *Cave:* Distale Ischämiegefahr im spinalen und renalen Einströmungsgebiet bei Abklemmung der thorakalen Aorta (aber auch mit temporärem Shunt oder kardiopulmonalem Bypass!). Bei beiden Methoden kommt es in 3–5% der Fälle zu irreversiblen Rückenmarkschäden mit Querschnittlähmung.
► Eröffnen des Hämatoms in Längsrichtung.
► Nach Darstellung der Aortenruptur wird bei inkompletten Rupturen die Aorta komplett durchtrennt.
► Glätten der Ränder und direkte Naht mit Polypropylenfäden der Stärke 3-0 (Abb. 18.9).
► Bei zu großer Distanz Interposition eines Dacron-Interponates.
► Nach exakter Blutstillung Verschluss der Pleura mediastinalis, Einlage eines großlumigen Thoraxschlauches (mindestens 32 Charrière) und Verschluss der Thorakotomie.

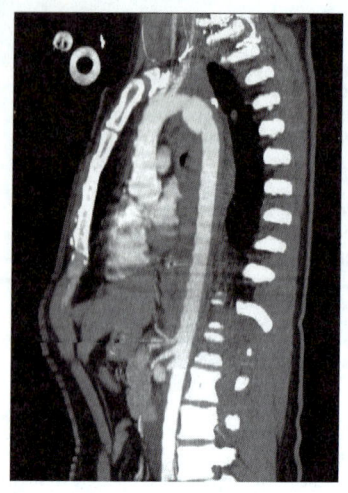

Abb. 18.9   Schweres Thoraxtrauma mit Aneurysma des Aortenbogens an typischer Stelle

Nachbehandlung

▶ Siehe Myokardverletzung S. 252.

Prognose

▶ Bei Totalruptur der Aorta Letalität am Unfallort > 80%. Ein noch erhaltener Adventitiaschlauch verhindert unter Ausbildung eines Pseudoaneurysmas das sofortige Verbluten.
▶ Bei adäquater Versorgung Restitutio ad integrum. Bei übersehenen Aortenrupturen entsteht ein Aneurysma spurium mit der Gefahr einer „zweizeitigen Ruptur" und Verbluten innerhalb weniger Minuten.

18.11 Ösophagusverletzung

Grundlagen

▶ **Definition:** teilweise oder komplette Wandunterbrechung des Ösophagus.
▶ **Ursachen, Verletzungsmechanismus:**
   • In 80% der Fälle iatrogen durch Endoskopie oder bei Bougierung einer Stenose bei Achalasie oder Tumor.
   • Stumpfes (5%) oder penetrierendes Thoraxtrauma (5%).
   • In 8% der Fälle durch Fremdkörper (Zahnprothese, Knochen, etc.).
   • Rest (2%) durch Verätzung oder spontane Ruptur.
▶ **Klassifikation:** Angaben, in welchem Abschnitt des Ösophagus (oberes, mittleres, unteres Drittel) die Verletzung lokalisiert ist.

Klinische Symptomatik und Befunde

▶ Schmerzen im Thorax, evtl. Dysphagie, Dyspnoe, selten Haut- oder Mediastinalemphysem. In 7% der Fälle zunächst keine Symptome.

◗ *Cave:* Ohne Behandlung Ausbildung einer lebensgefährlichen Mediastinitis mit Fieber, Dyspnoe, retrosternalen und epigastrischen Schmerzen, septischem Schock bzw. möglicherweise Ausbildung einer ösophagotracheobronchialen Fistel.

Diagnostisches Vorgehen

▶ **Anamnese:** Entsprechende Unfallanamnese. Endoskopie? Thoraxverletzung? Fremdkörperingestion?
▶ **Klinische Untersuchung:** siehe oben und Erstdiagnostik S. 7. Palpation des Halses – Hautemphysem?
▶ **Röntgen bzw. Computertomographie:** Mediastinum verbreitert? Luft entlang des Ösophagus, im Mediastinum, in den Halsweichteilen? Pneumothorax? Pleuraexsudat?
▶ **Ösophagogramm** mit wasserlöslichem Kontrastmittel (Gastrografin) zum Nachweis der Ruptur (in 20–40% der Fälle falsch negativ).
▶ **Ösophagoskopie:** Nur in Ausnahmefällen zur Beurteilung der Schleimhaut indiziert. Direkter Nachweis der Ösophagusläsion.

Therapieprinzipien

▶ **Konservative Therapie:** frische, symptomlose kleine Defekte im Hypopharynx und im zervikalen Ösophagus oder nicht sicher identifizierbare Läsionen.
▶ **Operative Therapie:** Defekte > 1,5 cm oder bei Auftreten von oben genannten Symptomen. Das Vorgehen hängt ab von der Verletzungslokalisation, vom Alter des Patienten sowie begleitenden Verletzungen bzw. Grunderkrankungen.

Konservative Therapie

▶ Stationäre Aufnahme.
▶ Magensonde und absolute Nahrungskarenz, parenterale Ernährung.
▶ Hoch dosierte Antibiotikagabe.
▶ Engmaschige Überwachung.

Operationstechnik

▶ **Verletzung im Hypopharynx oder zervikalen Ösophagus:** Zervikaler Zugang durch kleinen Schnitt am Vorderrand des M. sternocleidomastoideus, evtl. Naht, Drainage und lockere Hautadaptation.
▶ **Perforation des thorakalen und abdominellen Ösophagus:** Rechtsseitige anterolaterale Thorakotomie, Freilegen des Defektes, Übernähen, Decken der Naht mit Pleura- oder Perikardlappen, ausgiebige Drainage, Gastrostomie.
▶ **Bei übersehener Perforation und manifester** Mediastinitis: Rechtsseitige anterolaterale Thorakotomie und ausgiebige transpleurale Drainage, zervikale Ösophagostomie (Speichelfistel), innere Ösophagusschienung und -drainage mit Ausleitung durch den Magen, Ernährungsjejunostomie.
▶ **Alternative Methoden:**
  • *Abdichten der Perforation mit* Ösphagusendoprothese und antibiotische Abschirmung. Bei verschleppten Fällen evtl. kombiniert mit Drainage. Erfolg unsicher!
  • *Lediglich Drainage durch kollare Mediastinotomie* evtl. bei alten Menschen mit hohem Operationsrisiko und geringer klinischer Symptomatik.

Nachbehandlung

▶ Parenterale Ernährung/Sondenernährung und Antibiotikatherapie weiterführen für 7 Tage.
▶ Vor erstem oralem Kostaufbau Kontrolle der Ösophaguspassage mit Gastrografin.

Prognose

▶ Bei kleinen symptomlosen Ösophagusverletzungen ohne weitere Probleme. Bei größeren Perforationen abhängig von den Begleitumständen, Größe der Verletzung und Zeitdauer bis zur Versorgung.
▶ Letalität: < 20 % bei operativer, > 20 % bei nichtoperativer Behandlung einer thorakalen Perforation, > 50 % bei verschleppter Perforation (> 24 h).

18.12 Zwerchfellruptur

Grundlagen

▶ **Definition:** traumatische Unterbrechung des Zwerchfells.
▶ **Ursachen, Verletzungsmechanismus:**
  • Perakute intraabdominale Drucksteigerung durch stumpfes Abdominal-, Becken- oder Thoraxtrauma.
  • Perforierende Zwerchfellverletzung durch Schuss oder Stich, wobei in den meisten Fällen die abdominalen und thorakalen Organe mitbetroffen sind.
▶ **Lokalisation:** Meistens in Centrum tendineum, in 90 % der Fälle ist das linke Zwerchfell betroffen, da es von abdominal her ungeschützt ist. Die rechte Zwerchfellseite wird durch die Leber geschützt.
▶ **Klassifikation:** *unechte Hernien* im Gegensatz zu den *echten Hernien* an vorgebildeten Lücken oder Schwachstellen (s. o.).

Klinische Symptomatik und Befunde

▶ Abhängig von mitverletzten Organen. Häufig in Kombination mit intraabdominellen Organverletzungen, Beckenfrakturen:
  • *Initial unspezifische Symptome:* diffuse Abdominal- und Thoraxschmerzen (die sich langsam steigern können), nachhinkende Atmung (auskultatorisch abgeschwächtes Atemgeräusch), bei Eventeration von Magen und Darm (s. u.) Darmgeräusche in der linken Axilla. Beim Vollbild: akutes Abdomen.
  ▷ *Hinweis:*
    – Die *Eventeration* von Magen und Darmabschnitten erfolgt meist mit einer Latenz von Stunden oder Tagen und kommt durch das abdominothorakale Druckgefälle und die Eigenperistaltik der Bauchorgane zustande.
    – Sie kann infolge einer Respiratorbehandlung (PEEP) „geschient" bleiben und erst nach der Extubation auftreten!
  • *Bei linksseitiger Ruptur:* Oppressionsgefühl durch (schleichende) Inkarzeration von Bauchorganen und dadurch Hypoventilation der linken basalen Lungenabschnitte.
  • *Bei rechtsseitiger Ruptur:* Selten (10 % der Fälle) prolabiert die Leber total oder teilweise in den rechten Thoraxraum, dadurch hämodynamische Störungen im Pfortaderkreislauf, Leberparenchymschaden, Kompression der Lunge und Hypoventilation.
  • *Bei perforierenden Zwerchfellverletzungen (Schuss, Stich):* gleichzeitige Verletzung von Organen im Thorax und Abdomen.

Diagnostisches Vorgehen

▶ **Anamnese:** entsprechendes Abdominal-, Becken- und/oder Thoraxtrauma.
▶ **Klinische Untersuchung:** siehe oben und Erstdiagnostik S. 7. Die erste klinische Untersuchung kann unspezifisch sein, deshalb Verdacht bei entsprechendem Trauma.
▶ **Röntgenthorax in 2 Ebenen:**
  • Massive Verschattung links oder rechts?
  • Rippenfrakturen, Hämato- /Pneumothorax, Zwerchfellhochstand, verstrichene Zwerchfellkonturen?
  • Darmschlingen, Haustrierung und Flüssigkeitsspiegel im linken thorakalen Unterfeld, die sich auf den Herzschatten projizieren?
    ◻ *Cave:* Eventierte Magenblase wird als Pneumothorax fehlinterpretiert.
▶ **Weitere röntgenologische Abklärung:**
  • Weitere Frakturen (v. a. des Beckens)?
  • Bei Verdacht auf Zwerchfellruptur Gastrografinschluck oder Füllung über Magensonde in Kopftieflage mit kurzfristig diskonnektiertem Trachealtubus → mit Kontrastmittel gefüllter Magen in linke Pleurahöhle disloziert?
  • *Computertomographie:* Nachweis der Ruptur, der Größe und der eventierten Organe.
  • *Thorakoskopie:* indiziert bei Stichwunden „below Nipple".

Differenzialdiagnose

▶ Pneumothorax, Lungenverletzung, basale Atelektasen, Milzruptur.

Therapie

◻ **Hinweis:** Jede nachgewiesene Zwerchfellruptur wird operativ versorgt!
▶ **Operationstechniken:**
  • *Bei Frühdiagnose:*
    – Obere mediane Laparotomie.
    – Revision des Abdomens und Reposition der luxierten Bauchorgane.
    – Resektion inkarzerierter nekrotischer Darmanteile.
    – Fassen des mediastinumnahen Wundwinkels mit der ersten Naht (*cave:* Erst nach Orientierung über die Beziehung der Wundränder zu den Phrenikusästen!).
    – Nahttechnik: Einreihige fortlaufende Naht oder Einzelknopfnaht mit synthethischem, resorbierbarem oder nicht resorbierbarem Material (Stärke 0 oder 1) unter Fassen des Peritoneums.
    – Einlegen von 2 Thoraxdrainagen (ventroapikal und dorsokaudal).
  • *Bei Spätdiagnose* (> 2 Wochen):
    – Rekonstruktion über Thorakotomie.
    – Nahttechnik: Zweireihige fortlaufende Naht oder durchgreifende U-Nähte mit nichtresorbierbarem Nahtmaterial (Prolene 1 oder 2), Ränder dachziegelartig überlappen lassen.
    – Bei größerer Spannung Einnähen eines Marlexnetzes mit nicht resorbierbarem Nahtmaterial.
    – Bei Rissen bis in Nähe des Hiatus oesophageus dicke Magensonde einlegen, um spätere Ösophagusstenose zu vermeiden.

Nachbehandlung

► Intubation und Beatmung für 24–48 Stunden.
► Bei fehlenden Zeichen für eine respiratorische Dekompensation Extubation und intensive Atemtherapie.

Prognose und Komplikationen

► Obliteration des Sinus phrenicocostalis, die aber nur zu einer geringgradigen Einschränkung des Zwerchfells führt.
► Zwerchfellparese bei Durchtrennung von größeren Phrenikusästen.
► Zwerchfellhochstand bei zu groß bemessenem Marlexnetz.

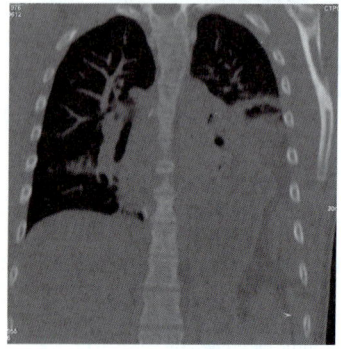

Abb. 18.10   Zwerchfellhernie links-seitig, im CT Darstellung der in den linken Thoraxraum vordringenden Abdominalorgane

19 Abdomen

19.1 Stumpfes Bauchtrauma

Grundlagen

▶ **Definition:** Isolierte oder kombinierte Verletzung des Abdomens durch direkte stumpfe Gewalteinwirkung oder Dezeleration.
▶ **Ursache, Verletzungsmechanismus:** In 80% Verkehrs- und Arbeitsunfälle durch Einklemmung, Überrolltrauma, Explosion, Sturz aus großer Höhe, Verschüttung. In Europa unter Friedensbedingungen 8- bis 10-mal häufiger als das penetrierende Bauchtrauma.
▶ **Betroffene Organe:** Milz 25%, Nieren 15%, Leber 12%; seltener Magen-Darm-Trakt, Harnblase, Zwerchfell, Pankreas.
▶ **Klassifikation:** je nach betroffenem Organ und Schwere der Organläsionen.

Klinische Symptomatik

▶ Bauchschmerzen, evtl. peritonitische Zeichen bei Hohlorganverletzung. Zeichen des hämorrhagischen Schocks (S. 17).
▶ *Cave:* Das stumpfe Bauchtrauma kann bei Bewusstlosen übersehen werden!

Diagnostisches Vorgehen

▶ **Anamnese:** adäquates Trauma?
▶ **Klinische Untersuchung** (vgl. Erstuntersuchung S. 7):
  • *Kreislaufsituation:* Schocksymptomatik?
    ▷ *Hinweis:* Sofern kein extraabdomineller Blutverlust erkennbar ist, ist ein bestehender hämorrhagischer Schock ein Indiz für eine Blutung in die Bauchhöhle.
  • *Inspektion:* Prellmarken (Gurtmarken) oder Hämatome: Bauchdecke, Flanken, Rücken, Damm. Perianale Ekchymosen? Hämaturie? Spontaner Blutabgang aus Urethra oder Unmöglichkeit zur Miktion trotz Harndrangs sind Hinweise für Urethrarruptur.
  • *Palpation:* Druckdolenz, Peritonismus, Abwehrspannung, rektale Tastuntersuchung.
  • *Perkussion:* Flankendämpfung.
▶ **Labor:**
  • *Blut:* Hb, Hkt (wiederholt bestimmen, um eine eventuelle Dynamik festzustellen!), Blutgruppe (Kreuzprobe), Blutbild, Elektrolyte, Gerinnung, Kreatinin/Harnstoff, arterielle Blutgasanalyse.
  • *Urinstatus:* Hämaturie?
▶ **Sonographie** (Standardverfahren in der Primärdiagnostik, zu Schnittebenen s. Abb. 19.1): Nachweis von freier, intraabdominaler Flüssigkeit? Organruptur? Retroperitoneale Hämatome? Verletzung von Niere, Ureter, Blase oder Urethra?
▶ **Peritoneallavage** (S. 63): Nachweis von Blut in der Bauchhöhle. Bei Perforation von Hohlorganen sehr sensitiv. Amylasebestimmung in der Lavageflüssigkeit.
▶ **Röntgen:**
  • *Thorax:* Zwerchfellkonturen, Hämatopneumothorax, Rippenfrakturen, breites Mediastinum, Wirbelfrakturen, Magenblase bzw. Darmschlingen in der Pleurahöhle?

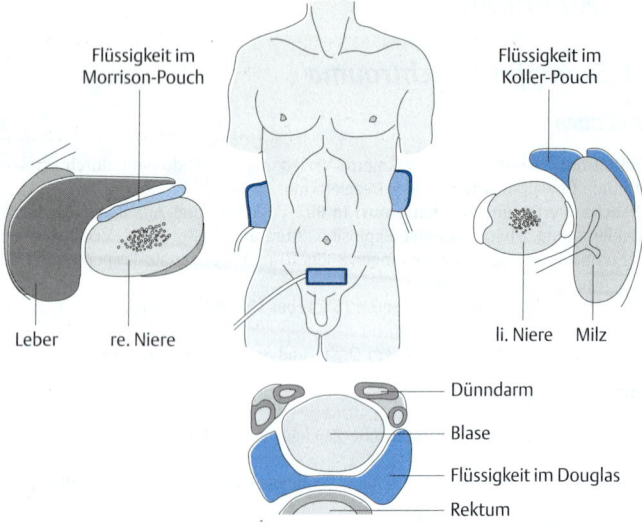

Flüssigkeit im
Morrison-Pouch

Flüssigkeit im
Koller-Pouch

Leber   re. Niere

li. Niere   Milz

Dünndarm

Blase

Flüssigkeit im Douglas

Rektum

Abb. 19.1   Sonographie des Abdomens mit typischen Schnittebenen

- *Abdomen* (im Stehen oder in Seitenlage): freie Luft subphrenisch bzw. unter der Bauchdecke, retroperitoneale Gasansammlung, Spiegelbildung?
- *Becken:* Beckenfrakturen?
▶ **Computertomographie** (Voraussetzung kooperativer oder anästhesierter und kreislaufstabiler Patient): freie Flüssigkeit im Abdomen? Freie Luft im Abdomen? Blut retroperitoneal? Rupturen von Leber, Milz, Pankreas, Nieren?
▶ **Ausscheidungsurographie:**
- *Indikation:* Makrohämaturie (falls kein CT indiziert oder möglich ist).
- *Vorgehen: a)* i.v.-Injektion von 20 ml Kontrastmittel oder bei hämorrhagischem Schock *b)* Kurzinfusion von 100 ml Kontrastflüssigkeit zur Infusionsurographie 10 Minuten vor Anfertigung der Abdomenübersichtsaufnahmen.
- *Beurteilung:* 2 funktionierende Nieren, stumme Nieren, Kontrastmittelaustritt in das Retroperitoneum, Blasenfüllung?
▶ **Urethrographie, Zystographie:**
- *Indikation:* Makrohämaturie, Blutaustritt aus der Harnröhre, Beckenfraktur.
- *Vorgehen:* Füllungs- und Ablaufaufnahme.
- *Beurteilung:* Extravasate?
▶ **Aortographie:**
- *Indikation:* Nur sinnvoll bei konkretem Verdacht auf Organläsion und/oder bei Verdacht auf Verletzung großer Gefäße, stabiler Kreislauflage und routiniertem Angiographieteam.
- *Vorgehen:* selektive Darstellung der großen Gefäße.
- *Beurteilung:* Kontrastmittelaustritt, Perfusionsstopp?

Explorative Laparotomie

▶ **Definition:** Operative Eröffnung der Bauchhöhle zur genauen Inspektion der Abdominalorgane, um eine traumatische Affektion eindeutig nachweisen oder ausschließen zu können.

▶ **Indikationen:**
- Wahrscheinlichkeit einer Verletzung intraabdominaler Organe aufgrund der Art des Traumas, z. B. bei Stichverletzungen.
- Sonographisch gesicherte freie Flüssigkeit im Abdomen.
- Positive Peritoneallavage (S. 63).

▶ **Durchführung:**
- *Zugang:* großzügige mediane Inzision, Spalten der Faszie, Eröffnen des Peritoneums.
- *Vorgehen:*
  - Sofortmaßnahmen: Blutstillung bei erkennbaren Blutungsstellen (z. B. Abklemmen, Übernähen, Tamponade), Ausklemmen bzw. Übernähen von Perforationen.
  - Systematische Untersuchung des Abdomens (Tab. 19.1), evtl. mit Kocher-Mobilisation und Eröffnen der Bursa omentalis.

Tabelle 19.1 · **Systematisches Vorgehen bei explorativer Laparotomie**

Bereich	wichtige Strukturen
1. linker oberer Quadrant	• Milz • linker Leberlappen • linkes Zwerchfell • Magenvorderwand • linke Niere
2. rechter oberer Quadrant	• rechter Leberlappen • Gallenblase • Lig. hepatoduodenale • rechtes Zwerchfell
3. Duodenum und Bursa omentalis	• Pylorus, Duodenum • rechte Niere • V. cava • Pankreas • Magenhinterwand
4. Untersuchung des gesamten Dünndarms	
5. Untersuchung des gesamten Kolons	
6. Blase	

  - Systematische Blutstillung und Übernähung/operative Versorgung der festgestellten Verletzungen.

Therapieprinzipien

► Je nach Verletzungsausmaß und dem klinischen Gesamtbefund reichen die Maßnahmen von konservativem Vorgehen bis zur notfallmäßigen Laparotomie.
► **Sofortmaßnahmen bei Schock:** Volumentherapie mit initial zwei großlumigen peripheren Zugängen und Infusion von 2000 ml Ringerlaktat, zusätzlich Anlage eines zentralen Venenkatheters.
► **Notfallmäßige Laparotomie,** indiziert bei anhaltendem hämorrhagischem Schock. Eine vollständige Organdiagnose ist in dieser Situation präoperativ weder möglich noch anzustreben.
► **Antibiotische Abdeckung** bei Verletzung des Magen-Darm- und/oder Urogenitaltraktes (z. B. Ciprofloxacin 2 × 400 mg i.v.).

Konservative Therapie

► Nur bei stabilen Kreislaufverhältnissen, erhaltenem Bewusstsein, fehlenden peritonealen Symptomen unter kontinuierlicher (intensivmedizinischer) klinischer Überwachung.

Operationstechniken

► Mediane Laparotomie als polyvalenter Zugang zu allen Abschnitten des Bauchraumes.

Nachbehandlung

► Entsprechend den vorgefundenen Verletzungen.

Komplikationen und Prognose

► **Komplikationen:** Primär besteht die unmittelbare Gefahr des inneren Verblutens, sekundär die einer Peritonitis bzw. Urosepsis.
► **Prognose:** Die Letalität ist abhängig von der Gesamtverletzungsschwere und den einzelnen Organverletzungen.

19.2 Penetrierendes Bauchtrauma

Grundlagen

► **Definition:** Isolierte oder kombinierte Verletzung des Abdomens durch Schuss, Stich, Splitter oder sonstige scharfe Gegenstände (z. B. Pfählungsverletzung), die in das Abdomen eindringen und zu Organläsionen führen.

Abb. 19.2 Messerstich im Bereich der linken Flanke mit Darmprolaps und strangulierter Darmschlinge

▶ **Ursache, Verletzungsmechanismus:** Meist in krimineller oder suizidaler Absicht zugefügte Abdominalverletzungen durch Schuss, Stich (Abb. 19.2), Splitter oder sonstige scharfe Gegenstände. Pfählungsverletzungen sind meist durch Unfälle verursacht, z. B. Aufspießen am Gartenzaun oder Stangen.
▶ **Klassifikation:** je nach betroffenen Organen und deren Verletzungsausmaßen.

Klinische Symptomatik

▶ Je nach mitbetroffenen Organen. Bauchschmerzen, evtl. peritonitische Zeichen. Zeichen des hämorrhagischen Schocks. Bei größeren Wunden Eviszeration von Organen.

Diagnostisches Vorgehen

▶ **Anamnese:** Nach Unfallmechanismus fragen – Schießerei, Messerstecherei, Explosion? Unfall oder Suizidversuch?
▶ **Klinische Untersuchung** (vgl. Erstuntersuchung S. 7):
  • *Inspektion:* Differenzierung, ob Schuss-, Stich- oder Explosionsverletzung:
    – Schusswunde: Lage und Aussehen von Ein- und Ausschuss, (z. B. Schmauchspuren?), Hochrasanzprojektil (kleine Einschussöffnung, großer Ausschusskrater, durch Kavitation starke Destruktionen um den Schusskanal), Richtung des Schusskanals.
    – Stichwunde: Bestimmung von Tiefe und Richtung meist nicht möglich. Thorax, Flanken, Rücken, Damm absuchen!
  • *Respiration:* Atmung seitengleich? Hämato-/Pneumothorax? Kombinierte thorakoabdominale Verletzungen? Hämaturie?
  • *Kreislaufsituation:* Schocksymptomatik? Ein fehlender extraabdomineller Blutverlust ist bei bestehendem hämorrhagischem Schock ein Indiz für eine intraabdominelle Blutung.
▶ **Andere Diagnostik** (Indikation ist Einzelfallentscheidung): Sonographie, Labor, Urinstatus, Röntgenthorax und -abdomen (Projektile bzw. eingedrungene Fremdkörper?), Computertomographie, i.v.-Urographie, Urethrographie, Zystographie, Aortographie.
▶ **Diagnostische Laparoskopie:** Bei Stichwunden der vorderen und/oder seitlichen Bauchwand und tangentialen Schusswunden, wenn klinisch und sonographisch keine Indikation für eine Laparotomie besteht und eine Verletzung des Peritoneum parietale ausgeschlossen werden soll.

Therapieprinzip (Laparotomie)

▶ **Indikation:** Alle abdominellen Schuss-, Stich- und penetrierenden Verletzungen durch scharfe Gegenstände, wenn sie nicht eindeutig oberflächlich sind bzw. das Peritoneum parietale nicht eröffnet haben.
▶ **Vorgehen:**
  • Exzision der Ein- und Austrittswunden.
  • Débridement der Schuss- bzw. Stichkanäle.
  • Entfernung nekrotischen Materials.
  • Adäquate Versorgung von Organläsionen (siehe auch die jeweiligen Einzelverletzungen).
  • Verschließen der Bauchhöhle mit Drainage oder provisorischem Verschluss (evtl. Ethizip). Dabei werden die Ein- und Austrittswunden nur auf peritonealem und faszialem Niveau und *ohne Hautnaht* verschlossen!
  • Second-Look-Eingriff nach 24 Stunden.

Konservative Therapie

▶ Nur oberflächliche Wunden können konservativ bzw. allein mit Wunddébridement behandelt werden.

▣ *Cave:* Kulissenphänomen!

Operationstechniken

▶ **Vorbereitungen, Prophylaxe:** Antibiose (z. B. Ciprofloxacin 2 × 400 mg i.v.), Tetanusprophylaxe (S. 72).

▶ **Zugang:** mediane Laparotomie als polyvalenter Zugang.

▶ **Exploration** der Organverletzung und anschließend des gesamten Abdomens:
  • Blutstillung, Kontrolle von Hohlorganleckagen und Kontaminationen.
  • Systematische Untersuchung: siehe explorative Laparotomie S. 263.

▶ Die operativen Verfahren richten sich nach der jeweiligen Organverletzung und dem Gesamtzustand des Verletzten.

Nachbehandlung, Komplikationen und Prognose

▶ Abhängig von den einzelnen Organverletzungen.

19.3 Magenverletzung

Grundlagen

▶ **Definition:** Verletzung des Magens durch stumpfes oder penetrierendes Trauma.

▶ **Ursache, Verletzungsmechanismus:** stumpfes Bauchtrauma, penetrierendes Bauchtrauma durch Schuss, Stich oder sonstige scharfe Gegenstände.

▶ **Klassifikation:** nach betroffenem Magenabschnitt (Kardia, Fundus oder Korpus, Vorder- oder Hinterseite).

Klinische Symptomatik

▶ Bauchschmerzen, evtl. peritonitische Zeichen durch Blut oder Mageninhalt in der freien Bauchhöhle.

Diagnostisches Vorgehen

▶ **Anamnese:** Nach Unfallmechanismus fragen – Schießerei, Messerstecherei, Explosion, Unfall oder Suizidversuch?

▶ **Klinische Untersuchung** (vgl. Erstuntersuchung S. 7 sowie penetrierendes Bauchtrauma S. 264):
  • *Inspektion:* wichtig: Penetrierende Wunde unterer Thorax („below nipple"): Mitverletzung abdomineller Organe?
  • *Röntgenthorax und -abdomen:* freie intraabdominelle Luft?
  • *CT* (noch sensitiver): über Magensonde KM-Instillation → KM-Austritt ist im CT beweisend für Magenperforation.

Therapieprinzipien

▶ Übernähen der Magenwunde. Exploration der Magenhinterwand durch Eröffnen der Bursa omentalis, Spülen der Bauchwunde.

Konservative Therapie

► Möglich beim stumpfen Bauchtrauma nach Ausschluss einer Magenruptur unter engmaschiger klinischer Kontrolle.

Operationstechniken

► Siehe S. 266 (penetrierendes Bauchtrauma).

Nachbehandlung

► Richtet sich nach der Ursache des Bauchtraumas (stumpf oder penetrierend):
  • *Stumpfes Bauchtrauma ohne Verletzung weiterer Organe:* Kostaufbau nach klinischer Beurteilung.
  • *Nach operativer Versorgung:* s. S. 268.

Komplikationen und Prognose

► **Komplikationen:** Nachblutung, Nahtinsuffizienz, intraperitonealer Abszess (subphrenischer oder „Schlingen"-Abszess).
► **Prognose:** Gut, sofern keine Komplikationen auftreten.

19.4 Verletzung von Pankreas und Duodenum

Grundlagen

► **Definition:** Komplette oder inkomplette Ruptur/Durchtrennung von Pankreas und des teilweise retroperitoneal liegenden Duodenums durch stumpfes oder penetrierendes Trauma.
► **Ursache, Verletzungsmechanismus:**
  • *Allgemein:* Meist durch stumpfes Bauchtrauma, häufig durch Lenkradaufprall bei Verkehrsunfall.
  • *Beim Pankreas* häufig Ruptur über der Wirbelsäule mit sub- oder transkapsulären Parenchymeinrissen mit oder ohne Eröffnung des Ductus pancreaticus sowie Kontusionen.
  • *Beim Duodenum* ist durch denselben Mechanismus ebenfalls eine Ruptur möglich.
  ▷ *Hinweis:* Subseröse Hämatome und inkomplette Rupturen (Läsion der Seromuskularis) sind ein Zufallsbefund. Schwierig zu erkennen ist die gedeckte retroperitoneale Duodenumruptur mit anschließender Ausbildung einer retroperitonealen Phlegmone.
► **Klassifikation:**
  • *Pankreas:* Nach der Verletzungslokalisation im Kopf, Korpus oder Schwanzbereich mit oder ohne Gangeröffnung.
  • *Duodenum:*
    – Nach der Verletzungslokalisation im Pars descendens, Pars horizontalis und Pars inferior.
    – Komplette oder inkomplette Durchtrennung.
    – Intraperitoneal oder retroperitoneal gelegene Verletzung.

Klinische Symptomatik und diagnostisches Vorgehen

► Je nach Verletzungsmechanismus siehe stumpfes (S. 261) oder penetrierendes Bauchtrauma (S. 264).
► CT mit Gastrografinschluck (Duodenum).
► Pankreasenzyme in Serum und Urin.
► Unter Umständen auch ERCP indiziert.

Therapieprinzipien

► **Operative Exploration** durch Eröffnen der Bursa omentalis und Kocher-Mobilisation:
  • *Pankreas:* Drainage, Übernähen, Teilresektion mit Gangverschluss, Defektdeckung und Ableitung mit Roux-Y-Schlinge.
  • *Duodenum:* Übernähen, Teilresektion.
► **Eine konservative Therapie** ist nur bei sicher ausgeschlossener Pankreas- oder Duodenalruptur möglich. Regelmäßige sonographische oder computertomographische Kontrollen sind notwendig zur rechtzeitigen Erkennung von Pankreaspseudozysten.

Operationstechniken

► Abhängig vom Ausmaß der Verletzung. Generell wird Folgendes durchgeführt:
► **Zugang:** obere mediane Laparotomie mit Exposition des Pankreas. Öffnen der Bursa omentalis. Durchtrennen des Lig. gastrocolicum, Magenhinterwand lösen, Magen nach oben, Querkolon nach unten ziehen.
  • *Kontusion des Pankreas ohne Kapselruptur:* Drainage der Bursa omentalis.
  ▷ *Cave:* Bei unerkannter Läsion des Ductus pancreaticus kann es zur Ausbildung von Pseudozysten kommen!
  • *Pankreaskapselruptur + intakter Ductus pancreaticus:* Parenchymnaht. Das Pankreasgewebe wird mit resorbierbarem Nahtmaterial locker adaptiert, keine Durchstechungen wegen der Gefahr des Mitfassens des Ductus pancreaticus. Drainage nach außen.
  • *Pankreaskapselruptur + verletzter Ductus pancreaticus:* entweder Linksresektion oder innere Drainage durch pankreatikodigestive Anastomose (Roux-Y-Schlinge).
  • *Duodenalverletzungen:* Kocher-Mobilisation, meist Direktnaht möglich, selten Segmentresektion und Direktanastomose.

Nachbehandlung

► Die Nachbehandlung richtet sich nach dem Ausmaß der Verletzungen sowie der durchgeführten Maßnahmen.
► **Bei konservativer Therapie:** Kostaufbau nach klinischer Beurteilung.
► **Bei operativer Therapie** (allgemeine postoperative Maßnahmen nach Bauchtrauma):
  • *Allgemein:* intensivmedizinische Überwachung, bilanzierte Infusionstherapie, Elektrolytkorrektur.
  • *Nahrungskarenz, Magensonde.*
  • *Ausreichende Analgesie:* Novalgin 5 ml i.v. (*cave:* Opiate sind wegen Papillenspasmus kontraindiziert!).
  • Papillenerweiterung mit kontinuierlich Procain 2 g/d.
  • Ulkusprophylaxe (Prophylaxe von Stressulzera und erosiven Gastridien): Omeprazol (Antra) 2 × 20 mg i.v. (später p.o.) oder Ranitidin (z. B. Zantic) 2 × 150 mg i.v.

- *Magensonde:*
  - Ziele: a) Ruhigstellung des Magens durch Absaugen und b) zur Verhinderung einer Magendilatation mit Übelkeit und Aspiration.
  - Dauer der Anwendung: Bei einer Fördermenge < 300 ml/24 Stunden kann die Sonde entfernt werden. Im Zweifelsfall die Magensonde zunächst abklemmen und bei Übelkeit sofort wieder öffnen.
- *Sondenernährung:* Bei entsprechender Indikation ist eine duodenal oder jejunal platzierte Sonde zu verwenden.
- *Stimulation der Darmfunktion* (ab 3. postoperativem Tag): Der operative Eingriff führt häufig zu einer generellen Hypomotilität bzw. Atonie des Magen-Darm-Traktes → mögliche darmstimulierende und abführende Maßnahmen:
  - Bisacodyl rektal (z. B. Dulcolax-Suppositorien) oder 5 mg p.o. (z. B. Dulcolax Dragees).
  - Hoher Einlauf oder Hebe-Senk-Einlauf mit 500 ml warmer Kamillosan-Lösung oder X-Prep (*cave:* Nicht bei frischen Kolonanastomosen anwenden!).
  - Karlsbader Salz p.o. ab dem 4. postoperativen Tag (*cave:* Nicht bei frischen Anastomosen am Magen oder oberem Dünndarm anwenden!).
  - Metoclopramid (z. B. Paspertin, Primperan) 10 mg i.v. oder p.o.
  - Bei verzögertem Ingangkommen der Darmfunktion und noch liegender Magensonde: Prostigmin 4 Amp. à 5 mg als Infusion über 4 Stunden (am besten vormittags).
- *Kostaufbau* (ab 3. postoperativem Tag):
  1. Trinken/Flüssigkeit: Bei sistierender Sekretretention im Magen Beginn mit Flüssigkeitsmengen < 300 ml/d (bevorzugt Tee). Bei guter Verträglichkeit rasche Steigerung der Menge und Zugabe von Bouillon und Schleimsuppe.
  2. Leichte Kost: In Abhängigkeit von der Magen-Darm-Funktion, in der Regel ab 2.–6. Tag – z. B. Zwieback, leichte passierte Kost.
  3. Normal-/Wunschkost: Rascher Übergang bei guter Verträglichkeit der leichten Kost und unauffälligem postoperativem Verlauf.
- *Physiotherapie* (wenn möglich bereits ab dem 1. postoperativen Tag):
  - Allgemein: Die Physiotherapie hat im postoperativen Management einen hohen Stellenwert und dient der Thromboembolie- und Pneumonieprophylaxe sowie dem beschleunigten Heilungsverlauf. Die Übungen müssen konsequent durchgeführt werden, ggf. unter einer adäquaten Schmerztherapie. Es werden aktive und passive Bewegungsübungen durchgeführt. Sonden und Drainagen sind keine Kontraindikation für die Mobilisation.
  - Zeitlich abgestufter Plan (initial unter fachspezifischer Anleitung): a) Sitzen am Bettrand, dann Stehen neben dem Bett; b) Gang zum Waschbecken, selbstständige Körperpflege; c) kleine Spaziergänge.
- *Atemgymnastik* (mehrmals täglich):
  - Bewusste tiefe In- und Exspiration unter Konzentration auf die Thoraxatmung.
  - Abklopfen des Thorax bzw. Vibrationsmassage mit anschließendem Abhusten.
  - Exspiration gegen Widerstand (Spirometer), bei Kindern Aufblasen eines Luftballons.
  - Inhalation von angefeuchteter, mit Mukolytika angereicherter Atemluft bei spezieller Indikation (eingedicktes, schlecht abhustbares Sekret).
- *Drainagen:* Diese werden erst bei voller oraler Ernährung, sauberem Wundsekret und fehlenden Zeichen einer Nahtinsuffizienz gezogen.

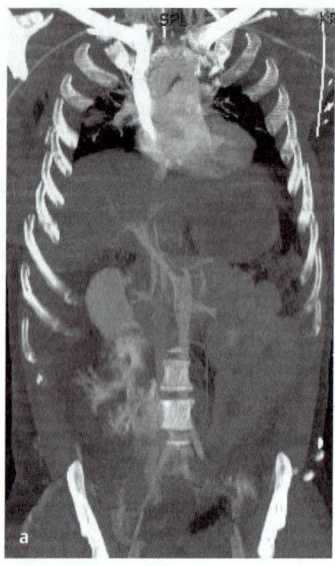
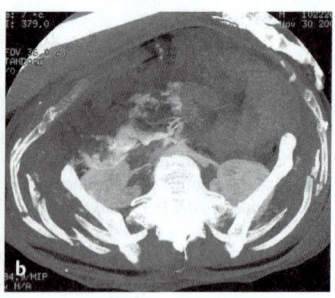

Abb. 19.3 a u. b   Abdominalquetschtrauma mit Rippenserienfrakturen
bds., CT mit Kontrastmittelfüllung und
Austritt von Kontrastmittel aus dem
Doudenum in a.p.-Ansicht (a) und im
Querschnitt (b)

Prognose und Komplikationen

▶ Abhängig vom Ausmaß der Organverletzung.
▶ Evtl. Pankreaspseudozysten, Fistelbildung, Abszess, chronische Pankreatitis.

19.5 Dünndarmverletzung

Grundlagen

▶ **Definition:** Komplette oder inkomplette Unterbrechung der Wandabschnitte des
  Dünndarmes (Jejunum, Ileum) durch ein stumpfes oder penetrierendes Trauma.
▶ **Ursache, Verletzungsmechanismus:** meist durch stumpfes Bauchtrauma, häufig
  durch Lenkradaufprall oder Airbag bei Verkehrsunfall.
  ▷ *Hinweis:* Beim Dünndarm ist eine komplette Zerreißung möglich. Subseröse
    Hämatome und inkomplette Rupturen (Läsion der Seromuskularis) sind Zufallsbefunde.
▶ **Klassifikation:** Je nach Entfernung der Verletzung vom Treitz-Ligament oder der
  Bauhin-Klappe im Jejunum oder Ileum. Ruptur (einfach, mehrfach), Deserosierung,
  Kontusion, Einblutung oder Skelettierung von der Mesenterialwurzel.

Klinische Symptomatik

▶ Je nach Verletzungsmechanismus Zeichen des stumpfen (S. 261) oder penetrierenden Bauchtraumas (S. 264).

Diagnostisches Vorgehen

▶ Siehe stumpfes (S. 261) bzw. penetrierendes Bauchtrauma (S. 264). Die Peritone-allavage gilt als die sensitivste Methode.
▶ Dünndarmverletzungen werden initial häufig übersehen und erst intraoperativ bei einer blutungsindizierten Laparotomie entdeckt bzw. verzögert bei Auftreten einer Peritonitis diagnostiziert.

Therapieprinzipien

▶ **Immer operative Versorgung** bei allen Teil- bzw. Vollrupturen.
▶ **Prinzipien:**
  • Übernähung kleiner Läsionen.
  • Bei größeren Läsionen oder Mesenterialverletzungen Resektion des betroffenen Darmabschnittes mit End-zu-End-Anastomosen (mit Handnaht oder Klammer-nahtapparat) im Gesunden (Vorgehen s. u.).

Operationstechniken

▶ **Mediane Laparotomie.** Inspektion des gesamten Bauchraumes und Evaluierung von Zusatzverletzungen.
▶ **Isolieren des verletzten Dünndarmabschnittes** (S. 510 f) nach Setzen von zwei weichen Klemmen. Bei großen Defekten muss auch ein entsprechender Mesenterialanteil isoliert werden:
  • Beidseits Peritoneum mit dem Messer inzidieren.
  • Abschieben des Fettgewebes mit dem Präpariertupfer.
  • Isolieren, Fassen und Abklemmen der Gefäße unter Diaphanoskopie.
  • Durchtrennen und Ligieren.
▶ **Resezieren des Darmabschnittes** (S. 510 f) und Desinfektion der Darmschenkel mit Chlorhexidin oder Betadine. Blutstillung im Bereich der Mukosa mit Elektro-kauter und/oder Ligaturen mit resorbierbarem Faden der Stärke 3-0.
▶ **End-zu-End-Anastomose der Darmstümpfe** mit einreihiger einstülpender All-schichtennaht (S. 493, 510 f) mit synthetischem, resorbierbarem Faden nach Vor-legen von zwei Haltefäden, Kontrolle der Durchgängigkeit. Zusätzlich Einzelknopf-nähte über der Allschichtennaht durch die Serosa.
▶ **Verschließen der Mesenteriumslücke** mit Einzelnähten.
▶ Ausgiebiges Spülen des Abdomens, großzügige Drainage mit weichen Drains.
▶ Verschluss der Bauchdecke.

Nachbehandlung

▶ Siehe bei Verletzungen von Pankreas und Duodenum S. 268.

Prognose und Komplikationen

▶ Bei korrekt versorgter Dünndarmverletzung keine Morbidität oder Letalität.
▶ Bei Nahtinsuffizienz besteht die Gefahr der Peritonitis.
▶ **Cave:** Nach einer ausgedehnten Dünndarmresektion besteht die Gefahr eines Kurzdarmsyndroms!
▶ Komplikationen: Abszess (Schlingenabszess, subphrenisch, Douglas), Bridenileus.

19.6 Dickdarmverletzung

Grundlagen

► **Definition:** Komplette oder inkomplette Unterbrechung der Wandschichten des Dickdarmes durch stumpfes oder penetrierendes Trauma.
► **Ursache, Verletzungsmechanismus:** meist penetrierendes Trauma (Schuss, Stich). In 75% der Fälle kommt es zu weiteren abdominellen Verletzungen.
► **Klassifikation:** Nach Art der Verletzung und Lokalisation im Colon ascendens, transversum, descendens, sigmoideum. Kontamination der Bauchhöhle und Ausbildung einer Peritonitis.

Klinische Symptomatik

► **Je nach Art und Größe der Verletzung:**
  • *Allgemein:* frühzeitig Peritonitis und Zeichen des septischen Schocks.
  • *Bei Schussverletzung* multiple Läsionen der Darmwand mit Zirkulationsstörungen. Bei Stichverletzungen in der Regel solitäre glattrandige Verletzung.
  • *Bei stumpfem Bauchtrauma* Abrissverletzungen von Darmteilen mit Perforation, Hämatomen und Zirkulationsstörungen.
  • *Bei Pfählungsverletzungen der Dammregion* als besondere Art der Dickdarmverletzung kommt es häufig zu weiteren Organverletzungen.

Diagnostisches Vorgehen

► **Anamnese:** Schießerei, Messerstecherei, Explosion? Unfall oder Suizidversuch?
► **Klinische Untersuchung** (s. Erstuntersuchung S. 7):
  • *Inspektion der Wunden:* Schuss-, Stich- oder Explosionsverletzung?
  • Akutes Abdomen? Peritonitische Zeichen?

Therapieprinzipien

► Übernähen, Resektion und Anastomose mit vorgeschalteter Schutzkolostomie (S. 516).
► Resektion mit endständiger Ausleitung des zuführenden Kolons und temporärer Blindverschluss des abführenden Schenkels (Hartmann-Stumpf (S. 516)).
► Dekontamination und Spülen der Bauchhöhle. Evtl. „Second Look".

Konservative Therapie

► Nur bei sicherem Ausschluss einer Perforation des Kolons ist eine konservative Behandlung statthaft.

Nachbehandlung

► Antibiose: Cephalosporin + Aminoglykosid + Metronidazol.
► Kolostomieversorgung.
► Rückverlagerung nach 2–4 Monaten.

Prognose und Komplikationen

► **Prognose:** gut, wenn keine Nahtinsuffizienz auftritt.
► **Komplikationen:** Nahtinsuffizienz mit Stuhlfistel, Abszesse, Bridenileus, bei Kolostoma evtl. Nekrose, Retraktion, parastomale Hernie, Fehlposition.

19.7 Rektumverletzung

Grundlagen

▶ **Definition:** Komplette oder inkomplette Unterbrechung der Wandschichten des intra- bzw. extraperitoneal liegenden Rektums.
▶ **Ursache, Verletzungsmechanismus:** rektale oder perineale Pfählungsverletzungen, Beckenfrakturen.
▶ **Klassifikation:** nach Art der Verletzung und Lokalisation: intra- oder extraperitoneal. Kontamination der Bauchhöhle und Ausbildung einer Peritonitis.

Klinische Symptomatik

▶ Je nach Art und Größe der Verletzung. Frühzeitig Peritonitis und Zeichen des septischen Schocks.
▶ Häufig Symptome durch weitere Organverletzungen.

Diagnostisches Vorgehen

▶ **Anamnese:** Unfallmechanismus.
▶ **Klinische Untersuchung** (s. Erstuntersuchung S. 7):
  • Inspektion der Wunden: Mitbeteiligung des Abdomens?
  • Peritonitische Zeichen?
  • Verletzung des Beckenbodens und/oder des harnableitenden Systems?
  • Rektal-digitale Tastuntersuchung.
▶ Proktoskopie.

Therapieprinzipien

▶ **Funktionelle Ausschaltung des Rektums:**
  • *Intraperitoneale Verletzung am Übergang zum Colon sigmoideum:* Ausleitung der Stuhlmassen durch Anlage einer endständigen Sigmoidostomie. Der aborale Teil verbleibt als Hartmann-Stumpf.
  • *Extraperitoneale Verletzung:*
    Ausleiten des Sigmas mit endständiger Sigmoidostomie sowie Anlage einer Schleimfistel oder eines getrennten Spülanus.
    – Nach Verschluss der Bauchhöhle Sphinkterdehnung, Proktoskop einstellen und Rektum ausräumen (gegebenenfalls „Wash out" über den Spülanus).
▶ Konsequente Drainage im Bereich der Verletzung.
▶ Wunddébridement. Direktnaht.
▶ Primäre Versorgung von Beckenboden- und Sphinkterverletzungen.

Nachbehandlung

▶ Belassen der Drainagen (ohne Leckage für 5 Tage) → „Wash out" wiederholen.
▶ Bei Fistelung sollten die Drainagen über diese 5 Tage hinaus verbleiben. In den meisten Fällen kommt es zu einem spontanen Verschluss der Fisteln.
▶ Antibiose: Cephalosporin + Aminoglykosid + Metronidazol.
▶ Die Kolostomierückverlegung kann meistens nach 2–4 Monaten erfolgen.

Prognose und Komplikationen

▶ Komplikationen: Sphinkterinsuffizienz, neurogene Inkontinenz (v. a. nach Beckentrauma).

19.8 Verletzung von Leber, Gallenblase, Gallengängen

Grundlagen

▶ **Definition:** stumpfe oder penetrierende Verletzung der Leber, Gallenblase und Gallengänge.
▶ **Ursache, Verletzungsmechanismus:** häufige Verletzung bei stumpfem oder perforierendem Oberbauch- oder unterem rechtsseitigem Thoraxtrauma.
▶ **Klassifikation:**
  • Unterscheidung von oberflächlichen, glatten Parenchymeinrissen, Teilabrissen, zentralen Berstungsrupturen, Lebervenen- und retrohepatischen Kavaeinrissen.
  • Zweizeitige Leberruptur: Nach einem freien Intervall von Stunden bis Tagen perforiert ein primär subkapsuläres Hämatom nach einem Leberriss in die freie Bauchhöhle mit Symptomen des hämorrhagischen Schocks.

Klinische Symptomatik

▶ Bei massiver Blutung hämorrhagischer Schock.
▶ Bei rechtsseitigem Thoraxtrauma oft respiratorische Insuffizienz und Hämatopneumothorax.
▶ In die rechte Schulter ausstrahlender Schmerz (Phrenikusreizung).

Diagnostisches Vorgehen

▶ **Anamnese:** adäquates Trauma?
▶ **Klinische Untersuchung:** Abwehrspannung im rechten Oberbauch mit Darmparalyse, Flankendämpfung wegen Hämatombildung. Zeichen der inneren Blutung bis zum Volumenmangelschock.
▷ *Cave:* In > 90% der Fälle sind Begleitverletzungen wie rechtsseitige Rippenfrakturen, Lungenkontusionen, Milzruptur sowie Schädel-Hirn- und Extremitätenverletzungen vorhanden. Die isolierte Leberruptur ist eine Rarität.
▶ **Labor:** Hb-, Hkt-Abfall, massiver Leukozytenanstieg innerhalb von Stunden.
▶ **Sonographie:**
  • Homogene, echoarme Raumforderung mit Leberunterbrechung.
  • Evtl. freie Flüssigkeit im Abdomen, erkennbarer Leberriss.
  • Bei subkapsulärer Läsion umschriebene (kappenförmige) Raumforderung. Abklärung einer gleichzeitigen Milzruptur.
▶ **Peritoneallavage** (unspezifisch!): Indiziert, wenn keine Ultraschalluntersuchung durchgeführt werden kann.
▶ **Computertomographie mit KM:** indiziert bei stabilen Patienten und unklarem Befund. Abklärung von Zusatzverletzungen von Milz, Pankreas, Nieren oder Darm.

Therapieprinzipien

▶ **Notfallmäßige Laparotomie** bei hämorrhagischem Schock mit temporärer Einflussdrosselung (sog. Pringle-Manöver). Übernähung, Infrarotkoagulation, Resektionsdébridement und perihepatische Tamponade.
▶ **Konservative Therapie** bei hämodynamisch stabilen Patienten und nach CT-Abklärung. Immer regelmäßige sonographische Kontrollen durchführen!

Konservative Therapie

▶ Überwachung auf Intensivstation.
▶ Engmaschige Kontrolle von Labor- (Hb, Hkt) und Kreislaufparametern sowie regelmäßige Kontrollsonographie.

Operationstechniken – Laparotomie

▶ **Abklemmen des Lig. hepatoduodenale** (Pringle-Manöver).
▶ **Blutstillung** (Einsatz von Cell-saver-Technik zur autologen Bluttransfusion):
  • *Bei kleinen Rissen* Blutstillung durch Fibrinklebung, Kauterisierung oder Infrarotkoagulation.
  • *Bei größeren Rissen* Durchstechungsnaht mit Netzzipfel oder Kollagenvlies.
  • *Bei starker Gewebezerstörung:* Resektionsdébridement, perihepatische Tamponade.
▶ **Zusatzverletzungen ausschließen.**
▶ **Geplanter Second-Look-Eingriff** nach 24 Stunden.

Nachbehandlung

▶ Geplanter Second-Look-Eingriff (s. o.).
▶ Intensivtherapie.

Prognose

▶ **Abhängig von der Schwere der Ruptur:**
  • Bei zentralen Berstungen, Lebervenenabriss oder retrohepatischem Kavariss besteht eine etwa 50%ige Letalität.
  • Oberflächliche Parenchymrisse haben keine eigenständige Letalität.
  • Größere Parenchymverluste haben keine bleibenden Nachteile.
▶ **Spätkomplikationen** können nach Wochen oder Monaten auftreten in Form von Leberabszess (infiziertes Hämatom), Hämobilie (arteriobiliäre Fistel) oder Gallengangstenose.

19.9 Milzverletzung

Grundlagen

▶ **Definition:** stumpfe oder penetrierende Verletzung der Milz.
  ▶ *Hinweis:* Die *traumatische* Milzruptur muss von der *spontanen* Milzruptur (= Ruptur durch ein inadäquates Trauma oder ohne Trauma, bei Splenomegalie, Leukämien, Morbus Pfeiffer, Malaria, Morbus Gaucher, Typhus, selten bei Gravidität) unterschieden werden.
▶ **Ursache, Verletzungsmechanismus:**
  • *Traumatische Milzruptur*: häufigste Organverletzung beim stumpfen Bauchtrauma. Seltene Läsion durch Schuss oder Stich. Bei stumpfen Traumen finden sich oft gleichzeitig linksseitige Rippenfrakturen.
    – *Zweizeitige Milzruptur:* Parenchymriss bei intakter Kapsel führt zu wachsendem intralienalem Hämatom, das Stunden oder Tage nach dem Trauma zur Kapselruptur und freien intraabdominellen Blutung führt.
▶ **Klassifikation:** Oberflächliche Verletzungen werden von Kapseleinrissen und Zertrümmerung des Organes unterschieden.

Klinische Symptomatik

► Schmerz im linken Oberbauch, oft in die linke Schulter ausstrahlend.
► Linksseitige Thoraxschmerzen.
► Plötzlich auftretender hämorrhagischer Schock.

Diagnostisches Vorgehen

► **Anamnese:** Unfallmechanismus, z. B. stumpfes Bauchtrauma oder Thoraxtrauma links?
► **Klinische Untersuchung:** peritoneale Abwehrspannung (Blut im Abdomen), Zeichen der Hypovolämie (Hypotonie, Tachykardie), bzw. Schock, Begleitverletzungen.
► **Labor:** Hb-, Hkt-Abfall, massiver Leukozytenanstieg innerhalb von Stunden.
► **Sonographie:** homogene, echoarme Raumforderung mit Milzunterbrechung, evtl. freie Flüssigkeit im Abdomen, erkennbarer Milzriss. Bei subkapsulärer Läsion umschriebene (kappenförmige) Raumforderung.
  ❑ *Cave:*
    – Kann initial eine Milzruptur nicht sicher ausgeschlossen werden, müssen innerhalb der ersten Stunden nach dem Trauma engmaschige Ultraschallkontrollen durchgeführt werden (alle 30–60 Minuten).
    – Durch Umlagerung des Patienten kann eine vorher nicht erkannte Blutung akut exazerbieren.
    – Bei Zeichen der akuten Blutung (Tachykardie, Blutdruckabfall, Volumenbedürftigkeit, Unruhe, Bewusstseinsverlust) wird der Patient ohne weitere Diagnostik laparotomiert.
► **Peritoneallavage** (unspezifisch!): Indiziert, wenn keine Ultraschalluntersuchung durchgeführt werden kann.
► **Computertomographie + KM:** Indiziert beim stabilen Patienten und unklarem Befund.

Therapieprinzipien

► **Beim hämorrhagischen Schock** notfallmäßige Laparotomie und Splenektomie bei irreparabler traumatischer Ruptur. Wenn immer möglich, Milz erhaltendes Verfahren.
► **Konservative Therapie** nur bei stabiler Hämodynamik, nach CT-Abklärung und regelmäßiger sonographischer Kontrolle.

Konservative Therapie

► Bettruhe für 10–14 Tage, engmaschige Kontrolle von Hb, Hkt, Kreislaufparametern und wiederholte Sonokontrollen.

Operationstechniken

► **Ziel:** Blutstillung unter Erhaltung der Milz.
► **Bei kleinen Rissen:** Blutstillung durch Fibrinklebung, Kauterisieren oder Infrarotkoagulation (Abb. 19.4). Durchstechungsnaht mit Netzzipfel oder Kollagenvlies.
► **Bei größeren Rissen:** Splenorhaphie Milz mit Netz. Bei unübersichtlichen Verhältnissen infolge Ruptur und Blutung Gefäßstiel am Pankreasschwanz zwischen den Fingern komprimieren.
► **Bei irreparabler traumatischer Ruptur:** Splenektomie.

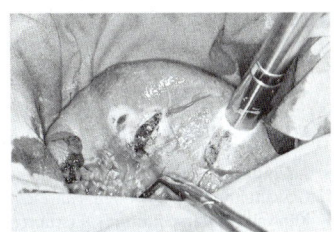

Abb. 19.4 Milzruptur, Milzhilus abgeklemmt, Blutstillung mit Infrarotkoagulation

Nachbehandlung

► **Sonographische Kontrollen** zum Ausschluss Hämatom- oder Ergussbildung.
► **Impfungen:** 4 Wochen nach Splenektomie Impfung gegen Pneumokokken, Haemophilus influenzae und Meningokokken empfehlenswert.
► **Labor:** Überwachung von Hb, Hkt, Thrombozyten und Pankreasenzyme.
► **Thromboseprophylaxe:** bei Thrombozyten > 1 Mio/µl ASS 0,5–1 g/d.
► **Entfernung der Drainagen** bei einer Fördermenge < 30–50 ml unblutigen Sekretes (ca. 2.–4. Tag postoperativ).

Prognose und Komplikationen

► **Prognose:**
  • Isolierte Verletzung der Milz bei rechtzeitiger Erkennung keine Letalität. Geringgradig erhöhtes Thromboserisiko. Permanent nachweisbare Jolly-Howell-Körperchen im Blutbild.
  • Eindeutig erhöhtes Risiko einer Pneumokokkensepsis (sog. OPSI-Syndrom = overwhelming post splenectomy infection).
► **Komplikationen:** Pankreatitis, subphrenischer Abszess.

19.10 Verletzung abdomineller Gefäße

Grundlagen

► **Definition:** tangentiale Lazeration, Perforation oder Durchtrennung abdominaler Gefäße, Intimarisse.
► **Ursache, Verletzungsmechanismus:** hauptsächlich durch penetrierendes Abdominaltrauma. Weniger häufig durch stumpfes Bauchtrauma (Dezeleration, z. B. Rasanztrauma oder lokalisierte Gewalteinwirkung). Gurtverletzung.
► **Begleitverletzungen:** In den meisten Fällen kommt es zu Begleitverletzungen von Organen (am häufigsten von Leber und Dünndarm).
► **Klassifikation:** je nach Lokalisation und Art des verletzten Gefäßes. Lediglich 5% aller traumatischen arteriellen Gefäßverletzungen liegen im Abdomen.

Klinische Symptomatik

► **Allgemein:**
  • Massive Hämorrhagie mit Hypovolämie und Hypotension.
  • Ausgeprägte Schockzeichen, Ischämiesyndrom.

▶ **Speziell:**
- *Aortale/arterielle Verletzungen:* exzessive Hämorrhagie, expandierendes Hämatom, distale blasse und kühle Extremitäten, arterielle Stenosegeräusche.
- *Hohlvenen/venöse Verletzungen:* Hypotension in ca. 75% der Fälle.

Diagnostisches Vorgehen

▶ **Anamnese:** Abdominaltrauma (Rasanztrauma oder lokalisierte umschriebene Gewalteinwirkung, wie z. B. Fahrradlenker)?
▶ **Klinische Untersuchung** (s. Erstuntersuchung S. 7): Periphere Pulse vermindert oder fehlend, Ischämiezeichen an den unteren Extremitäten (S. 499). Auskultatorisch Strömungsgeräusche und/oder tastbare Pulsation im Abdomen.
▶ **Sonographie:** Vorhandensein oder Fehlen von Dopplersignalen.
▶ **Aortographie/Arteriographie:** Nur bei stabilen Patienten, wenn keine sofortige operative Intervention notwendig ist (*cave:* Kontraindiziert bei schwerem Schock und starken Blutungen).
▶ **CT bzw. MRT:** Ideal Mehrschicht-Spiral-CT mit Kontrastmittelgabe. Blutansammlungen im Retroperitoneal- oder Intraperitonealraum?
▶ Ggf. Phlebographie.

Therapieprinzipien

▶ Sofortige Kompression oder Tamponade.
▶ Rasche Volumensubstitution und schnellstmögliche chirurgische Sanierung durch „lateral Repair", Patchplastik, Interponat, selten nur Ligatur.
▶ Konsequente Schocktherapie, Bereitstellung ausreichender Blutkonserven und effizienter Operationsablauf.

Operationstechniken

▶ **Zugang:** Standardmäßig mediane Laparotomie mit Erweiterungsmöglichkeiten zu Sternotomie, lateraler Thorakotomie und zu den Leistengefäßen.
☐ *Cave:*
- Bei einem prallen Hämatoabdomen mit instabilem Kreislauf muss zunächst eine proximale Blockade der Aorta zur Vorbeugung einer plötzlichen Druckentlastung mit therapierefraktärem Herzstillstand durchgeführt werden – 2 Möglichkeiten:
  1. Linksseitige anterolaterale Thorakotomie und Abklemmen der deszendierenden Aorta.
  2. Von einem Leistengefäß aus vorgeschobener Ballonkatheter zur intraluminalen Blockade der Aorta.
- Die warmen Ischämietoleranzen für Nieren und Dünndarm betragen höchstens 30 Minuten.
▶ **Darstellung der kranialen Viszeralabgänge:**
- Zusätzliche Kerbung des Zwerchfells.
- Alternative: Freilegung der diaphragmalen Aorta subphrenisch nach Spaltung des kleinen Netzes von rechts, bzw. der infrarenalen Aorta nach Luxation des Dünndarms nach rechts-kranial durch Inzision des Peritoneums links des Treitz-Bandes und der Aorta.
▶ **Übersicht über die gesamte infrahepatische V. cava sowie über die rechte Nierenvene:** durch Mobilisierung rechtsseitig des Colon ascendens mit Duodenum (Kocher-Manöver).
▶ **Versorgung der arteriellen Gefäße:** situationsadaptiert durch Naht, Venenstreifenplastik (S. 503) oder Interponat (S. 504).

► **Beim Polytraumatisierten mit Parenchymzerstörungen einer Niere:** bei kontralateral sicher erhaltener Niere Indikation zur Nephrektomie.
► **Bei Gefäßverletzungen in der Leberpforte sowie Verletzung der suprarenalen V. cava:** Rekonstruktion der Pfortader und der A. hepatica propria.

Nachbehandlung

► **Tuchtamponade mit Second-Look-Operation nach 48 h** bei anhaltender Sickerblutung, z. B. nach Beckenfrakturen.

Prognose

► **Prognose:**
  • Freie intraperitoneale Blutungen führen in den meisten Fällen zum Tode.
  • Retroperitoneale Blutungen können sich bis zur operativen Intervention oft ausreichend tamponieren.
  • Verletzungen der venösen Gefäße haben aufgrund der niedrigeren Druckverhältnisse einen prognostisch günstigeren Verlauf.
► **Komplikationen:** Kontusionen oder Intimarisse führen zur Entstehung von Aneurysmen und Thrombose; Symptome können erheblich verzögert auftreten (nach Stunden bis Monaten, evtl. erst nach Jahren).

20 Verletzung des Urogenitaltrakts

20.1 Nierenverletzungen

Grundlagen

▶ **Definition:** traumatische Verletzung des Nierenparenchyms und/oder der Nierengefäße.
▶ **Häufigkeit:** Nierenverletzungen sind die häufigsten Verletzungen des Retroperitonealraumes und in bis zu 90% der Fälle mit Bauchtraumata vergesellschaftet (insbesondere die penetrierenden Nierenverletzungen).
▶ **Ursachen, Verletzungsmechanismus:**
  • *Offenes/perforierendes Nierentrauma* (nur selten auf die Niere begrenzt): Stich- (Abb. 20.1), Schuss-, Pfählungsverletzung oder An- bzw. Durchspießungsverletzungen bei Rippenfrakturen.
  • *Stumpfes Nierentrauma:*
    – Berstungsruptur durch direkte Gewalteinwirkung (Schlag, Stoß, Kompression, Crushtrauma).
    – Dezelerationstrauma durch indirekte Gewalteinwirkung.
  ▶ *Cave:* Kindliche Nieren sind aufgrund der relativ großen Organmasse besonders gefährdet!
▶ **Begleitverletzungen:** bei ca. 80% aller offenen und 30–50% aller stumpfen Nierentraumata (Abdomen, Becken, Thorax).
▶ **Klassifikation** (anhand der klinischen + bildgebenden Diagnostik): s. Tab. 20.1.

Tabelle 20.1 · Schweregradeinteilung von Nierenverletzungen (modifiziert nach Hodges)

leicht (60–80%)	Ia	Kontusion mit subkapsulärem Hämatom
	Ib	Parenchymblutung
schwer (10–30%)	IIa	inkomplette Nierenruptur mit subkapsulärem Extravasat
	IIb	inkomplette Nierenruptur mit perirenalem Extravasat
	IIc	komplette Nierenruptur mit retroperitonealem Extravasat
kritisch (< 5%)	III	multiple Rupturen, Zertrümmerung, Nierenstielverletzung

Klinische Symptomatik

▶ Flankenschmerz, hämatombedingte Schwellung, Makrohämaturie.
▶ Blasentamponade, Peritonismus.
▶ Reaktiver paralytischer Ileus mit Übelkeit, Erbrechen, Meteorismus.
▶ Hypovolämischer Schock: Jedoch führt eine intakte Gerotafaszie häufig zur Selbsttamponade. Daher ist ein progredienter Schock prinzipiell verdächtig für eine intraperitoneale Blutung.

Diagnostisches Vorgehen

► **Klinische Untersuchung:** Schockzeichen, Flankenschmerzen, Prellmarken, Subileuszeichen, Meteorismus? Wundinspektion.
► **Labor:**
  • *Blut:* Blutbild, Serumretentionswerte.
  • *Urinstatus:* Makro-/Mikrohämaturie, Koagelabgang?
    ◪ *Hinweis:* Blutabgang im Urin ist ein sehr unsicheres Symptom einer Nierenverletzung!
► **Sonographie:** Einblutung, Kapselhämatom, Organzerreißung, freie Flüssigkeit? Abklärung einer Oligo-/Anurie (prä-/postrenal).
► **Konventionelles Röntgen:**
  • *Thorax:* Rippenfrakturen, Infiltrat, Erguss, Pneumothorax?
  • *Abdomenübersicht:* Nieren- und Psoasschatten, Skelett (Frakturen, Fehlstellungen)?
► **i.v.-Urographie:** KM-Austritt, Deformierung des Nierenhohlsystems, Organveränderungen (im Seitenvergleich!)?
► **Computertomographie** (mit KM): Ersetzt heute weitgehend die i.v.-Urographie, da gleichzeitig intraabdominale Verletzungen mit abgeklärt werden können (Abb. 20.1).

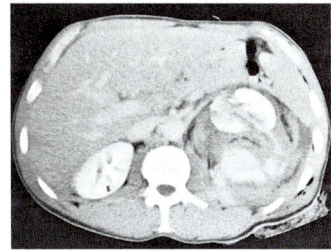

Abb. 20.1 Messerstichverletzung der linken Niere

► **Angiographie:** Indiziert, wenn i.v. Urographie und CT keine KM-Ausscheidung zeigen → V.a. Nierenstielverletzung.

Therapieprinzipien

► **Urologisches Konsil:** Ziel ist eine Weiter-/Mitbehandlung durch Urologen.
► **Konservativ:** Grad I bis IIb (95% aller stumpfen Nierentraumata).
► **Operativ:** Grad IIc bis III. Indikationen für ein primär operatives Vorgehen:
  • Sich rasch ausdehnende perirenale Hämatome.
  • Starke Urinextravasationen.
  • > 40% nicht perfundiertes Gewebe.
  • Gefäßverletzungen.
  ◪ *Cave:* Vor Entscheidung zur Nephrektomie prinzipiell Funktion der kontralateralen Niere abklären.

Konservative Therapie

► Strenge Bettruhe für ca. 1 Woche.
► Antibiotische Abschirmung: vor Vorliegen einer Urinkultur mit Resistenzbestimmung Aminopenicillin (z.B. Augmentan 3 × 1,2 g i.v. oder 3 × 625 mg p.o.) oder Chinolon (z.B. Ciprobay 2 × 200 mg i.v. oder 2 × 500 mg p.o.) oder Cotri-

moxazol (z. B. Bactrim 2 × 2 Amp. oder Bactrim forte 2 × 1 Tbl. p.o.). Nach Erhalt der Urinkulturresultate (oder Blutkultur bei Sepsis) entsprechende Antibiotikatherapie nach Resistenz. Therapiedauer abhängig von der Klinik (Infektverlauf, Leukozytose, BSG, CRP), bei Nierentraumata 1–3 Wochen.

► Engmaschige Kontrolle der klinischen Befunde (Puls, Blutdruck, Temperatur).
► Konsequente Wiederholung von Labor (Blutbild, Serumretentionswerte) und Sonographie.

Operationstechniken

► **4 Grundsätze:**
  1. Frühzeitige Kontrolle des Nierenstiels (*vor* Eröffnen der Gerotafaszie).
  2. Débridement von avitalem Parenchym.
  3. Wasserdichter Verschluss des Nierenbeckens.
  4. Adaptation der Parenchymflächen.
► **Standardzugang:** mediane Laparotomie (ermöglicht die Kontrolle der häufigen abdominellen Begleitverletzungen):
  • Dünndarm in feuchten Tüchern nach rechts oben weghalten.
  • V. mesenterica inf. aufsuchen.
  • Medial davon über der Aorta Inzision des Peritoneums.
  • Darstellung des Nierenstiels (für rechte und linke Niere möglich).
  • Nach präliminärer Nierenstielkontrolle Mobilisation des ipsilateralen Kolons von lateral her. Eröffnen der Gerotafaszie, Darstellen der Niere.
  • Zur besseren Übersicht ggf. Abklemmen (maximal 30 min abklemmen = warme Ischämiezeit).
► **Gefäßrekonstruktion:**
  • *Bei komplettem Venenriss* steht die Erhaltung der vitalen Parameter im Vordergrund, eine Nephrektomie ist zur Blutungskontrolle oft unvermeidbar (s. u.). Hilfreich ist die manuelle Okklusion oder Ballonokklusion der V. cava.
  • *Inkomplette Nierenarterieneinrisse* können bei temporärer Ausschaltung (Abklemmung) versorgt werden.
  • *Komplette Nierenarterienabrisse und arterielle Thrombosen* führen i. d. R. zur Nephrektomie (s. u.).
  • *Selten:* heterotope Autotransplantationen oder aortorenale Bypassoperationen.
► **Renorrhaphie:** Parenchymadaptation durch resorbierbares Netz.
► **Partielle Nierenresektion:** Indiziert bei tiefen Verletzungen des Nierenober- oder Unterpols mit Infrarotkoagulation und/oder Fibrinklebung.
► **Nephrektomie:** Bei kritischem Zustand des Patienten unter Berücksichtigung der Schwere der Gesamtverletzung. Dabei muss immer das Vorhandensein einer zweiten gesunden Niere (zumindest sonographisch) sichergestellt werden!

Nachbehandlung

► Parenterale Infusionstherapie.
► Tägliche Kontrolle von Hb, Hk, Elektrolyten und ggf. Substitution.
► Blasenkatheter, Flüssigkeitsbilanzierung.
► Antibiotikatherapie: siehe S. 281. Bereits im OP beginnen. Dauer ca. 3–5 Tage.
► Entfernen des Nierendrains gegen Ende der ersten Woche postoperativ.

Komplikationen und Verlauf

► **Früh:** retroperitoneale Urinphlegmone, infiziertes Hämatom, Sepsis.
► **Spät:** Funktionsverlust der Niere, renale Hypertonie, Nephrolithiasis, Schrumpfniere, persistierender Harnwegsinfekt.

20.2 Verletzungen der Ureteren

Grundlagen

- **Definition:** Extrem seltene traumatische Verletzung des Harnleiters.
- **Ursachen, Verletzungsmechanismus:** Praktisch ausschließlich Folge eines penetrierenden Traumas.
- **Klassifikation:** Einteilung entsprechend der Lokalisation:
  - Pyeloureteraler Anteil (am häufigsten).
  - Mittleres Drittel.
  - Distales Drittel.

Klinische Symptomatik

- ◪ *Cave:* Eine Ureterverletzung ist allgemein symptomarm, 2/3 aller Fälle werden verspätet diagnostiziert!
- **Unspezifische Spätsymptome:** zunehmender Druckschmerz, kolikartige Flankenschmerzen, tastbare Raumforderung (Urinom), Fieber, Peritonismus, Sepsis, Hämaturie (unsicher und in 20–45% der Fälle fehlend!).

Diagnostisches Vorgehen

- **Anamnese:** entsprechende Traumatisierung?
- **Klinische Untersuchung:** s. o. Penetrierende Wunden an Bauchwand, Flanken, Rücken?
- **Sonographie:** Flüssigkeitsansammlung (Hämatom, Extravasat)?
- **i.v.-Urographie oder CT:** Extravasate, Obstruktion mit Harnleiterdeviation, fehlende Ausscheidung?
- **Retrograde Ureteropyelographie:** Exakte Lokalisation der Verletzung möglich.
- **Labor:**
  - *Blut:* Blutbild (Leukozytose als Spätzeichen) und Serumretentionswerte.
  - *Urinstatus:* Mikro-, Makrohämaturie? (Interpretation s. o.).

Therapieprinzipien

- **Urologisches Konsil:** i. d. R. Weiterversorgung durch Urologen.
- **Konservative Therapie:** bei partieller Ruptur mit Kontinuitätserhalt.
- **Operationsindikation:** bei komplettem Abriss.

Konservative Therapie

- Harnleiterschienung.
- Perkutane Nephrostomie.

Operationstechniken

- Wenn eine primäre Operation nicht möglich ist, zunächst Harnableitung über Nephrostomie.
- **Vorgehen nach Läsionshöhe:**
  - *Pyeloureteraler Anteil* (häufigste Lokalisation): Nierenbeckenplastik.
  - *Mittleres Drittel:* End-zu-End-Anastomose (*cave:* Nahtinsuffizienz, Nekrose, Stenose).
  - *Distaler Abschnitt:* Harnleiterreimplantation, bei Misslingen Nierenautotransplantation ins kleine Becken oder Nephrektomie.

Verletzung des Urogenitaltrakts

▶ **Allgemeine operative Prinzipien:**
  • *Zugang:* Prinzipiell mediane Laparotomie wegen möglicher abdomineller Begleitverletzungen.
  ◘ *Cave:* Keine Isolierung des Ureters aus dem Begleitgewebe (Blutversorgung!).
  • Débridement.
  • Spannungsfreie Anastomose.
  • Präzise Mukosaadaptation.
  • Innere Schienung des Ureters.
  • Retroperitoneale Drainage.

Nachbehandlung

▶ Entfernen der Harnleiterschienung nach 1 Woche.

Komplikationen und Prognose

▶ **Bei Frühdiagnose:** Abszesse, Urinom, Fisteln, Harnleiterstenosen.
▶ **Bei verspäteter Diagnose:** Verlust der Nierenfunktion, Sepsis.

20.3 Verletzungen der Harnblase

Grundlagen

▶ **Definition:** traumatische Verletzung der Harnblase.
▶ **Ursachen, Verletzungsmechanismus:**
  • Häufig Begleitverletzung bei Beckentrauma (dann meist *extraperitoneal*), z. B. Perforationsverletzung durch Beckenfragmente.
  • Stumpfes Trauma – „Explosionsverletzung" der uringefüllten Blase, meist am Blasendach *(intraperitoneal),* z. B. durch Sicherheitsgurt, Dezelerationstrauma.
  • Schuss, Stich, Pfählung.
▶ **Begleitend** in 50% Verletzung der Harnröhre.
▶ **Klassifikation:** Einteilung in intra- und extraperitoneale Blasenrupturen.

Klinische Symptomatik

▶ Hämaturie (oft nur Mikrohämaturie!).
▶ Unspezifische Miktionsstörungen bis zur Anurie (blutige Pseudoanurie) und lokale Schmerzen.

Diagnostisches Vorgehen

▶ **Klinische Untersuchung:** Prellmarken, Wunden, Abwehrspannung?
▶ **Sonographie.**
▶ **Retrograde Urethrozystographie:** Harnröhren- und Blasenverletzungen werden sicher erfasst.
▶ **Zystographie:** Genaue Lokalisation der Blasenverletzung *nach* Ausschluss einer Harnröhrenverletzung durch retrograde Urethrozystographie (*cave:* Immer Ablaufaufnahme abwarten, hier zeigen sich Extravasate; Abb. 20.2).
▶ **i.v.-Urogramm:** Immer sinnvoll zum Ausschluss von Verletzungen von Niere und Harnleiter.
▶ **CT Becken und Abdomen mit KM:** gleichzeitige Bilanzierung von Becken- und Bauchtraumen.

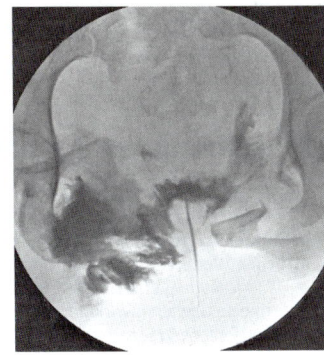

Abb. 20.2   Retrograde Zystographie
bei schwerer Beckenverletzung mit
Blasenruptur

Therapieprinzipien

▶ Intraperitoneale Rupturen und extraperitoneale Verletzungen mit operationspflichtigen Begleitverletzungen (Beckenfrakturen) werden operativ versorgt.
▶ Kleinere extraperitoneale Rupturen werden konservativ behandelt.

Konservative Therapie

▶ Bei kleineren extraperitonealen Rupturen.
▶ Drainage mit Dauerkatheter über 2–3 Wochen.

Operationstechniken

▶ **Zugang:** Eröffnung des Bauchraumes über Medianunterbauchschnitt.
▶ **Prinzip bei intraperitonealen Rupturen:**
  • Darstellen mittels Allisklemmen.
  • Inspektion der Blase.
  • Durchgreifende resorbierbare Einzelknopfnähte.
  • Mitfassen des Peritonealüberzugs.
▶ **Prinzip bei extraperitonealen Rupturen:**
  • Präparation des prävesikalen Retzius-Raums.
  • Eröffnen der Blase an der Vorderseite in der Mittellinie.
  • Inspektion.
  • Rupturversorgung von innen.
▶ **Vorgehen bei unsicherer Blutstillung oder „neglected Trauma"** (verspätete
  Diagnostik bzw. insuffiziente Behandlung):
  • Primär Tamponadestreifeneinlage.
  • „Second Look" nach 1–2 Tagen.

Nachbehandlung

▶ Parenterale Flüssigkeitszufuhr, Flüssigkeitsbilanzierung.
▶ Spüldrainage: Zufuhr der Spülflüssigkeit (3–4 Liter/24 Stunden) über supra-
  pubischen Blasenkatheter mit Ableitung über den Urethradauerkatheter.

Komplikationen und Prognose

▶ Urinphlegmone, Blasendenervation mit Entleerungsstörungen, Blasendivertikel, Schrumpfblasenbildung.

20.4 Verletzungen der Urethra

Grundlagen

▶ **Definition:** traumatische Verletzung der Harnröhre.
▶ **Ursachen, Verletzungsmechanismus:**
  • Häufige Begleitverletzung bei Beckentrauma.
  • Perineale Gewalteinwirkung (Motorrad-/Fahrradfahrer; Abb. 20.3).
  • Penetrierende Traumen.
▶ **Vorkommen, Lokalisation:** Überwiegend bei Männern, v. a. die hintere Harnröhre zwischen Pars prostatica und membranacea ist betroffen.
▶ **Klassifikation:** Einteilung in komplette und inkomplette Rupturen.

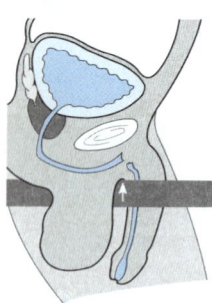

Abb. 20.3 Straddle-Verletzung (perineales Aufreittrauma) bei Sturz auf Fahrradrahmen mit Quetschung der Harnröhre gegen die Unterseite des Schambeins

Klinische Symptomatik

▶ Blutaustritt aus dem Meatus urethrae externus (blutige Pseudoanurie).
▶ Volle Blase, hoch stehender Blasenfundus.
▶ Starke Schmerzen, Prellmarke, Hämatom.
▶ Bei der rektalen Untersuchung schwammiges Hämatom anstelle der Prostata (Dislokation von Blase und Prostata nach kranial = „high riding prostate").

Diagnostisches Vorgehen

▶ **Sonographie:** hoch stehende Blase, Extravasate im kleinen Becken?
▶ **Glansurethrographie bzw. Urethroskopie.**
▶ **Retrograde Urethrozystographie:** erhaltene Harnröhrenpassage, Extravasate, Höhe der Läsion, komplette oder inkomplette Ruptur?
  ▶ *Cave:* Vor Katheterisierungsversuchen muss eine retrograde Urethrozystographie erfolgen, um eine zusätzliche Traumatisierung bzw. Keimverschleppung zu vermeiden!

Therapieprinzipien

- ▶ **Bei inkompletter Ruptur** einmaliger Katheterplatzierungsversuch unter endoskopischer Kontrolle.
- ▶ **Bei instabilem Patienten** perkutane suprapubische Harnwegsableitung unter sonographischer Kontrolle.
- ▶ **Bei operationspflichtigen Begleitverletzungen** (Becken, Blase, Bauchorgane) Durchzugsoperation.
- ◨ *Cave:* Keine primären Nahtversuche der Harnröhre, sie führen zu schweren Strikturen!

Konservative Therapie

- ▶ Katheterisierung bzw. suprapubische Harnwegsableitung (S. 57).

Operationstechniken

- ▶ Durchzugsoperation (Abb. 20.4):

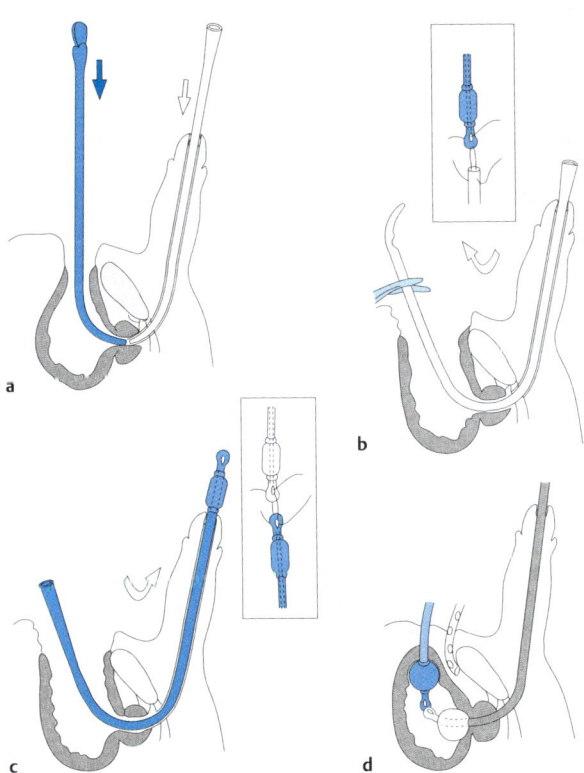

a

b

c

d

Abb. 20.4 a–d Durchzugsoperation bei vollständiger Harnröhrenruptur im Bereich der Pars membanacea

- Blase suprapubisch eröffnen.
- Transvesikales Einführen einer Sonde in den Blasenhals.
- Tiemannkatheter von der vorderen Harnröhre zur Rupturstelle vorschieben.
- Approximieren der Rupturstümpfe (a).
- Tiemannkatheter über die Ruptur in die Blase vorschieben (b).
- Ballonkatheter mittels Tiemannkatheter durch die Harnröhre durchziehen (c).
- Einziehen eines zweiten Ballonkatheters in die Blase.
- Adaptation des Blasenbodens an die Rupturstelle (distaler Katheter) (d).
- Suprapubische Harnwegsableitung (proximaler Katheter).
- Schienung mittels distalem Katheter für mindestens 3 Wochen.
- Anschließend ggf. Harnröhrenplastik.

Nachbehandlung

▶ Parenterale Flüssigkeitszufuhr und Flüssigkeitsbilanzierung.
▶ Permanentes Spülen der Blase zur Verhütung einer Blasentamponade.

Komplikationen und Prognose

▶ Harnröhrenstriktur.
▶ Erektile Dysfunktion.
▶ Harninkontinenz.

20.5 Verletzungen von Genitale und Perineum

Grundlagen

▶ **Ursachen, Verletzungsmechanismus:**
- Meist stumpfes Trauma.
- Ablederungsmechanismen.
- Pfählungsverletzungen.
- Masturbationshilfen.
- Vergewaltigung.

Klinische Symptomatik

▶ Sehr unterschiedlich je nach Verletzungsmuster:
- Ausgeprägte Hämatome.
- Weichteilablederung.
- Starke Blutungen.
- Symptomarme innere Verletzungen.

Diagnostisches Vorgehen

▶ **Rektale Untersuchung:** Sphinktertonus, Blut, Fremdkörper?
▶ **Vaginale Untersuchung.**
▶ **Röntgenbeckenübersicht:** Fremdkörper, pathologische Gaseinschlüsse, Frakturen?
▶ **Sonographie:** Lage und Füllung der Blase, intraabdominale Flüssigkeit.
▶ **Urethrozystographie, Urethrographie:** Fremdkörper, Harnröhren-/Blasenverletzung?
▶ **Kavernosogramm:** bei Verdacht auf Penisfraktur.

Therapie

► **Prinzipien:** urologisches bzw. gynäkologisches Konsil, bei unklarem Befund Exploration bis hin zur Laparotomie bzw. Zystoskopie.
► **Konservative Therapie:** bei Prellungen abschwellende Maßnahmen.
► **Operationstechniken:**
  • Wunddébridement.
  • Blutstillung.
  • Fremdkörperentfernung.
  • Ggf. Laparotomie.
  • Versorgung von Begleitverletzungen von Urethra (S. 286), Harnblase (S. 284), Rektum und Anus.

20.6 Trauma und Schwangerschaft

Grundlagen

► Die Versorgung unfallverletzter schwangerer Frauen sollte idealerweise in enger interdisziplinärer Zusammenarbeit von Gynäkologen, Geburtshelfern, Kinderärzten und Unfallchirurgen erfolgen.
► Bei Röntgenuntersuchungen strenge Indikationsstellung beachten!
► Im Zweifelsfall Schwangerschaftsschnelltest vorschlagen!

Konkretes Vorgehen

► Zunächst intensivmedizinische Behandlung lebensbedrohlicher Zustände der Mutter. Nach klinischer Stabilisierung der Mutter umgehend Ultraschalluntersuchung und Kardiotokographie.
► **Operative Maßnahmen:**
  • Hier gelten die allgemeinen Regeln der Unfallchirurgie, sofern keine Gefahr für das Kind besteht. Operationen sind ohne Nachteile für das Kind jederzeit möglich.
  • *Sectio caesarea.* Indiziert bei vitaler Gefährdung von Mutter und Kind jenseits der 32. SSW. Erst anschließend Versorgung der „sekundären" (= nicht vital bedrohlichen) mütterlichen Verletzungen.
► **Medikamentöse Therapie:** Immer mit dem Gynäkologen abstimmen (z. B. Antibiotika, Thromboseprophylaxe, Tetanusimmunisierung)!
► **Risiken für das ungeborene Kind:**
  • Fetale Hypoxie (mütterliche Kreislaufdepression).
  • Verletzungen der Plazenta (in 40–60% nach schweren Verkehrsunfällen).
  • Direkte intrauterine Gewalteinwirkung (z. B. bei Beckenverletzungen; am häufigsten sind Verletzungen des Kopfes, die rasch zu einer vitalen Bedrohung werden können).
  ► *Hinweis:* Auch nach einer Notfallsektio muss mit dauerhaften Schäden der überlebenden Kinder gerechnet werden, trotz eventueller neurochirurgischer Akutintervention mit Hämatomausräumung und Drainage.

21 *Becken*

21.1 *Beckenringverletzung*

Grundlagen   × nach Title

▶ **Definition:** knöcherne und/oder ligamentäre Verletzung des Beckens.
▶ **Ursache, Verletzungsmechanismus:**
  • Grobe direkte oder indirekte Gewalteinwirkung auf das Becken, häufig bei Verkehrsunfall, Sturz aus großer Höhe oder Überrolltrauma.
  • Die frontale Kompression führt zum Auseinanderweichen, die seitliche zum Einwärtsdrehen und die axial gerichtete Kraft zur vertikalen Verschiebung der Fragmente.
  • Eher selten sind Apophysenabrisse durch plötzliche Kontraktion inserierender
  × Muskeln bei Adoleszenten (z. B. bei Hochleistungssportlern).
▶ **Klassifikation** (Einteilung nach Vorhandensein und Richtung der Instabilität):
  • *Typ A*: dorsaler Beckenring (sakroiliakaler Komplex) *stabil.*
    – *A1*: Abrissfraktur vom Beckenrand (Spina iliaca anterior superior und anterior inferior oder Tuber ischiadicum).
    – *A2*: Frakturen der Beckenschaufeln und Schambeinäste.
    – *A3*: Querfrakturen des Os sacrum.
  • *Typ B*: dorsaler Beckenring *partiell instabil (= rotationsinstabil).*
    – *B1* (Abb. 21.1a): Außenrotationsverletzung durch sagittale Gewalteinwirkung („Open-Book") mit Symphysensprengung und Zerreißung der Ligg. sacroiliaca ventralia und interossea sowie sacrospinalia. Die Ligg. sacroiliaca dorsalia sind intakt!
    – *B2* (Abb. 21.1b): Innenrotationsverletzung durch laterale Kompression des Beckens mit Fraktur im vorderen Beckenring (z. B. Schambeinäste) und ventrale Impressionsfrakturen des Os sacrum, Bandapparat intakt.
    – B3: bilaterale Außen- oder Innenrotationsverletzung.
  • *Typ C* (Abb. 21.1c): dorsaler Beckenring *komplett instabil (= rotations- und vertikal instabil)* mit kompletter Dissoziation einer oder beider Beckenhälften („vertical Shear") und Zerreißung des Bandapparates.
    – *C1*: unilateral, Gegenseite stabil.
    – *C2*: unilateral, Gegenseite partiell instabil.
    – *C3*: bilateral.

Klinische Symptomatik

▶ Äußere Verletzung, Kontusionsmarke, Hämatom (lokal, Skrotum, Labien oder Damm).
▶ Beckeninkongruenz, Beinlängendifferenz, Fehlstellung.
▶ Störung der Motorik, Durchblutung und Sensibilität eines oder beider Beine.
▶ Blutung aus Haut, After, Scheide, Harnröhre.
▶ Kreislaufinstabilität.
▶ Starker Druckschmerz, Instabilität bei gleichzeitiger Kompression beider Beckenkämme.

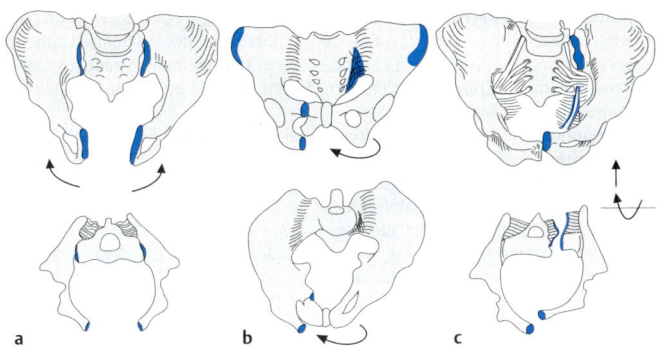

Abb. 21.1 a–c Instabile Beckenringverletzungen in Übersicht- und Inlet-Projektion. a) Typ-B-1-Verletzung. „Open-Book"-Verletzung mit Symphysenruptur und Verletzung der ventralen Kapsel-Band-Strukturen an den Ileosakralgelenken. b) Typ-B-2-Verletzung. Laterale Kompressionsverletzung mit Impression an der Ventralseite des Iliosakralgelenks und Übereinanderschieben des gebrochenen vorderen Beckenrings. c) Typ-C-Verletzung. „Vertical-Shear"-Verletzung mit völliger Dissoziation einer Beckenhälfte, die sich nach vertikal verschiebt und dabei um die Querachse rotiert

Abb. 21.2 Schwerste Verletzung des Beckenringes mit instabiler Abscherungsverletzung linksseitig, beachte Fraktur des Querfortsatzes LWK 4, weites Klaffen der Ileosakral-Fuge links, multiple Frakturen des vorderen Beckenringes, vorderes Klaffen auch an der rechten Ileosakral-Fuge. Verletzung wurde nicht überlebt, beachte auch Kontrastmittelaustritt als Zeichen einer schweren Blutung aus der Ileosakral-Fuge links

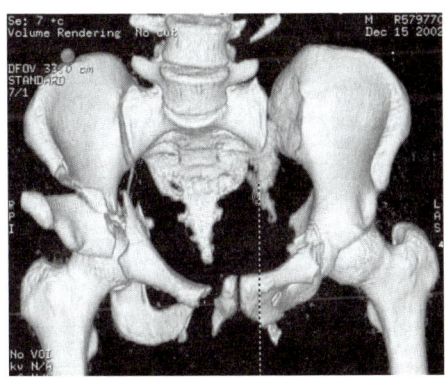

Diagnostisches Vorgehen

▶ **Klinische Untersuchung:** mögliche Befunde siehe oben.
  • *Mögliche Begleitverletzungen beachten:*
    – Bei der rektalen Untersuchung: Prostata hoch stehend oder nicht zu tasten, Blut am Fingerling, Kontinuitätsunterbrechung der Darmwand, Sphinktertonus abgeschwächt oder aufgehoben, mobiles Steißbein?
    – Abdomineller Druckschmerz?
    – Blutiger Urin, Harnverhalt?

□ *Hinweis zum weiteren Vorgehen:* Weil die Zeit häufig wegen einer Mehrfachverletzung knapp ist, dürfen außer der Sonographie des Abdomens und der Beckenübersicht die weiteren Untersuchungen nur bei hämodynamisch stabilen Patienten mit begründetem Verdacht (Symptomatik!) und dann abzuleitender Konsequenz durchgeführt werden!

► **Sonographie Abdomen/Thorax:** freie Flüssigkeit, Hämatome?

► **Konventionelles Röntgen:**
• Beckenübersicht (a.p.; Abb. 21.3a): essenziell, Standard bei jedem Poly- oder Beckentrauma. Querfortsatzfrakturen der unteren LWS weisen auf Instabilität des hinteren Beckenringes hin.
• *Inletaufnahme* (Abb. 21.3b): Darstellung der Beckeneingangsebene zur Feststellung von Rotationsfehlstellungen.

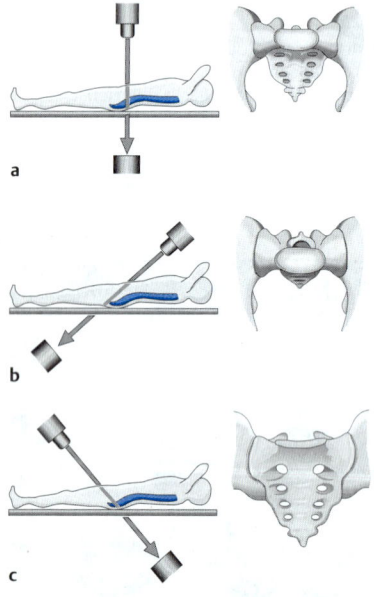

Abb. 21.3 a–c
a) a.p.-,
b) Inlet-,
c) Outlet-Projektion

• *Outletaufnahme* (Abb. 21.3c): Zur Feststellung von Vertikalverschiebungen im Iliosakralgelenk.
• *Ala-Aufnahme* (nichtfrakturierte Seite um 45° angehoben; Abb. 21.4a): vorderer Azetabulumrand, Beckenschaufel, hinterer Pfeiler.
  – *Obturatoraufnahme* (frakturierte Seite um 45° angehoben; Abb. 21.4b): hinterer Azetabulumrand, For. obturatum, vorderer Pfeiler.
• *Thorax a.p., Abdomen in Linksseitenlage:* Zwerchfellruptur, freie Luft?

► **Computertomographie:** Beurteilung des hinteren Beckenrings und des Azetabulums. Bestimmung der Fragmentgröße und -dislokation. Knöcherne Gelenkinterponate, zusätzliche Femurkopffraktur, Repositionskontrolle, 3D-Rekonstruktion. Mit Kontrastmittel Beurteilung der Nieren möglich.

► **Ausscheidungsurogramm:** 100 ml Kontrastmittel (z. B. Urografin) können bereits nach Becken- und LWS-Aufnahmen i.v. zügig verabreicht werden. Darstellung der

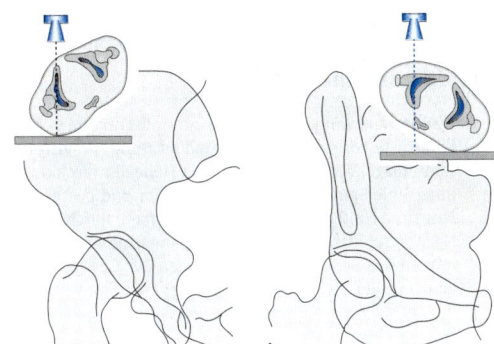

Abb. 21.4 a u. b
Spezialaufnahmen
zur Beurteilung des
Azetabulums:
a) Ala-Aufnahme
und
b) Foramen-obtur-
atum-Aufnahme

Nieren, der Ureteren und der Harnblase nach 15 Minuten in der Abdomen-
übersicht.
► **Urethrographie:** 20 ml Kontrastmittel (z. B. Urografin) in die Harnröhre injizieren.
Harnröhrenabrisse kommen praktisch nur beim Mann vor.
► **Zystographie:** 100 ml Kontrastmittel (z. B. Urografin) + 100 ml NaCl 0,9% über
Harnblasenkatheter instillieren. Kontrastmittelaustritt im Füllungs- (intra-) und
Entleerungsbild (extraperitoneal).
► **Gastrografineinlauf:** extra- oder intraperitonealer Kontrastmittel-Austritt?
► **Angiographie:** Nur in 10–15% kommen arterielle Blutungen vor, die embolisiert
werden können. Darstellung von Intimaläsionen bei peripherer Ischämie.
► **Proktorektoskopie:** Verletzung der Darmwand und/oder des Sphinkters?
► **Vaginale Spekulumuntersuchung:** Verletzung der Vagina? Perforation nach intra-
oder extraperitoneal (Massenblutung meist aus Parametrien)?

Therapieprinzipien

► **Allgemein:** Wegen des hohen Thromboserisikos auf eine ausreichende Throm-
boseprophylaxe achten (z. B. mit Sandoparin 1 × 3000 IE).
► **Konservative Therapie:**
  • *Indikation:* Beckenrandabrissfrakturen (Typ A1), stabile Beckenfrakturen (Typ
A2/3) und laterale Kompressionsverletzungen (Typ B2/3) ohne grobe Disloka-
tion (65%).
  • *Vorgehen:* Nach einigen Tagen Bettruhe wird der Patient unter Analgesie mobi-
lisiert. Eine Teilbelastung der betroffenen Seite kann die Schmerzen lindern und
deswegen für 2–3 Wochen sinnvoll sein.
► **Operative Therapie:**
  • *Indikationen:*
    – Absolut: offene Frakturen sowie Beckenverletzungen mit Verblutungsgefahr.
    – Instabile Beckenringverletzungen (Typ B1 und C) mit Dislokation sollten
operiert, d. h. nach Reposition stabilisiert werden (35%).
  • Die operative Behandlung ermöglicht eine suffiziente Blutstillung, die anatomische Rekonstruktion, die Wiederherstellung der Lagerungs- und Übungsstabilität sowie die Verkürzung der Immobilisierungsphase.
  • Bei lebensbedrohlicher Blutung wird der Beckenring reponiert, stabilisiert
(Widerlager) und zusätzlich das Retroperitoneum bzw. kleine Becken tamponiert.

- Definitive Osteosynthesen werden 5–7 Tage nach dem Unfall und erst bei Verbesserung des Allgemeinzustandes des Patienten vorgenommen.

Operationstechniken

► **Notfallbeckenzwinge** (für Typ-B1- und -C-Frakturen; Abb. 21.5):
- Einfachste Form der äußeren Stabilisierung (provisorisch).
- Rückenlage, Verankerungsdorne in Höhe des Iliosakralgelenkes auf der Verbindungslinie Spina iliaca anterior superior und posterior superior sowie der verlängerten Hinterkante des Trochanter major durch eine Stichinzision einbringen.
- Nach geschlossener Reposition Spannarme zusammenschieben und Komprimieren des Beckens durch Eindrehen der Gewindehülsen, abschließend Röntgenkontrolle.

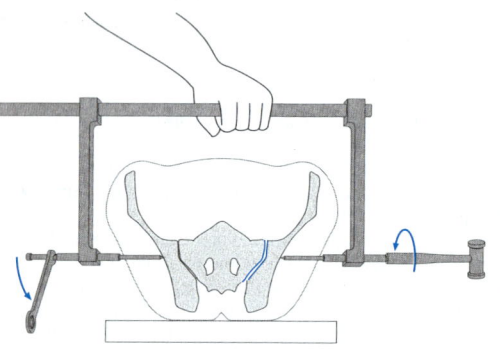

Abb. 21.5
Notfallstabilisation
einer Iliosakral-
fugensprengung
mit einer perkutan
applizierten
Beckenzwinge

► **Fixateur externe** (für Typ-B1-Verletzungen; Abb. 21.6):
- Schnelle, minimal invasive Stabilisierung von vorne.
- Rückenlage, Stichinzision auf der Verbindungslinie Spina iliaca anterior superior und Trochanter major.
- Unter Bildwandlerkontrolle supraazetabuläres Einbringen je einer Schanzschraube durch die oder knapp oberhalb der Spina iliaca anterior inferior in das Os ilium mit Zielrichtung 45° nach innen und 30° nach oben.
- Geschlossene Reposition und Verbindung der beiden Schanzschrauben durch eine gebogene oder zwei zeltförmig montierte Karbonstangen.

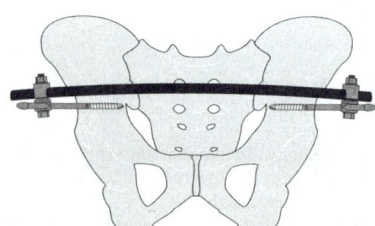

Abb. 21.6 Stabilisierung einer
Open-Book-Verletzung des
Beckens mit einem Fixateur
externe, die beiden Schanz-
schrauben sind perkutan in der
supraazetabulären Route eingebracht

▶ **Plattenfixation** (Iliosakralfuge, Symphyse, Schambeinäste, Os ilium):
- *Allgemeine Vorteile der Plattenfixation:*
  – Durch die offene Reposition wird die anatomische Rekonstruktion eher ermöglicht als durch die geschlossene Reposition (vgl. oben).
  – Eine interne Fixation (Platte) erleichtert postoperativ die Pflege im Vergleich zur externen erheblich.
- *Bei Typ-C-Frakturen* hat die Stabilisierung des hinteren Beckenringes Priorität vor der des vorderen:
  – Nach transperitonealem Zugang Präparation des Sigmas bzw. rechten Kolons nach medial und Freilegen der Iliosakralfuge lateral der Ureteren sowie der Gefäß- und Nervenbündel.
  – Bei extraperitonealem Zugang nach Olerud wird nach Ablösen der lateralen Bauchwandmuskulatur vom Beckenkamm und Abschieben des M. iliacus von der Innenseite der Beckenschaufel das gesamte Abdominalpaket, ohne das Peritoneum zu verletzen, nach medial präpariert und weggehalten. Nach Reposition Fixation mit 2 kurzen (3- bis 4-Loch-) Rekonstruktions- oder LC-DC-Platten.
- *Symphysenrupturen:*
  – Rückenlage mit leichter Beugung und Innenrotation in Hüft- und Kniegelenk (geschlossene Vorreposition).
  – Nach Freilegung über eine mediane Laparotomie oder einen Pfannenstielschnitt offenes Nachreponieren und ebenfalls Fixation mit 4-Loch-Rekonstruktions- oder LC-DC-Platten.

▶ **Schraubenfixation** (Iliosakralfuge, Os sacrum längs, Schambeinäste, Os ilium):
- *Sprengungen der Iliosakralfuge oder laterale Sakrumlängsfrakturen* können von lateral mit dem Os ilium verschraubt werden. Direkter Zugang von dorsal in Seiten- oder Bauchlage. Verschraubung unter Durchleuchtung (a.p., Inlet- und Outletaufnahme) um Fehlplatzierungen (Nervenwurzel S1, Cauda equina, Iliakalgefäße) zu vermeiden.
- *Schambeinastfrakturen* können durch eine einzige sog. „Kriechschraube" stabilisiert werden. Als Zugang wird eine bereits bestehende Wunde, eine mediane Laparotomie, ein Pfannenstielschnitt oder eine Stichinzision (in Zukunft computerassistiert) genutzt.

▶ **Fixateur interne:** Bei transforaminalen Sakrumfrakturen kann eine Distanzosteosynthese mit einem Fixateur interne zwischen dem Tuber ossis ilii und den Pedikeln des 5. oder 4. Lendenwirbels durch Fixateur interne durchgeführt werden.

▶ **Tamponade** („packing"):
- *Indikation zur Laparotomie mit Bauchtuchtamponade:* Persistierende Kreislaufinstabilität trotz adäquater Volumensubstitution und äußerer Stabilisierung, z. B. mittels Beckenzwinge.
- Meist ist das stabilisierende Peritoneum durch das retroperitoneale Hämatom bereits zerrissen. Austamponierung des kleinen Beckens, des Spatium praevesicale sowie der parakolischen Rinnen beidseits, provisorischer Bauchdeckenverschluss mit Folie oder Reißverschlusssystem.

▶ **Hemipelvektomie:** Bei traumatischer Abtrennung einer Beckenhälfte mit Zerreißung der iliakalen Gefäße und des Plexus lumbosacralis ist die chirurgische Vervollständigung der Amputation die einzige lebensrettende Maßnahme.

Nachbehandlung

► **Indikationen für sog. „Second-Look"-Operationen** (S. 21):
- Geplante Umwandlung einer provisorischen in eine definitive Osteosynthese (z. B. Fixateur externe → Symphysenplatte).
- Wiederholte Wunddébridements bei offenen Frakturen oder Décollements.
- Versorgung oder Kontrolle von Beckenorganverletzungen.
- Wechsel oder Entfernung von Bauchtüchern.

► **Bei konservativer Therapie** s. Therapieprinzipien.

► **Bei operativer Therapie:**
- Für 3 Monate ist eine Antikoagulation (z. B. Marcumar) zu empfehlen.
- Operativ fixierte Beckenringverletzungen sind in der Regel übungsstabil. Nach etwa 1 Woche Bettruhe wird mit der aktiv assistierten Mobilisierung (Drehen auf die gesunde Seite und Bauch, Hüftbeweglichkeit, Sessel) begonnen.
- Nach Abschluss der Wundheilung (2 Wochen) kann der Patient im Wasserbad erste Gehübungen machen.
- Nach 3 Wochen sollte ein Laufen am Gehbarren unter Teilbelastung möglich sein.
- Vollbelastung ist Fraktur- und Osteosynthese-abhängig sowie entsprechend der knöchernen Konsolidierung zu erlauben.
- *Röntgenkontrollen:* direkt postoperativ, nach Mobilisierung, 6 Wochen und 3 Monaten.
- *Metallentfernung:* Äußere Spanner (max. 6 Wochen) und Symphysenplatten (6 Monate) werden entfernt, andere Osteosynthesematerialien in der Regel nicht.

Prognose und Komplikationen

► **Komplikationen:**
- Verblutung, Sepsis, Multiorganversagen je nach Schweregrad der Verletzung.
- Erhöhtes Thromboserisiko, heterotope Ossifikationen, schmerzhafte iliosakrale Arthrosen, Beinlängendifferenzen.

► **Prognose:**
- Gehbehinderung, Inkontinenz, Potenzstörungen.
- Minderung der Erwerbsfähigkeit (MdE) von 20–40% bei knöchernen Folgeschäden.

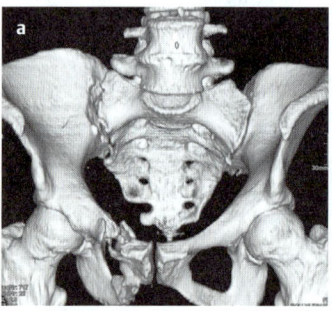
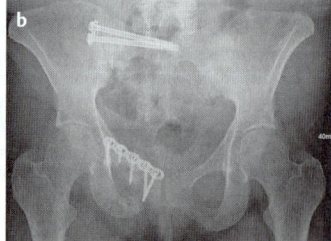

Abb. 21.7 a u. b   Instabile Verletzung des rechten Beckenringes mit Aufklappen der Ileosakral-Fuge rechts und vorderer Beckenringfraktur (a), Versorgung mit Verplattung des vorderen Beckenringes und Ileosakral-Verschraubung am hinteren Beckenring (b)

21.2 Azetabulumfraktur

Grundlagen

- ▶ **Definition:** knöcherne Verletzung der Hüftpfanne.
- ▶ **Ursache, Verletzungsmechanismus:** Starke Krafteinwirkung über den Schenkelhals und Femurkopf.
  - *Gewalt von vorne mit gebeugter Hüfte:* „Dashboard Injury" mit hinterer Hüftluxation (Komplikation: Nervus-ischiadicus-Läsion – meist des fibularen Anteils) und Abscherung des dorso-kranialen Pfannenrandes.
  - *Gewalt von der Seite:* zentrale Luxation mit Trümmerfraktur der Pfanne.
- ▶ **Klassifikation** (Abb. 21.8): nach Judet u. Letournel
  - *Typ A:* Nur ein Pfeiler ist betroffen.
    - *A1:* Fraktur der hinteren Wand.
    - *A2:* Fraktur des hinteren Pfeilers.
    - *A3:* Fraktur der/des vorderen Wand/Pfeilers.
  - *Typ B:* Querfrakturen, ein Teil des Pfannendaches stabil am Os ilium.
    - *B1:* einfache Querfraktur mit oder ohne Fraktur der hinteren Wand.
    - *B2:* „T"-Fraktur (Querfraktur kombiniert mit vertikaler Fraktur).
    - *B3:* Fraktur der/des vorderen Wand/Pfeilers mit hinterer Querfraktur („hemitransverse").
  - *Typ C:* Zwei-Pfeiler-Fraktur, das Azetabulum ist total instabil und komplett vom tragenden Teil des Os ilium abgetrennt.
    - *C1:* hoch auslaufende Frakturlinie.
    - *C2:* tief auslaufende Frakturlinie.
    - *C3:* eine Frakturlinie bis zum Sakroiliakalgelenk.

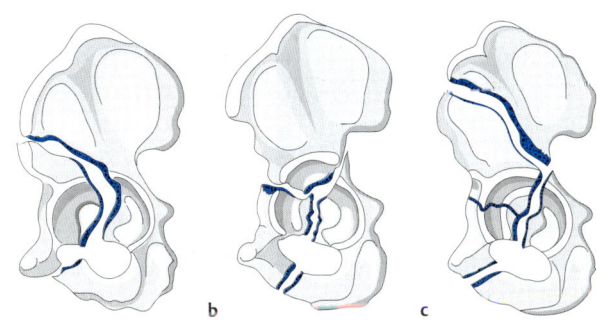

a   b   c

Abb. 21.8 Klassifikation der Azetabulumfraktur

Klinische Symptomatik

- ▶ Schmerzhafte Einschränkung der Hüftbeweglichkeit, das Bein kann nicht mehr belastet werden.
- ▶ Bei Luxation fixierte, federnde Fehlstellung des Beines.
- ▶ Bei komplizierender Ischiadikusläsion Sensibilitätsverlust am Fußrücken und Zehenheberschwäche.
- ▶ Eventuell Begleitverletzungen an Knie oder Fuß.

Diagnostisches Vorgehen

► **Klinische Untersuchung:** mögliche Befunde s. o.
► **Röntgenbeckenübersicht und Ala-/Obturatoraufnahme** (Abb. 21.9 und S. 292):
  Zur Beurteilung, ob die Fraktur in den Pfannendom (hauptsächliche Kraftübertra-
  gung vom Femurkopf auf das Azetabulum) hineinreicht, dient der sog. Matta-
  Bogen in allen 3 Aufnahmen (Abb. 21.10): 45°-Winkel vom Zentrum des Hüft-
  kopfes nach kranial-medial offen.

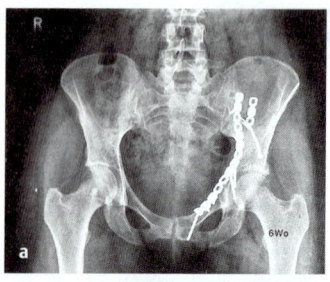

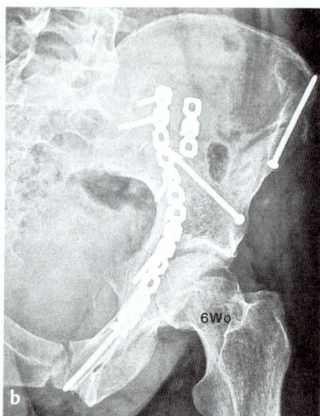

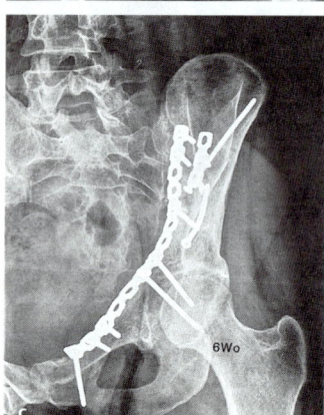

Abb. 21.9 a–c   Versorgung einer
2-Pfeiler-Fraktur des linken
Azetabulums:
a) Übersichtsaufnahme,
b) Alaaufnahme,
c) Obturatoraufnahme

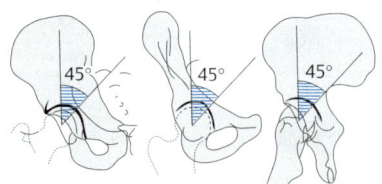

Abb. 21.10   Vermessung des
Azetabulumdaches (Matta-Bogen)

► **Computertomographie** (S. 292).

Therapieprinzipien

► Thromboseprophylaxe!
► **Konservative Therapie:**
  • *Indikation:* Minimal dislozierte Frakturen, bei älteren Patienten Frakturen, die außerhalb des Matta-Bogens liegen, nicht rekonstruierbare Frakturen.
  • *Vorgehen:*
    – Bei zentraler Luxation kann eine Extensionsbehandlung für maximal 3 Wochen indiziert sein.
    – Für insgesamt 6–12 Wochen ist Teilbelastung erforderlich.
    – Kann der ältere Patient eine Teilbelastung nicht einhalten, ist der Hüftgelenkersatz durch Totalendoprothese zu erwägen.
► **Operative Therapie:**
  • *Ziele:*
    – Anatomische Reposition dislozierter Frakturen, zumindest aber die Wiederherstellung der Gelenkkongruenz im Pfannendom (Matta-Bogen).
    – Stabile Osteosynthese.
    – Im Vergleich zur konservativen Therapie schnellere Mobilisation.
  • *Absolute Indikationen zur Operation:* Gelenkinstabilität mit Luxationsneigung oder artikuläre Fragmentinterponate.

Operationstechniken

► **Zugänge:**
  • *Dorsale Zugänge* (z. B. nach Kocher-Langenbeck; Abb. 21.11):
    – Seiten- oder Bauchlage, Beinabdeckung beweglich.
      Geeignet für Frakturen des dorsalen Pfeilers, Zwei-Pfeiler-Frakturen und Querfrakturen mit Dislokation vor allem nach dorsal → alle Frakturen, die von der Beckenaußenseite aus fixiert werden.
    – Eine kranioventrale Erweiterung durch digastrische Trochanterosteotomie („Trochanterflip") n. Mercati ist möglich
  • *Ventrale Zugänge* (z. B. nach Letournel [ilioinguinal]; Abb. 21.12, 21.13):
    – Rückenlage, Beinabdeckung beweglich.
    – Geeignet für Frakturen des ventralen Pfeilers, des Pfannendaches, des oberen Schambeinastes und des Os ilium → alle Frakturen, die von der *Innenseite* des Beckens her stabilisiert werden.

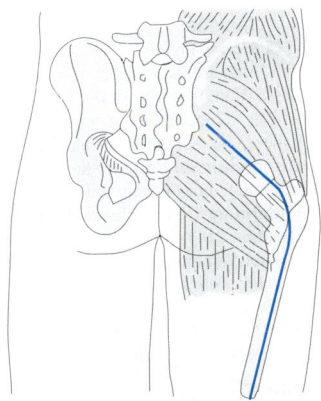

Abb. 21.11   Dorsaler Zugang
zum Becken

Hautschnitt

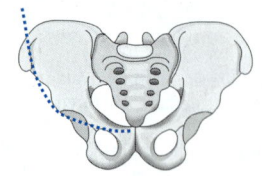

Abb. 21.12   Ventraler ilioinguinaler Zugang bei Azetabulumfraktur

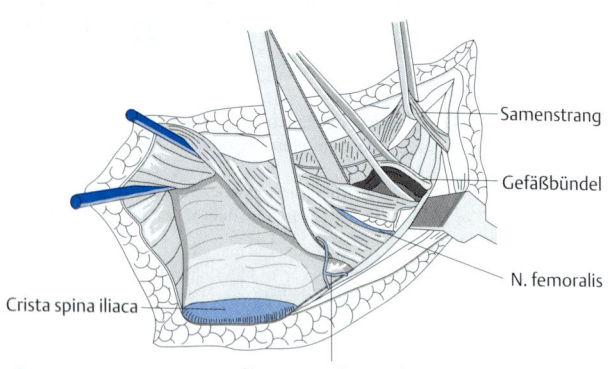

Samenstrang

Gefäßbündel

N. femoralis

Crista spina iliaca

N. cutaneus femoris lat.

Abb. 21.13   Situs bei ilioinguinalem Zugang zum Becken

- – *Weitere ventrale Zugänge:* nach Smith-Petersen (bzw. iliofemoraler Zugang nach Letournel) und nach Stoppa.
- • *Erweiterte Zugänge* (z. B. nach Judet und Letournel [erweiterter iliofemoraler Zugang]):
  - – Seitenlage, Beinabdeckung beweglich, erlaubt die gleichzeitige Darstellung des ventralen und dorsalen Pfeilers sowie die Frakturreposition und Stabilisierung sowohl von der Außen- als auch von der Innenseite des Beckens her.
  - – *Weitere erweiterte Zugänge und Modifikationen:* Maryland-Modifikation, Triradiate-Zugang.
  - ▷ *Merke:* Erweiterte Zugänge haben im Vergleich zu den einseitigen Zugängen eine erhöhte perioperative Morbidität!
- ▶ **Reposition:** Sorgfältiges Débridement der Frakturzonen, Zug am Bein bzw. Schenkelhals über perkutan eingebrachte Schanzschraube. Kniegelenk möglichst gebeugt lassen, um Ischiadikusüberdehnung zu vermeiden.
- ▶ **Osteosynthese:** Nach der Reposition werden die Fragmente stabil mit Kortikalisschrauben oder Rekonstruktionsplatten fixiert.
- ▶ **Entfernung freier Gelenkkörper:** konventionell offen – ggf. unter chirurgischer Luxation des Femurkopfes (Kocher-Langenbeck mit Trochanterflip n. Mercati).
- ▶ **Vorübergehende Oberschenkelextension:**
  - • *Indikation:* konservative Therapie einer zentralen Luxation.
  - • *Vorgehen:* Einbringen eines 2,0 mm starken Kirschner-Drahtes oder 4,5 mm starken Steinmann-Nagels von medial nach lateral suprakondylär in Lokalanästhesie. Nach Spannen des Drahtes und Anlegen des Bügels Hochlagerung des

Beines auf einer Giebel-Schiene und Zug in Längsrichtung mit 1/10 des Körpergewichtes (5–10 kg).

Nachbehandlung

► Bei konservativer Therapie: siehe Therapieprinzipien (s. o.).
► Bei operativer Therapie:
  • Einige Tage Bettruhe (Wundheilung, Rückgang der Schmerzen).
  • Danach Mobilisation unter Teilbelastung mit 15 kg für 12 Wochen.
  • Röntgenkontrollen: direkt postoperativ, nach Mobilisierung, 6 Wochen und 3 Monaten.
  • Metallentfernungen sind nicht indiziert.

Prognose

► Hüftgelenksarthrose abhängig vom Verletzungsschweregrad und der operativ erzielten Gelenkkongruenz.
► Femurkopfnekrose abhängig von der Dauer einer Luxation.
► Die Rate an heterotopen Ossifikationen soll durch prä- bzw. postoperative Bestrahlung (bis 7–8 Gray) sowie Indometacin 50 mg täglich über 3 Monate gesenkt werden können.

21.3 Innere Beckenverletzungen

Grundlagen

► **Definition:** Verletzungen der Beckenorgane, Leitungsbahnen (Gefäße und Nerven), Muskeln, Faszien und Haut.
► **Ursache, Verletzungsmechanismus:**
  • Schutzfunktion des Beckenringes durch grobe, stumpfe oder perforierende Gewalt aufgehoben.
  • Mitzerreißung (Venenplexus, Urethra) und Einklemmung (*Plexus lumbosacralis*) bei groben knöchernen Verschiebungen oder Perforation (Blase) und Intimaläsion (Arterie) durch spitze Knochenfragmente sowie Berstungen durch schlagartige intraabdominelle Drucksteigerung (Zwerchfell, Beckenboden).
  • Sekundäre Rupturen (Peritoneum), Nekrosen (Rektumwand) oder Verschlüsse (Vene) durch Hämatomdruck.
  • Blutungen haben drei Quellen und deshalb häufig eine erhebliche Dynamik: präsakrale und paravesikale Venenplexus, spongiöse Frakturzonen sowie arterielle Kollateralen. Zahlreiche Leitstrukturen eröffnen Räume, in die sich die Blutungen wie über einen Kamin ausbreiten können.

Klinische Symptomatik, diagnostisches Vorgehen

► Siehe Beckenringverletzung S. 290.

Therapieprinzipien und Operationstechnik

► **Retro-, extra- und intraperitoneale Blutungen:**
  • Bei Kreislaufstabilität engmaschige sonographische Kontrolle.
  • Bei Kreislaufinstabilität operative Tamponade (S. 295).

- Bei Symptomatik durch Druck (z. B. periphere Störung der Sensibilität und Motorik, mechanischer Ileus) chirurgische Hämatomausräumung. Gelegentlich können größere Gefäßverletzungen unterbunden oder übernäht werden.

▶ **Harnblasenrupturen** (Therapie je nach Ausdehnung):
  - Extraperitoneal, klein mit feinem Kontrastmittelaustritt in der Zystographie: konservativ.
  - Extraperitoneal, groß mit großem Kontrastmittelleck in der Zystographie: Übernähung.
  - Intraperitoneal: Übernähung.

▶ **Harnröhrenruptur:**
  - *Bei Schienbarkeit mit transurethralem Dauerkatheter von außen:* konservatives Vorgehen mit zusätzlicher suprapubischer Harnableitung.
  - *Bei von außen mit transurethralem Dauerkatheter nicht zu erreichender Harnblase:* operative Revision mit Darstellung der Ruptur und Auffädeln der Urethra von außen, ggf. auch von innen via Blaseneröffnung, Verbinden der beiden Katheter und Durchzug des äußeren nach innen. Bei Totalruptur mit Dehiszenz leichten Dauerzug (200 g) für eine Woche von außen installieren.

▶ **Verletzung des Anorektums:** Indikation zur Anlage eines „Defunctioning Stomas" als doppelläufige, protektive Ileo- oder Kolostomie. Kleinere Verletzungen können nach einem intraoperativen „Wash-out" übernäht und drainiert werden, Ausrisse machen eine Diskontinuitätsresektion bzw. die abdominoperineale Rektumexstirpation erforderlich.

▶ **Vaginalrupturen:** Übernähung, Durchstechungsligatur bei starker Blutung, Laparotomie bei intraperitonealer Ruptur.

▶ **Offene Verletzungen des Dammes:** „Defunctioning Stoma" wie bei anorektalen Verletzungen.

▶ **Zwerchfellrupturen** werden genäht, der Thorax drainiert.

▶ **Beckenbodenverletzungen** werden bei fehlender Verschmutzung genäht, ansonsten gespült, offen gelassen, tamponiert und frühsekundär verschlossen.

▶ **Nervenläsionen:** Dekompression durch exakte Reposition und stabile Fixierung der Beckenringverletzung (S. 294). Bei Ausriss des Plexus lumbosacralis siehe Hemipelvektomie S. 295.

Nachbehandlung

▶ **Blutungen:** Bauchtücher sollten bei kontaminierten Wunden täglich, bei sterilen Verhältnissen nach Beherrschen der Blutgerinnungsstörung gewechselt werden. Die Tamponadenbehandlung wird abgeschlossen, wenn keine Blutungsneigung mehr besteht (vgl. Beckenringverletzung S. 295).

▶ **Harnblasenruptur:** Blasenspülung bis Urin klar, insgesamt 3 Wochen Urinkatheterdrainage.

▶ **Harnröhrenruptur:** Urinkatheterschienung für 4 Wochen.

▶ **Verletzungen des Dammes:** Sphinkter- und Beckenbodenverletzungen bedürfen sekundärer, aufwendiger Rekonstruktionen (z. B. „post anal" oder „pre anal repair").

▶ **Protektiv angelegte Stomata** werden frühestens 6 Wochen nach Anlage zurückverlegt. Vor der Rückverlegung muss man sich von der einwandfreien Integrität und Funktion des ausgeschalteten Dickdarmes überzeugen (rektale Untersuchung, Sphinktertonus, Prokto-Rekto-Koloskopie, Kolonkontrasteinlauf, Sphinktermanometrie, Quarkeinlauf).

Prognose

▶ Die Begleitverletzungen sind wichtige Vektoren für die Prognose der Becken-
fraktur.
▶ Sepsis und Multiorganversagen werden durch offene Traumata und innere Verlet-
zungen begünstigt.
▶ Harnröhrenstrikturen sind nach Rupturen häufig.
▶ Allgemein schlechte Rückbildungstendenz neurologischer Symptome (Plexus-
schaden, Kontinenz, Sexualfunktion).
▶ MdE bis 70% bei neurologischen oder Organfolgeschäden.

Proximales Femur

22 Proximales Femur

22.1 Hüftgelenksluxation

Grundlagen

▶ **Definition:** Luxation des Femurkopfes aus der Hüftgelenkpfanne.
▶ **Ursache, Verletzungsmechanismus:** Einwirkung massiver Gewalt (Stoß- und Hebelkraft), z. B. bei Verkehrsunfällen oder Stürzen aus großer Höhe. Typisch sind so genannte „Dashboard Injuries" (= massives Knieanpralltrauma am Armaturenbrett bei PKW-Unfällen, wobei die Krafteinwirkung über die Vorderseite des gebeugten Kniegelenks oder bei gestrecktem Knie über die Fußsohle erfolgt und zur Luxation des Hüftgelenkes führt).
▶ **Klassifikation** (Abb. 22.1):
  • *Dorsale Luxationen:* Luxatio posterior iliaca, Luxatio posterior ischiadica.
  • *Ventrale Luxationen:* Luxatio anterior pubica, Luxatio anterior obturatoria.

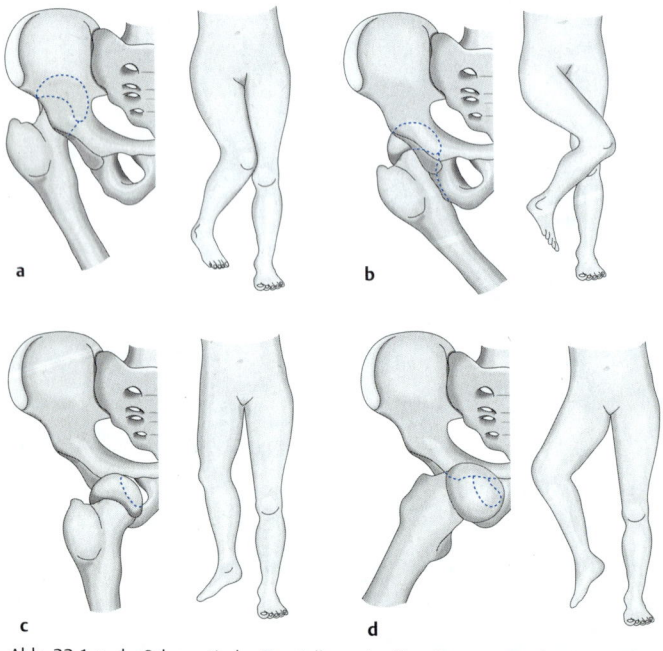

Abb. 22.1 a–d Schematische Darstellung der Einteilung von Hüftgelenksluxationen (nach Wiedemann, Braun, Rüter). a) Luxatio posterior iliaca, b) Luxatio posterior ischiadica, c) Luxatio anterior pubica, d) Luxatio anterior obturatoria

Klinische Symptomatik und Befunde

▶ Starke Schmerzen, Unfähigkeit der aktiven Bewegung des Beines und Taubheitsgefühl im Bein, Fehlstellung (s. u.).
▶ Beinverkürzung bei dorsalen Luxationen.
▶ Mögliche Begleitverletzungen: Frakturen (Abscherungen am Femurkopf, Abbrüche des dorsalen Pfannenrandes), zentrale Hüftluxation, Ischiadikusparese durch Überdehnung oder Druck, selten Gefäßverletzungen.

Diagnostisches Vorgehen

▶ **Anamnese:** hochenergetisches Trauma?
▶ **Klinische Untersuchung** (klinische Symptomatik s. o.):
  • Eingeschränkte Motorik und federnde Fixation des Beines in Fehlstellung.
  • Deutliche Fehlstellung des Beines:
    – Bei *dorsaler Hüftgelenksluxation* ist das Bein verkürzt, in der Hüfte in Flexion, Innenrotation und Adduktion fixiert.
    – Bei *ventraler Hüftgelenksluxation* ist das Bein in der Hüfte in Außenrotation mit leichter Flexion und Abduktion fixiert.
  • Unter Umständen ist der luxierte Femurkopf von außen tastbar.
  • Exakte neurologische Untersuchung und Gefäßstatus der unteren Extremität. Der N. ischiadicus ist in 10–20% mitverletzt (durch Dehnung oder direkte Verletzung durch Fragmente). Wegen seiner exponierten Lage ist der fibulare Anteil des N. ischiadicus immer zuerst betroffen. *[handschriftlich: ↓ Dorsalextension]*
  ▷ **Prüfen des N. ischiadicus:**
    1. Anteil – N. peronaeus profundus: *motorisch* Dorsalflexion + Supination des Fußes (M. tibialis anterior, extensor digitorum longus et brevis) sowie Dorsalflexion der Zehen (M. extensor hallucis longus), *sensibel* Hautgebiet im Interdigitalraum Dig I und II.
    2. Anteil – N. peronaeus superficialis: *motorisch* Pronation des Fußes (Mm. peronaei), *sensibel* Hautgebiet an der Außenseite des Unterschenkels und am proximalen Abschnitt des Fußrückens.
    3. Anteil – N. tibialis: *motorisch* Plantarflexion (M. triceps surae), Adduktion und Supination des Fußes (M. tibialis posterior), Beugung der Zehen (Mm. flexor digitorum et hallucis longus), *sensibel* Versorgung von Wade, Beugeseite der Zehen, Außenseite des Fußes.
  • *Lokalisation von Begleitverletzungen:*
    – Fuß: Luxationsfrakturen des Lisfranc-Gelenkes oder Mittelfußfrakturen (S. 378, 381).
    – Kniegelenk: Binnenverletzungen des Kniegelenks (hinteres Kreuzband; s. S. 336), osteochondrale Frakturen des Kniegelenkes.
    – Femur: Fraktur des ipsilateralen Femurs (S. 315).
    – Becken: Azetabulumfraktur (s. S 297).
▶ **Bildgebende Verfahren in der Akutdiagnostik** → *Beckenübersicht:*
  • Symmetrische Darstellung der Oberschenkelköpfe in Größe und Lokalisation?
  • Symmetrischer Gelenkspalt?
  • Beurteilung der Rotationsstellung – Stellung von Trochanter major und minor?
  • Ab- oder Adduktionsstellung des Femurschaftes?
  • Schenkelhalsfraktur?
  ▷ **Hinweis:** Keine weiteren Röntgenaufnahmen wegen zu starker Schmerzen beim Lagern des Patienten!

▶ **Bildgebende Diagnostik** *nach* **Reposition:**
- *Konventionelles Röntgen:*
  - Beckenübersicht, Hüftgelenk in a.p.- und axialem Strahlengang, ggf. Ala- und Obturatoraufnahmen (zum Ausschluss begleitender Azetabulumfrakturen).
  - Fragestellung: exakte Reposition des Hüftkopfes und anatomische Stellung. Kalottenfragmente im Gelenkspalt? Verbreiterung des Gelenkspaltes als Zeichen von intraartikulär liegenden Fragmenten?
- *Computertomographie:*
  - Indikation: routinemäßige Untersuchung ("Goldstandard") *nach Reposition* mit Knochen- und Weichteilfenster in 3-mm-Schichten.
  - Fragestellung: Stellung des Femurkopfes? Impressionsfrakturen? Subchondrale Frakturen? Osteochondrale intraartikuläre Frakturen/Fragmente? (Wenn ja, exakte Lagebestimmung vornehmen.) Impressionsfrakturen des Azetabulums → dorsale Randfragmente und deren Größe und Dislokationsgrad?
- *Kernspintomographie:*
  - Indikation: bei instabilem Hüftgelenk und/oder Verdacht auf Abriss des Labrum acetabulare und bei nicht erklärbarer Weitung des Gelenkspaltes.
  - Fragestellung: Eingeschlagene Anteile des Labrums ins Gelenk? Knorpelfragmente? Intraartikuläres Hämatom? Im weiteren Verlauf zur Früherfassung einer avaskulären Kopfnekrose.

Therapieprinzipien

1. **Sofortige Reposition (Zeitdruck!)** → wegen der Gefahr
   a) der Devitalisierung des Femurkopfes durch Zerreißung der Kapselgefäße,
   b) der Dehnung bzw. Schädigung des N. ischiadicus.
   → Anschließend Stabilitätsprüfung, Extension und ggf. definitive Versorgung.
2. **Definitive Versorgung** *nach* sorgfältiger Reposition und weiterer diagnostischer Abklärung (Röntgen, CT und evtl. MRT).

Konservative Therapie

▶ Falls notwendig, primäre Schockbehandlung und Sicherung der Vitalfunktionen.
▶ **Geschlossene Reposition „auf dem Brett"** (**Methode nach Böhler**; Abb. 22.2):
- *Vorbereitung:* Allgemeinanästhesie und Muskelrelaxation.
- *Vorgehen* (Abb. 22.2):
  - Der Patient wird in Rückenlage auf dem Röntgentisch oder am Boden auf einem Brett fixiert. Breite Gurte umfassen achtertourförmig das Knie des in Hüfte und Knie um 90° gebeugten Beines des Patienten und den Nacken des Operators, der über dem Patienten steht. Ein Assistent fixiert das Becken des Patienten auf der Unterlage.
  - Die Reposition erfolgt durch langsamen vertikalen Zug (= in Längsrichtung des Femurs) und Innen- und Außenrotation am Unterschenkel sowie langsame Beugung des Hüftgelenkes auf 60–70 Grad.
  - Durch geringfügige Rotationsbewegung und Adduktion in der Hüfte springt der Hüftkopf über das Azetabulum in das Gelenk (mit einem hörbaren „Schnappen"). Ein Lateralzug am proximalen Oberschenkel durch den Assistenten kann dabei hilfreich sein.
- Anschließend klinische Stabilitätsprüfung, Röntgen- und CT-Kontrolle. Nachbehandlung s. u.
☐ *Cave:* Bei Misserfolg umgehend offene Reposition anschließen!

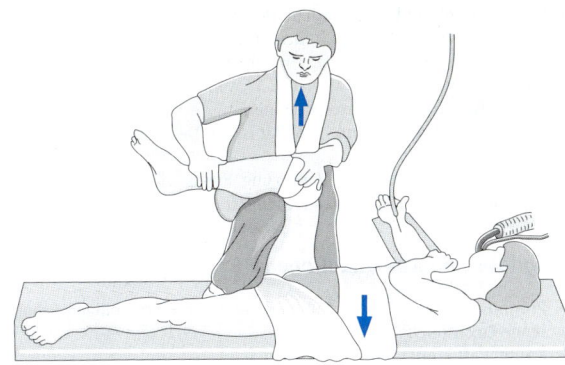

Abb. 22.2 Reposition auf dem Brett nach Böhler

Operative Therapie

► **Indikationen:**
- Repositionshindernis (eine gedeckte Reposition ist hier nicht möglich).
- Begleitverletzungen wie Azetabulumfraktur, Schenkelhalsfraktur, Femurkopf-Kalotten-Fraktur, instabiles Hüftgelenk, primäre Läsion des N. ischiadicus.
- Sekundäre (nach der Reposition aufgetretene) Läsion des N. ischiadicus.
► **Operationstechniken:**
- *Dorsaler Zugang (Kocher-Langenbeck):*
  - Indikation: Posterior liegende Fragmente im Azetabulum, große dorsale Labrumabrisse, Instabilitäten, dorsale Azetabulumrandfrakturen.
  - Vorgehen: Der Patient liegt in Seitenlage, „flexible Abdeckung" (das betroffene Bein wird so abgedeckt, dass es in Knie- und Hüftgelenk bewegbar bleibt).
- *Ventraler Zugang (Smith-Peterson):*
  - Indikation: ventral liegende Fragmente, Femurkopf-Kalotten-Fragmente.
  - Vorgehen: Der Patient befindet sich in Rückenlage, „flexible Abdeckung".
- *Direkter lateraler und anterolateraler Zugang (Watson-Jones):*
  - Indikation: Femurkopf-Kalotten-Fraktur mit gleichzeitiger Schenkelhalsfraktur, freie Gelenkkörper, Kopffraktur (zur Reposition und Fixation).
  - Vorgehen: Der Patient befindet sich in Rücken-, Halbseiten- oder Seitenlage. „Flexible Abdeckung". Der Zugang erfolgt lateral-transglutäal.

Nachbehandlung

► **Nachbehandlung bei konservativer Therapie:**
A. *Stabile Verhältnisse nach Reposition:*
  - Lagerung in flacher Schaumstoffschiene.
  - Mobilisation mit Teilbelastung (15 kg) für 2 Wochen.
  - MRT-Kontrolle nach 3 Monaten zum Ausschluss einer Femurkopfnekrose.
B. *Bei instabilen Verhältnissen:*
  - Halten der Reposition in Extension.
  - Röntgendiagnostik und definitive operative Versorgung im Intervall (nach 2–7 Tagen).

▶ **Nachbehandlung bei operativer Therapie:**
- Bettruhe bis zur Schmerzfreiheit. Medikamentöse Thromboembolieprophylaxe.
- Teilbelastung 15 kg für ca. 3 Wochen.
- MRT-Kontrolle nach 3 Monaten.

▶ **Nachbehandlung bei Nervenläsionen:**
- Wegen fehlender Hautsensibilität ist zur Dekubitusprophylaxe eine gute Pflege erforderlich.
- 3–4 Wochen nach der Verletzung Elektromyographie (EMG) als Ausgangsinformation und prognostischer Parameter. Wiederholung 3 Monate nach dem Trauma. Ausschluss von Läsionen des Plexus lumbosacralis.

Prognose und Komplikationen

▶ **Prognose:** In 30–40% der Fälle kommt es zu einer völligen Erholung, rezidivierende Luxationen sind selten.

▶ **Komplikationen:**
- Nach verspäteter oder traumatisierender Reposition kann es zu einer Femurkopfnekrose kommen (in ca. 10% der Fälle).
- Häufigste Langzeitkomplikation ist die posttraumatische Arthrose (15%), bei Kombination von Hüftluxation und Azetabulumfraktur in 90% der Fälle.
- Verletzungen des N. ischiadicus kommen in 10–20% der Fälle vor.
- Postoperative Komplikationen: Infektion, Läsion des N. ischiadicus, heterotope Ossifikation.

22.2 Femurkopffraktur

Grundlagen

▶ **Definition:** manifeste oder stattgehabte Hüftluxation mit Femurkopffraktur.

▶ **Ursache, Verletzungsmechanismus:** Femurkopffrakturen treten auf bei dorsalen Hüftgelenkluxationen oder Hüftpfannenfrakturen. Ursache sind Abscherkräfte bzw. axial einwirkende Kräfte entlang der Femurachse bei Beugung des Hüftgelenkes um weniger als 60 Grad. Häufigster Unfallmechanismus ist die „Dashboard Injury" (Knieanpralltrauma am Armaturenbrett). Seltener sind Impressionsfrakturen bei Hüftpfannenfrakturen.

▶ **Klassifikation:**
- *Abscherfrakturen eines Kopfsegmentes* – Einteilung der Kalottenfraktur des Femurkopfes nach Pipkin (Abb. 22.3):
  – Typ I: kaudal der Fovea, d. h. außerhalb der Belastungszone.
  – Typ II: kranial der Fovea, d. h. innerhalb der Belastungszone.
  – Typ III: Typ I oder II in Kombination mit einer Schenkelhalsfraktur.
  – Typ IV: Typ I oder II in Kombination mit einer Azetabulumfraktur.
- *Impressionsfrakturen:*
  – Innerhalb der Belastungszone.
  – Außerhalb der Belastungszone.
  – „Bone Bruises": In der Kernspintomographie deutlich erkennbare subchondrale/subkortikale „Knochenödeme" durch gesteigerte Flüssigkeitsansammlung und Hyperämie.
- *Knöcherne Ausrisse des Lig. capitis femoris.*

Gefäßversorgung Femurkopf:
- ta. circumflexa fem. lat. + med. aus A. prof. fem.
- A. lig. capitis
fem... aus.
A. obtur abán g

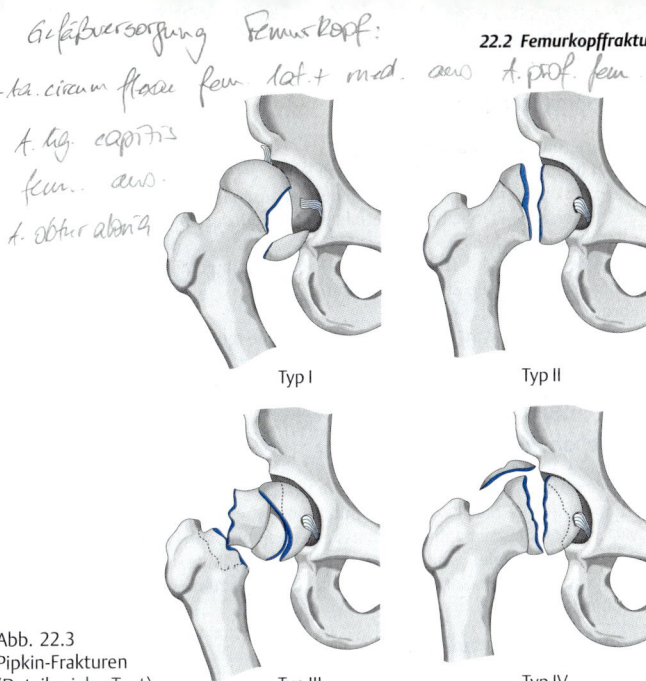

Typ I

Typ II

Typ III

Typ IV

Abb. 22.3
Pipkin-Frakturen
(Details siehe Text)

Klinische Symptomatik, diagnostisches Vorgehen

► Siehe Hüftluxation S. 304.

Therapieprinzipien

► **Siehe Therapieprinzipien bei Hüftgelenksluxation** S. 306: Sofortige Reposition, wenn möglich geschlossen.
► **Pipkin-I-Fraktur:**
  • *Das Kopffragment legt sich gut an* → konservative Therapie. Obligat Kontrolle durch konventionelles Röntgen und Computertomographie.
  • *Repositionshindernis bei Pipkin-I-Frakturen* → offene Reposition und Schrauben-fixation oder Entfernung des Fragmentes.
► **Pipkin-II- bis -IV-Fraktur:** offene Reposition und Osteosynthese.
► **Weitere Indikationen zum operativen Vorgehen:**
  • Instabilität mit Reluxationstendenz.
  • Impressionsfrakturen *in* der Belastungszone: operative Anhebung der Gelenk-fläche und Unterfütterung mit Spongiosa.
  • Gelenkspalterweiterung mit eingeklemmtem Fragment (knöcherner Ausriss des Lig. capitis femoris).

Konservative Therapie

► Reposition, kurzfristige Ruhigstellung und funktionelle Nachbehandlung (s. u.).

Operationstechniken

▶ **Vorbereitungen – Zugang:**
- Am häufigsten ventraler Zugang nach Smith-Peterson.
- Bei Frakturen im dorsalen Anteil oder bei zusätzlicher knöcherner Verletzung der dorsalen Pfannenregion erfolgt ein modifizierter dorsaler Zugang nach Kocher-Langenbeck (S. 307).
- Bei begleitenden Schenkelhals- (s. u.) oder Azetabulumfrakturen (S. 297) werden entsprechende Zugänge gewählt.

▶ **Vorgehen:**
- Der Femurkopf wird konzentrisch in die Pfanne reponiert, große Kopffragmente werden anatomisch reponiert und mit Titanschrauben fixiert, im Knorpelbereich wird der Schraubenkopf unter Knorpelniveau versenkt.
- Kleinere Kopffragmente werden entfernt.

Nachbehandlung

▶ **Konservative Therapie:** Nach Reposition Lagerung in flacher Schaumstoffschiene. Frühfunktionelle Nachbehandlung mit Teilbelastung von 15 kg über 2 Wochen. MRT nach 3 Monaten zum Ausschluss einer Femurkopfnekrose.

▶ **Operative Therapie:** Frühfunktionelle Nachbehandlung mit Teilbelastung von 15 kg von 8 Wochen. Kontroll-MRT nach 3 Monaten zum Ausschluss einer Femurkopfnekrose.

Prognose und Komplikationen

▶ **Prognose:** Bei anatomischer Reposition und Ausbleiben einer avaskulären Kopfnekrose ist eine Restitutio ad integrum möglich, ansonsten ist der weitere Verlauf abhängig vom Schweregrad der Verletzung, Dauer der Luxation, Anzahl der Repositionsversuche und Begleitverletzungen.

▶ **Komplikationen:**
- *Läsion des N. ischiadicus:* Bei dorsaler Hüftluxation in 10–15% der Fälle, von denen sich 60–70% nach 6–8 Monaten zurückbilden.
- *Avaskuläre* Femurkopfnekrose: in 25% der Fälle, abhängig von Dauer des Luxationszustandes. Kann bis zu 5 Jahre nach Luxation in Erscheinung treten. Frühzeitiges Erkennen durch MRT.
- *Posttraumatische Arthrose:* in 10–30% der Fälle.
- Heterotope Ossifikationen:
  - Erhöhte Inzidenz bei offener Reposition mit zeitlicher Verzögerung, Patienten mit Schädel-Hirn-Verletzungen.
  - Prophylaxe: Gabe von Indometacin und perioperative Bestrahlung (6–8 Gy).

22.3 Schenkelhalsfraktur

Grundlagen

▶ **Definition:** Fraktur des Femurschenkelhalses.
▶ **Ursache, Verletzungsmechanismus:** Sturz seitlich auf die Hüfte oder auf das gestreckte oder abgespreizte Bein. Im höheren Lebensalter (Osteoporose) häufig bei bereits geringer Krafteinwirkung. Ermüdungsfraktur bei extremer Coxa vara. Nur 5–7% aller Schenkelhalsfrakturen durch Hochenergieverletzungen (Verkehrsunfälle, Sturz aus großer Höhe).

▶ **Klassifikation:** Schenkelhalsfrakturen werden unterschiedlich eingeteilt:
- *Anatomische Einteilung:*
  - Mediale Schenkelhalsfraktur (intrakapsulär).
  - Basozervikale (= laterale) Schenkelhalsfraktur (extrakapsulär).
- *Einteilung nach Dislokationsrichtung und Stabilität:*
  - *Abduktionsfraktur:* Valgus, meist verkeilt. Belastungsfähigkeit kann erhalten bleiben. Risiko der Kopfnekrose gering.
  - *Adduktionsfraktur:* Varus, Dislokation mit Verkürzung des Beines und Abkippen des Femurkopfes nach hinten (= Retrotorsion). Dorsaler Spongiosadefekt. Erhebliches Risiko der Femurkopfnekrose.
  - *Abscherfraktur:* sehr instabil. Biomechanisch ungünstig: Pseudarthrosegefahr.
- *Prognoseorientierte Frakturstadien (= Dislokationsgrade) nach Garden* (Abb. 22.4):
  - Garden I: eingestauchte Abduktionsfraktur (gute Prognose).
  - Garden II: axial leicht eingestauchte Fraktur ohne Dislokation.
  - Garden III: dislozierte Adduktionsfraktur ohne Zertrümmerung der dorsalen Kortikalis.
  - Garden IV: komplette Dislokation mit Unterbrechung der Gefäßversorgung, hohe Nekroserate des Hüftkopfes.

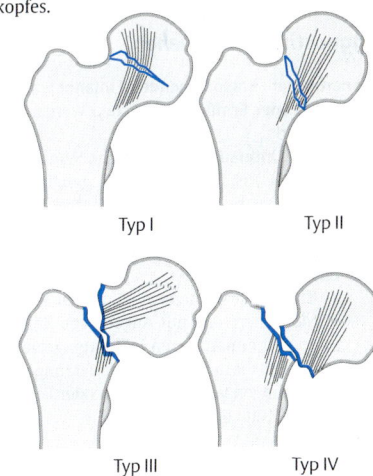

Typ I   Typ II

Typ III   Typ IV

Abb. 22.4   Klassifikation nach Garden (Details siehe Text)

- *Frakturtypen nach Pauwels* (Einteilung oft erst nach Reposition möglich) – Einteilung nach Neigung der Bruchebene zur Horizontalen (Abb. 22.5):
  - Typ I: bis 30 Grad.
  - Typ II: 30–70 Grad.
  - Typ III: > 70 Grad.

Klinische Symptomatik und Befunde

▶ **Instabile Frakturen:** Verkürzung (Trochanterhochstand) und Außenrotation des Beines. Schmerzen in der Hüfte und/oder Leiste, verstärkt besonders bei passiver Bewegung durch den Untersucher, Funktionsverlust des Beines. Eventuell lokales Hämatom oder Prellmarke.

A. lig. cap. fem. aus A. obturatoria
A. prof. fem. → A. circumfl. fem. lat. + med.

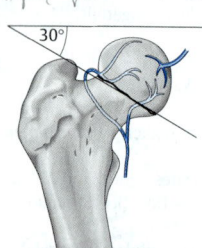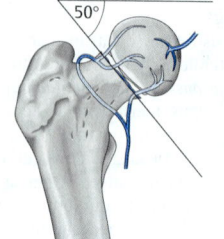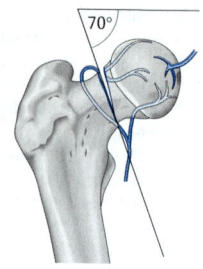

a Pauwels I   **b** Pauwels II   **c** Pauwels III

Abb. 22.5 a–c Klassifikation nach Pauwels (Details siehe Text)

▶ **Stabile Abduktionsfrakturen:** Keine Fehlstellung des Beines, schmerzfreie passive Beweglichkeit im Hüftgelenk, Anheben des gestreckten Beines möglich, häufig erhaltene Belastbarkeit des Beines. Eventuell lokales Hämatom oder Prellmarke.

Diagnostisches Vorgehen

▶ **Anamnese:** Entsprechenden Unfallhergang erfragen. Bei nur geringer Krafteinwirkung oder Ermüdungsbrüchen werden oft keine Besonderheiten vom Patienten bemerkt.
▶ **Klinische Untersuchung** (typische Symptomatik s. o.):
  • Funktionsausfall, d. h. Unvermögen, im Liegen das betroffene Bein anzuheben? Schmerzen bei aktiver und passiver Bewegung im Hüftgelenk? Stauchungs- oder Rotationsschmerz? Periphere Durchblutung intakt? Evtl. peripher-neurologische Defizite? Hämatom, Prellmarke?
  ▷ *Cave:*
    – Klinische Frakturzeichen können bei eingestauchten Frakturen fehlen!
    – Möglicherweise nur Angabe von Kniegelenkschmerzen!
  • Bei polytraumatisierten Patienten gezielt nach möglichen Begleitverletzungen suchen, insbesondere nach Verletzungen des Fersenbeins und der Wirbelsäule, Verletzungen von Azetabulum oder Femurkopf, Bandverletzungen oder Frakturen im Hüft- oder Kniebereich.
▶ **Röntgen:**
  • Beckenübersicht, Hüfte a.p. und axial.
  • Bei pathologischen Frakturen zusätzlich Ganzaufnahme des Oberschenkels zum Ausschluss distal gelegener Osteolysen.

Therapieprinzipien

▶ **Konservative Therapie:** eingestauchte, stabile Abduktionsfraktur.
▶ **Operative Therapie:**
  • Alle instabilen Frakturen.
  • Eingekeilte Abduktionsfraktur, wenn eine Trümmerzone des dorsalen Schenkelhalses bzw. eine Retrotorsion über 30° vorliegt (axiales Röntgen).

Konservative Therapie

▶ Schmerztherapie: Lagerung des Beines in einer flachen Schaumstoffschiene.
▶ Atemgymnastik und Thromboseprophylaxe.

▶ Mobilisation: Sobald der akute Frakturschmerz abgeklungen ist (nach ca. 3 Tagen), Mobilisation unter krankengymnastischer Anleitung mit zwei Unterarmgehstützen unter Vollbelastung.

◨ *Hinweis:* Außenrotation bei Lagerung und Mobilisation vermeiden!

▶ Enge radiologische Verlaufskontrolle (axialer Strahlengang zum Erkennen einer Dislokation), sofortige Röntgenkontrolle bei Schmerzen.

Operative Therapie

▶ **Operationszeitpunkt:**
  1. *Notfalleingriff:* kopfhaltende Operation.
  2. *Geplante Operation:* Femurkopfprothese (bzw. bipolare Kopfprothese) meistens als programmierte Operation.

▶ **Osteosyntheseverfahren:**
  • *Kopferhaltend:*
    1. Verschraubung mit Spongiosaschrauben oder kanülierten Schrauben. Beim Kind, jüngeren Patienten und älteren Patienten mit guter Knochenqualität.
    2. DHS (dynamische Hüftschraube, s. S. 316). Beim jüngeren und älteren Patienten mit guter Knochenqualität.
  • *Alloplastischer Ersatz:*
    1. Hemiarthroplastik mit Femurkopfprothese bzw. bipolarer (Duokopf-)Prothese: Indiziert ab dem 60. bis 70. Lebensjahr unter Berücksichtigung des biologischen Alters; sofortige Vollbelastung.
    2. Totalendoprothese: indiziert bei vorbestehender Koxarthrose.

Nachbehandlung

▶ **Bei konservativer, frühfunktioneller Therapie:** Vollbelastung und regelmäßige Röntgenkontrolle (nach 3 Tagen, 1/2/4/8/12 Wochen).

▶ **Bei Verschraubung bzw. dynamischer Hüftschraube:** Teilbelastung 15 kg für 10–12 Wochen bei kooperativen Patienten. Beim älteren Patienten sofort Vollbelastung.

▶ **Bei zementierter Prothese:** sofortige Vollbelastung.

Prognose und Komplikationen

▶ Konservativ behandelte Abduktionsfrakturen (Garden I): in 10–30% der Fälle sekundäre Dislokation, Femurkopfnekrose in 8–20% der Fälle.

▶ Garden III, IV: in 50–80% der Fälle Femurkopfnekrose.

▶ Eine Kopfnekrose kann bis zu 2 Jahre nach der Osteosynthese auftreten, insbesondere bei dislozierten intrakapsulären Frakturen. Seltener beim Jugendlichen und beim Kind.

▶ Lebensbedrohlich für ältere Patienten durch längere Bettlägerigkeit (Pneumonie, Urosepsis, Herzinsuffizienz, Dekubitus usw.).

▶ Pseudarthrose nach Osteosynthese von Abscherfrakturen → Valgisationsosteotomie und Osteosynthese mit Doppelwinkelplatten.

▶ Pfannendestruktion mit Protrusion oder „Impingement" des Prothesenkopfes, Lockerung des Prothesenschaftes (innerhalb von Monaten bis Jahren). Prothesenluxation.

23 Oberschenkel

23.1 Pertrochantäre Fraktur

Grundlagen

▶ **Definition:** Proximale Oberschenkelfraktur, deren Bruchzone durch Trochanter major und minor zieht.
▶ **Abzugrenzen** ist dieser Bruchtyp von der lateralen Schenkelhalsfraktur (basozervikaler Typ) und von der subtrochantären Fraktur (die subtrochantäre Frakturzone beginnt unterhalb des Trochanter minor medial und unterhalb des Trochanter major lateral und reicht bis zum Übergang proximales–mittleres Schaftdrittel).
▶ **Ursache, Verletzungsmechanismus:**
  • *Direkter Sturz auf die Hüfte:* Typische Verletzung des höheren Lebensalters (Osteoporose), Begleitverletzungen sind selten.
  • *Hochrasanztrauma:* Hier als Teil einer Mehretagenfraktur des Femur.
  • *Polytrauma:* in Kombination mit Beckenverletzungen.
  • Pathologische Frakturen bei Tumorpatienten.
▶ **AO-Klassifikation** – Einteilung nach der „Stabilität" (Abb. 23.1):
  • *A1:* einfache, stabile Fraktur, eine Bruchlinie, gute mediale Abstützung.
  • *A2:* Mehrfragmentfraktur, Tochanter minor völlig ausgebrochen, die mediale Abstützung fehlt.
  • *A3:* intertrochantär, instabile Fraktur, Einfach- oder Mehrfragmentfraktur mit subtrochantärem Verlauf, „reversed Fracture" mit quer verlaufender Bruchlinie.

Klinische Symptomatik und Befunde

▶ Verkürzung und Außenrotationsstellung des Beines.
▶ Lokal starke (Druck-)Schmerzen, Geh- und Stehunfähigkeit.
▶ Sensibilitätsstörungen, Hämatom, Prellmarke.

Diagnostisches Vorgehen

▶ **Klinische Untersuchung:** typische Symptomatik s.o. Neurologische Untersuchung, Überprüfung der Durchblutungssituation (arteriell, venös).
▶ **Röntgen** Beckenübersicht, Oberschenkel a.p.
  ◻ *Hinweis:* Die Lauensteinaufnahme ist sehr schmerzhaft und verzichtbar!

Therapieprinzipien

▶ **Konservative Therapie:** nur bei undislozierter oder unvollständiger Fraktur.
▶ **Operative Therapie** bei jeder pathologischen und dislozierten Fraktur.

Konservative Therapie

▶ **Entlastung mit Gehstützen:**
  • Bei isolierter Fraktur des Trochanter major/minor schmerzorientierte Teilbelastung bis zur Beschwerdefreiheit.
  • Bei undislozierter pertrochantärer Fraktur Teilbelastung mit 20 kg für 4–6 Wochen nur beim jungen, kooperativen Patienten.
◻ *Cave:*
  • Sekundäre Dislokation möglich → Röntgenkontrollen!
  • Die konservative Behandlung dislozierter Frakturen mittels suprakondylärer Dauerextension ist obsolet!

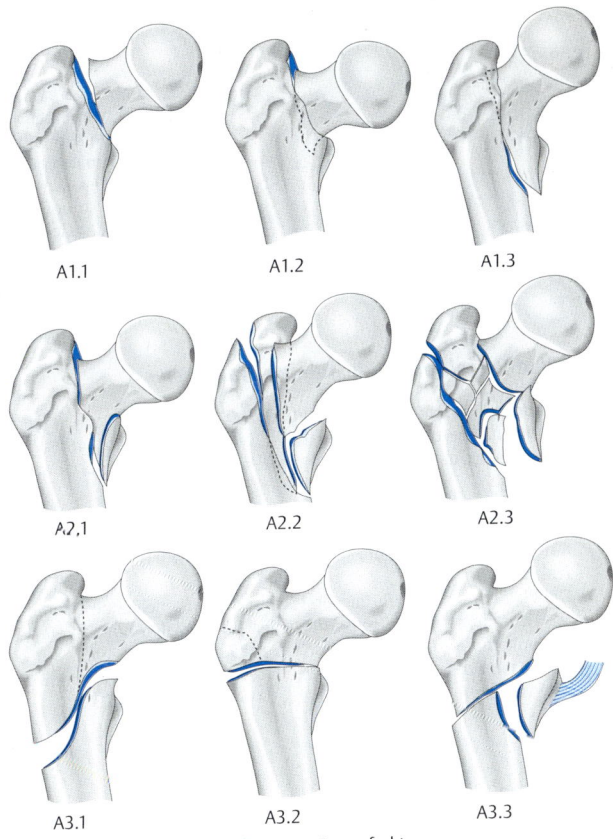

A1.1   A1.2   A1.3

A2.1   A2.2   A2.3

A3.1   A3.2   A3.3

Abb. 23.1   AO-Klassifikation pertrochantärer Femurfrakturen

Operative Therapie – Allgemeines

▶ **Verfahrenswahl:** Die Auswahl richtet sich nach dem Frakturtyp. Ziel ist die frühe *Belastungsfähigkeit*.
▶ **Vorbereitungen:**
  • *Lagerung:* Rückenlage, Extensionstisch (Abb. 23.2), Reposition und Einstellung des Bildwandlers vor Beginn der Operation.
  • *Anästhesie:* Allgemeinnarkose oder Spinalanästhesie.
▶ **Zugang:** Hautlängsschnitt am lateralen proximalen Oberschenkel, die Ausdehnung nach kranial und kaudal hängt ab vom Operationsverfahren.
▶ **Stabile, einfache Frakturen** sind mit *allen* Operationstechniken sicher behandelbar (Techniken s. u.).
▶ **Instabile Frakturen:** differenzierte Verfahrenswahl s. u.

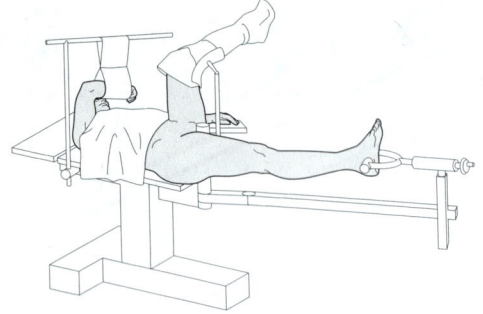

Abb. 23.2 Lagerung auf dem Extensionstisch zur Versorgung einer proximalen Femurfraktur. Der Bildwandler kann so ungehindert von der Gegenseite positioniert werden bei freier Schwenkmöglichkeit auch zur axialen Darstellung der Fraktur

Operative Verfahren bei instabilen Frakturen

1. **Dynamische Hüftschraube** (**DHS**; Abb. 23.3):
   - *Vorteile:* halbgeschlossenes Verfahren; „biologische" Osteosynthese ohne Frakturöffnung, unter Belastung Kompression der Fraktur und damit schnellere Heilung.
   - *Gefahren:* Bei ungenügender Reposition und fehlender medialer Abstützung kann die Fraktur in Varusstellung abkippen und die Schraube den Hüftkopf perforieren („cutting off"); ungeeignet für „reversed Fractures" und subtrochantäre Frakturen.
   - Die Platzierung des Führungsdrahtes ist der entscheidende Operationsschritt, das Schraubengewinde muss möglichst im medialen unteren Quadranten zu liegen kommen, der Schraubenschaft nahe am Adam-Bogen.
   - Bei zusätzlicher Absprengung des Trochanter major ergänzende Schraubenosteosynthese, Trochanterabstützplatte oder Wechsel zu „2".

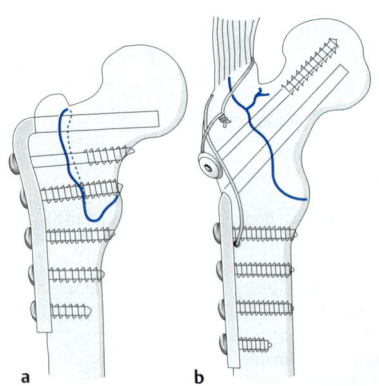

a   b

Abb. 23.3 a u. b Versorgungsmöglichkeiten trochantärer Femurfrakturen mit Winkelplatten. a) Mit Kondylenplatte bei intakter medialer Abstützung, b) mit 130°-Winkelplatte, spongiöser Zugschraube und Drahtzuggurte des Trochander-major-Fragmentes

2. **Intramedulläre Hüftschraubenosteosynthese** (Gammanagel, PFN – proximaler Femurnagel [Abb. 23.5]):
   - *Prinzip:* Kombination aus Hüftschraube und Femurmarknagel. Technisch aufwendiger und anspruchsvoller als die Hüftschraube. Da der Kraftträger intra-

medullär liegt, ist eine mediale Abstützung der Fraktur nicht notwendig, das Gleitschraubenprinzip bleibt dennoch gewahrt.

- *Erweitertes Indikationsspektrum:* alle instabilen und subtrochantären Frakturen.
- *Gefahren:* Varuskippung des Schenkelhalses beim Einbringen des Nagels, laterales Ausbrechen des proximalen Nagelendes, Drehfehler bei ungenügender Reposition.
- *Nachteile:* Beim langen Gammanagel distale Freihandverriegelung.

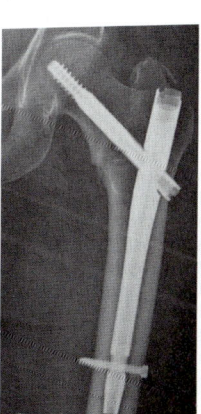 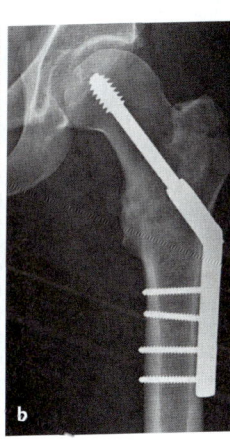 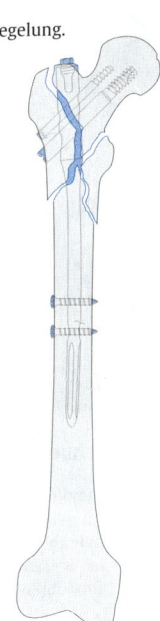

Abb. 23.4 a u. b   Typische Versorgungen der pertrochantären Oberschenkelfraktur: intramedulläre Osteosynthese mit Gammanagel (a), extramedulläre Osteosynthese mit dynamischer Hüftschraube und 4-Loch-Platte (b)

Abb. 23.5   Gammanagel

3. **Winkelplattenosteosynthese** (Abb. 23.3): Kondylenplatte oder 130°-Winkelplatte, stabile mediale Abstützung oder primäre Valgisation erforderlich.
4. **DCS-Plattenosteosynthese::**
   - *Vorteile:* Optimale Frakturreposition möglich; geeignet für subtrochantäre Frakturtypen einschließlich „reversed Fractures".
   - *Nachteile:* Offenes Verfahren, weite Frakturexposition, exakte Positionierung der Kondylenschraube trotz Platzierungshilfen schwierig, nicht belastungsstabil, für alte Patienten nur bedingt verwendbar, längere Nachbehandlung.
5. **Bündelnagelung nach Ender:** „historisches" Implantat, einfaches, frakturfernes Einbringen. Hohe Komplikationsrate: Drehfehler, Nagelperforationen, Nagellockerungen, sekundäre Dislokationen.
6. **Primäre Endoprothese:**
   - *Spezielle Indikation:* ausgeprägte Koxarthrose, vorbestehende Hüftkopfnekrose oder ausgeprägte Osteoporose.
   - *Vorteile:* primäre Belastungsstabilität.
   - *Nachteile:* Meist Zusatzosteosynthese am Trochanter major erforderlich, nur bedingt geeignet für subtrochantäre Frakturen.

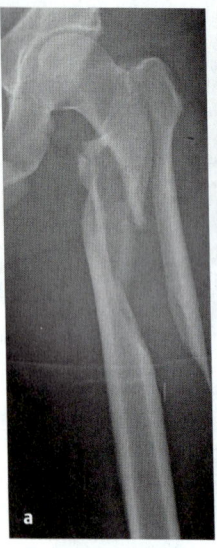
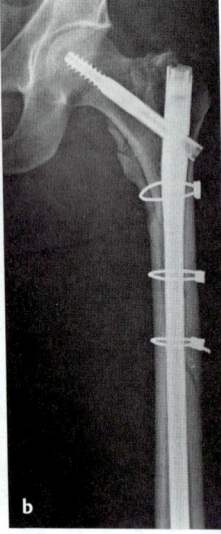

Abb. 23.6 a u. b
Hoch instabile per- und
subtrochantäre Ober-
schenkelfraktur (a),
offene Reposition mit
Drahtcerclagen und
intramedulläre Stabili-
sierung mit langem
Gammanagel (b)

OP-Nachbehandlung

► **Röntgenkontrollen:** Unmittelbar postoperativ, nach 1 Woche, vor und nach Beginn der Belastung.
► **Bündelnagelung, DHS, Gammanagel und PFN:**
  • Eine Belastung vor Frakturkonsolidierung ist möglich.
  • Die Mobilisierung der meist sehr alten Patienten beginnt am ersten postoperativen Tag.
  • Beschwerde- und schmerzorientierte Teilbelastung bis zur Vollbelastung: primär im so genannten Gehwagen, später an Gehstützen.
► **Winkel- und DCS-Plattenosteosynthese:**
  • Keine Frühbelastung!
  • Mobilisierung im Gehwagen oder an Gehstützen mit Fußsohlen-Boden-Kontakt und einer Teilbelastung von 20 kg für 6–12 Wochen.
  • Bewegungsübungen der angrenzenden Gelenke, isometrische Kraftübungen, Gangschulung. Der alte, gehunsichere Patient ist nur bedingt mobilisierbar.
► **Metallentfernung:** Wird nur beim jungen Patienten (< 60. Lj.) empfohlen. Sie erfolgt nach radiologisch gesicherter Frakturheilung nach etwa 1 Jahr.

Prognose, Komplikationen

► **Prognose:** Konsolidierung der Fraktur in 6–8 Wochen.
► **Komplikationen:** Pseudarthrosen, Implantatbrüche/-ausrisse/-wanderungen.

23.2 Femurschaftfraktur

Grundlagen

► **Definition:** Frakturen des Femurschaftes, subtrochantär bis zum Übergang 5. bis 6. Sechstel suprakondylär lokalisiert.
► **Ursachen, Verletzungsmechanismus:**
  • Erhebliche Gewalteinwirkung, häufig bei Mehrfachfrakturen der unteren Extremität und bei Polytraumatisierten.
  • Verkehrsunfälle (PKW-Lenker, Motorradfahrer), Sturz aus großer Höhe.
  • Sportunfälle, pathologische Frakturen bei Tumorpatienten.
► **Klassifikation:**
  • *Weichteilschaden* nach Tscherne (geschlossen) und Gustilo (offen), S. 100.
  • *AO-Klassifikation* (s. Abb. 23.7):
    – A1–A3: einfache Bruchformen mit 2 Fragmenten.
    – B1–B3: 2 Hauptfragmente (mit Kontakt zueinander) und 1 zusätzliches Keilfragment.
    – C1–C3: Komplexe Frakturen mit zusätzlichen Fragmenten, die Hauptfragmente haben keinen Kontakt mehr.

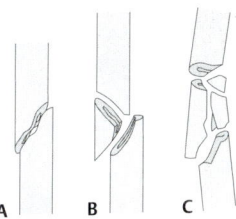

Abb. 23.7 Schema zur Frakturklassifikation der AO langer Röhrenknochen   **A**   **B**   **C**

Klinische Symptomatik und Befunde

▷ **Cave:** Hoher Blutverlust auch bei isolierter Femurfraktur, ein Polytraumapatient mit Femurfraktur hat immer einen Volumenmangel!
► Zeichen einer pathologischen Beweglichkeit.
► Starke Schmerzen.
► Beinverkürzung, Verformung des Oberschenkels.
► Unfähigkeit zur Hüft- und Kniebeugung.

Diagnostisches Vorgehen

► **Klinische Untersuchung:** typische Symptomatik s. o.; Prüfung von Sensibilität und Durchblutung am Fuß.
► **Röntgen:**
  • Femur in 2 Ebenen.
  • Beckenübersicht.
  • Hüftgelenk und Kniegelenk müssen zumindest in einer Ebene notfallmäßig mitgeröntgt werden!
► **Angiographie:** Indiziert bei peripherer Pulslosigkeit und bei jedem Verdacht auf eine Gefäßläsion.
► **Logendruckmessung** bei V. a. Kompartmentsyndrom.

Therapieprinzipien

1. **Volumenersatz,** ggf. weitere intensivmedizinische Therapie.
2. **Notfalloperation:** Nur in Ausnahmefällen (isolierte Femurfraktur, stabile Kreislaufsituation) Anlage einer Tibiakopfextension oder eines Fixateur externe bis zur möglichst frühzeitigen, definitiven operativen Versorgung.
3. **Konservativ** nur bei Kindern < 2–3 Jahre.

Operative Therapie – Allgemeines

▶ **Indikation:** immer indiziert (außer bei Kindern < 2–3 Jahre). *Frühversorgung* anstreben!
▶ **Vorbereitungen:**
   • *Lagerung:* Rücken- oder Seitenlagerung mit oder ohne Extensionstisch (Abb. 23.8).
   • *Anästhesie:* Allgemeinnarkose.

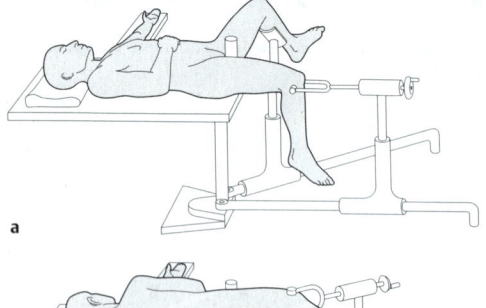

a

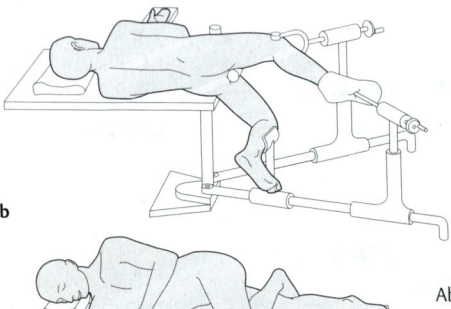

b

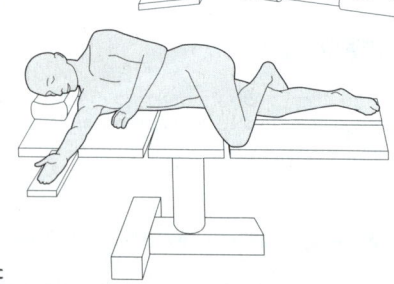

c

Abb. 23.8 a–c   Lagerungsoptionen zur Versorgung von Femurschaftfrakturen.
a) In Rücklagerung auf dem Extensionstisch,
b) Seitenlagerung auf dem Extensionstisch,
c) Seitenlagerung mit frei beweglicher Extremität

▶ **Zugang:** Abhängig vom gewählten Operationsverfahren.

Operationstechniken

1. **Verriegelungsmarknagelung** *(Verfahren der Wahl)*, z. B. auch im „verzahnten Wechsel" nach primärer Anlage eines Fixateur externe nach Optimierung des Gesamtzustandes beim Polytraumatisierten, beim Schädel-Hirn-Trauma und/oder zusätzlichen Thoraxtraumen (ARDS-Gefahr).
   ▶ *Hinweis:* Es gibt kein Marknagelsystem für alle Femurschaftfraktur-Typen!
   - *Allgemeine Grundlagen:*
     - Vorteile: biologische Frakturheilung, geringe Infektionsgefahr, bestmögliche interne Stabilisierung, frühere Belastbarkeit, geringes Operationstrauma.
     - Probleme: Die distale Verriegelung erfolgt in Freihandtechnik → relativ häufig Drehfehler (Toleranz 15°).
     - Typen:
     a) *Ungebohrte Nagelsysteme* (= kein Aufbohren des Markraumes): Vorteile sind die geringere Markraumschädigung und der fehlende Totraum (unreamed femoral nail = UFN [Abb. 23.9], proximal femoral nail = PFN); von Nachteil ist die schwierige Führung des Nagels.

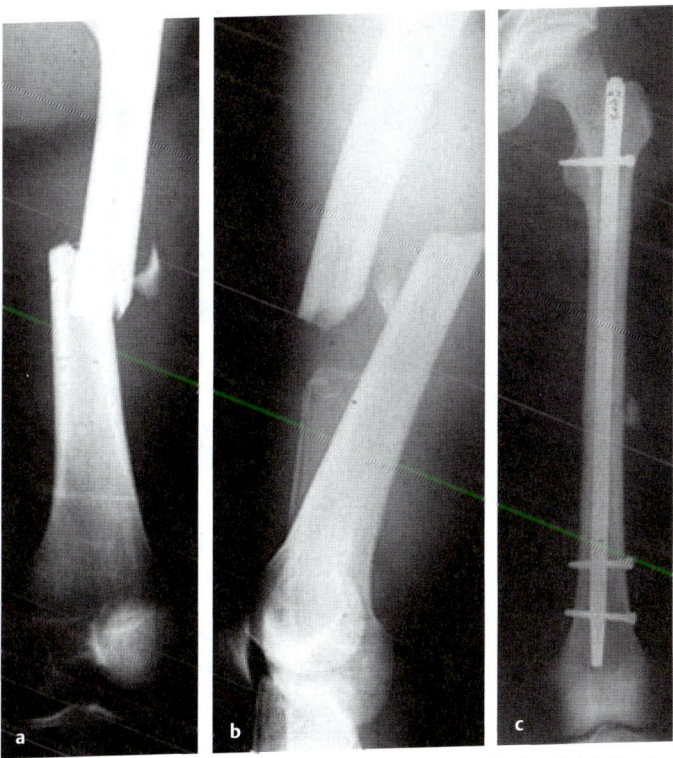

Abb. 23.9 a–c   Querfraktur des Oberschenkels (a) mit erheblicher Dislokation im seitlichen Röntgenbild (b), Versorgung mit gedeckter Kompressionsmarknagelung (c)

b) Gebohrte Nagelsysteme (= Aufbohren des Markraumes): Vorteile sind die Reposition über einen Führungsspieß und die bessere frakturnahe Verklemmung im Markraum.

- *Subtrochantäre und proximale Femurfrakturen* → Marknagel mit Hüftkomponente:
  - – Gammanagel (S. 316).
  - – Classic-Nagel.
  - – UFN (unreamed femoral nail, s. o.) mit Spiralklinge.
  - – PFN (proximal femoral nail, s. o.).
- *Schaftfrakturen 2.–4. Fünftel des Schaftes:* Verriegelung bei stabilen Querfrakturen dynamisch; bei allen anderen Bruchformen statisch.
- *Distale Femurschaftfrakturen:* retrograde Verriegelungsnagelung. Einbringen des Marknagels durch das Kniegelenk von distal nach proximal (GSH-Nagel, retrograder ICN).

2. Plattenosteosynthese (Abb. 23.10, 23.11):

- *Hauptindikation:* subtrochantäre Fraktur (→ Winkelplatte oder DCS), distale Femurfraktur. Allgemein bei Kontraindikationen einer Nagelosteosynthese.
- *Vorteil:* ubiquitär verfügbar, in Rückenlage möglich, Simultanoperation an anderen Gliedmaßen möglich.

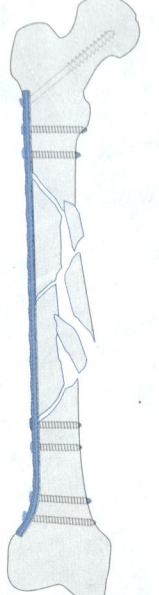

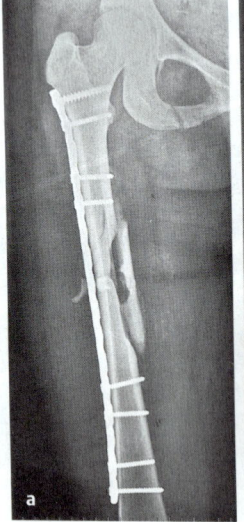

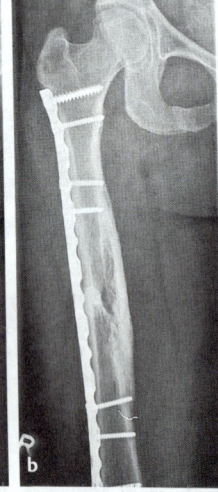

Abb. 23.11 a u. b
Plattenosteosynthese einer Femurschaftfraktur:
a) Überbrückungs-Osteosynthese mit einer eingeschobenen Platte,
b) Ausheilungsbild

Abb. 23.10 Femurtrümmerfraktur, versorgt durch Überbrückungs-osteosynthese mit einer eingeschobenen Platte

- *Nachteile:* Freilegen der Fraktur, Denudierung von Fragmenten, Gefahr des weiteren Blutverlusts, der Infektion und der Pseudarthrose, keine Belastungsstabilität.
- *Material, Möglichkeiten:* „biologische" Implantate (LCDC-Platten aus Titan), evtl. Überbrückungsosteosynthese (Abb. 23.10, 23.11; ein Freilegen der Fraktur ist damit vermeidbar) bei ausgedehnten Trümmerfrakturen.

3. **Fixateur externe:** als Erstbehandlung beim Polytraumatisierten, im Schock, bei offenen Frakturen Grad II–III, bei Kindern, sekundär bei Komplikationen als Ersatzverfahren oder aus logistischen Gründen.

OP-Nachbehandlung

▶ Abhängig von der Schwere der Gesamtverletzung und der Stabilität der Osteosynthese:
- *Polytrauma (Fixateur externe):* Die Fraktur ist zunächst ausreichend stabil versorgt, der Patient kann intensivmedizinisch behandelt, z.B. in Bauchlage gebracht werden, die angrenzenden Gelenke können passiv beübt werden. Ein sekundärer Verfahrenswechsel auf eine Marknagelosteosynthese ist nach ausreichender Stabilisierung des Allgemeinzustandes immer anzustreben.
- *Marknagel:*
  – Isolierte Femurfraktur, Querfraktur: sofortige aktive und passive Physiotherapie; Vollbelastung sofort möglich.
  – Mehrfragmentfraktur: aktive und passive Physiotherapie, Teilbelastung bis 15 kg für 6 Wochen, danach evtl. Dynamisierung und Aufbelasten.
- *Plattenosteosynthese:* nach 6 Wochen Röntgenkontrolle, zügiges Aufbelasten. Wenn nach 12 Wochen keine Konsolidierung eingetreten ist, zusätzliche Spongiosaplastik oder Verfahrenswechsel auf Marknagel.
- *Große Knochendefekte, mangelnde Kallusbildung:* sekundäre Spongiosaplastik oder Verfahrenswechsel auf Marknagel.
▶ **Röntgenkontrollen:** postoperativ, 1./6./12. Woche.
▶ **Metallentfernung:**
- Nach 1,5–2 Jahren.
- Bei Kindern nach 4–6 Monaten. Die Nachbehandlung bei Kindern ist abhängig vom Lebensalter und dem gewählten operativen Verfahren:
  – Plattenosteosynthese: Teilbelastung für 4–6 Wochen.
  – Intramedulläre Implantate (Prevot-Nägel): zügige, beschwerdeorientierte (Voll)belastung.

Konservative Therapie

▶ **Indikation:** nur bei Kindern im Alter unter 2–3 Jahren.
▶ **Vorgehen:**
- *Over-Head-Extension:* Beide Beine werden mittels Pflasterstreckverbänden in 90°-Beugung und 20°-Abduktion im Hüftgelenk und gleichzeitiger Streckung im Kniegelenk gestreckt; das Gesäß muss dabei frei schweben.
- *Röntgenkontrolle* nach 2–3 Wochen.
- Bei Kallusbildung Umstellung auf Becken-Bein-Gips für weitere 2 Wochen.

Prognose und Komplikationen

▶ Frühe Komplikationen: Lagerungsschäden, Kompartmentsyndrom, tiefe Beinvenenthrombose, Schocklungensyndrom (ARDS).
▶ Späte Komplikationen: Infektion, Pseudarthrose, Achsenfehlstellungen, Drehfehler (Abb. 23.12).

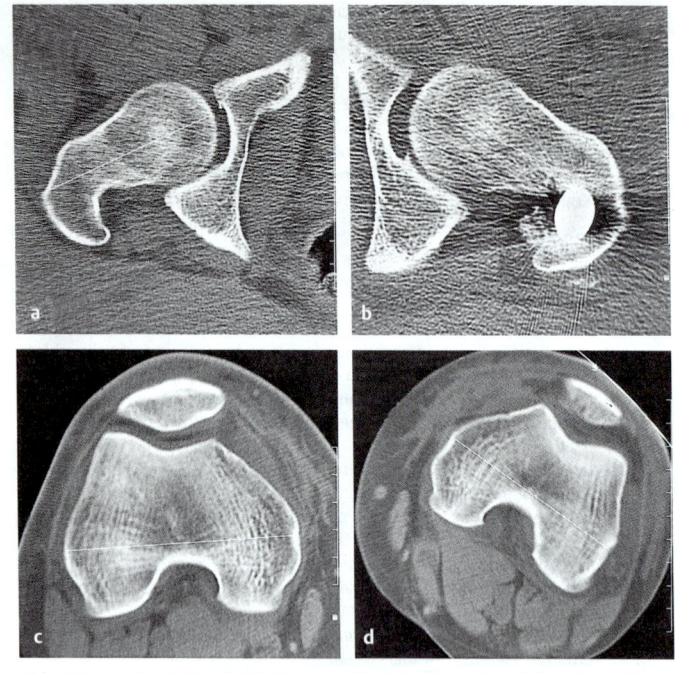

Abb. 23.12 a–d   Außendrehfehler nach Marknagelung einer linksseitigen Femurschaftfraktur. Drehfehlervermessung mit Hilfe der Computertomographie

▶ *Hinweis:* Das „Implantatversagen" ist kein Materialfehler des Implantates (Platte oder Nagel), sondern das sichere Zeichen einer gestörten Bruchheilung!

23.3 Distale Femurfraktur

Grundlagen

► **Definition:** Frakturen im Bereich der Oberschenkelgelenkrollen mit oder ohne Beteiligung des Kniegelenkes.
► **Ursache, Verletzungsmechanismus:** Erhebliche Gewalteinwirkung erforderlich, PKW-Unfall mit Einklemmung der Insassen, Sturz aus großer Höhe. Bei 30% der distalen Femurfrakturen liegt ein Polytrauma vor.
► **Klassifikation** (AO-Klassifikation; Abb. 23.13):
  • *A1–A3:* extraartikuläre Fraktur (1 = einfach; 2 = Keil; 3 = Trümmerfraktur).
  • *B1–B3:* intraartikuläre, monokondyläre Fraktur (1 = lateral/sagittal; 2 = medial/sagittal; 3 = frontal [inkl. sog. Hoffa-Fraktur]).
  • *C1–C3:* intraartikuläre, bikondyläre Fraktur (1 = Spaltbruch; 2 = metaphysär mehrfragmentär/artikulär einfach; 3 = Trümmerbruch).

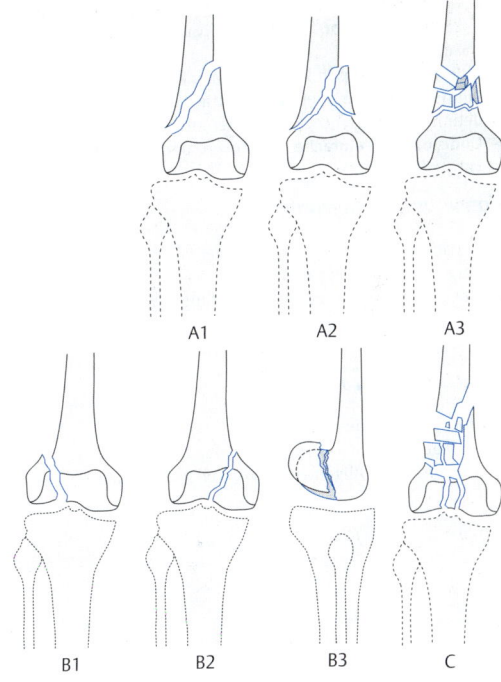

Abb. 23.13 Distale Femurfrakturen

A1 A2 A3

B1 B2 B3 C

Klinische Symptomatik und diagnostisches Vorgehen

☐ **Leitsymptom:** Schwellung, Gehunfähigkeit, starke Schmerzen.

▶ **Klinische Untersuchung:**
- *Lokales Verletzungsbild:* verstrichene Kniekontur, Achsenabweichung, Weichteilverletzungen?
- *Mögliche Zusatzverletzungen beachten:*
  - Polytrauma: Vital bedrohliche Verletzungen?
  - Bei 15% Patellafrakturen, bei 10% Band-, Meniskus-, Knorpelverletzungen.
  - Nerven- und Gefäßverletzungen: periphere Durchblutung, neurologischer Status?
▶ **Röntgen a.p. und seitlich:** Kniegelenk, zum Ausschluss von Begleitverletzungen auch proximales Femur, Becken.
▶ **Dopplersonographie, Angiographie:** bei V. a. begleitende Gefäßverletzung.

Therapieprinzipien

▶ **Operative Therapie mit interner Osteosynthese** (Platte oder Nagel) ist die Therapie der Wahl. Prinzipien dieser Therapieform sind:
- Weichteilschonung.
- Keine ausgedehnte Frakturfreilegung.

- Korrekte Lagebeziehung zwischen Kondylenachse und Femurlängsachse (7°), korrekte Rotation und geringe Antekurvation der Femurrollen gegenüber der Schaftachse.
- Primäre Rekonstruktion des Gelenkes, sekundär Refixation an den Schaft.

► **Beim Polytrauma oder bei sehr stark verschmutzten Weichteilen,** die eine akute definitive Osteosynthese verbieten: temporäre Transfixation mit Fixateur externe.

► **Undislozierte einfache Frakturen und/oder hohes Operationsrisiko:** konservative Therapie (s. u.).

Konservative Therapie

► Zunächst Gipsschiene, evtl. Kniegelenkpunktion.
► Thromboseprophylaxe (S. 86).
► Nach Rückgang der Frakturschwellung am 6.–8. Tag zirkulärer Oberschenkelliegegips oder -tutorverband für etwa 8–10 Wochen.
► Röntgenkontrollen nach 1, 2, 4 und 8 Wochen.

Operative Therapie

► **Vorbereitungen:**
- *Lagerung:* Rückenlagerung (Abb. 23.14).
- *Anästhesie:* Allgemeinnarkose oder Spinalanästhesie.

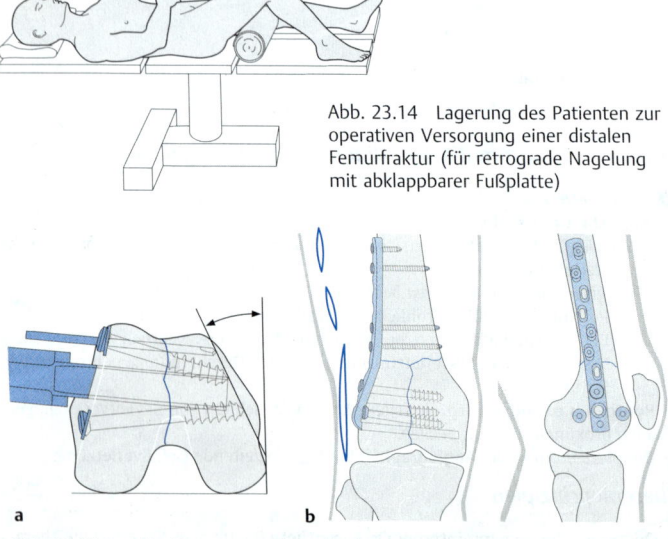

Abb. 23.14 Lagerung des Patienten zur operativen Versorgung einer distalen Femurfraktur (für retrograde Nagelung mit abklappbarer Fußplatte)

a   b

Abb. 23.15 a u. b Versorgung einer distalen Femurfraktur mit einer Kondylenplatte: a) Die Querschnittskizze zeigt die Platzierung der interfragmentären Zugschrauben und des Klingensitzes der Kondylenplatte. b) Ansicht der fertigen Montage in zwei Ebenen. In geeigneten Fällen können die Implantate in Minimal-Access-Technik eingebracht werden

► **Zugang:** laterale Hautinzision bei Plattenosteosynthese, mediale Kniearthrotomie bei Retrogradnagelung.
► **A-Frakturen:**
  1. Kondylen- oder DCS-Plattenosteosynthese (Abb. 23.15): Freilegung der Fraktur nur, wenn offene Reposition und interfragmentäre Verschraubung bei einfacher Fraktur möglich ist. In allen anderen Fällen wird die Frakturzone nicht präpariert, sondern die „biologische" Tunneltechnik angewandt.
  2. Retrogradnagelung (Abb. 23.16):
    – Vorteil: geschlossene Reposition, intramedullärer Kraftträger.
    – Nachteil: Eröffnen des primär nicht verletzten Kniegelenkes.

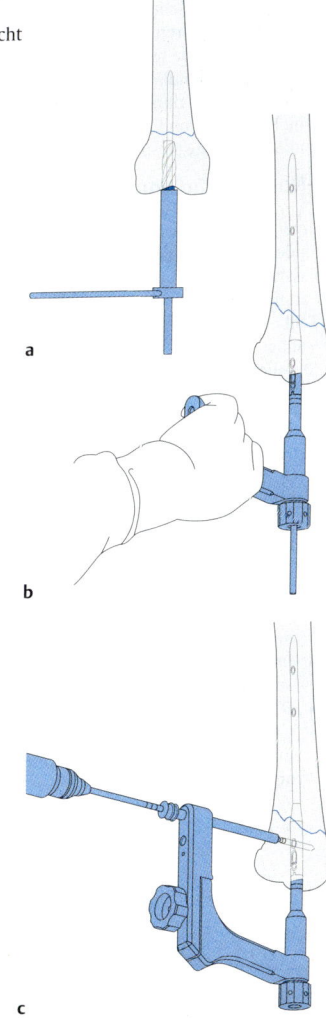

a

b

c

Abb. 23.16 a–c Versorgung einer suprakondylären Femurfraktur mit einem distalen Femurnagel (DFN).
a) Aufbohren des distalen Fragmentes und der distalen Markhöhle vom Kniegelenk her.
b) Einbringen des distalen Femurnagels über den Führungsdraht.
c) Distale Verriegelung über den aufgesetzten Zielbügel

► **B-Frakturen:**
1. *B1, B2:* offene Reposition und Zugschraubenosteosynthese (zwei 6,5-mm-Spongiosaschrauben).
2. *B3:* Offene Reposition und Kleinfragment-Spongiosaschrauben-Osteosynthese von vorne, gelegentlich bei maximaler Kniebeugung auch von dorsal (Schraubenköpfe im Knorpel versenkt). Empfehlenswert sind Titanimplantate.

► **C-Frakturen:** Als Verfahren kommen neben der Kondylenplatte auch die Kondylenabstützplatte (mangelnde Winkelstabilität!), DCS-Plattenosteosynthese, Retrogradnagelung in Frage. Bei allen Techniken muss erst der Gelenkblock mittels Spickdraht- und Schraubenosteosynthesen rekonstruiert werden. Bei ausgedehnten suprakondylären Trümmerzonen ist die primäre Verkürzung eine Alternative zur primären oder sekundären Spongiosaplastik.

► **Optionen bei kindlichen Frakturen:** Die häufigste kindliche Frakturform ist die Aitken-I-Fraktur ohne Verletzung der Epiphysenfuge. Beim Kleinkind geschlossene Reposition und K-Draht-Osteosynthese, beim älteren Kind offene Reposition und Schraubenosteosynthese.

OP-Nachbehandlung

► Lagerung auf Schiene in ca. 30° Kniebeugung, Thromboseprophylaxe, abschwellende, schmerzlindernde Maßnahmen.
► Passive Mobilisierung ab 3./4. Tag post OP (je nach Weichteilsituation).
► Passive und aktive, primär isometrische Physiotherapie.
► Teilbelastung 15–20 kg je nach Frakturform für 6–8 Wochen (evtl. länger), danach Vollbelastung.
► Metallentfernung nach 1–1,5 Jahren.
► Bei Kindern: K-Draht- und Schraubenosteosynthese sind nicht übungsstabil → postoperative Gipsschiene, nach Wundheilung OS-Liegegips für 4 Wochen.

Prognose und Komplikationen

► **Komplikationen:**
• *Achsenfehlstellungen:* v. a. Varusfehlstellungen > 5° sollten korrigiert werden.
• *Behinderte Kniestreckung* bei Rekurvationsstellung der Kondylenrollen → suprakondyläre antekurvierende Korrekturosteotomie.
• *Posttraumatische Arthrose* (abhängig vom primären Gelenkknorpelschaden).
• *Retropatellararthrose* (verantwortlich für postoperative Schmerzen bei ca. 2/3 der Patienten).
• *Implantatlockerung oder -bruch* → Spongiosaanlagerung und Verfahrenswechsel auf intramedullären Kraftträger.
• *Bewegungseinschränkung* (Rezessusverklebung) → Arthroskopie, Arthrolyse.
• *Gelenkinstabilitäten* → Sekundärversorgung nach knöcherner Heilung, z. B. zum Zeitpunkt der Implantatentfernung.

► **Prognose:**
• A-Frakturen heilen meist problemlos aus.
• B-Frakturen führen selten zu posttraumatischen Atrhrosen, die laterale B-3-Fraktur hat häufig eine sekundäre Dislokation zur Folge mit lateraler Knieinstabilität und Valgusfehlstellung.
• C-Frakturen haben eine hohe posttraumatische Arthroserate.

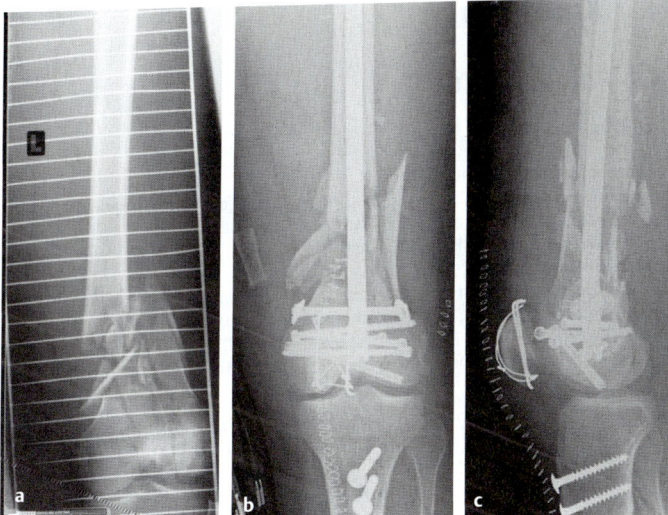

Abb. 23.17 a–c   Komplexe distale Femurfraktur mit Sprengung der Kondylen und suprakondylärer Querfraktur (a), Versorgung mit retrogradem Rekonstruktions- marknagel und Einzelschrauben (b), zusätzliche Osteosynthese der Tuberositas mit Schrauben und der Patella mit Zuggurtung (c)

24   Kniegelenk

24.1 Patellafraktur

Grundlagen

► **Ursache, Verletzungsmechanismus:**
- Häufig direkte Gewalteinwirkung (Sturz auf das gebeugte Kniegelenk, Anprall an Armaturenbrett), eher selten indirekte Gewalt durch Zug.
- Osteochondrale Abscherfraktur bei Patellaluxation.

► **Klassifikation:**
- *Nach dem Bruchlinienverlauf, der Fragmentanzahl und Gelenkbeteiligung:*
  - Polabriss (Abb. 24.1d): oben, unten (extraartikulär!).
  - Querfraktur (Abb. 24.1a), Längsfraktur (Abb. 24.1e).
  - Mehrfragment- und Trümmerbrüche (Abb. 24.1b, c).

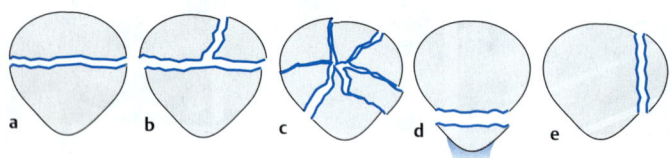

Abb. 24.1 a–e   Patellafrakturen. a) Querfrakturen, b) Mehrfragmentfraktur, c) Trümmerfraktur, d) Polfraktur, e) Längsfraktur

- *Nach Dislokationsgrad und Knorpelbeteiligung:*
  - *Disloziert* (ab Stufenbildung > 2 mm oder einer Diastase > 3 mm): a) ohne Knorpelschaden (gute Prognose), b) mit Knorpelschaden (hohe Rate an postoperativen Femur-Patellar-Arthrosen).
  - *Undisloziert*: a) ohne Knorpelschaden (konservative Therapie), b) mit Knorpelschaden (z. B. auch Patellaluxation).

Klinische Symptomatik und diagnostisches Vorgehen

❏ **Leitsymptom:** Unfähigkeit, das Bein zu strecken bzw. gestreckt zu halten. Schmerzen, Instabilitätsgefühl.

► **Klinischer Befund:**
- Lokale Frakturzeichen (Hämatom, Schmerzen), tastbare Fragmentdiastase.
- Massiver (blutiger) Gelenkerguss, Schürfungen und Platzwunden über der Fraktur (direkte Gewalteinwirkung!), hoher Anteil von offenen Frakturen und Frakturen mit geschlossenem Weichteilschaden.

► **Röntgen in 2 Ebenen** (und eventuell tangential): Bei Ausschluss einer Patellafraktur zeigt ein Patellahochstand eine Ruptur des Lig. patellae, ein Patellatiefstand eine Ruptur der Quadrizepssehne.

Differenzialdiagnose

► **Patella bipartita oder auch tripartita:**
- Typischerweise superior-lateral und beidseitig.
- Vergleichsaufnahme mit Gegenseite; bei Unklarheiten evtl. Tomographie.

Therapieprinzipien

▶ **Undislozierte Frakturen und Längsfrakturen** (intraligamentäre Frakturen): konservative Therapie (*cave:* Patella bipartita, s. o.).
▶ **Dislozierte Quer- und Mehrfragmentfrakturen:** operative Therapie; möglichst Früh-Operation!

Konservative Therapie

▶ *Hinweis:* Primär ambulante Behandlung möglich (abhängig von Alter, Compliance etc.).
▶ **Vorgehen:**
  • Abnehmbare Klettverschlussschiene.
  • Bei Gelenkerguss → Punktion (S. 554).
  • Gehstützen, Teilbelastung 20 kg für 3 Wochen.
  • Thromboseprophylaxe (S. 86).
  • Nach 3 Wochen Beginn mit Aufbelastung, Motorschiene bis 60°.
  • Nach 6 Wochen Vollbelastung, Beugung über 90°.
  • Begleitende Physiotherapie (isometrische Übungen).
▶ **Alternative bei älteren Patienten:** Ruhigstellung im geschlossenen Tutorhartstoffverband bis zum Ende der 6. Woche unter Vollbelastung des Beines.

Operative Therapie

▶ *Hinweis:* Immer berücksichtigen, dass die Patella auf Zug beansprucht wird und dass nur ein übungsstabiles, aber *kein belastungsstabiles* Operationsergebnis erzielt werden kann!
▶ **Vorbereitungen:**
  • *Lagerung:* Rückenlagerung, das Kniegelenk ist gestreckt.
  • *Anästhesie:* Allgemeinnarkose oder Spinalanästhesie.
▶ **Zugang:** Längsschnitt oder Querschnitt über Patellamitte.
▶ **Vorgehen:**
  • *Zuggurtungsosteosynthese* (Abb. 24.2):
    – *Wahleingriff* bei Querfrakturen und Frakturen mit wenigen Fragmenten.
    – Eine alleinige ventrale Drahtschlinge ist nicht ausreichend → zunächst Spickdrähte längs einbringen zur Sicherung gegen Rotation und Translation → um die Drahtenden eine Drahtschlinge in Achtertour legen.
    – Damit liegt die Drahtschlinge maximal ventral, ist gegen Durchschneiden der Sehnen gesichert und kann den gewünschten Zuggurtungseffekt auf die Gelenkfläche ausüben.
  • *Schraubenosteosynthese* (Abb. 24.3):
    – Nur bei Querfrakturen, unterem Polabriss oder Frakturen mit max. 4 Fragmenten geeignet.
    – Kann ggf. in gedeckter Technik und unter arthroskopischer Kontrolle bei gering dislozierten Frakturen durchgeführt werden.
    – Kombination mit ventraler Drahtzuggurtung möglich.
  • *„Äquatoriale Zerklage“* (Abb. 24.4): Allenfalls als Zusatzmontage bei Mehrfragment- und Trümmerbrüchen anwendbar, ersetzt aber nicht die ventrale Zuggurtung.
  • *Partielle oder totale Patellektomie:*
    – Bei Mehrfragment- und Trümmerbrüchen richtet sich die Indikation zur akuten Patellektomie an den Möglichkeiten einer sinnvollen (!), übungsstabilen (!) Osteosynthese. Ist diese nicht möglich und somit die posttrauma-

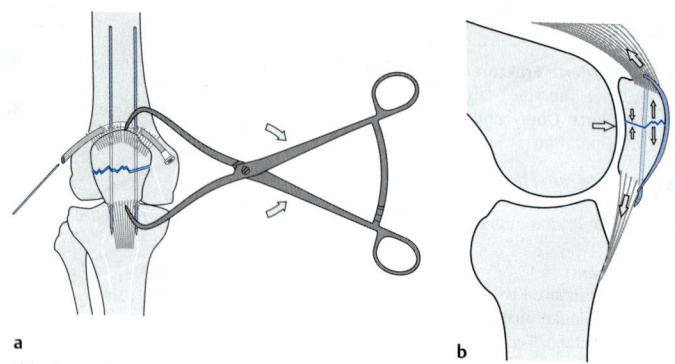

a

b

Abb. 24.2 a u. b   Technik der Zuggurtungsosteosynthese bei einer Patellaquerfraktur. a) Die Fragmente werden mit einer spitzen Repositionszange adaptiert. Zwei parallele Kirschner-Drähte sichern Rotation und Translation, die Drahtzuggurtung wird über eine Hohlkanüle durch die Strecksehne geführt. b) Die Zuggurtungsdrahtschlinge muss über die Ventralseite der Patella geführt und angezogen werden. Bei physiologischer Bewegung entsteht so eine dynamische interfragmentäre Kompression

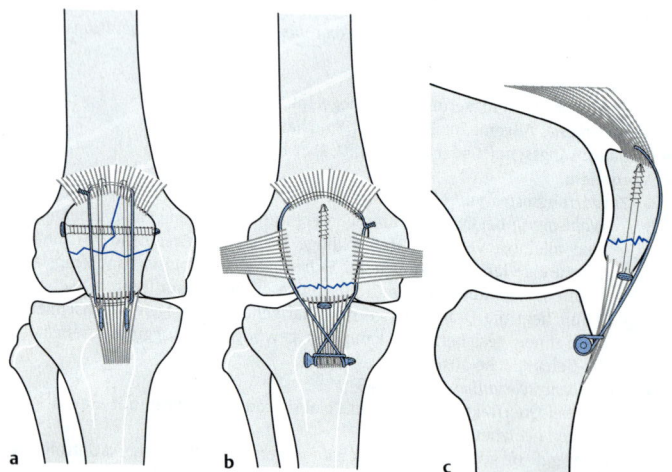

a

b

c

Abb. 24.3 a–c   Möglichkeiten der Schraubenosteosynthese bei Patellafrakturen. a) Die proximalen Patellafragmente werden zunächst durch eine interfragmentäre Zugschraube zu einem Fragment vereinigt, dann erfolgt über die Querkomponente eine klassische Drahtzuggurtung. b) Bei einem unteren Polabriss der Patella wird das distale Fragment mit einer Zugschraube fixiert und die Montage durch eine zusätzliche Drahtzuggurtung gesichert. c) Ansicht der Montage im Seitenbild

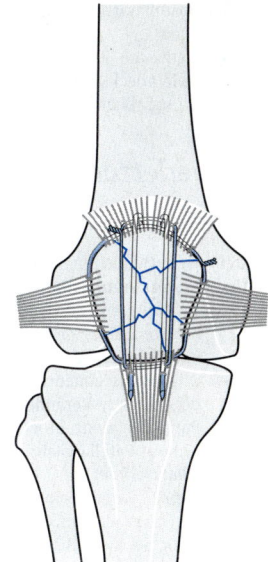

Abb. 24.4 Versorgungsmöglichkeit einer Patellatrümmerfraktur. Die Fragmente werden zunächst mit einer äquatorialen Zerklage zu einem Block komprimiert. Zum Ermöglichen einer funktionellen Nachbehandlung zusätzliche Sicherung mit einer klassischen Zuggurtungs-osteosynthese

sche Femoropatellar-Arthrose unabweichbar vorprogrammiert, dann erspart die Sofortpatellektomie dem Patienten unnötige langwierige und letztendlich erfolglose Folgebehandlungen.

- Bei Trümmerbrüchen des unteren Pols mit oder ohne Abriss des Ligamentum patellae ist die Neuinsertion der Patellarsehnen nach unterer Polresektion sinnvoll.

OP-Nachbehandlung

► Hochlagerung auf Schiene, 10–20° Kniebeugung, Thromboseprophylaxe.
► Isometrische Quadrizepsübungen, schmerzorientierte passive Bewegungen (auf Motorschiene zunächst 0–20–60, zunehmend auf 0–0–90 steigern).
► Aktive Bewegungsübungen sobald wie möglich, Teilbelastung max. 15–20 kg für 6 Wochen, Gehstützen, danach Vollbelastung.
► Röntgenkontrolle: postoperativ, nach 1 und 6 Wochen.
► In Ausnahmefällen bei älteren gehunsicheren Patienten Ruhigstellung im Hartstofftutor mit Vollbelastung.

Prognose und Komplikationen

► **Prognose:** Konsolidierung der Fraktur in 6–8 Wochen.
► **Komplikationen:**
  • Beugedefizit: bis zur 12. Woche tolerabel.
  • Streckdefizit: nicht tolerabel/erhöhter retropatellärer Anpressdruck → frühzeitiger Entschluss zur operativen Gelenklösung, evtl. arthroskopisch.
  • Pseudarthrose = fehlende Konsolidierung nach 8 Monaten. Spätestens zu diesem Zeitpunkt Reosteosynthese nach Pseudarthrosenresektion und Verkürzung der Patella oder Patellektomie.

- Retropatellararthrose: arthroskopisch sichern, Patellektomie empfehlen.
- Infektion.
- Sympathische Reflexdystrophie: selten; im Röntgenbild bei Arthrose meist lokale feinfleckige Entkalkung.
- Belastungsabhängige Schmerzen, Dauerschmerzen.

24.2 Verletzungen des Kniestreckapparates

Grundlagen

▶ **Definition:** Quadrizepssehnenruptur, Patellarsehnenruptur, Patellaluxation.
▶ **Ursache, Verletzungsmechanismus:**
- *Sehnenrupturen:*
  - Direkte (Schlag gegen die Sehne) und indirekte äußere Gewalt isoliert oder in Kombination mit Kapselbandläsionen.
  - Quadrizepssehnenruptur: Gehäuft beim älteren Patienten, meist liegen degenerative Veränderungen des Sehnengewebes vor.
  - Patellarsehnenruptur: intraligamentäre Verletzung bei Knieluxationen, unterer Patellapolabriss, Abriss von der Tuberositas tibiae (selten).
- *Patellaluxation:* Meist durch Muskelzug des Vastus lateralis bei Disposition (X-Beine, Patelladysplasie, Patellahochstand, Patellafehlgleiten) bei Jugendlichen im Wachstumsalter, selten als „traumatische" Verrenkung als Begleitverletzung bei Kapselbandläsionen.
▶ Keine Klassifikation.

Klinische Symptomatik und Befunde

▶ **Sehnenrupturen des Streckapparates:**
- Schwellung, Bluterguss und lokale Druckschmerzhaftigkeit.
- Unfähigkeit, das Knie zu strecken (*cave:* Partialrupturen der Quadrizepssehne mit erhaltener Streckfähigkeit).
- Lokal tastbare Delle an der Rupturstelle.
- Unfähigkeit des sicheren Einbeinstandes.
▶ **Nicht reponierte Patellaluxation:** Fehlstellung tastbar, das Knie ist in Beugestellung, kann nicht gestreckt werden, sehr schmerzhaft.
▶ **(Spontan) reponierte Patellaluxation:** lokaler Druckschmerz am medialen Retinakulum, abnorme Verschieblichkeit der Kniescheibe und Erguss (Hämarthros).

Diagnostisches Vorgehen

▶ **Klinische Untersuchung:** typische Symptome s. o.
▶ **Röntgen:** Knie in 2 Ebenen + Patella tangential – mögliche Befunde:
- Patellahochstand bei Patellarsehnenruptur, nach Patellaluxation.
- Patellatiefstand nach Quadrizepssehnenruptur.
- Verkippung der Patella nach lateral in der Tangentialsicht nach Patellaluxation, Dysplasiezeichen.
▶ **Sonographie:** Darstellung der Ruptur.
▶ **Arthroskopie:** bei reponierter Patella und Hämarthros unklarer Genese.

Therapieprinzipien

▶ **Partialruptur der Quadrizepssehne:** konservative Therapie.
▶ **Komplette Sehnenruptur des Kniestreckapparates:** operative Therapie.

Konservative Therapie

► Ruhigstellung im Tutor für 2 Wochen, dann funktionelle Therapie → Bewegungsübungen, Krafttraining, Stabilisierungsübungen.

Operative Therapie

► **Prinzip:** Direkte Sehnennaht mit Augmentation und/oder Refixation an die Patella.
► **Vorbereitungen:**
  • *Lagerung:* Rückenlagerung, Kniegelenk gestreckt.
  • *Anästhesie:* Allgemeinnarkose, Spinalanästhesie.
► **Zugang:** Längsschnitt über Quadrizeps- oder Patellarsehne.
► **Vorgehen bei Quadrizepssehnenruptur:**
  • Direkte Naht, Augmentation mit resorbierbarer Kordel (PDS), die als Zerklage durch ein Bohrloch der Patella gelegt wird.
  • Refixation an den oberen Patellapol durch 4–6 Bohrkanäle.
  • Das Kniegelenk – das bei einer solchen Ruptur immer eröffnet ist – wird durch fortlaufende Naht der Synovialmembran verschlossen.
  • Das seitliche Rissgebiet wird durch zusätzliche U-Nähte oder Flaschenzugnähte gesichert.
  • *Spezielle Nachbehandlung:*
    – Ruhigstellung des Kniegelenkes durch Kniehülse.
    – Medikamentöse Thrombembolieprophylaxe, solange die Hülse getragen wird.
    – Frühzeitig Physiotherapie; schon in der ersten Woche isometrische Quadrizepsübungen durchführen lassen.
    – Bis zur 8. Woche geht der Patient unter Entlastung mit der Kniegipshülse, von der 9.–12. Woche erfolgt ein zunehmender Belastungsaufbau bis zum Gehen ohne Gehstützen.
    – Entfernung der Fäden am 12.–14. Tag postoperativ.
► **Vorgehen bei Patellarsehnenruptur**
  • Es wird eine transossäre Sehnennaht durch Bohrlöcher in der Patella und der Tuberositas tibiae durchgeführt; verwendet wird kräftiges langzeitresorbierbares Nahtmaterial (z. B. PDS, Maxon).
  • Die Naht der Sehne wird zur Verminderung der Zugbelastung zusätzlich durch eine sog. McLaughlin-Drahtschlinge zwischen Patella und Tuberositas tibiae gesichert.
  • Bei distalem Polabriss transossäre Refixation über Bohrkanäle.
  • *Spezielle Nachbehandlung* (frühfunktionell ohne Gips):
    – Medikamentöse Thrombembolieprophylaxe (S. 86) bis zum Beginn der Teilbelastung (4. Woche).
    – Nach dem Ziehen der Redondrainage (48 h) mit geführten Beuge- und Streckübungen des Knies beginnen.
    – Für 4–6 Wochen geht der Patient mit Teilbelastung (15 kg), beginnend mit Sohlenkontakt, ab der 6. Woche zunehmender Belastungsaufbau (5 kg pro Woche dazu) bis zur Vollbelastung in der 12. Woche.

Vorgehen bei Patellaluxation

► **Arthroskopie:**
  • *Indikation:* Nach dem Erstereignis sollte immer eine Arthroskopie zur Beurteilung der Gelenkschäden (Knorpelfrakturen an der medialen Facette und am lateralen Femurkondylus?) durchgeführt werden.

- *Vorgehen:*
  - Hämarthros ausspülen, Knorpelfragmente entfernen (nur sehr große Fragmente können refixiert werden).
  - Naht des rupturierten medialen Retinakulums (nach Yamamoto) – u. U. offene Rekonstruktion (die offene Naht hat eine niedrigere Rezidivquote [2%] als die arthroskopische [8%]).
  - ❏ *Hinweis:* Durch die Schwäche des medialen Retinakulums nach der Erstluxation erfahren die Anlagefaktoren eine weitere prädisponierende Komponente, die das Rezidiv vorprogrammiert → große Bedeutung der Rekonstruktion des medialen Retinakulums nach der Erstluxation! Eine zusätzlich laterale Retinakulotomie mindert die Rezidivrate nicht!
  - Weitergehende Eingriffe erst beim Rezidiv (s. u.).
- ► **Vorgehen bei anhaltenden Beschwerden und beim Rezidiv:**
  - Vor erneuten operativen Maßnahmen immer konservativ funktionelle Therapie zur Beseitigung muskulärer Defizite und einer Dysbalance der Quadrizepsmuskulatur.
  - Erneute diagnostische Arthroskopie zur Beurteilung des Patellagleitverhaltens.
  - Bei lateralisierter Patella erfolgt in offener Technik eine laterale Retinakulumplastik und Medialisierung der Tuberositas tibiae nach Elmslie.

Allgemeine Nachbehandlung

- ► **Tutor** in Streckstellung für 2 Wochen bis Abschluss Wundheilung, Vollbelastung soweit toleriert.
- ► **Passive Bewegungsübungen** (Beginn nach Tutorbehandlung):
  - 3.–4. Woche 0–0–60 Grad.
  - 5.–6. Woche 0–0–90 Grad.
- ► **Ab der 7. Woche** Wegnahme der Tutorschiene und Krafttraining, keine Beugeeinschränkung.

Prognose und Komplikationen

- ► **Quadrizepssehnenruptur:** Häufig durch eine degenerative Sehnenerkrankung mitverursacht, gelegentlich liegt auch eine Femoropatellarthrose oder zumindest ein Knorpelschaden an der Kniescheibe vor → durch die notwendige längere Ruhigstellung wird *keine* schmerzfreie Ausheilung erreicht.
- ► **Patellarsehnenruptur:** Heilt häufig unter Verkürzung (*cave:* Patellatiefstand bei Anlage der McLaughlin-Schlinge). Nach Entfernen der Schlinge zunächst abwarten. Bei persistierendem Patellatiefstand und femoropatellärer Schmerzsymptomatik ist die Kranialisierung der Tuberositas tibiae indiziert.
- ► **Patellaluxation:** hohe Rezidivrate nach Erstluxation → Vorgehen s. o.

24.3 Verletzungen des Kniebandapparates

Grundlagen

- ► **Betroffene Strukturen:**
  - *Mediale und laterale Stabilisatoren:* Ligamentum collaterale mediale (MCL), Ligamentum collaterale mediale obliquum (hinteres Schrägband, POL), dorsomediale Kapsel, Ligamentum collaterale laterale (LCL), Arkuatum-Komplex, Popliteussehne.
  - *Vorderes (ACL) und/oder hinteres Kreuzband (PCL).*

▶ **Ursache, Verletzungsmechanismus** (äußerliche direkte und indirekte Gewalteinwirkungen):
- Außenrotation–Abduktion → MCL, ACL, Knieluxation.
- Valgusverbiegung → MCL, POL, PCL, ACL, Knieluxation.
- Varusverbiegung → Außenbandkomplex, Traktusruptur, Popliteussehnenruptur, ACL, PCL, Knieluxation.
- Hintere Translation des Schienbeinkopfes (z. B. Sturz auf den Tibiakopf, Armaturenbrettanprall) → PCL, MCL, LCL, Knieluxation.
- Extension–Innenrotation → isolierte ACL-Ruptur.
- Hyperextension dorsale Kapselruptur, ACL, MCL, LCL.
- Hyperflexion → ACL.

▶ **Klassifikation** (es gibt keine einheitliche Klassifikation der Kniebandverletzungen und der Knieinstabilitäten):
- *Orientierung am Grad der Aufklappbarkeit und dem Grad der translatorischen Verschieblichkeit (nach Fetto-Marshall)*:
  - Grad I: 2–5 mm.
  - Grad II: 6–10 mm.
  - Grad III: > 10 mm.
- *Graduierung des Pivot-Shift-Phänomens* nach Jakob (= Subluxationsphänomen bei isolierter vorderer Knieinstabilität) erlaubt eine Schweregradeinteilung der translatorischen und Rotationsinstabilitäten:
  - Siehe Tab. 24.1.
  - Vorgehen: Beim liegenden Patienten wird durch den Untersucher das Knie in Streckstellung gebracht. Unter Zug und Innenrotation des Kniegelenks am Schienbeinkopf wird eine Subluxation nach vorne ausgelöst. Dann wird das Knie durch den Untersucher gebeugt. Bei etwa 30° Kniebeugung erfolgt die „spontane" Reposition des Kniegelenks („Schnappen").

Tabelle 24.1 · **Graduierung des Pivot-Shift-Phänomens nach Jakob**

	medial	lateral	entspricht Pivot-Shift
normal	2,8	4	
Instabilität Typ A	5	11	Grad I (+)
Instabilität Tyb B	10	18	Grad II (++)
Instabilität Typ C	15	22	Grad III (+++)
Instabilität Typ D	15–3	22–12	reversed Pivot-Shift

Klinische Symptomatik

▶ Bei einem Distorsionstrauma wird ein Riss verspürt, manchmal ein Knacken oder ein Knall. Es kommt zu einem subjektiv bemerkbaren Subluxieren (Wegknicken) mit Instabilitätsgefühl, das Knie wird dick (Erguss), die Beweglichkeit dadurch eingeschränkt.

Diagnostisches Vorgehen

▶ **Klinische Untersuchung:**

- *Lokalbefund:* Weichteilschwellung, Kontusionsmarken, Erguss, Hämatome, Bewegungsprüfung.
- *Stabilitätsprüfung:* Patient in Rückenlage, möglichst entspannt, der Oberschenkel sollte der Untersuchungsliege aufliegen, das Hüftgelenk gestreckt sein.
  1. Varus-/Valgusstabilität in Streckung.
  2. Varus-/Valgusstabilität in 30°-Beugung.
  3. Lachman-Test: In Beugestellung von 20–30° vordere Schublade (Unterschenkel nach oben/vorne ziehen, dabei Oberschenkel fixieren) bezüglich Translation und Qualität des Anschlags prüfen (Abb. 24.5).
  4. Schwerkrafttest: Die Tibia fällt spontan in die hintere Schublade, die Tuberositas tibiae ist nicht mehr prominent (= posterior-sag-sign) (Abb. 24.6).
  5. Hintere Schublade in 90°-Beugung: Der Patient liegt auf dem Rücken, das Knie 90° gebeugt. Bei Druck von vorne Translation nach hinten und Qualität des Anschlags prüfen (Abb. 24.7).

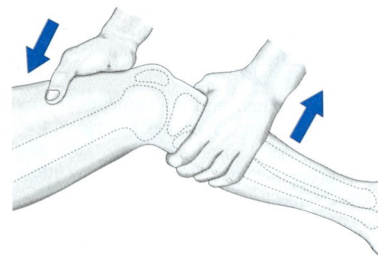

Abb. 24.5   Lachmann-Test (siehe Text)

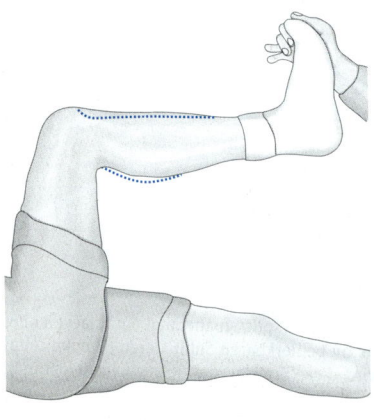

Abb. 24.6   Posterior-sag-sign (siehe Text)

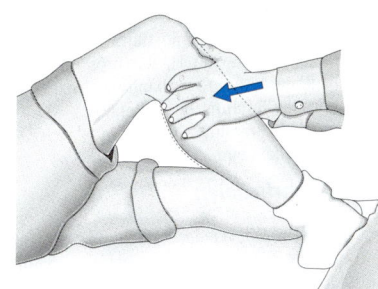

Abb. 24.7 Hintere Schublade
(siehe Text)

▶ **Röntgen:**
- *Kniegelenk in 2 Ebenen und Patella tangential* (evtl. Tunnelaufnahme nach Frik): Vor allem achten auf knöcherne Bandausrisse der Tuberositas tibiae, Kantenfragment am Tibiakopf („Segond"). Ein sog. Stieda-Pellegrini-Schatten (Verknöcherung am femoralen Innenbandansatz) zeigt alte Innenbandruptur an.
- *Gehaltene Röntgenaufnahmen* sind nicht obligat für die frische Verletzung, sie sind aber zur Differenzierung chronischer Instabilitäten und zur Metrierung sehr wertvoll. Die Seitenbandinstabilitäten (analog auch die translatorischen Instabilitäten) werden nach dem Umfang des Aufklappens klassifiziert in
  - bis 5 mm: +
  - 5–10 mm: ++
  - > 10 mm: +++
▶ **Kernspintomographie** (Abb. 24.8): Zur Diagnostik von Zusatzverletzungen an Menisken, Gelenkknorpel und Knochen („bone bruise") – *nicht* zur Diagnostik der Instabilität (auch wenn Aussagen über die Lokalisation der Bandverletzung möglich sind).
  ▶ *Hinweis:* Wenn primär eine nicht operative Behandlung gewählt wird, ist die Kernspintomographie das einzige bildgebende Verfahren, in dem das Ausmaß des Gelenkschadens dokumentiert werden kann.

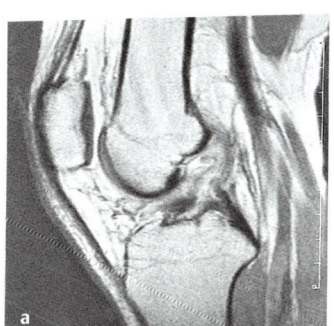 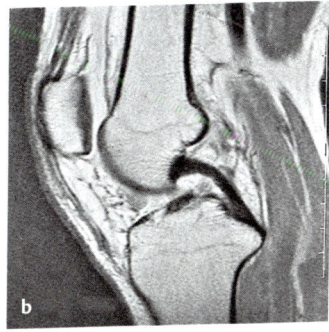

Abb. 24.8 a u. b Darstellung der Kreuzbänder im MRT: a) Ruptur des vorderen Kreuzbandes, b) intaktes hinteres Kreuzband

▶ **Arthroskopie:**
- *Indikation:* Zur Diagnostik nicht mehr obligat. Bei unklarem klinischem Befund (stabiles Knie mit Hämarthros) oder unsicherem MRT-Befund (Aussagekraft bzgl. vorderem Kreuzband begrenzt).
- *Vorteile:* Spülung des Gelenkes, sichere Aussage über das vordere Kreuzband möglich, Stabilitätsprüfung in Narkose.
- *Nachteile:* keine.

Therapieprinzipien

▶ **Allgemein:** Die Wiederherstellung des Bandhaltes ist unabhängig vom Lebensalter und vom Ausmaß der Verletzung nichtoperativ und operativ möglich, wobei unabhängig von der Therapiewahl Residualinstabilitäten verbleiben können, die Folgeeingriffe notwendig machen. Eine generelle Therapieempfehlung für die Akutbehandlung von Kniebandverletzungen gibt es nicht.

▶ **Knieluxation mit begleitenden Nerven- und Gefäßschäden:** Wiederherstellung der Gefäßstrombahn, Revision von N. tibialis und N. peronaeus und als Mindestanforderung externe Stabilisierung mittels transfixierendem Fixateur externe.

▶ **Einbandverletzungen:** konservativ gute Therapieerfolge. Die funktionelle Therapie der isolierten Innenbandruptur liefert sogar bessere Ergebnisse als die operative Behandlung.

▶ **Komplexe Bandverletzungen:**
- *Derzeit nicht unumstrittener Strategiewandel:* Verzögerte Versorgung des Zentralpfeilers durch Ersatzplastik nach primär konservativer Therapie der Seitenbandverletzung. Vorteil: geringe postoperative Morbidität; Nachteil: Verlängerung der Behandlungsdauer.
- *Grad-III-Verletzung, v. a. bei der translatorischen Instabilität:* unumstrittene OP-Indikation.
- *Mediale Aufklappbarkeit um mehr als 10 mm* (= Indiz für die Mitverletzung der hinteren Gelenkkapsel und/oder des vorderen Kreuzbandes): mindestens arthroskopische Abklärung.

Konservative Therapie

▶ **Indikation:**
- Isolierte Seitenbandverletzung (vor allem Innenbandruptur).
- Isolierte Ruptur des vorderen oder hinteren Kreuzbandes (beim hinteren Kreuzband bei einer hinteren Schublade von < 10 mm).
- Kontraindikation zum operativen Vorgehen: Alter, fehlende Compliance, Weichteilschäden etc.

▶ **Vorgehen bei isolierter Innenband- und Kreuzbandruptur:**
- *1. Woche:*
  - Bewegungslimitierender Brace (0–20–90).
  - Gehstützen zur beschwerdeorientierten Belastung.
  - Physiotherapie mit schmerzlindernden und abschwellenden Techniken.
- *2. Woche:*
  - Freigeben der Streckung (0–0–90).
  - Vollbelastung.
  - Physiotherapie mit aktiven und passiven Bewegungsübungen, isometrisches Muskeltraining.
- *3.–6. Woche:*
  - Erreichen der vollen Beweglichkeit des Kniegelenks.

– Kraft- und Koordinationstraining, Abnehmen des Brace nach Ende der 6. Woche.

Operative Therapie von Kreuzbandverletzungen – Naht

▶ **Indikation:** femoraler Kreuzbandausriss v. a. bei Jugendlichen mit offenen Epiphysenfugen, bei komplexen Bandverletzungen (z. B. Kniegelenksluxationen), bei einer zusätzlichen Ruptur des Lig. patellae.

▶ **Vorbereitungen:**
  • *Lagerung:* Rückenlagerung, Knie gebeugt (60–90°), Beinhalter.
  • *Anästhesie:* Allgemeinnarkose, Spinalanästhesie.

▶ **Naht des vorderen Kreuzbandes** (arthroskopische oder offene Technik):
  • Nach Marshall oder Kirchmeier unter Berücksichtigung der Isometrie und der differenten Insertion des anteromedialen und posterolateralen Bündels des ACL.
  • Transkondylärer Bohrkanal und „Over-the-Top"-Auszug.

▶ **Naht des hinteren Kreuzbandes** (offene Technik; Abb. 24.9):
  • Aufgrund der besseren Durchblutung des hinteren Kreuzbandes hat die Naht des PCL bessere Erfolgsaussichten als die Nahtrefixation des vorderen Kreuzbandes. (Die Ersatzplastik des PCL ist wesentlich schwieriger und die Wiedererzielung der Stabilität unsicherer.)
  • Die Auszugsnähte werden durch zwei getrennte Bohrkanäle geleitet und über Knochenbrücken geknüpft. Um einem Dauerzug an der Naht durch das Zurücksinken des Schienbeinkopfes entgegenzuwirken, wird der Durchzug einer resorbierbaren Kordel (Antisubluxationsplastik) empfohlen.
  • Beim tibialen Abriss des hinteren Kreuzbandes ist eine Naht nur bei gleichzeitig bestehender medialer Instabilität möglich, da sonst weder das Band gefasst noch die Bohrkanäle für die transossäre Naht korrekt gelegt werden können.

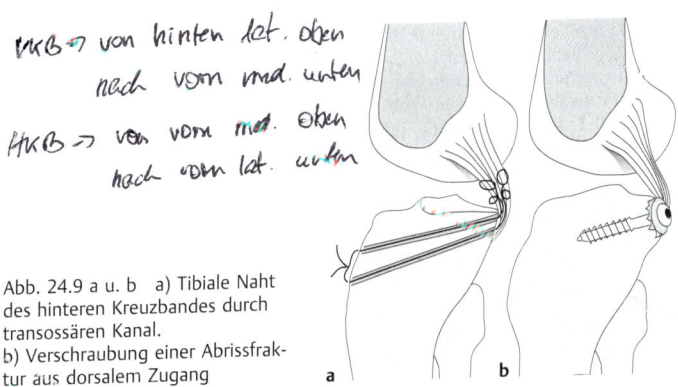

VKB → von hinten lat. oben
       nach vorn med. unten
HKB → von vorn med. oben
       nach vorn lat. unten

Abb. 24.9 a u. b   a) Tibiale Naht des hinteren Kreuzbandes durch transossären Kanal.
b) Verschraubung einer Abrissfraktur aus dorsalem Zugang

a   b

▶ **Prognose:** insgesamt schlechtere Ergebnisse als bei Ersatzplastiken.

Operative Therapie von Kreuzbandverletzungen – Ersatzplastik

▶ **Allgemeine Indikation:**
- Primärversorgung bei komplexeren Kniebandverletzungen.
- Verlust des vorderen oder hinteren Kreuzbandes mit/bei
  - Instabilitätssymptomatik.
  - Sekundärschäden am Innen- oder Außenmeniskus.
  - Positivem Pivot-Shift-Phänomen (S. 337).
  - Hohem Aktivitätsniveau.
  - Jugendlichen Patienten.

▶ **Vorbereitungen:**
- *Lagerung:* Rückenlage, Kniegelenk um 90° gebeugt, Beinhalter.
- *Anästhesie:* Allgemeinnarkose, Spinalanästhesie.

▶ **Zugang:**
- *ACL offene Technik:* Längsschnitt über Patella.
- *PCL offene Technik:* Längsschnitt über Patella, dorsaler Zugang über Kniekehle.

▶ **Mögliche Transplantate:** Ligamentum patellae (bone-tendon-bone-graft), Semitendinosussehne (gedoppelt oder vierfach), Grazilissehne (gedoppelt oder vierfach), Quadrizepssehne; Allografts (aus Achillessehne oder Patellarsehne), Kunstbänder.

▶ **Vorderes Kreuzband** – Ligamentum-patellae-Drittel mit der gesamten tibialen und patellaren Knochenverankerung (am häufigsten) (Abb. 24.10):
- *Indikation:* s. o.
- *Arthroskopische oder offene Technik?* → Hinsichtlich des Ergebnisses gleichwertig, arthroskopische Technik mit geringerer Morbidität.
- *Einziehen des Transplantates* in vorbereitete Bohrkanäle, die Knochenblöcke werden mit Interferenzschrauben (Metall oder resorbierbar) stabil im Knochenkanal verklemmt.
- *Vorteil:* „Übungsstabilität".
- *Nachteil:* erhöhte Morbidität durch die Transplantatentnahme (höhere postoperative Raten an femoropatellären Beschwerden und Streckproblemen).
- *Komplikationen:* Infektion, postoperative Bewegungseinschränkung (Streckdefizit), verbleibende symptomatische Instabilität, neurologische Störungen/Sensibilitätsstörungen (Ramus infrapatellaris des N. saphenus), femoropatelläre Schmerzsymptomatik, Quadrizepsatrophie.

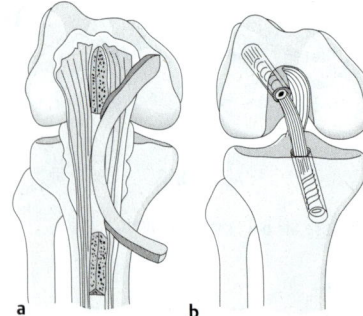

a   b

Abb. 24.10 a u. b   Ersatzplastik des vorderen Kreuzbandes.
a) Entnahme eines „Bone-Tendon-Bone"-Transplantats aus dem mittleren Drittel des Lig. patellae mitsamt seiner tibialen und patellaren Knochenverankerung.
b) Einziehen des Transplantats in vorbereitete Bohrkanäle, die Knochenblöcke werden mit Interferenzschrauben stabil im Knochenkanal verklemmt

▶ **Hinteres Kreuzband:**
- *Indikation:* Entsprechende Instabilitätssymptome bei einer Translation nach hinten über 1 cm (→ gehaltene Röntgenaufnahmen).
- *Vorgehen:* Wesentlich schwieriger als bei vorderem Kreuzband. Es gibt ventrale und dorsale Techniken und Kombinationen mit intraoperativer Umlagerung des Patienten.

▶ **Knöcherne tibiale Ausrissverletzung des hinteren Kreuzbandes** (relativ häufig):
- *Direkt:* dorsaler Zugang nach Trickey.
- *Indirekt:* Von ventral Refixierung mit Schrauben (die Refixierbarkeit von ventral richtet sich nach der Größe des Fragments und der Reponierbarkeit, z. B. durch ein Zielgerät).

▶ **Prognose:** Bei vorderem und hinterem Kreuzband der Naht überlegen.

Operative Therapie – Seitenbandverletzungen

▶ **OP-Indikation:** v. a. Ausrissverletzung (v. a. tibialer Abriss des medialen Kollateralbandes) und komplexe Seitenbandverletzungen (medial Mitverletzung des hinteren Schrägbandes und der dorsomedialen Kapsel, lateral Ruptur der Popliteussehne).

▶ **Vorbereitungen:**
- *Lagerung:* Rückenlagerung, Kniegelenk 30–60° gebeugt.
- *Anästhesie:* Allgemeinnarkose, Spinalanästhesie.

▶ **Zugang:**
- *Medial:* Schrägschnitt im Verlauf des Lig. collaterale mediale.
- *Lateral:* Schrägschnitt zwischen Fibulaköpfchen und lateralem Femurkondylus.

▶ **Vorgehen:**
- Allgemein: Freilegen der rupturierten Bandstrukturen.
- Intraligamentäre Rupturen: direkte Naht (S. 496).
- Ausrissverletzungen: Rahmennaht und Fixierung mit Schrauben, Krallenplatte oder Anker.

OP-Nachbehandlung

▶ **Hinweis:** Sie kann nicht generell für alle Formen der Kniebandverletzungen gleich sein!

1. **Frühfunktionell:** Bei Naht oder Ersatzplastik des *vorderen Kreuzbandes* mit oder ohne Seitenbandversorgung:
   - Thromboseprophylaxe (*cave:* Thromboserisiko ↑!; vgl. S. 86).
   - Brace, bewegungslimitiert, Streckung sofort freigegeben (0–0–90).
   - Gehstützen zur beschwerdeorientierten Teilbelastung, bei Schmerzfreiheit ist Vollbelastung möglich (siehe „konservative Therapie" S. 340).
   - Physiotherapie (vgl. „konservative Therapie" S. 340):
     - 1. Woche: Schmerzlinderung.
     - 2. Woche: Besserung der Beweglichkeit.
     - 3. Woche: Beginn mit Kraft-/Koordinationstraining.

2. **Verzögert funktionell:** bei Naht/Augmentation oder Ersatzplastik des *hinteren Kreuzbandes* mit/ohne Seitenbandverletzung *oder* bei isolierter Seitenbandverletzung:
   - Thromboseprophylaxe (S. 86).
   - Brace für eine Woche 0–20–20 blockiert.
   - Gehstützen, in der ersten Woche Teilbelastung 15 kg.
   - Physiotherapie:
     - In der ersten Woche Gangschulung, PNF.

– In der zweiten Woche Schmerzlinderung, Kniestreckung.
– In der 3. und 4. Woche 0–0–60, Vollbelastung.
– In der 5. und 6. Woche Kraft-/Koordinationstraining.
– Ab der 7. Woche zunehmende Beugung bis 90°.
– Ab der 9. Woche Beugung unlimitiert.
• Sport erst wieder nach 9 Monaten.

Prognose

▶ **Beste Heilungsaussichten** haben frühfunktionell behandelte isolierte Kollateral-bandverletzungen.
▶ **Schlechteste Heilungsaussichten** haben die Ersatzplastiken des hinteren Kreuz-bandes (50% nicht zufriedenstellende Ergebnisse).

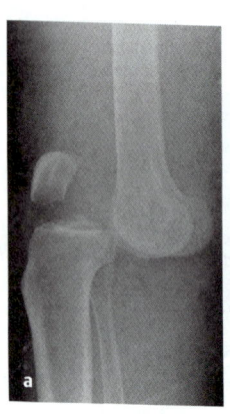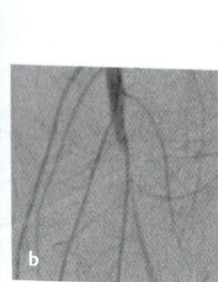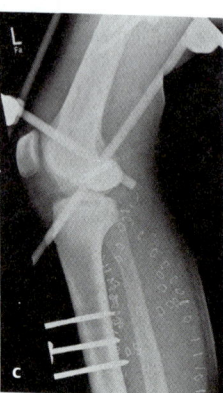

Abb. 24.11 a–c   Komplette verhakte Kniegelenkluxation (a), Verschluss der Arteria poplitea in der Angiographie (b), Reposition, Versorgung der Arteria poplitea mit Interponat, Ruhigstellung des reponierten Kniegelenkes mit Fixateur externe (c)

24.4 Meniskusläsion

Grundlagen

▶ **Definition:** symptomatischer Schaden des faserknorpeligen Kniegelenkmeniskus.
▶ **Altersverteilung:**
• Im Kindesalter sehr selten (ausschließlich traumatische Ursache).
• Häufigkeitsmaximum im 3. Lebensjahrzehnt, meist auf dem Boden einer fettigen, mukoiden Degeneration.
▶ **Ursache, Verletzungsmechanismus:**
• *Primär traumatisch:*
– Voraussetzung ist ein passives Verwindungstrauma mit/ohne Bandver-letzung.
– Typischerweise basisnaher Längsriss oder bis in die Basis reichender Radiär-riss mit blutigem Gelenkerguss.
• *Sekundär traumatisch* bei vorderer Instabilität; Schienbeinkopfbruch.

- *Primär degenerativ:* typischerweise Horizontalriss, Lappenriss, komplexe Riss-formen.
► **Klassifikationen:**
  - Nach pathomorphologisch/ätiologischen (Groh), makroskopisch-morphologi-schen (Trillat), arthroskopisch-morphologischen Kriterien (Dandy).
  - 4 Grundtypen: Vertikalriss, Horizontalriss, Radiärriss, Lappenriss (Metcalf und Rosenberg).

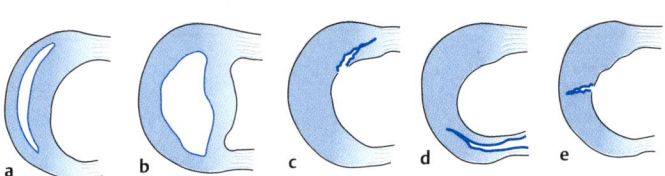

Abb. 24.12 a–e Typische Meniskusrisse in Aufsicht. a) Längsriss, b) Korbhenkelriss, c) Hinterhornriss, d) Vorderhornriss, e) Querriss

Klinische Symptomatik und diagnostisches Vorgehen

▶ *Leitsymptom:* Schmerz, Blockierung, Schwellung, Reiben, Instabilitätsgefühl.
► **Klinische Untersuchung:**
  - Lokaler Druckschmerz, Überstreckschmerz, Überbeugeschmerz.
  - *Böhler/Krömer* (Adduktions- und Abduktionsschmerz): Bei Abduktion und Adduktion in Kniestreckung Auslösung eines Druck- oder Bewegungsschmerzes am inneren oder äußeren Gelenkspalt.
  - *Apley:* In Bauchlage wird bei um 90° gebeugtem Knie unter Zug oder Druck das Kniegelenk gedreht. Schmerz bei Außenrotation → Innenmeniskusschaden; Schmerz bei Innenrotation → Außenmeniskusschaden.
  - *Bragard:* Durch Beugung (Bragard I) und Außenrotation (Bragard II) gesteigerte Druckschmerzhaftigkeit am vorderen Kniegelenkspalt.
  - *McMurray:* Beim Stehen aus maximaler Beugung und Außenrotation provozier-bares Schnappen.
  - *Steinmann I:* Schmerzen bei Außenrotation des Kniegelenks in 30°-Beugung.
  - *Steinmann II* (wandernder Druckpunkt): Ein lokaler Druckschmerz z.B. am medialen Gelenkspalt verlagert sich bei Beugung des Gelenkes nach hinten.
  - *Payr:* Schmerzen beim Aufrichten aus dem Schneidersitz.
► **Röntgen:** Standardaufnahmen in 2 Ebenen, Tunnelaufnahme Frik, Patella tangen-tial (zur Differenzialdiagnose – Ausschluss freier Gelenkkörper, Arthrose oder anderer Gelenkerkrankungen [Meniskusverkalkung, Chondrokalzinose, Osteo-chondrosis dissecans, Morbus Ahlbäck]).
► **Sonographie:** Erguss? Basisnaher Meniskus darstellbar.
► **Kernspintomographie** (Klassifikation nach Stoller): Indiziert bei unsicherer klini-scher Diagnostik (die Aussagekraft des MRT bzgl. Meniskusschäden ist sehr hoch).

Tabelle 24.2 · Klassifikation der Meniskusläsion im MRT nach Stoller

Schweregrad	Kriterien
Grad I	Signalanhebung im Meniskus ohne Kontakt zur Oberfläche
Grad II	lineare Hyperintensität ohne Verbindung zur Oberfläche
Grad III	Hyperintensität bis zur Meniskusoberfläche

▶ **Arthroskopie:** Zur Diagnostik nur als Alternative zur MRT, wenn ohnehin ein operatives Vorgehen geplant ist.
▶ Arthrographie (nicht mehr indiziert → MRT besser!).

Therapieprinzipien

▶ **Meniskusrefixation geht vor Meniskusresektion** (der Meniskus ist Drucküberträger, Stoßdämpfer und Stabilisator des Kniegelenks. Meniskusgewebe sollte – wenn irgend möglich – erhalten bleiben).
▶ **Für die Resektion gilt:** So viel wie nötig, so wenig wie möglich.

Konservative Therapie

▶ **Indikation:** Bei symptomatischen Meniskusläsionen zunächst mit konservativem Behandlungsversuch beginnen.
▶ **Kontraindikationen** (= nicht behandlungsbedürftig): asymptomatische Meniskusläsionen (Zufallsbefunde bei Arthroskopien):
• Stabiler inkompletter Längsriss.
• Stabiler kompletter Längsriss < 1 cm.
• Radiärriss kleiner als die halbe Meniskusbreite.
• Scheibenmeniskus.
• Lappenriss, der nicht über den Innenrand des Meniskus in den Gelenkspalt gezogen werden kann.
▶ **Vorgehen:**
• *Kühlung, Entlastung, nichtsteroidale Antiphlogistika* (z.B. Diclofenac 3 × 50 mg p.o.).
• *Ggf. Repositionsmanöver zur Lösung einer Gelenkblockade:*
  – Kniegelenk maximal beugen → dann langsam strecken unter gleichzeitigem Aufklappen des betroffenen Gelenksspaltes (beim Innenmeniskusschaden Valgisation).
  – Bei starken Schmerzen Lokalanästhesie der Gelenkkapsel (z.B. 1 ml Xylonest 1%).

Operative Therapie

▶ **Indikationen:** Symptomatische Meniskusläsion, die der konservativen Therapie nicht zugänglich ist, Gelenkblockaden, Erguss.
▶ **Vorbereitungen:**
• *Lagerung:* Rückenlage.
• *Anästhesie:* Spinalanästhesie, Allgemeinnarkose, Lokalanästhesie.
▶ **Zugang:** arthroskopische OP-Technik (S. 558).

▶ **Meniskusresektion** (Abb. 24.13):
- *Total und subtotal (> 50% Meniskussubstanz wird entfernt) – Indikationen:*
  - Nicht rekonstruierbarer, mehrfach zerrissener und/oder hochgradig degenerierter Meniskusschaden.
  - Scheibenmeniskus mit Längsriss bis in die Basis.
- *Partielle Meniskusresektion (> 50% des Meniskusgewebes bleibt erhalten) – Indikationen:* Therapie der Wahl bei allen nicht nahtfähigen Meniskusläsionen, also auch bei Korbhenkelrupturen, Horizontal- und Lappenrissen.
- **Technik:**
  - Abgesehen von der Abtrennung des Korbhenkels vom Vorder- und Hinterhorn erfolgt die Resektion des Meniskusgewebes nach den Prinzipien von O'Connor in arthroskopischer Technik von zentral nach peripher, wobei nur der irreparabel beschädigte Meniskusanteil entfernt und in den stabilen Rand sparsam nachreseziert wird ("Glätten", Débridement).
  - Arthroskopische Verfahren: Am häufigsten werden Stanzen verwendet, aber auch Scheren, miniaturisierte Meniskotome und Messer sowie rotierende Messer ("Shaver"), Laser und Elektromesser.

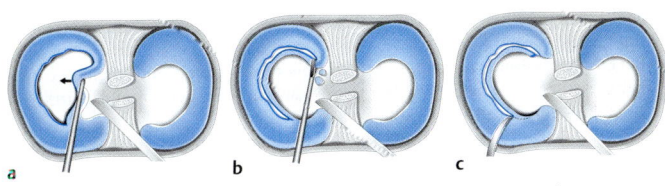

a   b   c

Abb. 24.13 a–c Arthroskopische Resektion eines Korbhenkelrisses des Innenmeniskus. a) Luxation und Reposition des abgerissenen Korbhenkels mit dem Tasthäkchen. b) Abtragen der Anheftung am Hinterhorn. c) Abtrennen des Korbhenkels am Vorderhorn. Danach wird der resezierte Korbhenkelteil durch das Instrumentierportal extrahiert

▶ **Meniskusrefixation** (Heilung von Meniskusrissen ist möglich, wenn der Riss im oder am Randbereich der durchbluteten Zone liegt, die etwa an der 2/3-Grenze zur Kapsel liegt):
- *Indikation:*
  - Alle breiten Korbhenkelrisse (Vertikal- oder Längsrisse).
  - Radiärrisse, die in den durchbluteten Randbereich reichen.
- *Technik:*
  - Offene Naht (z.B. bei der Versorgung von Schienbeinkopfbrüchen oder bei basisnahen Längsrissen der Meniskushinterhörner).
  - Arthroskopische Naht in verschiedenen Techniken: Outside-in-, Inside-out-, All-inside-Kombinationen.

▶ **Meniskustransplantation und -ersatz:** z.T. noch experimentelles Verfahren, vor allem allogene Transplantate werden verwendet.

OP-Nachbehandlung

► **Nach Resektion:**
- Kühlung, nichtsteroidale Antiphlogistika (3 × 50 mg Diclofenac für 1 Woche), Entlastung mit Gehstützen für einige Tage bis zur Schmerzfreiheit, bei Quadrizepsatrophie Krankengymnastik, Thromboseprophylaxe (S. 86).
- Kontrolluntersuchungen am 2., 7. und 14. Tag postoperativ (Erguss, Beweglichkeit, Belastungsfähigkeit?).
- Sportpause 4–6 Wochen.

► **Nach Meniskusrefixation:**
- _Basisnaher Längsriss:_ Nachbehandlung wie eine Innenbandruptur mit Orthese, beschwerdeorientierter Belastung und Krankengymnastik, 6 Wochen (siehe Nachbehandlung bei Innenbandruptur S. 343).
- _Andere Rissformen:_ Immobilisierung mit Orthese im Bewegungsausmaß 0–20–70, Teilbelastung für 4–6 Wochen.

Prognose

► **Der komplette Verlust des Meniskus** führt über einen Zeitraum von 20 Jahren in den meisten Fällen zur Postmeniskektomie-Arthrose des betroffenen Kompartiments.
► **Bei Erhalt des Randsaums und nach partieller Resektion** ist die Prognose wesentlich günstiger, unabhängig von der Operationsmethode. Der Vorteil der arthroskopischen Technik liegt in der kürzeren Morbidität.

25   Unterschenkel

25.1 Tibiakopffraktur

Grundlagen

▶ **Ursache, Verletzungsmechanismus:**
- Stauchung, Translation, Rotation und Varus-/Valgusverbiegung.
- Kombination mit Kniebandverletzungen in 20–30%.
- Kombination mit Meniskusverletzungen lateral 13%, medial 2,5%.
- Begleitverletzung (v. a. bei Luxationsfrakturen): Nerven 4% (N. peronaeus), Gefäße 2%.

▶ **Klassifikation:**
- *AO-Klassifikation – intraartikulär/extraartikulär:*
  - A: extraartikulär.
  - B: monokondylär, Spalt- oder Impressionsfraktur.
  - C: bikondylär, Spalt- oder Impressionsfraktur.
- *Luxationsfraktur – Moore-Klassifikation (Abb. 25.1):*
  - Typ I: Spaltbruch der dorsomedialen Tibiakopfkondyle (Kondylenspaltbruch).
  - Typ II: kompletter Kondylenbruch = entire condyle (Einschluss der Eminentia).
  - Typ III: knöcherner Ausriss der lateralen Gelenkkapsel (rim-avulsion mit Segond-Fragment).
  - Typ IV: Randimpression = rimimpression (mit Bandverletzung der Gegenseite).
  - Typ V: Trümmerbruch mit Eminentiaausriss (four-part-fracture).

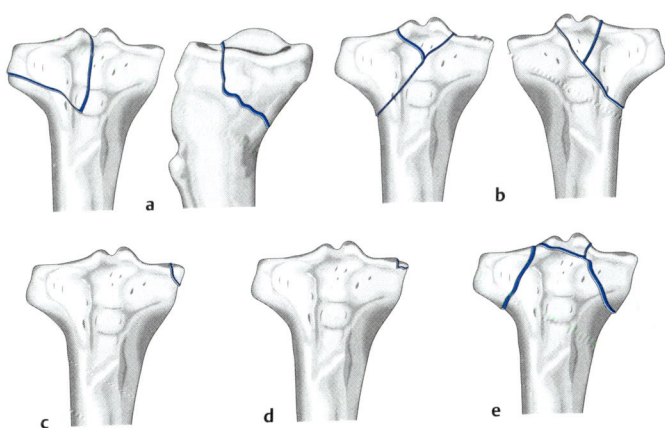

Abb. 25.1 a–e   Klassifikation der Luxationsfrakturen nach Moore (siehe Text)

Klinische Symptomatik und Befunde

▶ Schmerz, Schwellung, Hämatom, Belastungsunfähigkeit.
▶ Instabilität, Gelenkerguss.
▶ Selten: N.-peronaeus-Schaden, Verletzung der A. und V. poplitea.

Diagnostisches Vorgehen

▶ **Klinisch-apparative Untersuchung:**
  • Typische Symptome und Befunde s. o.
  • *Durchblutung:* Pulsstatus, Doppler, ggf. Angiographie.
  • *Nervenfunktion* – sensibles und/oder motorisches Defizit?:
    – Direkte Verletzung des N. peronaeus durch hohe Fibulafraktur.
    – Oder Defizit durch Kompartmentsyndrom → ggf. Kompartmentdruckmessung! (S. 112).
  • *Weichteilschaden* (Tscherne/Gustilo G I–III, O I–III), geschlossen oft mit ausgedehntem Décollement (G III).
  • *Stabilitätsprüfung* ist wenig ergiebig und schmerzhaft.
▶ **Röntgen:**
  • *Standardmäßig* Kniegelenk a.p., seitlich und Schrägaufnahmen: Klassifikation der Frakturform.
  • *Konventionelle Tomographie* bei Impressionsfrakturen zur Darstellung des Imprimats und der Tiefe des Defektes.
▶ **Computertomographie** mit 3-D-Rekonstruktion: Unterliegt hinsichtlich der Übersichtlichkeit der konventionellen Tomographie. Bei komplexer Luxationsfraktur hilft die 3-D-Rekonstruktion bei der OP-Planung.
▶ **Kernspintomographie** bei Luxationsfrakturen zur Beurteilung des Bandapparates und der Menisken.
▶ **Arthroskopie** bei minimal invasiver Osteosynthese (Spaltbrüche und wenig dislozierte Impressionsfrakturen).

Therapieprinzipien

▶ Wiederherstellung der korrekten Beinachse (wichtigstes Ziel), Prophylaxe sekundärer Achsabweichungen (Spongiosaunterfütterung, bei bikondylären Frakturen Doppelplattenosteosynthesen).
▶ Wiederherstellung der Gelenkflächen (radiologische Kontrolle in 2 Ebenen, ggf. Arthroskopie), Stufen und Spalte sind bis zu 2 mm tolerabel.
▶ Spongiosaunterfütterung gehobener Imprimate.
▶ Weichteilschonendes Operieren, Vermeidung großer Inzisionen.
▶ Erhaltung der Menisken, besonders lateral.
▶ Nur knöcherne Bandausrisse primär refixieren, erst sekundär Kreuzbandersatz (falls erforderlich).

Konservative Therapie

▶ **Indikationen:** nicht dislozierte, stabile Frakturen mit geringer Impression (bis 2 mm); OP-Kontraindikationen (Weichteilprobleme, erhöhtes allgemeines OP-Risiko, Alter, Bettlägerigkeit, Lähmungen des betroffenen Beines o. Ä.).
▶ **Vorgehen:**
  • Thromboseprophylaxe, Antiphlogistika.
  • Oberschenkelgipsschiene, ggf. Kniepunktion (Hämarthros!).
  • Passive Mobilisierung auf Motorschiene nach Abklingen von Schwellung und Schmerz.
  • Aktive Mobilisierung beschwerdeorientiert; erstes Ziel: volle Streckung des Kniegelenks, Beugung bis 90°.
  • Teilbelastung mit max. 15 kg bis zur Frakturkonsolidierung (6.–8. Woche je nach Frakturtyp).

- Bei mangelnder Compliance und instabilen Frakturen Ausbehandlung im Gips-schienenverband (Liegegips oder Tutor).

Operative Therapie

▶ **Indikationen:** alle dislozierten Tibiakopffrakturen.
▶ **Vorbereitungen:**
  - *Lagerung:* Rückenlage, Kniegelenk ca. 20–30° gebeugt.
  - *Anästhesie:* Allgemeinnarkose, Spinalanästhesie.
▶ **Zugang:**
  - Laterale Inzision längs zwischen Tuberositas tibiae und Fibulaköpfchen.
  - Mediale Inzision schräg dorsal hinter dem medialen Kollateralband zum Anbringen der dorsalen Antigleitplatte.
▶ **Verfahrenswahl abhängig von Frakturtyp und Begleitschaden:**
  1. *„Klassisch" offen:* Platten, Schrauben, Spickdrähte und Spongiosaunterfütterung bei gehobenen Imprimaten.
  2. *„Minimal invasiv" halboffen:* kanülierte Schrauben, Spickdrähte und Fixateur-systeme (Hybridfixateur).
  3. *Unter arthroskopischer Kontrolle* wie 2.
▶ **Spaltbrüche:** offen oder minimal invasiv mir Schrauben, Abstützplatte oder Abstützschraube (Abb. 25.2).

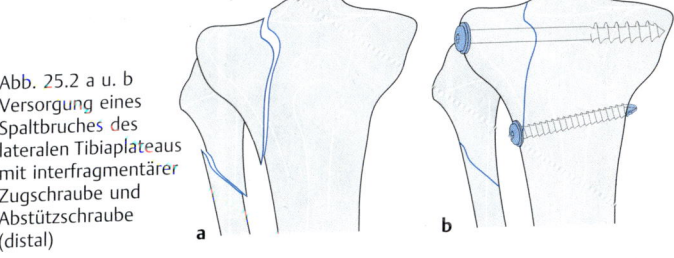

Abb. 25.2 a u. b Versorgung eines Spaltbruches des lateralen Tibiaplateaus mit interfragmentärer Zugschraube und Abstützschraube (distal)

a   b

▶ **Impressionsbrüche:** Offen mit Anbebung der Gelenkfläche, Spongiosaunterfütte-rung und Abstützplatte, bei AO-B2-Fraktur minimal invasiv und unter arthro-skopischer Kontrolle auch mit alleiniger Spongiosaschraubenosteosynthese (Abb. 25.3).

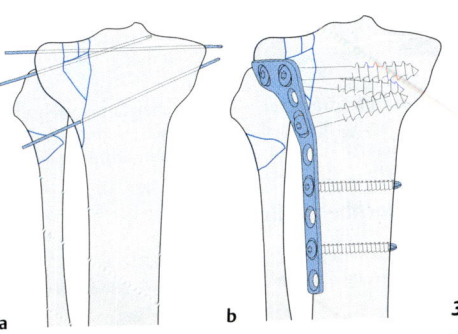

Abb. 25.3 a u. b Versor-gungsschritte einer Tibia-kopfimpressionsfraktur.
a) Die imprimierten Gelenkfragmente sind angehoben, der entstan-dene Knochendefekt ist mit einer Spongiosaplastik unterfüttert und die Frag-mente temporär mit Kirschner-Drähten fixiert.
b) Definitive Montage einer Abstützplatte mit integrierten Zugschrauben   a   b

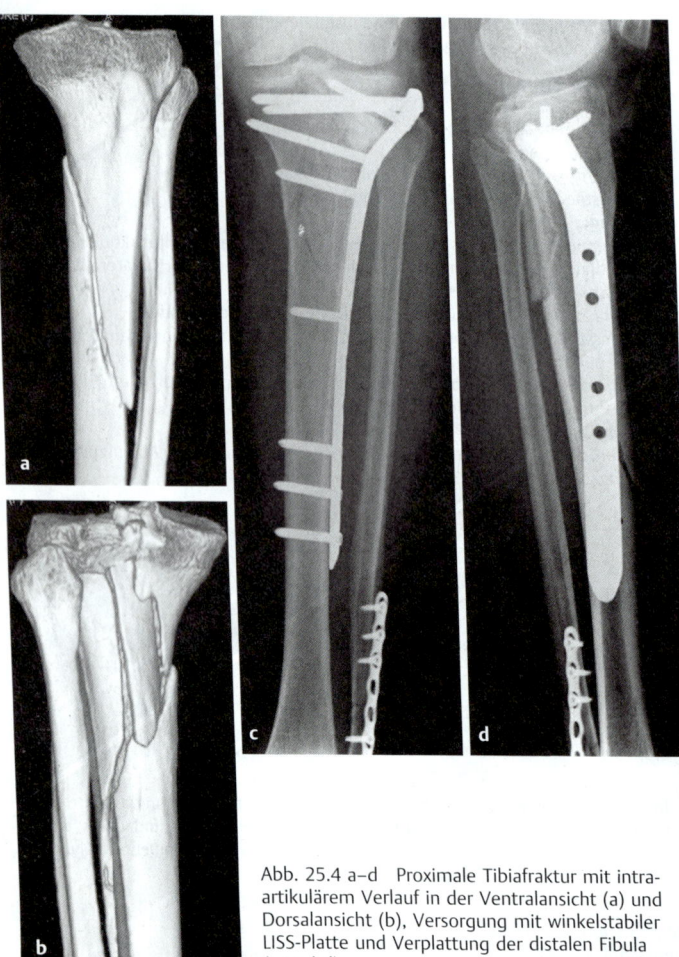

Abb. 25.4 a–d   Proximale Tibiafraktur mit intra-artikulärem Verlauf in der Ventralansicht (a) und Dorsalansicht (b), Versorgung mit winkelstabiler LISS-Platte und Verplattung der distalen Fibula (c und d)

▸ **Four-part-fracture:** offene Doppelplattenosteosynthese. Primär Reposition und Fixierung des medialen Fragmentes mit kurzem Implantat von dorsomedial, sekundär Anhebung, Spongiosaunterfütterung und Abstützplatte der lateralen Fraktur (Abb. 25.4).

OP-Nachbehandlung

▸ Thromboseprophylaxe, Antiphlogistika.
▸ Lagerung auf hoher Braun-Schiene, ggf. Gipsschienenverband.

► Nach Abschwellung, Schmerzreduktion und gesicherter Wundheilung Beginn mit passiver Mobilisierung mittels Motorschiene (Bewegungsausmaß 10–80°) und beschwerdeorientierter aktiver Übungsbehandlung, primäres Ziel ist die volle Streckfähigkeit.
► Teilbelastung 15 kg bis 6. Woche, Weiterbelastung abhängig vom Röntgenbefund.
► Bei Luxationsfrakturen Versorgung mittels stabilisierender Orthese.

Prognose und Komplikationen

► Abhängig vom Schweregrad der Fraktur, möglichen Begleitverletzungen und möglichen Komplikationen (Infektion, Weichteilnekrosen, sekundäre Achsabweichung, Nervenschäden, abgelaufenem Kompartmentsyndrom).

25.2 Unterschenkelschaftfraktur

Grundlagen

► **Definition:** Proximale Unterschenkelfraktur ohne Kniegelenkbeteiligung bis hin zu distaler Unterschenkelfraktur ohne Sprunggelenkbeteiligung.
► **Ursache, Verletzungsmechanismus:** Alle Arten direkter und indirekter äußerer Gewalt, Sportunfälle und Hochrasanztraumen, häufig Begleitverletzung bei Polytrauma, besonders bei Zweiradfahrern, Kettenverletzungen mit Oberschenkel- und Fußfrakturen, Mehretagenbrüche.
► **Klassifikation:**
  • *AO-Klassifikation* (Abbildungen s. S. 319).
    A: Tibia Diaphyse, einfache Fraktur (A1 spiralförmig; A2 schräg; A3 quer).
    B: Tibia Diaphyse, Keilfraktur (B1 Drehkeil, B2 Biegungskeil, B3 Keil fragmentiert).
    C: Tibia distal, komplexe Fraktur (C1 spiralförmig, C2 etagenförmig, C3 irregulär).
  • *Weichteilschaden nach der Klassifikation von Gustilo oder der AO (S. 100).*

Klinische Symptomatik und Befunde

► Abnorme Beweglichkeit, Weichteilschaden.
► Durchblutung (periphere Pulse?).
► Innervation: Sensibiliät am Fuß (N. peronaeus superficialis, N. suralis); Motorik (N. tibialis, N. peronaeus profundus).
► Bei geschlossenen Frakturen: Hinweis auf Kompartmentsyndrom (S. 109)?
  ☐ *Hinweis:* Die exakte Beurteilung des Weichteilschadens ist erst intraoperativ möglich.

Diagnostisches Vorgehen

► **Klinische Untersuchung:** typische Symptome s. o.
► **Röntgen** in 2 Ebenen mit angrenzenden Gelenken.
► Kompartmentdruckmessung (S. 112) bei Hinweis auf erhöhten Logendruck.
► Dopplersonographie bei Minderdurchblutung.
► Angiographie bei Pulslosigkeit, sichtbarer Durchblutungsstörung und nicht eindeutiger Dopplersonographie zur Lokalisation der Gefäßverletzung.

Therapieprinzipien

▶ **Operative Versorgung als Regelbehandlung!** Vorteile sind die übungsstabile Osteosynthese und die bessere Versorgung des Weichteilschadens.
▶ **Konservatives Vorgehen** nur als Ausnahmebehandlung bei geschlossenen Frakturen:
  • Kindliche Frakturen ohne wesentliche Dislokation.
  • Inkomplette und undislozierte Frakturen (selten).
  • Lokale oder allgemeine Kontraindikationen zur operativen Therapie.
  • Als Überbrückungsmaßnahme bis zur Osteosynthese.

Konservative Therapie

▶ **Reposition und Oberschenkelliegegips** (vor allem bei Kindern): Konsolidierungszeit altersabhängig 4–8 Wochen.
▶ **Reposition und Retention unter Extension:**
  • Thromboseprophylaxe, Antiphlogistika, Krankengymnastik.
  • Kalkaneusextension mit Steinmann-Nagel (S. 489).
  • Bei Weichteilschäden als freie Extension, ohne Weichteilschäden mit gespaltenem Oberschenkelgips nach Reposition.
  • Extensionszeit 3–4 Wochen, dann Oberschenkelgehgips, Mobilisierung im Gehwagen und auch mit Gehstützen.
  • Nach 6 Wochen Vollbelastung im Oberschenkelgehgips.
  • Konsolidierungszeit 8–12 Wochen.

Operative Therapie

▶ **Verfahrenswahl** abhängig von Allgemeinzustand (Polytrauma), Weichteilschaden, Erfahrung des Operateurs und Logistik.
▶ **OP-Zeitpunkt:** Notfall bei offenen Frakturen, innerhalb 6–8 h bei anderen Indikationen (wenn mit Schwellung noch möglich).
▶ **Vorbereitungen:**
  • *Lagerung:* Rückenlage, für Fixateuranlage und Plattenosteosynthese normaler OP-Tisch, für Nagelung Extensionstisch oder Distraktor (Abb. 25.5).
  • *Anästhesie:* Allgemeinnarkose, Spinalanästhesie.
▶ **Zugang:** abhängig vom operativen Vorgehen.
▶ **Versorgung des Weichteilschadens:**
  • Elementar ist das kompromisslose Débridement der Weichteile mit mindestens einem Wiederholungsdébridement (Second Look) nach 48 Stunden mit Entfernung der gesamten avitalen Muskulatur!
  • Niemals primärer Hautverschluss bei offenem oder hochgradigem geschlossenem Weichteilschaden!
  • Definitiver Verschluss ab 6.–8. Tag (direkter Verschluss, Fasziokutanlappen, freie mikrovaskulär angeschlossene Haut-Muskel-Lappen, Spalthaut).
  • ▷ *Hinweis:* Besonders bei Gefäßschaden und Beteiligung des N. tibialis ist bei ausgedehnten Weichteilzerstörungen an die primäre Amputation zu denken!
▶ **Marknagelosteosynthese** (Abb. 25.6, 25.7):
  • *Anwendung:* An der Tibia Implantat der Wahl – primär, verzögert und als verzahnter Verfahrenswechsel nach primärer Fixateurbehandlung.
  • *Voraussetzung:* Geschlossene Weichteilverhältnisse, evtl. nach oder unmittelbar vor freier Lappentransplantation.

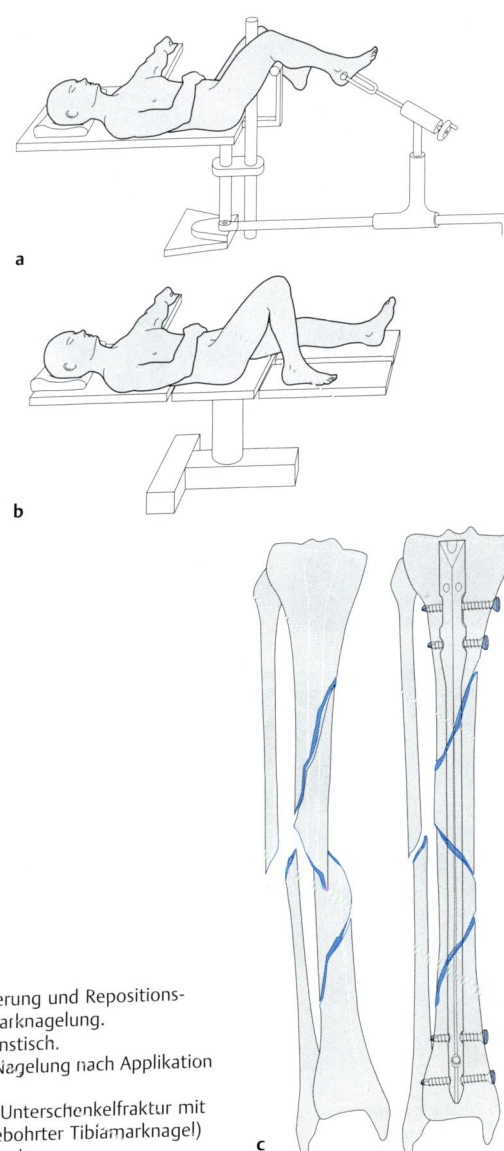

a

b

c

Abb. 25.5 a–c   Lagerung und Repositionshilfen für die Tibiamarknagelung.
a) Auf dem Extensionstisch.
b) Lagerung für die Nagelung nach Applikation
eines Distraktors.
c) Versorgung einer Unterschenkelfraktur mit
einem UTN (unaufgebohrter Tibiamarknagel)
mit statischer Verriegelung

- *Formen:*
  - Gedeckte (in der Regel möglich), offene Marknagelung (nur selten notwendig).
  - Ungebohrte/geführte Nagelung, gebohrte Nagelung (je nach verwendetem Implantat).
  - Komplementäre Schraubenosteosynthesen (bei Schienbeinkopffraktur und distaler Tibiafraktur).
  - Komplementäre Plattenosteosynthese (bei proximaler Tibiafraktur).

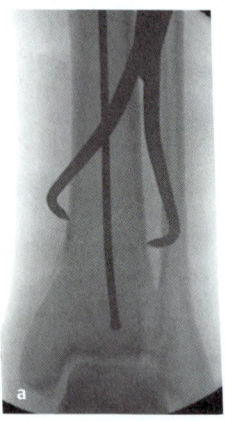 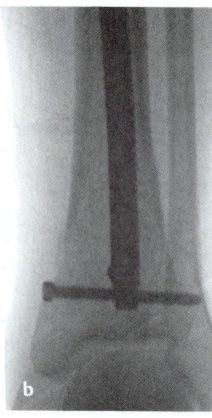

Abb. 25.6 a u. b
Einfache Schrägfraktur am distalen Unterschenkel, gedeckte Marknagelung unter Zuhilfenahme einer Repositionszange über Stichinzisionen eingebracht. Einliegender Führdraht (a), Zustand nach Marknagelung mit distalem Tibianagel (b)

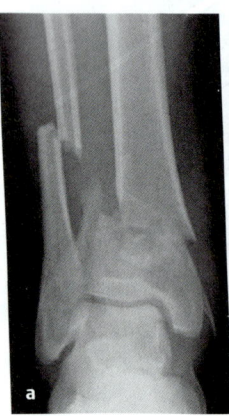 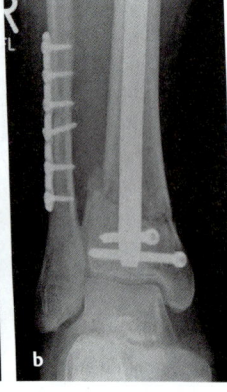

Abb. 25.7 a u. b
Weit distale Unterschenkelfraktur (a), Versorgung mit Plattenosteosynthese Fibula und distalem Tibiamarknagel (b)

2. Fixateur externe:
- *Anwendung:*
  - Bei hochgradigen offenen und geschlossenen Weichteilschäden.
  - Als Erstversorgung bei Polytrauma.
  - Bei unfallchirurgisch unerfahrenem Operateur.

- *Verwendete Fixateurtypen:* Bei der Erstversorgung ist eine einfache Klammerfixateurkonstruktion völlig ausreichend (z. B. auch der Pinless-Fixateur). Die Ausbehandlung einer Unterschenkelfraktur mit Fixateur ist nur bei Komplikationen indiziert, in diesen Fällen muss eine belastungsstabile Konstruktion angelegt werden (Rohrfixateur, dynamische axiale Fixateursysteme, Rahmenfixateur, V-Fixateur).
- *Wünschenswert* ist in jedem Fall der Verfahrenswechsel auf interne Implantate.

3. **Plattenosteosynthese** – *Anwendung:*
   - Geschlossene Weichteile ohne wesentliche Schwellung und bei guter Weichteilbedeckung der Implantate (laterale Plattenlage).
   - Wenn Marknagelung nicht verfügbar ist.
   - Weit proximale und weit distale Frakturen mit oder ohne Gelenkbeteiligung.
   - ▶ *Hinweis:* Eine begleitende Fibulafraktur ist mitzuversorgen, wenn die Tibia- und Fibulafraktur im unteren Unterschenkelviertel liegt.

Postoperative Nachbehandlung

- ▶ Unabhängig vom verwendeten Implantat richtet sich die Nachbehandlung in erster Linie nach dem Weichteilschaden!
  - Röntgenkontrollen, evtl. Antibiose, Kontrolle der Entzündungsparameter.
  - Hochlagerung, engmaschige Durchblutungs- und Sensibilitätskontrollen zum Ausschluss eines sekundären Kompartmentsyndroms.
  - Thromboseprophylaxe.
  - Motorschienenbehandlung für Knie- und Sprunggelenk.
  - Bei instabilen Weichteilverhältnissen Mobilisierung an Gehstützen mit Fußsohlen-Boden-Kontakt.
  - Teilbelastung nach Marknagelosteosynthesen generell etwas früher als bei Plattenosteosynthesen.
  - Frühe Vollbelastung nur bei durch Nagel versorgter Tibiaquerfraktur.
- ▶ Marknagel- und Metallplattenentfernung nach 1–2 Jahren.

Prognose und Komplikationen

- ▶ **Prognose:**
  - In erster Linie abhängig vom Weichteilschaden: Die Prognose der Knochenbruchverletzung allein ist bei intakten Weichteilen gut, die Konsolidierungszeit nach Marknagelung kürzer.
  - Alle Marknagelsysteme sollten bei Bedarf nach 6–8 Wochen dynamisiert werden können, andernfalls ergänzende operative Maßnahmen (Spongiosaplastik) erwägen.
- ▶ **Komplikationen:**
  - Gefäß-Nerven-Schaden, Pseudarthrose, Infektion.
  - Kompartmentsyndrom (S. 109).
  - Torsionsfehlstellung, Varus-, Valgusfehlstellung.
  - Refraktur (Plattenbruch).

25.3 Distale intraartikuläre Tibiafraktur (Pilonfraktur)

Grundlagen

- ▶ **Definition:** Verletzungen der distalen Tibia mit Beteiligung der Gelenkfläche der Tibia werden auch als *Pilon-tibial-Frakturen* bezeichnet (sie unterscheiden sich hinsichtlich ihrer Prognose von den Knöchelbrüchen und von distalen Tibiafrakturen ohne Beteiligung der Tibiagelenkfläche).

▶ **Ursache, Verletzungsmechanismus:**
- Stauchung der distalen Tibia durch Sturz aus großer Höhe, Hochrasanzeinwirkung bei Motorradsturz oder bei der Pkw-Frontalkollision.
- In 25% der Fälle handelt es sich um offene Frakturen, bei ca. 50% der Fälle besteht ein zweit- bis drittgradiger Weichteilschaden.

▶ **Klassifikation:**
- *AO-Klassifikation* der distalen Tibiafrakturen (Abb. 25.8):
  - *A:* extraartikulär.
  - *B:* Frakturlinie ins Gelenk.
  - *C:* Frakturtrümmerzone der Gelenkfläche.

43-A   Tibia distal, extra-artikuläre Fraktur

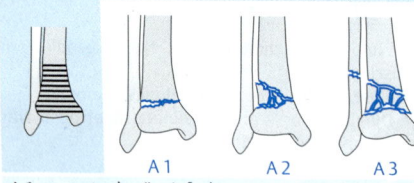

A 1 ..., metaphysär einfach
A 2 ..., mit metaphysärem Keil
A 3 ..., metaphysär komplex

43-B   Tibia distal, partielle Gelenkfraktur

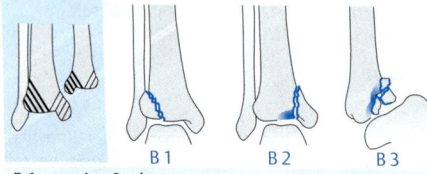

B 1 ..., reine Spaltung
B 2 ..., Impression mit Spaltung
B 3 ..., mehrfragmentär mit Impression

43-C   Tibia distal, vollständige Gelenkfraktur

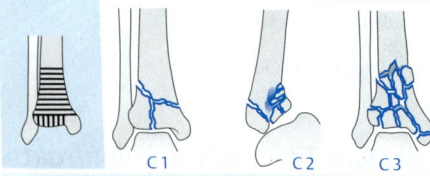

C 1 ..., artikulär einfach, metaphysär einfach
C 2 ..., artikulär einfach, metaphysär mehrfragmentär
C 3 ..., mehrfragmentär

Abb. 25.8
AO-Klassifikation der
distalen Tibiafrakturen

Klinische Symptomatik und Befunde

▶ **Abschätzen des Weichteilschadens** (S. 99):
- Meist ausgeprägte Weichteilschwellung, Schmerzen, Fehlstellung, Spannungsblasen, Bluterguss.
- Parese/Sensibilitätsstörungen → begleitende Nervenschäden?
- Durchblutung: periphere Pulse → begleitende Gefäßschäden?
- Zusatzfrakturen an Talus und Kalkaneus?

Diagnostisches Vorgehen

▶ **Klinische Untersuchung:** typische Symptome s. o.
▶ **Röntgen:** Unterschenkel mit Sprunggelenk in 2 Ebenen.
▶ **CT** bei begleitenden Talus-, Kalkaneusfrakturen, zur besseren OP-Planung (z. B. für Hybridfixateur).
▶ **Doppler/Duplex** (ggf. auch Angiographie) bei sichtbarer Durchblutungsstörung und Pulslosigkeit.
▶ **Kompartmentdruckmessung** bei V. a. erhöhten Logendruck (S. 112).

Therapieprinzipien

▶ **Nicht dislozierte, leicht reponierbare und retinierbare Frakturen:** konservative Therapie.
▶ **Alle dislozierten Pilon-tibial-Frakturen.** operative Therapie.

Konservative Therapie

▶ **Vorgehen:** geschlossene Reposition in Kurznarkose, Ruhigstellung im gespaltenen Oberschenkelgipsverband.
▶ **Nachbehandlung:**
- Nach Abschwellen zirkulärer Unterschenkelliegegips, Gehstützen, Thromboseprophylaxe, Krankengymnastik für angrenzende Gelenke und Gangschulung.
- Nach 6 Wochen zunehmende Belastung im Hartstoffverband bis zur 8. Woche, dann Abnahme des Verbandes und elastische Binde, evtl. abnehmbare Orthese für das OSG, Intensivierung von Krankengymnastik und physikalischer Therapie.
- Röntgenkontrollen nach 1 Woche, 2 Wochen, 6 Wochen und nach Abnahme des Hartstoffverbandes.

Operative Therapie

▶ **Verfahren** (die Verfahrenswahl hängt ab vom Schweregrad der Knochen- und Weichteilverletzung und von der Erfahrung des Operateurs.):
- *Extension und Transfixation des oberen Sprunggelenks* mittels Fixateur externe (mit oder ohne Komplementärosteosynthese am Gelenk).
- *Offene Reposition und interne Fixierung* mittels Platten und Schrauben (mit oder ohne Spongiosaplastik).
▶ **Vorbereitungen:**
- *Lagerung:* Rückenlage, normaler OP-Tisch.
- *Anästhesie:* Allgemeinnarkose, Regionalanästhesie.
▶ **Zugang:** abhängig vom gewählten Verfahren.
▶ **Einfache Frakturformen ohne wesentlichen Weichteilschaden** (z. B. Knöchelbruch mit großem hinterem Volkmann-Bruchstück): Osteosynthese wie bei Malleolarfrakturen (Kleinfragment-Schrauben-Osteosynthese).

► **Sehr komplexe Frakturen mit hochgradigem Weichteilschaden:**
- Notfallmäßige Stabilisierung mit talokruralem *Fixateur externe* (Abb. 25.9).
- ▣ *Cave:* Die Entscheidung über die definitive Osteosynthese erst bei stabilen Weichteilverhältnissen fällen (kann mehrere Tage dauern)!
- Die Fixateuranlage so sorgfältig durchführen, als sei dies die endgültige Behandlung:
  - Weichteile sorgfältig, sparsam, aber kompromisslos debridieren.
  - Hautdefekte mit Kunsthaut decken.
  - Auf einen primären Wundverschluss wird *immer* verzichtet.
  - Second Look nach 48 h ist obligat, die Notwendigkeit weiterer Revisionen richtet sich nach dem Befund.

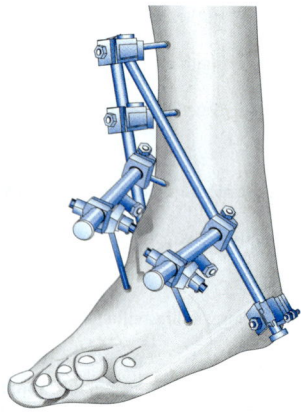

Abb. 25.9 Gelenk überbrückende Montage des Fixateur externe bei der Pilonfraktur

► **Geschlossene Pilon-tibial-Fraktur** (Regelfall!) Typ AO, B und C mit geschlossenen Weichteilverhältnissen:
- *Primär:* in gepolstertem Gipsschienenverband ruhig stellen, hoch lagern, lokal und systemisch abschwellende Maßnahmen, Thromboseprophylaxe.
- *Nach 5–7 Tagen* kann meist operiert werden (es kann auch 2 Wochen gewartet werden). Die Versorgung erfolgt nach strengen Regeln (Abb. 25.10):
  1. Versorgung der Fibulafraktur (Plattenosteosynthese). Ziel: Wiederherstellung der korrekten Außenknöchellänge.
  2. Rekonstruktion der Tibiagelenkfläche ausgehend vom anterolateralen Kantenfragment. Die vordere Syndesmose ist meistens intakt. Vorübergehend Spickdrahtfixierung.
  3. Spongiosaplastik. Die nach Entstauchung der Fraktur und Reposition der Gelenkflächen verbliebenen Knochendefekte mit autologer Spongiosa auffüllen.
  4. Osteosynthese des Innenknöchels und der distalen Tibia (Kleinfragment-Platten-Osteosynthese).
  5. Der Weichteilverschluss sollte locker möglich sein, nicht erzwingen! Verbleibende Defekte zunächst mit Kunsthaut decken und später sekundär verschließen.

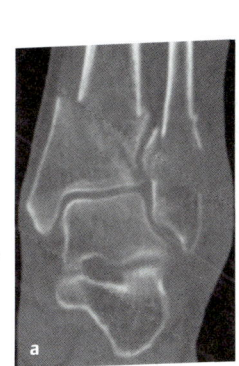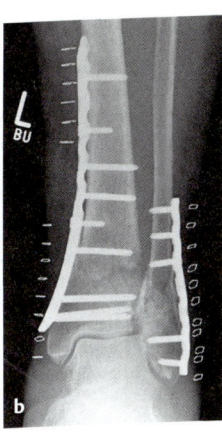

Abb. 25.10 a u. b
Verrenkungsbruch des
Pilon tibial mit Fibula-
fraktur in der CT-Re-
konstruktion (a), Versor-
gung mit winkelstabiler
distaler Tibiaplatte und
winkelstabiler Rekons-
truktionsplatte an der
Fibula (b)

- ► **„Verzahnter Wechsel":**
  - Nach primärer Fixateuranwendung gleiches Vorgehen wie bei geschlossenen Pilon-tibial-Frakturen (s. o.).
  - Der Fixateur kann nach der internen Osteosynthese noch bis zur Wundheilung belassen bleiben, da er die Lagerung der verletzten Region und die Pflege der Weichteile erleichtert.
- ► **Alternative:** Hybridfixateur (Abb. 25.11).

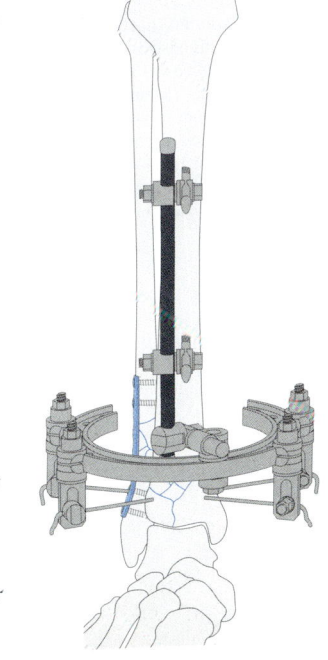

Abb. 25.11 Behandlung einer Pilonfraktur
mit einem Hybridfixateur. Rekonstruktion
des Außenknöchels mit einer Platte, perkutane bzw. minimal invasive Rekonstruktion der Pilongelenkfläche mit metaphysärer Abstützung über einen Hybridfixateur
mit der Möglichkeit, das obere Sprunggelenk funktionell weiter zu behandeln

OP-Nachbehandlung

▶ **Nach operativer Behandlung mit Spongiosaplastik:**
- Postoperativ Anlage einer Gipsschiene bis zur Wundheilung.
- Medikamentöse Thromboseprophylaxe, nicht steroidale Antiphlogistika.
- Krankengymnastik aus der Schiene heraus:
  - Aktive Bewegungen ohne Einschränkungen, passive Dehnungen des oberen und unteren Sprunggelenks, abschwellende und schmerzlindernde Techniken.
  - Gehstützen, Teilbelastung: Abrollen der Fußsohle, aktiver Druck gegen die Gipsschiene zur Entleerung des plantaren Venenplexus.
- Nach Wundheilung Abnahme des Gipsschienenverbandes. Patienten, die nicht zuverlässig mit Gehstützen entlasten können, erhalten einen Allgöwer-Gehapparat für 6 Wochen; Fortsetzen von Krankengymnastik, Schwimmen, Bewegungsbäder.
- 6 Wochen nach der Operation Teilbelastung 30 kg.
- 8 Wochen nach der Operation zunehmende Belastung. Zu diesem Zeitpunkt ist die Fibulafraktur meistens geheilt. Sekundäre Varusfehlstellungen entstehen bei unzureichender medialer „Abstützung" oder bei nicht aufgefüllten Knochendefekten medial. Vor der Vollbelastung ist deshalb das Röntgenbild kritisch danach zu beurteilen, ob auf eine sekundäre Spongiosaplastik verzichtet werden kann.

Prognose und Komplikationen

▶ **Prognose:** In ca 65% gutes bis sehr gutes, in 25% schlechtes Endresultat.
▶ **Komplikationen** (nach Rommens):
- Wundheilungsstörungen: 12,3%.
- Tiefe Infektion: 13,6%.
- Weichteilinfektion: 3,7%.
- Kompartmentsyndrom: 1,2%.
- Verzögerte Frakturheilung: 8,6%.
- Pseudarthrose: 7,4%.
- Späte tiefe Infektion: 9,9%.
- Varus-/Valgusfehlstellung > 5°: 19,7%.

26 Sprunggelenke und Fuß

26.1 Achillessehnenriss

Grundlagen

▶ **Ursache, Verletzungsmechanismus:**
- Indirektes Trauma (90%): schneller Antritt, Auf- oder Absprung (typische Sportverletzung, z. B. Fußball, Tennis).
- Direktes Trauma (10%): Schlag, Stoß oder Tritt gegen die gespannte Sehne.
- Offene Verletzung (Durchtrennung) selten.
- 🔲 *Hinweis:* Die Bedeutung degenerativer Sehnenschäden bei der Entstehung der Verletzung wird meist überschätzt!
▶ **Altersgipfel:** 31.–40. Lebensjahr.
▶ **Klassifikation** (Abb. 26.1):
- Komplette oder inkomplette Sehnenruptur.
- Intratendinöse oder Ruptur im Übergangsbereich zum M. triceps surae.
- Ausrissverletzung aus dem Fersenbein.

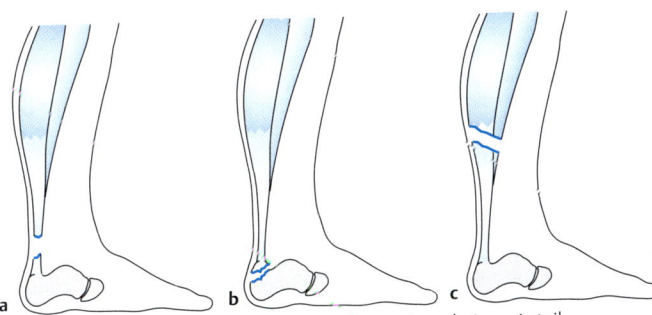

Abb. 26.1 a–c Achillessehnenrupturen. a) Ruptur im sehnigen Anteil,
b) Ausrissfraktur, c) Ruptur am tendinomuskulären Übergang

Klinische Symptomatik

▶ „Knall" oder „Schlag" bei einem Riss durch indirekte Gewalt.
▶ Sofortiger Kraftverlust bei der Fußsenkung bei erhaltener Gehfähigkeit, Zehenstand ist nicht möglich.
▶ Wenig Schmerzen.

Diagnostisches Vorgehen

▶ **Klinische Untersuchung** (typische Symptomatik s.o.):
- Tastbare Delle.
- Thompson-Test negativ: Bei Kompression der Wade erfolgt bei Achillessehnenriss keine Plantarflexion des Fußes.
- Fehlender Achillessehnenreflex.
▶ **Sonographie** (Methode der Wahl): Ruptur oder Teilruptur darstellbar, Distanz der Sehnenenden messbar.

▶ **Röntgen Fersenbein seitlich:** Ausschluss einer knöchernen Ausrissverletzung.
▶ **MRT:** Weder zur Erstdiagnostik noch zur Verlaufskontrolle notwendig.

Therapieprinzipien

▶ **Therapie der Wahl:** Operative Therapie mit Naht und anschließender Ruhigstellung.
▶ **Ausnahmen = mögliche Indikationen für konservatives Vorgehen** (Voraussetzungen s. u.): ältere Patienten, schlechte Hautverhältnisse, hohes OP-Risiko, OP-Kontraindikationen (z. B. pathologische Rupturen nach Kortisongabe → Infektionsgefahr ↑).

Konservativ-funktionelle Therapie

▶ **Voraussetzungen:** Die Distanz der rupturierten Sehnenenden beträgt in Neutralstellung < 1 cm (Sonographie!) und durch 20°-Plantarflexion wird eine Annäherung der Sehnenenden erreicht.
▶ **Vorgehen:**
  • Unterschenkelgipsschiene in 20°-Plantarflexionsstellung für einige Tage.
  • Nach Abschwellen der Weichteile Spezialschuh (z. B. adipromed Variostabil) anpassen + Vollbelastung:
    – Initiale Absatzerhöhung 3 cm.
    – Nach 4 Wochen Reduktion der Absatzerhöhung auf 2 cm.
    – Nach 6 Wochen Reduktion der Absatzerhöhung auf 1 cm.
    – Nach 8 Wochen den Schuh abnehmen.
  • Begleitend: Krankengymnastik ab 1. Woche. Alle 2 Wochen klinische + sonographische Verlaufskontrolle.

Operative Therapie

▶ **Vorbereitungen:**
  • *Lagerung:* Bauchlage, Blutsperre.
  • *Anästhesie:* Allgemeinnarkose, Regionalanästhesie.
▶ **Zugang:** Hautinzision medial der Sehne zur Schonung von N. suralis und V. saphena parva sowie des Gleitgewebes.
▶ **Direkte Naht:**
  • Die Sehne wird durch eine Criss-Cross-Naht (Durchflechtungsnaht) versorgt. Als Nahtmaterial wird ein langzeitresorbierbarer Faden (z. B. PDS, Maxon) der Stärke 1-0 oder 2-0 oder die Sehne des M. plantaris longus verwendet. Wenn nötig, können zerfranste Stümpfe an dieses Nahtgerüst mit Fibrinkleber adaptiert werden. Da bei Verwendung der Plantaris-longus-Sehne eine zusätzliche Traumatisierung und ein funktioneller Verlust eintritt, sollte bei der Verfügbarkeit von entsprechendem Nahtmaterial dieses vorgezogen werden.
  • Anschließend wird das Peritendineum mit einer fortlaufenden Naht (feiner, resorbierbarer Faden, z. B. Stärke 4-0) verschlossen.
  • Danach Anlage eines Oberschenkelgipsschienenverbandes in Kniebeugung und Spitzfußstellung.
▶ **Bei knöchernem Ausriss** Refixierung mit Schraube, Nachbehandlung im Schuh.
▶ **Bei Rerupturen** sind *plastische Maßnahmen* erforderlich (Beispiele):
  • *Umkipp-Pastik:* Aus der Sehne proximal der Ruptur wird die dorsale Hälfte als Lappen entnommen und um 180° nach unten umgekippt und in Spitzfußstellung am distalen Anteil der Sehne vernäht.
  • Griffelschachtelplastik.
  • Peronaeus-brevis-Plastik.

OP-Nachbehandlung

► **Allgemein:**
  • Solange ein Gips getragen wird, muss eine medikamentöse Thrombembolie-prophylaxe durchgeführt werden (S. 86).
  • Entfernung der Redon-Drainage am 2. Tag postoperativ.
  • Nahtentfernung am 10.–14. Tag postoperativ.
► **Alternative I:**
  • 2 Wochen Oberschenkelgipsschienenverband in Kniebeugung und Spitzfuß-stellung bis zur Wundheilung mit vollständiger Entlastung.
  • 2 Wochen Unterschenkelhartstoffverband in Spitzfußstellung mit zunächst Teilbelastung.
  • 2 Wochen Unterschenkelhartstoffverband in Neutralstellung mit Vollbelastung.
  • Nach Abnahme des Verbandes Krankengymnastik und Schuhabsatzerhöhung um 1 cm für 6 Monate.
► **Alternative II:** funktionelle Nachbehandlung im Spezialschuh (s. o.).

Prognose und Komplikationen

► Allgemeines Risiko einer tiefen Beinvenenthrombose: 3%.
► Konservativ-funktionelle Therapie: Reruptur in 5–18% der Fälle.
► Operative Behandlung:
  • Reruptur in 2%, tiefe Infektion 0,7–3,6% der Fälle.
  • Weitere Komplikationen: Einschränkung der Sprunggelenkbeweglichkeit, Narbenirritaionen, N.-suralis-Schäden.

26.2 Malleolarfraktur

Grundlagen

► **Definition:** Frakturen des Innenknöchels, der distalen Fibula, der hinteren oder vorderen Tibiakante (Volkmann-Fraktur = knöcherner Ausriss des vorderen oder hinteren Syndesmosenbandes mit oder ohne Riss der Außenbänder, des Innen-bandes, der Syndesmosenbänder; Begleitverletzungen am Talus [Knorpel, Flake Fractures]).
► **Hinweis:** Bei Beteiligung der distalen Tibiagelenkfläche (pilon-tibial, S. 349) han-delt es sich nicht mehr um eine Malleolarfraktur, sondern um eine distale Tibia-fraktur (*ausgenommen* die Ausrissverletzungen der Syndesmosenbänder).
► **Ursache, Verletzungsmechanismus:** Pronations- oder Supinationsmechanismus mit Subluxation oder Luxation der Talusrolle aus der Knöchelgabel.
► **Klassifikation:**
  • Danis und Weber – Orientierung an der Höhe der Außenknöchelverletzung (Abb. 26.2):
    A: Unterhalb der OSG-Gelenklinie/Syndesmose (→ keine Syndesmosenver-letzung).
    B: Innerhalb der Syndesmose (→ mögliche Syndesmosenverletzung).
    C: Oberhalb der Syndesmose mit Verletzung der Membrana interossea (Sonder-form der C-Verletzung: *Maisonneuve-Fraktur* = hohe Fibulafraktur oder Luxation des proximalen Tibio-Fibular-Gelenks mit Ruptur der Membrana interossea der Syndesmose, der Gelenkkapsel und des Innenbandes am Sprunggelenk).

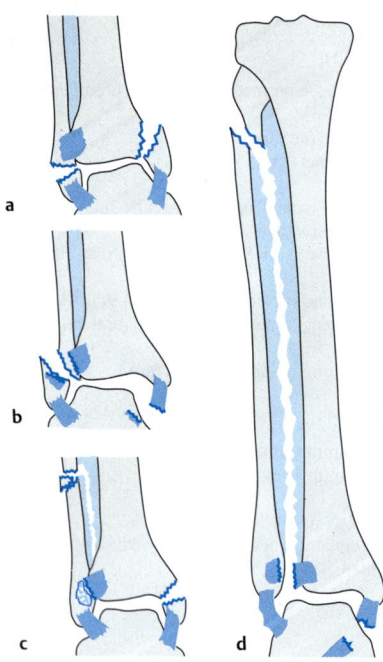

Abb. 26.2 a–d   Frakturen des oberen Sprunggelenks.
a) Typ Weber A,
b) Typ Weber B,
c) Typ Weber C,
d) Maisonneuve-Fraktur

- *Lauge-Hansen* – nach der Entstehung der Verletzung:
  - Supination – Pronation.
  - Adduktion – Abduktion.
  - Rotation.

Klinische Symptomatik und diagnostisches Vorgehen

▶ **Leitsymptom:** Schmerz, Schwellung, Fehlstellung (dann eindeutig).
► **Anamnese:** Umknicken oder Stauchung im oberen Sprunggelenk.
► **Klinische Untersuchung:**
  - Klinisches Leitsymptom s.o., Belastungsunfähigkeit.
  - Weichteilschaden offen/geschlossen.
  - Begleitverletzungen.
► **Röntgen:**
  - *Standard:* oberes Sprunggelenk a.p. und seitlich.
  - *Aufnahme bei 15°-Innenrotation und 45°-Schrägaufnahmen* zur Feststellung knöcherner Bandausrisse (*cave:* Bei frischen Verletzungen nicht generell sinnvoll!).
  - *Unterschenkel mit Kniegelenk in 2 Ebenen* bei V. a. Maisonneuve-Fraktur.

Therapieprinzipien

► Exakte Wiederherstellung der Kongruenz der Knöchelgabel.
► Korrekte Länge der Fibula und die korrekte Positionierung der Fibula in der Incisura fibulae der Tibia (sog. distale tibiofibulare Linie s. Abb. 26.3).

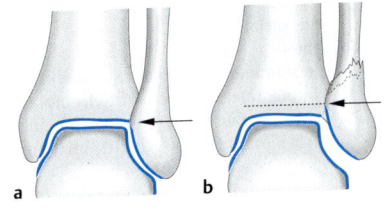

Abb. 26.3 a u. b   Distale tibiofibulare Linie als Maß für die
korrekte Reposition der distalen
Fibulafraktur

Konservative Therapie

▶ **Indikation:** undislozierte Frakturen, gering dislozierte Frakturen im höheren
Lebensalter (= Weber A 1–3 + Weber B 1), erhebliche Durchblutungsstörung
(bei AVK, Diabetes mellitus), Ulcus cruris, Vorfußinfektion.

▶ **Vorgehen:**
- Akut immer Reposition der Fehlstellung (evtl. in Narkose).
- Ruhigstellung im gespaltenen, gepolsterten Unterschenkelliegegips, Hochlage-
  rung, abschwellende Medikation, Thromboseprophylaxe (auch medikamentös),
  Antiphlogistika, Entlastung mit Gehstützen.
- Röntgenkontrollen sofort, nach 1 Woche, nach 4 Wochen und zum Abschluss
  der Behandlung.
- Belastung im Gehgipsverband:
  – Weber-A-Querfraktur des Außenknöchels: ab der 2. Woche.
  – Weber-B/C-Fraktur mit langer Schrägfraktur der distalen Fibula: ab der
    6. Woche.

Operative Therapie

▶ **Indikation, Ziel:** alle dislozierten Malleolarfrakturen. Ziel ist die Übungsstabilität
der Osteosynthese, um eine funktionelle Weiterbehandlung zu ermöglichen.

▶ **OP-Zeitpunkt:** Am günstigsten relativ kurz nach dem Trauma (6–8 h).

▶ **Methoden:** Kleinfragmentimplantate, Zuggurtungstechniken am Innen- und
Außenknöchel.

▶ **Vorbereitungen:**
- *Lagerung:* Rückenlagerung.
- *Anästhesie:* Allgemeinnarkose, Regionalanästhesie.

▶ **Zugang** (Abb. 26.4):
- *Außenknöchel:* Inzision vor oder hinter der Fibulakante (*cave:* N. peronaeus
  superficialis).

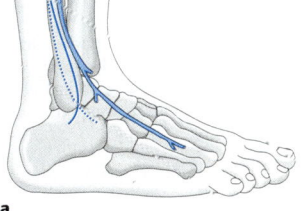
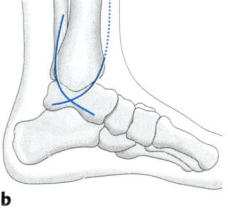
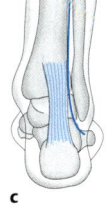

a   b   c

Abb. 26.4 a–c   Zugangswege a) lateral zum Außenknöchel, b) zum Innenknöchel
und c) zum hinteren Kantendreieck

- *Innenknöchel:* Bogenförmige Inzision von kranial hinter dem Innenknöchel nach vorne verlaufend.
► **Vorgehen:**
1. *Primär **immer** Außenknöchelosteosynthese:*
    - Implantat der Wahl: Drittelrohrplatte. Bei Weber-A-Fraktur Zuggurtungs-osteosynthese oder Malleolarschrauben.
    - Auf korrekte Länge achten! (im Röntgenbildverstärker Gelenklinie zur Tibia-basis beachten, s. Abb. 26.5).
    - Ein evtl. vorhandenes dorsales Volkmann-Fragment ist durch die Außen-knöchelosteosynthese meist perfekt reponiert.
2. *Sekundär Innenknöchelosteosynthese:*
    - Querfraktur → Zuggurtung.
    - Schrägfrakturen → Schrauben-/Spickdraht-Osteosynthese.
3. *Fixierung der hinteren Fragmente:* Auch sinnvoll, wenn weniger als ein Drittel der Gelenkfläche betroffen ist, da es sich um einen Bandausriss der Syndesmose handelt. Die Fixierung erspart die unphysiologischen Syndesmosenstell-schraube.
  → **unter Einhaltung des 3-Stufen-Vorgehens** ist eine Wiederherstellung des Sprunggelenks meistens möglich, selbst bei ausgeprägter Osteoporose.
  ◰ *Cave:* Eine primäre Arthrodese ist *niemals* indiziert!
► **Vorgehen bei der Maisonneuve-Verletzung:** Wiederherstellung der korrekten Fibulalänge durch Zug, 2 Stellschrauben fibulotibial. Bei ungenügender Reposition offene Freilegung und Naht der Syndesmose.

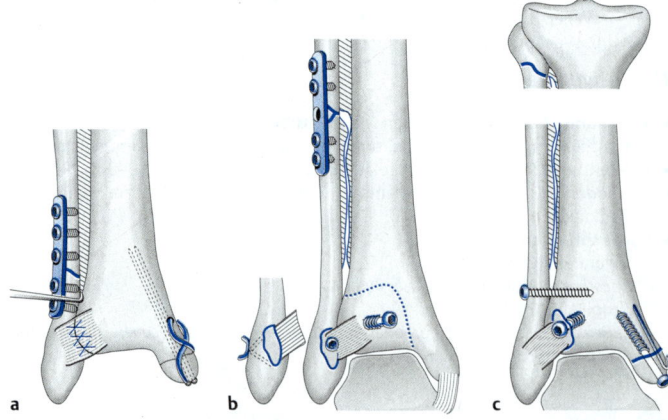

a   b   c

Abb. 26.5 a–c   Unterschiedliche Formen der Versorgung von Sprunggelenkfrak-turen und der begleitenden Weichteilverletzungen. a) Vordere Syndesmose liga-mentär, b) knöcherner Ausriss der vorderen Syndesmose und hohe Fibulafraktur, c) knöcherne Refixation der vorderen Syndesmose, Stellschraube, Innenknöche-losteosynthese

Postoperative Nachbehandlung

► Nach Abklingen der fraktur- und operationsbedingten Schwellung sollte die *aktive Übungsbehandlung* unter einer Teilbelastung von 10–15 kg möglich sein. Bei Unsicherheit über die Übungsstabilität der Osteosynthese besser abwarten!
► Abschwellende Maßnahmen, Thromboseprophylaxe und Hochlagerung wie bei der konservativen Therapie (s. o.).
► Röntgenkontrolle postoperativ, nach der 1./4./6. Woche.
► Bei postoperativ unzureichender Stellung frühzeitig Korrekturoperation planen.
► Die volle Belastungsfähigkeit operativ stabilisierter Knöchelbrüche wird in der Regel nach der 6. Woche erreicht.
► Metallentfernung frühestens nach 4–6 Monaten.

Prognose und Komplikationen

► **Prognose:**
  • Isolierte „stabile" Außenknöchelfrakturen Typ Weber A und B heilen meist komplikationslos aus.
  • Weber-B-Frakturen mit Syndesmosenverletzung und Weber-C-Frakturen haben eine Rate posttraumatischer Arthrosen von 20–45%.
► **Komplikationen:**
  • *Intraoperativ:* Verletzung des N. peronaeus superficialis/N. saphenus, instabile Osteosynthese bei Osteoporose, Verkürzung des Außenknöchels, Klaffen der Syndesmose.
  • *Postoperativ:* Pseudarthrose (v. a. des Innenknöchels), Infektion, Thrombose, Neurom, sympathische Reflexdystrophie.

26.3 Bänderriss am oberen Sprunggelenk

Grundlagen

► **Betroffene Strukturen:**
  • Ruptur des Ligamentum fibulotalare anterius, fibulocalcaneare und fibulotalare posterius (selten) – isoliert oder in Kombination.
  • Ruptur des Syndesmosenbandes.
  • Ruptur des Innenbandes.
► **Ursache, Verletzungsmechanismus:**
  • *Laterale Seitenbandrisse* entstehen beim „Umknicken" (Supinationstrauma), bei Hochrasanztraumen, bei Innenknöchelfrakturen.
  • *Syndesmosenbandrisse* können isoliert auftreten bei Hyperplantarflexion, beim „Umknicken" oder in Kombination mit Knöchelbrüchen.
  • *Isolierte Rupturen des Innenbandes* kommen nicht vor. Innenbandrupturen entstehen bei der Luxation (Maisonneuve, s. S. 365) oder bei Luxationsfrakturen des oberen Sprunggelenks.
  • „Flake Fractures" treten als Begleitverletzung vor allem an der lateralen Talus-kante auf.
► **Klassifikation** (Abb. 26.6):
  • *Anzahl der gerissenen Bänder:* Operativ versus konservativ → nur die Mitver-letzung des Lig. fibulotalare posterius ist eine Operationsindikation.
  • *Grad der Aufklappbarkeit und des Talusvorschubs* bei der gehaltenen Aufnahme: > 15–20° = OP-Indikation.

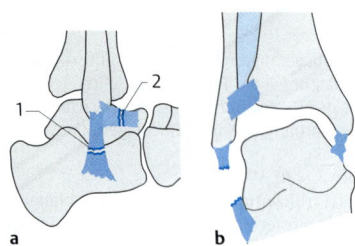

Abb. 26.6 a u. b
a) Bandrupturen am Außenknöchel
(1 Ligamentum fibulocalcaneare,
2 Lig. fibulotalare anterius),
b) die laterale Aufklappbarkeit im
Supinationsstress kann als gehaltene
Stressaufnahme radiologisch dokumentiert werden (vgl. Abb. 26.7)

Klinische Symptomatik und diagnostisches Vorgehen

- ▣ **Leitsymptom:** Hämatom, Schmerzen, Schwellung, Instabilitätsgefühl.
- ► **Anamnese:** Unfallhergang, Vorschädigungen?
- ► **Klinische Untersuchung:** Druckschmerz im Bandverlauf, laterale Aufklappbarkeit und vordere „Schublade" (wegen Schmerz und reflektorischer Anspannung der Peronäalmuskulatur bei der frischen Verletzung unsicher).
- ► **Röntgen:**
  - *Standard:* a.p., bei 20°-Innenrotation, seitlich.
  - *Gehaltene Aufnahmen* zum Frakturausschluss (nach Analgesie!; Abb. 26.7):
    → Aufklappbarkeit > 10° → Zweibandverletzung mit Teilruptur.
    → Aufklappbarkeit > 20° → „komplette" Zweibandverletzung.

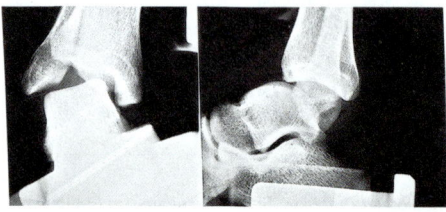

Abb. 26.7 Instabiles, oberes Sprunggelenk nach Kapselbandruptu-ren, gehaltene Aufnah-men im Supinations- und Sagittalstress

- ► **Computertomographie:** bei Taluskantenverletzungen.
- ► **MRT:** Bei unklarer Diagnose zur Abgrenzung frisch–alt (zum Ausschluss von Knor-pelverletzungen).
- ► **Arthroskopie:** Zur Abgrenzung frisch–alt, bei Taluskantenläsionen, bei fraglichen Syndesmosenverletzungen und vor der Plastik bei chronischer Instabilität.
- ▣ **Cave:** Übersehen von Begleitverletzung der Supinationskette.
  - Bandverletzung des Subtalargelenkes.
  - Außenknöchelfraktur.
  - Fraktur des Processus anterior calcanei.
  - Abrissfraktur der Basis des Os metatarsale V.

Therapieprinzipien – konservativ-funktionell versus operativ

- ► Die generelle Operationsempfehlung ist verlassen. Studien zur Heilung von Kolla-teralbändern haben ergeben, dass die Bandheilung unter funktioneller Belastung und bei Vermeidung einer Zugbeanspruchung durch Orthese sicher ist.
- ► **Operationsindikation:**
  - Laterale „Dreiband"-Verletzung.
  - Laterale Aufklappbarkeit > 15–20°.

- Laterale Flake Fracture.
- Chronische Instabilität mit häufigem Umknicken.
► **Relative Operationsindikationen:**
- Verletzung des Syndesmosenbandes ohne Instabilität.
- Innenbandrupturen bei Knöchelbrüchen oder der Maisonneuve-Verletzung des oberen Sprunggelenks.

Konservative Therapie

► **Belastungsunfähigkeit + stark schmerzhafte Schwellung:** Ruhigstellung im Gipsschienenverband (Fußgelenke in Pronationsstellung), Hochlagerung, lokale Kälteanwendung, nicht steroidale Antiphlogistika (z. B. Diclofenac 3 × 50 mg p.o.), Thromboseprophylaxe (auch medikamentös, z. B. 3 × 5000 IE Heparin s.c.), Entlastung mit Gehstützen.
► **Nach Abschwellung** der Weichteile, Anlage einer konfektionierten Orthese (Aircast, Malleoloc, MHH-Knöchelschiene o.a.), Belastung soweit tolerabel im normalen Schuh. Orthese für 6 Wochen, danach kann von einer stabilen Bandheilung ausgegangen werden.
► Keine spezielle Krankengymnastik bis zur Bandheilung, dann bei Funktionsdefiziten und Muskelatrophie Kraft- und Koordinationstraining sowie Stabilisierungsübungen.

Operative Therapie

► **Vorbereitungen:**
- *Lagerung:* Rückenlagerung, Gesäß angehoben.
- *Anästhesie:* Regional-, Spinal-, Allgemeinanästhesie.
► **Zugang:** längsepimalleoläre Schnittführung.
► **Vorgehen:**
- *Außenbandriss* (Abb. 26.8): Direkte Bandnaht oder Refixation des ausgerissenen Bandes z. B. über Bohrkanäle am Außenknöchel. Das Lig. fibulocalcaneare reißt meist vom Fersenbein ab → Refixation unter den Sehnen der Mm. peronaei! Bei der Dreibandverletzung immer erst die Fäden für das Lig. fibulotalare posterius legen.
- *Innenbandriss:* direkte Naht oder Refixation über Bohrkanäle am Innenknöchel.
- ❑ *Cave:* Das Innenband besteht aus einer oberflächlichen und einer tiefen Schicht. Wenn die tiefe Schicht nicht gefasst ist, kann sie in den Gelenkspalt einklemmen (→ Impingement).
- *Syndesmosenriss mit Instabilität:* Direkte Naht und Stellschraube; bei hoher Fibulafraktur korrekte Wiederherstellung der Fibulalänge und zwei Stellschrauben (damit sich der Außenknöchel nicht um die Schraube dreht).

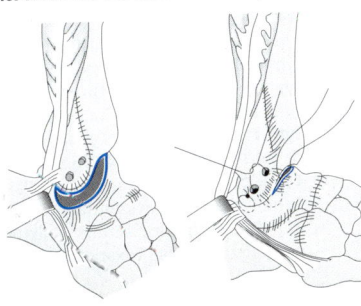

Abb. 26.8 Transossäre Naht des Lig. fibulotalare anterius, Lig. fibulocalcaneare und der Gelenkkapsel

OP-Nachbehandlung

► Konventionell: 2 Wochen Liegegips und 4 Wochen Gehgips.
► Frühfunktionell: 2 Wochen Gipsschiene, nach Wundheilung Orthese mit schmerz-orientierter Belastung und Bewegungstherapie.

Prognose

► **Konservativ-funktionelle + operative Therapie:** gute Erfolge in ca. 80% der Fälle.
► **Komplikationen:**
- *Anhaltende Belastungsschmerzen* im Sinne eines vorderen Sprunggelenkimpin-gements (bei ca. 10% der Patienten) → evtl. Arthroskopie und Débridement des vorderen Gelenkraumes.
- *Anhaltendes Instabilitätsgefühl* (bei ca. 10% der Patienten):
  - In erster Linie konservative Weiterbehandlung.
  - Bei häufigen Umknickereignissen Bandplastik: Bei Jugendlichen und jungen Erwachsenen Periostlappenplastik, bei Erwachsenen oder nicht ausreichen-dem Material Ersatz durch die halbierte Peronäus-brevis-Sehne. Alte Riss-anteile werden durch einfache Naht nicht immer genügend fest und erfor-dern dann eine plastische Verstärkung. Alternative: distal gestielter Periost-lappen von der Fibula.
- *Instabilitätsarthrose des oberen Sprunggelenks (Rarität)* bei Knorpel-Knochen-Läsionen durch wiederholtes Umknicken oder durch unnatürliche Scherbewe-gungen bei einer Knöchelgabelinstabilität.

26.4 Talusfraktur

Grundlagen

► **Frakturlokalisationen, -formen:**
- Zentral: Taluskopf, -hals und -körper.
- Peripher: Processus posterius/lateralis, Abscherfraktur (durch Inversion des Fußes) kombiniert mit Bandverletzungen und Verrenkungen im Chopart-Gelenk.
- Luxationsfraktur im Subtalargelenk.
► **Ursache, Verletzungsmechanismus:** axiale Kompression, Dorsalextension im oberen Sprunggelenk. Sturz aus großer Höhe, Fußeinklemmung bei Pkw-Kollision. Je nach Intensität und Dauer der Gewalteinwirkung kommt es zur Luxation im Subtalargelenk und zur Mitfraktur des Innenknöchels und des Fersenbeins.
► **Klassifikation:**
- *Nach Hawkins:*
  - Typ I: nicht dislozierte Halsfraktur.
  - Typ II: Halsfraktur mit Dislokation im Subtalargelenk.
  - Typ III: Halsfraktur mit Dislokation im oberen und unteren Sprunggelenk, komplette Luxation des Taluskörpers.
  - Typ IV: Halsfraktur wie Typ III mit Luxation im Talonavikulargelenk.
- *Nach Marti und Weber* (Abb. 26.9):
  - Typ I: periphere Frakturen (z.B. „flake", distale Halsfrakturen).
  - Typ II: undislozierte „zentrale" Frakturen.
  - Typ III: dislozierte „zentrale" Frakturen.
  - Typ IV: zusätzliche Luxation des Talus.

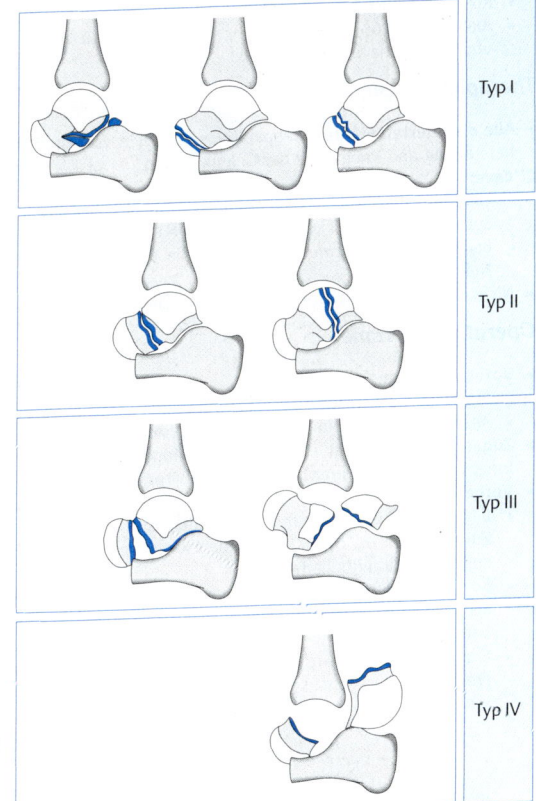

Abb. 26.9
Klassifikation der
Talusfrakturen
nach Marti und
Weber

Klinische Symptomatik und diagnostisches Vorgehen

▶ **Symptomatik, klinische Untersuchung:**
- *Allgemein:* Schwellung, Hämatom, Belastungsunfähigkeit.
- *Zentrale Talusfraktur:* Schwere Verletzung des Fußes, als solche erkennbar durch Schwellung, Hämatom und Belastungsunfähigkeit (*cave:* Kompartmentsyndrom!).
- *Periphere Fraktur:* Frische Verletzungszeichen können primär fehlen und die Gehfähigkeit kann erhalten sein. „Flake Fractures" entstehen meist bei der Umknickverletzung mit oder ohne Stabilitätsverlust des OSG. Im Vordergrund der Symptomatik stehen die Folgen der Bandzerrung oder Bandruptur.
▶ **Röntgen** a.p. und lateraler Strahlengang, evtl. Schrägaufnahme zur Beurteilung des Subtalargelenkes und a.p.-Aufnahme in 30° Innenrotation und Plantarflexion zur Beurteilung der Talusschultern.
▶ **Computertomographie:** Bei *allen* frischen Verletzungen des Talus empfehlenswert (bei Luxationsfrakturen nur nach notfallmäßiger Reposition sinnvoll):

- Koronare Schichtung zur Beurteilung des Subtalargelenkes.
- Axiale Schichtung zur Beurteilung von längs verlaufenden Frakturkomponenten und des Talonavikulargelenkes.

Therapieprinzipien

▶ **Alle dislozierten Frakturen:** operatives Vorgehen. Ziel ist die stufenfreie Wiederherstellung und Kongruenz der Gelenkflächen.

◻ *Cave:*
- Luxationsfrakturen (Hawkins III und IV) müssen notfallmäßig geschlossen oder auch offen reponiert werden: ruckartige Plantarflexion des Vorfußes.
- Bei zentralen Frakturen vermindert die möglichst frühzeitige Operation des Nekroserisiko.

▶ **Nicht dislozierte Frakturen:** konservative Therapie (s. u.).

Operative Therapie

▶ **Vorbereitungen:**
- *Lagerung:* Rückenlage, Gesäß der verletzten Seite angehoben.
- *Anästhesie:* Allgemein-, Regionalanästhesie.
▶ **Zugang:** anteromedial – proximal des Innenknöchels → am Vorderrand des Innenknöchels vorbei nach distal zur Tuberositas ossis navicularis.
▶ **Vorgehen** (Abb. 26.10):
- *Einfache Talushalsfrakturen:* Schraubenosteosynthese über anteromedialen Zugang, zwei bis drei Kleinfragmentschrauben nach offener Reposition (vorzugsweise Titanimplantate).
- *Komplexe Talusfrakturen mit Beteiligung des „Domes":* Innenknöchelosteotomie als Repositions-/Expositionshilfe, Osteosynthese mit 2–3 Kleinfragmentschrauben.
- *Frakturen des Processus lateralis:* lateraler Zugang zum Subtalargelenk.
- *Frakturen des Processus posterior:* In Bauchlage von posterolateral direkt verschrauben.

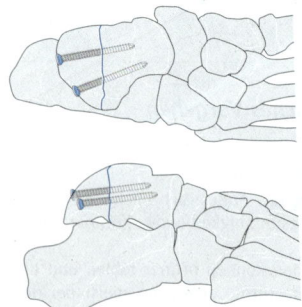

Abb. 26.10   Zugschraubenosteosynthese einer Talusfraktur von dorsolateral

Konservative Therapie

▶ Vorgehen siehe „Nachbehandlung".

Nachbehandlung

► Ruhigstellung im Gipsschienenverband für eine Woche, lokale Kälteanwendung, nicht steroidale Antiphlogistika, Hochlagerung.
► Nach Abschwellen der Weichteile je nach Frakturtyp funktionelle Weiterbehandlung unter Entlastung (Teilbelastung 15 kg) oder Ruhigstellung im geschlossenen, gut modellierten Gipsverband für max. 6 Wochen.
► Entlastungszeit je nach Frakturtyp 6–12 Wochen.
▻ **Hinweis:** Eine mehrmonatige (bis 6 Monate) Entlastung zur Verringerung des Talusnekrosenrisikos ist nicht gerechtfertigt. Die Nachteile überwiegen die Vorteile.

Prognose und Komplikationen

► Abhängig vom Frakturtyp: Zentrale Frakturen haben ein hohes Risiko einer aseptischen Nekrose, periphere Frakturen allenfalls ein lokales Arthroserisiko. Nekroserate bis 25% bei undislozierten Halsfrakturen, bis 50% bei dislozierten Hals- oder Korpusfrakturen.
► Früharthrodese des oberen Sprunggelenks bei Talusdomnekrose.
► Spätarthrodese bei sekundärer Arthrose im oberen oder unteren Sprunggelenk.

26.5 Fersenbeinfraktur

Grundlagen

► **Ursache, Verletzungsmechanismus:**
  • Sturz aus großer Höhe → Fersenbeinimpressionsfraktur.
  • Umknicken → Fersenbeinrandfraktur.
► **Klassifikation** meist nach einer koronaren und axialen CT-Darstellung der Fraktur. Kriterien sind vor allem die Anzahl der Fragmente der beteiligten Gelenke sowie der Dislokationsgrad und mögliche Weichteilschäden. Sie haben prognostischen Wert und dienen somit vor allem der Therapieentscheidung (konservativ versus operativ):
  • *Extraartikulär:* Abrissfraktur des Prozessus anterior, Abriss Achillessehne.
  • *Intraartikulär:* Subtalargelenk und/oder Kalkaneokuboidgelenk.
  • *Nach Essex-Lopresti* (Röntgen in 2 Ebenen ausreichend; Abb. 26.11):
    – Undislozierte Fraktur.
    – „Tongue-type"-Fraktur.
    – „Joint-depression-type"-Fraktur.
    – Trümmerfraktur.

Klinische Symptomatik und diagnostisches Vorgehen

► **Klinische Untersuchung:**
  • Verbreiterung/Schwellung des Rückfußes, Abflachung des Fußgewölbes, Hämatom an der Fußsohle, Belastungsunfähigkeit, aufgehobene Beweglichkeit im Subtalargelenk.
  • Mögliche Begleitverletzungen: Talusfrakturen, Zusatzfrakturen in der Chopart- oder Lisfranc-Gelenklinie, Weichteilschäden Grad I–III (S. 100). Nerven- und Gefäßläsionen sind relativ selten. Ein Kompartmentsyndrom der Fußsohle führt im weiteren Verlauf zu Muskelnekrosen, Muskelverkürzungen und sekundären Zehenfehlstellungen (Krallenzehen).
  • Periphere Durchblutung und Sensibilität prüfen.

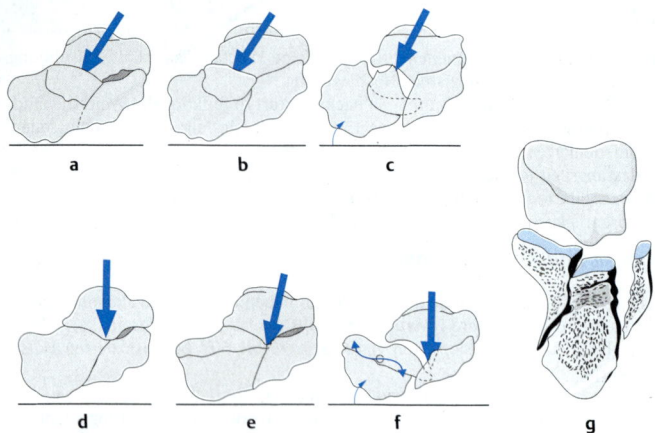

Abb. 26.11 a–g   Entstehung typischer Kalkaneusfrakturen je nach Richtung und Größe der Gewalteinwirkung (nach Essex-Lopresti). a–c „Joint-Depression-type", d–f „Tongue-type". g) Im koronaren CT zeigt sich die Zerstörung der hinteren Gelenkfacette

- ▶ **Röntgen:** Fersenbein seitlich und axial.
- ▶ **Computertomographie:** Zur Frakturklassifikation und zur OP-Planung zwingend erforderlich. Koronare und axiale Schichtführung zur Beurteilung des Subtalargelenkes und des Kalkaneokuboidgelenkes.

Therapieprinzipien

- ▶ **Konservatives Vorgehen bei:**
  - Kontraindikation zum operativen Vorgehen (Alter, Allgemeinzustand, Weichteilinfektion, fehlende Compliance).
  - Undislozierten Frakturen (Stufe in der Gelenkfläche < 2 mm).
  - Ausgesprochenen Trümmerfrakturen.
- ▶ **Operatives Vorgehen bei** dislozierten Frakturen mit wenigen großen Fragmenten.

Konservative Therapie

- ▶ Geschlossene Reposition und Gipsverband (Böhler, Wendt) bei grober Varus-/Valgusverbiegung.
- ▶ **Keine** Reposition und frühfunktionelle Therapie (abschwellende/schmerzlindernde Maßnahmen, aktive Übungsbehandlung) bei Trümmerfrakturen.
- ▶ Entlastung mit Gehapparat (für 6 Wochen), danach Wiederbelastung.
- ▶ Je nach Fußdeformität Schuhzurichtung, Einlagen oder orthopädische Maßschuhe.

Operative Therapie

- ▶ **Vorbereitungen:**
  - *Lagerung:* Seitenlage.
  - *Anästhesie:* Allgemein-, Regional-, Spinalanästhesie.

▶ **Zugang:** ausgedehnter lateraler Zugang.

1. Geschlossene Reposition und Spickdrahtosteosynthese:

- *Indikation:* Trümmerfrakturen, ausgeprägte Varus-/Valgusverbiegung, ältere Patienten mit Osteoporose.
- *Technik:*
  - Manuelle Kompression, Aufrichtung mit Steinmann-Nagel und Fixierung mit Kirschner-Drähten, die in Talus und Kuboid platziert werden und somit eine temporäre Transfixation dieser Gelenke bewirken.
  - Bei Trümmerfrakturen, Zusatzverletzungen an Talus und Kuboid und ohnehin drohender Gelenkversteifung im Subtalargelenk wird der Rückfuß aufgerichtet und das Fersenbein verschmälert.
- *Vorteile:* Bei erheblichem Weichteilschaden minimierte Wundinfektionsgefahr, auch bei schlechtem Allgemeinzustand möglich.
- *Nachteile:* Einsteifung des Subtalargelenkes meist definitiv, hohe Rate posttraumatischer Arthrosen des Subtalargelenkes, sekundäre Arthrodese.

2. Offene Reposition und Minimalosteosynthese:

- *Indikation:* Abrissfrakturen, sog. Entenschnabelfraktur, einfache Gelenkfraktur.
- *Technik:*
  - Über laterale Inzision Anhebung der imprimierten Gelenkfläche, Spongiosaunterfütterung, Fixierung mit Einzelschrauben oder Spickdrähten (Abb. 26.12).
  - Verschraubung oder Zuggurtung von Abrissfrakturen.

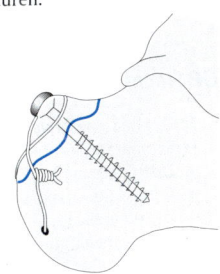

Abb. 26.12 Schrauben und Zuggurtungsosteosynthese einer Abrissfraktur der Achillessehne

3. Offene Reposition und Spongiosaplastik/Plattenosteosynthese:

- *Indikation:* alle Impressionsfrakturen mit Beteiligung des Subtalargelenks.
- *Technik:*
  - Lateraler (evtl. zusätzlich medialer) Zugang, evtl. erweitert zum Kuboid (Abb. 26.13).
  - Reposition der Gelenkfragmente an das „Sustentakulumfragment".
  - Spongiosaunterfütterung, Plattenosteosynthese (Abb. 26.14).
- *Vorteile:* Wiederherstellung der Gelenkfläche, Wiederherstellung der „Geometrie" des Rückfußes.
- *Nachteile:* Wundrandnekrosen, Infektionsgefahr.

Sprunggelenke und Fuß

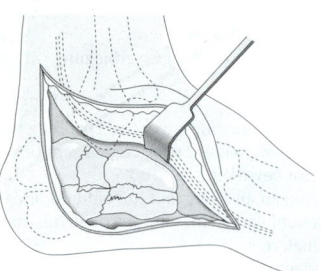

Abb. 26.13   Erweiterter lateraler Zugang zur Rekonstruktion einer Fersenbeinfraktur

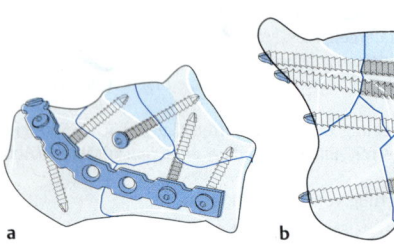

a   b

Abb. 26.14 a u. b Fixationsmöglichkeiten bei Fersenbeinfrakturen. a) Rekonstruktionsplatte und Zugschrauben in der Ansicht von lateral. b) Lage von Implantaten im koronaren Schnittbild

OP-Nachbehandlung

► Nach allen operativen Verfahren funktionelle Weiterbehandlung:
  • Schmerzlinderung, abschwellende Maßnahmen.
  • Hochlagerung bis zur Wundheilung.
  • Entlastung (max. 10–15 kg) bis Ende 6. Woche, evtl. bei älteren Patienten und bei doppelseitiger Verletzung Gehbügelapparat.
  • Übungsbehandlung aller Gelenke.
  • In der Phase der Wiederbelastung Wassertherapie, Koordinationstraining, Krafttraining.
  • Schuhversorgung bei Bedarf.
  • Berufshilfemaßnahmen häufig bei Zimmerern und Bauleuten notwendig.

Prognose

► Abhängig vom Schweregrad der Verletzung.
► Posttraumatische/postoperative Probleme: sekundäre Arthrodese.

26.6 Verletzungen in der Chopart-/Lisfranc-Gelenklinie

Grundlagen

► **Definition:**
  • Die *Chopart-Gelenklinie* (Francois Chopart 1743–1795) umfasst das Gelenk zwischen Talus und Navikulare sowie das Gelenk zwischen Kalkaneus und Kuboid.

- Die *Lisfranc-Gelenklinie* (Jacques Lisfranc 1790–1847) umfasst die Tarsometatarsalgelenke zwischen Cuneiformia I–III und Kuboid einerseits und der Basis der Metatarsalia I–V andererseits.

▶ **Ursache, Verletzungsmechanismus:** Reine und vollständige Luxationen der genannten Gelenke sind selten, häufiger sind Luxationsfrakturen (Lisfranc) und Subluxationen (Chopart). Ursache ist einerseits eine Verwindung des Vorfußes gegen den Rückfuß im Supinationssinn, andererseits eine Stauchung des Fußes in der Längsachse (z. B. beim Einklemmen des Fußes in der Pedalerie eines Pkw).

▶ **Häufigkeit:** Insgesamt selten, am häufigsten bei polytraumatisierten Patienten (deshalb werden sie auch häufig übersehen oder die Schwere der Verletzung unterschätzt).

▶ **Klassifikation:**
- Chopart-Verletzung (Klassifikation nach Zwipp; Abb. 26.15):
  – Transnavikulär.
  – Transtalar.
  – Transkuboidal.
  – Transkalkanear.
  – Transligamentär.
- Lisfranc-Verletzung (Klassifikation nach Wilson [Unfallmechanismus, 5 Typen] oder nach Hardcastle bzw. Quénu/Küss [Gelenkinkongruenzstellung]; Abb. 26.16):
  – Typ A: totale Inkongruenz.
  – Typ B: Inkongruenz eines Teiles des Lisfranc-Gelenks.
  – Typ C: divergierende Inkongruenz, entweder total oder subtotal.

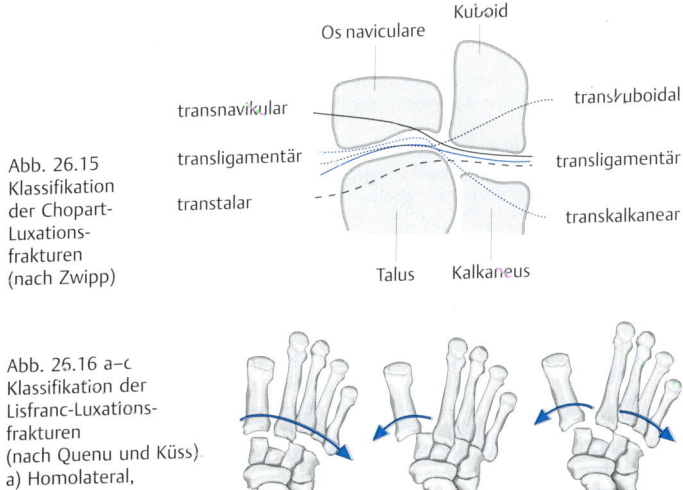

Abb. 26.15
Klassifikation
der Chopart-
Luxations-
frakturen
(nach Zwipp)

Abb. 26.16 a–c
Klassifikation der
Lisfranc-Luxations-
frakturen
(nach Quenu und Küss)
a) Homolateral,
b) isoliert,
c) divergierend

Klinische Symptomatik und diagnostisches Vorgehen

▪ *Hinweis:* Am wichtigsten ist es, beim polytraumatisierten nicht kontaktfähigen Patienten an die Verletzung zu denken und eine sorgfältige Röntgendiagnostik durchzuführen. Beim zentralisierten Verletzten ist die periphere Weichteilschwellung auch bei einer schweren Verletzung des Fußes oft nicht sehr ausgeprägt.

► **Röntgen des Fußes in 3 Ebenen:** Dorsoplantar, exakt seitlich, schräg mit 45° angehobenem Fußrand. Im seitlichen Röntgenbild ist einerseits auf die sog. Cyma-Linie zu achten (physiologischerweise S-förmiger Verlauf der Chopartlinie), andererseits auf die Fußachse (normalerweise ergibt die Verbindung der mittleren Talusachse mit der Achse von Metatarsale I eine gerade Linie).

► **Computertomographie:** nach Repositionsmanövern empfehlenswert.

Therapieprinzipien

1. **Primär bei allen dislozierten Verletzungen** geschlossene Reposition anstreben.
2. **Ist eine geschlossene Retention durch einen Gipsverband nicht möglich,** so ist ein operatives Vorgehen notwendig (im Rahmen einer Polytraumaversorgung zum frühestmöglichen Zeitpunkt).

Konservative Therapie

► **Vorgehen:** Geschlossene Reposition und Retention im Gipsverband für 6 Wochen.
► **Nachbehandlung:**
   • Röntgenkontrollen nach 1/2/4/6 Wochen (Gefahr der Redislokation!).
   • Teilbelastung im Gehgips ab der 4. Woche, gipsfrei ab 7. Woche.

Operative Therapie

► **Vorbereitungen:**
   • *Lagerung:* Rückenlagerung, Blutsperre (*cave:* Kontraindikationen).
   • *Anästhesie:* Allgemein-, Spinal- oder Periduralanästhesie.
► **Zugang:**
   • *Chopart-Gelenklinie:* zum Talonavikulargelenk Inzision anteromedial, zum distalen Kalkaneus und Kuboid Längsinzision auf halber Höhe dieser Knochen.
   • *Lisfranc-Gelenklinie:* lange mediane Inzision.
► **Vorgehen:**
   • *Gedeckte Spickdrahtosteosynthese bzw. Spickdrahttransfixation* (primär *immer* geschlossene Verfahren anstreben!):
      – Am 1. Strahl beginnen, wobei die Metatarsale-I-Längsachse und Taluslängsachse eine Linie bilden müssen.
      – Auf A. dorsalis pedis und N. peronaeus profundus achten!
   • *Offene Reposition und Spickdraht- und/oder Schraubenosteosynthese/-transfixation* (wenn geschlossene Reposition nicht möglich ist).
   • *Geschlossene/offene Reposition + Fixateur externe* mit/ohne zusätzliche K-Draht-Spickung. Mittels Fixateur ist es vor allem möglich, die Fußverkürzung bei Trümmerfrakturen des Os naviculare und/oder der Ossa cuneiformia auszugleichen.
   • *Primäre Arthrodesen* (selten als Erstmaßnahme notwendig) bei ausgeprägter Zertrümmerung der Ossa cuneiformia oder des Os naviculare.

OP-Nachbehandlung

▶ Nach der OP Anlage einer dorsalen Unterschenkelgipsschiene bis zur Wundheilung.
▶ Danach geschlossener, gut modellierter Gipsverband bis zum Ende der 6. Woche, Teilbelastung mit 15 kg.
▶ Nach Gipsentfernung Entfernung der K-Drähte und zunehmende Belastung, Krankengymnastik, physikalische Therapie.
▶ Bei verbliebenen Fußdeformitäten Schuheinlagen nach Maß oder orthopädische Schuhe.
▶ Wurde ein Fixateur externe angelegt, bleibt dieser bis zur 6. Woche, dann weiter wie oben.

Prognose und Komplikationen

▶ Die Behandlungsergebnisse hängen ab vom Behandlungsbeginn (Unfalltag oder später) und von der Schwere der Verletzung.
▶ Die Verletzungen der Chopart-Linie haben eine bessere Prognose als die Verletzungen im Lisfranc-Bereich. Sehr häufig sind arthrotische Veränderungen, vor allem um das Os naviculare in den Mittelfußgelenken, die funktionellen Einbußen und die verbleibenden Schmerzen korrelieren aber nicht mit dem Ausmaß der Arthrose und der Deformität.
▶ In 30–50% der Fälle kann eine überwiegend stehende Tätigkeit oder schwere körperliche Arbeit nicht mehr verrichtet werden.

26.7 Metatarsalfrakturen

Grundlagen

▶ **Vorbemerkung:** Die Metatarsalia bilden zusammen mit Kuboid, Navikulare und den Cuneiformia das Fußlängs- und Quergewölbe. Besondere Bedeutung haben der 1. und der 5. Mittelfußstrahl, bei Deformierungen und Verkürzungen dieser beiden tragenden Pfeiler kann es zu erheblichen Gangstörungen kommen.
▶ **Ursache, Verletzungsmechanismus:**
  • Direkte äußere Gewalt auf den Fuß, meist sind mehrere Mittelfußknochen betroffen. Isolierte Frakturen sind selten. Die Basisfraktur des Metatarsale V ist eine Ausrissfraktur der Peronäalsehnen.
  • Ermüdungsfrakturen als sog. „Marschfraktur" bei Soldaten und Langläufern.
▶ **Klassifikation:**
  • AO-Klassifikation der Röhrenknochen (S. 319).

Klinische Symptomatik und diagnostisches Vorgehen

☐ *Leitsymptom:* Schmerz, Schwellung, Belastungsunfähigkeit.
▶ **Klinische Untersuchung:**
  • Bei nicht kontaktfähigen Polytraumatisierten werden Fußverletzungen häufig primär übersehen.
  • Bei starker Schwellung des Fußes immer an die Möglichkeit eines Fußkompartmentsyndroms denken. Eine Logendruckerhöhung über 30 mmHg ist eine Indikation zur notfallmäßigen Dekompression.
▶ **Röntgen:** dorsoplantar, exakt seitlich und schräg mit 45° abgehobenem Fußaußenrand.

Therapieprinzipien

► **Undislozierte, gering dislozierte Frakturen:** konservative Therapie (s. u.).
► **Alle dislozierten Frakturen:** Ziel ist eine offene/geschlossene Reposition und operative Stabilisation, wobei vor allem bei Metatarsale-I- und -V-Frakturen die korrekte Wiederherstellung von Achse und Länge zu beachten ist.

Konservative Therapie

► Gipsschiene mit gut ausmodelliertem Fußgewölbe.
► Thromboseprophylaxe (S. 86).
► Entlastung mit Gehstützen.
► Nach Abschwellen der Weichteile zirkulärer Unterschenkelgipsverband, Teilbelastung beschwerdeorientiert.
► Nach 4–6 Wochen sind die Frakturen konsolidiert.

Operative Therapie

► **Vorbereitungen:**
  • *Lagerung:* Rückenlage, Blutsperre.
  • *Anästhesie:* Regional- oder Allgemeinanästhesie.
► **Vorgehen** (Abb. 26.17):
  • *Metatarsale-I-Fraktur:*
    – Schaftfraktur (am häufigsten): offene Reposition und interne Fixierung mittels Plattenosteosynthese.
    – Subkapitale Frakturen und Frakturen der Basis: Schraubenosteosynthese oder Spickdrahtosteosynthese mit oder ohne Transfixation des angrenzenden Gelenkes.
  • *Metatarsale-II-/-III-/-IV-Fraktur:*
    – Dislozierte Schaftfrakturen, meist nach plantar dislozierte subkapitale Frakturen: Geschlossen reponieren und auf einen dicken (2er-)K-Draht auffädeln.
    – Basisfrakturen entstehen meist im Zusammenhang mit Lisfranc-Luxationen und werden im Zuge der Therapie dieser Verletzung mitbehandelt (S. 378).
  • *Metatarsale-V-Fraktur:*
    – Schaftfraktur: Plattenosteosynthese.

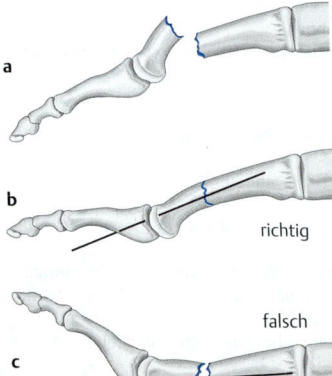

a

b

richtig

falsch

c

Abb. 26.17 a–c Bei der perkutanen Spickerdrahtfixierung von Frakturen der Matatarsalia ist auf die physiologische Stellung der Zehengrundgliedbasis zu achten, die gegenüber dem Mittelfußköpfchen temporär mitfixiert werden soll

– Basisabrissfraktur: Zuggurtungsosteosynthese oder Zugschraubenosteosynthese.

OP-Nachbehandlung

► Bei Transfixation von Gelenken des Fußes durch Drähte kann es bei Frühbelastung zum Drahtbruch kommen.
► Bei allen anderen Verfahren kann nach Heilung der Wunden und Abschwellen der Weichteile in einem Hartstoffverband beschwerdeorientiert belastet werden.
► Ruhigstellung im Hartstoffverband nicht über die 6. Woche hinaus.
► Je nach Ausheilungsergebnis und vorbestehenden Fußdeformitäten Versorgung mit Einlagen nach Maß.

Prognose und Komplikationen

► **Prognose:** Bei korrekter Wiederherstellung von Länge und Achse des 1. und 5. Strahles ist meist mit einem guten bis sehr guten Ausheilungsergebnis zu rechnen.
► **Komplikationen:** posttraumatischer Spreiz- und Plattfuß, schmerzhafte Druckstellen unter den Metatarsaleköpfchen, Weichteilschaden, Kompartmentsyndrom, posttraumatische Osteitis nach offenen Frakturen und Pseudarthrose nach Metatarsale-V-Basisfrakturen.

26.8 Zehenfrakturen

Grundlagen

► **Ursache, Verletzungsmechanismus:**
  • Meist isolierte Verletzungen durch direkte äußere Gewalt.
  • Am häufigsten ist die Grundphalanxfraktur der Großzehe mit oder ohne Gelenkbeteiligung.
► **Klassifikation:** AO-Klassifikation der Schaftfrakturen (S. 319).

Klinische Symptomatik und diagnostisches Vorgehen

► **Leitsymptom:** subunguales Hämatom, Schmerzen, Belastungsunfähigkeit.
► **Klinische Untersuchung:** typische Symptomatik s. o.
► **Röntgen:**
  • *Bei Verletzungen der Großzehe* Röntgen in 2 Ebenen.
  • *Bei Verletzungen der anderen Zehen* reicht meist die dorsoplantare Übersichtsaufnahme des Vorfußes aus.

Therapieprinzipien

► **Nicht oder gering dislozierte Frakturen:** konservative Therapie (s. u.).
► **Dislozierte Grundphalanxfraktur der Großzehe mit Gelenkbeteiligung:** operative Therapie (s. u.).

Konservative Therapie

► **Einzehenverletzung:** Pflasterzügelverband (die verletzte Zehe wird durch die daneben liegende unverletzte geschient) für 2 Wochen, beschwerdeorientierte Teilbelastung.
  ► **Cave:** Verband erst nach dem Abschwellen anlegen!

► **Mehrzehenverletzung, Verletzung der Großzehe:** Auch Hartstoffverband möglich (Geisha-Schuh), in dem voll belastet werden kann.

Operative Therapie

▢ *Hinweis:* Bei ausgedehnten Quetschverletzungen der Kleinzehen muss die primäre Amputation erwogen werden, an der Großzehe ist primär immer ein Erhaltungsversuch notwendig!

► **Vorgehen:**
- *Kleinzehenfraktur:* axiale K-Draht-Schienung mit Gelenktransfixation.
- *Großzehenfraktur:* gekreuzt eingebrachte Spickdrahtosteosynthese oder Schraubenosteosynthese mit Minischraubenimplantaten. Das Großzehengrundgelenk sollte wegen seiner großen Bedeutung für das Abrollen beim Gehen möglichst exakt wiederhergestellt werden.

Nachbehandlung

► Konservativ – Pflasterzügelverband: Meist ist Gehen mit bequemem und weitem Schuhwerk möglich.
► Nach operativen Eingriffen ist ein Hartstoffverband notwendig, in dem voll belastet werden kann. Entfernung transfixierender Drähte nach 6 Wochen.

Prognose

► Die meisten Zehenverletzungen heilen folgenlos aus. Bei posttraumatischer Arthrose im Großzehengrundgelenk Resektionsarthroplastik.

27 Schultergürtel und Oberarm

27.1 Klavikulafraktur

Grundlagen

► **Definition:** Kontinuitätsunterbrechung der Klavikula.
► **Ursachen, Verletzungsmechanismus:** häufige Fraktur durch indirektes Trauma (Sturz auf die Schulter) oder direkten Aufprall (Verkehrsunfall).
► **Klassifikation:**
   • *Lokalisation:* laterales, mittleres (am häufigsten – zu 70%) mediales Drittel.
   • *Bruchform und Dislokationsrichtung* der Fragmente.
   • *Klassifikation der lateralen Klavikulafraktur nach Jäger und Breitner:*
      ▶ *Hinweis:* Laterale Klavikulafrakturen machen wegen ihrer unterschiedlichen Beziehungen zum korakoklavikulären Bandkomplex eine zusätzliche Unterscheidung erforderlich.
      – *Typ 1:* Fraktur lateral der Bänder. Stabile Fraktur.
      – *Typ 2:* Fraktur zwischen Pars trapezoidea und Pars coronoidea des Lig. coracoclaviculare. Wegen Ruptur der Pars trapezoidea weicht das zentrale Fragment unter dem Zug des M. sternocleidomastoideus nach kranial, das distale Fragment sinkt durch das Gewicht des Armes nach kaudal-proximal.
      – *Typ 3:* Fraktur liegt medial der Bandansätze. Instabil wie Fraktur des mittleren Drittels (Typ 2).
      – *Typ 4:* Im Kindes- und Jugendalter. Aus dem noch kräftigen Periostschlauch ist das laterale Drittel der Klavikula ausgeschält, aber nicht gebrochen. Am Periost inseriert unverletzt der Kapsel-Band-Apparat.
   • *„Floating Shoulder":* siehe unter „diagnostisches Vorgehen".

Klinische Symptomatik

► Druckdolenz, Schwellung und Schmerzen bei Armbewegungen.
► Herunterhängen der Schulter.
• Verminderte Schulterbreite.

Diagnostisches Vorgehen

► **Anamnese:** Unfallmechanismus. Abschätzen der Gewalteinwirkung.
► **Klinische Untersuchung:**
   • *Inspektion* der Schulterkontur inkl. Sternoklavikular- und Akromioklavikulargelenke im Seitenvergleich: Weichteilschwellung? Deformität? Verfärbungen? Abschürfungen? Prellmarken? Hautperforation?
   • *Palpation:* Stufe über der Klavikula? Häufig Hochstand des medialen Fragmentes durch Zug des M. sternocleidomastoideus. Drohende Perforation?
   • *Obligatorisch Überprüfung des Gefäß-Nerven-Status* des gleichseitigen Armes inkl. Hautsensibilität am M. deltoideus (N. axillaris).
► **Ausschlussdiagnostik:**
   • *Begleitende Luxationen* im Akromioklavikular- oder Sternoklavikulargelenk → v. a. röntgenologische Diagnostik.
   • *Instabiler Schultergürtel – „Floating Shoulder"* (Abb. 27.1a)? (= klavikuloskapuläre Instabilität nach Frakturen der Klavikula und des Halses des Schulterblattes. Das Schultergelenk hat jeden Kontakt zum Schultergürtel verloren) → v. a. röntgenologische Diagnostik.

Schultergürtel und Oberarm

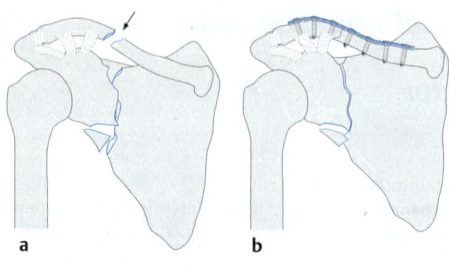

Abb. 27.1 a u. b
Versorgung einer
„Floating Shoulder":
a) Vordere und hintere
Dissoziation des
Schultergürtels.
b) Stabilisierung der
vorderen Komponente
durch Plattenosteosyn-
these der Klavikula

- *Bei Begleitfrakturen der ersten Rippen:*
  - Hämato-/Pneumothorax?
  - Schädigungen des Armplexus (v. a. N. ulnaris und A. subclavia)?
  - Tracheal- und Bronchuseinrisse?
- ► **Röntgen:**
  - a.p.-Aufnahme.
  - Die ergänzende Aufnahme erfolgt in einer um 45° versetzten Projektion bei kraniodorsal angelegter Röntgenplatte.
- ► **Angiographie:** bei klinischem Verdacht auf Gefäßschädigung.

Therapieprinzipien

- ► **Konservative Therapie:** in den meisten Fällen möglich (v. a. bei bei lateralen Frak-turen Typ 1 und wenig disloziertem Typ 2/3). Kontraindikationen: zusätzliche Nerven-, Gefäß- oder schwere Weichteilschädigungen, starke Verkürzungen (< 20–25 mm), Knickbildung über 20–25 Grad.
- ► **Operative Therapie:**
  - *Notfallindikationen:* Verletzungen der A. subclavia, offene Fraktur, Durch-spießungsgefahr.
  - *Allgemeine Indikationen:* Verletzung des Plexus brachialis, gelenknahe Brüche mit erheblicher Dislokation, Intermediärfragment, beschwerdeauslösende Frakturen nach 4–5 Wochen konservativer Behandlung, pathologische Fraktu-ren und Pseudarthrosen.
  - *„Floating Shoulder":* Die Versorgung der Klavikula bzw. des Akromioklavikular-gelenkes stabilisiert in der Regel die Situation ausreichend, sodass die Skapula-fraktur konservativ behandelt werden kann, sofern nicht eine Gelenkbetei-ligung eine operative Rekonstruktion des Glenoids erfordert (Abb. 27.1b).
  - *Ausgedehnte gleichseitige Rippenserienfrakturen:* Operative Stabilisierung der Klavikula, um der auxiliären Atemmuskulatur eine schmerzfreie Verankerung zu bieten.
- ► **Laterale Klavikulafrakturen:**
  - *Typ 1:* 10–14 Tage Traumaweste, während dieser Zeit Übungen aus der Weste heraus, anschließend Belastung nach Beschwerden.
  - *Typ 2:* bei wenig dislozierten Frakturen konservativ, Ruhigstellung im Gilchrist- oder Desault-Verband bzw. Traumaweste. Bei starker Dislokation operative Therapie.
  - *Typ 3:* wie Frakturen im mittleren Klavikuladrittel.
  - *Typ 4:* Offene Reposition und Halten mit Spickdrähten, die frühzeitig entfernt werden müssen (3 Wochen).

Konservative Therapie

► Falls Reposition notwendig: Bruchspaltanästhesie, anschließend Ruhigstellung im Rucksackverband = Extensionsverband, der die Schulter nach hinten und außen zieht (Abb. 27.2). Dadurch wird das mediale Fragment gegen den Zug des M. sternocleidomastoideus nach distal gedrückt und die Schulter und damit das laterale Fragment angehoben.

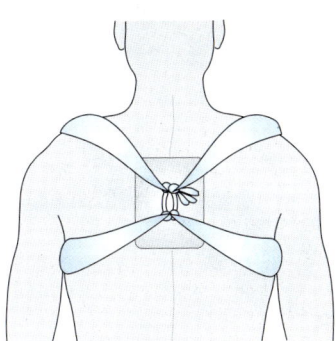

Abb. 27.2 Rucksackverband

Operationstechniken

► **Frakturen im mittleren Drittel:**
  • *Schritt 1:* Rückenlage, Intubationsnarkose.
  • *Schritt 2:* parallel zur Klavikula und ca. 2 cm infraklavikulär 10 cm langer Hautschnitt. *Alternativ* Säbelhiebschnitt in der Mitte der Klavikula.
  • *Schritt 3:* Darstellen der Fragmente, Reposition und Anmodellieren einer 3,5-mm-Rekonstruktionsplatte, je 3 Schrauben bikortikal in beide Hauptfragmente. Platte kommt auf der *Zuggurtungsseite* zu liegen.
  • *Schritt 4:* Redoneinlage, Hautverschluss.
► **Frakturen im lateralen Drittel** (Abb. 27.3):
  • *Zugang:* Schnitt über der Fraktur, Länge und Verlauf nach Notwendigkeit.
  • *Großes distales Fragment:* Wenn eine Verankerung von mindestens 2 Schrauben möglich ist, sollte eine Plattenosteosynthese mit 3,5-mm-Rekonstruktionsoder T-Platten durchgeführt werden. Eine Naht des Lig. conoideum ist nicht notwendig.
  • *Kleines distales Fragment:* Zuggurtungsosteosynthese, bei der die Drähte vom Akromion aus eingebracht werden. Entfernen der Drähte nach 6–8 Wochen.
  • *Alternative:* Bosworth-Schraube zur Transfixation der Klavikula gegen den Rabenschnabelfortsatz.

Nachbehandlung

► **Konservativ:**
  • *Ruhigstellung im Rucksackverband* für 3–4 Wochen. Den Verband alle 2 Tage nachspannen.
  • *Die volle Mobilisation* der Schulter und des Armes hängt von den Beschwerden des Patienten ab. Bei Dysästhesien oder peripheren Weichteilschwellungen sofortige ärztliche Kontrolle!

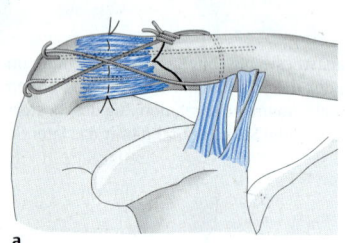

a

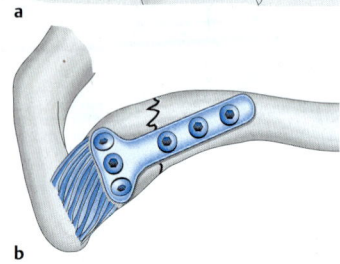

b

Abb. 27.3 a u. b   Versorgung einer lateralen Klavikulafraktur

▶ **Operativ:**
- *Frühfunktionelle Nachbehandlung* nach Ruhigstellung über 3–4 Tage (Trauma-weste). Kraftvolle Belastungen und Sport erst nach 3 Monaten.
- *Metallentfernung:*
  - Zuggurtungsdrähte nach 6 Wochen.
  - Platten nur bei störendem Weichteilrelief, aber nicht vor dem 7. Monat post-operativ.

Komplikationen und Prognose

▶ **Operative Komplikationen:**
- Direkte Verletzungen: große Gefäße, Plexus brachialis, Pleura (bei Verdacht auf Pleuraverletzung Röntgenthorax und evtl. Thoraxsaugdrainage).
- Implantatausrisse: Reosteosynthese.
- Kirschner-Draht-Wanderung (Drähte durch Verbiegen sichern).
- Pseudarthrose (allgemeine Komplikation).
- Narbenkeloid.
▶ **Prognose:**
- *Bei konservativem Vorgehen:* in den meisten Fällen gute Ausheilung. Eine evtl. auftretende Schulterverschmälerung hat keine funktionellen Nachteile. Schmerzen und Schultersteife nach 8 Wochen sprechen für persistierende Instabilität und die Entwicklung einer Pseudarthrose (in 7% nach konservativer Behandlung).
- *Bei operativem Vorgehen:* frühzeitig volle Funktionsfähigkeit.

27.2 Akromioklavikularluxation

Grundlagen

▶ **Definition:** komplette oder partielle Luxation der distalen Klavikula aus dem Akro-mioklavikulargelenk (AC-Gelenk).

welche Stab. Struk.:
= Deltotrapezoidfascie & Discus articulans

► **Ursachen, Verletzungsmechanismus:** Sturz auf die dorsokraniale Seite der Schulter mit einem kombinierten Hebel-Scher-Mechanismus.
► **Klassifikation:**
  • *Einteilung der AC-Gelenkverletzungen nach Tossy* (Abb. 27.4):
    – *Typ I:* entspricht einer Distorsion. Nur *gedehnte* akromio- und korakoklavikuläre Bänder. Kein Höhertreten des peripheren Klavikularandes.
    – *Typ II:* Subluxation im AC-Gelenk mit Ruptur der akromioklavikulären Bänder bei nur gedehnten korakoklavikulären Bändern.
    – *Typ III:* Luxation im AC-Gelenk mit kompletter Ruptur aller Bänder (Lig. acromioclaviculare, Ligg. coracoclavicularia).

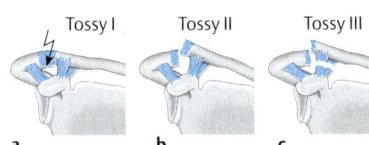

Abb. 27.4 a–c
Akromioklavikularluxationen

  • *Erweiterung der Klassifikation nach Post und Rockwood:*
    – *Typ IV:* Dorsale Einklemmung (Entrapment) der Klavikula in einem Schlitz des M. trapezius.
    – *Typ V:* Ausgedehnte Dislokation in der Frontalebene; Abstand zwischen der Klavikula und dem Korakoid mindestens doppelt so groß wie auf Gegenseite.
    – *Typ VI:* Laterale Klavikula ist unter das Akromion oder das Korakoid luxiert.
  ▶ ***Besonderheit im Kindesalter:*** Akromioklavikulargelenksprengung: Die distale Klavikula löst sich aus dem kranial längs eingerissenen Periostschlauch, nicht selten in der Epiphysenplatte, wobei alle Bänder intakt am Periost inserieren. Entspricht Typ IV der lateralen Klavikulafrakturen (S. 386).

Klinische Symptomatik

► Druckdolenz, Schwellung, Bewegungsschmerzen.
  ▶ ***Cave:*** Bei der Luxation der Klavikula nach dorsal kann eine Kompression der Gefäße des Armes entstehen!

Diagnostisches Vorgehen

► **Anamnese:** entsprechender Unfallmechanismus.
► **Klinische Untersuchung:** Bei kompletter Zerreißung aller Bänder (Tossy III) „Klaviertastenphänomen" = auf Druck lässt sich die in Fehlstellung (distales Ende nach kranial luxiert) stehende Klavikula wie eine Klaviertaste herunterdrücken und schnellt danach wieder hoch.
► **Röntgen:**
  • *Nativaufnahme und Panorama-Aufnahme* (simultanes beidseitiges a.p.-Röntgen beider Schultergelenke mit 10 kg Zug an beiden Händen, Abb. 27.5). Alternativ Aufnahme mit verschränkten Armen.
  • *Beurteilung:* Bei vergrößertem Abstand Korakoid–Klavikula liegt ein vollständiger Bandabriss vor.
    – *Typ I:* Die Abstände der distalen Klavikula zu Akromion und Korakoid sind auch unter Belastung symmetrisch (Toleranz: 2 mm).
    – *Typ II:* Das Akromioklavikulargelenk zeigt spontan oder bei Belastung eine mäßige Verbreiterung und Stufenbildung, die Gelenkflächen haben ihren Kontakt zueinander nicht vollständig verloren (Toleranz: < 1/2 Schaftbreite). **389**

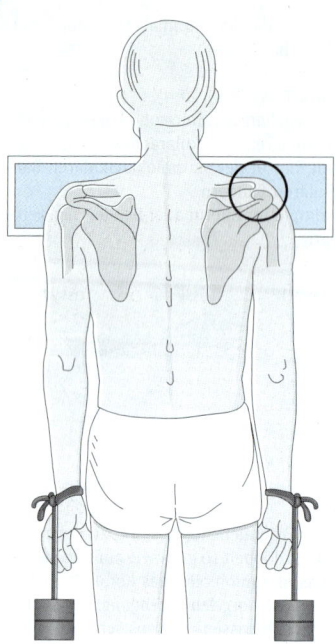

Abb. 27.5 Funktionell vergleichende Röntgenaufnahme mit breitem Film unter Aushängen mit Gewichten

– *Typ III:* Schulterblatt und Akromion stehen tiefer. Die Dislokation nimmt unter Belastung zu (Toleranz: > 1/2 Schaftbreite).
– *Typ IV-VI:* entsprechend ihrem klinischen Korrelat (s. o.).
▶ **Differenzialdiagnose:** laterale Klavikulafraktur, Distorsion, Kontusion, Subluxation.

Therapieprinzipien

▶ **Konservative, symptomatische Therapie** immer bei Tossy I, ebenso empfohlen bei Tossy II und III.
▶ **Fakultativ operativ:** nur bei ausgeprägter Luxation (Tossy III) und spezieller beruflicher („Über-Kopf-Arbeiten") und sportlicher Exposition.
▶ **Operative Verfahren** immer bei Typ IV–VI.

Konservative Therapie

▶ Kurze Ruhigstellung in Traumaweste für 1 Woche, symptomatisch-analgetische und anschließend funktionelle Therapie.

Operationstechniken

▶ Direkte Naht bzw. Adaptation der Bänder. Temporäre Transfixation des AC-Gelenkes mit Zerklage, Kirschner-Draht, Stellschraube oder Balserplatte.
▶ Da über 100 Operationsmethoden und deren Variationen beschrieben sind, wird auf die entsprechende Fachliteratur verwiesen.

Nachbehandlung (postoperativ)

► Nach Schmerzlinderung funktionelle Nachbehandlung.
► Gilchrist-Verband für 1 Woche.
► Bis 6 Wochen < 70–80° Abduktion.
► Metallentfernung methodenabhängig.

Prognose und Komplikationen

► In den meisten Fällen unproblematischer Verlauf mit Ausheilung, v. a. bei Typ I. Bei Typ II und III nach konservativer Behandlung trotz verbleibender (Sub-)Luxationen in 80% der Fälle gute bis sehr gute Prognose.
► Bei operativen Eingriffen Komplikationsrate von bis zu 20%. Vorgehen im Zusammenhang mit einer „Floating Shoulder" siehe S. 385.
  ◻ *Hinweis:* Bei Kampfsportlern ist eine Operation nicht angezeigt, da es bei Beibehalten des Sportes sehr häufig und rasch zu Rezidiven kommt.
► Konturänderungen der betroffenen Schulter bleiben ohne funktionelle Einschränkungen, können aber kosmetisch störend sein.
► Sowohl nach operativer als auch konservativer Behandlung zeigen sich in 50% Verknöcherungen in den korakoklavikulären Bändern.
► In der gleichen Häufigkeit zeigen sich röntgenologisch degenerative Veränderungen des Akromioklavikulargelenkes, sofern Akromion und Klavikula noch Kontakt haben.
► Schmerzhafte Verkalkungen und Arthrosen sind möglich.
► Komplikationen: Drahtwanderungen, Ermüdungsfraktur von Drahtschlingen, Narbenkeloid.

27.3 Sternoklavikularluxation

Grundlagen

► **Definition:** Komplette oder partielle Luxation der medialen Klavikula aus dem Sternoklavikulargelenk.
► **Ursachen, Verletzungsmechanismus:** Sturz auf die Schulter mit Scher-Hebel-Mechanismus.
► **Klassifikation:** Luxation nach vorne und nach hinten.

Klinische Symptomatik

► Deutliche Schwellung über dem Sternoklavikulargelenk, Druckdolenz, Bewegungsschmerz.
  ◻ *Cave:* Bei hinterer Luxation: Begleitverletzungen an Trachea, Pleura sowie großen Gefäßen möglich. In Zweifelsfällen Angiographie durchführen.

Diagnostisches Vorgehen

► **Röntgen:** Thorax in 2 Ebenen, Sternum seitlich, konventionelle Tomographie (v. a. zur Differenzierung Fraktur–Luxation).
► **Computertomographie:** Bei nicht sicher auszuschließender Luxation v. a. zur Differenzierung vordere/hintere Luaxtion.
► **Differenzialdiagnose:** mediale Klavikulafraktur, aseptische Nekrose des medialen Endes der Klavikula (Friedreich-Erkrankung), Postmenopausenarthritis, Tietze-

Syndrom (Chondropathia tuberosa, schmerzhafte Verdickung der Rippenknorpel am Sternalansatz der 2. und 3. Rippe unklarer Ätiologie).

Therapieprinzipien

▶ **Konservative Therapie:** a) bei Distorsionen bzw. nicht massiver vorderer Luxation, b) bei hinterer Luxation, wenn keine Zusatzverletzungen bestehen und das Gelenk nach Reposition stabil ist.
▶ **Operative Therapie:**
  • Indikationen: nicht retinierbare vordere und hintere Luxation.
▷ *Hinweis:*
  • Generell gilt, dass die hintere Luxation schwer zu reponieren, aber leicht zu retinieren ist, die vordere Luxation dagegen ist leicht zu reponieren, aber schwer zu retinieren.
  • Vordere Luxationen, die nicht operationspflichtig sind, werden wie hintere Luxationen behandelt.

Konservative Therapie

▶ **Reposition der nach hinten luxierten Klavikula:**
  • Der narkotisierte und relaxierte Patient liegt mit einem Sandsack zwischen den Schulterblättern auf dem OP-Tisch.
  • Den Arm der verletzten Seite unter Abduktion nach hinten unten ziehen.
  • Die erfolgreiche Reposition ist erkennbar an einem hörbaren Schnappen.
  • Überprüfung der Retention und Stabilität.

Operationstechniken

▶ **Vordere Luxation:** Rückenlage, Zugang über einen direkten Schnitt über dem Sternoklavikulargelenk.
▶ **Überprüfen der Reposition,** Stabilisierung durch „Gelenkplatte" mit gleichzeitiger Naht des Ligamentum costoclaviculare und der beiden Anteile des Ligamentum sternoclaviculare.
▷ *Alternative:* Stabilisierung des Gelenks durch 8-förmig geführte Schlinge aus geflochtenem Draht oder PDS-Kordel. Transfixation mit Platte.

Nachbehandlung

▶ **Konservative Therapie** (nach Reposition): Ruhigstellung des Armes in Trauma-weste für 3 Wochen, anschließend funktionelle Nachbehandlung. Keine Extrembewegungen, keine starken Belastungen und sportliche Aktivitäten für 3 Monate.
▶ **Operative Therapie:** kurzfristige postoperative Ruhigstellung, anschließend funktionelle Nachbehandlung. Implantatentfernung nach 4 Monaten, da sonst mit einem Bruch des Osteosynthesematerials zu rechnen ist.

Prognose

▶ Gut, wenn konsequent die frische Luxation behandelt wird. Die bandplastische Stabilisierung alter Luxationen hat eine hohe Misserfolgsrate.
▶ Komplikationen:
  • Reluxation.
  • Drahtwanderung.
  • Schlingenbruch.
  • Narbenkeloid.
  • Tumorartige Narbenbildung.

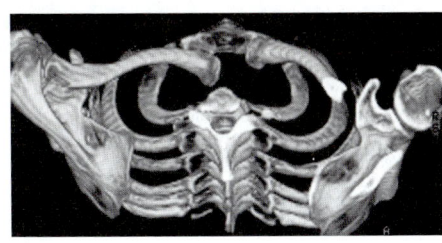

Abb. 27.6
3-D-Rekonstruktion einer
hinteren Luxation im
Sternoklavikulargelenk
linksseitig

27.4 Schulterluxation

Grundlagen

▶ **Definition:** Verrenkung des Schultergelenkes.
▶ **Ursachen, Verletzungsmechanismus:** Sturz auf den ausgestreckten und abduzier-
ten Arm. Brüske Bewegungen im Schultergelenk bei gewaltsamer Außenrotation
und Abduktion.
▶ **Klassifikation** (häufigste Luxation des Körpers; ca. 50% aller Luxationen):
  • *Luxationsrichtung:*
    – *Nach vorne* als Luxatio subcoracoidea am häufigsten (80–90%; Abb. 27.7).
    – *Nach hinten* (in 4%).
    – *Nach unten* (Luxatio erecta) und intrathorakal, häufig mit neurovaskulären
      Schäden verbunden (seltene Formen).

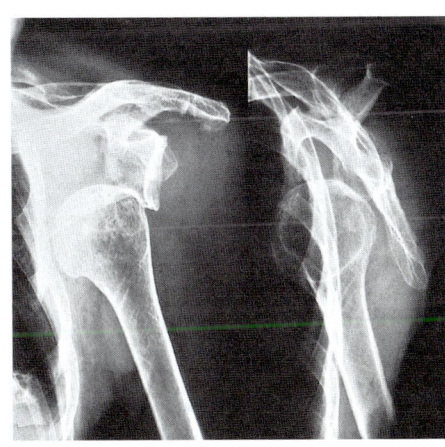

Abb. 27.7   Vordere
Schulterluxation

  • *Luxationshäufigkeit:* Unterscheidung in Erstluxation, Reluxation (2. echtes
    Unfallereignis) und habituelle Luxation (wiederholt auftretende Luxationen
    ohne adäquates Unfallereignis).
▶ **Mögliche Begleitverletzungen:**
  • Bankart-Läsion: Läsion des ventralen Pfannenrandes mit Abriss des Labrum
    glenoidale.

- Hill-Sachs-Läsion: Dorsolaterale Impression am Humeruskopf, die während der ventralen Luxation durch den Glenoidrand verursacht wird.
- Reversed-Hill-Sachs-Läsion: ventrale Impression am Humeruskopf bei dorsaler Luxation.
- *Abrissfraktur* des Tuberculum majus.
- *Luxationsfrakturen* des Humeruskopfes.
- *Verletzung der A. axillaris und/oder des N. axillaris.*

Klinische Symptomatik

▶ **Allgemein:** massive Schmerzen im Bereich des Schultergelenkes mit Bewegungs-unfähigkeit und federnd fixierter Zwangshaltung des Armes.
▶ **Fehlstellungen abhängig von der Luxationsrichtung:**
- *Bei vorderer Luxation:* Abduktion und Außenrotation.
- *Bei hinterer Luxation:* Adduktion und Innenrotation.
- *Bei Luxatio erecta:* Der Arm ist nach oben fixiert. Seltene Form der Luxation, aber häufig mit neurovaskulären Schäden verbunden.

Diagnostisches Vorgehen

▶ **Klinische Untersuchung:**
- *Tasten einer Epaulettenform der Schulter* mit „leerer" Pfanne und veränderter Schulterkontur.
- *Obligate Prüfung der Gefäß-Nerven-Versorgung:*
  1. N. axillaris (sensibles Gebiet über dem M. deltoideus).
  2. Plexus brachialis mit Kennmuskeln/„-bewegungen" des *N. radialis* (Hand-dorsalextension, Fingerstreckung), *N. ulnaris* (Fingerspreizen), *N. medianus* (Beugung der Finger).
  3. Aa. radialis und ulnaris (Durchblutung des betroffenen Armes).
▶ **Röntgen:** *Schulter a.p.* (Abb. 27.8) *und Skapula-Y-Aufnahme* (Abb. 27.9). Vor der Reposition durchzuführen zum Ausschluss zusätzlicher Frakturen, z.B. Abriss des Tuberculum majus.

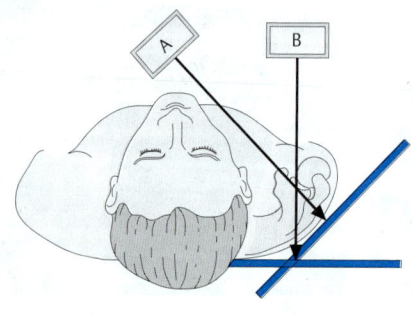

a

zu A

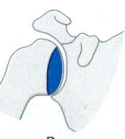

zu B

Abb. 27.8 a u. b   Röntgen
Schultergelenk a.p.

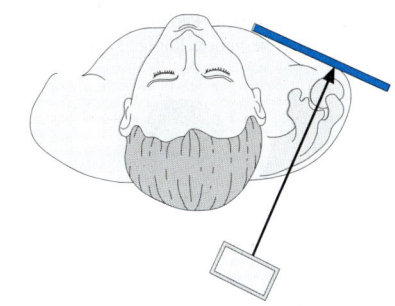

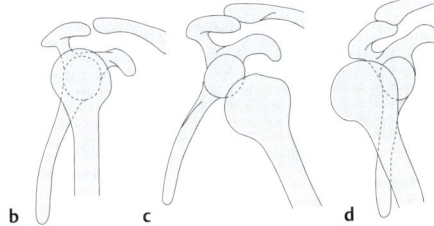

Abb. 27.9 a–d
a) Projektionsaus-
richtungn für Skapula-
Y-Aufnahme,
b) reguläre
Gelenkstellung,
c) vordere Luxation,
d) hintere Luxation

a

b   c   d

Therapieprinzipien

▶ **Zeitpunkt des therapeutischen Eingriffs:**
  - *Luxationen:* notfallmäßig so schnell wie möglich. Reposition (einzelne Techniken/Manöver s. u.) der Luxation unter Analgesie oder i.v.-Kurznarkose nach dem Prinzip Längszug am Arm, Gegenzug am Thorax und leichte Rotations-Hebel-Manöver.
  - *Nicht retinierbare Luxationen:* so früh wie möglich.
  - *Refixation des Tuberculum majus und Bankartfragmentes* binnen Tagen.
  - *Rotatorenmanschettenrekonstruktion* innerhalb weniger Wochen.
▶ **Konservative Behandlung nach Reposition:** bei älteren Patienten mit Erstluxation.
▶ **Operative Verfahren nach Reposition:**
  - *Schulterarthroskopie:* Bilanzierung bei jungen Patienten mit Erstluxation und Versorgung von Limbusausrissen.
  - *Offene Operationsverfahren:*
    – *Indikationen:* Interposition des abgerissenen Tuberculum majus, irreponible Luxationsfraktur, rezidivierende posttraumatische Luxationen.
    – *Ziele:* Beseitigung oder funktionelle Ausschaltung einer Kopfimpression; Rekonstruktion des Kapsel-Labrum-Komplexes; Vergrößerung des Glenoids (bei habitueller Luxation).

Repositionen (unter Analgesie)

▶ **Reposition nach Arlt** (Abb. 27.10): Der verletzte Arm liegt auf einer gepolsterten Stuhllehne. Es erfolgt Dauerzug bei flektiertem Ellbogen. Nach völliger Entspannung schnappt die Schulter ein, erleichtert durch intraartikuläre Lokalanästhesie (z. B. 20 ml Scandicain oder Mepivacain).

▶ **Hinweis:** Nach erfolgter Reposition obligatorische Kontrolle der peripheren Durchblutung und Innervation, Röntgen a.p. und Skapula-Y-Aufnahme.

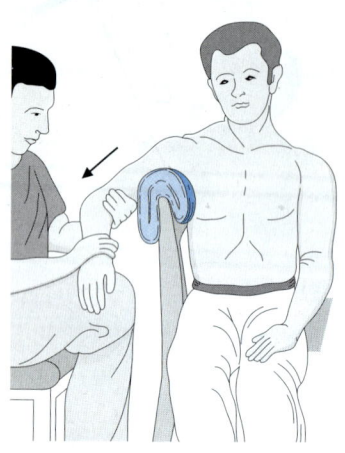

Abb. 27.10 Reposition über Stuhllehne (nach Arlt)

▶ **Reposition nach Hippokrates** (Abb. 27.11): Der Patient liegt auf dem Rücken. Mit Zug am Arm und in die Axilla eingestemmter Ferse (als Gegenzug und Hypomochlion) wird der Humeruskopf eingehebelt.

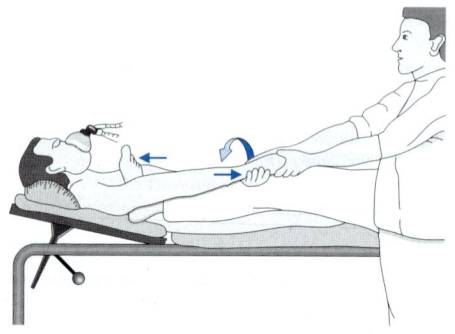

Abb. 27.11 Reposition nach Hippokrates

▶ **Reposition nach Kocher** (Abb. 27.12): Der Patient liegt auf dem Rücken. Die Reposition erfolgt in vier Phasen am rechtwinkelig gebeugten Arm: Adduktion → Außenrotation → Elevation → Innenrotation.

Konservative Therapie

▶ Nach Reposition Ruhigstellung:
- Bei jungen Patienten (< 30 Jahre) für 3 Wochen in Desault-Verband.
- Bei älteren Patienten (> 40 Jahre) 3–4 Tage.
▶ Anschließend funktionelle Nachbehandlung.

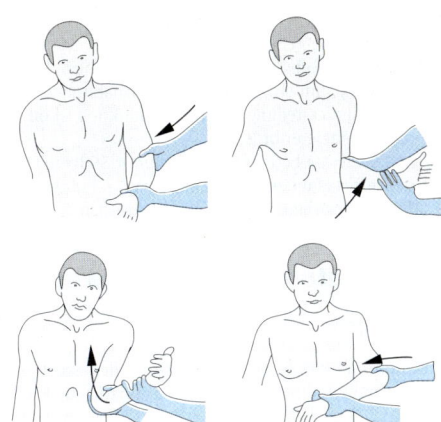

Abb. 27.12   Reposition
nach Kocher

Operationstechniken

▶ **Bilanzierende bzw. therapeutische Schulterarthroskopie** s. S. 559.
▶ **Offene Verfahren:**
  1. Bei Kopfimpressionen:
   – Standardzugang zur Schulter durch den Sulcus deltoideopectoralis unter Durchtrennung der Sehne des M. subscapularis (siehe Skapulafraktur S. 402).
   – Längsinzision der Kapsel zwischen Humeruskopf und Glenoid.
   – Heben und knöcherne Unterfütterung der Impression. Subkapitale Drehosteotomie nach Weber. Drehung des Armes um 25 Grad nach außen. Dadurch kommt der Kopfdefekt so weit nach hinten zu liegen, dass er nicht mehr am Glenoidrand einhaken kann, wodurch die Reluxation verhindert wird.
  2. Rekonstruktion des Kapsel-Labrum-Komplexes:
   – Lagerung des Patienten im „Beach Chair".
   – Refixation des Labrums und der Kapsel unter Verwendung von Knochenankern (z. B. Mitec-Ankern):
   – Anfrischen des Pfannenrandes und Setzen der Bohrkanäle für die Knochenanker. Mit verzögert resorbierbarem Nahtmaterial werden Kapselansatz und Labrum U-förmig gefasst. Durchführen eines „Kapselshifts", d. h. die Raffung der Kapsel durch Übereinanderstepppen der Kapselanteile.
  3. Vergrößerung des Glenoides: Ein so genannter „J-Span" wird über eine Nut im subchondralen Knochen des Glenoides eingemeißelt. *Alternativ* Aufbringen eines quaderförmigen Spans mit 2 Kleinfragmentschrauben auf das Glenoid.

Nachbehandlung

▶ **Konservative Therapie:** siehe oben.
▶ **Operative Therapie:** Ruhigstellung in Traumaweste unter vorübergehender Freigabe zu physiotherapeutischen Übungen vor allem des Ellbogengelenkes. Ab 4. Woche vollständige Freigabe. Keine kraftvollen Außenrotationsbewegungen in den ersten 8 Wochen.

Prognose

▶ Der Nachweis einer Bankart-Läsion bei jungen Patienten erfordert eine operative Versorgung, um eine Reluxation oder habituelle Schulterluxation zu vermeiden.
▶ Zur Wiederherstellung der Schulterfunktion ist oft eine länger dauernde physikalische Therapie erforderlich.
▶ Die Rezidivrate beträgt bei Patienten < 30 Jahre fast 100%, wenn radiologisch ein disloziertes Pfannenrandfragment von > 5 mm nachgewiesen wird und weiterhin „Über-Kopf-Arbeiten" durchgeführt werden.

27.5 Rotatorenmanschettenruptur

Grundlagen

▶ **Definition:** Riss oder Defektschaden der Schultersehnenkappe, bestehend aus Teres-minor-, Infraspinatus-, Supraspinatus- und Subskapularissehne (Abb. 27.13).

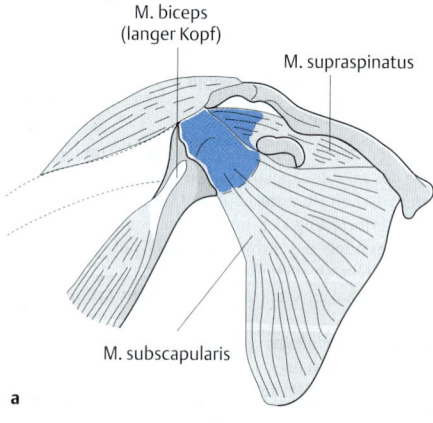

M. biceps
(langer Kopf)

M. supraspinatus

M. subscapularis

a

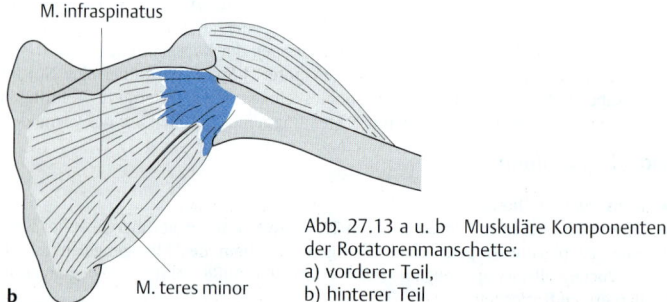

M. infraspinatus

Abb. 27.13 a u. b   Muskuläre Komponenten der Rotatorenmanschette:
a) vorderer Teil,
b) hinterer Teil

M. teres minor

b

▶ **Ursache, Verletzungsmechanismus:**
- *Sehnendegeneration:*
  – Intrinsische Tendinopathie: Sehnengewebsnekrose aufgrund einer Durchblutungsstörung durch mechanischen Druck, beginnend ab 4. Lebensjahrzehnt (Über-Kopf-Arbeiter, dominanter Arm).
  – Extrinsische Tendinopathie: Einengung des subakromialen Raumes mit mechanischer Irritation der Sehnen von außen: kongenitale Stenose, Akromion Typ III, AC-Gelenkarthrose, Verdickung des Lig. coracoacromiale, Bursitis subacromialis.
- *Unnatürliche Zugbelastung des Sehnengewebes* (geeignete Unfallmechanismen):
  – Passive Adduktion des Armes.
  – Zug auf den nach hinten und innen rotierten Arm.
  – Verletzungen mit knöchernen Abrissfrakturen der Tuberkula.
  – Traumatische Schulterluxation.
  – Zugbelastung mit gewaltsamer Rotation des Armes.

▶ **Klassifikation:**
- *Nach Patte* (Einteilung nach der Lokalisation der Ruptur):
  – Sektor A: Subskapularissehne.
  – Sektor B: Supraspinatussehne.
  – Sektor C: Infraspinatus- und Teres-minor-Sehne.
- Bateman (Einteilung nach Defektgröße): I = bis 1 cm, II = 1–3 cm, III = 3–5 cm, IV = > 5 cm.
- *Partialruptur:* keine Verbindung zwischen Glenohumeralgelenk und Subakromialraum, akromialseitig, gelenkseitig oder intratendinös.
- *Komplettruptur:* vollständige Verbindung zwischen Glenohumeralgelenk und Subakromialraum.
- *Neer* 1972 und 1983 (Einteilung nach makroskopischem Sehnenbefund):
  – I: Ödem und Einblutung.
  – II: Fibrose und Verdickung.
  – III: Sehnendefekt.
- *Neer* 1990 (Einteilung nach Entstehung):
  – A: traumatischer Riss < 35. Lebensjahr.
  – B: Intervallriss bei Luxation > 40. Lebensjahr.
  – C: Intervallriss mit multidirektionaler Instabilität (< 35. Lebensjahr).
  – D: „Impingement"-Riss > 40. Lebensjahr (degenerativ).

Klinische Symptomatik

▶ **Chronisches Rotatorenmanschettensyndrom, Impingement:**
- Nachtschmerzen, Schulterschmerzen bei Über-Kopf-Tätigkeiten.
- „Painful Arc": Bewegungsschmerz bei aktiver Hebung des Armes zwischen 70° und 130°; verschwindet bei passiver Unterstützung des Armes. (*Differenzialdiagnostisch:* hoher schmerzhafter Bogen zwischen 110° und 160°, keine Besserung bei passiver Unterstützung → Akromioklavikulargelenk-Erkrankung.)
- Kraftminderung mit Atrophie der Mm. supra- und infraspinatus (Inaktivitätsatrophie).

▶ **Akute Rotatorenmanschettenruptur:** akut Unfähigkeit, den Arm zu heben (Pseudoparalyse). Lokaler Druckschmerz am Korakoid.

Diagnostisches Vorgehen

▶ **Klinische Untersuchung – *Tests*** (typische Symptomatik s. o.):

- *Supraspinatustest* (Jobe): 90°-Abduktion, 30°-Horizontalflexion, Innenrotation (Daumen zeigt zum Boden). Spontanschmerz oder Schmerz bei weiterem Anheben gegen Widerstand.
- *0°-Abduktionsschmerz:* Der herabhängende Arm muss gegen den Widerstand des Untersuchers abduziert werden. M. supraspinatus
- *Drop-Arm-sign:* Der passiv um 90° abduzierte Arm kann aktiv nicht gehalten werden.
- *Subskapularistest:* Innenrotation gegen Widerstand in 0°-Stellung und 90°-Abduktion.
- *Impingement-Test* (Hawkins): Forcierte Innenrotation des flektierten und adduzierten Armes.

▶ **Röntgen Schulter** a.p., axial und in der Projektion nach Bigliani/Morrison:
  - Ausschluss einer Fraktur oder Luxation.
  - Arthrose des Akromioklavikulargelenks?
  - Osteophyten?
  - Oberarmkopfhochstand?
  - Tendinosis calcarea?
  - Konturunregelmäßigkeiten am Tuberculum majus?
  - Knochenatrophie am Tuberculum majus?

▶ **Sonographie:** Bursitis subacromialis, Sehnendefekt, Sehnenausdünnung (Konkavitätsphänomen)?

▶ **Kernspintomographie:** Sehnendefekt, Sehnendegeneration, Bursitis, Muskelretraktion, AC-Gelenk-Impingement, fettige Muskeldegeneration?

▢ *Differenzierung* akut-traumatische oder chronisch-degenerative Rotatorenmanschettenverletzung (frühzeitig wichtig wegen der therapeutischen Konsequenzen!): s. Tab. 27.1.

Tabelle 27.1 · Differenzierung einer akut-traumatischen von einer chronisch-degenerativen Rotatorenmanschettenverletzung

Parameter	akut-traumatisch	chronisch
Anamnese	geeigneter Unfallmechanismus	ungeeigneter Hergang (Prellung, Stauchung)
Schmerz	sofort Schmerzen, die später abnehmen	später einsetzender Schmerz, langanhaltend
Funktionstest, sonstige Symptomatik	Drop-Arm-Sign (s. o.)	Impingement-Zeichen (Nachtschmerz, schmerzhafter Bogen, Supraspinatustest positiv)
Röntgen	unauffälliger Skelettbefund	Oberarmkopfhochstand, Osteophyten, AC-Gelenkarthrose
Sono	Gelenkerguss, schmaler Riss	kein Erguss, großer Defekt
MRT	Sehne gut abgrenzbar, Muskel nicht retrahiert, schmaler Riss	AC-Gelenkarthrose, retrahierter Muskel, fettige Muskeldegeneration

Therapieprinzipien

▶ Bestehen nach einem äußeren Ereignis mit heftigen Schulterschmerzen keine ausreichenden Hinweise auf eine traumatische Rotatorenmanschettenruptur, so gibt es primär keine Indikation zur operativen Therapie.
▶ **Indikationen zum operativen Vorgehen:**
  • *Sehnenrekonstruktion:*
    – Traumatische Rotatorenmanschettenruptur (Kriterien s. o.).
    – Spannungsfrei rekonstruierbarer chronischer Defektschaden bei fehlgeschlagener konservativer Therapie.
  • *Akromioplastik:*
    – Impingement-Symptomatik bei degenerativem Defektschaden.
    – Ergänzender Eingriff bei allen Manschettenrekonstruktionen.

Konservative Therapie

▶ Immobilisation im Schulterverband nicht über 1 Woche.
▶ Begleitend lokale und systemische antiphlogistische Therapie.
▶ Nach Schmerzreduktion Krankengymnastik und physikalische Therapie (z. B. lokale Kälteanwendung, Schwimmen).
▶ Bestehen nach 6–8 Wochen noch immer erhebliche Beschwerden, sollte nach Sicherung der Diagnose (MRT!) die Indikation zur Operation erneut überprüft werden.

Operative Therapie

▶ **Arthroskopischer Eingriff:**
  • *Lagerung:* Seitlagerung, Armhalter mit leichter Traktion oder Beach-Chair.
  • *Anästhesie:* Allgemeinnarkose.
  • *Zugang:* Standardzugang für das Arthroskop dorsal, Arbeitszugänge ventral und lateral. Wechsel der Zugänge je nach speziellen Erfordernissen.
  • *Vorgehen:*
    – Diagnostische Arthroskopie und Bursoskopie.
    – Subakromiale Dekompression mit Shaver und Akromionizer, wahlweise Elektrochirurgie oder Laser.
    – Rotatorenmanschettennaht mit Spezialinstrumentarium (mehrere Methoden).
▶ **Offenes Verfahren:**
  • *Lagerung:* Beach-Chair-Position, frei beweglicher Arm.
  • *Anästhesie:* Allgemeinnarkose.
  • *Zugang:* schräger Hautschnitt vom AC-Gelenk zum Tuberculum majus. Falls erforderlich *Deltoideussplitting:* Ablösen des Deltoideus mit Knochenschuppe vom Akromion, Resektion des Lig. coracoacromiale, vordere Akromioplastik mit Meißel, Teilresektion der Bursa subacromialis, Exposition des Rotatorenschadens.
  • *Vorgehen:*
    – *Frische traumatische Ruptur:* transossäre Refixation oder direkte Naht. Reinsertionshilfen: Schraubenanker, Titananker oder Anker aus resorbierbaren Materialien.
    – *Chronischer Rotatorendefekt:* Mobilisierung der retrahierten Sehne, Schaffen einer Knochennut im Tuberculum majus, gegenläufige U-Naht nach Walch, transossärer Auszug der Naht oder Reinsertionshilfen (s. o.).

OP-Nachbehandlung

▶ **Akromioplastik ohne Sehnenrekonstruktion:** funktionelle Weiterbehandlung ohne Einschränkungen, schmerzorientiert, nicht steroidale Antiphlogistika.
▶ **Rekonstruktion der Rotatorenmanschette:**
  • *Bei spannungsfreier Naht* funktionelle Weiterbehandlung unter Vermeidung der aktiven Abduktion, Schlingentisch, Anteversion ist bis 90° erlaubt. Nach 4–6 Wochen aktive Übungsbehandlung, Krafttraining, Schwimmen.
  • *Bei aufwendiger Sehnenrekonstruktion:* Abduktionskissen oder Abduktions-schiene für 4 Wochen, passive Bewegungsübungen, danach Vorgehen wie bei spannungsfreier Naht (s. o.).

Prognose und Komplikationen

▶ **Intraoperative Komplikationen:** Sehr selten Nervenverletzungen (N. axillaris, N. suprascapularis), gelegentlich Akromionfraktur (Schraubenosteosynthese).
▶ **Postoperative Komplikationen:** Nachblutung (→ operative Hämatomaus-räumung), Infektion (→ wiederholte operative Débridements und Spülungen), Schultersteife (→ Mobilisation in Narkose), Deltoideusschwäche.
▶ **Prognose:**
  • *Reruptur:* nach 1-Sehnenrekonstruktion 10–20%, nach 2-Sehnenrekonstruktion 41–43%, nach 3-Sehnenrekonstruktion 68–89%.
  • Frische traumatische Rotatorenrupturen heilen meist folgenlos aus.
  • Beim chronischen Defektschaden ist die Prognose abhängig von zahlreichen Einzelfaktoren und im Einzelfall ungewiss. Parameter für eine eher schlechte Prognose sind:
    – Fortgeschrittenes Alter.
    – Großer Defekt.
    – Muskelatrophie.
    – Schultersteife.
    – Vorbestehende Spontanruptur der langen Bizepssehne.
    – Rauchen.
    – Arbeitsunfall.
    – AC-Gelenkarthrose.
    – Hakenförmiges Akromion Typ III.
    – Oberarmkopfhochstand.
    – Langer Zeitraum zwischen Erstmanifestation und Operation.
    – Vorausgehende Kortisoninjektionen.

27.6 Skapulafraktur

Grundlagen

▶ **Definition:** Frakturen der durch einen kräftigen Muskelmantel geschützten Skapula.
▶ **Ursachen, Verletzungsmechanismus:** massive Gewalteinwirkung durch direktes Trauma. Abrissmechanismen an den Skapulafortsätzen.
▶ **Klassifikation:**
  • Einteilung in Frakturen des Korpus, Skapulahalses, der Schultergelenkpfanne, des Akromions und Processus coracoideus.

- *Klassifikation der Skapulafrakturen nach Habermayer:*
  - *Gruppe A:* Korpus- und Fortsatzfrakturen (Korpusfrakturen, Spinafrakturen, Processus-coracoideus-Abrisse, Akromionabrisse).
  - *Gruppe B:* Kollumfrakturen (Collum anatomicum, Collum chirurgicum isoliert, Collum chirurgicum mit akromio-klavikulärer Instabilität: („Floating Shoulder", s. S. 385) bei begleitender Klavikula- und Akromionfraktur oder durch begleitende Ruptur der Ligg. coracoclaviculare und coracoacromiale.
  - *Gruppe C:* Gelenkfrakturen (Pfannenrandbrüche, Pfannenbrüche mit a) unterem Pfannenfragment, b) horizontaler Pfannenspaltung, c) korakoglenoidaler Blockbildung, d) Trümmerfrakturen, Kombination von Kollum- und Korpusfrakturen).

Klinische Symptomatik

- ► Schmerzhafte Bewegungseinschränkung im Schultergelenk.
- ► Druck- und Stauchungsschmerz im Frakturbereich.

Diagnostisches Vorgehen

- ► **Röntgen:** Schulter a.p. und tangential.
- ► **Computertomographie:** Bei Frakturen der Gelenkpfanne und des Skapulahalses, zur Beurteilung des Frakturverlaufes und seiner Ausdehnung.
- ► **Elektromyographie (EMG):** Bei Frakturen im Collum chirurgicum der Skapula, wegen möglicher Schädigung des N. suprascapularis. Versorgt sensibel kein Hautareal, aber Mm. supra- und infraspinatus.
- ▣ *Cave:* Begleitverletzungen im Thoraxbereich ausschließen!

Therapieprinzipien

- ► **In den meisten Fällen** konservativ mit temporärer Ruhigstellung.
- ► **Indikationen zur operativen Rekonstruktion:**
  - *Frakturen des Korakoids und des Akromions:* nur bei starker Dislokation.
  - *Dislozierte Pfannenbrüche und Kollumfrakturen* mit starker Dislokation.
  - *Frakturen durch die Incisura scapulae* mit Störungen des N. suprascapularis.
  - *„Floating Shoulder":* siehe Klavikulafraktur S. 385.
  - ▣ *Hinweis:* Bei gleichzeitig vorliegenden Hämato- und Pneumothoraces sollte vor lang dauernden Operationen eine Pleurasaugdrainage gelegt werden (S. 60).

Konservative Therapie

- ► Analgesie (S. 84), Ruhigstellung für 3–4 Tage in der Traumaweste oder im Gilchrist- oder Desault-Verband, anschließend frühfunktionelle Behandlung.

Operationstechniken

- ► **Ventraler Zugang:** Bei knöchernen Absprengungen vom vorderen und unteren Pfannenrand, Frakturen des Korakoids.
  - *Schritt 1:* Rückenlage. Hautschnitt über dem Sulcus deltoideopectoralis; die Leitstruktur V. cephalica dabei nach lateral halten.
  - *Schritt 2:* Haltefäden durch den Ansatz des M. subscapularis am Tuberculum minus legen und 1 Querfinger proximal seines Ansatzes durchtrennen (*cave:* Unteres Viertel belassen wegen N. axillaris und A. circumflexa). Falls der Zugang vergrößert werden muss: Osteotomie des Korakoids (1,5 cm großes Segment) und zusammen mit den inserierenden Muskelansätzen nach medial weghalten.

- *Schritt 3:* Kapsel eröffnen und den Schaden inspizieren. Refixation der Rand-absprengung(en) mit Mini- oder Kleinfragmentschrauben.
- *Schritt 4:* Naht der Kapsel mit Einzelknopfnähten (Vicryl 2.0) nach Einlage einer Redondrainage. Wundverschluss.
► **Dorsaler Zugang:** Bei Glenoidfrakturen und operationspflichtigen Brüchen des Skapulahalses.
- *Schritt 1:* Bauchlage, Schnitt 2 cm medial des Akromions auf Skapulaspitze ziehend.
- *Schritt 2:* Durchtrennen der Faszie, Mobilisation der Pars spinalis des M. deltoideus.
- *Schritt 3:* Zwischen Mm. infraspinatus und teres minor Eingehen auf die Margo lateralis des Schulterblattes.
- *Schritt 4:* Entlang der lateralen Seite des Schulterblattes wird das Glenoid erreicht.
- *Schritt 5:* Eröffnen des Gelenkes und unter Sichtreposition. Verschrauben mit Kleinfragmentschrauben oder mit 3,5-mm-Rekonstruktionsplatte.
► **Zugang nach Judet** (größerer Zugang bei Kombinationsverletzungen der Schulter):
- Hautschnitt vom Akromion, entlang der Spina und dem Margo medialis bis zum unteren Schulterblattwinkel.
- Der M. infraspinatus wird von dorsokaudal beginnend aus seinem Bett gelöst und vom Skapulakörper geschoben (*cave:* N. suprascapularis, der aus der Incisura scapulae kommt, schonen!).

Nachbehandlung postoperativ

► Nach Ruhigstellung für 3–4 Tage frühfunktionelle Nachbehandlung.

Prognose

► Günstige Prognose bei Korpus- und stabilen Halsfrakturen, langwierig bei komplexen Frakturen.

27.7 Bizepssehnenabriss

Grundlagen

► **Formen und Definitionen:**
- *Proximale Ruptur:* Riss der langen Bizepssehne im Sulcus intertubercularis.
- *Distale Ruptur:* Abriss der Sehne am Tuberculum radii.
► **Ursachen, Verletzungsmechanismus:**
- *Proximale Ruptur* der langen Bizepssehne bei Bagatelltrauma aufgrund von Scheuerwirkungen und degenerativen Veränderungen.
- *Ruptur der distalen Sehne* durch erhebliche Gewalteinwirkung.
► **Klassifikation:** je nach Ruptur distal oder proximal.

Klinische Symptomatik

Tabelle 27.2 · Klinische Symptomatik bei Bizepssehnenruptur

klinischer Parameter	proximale Ruptur	distale Ruptur
Schmerz	relativ schmerzarm (kurz dauernder Schmerz) und wird häufig übersehen	schmerzhaft
Funktionsverlust	Schwäche von Abduktion der Schulter und Flexion des Ellbogens	Funktionsverlust (Beugung im Ellbogengelenk und Supination geschwächt bis aufgehoben)
Hämatom	ja	ja
Verlagerung des Bizepsmuskelbauches bei Kontraktion	in Richtung Ellbogen	in Richtung Schulter

Diagnostisches Vorgehen

► **Klinische Untersuchung:** Die Beugung im Ellbogen gegen Widerstand ist im Seitenvergleich abgeschwächt. Während die Kraftminderung bei einer Ruptur der langen Bizepssehne gering ist, steht der Kraftverlust bei der Ruptur der distalen Sehne im Vordergrund.
► **Röntgen** (zum Ausschluss von Frakturen):
  • *Bei proximaler Bizepssehnenruptur:* Schultergelenk in 2 Ebenen (Ausschluss einer subkapitalen Humerusfraktur).
  • *Bei distaler Bizepssehnenruptur:* Ellbogengelenk in 2 Ebenen.

Therapieprinzipien

► **Distale Ruptur:** In jedem Alter Indikation zur operativen Refixation.
► **Proximale Ruptur:** hauptsächlich konservative Therapie. Operatives Vorgehen bei kosmetischem Problem.

Konservative Therapie

► **Nur bei proximaler Bizepssehnenruptur:** Ruhigstellung und Analgetika für 3–4 Tage, anschließend funktionelle Nachbehandlung nach Maßgabe der Beschwerden.

Operationstechniken

► **Bei proximaler Ruptur:**
  1. *Nicht anatomische Refixation* der rupturierten langen auf die kurze Sehne des M. biceps. Ruhigstellung für 2–3 Wochen notwendig.
  2. *Schlüssellochplastik:* Fräsen eines schlüssellochförmigen Schlitzes in die proximale Humerusschaftkortikalis und Einhängen des geknoteten Sehnenendes unter mäßiger Vorspannung des Muskels.
► **Bei distaler Ruptur Operation nach:**
  1. *Thompson:* Die Bizepssehne wird direkt an der alten Insertionsstelle am Tuberculum radii fixiert. Technik wird durch Mitek-Anker erleichtert.

2. *Bunnel:* „Pull-out-Wire"-Technik, Ausziehnaht schräg durch die Tuberositas radii geführt und über einen Knopf auf der Haut fixiert.
3. *Wilhelm:* Einzug einer autologen Sehne (des M. palmaris) in einen Bohrkanal der Tuberositas radii. Mit U-Nähten wird die Bizepssehne zwischen den beiden Sehnenenden fixiert.

Nachbehandlung

▶ Bei konservativer Therapie nach Erreichen der Schmerzlinderung frühfunktionelle Nachbehandlung.
▶ Beim operativen Vorgehen Ruhigstellung für 6 Wochen im Oberarmgips.

Prognose

▶ **Bei proximaler Ruptur der langen Bizepssehne** kommt es kurzfristig zu einem geringgradigen Kraftverlust. Langfristig entsteht dagegen kein Kraftverlust.
▶ **Bei distaler Ruptur der Bizepssehne** ist die Prognose von der Vorschädigung und dem gewählten operativen Verfahren abhängig.

27.8 Oberarmkopffrakturen

Grundlagen

▶ **Definition:** Frakturen des proximalen Humerus.
▶ **Ursachen, Verletzungsmechanismus:** Indirekt bei Sturz auf die ausgestreckte Hand oder den Ellbogen. Direkt durch Sturz auf das Schultergelenk. Insgesamt häufiger bei älteren Menschen.
▶ **Klassifikation:**
  • *Einteilung nach Neer* unterscheidet vier Hauptfragmente (Segmente): Kalotte, Tuberculum majus, Tuberculum minus, Schaft (Abb. 27.14).
    – *Gruppe I:* alle Frakturen mit Dislokationen < 1 cm oder mit Winkelbildung < 45 Grad.
    – *Gruppe II–V:* Unterteilung im Einzelnen je nach Anzahl der Fragmente.
    – *Gruppe VI:* Luxationsfrakturen.
    – Gesondert werden Brüche und Impressionen der Gelenkfläche aufgeführt.

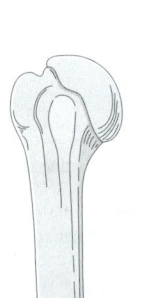

Abb. 27.14 Die typischen 4 Segmente, die einzeln oder kombiniert frakturieren können: Kopfkalotte, Tuberculum majus, Tuberculum minus, Schaft

- *Einteilung nach Jacob und Mitarbeiter* berücksichtigt den Einfluss der Kopf-durchblutung, angepasst an die AO-Klassifikation.
  - *Gruppe A:* extraartikuläre Frakturen ohne Gefahr der Kopfnekrose.
  - *Gruppe B:* Frakturen mit partieller Ablösung von Gelenkfragmenten und geringem Nekroserisiko.
  - *Gruppe C:* Frakturen mit vollständiger Ablösung von Gelenkfragmenten und hohem Nekroserisiko.

Klinische Symptomatik

▶ Schmerzen im Schulterbereich, schmerzhafte Bewegungseinschränkung.
▶ Nach einigen Tagen ausgedehnte, bis auf die Thoraxwand und Ellbogenbereich reichende Hämatome.

Diagnostisches Vorgehen

▶ **Klinische Untersuchung:** Überprüfung der peripheren Durchblutung des betroffe-nen Armes. Erhebung des neurologischen Status ist obligat, um Mitverletzung des Plexus brachialis auszuschließen (vgl. S. 225).
▶ **Röntgen:** Schulter a.p. und Skapula-Y-Aufnahme. Beurteilung der dorsalen Achsenabknickung und Dislokation der Fragmente.
▶ **Differenzialdiagnose:** Schulterkontusion, Schulterluxation.

Therapieprinzipien

▶ **Konservative Therapie:** Bei primär stabilen und durch Reposition stabilisierten, eingestauchten Humeruskopffrakturen, z.B die impaktierte subkapitale 2-Seg-mentfraktur. Die Impaktion erlaubt eine frühfunktionelle Therapie, die für eine gute spätere Beweglichkeit von entscheidender Bedeutung ist.
▶ **Notfalloperation:** bei nicht reponiblen Luxationsfrakturen.
▶ **Elektive Operation:**
  - Abrissfrakturen des Tuberculum majus und dislozierte 3- und 4-Segmentfrak-turen, wenn sie mit Verwerfungen der Kontur des Oberarmkopfes oder der Gelenkfläche einhergehen und das Gelenkgleiten stören oder zu Impingement-Syndromen führen.
  - Subkapitale Humerusfrakturen, wenn sie eine nicht tolerable Fehlstellung auf-weisen, die durch geschlossene Reposition nicht behoben werden kann.
▶ **Alloplastischer Ersatz** bei nicht rekonstruierbaren Humeruskopffrakturen.

Konservative Therapie

▶ Ruhigstellung in Traumaweste, Gilchrist- oder Desault-Verband für wenige Tage bis Schmerzreduzierung.
▶ Anschließend frühfunktionelle Behandlung: Beginn mit Pendeln, dann Übergang auf aktive Schulterbewegungen, bis die volle Schulterfunktion erreicht ist.

Operationstechniken

▶ **1. Schritt:** Beach-Chair-Lagerung. Vorderer Zugang durch Sulcus deltoideopecto-ralis. Die Leitstruktur V. cephalica wird nach lateral gehalten.
▶ **2. Schritt:** Aufsuchen der langen Bizepssehne. Einkerben des Ansatzes von M. pectoralis und M. deltoideus. Vorsichtiges Setzen von Haken.
▶ **3. Schritt:** Desimpaktierung der Frakturanteile, Reposition, Spongiosaplastik oder erneute Impaktierung. Hilfreich bei der Reposition kann ein Spickdraht im Kopf-fragment als „Joystick" sein.

► **4. Schritt:** Versorgung der Frakturen entweder mit Platten- und Schraubenosteosynthese, Kirschner-Drähten und Zuggurtung (Abb. 27.16). Der zertrümmerte und luxierte Humeruskopf muss bei älteren Patienten häufig wegen der zu erwartenden posttraumatischen Kopfnekrose durch eine Endoprothese ersetzt werden.

▷ *Alternative bei isoliertem Abriss des Tuberculum majus:* Versorgung über einen streng lateralen Zugang („Deltoid Split", S. 401) und direkte Refixation des abgerissenen Tuberculum majus.

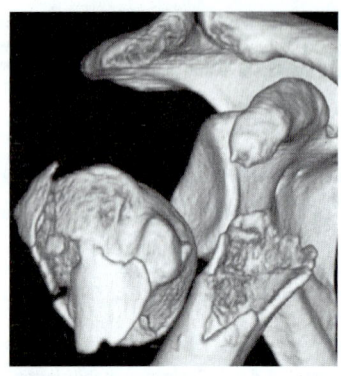

Abb. 27.15 Proximale Humerusluxationsfraktur mit Frakturierung der Tubercula

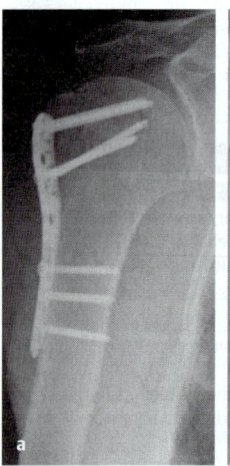
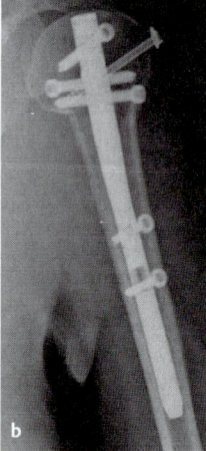

Abb. 27.16 a u. b Typische winkelstabile Versorgungen von proximalen Humerusfrakturen: winkelstabile Plattenosteosynthese (a), winkelstabile Marknagelung mit zusätzlicher Tuberculumzugschraube (b)

Nachbehandlung

► **Bei konservativer und operativer Behandlung** nach Ruhigstellung von 5–7 Tagen Beginn mit frühfunktionellen Übungen, mit initialem Pendeln und geführten Bewegungen, dann aktive Schulterbewegungen.

► Physiotherapie bis zur vollen Schulterbeweglichkeit.

Prognose und Komplikationen

▶ **Komplikationen:**
- *Schmerzhafte Bewegungseinschränkungen* bis hin zur „Frozen Shoulder" (Schultersteife) durch Verklebungen und Zerstörung der Gleitstrukturen durch zu lange Ruhigstellung, die einen Folgeeingriff notwendig machen, z.B. offene Mobilisation auch in arthroskopischer Technik. Bei Verwendung von Kirschner-Drähten müssen diese häufig wegen Reizung der Weichteile oder Auslockerung entfernt werden.
  - ▶ *Hinweis:* Häufig lange physiotherapeutische Nachbehandlung (6–10 Wochen) notwendig bis zur Wiederherstellung der vollen Beweglichkeit!
- *Gefahr der Humeruskopfnekrose* infolge Devitalisierung (v.a. bei Luxationsfrakturen) → Notwendigkeit der Implantation einer Endoprothese.

▶ **Prognose:** Maßgeblich beeinflusst vom Frakturtyp. Unverschobene Frakturen haben zu 90% befriedigende Ergebnisse, hingegen sinkt bei operativ versorgten Vierfragmentfrakturen die Rate der befriedigenden Ergebnisse auf 10%. Pseudarthrosebildung ist bei instabilen Frakturen möglich. Bei der operativen Versorgung kann es durch Hakendruck zur Schädigung des N. axillaris und anderer Nerven kommen.

27.9 Humerusschaftfraktur

Grundlagen

▶ **Definition:** Kontinuitätsunterbrechung des Humerusschaftes.
▶ **Ursachen, Verletzungsmechanismus:**
- *Indirekte Krafteinwirkungen* führen zu Spiralfrakturen mit und ohne Drehkeil.
- *Direkte Krafteinwirkungen* verursachen je nach Rasanz und Aufschlagfläche Quer-, Biegungs- oder Stückfrakturen mit mehr oder weniger starkem Weichteilschaden.
- *Schussbrüche* sind gekennzeichnet durch große Knochendefekte („high-Velocity"-Geschosse) und Mitverletzung der eng benachbarten Nerven und Gefäße.
- *Pathologische Frakturen:* bei Patienten mit metastasierendem Tumorleiden oder bei Kindern mit juvenilen Knochenzysten.

▶ **Klassifikation:** AO-Klassifikation (S. 319).

Klinische Symptomatik

▶ **Typische Frakturzeichen** wie Deformität, Schwellung, Hämatom, schmerzhafte Bewegungseinschränkung und Verkürzung des gesamten Armes. Der Patient versucht spontan, den Arm an der Thoraxwand zu schienen.
▶ **Fallhand bei eventueller Läsion des N. radialis** (in 10–18% der Fälle, da er den Humerusschaft dorsal kreuzt): a) Direkt beim Trauma durch Zerrung, Interposition, Anspießung, selten Zerreißung, b) bei der Reposition, c) in der Frühphase der Behandlung oder d) sekundär durch Einmauerung in Kallusgewebe).

Diagnostisches Vorgehen

▶ **Klinische Untersuchung:** Achten auf typische Frakturzeichen (s.o.). Periphere Durchblutung?
▶ **Röntgen:** Humerusschaft in 2 Ebenen.
▶ **Angiographie:** bei fehlenden Pulsen, „mangled Extremity" (S. 121) und „Proximity Injury" (z.B. bei Schussverletzungen).

Therapieprinzipien

► **Konservative Therapie:** bei unkomplizierter Humerusfraktur.
► **Operative Therapie:**
  - *Absolute Indikationen:* sekundäre Lähmung des Nervus radialis, Gefäßverletzungen, offene Frakturen, massiver Weichteilschaden.
  - *Relative Indikationen:* primäre Radialislähmung, Mehrfachverletzungen (aus pflegerischen Gründen), instabile Querfrakturen, distale Drehkeilfrakturen, Kettenfrakturen der Extremität, extreme Adipositas.

Konservative Therapie

► **Primäre Reposition:** Korrektur von groben Rotationsfehlern, Distraktion und starken Achsenabweichungen.
► **Ruhigstellung:** In den ersten drei Wochen in der Traumaweste oder im Desault-Verband. Nach drei Wochen sind die Fragmente durch eine plastisch verformbare Kallusmasse fixiert, sodass noch Nachkorrekturen möglich sind. Ruhigstellung für weitere drei Wochen entweder in einer Gips-U-Schiene mit Schulterkappe und Schulterhalfter, Sarmiento-Brace (s. u.). Parallel Beginn mit frühfunktioneller Behandlung (s. u.).
► ▶ ***Sarmiento-Brace*** (Abb. 27.17): Zirkuläre, breite und individuell angepasste Kunststoffmanschette, die durch gleichmäßige, feindosierte Weichteilkompression die Fragmente schient. Die benachbarten Gelenke bleiben funktionell frei. *Kontrollen* anfänglich alle 2–3 Tage (distale Schwellung, Fragmentstellung?). *Entfernung* bei sichtbarer Kallusbildung (nach ca. 6–7 Wochen).

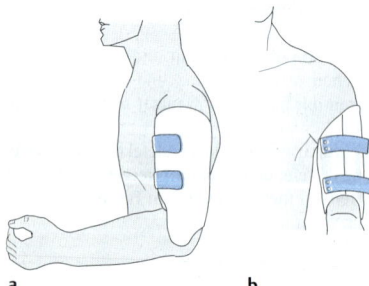

a   b

Abb. 27.17 a u. b   Sarmiento-Brace bei Humerusschaftfraktur

Operationstechniken

► **Plattenosteosynthese:**
  - *Anterolateraler Zugang nach Henry* (am besten für proximale Frakturen, die bis in die Schaftmitte reichen):
    – *Schritt 1:* Rückenlage oder Beach-Chair (Abb. 27.18). Hautinzision im Sulcus deltoideopectoralis nach distal. Im Notfall kann der gesamte Humerus über diesen Zugang dargestellt werden.
    – *Schritt 2:* Identifikation des M. brachialis, Splitting (vgl. S. 401) am Übergang vom lateralen zum mittleren Drittel.
    – *Schritt 3:* Reposition und Platten-/Schraubenosteosynthese (siehe dorsaler Zugang und Abb. 27.19).
  - *Dorsaler Zugang nach Henry* (bei Frakturen im mittleren und distalen Schaftdrittel sowie bei Frakturen mit Radialisläsion):

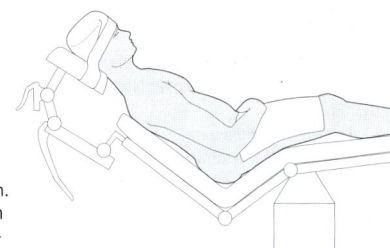

Abb. 27.18 Beach-Chair-Position. Geeignet für Osteosynthesen am proximalen Humerus und Humerusschaft

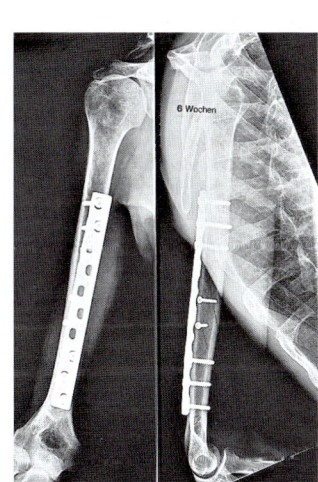

Abb. 27.19 Plattenosteosynthese einer Humerusschaftfraktur

- – *Schritt 1:* Bauchlage. Arm auf Stütze gelagert, so dass der Unterarm um 90° abgewinkelt und frei beweglich ist.
- – *Schritt 2:* Hautinzision dorsomedian. Durchtrennen der Fascia superficialis. Aufsuchen des Sulcus zwischen den Trizepsköpfen, in der Tiefe Darstellen des N. radialis. Spalten der beiden oberflächlichen Köpfen des M. triceps in Längsrichtung nach distal.
- – *Schritt 3:* Reposition der Fraktur und Osteosynthese mit breiter LC-DC-Platte. Je 3 Schrauben proximal und distal der Fraktur.
- – *Schritt 4:* Einlage Redondrainage, Wundverschluss, Lagerung auf Kissen, keine Gipsschiene.
- • *Medialer Zugang* (Vorteile sind die Rückenlage des Patienten und der wenig traumatisierende und direkte Zugang zum mittleren und distalen Schaftdrittel des Humerus; v. a. kosmetische Indikation):
  - – *Schritt 1:* Hautschnitt von der vorderen Achselfalte bis zum Epicondylus ulnaris.
  - – *Schritt 2:* Längsinzision der Oberarmfaszie beugeseits des Septum intermusculare. Identifikation des N. ulnaris und Weghalten nach dorsal. Das übrige Gefäß-Nerven-Bündel wird in toto nach ventral vom Humerus abgeschoben.

– *Schritt 3:* Reposition der Fraktur und osteosynthetische Versorgung (siehe dorsaler Zugang).

▶ **Intramedulläre Verfahren** (geeignet bei Quer- und kurzen Schrägbrüchen im mittleren Schaftdrittel; *cave:* Nicht geeignet bei sehr proximal oder distal liegenden Frakturen):

• *Anterograde Nagelung:*
  – *Schritt 1:* Rückenlage oder Beach-Chair-Position. Geschlossene Reposition.
  – *Schritt 2:* Anterolateraler Hautschnitt (5 cm) vom Schultereckgelenk transdeltoidal nach distal und Spalten des oberen Anteiles des Deltamuskels („Deltoid Split", s. S. 401). *Cave:* Verletzung des N. axillaris!
  – *Schritt 3:* Nageleintrittsstelle an der Spitze des Tuberculum majus, ohne Verletzung der Rotatorenmanschette und langen Bizepssehne.
  – *Schritt 4:* Einführen des Nagels: z.B. *unaufgebohrter Humerusnagel (UHN):* Nach Eröffnen des Markkanals Einführen des auf einem Zielbügel aufgeschraubten Nagels (Durchmesser 7–9 mm, Länge 19–32 cm). Distale Verriegelung unter Bildwandlerkontrolle, proximale Verriegelung mit Zielbügel.

• *Retrograde Nagelung* (Abb. 27.20):
  – *Bei Erwachsenen mit dem UHN.* Zugang dorsal proximal der Fossa olecrani.
  – *Bei Kindern mit elastischen Prévot-Nägeln.* Zugang: knapp oberhalb des Epicondylus radialis oder dorsal proximal der Fossa olecrani.

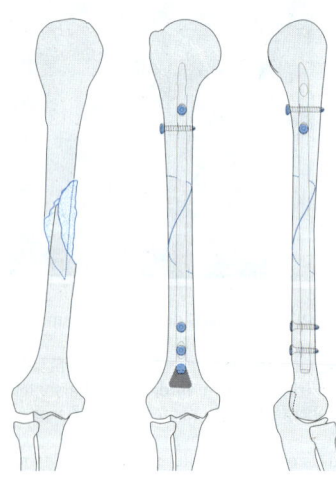

Abb. 27.20 Retrograde Nagelung einer Humerusspiralfraktur mit statischer Verriegelung

▶ **Fixateur externe:**

• *Seltene Indikationen:* schwere Weichteilverletzungen, Schussfrakturen, Polytrauma und als Rückzugsverfahren bei Komplikationen nach Plattenosteosynthese und Marknagelung. Es sind verschiedene Modelle in unilateraler Montage verfügbar.

• *Die Pin-Insertionspunkte* richten sich nach der Weichteilverletzung und den neurovaskulären Strukturen. *Proximal* anterolateral am Vorderrand des M. deltoideus, *distal* posterolateral am Rande der Trizepssehne. *Cave:* Auf den Verlauf des N. radialis achten – Verletzungsgefahr!

• *Frakturreposition und Fixateurmontage* in der modularen Drei-Rohr-Technik („tube-to-tube"-clamp).

Nachbehandlung

▶ **Bei konservativer Behandlung:** s. S. 410.
▶ **Bei operativer Behandlung:**
  • *Nach Plattenosteosynthese* kann der Arm in alle Richtungen frei bewegt werden.
  • *Nach Verriegelungsnagelung* sollte die Außenrotation nicht forciert werden, alle anderen Bewegungsachsen frei beweglich.
▶ **Merke:** Metallentfernungen nach Plattenosteosynthese nur bei besonderer Indikation.

Prognose und Komplikationen

▶ **Prognose:**
  • Bei konsequenter konservativer bzw. komplikationsloser operativer Therapie ist die Prognose gut.
  • Von den Frakturen der langen Röhrenknochen ist die Humerusschaftfraktur am gutartigsten, da die Fragmente durch den kräftigen Muskelmantel der Oberarmmuskulatur geschient werden, Achsenabweichungen bis 30 Grad irrelevant sind, und die Fraktur über eine rasche Kallusbildung stabilisiert wird.
▶ **Komplikationen:**
  • Häufigste Komplikation (7%) bei operativen Eingriffen ist die iatrogene Radialisparese, insbesondere auch bei Plattenentfernungen.
  • Humeruspseudarthrosen treten auf nach unzureichender Osteosynthese (6–15%) oder durch Weichteilinterposition bei konservativer Behandlung (2–3%).

28 Ellbogen

28.1 Distale Humerusfraktur

Grundlagen

▶ **Definition:** Kontinuitätsunterbrechung des distalen Humerus extra- oder intraartikulär.
▶ **Ursachen, Verletzungsmechanismus:** Als Folge indirekter Gewalt durch Sturz auf den gestreckten oder leicht gebeugten Arm, sowie durch direkte Gewalteinwirkung. Je nach Stellung der Gelenkflächen und Richtung der einwirkenden Gewalt kommt es zu Abrissen, Abscherungen, Impressionen oder Zertrümmerungen.
▶ **Klassifikation:**
  • *Beim Kind:*
    – Suprakondyläre Humerusfraktur (60% aller kindlichen Frakturen der Ellbogenregion, 10% aller kindlichen Frakturen).
    – Fraktur des Condylus radialis humeri.
    – Abriss der ulnaren Apophyse, eventuell mit Gelenkinterposition.
  • *Beim Erwachsenen* (Einteilung nach AO-Klassifikation):
    – *Extraartikulär* (A-Typ): apophysär, metaphysär einfach und metaphysär mehrfragmentär.
    – *Partielle* Gelenkfraktur (B-Typ): lateral-sagittal, medial-sagittal und Frakturverlauf in der Frontalebene.
    – *Vollständige* Gelenkfraktur (C-Typ): artikulär einfach und metaphysär einfach, artikulär einfach und metaphysär mehrfragmentär sowie mehrfragmentäre vollständige Gelenkfraktur.

Klinische Symptomatik

▶ Rasch einsetzende Schwellung mit schmerzhafter Funktionseinschränkung und Fehlstellung.
▶ Hämarthros, Durchblutungsstörung, Sensibilitätsstörung oder -verlust.

Diagnostisches Vorgehen

▶ **Klinische Untersuchung:** Inspektion (s. o.), Überprüfung der peripheren Zirkulation (A. radialis, A. ulnaris) und Innervation (N. ulnaris und N. medianus).
▶ **Röntgen:** Ellbogen a.p. und seitlich. Bei Kindern evtl. Vergleichsaufnahmen der gesunden Seite zur Beurteilung der Knochenkerne bzw. Wachstumszonen.

Therapieprinzipien

▶ **Allgemeine Therapieziele:** Wiederherstellung von Gelenkkongruenz, Weichteilmantel und Stabilität.
▶ **Beim Erwachsenen ist die konservative Behandlung** nur bei unverschobenen bzw. minimal dislozierten Frakturen vertretbar. Bei allen anderen Frakturformen besteht aufgrund der funktionell besseren Ergebnisse die Indikation zur Osteosynthese.
▶ **Operationsindikation beim Kind:**
  • Jede irreponible und nicht retinierbare Fraktur.
  • Fraktur des Condylus radialis humeri.
  • Abgerissene und eingeklemmte ulnare Apophyse.

Konservative Therapie

▶ **Beim Erwachsenen:** Ruhigstellung der Fraktur primär im gespaltenen Oberarmgips (Ellbogen 90°, Handgelenk in Funktionsstellung, Unterarm in Neutralstellung), nach Abschwellung Anlage eines zirkulären Oberarmgipses für 4 Wochen, anschließend Übungstherapie.

▶ **Suprakondyläre Humerusfraktur beim Kind:** Reposition in Narkose und Retention in Blount-Schlinge („cuff and collar") für 3 Wochen, laufende Überwachung bezüglich Durchblutung und Ausschluss eines Logensyndroms.

Operationstechniken bei Erwachsenen

▶ **Vorgehen bei extraartikulären Frakturen (A-Typ):**
  • *A1-Frakturen:* medialer bzw. lateraler Zugang. Medial Darstellung des Nervus ulnaris, nach Reposition Zuggurtung oder Zugschrauben.
  • *A2- bzw. A3-Frakturen:* dorsaler Zugang. Darstellung des N. ulnaris und V-förmige Osteotomie des Olekranons. Versorgung mit interfragmentären Zugschrauben und seitlich bzw. dorso-radial angelegten Rekonstruktionsplatten. Die Osteosynthese muss eine ausreichende Stabilität für die frühfunktionelle Nachbehandlung sicherstellen.

▶ **Vorgehen bei partiellen Gelenkfrakturen (B-Typ):**
  • *Kondylenfrakturen (Typ B 1, B 2):* Versorgung über einen seitlichen Zugang. Die Größe des Fragments erlaubt fast immer eine Fixation mit zwei Zugschrauben.
  • *Isolierte Fraktur des Capitulum humeri:* erweiterter lateraler Zugang, exakte Reposition, von dorsal Stabilisierung mit zwei Zugschrauben.

▶ **Vorgehen bei vollständigen Gelenkfrakturen (C-Typ):**
  • *Lagerung:* Bauch- oder Seitenlagerung mit frei beweglichem Unterarm (Abb. 28.1).

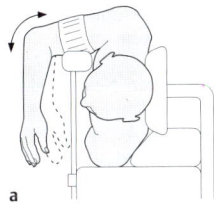 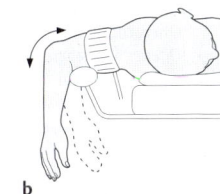

Abb. 28.1a u. b
Lagerung für Osteosynthesen an Olekranon und distalem Humerus.
a) In Seitenlage,
b) in Bauchlage

a   b

  • Dorsaler Zugang mit Olekranonosteotomie zur anatomischen Rekonstruktion des Gelenkes (Abb. 28.2a).
  • Bei intraartikulären Trümmerfrakturen mit Trochleadefekt Rekonstruktion der anatomischen Breite der Trochlea durch Stellschraubenosteosynthese und Spongiosaplastik (Abb. 28.2b).
  • Anschluss an den Humerusschaft mit Rekonstruktionsplatten bzw. Drittelrohrplatten (Abb. 28.2c).
  • Reposition der Olekranonosteotomie und Fixation mit Zugschrauben oder Zuggurtung (Abb. 28.2d).

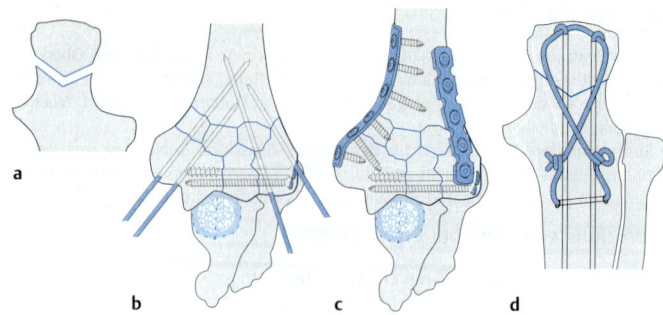

Abb. 28.2 a–d   Operationsschritte zur Rekonstruktion einer distalen intraartikulären Humerusfraktur. Der Patient befindet sich in Bauchlage. a) V-förmige Osteotomie des Olekranons, welches dann samt Trizepssehne nach kranial hochgeklappt wird. b) Gute Übersicht über die distale intraartikuläre Humerusfraktur. Rekonstruktion der Gelenkrolle mit Schraubenosteosynthese. Die rekonstruierte Rolle ist mit Kirschner-Drähten an das proximale Hauptfragment fixiert. c) Abstützung der Gelenkrolle an das proximale Hauptfragment mit einer dorsoradialen und einer medialen Platte. d) Refixation der Olekranonosteotomie mit einer Drahtzuggurtung

Operationstechniken bei Kindern

▶ **Suprakondyläre Humerusfraktur:**
 • *Bei starker Weichteilschwellung* erfolgt nach gedeckter Reposition die perkutane Kirschner-Draht-Spickung mit anschließender Ruhigstellung im gespaltenen Oberarmgipsverband für 3 Wochen.
 • *Offenes Vorgehen:*
  – Indiziert bei Interposition von Nerven oder Gefäßen sowie nach misslungenem gedecktem Repositionsversuch.
  – Durch einen lateralen Zugang (das Kind liegt in Seiten- oder Bauchlage) wird die Fraktur freigelegt, reponiert und mit Kirschner-Drähten fixiert. Bei fehlendem Radialispuls ist eine Gefäßdekompression durch Spalten des Lacertus fibrosus notwendig.
▶ **Fraktur des Condylus radialis humeri:** absolute Operationsindikation. Über einen lateralen Zugang wird die Fraktur freigelegt, anatomisch reponiert und mit Spickdrähten fixiert. Ruhigstellung im Gipsverband für 3–4 Wochen. Bei größeren Kindern evtl. Schraubenosteosynthese.
▶ **Abriss der ulnaren Apophyse:** Absolute Operationsindikation, wenn das Fragment eingeklemmt ist. Über einen seitlichen ulnaren Zugang wird das Fragment aus dem Gelenkspalt herausgezogen, reponiert und mit einer Zuggurtung oder mit Zugschrauben fixiert.

Nachbehandlung

▶ **Bei konservativer Therapie:** siehe oben.
▶ **Postoperativ:**
 • Hochlagerung, spannungsfreie Verbände, regelmäßige Kontrolle der Durchblutungssituation, eventuell temporäre Ruhigstellung im Gipsverband bis zur Wundheilung.

- Bei übungsstabilen Osteosynthesen anfangs aktiv assistierte Bewegungen unter Einbeziehung des Schultergelenks bis zur Schmerzgrenze, passive Dehnungsübungen sind zu vermeiden.

Prognose

▶ **Bei Erwachsenen:** abhängig vom Frakturtyp und Operationsergebnis, insbesondere von der Rekonstruktion der gelenkbildenden Anteile.
▶ **Bei Kindern:**
- *Ischämische Volkmann-Kontraktur* aufgrund von Durchblutungsstörungen mit weitgehendem Verlust der Unterarmmuskulatur → rechtzeitige Reposition durchführen!
- *Nervenschäden oder Läsionen an den Epiphysenfugen:*
  - Durch schlecht platzierte Kirschner-Drähte oder mehrfaches Einbohren.
  - In einem hohen Prozentsatz fehlverheilte Frakturen mit Varusfehlstellungen, die ohne Funktionsverlust sind, aber für das Kind bzw. für die Eltern psychisch belastend sein können.
  - Während des Wachstums können Pseudarthrosen oder fehlverheilte Frakturen des Condylus radialis humeri zu grotesken Deformitäten und einer starken Valgusfehlstellung mit nachfolgenden Dehnungsschäden des N. ulnaris führen. Korrektur durch suprakondyläre Keilosteotomie.

Komplikationen

▶ **Intraoperativ:**
- Verletzungen von Nerven (N. ulnaris, medianus, radialis) und Gefäßen (A. brachialis).
- Bewegungseinschränkung durch intraartikulär eingebrachte Implantate.
▶ **Postoperativ:** Kontrakturen, N.-ulnaris-Kompressionssyndrom, periartikuläre Ossifikationen (mit zunehmenden Bewegungseinschränkungen).

28.2 Ellbogenluxation

Grundlagen

▶ **Definition:**
- *Ellbogenluxation:* Gelenkverletzung mit vollständiger Diskonnektion der gelenkbildenden Anteile von Humerus, Olekranon und Radiusköpfchen.
  - *Ellbogenluxationsfrakturen:* neben Luxation Abscher- bzw. Abrissfrakturen des Gelenkes.
  - *Monteggia-Verletzung:* Luxationsfraktur mit Ulnaschaftfraktur und Radiusköpfchenluxation (S. 424).
▶ **Häufigkeit:**
- Nach Schulterluxation zweithäufigste Lokalisation (20% aller Luxationen).
- Ab dem 7. Lebensjahr nimmt die Häufigkeit von Frakturen des distalen Humerus ab, es kommt dann bei gleichem Unfallmechanismus zu einer Zunahme von Ellbogenluxationen.
▶ **Ursachen, Verletzungsmechanismus:**
- *Beim Erwachsenen Hyperextensionsmechanismus:* Indirekte Gewalteinwirkung durch Sturz auf die pronierte Hand bei gestrecktem oder leicht gebeugtem Ellbogengelenk. Häufig Zerreißung der Gelenkkapsel und der ulnaren und radialen Seitenbänder durch Valgus- oder Varusstress. Oft kombiniert mit Abscherfrak-

turen des Processus coronoideus und des Capitulum humeri sowie mit Abrissfrakturen des Epicondylus ulnaris humeri. *Cave:* Überdehnung des Nervus
ulnaris!
– *Beim Kind* (v. a. zwischen dem 1. und 4. Lebensjahr): Hochreißen des Kindes
an der Hand bewirkt eine Subluxation das Radiusköpfchens unter das
Lig. anulare radii („Pronatio dolorosa Chassaignac", „Pulled Elbow").

▶ **Klassifikation:**
- 80–90% aller Ellbogenluxationen nach dorsoradial, die übrigen sind ventrale,
seitliche und divergierende Luxationen. Bei Ellbogenluxation in 50% Fraktur
des Processus coronoideus ulnae. Daneben können auch Radiusköpfchen,
Capitulum humeri radialis und Epicondylus ulnaris verletzt werden.
- Bei Kapsel-Band-Verletzungen werden vier Instabilitätstypen unterschieden,
wobei nur der posterolaterale und der mediale Typ von klinischer Bedeutung
sind:
  – Posterolaterale Instabilität: Hier luxiert der Unterarm nach dorsoradial.
  – Mediale Instabilität: Dazu kommt es durch Überdehnung bzw. Zerstörung
  des Lig. collaterale ulnare.

Klinische Symptomatik

▶ Radius und Ulna luxieren nach hinten, verhaken sich und führen zu einer federn-
den Fixation und äußerst schmerzhaften Fehlstellung im Ellbogengelenk mit
Weichteilschwellung.
▶ „Pulled Elbow": Das Kind hält den Arm schmerzbedingt in Pronation.

Diagnostisches Vorgehen

▶ **Klinische Untersuchung:**
- Fixierte Fehlstellung des Gelenkes. Überprüfung von Durchblutung, Sensibilität
und Motorik vor und nach Reposition.
- Bandläsionen sind druck- und stressempfindlich (bei vollständiger Ruptur
besteht eine Seiteninstabilität mit geringer Schmerzhaftigkeit).
▶ **Röntgen** (Abb. 28.3):
- Ellbogen in 2 Ebenen vor und nach Reposition.
- Gehaltene Stressaufnahmen zum Nachweis von Seitenbandläsionen.

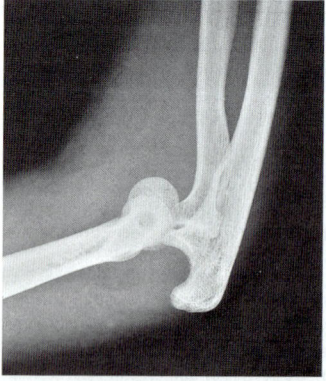

Abb. 28.3   Ellbogenluxation

Therapieprinzipien

▶ **Bei Erwachsenen:**
- *Konservative Therapie:* geschlossene Ellbogenluxationen ohne Begleitverletzungen nach Reposition.
- *Operationsindikationen:*
  - Offene Gelenkverletzungen, Verletzungen von Gefäßen und Nerven, drohendes Kompartmentsyndrom, Repositionshindernis, Begleitfrakturen, völlig instabile Gelenke, die nach Reposition nicht zu retinieren sind, hochgradige posterolaterale und mediale Instabilität.
  - Bei extremer Weichteilschwellung und Kapselbandzerreißung temporäre Transfixation des Gelenkes mit Fixateur externe. Alternativ Transfixation mit kräftigem Kirschner-Draht, der von der dorsalen Seite des Olekranons durch den Processus coronoideus ulnae schräg und durch die distale Humerusmetaphyse gebohrt wird. Ruhigstellung im Gipsverband. (Bei Bruch des Drahtes während der Retention kann er von beiden Seiten her ohne große Probleme entfernt werden.)

▶ **Bei Kindern:**
- *Konservativ:* Unkomplizierte Luxationen werden reponiert und einige Tage ruhig gestellt.
- *Operativ:* bei Begleitverletzungen wie einer Abrissfraktur der ulnaren Apophyse (s. distale Humerusfraktur S. 416).

Konservative Therapie

▶ **Bei Erwachsenen:** unverzüglich Reposition (möglichst in Leitungsanästhesie oder Narkose) durch Längszug am gebeugten Ellbogen (Abb. 28.4). Nach Einschnappen Kontrolle von Stellung, Beweglichkeit, Durchblutung, Motorik und Sensibilität.

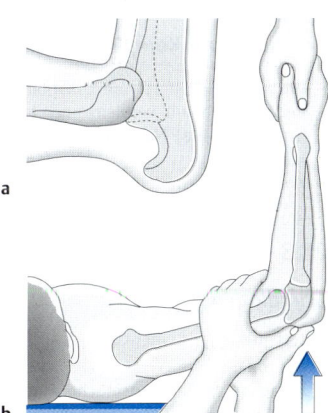

a

b

Abb. 28.4 a u. b Reposition einer Ellbogenluxation

▶ **Bei Kindern** – „Pulled Elbow":
- Reposition am rechtwinklig gebeugten Ellbogen unter Zug mit einer raschen Supinationsbewegung.
- Danach beobachten, ob das Kind die Hand normal wieder gebraucht und bewegt als Hinweis auf gelungene Reposition.
- Üblicherweise ist keine Nachbehandlung notwendig. **419**

Operationstechniken

▶ **Bei Kapselbandverletzungen:**
- *Posterolateraler Instabilitätstyp:* Über einen lateralen Zugang wird der zerrissene Kapsel-Band-Apparat genäht. Bei chronischer Instabilität wird eine Kapselraffung nach Osborne und Cotteril durchgeführt.
- *Medialer Instabilitätstyp:* operativer Zugang von medial. Nach Darstellung des Nervus ulnaris Naht des Kapselbandapparates.

▶ **Bei Ellbogenluxationsfrakturen:**
- *Fraktur des Processus coronoideus ulnae:* Je nach Frakturtyp oder bei gleichzeitiger Mitverletzung von Humerus oder Radius wird zur operativen Versorgung aller Verletzungen der günstigste Zugang gewählt.
- *Isolierte Frakturen des Processus coronoideus ulnae:* ventraler oder radialer Zugang. Häufig kann das abgescherte Fragment mit Kapsel- bzw. Brachialisansatz nur transossär fixiert werden.

▶ **Monteggia-Verletzung:** siehe S. 426.

Nachbehandlung

▶ **Reponierbare und retinierbare Luxation:** Ruhigstellung für zwei Wochen in einem Oberarmgips in 90°-Stellung des Ellbogengelenks. Anschließend funktionelle Therapie. Wiederholte exakte seitliche Röntgenkontrollen zur frühzeitigen Erkennung einer Reluxation.

▶ **Naht des Kapselbandapparates:**
- Ruhigstellung für 2 Wochen im Oberarmgips. Anschließend weitere 4 Wochen in Oberarmgipsschiene mit geführten Bewegungsübungen aus dem Gips heraus.
  - *Alternativ* Bewegungsorthese für 4 Wochen mit blockierter Pro- und Supination.

Prognose und Komplikationen

▶ **Prognose:** abhängig vom Luxationstyp und Begleitverletzungen. Bei komplexen Verletzungen mit verbleibender Instabilität Gefahr der habituellen Luxationen (in 2% der Fälle). Nach Muskelzerreißungen kann es zu Verkalkungen im Muskel kommen.

▶ **Komplikationen:** Reluxation, Kompartmentsyndrom, Ulnarisläsion.

28.3 Olekranonfraktur

Grundlagen

▶ **Definition:** Intraartikuläre Fraktur durch Abbruch oder Abriss des Hakenfortsatzes der Ulna.

▶ **Ursachen, Verletzungsmechanismus:** Direkte Gewalteinwirkung durch Sturz auf den Ellbogen.

▶ **Klassifikation** (häufige isolierte Fraktur des Erwachsenen): *klinisch/radiologisch* Querfraktur, Trümmerfraktur und komplexe Luxationsfraktur beider Unterarmknochen (selten).

Klinische Symptomatik

- ▶ Rasch einsetzende starke Schwellneigung und hochgradig schmerzhafte Bewegungseinschränkung.
- ▶ Typisch ist eine Unterbrechung des Streckapparates und Dislokationstendenz durch Zug des M. triceps.
- ▶ Kontusionen und Hautabschürfungen.

Diagnostisches Vorgehen

- ▶ **Klinische Untersuchung:** Erfassen von Begleitverletzungen durch Prüfung der Motorik, Sensibilität und Durchblutung noch vor der Röntgendiagnostik.
- ▶ **Röntgen:** Ellbogengelenk in zwei Ebenen.

Therapieprinzipien

- ▶ **Konservativ:** nur bei unverschobener oder minimal dislozierter Fraktur.
- ▶ **Operativ:** bei jeder dislozierten Fraktur mit Diastase. Frische Hautschürfungen sind eine Indikation zur sofortigen Versorgung.

Konservative Therapie

- ▶ Ruhigstellung im Oberarmgips für 3–4 Wochen.

Operationstechniken

- ▶ Zugang von dorsal. Genaue anatomische Rekonstruktion, Zuggurtungsosteosynthese mit Kirschner-Drähten und achterförmiger Drahtschlinge (Abb. 28.5) oder Verwendung von Zugschrauben.
- ▶ Bei instabilen Brüchen oder Trümmerfrakturen Plattenosteosynthese.

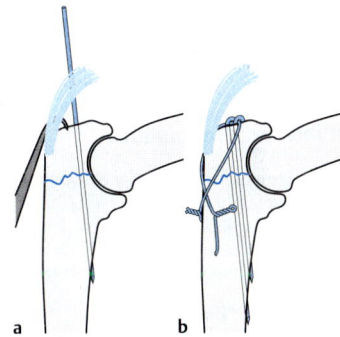

Abb. 28.5 a u. b Zuggurtungsosteosynthese einer Abrissfraktur
des Olekranons.
a) Das reponierte Olekranonfragment
wird mit einem Einzinkerhaken
gehalten und dann mit zwei parallel
eingeführten Kirschner-Drähten gegen
Rotation und Translation gesichert.
b) Fertige Montage einer übungsstabilen Zuggurtungsosteosynthese

a   b

Nachbehandlung

- ▶ Funktionelle Nachbehandlung zur Vermeidung von posttraumatischen Bewegungseinschränkungen (abhängig vom Verletzungsausmaß und gewähltem operativem Vorgehen).
- ▶ Unmittelbar postoperativ den Arm hoch lagern. Verbände spannungsfrei in der vorgesehenen Lagerungsposition anlegen.

▶ Zirkulationskontrollen sind obligat. Evtl. ist eine temporäre Ruhigstellung im Gipsverband indiziert zur Sicherung der Weichteilheilung.
▶ Bei übungsstabilen Osteosynthesen am 1. oder 2. postoperativen Tag bzw. nach Entfernung der Redondrainagen mit der funktionellen Behandlung beginnen.

Prognose und Komplikationen

▶ Bei verbleibenden Gelenkstufen ist eine frühzeitige Arthrose möglich. Bei vollständiger Rekonstruktion des Gelenkes normale Funktionsfähigkeit.
▶ Komplikationen: Wundheilungsstörungen, Drahtwanderung, Ulnarisirritation.

28.4 Radiusköpfchenfraktur

Grundlagen

▶ **Definition:** Fraktur des proximalen Radiusendes.
▶ **Ursachen, Verletzungsmechanismus:** Indirekte Gewalteinwirkung beim Sturz auf den/die gestreckten oder leicht gebeugten Arm/Hand führt zu Abscherungen, Impressionen oder Zertrümmerungen des Radiusköpfchens bzw. zu Frakturen des Radiushalses.
▶ **Klassifikation** (Abb. 28.6): klinisch/radiologisch Abscherung („Meißelfraktur"), partielle Impressionen (zentral, lateral), Trümmerfraktur und Halsfraktur (häufig beim Kind).

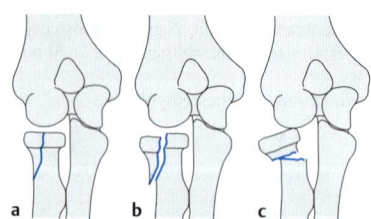

Abb. 28.6 a–c Formen der Radiusköpfchenfraktur.
a) Meißelfraktur ohne Dislokation,
b) Meißelfraktur mit Dislokation,
c) Halsfraktur

Klinische Symptomatik

▶ Rasch einsetzende starke Schwellneigung und hochgradig schmerzhafte Bewegungseinschränkung.
▶ Mögliche Begleitverletzungen: Luxation der Ulna mit Kapselrissen, Knorpelabscherungen vom Humerus, Abriss des ulnaren Kollateralbandes, Frakturen des distalen Humerus und des Olekranons.

Diagnostisches Vorgehen

▶ **Klinische Untersuchung:** Erfassung von Begleitverletzungen durch Prüfung der Motorik, Sensibilität und Durchblutung noch vor der Röntgendiagnostik.
▶ **Röntgen:** Ellbogengelenk in 2 Ebenen. In Zweifelsfällen Tomographie.

Therapieprinzipien

▶ **Konservativ:** nicht oder wenig dislozierte Fraktur.
▶ **Operationsindikationen:** dislozierte Frakturen des Erwachsenen, nicht reponierbare kindliche Frakturen, Stufenbildung von mehr als 2 mm oder Fragmentgröße von mehr als einem Drittel des Radiusköpfchens.

Konservative Therapie

▶ **Beim Erwachsenen:** Anlegen einer abnehmbaren dorsalen Oberarmgipsschiene in 90°-Stellung für einige Tage und frühfunktionelle Behandlung ohne Belastung.
▶ **Beim Kind:** manuelle Reposition (evtl. perkutan mit Kirschnerdraht) der Halsfraktur und Gipsfixation für 2–3 Wochen.

Operationstechniken

▶ Lateraler Zugang.
▶ Reposition verschobener Radiusköpfchenfrakturen und Osteosynthese mit Minischrauben.
▶ Bei Kombination mit Radiushalsfraktur Verwendung interfragmentärer Zugschrauben, selten auch zusammen mit L- oder T-Plättchen.
▶ Resektion bei kompletter Zertrümmerung. Ein alloplastischer Ersatz (= Radiusköpfchenprothese) ist bei Erwachsenen möglich, um Gelenkinstabilitäten zu beheben bzw. zu vermeiden.

Nachbehandlung

▶ Unmittelbar postoperativ: Hochlagerung des Armes. Verbände müssen spannungsfrei in der vorgesehenen Lagerungsposition angelegt werden. Zirkulationskontrollen sind obligat.
▶ Möglicherweise temporäre Ruhigstellung im Gipsverband, falls keine Übungsstabilität erzielt werden konnte.
▶ Bei übungsstabilen Osteosynthesen Beginn mit funktioneller Nachbehandlung gemäß Verletzungsausmaß und gewähltem operativem Vorgehen unter Einbeziehung des Schultergelenkes.

Prognose und Komplikationen

▶ Abhängig vom Verletzungsausmaß.
▶ Bei fehlgeschlagener Osteosynthese wird die Radiusköpfchenresektion empfohlen (*cave:* die Resektion kann zum Cubitus valgus und Instabilität im Ellbogen führen).
▶ Komplikationen: partielle Nekrose, Implantatwanderung, Drehbehinderung, N.-radialis-Verletzung.

29 Unterarm und Handgelenk

29.1 Unterarmschaftfraktur

Grundlagen

▶ **Definitionen:**
- Fraktur beider Unterarmknochen (Radius + Ulna).
- Isolierte Schaftfrakturen von Radius oder Ulna (sog. Parierfraktur).
- Luxationsfrakturen angrenzender Gelenke:
  - Monteggia: proximale Ulnaschaftfraktur + Luxation des Radiusköpfchens (Abb. 29.1
  - Galeazzi: Radiusschaftfraktur mit Ruptur der Membrana interossea + Luxation der Ulna im distalen Radioulnargelenk (Abb. 29.2).

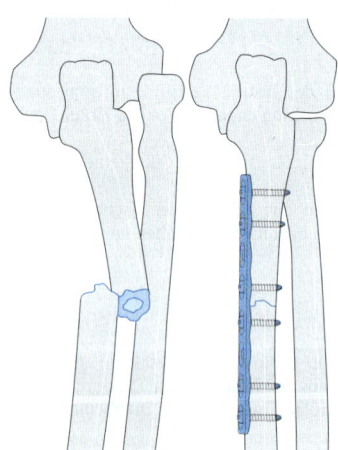

Abb. 29.1   Monteggia-Fraktur. Durch anatomische Reposition und stabile Plattenosteosynthese der Ulnaschaftfraktur ist auch die Luxation des Radiusköpfchens reponiert und ausreichend stabilisiert

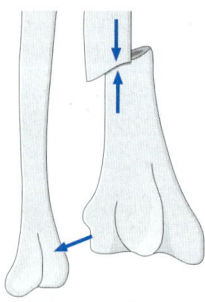

Abb. 29.2   Galeazzi-Frakur. Luxation im distalen Radioulnargelenk mit Radiusverkürzung

▶ **Ursache, Verletzungsmechanismus:** am häufigsten direkte Gewalteinwirkung.

▶ **Klassifikation** (AO-Klassifikation):
- *Typ A:* einfache Querbrüche von Radius und/oder Ulna mit zwei Hauptfragmenten (1 = Ulnafraktur, Radius intakt; 2 = Radiusfraktur, Ulna intakt; 3 = Fraktur von Radius+ Ulna).
- *Typ B:* Keilfrakturen (Einteilung analog zu A-Frakturen, s. o.).
- *Typ C:* komplexe, segmentale Fraktur und Trümmerfraktur (1 = ... der Ulna, einfach des Radius; 2 = ... des Radius, einfach der Ulna; 3 = ... von Radius + Ulna).

Klinische Symptomatik

▶ Alle sicheren und unsicheren Frakturzeichen.

Diagnostisches Vorgehen

▶ **Klinische Untersuchung:**
- Sensibilitäts- (N. medianus und N. radialis) und Kraftprüfung.
- Durchblutung (Gefäßverletzung bei Armquetschverletzungen) → Pulse tasten, bei Zweifel Doppler (Angiographie) zur genauen Lokalisation.
- Ausschluss von Kettenverletzungen → Gelenkstatus (Schultergürtel, Ellbogen, Handgelenk/Karpus, Mittelhand).
- Ausschluss eines Kompartmentsyndroms (vgl. S. 109).
▶ **Röntgen:** Darstellung der Fraktur inklusive aller angrenzenden Gelenke. (v. a. proximales und distales Radioulnargelenk).
▶ Kompartmentdruckmessung bei V. a. Kompartmentsyndrom (S. 112).

Therapieprinzipien

▶ Die konservative Behandlung der Unterarmschaftfraktur birgt wegen der langen Ruhigstellung und der meist unvollständigen Reposition und der schwierigen Retention ein hohes Risiko trophischer Störungen und Bewegungseinschränkungen mit funktionell schlechten Ergebnissen in sich.
▶ Daher ist ein konservatives Vorgehen nur selten indiziert (isolierte Ulnaschaftfraktur im mittleren Drittel).
▶ Die operative Versorgung mit ORIF (*o*ffene *R*eposition, *i*nterne *F*ixation) ermöglicht schnellste Wiederherstellung durch frühfunktionelle Behandlung.

Konservative Therapie

▶ **Isolierte unverschobene Ulnaschaftfrakturen im mittleren Drittel** → primär gespaltener Oberarmgips, wenn im Röntgenbild unverschoben Brace.
▶ **Grünholzfrakturen bei Kindern unter dem 10. Lebensjahr** → Reposition in Narkose, evtl. „Überbrechen" der Gegenkortikalis, gespaltener Oberarmgips. (Bei sekundärer Fehlstellung im Gips OP.)

Operative Therapie

▶ **Indikation:** Therapie der Wahl (Ausnahmen s. o.).
▶ **Vorbereitung:**
- *Lagerung:* Rückenlage, Hand- oder Beistelltisch, Blutsperre (cave: Schwerer Weichteilschaden, Durchblutungsstörung).
- *Anästhesie:* Plexusanästhesie oder Allgemeinnarkose.
▶ **Zugänge:**
- *In der Regel gesonderter Zugang für Ulna und Radius:*
  – Ulna: Inzision auf einer Linie Olekranon – Processus styloideus ulnae.
  – Radius (Thompson): Linie Epicondylus lateralis – Processus styloideus radii. **425**

- *Selten Zugang nach Henry oder Boyd:* Gemeinsamer Zugang für Radius und Ulna. Nachteile: ausgedehnte Weichteilpräparation, Gefährdung des motorischen Astes des N. radialis.
▶ **Operationsverfahren:**
- *Standardtechnik (Kleinfragmentinstrumentarium):*
  – Interfragmentäre Kompression und Plattenosteosynthese (Abb. 29.3).
  – Mindestens 6, besser 8 kortikale Gewinde auf jeder Seite der Hauptfragmente.

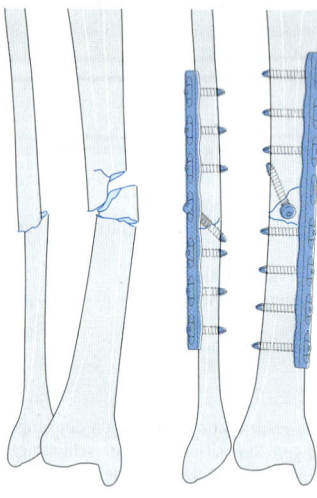

Abb. 29.3   Versorgungsbeispiel einer Unterarmschaftfraktur. Anatomische Reposition und übungsstabile Plattenosteosynthese von Radius und Ulna

- *Fixateur externe* bei Kettenverletzung der Extremität und/oder Polytrauma und bei schwerem Weichteilschaden (ggf. auch gelenküberschreitend). (Zur definitiven Versorgung nicht geeignet.)
- *Intramedulläre Osteosynthesen* haben sich bei der hohen Drehbewegungsbeanspruchung der Unterarmschaftfrakturen nicht bewährt (außer bei Kindern).
▶ Faszien offen lassen. Wundverschluss nicht erzwingen, besser temporäre Epigarddeckung.
▷ **Vorgehen bei Sonderformen:**
- *Galeazzi-Fraktur:* Plattenosteosynthese der Radiusfraktur und ggf. offene Reposition des distalen Radioulnargelenks mit Bohrdraht, Gipsruhigstellung für mindestens 2 Wochen.
- *Monteggia-Fraktur:* Plattenosteosynthese der Ulnafraktur und ggf. offene Reposition des Radiusköpfchens. Repositionshindernis Lig. anulare beseitigen, evtl. Naht des Ligamentums und der Gelenkkapsel (siehe Abb. 29.1 S. 424).

OP-Nachbehandlung

▶ Bei übungsstabiler Osteosynthese frühfunktionelle Behandlung sofort postoperativ. Gelenkluxationsfrakturen zusätzlich 14 Tage in Oberarmgips ruhig stellen. Zu Beginn Rotationsbewegungen nicht forcieren.
▶ Metallentfernung: Nur bei sicherem knöchernem Durchbau (Standard- und Schrägaufnahmen vor Metallentfernung) frühestens 18–24 Monate nach Versor-

gung. Hohes Risiko für N.-radialis-Läsion bei proximalen Radiusfrakturen (durch Narbengewebe). Problemlose Implantate können verbleiben.

Prognose und Komplikationen

▶ **Allgemeine Prognose:** Bei regelrecht ausgeführten Osteosynthesen konstant gute Ergebnisse mit geringen oder keinen funktionellen Einschränkungen.
▶ **Komplikationen:**
- *Pseudarthrosegefahr* bei unterdimensioniertem Implantat (v. a. am Radius).
- *Funktionseinschränkung* der Unterarmumwendbewegung durch Brückenkallus bei Verletzung der Membrana interossea möglich (Revisionsindikation).
- *Gefahr der Refraktur* bei zu früh ausgeführter Implantatentfernung.

29.2 Distale Radiusfraktur

Grundlagen

▶ **Häufigkeit:** Die Speichenbasisfraktur ist die häufigste Fraktur des Menschen.
▶ **Ursache, Verletzungsmechanismus:** Sturz auf das Handgelenk meist mit streckseitig abgewinkelter Hand, seltener auch beugeseitig abgewinkeltem Handgelenk (Abb. 29.4).

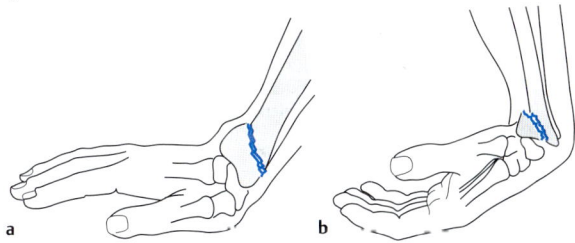

Abb. 29.4 a u. b   Ätiologie der Radiusfrakturen.
a) Extensionsfrakturen (Typ Colles), b) Flexionsfraktur (Typ Smith)

▶ **Klassifikation** (AO-Klassifikation):
- *Typ A:* extraartikuläre Frakturen (1 = extraartikuläre Fraktur der Ulna, Radius intakt; 2 = extraartikuläre Fraktur des Radius, einfach und impaktiert; 3 = extraartikuläre Fraktur des Radius, mehrfragmentär).
- *Typ B: partiell artikuläre Frakturen* (1= partielle artikuläre Frakturen des Radius sagittal [z. B.Chauffeur]; 2 = partielle artikuläre Frakturen des Radius, dorsale Kante [z. B. Barton]; 3 = partielle artikuläre Frakturen des Radius, volare Kante [z. B. reversed Barton]).
- *Typ C:* vollständig artikuläre Frakturen (1 = vollständig artikuläre Frakturen des Radius, artikulär einfach, metaphysär einfach; 2 = vollständig artikuläre Frakturen des Radius, artikulär einfach, metaphysär mehrfach; 3 = vollständig artikuläre Fraktur des Radius, mehrfragmentär).

Klinische Symptomatik und Befunde

▶ **Klinik, klinischer Befund:**
- Schmerzhafte Schwellung und Verbreiterung des Handgelenkbereiches, schmerzhafte Bewegungseinschränkung, Instabilitätsgefühl.
- Dislokation: zur Streckseite Fourchette-Stellung, nach radial Bajonett-Stellung.
- Evtl. Sensibilitätsstörungen.

Diagnostisches Vorgehen

▶ **Klinische Untersuchung:**
- Typische Symptome und Befunde s. o.
- Ausschluss von Nerven- und Gefäßläsionen sowie Hautverletzungen: Pulspalpation A. ulnaris/radialis, Kapillarfüllung, Fingerfunktion, Daumenstreckung, Sensibilität.

▶ **Röntgen:** Handgelenk in 2 Ebenen (*cave:* Dabei immer mögliche Begleitverletzungen der Handwurzel [Skaphoidfraktur, skapholunärer Bandschaden, lunotriquetraler Bandschaden] bedenken und angrenzende Gelenke, z. B. Radiusköpfchen prüfen [Kettenverletzung → Ellbogen, Oberarm, Schulter]).
- *Instabilitätszeichen:*
  - Knochendefekt oder Trümmerzone.
  - Dorsalabkippung primär > 20°.
  - Volarkippung des distalen Fragmentes.
  - Dorsale oder volare Kantenfragmente.
  - Ellenvorschub > 0,75 cm.
  - Abriss des Processus styloideus ulnae.
  - Brüche mit Stufen in der Gelenkfläche.

▶ Bei Verdacht auf Gefäßläsion/Durchblutungsstörung Dopplersonographie, bei Ischämie Angiographie.

Therapieprinzipien

▶ **Konservative Therapie:** stabile extraartikuläre Frakturen; gering dislozierte, intraartikuläre Frakturen; lokale/allgemeine OP-Kontraindikationen.
▶ **Operative Therapie:** offene Frakturen, instabile Frakturen, Flexionsfrakturen, dislozierte intraartikuläre Frakturen, irreponible Frakturen, sekundär dislozierte Frakturen, Trümmerfrakturen, traumatisches Karpaltunnelsyndrom, akute Durchblutungsstörungen nach Reposition.

Konservative Therapie

▶ **Reposition und Retention im Unterarmgips:**
- *Nicht dislozierte und nicht verkürzte Brüche ohne Gelenkbeteiligung:* dorsopalmare Unterarmschiene, Zirkulieren nach Abschwellen (nach ca. 4 Tagen).
- *Gering dislozierte Brüche:*
  - Bruchspaltanästhesie (10–20 ml von dorsoradial injizieren) oder Plexusanästhesie, Extension mit 1–3 kg im sog. Mädchenfänger an Daumen und radialen Fingern (vertikaler Zug; s. Abb. 29.5).
  - 10–20 min warten wegen evtl. spontaner Reposition.
  - Reposition mit „modellierendem" Druck unter Bildwandlerkontrolle und Berücksichtigung der Gelenkwinkel nach Böhler (s. Abb. 29.6).
  - Zunächst dorsale Gipsschiene, nach Abschwellen (nach ca. 4–7 Tagen) zirkulärer Unterarmgips, Rö.-Kontrolle.
  - Gipsbefristung auf 4 Wochen.

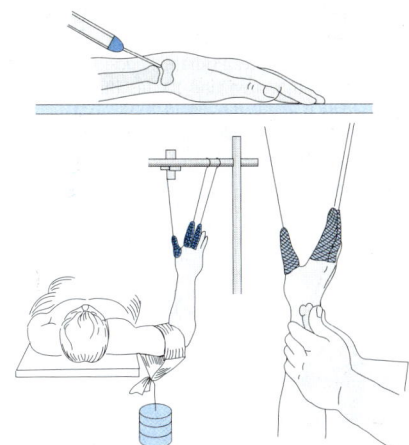

Abb. 29.5 Bruchspalt-
anästhesie und Reposition
durch vertikalen Zug,
ergänzt durch direkten
Daumendruck

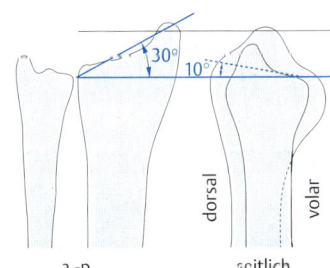

Abb. 29.6 Radiusgelenkwinkel
nach Böhler

Operative Therapie

▶ **Vorbereitung:**
- *Lagerung:* Hand- oder Beistelltisch, Blutsperre.
- *Anästhesie:* Bruchspalt (S. 79), Regionalanästhesie (Bier [S. 80], Plexus [S. 80]), Allgemeinanästhesie (S. 78).

▶ **Zugänge:**
- *Beugeseite:* bei Flexionsfrakturen des distalen Radius und Karpaltunnelrevisionen. Leitstruktur ist die Sehne des M. flexor carpi radialis (*cave:* N. medianus).
- *Streckseite:* gedachte Linie Epicondylus radialis – Fingerfalte 2/3. Finger.

▶ **OP-Verfahren:**
- *Perkutane Kirschner-Drähte:* bei A2-, A3-, B1-, C1-Frakturen.
- *Schraubenosteosynthese:* Abrissfrakturen Processus styloideus radii oder dorsoulnares Kantenfragment (ggf. unter arthroskopischer Kontrolle der Gelenkfläche).
- *Plattenosteosynthese:*
  - Flexionsfrakturen: offene Reposition (Abb. 29.7).
  - Extensionsfrakturen mit metaphysärer Trümmerzone: ggf. Spongiosaplastik und Doppelplattenosteosynthese (Abb. 29.8) zur Abstützung des peripheren

Fragments (B2-, B3-, C1-, C2-Frakturen, abgerutschte A3-Frakturen oder fehlgeschlagene K-Draht-Fixierung).

- *Fixateure externe:* Primäre Reposition und Stellung der Fragmente bei C 3-Trümmerfrakturen und II.- bis III.-gradig offenen Frakturen zwischen Metakarpale II und Radiusschaft. Evtl. zusätzlich K-Drähte zur Gelenkflächenreposition. Bei akzeptablen Weichteilverhältnissen sekundär Plattenosteosynthese ggf. mit Spongiosaplastik.

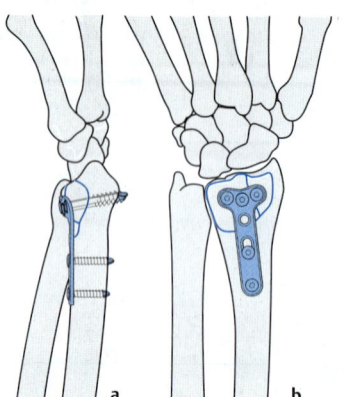

Abb. 29.7 a u. b Osteosynthese mit einer volaren Abstützplatte bei einer Flexionsfraktur des distalen Radius

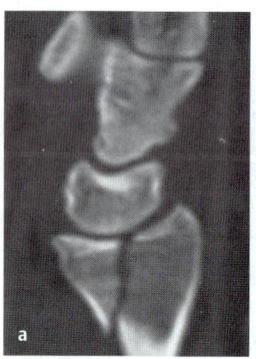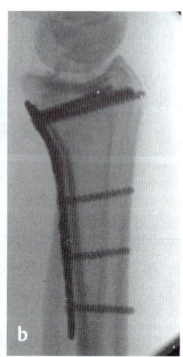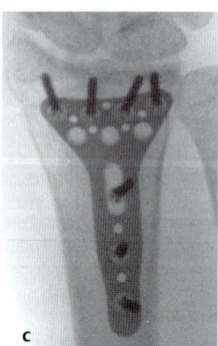

Abb. 29.8 a–c Luxations-Flexionsfraktur des distalen Radius in der CT-Schichtung (a), Versorgung mit winkelstabiler MATRIX-Platte und Wiederherstellung der physiologischen Gelenkwinkel (b und c).

Nachbehandlung

- ▶ Gipsverband (Dauer je nach Frakturstabilität, ca. 4–6 Wochen).
- ▶ Röntgenkontrollen: nach Reposition, nach Umgipsen, am 10., 28. Tag.
- ▶ Kirschner-Drahtentfernung nach 4 Wochen oder bei Weichteilproblemen.
- ▶ Nach 4 Wochen Gipsabnahme und Weiterbehandlung mit Schiene (je nach Röntgenbefund für 3–4 Wochen).

► Physikalische Therapie.
◼ **Hinweis:** *Keine* Schulterimmobilisation durch Armtragetuch, Bewegungsübungen von Daumen und Langfinger.

Prognose und Komplikationen

► **Komplikationen:**
- *Sekundäre Dislokationen* → frühzeitiger Verfahrenswechsel, z. B. auf Plattenosteosynthese.
- *Druckschäden der Haut* → täglicher Verbandswechsel, bei ungenügender Retention Verfahrenswechsel auf Fixateur externe.
- *Wundheilungsstörungen* der Kirschner-Draht-Eintrittsstellen → zunächst Erhaltungsversuch der K-Draht-Osteosynthese durch täglichen Verbandswechsel, bei anhaltendem Infekt Metallentfernung und Débridement. Evtl. Verfahrenswechsel zum Fixateur externe.
- *Druckschäden N. medianus* (Karpaltunnelsyndrom) → neurologische Untersuchung, zunächst konservativer Versuch mit konsequentem Hochlagern und Antiphlogistika. Bei Therapieresistenz Spaltung des Karpaltunnels und Revision (S. 520).
- *Irritation des Ramus superficialis N. radialis* (bei K-Draht-Osteosynthese) → Revision bei Metallentfernung.
- *Verletzung der Sehne des M. extensor pollicis longus* (bei Plattenosteosynthese) → bei streckseitiger Plattenosteosynthese frühzeitige Metallentfernung nach 3–6 Monaten.
- *Reflexdystrophie.*
- *Verletzung der A. radialis* (selten) → sofortige Revision.
► **Prognose:** meist günstig, v. a. bei stabilen Frakturen.

30 Hand

30.1 Akutmanagement schwerer Handverletzungen

Maßnahmen zur Erstversorgung

▶ **Klinische Untersuchung:**
- *Wundinspektion:* Schnitt-, Riss-, Quetsch-, Spritzpistolen-, Explosionsverletzung?
- *Prüfung der aktiven und passiven Beweglichkeit:* Beuger- u. Streckertonus?
- *Prüfung der Sensibilität:* Drucksensibilität, Zwei-Punkte-Diskriminierung?
- *Prüfung der Durchblutung:* kapillärer Reflux, Turgor?

▶ **Röntgendiagnostik:**
- *Bei Verdacht auf Knochenbeteiligung:* a.p. und seitliche Aufnahme von Fingern und Handgelenk (bei Fingerverletzungen immer seitliche Aufnahmen anstreben!).
- *Bei einer Mittelhandverletzung* kann eine ergänzende Schrägaufnahme erforderlich sein.
- *Bei Verdacht auf Fremdkörpereinsprengung oder Spritzpistolenverletzung:* Anfertigung einer „Weichteilaufnahme"(= andere Bildbelichtung).

▶ **Bestimmung des Erstversorgungsortes** (entsprechend des Verletzungsgrades) Indikationen zur Erstversorgung in einer mit mikrochirurgischen Techniken vertrauten und ausgerüsteten handchirurgischen Abteilung:
- Komplexe Handverletzung mit Beteiligung vaskulonervöser Strukturen.
- Komplexe Handverletzungen, über deren Verletzungsausmaß Unsicherheiten bestehen.

Ziele der Erstversorgung

▶ Stabilisierung von Frakturen.
▶ Revaskularisierung von Geweben.
▶ Gewährleistung einer ausreichenden Weichteildeckung der Strukturen.

Reihenfolge der Versorgung

1. Stabilisierung des Skeletts → s. S. 541.
2. Sehnennähte → s. S. 467, 471.
3. Arterienrekonstruktion → s. S. 499.
4. Nervennaht → s. S. 506.
5. Venenanastomose → s. S. 505.
6. Wiederherstellung des Hautmantels → s. S. 493.

Verlegung in eine Spezialklinik

▶ Die Indikation hängt von der Art der Verletzung sowie von der Organisation und der Ausrüstung am Ort ab.
▶ Vor dem Entscheid telefonische Rücksprache mit dem Arzt des Zentrums. Begleitbericht mit Angabe von Anamnese, Befund, diagnostischen Ergebnissen (Röntgenbilder) und therapeutischen Maßnahmen.
▶ Organisation des raschmöglichsten und zweckmäßigsten Transportes.
▶ Sachgerechte Versorgung der verletzten Hand bzw. etwaiger Amputate (s. u.).

Vorgehen bei Amputationsverletzungen

▶ **Einschätzung nach Unfallmechanismus:**
- Glatte Abtrennung?
- Schwer geschädigte Amputationszone?
- Schwer geschädigtes Amputat?
- Totale oder subtotale Amputation (bei subtotaler Amputation besteht immer warme Ischämiezeit)? (Als „warme Ischämiezeit" bezeichnet man die fehlende Durchblutung eines Gewebes bei Raumtemperatur. Damit verbunden ist der schnellere Eintritt von Hypoxie und Nekrose, da die Stoffwechselaktivität nicht durch Kühlung reduziert ist.)

▶ **Therapieziele:** Wiederherstellung der bestmöglichen Funktionalität (Berücksichtigung von Längenerhalt, Erhaltung der Sensibilität, Vermeidung von Stumpfneuromen, Vermeidung von Kälteempfindlichkeit, Möglichkeit einer möglichst frühzeitigen Rehabilitation).

▶ **Replantation?**
- *Grundlage* ist die vollständig unterbrochene Durchblutung in einem subtotal oder total abgetrennten Glied (→ im Vergleich zur *Revaskularisation:* Herstellung der Hauptblutbahnen bei noch ungenügend vorhandener Restdurchblutung).
- *Absolute Indikationen* (Abb. 30.1):
  - Abtrennung des Daumens in Höhe des Endgelenkes oder proximal davon.
  - Abtrennung im Bereich der Mittelhand bis distaler Unterarm.

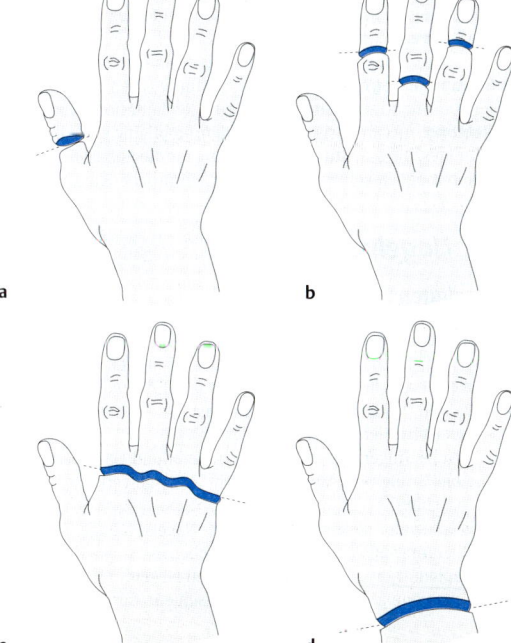

Abb. 30.1 a–d
Absolute Indikationen zur
Replantation

– Abtrennung multipler Finger (Priorität haben Daumen, Mittel- und Ring-finger).
– Abtrennung einzelner Finger auch distal des Endgelenkes bei Kindern.
- *Relative Indikationen:*
  – Distale Amputationen einzelner Finger, insbesondere D II und V (von PIP-Gelenk bis Endglied).
  – Schwer geschädigte Amputationszonen und Amputate.
  – Amputation einzelner Langfinger bei Erwachsenen.
  – (Dringender Patientenwunsch – gründliche Aufklärung über evtl. persis-tierende Beschwerden!)
- *Kontraindikationen:* lebensbedrohliche Begleitverletzungen oder -erkrankungen.
- ▷ *Achtung:*
  – Das Alter alleine ist *keine* Kontraindikation!
  – Wer bei einer absoluten Indikation zur Replantation ohne nachweisbaren Grund eine Stumpfbildung durchführt, handelt fehlerhaft!
- *Vorbereitende Maßnahmen* (immer vor Verlegung des Patienten, wenn die Replantation nicht in der erstversorgenden Klinik durchgeführt wird):
  1. Den aktuellen Befund möglichst exakt der Rettungsleitstelle bzw. dem Replantationsdienst mitteilen.
  2. Geeignete Transportmöglichkeit (schnell + sinnvoll!) wählen.
  3. Anlegen eines sterilen Verbandes am Stumpf (ggf. Druckverband).
     ▷ *Cave:* Keine Klemmen oder Ligaturen setzen!
  4. Sachgerechte Aufbewahrung des Amputates (Abb. 10.3, S. 104): Amputat steril in trockene oder nur gering feuchte Kompressen wickeln und in einen wasserdichten Plastikbeutel einpacken. Diesen gut verschließen und in einen mit Eiswasser gefüllten Beutel legen.
     ▷ *Cave:* Keine Desinfektion, kein direkter Eiskontakt (Kälteschaden)! → Ein gefrorenes Amputat kann nicht replantiert werden!
▶ **Stumpfbildung?** → *Indikationen* hierfür ergeben sich aus den relativen Indikatio-nen und Kontraindikationen für eine Replantation (s. o.).
▷ *Achtung:* Aus forensischen Gründen empfiehlt sich die Fotodokumentation des Befundes, die schriftliche Begründung für die Entscheidung und – wo eine Replan-tation möglich gewesen wäre – die schriftliche Einwilligung des Patienten!

30.2 Nagelverletzung

Grundlagen

▶ **Allgemeine Nagelfunktionen:** Der Nagel ist das einzige feste Element distal der knöchernen Endphalanx. Er dient der Stabilität der Fingerkuppe beim Greifen und der (vor allem sozial sehr wichtigen) Ästhetik der Hand.
▶ **Ursachen, Verletzungsmechanismus:**
- Quetschverletzung (am häufigsten).
- Distale Fingeramputation durch Nagel und Nagelbett.
- Abriss oder Wunden durch Schneidewerkzeuge (Messer, Kreissäge, Fräs-maschine).
▶ **Therapieziele:** Rekonstruktion des Nagels (Länge, Morphologie und äußeres Erscheinungsbild) – mögliches Vorgehen:
a) Replantation oder Naht des eigenen Nagels.
b) Schablone als Platzhalter (als Leitschiene für den nachwachsenden Nagel).

◪ Cave:

- Die sekundäre Korrektur von Nagelwachstumsstörungen ist generell unbefriedigend, daher ist eine adäquate primäre Behandlung von großer Bedeutung.
- Nagelextraktionen sind obsolet! Nach der Extraktion degeneriert die Keratinschicht des Nagelbettes zu Haut. Der nachwachsende Nagel findet keine Haftung und wird dystrophisch und deformiert.

Klinik, klinischer Befund, Diagnostik

▶ **Klinik, klinischer Befund:**
- Subunguales Hämatom (häufigster Befund bei Quetschung).
- Substanzdefekte von Nagel und Nagelbett (bei Riss-, Quetsch- u. Schnittverletzung).
- Luxation der Nagelbasis (oft bei Frakturen des Endgliedes).

▶ **Diagnostik:** Bei der klinischen Untersuchung ist der Befund offensichtlich. Bei Frakturverdacht sollte zusätzlich eine Röntgenaufnahme in zwei Ebenen durchgeführt werden.

Therapeutische/operative Verfahren

▶ **Vorbereitungen:**
- *Lagerung:* Oft ist der Eingriff ambulant möglich mit Lagerung auf einem Handtisch. Von Vorteil ist eine Fingerblutsperre, die man als Tourniquet an der Grundgliedbasis anlegen kann.
- *Anästhesie:* Oberst-Leitungsanästhesie (S. 82).

▶ **Nageltrepanation:**
- *Indikation:* subunguales Hämatom.
- *Vorgehen:*
  - Kleineres Hämatom: Penetration und Entlastung des Nagels mit einer Kanüle oder einer heißen Büroklammer (Abb. 30.2).
  - Größeres Hämatom (gesamte Oberfläche des Nagelbettes betroffen): Hier müssen größere darunter liegende Verletzungen angenommen werden → Nagelbettrevision (s. u.; Abb. 30.3).
- *Nachbehandlung:* regelmäßige Wundkontrolle bis zur Abheilung.

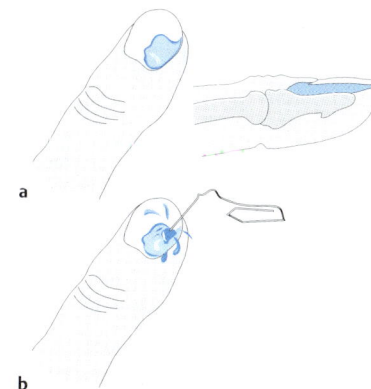

Abb. 30.2 a u. b
a) In der Ausdehnung begrenztes subunguales Hämatom.
b) Die einfache Entleerung des Hämatomes mit erhitzter Büroklammer ist ausreichend

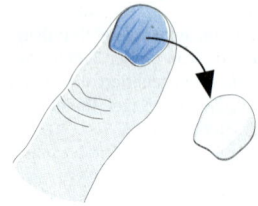

Abb. 30.3 Ausgedehntes subunguales Hämatom. Das Hämatom hebt die Nagelplatte vollständig ab. Abhebung des Nagels für die Inspektion des darunter liegenden Nagelbettes

▶ **Nagelreplantation:**
- *Vorgehen:*
  - Zuschneiden des abgelösten Nagels – die Ränder sollen nicht in die Hauttaschen hineinreichen.
  - Den abgelösten Nagel exakt reponieren. Die erste Naht überbrückt den Nagel und verhindert so die Totraumbildung unter ihm. Die zweite Naht fixiert die Basis des Nagels in ihrer proximalen Verankerung (Abb. 30.4).
  - Mit einem künstlichen Nagelersatz wird nach entsprechender Formanpassung ebenso verfahren.

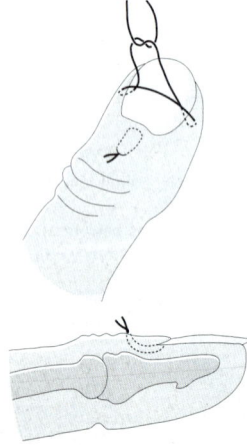

Abb. 30.4 Replantation eines abgelösten Nagels

- *Nachbehandlung:* Regelmäßige Wundkontrolle und Sicherstellung eines täglichen Verbandswechsels bis zur Abheilung. Verwendet man einen künstlichen Nagelersatz, muss regelmäßig überprüft werden, dass dieser das Wachstum des neuen nachwachsenden Nagels nicht behindert.

▶ **Nagelbettrekonstruktion:**
- *Vorgehen:* Nagel abheben und Nagelbett inspizieren. Alle lazerierten Bereiche werden mit 6/0 Vicryl genäht und dann der ursprüngliche Nagel wieder aufgelegt.
- *Nachbehandlung:* siehe unter Nagelreplantation.

▶ **Nagelnaht:**
- *Vorgehen:* Der Nagel wird dabei direkt mit der Nadel perforiert. Falls nötig, kann die luxierte Nagelbasis leicht zugeschnitten werden. Der Faden wird durch-

gezogen und tief in die seitlichen und proximalen Hautfalten eingestochen. Die Fäden können direkt oder über einem Tupfer oder Knopf geknotet werden (Abb. 30.5). Die Nähte sollen ohne Spannung (*cave:* Hautnekrosen), der Nagel jedoch etwas komprimiert sein.
- *Nachbehandlung:* siehe unter Nagelreplantation.
▶ **Nagelbetttransplantat:** Aus dem gesunden Anteil des Nagelbettes wird ein kleines Gewebestückchen tangential abgetragen und in die Defektstelle eingenäht. Die Donorstelle verheilt spontan.

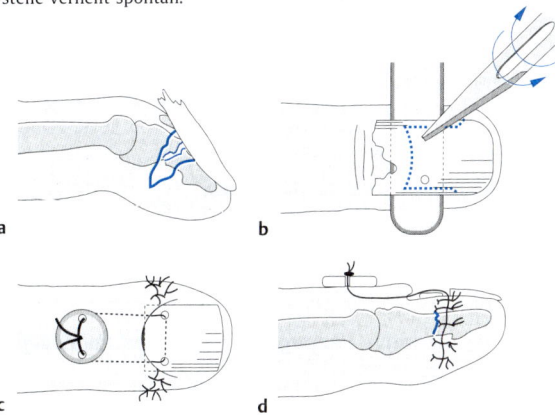

Abb. 30.5 a–d a) Nagelluxation bei Endphalanxfraktur; b) Zuschneiden und Replantation als Schienung; c + d) Nagelnaht über Tupfer oder Knopf, seitliche Wundnähte

Vorgehen bei typischen Nagelverletzungen

▶ **Subunguales Hämatom** (häufig Folge von Quetschverletzungen):
- *Trepanation:* Ausreichend bei einer Hämatomausdehnung von bis zu 30% der Nagelfläche (s. o.).
- *Nagelbettrevision, -rekonstruktion:* Indiziert bei größerem Hämatom und bei Verletzungen des Nagels (s. o.).
▶ **Nagelbettverletzung** (hier können Teile des Nagelbettes fehlen, das Nagelbett kann proximal aus der Nageltasche luxieren – oft bei Fraktur oder Epiphyseolysis [Trauma durch Quetschung und Beugung]): Nagelbettnaht (s. o.), Nagelbetttransplantat (s. o.). Bei Kombination mit Endgliedfraktur zuvor Osteosynthese.
▶ **Traumatischer Nagelverlust:**
- *Bei erhaltenem Nagel:* Replantation und Fixierung durch seitliche Nähte (s. o.).
- *Bei fehlendem Nagel:* Replantation und seitliche Fixation eines Kunstnagels oder einer angepassten Schablone (s. o.).

30.3 Fingerkuppendefekte, traumatische Fingeramputation

Grundlagen

- ► **Ursachen, Verletzungsmechanismus:**
  - Rissverletzung durch tangentialen Kontakt mit Kreissäge, Fräs- oder Flexmaschine mit Substanzverlust.
  - Schnittverletzungen.
  - Ablederung durch Quetschverletzung.
- ► **Therapieziel, -prinzipien:** *Rekonstruktion* (i. d. R. primär) einer ausreichend weichteilgepolsterten, nicht schmerzhaften Tastfläche mit erhaltener Sensibilität. (Bei distalen Endglieddefekten muss *immer* eine Rekonstruktion angestrebt werden [wichtig für taktile Wahrnehmung].)

Klinik, klinischer Befund, Diagnostik

- ► **Klinik, klinischer Befund:** Substanzdefekt der Fingerpulpa mit oder ohne Knochenbeteiligung.
- ► **Diagnostik:** Der Befund zeigt sich bei der klinischen Untersuchung. Bei Knochenbeteiligung sollte eine Röntgenaufnahme in zwei Ebenen angefertigt werden.

Geeignete operative Versorgung von Fingerkuppendefekten

- ► **Defekt ohne Nagel- und Skelettbeteiligung** (s. Abb. 30.6a): kontrollierte Sekundärheilung (epithelisierungsfördernde Verbände).
- ► **Querer Defekt mit freiliegendem Knochen** (s. Abb. 30.6b): V-Y-Plastik, evtl. bilaterale V-Y-Plastik.
- ► **2/3-Amputation des Endgliedes** (s. Abb. 30.6c): Nachamputation, Thenarlappen (am Daumen neurovaskulärer Lappen).
- ► **Palmarer Defekt** (s. Abb. 30.6d): „Banana-Flap" und Vollhauttransplantat, neurovaskuläre Insellappen, Cross-Finger-Lappenplastik bei Defekt des gesamten palmaren Endgliedes.
- ► **Dorsaler Defekt** (s. Abb. 30.6e): Nachamputation, Vollhauttransplantat.
- ► **Seitlicher Defekt** (s. Abb. 30.6f): „Banana-Flap" und/oder Vollhauttransplantat.
- ▷ **Achtung:**
  - Hängt ein Haut-Weichteil-Lappen noch am Finger, sollte dieser bei ausreichender Restdurchblutung refixiert werden!
  - Fernlappen am Endglied sind kontraindiziert.

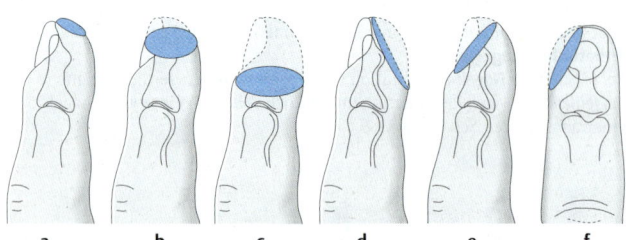

| a | b | c | d | e | f |

Abb. 30.6 a–f   Schema zur geeigneten Versorgung von Fingerkuppenenddefekten

Kontrollierte Sekundärheilung

▶ **Indikation:** oberflächliche pulpäre Substanzverluste.
  ◻ *Cave:* kontraindiziert bei freiliegendem Knochen!
▶ **Durchführung:** regelmäßiger Verbandswechsel.
◻ *Cave:* Durch die einfache Handhabung sollte es nicht zu einer Vernachlässigung des Nachbehandlungsschemas kommen!
▶ **Vorteil:** gute Sensibilität, kosmetisch optimal, gute Polsterung.
▶ **Nachteil:** Eventuell dauert die Heilung im Vergleich zu anderen Methoden etwas länger.

Operative Verfahren – Verschiebelappen

▶ **Eigenschaften:**
  • Deckung für schlecht vaskularisiertes Gewebe.
  • Schutz freiliegender Strukturen (Nerven, Gefäße, Sehnen, Knochen).
  • Bringt mechanisch belastbare und z. T. auch sensible Weichteile in den Defekt.
▶ **Allgemeine Vorbemerkungen + Maßnahmen:**
  ◻ *Hinweis:* Bestehen Unsicherheiten in der Art der Deckung, sollte der Patient in eine handchirurgische Abteilung verlegt werden.
  • *OP-Vorbereitungen:*
    – Lagerung: immer Blutleere bzw. Blutsperre.
    – Anästhesie: Meist ist eine Regionalanästhesie ausreichend (i.v-Regional-anästhesie nach Bier oder Plexusanästhesie; vgl. S. 80).
  • *Durchführung:*
    – Wunde säubern und den zu deckenden Defekt ausmessen. Zuvor tiefer liegende Strukturen rekonstruieren.
    – Den zu hebenden Lappen anzeichnen, z. B. seitlich des zu deckenden Defektes. Die Länge des Läppchens darf nicht mehr als das Dreifache der Lappen-basis betragen.
    – Bei der Lappenhebung müssen Sehnengleitgewebe, Sehnenscheiden und Gefäß-Nerven-Bündel geschont werden.
    – Der Lappen wird spannungsfrei in den Defekt eingenäht unter genauester Adaptation der Wundränder.
    – Der Hebedefekt wird mit einem freien Hauttransplantat verschlossen.
  • *Nachbehandlung:* lockerer Verband. Immobilisation mit einer Schiene und Hochlagerung.

1. V-Y-Lappenplastik (Tranquilli-Leali-Plastik) (Abb. 30.7):
  • *Indikation:* Defekte bis etwa zur Mitte des Endglieds.
  • *Vorteil:* optimale Sensibilität und Polsterung des Defekts.
  • *Nachteil:* Inzision ist nur bis zur distalen Beugefalte möglich, Narben.
  ◻ *Cave:*
    – Eine zu tiefe Inzision unterbricht Gefäße und Nervenfasern!
    – Eine zu oberflächliche Inzision verhindert die volle Verschiebung!
  • *Durchführung:*
    – V-Inzision unter Erhaltung einer seitlichen Hautleiste.
    – Trennen des Lappens vom Periost mit der Schere. *Cave:* Nur in der Inzisions-linie *ohne* Mobilisierung der Unterfläche des Dreiecks!
    – Das mobil gewordene Dreieck wird nach distal verschoben.
    – Einnähen in den Nagelrest (evtl. Nagelbett) und auf der taktil wichtigeren Seite.
    – Bei Spannung bleibt die Wunde auf einer Seite offen. Proximaler Verschluss.
    – Öffnen der Blutsperre, Zirkulationskontrolle, Deckverband ohne Kompres-sion und Hochlagerung. Schiene.

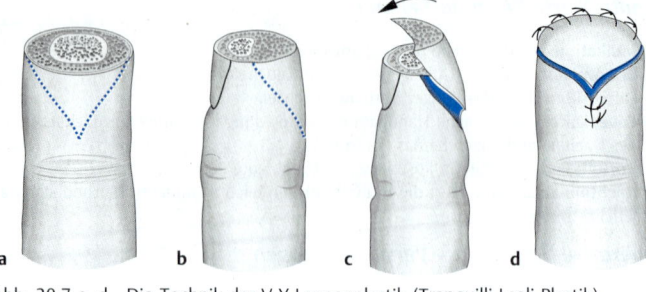

Abb. 30.7 a–d   Die Technik der V-Y-Lappenplastik (Tranquilli-Leali-Plastik).
a) V-förmiger Hautschnitt von palmar. b) Seitenansicht. c) Lappenverlagerung:
erhalten geblieben sind Nerven, Gefäße und elastische Hautelemente.
d) Y-förmige Hautnaht unter Aussparen der seitlichen Schenkel

2. Spalthauttransplantat:

- *Prinzip:* s. S. 527.
- *Indikationen:*
  - Oberflächliche Defekte an Fingern und Hand.
  - Deckung der Entnahmezone gestielter Lappenplastiken.
- *Entnahmestellen:*
  - Volarseite des Handgelenks mit Handdermatom oder Rasierklinge: dicke, kräftige Haut, gleiches Operationsgebiet, proximale Unterarmbeugeseite, Oberarminnenseite.
  - Oberschenkel (lateral und medial) maschinell bei großen Flächen. Nachteil: 2. Operationsgebiet, dünnere Haut.
- *Durchführung Handgelenk volar:*
  - Einzeichnen des Transplantats auf der Entnahmestelle.
  - Einstellen des Dermatoms (Breite und Dicke) durch den Operateur.
  1. Unterspritzen der Entnahmestelle mit Lokalanästhesie oder Ringer-Lösung (Zusatz von Adrenalin) (Abb. 30.8).

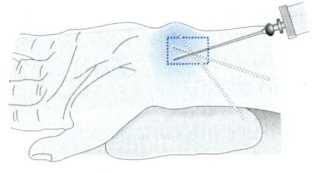

Abb. 30.8   Vorbereitung der Entnahmestelle am Handgelenk durch Unterspritzen mit Lokalanästhesie oder Ringer-Lösung. Der Lappen ist eingezeichnet

2. Dermatom aufsetzen, die umgebende Haut spannen (s. S. 528).
3. Einlegen des Transplantats in feuchte Kompresse.
4. Entnahmestelle mit Salbentüll, dicker lockerer Gazeschicht und nicht komprimierendem Verband versorgen bzw. das Hautareal (Arm, Leiste) primär durch Naht verschließen.
5. Adaptation des Transplantats mit langen Haltefäden.
6. Zirkulär einnähen, dabei von innen nach außen einstechen.
7. Multiple kleine Inzisionen in das Transplantat (zum Sekretabfluss).
8. Blutstillung durch Kompression, v. a. randständig.
9. Geschichteter Kompressionsverband (Abb. 30.9).

- *Nachbehandlung:*
  - Hochlagerung mit Schiene, periphere Durchblutung und Sensibilität kontrollieren.
  - Verbandswechsel nach 5–7 Tagen.
  - Offene Wundbehandlung ab 12. Tag.

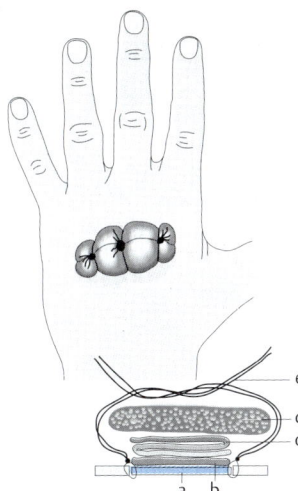

Abb. 30.9 a–e Verband über dem Transplantat im Schnitt: a) Transplantat; b) Salbentüll; c) saugende Gazeschicht; d) Schaumstoff oder Polsterwatte; e) geknoteter Haltefaden

3. **Vollhauttransplantat,** („Banana Flap" = lokaler Verschiebelappen. Allerdings wird hier nur das Unterhautfettgewebe mobilisiert und wie das Innere einer Banane aus der umhüllenden Haut zur Defektdeckung herausmobilisiert):
   - *Prinzip:* s. S. 529.
   - *Indikation* (insgesamt belastete, taktil weniger wichtige Zonen):
     - Vollhauttransplantat + Banana Flap: oberflächliche Defekte an Fingern und Hand.
     - Nur Vollhauttransplantat: Deckung der Entnahmezone gestielter Lappenplastiken.
   - *Entnahmestellen* (Vollhauttransplantat; Abb. 30.10): faltenreiche Haut – Ober- und Unterarminnenseite, Leiste (retroaurikulär, submalleolär).
   - *Durchführung* (Vollhauttransplantat):
     - Defektränder exzidieren, Form und Ausdehnung messen.
     - Messen und Schneiden des Transplantats in Hautspaltrichtung. Ablösen des Transplantates mit dem Skalpell unter Spannung (Abb. 30.11). Sorgfältige Entfernung von Fettresten.
     - Verschluss des Entnahmedefektes durch Hautnaht.
     - Implantation des Transplantats siehe Spalthauttransplantat S. 440.
   - *Nachbehandlung:* siehe Spalthauttransplantat S. 440.
4. **Neurovaskulärer Insellappen:**
   - *Definition:* Lokale Verschiebeschwenklappen, die mit dem axialen Gefäß-Nerven-Stiel mobilisiert werden. Der gehobene Haut-Weichteil-Mantel befindet sich dabei über dem distalen Anteil des Gefäß-Nerven-Stieles, so dass er gut subkutan in einen Defekt in der Nachbarschaft (z. B. am Nachbarfinger) eingebracht werden kann.

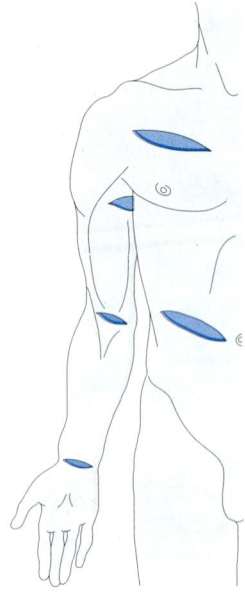

Abb. 30.10 Entnahmestellen für Vollhauttransplantate

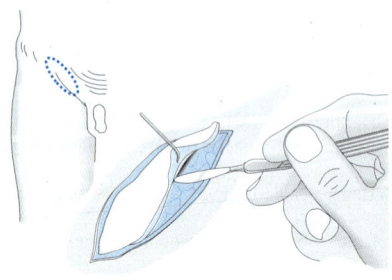

Abb. 30.11 Vollhaut-transplantatentnahme in der Leistenbeuge mit dem Skalpell

- *Indikation:* Große Endglieddefekte, bei denen die Wiederherstellung der Sensibilität eine besondere Rolle spielt.
- *Vorteil:* gut gepolsterte sensible Kuppe mit voll erhaltener Sensibilität.
- *Nachteil:* Opferung eines Gefäß-Nerven-Bündels (Gefahr der arteriellen Zirkulationsstörung), präparatorisch sehr anspruchsvoll → sollte einem Handchirurgen vorbehalten sein!

5. **Cross-Finger-Lappenplastik** (Abb. 30.12):
   - *Indikation:* Beugeseitig liegende Defekte mit freiliegenden Sehnen oder Knochen im gesamten Fingerbereich.
   - *Nachteile:* Primär fehlende Sensibilität (Schutzsensibilität nach Monaten) Immobilisierung der betroffenen Finger bis zur Einheilung des Läppchens.

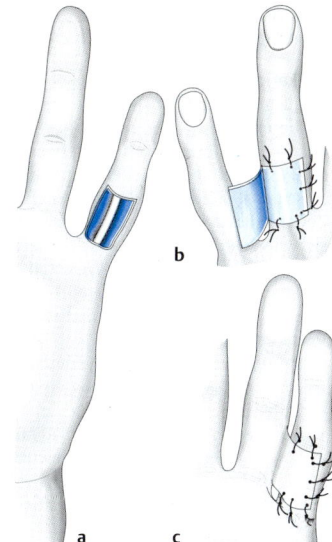

Abb. 30.12 a–c Cross-Fingerplastik.
a) Defekt an der Beugeseite des Kleinfingergrundgliedes;
b) dorsal am benachbarten Ringfinger gehobener Lappen. In den Hebedefekt ist ein Vollhauttransplantat eingenäht.
c) In den Kleinfingerdefekt eingenähtes Cross-Läppchen

- *Durchführung* (der Lappen muss etwas größer gewählt werden als der zu deckende Defekt):
  - Der Lappen wird umschnitten und von der Strecksehne unter Schonung des peritendinösen Gewebes gelöst.
  - Der Hebedefekt wird mit Spalthaut gedeckt und mit einem Überknüpf-verband fixiert (S. 441).
  - Der Lappen wird in den Defekt eingenäht.
- *Nachbehandlung:* Ruhigstellung bis zur Stieldurchtrennung nach 3 Wochen.
- *Stieldurchtrennung:*
  - Der Stiel wird nahe des Spenderfingers durchtrennt, ausgedünnt und exakt eingenäht. Der Defekt am Spenderfinger lässt sich primär verschließen.
  - Nachbehandlung: Sofortiger Beginn mit intensiver Krankengymnastik.

6. Umgekehrte Cross-Finger-Lappenplastik:
- *Indikation:* Deckung streckseitiger Defekte.
- *Durchführung* (vor der eigentlichen Lappenhebung wird die Haut in Spalthaut-dicke abpräpariert):
  - Der Lappen wird von den Strecksehnen unter Schonung des peritendinösen Gewebes gehoben.
  - Der Lappen wird in den Defekt geschlagen und eingenäht.
  - Der eingenähte Lappen wird mit Spalthaut gedeckt.
  - Mit dem abgehobenen Hautanteil wird der Hebedefekt gedeckt.
- *Nachbehandlung + Stieldurchtrennung:* siehe Cross-Finger-Lappenplastik.

Traumatische Amputation, Nachamputation – operative Versorgung

▶ **Indikation:** Substanzdefekte, bei denen eine sinnvolle Rekonstruktion nicht mehr möglich erscheint.
▶ **Vorbereitung:**
  • *Lagerung:* Rückenlagerung, Verwendung eines Handtisches.
  • *Anästhesie:* Je nach Verletzungsausmaß ist Oberst-Leitungsanästhesie, i.v.-Regionalanästhesie oder Plexusanästhesie möglich.
▶ **Zugang:** Bei querer Amputation mediolaterale Inzision (Abb. 30.13). Sonst richtet sich die Schnittführung nach den Gegebenheiten der Verletzung. In jedem Falle muss eine ausreichende Weichteildeckung des Knochens erreicht werden (möglichst mit einem palmaren Lappenanteil, da dieser für die Sensibilität des Greifens am besten prädestiniert ist).
▶ **Vorgehen:**
  • Débridement der Haut. Eine durch die Verletzung vorgegebene Lappenbildung wird zur Stumpfdeckung ausgenutzt.
  • Entfernung von Nagelresten.
  • Bei querer Amputation mediolaterale Inzision (Abb. 30.13).
  • Kürzung des Knochens in der gewünschten Höhe und Glätten der scharfen Ränder, sodass ein schlanker, konischer Stumpf entsteht.
  • Bei Exartikulation Resektion des Gelenkknorpels und der seitlich überragenden Kondylen.

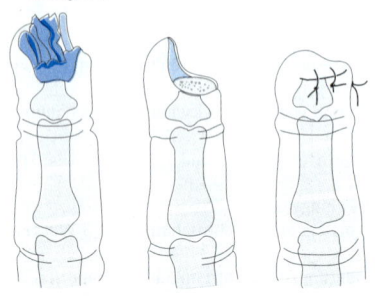

Abb. 30.13 a u. b
a) Débridement und Ausnutzen des verbliebenen Lappens zur Stumpfabdeckung,
b) Technik der Stumpfbildung

a

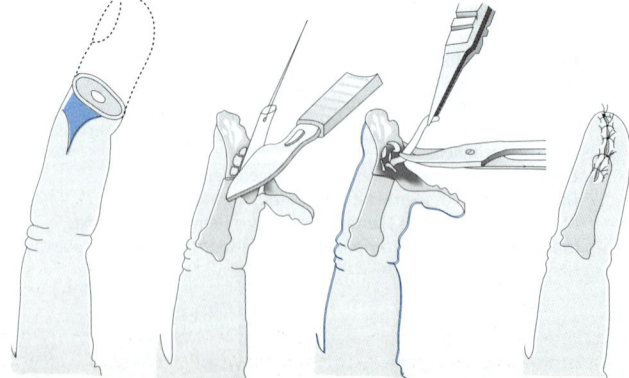

b

- Hervorziehen und Durchtrennen der Streck- und Beugesehne im Wundbereich.
- Präparation und Ligation der Arterien. Hervorziehen der Nerven und proximale Resektion.
- Ausreichende Blutstillung.
- Gute Adaptierung der Hautlappen, evtl. Nachresektion der Lappenecken.

▷ *Spezielle Technik am Daumen:*
- *Ausgedehnte Defekte der Endgliedbeugeseite des Daumens:* Zur Erhaltung der Sensibilität neurovaskuläre Lappenplastiken (s. o.).
- *Überstehender Knochenstumpf:* nur Glättung des Stumpfes. Falls erforderlich, sollte eine Osteosynthese zum Längenerhalt durchgeführt werden.

▶ **Nachbehandlung:** Ab dem 2. postoperativen Tag Bewegungs- und Abhärtungsübungen (= Bewegen in ungekochten Erbsen oder Nudeln, später Bürsten bei stabilen Narbenverhältnissen oder Bestreichen mit einem Pinsel). Fadenentfernung am 12.–14. Tag.

▶ **Komplikationen:**
- Stumpfbildung in funktionell ungünstiger Höhe.
- Weichteildeckung zu knapp, daher unter Spannung stehend (→ Nekrose- und Penetrationsgefahr des Knochens).
- Weichteildeckung zu reichlich mit einem funktionell störenden Weichteilkissen auf dem Knochenstumpf.
- Fixierung der Profundussehne am Stumpf oder Vernähen der Beuge- und Strecksehne.
- Keine oder unzureichende Kürzung der Nervenenden (Neuromentstehung).

30.4 Schnitt-, Quetsch-, Säge- und Explosionsverletzungen

Grundlagen

▶ **Definition:** Es handelt sich um eine ausgedehnte Traumatisierung der Hand, die in Bezug auf Untersuchung und Behandlung spezielle Kenntnisse erfordert.
▶ **Ursachen, Verletzungsmechanismus:** unkonzentriertes Arbeiten, Unkenntnis.

Klinik, klinischer Befund, Diagnostik

▶ **Klinik, klinischer Befund** (gerade bei starken Quetschungen ist das wirkliche Trauma weit ausgedehnter als es auf den ersten Blick erscheint): Meist stark verschmutzte Wunden mit ausgedehnten Gewebezerreißungen und z. T. -defekten.
▶ **Diagnostik:** klinische Untersuchung, Röntgendiagnostik, so genau wie möglich. Bei ausgedehnten Zerstörungen ist meist nur eine Übersichtsaufnahme der ganzen Hand möglich. Sicherstellung der sofortigen operativen Versorgungsmöglichkeit.

Operative Therapie

▶ **Prinzip der definitiven Primärrekonstruktion:** Möglichst umfangreiche primäre Wiederherstellung, damit ein funktionelles Training früh beginnen kann.
▶ **Spezielle Techniken** (müssen von Operateur und OP-Team sicher beherrscht werden): z. B. Replantation, Sehnenumlagerungen, Nerven- und Knochentransplantation sowie Lappenplastiken. Deshalb ist eine Versorgung durch eine handchirurgische Abteilung sinnvoll.
▶ **Nachbehandlung:** tägliche Verbandswechsel und Wundkontrolle. Krankengymnastische Übungsbehandlung so früh wie von dem Verletzungsausmaß bzw. von

den Rekonstruktionsmaßnahmen her möglich einleiten und den Erfolg überwachen.

Prognose und Komplikationen

► Kompartmentsyndrom (S. 109) durch direkte Schädigung der Handbinnenmusku-
latur oder Ischämie durch innere Kompression → frühzeitige Spaltung des Retinaculum flexorum.

30.5 Hochdruckinjektionsverletzungen

Grundlagen

► **Ursache, Verletzungsmechanismus:** Mit Spritzpistolen und hydraulischen Appa-
raten werden durch winzige Eintrittswunden Farbe, Öl und andere Substanzen mit
hohem Druck in die Weichteile injiziert.
◨ *Cave:* Wegen scheinbarer Geringfügigkeit Gefahr der Unterschätzung der Verletzung!

Klinik, klinischer Befund, Diagnostik

► **Klinik, klinischer Befund:** kleine Hautverletzung. Anfänglich kaum Beschwerden.
Später zunehmende Rötung, Schwellung und Funktionseinschränkung.
► **Diagnostik –** *Röntgen:* Bei kontrastgebendem Fremdmaterial direkt, ansonsten
evtl. durch Gasansammlung nachweisbar.

Operative Therapie

► **Indikation:** *Immer dringliche OP-Indikation,* da die Gefahr zunehmender Nekro-
tisierung besteht!
► **Vorgehen:**
  • Ausreichende Darstellung des *gesamten* kontaminierten Gewebes.
  • Radikale Entfernung des Fremdmaterials und der Nekrosen unter Schonung von
    Nerven und Gefäßen.
  • Ausreichende Drainage und lockerer Wundverschluss.
► **Nachbehandlung:** Wie bei Infektionen mit häufigen Verbandswechseln und
frühzeitiger dosierter Krankengymnastik.

30.6 Infektionen im Bereich der Hand

Grundlagen

► **Ursachen, Verletzungsmechanismus:**
  • Relativ häufig kaum bemerkte Bagatellverletzungen (feine Stichverletzungen,
    verschleppte Fremdkörper), die primär mit hochvirulenten Erregern kontami-
    niert wurden. Durch Keiminvasion in die Sehnenscheiden können sie rasch zu
    gravierenden Infektionen werden.
  • Prädisponierende Faktoren, z. B. Diabetes mellitus, AIDS oder i.v.-Drogenabhän-
    gigkeit.
◨ *Hinweis:*
  • Bissverletzungen durch Mensch und Tier sind immer potenziell mit hochviru-
    lenten Keimen kontaminiert.

- Fleischerverletzungen sind nicht primär häufiger kontaminiert als andere Verletzungen.
▶ **Ausbreitungswege von Infektionen an der Hand:** Die Kenntnis der anatomisch vorgegebenen Ausbreitungswege ist Voraussetzung für eine erfolgreiche chirurgische Behandlung (Abb. 30.14, 30.15).
  ▷ *Cave:* Durch die Festigkeit der palmaren Faszie wird der spontane Durchbruch eines Abszesses nach palmar nicht in Erscheinung treten → möglicherweise Unterschätzung des Befundes!

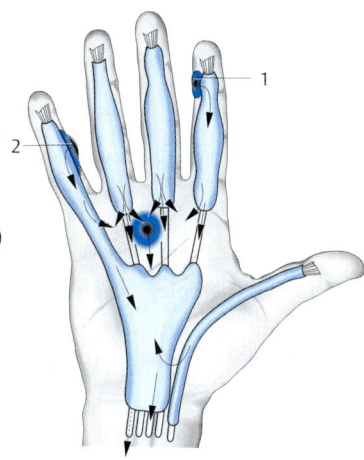

Abb. 30.14 Ausbreitungswege von Infektionen an der Hand. 1. Ausbreitungswege von Infektionen der Langfinger über Sehnenscheiden in die tiefe Hohlhand, von wo die Entzündung über den Karpaltunnel den Sehnenscheidensack unterkriechen und auf den Unterarm (Parona-Raum) übergreifen kann. 2. Entstehung der so genannten V-Phlegmone bei Infektionen am Kleinfinger oder Daumen über die durchgehenden Sehnenscheiden ihrer Beugesehnen und den Sehnenscheidensack im Handgelenkbereich, aus dem ebenfalls ein Durchbruch zum Unterarm möglich ist

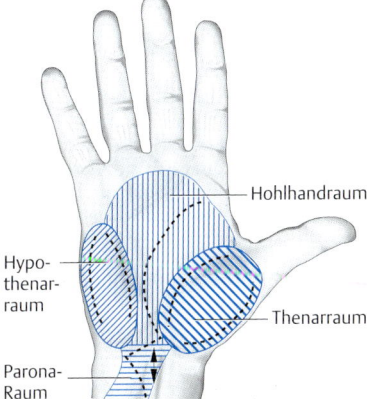

Abb. 30.15 Subfasziale Räume, in den sich Mittelhandinfektionen ausbreiten können. Mögliche Schnittführungen sind gestrichelt eingezeichnet

Hohlhandraum

Hypo-
thenar-
raum

Thenarraum

Parona-
Raum

Klinik, klinischer Befund, Diagnostik

▶ **Klinik:** Schmerzen, evtl. klopfend, Bewegungseinschränkung, Schwellung (im Bereich der Hand nur dorsal auftretend, d.h. keine Schwellung ist nicht gleichbedeutend mit dem Ausschluss einer Infektion).

▶ **Klinischer Befund**
- Überwärmung und Schwellung und Rötung, pulsierender, pochender Schmerz mit Punctum maximum bei Palpation über der Gewebeeinschmelzung.
- Lymphangitis, Lymphadenitis.
- Bei Sehnenscheidenphlegmone ist der gesamte betroffene Abschnitt extrem druck- und klopfempfindlich. Die passive Streckung löst heftigste Schmerzen aus.

▶ **Diagnostik** – *Röntgen:* Fremdkörper (evtl. Weichteilaufnahme), ossäre Beteiligung?

Differenzialdiagnose

▶ Rheumatoide Arthritis: Serologische Parameter, Lokalisationen an anderer Stelle, Anamnese?
▶ Gichtanfall: Anamnese?, Harnsäureerhöhung im Blut.
▶ Tendinitis calcarea: Kalkablagerungen im Röntgenbild.
▶ Herpes digitalis.
▶ Aktivierte Heberden-Arthrose.
▶ Hämatogen entstehende Infektionen (Tuberkulose, Gonorrhö).

Allgemeine Therapieprinzipien

▶ **Konservative Therapie:**
- *Indikation:* beginnende Symptome und lymphangitische Infektion.
- *Vorgehen:*
  - Ruhigstellung auf einer Schiene, Hochlagerung und Kühlung (Rivanolverband).
  - Systemische Antibiose bei Lymphangitis (Therapie der septischen Streuung).
  - Tägliche Befundkontrolle!

▶ **Operative Therapie:**
- *Indikation:*
  - Bei Zeichen einer purulenten, phlegmonösen Infektion, Zunahme der Symptome oder mangelnder Besserung des Lokalbefundes.
  - Dringliche Indikation bei pochendem Schmerz, Schlaflosigkeit, sichtbarer Eiteransammlung.
- *Lagerung, Anästhesie:* Rückenlagerung, Handtisch, Blutsperre oder -leere. Regional- oder Plexusanästhesie erforderlich, da die lokale Betäubung im entzündlichen Gewebe nicht wirksam ist.
- *Operationstechnik:* ausreichend tiefe Inzision, Abstrich, evtl. Laschen- oder Antibiotikaketteneinlage.

Spezielles Vorgehen bei häufigen Infektionen

▶ **Paronychie:**
- *Definition:* laterale oder proximale Nagelwallinfektion (Abb. 30.16).
- *Klinik:* Auftreibung des lateralen Nagelwalles, mit Rötung, Schwellung, manchmal ist schon eine Eiterblase zu sehen.
- *Therapie + Nachbehandlung:*
  - Anfangs konservativ mit Ruhigstellung auf einer Fingerschiene in Funktionsstellung, Betaisadona-Fingerbädern (1–2 × täglich) und täglicher Kontrolle.
  - Bei Fortschreiten oder mangelnder Besserung operativ (s. u.).

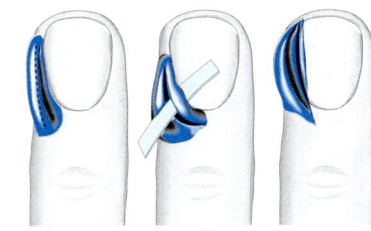

Abb. 30.16 a–c   Paronychie:
a) Standardinzision,
b) Inzision und Lascheneinlage,
c) laterale Keilexzision

▶ **Panaritium cutaneum** (Abb. 30.17):
- *Definition:* intrakutane, subepidermale Abszessbildung.
- *Klinik:* Schmerz meist pochend, Rötung und Schwellung.
- *Therapie:* Einfache Abtragung, jedoch engmaschige Befundkontrolle zum Ausschluss eines Kragenknopfpanaritiums (s.u.) durch sorgfältige Suche nach einem weiteren Fistelgang in die Tiefe bei der chirurgischen Therapie.

▶ **Panaritium subcutaneum** (Abb. 30.17):
- *Definition:* Abszessbildung in der Tiefe. Dringt dieser über einen Fistelgang an die Oberfläche, entsteht ein Kragenknopfpanaritium.
- *Klinik:* s.o. Im frühen Stadium können Schwellung und Rötung diskreter zutage treten.
- *Therapie:* Frühzeitig operativ durch mediolaterale Hautinzision dorsal des Gefäß-Nerven-Bündels in ausreichender Tiefe, evtl. Gegeninzision (Abb. 30.18). Keine Antibiose.
- ▷ *Cave:* Inzisionen an der Fingerkuppe führen zu Narben und Sensibilitätsstörungen!
- *Nachbehandlung:* s.o.

▶ **Infektionen der Sehnenscheiden:**
- *Spezielle klinische Symptomatik:* Der Finger steht meist in Beugestellung, heftigster Schmerz bei passiver Dehnung.
- *Therapie:*
  - Frühzeitig operativ! Bei zu spätem Handeln verbleiben erhebliche Bewegungsdefizite!
  - Eröffnung mit einem Zick-Zack-Schnitt, Entfernung des nekrotischen Gewebes (möglichst unter Erhalt der Ringbänder), Einlegen einer Drainage (evtl. als Spüldrainage, Abb. 30.19a) und/oder Antibiotikakette, lockerer Wundverschluss.
- *Nachbehandlung:* tägliche Betaisadona-Spülung. Frühzeitige Krankengymnastik.

▶ **Panaritium ossale** (Abb. 30.17):
- *Definition:* Knochenaffektion durch direkte Verletzung des Knochens oder Ausbreitung eines subkutanen Panaritiums (s.o.).
- *Klinik:* s.o., zusätzlich sieht man im Röntgenbild eine Arrosion der Kortikalis.
- *Therapie:* radikales Ausräumen des nekrotischen Knochengewebes und Auffüllen mit einer Antibiotikakette. Ruhigstellung bis zum Abklingen der akuten Entzündung.
- *Nachbehandlung:* Tägliche Verbandswechsel, evtl. Betaisadona-Spülung, wenn keine Antibiotikakette eingelegt wurde. Ruhigstellung auf einer Schiene bis zum Abklingen der Entzündungszeichen.

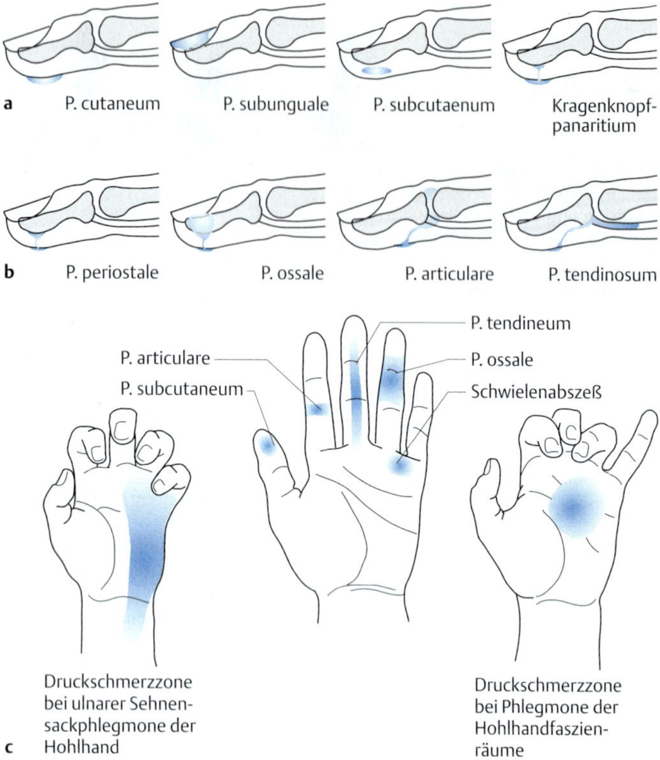

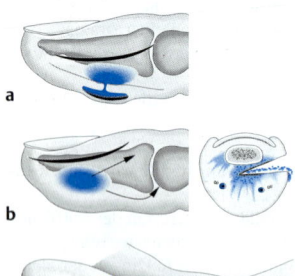

a P. cutaneum   P. subunguale   P. subcutaenum   Kragenknopf-panaritium

b P. periostale   P. ossale   P. articulare   P. tendinosum

P. articulare — P. tendineum

P. subcutaneum — P. ossale

P. articulare — Schwielenabszeß

Druckschmerzzone
bei ulnarer Sehnen-
sackphlegmone der
c Hohlhand

Druckschmerzzone
bei Phlegmone der
Hohlhandfaszien-
räume

Abb. 30.17 a–c   Mögliche Panaritiumformen

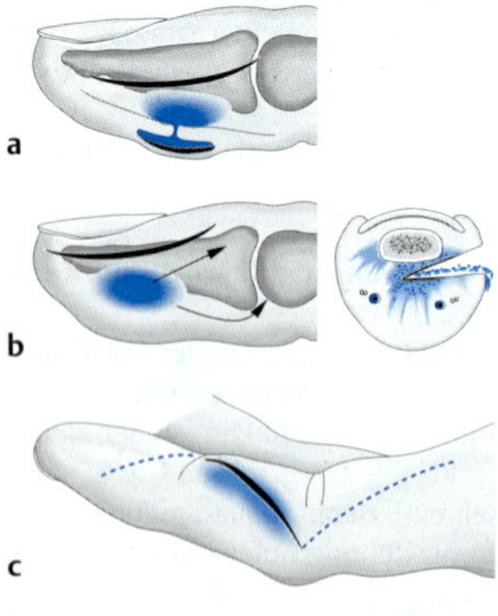

a

b

c

Abb. 30.18 a–c   Schnittführung beim
Panaritium subcutaneum;
a) Kragenknopfpanaritium,
b) tiefes, subkutanes Panaritium,
c) am Mittelglied mit
Erweiterungsmöglichkeit

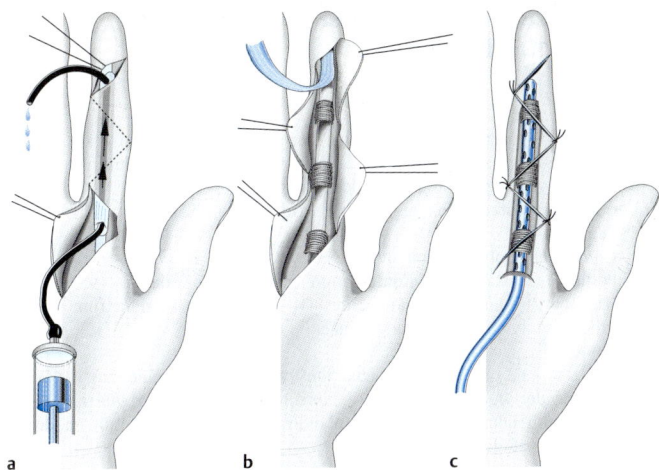

Abb. 30.19 a–c   Vorgehen bei Sehnenscheidenphlegmone: a) Spüldrainage; b) Resektion der Sehnennekrose; c) Einlegen einer Drainage im Sehnenbett

▶ **Panaritium articulare** (Abb. 30.17):
- *Definition:* Gelenkbeteiligung durch direkte Verletzung oder Ausbreitung eines subkutanen Panaritiums (s. o.).
- *Klinik:* s. o., zusätzlich Bewegungsschmerz im betroffenen Gelenk bis zur vollständigen Aufhebung der Beweglichkeit.
- *Therapie:*
  - Konservativ im Anfangsstadium (individuelle Ermessensfrage!) durch Ruhigstellung, kühlende Verbände unter täglicher Kontrolle durch die gleiche Person.
  - Sonst operative Gelenkrevision mit Entfernung von nekrotischem Gewebe und Antibiotikaketteneinlage.
- *Nachbehandlung:* Tägliche Verbandswechsel und Wundkontrolle sowie Ruhigstellung auf einer Schiene bis zum Abklingen der Entzündungszeichen. Anschließend aktive und passive krankengymnastische Übungsbehandlung.

▶ **Hohlhandphlegmone:**
- *Spezielle Klinik, klinischer Befund:* Wegen der straffen Palmarfaszie und vertikaler Septen ist keine stärkere Schwellung möglich. Es kommt jedoch immer zu einem Handrückenödem, allerdings ohne ausgeprägte Rötung und Druckschmerz. Haut und Weichteile sind palmar prall gespannt mit starkem Druckschmerz. Starke Schmerzen bei aktiver und passiver Bewegung.
- *Therapie:* immer dringliche Operationsindikation! Schräge oder Zick-Zack-Hautinzisionen, Identifikation und Ausräumung von Abszesstaschen, evtl. Spaltung des Retinaculum flexorum, ausreichende Drainage.
- *Nachbehandlung:* tägliche Verbandswechsel und Wundkontrolle und Betaisadona-Fingerbad. Ruhigstellung auf einer Unterarmgipsschiene unter Einschluss der Finger bis zum Abklingen der Entzündungszeichen. Anschließend Krankengymnastik.

30.7 *Lunatumluxation und perilunäre Luxationsfraktur*

Grundlagen

▶ **Ursachen:** „High-Energy"-Trauma oder Sturz auf die meist überstreckte Hand.
▶ **Häufigkeit:** Insgesamt selten (etwa 10% aller karpalen Verletzungen), jedoch in seinen Auswirkungen von größter Bedeutung.
▶ **Verletzungsmuster** (abhängig von den rupturierten Bändern im Bereich des Os lunatum):
  • *Lunatumluxation* (Mondbeinluxation).
  • Perilunäre Luxation in Kombination mit Frakturen des Os scaphoideum (De-Quervain-Luxationsfraktur), des Os capitatum, Os triquetrum und des Processus styloideus radii oder ulnae.

▷ *Cave:*
  – Luxationen und perilunäre Luxationsfrakturen stellen eine massive Gefährdung der Durchblutung der entsprechenden Strukturen, wie z.B. des Os lunatum oder proximalen Skaphoidfragmentes dar und müssen deshalb notfallmäßig versorgt werden.
  – Bei Frakturen der Griffelfortsätze von Radius und Ulna besonderes Augenmerk auf die Integrität der Handwurzel richten (Form und Unversehrtheit der karpalen Bögen (Abb. 30.20).

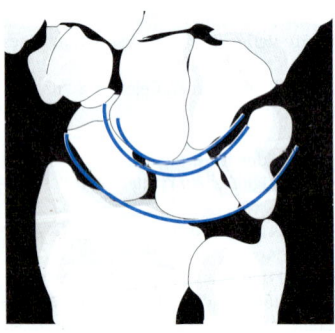

Abb. 30.20 Röntgenanatomie der Handwurzelknochen in der a.p.-Aufnahme. Die karpalen Bögen erleichtern das Erkennen pathologischer Veränderungen

Lunatumluxation (Mondbeinluxation)

▶ **Verletzungsmechanismus:** Wesentlich häufiger Luxation des Mondbeins nach palmar als nach dorsal. Bei palmarer Luxation kann eine Hypästhesie der vom N. medianus innervierten Finger bestehen, bei dorsaler Luxation sind Strecksehnenrupturen möglich.
▶ **Diagnostik:**
  • *Klinik, Befund:* diffuser Schmerz und Schwellung. Sensibilität der vom N. medianus versorgten Finger prüfen!
  • *Röntgen* (Abb. 30.21):
    – a.p.-Aufnahme: atypische Dreiecksform des Mondbeines und Unterbrechung der karpalen Bögen.
    – Seitliches Bild: luxierte Stellung des Mondbeines nach dorsal oder palmar.

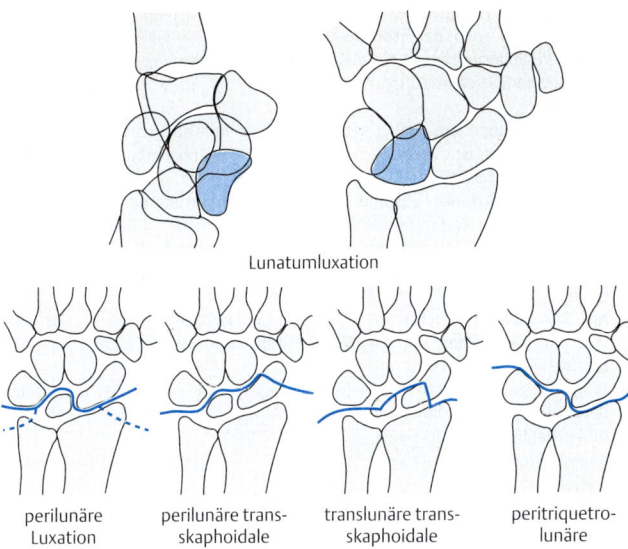

Lunatumluxation

perilunäre Luxation	perilunäre trans-skaphoidale	translunäre trans-skaphoidale	peritriquetro-lunäre

Abb. 30.21 a u. b a) Lunatumluxation seitlich und a.p. Pathologische Dreiecks-form des luxierten Os lunatum, die Konturen der Nachbarknochen überlagernd. b) Einteilung der Luxationen und Luxationsfrakturen an der Handwurzel

► **Therapie:**

- *Konservativ:* Am besten in Plexusanästhesie Aushängen mit einem Gewicht von 4–6 kg > 20 min. Danach kann versucht werden, das luxierte Os lunatum unter Röntgenkontrolle wieder zu reponieren (Abb. 30.22).
  - Bei Erfolg anschließende Ruhigstellung in einer Oberarmgipsschiene mit Daumeneinschluss für 6–12 Wochen. Diese kann nach 4 Wochen durch einen Unterarmgips mit Daumeneinschluss ergänzt werden.

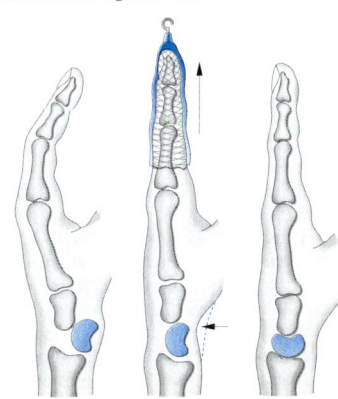

Abb. 30.22 Dauerzug mit Mädchenfänger und Zurückkippen des Os lunatum

–   Bleibt trotz erfolgreicher Reposition eine Luxationsneigung bestehen, kann versucht werden, das Ergebnis durch eine perkutane K-Draht-Fixierung zu halten (Fixierung des Os lunatum in korrekter Position gegen das Os scaphoideum und Os capitatum).

*   *Operativ:*
    –   Bei ausbleibendem Erfolg sofort operative Revision (*cave:* Die Knochendurchblutung ist durch die Luxation gestört → Knochennekrosegefahr). Auf keinen Fall Fehlstellung belassen!
    –   Zugang: Der dorsale Zugang ist für die Durchblutung der Handwurzel am schonendsten, nur in Einzelfällen ist ein zusätzlicher palmarer Zugang notwendig (bei Irritationen des N. medianus bietet sich ein palmarer Zugang zur Beurteilung des Nerven und evtl. Spaltung des Retinaculum flexorum an).
*   *Nachbehandlung:* Oberarmgipsschiene mit Daumeneinschluss für 6–12 Wochen. Diese kann nach 4 Wochen evtl. durch einen Unterarmgips mit Daumeneinschluss ersetzt werden.
*   *Prognose:* generell nicht gut. Nahezu immer kommt es zu einer bedeutenden Bewegungseinschränkung im Handgelenk mit persistierenden Beschwerden und erheblichem Kraftverlust.
*   *Komplikationen:* Nekrosen des Mondbeins, erneute Luxation, Früharthrose des Radiokarpus.

Perilunäre, transsskaphoidale Luxationsfraktur (De Quervain)

▶   **Verletzungsmechanismus:** Von den genannten Verletzungen am häufigsten vorkommend. An Stelle der Ruptur des skapholunären Bandapparates kommt es zur Fraktur des Os scaphoideum. Der proximale Pol verbleibt beim Os lunatum, der distale luxiert mit der übrigen Handwurzel.
▶   **Diagnostik:** Vorgehen und Befunde wie bei Lunatumluxation (s.o.), zusätzlich dislozierte Kahnbeinfraktur.
▶   **Therapie (immer operativ!):**
*   Dorsaler Zugang; bei Irritationen des N. medianus palmarer Zugang (s.o.).
*   ◪ *Cave:* Ein kombinierter Zugang von palmar *und* dorsal ist wegen des großen Traumas und der weiteren Zerstörung der Durchblutung zu vermeiden!
*   Reposition und Osteosynthese des Os scaphoideum (Herbert-Schraube oder kanülierte Herbert-Schraube = Whipple-Schraube).
*   Evtl. K-Draht-Fixierung zum Halten der anatomischen Position.
▶   **Nachbehandlung:**
*   Ruhigstellung im Kahnbeingips für 8–12 Wochen zur Konsolidierung der Bandstrukturen. K-Draht-Entfernung nach 6–7 Wochen.
*   Anschließend Beginn der Physiotherapie, nach 7–12 Wochen ergänzend Ergotherapie.
▶   **Komplikationen:**
*   Knochennekrose von Skaphoid, Skaphoidfragment, Lunatum.
*   Radiokarpale Früharthrose bis zum karpalen Kollaps (= Aufhebung der Gefügestruktur der Handwurzelknochen).
◪ *Vorgehen bei veralteten Luxationen* (= Fehlstellung besteht Tage bis Wochen oder Monate): Hier ist eine Reposition primär nicht möglich. Bewährt hat sich die Anlage eines Distraktionsfixateurs für vier Wochen mit kontinuierlicher Distraktion des Handgelenkes. Sekundär danach operative Reposition.
▶   **Prognose:** Insgesamt schlecht, wobei diese im Wesentlichen von der schnellen und atraumatischen Versorgung sowie ausreichenden Ruhigstellung abhängt.

30.8 Kahnbeinfraktur (Fraktur des Os scaphoideum)

Grundlagen

*[handschriftlich: * häufigste Handwurzel-#]*

► Die Kahnbeinfraktur ist wichtigste und problematischste Handwurzelfraktur.
► **Ursachen, Verletzungsmechanismus:** Am häufigsten durch Sturz auf das extendierte Handgelenk, Anprall oder Rückschlag gegen die extendierte Hand. *[handschriftlich: → indirekt]*
► **Einteilung:** siehe Abb. 30.23, 30.24. *[handschriftlich: v.a. junge Männer]*

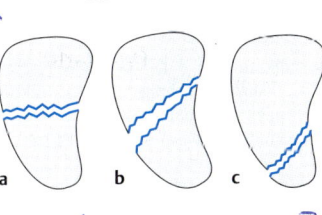

distales Drittel (5 %)

mittleres Drittel (80 %)

proximales Drittel (15 %)

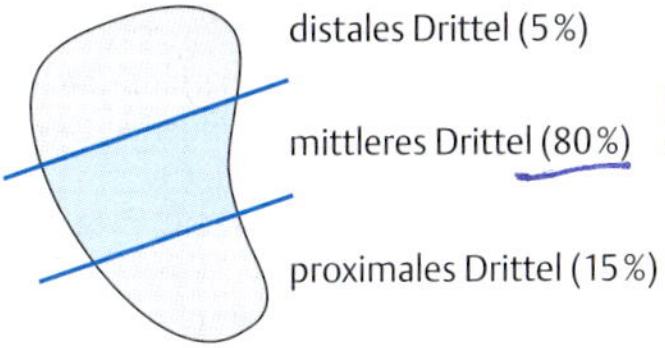

Abb. 30.23 Kahnbeinfrakturen. Häufigste Lokalisation im mittleren Drittel (meist als Querfraktur bei erhaltener Durchblutung)

[handschriftlich: 3/4 von Knorpel überzogen; wichtig: stabil vs. instabil]

Abb. 30.24 a–c
Formen der Kahnbeinfraktur.
a) Horizontal,
b) transversal,
c) vertikal-schräg

a   b   c

Klinik, klinischer Befund, Diagnostik

[handschriftlich: Klass. n. Herbert Typ A–D]

► **Anamnese:** Sturz, Anprall oder Rückschlag auf die extendierte Hand?
► ▷ *Hinweis:* Durch ein Trauma dieser Art kann eine vorher bereits bestehende Pseudarthrose symptomatisch werden.
► **Klinik, klinische Untersuchung:** Schwellung und Druckschmerz, besonders am radiodorsalen Handgelenk, Tabatière-Druckschmerz, Daumenstauchungsschmerz, Schmerzen bei Seitenbewegung des Handgelenkes nach radial, Sensibilitätsstörung, Instabilität, Handgelenk-/Fingerbeweglichkeit. *[handschriftlich: → auch symptomlos 100%]*
   ▷ *Cave:* Manchmal nur relativ diskrete Symptomatik!
► **Diagnostik:** *[handschriftlich: → schwierig, oft leicht übersehbar]*
   • **Röntgen:** Aufnahmen des Handgelenkes in 4 Ebenen: a.p. mit geballter Faust, exakt seitlich und in 45° Pro- und Supination. *[handschriftlich: * streng]*
      ▷ *Hinweis:* Wenn eine Fraktur röntgenologisch nicht direkt nachzuweisen ist, die Klinik jedoch dafür spricht, dann sollte ein Kahnbeingips für 10–14 Tage angelegt werden mit anschließender Röntgenkontrolle. Meist ist die Fraktur dann sichtbar.
   • *CT:* Nach probatorischem konservativem Versuch bei vermuteter Kahnbeinfraktur, die auf den Röntgenbildern nicht eindeutig erkennbar ist (aber zunächst konventionelle Röntgendiagnostik wiederholen!). *[handschriftlich: v.a. in Längsrichtung]*
   • *Andere Verfahren in Ausnahmefällen:* MRT, Szintigraphie (wenig aufschlussreich). *[handschriftlich: → v.a. STIR + beaufschlagend + Verlauf]*
   ▷ *Cave:* Eine Kahnbeinfraktur kann leicht übersehen werden!

[handschriftlich: + Stecher-Aufnahme v.a. bei Beweis... + 1 mm Schichten]

Therapie: individuelle Indikationsstellung

Konservative Therapie – Kahnbeingips

► **Indikation:** Kahnbeinfraktur ohne OP-Indikation (s. u.), fehlender radiologischer Frakturnachweis, klinischer Verdacht. *→ obsolet → Unterarmgips!*
► **Kahnbeingips** (beste Erfahrungen mit Oberarmgips + Daumeneinschluss):
  • Zunächst für 6 Wochen.
  • In Abhängigkeit von der knöchernen Konsolidierung erfolgt der Wechsel auf einen Unterarmgips mit Daumeneinschluss für weitere 6 Wochen oder Belassen des Oberarmgipses für diese Zeit.
► **Nachbehandlung:**
  • *Röntgenkontrollen:* innerhalb 24 h, nach 7–10 Tagen, nach 6 und 12 Wochen und weiter nach individuellen Gegebenheiten; bei unklarer Diagnose Kontrolle nach einer Woche, evtl. CT.
  • *CT-Kontrollen* bei erneut negativem Röntgenbefund und persistierenden Beschwerden.
  • Beginn mit Physiotherapie und Ergotherapie nach Abnahme des Gipses.

Operative Therapie

► **Indikationen:** *+ Pseudarthrose; pathol. #*
  • Dislozierte Schräg- und Querfrakturen (am geeignetsten im mittleren Drittel), auch sekundär dislozierte Frakturen während konservativer Therapie.
  • Frakturen des proximalen Drittels bei ausreichender Fragmentgröße und guter Vaskularität.
  • Frakturen, bei denen mit einer Interposition von Kapsel- und Bandanteilen zu rechnen ist.
  • Wenn auf eine Ruhigstellung von 12 Wochen verzichtet werden soll.
  • Radiologisch erkennbare (zunehmende Verdichtung des Knochens) Durchblutungsstörung des proximalen Fragmentes im Laufe der konservativen Therapie.
  • Fraktur mit Knochendefekt, irreponible Luxationsfraktur, offene Fraktur.
► **OP-Zeitpunkt:** so früh wie möglich, notfallmäßig bei irreponibler Luxationsfraktur/offener Fraktur/Kompartmentsyndrom
► **Operationstechnik** (Herbert-Schraube): *u. v. a.! (Bold, Stroh, A O, Twin-Fix ...)*
  • Palmare Inzision (Abb. 30.25a).
  • Retraktion der Sehne des M. flexor carpi radialis nach ulnar und Eröffnung der Handgelenkkapsel (Abb. 30.25b).
  • Darstellen der Fraktur (evtl. Orientierung unter Durchleuchtung) und Säuberung des Frakturspaltes (Abb. 30.25c).
  • Einsatz des Herbert-Zielgerätes. Die Handhabung ist nicht einfach und erfordert Übung. Oft müssen dazu die skapho-trapezoidalen Bandanteile größtenteils durchtrennt werden (so viel belassen, dass eine anschließende Naht noch möglich ist). Das Gerät wird entlang der Kahnbeinachse eingesetzt, zuerst der Haken im proximalen Pol *dorso*radial (Abb. 30.25d). Um den Führungsschaft achsengerecht zu platzieren, muss der Knochen nach palmar gezogen werden. Durch Druck auf den Führungsschaft wird die Fraktur unter Reposition komprimiert.
  • Vorbohren (kurz s. Abb. 30.25e, lang s. Abb. 30.25f), Gewindeschneiden (Abb. 30.25g) und Einbringen der Schraube gemäß der am Zielgerät abgelesenen Länge Abb. 30.25h) und subkortikales Versenken des Schraubenkopfes.
  • Durchleuchtung zur Lagekontrolle.
  • Naht des Bandapparates und der Gelenkkapsel.

dorsaler Zugang ⇒ bei prox. dorsaler #

perkutane Verschraubung mögl.!

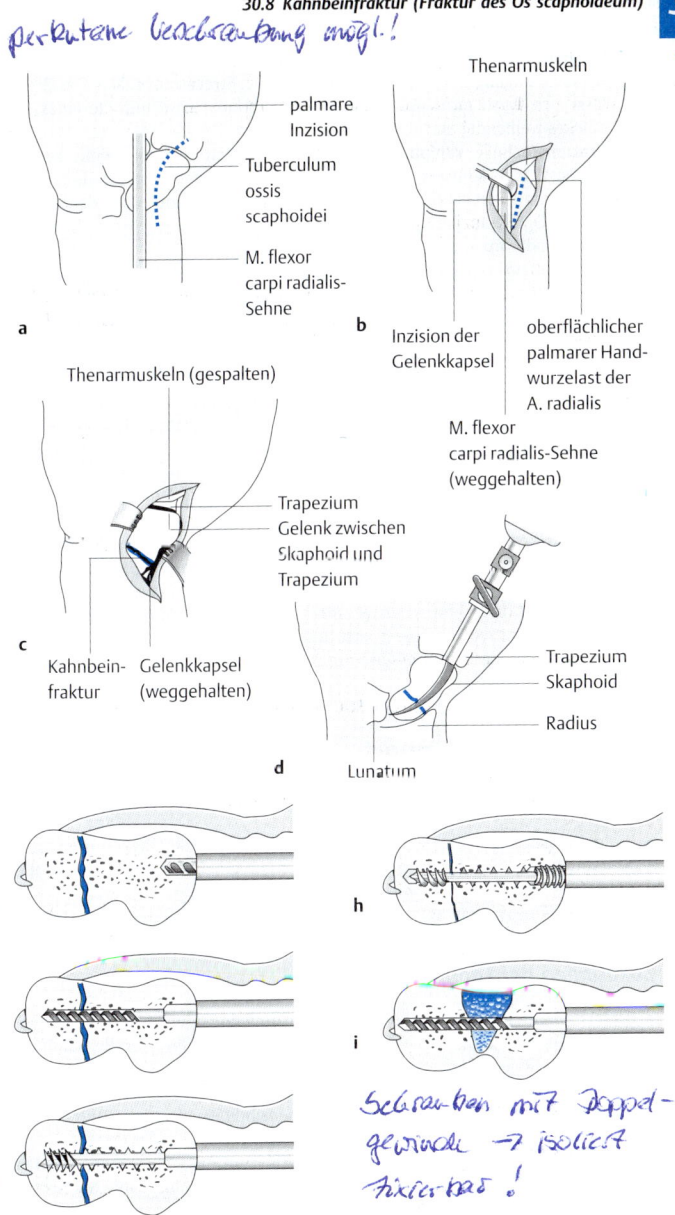

- palmare Inzision
- Tuberculum ossis scaphoidei
- M. flexor carpi radialis-Sehne

a

Thenarmuskeln

b Inzision der Gelenkkapsel

oberflächlicher palmarer Handwurzelast der A. radialis

M. flexor carpi radialis-Sehne (weggehalten)

Thenarmuskeln (gespalten)

- Trapezium
- Gelenk zwischen Skaphoid und Trapezium

c

Kahnbeinfraktur   Gelenkkapsel (weggehalten)

- Trapezium
- Skaphoid
- Radius

d Lunatum

e

f

g

h

i

Schrauben mit Doppelgewinde → isoliert Fixierbar!

Abb. 30.25 a–i   a–h Operationstechnik bei Kahnbeinfrantkur (siehe Text).
i) Kahnbeinpseudarthrosensanierung (siehe Text).

457

- ❏ *Vorgehen bei proximalen Polfrakturen:* Die Osteosynthese erfolgt durch einen dorsalen Zugang durch ein Eingehen in das 2. Strecksehnenfach. Das Zielgerät lässt sich dabei *nicht* positionieren. Die Schraube wird mithilfe eines Handstückes freihändig eingebracht.

► **Operationstechnik Whipple-Schraube:** Es handelt sich um eine kanülierte Schraube, d. h. es kann ein Kirschner-Draht vorgebohrt und somit die Lage exakt bestimmt und korrigiert werden. Die Schraube kann dann über den liegenden Kirschner-Draht platziert werden.

► **Nachbehandlung:**
- Unterarmgips mit Daumeneinschluss für 4–6 Wochen.
- Danach Bewegungsübungen. *ab 1. post op Tag → frühfunkt.*
- Belastung nach 8–10 Wochen. *+ CT-Kontrolle* *Behandl.*

Prognose und Komplikationen

► **Prognose:** Im Allgemeinen sehr gut mit einer großen Ausheilungsrate je nach Lokalisation (Durchblutungsstörungen und Nekrosegefahr bei Frakturen durch den proximalen Pol).

► **Komplikationen:**
- Fragmentnekrose.
- Pseudarthrose:
  - Klinik: Schmerzen im radiokarpalen Handgelenk, v. a. bei Druckbelastung, evtl. Schwellung im Bereich der radialen Handwurzelregion.
  - Therapie: Abklärung der Vitalität der Fragmente (im Zweifel MRT) und Ausschluss von arthrotischen Veränderungen des radiokarpalen Handgelenkes. Evtl. operative Therapie (Matti-Russe-Plastik).
- Fehlstellung, Karpaltunnelsyndrom, Verletzung N. medianus/N. radialis superficialis, A. radialis. *karpaler Kollaps*

30.9 Bänderrisse und Luxationen an der Hand

Grundlagen

► Gelenkverletzungen müssen auch ohne knöcherne Beteiligung immer ernst genommen werden, da Behandlungsfehler zu erheblichen Funktionseinbußen führen.

► Bei Gelenkluxationen kommt es neben der Ruptur von Gelenkkapselanteilen häufig auch zu Zerreißungen wichtiger Bänder und Sehnenansätze.

Luxationen der Langfingergelenke

► **Ursachen:** direkte oder axial und schräg auftreffende Gewalteinwirkung. Hängenbleiben und Verkanten in einer normalerweise durch eine straffe Bandführung blockierten Richtung.

► **Klinik, klinischer Befund:** Schwellung, schmerzhafte Bewegungseinschränkung, bei fixierter Luxation Fehlstellung. Ggf. Sensibilitätsstörungen, Durchblutungsstörungen.

► **Diagnostik** – *Röntgen Finger a.p. und seitlich:* zum Ausschluss einer knöchernen Beteiligung. Auch nach jeder Reposition zum Ausschluss von Subluxationen durch eingeschlagene Kapselanteile (Abb. 30.26).

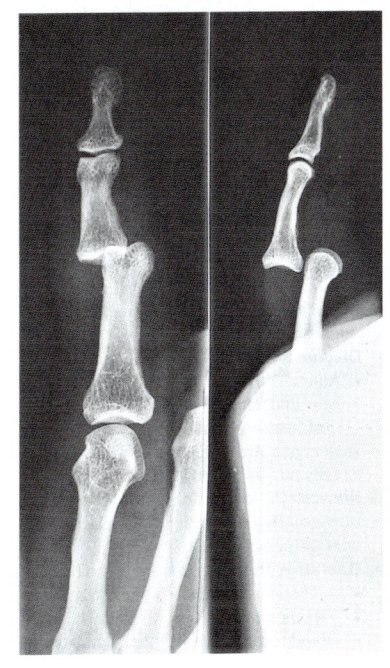

Abb. 30.26 Fingerluxation im proximalen Interphalangealgelenk

▶ **Therapie:**
- *Endgelenk:* Reposition! Bei Luxation nach dorsal ist keine Ruhigstellung erforderlich. Bei Luxation nach palmar zusätzlich Ruhigstellung mit einer Stack-Schiene (Abb. 30.27a) für 3 Wochen (wegen der Mitbeteiligung des Strecksehnenansatzes).

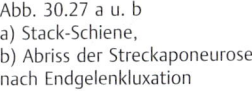

Abb. 30.27 a u. b
a) Stack-Schiene,
b) Abriss der Streckaponeurose nach Endgelenkluxation

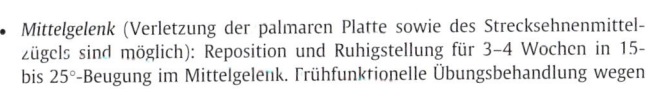

- *Mittelgelenk* (Verletzung der palmaren Platte sowie des Strecksehnenmittelzügels sind möglich): Reposition und Ruhigstellung für 3–4 Wochen in 15- bis 25°-Beugung im Mittelgelenk. Frühfunktionelle Übungsbehandlung wegen

Versteifungsgefahr. Eine Operation bietet keine Vorteile. Der Patient sollte über die lange anhaltende Schwellung aufgeklärt werden.

- *Grundgelenk* (meist nur am 2. und 5. Finger): Bei Repositionshindernis erfolgt die Freilegung von palmar und offene Reposition. Ruhigstellung für ca. 2 Wochen.

Ulnare Seitenbandruptur des Daumens

▶ **Ursachen:** Gewalteinwirkung von ulnar (Sturz, häufig beim Skifahren) führt zur Ruptur des Seitenbandes. Häufig ist die dorsale Kapsel ebenfalls gerissen. Das distal ausgerissene Ligament kann zurückschlagen und unter der Adduktoraponeurose hervorluxieren. Ein Zusammenheilen ist dann aufgrund dieser Dislokation des Bandes nicht mehr möglich.

▶ **Klinischer Befund:** Schwellung, evtl. sichtbares Hämatom, starker Bewegungsschmerz.

▶ **Diagnostik:**
- *Klinische Untersuchung:* Stabilitätsprüfung durch passive Dehnung bei gestrecktem und um 30° gebeugtem Daumen, da die straffe palmare Platte Stabilität vortäuschen kann (immer im Seitenvergleich!).
- *Röntgen:* Ausschluss eines knöchernen Ausrisses. Gehaltene Aufnahmen ebenfalls nur im Seitenvergleich.

▷ *Hinweis:* Vor allem der klinische Eindruck entscheidet über die OP-Indikation!

▶ **Konservative Therapie:** bei Teilruptur mit dreiwöchiger Ruhigstellung in Gips oder Orthese.

▶ **Operative Therapie** (Bandnaht):
- *Indikationen:* Instabilität, anschließende Ruhigstellung für 5 Wochen.
- *Vorgehen:* Abb. 30.28.
- Ulnodorsale, bogenförmige Inzision mit Schonung des subkutan gelegenen Radialisastes.
- Spaltung der Aponeurose d. M. adductor pollicis und Aufsuchen der Bandruptur (Abb. 30.28a).
- Bei Rupturen in der Bandmitte erfolgen U-Nähte (PDS 4/0; Abb. Abb. 30.28b).
- Bei knochennahen Rupturen erfolgt die Adaptierung mittels einer Lengemann-Naht (Abb. 30.28c).
- Naht der ulnodorsalen Gelenkkapsel.
- Adaptierung der Adduktoraponeurose.

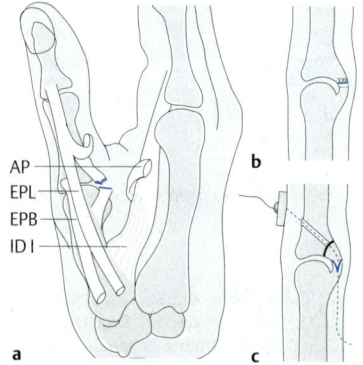

AP
EPL
EPB
ID I

Abb. 30.28 a–c
Naht des ulnaren Kollateralbandes am Daumengrundgelenk
(AP = M. adductor pollicis;
EPL = M. extensor pollicis longus;
ID I = M. interosseus dorsalis
I, EPB = M. extensor pollicis brevis)

► **Nachbehandlung:** Ruhigstellung des Daumens in Mittelstellung für 5 Wochen in Daumenschiene (z. B. Thermoplast), die die Bewegung im Grundgelenk verhindert. Die Bewegung in End- und Sattelgelenk ist generell zulässig. Zunehmende Belastung ist nach etwa 5 Wochen wieder möglich.

Skapholunäre Dissoziation *Diff. akut/chron.*

► **Ursachen:** Sturz auf die gestreckte Hand. Anpralltrauma beim Ballsport. Als Begleitverletzung bei Radiusfrakturen.
► **Verletzungsmechanismus:** Folge ist eine Zerreißung des Ligamentum interosseum zwischen Kahn- und Mondbein, der beugeseitigen Bandverbindungen zwischen Radius, Kahn- und Mondbein und zwischen Mondbein und Kopfbein. Hierdurch entsteht eine Instabilität im Gelenk zwischen Mond- und Kopfbein, da beide Knochen über ihre Bandverbindungen zum Kahnbein stabilisiert werden. Es resultiert außerdem eine Drehfehlstellung des Kahnbeines.
► **Klinischer Befund:** Starker Druck- und Bewegungsschmerz in der radioproximalen Handwurzel. Später besonders Schmerzen beim Aufstützen der Hand, Kraftverlust und Knacken bei Bewegung.
► **Diagnostik** – *Röntgen a.p. und Kahnbein spezial* (= 45°-Aufnahmen vom Handgelenk in Pro- und Supination): Diastase zwischen Kahn- und Mondbein:
  • Bei dorsaler Instabilität ist das Mondbein nach palmar gekippt und die Längsachse des Kahnbeins ebenfalls nach palmar gedreht.
    – Bei palmarer Instabilität ist das Mondbein nach dorsal subluxiert.
  ▷ *Achtung:* Immer eine Vergleichsaufnahme des anderen Handgelenkes anfertigen. Eine Verbreiterung des skapho-lunären Gelenksspaltes kann durchaus anlagebedingt sein! *CAVE: Rezidive; Instabilitäten*
► **Therapie:**
  • Arthroskopie im Verdachtsfall zur weiteren Verifizierung.
  • Bei Diagnosebestätigung evtl. Versuch der Bandnaht. K-Draht-Fixierung des Kahn- und Mondbeines in anatomischer Stellung und ausreichend lange Ruhigstellung (ca. 8 Wochen). Röntgenkontrollen bei K-Draht-Fixierung.
► **Nachbehandlung:** Nach Gipsabnahme in Abhängigkeit von der Beweglichkeit krankengymnastische Übungsbehandlung. *Bandrekonstruktion + Kapselplastik → akut (chron. Form ungekehrt)*

30.10 Mittelhandfrakturen

Grundlagen

► **Ursachen, Verletzungsmechanismus:** Sturz auf die Hand, Faustschlag.
► **Mögliche Deformationsmechanismen** (die Deformierungen können bei Extension der Finger unbemerkt bleiben und erst bei Flexion in Erscheinung treten; Abb. 30.29):
  • *Flexorsehnen und interossäre Muskeln* → palmare Flexion des distalen Knochenfragments.
  • *Interossärmuskulatur* → axiale Rotation des distalen Fragments + Verkürzung des Mittelhandknochens bei schräger oder Spiralfraktur.

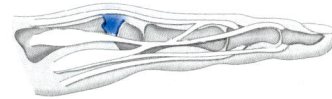

Abb. 30.29 Unter der gemeinsamen Wirkung von interossärer Muskulatur und Flexorsehnen kommt es zur Flexion des distalen Fragmentes des Metakarpalknochens

Klinik, klinischer Befund, Diagnostik

▶ **Klinik, klinischer Befund:**
- Schwellung, oft am ganzen Handrücken.
- Das Mittelhandköpfchen kann durch Dislokation nach palmar absinken.
- Dreh- oder Rotationsfehler.

▶ **Diagnostik** – *Röntgen:* a.p., seitlich und schräg der einzelnen Finger.

  ▷ *Hinweis:* Eine subkapitale palmare Dislokation und Subluxation im Karpometakarpalgelenk kann nur im seitlichen Bild exakt beurteilt werden!

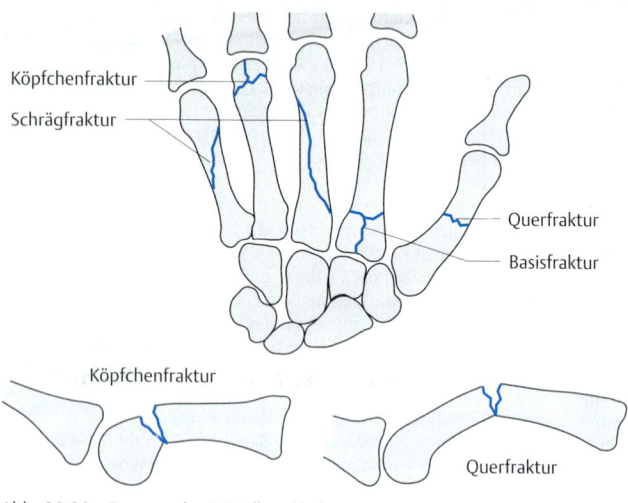

Abb. 30.30   Formen der Mittelhandfraktur

Therapieprinzipien

▶ **Reposition und Stabilisierung:**
- Zwingende Voraussetzung für eine frühzeitige Mobilisierung und zur Begrenzung von Ödembildung, Gelenkeinsteifung und Sehnen-Knochen-Adhärenzen.
- Notwendige Osteosynthesen müssen technisch perfekt durchgeführt werden, um die erforderliche Übungsstabilität zu garantieren → K-Drähte sollten v. a. bei Gelenk- bzw. dislozierten/instabilen Frakturen nicht verwendet werden.
- Bei Verkürzungen unbedingt auf die Wiederherstellung der korrekten Längenverhältnisse achten, um den transversalen Bogen der Hand zu erhalten.

Therapeutisches Vorgehen

▶ **Allgemeine Grundlagen bei operativem Vorgehen:**
- *Operationsindikationen:*
  - Konservativ nicht reponierbare Frakturen.
  - Dislozierte multiple Frakturen (Gefahr der kombinierten Fehlstellungen).
  - Alle Frakturen mit Achs- oder Rotationsfehlstellung oder starker Verkürzung.
  - Frakturen mit Stufenbildung in der Gelenkfläche.
  - Stark geknickte subkapitale Frakturen.

- Offene Frakturen mit und ohne Begleitverletzungen.
- Basale Luxationsfrakturen.
- *Genereller Operationsablauf:*
  - Weichteilschonende, übersichtliche Darstellung der gesamten Fraktur.
  - Säuberung des Frakturspaltes von Hämatom.
  - Reposition und provisorische Fixierung, z. B. mit Repositionszangen.
  - Definitive Osteosynthese.
  - Intraoperative Röntgenkontrolle der Frakturstellung und der Lage des Osteosynthesematerials.

► **Basisfraktur des ersten Mittelhandknochens:**
- *Bennett-Fraktur* (Abb. 30.31a): Intraartikuläre Luxationsfraktur des Sattelgelenkes.
  - ▶ *Cave:* Es disloziert das große Schaftfragment, während das kleinere ulnare Fragment in seiner anatomischen Lage verbleibt.
  - Die Indikation zur operativen Versorgung mit Platten- oder Schraubenosteosynthese ist großzügig zu stellen, da sich das Repositionsergebnis wegen der Zugverhältnisse der Muskulatur nicht halten lässt.

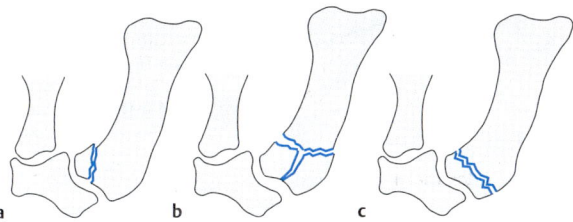

Abb. 30.31 a–c   Basisfraktur des ersten Mittelhandknochens. a) Bennet-Fraktur, b) Rolando-Fraktur (Y- oder T-Fraktur), c) extraartikulär (Winterstein)

- *Rolando-Fraktur* (Abb. 30.31b): Y-artige Trümmerfraktur durch das Daumensattelgelenk. Therapie wie bei Bennett-Fraktur (Technik s. u.).
- *Winterstein-Fraktur* (Abb. 30.31c): extraartikulärer Schrägbruch. Therapie wie bei Bennett-Fraktur (Technik s. u.).
- → **Operationstechnik für alle Formen:**
  - 2 dorsale Inzisionen medial und lateral des Metakarpale I (ermöglicht einen kompletten Einblick in den Frakturbereich).
  - Präparation unter Schonung der Muskulatur.
  - Reposition der Fraktur unter Orientierung am kleinen Fragment, da immer das Hauptfragment durch Zugkräfte disloziert ist.
  - Osteosynthese durch Einzelschrauben oder Titanminiplatte.
- *Nachbehandlung:* siehe unten.

► **Andere Mittelhandfrakturen:**
1. Mittelhandknochen-**Köpfchen**-*Fraktur:*
   - Konservativ: bei erhaltener Gelenkfläche.
   - Operativ: Einzelschrauben- oder Plattenosteosynthese, im Ausnahmefall K-Draht-Osteosynthese oder Fixateur externe bei Trümmerfrakturen (allg. Operationstechnik s. u.).
2. **Subkapitale** *Mittelhandknochenfraktur:*
   - Konservativ: Bis zu einer Abkippung des Köpfchens von 20–30° möglich. Ruhigstellung mit dorsaler Gipsschiene in Intrinsic-plus-Stellung (= 20°-Extension im Handgelenk, 60°-Flexion im Grundgelenk und jeweils 10°-Flexion **463**

in Mittel- und Endgelenk) für ca. 4 Wochen. Evtl. Üben aus der Schiene heraus.
– Operativ: a) offene Reposition und Miniplatten- oder Einzelschrauben-Osteosynthese; b) geschlossene Reposition und K-Draht-Osteosynthese. Retrograde Stiftelung über ein Bohrloch von der Basis mit vorgeschränkten Kirschner-Drähten (allg. Operationstechnik s. u.).

3. *Mittelhandknochen-**Schaft**-Fraktur:*
– Konservativ: Bei fehlender Dislokation und achsengerechter Stellung mit Gipsschiene mit ca. 70°-Beugung im Grundgelenk und Streckung im Mittel- und Endgelenk (Abb. 30.32).
– Operativ: offene Reposition und Einzelschrauben- bzw. Miniplattenosteo-synthese. (allg. Operationstechnik s. u.).
▶ *Achtung:* Auch bei Serienfrakturen oder Defektfrakturen bietet die Platten-osteosynthese die größte Stabilität und garantiert so den frühestmöglichen Beginn einer krankengymnastischen Übungsbehandlung.

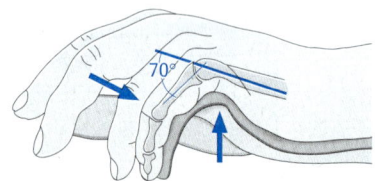

Abb. 30.32 Redressierende Gips-schiene bei Mittelhandknochen-schaftfraktur. Die Pfeile markieren den Fingerdruck des Operateurs vor Erhärten der Schiene. Mitfassen und festbinden eines Nachbar-fingers verhindert Rotationsfehler

4. *Mittelhandknochen-**Basis**-Fraktur (Dig. 2–5):*
– Konservativ: s. o. Frühfunktionelles Üben der Finger aus der Schiene.
– Operativ: s. o. (allg. Operationstechnik s. u.).
→ **Operationstechnik für alle Formen:**
– Dorsale Längsinzision über der Fraktur, Präparation des subkutanen Gewe-bes unter Schonung der Sehnen.
– Ablösen des Periostes im Frakturbereich.
– Säuberung des Frakturspaltes und Reposition.
– Osteosynthese mit Schrauben oder Platten, bei subkapitalen Frakturen evtl. perkutane K-Draht-Fixierung (siehe einzelne Frakturformen).

Nachbehandlung

▶ Bei übungsstabiler Osteosynthese ab dem 2. postoperativen Tag mit krankengym-nastischer Behandlung beginnen (je nach Schwellungszustand).
▶ Eine Schiene ist in den meisten Fällen in Abhängigkeit vom Schwellungszustand und der Compliance des Patienten von Vorteil.
▶ Bei fehlender Übungsstabilität Gipsruhigstellung für 4–5 Wochen.

Prognose und Komplikationen

▶ **Prognose:** sehr gut.
▶ **Komplikationen:** Fehlstellung, Pseudarthrosen, Infektionen, Bewegungsein-schränkungen.

30.11 Fingerfrakturen

Grundlagen

► **Ursachen, Verletzungsmechanismus:** Direkte Gewalteinwirkung, axiale Stauchung, Luxation.
► **Einteilung:**
• *Nach der Lokalisation:* Köpfchenfraktur (Gelenkbeteiligung), Schaftfraktur, Basisfraktur (Gelenkbeteiligung).
• *Nach dem Frakturtyp:* Querfraktur, Torsionsfraktur, Schrägfraktur, Mehrfragmentfraktur, Trümmerfraktur, Defektfraktur.

Klinik, klinischer Befund, Diagnostik

► **Klinik, klinischer Befund:**
• *Endglied:* pralle Schwellung und klopfender Schmerz, meist subunguales Hämatom.
• *Mittelglied:* zusätzlich Achsenabweichung, je nach Lokalisation (peripher oder zentral des Ansatzes der oberflächlichen Beugesehne) nach dorsal oder palmar (Abb. 30.33a, b).
• *Grundglied:* meist Achsenabknickungen nach dorsal (Abb. 30.33c). Bei Schrägfrakturen zusätzlich Verkürzungen und seitliche Achsabweichungen.
  ☐ *Cave:* Rotationsfehlstellungen (Abb. 30.34)!
► **Diagnostik** – *Röntgen:* jeder Finger einzeln in zwei Ebenen.

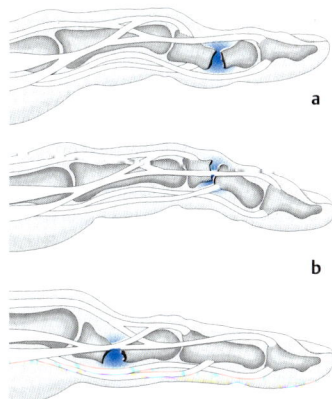

a

b

Abb. 30.33 a–c   Achsenabweichungen
bei Fingerfrakturen

c

Konservative Therapie

► **Nagelkranzfraktur:**
• Trepanation des subungualen Hämatoms (S. 434).
• Ruhigstellung für 2–3 Wochen in einer Stack-Schiene (S. 459).
► **Frakturen ohne Dislokation oder Gelenkbeteiligung:**
• Konservative Therapie mit Ruhigstellung auf einer Unterarmgipsschiene in Funktionsstellung.
• Röntgenkontrollen einmal wöchentlich.

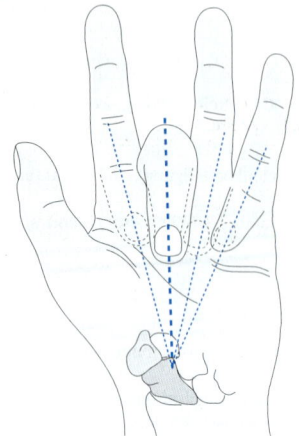

Abb. 30.34 Die Konvergenz der flektierten Fingerstrahlen zum Tuber des Os scaphoideum lässt Rotationsfehlstellungen vermeiden

- Bei Dislokation ist sekundär die operative Versorgung indiziert.
- ▶ **Knöcherne Ausrisse** (dorsale oder palmare Ausrisse ohne Dislokation oder Subluxation): Anlage einer Fingergipsschiene, beim Endglied kann auch eine Stack-Schiene verwendet werden.
- ▶ **Knöcherner Abriss der Grundgliedbasis ohne Dislokation:** Ruhigstellung auf einer Gipsschiene für 3–4 Wochen.

Operative Therapie

- ▶ **Indikationen:**
  - Schaftfrakturen der Phalangen mit relevanter Dislokation.
  - Impressions- und Basisfrakturen mit Dislokation.
  - Knöcherner Strecksehnenabriss an der Endgliedbasis mit Dislokation.
  - Uni- und bikondyläre Frakturen.
  - Knöcherne Beugesehnenausrisse.
  - Knöcherner Kapselausriss an der Mittelgliedbasis mit Luxation.
  - Knöcherner Bandausriss an der Grundgliedbasis (meist ulnares Daumenseitenband).
- ▶ **Vorgehen – Technik:**
  - Weichteilschonende, übersichtliche Darstellung der gesamten Fraktur.
  - Gerade dorsale Inzision durch alle Schichten bis auf den Knochen mit Längsspaltung der Strecksehne ohne Dissektion in den Schichten.
  - Darstellung der Fraktur.
  - Säuberung und Reposition (Hämatomentfernung aus dem Frakturspalt).
  - Reposition und provisorische Fixierung (z. B. mit Repositionszangen).
  - Osteosynthese mit Titanminischrauben oder -platten.
  - Intraoperative Röntgenkontrolle der Frakturstellung und der Lage des Osteosynthesematerials.
  - Verschluss des Sehnengleitgewebes.
  - Naht der Sehne mit PDS 5/0 (S. 467, 471).
- ▶ **Nachbehandlung:** Bei übungsstabiler Osteosynthese ab dem 2. postoperativen Tag mit krankengymnastischer Behandlung beginnen (je nach Schwellungszustand). Ansonsten Gipsruhigstellung für 4–5 Wochen.

Prognose und Komplikationen

▶ **Prognose:** abhängig vom Frakturtyp bzw. vom Ausgangsbefund. In der Regel gut.
▶ **Komplikationen, Fehler:**
  - Zu lange Ruhigstellung → Bewegungseinschränkungen.
  - Ruhigstellung in fehlerhafter Position → Gelenksteife.
  - Ruhigstellung unverletzter Finger → mögliche Schädigung dieser Finger.

30.12 Strecksehnenverletzungen

Grundlagen

▶ **Ursachen, Verletzungsmechanismus:** Direkte Gewalteinwirkung durch Schnitt-, Säge- oder Stichverletzung, traumatische Rupturen, knöcherne Ausrisse.
▶ **Anatomie:** In ihrem gesamten Verlauf zeigen die Strecksehnen einen sehr differenzierten Aufbau mit entsprechenden Konsequenzen für die Versorgung von Verletzungen. Dabei werden verschiedene Zonen eingeteilt, wobei v. a. die Bereiche über den Gelenken von besonderer Bedeutung sind (Abb. 30.35).

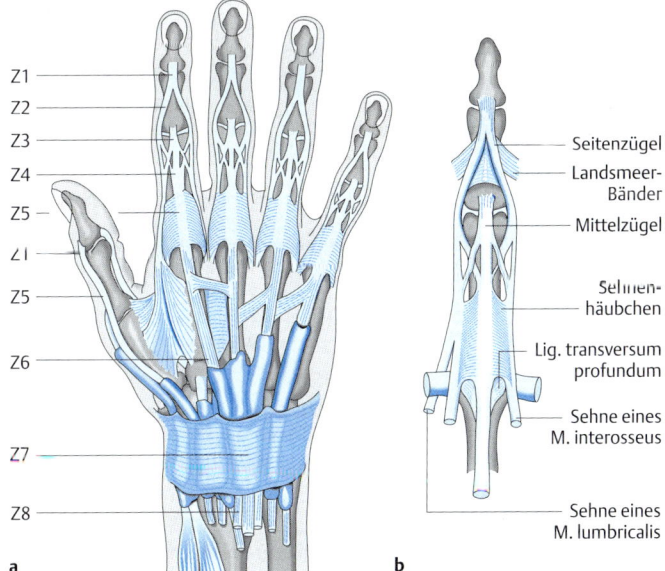

Abb. 30.35 a u. b   Stecksehnenanatomie an der Hand mit Zoneneinteilung (Z1–Z8)

▷ *Hinweis:*
  - Aufgrund der anatomischen Situation sind Strecksehnenläsionen klinisch nicht immer eindeutig zu diagnostizieren. Oft ist die Funktion erhalten und nur eine geschwächte Streckung gegen Widerstand signalisiert die Läsion → in Zweifelsfällen die Indikation zur Revision eher großzügig stellen!

- Degenerative Rupturen ausschließen → auf eindeutige Verletzungszeichen achten!

Klinischer Befund, Diagnostik

▶ **Endgelenk (Zone 1):**
- *Klinik, Befund:* Das Endgelenk hängt herab.
- *Röntgen:* Nachweis eines Knochenfragments bei knöchernem Ausriss.
- ▷ *Cave:* Unversorgt kann die Durchtrennung der Streckschne am Endgelenk zu einem Hammerfinger führen!

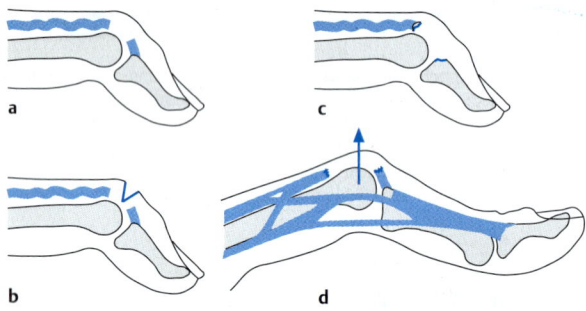

Abb. 30.36 a–d   Streckschnenverletzungen. a) Geschlossene Ruptur, b) offene Durchtrennung, c) knöcherner Ausriss, d) Knopflochdeformität

▶ **Mittelglied (Zone 2):**
- *Klinik, Befund:* kein oder wenig Streckdefizit (nur wenn beide Seitenzügel durchtrennt sind!)
- *Röntgen* bei klinischem Verdacht auf knöchernen Ausriss, im Zweifel diagnostische Revision.
▶ **Mittelgelenk (Zone 3):**
- *Klinik, Befund:* Durchtrennung des Mittelzügels und/oder eines oder beider Seitenzügel → der Finger hängt im PIP-Gelenk komplett herab. Meistens ist das Gelenk dabei eröffnet.
- ▷ *Cave:*
  - Bei alleiniger Durchtrennung des Mittelzügels kann der passiv in Streckung gebrachte Finger diese Position über die Anspannung der Seitenzügel halten.
  - Teildurchtrennung des Mittelzügels kann leicht übersehen werden und entwickelt sich zur Knopflochdeformität.
- *Röntgen* (v. a. streng seitlich): knöcherner Ausriss?
▶ **Grundglied (Zone 4):**
- *Klinik, Befund:* Streckdefizit nur bei kompletter Durchtrennung der Aponeurose (z. B. mit Knochenbeteiligung).
- *Röntgen:* knöcherner Ausriss?
▶ **Grundgelenk (Zone 5):**
- *Klinik, Befund:* deutliches Streckdefizit, meist mit Gelenkeröffnung.
- *Röntgen:* knöcherner Ausriss?
▶ **Handrücken (Zone 6), Handwurzel und Handgelenk (Zone 7):**
- *Klinik, Befund:* Kein oder nur geringes Streckdefizit, da die Sehne über die Connexus intertendineus durch die benachbarten Streckschnen mitbewegt wird.

- *Röntgen:* knöcherner Ausriss?

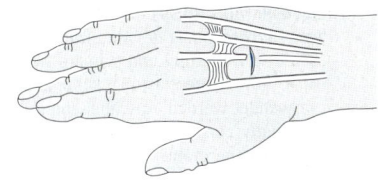

Abb. 30.37 Streckssehnen-
durchtrennung proximal der
Connexus intertendineus
(Finger hängt kaum herab)

▶ **Grundgelenk bis Sattelgelenk des Daumens** (Zone D3–D5):
- *Sehnenverletzung des M. extensor pollicis longus:*
  - Komplett: deutliches Herabhängen des Daumenendgliedes.
  - Teildurchtrennung kann unentdeckt bleiben.
  - ◨ *Achtung:* Die Ruptur dieser Sehne gilt als Unfallfolge, wenn sie im Zusam-
    menhang mit einer distalen Radiusfraktur steht.
  - *Sehnenverletzung des M. extensor pollicis brevis:* Kann leicht übersehen wer-
    den, da auch der M. extensor pollicis longus im Grundgelenk streckt.
  - ◨ *Hinweis:* Begrenzung der Tabatière stimmt nicht mehr.
- *Sehnenverletzung des M. abductor pollicis brevis:* Schwächung der radialen
  Abduktion.

Therapie

▶ **Endgelenk** (Abb. 30.38):
- *Konservativ:* Konsequentes Tragen einer Stack-Schiene für 4–6 Wochen, d. h.
  der Finger darf nicht einmal beim An- und Ablegen der Schiene im Endgelenk
  die Hyperextension verlassen!
- *Operativ* (Reinsertion am Endglied):
  - Indikation: knöcherner Sehnenausriss mit größeren knöchernen Fragmenten
    oder fehlgeschlagene konservative Behandlungsversuche.
  1. Z-förmige oder gerade Schnitterweiterung und Darstellung der beiden
     Sehnenenden bzw. der Ausrissstelle
  2. Größere Knochenfragmente können mit einer Titanminischraube (⌀ 1,2 mm)
     refixiert werden.
  3. Refixierung des proximalen Sehnenstumpfes mit Lengemann-Ausziehdraht.
  4. Evtl. K-Draht-Fixierung des Endgelenkes in leichter Überstreckstellung.
  - Nachbehandlung: Ruhigstellung für 4–5 Wochen.

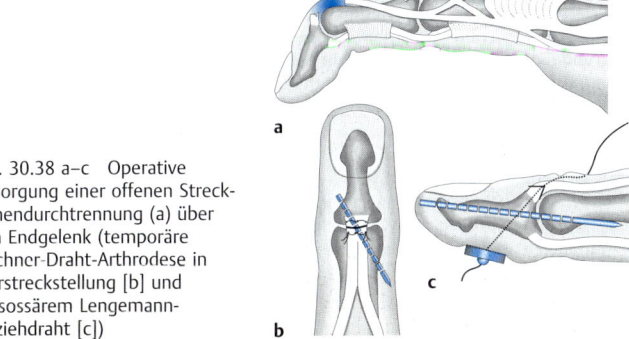

Abb. 30.38 a–c Operative
Versorgung einer offenen Streck-
sehnendurchtrennung (a) über
dem Endgelenk (temporäre
Kirschner-Draht-Arthrodese in
Überstreckstellung [b] und
transossärem Lengemann-
Ausziehdraht [c])

▶ **Mittelgelenk** (Abb. 30.39):
- *Offene Durchtrennung des Mittelzügels:*
  - Schnitterweiterung und primäre Naht des Mittelzügels mit U-Nähten (PDS 4/0); zur Nahtentlastung kann zusätzlich eine Lengemann-Ausziehdraht verwendet werden. Anschließend Ruhigstellung in Schiene.
  - *Alternativ* zur Lengemann-Naht: temporäre Arthrodese des Mittelgelenkes mit Kirschnerdraht.

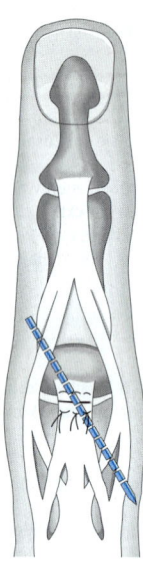

Abb. 30.39   Mit U-Nähten und temporärer Kirschner-Draht-Arthrodese im Mittelgelenk versorgte Mittelzügeldurchtrennung

  - *Knöcherne Ausrisse* können je nach ihrer Größe mit feinen Kirschner-Drähten oder Minititanschrauben nach offener, exakter Reposition stabilisiert werden.
  - Besteht eine Defektverletzung des Mittelzügels, die eine primäre Naht nicht zulässt, werden zur eigentlichen Rekonstruktion zahlreiche Verfahren angeboten (→ spezielle handchirurgische Literatur).
- *Geschlossene Durchtrennung des Mittelzügels:* konsequente ca. 5-wöchige Entlastung des Mittelzügels mittels Schiene (30- bis 40°-Beugung im Grundgelenk bei Streckung im Mittel- und Endgelenk).

▶ **Grundglied und Grundgelenk:** Naht der zentralen Sehne und der Streckerhaube mit U-Nähten (PDS 4/0) oder Nahttechnik wie bei Beugesehnenverletzungen (S. 471).

▶ **Handrücken:**
- Vorgehen wie oben beschrieben. Alle intertendinösen Verbindungen müssen wiederhergestellt werden.
- Bei Kombinationsverletzungen mit Mittelhandfrakturen muss die Osteosyntheseregion unbedingt mit Weichteilgewebe bedeckt werden.

▶ **Handgelenk:** Auf die Anatomie der einzelnen Sehnenfächer achten!

Sekundäre Therapieformen

► Sekundärnaht: Sie kann auch nach mehreren Wochen versucht werden – nach den gleichen Prinzipien vorgehen wie bei der Primärnaht (s. o.).
► Sehnentransplantationen und -umlagerungen.
► Tenolysen.

30.13 Beugesehnenverletzungen

Grundlagen

► **Ursachen, Verletzungsmechanismus:** Schnitt-, Sägeverletzung, Sekundärruptur.
► **Anatomie:**
  • Die Abb. 30.40 bietet eine Übersicht über die Beugesehnenverhältnisse mit Einteilung in die einzelnen Zonen.
  • Intrinsisches System: Mm. lumbricales u. interossei beugen im Grundgelenk am Daumen. Der M. flexor pollicis brevis beugt als Teil der Thenarmuskulatur das Daumengrundgelenk.

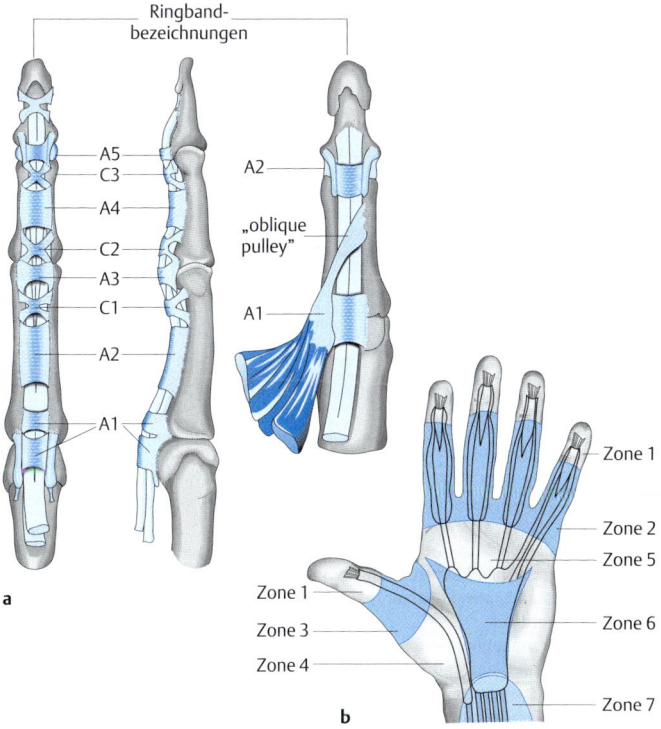

Abb. 30.40 a u. b   Übersicht über die Beugesehnenverhältnisse mit Einteilung in Zonen (1–7)

- Ringbänder: Sie dienen der Sehnenführung und sollten bei Operationen geschont werden.

Klinischer Befund, Diagnostik

- ▶ **Klinik:** Verlust des Beugetonus, offene Verletzung, manchmal mit sichtbarem distalem Sehnenstumpf.
- ▶ **Klinischer Befund – Prüfung der Motorik:**
  - *Durchtrennung beider Beugesehnen* → keine aktive Beugung. Der Beugetonus ist aufgehoben (Abb. 30.41).
  - *Alleinige Durchtrennung der tiefen Beugesehne* → Ausfall der Beugung im Endgelenk (Abb. 30.42a).
  - *Alleinige Durchtrennung der oberflächlichen Beugesehne* → der betroffene Finger kann nicht mehr isoliert aktiv gebeugt werden, wenn die übrigen Langfinger in Streckstellung fixiert sind (Abb. 30.42b).
  - ▷ *Hinweis:* Immer auch Prüfung gegen Widerstand. Ist nur die Beugung gegen Widerstand nicht möglich oder schmerzhaft, besteht der Verdacht auf eine Teildurchtrennung der Beugesehnen.

Abb. 30.41   Kombinierte Durchtrennung beider Beugesehnen: aufgehobener Beugetonus

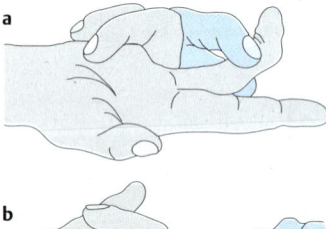

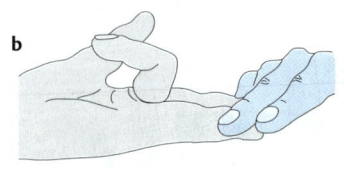

Abb. 30.42 a u. b
a) Klinische Prüfung der Funktion des M. flexor digitorum profundus und
b) des M. flexor digitorum superficialis

Operative Therapie – Grundlagen

- ▶ **Allgemein:**
  - Alle Beugesehnendurchtrennungen aller Lokalisationen werden unter normalen Umständen primär versorgt. Es sollten dabei alle verletzten Sehnen rekonstruiert werden.
  - Die Beugesehnennaht erfordert handchirurgische Erfahrung.
  - Ein „Niemandsland" gibt es nicht mehr. Allerdings neigen Nähte in der Zone 2 mehr zu Verwachsungen und bedürfen einer noch größeren Sorgfalt in der Naht und Nachbehandlung.
- ▶ **Vorbereitung:** Lupenbrille, Operation in Plexusanästhesie und Oberarmblutleere. Keinesfalls nur Finger- oder Mittelhandbetäubung.

Operationstechnik – Primärnaht

▶ Zick-zack-förmige Inzision zur Erweiterung der Wunde (Abb. 30.43).

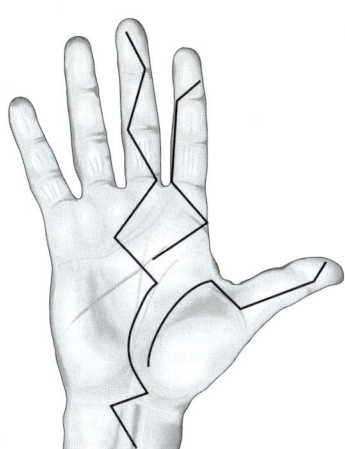

Abb. 30.43   Für die Beugesehnen-chirurgie geeignete Schnittführungen

▶ Peinlich atraumatisches Präparieren mit feinen Instrumenten. Jede Grobheit wird mit Narben und einem schlechten Ergebnis bestraft.
▶ Seitliche Inzision der Sehnenscheide, soweit notwendig unter Erhaltung der gefäßtragenden Vincula und der Ringbänder.
▶ Aufsuchen und Hervorluxieren des proximalen und distalen Stumpfes unter Berücksichtigung der anatomischen Gegebenheiten im Verlauf von oberflächlicher und tiefer Beugesehne, insbesondere im Chiasmabereich!
▶ Feine Kanülen quer durch die Sehnenenden in einiger Entfernung zur Verletzungsstelle gestochen, verhindern das Zurückgleiten der Sehnenstümpfe (Abb. 30.44).

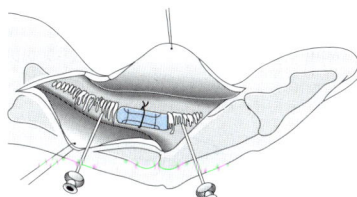

Abb. 30.44   Feine Kanülen quer durch Sehnen und Sehnenscheide

▶ Nach Möglichkeit sollte kein Débridement der Sehnenenden erfolgen. Die Schnittflächen weisen den Weg zur korrekten Adaptation.
▶ Falls notwendig, wird die Sehnenscheide L-förmig eröffnet. Dabei ist die Schonung des A2 und A4 Ringbandes obligat. Werden wichtige Ringbänder reseziert, kann es zum Bogensehneneffekt („bow string") kommen.
▷ *Cave:* Die prophylaktische Resektion der Superfizialissehne ist obsolet!
▶ Falls beide Sehnen durchtrennt sind, erfolgt im Fingerbereich zuerst die Naht der Superfizialissehne, im Hand- und Handgelenkbereich zuerst die Naht der Profundussehne.

▶ **Wiedervereinigung der Sehnenenden mit zwei Nähten:**
- Eine Kernnaht z. B. nach Kirchmayr-Kessler mit 4/0 PDS-Naht, evtl. doppelt armiert oder mit 2 Fäden (Abb. 30.45).
- Eine fortlaufende epitendinöse Adaptierungsnaht mit 6/0 PDS.

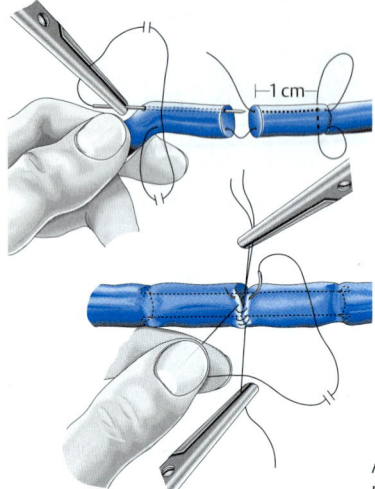

Abb. 30.45   Beugesehnen-Kernnaht nach Kirchmayr-Kessler

Frühe Sekundärnaht

▶ Der Versuch einer Sekundärnaht ist sinnvoll bis zur 6. Woche nach Verletzung. Nach der Ruptur einer Sehne ist die frühe Sekundärnaht sofort indiziert.

Nachbehandlung

▶ Dynamische Schienenbehandlung nach Kleinert bis zum Ablauf der 5. Woche, kombiniert mit aktiver Bewegungstherapie ab der 3. Woche (Abb. 30.46, 30.47).

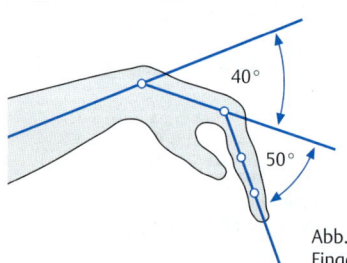

Abb. 30.46   Winkelstellung in Hand- und Fingergrundgelenk nach Beugesehnennaht

- Für 5 Wochen Ruhigstellung in 40°-Beugung im Handgelenk und 50° in den MP-Gelenken.
- Die Finger können aktiv gestreckt werden.
- Die Gummibänder ziehen die Finger passiv in die Beugung zurück.

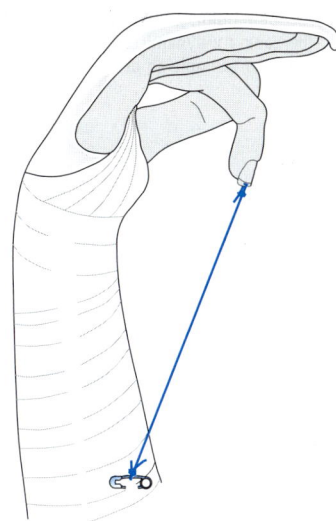

Abb. 30.47 Dynamische Schiene nach Kleinert, Zeigefinger

- Ist nur ein Finger verletzt, ist es sinnvoll, den Nachbarfinger ebenfalls mit einem Gummizügel zu versehen.

Komplikationen

- ▶ Ruptur: bei exakter Naht und Nachbehandlung selten (ca. 3%).
- ▶ Ist die Profundussehne irreparabel zerstört und die Superfizialissehne intakt, kann eine Tenodese mit dem distalen Sehnenstumpf oder eine Arthrodese des Endgelenkes durchgeführt werden.
- ▶ Ist eine primäre Naht nicht mehr möglich, muss eine zweizeitige Beugesehnenersatzplastik durchgeführt werden (→ spez. handchirurgische Literatur).

Reimplantation der Profundussehne

- ▶ **Indikation:** Abriss oder endständige Durchtrennung der Profundussehne.
- ▶ **Operationstechnik** (Abb. 30.48):
  - Zick-zack-förmige palmare Hautinzision und Darstellung des proximalen Stumpfes.
  - Eine Bunnell-Drahtnaht wird durch den proximalen Stumpf geflochten.
  - Der Knochen wird an der ehemaligen Ansatzstelle etwas angefrischt und mit einem Kirschner-Draht ein schräger Kanal durch den Knochen des Endgliedes gebohrt. In diesen Kanal wird das Sehnenende durch das Durchführen der Bunnell-Naht eingezogen.
    - ▶ *Hinweis:* Bei noch vorhandenem distalem Stumpf, der jedoch nicht ausreichend ist, um eine sichere Naht durchzuführen, kann zusätzlich eine Bunnell-Naht als Entlastungsnaht eingeflochten werden.
  - Alternativ kann eine temporäre Endgelenkarthrodese durchgeführt werden.

▶ **Nachbehandlung:** Ruhigstellung in Finger- mit Unterarmgipsschiene. Evtl. später Übergang auf dynamische Schiene bzw. geführte und kontrollierte krankengymnastische Therapie ab der 3. Woche.

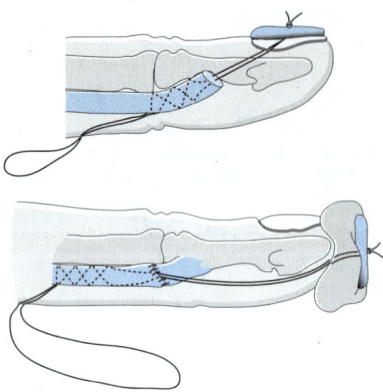

Abb. 30.48 Die Reinsertion der Flexorensehne erfolgt nach dem Pull-out-Prinzip von Bunnell unter Verwendung entweder eines resorbierbaren Fadens oder einer Drahtausziehnaht nach Jenning. Der Zug auf das Nahtmaterial kann entweder an dem Übergang der Pulpa zum Nagelbett oder durch Druck auf den Nagel selbst erfolgen

31 Wundversorgung

31.1 Vorbereitung

Vorbereitung der Wunde zur Operation

▶ Desinfektion der umgebenden Haut (zu Kategorien s. Tab. 31.1).

Tabelle 31.1 · Hautdesinfektions-Kategorien

Kategorie	
I geringes Infektionsrisiko	• *Anwendung:* Intrakutane, subkutane und intravenöse Injektionen und Blutentnahmen • *Vorgehen:* Hautdesinfektionsmittel auftragen und abdunsten lassen (ca. 30 s)
II mittleres Infektionsrisiko	• *Anwendung:* Venenkatheter, i.m. Injektionen, Blutkulturen • *Vorgehen:* • zur Reinigung der Haut Hautdesinfektionsmittel auftragen und mit sterilem Tupfer abwischen • Danach erneut Desinfektionsmittel auftragen, 30 s warten, dann mit sterilem Tupfer abwischen
III hohes Infektionsrisiko (z. B. Gelenkpunktionen)	• *Anwendung:* Operationen, Punktionen von Körperhöhlen • *Vorgehen:* • Haut reinigen, entfetten, rasieren oder enthaaren • 2 × Desinfektionsmittel auftragen und jeweils 2,5 m einwirken lassen • sterile Handschuhe und Mundschutz tragen

▶ Strikte Asepsis einhalten (sterile Handschuhe und Instrumente verwenden).
▶ Pneumatische Blutsperre anlegen, bei Bedarf aktivieren (s. S 518).
▶ Eventuell technische Hilfsmittel zur Vergrößerung bereitstellen: Lupenbrille (Gefäßnähte, Sehnennähte), Mikroskop (Nervennähte).

Auswahl des Anästhesieverfahrens

▶ **Lokalanästhesie** (S. 78): Indiziert/möglich bei sauberen, frischen Wunden. Hier ist die Infiltration von der Wunde aus unbedenklich.
▶ **Leitungsanästhesie** (S. 78): Angewendet am Finger (nach Oberst). *Cave* kontraindiziert bei Verdacht auf Infektion.
▶ **Plexusanästhesie, Allgemeinanästhesie** (S. 78): Bei größeren Wundversorgungen, insbesondere bei Verdacht auf lokale Infektion und bei Kindern.

31.2 Primäre Wundversorgung

Grundlagen – Zeitfenster

► Eine primäre Wundversorgung ist grundsätzlich innerhalb einer 6-Stunden-Grenze nach dem Trauma möglich und sinnvoll.
► Ausnahmen = diese Wunden müssen auch innerhalb dieses Zeitfensters sekundär versorgt werden (S. 479):
  • Bisswunden.
  • Manche Schnitt- und Stichwunden (z.B. Küchenmesser → *cave:* Staphylokokkenkontamination).
  • Schusskanal (v.a. der Austrittspunkt des Projektils).

Oberflächliche Schürfung

► **Vorgehen:**
  • Anästhesie: s. S. 78, allerdings meist nicht erforderlich.
  • Säuberung durch Spülung mit Ringerlösung.
  • Desinfektion (S. 477).
  • Offene Wundbehandlung anstreben, wenn die Wundtiefe oberhalb des Stratum germinativums der Haut limitiert ist.
► **Prognose:** Die Wunde heilt spontan unter Schorfbildung ab.

Oberflächliche, glattrandige Wunde (Kutis und Subkutis)

► **Versorgungsprinzip:** Atraumatischer Umgang mit den Wundrändern.
► **Vorgehen:**
  • Anästhesie mit Lokalanästhetikum (Lidocain 1–2%).
  • Desinfektion (S. 477).
  • Intrakutannaht mit feinen, adaptierenden Einzelknopfnähten oder (alternativ) Adaptation der Wundränder mit Steristrips (bei Kindern, im Gesicht).
  • Mit trockenem Verband bedecken.
► **Spezielle Nachbehandlung – Entfernung der Fäden:**
  • Normalerweise 8.–10. Tag.
  • Im Gesicht und am Hals 4.–6. Tag.

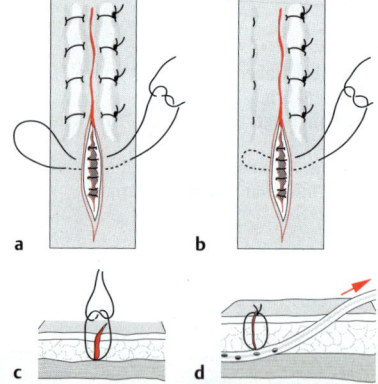

Abb. 31.1 a–d
Wundnähte und Drainagen.
a) Rückstichnaht (Donati),
b) einseitig intrakutane
Rückstichnaht,
c) wundrandnahe einfache
tief greifende Hautnaht,
d) Saugdrainage bei
geschlossener Wunde

Tiefe Wunde

▶ **Vorbereitungen:**
- *Anästhesie:* Situationsabhängig (von Lokal- bis Allgemeinanästhesie).
- *Desinfektion:* s. S. 477.

▶ **Versorgungsprinzipien:**
- *Operative Wundausschneidung nach Friedrich* = sparsame Abtragung kontusionierter, ischämischer Wundränder, Reduktion der primären Keimbesiedelung, Entfernung von Fremdkörpern.
- *Drainagen-Einlage in Hohlräume,* insbesondere subkutan (v. a. wichtig bei der taschenbildenden Absicherung der Subkutis von der Faszie [Décollement]).
- *Bei traumatischer Bursa-Eröffnung* zusätzliche Bursektomie.
- *Bei Gelenkeröffnung* Spülung des Gelenkes mit Ringerlösung, Drainagen-Einlage in das Gelenk, Gelenkverschluss durch Synovialisnaht, Hochlagerung und Ruhigstellung der Extremität mit Schiene, breite prophylaktische Antibiotika-Abdeckung.
- *Primäre Versorgung aller verletzten Strukturen* (Begleitverletzungen: Gefäße, Nerven, Sehnen). *Cave:* Genähte Gefäße, Nerven und Sehnen müssen von vitalem Gewebe gedeckt werden.

▶ **Vorgehen:**
- Schichtweise Adaptation korrespondierender Geweberänder in der Tiefe.
- Lockere, adaptierende Hautnaht.
- Mit trockenem Verband bedecken.

▶ **Spezielle Nachbehandlung:**
- Drainagenentfernung in der Regel am 2. Tag postoperativ.
- Fadenentfernung i. d. R. am 8.–10 Tag, im Gesicht und Hals am 4.–6. Tag.

Allgemeine Nachbehandlung

▶ **Regelmäßige Überprüfung von Sensibilität und Zirkulation** (*Cave:* Ischämie-, Infektionszeichen, Verbanddruck, Schienendruck).
▶ **Ruhigstellung** der Extremität durch Schienung und Hochlagerung (Ödemprophylaxe).
▶ **Begleitende Physiotherapie** der Nachbargelenke (aus der Schienenruhigstellung heraus).
▶ **Tetanus-Immunisierung** erneuern oder einleiten.

31.3 Sekundäre Wundversorgung

Grundlagen – Indikationen

▶ Die 6-Stunden-Grenze nach dem Trauma ist deutlich überschritten.
▶ Innerhalb der 6-Stunden-Grenze bei Schuss-, Stich-, Biss- und stark verschmutzten Wunden (s. o.).

Stufe I – Débridement

▶ Spinal-/Plexus-/Allgemeinanästhesie (besser keine Lokalanästhesie!).
▶ Desinfektion: s. S. 477.
▶ Nekrotisches Gewebe exzidieren (Haut sparsam, Subkutis großzügig exzidieren). Bei Schussverletzungen eher großzügige Exzisionen im Schusskanal bei ausgedehnten tiefen Nekrosen (Hochgeschwindigkeits-Geschosse). *Cave:* Keine Exzisionen im Gesichtsbereich!

► Faszienspaltung bei gespannten Muskellogen.
► Fremdkörperentfernung.
► Wundreinigung mit Ringerlösung, Betaisodona-Lösung, lokalem Antiseptikum (z. B. Lavasept), eventuell unter Jet-Spülung.
► Bei Verdacht auf Gasbrand-Infektion s. S. 180.

Stufe II – temporärer Wundverschluss

► Wundrandmobilisierung mit dem Skalpell.
► Lokale Antibiotikaträger einlegen (z. B. Sulmycin-Implant).
► Saugende Wundauflage (z. B. Coldex).
► Vakuumversiegelung zur optimalen Drainage von Hohlräumen: Einlage eines Schwammes mit Saugleitung in die Höhle, Abdichten mit einer OP-Folie, Redon auf Sog (vgl. S. 484).
► Programmierte Revisionen in kurzen zeitlichen Abständen (2–4 Tage) durchführen, bis optimal saubere Wundverhältnisse erreicht werden.

Stufe III – definitiver Wundverschluss

► **Voraussetzungen:** Rückbildung der posttraumatischen klinischen Entzündungszeichen, sauberer Granulationsrasen und Wundgrund.
► **Vorgehen:**
  • Adaptierender, spannungsfreier Wundverschluss nach Einlage von Drainagen.
  • Bei Dehiszenz, Spannung oder Defekt (Alternativen):
    – Dynamische Hautnaht über Widerlager (z. B. Silikonstäbe, Redon-Schläuche) parallel zum Wundrand mit sukzessivem Nachspannen der Nähte.
    – Kontinuierlicher Hautverschluss über Skin-Stretching-Systeme.
    – Spalthauttransplantat oder Vollhauttransplantat.

Nachbehandlung

► Adjuvante antibiotische Therapie für 7–14 Tage bei bekannter bakterieller Infektion.
► Ruhigstellung der Extremität durch Schienung und Hochlagerung (Ödem-Prophylaxe).
► Begleitende Physiotherapie der Nachbargelenke.
► Tetanus-Immunisierung erneuern oder einleiten (S. 72).
► Regelmäßige Überprüfung von Sensibilität und Zirkulation (*Cave:* Ischämie-, Infektionszeichen, Verbanddruck, Schienendruck).
► Bei Verdacht auf Gasbrand-Infektion Vorgehen s. o.

31.4 HIV-Kontamination – Hepatitis

Infektionsrisiko

► **Risiko des Unfallverletzten:**
  • Das Risiko einer HIV-Infektion nach Bluttransfusion beträgt 1 : 1 000 000.
  • HIV-Infektionen nach Knochentransplantationen werden in der Literatur nur in Einzelfällen beschrieben.
► **Risiko des Behandlers:**
  • Nach perkutaner Exposition (z. B. Nadelstichverletzung) mit kontaminierter Kanüle ca. 0,3% (= 3 : 1000).
  ◼ *Hinweis:* Die Gefahr einer infektiösen Hepatitis durch Nadelstichverletzung ist um ein Vielfaches höher!

Präventiv- und Vorsorgemaßnahmen

▶ **Präventivmaßnahmen:**
- Vermeidung des direkten Kontaktes mit Infizierten.
- Jeden Patienten potenziell so behandeln, als ob Infektiosität besteht.
- Doppelte Verpackung von Gewebeproben.
- Handschuhe bei Blutentnahme oder/und Schutzbrille bei Operationen und Umgang mit Gewebeflüssigkeiten.
- Verschüttetes sofort reinigen und desinfizieren.

▶ **Vorsorgemaßnahmen:**
- Lagerung der zur Prophylaxe empfohlenen Medikamente im jeweiligen Bereich (s. u.).
- Hinterlegung von Kontaktadressen von HIV-Zentren oder HIV-Experten.

Sofortmaßnahmen nach HIV-Exposition

❏ *Hinweis:* Jede Tätigkeit – auch eine Operation – unterbrechen!

▶ **Inspektion der kontaminierten Körperstelle:** Nadelstich oder Schnittverletzung, entzündlich veränderte Haut oder Schleimhäute?

▶ **Schnittverletzung:**
- Wunde mindestens 1 Minute bluten lassen, ggf. Wunde spreizen, ggf. oval ausschneiden.
- Provokation einer Blutung durch manuellen Druck auf die Umgebung. Wunde ausstreichen von körpernah nach körperfern, nicht an der Verletzungsstelle quetschen.
- Mindestens 10 Minuten mit Betaseptic (PVP-Jod, 2-Propanolol und Äthanol) desinfizieren.

▶ **Stichverletzung:**
- Inzision in Richtung Stichkanal.
- Sparsame ovaläre Umschneidung.
- Desinfektion wie oben beschrieben (s. Schnittverletzung).

▶ **Hautexposition:**
- Entfernung des Materials mit Betaseptic-Tupfer.
- Abreiben der Hautoberfläche mit großzügiger Einbeziehung des Umfeldes mit frischen Betaseptic-Tupfern.

▶ **Kontamination des Auges** (*cave:* Niemals Betaseptic verwenden!):
- Nasenwurzel (Tränenausgänge) mit Daumen und Zeigefinger zusammendrücken, um ein Einschwemmen infektiösen Materials zu verhindern.
- Sofort reichlich spülen unter dem Wasserhahn, wiederholt im Liegen Leitungswasser oder sterile 0,9%ige NaCl-Lösung mittels 20-ml-Spritze von innen nasal nach außen lateral (zum Schutz des betroffenen Auges!), Augenlider dabei spreizen.
- 1–2 Tropfen des Augenanästhetikums Conjucain-EDO einträufeln, ca. 20–30 Sekunden wirken lassen.
- Braunol 2000 1 : 1 verdünnt mit 0,9%iger NaCl-Lösung in das Auge einbringen.
- Schlussspülung mit 5%iger, wässriger PVP-Lösung.

▶ **Kontamination der Mundhöhle:**
- Sofort ausspucken.
- Spülen mit Wasser, besser Betaisodona Mundantiseptikum unverdünnt ca. 20-ml-Schluck 1 Minute lang intensiv hin- und herbewegen, ausspucken – etwa 5-mal wiederholen.

❏ *Hinweis:* Vorgehen bei nachgewiesener Jod-Allergie:
- *Hautdesinfektion:* Äthanol 80%.

- *Augenspülung:* Nur Wasser oder NaCl 0,9%.
- *Mundspülung:* Wasser oder Äthanol hochprozentig/unvergällt.
▶ **Risikoabschätzung** bezüglich einer Infektionsgefahr durch andere Infektionserreger wie Hepatitis-B- oder -C-Virus.
▶ **In Zweifelsfällen sofortiger Beginn einer antiretroviralen Prophylaxe** mit Zidovudin, Lamivudin und Indinavir (s. u.).
▶ **Aufklärung, Beratung und Beruhigung** des Betroffenen.
▶ **Abwägen des Für und Wider einer Postexpositionsprophylaxe,** evtl. durch einen Experten. Bei großer Verunsicherung des potenziell Infizierten und dem Wunsch nach einer medikamentösen Prophylaxe sollte auch bei einem geringen Infektionsrisiko diesem Wunsch entsprochen werden.
  - *Zu empfehlen:* Bei perkutaner Verletzung.
  - *Anzubieten:* Bei oberflächlicher Verletzung, bei Kontakt mit Schleimhaut/geschädigter Haut mit Material mit hoher Viruskonzentration.
  - *Nicht zu empfehlen* (aber auf Wunsch durchzuführen, s. o.): Bei perkutanem Kontakt mit Urin oder Speichel, bei Kontakt von intakter Haut mit Blut, bei Haut- oder Schleimhautkontakt mit Urin oder Speichel.
▶ **Dokumentation des Unfallherganges (D-13-Bericht) und des Serostatus** zum Zeitpunkt des Arbeitsunfalls und im weiteren Verlauf nach 6 Wochen, 3 und 6 Monaten.
▶ **Beratung des Exponenten über die mögliche Gefährdung Dritter** (daher Unterlassen von Blutspenden, Schutz des Sexualpartners durch die Verwendung von Kondomen bis zur 3-Monats-Kontrolluntersuchung).

Durchführung der Postexpositionsprophylaxe

▶ **Zeitpunkt:** So schnell wie möglich, am besten innerhalb der ersten *zwei* Stunden nach Verletzung.
▶ **Empfohlene Dauer:** Mindestens zwei, besser über vier Wochen.
▶ **Verwendete Virustatika + Dosierung:** s. Tab. 31.2.

Tabelle 31.2 · Postexpositionsprophylaxe nach HIV-Exposition

Substanz (Handelsname)	Dosierung	wichtige Nebenwirkungen
AZT = Zidovudin (Retrovir)	2 × 250 mg/d p.o.	Übelkeit, Magendruck, Kopfschmerzen, Anämie, Müdigkeit
3TC = Lamivudin (Epivir)	2 × 150 mg/d p.o.	Meteorismus, Diarrhö, Neuropathie
IDV = Indinavir (Crixivan)	3 × 800 mg/d p.o.	Bilirubinerhöhung, trockene Haut, Juckreiz, Nierensteine, Nagelbettentzündung

▶ **Kontraindikationen:** Frühschwangerschaft.
▶ **Nebenwirkungen:** Gastrointestinale Beschwerden, Kopfschmerzen, Abgeschlagenheit; (Indinavir fördert die Bildung von Nierensteinen).

32 Verbände und Schienen

32.1 Verbandtechniken

Grundlagen

▶ **Indikationen:**
- Sterile Abdeckung von Wunden.
- Temporäre Blutstillung durch Kompressionsverband.
- Thromboseprophylaxe.
- Konservative Behandlung der chronisch venösen Insuffizienz.
- Elastische Stabilisierung von Gelenken (Tape-Verband).
- Enzymatische Wundreinigung.
- Offene Wundbehandlung in der septischen Chirurgie (Vakuumversiegelung).

▶ **Prinzip:**
- *Wundverband:* Verhinderung der Wundkontamination durch Auflage steriler, saugfähiger Mullkompressen.
- *Bindenverband:*
  - Reduktion der Weichteilschwellung und Einlagerung von Ödemen durch zirkuläre elastische Bandage.
  - Erhöhung des venösen Rückflusses im tiefen Beinvenensystem durch Kompression der oberflächlichen Beinvenen.
- *Tape-Verband:* Elastische äußere Stabilisierung im Gelenkbereich durch dachziegelartig übereinander klebende Tape-Streifen.
- *Hydrokolloid-Verband:* Abgabe von proteolytischen Enzymen aus luftdicht haftenden Folienverbänden durch das Wundsekret. Bei stark sezernierenden, oberflächlichen Wunden (z. B. Ulcus cruris) kann damit eine enzymatische Wundreinigung erreicht werden.
- *Vakuumversiegelung:*
  - Offene Wundbehandlung unter permanent sterilen Bedingungen.
  - Voraussetzung ist der luftdichte Verschluss der Wunde durch geeignete Folie (OP-Folie) und ein konstanter Sog (Redondrainage).

Technik

▶ **Wundverband:**
- Auflage von luftdurchlässigen saugfähigen Mullkompressen auf die Wunde.
- Fixierung der Mullkompressen mit Pflaster oder Anwickeln mit Binden bzw. Schlauchbindenverband.
- Bei stark sezernierenden Wunden Auflage von Saugkompressen.
- Bei primär versorgten Wunden ohne wesentliche Sekretion kann ab dem 2. postoperativen Tag eine offene Wundbehandlung durchgeführt werden.
- Kleine Wunden können mit einem Wundschnellverband abgedeckt werden.
- Bei allen selbsthaftenden Materialien muss die Haut trocken und fettfrei sein.
- Beim Anwickeln von Mullkompressen sollten die Prinzipien der Bindenverbandtechnik berücksichtigt werden (s. u.).

▶ **Bindenverband:**
- *Anwendung:* Heute fast nur noch bei Extremitätenverbänden.
- *Grundformen zur Führung der Binden:* Kreisgang, Schraubengang, Kreuzgang.
- *Eigentliche Technik:*
  - Anlage in Neutral-Null-Stellung.
  - Beginn immer mit Kreisgang, danach wahlweise Schrauben- oder Kreuzgang. **483**

– Im Gelenkbereich möglichst Kreuzgang (Schildkrötenverband).
– Immer distal beginnen, Mittelhand bzw. -fuß einschließen.
– Mit mäßigem Zug wickeln, durch Überlappung wird ein Verrutschen verhindert.
– Peripher schmale Binden verwenden (Faustregel: Breite der Binde = Durchmesser der zu verbindenden Region).
– Kompressionsverbände zur Therapie der chronisch venösen Insuffizienz sollten frühzeitig (vor dem Aufstehen) angewickelt werden.
– Bei Kopf- und Amputationsstumpfverbänden erfolgt die Fixierung der stumpfumgreifenden Bindentour durch eine zirkuläre Bindentour.
– Rumpfnahe Verbände werden heute größtenteils durch Fertigverbände realisiert (Rucksack, Gilchrist), es werden auch Trikot- und Schlauchbinden verwendet. Dabei kann jedoch keine Kompression erzeugt werden.

▶ **Tape-Verband:**
• Anlage in Neutral-Null-Stellung.
• Auf der trockenen und fettfreien Haut werden Streifen eines selbstklebenden Tape-Verbandes dachziegelartig übereinander geklebt.
• Da die Tape-Streifen keine Elastizität aufweisen, dürfen keine zirkulären Touren geklebt werden.
• Maximal 10–14 Tage belassen, danach ist ein Wechsel erforderlich.

▶ **Hydrokolloid-Verband:**
• Die selbsthaftenden Folien werden wundüberlappend luftdicht auf den Defekt geklebt.
• Solange die Folie dicht haftet, entfalten die Inhaltsstoffe ihre Wirkung.
• Beim Leck des Verbandes ist ein Wechsel erforderlich (nach ca. 3–7 Tagen).

▶ **Vakuumversiegelung:**
• Voraussetzung für die Wirksamkeit dieser Verbandtechnik ist ein *dichtes* Vakuum.
• Bei septischen Wunden kann mit der Vakuumversiegelung eine offene Wundbehandlung unter sterilen Bedingungen durchgeführt werden (die Kontamination von außen ist durch den Folienverschluss nicht möglich).
• Durch das Vakuum wird das Wundsekret ständig abgesaugt.
• Bei intaktem Vakuum kann der Verband für 2–7 Tage verbleiben, bei Undichtigkeit ist ein früherer Wechsel erforderlich.

Komplikationen, Gefahren

◾ *Cave:* Besonders gefährlich bei peripherer arterieller Verschlusskrankheit!
▶ Schnürfurchen, Ödembildung → Faltenbildung vermeiden.
▶ Verrutschen des Verbandes bei fehlender Überlappung der Bindengänge und im Gelenkbereich.
▶ Stauung distal des Verbandes bei unzureichender peripherer Kompression.
▶ Allergische Reaktionen auf Verbandsmaterial.

32.2 Reposition

Grundlagen

▶ **Definition:** Offene oder geschlossene Wiedereinrichtung einer knöchernen Dislokation (Fraktur oder Luxation) unter Zug und Gegenzug nach vorheriger Schmerzausschaltung.

Verbände und Schienen

▶ **Ziel:** Ohne oder nur mit einer möglichst geringen weiteren Traumatisierung kann eine geeignete Stellung der Gewebe erreicht werden, die sich ausreichend lange und stabil halten (retinieren) lässt und zu einem günstigen Funktionsergebnis führt.

Einfluss und klinische Bedeutung verschiedener Gewebekomponenten

▶ **Statische Komponente:** Knochen und knorpelige Strukturen sind für die Steifigkeit und Druckfestigkeit von Bedeutung → entscheidend sind die *Reibungskräfte* zwischen den Fragmenten.

▶ **Plastische Komponenten:** Wichtig ist hier vor allem die Muskulatur zur aktiven und passiven Gurtung der Fraktur/Luxation → entscheidend sind die *Zugkräfte* und folgende charakteristische Eigenschaften:
- Mit zunehmender Vorspannung muss eine immer höhere Kraft aufgewendet werden, um den Muskel weiter zu dehnen. Daher sollte auf eine günstige Lagerung geachtet werden, z. B. Spitzfußstellung und Kniebeugung für eine optimale Entspannung des M. gastrocnemius.
- Die Haltekraft lässt mit der Zeit nach, aus diesem Grund ist ein langdauernder, konstanter Zug effektiver als eine nur kurzzeitige, kräftige Dehnung.
- Es besteht die Möglichkeit, mit geeigneten Medikamenten auf den Muskelzug einzuwirken (Sedierung, Relaxation, Narkose).

◼ *Hinweis:* Die beteiligten Reibungs- und Zugkräfte können eine Reposition erschweren, deren Retention jedoch fördern (s. Abb. 32.1, 32.2).

▶ **Leitungsbahnen der Extremitäten:** Vor allem bedeutend für die Indikationsstellung, den Zeitpunkt und die gewählte Technik der Reposition.

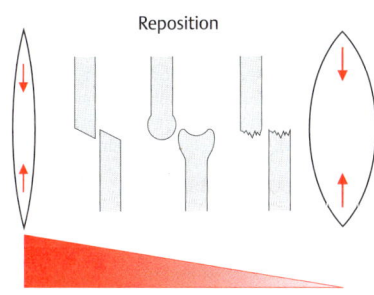

Abb. 32.1 Gute Repositionsbedingungen: Geringer Weichteilzug, glatte Fragmentkontaktflächen

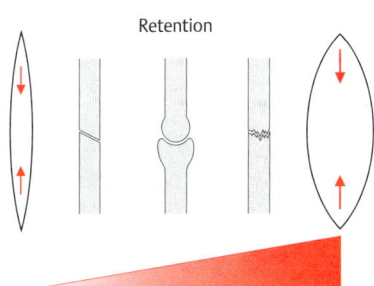

Abb. 32.2 Gute Retentionsbedingungen: Verhakende Fragmentoberflächen, ausgeprägter Weichteilzug

Repositionstechniken

▶ **Zug-, Gegenzug- und Seitdrucktechnik** (bei den meisten Frakturen und Luxationen möglich, v. a. im Bereich der Extremitäten):

1. *Längenausgleich:* Das distale Fragment wird in Richtung des proximalen Fragmentes gezogen und gleichzeitig Achsen- und Drehabweichungen korrigiert (evtl. Muskelrelaxation nötig).
2. Korrektur einer seitlichen Fehlstellung durch direkten Druck auf die dislozierten Komponenten. Bei ausgeprägtem Weichteilmantel tritt ein selbstreponierender Effekt der Muskulatur hinzu.

▶ **Hebeltechnik:** Prinzip ist die Überwindung der Zugkräfte der plastischen Komponente durch einen Hebel, dessen Angriffspunkt idealerweise direkt in der Fraktur liegt („Brecheisen-Prinzip").

▪ **Cave:** Dabei können sehr hohe Druckkräfte entstehen, die zu einer weiteren Gewebezerstörung führen können!

32.3 Schienungstechniken

Führungsschienen

▶ **Indikation:** Funktionelle Behandlung von Gelenkverletzungen.
▶ **Prinzip:** Äußere Stabilisierung von Gelenken durch Fixierung an den benachbarten Extremitätenabschnitten unter Erhaltung der Hauptbewegungsfreiheit des betroffenen Gelenkes.
▶ **Technik:**
  • Individuelle Anpassung maßgefertigter oder Konfektionsschienen an den entsprechenden Extremitätenabschnitten.
  • Fixierung der Halbschalenorthesen mit Klettverschlüssen (z. B. Kniegelenk) oder anatomischer Formteile (z. B. Sprunggelenk).
  • Je nach technischer Ausführungsvariante kann der Bewegungsumfang für das betreffende Gelenk limitiert werden.
▶ **Gefahren:** Druckstellen bei nicht passgerechtem Sitz, Lymphstau durch Klettband.

Bewegungsschienen

▶ **Indikation:** Passives Durchbewegen von Gelenken (patienten- und befundadaptiert).
▶ **Prinzip:** Durch motorgetriebene Schienen können Gelenke bewegt werden.
▶ **Technik:**
  • Einweisung des Patienten in die Bedienung und Gefahren.
  • Lagerung und Fixierung der betroffenen Extremität auf der Bewegungsschiene.
  • Einstellung des gewünschten Bewegungsumfanges.
  • Besonders bei geminderter Sensibilität (z. B. Schmerzkatheter) Druckstellenprophylaxe.
▶ **Gefahren:**
  • Druckstellen.
  • Fehlbelastung von Gelenkstrukturen bei nicht übereinstimmenden Bewegungsachsen zwischen Schiene und Extremität.
  • Bewegungsschienen sind kein Ersatz für Krankengymnastik.

Dynamische Schienen

▶ **Indikation:**
- Funktionelle Nachbehandlung nach Sehnenverletzungen.
- Hilfsmittelversorgung bei neurogenem Ausfall einzelner Muskelgruppen.
▶ **Prinzip:** Durch federelastische Mechanismen werden Extremitätenabschnitte in die Bewegungsrichtung gezogen, welche durch die Nervenläsion aktiv nicht eingenommen werden können, die aktive Bewegung durch die antagonistische Muskulatur ist möglich.
▶ **Technik:**
- Individuelle Anpassung des Schienenkörpers (z. B. Kleinert-Schiene, Radialisersatz-Schiene) bzw. von Konfektionsschienen (z. B. Peronaeusschiene).
- Fixierung des Schienenkörpers am proximal des betroffenen Gelenkes gelegenen Extremitätenabschnittes.
- Befestigung der elastisch zu haltenden Extremitätenabschnitte mit geeigneten Vorrichtungen an den federelastischen Schienenelementen.
- Einweisung des Patienten in die Funktion der Schiene.
▶ **Gefahren:** Druckstellen, Schnürfurchen.

Immobilisationsschienen

▶ **Indikation:**
- Nach operativer Frakturversorgung adjuvante Immobilisierung.
- Immobilisierung nach Weichteil- und Sehnenverletzungen.
- Temporäre Ruhigstellung von Extremitäten bei akuten entzündlichen Prozessen.
▶ **Prinzip:**
- Fixierung eines Extremitätenabschnittes durch individuell angepassten äußeren Schlauchverband, Halbschalen-, Doppelhalbschalen- oder zirkulärem Hartverband.
- Bei Notfallversorgung Schienung der verletzten Extremität durch Fixierung an der unverletzten Extremität oder am Rumpf.
▶ **Technik:**
- Lagerung der betroffenen Extremität in gewünschter Position (ggf. vorher Reposition und temporäre Retention).
  - Bei frischen Frakturen NIE zirkulärer Verband, IMMER spalten.
  - Bei frischen Frakturen Neutral-Null-Stellung.
  - Bei Handfrakturen Intrinsic-Plus-Stellung.
  - Immer benachbarte Gelenke einbeziehen, Ausnahme: distale Radiusfraktur, Sprunggelenksfraktur.
- Polsterung (auf Prädilektionsstellen achten).
- Anmodellieren des Verbandmaterials (z. B. Gips, glasfaserverstärkter Kunstharzverband).
  Zur Immobilisation bei Verletzungen im Schulterbereich ist die Fixierung in konfektionierten Schlauchverbänden möglich (z. B. Gilchrist-Verband).
- Aushärtung des Verbandmaterials abwarten!
- Nachschneiden und Polsterung der Ränder.
- Ggf. Röntgenkontrolle.
- Immer: Kontrolle des Verbandes innerhalb von 24 h!
- Thromboseprophylaxe bei Immobilisation des Sprunggelenkes (fehlende Muskelpumpe der Wadenmuskulatur).
▶ **Gefahren:** Druckstellen, Kompartment-Syndrom, Redislokation von Frakturen nach Abschwellung der Weichteile.

Redressions- oder Quengelschienen

▶ **Indikation:** Vermeidung von Gelenkkontrakturen bei muskulärer Dysbalance.
▶ **Prinzip:** Durch individuell angepasste oder Konfektionsschienen erfolgt die statische oder dynamische Fixierung eines Gelenkes entgegen der durch die muskuläre Dysbalance eingenommenen Gelenkposition.
▶ **Technik:**
- Anpassung wie bei Bewegungsschienen.
- Im Gelenkbereich der Schiene wird durch einen statisch variablen oder dynamischen Mechanismus (z. B. Feststellgelenk, Federgelenk) die gewünschte Position eingestellt.
- Durch den Mechanismus wird das Gelenk immer in die der Fehlstellung entgegengesetzten Richtung gezwungen (z. B. Wirbelsäulenkorsett bei Skoliosebehandlung).
▶ **Gefahren:** Druckstellen.

32.4 Extension

Grundlagen

▶ **Prinzip:**
- Zugeinrichtung über einen transossär eingebrachten Kraftträger (s. u.). Der in Längsachse des frakturierten Skelettabschnitts gelegene Zug wirkt dem verkürzend wirkenden Muskelzug entgegen und führt über die beständige Krafteinwirkung zu einer schonenden Reposition.
- Zusätzliche Stabilisierung durch Lagerung der Extremität auf einer Schiene mit seitlicher Abstützung.
▶ **Kraftträger:**
- *Steinmann-Nagel* (∅ 3,5–5 mm). Der Nagel wird mit einem Handbohrfutter eingedreht oder im spongiösen Knochen (Fersenbein) mit einem Hammer eingeschlagen. *Vorteile:* Hohe Biegefestigkeit des Nagels, keine Hitzenekrosen durch maschinelles Aufbohren → dementsprechend niedrige Infektrate.
- *Kirschner-Draht* (∅ 2 mm). Der Draht muss maschinell eingebohrt werden und wird je nach Spannungszustand stark auf Biegung beansprucht → häufige Bohrdrahtinfekte.
▶ **Zuggewicht:**
- Unterschenkel: 1/20 des Körpergewichts (3–4 kg).
- Oberschenkel: 1/10 des Körpergewichts.
▶ **Indikationen:**
- *Als Teil der OP-Vorbereitung:*
  - Ziel der weitgehenden Wiederherstellung der anatomischen Länge.
  - Reduktion des frakturbedingten Schmerzes.
- *Als Teil einer definitiv konservativen Behandlung:*
  - Kindliche Frakturbehandlung: Weber-Tisch, Pflaster-Extensionsverband.
  - Wenn eine operative Frakturbehandlung kontraindiziert oder unmöglich ist (fehlende technische Voraussetzungen).
▶ **Relative Kontraindikation:** Polytrauma (wegen fehlender Möglichkeit der Lagerungstherapie).

► **Lokalisation:**
- *Distale Femurmetaphyse:* Dauerextension des Femurs bei Femur- und hüft-gelenknahen Frakturen (*cave:* distale Epiphysenfuge bei Kindern!).
- *Tuberositas tibiae:* Temporäre Extension bei hüft- und kniegelenknahen Frak-turen sowie Femurschaftfrakturen (*cave:* Bei wachsendem Skelett kontra-indiziert!).
- *Kalkaneus:* Bei Unterschenkel-Schaftfrakturen.

▶ *Hinweis:* Vermieden werden sollte
- die kniegelenkübergreifende Extension für mehr als 48 Stunden.
- die Anlage einer Extension im geplanten Operationsbereich.

OP-Technik zur Extension mit Steinmann-Nagel

► **Allgemein:**
- Bequeme und schmerzarme Lagerung der verletzten Extremität.
- Desinfektion des Operationsgebietes; Haube, Mundschutz und sterile Hand-schuhe.
- Anästhesie:
  - Bei Kindern Vollnarkose.
  - Bei Erwachsenen Infiltrationsanästhesie der Nagel-Ein- und Austrittsstelle. Wichtig ist die Infiltration des Periosts. Die Nadel kann auf der kontralatera-len Seite als Zielhilfe verbleiben.
- Der Assistent hält das verletzte Bein unter Zug und in korrekter Rotation.
- Zugang grundsätzlich auf der Seite potenziell gefährdeter Strukturen wie Gefäß-Nervenbündel, da die Eintrittsstelle sicher zu bestimmen ist.

► **Distale Femurmetaphyse (Zugang von medial):**
- Stichinzision handbreit oberhalb des Kniegelenksspalts unmittelbar kranial des gut tastbaren Femurkondylus.
- Mit einem Handbohrfutter wird der Steinmann-Nagel durch die Muskulatur bis zum Kortikalis-Kontakt vorgeschoben. Unter Röntgenbildverstärker oder durch Verschieben der Nagelspitze auf dem Knochen nach ventral und dorsal wird die gewünschte zentrale Eintrittsstelle identifiziert.
- Durch mehrere Hammerschläge Eintrittsstelle ankörnen, dann den Steinmann-Nagel manuell eindrehen. Bei korrekter Nagellage ist ein deutlicher Widerstand beim Durchtritt durch die Kortikalis und Gegenkortikalis zu spüren.
- Stichinzision auf der Gegenseite (nach Durchtritt des Nagels durch die Gegen-kortikalis).

► **Tibiakopf (Zugang von lateral):**
- Stichinzision 2 QF dorsal der Tuberositas tibiae.
- Auf korrekte Rotation des Unterschenkels achten. Der Nagel wird parallel zum Kniegelenkspalt eingedreht oder mit einem Hammer eingeschlagen.
- Stichinzision der Haut auf der Gegenseite.

► **Kalkaneus (Zugang von medial):**
- Ein Assistent hält den Vorfuß und Unterschenkel in Neutralposition und diri-giert die Richtung des Nagels bzw. Bohrdrahtes.
- Stichinzision 2 QF kranial der Fußsohle und ventral des Tuber calcanei.
- Eindrehen oder Einschlagen des Steinmann-Nagels in den spongiösen Knochen.

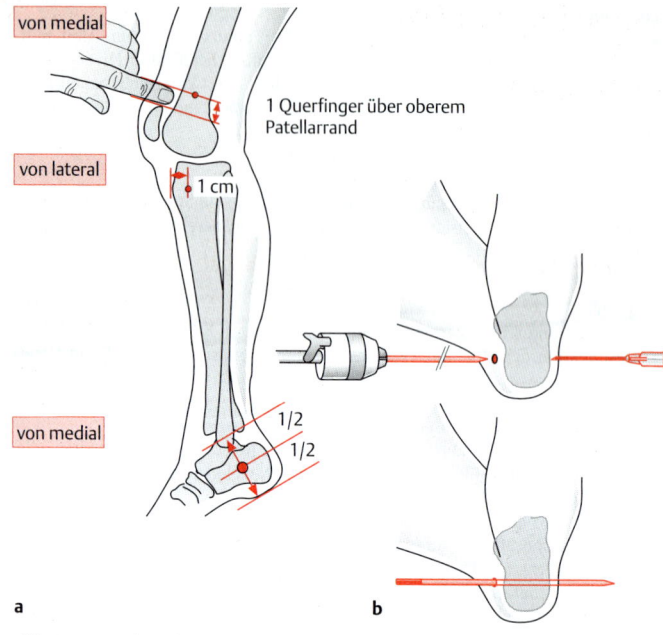

von medial

1 Querfinger über oberem
Patellarrand

von lateral

1 cm

von medial

1/2
1/2

a   b

Abb. 32.3 a u. b   Klassische Einführungsstellen und -richtung von
Extensionsdraht/-nagel an der unteren Extremität

OP-Technik zur Extension mit Kirschner-Draht

▸ Einspannen des Kirschner-Drahtes nach dessen Durchtritt durch Knochen und
   Haut in einen Spannbügel. Spannen des Drahtes (hoher Metallklang).
▸ Kürzen und Umbiegen der Drahtenden (*cave:* Verletzungsgefahr), Anbringen der
   Spannschnur, die über die Rolle der Schiene geführt wird.
▸ Gewichtswahl – Faustregel bei Erwachsenen: Tibia 3–4 kg, Femur 6–8 kg. Reduk-
   tion des Gewichts nach 2–3 Tagen oder bei deutlich sichtbarer Frakturdehiszenz.

Komplikationen und Gefahren

▸ Nerven- und Gefäßverletzung.
▸ Bohrdraht-Infektion.
▸ Weichteil- und Knochenausriss bei falscher Nagellage.
▸ Eröffnung des Kniegelenks bei zu weit distaler oder ventraler Einbringung einer
   metaphysären Femurextension.

33 Nahttechniken

33.1 Nahttechnik

Nahtmaterial

▶ **Allgemeine Anforderungen:** Je nach zu nähendem Gewebe stehen Reißfestigkeit, Knotenfestigkeit, Resorbierbarkeit, Gewebeverträglichkeit oder Oberflächenstruktur im Vordergrund.

▶ **Fadenaufbau, Oberfläche:**
- *Monofiler Faden:* Gute Gleitfähigkeit, geringe Dochtwirkung, Haltbarkeit ist allerdings erst mit mindestens 5 übereinander gelegten Knoten gewährleistet.
- *Geflochtener Faden:* Größere Dochtwirkung durch Kapillareffekt (*Cave:* Schnellere Infektionsausbreitung), sehr geschmeidig, relativ starke Gewebereaktion durch größeren Reibungswiderstand, Haltbarkeit schon nach 3 übereinander gelegten Knoten.

▶ **Spezielle Eigenschaften:**
- *Resorbierbare Fäden:* Heute meist synthetisch hergestellte, biologisch abbaubare Polymere und deren Derivate:
  - Geflochten: z. B. Dexon (Polyglycolid), Vicryl (Polylactid).
  - Monofil: z. B. PDS (Polydioxanon), Maxon (Polyglukonat).
- *Nicht resorbierbare Fäden:*
  - Synthetische Kunststofffäden aus Polyamiden (Nylon, Perlon), Polyestern (Dacron, Mersilene, Polyon), Polyethylenen (Marlex) und Polytetrafluorethylen (Teflon).
  - Metallfäden (z. B. zum Thoraxverschluss aus Tantal oder Chrom-Nickel-Eisen-Verbindung).

▶ **Einteilung der Fadenstärke:**
- Üblich sind die metrische Einteilung und die sog. USP-Einteilung, die sich meist beide auf der Verpackung befinden.
- *Metrisch (europäische Pharmakopöe oder EP):* Die Angaben erfolgen in 1/10 mm (z. B. metric 4 = 0,4 mm).
- *USP-Einteilung (united states pharmakopöe):* Hier besteht kein direkter Zusammenhang mit der Dicke des Fadens.

Nadelmaterial

▶ **Nadelformen:**
- *Kreisförmig:* Hier bestimmt die Länge des Bogens die Bezeichnung der Nadel. Standard, üblich für alle Gewebe.
- *Gerade,* z. B. für Sehnennähte (Achillessehnendurchflechtung).

▶ **Nadel-Faden-Verbindung:**
- *Feste Kombination von Nadel und Faden.* Hierbei sitzt der Faden am Nadelende fest in einer axialen Bohrung der Nadel, ein Nadelöhr ist nicht vorhanden. Da der Übergang von Nadel zu Faden stufenlos ist, kommt es praktisch nicht zu einer Gewebetraumatisierung um den Stichkanal, sog. *atraumatische Naht*. Indiziert ist dieser Nadeltyp bei empfindlichen Geweben. Sog. *Abreißfäden* haben eine Sollbruchstelle am Nadel-Faden-Übergang.
- *Nadeln mit Nadelöhr:* Bei diesen Nadeln muss der Faden eingefädelt werden. Die Naht ist traumatischer, da kein sanfter Übergang von Nadel zu Faden stattfindet.

▶ **Form von Nadelkörper/Nadelspitze:**
- *Rundkörpernadeln:* Sie haben eine konische Spitze, mit der das Gewebe durchstochen und nicht durchschnitten wird. Hierdurch wird das Gewebe gering traumatisiert; verwendet werden diese Nadeln bei weichem Gewebe.
- *Schneidende Nadeln:* Scharf geschliffene Nadelkörper durchschneiden das Gewebe. Es erfolgt eine stärkere Traumatisierung, verwendet werden diese Nadeln bei derbem Gewebe (z. B. Haut, Faszie, Narben).

Knotentechnik

▶ **Grundlagen:**
- Jeder Knoten muss fest und zuverlässig halten, andererseits sollte das Knüpfen rasch gehen.
- Der erste Knoten (Grundknoten) adaptiert das Gewebe, der zweite Knoten (Endknoten) fixiert diesen Zustand.
- Ist ein Fadenende sehr kurz, wird *instrumentell geknotet,* hierbei wird mit der Pinzette oder dem Nadelhalter der längere Faden einmal umfahren, der kürzere Faden wird dann gefasst (Abb. 33.1), nachdem dieser Knoten zugezogen ist, wird er durch einen gegenläufigen Knoten fixiert, bei dem der Faden in umgekehrtem Sinne umfahren wird.

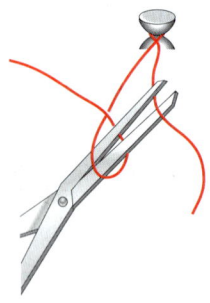

Abb. 33.1 Instrumenteller Knoten (fadensparend). Umfahren des längeren Fadens mit einer Péan-Klemme; Fassen des kürzeren Fadens und Zuziehen

▶ **Knotenarten:**
- *Grundknoten:*
  - Nicht überschlungener Knoten, hier verteilt sich der Zug gleichmäßig auf beide Fadenenden (Abb. 33.2a).
  - Überschlungener Knoten (Abb. 33.2b).

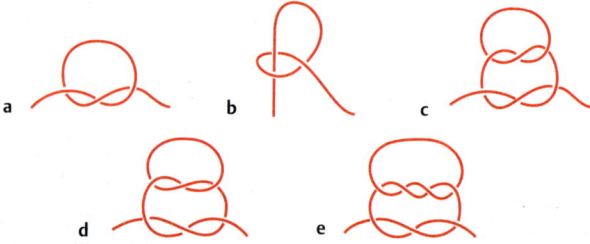

Abb. 33.2 a–e Knotenarten. a) Grundknoten, nicht überschlungen; b) Grundknoten, überschlungen; c) Paketknoten; d) Schifferknoten; e) chirurgischer Knoten

- *Paketknoten:* Hier sind beim Endknoten die Fadenenden in der gleichen Richtung wie beim Grundknoten geschlungen (Abb. 33.2c).
- *Schifferknoten:* Hier sind beim Endknoten die Fadenenden in der entgegengesetzten Richtung wie beim Grundknoten geschlungen (Abb. 33.2d).
- *Chirurgischer Knoten:* Hier wird der Grundknoten zweimal geschlungen und durch einen einfachen Knoten beendet (Abb. 33.2e).

Nahttechniken

▶ **Hautnaht** (Abb. 33.3): Verwendet wird nicht resorbierbares, in seltenen Fällen (z.B. bei feinen Intrakutannähten oder vulnerablen Nähten nach Verbrennungen, wo Ziehen der Fäden erneut traumatisiert) auch resorbierbares Nahtmaterial.

- *Einfache Einzelknopfnaht:* Das Gewebe der beiden Seiten wird jeweils einmal gefasst.
- *Vertikale Einzelknopf-Rückstichnaht nach Donati:* Der Ausstich bei Rückführen der Nadel ist im Verhältnis zum Einstich zur Nahtlinie hin versetzt.
- *Vertikale Einzelknopf-Rückstichnaht nach Allgöwer:* Hierbei wird auf der Gegenseite nur das Corium gefasst, die Rückführung erfolgt an korrespondierender Stelle durch Corium und Epidermis; diese Naht liefert ein besseres kosmetisches Ergebnis.
- *Fortlaufende Intrakutannaht nach Halsted:* Diese Naht kann auch mit resorbierbarem Nahtmaterial durchgeführt werden.
- *Hautklammernaht nach Herff oder Michel.*
- *Nahtloser Hautverschluss durch steri-strips:* Diese werden quer über trockene Wundränder über die Haut geklebt.
- *Wundverschluss durch Gewebekleber:* Alternativ zu steri-strips, z.B. bei tangentialen Ablederungen geringeren Ausmaßes.
- *Widerlagerdrahtnähte:* Hier erfolgt das Knoten über auf die Bauchdecke gelegte Platten, um den Druck auf eine größere Fläche zu verteilen; indiziert sind sie beim Verschluss von Bauchdecken unter großer Spannung, zur Vermeidung eines Platzbauches bei Peritonitis.

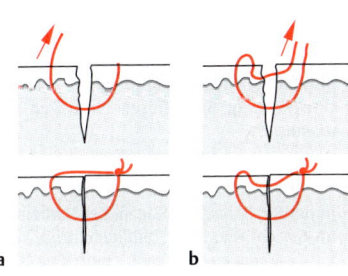

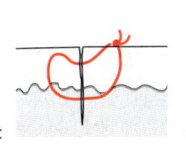

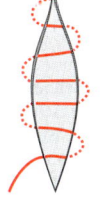

Abb. 33.3 a–d   Technik der verschiedenen Hautnähte.
a) Einzelknopfnaht;
b) Rückstichnaht nach Donati;
c) Rückstichnaht nach Allgöwer (auf einer Wundseite transkutan, auf der anderen Seite intradermal gestochen);
d) intrakutane Naht nach Halsted

► **Schleimhautnaht:** Verwendet wird feines resorbierbares Nahtmaterial. Bei Wangen und Lippen erfolgt die Nahtvereinigung nur an der Schleimhaut selbst.

► **Darmnaht:** Grundlage aller Nahtverfahren für Serosaflächen ist die von Lembert eingeführte sero-seröse Nahttechnik, durch die die Schleimhaut eingestülpt wird und Serosa an Serosa zu liegen kommt. Nahtmaterial: Für Mukosa 4-0 Vicryl oder Dexon, für Seromuscularis 3-0 Vicryl oder Dexon.

- *Darmnaht nach Lembert-Albert:* Die erste Naht erfasst alle Schichten, die zweite ist eine seromuskulär einstülpende Naht.
- *Darmnaht nach Lembert:* Seromuskulärer Ein- und Ausstich beiderseits des Darmrandes, wodurch eine sichere Einstülpung der Schleimhautränder erfolgt.
- *Invertierende Allschichtennaht nach v. Mikulicz:* Prinzipiell eine zweireihige Nahttechnik. Die erste Nahtreihe stülpt alle Schichten ein und kommt intraluminal zu liegen. Darauf aufgesetzt ist noch eine seromuskuläre Nahtreihe (fortlaufend oder Einzelknopfnaht).
- *Extramuköse Einschichtennaht:* Hierbei handelt es sich um eine fortlaufende Naht, die zunächst wie eine Naht nach Lembert-Albert und dann als fortlaufende invertierende Schleimhautnaht (nach Schmieden und v. Mikulicz) durchgeführt wird. Diese fortlaufende Naht bei Anastomosen dient zur Blutstillung und zur straffen Aneinanderlagerung der Schleimhautränder.

► **Fasziennaht:** Sie erfolgt am sichersten durch Einzelknopfnähte aus synthetischem Nahtmaterial. Durch eine Faszien-Doppelung erreicht man eine Verstärkung der Naht.

► **Muskel:** Meist erfolgt eine Naht nur durch Mitfassen der bedeckenden Faszie mit resorbierbarem Nahtmaterial.

► **Nervennaht:** s. S. 507 ff.

► **Sehnennaht:** s. S. 494 ff.

► **Bandnaht:** s. S. 496 ff.

► **Gefäßnaht:** s. S. 502 ff.

Techniken zur Blutstillung

► **Ligatur:** Einzelne Gefäße anklemmen, einfach oder doppelt umschlingen und dann verknoten.

► **Durchstechungsligatur:** Größere Gefäße durchstechen, je einen Knoten vor und hinter die Durchstechung setzen.

► **Umstechung:** Bei diffusen Blutungen Blutungsquelle im umgebenden Gewebe umstechen.

Fadenentfernung

► In der Regel nach 10 Tagen, bei Narben etwas später (ca. 14. Tag).

► Im Gesicht und Hals: Teilfäden am 2. Tag, Restfäden am 4. Tag.

33.2 Sehnennaht

Grundlagen

► Die Sehnenstümpfe werden atraumatisch dargestellt und unter Erhaltung der Sehnenscheide und des Peritendineums End-zu-End anastomosiert.

► Die Anastomose wird anschließend durch Nahtsicherung und Immobilisation der Nachbargelenke entlastet.

► Man unterscheidet eine Sehnennaht mit proximalem Entlastungssystem und eine Sehnennaht mit transfixierendem Entlastungssystem (s. u.).

Operationstechnik – Sehnennaht mit proximalem Entlastungssystem

▶ Die Sehnenstümpfe werden vorsichtig herausmassiert oder vorgezogen.
  ◘ *Tipp:* Ein wundfernes perkutanes Anstechen der Stümpfe verhindert, dass sie wieder in die Wunde zurückrutschen!
▶ Mit nichtresorbierbarem Nahtmaterial erfolgt eine intratendinöse Stütz- oder Kernnaht (s. Abb. 33.4a).

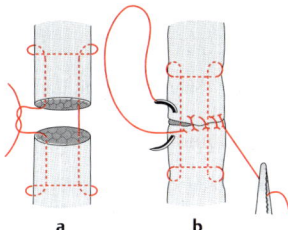

Abb. 33.4 a u. b
a) Intratendinöse Stütz- oder Kernnaht,
b) Feinadaptation des Epitenons

          a   b

▶ Das Epitenon mit einer fortlaufenden Naht adaptieren (PDS oder Maxon, Nahtstärke abhängig von der zu nähenden Sehne), s. Abb. 33.4b.
▶ Das Entlastungssystem mit Ausziehdraht proximal einziehen und nach distal ziehen, bis die Anastomose entlastet ist. Danach erfolgt die Fixierung des Drahtes über einen Gummiring oder Tupfer mit Hilfe einer festgeklemmten Bleikugel (s. Abb. 33.5).

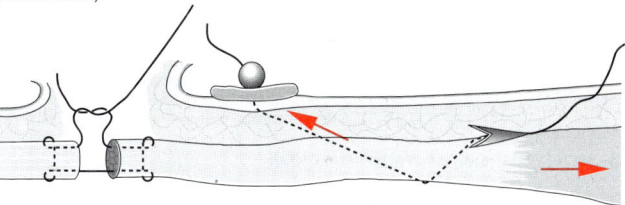

Abb. 33.5 Proximales Entlastungssystem mit Widerhaken und wundferner Verankerung

▶ In gepolsterter Gipsschiene in entlastender Position ruhigstellen.

Operationstechnik – Sehnennaht mit transfixierendem Entlastungssystem

▶ Ein geflochtener Draht oder ein glattwandiger doppelter Faden mit Ausziehdraht wird durch das Zentrum der Sehnenstümpfe gezogen, eine Kernnaht erfolgt nicht. Das Zugsystem wird distal der Wunde verankert (s. Abb. 33.6).

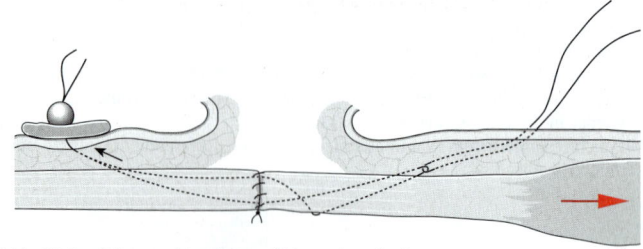

Abb. 33.6   Sehnennaht mit transfixierendem Entlastungssystem

Nachbehandlung

► **Ruhigstellung** in Schiene für 3–4 Wochen.
► **Entfernen des Entlastungssystems** (s. Abb. 33.7): Der distale Draht wird unter dem Gummiring durchtrennt und das proximale Drahtende ruckartig zurückgezogen. Der Widerhaken und der in der Anastomose verlaufende Drahtabschnitt gefährden die Anastomose nicht.

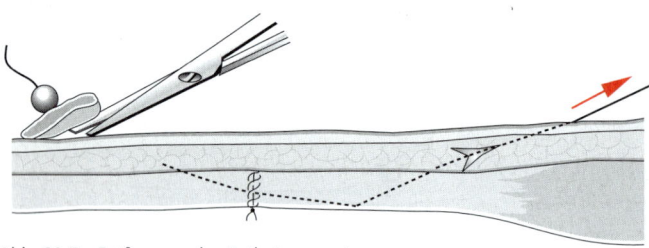

Abb. 33.7   Entfernung des Entlastungssystems

► Danach aktive Physiotherapie (evtl. auch Ergotherapie). Die Beweglichkeit sollte dabei etappenweise gesteigert werden.
  ▶ *Cave:* Vorsicht bei passiver Belastung vor Ablauf der 6. Woche!

Spezielles Vorgehen bei ausgewählten Indikationen

► Achillessehnennaht: s. S. 363.
► Quadrizepssehnennaht: s. S. 335.
► Patellarsehnennaht: s. S. 335.

33.3 Bandnaht

Grundlagen

► **Mögliche Arten von Bandrupturen:**
  • Ligamentärer Ausriss des Bandes am Ansatzpunkt.
  • Zentraler, interligamentärer Riss.
  • Knöcherne Abrissfraktur.

► **Mögliche Arten der Band-Rekonstruktion:**
- *Direkte Rekonstruktion* (bei frischen Rupturen = 3–4 Wochen alt):
  - Reinsertion am Knochen → Vorgehen s. u.
  - Direktnaht → Vorgehen s. u.
- *Ersatz-Plastik* (immer bei veralteten Rupturen = > 4 Wochen alt).

Reinsertion am Knochen

► **Indikation:** Ligamentärer Ausriss am Ansatzpunkt, Abrissfrakturen.
► **Vorgehen** bei z. B. knöchernem Kollateral- oder Kreuzbandausriss:
- Der ausgerissene Bandstumpf wird mit einer Durchflechtungsnaht (langzeit-resorbierbares Nahtmaterial, z. B. PDS, Maxon der Stärke 2-0) gefasst und vor-gelegt.
- Identifikation der knöchernen Ausrisszone und Anfrischen der Kortikalis.
- Durch die knöcherne Abrisszone werden transossäre Bohrkanäle gelegt (even-tuell mit Zielgerät).
- Mit Drähten oder Ösensonden werden die zuvor vorgelegten Fäden durch die Bohrkanäle gezogen.
- Prüfung der korrekten Reinsertion durch Funktionsprüfung des Gelenkes und Stabilitätstestung.
- Knoten der gespannten Nähte auf Knochengrund der Gegenkortikalis.
- Verschraubung, ggf. mit Krallen-Unterlegscheibe (Kunststoff, Metall) oder Krallenplättchen.
- Zuggurtung über Kirschnerdrähte und Draht-Cerclage.
► **Beispiele:**
- Femoraler Ausriss des vorderen Kreuzbandes: s. S. 341.
- Tibialer Ausriss des vorderen Kreuzbandes aus der Eminentia intercondylaris: s. S 341.
- Femoraler oder tibialer Ausriss des hinteren Kreuzbandes:
  - Bei gleichzeitigem Riss der Kapsel und des vorderen Kreuzbandes ist die Ver-sorgung von ventral möglich.
  - Bei isoliertem Riss des hinteren Kreuzbandes ist der dorsale Zugang durch die Kniekehle am besten.

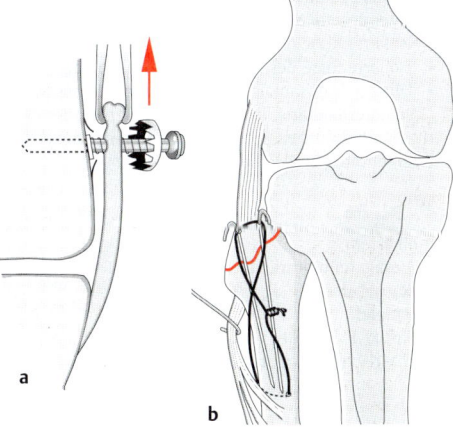

Abb. 33.8 a u. b
Techniken zur
Reinsertion von
Bändern am Knochen:
a) Refixation des Band-endes mit Schraube und
gezähnter Plastikbeilag-scheibe an der Abriss-stelle.
b) Knöcherner Ausriss
des lateralen Seiten-bandes samt Bizeps-sehne am Fibula-köpfchen. Nach Dar-stellung des Nervus
peroneus Refixation mit
einer Drahtzuggurtung

a

b

- Periostaler Ausriss des Ligamentum fibulotalare und des Ligamentum fibulo-calcaneare.
- Knöcherner Ausriss der Kollateralbänder des Kniegelenkes.
- Knöcherner Ausriss des radialen oder ulnaren Bandes am Ellbogengelenk.
- Abrissfraktur des Fibulaköpfchens.

Direktnaht

▶ **Indikation:** Interligamentärer Bandriss.
▶ **Vorgehen:**
- Direktadaptation durch feine Einzelknopfnähte (Abb. 33.9).
- Zusätzliche Sicherung durch rahmenartige Spannnähte (Abb. 33.9).
- Gegebenenfalls Augmentation durch langzeitresorbierbare Kordeln mit knöcherner Verankerung am Ansatz und Ursprung des Bandes.

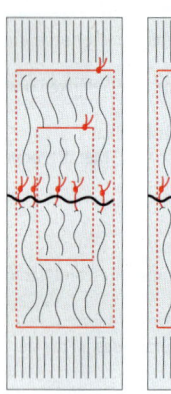 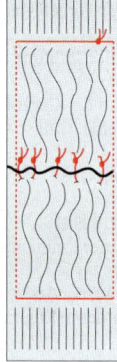

Abb. 33.9 Adaptation der Bandenden durch feine Einzelknopfnähte. Zusätzlich rahmenartige Spannnähte

▶ **Beispiele:**
- Mediales Kollateralband am Knie.
- Laterales Kollateralband am Knie.
- Isolierte Risse des fibularen Bandapparates am oberen Sprunggelenk.
- Isolierte Risse des medialen Bandes am oberen Sprunggelenk.
- Ulnarer oder radialer Bandapparat am Ellbogen.

▣ *Cave:* intermediärer, ligamentärer Kreuzbandriss → hier ist meist eine Ersatzplastik durch Knochen-Sehne-Knochen-Transplantat („1/3-Transplantat") aus dem Ligamentum patellae notwendig (S. 342).

Ersatz-Plastik

▶ **Indikation:**
- Veraltete Rupturen (> 4 Wochen alt).
- Rerupturen.
▶ **Beispiele:**
- Ersatz-Plastik des vorderen Kreuzbandes: s. S. 342.
- Plastischer Ersatz bei fibulo-talarer Bandreruptur: s. S. 372.

33.4 Gefäßverletzungen – Gefäßnaht

Grundlagen

▶ **Ursache, Verletzungsmechanismus von Gefäßverletzungen:** Offene, perforierende oder geschlossene, stumpfe Verletzungsmechanismen bzw. direkte oder indirekte Krafteinwirkung auf die betroffene Extremität.

▶ **Folgen:** Akuter, traumatisch bedingter Gefäßverschluss *oder* arterielle bzw. venöse Blutung.

▶ **Klassifikation von Gefäßverletzungen:**
- *Stumpfe Gefäßverletzungen* (überwiegender Verletzungsmodus):
  - Sehr häufig Begleitverletzungen aufgrund des Unfallmechanismus, z. T. als Überdehnungsriss des Gefäßes.
  - Prädilektionsstellen: Verletzungen im Bereich des Schultergürtels, des Ellbogens, des distalen Femurs sowie komplexe Knieverletzungen.
- *Perforierende, scharfe Gefäßverletzungen:* Gezielte Gewalteinwirkung (Stich, Schnitt) → seltener Nebenverletzungen.
- *Sonderfall Schussverletzung* (S. 119) – mögliche Traumamechanismen: Zerfetzung und Defekt durch direkten Treffer; stumpfe Schädigung durch Schockwelle; Kavitationseffekt.
- *Schweregrade:*
  - Grad I: Nur die Adventitia ist betroffen (geschlossenes Lumen).
  - Grad II: Lumeneröffnung bei erhaltener Kontinuität.
  - Grad III: Abriss, vollständige Kontinuitätsdurchtrennung.

▶ **Spontanverlauf** *(im Sinne einer temporären Spontan-Hämostase):*
- *Möglich* bei Kontinuitätsdurchtrennung → Retraktion der inneren Wandschichten (= Intima-Einrollung).
- *Unmöglich* bei schlitzförmiger Lumeneröffnung, da Intima-Retraktion unvollständig bleibt.

Akuter traumatischer Arterienverschluss

▶ **6 „P" nach Pratt (Leitsymptome/Ischämie-Syndrom):**
- *Pain* → Schmerz.
- *Paleness* → Blässe.
- *Paraesthesia* → Sensibilitätsstörung.
- *Pulselessness* → Pulslosigkeit.
- *Paralysis* → Bewegungsunfähigkeit.
- *Prostration* → Erschöpfung/Schock.

▶ **Klinische Diagnostik:**
- *Anamnese* – Verletzungsmodus?
- *Befund:*
  - Symptomatik (s. o.)?
  - ▶ **Cave:** Die Symptomatik des totalen oder subtotalen Ischämie-Syndroms (siehe 6 „P") kann u. U. erst mit zeitlicher Latenz manifest werden (z. B. bei arterieller Thrombose nach Intima-Schädigung).
  - Lokalisation des Traumas, Begleitverletzungen?
  - Strömungsgeräusch über dem verletzten Gefäßabschnitt?
  - Pulsierendes Begleithämatom in den umgebenden Weichteilen?

▶ **Apparative Diagnostik** (immer indiziert zur genauen Lokalisation der Verletzung!):

- *Röntgen des betroffenen Skelettabschnittes:* Fraktur, Luxation in topographischer Beziehung zum Gefäßverlauf?
- *(Farb-)Duplex-Sonographie:* Flusssignal?
- *Periphere Angiographie:*
  - Indikation: Typische Klinik (6 „P") und negativer Duplex-Befund.
  - Vorgehen: Angiographie nach Punktion der A. axillaris oder der A. femoralis.
- *Stammnahe Angiographie:* Retrograde Arteriographie mit selektiver Darstellung der großen Gefäßabgänge (A. subclavia, A. carotis, A. iliaca).

► **Differenzialdiagnose:** Ischämisierender Arterienspasmus, Kompartmentsyndrom.

► **Notfallmäßige Erstversorgung:**
- Tieflagerung und Polsterung der betroffenen Extremität.
- Heparin-Bolus 10000 IE i.v. zur Verhinderung von Appositionsthromben.
- ◻ *Cave:*
  - Heparin nur dann, wenn keine zusätzliche Traumatisierung von Schädel, Thorax, Abdomen oder Becken vorliegt!
  - Keine i.m.-, i.a.-Injektionen wegen möglicher Lyse.
  - Keine Vasodilatatoren (möglicher Steal-Effekt).
- Plasmaexpander wie HAES abhängig vom klinischen Zustand des Patienten (Schock).
- Zügiger Abtransport und Weiterbehandlung unter klinischen Bedingungen.

► **Gefäßspezifisches Vorgehen:**
- *Verschluss* A. subclavia: Gefährdung des betroffenen Armes → Rekonstruktion obligat, ggf. nach Osteotomie der Klavikula. Begleitverletzungen des Plexus brachialis können sekundär versorgt werden.
- *Verschluss A. axillaris und A. brachialis oberhalb des Abganges der A. profunda brachii* → Rekonstruktion obligat, andernfalls totale Ischämie ab distalem Oberarmdrittel.
- A. brachialis unterhalb des Abgangs der A. profunda brachii: Subtotales Ischämie-Syndrom am Vorderarm ohne unmittelbar drohende Nekrose → deshalb in lebensbedrohlicher Ausnahmesituation Ligatur möglich, Rekonstruktion jedoch empfehlenswert.
- A. radialis oder A. ulnaris → Ligatur nur in Ausnahmesituationen statthaft, besser jedoch Rekonstruktion, zumindest der A. radialis (unter mikrochirurgischen Bedingungen).
- A. femoralis communis → Rekonstruktion obligat, andernfalls Ischämie des gesamten Beines.
- A. poplitea → Rekonstruktion obligat, andernfalls Nekrosegefahr ab Unterschenkelmitte.
- ◻ *Achtung:* Nach allen Rekonstruktionen ist eine frühzeitige Fasziotomie aller Muskellogen im distalen Extremitätenabschnitt wegen eines drohenden Kompartmentsyndroms erforderlich (S. 109)!

Arterielle Blutung

► **Klinische Symptomatik:**
- Bei traumatisch bedingter arterieller Extremitäten-Blutung klinisch eindeutiges Bild (starke, pulsierende bis spritzende, hellrote Blutung).
- „Distal funktioneller Perfusionsausfall": Je nach betroffenem Gefäß asymptomatisch bis hin zum Ischämie-Syndrom (S. 499; weniger konstant als bei stumpfem Trauma mit Verschluss).
- Oft spontanes Sistieren der Blutung (durch Intima-Aufrollung und Retraktion verletzter Arterien).

► **Klinische Diagnostik:** Befund, Verletzungsmodus, Lokalisation des Traumas?

► **Notfallmäßige Erstversorgung:**

- *Druckverband* (grundsätzlich sollte versucht werden, jede Blutung durch Anlage eines Druckverbandes zu stillen; Abb. 33.10):
  - Wunde zunächst mit steriler Kompresse bedecken.
  - Darauf Druckpolster (z. B. nicht abgewickeltes Verbandspäckchen) legen und dieses mit einer weiteren Binde unter Druck anwickeln.
  - Bei Bedarf kann auf den ersten Druckverband ein zweiter Druckverband mit stärkerem Zug aufgewickelt werden.

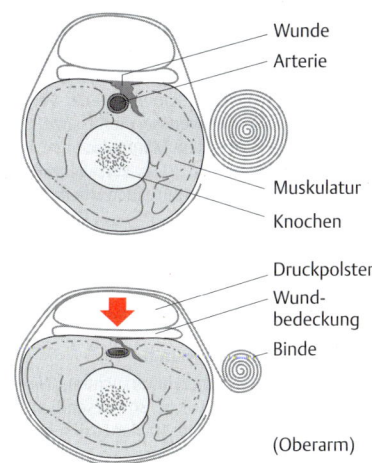

Abb. 33.10 Anlage eines Druckverbandes auf eine Wunde mit arterieller Blutung

(Oberarm)

- *Indirekte Kompression:* Bei stärkeren, arteriellen Blutungen in den meisten Fällen ausreichend, um die Blutung zum vorläufigen Stillstand zu bringen (zu geeigneten Druckpunkten s. Abb. 33.11).

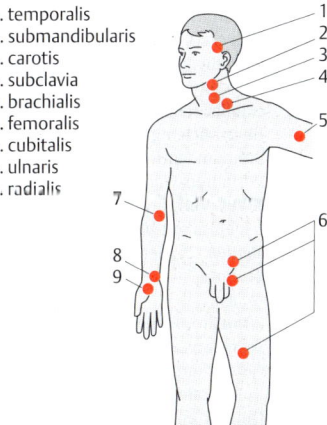

1. A. temporalis
2. A. submandibularis
3. A. carotis
4. A. subclavia
5. A. brachialis
6. A. femoralis
7. A. cubitalis
8. A. ulnaris
9. A. radialis

Abb. 33.11 Typische Druckpunkte zum Abdrücken von arteriellen Blutungen

- *Direkte Kompression der Blutungsquelle im Wundbett* nach steriler Wundabdeckung, wenn indirekte Kompression nicht ausreicht.
- *Proximale Abbindung:*
  - Indikation: Nur dann, wenn die direkte Kompression nicht zu einer ausreichenden Blutstillung führt.
  - Vorgehen: Abbindung (wenn überhaupt) nur mit einer pneumatischen Blutsperre durchführen! Der Manschettendruck sollte den gemessenen systolischen Blutdruck dabei um 20–50 mmHg überschreiten.
  - ❏ *Cave:*
    → Gefahr irreparabler Schädigung durch forciertes Abbinden, v. a. mit schmalen Verbänden oder Kabeln (v. a. an peripheren Nerven).
    → Eine insuffiziente proximale Abbindung wird die Blutung und damit den Blutverlust des Patienten eher verstärken, weil bei erhaltenem arteriellem Zustrom kein venöser Abfluss mehr stattfindet!
    → Keine beherzten Manipulationen im Wundbett (z. B. direktes Setzen von Gefäßklemmen)! Das versehentliche Abklemmen eines großen Nervens in der Tiefe einer blutenden Oberschenkelwunde kann zum Verlust der Extremität führen!
- *ZVK:* Volumenersatz.
- *Weitergabe der Unfallanamnese:* Angaben über Blutverlust und Zeitpunkt des Abbindens.
- *Prophylaktische Verabreichung eines Antibiotikums* bereits in der Frühphase der Erstversorgung.
► **Klinische Erstmaßnahmen:**
- Klinische Allgemeinuntersuchung (Nebenverletzungen?).
- Arteriographie (nicht so wesentlich wie beim traumatischen Arterienverschluss, da Ort und Art der Läsion bekannt sind).
- Einleitung der Narkose.
► **Operative Versorgung – Grundlagen:**
- *Indikation:* Jede perforierende Arterienverletzung.
- *Prinzip:*
  - Kompressionsverband/Abbindung erst in OP-Bereitschaft entfernen! → bei erneuter sofortiger Massivblutung nach Entfernung erneut mit sterilem Material komprimieren, das Operationsfeld improvisiert desinfizieren und abdecken; bei leichter Sickerblutung routinemäßige Operationsvorbereitung.
  - Großzügige Freilegung des verletzten Gefäßabschnittes.
  - Vor der Arterienrekonstruktion eine etwaige Fraktur durch Osteosynthese stabilisieren. Technische Hilfen: Verkürzung des Knochens, temporäre Überbrückung der Strombahn mit silikonisiertem Plastikschlauch.
  - Breitbandantibiotikum i.v. und lokal bei penetrierenden Verletzungen.
  - Verfahrenswahl abhängig vom Lokalstatus (siehe folgende Abschnitte).
► **Operatives Verfahren I** – *Arteriotomie, Intimaversorgung, Thrombektomie,* Arterienverschluss mit Venenstreifen (Abb. 33.12):
- *Indikation:* Binnenschaden mit Intimariss, Intimadissektion und Appositionsthrombose.
- *Vorgehen:*
  - Zirkuläre Freilegung, Inspektion und Palpation der verletzten Arteriensegmente.
  - Gefäßklemmen anlegen, zuerst proximal, dann distal der Läsion.
  - Kollateralen anschlingen oder abklemmen.
  - Längsarteriotomie über der rupturierten Innenschicht, proximal und distal 5 mm über die Abrissstufen hinausreichend (s. Abb. 33.12a).

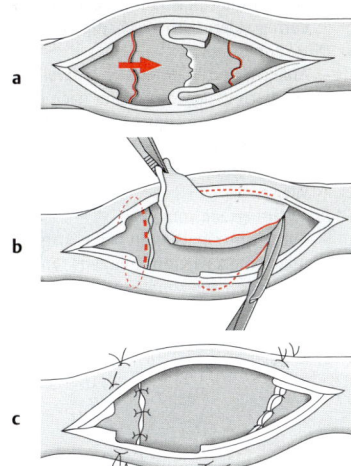

Abb. 33.12a–c
a) Längsarteriotomie über
der gelösten Intima.
b) Schräges Anfrischen
der distalen Intimastufe.
c) Distale und proximale Intimastufe sind mit Einzelstichen an die
Gefäßwand fixiert. Es folgt der
Verschluss der Arteriotomie mit
Venenstreifen

– Resektion der abgelösten Intima unter Bildung einer schrägen, distalen Intimastufe mit transmuraler Fixation (s. Abb. 33.12b).

► **Operatives Verfahren II** – *Direktnaht eines arteriellen Lecks oder Arterienverschluss unter Erweiterung mit Venenstreifen:*
• *Indikation:* Scharfe Lumeneröffnung ohne völligen Kontinuitätsverlust.
• *Allgemeines Vorgehen:*
  – Permanente Hämostase durch Fingerdruck (Operationshandschuh) während der Vorbereitung des Operationsfeldes.
  – Darstellung des lädierten Gefäßabschnitts. Zuerst Gefäßklemme an die Zustrombahn, dann distal der Verletzung und an die Kollateralen.
A. *Direkte Naht* (indiziert bei quer laufender Verletzung und größerem Gefäßlumen):
  – Vorlegen von Eckfäden in die beiden Winkel der Arterienwunde, diese in querer Richtung leicht anspannen.
  – Sondierung der Strombahn nach proximal und peripher mit Fogarty-Katheter, Instillation von Liqueminlösung 1 : 50 in die Ausflussbahn.
  – Zwischen die Eckfäden werden im Abstand von 1–1,5 mm weitere Einzelnähte vorgelegt.
  ▣ *Cave:* Mit jedem Stich die Intima fassen!
  – Verknoten der vorgelegten Gefäßnähte, Freigabe der Strombahn.
  – Liquemin 1 ml i.v.
B. *Verschluss mit Venenstreifen* (indiziert bei vorwiegend längs verlaufender oder zerfetzter Arterienwunde):
  – Sparsamstes Glätten zerfetzter Wundränder mit feiner gebogener Schere.
  – Entnahme des Venenstreifens und Einnähen wie bei Verfahren I (s. o.).
► **Operatives Verfahren III** – *Anastomose direkt End-zu-End oder unter gleichzeitiger Erweiterung mit Venenstreifen:*
• *Indikation:* Scharfe, glatte Durchtrennung ohne Längendefizit.
  – Direkte Anastomose: Bei größerem Querschnitt ohne pathologische Wandveränderungen.

  – Erweiterungsplastik mit Venenstreifen: Bei Anastomosierung kleinerer oder vorher sklerotisch geschädigter Arterien.
- *Direkte Anastomose:*
  – Anlegen und Verknoten von zwei gegenüberliegenden Eckfäden.
  – Sondierung der Strombahn nach proximal und distal mit Fogarty-Katheter.
  – Instillation von Liqueminlösung 1 : 50 nach distal.
  – Quer gestellte Reihe von Einzelknopfnähten an die Vorderwand der Arterie.
  – Rotation des Gefäßes um 180°, Vorgang bei der Hinterwandnaht in gleicher Weise.
- *Erweiterungsanastomose:*
  – Kurze Längsinzision in beide Arterienstümpfe (Abb. 33.13a).
  – Anastomose beginnt mit zwei lang belassenen Eckfäden (A in Abb. 33.13b), von denen aus zunächst die Naht der Arterienhinterwand mit Einzelknoten angelegt wird.
  – Einnähen des Venenstreifens (Abb. 33.13c).

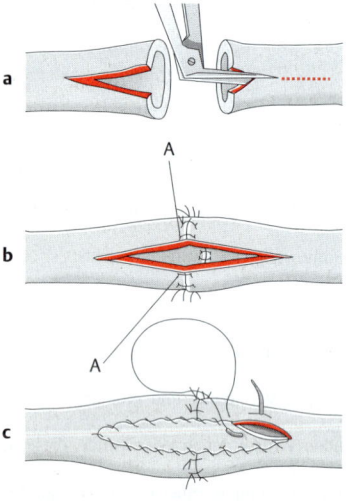

Abb. 33.13 a–c
a) Kurze Längsinzision der Arterienstümpfe.
b) Arteriennaht, ausgehend von den lang belassenen Eckfäden (A)
c) Arterienverschluss mit Venenstreifen

▶ **Operatives Verfahren IV** – *Defektüberbrückung mit autologem Veneninterponat* (Abb. 33.14, 33.15):
- *Indikation:* Totaler Kontinuitätsverlust und gleichzeitiger Defekt, auch bei ausgedehntem Binnenschaden mit Ruptur von Intima und Media (Adventitiaschlauch).
- *Vorgehen:*
  – Darstellung des verletzten Gefäßabschnittes, Arterienklemmen, Sondierung der Strombahn nach proximal und distal, Instillation von Liqueminlösung 1 : 50.
  – Bei päliminärer Osteosynthese: Evtl. Verkürzung der Ischämiedauer durch Überbrückung des Gefäßdefektes mit silikonisiertem Material (temporärer Bypass).
  – Entnahme des Veneninterponats vom Oberschenkel (V. saphena magna). Aufbereitung durch Ligatur aller abgehenden Kollateralen. Prüfung des Interponats auf Dichtigkeit durch Aufblähen mit physiologischer Kochsalzlösung und Liqueminzusatz.

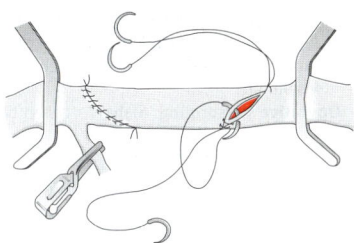

Abb. 33.14 Autologes Veneninterponat: Proximale Anastomose
(links) ist fertiggestellt. Stichfüh-
rung an der distalen Anastomose

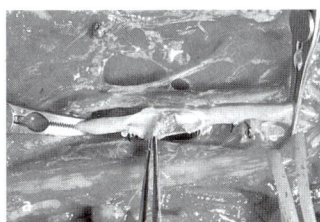 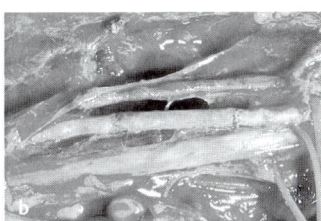

Abb. 33.15 a u. b a) Arterielle Gefäßverletzung mit Intimaeinrollung,
b) Zustand nach Gefäßrekonstruktion mit autologem Veneninterponat

- – Schräges Anfrischen des proximalen und distalen Arterienstumpfes, Adap-
  tation des Veneninterponates auf die Defektlänge.
- ◪ *Cave:* Wegen der Venenklappen Strömungsrichtung beachten!
▶ **Kunststoffprothesen:**
- • *Indikation:* Nur bei Fehlen einer entsprechenden eigenen Vene oder bei zu
  geringem Kaliber der Vene (biologisch den autologen Venen unterlegen).
- ◪ *Cave:* Führung von Kunststoffprothesen über Gelenkbeugen (Ellbogen, Knie) →
  Abknickungsgefahr!
▶ **Nachbehandlung:**
- • *Antikoagulation:*
  - – Liquemin-Perfusor postoperativ sofort weiterführen (20 000 IE/24 h; Ziel-
    PTT: ca. 60 s).
  - ◪ *Hinweis:* Bei gutem Flow nicht nötig!
  - – Übergang auf Kumarinpräparat am ersten postoperativen Tag. Liquemin
    absetzen, wenn der Quick-Wert auf 30 % abgesunken ist.
  - – Dauer: Ermessensfrage – Richtlinie beim Gefäßgesunden (= keine vorbe-
    stehende AVK bei älteren Patienten): 6 Wochen.
- • *Bettruhe:* Nach Rekonstruktion im Bereich der unteren Extremität den Patien-
  ten erst nach der Wundheilung mobilisieren.
- • *Bei Rekonstruktionen im Ellbogen- oder Handgelenkbereich:* Oberarmschiene in
  Semiflexion bis zur Wundheilung.

Periphere Venenverletzung

▶ **Leitsymptomatik:** Starke Blutung und Schwellung der betroffenen Extremität.
▶ **Notfallmäßige Erstversorgung:**
- • *Blutstillung:* Hier genügt in der Regel ein steriler Verband; ggf. muss ein Kom-
  pressionsverband darüber gewickelt werden (S. 501).
- • *Anschließend* die verletzte Extremität hochlagern.

▢ *Cave:* Das Ausmaß des eingetretenen Blutverlustes bei venösen Blutungen wird im Vergleich zu arteriellen Blutungen oftmals unterschätzt. Ein Mehrfachverletzter mit Frakturen kann im Schock an solchen venösen „Sickerblutungen" verbluten!

▶ **Operative Versorgung:** Siehe Vorgehen bei arterieller Blutung S. 500.

33.5 Nervennaht

Grundlagen

▶ **Ursachen – *mechanische Noxen:*** Direkte/indirekte, scharfe/stumpfe Traumen (bei luxierten Gelenken oder Luxations-Frakturen kann die Fehlstellung der Extremitäten mit konsekutiver mechanischer Irritation die Ursache für die neurologische Störung sein).

▶ **Einteilung (+ allgemeine Prognose):** Siehe Tab. 33.1 und Abb. 33.16.

Tabelle 33.1 · Übersicht über Nervenverletzungen

	Definition, Pathophysiologie	allgemeine Prognose
Neurapraxie	Leitungsunterbrechung ohne anatomische Veränderungen (z. B. bei Kontusion)	in der Regel Erholung nach 6–12 Wochen
Axonotmesis	Unterbrechung der Axone (z. B. bei Quetschung, Überdehnung) bei intaktem Stützgewebe mit peripherer Degeneration	Regeneration von der Verletzung aus nach distal mit einer Geschwindigkeit von 1 mm/d
Neurotmesis	Nervendurchtrennung scharf, stumpf oder durch Distraktion (z. B. bei Plexus brachialis)	nach der Nervennaht immer unvollständige periphere Regeneration (max. 1 mm/d)

Diagnostik, Differenzialdiagnose

▶ **Allgemein:** Bei einer frischen Verletzung ist die Beurteilung der peripheren Innervation oft unsicher. Die periphere Sensibilität kann nach Durchtrennung eines Nervs anfänglich scheinbar erhalten sein. Die Nervenrevision ist deshalb bei jeder benachbarten Wunde obligat.

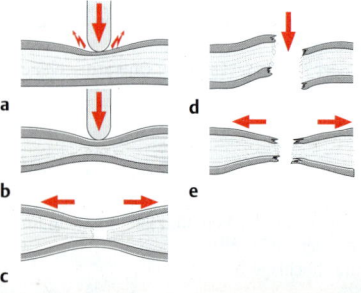

Abb. 33.16 a–e   Schema von Nervenverletzungen.
a) Neurapraxie,
b + c Axonotmesis,
d) Neurotmesis durch scharfe Durchtrennung und
e) durch Zerreißung

- **Periphere Nervenläsion:** Einseitige Parese bis hin zur Plegie bzw. einseitige Sensibilitätsstörung (Parästhesie, Hyperästhesie, Anästhesie, Temperaturempfindung) und/oder Schmerzen.
- **Differenzialdiagnose:** Wirbelsäulenverletzung mit Rückenmarkschädigung.

Außerklinische notfallmäßige Erstversorgung

- **Frakturen, Luxationen** → primär Beseitigung der Fehlstellung + Reposition.
- **Schlaffe Lähmung** → Lagerung der betroffenen Extremität möglichst in Funktionsstellung und Schienung (auch um Sekundärschädigung durch Transport zu verhindern).
- ▶ *Hinweis:*
  - Bei glatter Durchtrennung eines Nervs ist die frühzeitige mikrochirurgische Nervennaht prognostisch günstiger. Dies muss bei der Auswahl der Klinik zur Versorgung berücksichtigt werden.
  - Die frühzeitige Gabe von Kortikosteroiden oder Antiphlogistika noch am Unfallort hat keinen gesicherten positiven Effekt auf die Prognose peripherer Nervenläsionen.

Operative Therapie

- **Indikationen:**
  - *Durchtrennte Finger- und Kollateralnerven* → primäre epineurale End-zu-End-Naht (einfache Naht; s. u.).
  - *Partiell oder komplett durchtrennte Nervenstämme* (z. B. N. medianus, N. ulnaris, N. radialis, N. tibialis, N. peronaeus):
    - Günstige Umstände (= gute Vaskularität, geeignete Verletzung, mikrochirurgisch geschulter Operateur) → Primärversorgung durch epiperineurale oder faszikuläre Naht (s. u.).
    - Zweifelhafte Vaskularität → Wundversorgung und frühe Sekundärnaht der Nerven in den ersten 2–4 Wochen.
  - *Nervendefekte mit wichtigem/bedeutendem Sensibilitätsverlust* → früh-sekundäre, autologe Nerventransplantation (s. u.). Voraussetzung ist eine vitale Umgebung. Die Prognose wird durch eine gleichzeitige mikrochirurgische Naht einer ebenfalls durchtrennten Kollateralarterie verbessert.
  - *Intraneurale Hämatome mit Neurapraxie* bei benachbarten Frakturen → Epineurotomie und Hämatomausräumung.
- **Operative Voraussetzungen:** Mikrochirurgisch geschulter Operateur, mikrochirurgisches Instrumentarium, langsam resorbierbares Nahtmaterial 10-0 oder 11-0, optische Vergrößerung (Lupenbrille oder Mikroskop), Blutsperre, Plexus-Anästhesie oder Allgemeinnarkose.
- **Verfahren** (Abb. 33.17):
  - *Primäre epineurale End-zu-End-Naht (einfache Naht):*
    - Erweiterung der Wunde.
    - Darstellung und schonende Mobilisierung der Nervenstümpfe.
    - Wenn möglich, mikrochirurgische Naht der Kollateralarterie.
    - Anfrischen der Nervenenden mit der Mikroschere.
    - Adaptierung mit 2–3 das Perineurium fassenden Nähten.
    - Hautnaht.
  - *Epiperineurale Naht* (Abb. 33.18a):
    - Erweiterung der Wunde. Darstellung und schonende Mobilisierung der Stümpfe.

Nahttechniken

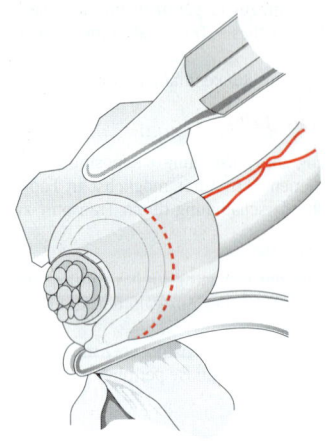

Abb. 33.17 Sparsame Anfrischung eines Nervenstumpfes mit einer Rasierklinge. Der Stumpf wird mit Schaumgummi-mantel und Klemme gefasst

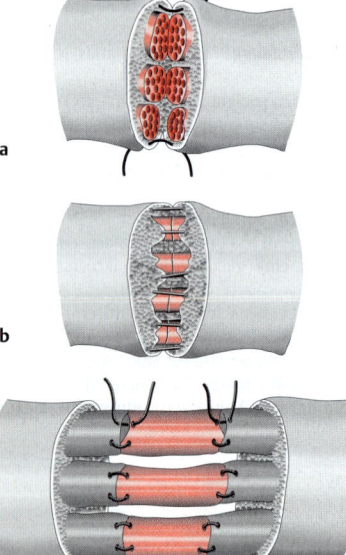

a

b

c

Abb. 33.18 a–c
a) Epiperineurale Nervennaht,
b) perineurale Nervennaht,
faszikuläre Adaption,
c) Nerveninterponat mit
Transplantation

– Sparsame Anfrischung des Nervenendes mit Skalpell oder Rasierklinge: Umscheiden des Stumpfes mit Schaumgummi, der mit Klemme gefasst wird (Abb. 33.17).
– Durchstechungsligatur einer persistierenden Blutung der Zentralarterie.

- – Identifizierung der zugehörigen Faszikel beider Stümpfe (epineurale Gefäße dienen dabei der groben Orientierung).
- – Orientierende Stützungs- und Haltenähte.
- – Durch die epineurale Resektion entfalten sich die zentralen Faszikel.
- – Adaptation mit einzelnen perineural geführten Nähten.
- – Periphere Faszikel werden mit epi- oder perineural gelegten Nähten adaptiert.
- – Drainage, Hautnaht.
- • *Faszikuläre Naht* (Abb. 33.18b):
- – Mobilisation und Anfrischen wie oben beschrieben.
- – Identifizierung der zugehörigen Faszikel beider Stümpfe (die epineuralen Gefäße dienen der groben Orientierung).
- – Einstechen der Nadel zwischen den passenden Bündeln und Prüfung der optimalen Adaptierung.
- – Lockeres Knoten der tiefen Nähte.
- – Zusätzlich epineurale Feinadaptierung.
- • *Autologe Nerventransplantation* (Abb. 33.18c):
- – Präparative Arbeit und Vorbereitung der Stümpfe wie oben.
- – Transplantat-Gewinnung (S. 532).
- – Einbau des autologen Transplantates mit epineuraler Technik (s. o.).

Nachbehandlung

▶ **Hochlagerung der Extremität** auf einer Schiene in entlastender Position für 3–4 Wochen, anschließend Mobilisierung.

▶ **Kontrolluntersuchungen, Verlaufsbeurteilung:**
- • Regelmäßige klinisch-neurologische Befundkontrollen: Veränderungen des motorischen oder sensiblen Defizits?
- • Elektromyographie: Wiederholt durchführen, ab ca. 3. Woche aussagekräftig → Reinnervationspotenziale, Ausmaß der pathologischen Spontanaktivität?).

Prognose der Nervennaht

▶ **Prognosefaktoren** (bei insgesamt sehr unterschiedlichen Resultaten):
- • *Lage und Art der Verletzung.*
- • *Präzision und Übung des Operateurs* (Mikrochirurgie: Unter Verwendung optischer Vergrößerung und mikrochirurgischer Technik ist die Prognose der Nervennaht [primär und in den ersten Wochen] besser als diejenige der sekundären Versorgung).
- • *Vaskularität der Anastomosen und des Nervenbettes:* Die Neurotisation erfolgt nur bei spannungsfreier Anastomose und gut durchbluteter Umgebung (Weichteil- und Hautmantel). Daher wird heute die Naht gleichzeitig durchtrennter Kollateralarterien empfohlen.
- • *Alter des Patienten:* Nur unter 40 Jahren erfolgversprechend.

▶ **Allgemeine Regeln/Hinweise zur Prognose:**
- • Die Sensibilität erholt sich besser als die Motorik.
- • Periphere Verletzungen heilen besser als zentrale.
- • Obere Extremität heilt besser als untere Extremität.
- • N. medianus heilt besser als N. ulnaris.
- • N. ulnaris heilt besser als N. radialis.
- • N. tibialis heilt besser als N. peronaeus.

33.6 Intestinale Versorgung

Indikation

► Perforierende Verletzung des Magens und des Darms (extraperitoneale Rektumversorgung s. S. 263.
► Trophische Schädigung des Darms bei Mesenterialverletzung.

Prinzip

► Antibiose. Tetanusprophylaxe.
► Mediane Laparotomie als polyvalenter Zugang.
► Exploration des Abdomens: Luft, Blut, Darminhalt, Galle in der freien Bauchhöhle? Nach Feststellung augenfälliger Verletzungen folgt das systematische Absuchen: Magen (evtl. Bursa omentalis), Duodenum (absteigender Duodenalschenkel: retroperitoneale Perforation nicht übersehen!), Dünndarm und Dünndarmmesenterium, Kolon bis zum Douglas. Mehrfachläsionen?
► Trophik des Darms (livide bis bläuliche Verfärbung bei Ischämie), Abrissverletzungen, Mesenterialrisse.
► Erschöpfende Diagnostik anderer intraabdominaler Schäden.
► Die operativen Verfahren umfassen *Übernähung* von Lecks durch Direktnaht, die typischen *Resektionen*, die Vorlagerung mobiler Kolonabschnitte als *Kolostomie* (selten reine Vorlagerungen ohne Darmeröffnung) und die *endständige Ausleitung* eines oder beider Kolonschenkel.
► Die einzelnen Verfahren lassen sich kombinieren.

Besonderheiten

► Primärer Verschluss isolierter Lecks am Magen oder Darm setzt ungestörte Trophik des verletzten Darmabschnitts voraus. Beachte: Blutung aus der Mukosa ist ein günstiges, Blutverfärbung der Verletzungsränder ein ungünstiges Zeichen.
► Am Darm ist die Naht zur Vermeidung einer Stenose grundsätzlich in querer Richtung anzulegen. Am Magen, mit seinem bedeutend größeren Querschnitt ist man in dieser Hinsicht freier.
► Im Gegensatz zur Chirurgie des traumatisierten Kolons verhalten sich auch multiple Magen-/Dünndarmverletzungen biologisch gutartiger, die Kontamination ist von geringerer Virulenz, und primäre Anastomosen sind weniger risikobehaftet.
► Retroperitoneale Perforationen im Bereich fixierter Darmabschnitte (Duodenum, Kolon) sind zu erkennen an gallig-hämorrhagischer Durchtränkung des Retroperitoneums, Gasblasen, Ödem.

1. Übernähung

► Die Übernähung wird „von Hand" oder mit Klammernahtgeräten vorgenommen.
► „Von Hand" ergibt sich eine einreihige einstülpende Primärnaht, mit Nahtapparaten wird die Schleimhaut evertiert.
► Anlegen von atraumatischen Haltefäden beidseits des Lecks, dieses in querer Richtung leicht anspannen.
► **Handnaht** (Abb. 33.19–33.21)
   1. Atraumatischer resorbierbarer Faden (z. B. Vicryl oder Dexon 3–0).
   2. Serosa und Muskularis werden in der Reihenfolge von außen nach innen und auf der gegenüber liegenden Seite von innen nach außen durchstochen. Wichtig: die Schleimhaut nur knapp (tangential) mitfassen.

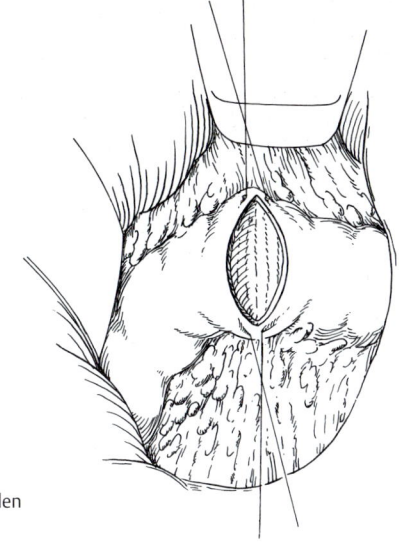

Abb. 33.19 Handnaht: Haltefäden
in querer Richtung angespannt

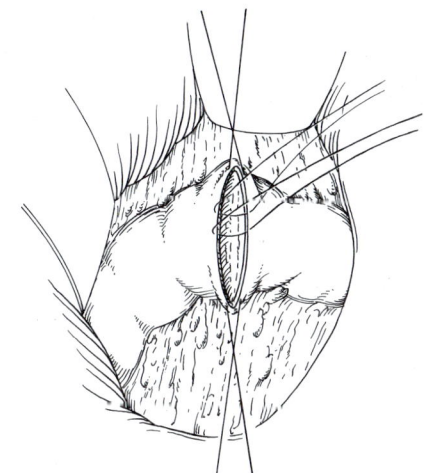

Abb. 33.20 Handnaht:
Einzelstiche fassen voll die
Seromuskularis, aber nur
tangential die Mukosa

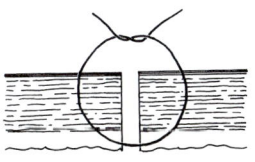

Abb. 33.21 Schematischer Querschnitt
der Darmwand mit vorgelegtem Faden zur
einreihigen Darmnaht

▶ **Naht mit Klammergerät:**
1. Die Darmwunde in querer Richtung mit Haltefäden anspannen, die Mitte des Lecks mit einem weiteren Faden oder Allis-Klemmen fassen und leicht anheben (Abb. 33.22).
2. Das Klammergerät (TA 55) wird nun unterhalb der Haltefäden über die Wundränder geführt, wobei besonders zu beachten ist, dass alle Wandschichten evertierend vom Instrument erfasst werden (Abb. 33.22).

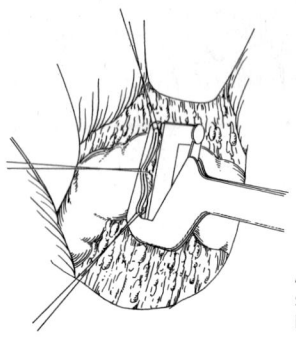

Abb. 33.22   Vor Auslösung der Klammernaht sicherstellen, dass sich alle Wandschichten im Instrument befinden

3. Öffnungshebel schließen, Auslöser entriegeln und Klammerung durch Zusammendrücken der Handgriffe beenden.
4. Überschüssiges Gewebe mit Skalpell dem Instrumentenrand entlang resezieren. Das Gerät öffnen und entfernen (Abb. 33.23 u. 33.24).

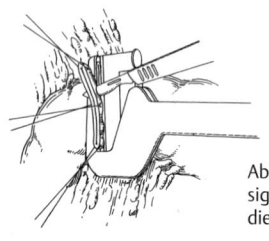

Abb. 33.23   Nach Klammerung wird das überschüssige Gewebe entlang dem Instrument reseziert und dieses anschließend geöffnet und entfernt

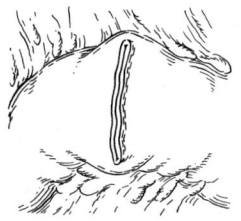

Abb. 33.24   Der Darm ist mit einer doppelten, versetzt angeordneten Klammerreihe verschlossen

2. Darmresektion

▶ Indiziert bei ausgedehnter Lazeration des Darms, multiplen Lecks in einem begrenzten Abschnitt, gestörter Vaskularisierung und/oder Mesenterialabriss (Abb. 33.25).

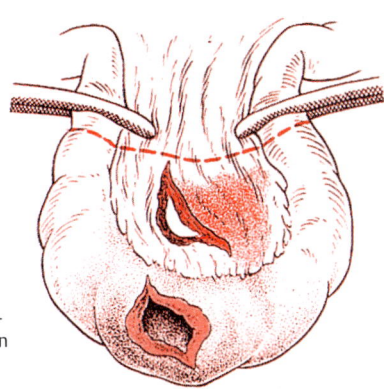

Abb. 33.25   Dünndarmruptur mit trophischer Störung infolge Zerrei-ßung des Mesenteriums: Indikation zur Resektion. Absetzungslinie rot gestrichelt

▶ Standardresektionen sind: am Dünndarm die Segmentresektion, am Dickdarm die Hemikolektomie rechts mit Ileotransversostomie, Transversumresektion, Hemikolektomie links, Sigmaresektion.

▶ Zur Sicherung der Anastomose nach Resektionen in der linken Kolonhälfte ist das Anlegen einer proximalen Schutzkolostomie (doppelläufige Transversostomie, evtl. Zäkostomie) zu überlegen (s. S. 516).

▶ Nach ausgedehnten Linksresektionen am Kolon kann auf eine primäre Anastomosierung verzichtet werden. Der orale Darmschenkel wird dann endständig nach außen geleitet, der aborale Darmschenkel blind verschlossen (*Verfahren nach Hartmann*).

▶ Fixierte Kolonabschnitte (Flexuren, Sigma) wenn nötig von lateral mobilisieren.

▶ Absetzungslinie proximal und distal festlegen.

▶ Schrittweise Durchtrennung des Mesenteriums: Inzision der Serosa, Blutgefäße im durchscheinenden Licht mit Klemmen fassen.

▶ Absetzung des Darms und Anastomosierung erfolgen wiederum „von Hand" oder vollständig mit Klammernahtgeräten.

▶ **Manuelle Anastomose:**

1. Anlegen von weichen Darmklemmen proximal und distal der Resektionslinie, Verschluss des Resektats mit harten Klemmen.

2. Durchtrennung des Darms mit dem Elektromesser in leicht schräger Richtung (antimesenteriale Zirkumferenz etwas kürzer als am Mesenterialansatz). Zunächst wird nur die Seromuskularis inzidiert, dann der Mukosaschlauch angespannt und durchtrennt. Die Mukosa zieht sich dadurch zurück und überschüssige Schleimhautfalten lassen sich vermeiden.

3. Anastomose einreihig. Zwischen gegenüberliegenden Haltefäden werden Einzelstiche mit resorbierbarem atraumatischem Faden angelegt. Die Stiche fassen Serosa und Muskularis voll, die Mukosa nur auf wenige Millimeter tangential (Abb. 33.26 u. 33.27).

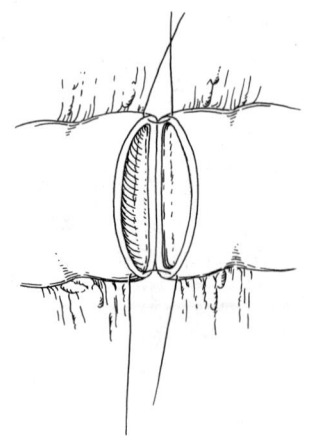

Abb. 33.26 „Handnaht": Eckfäden in querer Richtung spannen

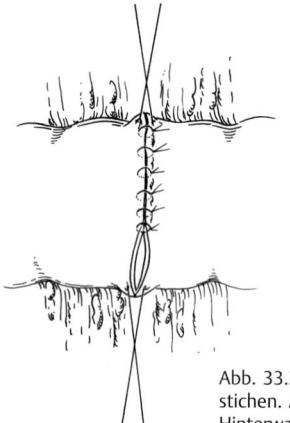

Abb. 33.27 „Handnaht": Vorderwandnaht mit Einzelstichen. Anschließend Darm umdrehen und analoge Hinterwandnaht

4. Variante: Anastomose einreihig-fortlaufend. Günstig ist ein doppelt armierter Faden (z.B. Maxon 4–0). Vorsicht: Eine zirkuläre fortlaufende Naht impliziert das Risiko der Stenosierung. Also: fortlaufende Naht nur an relativ weiten Lumina, z.B. Magen oder Kolon, *nicht aber am Dünndarm*, und Faden nur leicht anziehen!

5. Nach Beendigung der Anastomose: Prüfung der Durchgängigkeit mit dem Finger, evtl. „Sicherungsnähte". Verschluss des Mesoschlitzes.

▶ **Klammernahtanastomose:**

1. Mobilisierung, Resektion des lädierten Darmschnitts.

2. Die Branchen des Klammergeräts GIA 50 (USSC) werden separat in die Lumina der beiden Darmschenkel eingeführt (Abb. 33.28). Adaptation des Darms, Schließen des Geräts und Auslösen der Klammerung (Abb. 33.29). Nach Öffnung und Entfernung des Nahtgeräts vereinigen 2 doppelte, versetzt angeord-

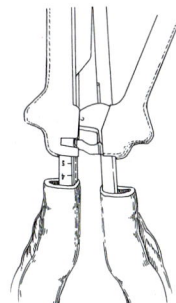

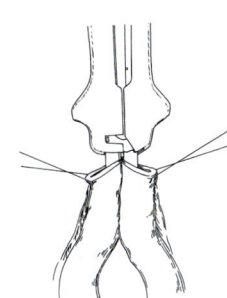

Abb. 33.28 Die Branchen des Klammernahtgeräts werden in jedes Lumen eingeführt, so tief wie möglich

Abb. 33.29 Instrument wird nach gleichmäßiger Ausrichtung des Darms ausgelöst

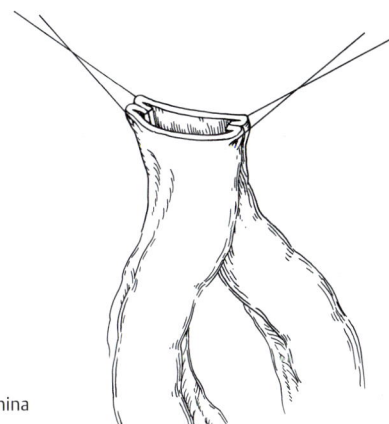

Abb. 33.30 Die beidseitigen Lumina sind vereinigt

nete Klammerreihen den Darm (Abb. 33.30); die zwischen den Klammerreihen angeordnete Klinge hat das Gewebe durchtrennt und das Stoma gebildet.
3. Evertierender Verschluss des Darmlumens mit dem Klammernahtgerät TA 55 (Abb. 33.31).
4. Evtl. Stabilisierung der Klammernähte mit seromuskularen Einzelknopfnähten (Abb. 33.32).

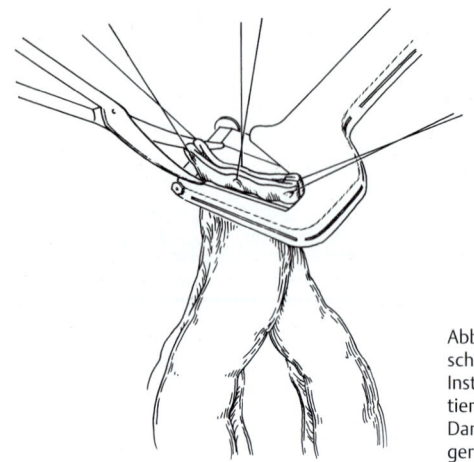

Abb. 33.31 Alle Gewebe-
schichten müssen sich im
Instrument befinden. Evertierender Verschluss des
Darms mit Klammernaht-
gerät TA 55

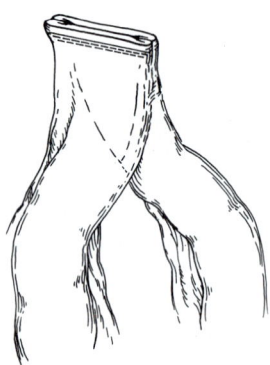

Abb. 33.32 Funktionell entsteht eine
End-zu-End-Anastomose

3. Kolostomie

Die mobilen Abschnitte des Dickdarms (Zäkum, Transversum, Sigma, Abb. 33.33)
können temporär nach außen abgeleitet werden:
1. Doppelläufige Deviationskolostomie (Schutzkolostomie) oberhalb einer Anas-
   tomose oder Übernähung (s. Abb. 33.34 u. 33.35):
   Anlegen einer Deviationskolostomie:
Colon transversum oder Sigma soweit mobilisieren, dass eine doppelläufige
Schlinge sich spannungsfrei vor die Bauchdecke bringen lässt. Unterfahren des
Darms mit gebogener Klemme und Durchziehen eines Gummizügels. Separate
Hautinzision und kreuzweises Eröffnen der Faszie. Mit 2–3 Fingern wird der
Kanal in den Bauchdecken genügend aufgeweitet und die Darmschlinge nach
außen durchgezogen. Schutz vor dem Zurückgleiten durch Unterlegen eines Plas-
tikstabs (Abb. 33.34 u. 33.35) und lockere Fixation der Seromuskularis am Perito-
neum und an der Faszie. Eröffnung der vorgelagerten Darmschlinge bei Peritonitis

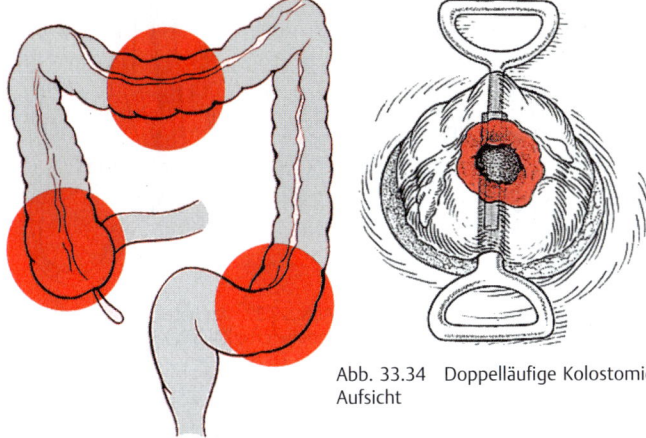

Abb. 33.34   Doppelläufige Kolostomie, Aufsicht

Abb. 33.33   Kolonabschnitte, die sich zur temporären Ableitung nach außen eignen: Zäkum, Colon transversum, Sigma

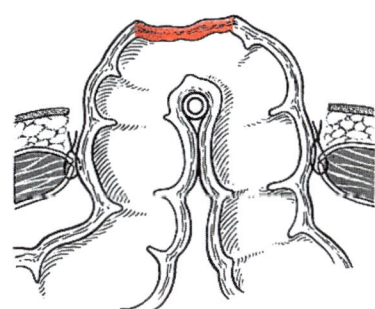

Abb. 33.35   Doppelläufige Kolostomie, Transversalschnitt

sofort zum Operationsende, ansonsten nach 24 Stunden. Entfernen des Unterlegestabs nach 48 Stunden.

2. Nach einer Diskontinuitätsresektion wird der orale Kolonschenkel endständig ausgeleitet. Für den aboralen Kolonschenkel bestehen 2 Möglichkeiten: Ein langer aboraler Darmschenkel wird vorzugsweise ebenfalls nach außen abgeleitet, worauf prograde regelmäßige Spülungen möglich sind. Für einen kurzen aboralen Kolonschenkel (tiefer als Sigmascheitel) empfiehlt sich der Blindverschluss nach Hartmann.

3. Die Katheterzäkostomie (Abb. 33.36 u. 33.37). Die Stuhlableitung erfolgt über einen Ballonkatheter mindestens Charrière 30. Die Katheterzäkostomie bringt einen deutlich geringeren protektiven Effekt als doppelläufige oder endständige Ausleitungen, denn die Stuhlpassage wird nicht völlig eliminiert. Ihr Vorteil ist, dass sie sich nach Entfernung des Katheters spontan verschließt.

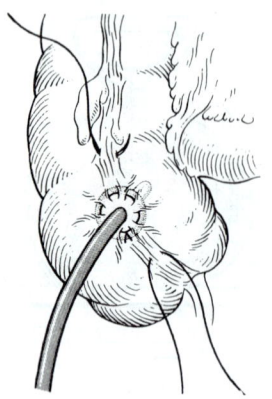

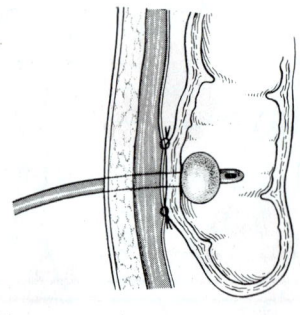

Abb. 33.37   Katheterzäkostomie: Das mobilisierte Zäkum wird mit seromuskulären Einzelstichen am Peritoneum befestigt

Abb. 33.36   Katheterzäkostomie: Stichinzision durch die freie Tänie. Abdichtung des Ballonkatheters mit Tabakbeutelnaht

Laparotomieverschluss

► Mechanische Reinigung der Bauchhöhle durch ausgiebiges Spülen und Absaugen. Drainage mit weichen Rundgummidrains: subphrenisch, subhepatisch, Abdominalflanken, evtl. Douglas-Raum.
► Laparotomieverschluss in üblicher Weise. Evtl. Sicherung der Bauchdeckennaht mit durchgreifenden Allschichtnähten.
► Bei starker Verschmutzung der Bauchhöhle, bereits etablierter Peritonitis oder zweifelhaften Perfusionsverhältnissen ist ein temporärer Verschluss der Bauchdecken nach dem Reißverschlussprinzip (Ethizip) zu erwägen, verbunden mit der Einplanung einer Relaparotomie nach 48 Stunden zur Anastomosenkontrolle, Spülung und Entfernung von Nekrosen.

Nachbehandlung

► Übliches Laparotomieschema.
► Fortführung der präoperativ eingeleiteten Antibiose über 24–48 Stunden.
► Nach Abheilung der primären Unfallfolgen: Rückverlagerung, bzw. Verschluss einer Kolostomie als Wahleingriff.

33.7 Allgemeine handchirurgische Techniken

Blutsperre

► Am Handgelenk mit breiter Gummibandage.
► An der Fingerbasis mit Gummischlauch.
► Am Oberarm mit pneumatischer Blutsperre: Den Arm hoch halten und warten. Den Kompressionsdruck 50 mmHg über den systolischen Blutdruck des Patienten einstellen.

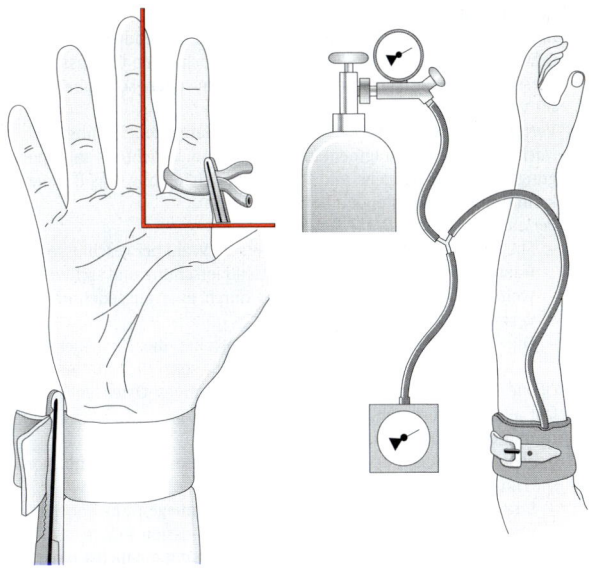

Abb. 33.38 Blutsperren bei Eingriffen an der Hand: Gummibandage, Gummischlauch, pneumatische Blutsperre

Osteosynthesetechniken

▶ **Grundlagen:**
- *Ziel der Osteosynthese* ist die anatomische Wiederherstellung und Übungsstabilität.
- *Osteosyntheseverfahren:* Zur Verfügung stehen Minischrauben (Titan), Miniplatten (Titan), Kirschnerdraht, intraossäre Drahtnaht, Cerclage, Zuggurtung, Fixateur externe.

▶ **Platten-Osteosynthese:**
- *Indikation:* Querfrakturen, Mehrfragmentfrakturen, Defektfrakturen.
- *Durchführung:*
  – Anpassen der Platte.
  – Zur größeren Stabilität sollten sich 2 Schrauben proximal und distal der Fraktur befinden.
  – Reposition der Fraktur und Halten des Ergebnisses und der Platte mit einer Repositionszange.
  – Besetzen der Schraubenlöcher.

▶ **Einzelschraubenosteosynthese:**
- *Indikation:* Für eine optimale Stabilität bei Schräg- oder Spiralfrakturen.
- *Durchführung:*
  – Schonende Darstellung der Fraktur.
  – Reposition und Fixierung mit Repositionszange.
  – Bohrung senkrecht zur Fraktur.
  – Verwendung von Mini-Titanschrauben.

▶ **Kirschner-Draht-Fixierung:**
- *Indikation:* Prinzipiell bei allen Frakturtypen anwendbar. Oft wird durch die fehlende interfragmentäre Kompression jedoch keine übungsstabile Osteosynthese erreicht, deshalb sind Titanminiplatten- oder -schraubenosteosynthesen oft vorzuziehen.
- *Vorteile:* Kostengünstige Methode, leichte Materialentfernung.
- *Nachteil:* Keine interfragmentäre Kompression, Weichteil- und Knochenschädigung durch Fehlversuche und thermische Schädigung. Das Bewegungsausmaß kann durch die Drahtenden behindert sein.

A. *Perkutane Kirschner-Draht-Fixierung:*
  – Spezielle Indikation: Methode der ersten Wahl bei geschlossenen Trümmerfrakturen mit ausgedehnter Weichteilquetschung und -schwellung, um eine weitere Schädigung des Gewebes durch eine ausgedehnte Freilegung zu vermeiden.
  – Durchführung: Unter Bildwandlerkontrolle; die Kirschner-Drähte sollten sich nicht im Frakturspalt überkreuzen, da sonst die Rotationsstabilität fehlt.

B. *Offene Kirschner-Draht-Fixierung:* Als alternatives Osteosynthesematerial bei fast allen Frakturtypen anwendbar.

▶ **Intraossäre Drahtnaht:**
- *Indikation, Anwendung:* Als Minimalosteosynthese bei Replantationen.
- *Durchführung:*
  – Straffziehen des Drahtes mit bündigem Anliegen am Knochen. Reposition und Zwirnung sollen zu einer guten Kompression führen.
  – Bei Daumen und Zeigefinger soll die Zwirnung möglichst ulnar liegen, beim Kleinfinger möglichst radial.

▶ **Fixateur externe:**
- *Indikation:*
  – Schwierige Weichteilsituation, wo eine definitive offene Osteosynthese ein zu hohes Infektionsrisiko darstellt.
  – Trümmer- oder Defektfrakturen mit Gelenkbeteiligung, wo eine Schrauben- oder Platten-Osteosynthese nicht mehr durchführbar ist.
- *Durchführung:*
  – Einbringen der Pins in benachbarte, stabile knöcherne Fragmente, oft gelenkübergreifend.
  – Anlegen des Mini-Fixateurs.
  – Reposition unter Bildwandlerkontrolle und Fixierung der Stellung durch Festdrehen des Fixateurs.

▶ **Zuggurtungs-Osteosynthese:**
- *Indikation:* In erster Linie für Arthrodesen.
- *Durchführung:*
  – Bei Arthrodesen Resektion der Gelenkflächen.
  – Adaptierung der beiden Fragmente durch 2 parallel eingebrachte K-Drähte.
  – Quere Bohrung im distalen Fragment.
  – Umschlingung der proximalen K-Drahtenden in einer Achtertour und kräftige Zwirnung zum Erreichen einer guten Kompression.

Medianusdekompression

▶ **Prinzip** (Abb. 33.39):
- Befreiung des N. medianus aus der Enge des Karpaltunnels durch völlige Spaltung des fibrösen Retinaculum flexorum (Lig. carpi volare transversum).
- Der R. thenaricus (motorisch) und der variable R. palmaris (sensibel) müssen geschont werden.

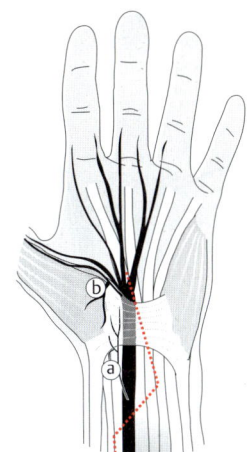

Abb. 33.39   Hautinzision und Topographie:
a = sensibler R. palmaris,
b = motorischer R. thenaricus

▶ **Indikationen:**
- Akutes Kompressionssyndrom durch Ödem nach Verletzungen (Schuss, Walzenverletzung, perilunäre Luxation, Radiusfraktur usw.) und Infektionen (Sehnenscheidenphlegmone usw.).
- Teil des Zugangs für Osteosynthesen am distalen Radius.
- Teil des Zugangs für offene Reposition der Lunatumluxation.
- Chronisches Karpaltunnelsyndrom unterschiedlicher Ätiologie.

▶ **Vorbereitungen:**
- Plexusanästhesie oder Vollnarkose.
- Pneumatische Blutsperre.
- Bipolare Mikrokoagulation.
- Optische Vergrößerung (Lupe).

▶ **Vorgehen:**
1. Inzision auf der Ulnarseite des Karpalkanals, distal in die proximale Beugefalte der Hand auslaufend.
2. Aufsuchen des N. medianus am distalen Vorderarm.
3. Präparieren des sensiblen R. palmaris (s. Abb. 33.39a).
4. Schrittweise Spalten des Retinakulums entlang dem ulnaren Rand mit dem Skalpell (Unterlegen einer Kocher-Sonde!) bis an den Arcus arteriosus superficialis (s. Abb. 33.40, Abb. 33.41). Vorsicht wegen variablen Verlaufs des motorischen Thenarastes (s. Abb. 33.41).
5. Darstellung der Gabelung in die Äste zum Daumen und Finger.
6. Darstellung und evtl. Neurolyse des motorischen Thenarastes (s. Abb. 33.39b).
7. Öffnen der Blutsperre, bipolare Mikrokoagulation.
8. Drainage mit Gummilasche oder Plastikfolie für 24–36 Stunden.
9. Feinste Hautnähte, Polsterverband der Hand.
10. Hochlagerung.

Nahttechniken

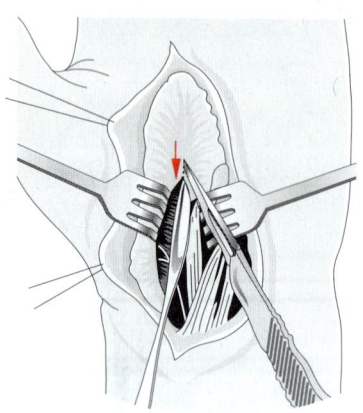

Abb. 33.40 Etappenweise Spaltung des Retinakulums mit dem Skalpell unter Schutz einer Kocher-Sonde (cave: Auf möglicherweise atypischen Verlauf des motorischen Thenarastes achten)

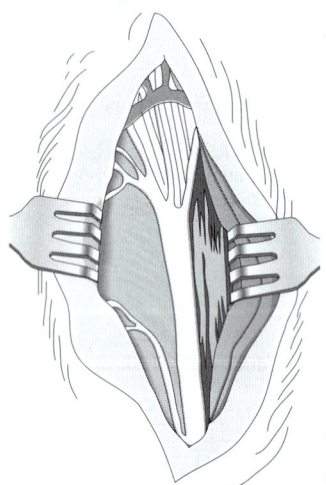

Abb. 33.41 Der freigelegte N. medianus mit seinen abgehenden Ästen. Distal ist der Arcus arteriosus superficialis sichtbar

▶ **Nachbehandlung:** Bewegungsübungen der Finger und des Daumens im Verband, Entfernung der Hautnähte am 12.–14. postoperativen Tag.

▶ **Komplikationen:**
- Verletzung des N. medianus oder seines motorischen Daumenastes. Missempfindungen im Bereich des palmaren Handgelenkes durch Verletzung des N. palmaris (= sensibler Seitenast).
- Beschwerdepersistenz oder Pseudorezidiv durch unvollständige Spaltung des Retinakulums.

▶ **Prognose:** Bei der frühzeitigen Spaltung des Karpaltunnels ist die Prognose sehr gut. Dabei kann alleine durch die Operation Schmerzfreiheit erreicht werden, die Sensibilitätsstörung bessert sich in der Regel innerhalb von Wochen bis Monaten. Eine bereits eingetretene Thenaratrophie ist dagegen irreversibel.

Fremdkörperentfernung an der Hand

► **Prinzip:**
- Lokalisation des Fremdkörpers (Durchleuchtung, geeignete Inzision).
- Blutsperre, Leitungsanästhesie oder Narkose.
- Tetanusprophylaxe (S. 72).
- Ausreichende Drainage bei Infektion, evtl. Ruhigstellung.

► **Operative Verfahren:** Unter Bildverstärkerkontrolle Hautinzision direkt über dem Fremdkörper. Eingehen mit geschlossener Klemme. Wenn der Fremdkörper bewegt werden kann, Klemme öffnen und Fremdkörper fassen. Extraktion, wenn er sich in der Klemme mitbewegt (Abb. 33.42).

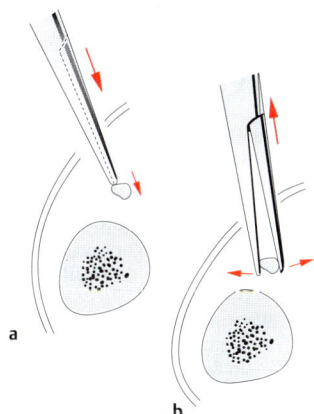

Abb. 33.42 a u. b   Fremdkörperentfernung mit Klemme unter Bildverstärkerkontrolle (Details siehe Text)

Wundnaht und Revision an der Hand

► **Grundlagen:**
- Die Qualität der Erstversorgung bestimmt die Spätprognose.
- *Alle* verletzten Strukturen sollten primär versorgt werden.
- Sehnen und Nerven müssen bei unsicherem Befund revidiert werden (topographischer Atlas), weil Funktions- und Sensibilitätsprüfungen täuschen können.
- Partiell durchtrennte Sehnen und Nerven werden genäht (S. 506 und 467).
- Erweiterungsinzisionen planen und einzeichnen (Abb. 33.43).
- Obligat Tetanusprophylaxe (S. 72).

► **Vorbereitungen:**
- *Anästhesie:* Bei größerem Eingriff Plexus- oder Leitungsanästhesie.
- Blutsperre verwenden (Abb. 33.38). Vor Anlegen der Blutsperre den Arm hochhalten. Zeitgrenzen beachten (max. 2 Stunden)!
- Optische Vergrößerung: Für Sehnennaht Lupe, für Nervennaht Mikroskop.

► **Vorgehen:**
- *Prinzipien der Wundversorgung:*
  - Saubere Wunden primär verschließen.
  - Verschmutzte Wunden zunächst reinigen und sekundär nähen.
  - Sicher nekrotische Hautränder sparsam exzidieren.
  - Sehnen und Nervenäste primär nähen. Sie müssen von vitaler Haut bedeckt sein (S. 471, 507).

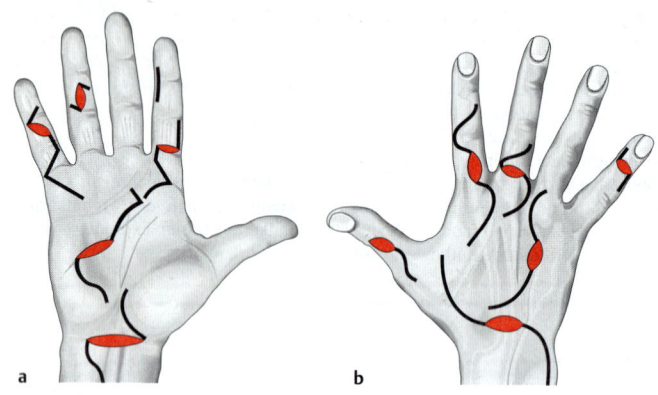

Abb. 33.43 a u. b   Erweiterung von Wunden an der Hand zur Revision tiefer Weichteile. Längs gerichtete Wunden werden z-förmig erweitert und quer verschlossen

- – Hautdefekte plastisch versorgen (S. 438).
- – Blutstillung mit bipolarer Mikrokoagulation.
- – Durchtrennte Kollateralarterien wenn möglich mikrochirurgisch anastomosieren.
- • *Wundverschluss:*
  - – Hautnaht einfach, locker und spannungsfrei (keine Donati-Naht!; vgl. S. 493).
  - – Größere Wunden für 24–36 Stunden mit Gummilasche oder Plastikfolie drainieren.

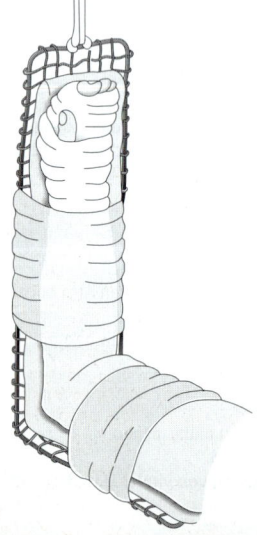

Abb. 33.44   Kompressionsverband mit freien Fingerkuppen. Hochlagerung in gepolsteter Drahtgitter-Schiene

- *(Klassischer) Kompressionsverband der Hand:* Nicht klebende Fettgaze, darüber gut saugende Gaze, eine dicke Schicht synthetischer Watte und eine gleichmäßig komprimierende elastische Bandage (Abb. 33.44). Die Fingerkuppen bleiben sichtbar.

33.8 Vakuumversiegelung

Grundlagen

▶ **Definition:** Aufrechterhaltung eines hohen Soggradienten aus der Wunde heraus unter kontinuierlicher Ableitung des Sekrets.
▶ **Technische Durchführung:** Einlage eines Wundschwammes mit Drainageschlauch unter kontinuierlichem Vakuum, Druckabschluss durch Abkleben mit luftdichter Folie.
▶ **Indikationen:**
  - *Frische Infektwunden, insbesondere mit offen liegenden gefährdeten Strukturen:* Sehnen, Knochen, Gelenke, Nerven und Gefäße.
  - *Chronisch heilende Wunden:* Versiegelung zur Vermeidung einer Superkontamination, Prophylaxe einer sekundären Abszessbildung.
  - *Chronifizierte Infekte an den Extremitäten und an der Rumpfwand:* Kontinuierliche Ableitung des Wundsekrets, in der Regel serielles Vorgehen mit wiederholtem chirurgischem Débridement und Versiegelung im Intervall.
▶ **Vorteile:**
  - Geschlossene Wundbehandlung mit minimiertem Risiko für Übertragung auf andere Patienten, Verhinderung von Sekundärinfektionen.
  - Einfache Handhabung auf Station, weitgehende Bewegungsfreiheit für den Patienten.
  - Gute Kontrollmöglichkeit der Wunde und Umgebung durch durchsichtige Folien.
▶ **Nachteile:**
  - In der Regel serielle Eingriffe mit wiederholten Narkosen erforderlich.
  - Bei Lokalisation über Gelenken oder in Beugefalten Gefahr von Luftleckagen mit dann notwendigem operativen Wechsel

Operationstechnik

▶ **Vorbemerkung:** Bei frischen Wunden wird bis zum definitiven Wundverschluss ggf. einmalig, bei chronischen Wunden in der Regel seriell vorgegangen. Die Operationstechnik gliedert sich in folgende Schritte:
  - Abstrichentnahme, danach Wunddébridement unter Entfernung allen nekrotischen Gewebes und aller Verschmutzungen, Jetlavage der Wunde.
  - Anschließendes Feindébridement, ggf. mit frischen Instrumenten.
  - Nochmalige Abstrichentnahme.
  - Ggf. Einlage eines Antibiotikaträgers (bei bekanntem Erreger und ausgetesteter Resistenzlage).
  - Einpassen des Wundschwammes, Ausleiten der Drainage in der Regel durch subkutanen Kanal mit gesonderter Stichinzision.
  - Wundschwamm unter Sog, um die Wunde möglichst trocken zu halten. Einnähen des Wundschwammes, vorzugsweise durch intrakutan fortlaufend geführten Faden.
  - Unter anliegendem Sog Aufkleben der Folie, Abdichten des Wunddrainagenaustritts.

- Abklemmen des Schlauches, Umsetzen auf Vakuumflasche und Freigeben des Vakuums.
- Locker komprimierender Verband mit Sicherung der Wunddrainage.
- Wiederholung der Vakuumversiegelung entsprechend Lokalisation und Infektlage in der Regel zwischen 2 und 6 Tagen.

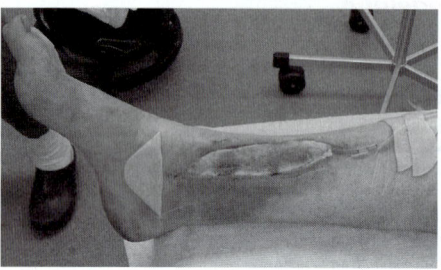

Abb. 33.45 Coldexversiegelung eines Weichteildefektes bei distaler Unterschenkelfraktur und chronischer Osteitis

34   Gewebetransfer

34.1 Spalthauttransplantation

Grundlagen

▶ **Definition:** Es erfolgt eine autologe Übertragung von Spalthaut, d. h. der Epidermis und einem Teil des Coriums. Als autologe Transplantationsform ist sie frei von immunologischen und hygienischen Risiken.

▶ **Indikationen:**
  - Defekte nach Verbrennungen.
  - Deckung lokaler Muskel-Schwenklappen (z. B. Gastroknemius- oder Soleus-lappen, s. S. 531).
  - Narbenkorrekturen.
  - Deckung von Hebedefekten bei gestielten Lappenplastiken, s. S. 532.
  - Defekte an den Fingern und der Hand, ausgenommen Defekte der taktilen Zonen.
  - 🔲 *Hinweis:* An der Hand, an den Fingern und insbesondere über den Streckseiten der großen Gelenke sollte dem Vollhauttransplantat der Vorzug gegenüber der Spalthaut gegeben werden.

▶ **Entnahmestellen:**
  - Oberschenkel, bevorzugt Außenseite oder ventral.
  - Gesäßaußenseite.
  - Bauch oder Rücken, falls (z. B. nach Verbrennungen) eine großflächige Transplantatentnahme erforderlich ist.

Operationstechnik

▶ **Vorbemerkungen:**
  - Eine Spalthauttransplantation erfolgt meist in Allgemeinanästhesie, nur bei Minimaldefekten kann eine Lokalanästhesie durchgeführt werden.
  - Die Entnahme kann erfolgen mit dem Skalpell, dem Wedge-Messer oder dem Dermatom, wobei das Dermatom den beiden anderen wegen der exakten Einstellungsmöglichkeiten deutlich überlegen ist.
  - Das entnommene Präparat kann – falls der zu deckende Defekt größer ist als die Entnahmestelle – gemesht werden, indem es über Schablonen gezogen wird. Es entsteht dann ein Netz, wodurch auch ein ungehinderter Sekretabfluss gewährleistet ist. Es gibt Schablonen verschiedener Größe (1 ÷ 1,5, 1 ÷ 3, 1 ÷ 6).
  - Dünne Spalthaut heilt auf vaskularisiertem Bett gut ein, ist jedoch wenig belastbar; dicke Spalthaut ist widerstandsfähiger. Außerdem neigen dünne Transplantate zu sekundärer Schrumpfung und Verfärbung.

▶ **Transplantatentnahme** (Abb. 34.1):
  - *Einzeichnen des Transplantates auf der Entnahmestelle:* Nach Möglichkeit sollte das Transplantat gleich groß, besser etwas größer sein als der Defekt.
  - *Einstellung des Dermatoms:* Die Dicke wird zwischen 0,2 und 0,4 mm eingestellt, je nach Bedarf, die Breite je nach Größe des zu deckenden Defektes.
  - *Einfetten der Haut:* Auf gefetteter Haut gleitet das Messer gleichmäßiger.
    - 🔲 *Tipp:* Hierfür kann gut das Verpackungspapier des Salbentüllverbandes verwendet werden, der nach der Entnahme zur Wunddeckung dient (s. u.).
  - Spannen der Haut, Aufsetzen des Dermatoms unter Druck im Winkel von 45°, zügiges Schneiden. Ein Assistent spannt die gewonnene Haut zwischen zwei Pinzetten auf.

▷ *Beachte:* Bei großflächigen Entnahmen ist es oft sinnvoll, das Messer zu wechseln, um eine gleichbleibende Schneidwirkung zu gewährleisten.

• *Aufbewahrung des gewonnenen Transplantates* bei Raumtemperatur in mit Ringerlösung angefeuchteten Kompressen; es darf nicht austrocknen.

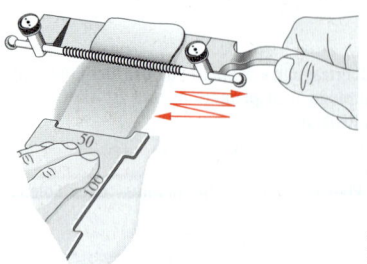

Abb. 34.1   Entnahme eines Spalthauttransplantats. Vor dem Dermatom wird die Haut angespannt

▶ **Versorgung der Entnahmestelle:** Abdecken mit Salbentüll (z.B. Sofratüll, Oleotüll, Scarlet Red), anschließend Watte und festsitzender Kompressionsverband.

▶ **Transplantation:**
• Mesh-Vorgang: Falls notwendig (abhängig von der Größe des Defektes und von der zur Verfügung stehenden Entnahmefläche) kann das entnommene Präparat gemesht werden (s.o.).
• *Anfrischen des Wundgrundes* (Blutpunkte!): Vorsichtiges Anfrischen des Granulationsgewebes mit einem scharfen Löffel, Spülen mit Ringer-Laktat.
▷ *Beachte:* Die Qualität des Wundbettes ist entscheidend für den Erfolg der Transplantation!
• *Auflegen des Transplantates* mit der richtigen Seite (!) auf den Defekt.
• *Fixierung am Rand* durch Klammern oder Einzelknopfnähte, die zirkulär verlaufen und von innen nach außen gestochen sein sollten. Ein exaktes Einnähen und die Fixierung mit einem nicht rutschenden Kompressionsverband sichert die rasche Vaskularisation aus der Wunde.
• *Wundabdeckung:* Sie erfolgt durch Salbentüll, darüber wird Schaumstoff unter leichtem Druck aufgebracht, evtl. kann der Schaumstoff mit angenäht werden.
▷ *Tipp:* Falls ein nicht gemeshtes Transplantat verwendet wird, sollte man zum Sekretabfluss multiple kleine Inzisionen in das Transplantat setzen!

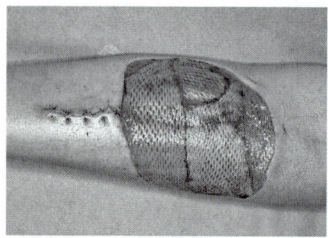

Abb. 34.2   Spalthautdeckung am Unterschenkel auf einem Gastroknemiuslappen

Nachbehandlung
....
▶ Hochlagerung mit Schiene.

► **Verbandswechsel:**
- *Entnahmestelle:* Der Verbandswechsel sollte so spät wie möglich erfolgen (evtl. erst nach 14 Tagen). Die Epithelialisierung des Defektes erfolgt aus den Haarfollikeln, es kommt selten zur Keloidbildung.
- *Transplantationsstelle:* Der erste Verband wird nach 5–7 Tagen gewechselt; hierfür sollte der Verband mit Ringer- oder Kochsalzlösung angefeuchtet und dann vorsichtig abgezogen werden, um nicht das Transplantat abzulösen. Wenn sich ein Infekt entwickelt, erfolgt eine offene Wundbehandlung.

34.2 Vollhauttransplantation

Grundlagen

► **Definition:** Es erfolgt eine Transplantation der gesamten Hautdicke ohne die Subkutis (Vollhaut = Epidermis + Corium). Als autologes Transplantat ist sie frei von immunologischen und hygienischen Risiken.
► **Indikationen:** Eine Transplantation von Vollhaut erfolgt hauptsächlich über den Gelenken an der Hand, nicht in taktilen Zonen, und ist unter traumatologischen Gesichtspunkten eher die Ausnahme.
► **Vorteile:**
- Hohe Flexibilität und Belastbarkeit nach der Einheilung.
- Keine Schrumpfungstendenz, das Transplantat behält seine ursprünglichen Eigenschaften wie Farbe und Dicke.
- Gute Schutzsensibilität.
► **Nachteil:** Schlechtere Einheilung als Spalthaut.
► **Entnahmestellen** (s. S. 533): Eine Entnahme sollte grundsätzlich an faltenreichen, nicht gespannten Hautarealen erfolgen, z. B.
- Handgelenkbeugefalte.
- Ellbogengelenkbeugefalte.
- Innenseite des Oberarmes.
- Leistenbeuge.
- Submalleolarregion.
- Retroaurikulär.

Operationstechnik

► **Vorbemerkungen:**
- Die Entnahme von Vollhaut erfolgt in der Regel in Allgemeinanästhesie, nur bei minimalen Defekten kann eine Lokalanästhesie erfolgen.
- Die Entnahme des Transplantates wird mit dem Skalpell durchgeführt.
► **Transplantatentnahme:**
- Zunächst die Form und Ausdehnung des Transplantates planen und aufzeichnen.
- Zum besseren Primärverschluss ovaläre Exzision in Richtung der Spaltlinien der Haut.
- Die Haut mit dem Skalpell scharf von der Subkutis abpräparieren, wobei ein Assistent das Transplantat mit zwei Pinzetten hochhält, um es anzuspannen.
- Das subkutane Fett vollständig abpräparieren.
- Das gewonnene Transplantat in mit Ringerlösung angefeuchteten Kompressen bei Raumtemperatur aufbewahren, es darf keinesfalls austrocknen.
► **Versorgung der Entnahmestelle:** Primär durch Naht verschließen.
► **Transplantation:**
- *Exzision* der Defektränder und *Anfrischen* des Wundgrundes. **529**

Gewebetransfer

■ *Beachte:* Eine optimale Konditionierung des Wundgrundes ist wesentlich für die Einheilung!
- *Auflegen des Transplantates* mit der richtigen Seite (!) auf den Defekt.
- *Fixierung am Rand* durch Klammern oder Einzelknopfnähte.
- *Wundabdeckung:* Sie erfolgt durch Salbentüll, darüber wird Schaumstoff unter leichtem Druck aufgebracht (s. S. 441).

Nachbehandlung

► Siehe S. 528.

34.3 Z-Plastik

Grundlagen

► **Prinzip:** Z-Plastiken (Z-förmiger Schnitt) bringen einen Längengewinn an Haut-Weichteilgewebe bei gleichzeitigem Gewebeverlust in der dazu senkrechten Richtung. Wird die einfache Z-Plastik mehrfach hintereinander geschaltet, so ergibt sich ein größerer Längengewinn, bzw. eine Reduktion der Seitenspannung (s. Abb. 34.3).
► **Indikationen:**
- Narbenkorrekturen.
- Defektabdeckungen, z. B. nach Ulkusexzisionen.

Operationstechnik

► **Vorbemerkung:** Eine Z-Plastik sollte präoperativ unbedingt angezeichnet werden, da die Verschieblichkeit der Haut beachtet werden muss.
► **Vorgehen** (Abb. 34.3):
- Die erste Inzision erfolgt in Richtung der gewünschten Verlängerung, evtl. muss hierfür eine Narbe exzidiert werden.
- An den beiden Enden dieser Inzision wird dann – jeweils im Winkel von ca. 60° – eine weitere Inzision durchgeführt, die ca. 2/3 der Länge der ersten haben sollte. Hierdurch entsteht ein z-förmiges Gebilde.
- Die beiden entstandenen Hautläppchen werden mit der Schere oder dem Skalpell unterminiert, in ihrer Position vertauscht und dann eingenäht.

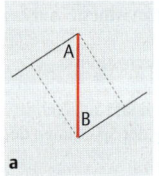 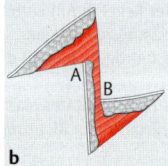 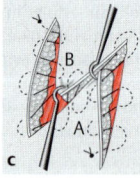

Abb. 34.3 Prinzip einer Z-Plastik. Durch gegenläufigen Austausch resultiert eine z-förmige Narbe, die eine axiale Dehnung gestattet

Nachbehandlung

► Ruhigstellung und Hochlagerung in Schiene.
► Fäden nicht vor dem 10. Tag postoperativ ziehen!
► Bei gelenkübergreifenden Plastiken nach dem Ziehen der Fäden intensive Krankengymnastik anschließen.

34.4 Transpositionslappen

Grundlagen

▶ **Prinzip:** Ein Defekt wird mit Gewebe aus einem benachbarten Areal gedeckt, wobei spezielle Durchblutungsmuster nicht berücksichtigt werden. Synonyme sind Rotationslappen, Schwenklappen, Rückenlappen und Verschiebelappen.

▶ **Formen:**
- *Muskellappen* (Anwendungsbeispiele s. Abb. 34.4, 34.5): Es wird nur der Muskel ohne bedeckende Hautschicht transplantiert, d. h. der Lappen muss anschließend noch mit Spalthaut (S. 527) gedeckt werden. Beispiele hierfür sind Gastroknemiuslappen, Soleuslappen oder Extensor-hallucis-longus-Lappen.
- *Myokutane Lappen:* Es werden der Muskel und die bedeckende Hautschicht transplantiert, d. h. der Defekt an der Entnahmestelle muss anschließend noch mit Spalthaut (S. 527) gedeckt werden. Diese Technik wird an Stellen mit guter Haut-Weichteil-Verschieblichkeit bevorzugt, z. B. am Handrücken, am Unterarm, am dorsolateralen Unterschenkel und am Oberschenkel.

Abb. 34.4 Weichteildeckung nach drittgradig offenen Unterschenkelfrakturen beidseits, rechts mit freiem Latissimuslappen, links mit gestieltem Gastroknemiuslappen

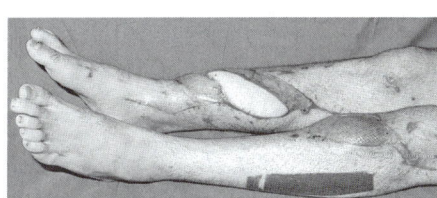

▶ **Indikationen:**
- Spalthaut- oder Vollhautdeckung (S. 527) sind nicht ausreichend, z. B. bei unter dem Defekt liegenden Knochen und Sehnen.
- ❒ *Beachte:* Freiliegende Sehnen und Knochen sollten so früh wie möglich (elektiv dringlich) gedeckt werden!
- Kontraindikation gegen freien Lappen.
- Kleinere bis mittelgroße Defekte.

Operationstechnik

▶ Die Operationsplanung sollte immer mit Zeichnung erfolgen. Der Lappen wird unter Beachtung der größten Distanz ausgemessen.
▶ Die Defekträner anfrischen und begradigen.
▶ Den Lappen mit dem Skalpell unter Schonung der Venen ausschneiden.
▶ Das Transplantat möglichst atraumatisch von der Unterlage abheben und lösen.
▶ Den Lappen in den Defekt schwenken und einnähen.
▶ Den Entnahmedefekt mit Spalt- oder Vollhaut decken (S. 527).
▶ Die transplantierte Stelle locker ohne Kompression verbinden.

Nachbehandlung

▶ Hochlagerung auf der Schiene.
▶ Die Durchblutung des Transplantates muss laufend überwacht werden.
▶ Der Lappen muss vor Verbanddruck und Kälte geschützt werden.
▶ Eine Mobilisation der Nachbargelenke kann erfolgen, sobald die Wundheilung gesichert ist.

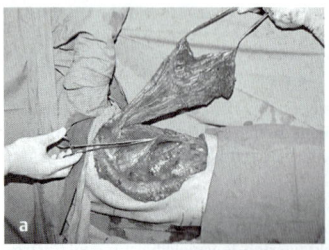

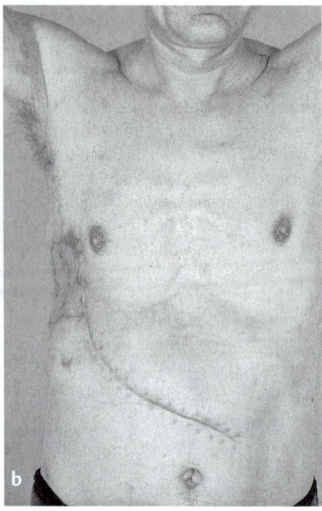

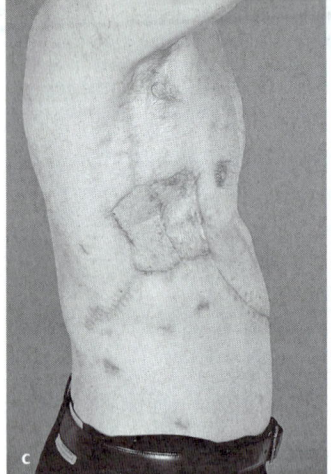

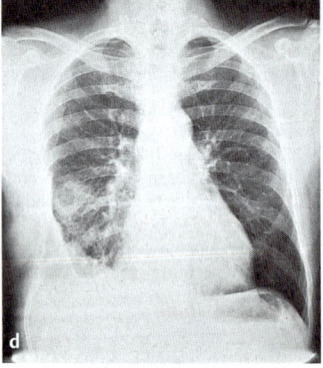

Abb. 34.5 a–d   Rekonstruktion einer Schussverletzung von Leber und rechter Pleurahöhle. a) zur Defektdeckung wird ein gestielter Latissimuslappen gehoben und damit der Defekt verschlossen, b + c) die wiederhergestellte laterale Thoraxwand, d) abschließende Thoraxaufnahme

- ► Die Hautnähte werden ab dem 14. Tag entfernt.
- ► Der transplantierte Lappen ist nach ca. 3 Wochen belastbar.

34.5 Nerventransplantatentnahme

Grundlagen

- ► **Prinzip:** Atraumatische Entnahme eines dünnen Hautnervs ohne sensible Autonomie (in der Unfallchirurgie sind nur der N. cutaneus antebrachii ulnaris und der Nervus suralis von praktischer Bedeutung).

▶ **Spezielle Indikationen:**
- *Defekte eines Kollateralnervs am Finger* → Wiederherstellung des Nervs durch Stamm oder Äste des Nervus cutaneus antebrachii medialis (auch N. cutaneus antebrachii lateralis und N. interosseus dorsalis).
- *Defekte an Nervenstämmen* → Nervus suralis für „Kabeltransplantate".

▶ **Entnahmestellen** (Abb. 34.6):
- *N. cutaneus antebrachii lateralis bzw. medialis:* Laterale bzw. mediale Ellenbeuge.
- *N. suralis:* Laterale Seite der Wade.

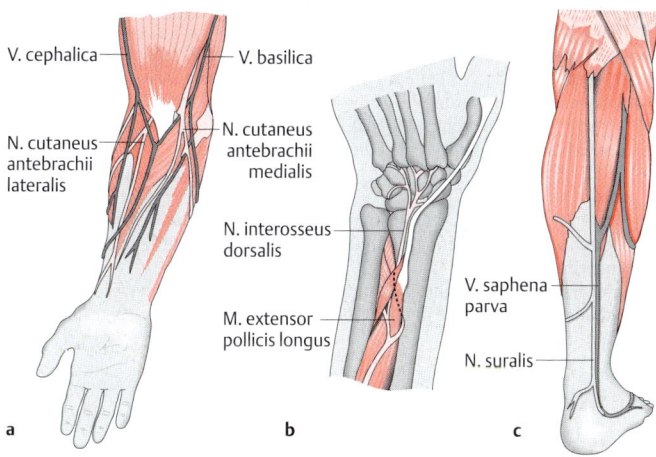

Abb. 34.6 a–c   Als Transplantat infrage kommender Spendernerven. a) Nn. cutanei antebrachii medialis et lateralis, b) N. interosseus dorsalis, c) N. suralis

Entnahmetechnik N. cutaneus antebrachii medialis

▶ **Vorbereitungen:**
- *Aufklärung* über resultierenden Sensibilitätsausfall im direkten Versorgungs-gebiet.
- *Anästhesie:* Lokalanästhesie.

▶ **Zugang:** Je nach benötigter Länge Quer- oder Längsinzision in der ulnaren Ellen-beuge.

▶ **Präparation:**
- Darstellung der Weichteile durch stumpfes Spreizen der Wunde.
- Präparation unter dem Mikroskop: Der Nerv ist sehr dünn und liegt tiefer als die Venen.
- Mobilisation eines Hautnervs in der erforderlichen Ausdehnung (mehrere Zentimeter möglich).
- Resektion mit der Mikroschere.
- Gewonnenes Transplantat in feuchte Kompresse einlegen.

▶ **Wundverschluss:** Hautnaht, Kompressionsverband.

▶ **Nachbehandlung:** Schiene bis zur Entfernung der Fäden am 10.–14 Tag postope-rativ.

Entnahmetechnik N. suralis

▶ **Vorbereitungen:**
- *Aufklärung* über resultierenden Sensibilitätsausfall im direkten Versorgungsgebiet.
- *Anästhesie:* Spinalanästhesie oder Allgemeinnarkose.
- *Lagerung:* Seitenlagerung des Patienten, bei beidseitiger Entnahme Rückenlagerung.

▶ **Zugang:** Querinzision zwischen Außenknöchel und Achillessehne.

▶ **Präparation:**
- Aufsuchen und Anschlingen des N. suralis hinter der V. saphena parva.
- In Abständen von 4–5 cm nach proximal weitere quere Inzisionen.
- Schonende Mobilisierung.
- ❐ *Hinweis:* Der Nerv zieht subfaszial zur Mitte des Unterschenkels und dann zur Kniekehle. Abzweigungen müssen abgetrennt werden.
- Durchtrennung des Nervs nach distal, Mobilisation und Herausziehen nach proximal.
- ❐ *Cave:* Schädigung des Transplantates durch Auffasern der Faszikel!
- Gewonnenes Transplantat (bis 40 cm Länge möglich) in feuchte Kompresse einlegen.

▶ **Wundverschluss:** Hautnaht und Kompressionsverband am Unterschenkel.

▶ **Nachbehandlung:** Schiene für 1–2 Wochen, Fäden entfernen am 10.–14. Tag postoperativ.

34.6 Knochentransplantatentnahme

Grundlagen

▶ **Prinzip:** Entnahme von autologem Knochengewebe. Bei der autologen Transplantation sind Spender und Empfänger des Gewebes identisch, deshalb ist diese Übertragung immunologisch und hygienisch ohne Risiko.

▶ **Material:** Reine Spongiosa, kortikospongiöse Chips oder kortikospongiöser Span.

▶ **Indikationen:**
- Defekte nach Traumen, Nekrosen und Infektionen.
- Defekte nach Tumorresektion.
- Atrophe Pseudarthrosen.
- Fraktur-Heilungsstörungen.
- Endoprothetik (z.B. Hüftpfannendachplastik, allgemeine Revisionsendoprothetik an Hüfte und Knie).

▶ **Entnahmestellen:**
- *Vorderer Beckenkamm:* Die am häufigsten verwendete Entnahmestelle, günstig bei Rücken- und Seitenlagerung des Patienten.
- *Hinterer Beckenkamm:* Durchführung mit dem Patienten in Bauchlagerung, insgesamt ergiebiger als der vordere Beckenkamm.
- *Tibiakopf:* Zur Entnahme kleiner Mengen, z.B. bei Eingriffen am Knie, an der Tibia und am Fuß. Aus einem kleinen medialen Knochenfenster wird das Material mit einem scharfen Löffel entnommen.
- *Distale Tibia-Metaphyse:* Kleine Mengen für Defekte an Malleolen und Fuß.
- *Epicondylus radialis humeri:* Zur Entnahme kleiner Mengen für Defekte am Radiusköpfchen und am Olekranon.
- *Distale Radius-Epiphyse:* Zur Entnahme kleiner Mengen für Defekte an Unterarm und Hand.

- *Amputate:* Aus traumatischen, nicht replantationsfähigen Amputaten können u. U. Transplantate für andere Verletzungstopographien entnommen werden, abhängig vom Zustand und der Konservierung des Amputates.

Operationstechnik – Beckenschaufel ventral

▶ **Vorbereitungen:**
- *Anästhesie:* Am besten Allgemeinanästhesie (Spinalanästhesie nur in Ausnahmefällen).
- *Lagerung:* Rücken- oder leichte Seitenlage.

▶ **Zugang:** Inzision dorsal der Spina iliaca anterior superior.

▶ **Präparation:**
- Ablösen der Muskelansätze und Abschieben des M. iliacus von der Beckenschaufel mit breitem Raspatorium.
- Kortikalis vom Kamm abmeißeln und Entnahme von Spongiosa oder kortikospongiösen Chips mit dem Hohlmeißel und scharfem Löffel.
- Blutstillung durch Kompression und Einlage eines Hämostyptikums.
- Einlage einer Redon-Drainage (subkutan mit Sog).
- Naht der Muskelansätze an die Crista iliaca.

▶ **Wundverschluss:** Einzelknopfrückstichnaht oder Intrakutannaht (S. 493).

Operationstechnik – Beckenschaufel dorsal

▶ **Vorbereitungen:**
- *Anästhesie:* Allgemeinanästhesie.
- *Lagerung:* Bauchlage oder Seitenlage

▶ **Zugang:** Inzision vor der Spina iliaca posterior superior.

▶ **Präparation:**
- Abschieben der Muskelansätze.
- Aufmeißeln eines dorsalen Kortikalisfensters.
- Spongiosa mit Hohlmeißel oder scharfem Löffel entnehmen.
- Blutstillung durch Kompression und Einlage eines Hämostyptikums.
- Einlage einer Redon-Drainage (subkutan mit Sog).
- Naht der Muskelansätze.

▶ **Wundverschluss:** Einzelknopfrückstichnaht oder Intrakutannaht (S. 493).

Nachbehandlung

▶ Redon-Drainage am 2. Tag postoperativ entfernen.
▶ Fäden am 10. Tag postoperativ entfernen.
▶ Es ist keine strikte Bettruhe erforderlich.

Komplikationen (insgesamt 3–8%)

▶ Nachblutungen und Hämatombildungen.
▶ Nervenverletzungen, z.B. Nervus cutaneus femoris lateralis bei Entnahme am vorderen Beckenkamm.
▶ Gefäßverletzungen.
▶ Verletzungen des Iliosakralgelenkes bei Entnahme an der dorsalen Beckenschaufel.
▶ Frakturen der Knochen an der Entnahmestelle.

Gewebetransfer

34.7 Kallusdistraktion

Grundlagen

▶ **Definition:** Die Kallusdistraktion ist ein technisches Verfahren zur Gliedmaßen-Verlängerung oder zur Überbrückung langstreckiger Defekte an Röhrenknochen durch Segmenttransport.
▶ **Indikationen:**
  • Extremitätenverkürzung.
  • Achsenfehlstellung.
  • Ossäre Defekte.
▶ **Kontraindikationen:**
  • Ausgeprägte Osteoporose.
  • Alter des Patienten > 60 Jahre (relative Kontraindikation!)
▶ **Gliederung in vier Phasen:**
  • *Ruhephase:* Sie folgt unmittelbar der Osteotomie und sollte ca. 7 Tage dauern.
    – *Zugphase (Distraktion):* Die Dauer richtet sich nach der Größe des Defekts, die Zuggeschwindigkeit beträgt ca. 1 mm/Tag.
    – *Neutralisationsphase (Mineralisationsphase):* Durch das Andock-Manöver ist der Segment-Transport abgeschlossen. Das Kallus-Regenerat ist aber noch gummiförmig weich, weshalb ein Implantat die gesamte auf den Knochen einwirkende Kraft neutralisieren muss. Dauer: Bis zu einem Jahr.
  • *Dynamisierungsphase:* Das Implantat wird kontrolliert dynamisiert. Das Kallus-Regenerat wird hierdurch dosiert belastet (als Ossifikationsstimulans → bessere knöcherne Durchbauung des Regenerates).
  • *Remodellierungsphase.*
▶ **Implantatsysteme** – (beide Systeme können durch unterschiedliche Implantat-Komponenten zur Ausführung kommen. Bei der reinen Verlängerung sind Fixations- und Transportsystem meist identisch):
  • *Fixationssystem:* Hält proximales und distales Segment des Knochens in Stellung und auf Distanz, z. B. Ringfixateur, monolateraler Fixator, Marknagel.
  • *Transportsystem:* Übernimmt den eigentlichen Transport, entweder im Sinne einer Verlängerung oder im Sinne des Segmenttransportes.
  • *Beispiele zum Segmenttransport:*
    – Nagel (Fixation) + Fixateur externe (Transport).
    – Nagel (Fixation) + Seilzug (Transport).
    – Ringfixateur (Fixation) + Seilzug (Transport).
▶ **Behandlungsdauer** (Faustregel): Zugstrecke in mm × 3 = Gesamtbehandlungsdauer (1 cm = ca. 1 Monat).

Vorbereitende Maßnahmen

▶ Röntgenaufnahmen des gesamten Knochenabschnittes zur besseren Planung der Operation (Lage der Kortikotomie und Position des Fixateurs), am besten mit cm-Raster im Röntgenbild.

Abb. 34.7 a–f   Sanierung einer infizierten Defekt-Pseudarthrose des linken Unterschenkels: ▶
a) Zustand bei Aufnahme nach auswärtiger Lappendeckung und Fibulatransfer,
b) Resektionspräparat der chronisch infizierten Fibula,
c) Fixateur-Montage zum Segmenttransport,
d) Ende des Segmenttransportes, die distale Platte zur Sicherung der „docking area",
e) nach Konsolidierung des Segmenttransportes,

f) klinisches Endresultat

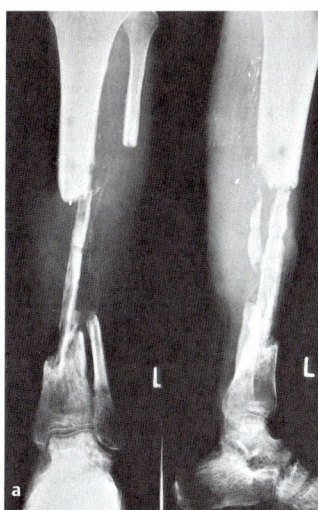

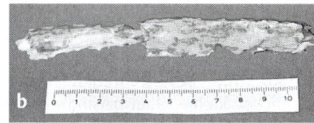

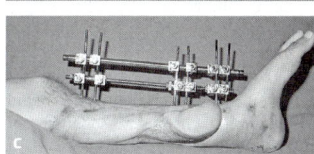

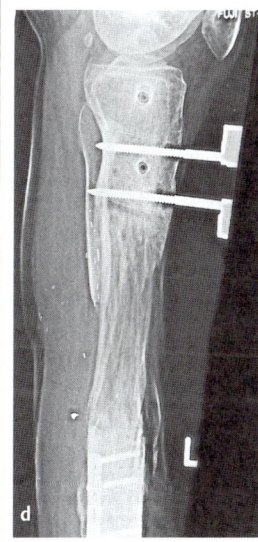

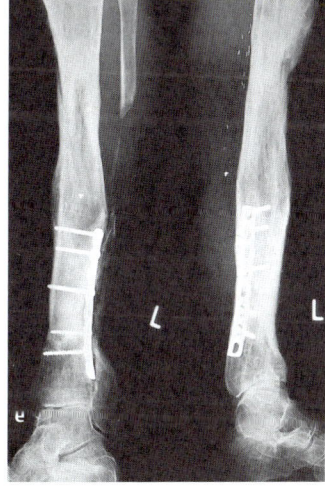

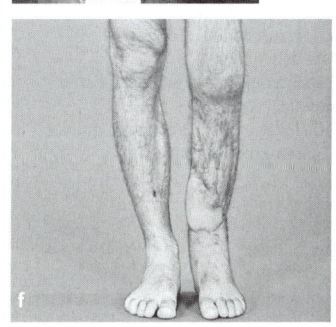

Operationstechnik

▶ Fixateur in der Regel **vor** der Kortikotomie anlegen.
▶ **Kortikotomie des Röhrenknochens:** Unter maximaler Weichteilschonung (möglichst kleine Hautinzision) möglichst immer mit kleinen Meißeln oder durch handbetriebene Innenraumsäge am besten in der epimetaphysären Übergangszone.
   ◻ *Cave:*
   – Wegen der Gefahr der Hitzenekrose an der Schnittstelle des Knochens keinen motorgetriebenen Schneidevorgang zulassen!
   – Auf möglichst kleine Zugänge achten, keine Drainagen im Osteotomiebereich (Grund: „Fraktur-Hämatom" ist für die Kallusinduktion wesentlich).
   – Bei Ringfixateuren Einbringungszone für Kirschner-Drähte berücksichtigen (*cave:* Nervenläsionen!).

Nachbehandlung

▶ **Belastung:**
   • *Ruhephase:* Keine Belastung.
   • *Zug- und Neutralisationsphase:* Teilbelastung, Sohlenkontakt.
   • *Dynamisierungsphase:* Stufenweise Belastungssteigerung bis zur Vollbelastung.
   • *Remodellierungsphase:* Vollbelastung.
▶ **Röntgenkontrollen:** In der Zugphase alle 2 Wochen, in allen anderen Phasen alle 6–8 Wochen.
▶ **Begleitend Physiotherapie** und Muskeldehnungsübungen gegen Kontrakturen.
▶ **Fixateurpflege** durch den Patienten selbst. Von großer Bedeutung wegen der Gefahr durch Pin-Infekte.

Komplikationen und Probleme

▶ Andockproblem (Pseudarthrosenbildung): Nahezu 50% der Patienten benötigen eine zusätzliche operative Maßnahme an der Andockstelle (Platten-Osteosynthese, Zuggurtung, Spongiosaplastik).
▶ Reaktivierung von Infektionen, insbesondere durch Pin-Infekte beim monolateralen Fixateur externe und beim Ringfixateur, sowie Gefahr einer Markraumphlegmone bei Verwendung eines Marknagels.
▶ Kontrakturen, trophische Störungen.
▶ Nervenschäden (s. o.).
▶ Gefäßschäden.
▶ Spannungsgefühl und Schmerzen.
▶ Beinödeme.
▶ Dislokation der Knochenfragmente.
▶ Selten Ermüdungsbruch.

35 Osteosynthesen

35.1 Grundlagen und Prinzipien der Frakturbehandlung

Grundlagen

▶ **Physiologie:** Lebender Knochen befindet sich in einem stetigen Umbau, um sich an die aktuelle, funktionelle Belastung zu adaptieren. Die Zellpopulationen von Endost, Havers-Systemen und Periost bilden die Blasteme dieses Umbaues. Sie bauen als Osteoklasten alten Knochen ab, als Osteoblasten neuen Knochen auf. Im Falle einer Fraktur wird die osteogenetische Potenz der oben genannten Blasteme akut gesteigert, um die Frakturzone rasch zu stabilisieren und danach wieder zu einer funktionell optimalen Struktur umzubauen.

▶ **Konditionen für eine ungestörte Frakturheilung:**
1. Kontakt der Fragmente.
2. Ausreichende Durchblutung der Fragmente.
3. Ruhigstellung der Fraktur.

Arten der Frakturheilung

▶ **Primäre oder direkte Frakturheilung:**
- *Definition:* Bei idealer Erfüllung der oben genannten Konditionen kommt es zur Heilung der Fraktur durch direkte knöcherne Verzahnung der Fragmente ohne den Umweg über ein kallöses Zwischengewebe.
- *Vorkommen, Physiologie:* Osteosynthesen, die eine absolute Stabilität der Fragmente erbringen, d. h. dass unter den auftretenden dynamischen Wechsellasten keine intermittierenden Bewegungen der Fragmente auftreten können. Haben dabei die Fragmente auch in mikroskopischer Dimension direkten Kontakt, kommt es zur so genannten *Kontaktheilung*, d. h. die Fragmente werden direkt durch vorwachsende Osteone dübelartig verzahnt. Verbleiben jedoch zwischen stabil fixierten Fragmenten mikroskopisch erkennbare Spalten, werden diese direkt mit angiogenem Geflechtknochen aufgefüllt, der später durch Havers-Umbau ein funktionelles Remodelling erfährt.

▶ **Indirekte oder sekundäre Frakturheilung:**
- *Definition:* Bruchheilung über eine mehr oder weniger starke Kallusbildung, wenn eine Fraktur der Spontanheilung überlassen oder nur unvollständig immobilisiert wird.
- *Vorkommen, Physiologie:* Sekundäre oder indirekte Bruchheilung ist die naturgegebene Form der Frakturheilung und keineswegs minderwertig gegenüber der primären Knochenheilung. Die indirekte Frakturheilung über Kallus wird bei den meisten Knochenbrüchen beobachtet. Sie tritt sowohl bei spontaner Bruchheilung auf als auch bei funktionell und konservativ behandelten Frakturen sowie schließlich bei den meisten operativ versorgten Brüchen, bei denen durch die Osteosynthese nur eine *relative Stabilität* erzielt werden kann. Es entsteht dann Kallus im Bereich des Frakturhämatoms, welches durch Einwachsen von Fibroblasten organisiert wird. Der fibröse Kallus differenziert sich schrittweise zu kartilaginärem und knöchernem Kallus, sodass es zu einer zunehmenden Versteifung im Frakturbereich kommt. Zusätzlich bildet sich auf den stabilen Fragmentsockeln durch Apposition neuer Knochen. Am Ende ist die ganze Kallusmasse zu Geflechtknochen gereift, der dann später durch Havers-Umbau

eine funktionelle Adaptation zu lamellärem Knochen erfährt mit Wiederherstellung des medullären Gefäß-Systems. Mit Fortschreiten der funktionellen Adaptation wird überflüssiger Kallus wieder abgebaut und der geheilte Knochen findet zu seiner ursprünglichen Form allmählich zurück.

Störungen der Bruchheilung

▶ **Verzögerte Heilung (delayed union):** Eine Frakturkonsolidierung ist nach 20–24 Wochen nicht erkennbar.

▶ ◼ *Hinweis:* Die *normale Bruchheilungszeit* des kortikalen Knochens dauert üblicherweise 12–16 Wochen, d. h. nach dieser Zeit sollte eine physiologische Belastung wieder möglich sein, während des Remodelling einige Jahre dauern kann.

▶ **Pseudarthrose (non-union):**
- *Definition:* Auch nach Ablauf von 8 Monaten ausbleibende Frakturheilung, wenn eine oder mehrere Bedingungen für eine normale Bruchheilung über längere Zeit nicht gegeben sind.
- *Typische Ursachen:*
  - Knochendefekte und Fragmentdiastasen.
  - Instabilität jenseits der Toleranzbreite der reparativen Gewebe.
  - Fragmentnekrosen.
- *Formen der Pseudarthrose:*
  - Führt lediglich Instabilität zu einer ausbleibenden Knochenheilung, so bemühen sich die gut durchbluteten Fragmentenden durch überschießende Kallusbildung, eine ausreichende Stabilität zu schaffen. Misslingt dies, so entsteht das Vollbild einer *hypertrophen (aktiven) Pseudarthrose,* die wegen ihres radiologischen Aussehens auch Elefantenfuß-Pseudarthrose genannt wird. → Therapeutische Konsequenz: *Stabile Osteosynthese* als einzige Maßnahme!
  - *Atrophe (avitale oder inaktive) Pseudarthrose:* Ursachen sind Fragmentnekrosen *plus* Instabilität. Dabei verfallen die Fragmentenden einem regressiven Abbau. → Therapeutische Konsequenz: *Débridement + Stabilisierung + Knochentransplantation!*

▶ **Infektion im Frakturbereich:** Eine fortschreitende Osteitis kann über Osteolysen und Knochensequestrierung zu Knochendefekten, Instabilitäten und Nekrosen führen. Die Knochendefekte und durch Nekroseabbau entstehende Defekte können über Implantatlockerung oder Materialermüdungsbrüche der Implantate ebenfalls zu Instabilität führen.

Prinzipien der Frakturbehandlung

▶ Lorenz Böhler hat als allgemeines Axiom der Frakturbehandlung postuliert: **Einrichten, Festhalten, Üben.**

▶ **Konzepte zur Bruchbehandlung:**
- *Konservativ:* Reposition der Fraktur, ununterbrochene Ruhigstellung im Gipsverband und aktive Bewegungsübungen der nicht ruhiggestellten Gelenke.
- *Funktionell:* Bei stabil impaktierten oder durch einen kräftigen Weichteilmantel ausreichend geschienten Brüchen kann nach Abklingen der akuten Schmerzphase ohne weitere äußere Ruhigstellung mit einer funktionellen Übungsbehandlung begonnen werden. Dies kann durch Nutzung der Schwerkraft, des Auftriebes im Wasser oder sinnvoll applizierte Übungsorthesen (Braces) unterstützt und beschleunigt werden.
- *Operativ:* Stabilisierung der Fragmente nach offener oder gedeckter Reposition durch ein internes Implantat oder über einen externen Fixateur = *Osteosyn-*

these. Diese bietet die Chance, Frakturen besser zu reponieren bis hin zur anatomischen Rekonstruktion von Gelenkflächen und die Fragmente so stabil zu fixieren, dass eine frühzeitige unbehinderte Übungsbehandlung der verletzten Region möglich wird. Diese Vorteile werden erkauft mit den Risiken eines operativen Eingriffes – der Gefahr einer zusätzlichen Durchblutungsgefährdung der Fragmente und durch das Risiko einer postoperativen Infektion.

Reposition

▶ **Indikation zu einer möglichst raschen Reposition:** Druck der Knochenfragmente auf Nervenstrukturen, Gefäße oder Haut.
▶ *Keine* **Indikation zur Reposition:**
  • Unverschobene und in funktionell günstiger Stellung stabil eingestauchte Frakturen.
  • Die meisten minimal dislozierten Frakturen.
  • Intermediäre Fragmente komplexer Schaftfrakturen, bei welchen meistens nur die proximalen und distalen Hauptfragmente auf Länge, Achse und Rotation eingestellt werden.
▶ **Anästhesie:**
  • Der initiale Wundstupor ermöglicht die Beseitigung grober Fragmentdislokationen durch axialen Längszug als Erstmaßnahme.
  • Für eine definitive und schonende Reposition sind Schmerzausschaltung und häufig auch Muskelrelaxation erforderlich. Neben Narkose, Regional- und Leitungsanästhesie kommt bei bestimmten Frakturen auch die Bruchspalt-Anästhesie in Frage.
▶ **Wichtige Hilfsmittel:**
  • *Zur Reposition:* Extension, Distraktor, Extensionstisch.
  • *Zur Kontrolle der Manipulationen:* Röntgenbildverstärker.
▶ **Vorgehen:**
  • *Gedeckte Reposition:* Hierbei werden die Fragmente durch Zug und Gegenzug, seitlichen Druck, Hebelwirkung und Rotation eingerichtet, wobei das periphere Hauptfragment immer auf das zentrale Hauptfragment eingestellt werden muss. Meist erfolgt die Einrichtung einer Fraktur in einem Manöver. Manche Frakturen können jedoch auch schrittweise durch Dauerzug (Extension) reponiert werden, wobei die Extension gleichzeitig über die dadurch bewirkte Weichteilschienung auch der Retention dient und über einen gewissen Zeitraum Korrekturen zulässt.
  • *Offene Reposition:* Notwendig bei Repositionshindernis (Weichteilinterposition), den meisten Gelenkfrakturen und Abrissfrakturen (diese sind gedeckt gar nicht oder nicht anatomisch zu reponieren).
    ▶ *Hinweis:* Wenn eine Fraktur schon offen reponiert werden muss, sollte sie im gleichen Arbeitsgang auch operativ stabilisiert werden. Bei bestimmten Osteosyntheseverfahren wird die Fraktur offen reponiert und dann intern fixiert (ORIF = open reduction and internal fixation).
  • *Zunächst gedeckte Reposition* mit anschließender Instrumentierung (z. B. Marknagelung).
  • *Zunächst Instrumentierung der Hauptfragmente,* dann Reposition und Stabilisation über einen Fixateur externe.

Retention

▶ **Bei funktioneller Frakturbehandlung (s. o.):** Hier ist die Retention der Fragmente in tolerabler Stellung durch Impaktion, ausreichende Schienung über den Weichteilmantel oder aber schon durch fortgeschrittene Kallusbildung gesichert, sodass die Fraktur funktionell weiterbehandelt werden kann → Übungsbehandlung ohne zusätzliche äußere Ruhigstellung.

▶ **Bei konservativer Frakturbehandlung:**

- *Prinzip:* Das Repositionsergebnis wird durch Zug und Gegenzug oder durch äußere Schienung so lange stabilisiert, bis die Kallusbildung soweit gediehen ist, dass sie redislozierende Kräfte neutralisiert.

- *Methoden:*
  - *Dauerextension.*
  - *Ungepolsterter Gipsverband:* Dieser soll in der Regel auch die der Fraktur benachbarten Gelenke ruhigstellen. Wegen der zu erwartenden posttraumatischen Wundschwellung muss der erste Gipsverband nach der Reposition einer frischen Fraktur gespalten und etwas aufgebogen werden. Unter regelmäßiger Kontrolle von Motorik, Sensibilität und Durchblutung peripher der Fraktur wartet man den Rückgang des Wundödems ab. Nach 3–4 Tagen kann dann der gespaltene Gipsverband geschlossen werden und bei weiterem Abklingen der Schwellung muss unter Aufrechterhaltung der Reposition (unter Zug und Gegenzug) ein neuer, nunmehr zirkulärer Gipsverband angelegt werden. Nach jeder Gipsänderung muss die Frakturstellung röntgenologisch kontrolliert und dokumentiert werden. Da die Fragmentschienung bei diesem Vorgehen über die zwischengeschalteten Weichteile erfolgt, ist nie eine absolute Ruhigstellung des Bruchbereiches gegeben, entsprechend lebhaft ist die Kallusbildung, die ihrerseits wiederum eine gute radiologische Verlaufsbeurteilung der Frakturheilung erlaubt.

▶ **Bei operativer Frakturbehandlung (Osteosynthese):**

- Die verschiedenen Osteosyntheseverfahren ermöglichen eine wesentlich stabilere Fixation der Fragmente. Dabei verleihen die metallischen Implantate der Fraktur vorübergehend so viel Stabilität, dass diese ungestört heilen kann. Je nach Grad der erzielten Stabilität nennt man die Fixation adaptations-, übungs- oder belastungsstabil. Eine nur adaptationsstabile Montage erfordert zusätzlich eine äußere Ruhigstellung. Die meisten Osteosynthesen erzielen aber eine übungsstabile Fixation.

- Die üblichen Osteosyntheseverfahren beruhen auf zwei mechanischen Konzepten: 1) Interfragmentäre Kompression, 2) Schienung oder aber Kombination der beiden Konzepte.

- *Interfragmentäre Kompression:*
  - Eine statische (= kontinuierlich) oder dynamische (= bei physiologischer Belastung) Applikation ist möglich.
  - Interfragmentäre Zugschrauben greifen mit ihrem Gewinde nur in dem schraubenkopffernen Fragment – durch das Anziehen der Schrauben werden diese vorgespannt und erzeugen eine Kompression des Bruchspaltes.
  - Eine anhaltende längsaxiale Kompression lässt sich bei geeigneten Bruchformen auch durch vorgespannte Platten oder Fixateure erzeugen.
  - Eine dynamische Kompression kann durch das *Zuggurtungsprinzip* erzielt werden: Bedingung sind rhythmische biege- oder exzentrische Belastung, vorgespanntes Implantat auf der Zugseite und druckstabile knöcherne Abstützung auf der Druckseite.

- *Schienung* (intra- oder extramedullär montierte Implantate):
  - *Intramedullär:* Der Marknagel als zentraler intramedullärer Kraftträger ist für viele Schaftfrakturen an Femur, Tibia und Humerus ein ideales Fixationsmittel. Durch zentrale und periphere Verriegelung können „Teleskoping", sekundäre Drehfehler und Achsabweichungen vermieden werden. Bei den

konventionellen Marknagel-Techniken muss die Markhöhle schrittweise aufgebohrt, d. h. für den einzubringenden Marknagel angepasst werden. Dabei wird zumindest temporär die intramedulläre Blutversorgung des Knochens kompromittiert. Druck- und Hitzeentwicklung beim Aufbohren und Einschlagen des Nagels können unter bestimmten Bedingungen (Schock, Polytrauma) über Mediatorfreisetzung und Fett- sowie Partikel-Einschwemmung in die Lunge zu erheblichen Systembelastungen führen. Zur Verminderung dieser Nachteile wurden dünnere Massiv-Nägel entwickelt, die ohne Aufbohren der Markhöhle eingebracht werden können, das intramedulläre Gefäß-System weniger schädigen und keinen Totraum schaffen. Sie werden bevorzugt bei offenen Frakturen und bei Polytraumatisierten eingesetzt. Je nach Einbringungsroute unterscheidet man *antegrade* und *retrograde* Marknagelung.

– *Extramedullär* über Platten oder Fixateure. Sie bewirken dabei entweder eine Abstützung oder eine Neutralisation der Fraktur. Bei der Neutralisation oder Protektion wird im Sinne eines „Bypass" der Kraftfluss am zentralen Hauptfragment aufgenommen und über die Frakturzone hinweg auf das periphere Fragment geleitet. Eine Neutralisations-Platte ist meistens mit einer Zugschraube kombiniert, wobei die Platte mechanische Störkräfte wie Biegung und Torsion neutralisieren soll.

→ *Platten* werden durch Schrauben am Knochen verankert. Je nach Knochenstruktur werden am kortikalen Schaftbereich Kortikalis-Schrauben, im spongiösen Bereich Spongiosa-Schrauben verwendet. Sie unterscheiden sich u.a. durch Steighöhe und Tiefe ihrer Gewindegänge. Für den Einsatz als Zugschrauben gibt es Schrauben mit gewindefreien Schaftabschnitten zwischen Kopf und Gewinde. Alternativ kann applikationsnah ein Gleitloch gebohrt werden, sodass durchgehende Schraubengewinde nur im kopffernen Fragment fassen können und damit beim Anziehen der Schraube Kompression ausüben können. Die typischen Arbeitsgänge zum Einbringen einer Schraube sind das Bohren des Schraubenloches (evtl. Gleit- und Gewindeloch), die Tiefenmessung zur Bestimmung der Schraubenlänge, das Gewindeschneiden (außer den selbstschneidenden Schrauben) und das Eindrehen der Schraube. Für die meisten Montagen muss eine Platte mit 3 Plattenschrauben pro Hauptfragment fixiert werden. Da dies im metaphysären Bereich oft nicht möglich ist und dazu bestimmte Abstützfunktionen erfüllt werden müssen, gibt es für diese Regionen besonders geformte Platten (Winkelplatten, Teleskopkonstrukte).

→ *Fixateure* werden über Schanz-Schrauben oder Steinmann-Nägel am Knochen verankert. Die winkelstabile Verbindung zwischen Schanz-Schrauben und Steinmann-Nägeln und dem Kraftträger des Fixateurs erfolgt über arretierbare Backen. Die Schanz-Schrauben und Steinmann-Nägel werden perkutan in den Knochen eingebracht und der verbindende Kraftträger verbleibt dann als Fixateur externe außerhalb der Weichteile. Der Fixateur interne wird nach dem gleichen Prinzip knochennah im Weichteilmantel versenkt. Solche Systeme werden an der Wirbelsäule eingesetzt und zunehmend auch als Plattenfixateure bei gelenknahen Schaftfrakturen.

• Verbleiben bei einer Osteosynthese anatomische oder funktionelle Knochendefekte, müssen diese häufig mit Knochentransplantaten (Spongiosaplastik) versorgt werden. Unter bestimmten Bedingungen (nicht kontaminiertes ersatzstarkes Weichteillager) kann auch auf Knochenersatzstoffe zurückgegriffen werden.

- Bei der Stabilisierung pathologischer Fakturen nach Metastasen werden die nach Ausräumung der Metastase verbleibenden Defekte meistens mit Knochenzement verfüllt und eine dadurch sofort belastbare *Verbundosteosynthese* erzielt. Gelenknahe pathologische Frakturen und Gelenkfrakturen, die erfahrungsgemäß nicht erfolgreich zu rekonstruieren sind, werden häufig primär alloplastisch ersetzt (Endoprothese für Femur- oder Humeruskopf).

Rehabilitation

▶ Nach Reposition und Stabilisierung werden frisch versorgte Frakturen hochgelagert und in der kritischen Phase des posttraumatischen Ödems sorgfältig überwacht. Dabei muss besonders auf schnürende Verbände, Druckstellen durch Lagerung, sich ausbildende Kompartmentsyndrome und Wundinfekte geachtet werden. Motorik, Sensibilität und Durchblutung peripher der Fraktur werden regelmäßig überprüft und auf etwaige Zeichen einer sich ausbildenden Thrombophlebitis geachtet.

▶ Zumindest in der Frühphase nach Frakturversorgung müssen bettlägerige Patienten und solche mit immobilisierenden Gipsverbänden der unteren Extremität eine medikamentöse Thromboseprophylaxe erhalten. Bei bestimmten Frakturkonstellationen und Vorliegen von besonderen Risikofaktoren ist eine frühzeitige Antikoagulanzien-Therapie zu erwägen.

▶ Wichtigster Punkt der Rehabilitation ist eine *frühzeitig einsetzende Übungsbehandlung:*
  • *Bei konservativer Bruchbehandlung* werden dabei alle nicht ruhiggestellten Gelenke aktiv bewegt und die Patienten zu isometrischen Spannungsübungen an den ruhig gestellten Muskelpartien angehalten.
  • *Bei übungsstabilen Osteosynthesen* kann in der Regel nach der Entfernung der Redondrainagen mit einer aktiven Übungsbehandlung begonnen werden.

▶ Wichtiges Hilfsmittel bei der Rehabilitation von Gelenkfrakturen und gelenknahen Brüchen sind motorbetriebene Bewegungsschienen *(CPM = continuous passive motion).*

▶ Bei übungsstabil versorgten Frakturen der unteren Extremität kann bei gesicherter Weichteilheilung mit Gehschulung unter Teilbelastung (10–15 kg) begonnen werden.

▶ Je nach Frakturtyp und gewähltem Osteosyntheseverfahren kann die Belastung nach entsprechenden Röntgenkontrollen innerhalb weniger Wochen schrittweise bis zur Vollbelastung gesteigert werden.

▶ Nach Marknagel-Osteosynthesen ist Vollbelastung sehr viel früher möglich als nach Platten- oder Fixateur-Montagen.

Metallentfernungen (ME)

▶ Kommen erst nach vollständiger knöcherner Heilung und abgeschlossenem Remodelling der Fraktur in Betracht.

▶ Für viele Frakturlokalisationen ist eine Implantatentfernung grundsätzlich nicht vorgesehen.

▶ Darüber hinaus ist eine Metallentfernung bei modernen Implantatwerkstoffen (Titan) nicht unbedingt erforderlich.

35.2 Spickdrahtfixation und Zuggurtung

Spickdrahtfixation

▶ **Prinzip:**
- Minimalinvasive, perkutane Frakturreposition und -retention im metaphysären und epiphysären Bereich der langen Röhrenknochen.
- Als Markraumschienung auch im diaphysären Bereich der kleinen Röhrenknochen.
- Eine interfragmentäre Kompression ist primär nicht möglich, sondern nur durch zusätzliche Zuggurtung mit Draht.

▶ **Technik:**
- Reposition unter Bildverstärkerkontrolle.
- Stichinzisionen.
- Einbohren von zwei oder mehreren versetzten K-Drähten bis in die gegenüberliegende Kortikalis.
- Abklemmen, Abbiegen und subkutanes Versenken der Drahtenden.
- Der Kreuzungspunkt der Kirschner-Drähte darf nicht in der Ebene der Fraktur liegen, da sonst Instabilität gegeben ist.

▶ **Nachbehandlung:**
- Gipsruhigstellung wie für konservative Behandlung meist erforderlich, da sekundäre Dislokation möglich.
- Drahtentfernung nach Frakturheilung.

Zuggurtung

▶ **Prinzip:** Durch eine zusätzlich gespannte Drahtschlinge werden die Bruchflächen bei einer mit Spickdrahtosteosynthese reponierten Fraktur zusätzlich unter axialen Druck gesetzt.

▶ **Technik:**
- Reposition und provisorische Fixation der Fraktur durch Kirschner-Drähte.
- Queres Bohrloch durch den Knochen distal der Fraktur senkrecht zu den eingelegten Kirschner-Drähten.
- Durchzug eines flexiblen Drahtes.
- Umfahren der noch aus dem Knochen herausstehenden Kirschner-Drähte proximal der Fraktur.
- Kreuzen und Spannen der flexiblen Drähte.

▶ **Nachbehandlung:**
- Funktionelle Nachbehandlung, sobald Wundheilung gesichert.
- Metallentfernung nach 6–8 Monaten.

35.3 Schrauben-Osteosynthese

Funktionen der Schrauben

▶ Solitäres Implantat zur Retention von knöchernen und Gelenkfragmenten.
▶ Befestigungselement zur Fixierung von Platten an Knochen und zum Verriegeln von Marknägeln.
▶ Sonderimplantate (z. B. DHS, DCS).

Schraubentypen

► **Kortikalisschrauben:** Vollgewindeschrauben mit unterschiedlichen Durchmessern (Tab. 35.1) sind gekennzeichnet durch einen relativ dicken Kern und ein flaches, nur wenig hinterschneidendes Gewinde.

► **Spongiosaschrauben:** Teil- oder Vollgewindeschrauben mit unterschiedlichen Durchmessern (Tab. 35.1) sind gekennzeichnet durch einen relativ dünnen Kern und ein weites, tief hinterschneidendes Gewinde.

► **Nicht selbstschneidendes Gewinde:** Erfordert aufgebohrtes Loch und exakt vorgeschnittenes Gewinde, welches spezifisch auf den Schraubendurchmesser abgestimmt ist.

► **Selbstschneidendes Gewinde:** Nach Aufbohrung wird die Schraube unter sanftem Druck eingedreht. Dabei hinterschneidet die Schraube ihr eigenes Gewinde selbst.

► **Kanülierte Schrauben:** Über vorgelegten K-Draht wird nach Aufbohren mit kanülierten Bohrern die Schraube, meist mit selbstschneidendem Gewinde, über den einliegenden K-Draht eingebracht.

Tabelle 35.1 · **Schraubentypen mit zugehörigen Bohrstiftdicken für Gewindeloch und Gleitloch**

Schraubentyp	Gewindeloch-∅	Gleitloch-∅
1,5 – Kortikalis	1,1 mm	1,5 mm
2,0 – Kortikalis	1,5 mm	2,0 mm
2,7 – Kortikalis	2,0 mm	2,7 mm
3,5 – Kortikalis	2,5 mm	3,5 mm
4,5 – Kortikalis	3,2 mm	4,5 mm
kleine 3,5 – Spongiosa	2,5 mm	–
große 6,5 – Spongiosa	3,2 mm	–
4,5 – Malleolar	3,2 mm	–

Fixationsprinzip

► **Stellschraube:** Fixiert z. B. eine Platte gegen den Knochen oder stellt zwei Knochen auf Distanz gegeneinander (z. B. Syndesmosen-Stellschraube): Über die gesamte Schraubenlänge wird mit gleichem Durchmesser aufgebohrt und ggf. das Gewinde geschnitten.

► **Zugschraube:** Bewirkt eine interfragmentäre Kompression zwischen den knöchernen Fragmenten:
- *Bei Kortikalisschrauben* erreichbar durch Aufbohren eines so genannten Gleitlochs.
- *Bei Spongiosaschrauben* erreichbar ebenfalls durch Aufbohren eines Gleitlochs oder durch Schraubentypen mit verkürzten Gewindelängen (16 mm/32 mm).

35.4 Platten-Osteosynthese

Prinzip

► Platten dienen der dauerhaften Retention von Knochen- und Gelenkfragmenten nach offener Reposition. Nach ihrer biomechanischen Funktion können gleiche Platten prinzipiell unterschiedlich wirken als Neutralisationsplatte, Abstützplatte, Kompressionsplatte, Zuggurtungsplatte, Überbrückungsplatte (s. u.).

► Form, Größe und Dimensionierung einer Platte erfolgen je nach topographisch-anatomischem Einsatzgebiet und mechanischem Anforderungsprofil.

Wirkungsarten von Platten

► **Neutralisationsplatte:**
  • Die primäre Stabilität der Osteosynthese wurde durch interfragmentäre Zugschrauben erreicht.
  • Die Platte dient nur dem Schutz der Osteosynthese vor Torsions-, Biege- und Scherkräften durch Kraftumleitung.
  • Dadurch wird die Osteosynthese übungs- und (teil)belastungsstabil.

► **Abstützplatte:**
  • Hauptsächlich bei Osteosynthesen an epiphysären und metaphysären Frakturen.
  • Dienen der Kraftumleitung aus dem angrenzenden Gelenk zur Diaphyse des betroffenen frakturierten Knochens.

► **Kompressionsplatte:** Prinzip der DC-Platten (dynamische Kompression): Die spezielle Geometrie des Plattenloches (Längsloch) bewirkt beim Festschrauben der Platte an den Knochen eine definierte Verschiebung der Platte gegen den Knochen und damit den Aufbau einer interfragmentären Kompression.

► **Zuggurtungsplatte:**
  • Soll auf die Frakturzone auftretende Zugkräfte neutralisieren.
  • Voraussetzung ist, dass die knöcherne Abstützung der gegenüberliegenden Kortikalis ausreicht, diese Kompression aufzunehmen.

► **Überbrückungsplatte:** Bei ausgedehnten Trümmerzonen sollen Länge und Stellung des Knochens gesichert werden.

► **Winkelstabile Platte:** Wirkungsweise im Prinzip wie Fixateur interne, die Schrauben sind über eine Gewindeverbindung zwischen Schraubenkopf und Plattenloch fest fixiert, sodass gegenüber der Platte keine Relativbewegung, insbesondere keine Kippbewegungen mehr auftreten können. Diese Plattentechnik eignet sich vorzugsweise ab Abstützplatte bei gelenknahen Frakturen wie als Überbrückungsplatte bei komplexen Frakturzonen insbesondere in Gelenknähe Abb. 35.1.

Technik

► Die Form der einzubringenden Platte muss durch Biegeeisen, Schränkeisen und Biegepresse an die Konturen der Knochenoberfläche angepasst werden.

► Gegenbiegen einer Platte erhöht die interfragmentäre Kompression und damit die Stabilität der Fixation.

► Dimensionierung der Platte: Die Länge ist so zu wählen, dass proximal und distal der letzten Frakturlinie die Schrauben durch die Platte mindestens 5-mal gesunde Kortikalis fassen.

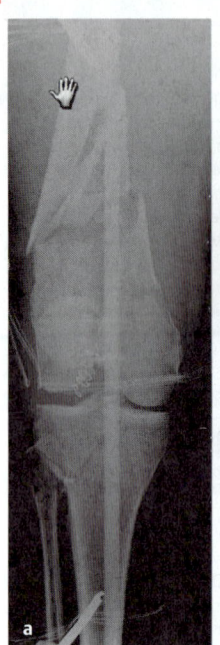 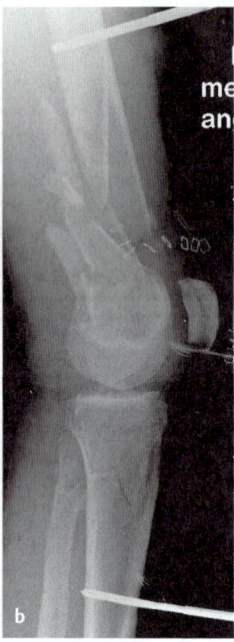 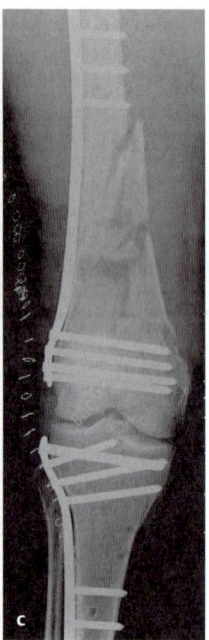

Abb. 35.1 a–c   Komplexe Verletzung des distalen Oberschenkels und der proximalen Tibia, Erstversorgung mit gelenküberbrückendem Fixateur externe (a und b), Definitivversorgung mit winkelstabiler Plattenosteosynthese an Oberschenkel und Unterschenkel (c)

35.5 Marknagel-Osteosynthese

Prinzip

► Marknagel-Osteosynthesen sind prinzipiell möglich an Femur, Tibia und Humerus.
► Je nach Zugang in *anterograder* Richtung (von proximal nach distal) oder in *retrograder* Richtung (von distal nach proximal).
► **Mögliche Implantationstechniken:**
  • *Aufgebohrt oder unaufgebohrt* (s. u.).
  • *Geschlossene Marknagelung:* Die Fraktur wird nicht eröffnet. Der Zugang erfolgt über minimale Inzisionen, die Verriegelung über kleine Stichinzisionen.
  • *Offene Marknagelung:* Die Reposition der Fragmente erfolgt unter Sicht nach Eröffnung der Fraktur. Wegen zusätzlicher Periostschädigung wird diese Technik nur bei Osteotomien zur Stellungskorrektur, Pseudarthrosen sowie bei Fehlen eines Röntgenbildverstärkers durchgeführt.

Technik der aufgebohrten Implantation

► **Lagerung:** Auf dem Extensionstisch oder frei.

- ► **Zugang:** Über minimale Hautinzisionen, Eröffnung des Markraumes mit dem Pfriem oder mit kanüliertem Bohrer.
- ► **Technik:**
  - Einbringen des Führungsspießes, der über die reponierte Fraktur in das distale Hauptfragment eingeführt wird. Schrittweises Aufbohren der Markhöhle beginnend mit frontal schneidendem 9-mm-Bohrkopf. Dann mit seitlich schneidenden Bohrköpfen je 0,5 mm ansteigend bis auf 11 oder 12 mm (entsprechend Markhöhlenweite und Bohrwiderstand).
  - Trümmerzonen werden mit nicht rotierendem Bohrkopf passiert.
  - Nach abgeschlossener Markraumbohrung Bestimmung der Nagellänge.
  - Einschlagen des gemessenen Marknagels, welcher mit dem Einschlag- und Zielgerät zusammengesetzt ist.
  - Je nach Frakturtyp erfolgt die Verriegelung, die grundsätzlich statisch oder dynamisch konzipiert werden kann.
  - Proximale Verriegelung durch Einführen der Bolzen nach Stichinzision und entsprechender Vorbohrung bei Führung mittels Hülsen durch das Zielgerät.
  - Distal spezielle Zieleinrichtung unter Verwendung des Bildwandlers. Bohrung mittels strahlendurchlässigem Winkelgetriebe.
  - Verriegelung des Marknagels: Bei Verkürzungsgefahr (zentrale Trümmerzone) oder zur Sicherung der Rotation wird der Marknagel an beiden Enden mittels Durchbohren von Bolzen durch Kortikalis und Löcher im Marknagel verriegelt. Die Fraktur wird dadurch weitgehend belastungsstabil. Bei der statischen Verriegelung blockieren die Bolzen jede Verschiebung.
  - Redon-Drain im Marknagel, neben der Wunde ausleiten. Sekretflasche anschließend ohne Sog.
  - Dynamisierung: Wenn proximal nur ein Verriegelungsbolzen im schlitzförmigen Loch des Marknagels liegt, kann sich das Fragment unter Belastung etwas verkürzen. Dadurch entsteht dynamische, axiale Kompression, was den Durchbau beschleunigt.
- ► **Kompression:** Verschiedene Marknageltypen erlauben eine Kompression durch eine am Nagelende eingeführte Schubschraube, die über einen Bolzen im Längsloch des Nagels eine Relativbewegung des Knochens über den Nagel mit Opposition und Kompression der Frakturenden gegeneinander auslöst. Diese Form der Nagelung eignet sich besonders zur Stabilisierung hypertropher Pseudarthrosen, querer Osteotomien und einfacher Querfrakturen.

Technik der unaufgebohrten Implantation

- ► Hierbei erfolgt die Marknagelung ohne vorherige Markraumaufbohrung.
- ► Markraumeröffnung mit einem speziellen Instrument.
- ► Danach wird der vorbereitete Marknagel mit einem Zielbügel weitgehend von Hand eingestoßen und über die reponierten Frakturen in das distale Hauptfragment vorgeschoben.
  - ❏ **Cave:** Auf mögliche Diastase im Frakturbereich achten!
- ► Die Osteosynthese wird nur durch Verriegelung des Marknagels stabil. Wegen seines kleinen Durchmessers (8 oder 9 mm) können nur dünnere, weniger belastbare Verriegelungsbolzen verwendet werden. Deshalb ist bei unaufgebohrten Marknägeln initial nur eine Teilbelastung möglich.

Nachbehandlung

- ► Die Marknagelung erlaubt eine sofortige Mobilisierung des Patienten. Vollbelastung ist wesentlich früher als nach Platten-Osteosynthesen möglich.

▶ Beim statisch verriegelten Marknagel von 11 oder 12 mm Durchmesser kann im Prinzip voll belastet werden.
▶ Entfernung des Marknagels bei komplikationslosem Verlauf nicht vor dem 24. Monat.

35.6 Externe Fixation

Allgemeines

▶ Der Fixateur externe ist eine direkte Krafteinleitung in den gebrochenen Knochen und ermöglicht daher zumindest eine partielle Belastbarkeit der Extremität.
▶ Bei der Wahl der Position des Fixateurs müssen folgende Aspekte berücksichtigt werden:
  • Lagerungsfähigkeit und spätere Mobilisierung des Patienten.
  • Wundpflege und sekundäre Lappenplastiken dürfen nicht behindert werden.
  • Die Wahrscheinlichkeit eines späteren Verfahrenswechsels.
  • Der Fixateur soll nach Möglichkeit dort angelegt werden, wo ein dünner Weichteilmantel besteht und tiefe Weichteile nicht gefährdet werden. Der Durchschnitt von Muskulatur behindert die freie Bewegung. Bewegung führt zu Reizzuständen und nachfolgenden Infektionen.
▶ Im Handel sind zahlreiche komplette Instrumentarien verschiedener Dimension erhältlich. Prinzipiell soll ein modernes Fixateur-externe-System folgende Anforderungen erfüllen:
  • Einfache universelle Anwendbarkeit.
  • Multidirektionale Reponierbarkeit (Mehrgelenkkette).
  • Ausreichende dreidimensionale Stabilität.
  • Geringes Gewicht (Titan, Leichtbauweise).
  • Kompatibilität mit anderen Systemen.
  • Durchleuchtbarkeit.

Indikationen

▶ Schwerer Weichteilschaden (offene und geschlossene Frakturen; s. S. 99).
▶ Komplexe Trümmerfrakturen.
▶ Präliminäre Fixation beim Polytrauma (S. 22) zur raschen Herstellung der Pflegefähigkeit.
▶ Temporäre stabile Gelenküberbrückungen bei Frakturen und Infekt.
▶ Infizierte Frakturen.
▶ Repositionshilfen bei Osteosynthese von Gelenkfrakturen.
▶ Auxiliäre Abstützung bei zweifelhafter Stabilität minimaler Osteosynthesen.
▶ Kallusdistraktion: Verlängerungen und Segmenttransport (S. 536).

Prinzip

▶ Stabilisierung der Hauptfragmente durch äußere Träger (Stangen oder Rohre), welche frakturfern eingebohrte Schanz-Schrauben, Steinmann-Nägel bzw. Bonell-Schrauben mittels Backen verbinden.
▶ Funktionen: Ruhigstellung, Abstützung, Kompression, Distraktion, Stellungskorrektur.
▶ Montageformen:
  • *Unilateraler Fixateur:* 1–2 Rohre und Schanz-Schrauben.
  • *Rahmenfixateur:* Bilaterale Rohre und Steinmann-Nägel.

- *Räumlicher Fixateur:* Verstärkung durch zusätzliches Rohr und Schanz-Schrauben in der 2. Ebene.
- *Dreieckanordnung:* Schanz-Schrauben und Rohre. Ringfixateur(e).
- ▶ **Hinweis:** Die Auswahl der Montageform richtet sich nach der *Lokalisation:* In der Traumatologie haben die die Weichteile weniger traumatisierenden und in der Montage einfacheren unilateralen Fixateure die Rahmenfixateure bei den meisten Lokalisationen (Humerus, Unterarm, Femur, Tibia) abgelöst.

► Für die Fixation von Gelenken kommen oft Scharnierstücke mit einstellbarem Winkel zwischen den Rohren zum Einsatz.
► Anstelle der Rohre werden in zunehmendem Maße die strahlendurchlässigen Aluminium- oder Kohlenfaserstangen verwendet.

Technische Details

► Stichinzisionen sind obligat. Bohrung nur durch Hülse (Weichteilschutz).
► Jede Schanz-Schraube muss durch die Markhöhle hindurch gebohrt, d. h. in 2 Kortikales verankert sein. Je größer der Abstand zwischen den Schanz-Schrauben in einem Fragment, desto besser die Stabilität.
► Die Rohre sind möglichst körpernah (direttissima) anzulegen, dadurch entsteht optimale Stabilität zur Kraftübertragung.

Nachbehandlung

► Die Haut an den Nageleintrittsstellen darf nicht gespannt sein. Im Zweifelsfall Erweiterung der Stichinzision. Regelmäßige Kontrolle und Pflege (Desinfektion).
► Frühe Mobilisation und Belastung.

Komplikationen

► **Infektion der Eintrittsstelle der Implantate** (Pintrack-Infektion): Weitaus häufigste Komplikation. Sie bleibt meistens lokal, führt jedoch zur Lockerung der Implantate und damit zur Instabilität (Circulus vitiosus). Sie kann durch regelmäßige Kontrollen und Pflege vermieden werden.
► **Weichteilverletzungen:** Gefährdete Strukturen vor der ersten Kortikalis müssen durch Erweiterung der Stichinzision freigelegt und weggeschoben werden. Tiefe Weichteilverletzungen sind bei sorgfältiger Bohrung extrem selten.

35.7 Metallentfernung

Allgemeines

► **Faktoren zur Indikationsstellung einer Metallentfernung:**
- *Topographie der Verletzung:* Die mögliche Gefährdung eines Nervs in der Nachbarschaft einer zu entfernenden Platte unterstreicht die strenge Indikationsstellung zur Metallentfernung (z. B. Plattenentfernung am Humerusschaft).
- *Alter des Patienten:* Prinzipiell gilt, je älter der Patient ist, desto eher können die Implantate in situ verbleiben. An der oberen Extremität können Platten und Schrauben auch bei jüngeren Patienten durchaus belassen werden.
- *Art des verwendeten Implantates:*
  - Bei Titanimplantaten ist die Indikation zur Metallentfernung noch strenger zu sehen als bei Kobalt-Chrom-Nickel-Implantaten, da Titanimplantate wesentlich besser einheilen.

–   Implantate aus Stahl werden mehrheitlich nach gesicherter Frakturheilung wieder entfernt.

▶ **Allgemeine Gründe für eine Metallentfernung:**

- *Metallurgisch:* Es tritt immer etwas Korrosion an Kontaktstellen zwischen Schrauben und Platten auf. Eine Ausnahme bilden die extrem korrosionsarmen Titanimplantate.
- *Technisch:* Die Metallentfernung ist meist ein kleiner und einfacher Eingriff.
- *Biomechanisch:* Dickere Stahlplatten führen zu einer lokalen Zirkulationsstörung in der Kortikalis und wahrscheinlich zu einem Elastizitätsverlust.
- *Psychologisch:* Für den Patienten bedeutet sie den definitiven Abschluss der Behandlung.
- *Funktionell und kosmetisch:* Gleichzeitig sind Weichteilkorrekturen möglich (Arthrolysen, Tenolysen, Narbenkorrekturen, Muskelhernien usw.).

▶ **Kontraindikationen:**

- *Allgemein:* Erhöhtes Operationsrisiko (kardial, hohes Alter).
- *Lokal:*
  –   Tief gelegene Fremdkörper, deren Entfernung technisch aufwendig oder schwierig ist (z. B. Becken, Schulterpfanne).
  –   Hohe Gefährdung von Begleitstrukturen (Nervenläsion am Humerusschaft).

Zeitpunkt der Implantatentfernung

▶ Frakturdurchbau im Röntgenbild bedeutet Tragfähigkeit unter Implantatschutz. Der mikroskopische Umbau geht aber über viele Monate weiter. Nach der Metallentfernung erfolgt beim Röhrenknochen ein erneuter Umbau des Havers-Systems bis zur Rückgewinnung der normalen Elastizität. Daher ist Sportkarenz nach Metallentfernung bei belasteten Schaftfrakturen für 4 Monate zu verordnen (Gefahr der Refraktur).

▶ Bei lokalem Reizzustand (Korrosion) können einzelne störende Schrauben unter Belassung der Platte frühzeitig entfernt werden.

▶ **Richtwerte bei normal verlaufender Frakturheilung** (▶ *Cave:* Bei verzögerter Knochenbruchheilung, Pseudarthrosenbildung, Frakturen mit lokalen Begleitverletzungen und Infektionen gelten andere, individuell festzusetzende Zeiträume!):

Tabelle 35.2 · Zeitliche Richtwerte zur Metallentfernung bei normal verlaufender Frakturheilung

Lokalisation	Frist (Monate)
obere Extremität	12–18
Femur	18–24
Tibia	12–24
Sprunggelenk	8–12
Becken	strengste Indikationsstellung! Nur im Falle von Beschwerden und Komplikationen ab dem 10. Monat möglich

Vorgehen

▶ **Voraussetzungen:**
- *Anamnese:* Beschwerden (in Ruhe oder Belastung?), Medikamente (z. B. ASS), soziale Situation.
- *Klinische Untersuchung:* Infektionszeichen, Druckschmerz, Beweglichkeit angrenzender Gelenke im Seitenvergleich, Fehlstellung, Längendifferenzen?
- *Röntgen:* Frakturheilung, Anzahl der Implantate, Implantatbruch/-wanderung/-lockerung?

▶ **Zugang:** Meist über vorgegebene Inzisionen unter Exzision des Narbengewebes.

▶ **Platten:**
- Wiedereröffnung des alten Zugangs (erlaubt gleichzeitige Exzision oder Korrektur störender Narben). Darstellung der Implantate und Entfernung derselben unter Beachtung der Korrosion und der Vitalität des Plattenbetts (protokollieren). Nach Entfernung der Platte sparsames Débridement des Plattenlagers mit dem scharfen Löffel.
- Bei V. a. Infektion im Implantatlager: Gewebe zur mikrobiologischen Untersuchung. Gründliche Spülung des Implantatlagers mit Ringer- oder Kochsalzlösung. Redon-Drainage mit extravulnärer Ausleitung.
- Fasziennähte, Hautnaht, Kompressionsverband, Hochlagerung.

▶ **Marknagel:**
- Inzision in der alten proximalen Narbe. Weichteilspaltung. Der Gewindeanteil des Marknagelkopfes ist ausgefüllt von z. T. verkalktem Granulationsgewebe, welches mit dem scharfen Löffel ausgekratzt wird. Umgebende Knochenneubildungen werden ausgemeißelt.
- Einsetzen des passenden Gewindekonus, der ganz fest angezogen werden muss. Einschrauben von Einschlagstück und Führungsstange. Nach Beginn des Ausschlagens des Marknagels mit dem Schlaggewicht. Keine Redon-Drains unter Sog in die Markhöhle. Weichteilverschluss und Kompressionsverband.

▶ Doppelplatten bzw. multiple Implantate an verschiedenen Extremitäten ggf. in Etappen (Abstände 4–6 Monate) entfernen.

Nachbehandlung

▶ Aufstehen ohne Krücken nach 24 h, Entfernung der Hautnähte am 10. Tag.
▶ Mobilisation unter Hinweis auf die erhöhte Refrakturrate unmittelbar nach Materialentfernung insbesondere an der oberen Extremität (s. o.).
▶ Bei belasteten Schaftfrakturen Sportkarenz von 4 Monaten (s. o.).

36   Minimalinvasive Techniken

36.1 Gelenkpunktion

Grundlagen

► **Indikation:**
- *Diagnostische* Gelenkpunktion:
  - Entlastung eines posttraumatischen Ergusses.
  - Differenzialdiagnose Reizerguss – Hämarthros – Infekt.
  - Gewinnung von Synovia zur laborchemischen Untersuchung (z. B. Harnsäure, Rheumafaktoren).
- *Therapeutische intraartikuläre Injektion:* Schmerz, Schwellung, chronische Reiz- und abakterielle Entzündungszustände.
► **Kontraindikation:**
- Jeder in unmittelbarem zeitlichen Zusammenhang geplante operative Gelenkeingriff → Gefahr der Kontamination des Gelenkraums.
- ▢ *Ausnahme:* Massiver, schmerzhafter Gelenkerguss, der entlastet werden muss.
- Infizierte oder potenziell keimbesiedelte Veränderungen der Haut und des Unterhautfettgewebes in unmittelbarer Umgebung des Gelenks, z. B. Abschürfungen, Bursitiden, Lymphangiitis.

Allgemeine Hinweise zum Vorgehen

► **Hygiene:** Die Anforderungen an Räumlichkeit, Hautdesinfektion, Abdeckung und Kleidung entsprechen denen eines aseptischen Eingriffs (entsprechend Empfehlung des Deutschsprachigen Arbeitskreis für Krankenhaushygiene).
► **Punktatasservierung zur bakteriologischen Untersuchung:** Indiziert bei jedem Infektionsverdacht, insbesondere auch nach jeder vorausgegangenen Injektion, Punktion oder nach einem operativen Eingriff.
► **Verwendete Kanülen:**
- Einmalkanülen der Größe 1 (gelb) → Punktatgewinnung.
- Kleinere Kanülen → intraartikuläre Injektion (Nr. 2 oder 10).
- ▢ *Hinweis:* Die Verwendung sterilisierbarer großlumiger Kanülen sollte wegen der Gefahr der Einschleppung eines Hautstanzzylinders unterbleiben.
► **Lokalanästhesie** der Einstichstelle und des Stichkanals, indiziert bei kräftigem Weichteilmantel (Schulter-, Hüftgelenk) und bei Kindern.
► **Nach intraartikulärer Injektion:** Zur besseren Verteilung des Medikaments müssen das Gelenk durchbewegt und die periartikulären Weichteile massiert werden.

Spezielle Punktionstechnik

► **Kniegelenk**
- *Lagerung:*
  - Bei fehlender oder geringer Ergussbildung: Streckstellung des Kniegelenkes zur Entspannung der Patella und des Streckapparates.
  - Bei massivem Gelenkerguss: Leichte Beugestellung mit Unterpolsterung der Kniekehle.
- *Punktion:*
  - Einstich 2 Querfinger lateral und oberhalb der kranialen Begrenzung der Kniescheibe.

– Zügiges Vorschieben der Kanüle durch die fibröse Gelenkkapsel. Bei Erreichen des Gelenkraums ist ein deutliches Nachlassen des Widerstands zu verspüren.
– Aspirieren von Gelenkflüssigkeit.
– Bei Ergussbildung: Konzentrisches Ausstreichen des Gelenkraums durch einen Helfer, um eine weitgehend vollständige Entleerung zu erreichen.

▶ **Schultergelenk:**
• *Lagerung:*
– Sitzender Patient, mit dem Rücken dem Operateur zugewandt.
– Der leicht adduzierte und innenrotierte Arm liegt dem Oberschenkel bequem auf.
• *Punktion:*
– Die Einstichstelle liegt 2 Querfinger unterhalb einer gut tastbaren Einsenkung der Spina scapulae etwas medial des Angulus acromialis.
– Die Hand des Operateurs umgreift die Schulter von oben und tastet mit dem Zeigefinger den Processus coracoideus.
– Die Kanüle wird nun in Richtung Processus coracoideus vorgeschoben, bis ein fühlbares Nachlassen des Widerstandes das Erreichen des Gelenkraums anzeigt. Die intraartikuläre Lage der Nadelspitze kann durch die Instillation von 10 ml steriler Ringerlösung gesichert werden, die nach Entkoppelung der Spritze von der Kanüle spontan abfließen sollte.

▶ **Ellenbogengelenk:**
• *Lagerung:* Der Patient befindet sich in Rückenlage, das Ellenbogengelenk ist um annähernd 90° gebeugt und liegt auf einem Handtisch.
• *Punktion:* Dorsoradialer Zugang unmittelbar ventral des gut tastbaren Radiusköpfchens (*cave:* N. radialis Ramus profundus). Vorschieben der 1er-Punktionskanüle, bis Synovialflüssigkeit austritt.

▶ **Handgelenk:**
• *Lagerung:* Rückenlage, Hand und Unterarm liegen in Pronationsstellung auf einem Handtisch.
• *Punktion:* Dorsoradialer Zugang zwischen der Sehne des M. extensor pollicis longus und M. extensor indicis. Vorschieben der 1er-Punktionskanüle, bis Synovialflüssigkeit austritt.

▶ **Hüftgelenk:**
• *Lagerung:* Rückenlage auf röntgendurchlässigem Tisch.
• *Punktion:* Eingehen mit langer 1er-Punktionskanüle oder Lumbalpunktionskanüle an der proximalen Oberschenkelaußenseite knapp oberhalb der Trochanterspitze. Vorschieben der Kanüle unter Bildverstärkerkontrolle bis zum Erreichen des Gelenks.

▶ **Oberes Sprunggelenk:**
• *Lagerung:* Rückenlage, gepolsterte Rolle unter der Wade für eine freie Plantarflexion und Dorsalextension.
• *Punktion:* Anterolateraler Zugang unmittelbar vor dem Malleolus lateralis, lateral der Sehnen des M. extensor digitorum communis. Vorschieben der 1er-Punktionskanüle, bis Synovialflüssigkeit austritt.

36.2 Arthroskopie

Grundlagen

► **Definition:** Wenig invasiver chirurgischer Eingriff durch Einführen einer Optik und chirurgischer Instrumente in die Gelenkhöhle.
► **Apparative Voraussetzungen:**
  • *Arthroskope:* 30°- und 70°-Optik, Nadeloptik 30°.
  • Monitor, Lichtquelle, Lichtleitkabel, Gas-Insufflation, Videoprinter.
  • Fasszangen, Biopsiezangen, Meniskotom, Shaver.
  • Durchleuchtungsgerät.
► **Grundsätzliche Unterscheidung der arthroskopischen Operationen:**
  • *Resezierende Verfahren:*
    – Teilmeniskektomie.
    – Plikaresektionen.
    – Resektion von Kreuzbandstümpfen und Ganglien.
  • *Rekonstruktive, stabilisierende Verfahren:*
    – Ersatzplastiken für vorderes und hinteres Kreuzband.
    – Labrumrefixation.

Allgemeine vorbereitende Maßnahmen

► **Anästhesie:** In der Regel Regional- oder Allgemeinanästhesie, Lokalanästhesie nur in Ausnahmefällen.
► **Blutsperre:**
  • *Reine Diagnostik* (an Knie-, Sprung-, Ellbogen- und Handgelenk): Hier ist eine Blutsperre nicht unbedingt notwendig.
  • *Arthroskopische Operationen* sollten dagegen immer mit Blutsperre durchgeführt werden.
► **Zugang zum Gelenk über Arthroskopie-Portal:**
  • Stichinzision durch die Haut.
  • Spitzer Trokar durch die fibröse Gelenkkapsel.
  • Stumpfer Trokar durch die synoviale Gelenkkapsel.

Arthroskopische Knorpelchirurgie – Shaving, Glättung

► **Definition:** Mechanische Abrasion von Knorpelgewebe (dadurch wird aber *kein* neuer Knorpel geschaffen!).
  • *Shaving:* Abtragung von erweichtem Knorpelgewebe bis zum subchondralen Knochen (Abrasionsarthroplastik).
  • *Glättung:* Nivellement von Stufenbildungen im Knorpel.
► **Indikationen:** Mechanische Hindernisse (z. B. Stufen, Exophyten).
▣ *Keine Indikation:* Knorpelerweichungen und Blisterbildungen!

Arthroskopie bei Osteochondrosis dissecans

► **Stadium I, II:** Anbohrung des OD-Herdes unter arthroskopischer Kontrolle von extra- oder intraartikulär.
► **Stadium III:** Arthroskopische Re-Fixation des Dissekates nach Anfrischen des Mausbettes.
► **Stadium IV, V:**
  • Entfernung des Dissekates, Anbohren des Mausbettes, Glättung des Randes.
  • Ausgiebige arthroskopische Lavage mit Ringerlösung (5–10 l).

Tabelle 36.1 · Stadieneinteilung der Osteochondrosis dissecans	
Stadium	**Kennzeichen**
I	intakte, aber erweichte, oft sich vorwölbende Knorpeldecke
II	Knorpel sichtbar geschädigt, aber noch adhärent
III	partielle Lösung der Gelenkmaus
IV	freier Gelenkkörper

Arthroskopische Entfernung freier Gelenkkörper

▶ *Tipp:* Zum Aufsuchen und zur Darstellung freier Gelenkkörper eignet sich auch die Diaphanoskopie mit dem intraartikulär einliegenden Arthroskop als Lichtquelle.
► **Vorgehen, abhängig von der Größe des Gelenkkörpers:**
  • Kleinere Gelenkkörper (< 4 mm) lassen sich durch den Arthroskopschaft herausspülen.
  • Größere Gelenkkörper (> 4 mm) müssen mit der Fasszange entfernt werden.
  • Sehr große Gelenkkörper können fixiert mit einer Nadel durch Miniarthrotomie freigelegt und entfernt werden.

Arthroskopische Synovektomie

► **Indikationen:** Adhäsiolyse, chronischer Gelenkinfekt.
► **Durchführung:**
  • Meist zusätzliches Portal zur Gelenkspülung notwendig (z. B. supra-patellar, postero-medial oder postero-lateral).
  • Besser unter Spülung mit Flüssigkeit (nicht unter Gas-Milieu).
► **Nachbehandlung:** Die anschließende intensive Physiotherapie ist sehr wichtig.

Arthroskopische Arthrolyse

► **Indikation:** Trotz Ausschöpfung aller konservativen physiotherapeutischen Maßnahmen ist eine Besserung der Beweglichkeit nicht mehr zu erreichen (→ dringender Verdacht auf intraartikuläre Verwachsungen).
► **Durchführung:**
  • Durchtrennung der Verwachsungen idealerweise mit dem Hochfrequenzmesser (Vermeidung von Einblutungen).
  • Immer anschließende Mobilisation des Gelenkes in Narkose.
► **Nachbehandlung:** Postoperativ frühzeitig intensive Physiotherapie.

Arthroskopische Empyem-Therapie

► **Indikation:** Akuter Gelenkinfekt (z. B. postoperativ).
► **Durchführung:**
  • *Stadium I* (Synovialitis purulenta):
    – Gewinnung von Punktat und Synovialgewebe für Bakteriologie.
    – Gewebe für Histologie (Nachweis massenhaft-neutrophiler Granulozyten spricht auch bei negativer Bakteriologie für eine Infektion!).
    – Programmierte (alle 2–3 Tage), wiederholte arthroskopische Spülungen bis zur Infektfreiheit (ca. 5 l Spülflüssigkeit).

– Zwischen den Spülungen intensive Physiotherapie mit Motorschiene und lokaler Kälte-Behandlung, keine Ruhigstellung, Antibiose (nach Antibiogramm oder Breitspektrum-Antibiotikum).

● *Stadium II* (Gelenkempyem): Vorgehen wie bei Stadium I, zusätzlich gründliche Säuberung von Fibrin-Belägen, lokale Antibiose.

● *Stadium III* (Periarthritis) *und IV* (chronische Infektarthritis): Arthroskopisch nicht zu sanieren! → Indikation zur Arthrotomie!

36.3 Arthroskopische Chirurgie

Kniegelenk

▶ **Vorbereitende Maßnahmen:**
● *Anästhesie:* s. S. 556.
● *Blutsperre:* Immer (außer bei reiner Diagnostik; s. o.).
● *Lagerung* (mögliche äquivalente Alternativen):
– Patient in Rückenlage, Lagerung des Knies in 40°-Beugung auf einer Rolle oder auf einem „Kniebänkchen".
– Patient in Rückenlage, gestrecktes Knie auf dem ebenen Operationstisch.
– Patient in Rückenlage, Untersuchung am hängenden Unterschenkel mit Kniebeugung.
● *Zugang:*
– *Normalfall:* Antero-lateral und antero-medial für Arthroskop und Instrument.
– *Spezialfall:* Zusätzliche Zugänge über postero-mediales oder postero-laterales Portal (insbesondere bei der Entfernung freier Gelenkkörper aus dem hinteren Gelenk-Rezessus oder dem Recessus popliteus [„Schlammfänger"]).

▶ **Allgemeine arthroskopische Eingriffe:**
● *Diagnostisch:*
– Mit dem Taststab Beurteilung der Konsistenz des Gelenkknorpels und der Festigkeit von Menisken und Kreuzbändern.
– Biopsie von Synovialis und Knorpel.
● *Operativ-therapeutisch:*
– Entfernung freier Gelenkkörper (S. 557).
– Entfernung von Implantaten und Fremdkörpern.
– Partielle Synovektomie (S. 557).
– Arthrolyse und Narbendurchtrennung.
– Empyem-Therapie und Gelenkspülung (S. 557).
– Knorpelchirurgie (Shaving, Glättung; S. 556).
– Therapie der Osteochondrosis dissecans (S. 556).

▶ **Spezielle arthroskopische Eingriffe:**
● Meniskus-Chirurgie:
– *Resektion, Meniskektomie:* Bei über 40-jährigen Patienten der Regeleingriff.
– ◪ *Hinweis:* Je weiter innen ein Meniskusriss lokalisiert ist, desto geringer werden die Chancen einer Einheilung nach Naht → deshalb Indikation zur Meniskektomie.
– *Meniskus-Naht bzw. Refixation:* Je aktiver ein Patient unter 40 ist, desto eher ist die Indikation gegeben. Die Meniskus-Refixation ist nur erfolgversprechend bei intaktem vorderen Kreuzband oder bei gleichzeitigem vorderen Kreuzbandersatz. Die Naht kommt nur bei Längsrissen infrage (periphere Längsrisse können nach Anfrischen der Wundränder noch nach 6–8 Wochen erfolgreich genäht werden). Techniken: a) Einzelknopfnähte; b) Doppellumen-Nadeltechnik.

- *Meniskustransplantation:* Ausnahme (klinisches Versuchsstadium)!
- *Kreuzband-Chirurgie:* Naht, Plastik, Augmentation, tibiale Re-Fixation des hinteren Kreuzbandes.
- *Retinakulumnaht* und lateraler Release (indiziert bei ausgedehnten Rupturen des medialen Retinakulums nach traumatischer Patellaluxation; sie sollte mit einem ebenfalls arthroskopischen lateralen Release kombiniert werden [der therapeutische Wert ist nach wie vor umstritten]).
- *Plika-Chirurgie und arthroskopische Arthrolyse:* Durchtrennung und Resektion der Plicae und von Verwachsungen.
- *Arthroskopisch gestützte Frakturenversorgung:* Mögliche Indikationen sind Frakturen von Patella, Tibiakopf, Femurkondylen, Eminentia intercondylaris.

Schultergelenk

▶ **Vorbereitende Maßnahmen:**
- *Anästhesie:* s. S. 556.
- *Lagerung:* Seitenlagerung des Patienten, gesunde Seite nach unten. Ggf. Extension des Schultergürtels mittels Schulterhalter. Beach-chair Lagerung.
- *Zugang:*
  - *Normalfall:* Zugang über die dorsale Pforte, die in der Regel auch zur Inspektion der dorsalen Strukturen ausreichend ist.
  - *Sonderfall:* Zusätzliche ventrale Pforte.
▶ **Allgemeine arthroskopische Eingriffe:** Siehe S. 556.
▶ **Spezielle arthroskopische Eingriffe:**
- Resektion des Ligamentum coraco-acromiale (Indikation: Impingement-Syndrom).
- Akromioplastik (Indikation: Impingement-Syndrom).
- Bursektomie der Bursa subacromialis.
- Labrum-Resektion.
- Labrum-Refixation oder -Naht.
- Refixation des Ligamentum glenurohumorale inferius.
- Plastik des Ligamentum glenurohumorale inferius.
- Chirurgie der Rotatorenmanschetten-Läsionen.

Handgelenk

▶ **Anwendung, Indikation:** Synergistische Gelenkdiagnostik unter Verwendung der Arthrographie in Kombination mit der Arthroskopie.
▶ **Vorbereitende Maßnahmen:**
- *Anästhesie:* s. S. 556.
- *Blutsperre:* Immer (außer bei reiner Diagnostik; s. S. 518).
- *Lagerung:* Unter Rückenlagerung des Patienten Hand entweder auf Beistelltisch lagern oder besser aufhängen unter Extensionsbedingungen.
- *Zugang:* Mit der dorso-radialen Pforte für Arthroskop und der dorso-ulnaren Pforte für den Taststab sind grundsätzlich einsehbar (Triple-Punktion):
  - Proximales Handgelenk.
  - Metakarpal-Gelenk.
  - Distales Radioulnar-Gelenk.
▶ **Allgemeine arthroskopische Eingriffe:** Siehe S. 556.
▶ **Spezielle arthroskopische Eingriffe:**
- Diskus-Resektion.
- Refixation des Diskus.
- Interkarpale Arthrodesen.

Ellbogengelenk

▶ **Vorbereitende Maßnahmen:**
- *Anästhesie, Blutsperre:* s. S. 556.
- *Lagerung:*
  - Rückenlage des Patienten (der zu untersuchende Arm liegt dabei in 90°-Beugestellung auf dem Brustkorb).
  - Alternativ evtl. auch Bauchlage (mit um 90° abduziertem Oberarm und 90°-Beugung des Ellbogengelenkes).
- *Zugang:*
  - Dorso-radial: Ermöglicht Sicht in 2/3 des Gelenkes.
  - Ventro-radial (beugeseitig): Sicht in das restliche Gelenk.

▶ **Allgemeine arthroskopische Eingriffe:** Siehe S. 556.

▶ **Spezielle arthroskopische Eingriffe:**
- Arthroskopisch gesteuerte Refixation des Processus coronoideus mit Zielgerät.
- Arthroskopisch kontrollierte Spaltung der Ansatzsehnen der Extensoren am radialen Epicondylus (Indikation: „Tennis-Ellbogen").

▶ **Nachbehandlung:** Möglichst keine Ruhigstellung. Frühfunktionelle Nachbehandlung mit schrittweisem Belastungsaufbau.

Hüftgelenk

▶ **Vorbereitende Maßnahmen:**
- *Anästhesie:* s. S. 556.
- *Lagerung:*
  - Rückenlage des Patienten auf einem Extensions-Tisch.
  - Alternative Lagerung mit Traktionsvorrichtung nach Glick.
- *Zugang:* Die Punktion sollte unter Bildwandlerkontrolle erfolgen (*cave* iatrogene Schäden!): Lateraler Zugang, anterolateraler Zugang.

▶ **Allgemeine arthroskopische Eingriffe:** Siehe S. 556.

▶ **Spezielle arthroskopische Eingriffe:**
- Labrum-Resektionen.
- Reposition des luxierten Hüftkopfes unter arthroskopischer Kontrolle.
- Reposition einer luxierten Total-Endoprothese unter arthroskopischer Kontrolle.

▶ **Nachbehandlung:** Keine Ruhigstellung. Frühfunktionell-schmerzorientiert, evtl. kurzfristige Teilbelastung mit Gehstützen.

Sprunggelenk

▶ **Vorbereitende Maßnahmen:**
- *Anästhesie, Blutsperre:* s. S. 556.
- *Lagerung:* Rückenlage des Patienten. Das zu untersuchende Sprunggelenk ist auf einer gepolsterten Rolle und leicht erhöht gelagert.
- *Zugang:* Anterolateral = Standardzugang. Zusätzliche Zugangsformen: Posterolateral, anterozentral, anteromedial, posteromedial.

▶ **Allgemeine arthroskopische Eingriffe:** Siehe S. 556.

▶ **Spezielle arthroskopische Eingriffe** (Indikationen zum rein arthroskopischen Vorgehen sind eher umstritten!):
- Arthroskopisch gesteuerte Refixation des Ligamentum fibulotalare anterius mittels Stable-Implantation.
- Arthroskopisch gesteuerte Arthrodese des Tibiotalar-Gelenkes.

▶ **Nachbehandlung:** Sehr unterschiedlich in Abhängigkeit vom jeweiligen Eingriff.

36.4 Thorakoskopische Eingriffe

Grundlagen

▶ **Indikationen:**
- Thoraxtrauma.
- Pleuraadhäsionen und gekammerte Ergussbildung.
- Ventrale Rekonstruktion und Fusion bei Wirbelsäulenverletzungen.

▶ **Kontraindikationen:**
- Vorbestehende Erkrankungen mit wesentlicher pulmokardialer Einschränkung.
- Manifestes akutes posttraumatisches Lungenversagen.
- Klinisch manifeste Gerinnungsstörung.

▶ **Technische Voraussetzungen:**
- *Instrumente* für die Anlage und den Verschluss der Portzugänge: Skalpell, stumpfe Schere, Pinzette, Langenbeck-Haken, Nadelhalter.
- *Bildübertragungseinheit:* 30°-Winkeloptik, hochauflösende Videokamera, lichtstarke (Xenon-)Kaltlichtquelle, Saug-/Spüleinheit.
- *Endoskopische Instrumente für die Weichteilpräparation:* Präpariertupferzange; Overholt, Schere, Retraktur, Gefäßclip-Applikator, Nadelhalter.
- *Bei Eingriffen an der Wirbelsäule:* Osteotomie, Rongeure, Küretten, Stanzen in extralanger Ausführung.

Durchführung

▶ Seitengetrennte Intubation mittels Doppellumentubus.
▶ Stabile Seitlagerung durch Vier-Punkt-Abstützung.
- Bei diagnostischer Thorakoskopie und Adhäsiolyse: Lagerung auf die gesunde Seite.
- Bei Eingriffen an der Wirbelsäule: Th3–Th8 Linksseitenlagerung, Th9–LWK 1 von links, individuell abhängig von der Lage der Aorta (CT).
▶ Anlage des 1. Portals in Minithorakotomie-Technik:
- 1,5 cm Hautinzision über einem Interkostalraum in der Axillarlinie.
- Spreizen der Muskulatur in Längsfaserrichtung, Nachsetzen von Langenbeck-Haken.
- Eröffnung der Pleura unter Sicht mit der stumpfen Schere.
- Einführen des Trokars (10 mm) und der Optik.
▶ Anlage weiterer Portale unter direkter videoskopischer Sicht.
▶ Vor Beendigung des Eingriffs gezielte Platzierung einer Thoraxdrainage unter videoskopischer Sicht.

Fehler und Gefahren

▶ „Blindes" Einführen von Trokaren und Instrumenten: Verletzung von Lunge, Herz, großer Gefäße.
▶ Perforation des Zwerchfells mit scharfen Instrumenten mit möglicher Verletzung von Leber, Milz, Niere.

37 *Physiotherapie und Rehabilitation*

37.1 *Prinzipien*

Allgemein

▶ Die Nachbehandlung beginnt unmittelbar nachdem die Entscheidung zur konservativen Behandlung getroffen ist bzw. nachdem die operativen Maßnahmen durchgeführt sind. Ziel ist immer eine funktionelle Nachbehandlung.

Funktionelle Nachbehandlung

▶ Voraussetzung: Übungsstabilität der Osteosynthese.
▶ Bei komplizierter Weichteilsituation muss die frühfunktionelle Nachbehandlung u. U. aus der Schiene heraus durchgeführt werden (Entlastung bzw. Teilbelastung der betroffenen Gliedmaße).

Drainagen

▶ Mit Abschluss der Operation wird in der Regel in die Wunde eine Drainage eingelegt, die nach 24 Stunden (intraartikulär) bzw. 48 Stunden entfernt wird.

Verbände

▶ **Schienenverbände:**
  • In der Notaufnahme angelegte Schienenverbände werden in jedem Fall noch vor Eintritt in den Operationssaal entfernt. Wird postoperativ ein weiterer Schienenverband erforderlich, so ist dieser neu anzulegen!
  • Ziel der Operationen ist es, auf Schienenverbände generell zu verzichten. Sollte er zur besseren Wundheilung aufgrund ausgedehnter Schwellneigung dennoch erforderlich sein, dann muss die postoperative Ruhigstellung auf ein Minimum reduziert werden und die funktionellen passiven Bewegungsübungen sollen vorsichtig aus dem Verband heraus durchgeführt werden.
▶ **Steriler Wundverband im Operationssaal** (Wattekompressionsverband):
  • *Aufbau:* Drainage, sterile Verbandskompressen, Watte, elastische Zweizugbinden.
  • *Funktion:* Durch die Watte wird eine gleichmäßige Verteilung des Druckes der elastischen Wicklung erzielt (kein Einschneiden!).
▶ **Verbandswechsel:**
  • *Erster postoperativer Verbandswechsel nach 48 Stunden:* In der Regel wird erneut ein Wattekompressionsverband angelegt (*Ausnahme:* Kleinere Eingriffe → hier ist meist ein Pflaster in Kombination mit elastischer Wicklung bzw. Kompressionsstrumpf ausreichend).
  • *Weitere Verbandswechsel:* Einfacher *Pflasterverband* kombiniert mit elastischer Wicklung bzw. an den Beinen Anlage eines Kompressionsstrumpfes.

Lagerung

▶ **Prinzipiell Hochlagerung der operierten Gliedmaße** (über Herzhöhe!)
  • Einfaches Kissen.
  • Spezielle Lagerungsschienen (*cave* Druckstellen, insbesondere bei Sprunggelenkverrenkungsbrüchen und Fersenbeinbrüchen unter Verwendung der Braun-Schiene).

▶ **CPM (continuous passive motion):**
- *Prinzip:* Kontinuierliche passive Bewegung mittels Motorschiene.
- *Vorteile:*
  – Bewegung eines Gelenkes bereits in der Frühphase möglich.
  – Günstiger Einfluss durch langsame Bewegung, die Muskulatur bleibt über weite Bewegungsausmaße entspannt.

Mobilisation

▶ **Ziel** ist die möglichst frühzeitige Mobilisation des Patienten!
▶ **Dabei zu berücksichtigen** sind das Alter des Patienten, der Allgemeinzustand, der Schweregrad der Verletzungen insgesamt sowie das lokale Verletzungsmuster.

37.2 Physiotherapie

Ziele und die hierfür zur Verfügung stehenden Maßnahmen

▶ **Schmerzlinderung:** Eis, heiße Packungen, Lagerung, Entlastungsstellungen, Traktion, Querfriktion, unterstütztes Bewegen, Entspannungstechniken, Elektrotherapie.
▶ **Entlastung:** Lagerung im Bett, Schlingentisch, Krankengymnastik im Bewegungsbad, Rückenschule, Brüggertherapie, Entlastungsstellungen.
▶ **Mobilisation:** Manuelle Therapie, Querfriktion, Muskeldehnung, isoliertes Bewegen einzelner Gelenke ohne weiterlaufende Bewegung, Klapp-Kriechen, Vojta, FBL (Funktionelle Bewegungslehre nach Klein-Vogelbach).
▶ **Kräftigung und Stabilisation:** PNF (propriozeptive neuromuskuläre Fazilitation), FBL (s. o.), dynamische/konzentrische/exzentrische Muskelarbeit, Spannungsübungen, medizinische Trainingstherapie, Hydrotherapie, Stemmführung von Brunkow, Bobath, Klapp-Kriechen, Elektrotherapie.
▶ **Koordinationsschulung:** Dynamisch konzentrisch bzw. exzentrisches Üben mit Variationen: Rhythmus, Tempo, Geräte. Gleichgewichtsübungen, z. B. auf Pezziball oder Schaukelbrett, PNF (s. o.), FBL (s. o.), Vojta, Hydrotherapie.

Propriozeptive neuromuskuläre Fazilitation (PNF)

▶ **Prinzip:** Stimulation und Kräftigung der Muskulatur durch komplexe Bewegungsmuster unter Ausnutzung propriozeptiver Leitungswege.
▶ **Ziele:** Normalisierung des Muskeltonus, Verbesserung koordinativer Fähigkeiten, Abbau pathologischer Bewegungsmuster, Muskeldehnung, Muskelkräftigung.

Vojta-Therapie

▶ **Prinzip:** Bahnungssystem auf entwicklungsphysiologischer Grundlage mit einem Zusammenspiel von automatischer Steuerung der Körperlage im Raum, charakteristischen Aufrichtemechanismen, zielgerichteter phasischer Motorik hin zu Koordinationskomplexen (Reflexkriechen, Reflexumdrehen). Die Auslösung erfolgt durch adäquate Periost- und Muskeldehnreize über genau definierte Zonen an Extremitäten und Rumpf.
▶ **Indikationen:** Jede Störung im neuromuskulären Gefüge, wie z. B. bei Morbus Bechterew, Morbus Scheuermann, Skoliose bzw. bei Kindern Schiefhals, Hüftdysplasie oder Spina bifida.

Bobath-Therapie

- ► **Prinzip, Ziele:** Verbesserung der Koordination des Bewegungsablaufes, Hemmung von pathologischen Haltungsmustern und Bewegungen durch Tonusregulierung, Bahnung von normalen Stell- und Gleichgewichtsreaktionen. Über Schlüsselpunkte an der Wirbelsäule und den großen Extremitätengelenken wird die Therapie eingeleitet (wichtig ist die Kooperation mit Ergotherapeuten).
- ► **Indikationen:** ZNS-Störungen bei Kindern und Erwachsenen.

Funktionelle Bewegungslehre nach Klein-Vogelbach (FBL)

- ► **Prinzip, Ziele:** Vermittlung der exakten Beobachtung von Statik und Bewegung, um Koordination, Mobilisation, Kräftigung zu erreichen.
- ► **Techniken:** Reaktives Üben, provozierte Gleichgewichtsreaktionen, spezifische therapeutische Übungen mit und ohne Pezziball, Ganganalyse und Gangschulung.

Funktionsanalyse und Therapie nach Brügger

- ► **Prinzip:** Zentral-nervös gesteuerte reflektorische Veränderungen des Bewegungsapparates bewirken schmerzhafte Funktionsbehinderungen.
- ► Detektion von Überlastungsstellen durch spezielle Befunderhebung.
- ► Verhinderung von Überlastungssyndromen durch kurzfristige symptomatische Therapie.

Stemmführung nach Brunkow

- ► **Prinzip:** Die Dorsalextension von Händen oder Füßen bewirkt eine Stemmaktivität und wird über die Muskelketten des gesamten Körpers dorsal und ventral fortgeleitet. Die dynamische Stabilisation der Muskeln erfolgt durch die antagonistische Muskelaktivität.
- ► **Ziele:** Kräftigung und Koordination.

Klapp-Kriechen

- ► **Prinzip:** Aktive Übungen für den Rumpf im Vierfüßlerstand.
- ► **Ziel:** Korrektur, Mobilisation und Kräftigung der Rumpfmuskulatur.

Medizinische Trainingstherapie

- ► **Prinzip:** Aktive Übungen als Kraft-Ausdauer-Training.
- ► **Techniken:**
  - Individuelle Ermittlung des Bedarfes an Kraft und Ausdauer.
  - Gezieltes Aufbautraining ohne bzw. mit Gerät.
  - Dehnen verkürzter Muskulatur.
  - Kräftigen entsprechender Antagonisten.
  - Anleitung zum Eigentraining.

Querfriktion

- ► **Prinzip, Ziele:** Verhindern und Lösen von posttraumatischen Verklebungen (Mobilisation). Schmerzreduzierende Behandlung auf genau lokalisierten Strukturen.
- ► **Technik:** Je nach Schmerzempfinden Einsatz von ausreichender Amplitude und ausreichendem Druck mit dem Finger. Die zu behandelnde Struktur wird quer zu ihrem Faserverlauf bewegt.

Schlingentisch

▶ **Prinzip:** Schwerelose Aufhängung einzelner Extremitäten bis hin zur Ganzkörper-aufhängung (evtl. Erschwerung oder Erleichterung bestimmter Bewegungen durch Gewichte oder Expander).
▶ **Ziele:** Stabilisation statisch, dynamisch konzentrisch und dynamisch-exzentrisch, Schmerzlinderung, Entlastung, Dehnlagerung, Mobilisation.

Rückenschule

▶ **Prinzip, Ziele:** Prävention und Rehabilitation von Schäden der Wirbelsäule, Erlernen von rückenschonendem Verhalten für alle Alltagssituationen.

Muskeldehnung und Detonisierung

▶ **Passiv:** Detonisierende Massage, Querdehnen, Querdehnung unter leichter Bewegung im Muskelverlauf, Längsdehnen, Dehnlagerung, Schlingentisch (s. o.), Eis-packungen (s. S 567), Wärmepackungen (s. S. 568).
▶ **Aktiv:** Über Aktivität der Antagonisten, über Ermüden durch Aktivität des Agonis-ten, postisometrische Relaxation, Entspannungstechnik nach PNF (s. S. 563).

Postoperative Prophylaxe-Maßnahmen bei bettlägerigen Patienten

▶ **Allgemein:** Der Behandlungsaufbau muss sich individuell am Krankheitsbild und an der Belastungsfähigkeit des einzelnen Patienten orientieren.
▶ **Spezielle Maßnahmen:**
  • *Pneumonieprophylaxe:* Atemtherapie, Giebelrohr, Klopfungen, Abklatschen mit Franzbranntwein.
  • *Thromboseprophylaxe:* Langsames Bewegen der Füße, Antithrombosestrumpf, ggf. Wickeln der Beine.
  • *Spitzfußprophylaxe:* Fuß in Null-Stellung lagern, Fußbewegungsübungen.
  • *Kontrakturprophylaxe:* Lagerung der Gelenke in Null-Stellung (*cave* Knierolle führt zur Hüftbeugekontraktur!), alle 3–4 h Lageänderung.
  • *Muskelatrophien-Prophylaxe:* Anleitung der Patienten zu selbstständigen Übun-gen mit z. B. Hanteln, Expander.
  • *Dekubitusprophylaxe:* Regelmäßige Lagerungswechsel, Unterpolsterungen, an Knochenvorsprüngen Verbesserung der Durchblutung durch Abreiben mit Eiswürfeln.

Gangschule

▶ **Indikation:** Alle Patienten mit Störungen am Bewegungsapparat, nach OP an den unteren Gliedmaßen und der Wirbelsäule.
▶ **Ziele:** Abbau pathologischer Bewegungsmuster, Verhinderung einer Überlastung benachbarter Gelenke, Vermeidung einer zu starken Belastung der betroffenen Gliedmaße.
▶ **Technik:**
  • *Hilfsmittel:* Gehwagen, Rollator, Unterarmgehstützen, Handstock.
  • *Gangarten:* Schongang, Dreipunktegang, Vierpunktegang.

Manuelle Therapie

▶ **Prinzip:** Diagnostische und therapeutische (Hand-)Grifftechniken bei Hypomobili-tät an Wirbelsäule und Extremitätengelenken.

► **Indikation:** Im Vordergrund steht die Blockierung im Sinne einer reversibel gestörten Funktion eines Gelenkes im Sinne einer Bewegungseinschränkung.
► **Techniken:** Entspannung der dem blockierten Gelenk zugeordneten Muskulatur durch langsame Quer- oder Längsdehnung.
► **Ziele:** Freie schmerzlose Beweglichkeit, verbesserte Gelenkbeweglichkeit.

Mobilisationstechniken

► **Prinzip:** Traktion, Gleiten im Sinne einer sanften Mobilisierung des distalen Gelenkpartners mit gleichzeitiger Entspannung und Dehnung der dazugehörigen Muskulatur.
► **Technik:** Aktive, isometrische Muskelanspannung gegen Widerstand des Therapeuten, in der Relaxationsphase passives Bewegen des Gelenkes in die entgegengesetzte eingeschränkte Richtung.

Elektrotherapie

► **Galvanischer Strom:**
  • *Applikationsformen:* Iontophorese, 4-Zellenbad, Stangerbad.
  • *Wirkung:* Hyperämisierend, analgetisch, antiphlogistisch.
  ❏ *Cave:* Bei hoher Stromdichte und zu kleinen Elektroden besteht Verbrennungsgefahr!
► **Iontophorese:**
  • *Definition, Prinzip:* Nutzung konstanten galvanischen Gleichstromes zur transkutanen Applikation von ionisierten oder undissoziierten Wirkstoffen.
  • *Wirkung:* Hyperämisierend, analgetisch, antiphlogistisch.
► **Faraday-Strom:**
  • *Definition, Prinzip:* Therapeutische Anwendung niederfrequenter Reizströme (Dreieckimpulsströme).
  • *Wirkung:* Reizung quergestreifter Muskulatur.
► **Exponentialstrom:**
  • *Prinzip:* Selektive Reizung denervierter Muskulatur in gesunder umgebender Muskulatur, Begrenzung der Atrophie während Nervenregenerationsphase, Bahnung von funktionellen Bewegungsabläufen bei gestörter Restfunktion.
► **Diadynamische Ströme:**
  • *Definition, Prinzip:* Reizströme mit Gleichstrom und Impulsstromanteilen.
  • *Wirkung:* Analgetisch, hyperämisierend.
  • *Anwendung:* Ultrareizstrom, Schwellstromstimulation.
► **Transkutane elektrische Nervenstimulation (TENS):**
  • *Definition, Prinzip:* Nach elektrischer Reizung eines Nervs wird eine Weiterleitung des Schmerzes verhindert.
  • *Wirkung:* Analgetisch (Anwendung bei chronischen Schmerzen).
► **Interferenzstrom nach Nemec:**
  • *Definition, Prinzip:* Nutzung zweier sich kreuzender Stromkreise mit differierenden Wechselströmen zur Erzeugung endogen wirksamer Schwingungen.
  • *Wirkung:* Analgetisch, hyperämisierend, resorptionsfördernd, tiefliegende Gewebeschichten werden ohne Hautreizung erreicht.
► **Hochfrequenzstrom:**
  • *Definition, Prinzip:* Erzeugung elektromagnetischer Felder, Tiefenwirkung der Wärme (Diathermie).
  • *Wirkung:* Hyperämisierend, analgetisch, Muskelrelaxation und Stoffwechselsteigerung.

Ultraschall

▶ **Prinzip:** Kombination von mechanischer Vibrationswirkung und thermischer Wirkung mit Vasodilatation. Eindringtiefe bis ca. 8 cm.
▶ **Wirkung:** Analgesierend, permeabilitätssteigernd, hyperämisierend und muskelrelaxierend.

Massage

▶ **Formen:**
  • *Klassische Massage:* Streichung, Knetung, Zirkelung, Klopfen, Klatschen, Hautreizgriffe, Erschütterung, Vibration.
  • *Reflexzonenmassage:* Nutzung des kutiviszeralen Reflexbogens.
  • *Bindegewebsmassage:* Zugreiz auf subkutanes und interstitielles Bindegewebe.
  • *Manuelle Lymphdrainage:* Ausstreichungen und intermittierende Drückungen mit dem Ziel, den Abfluss von Gewebeflüssigkeit und Lymphe anzuregen bzw. zu verbessern.
  • *Unterwasserdruckstrahlmassage:* Mechanische Wirkung durch Wasserstrahl (1–1,8 bar).
▶ **Kontraindikationen:** Akute oder chronische Entzündungsprozesse, frische Operationsnarben, offene Wunden, frische Hämatome, frischer Herzinfarkt, Antikoagulanzientherapie, hoch fieberhafte Erkrankungen.

Hydrotherapie

▶ **Prinzip:** Anwendungen von kaltem bzw. warmem Wasser in verschiedenen Aggregatzuständen.
▶ **Beispiele:** Kneipp-Anwendungen, Kneipp-Güsse, Teilbäder, Abreibungen, Bürstungen, Abklatschungen, Wickel, Bewegungstherapie im 28–33 °C warmen Wasser (v. a. bei der Bewegungstherapie erlebt der Patient, dass er sich bei reduzierter Belastung normal bzw. mit weniger Schmerzen bewegen kann).
▶ **Wirkungsfaktoren:**
  • *Hydrostatischer Druck* → gleichmäßige Kompression.
  • *Auftrieb* → Entlastung und Schmerzreduktion.
  • *Reibungswiderstand* → Kräftigung der Muskulatur.

Kryotherapie

▶ **Prinzip:** Lokale Anwendungen von Eis zu therapeutischen Zwecken.
▶ **Wirkung:**
  • *Gefäße:* Vasokonstriktion für 2–3 min mit anschließender Hyperämie.
  • *Atmung:* Erhöhung von Ventilation, Frequenz und Atembreite.
  • *Nerven:* Tonusreduktion bei Spastik.
  • *Muskulatur:* Kurzzeitig tonisierende Wirkung.
  • *Schmerzempfindung:* Örtlich deutliche Schmerzreduktion.
▶ **Applikationsformen:** Eisbeutel, Silikatkompresse (Kryopack), Frottierhandtuchtechnik, Eistauchbad, Ganzkörperkältetherapie.
▶ **Kontraindikationen:** Trophische Störungen, Kälteüberempfindlichkeit, offene Wunden, Nieren- und Blasenentzündungen.

Thermotherapie

► **Prinzip:** Anwendung von Wärme (*cave* nur die oberen Gewebeschichten bis etwa 3 cm werden erreicht, für tiefere Strukturen ist die Elektrotherapie erforderlich s. S. 566).
► **Wirkung:** Nozizeptorenhemmung, lokale Hyperämie mit Verbesserung der Trophik, Vasodilatation, Stoffwechselsteigerung, Detonisierung der Muskulatur.
► **Applikationsformen:** Heiße Rolle, feucht-heiße Kompressen, Moor, Schlamm, Fango, Infrarot-Lichtbogen.

Ergotherapie

► **Prinzip:** Erhaltung, Wiederherstellung und Kompensation von notwendigen Bewegungsabläufen zur Wiedererlangung der Selbstständigkeit.
► **Methoden:** Einsatz von Beschäftigungs- und Arbeitstherapie, Funktionstraining mittels handwerklicher Techniken und funktionellem Spielen, Selbsthilfetraining, Hilfsmittelversorgung, Kompensationstraining, Arbeitsplatztraining.
► **Behandlungsziele:** Gelenkmobilisation, Kontrakturprophylaxe, Kräftigung der Muskulatur, Verhindern von Muskelatrophien, Erzielen von Selbstständigkeit.

Rehabilitationsmaßnahmen

► **Ambulante Nachbehandlung:**
  • Verordnung durch den niedergelassenen Facharzt oder den Hausarzt.
  • Begrenzte Intensität, in der Regel max. 3 × 20 Minuten pro Woche möglich.
► **Ambulante Rehabilitationsmaßnahme:**
  • Bei bestimmten Indikationen mit fachärztlicher Begründung.
  • 5-mal mehrere Stunden pro Woche möglich.
► **Erweiterte angewandte Physiotherapie (EAP):**
  • BG-Heilverfahren.
  • 5-mal mehrere Stunden pro Woche.
  • 14-tägliche Funktionskontrolle durch den D-Arzt.
► **Anschlussheilbehandlungsmaßnahme (AHB):** Stationäres Verfahren, Kostenträger ist der Rentenversicherer.
► **Berufsgenossenschaftliche Stationäre Weiterbehandlung (BGSW):** BG-Heilverfahren in speziellen anerkannten Häusern.
► **Geriatrisch:** Frührehabilitation, stationäre Weiterbehandlung.

38   Begutachtung

38.1 Grundlagen

▶ **Voraussetzungen des Gutachters:** Facharztstandard, Erfahrungen in der Unfall-medizin, spezialisiertes Wissen zu den relevanten Unfallfolgen.
▶ **Fragestellungen:** Feststellung bleibender Unfallfolgen, kausaler Zusammenhang zwischen Unfall und Gebrechen. Abgrenzung unfallunabhängiger Vorerkrankungen, Prognose für die Zukunft, Vorschlag zur Besserung der Unfallfolgen.
▶ **Auftraggeber:**
  • Gesetzliche Unfallversicherungen (Berufsgenossenschaften) zur Einschätzung der Minderung der Erwerbsfähigkeit (MdE).
  • Private Unfallversicherungen zur Frage der dauernden Beeinträchtigung der körperlichen oder geistigen Leistungsfähigkeit (Invalidität), gemäß der all-gemeinen Unfallversicherungsbedingungen (AUB).
  • Haftpflichtversicherungen zur Regulierung des materiellen Schadens eines Geschädigten.
  • Gerichtsgutachten zu Streitigkeiten im Zivil- und Strafrecht, Fragestellung an den Gutachter gemäß Beweisanordnung.
  • Schiedsstellen der Landesärztekammern in der Regel zur Frage eines Behand-lungsfehlers.
▶ **Minderung der Erwerbsfähigkeit:** Für die gesetzliche Unfallversicherung definiert als Umfang der sich aus Beeinträchtigung des körperlichen und geistigen Leis-tungsvermögens ergebenden verminderten Arbeitsmöglichkeiten auf dem gesam-ten Gebiet des Erwerbslebens. Festsetzung von Regel-MdE, z. B. Verlust des Unter-schenkels 40 %.
▶ **Invaliditätsgrad:** In der privaten Unfallversicherung Definition fester Invaliditäts-grade, z. B. bei Verlust des Beines in Mitte Oberschenkel 70 % der abgeschlossenen Versicherungssumme.

38.2 Vorgehen

▶ **Standardisierter Aufbau des Gutachtens:**
  • Einleitender Abschnitt zur Patientenidentifikation, Nennung des Unfalldatums, Bezeichnung des Gutachtenzwecks, Definition der Fragestellung.
  • Anamnese mit allgemeiner Eigenanamnese in Kurzfassung, kurze Sozialanam-nese zum Ausbildungsgang, Anamnese des Unfalls.
  • Beschwerdebild mit Schilderung in eigenen Worten durch den Verletzten, sub-jektive Schmerzangaben.
  • Befund mit orientierendem Allgemeinbefund, detailliertem Befund der Unfall-folgezustände, Befundung der bildgebenden Diagnostik.
  • Zusammenfassung mit Beschreibung der wesentlichen Unfallfolgen, Abgren-zung unfallunabhängiger Schäden.
  • Einschätzung als MdE, Gliedertaxe, weiterhin Prognose zur weiteren Entwick-lung und Vorschläge für weitere Heilmaßnahmen.
  • Schlussbemerkung mit Nennung von Besonderheiten, Einwilligung oder Beschränkung zur Gutachtenweitergabe.

38.3 Goniometrie

Grundlagen

▶ Nach der Neutral-Null-Methode werden die Bewegungen eines Gelenkes von einer definierten Neutralstellung (so genannte Null-Stellung) aus gemessen. Der gemessene Winkelwert gibt das Ausmaß der Bewegung an.

▶ Die Null-Stellung der Gelenke bezieht sich auf die anatomische Normalstellung eines aufrecht stehenden Menschen mit hängenden Armen und mit nach ventral gerichteten Daumen.

▶ Die Normwerte entsprechen den durchschnittlichen Bewegungsbereichen gesunder Erwachsener.

▶ Gemessen werden in der Regel die aktiven und passiven Bewegungsausmaße der Gelenke; die passiven sind meistens größer.

▶ Jede Gelenksbewegung wird mit 3 Zahlen definiert: Die beiden entsprechenden Endausschläge und die Null-Stellung. Wird die Null-Stellung passiert, so steht die Null zwischen den beiden gemessenen Endstellungswerten.

▶ Notwendige Messinstrumente: Maßstab, Messband, Winkelmesser (Goniometer) und Holzbrettchen zum Ausgleich von Beinlängendifferenzen.

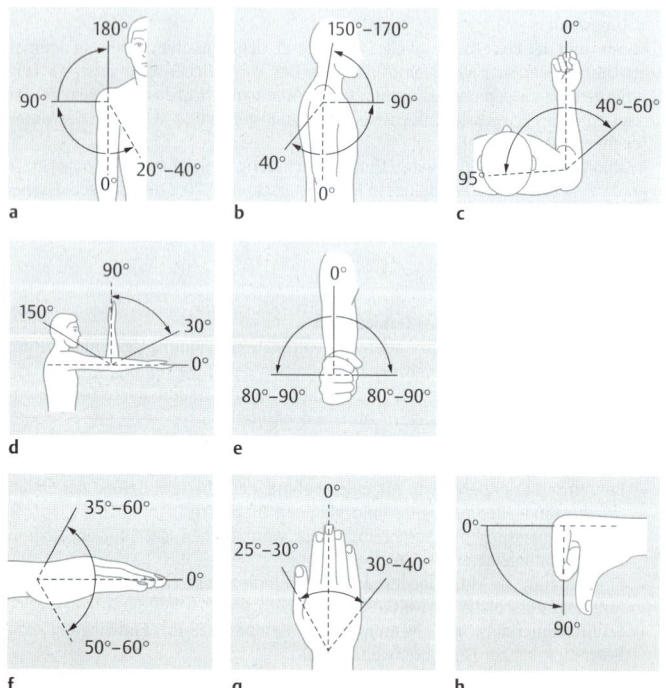

Abb. 38.1 a–h   Funktionsmaße für die Gelenke der oberen Extremitäten nach der Neutral-Null-Methode

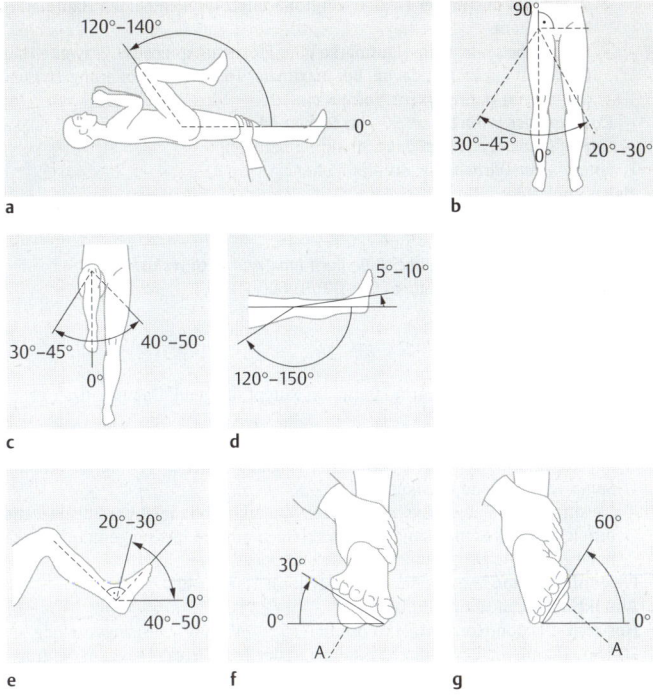

Abb. 38.2 a–g Funktionsmaße für die Gelenke der unteren Extremitäten nach der Neutral-Null-Methode

► Zusätzlich müssen Längen- und Umfangsmessungen der Extremitäten durchgeführt werden.

Wirbelsäule

► **Grundlagen:**
- *Null-Stellung:* Aufrechte Haltung, Becken in der Frontalebene horizontal; ein eventuell vorhandener Beinlängenunterschied ist mit Holzbrettchen ausgeglichen. Kyphose in der BWS, Lordose in der LWS.
- *Bezugspunkte:* Dornfortsätze, Sternum, Rippenbogen, Spinae iliacae posterior und anterior superior, Sakrum.

► **Lenden- und Brustwirbelsäule:**
- *Flexion der Gesamtwirbelsäule* (Finger-Boden-Abstand): Bei maximaler Flexion der Gesamtwirbelsäule, Flexion in den Hüftgelenken und gestreckten Beinen (durchgedrückten Kniegelenken) Abstand zwischen Fingerspitzen und Boden messen.
- *Schober-Zeichen:*
  – *Lendenwirbelsäule:* Markierung von zwei Stellen: Erste Hautmarke über dem Processus spinosus S1, zweite Hautmarke in Null-Stellung 10 cm kranial

davon. Bei maximaler Flexion Vergrößerung zwischen beiden Hautmarken; Norm: 5 cm.

- *Brustwirbelsäule:* Erste Hautmarke über Processus spinosus C7, zweite Hautmarke 30 cm kaudal davon. Bei maximaler Flexion Vergrößerung zwischen den beiden Hautmarken; Norm 8 cm.

- *Extension der Wirbelsäule:* 30°. Im Stehen oder in Bauchlage.
- *Lateralflexion der Wirbelsäule:* 30–40°. Im Stehen.
- *Rotation der Wirbelsäule:* 30°. Im Stehen.

► **Halswirbelsäule:**
- *Flexion/Extension der Halswirbelsäule:*
  Inklination/Reklination 35°–45°/0°/35°–45°.
- *Lateralflexion der Halswirbelsäule nach links und nach rechts:* 45°/0°/45°.
- *Rotation der Halswirbelsäule:* 60°–80°/0°/60°–80°.

Schultergelenk

► **Grundlagen:**
- *Null-Stellung:* Stehend, Arm lateral am Rumpf hängend, Daumen nach ventral gerichtet.
- *Bezugspunkte:* Skelettachse des Oberarms, Benützung des Vorderarms als Zeiger bei Rotationsbewegungen, Akromion, Angulus superior et inferior scapulae, Spina scapulae und Klavikula.
- *Elevation:* Jede Bewegungsrichtung von kaudal nach kranial wird als Elevation bezeichnet. Als Standardmessungen erfolgen nur die Messungen der Vertikalbewegungen in den Hauptebenen des Körpers.

► **Flexion/Extension** (Anteversion/Retroversion): 170°/0°/40°.
► **Abduktion/Adduktion:** 180°/0°/40°.
► **Horizontalflexion/Horizontalextension:** 135°/0°/40°–50°. Ausgangsstellung sind 90°-Abduktion, die Bewegungen erfolgen in der Transversalebene um die frontosagittale Achse.
► **Außenrotation/Innenrotation:**
- 40°–60°/0°/95°. Hängender Arm, Flexion im Ellbogengelenk um 90° und ventrale Ausrichtung des Vorderarms. Bewegungen in der Transversalebene um die frontosagittale Achse. Messung der maximalen Außenrotation im Schultergelenk sowie maximalen Innenrotation (Hand hinter dem Rücken).
- *Bei 90°-Abduktion:* 70°/0°/70°.

► **Kombinationsbewegungen:**
- *Schürzengriff:* Hochführen der Hand auf dem Rücken vom Gesäß Richtung Skapula. Messung der Distanz zwischen Daumenspitze und Vertebra prominens oder Landmarke des Daumens, z. B. gluteal, lumbosakral, LWK 3, Th 12 und Th 6.
- *Nackengriff:* Senken der in den Nacken erhobenen Hand auf den Rücken. Normen: Bis zu den Ohren, Hände auf oder hinter den Kopf ohne und mit maximaler Abduktion.
- *Berührung des gegenüberliegenden Ohres:*
  - Mit der Hand auf dem Kopf.
  - Mit der Hand um das Kinn herum.

Ellbogengelenk

► **Grundlagen:**
- *Null-Stellung:* Hängender Arm, Ober- und Unterarm in der Sagittalebene, Daumen nach ventral gerichtet.

- *Bezugspunkte:* Skelettachse der Ulna und des Humerus, Epicondylus lateralis und medialis humeri und Olekranon.
- ► **Flexion/Extension:** 150°/0°/0°. Kinder und Frauen erreichen auch eine über 0° hinausreichende Extension.

Vorderarmgelenke

- ► **Grundlagen:**
  - *Null-Stellung:* Aufrechte Körperhaltung, Ellbogen am Oberarm angelegt und 90° flektiert, Vorderarm horizontal nach ventral gerichtet, Handgelenk in Null-Stellung, Daumen zeigt nach kranial.
  - *Bezugspunkte:* Oberarmachse, Achse durch Processi styloidei radii und ulnae.
- ► **Pronation/Supination:** 80°–90°/0°/80°–90°. Drehung des Vorderarms um seine Längsachse.

Handgelenk

- ► **Grundlagen:**
  - *Null-Stellung:* Hand und Achse des Vorderarms liegen in der Sagittalebene, Gerade zwischen Vorderarmachse und III. Metakarpalen. Vorderarm befindet sich in Null-Stellung bezüglich Pronation/Supination.
  - *Bezugspunkte:* Vorderarmachse, Os metacarpale III.
- ► **Flexion/Extension:** 50°–60°/0°/35°–40°.
- ► **Radialabuktion/Ulnarabduktion:** Radialdeviation/Ulnardeviation 20°–30°/0°/30°–40°.

Mittelhand- und Fingergelenke

- ► **Grundlagen:**
  - *Null-Stellung:* Längsachsen der Ossa metacarpalia I–IV und der Phalangen verlaufen parallel, Gerade zwischen Vorderarmachse und Längsachse des Mittelfingers. Daumen ist an den Zeigefinger angelegt.
  - *Bezugspunkte:* Metakarpalia, Phalanges, Fingergelenke und -kuppen, Handfurchen, Thenar und Hypothenar.
- ► **Daumengelenke:** Komplexe Bewegungsmuster. Die wichtigsten Bewegungen erfolgen im Karpometakarpalgelenk (KM) und werden mit Bewegungen im Metakarpophalangealgelenk (MP) und Interphalangealgelenk (IP) kombiniert.
  - *Radialabduktion/Radialadduktion:* 70°/0°/0°. Hand flach abgelegt, Untersuchung in der Ebene der Handfläche.
  - *Palmare Abduktion/palmare Adduktion:* 70°/0°/0°. Bewegung senkrecht zur Palmarebene nach palmar.
  - *Zirkumduktion des Daumens:* 0°/0°/120°. Ausgehend von der Neutral-Null-Stellung: maximale Radialabduktion.
  - *Extension/Flexion im MP-Gelenk:* 0°–10°/0°/50°.
  - *Extension/Flexion im IP-Gelenk:* 0°–20°/0°/80°.
  - *Extension/Flexion-Adduktion:* Anlegen des Daumens an die Handfläche durch maximale transpalmare Adduktion mit Beugung in allen Daumengelenken.
  - *Weitere kombinierte Bewegungen:* Opposition des Daumens bei Streckung und Beugung des Daumens, Retroposition des Daumens.
- ► **Fingergelenke:**
  - *Flexion/Extension der MP-Gelenke:* 90°/0°/0°–30°.
  - *Flexion/Extension der proximalen Interphalangeal-Gelenke:* 100°/0°/0°.
  - *Flexion/Extension der distalen Interphalangeal-Gelenke:* 90°/0°/0°.

• *Kombinierte Bewegungen:* Fingerkuppen-Hohlhand-Abstand und Abduktion/ Adduktion der Finger II–V.

Hüftgelenk

► **Grundlagen:**
• *Null-Stellung:* Liegend (Rücken oder Seitenlage), Becken um 12° nach ventral geneigt, Oberschenkellängsachse in Frontalebene und Patella nach ventral gerichtet.
• *Bezugspunkte:* Beckenkamm, Spinae iliacae anterior und posterior superior, Trochanter major, Femurkondylen und Femurlängsachse.
► **Flexion/Extension:** 130°/0°/10°. Messung der Flexion bei gebeugtem Knie (Entspannung der ischiokruralen Muskulatur), Messung der Extension bei gestrecktem Knie (Entspannung des M. quadriceps femoris).
► **Abduktion/Adduktion:**
• 30°–45°/0°/20°–30°.
• *Bei 90°-Flexion:* 80°/0°/20°.
► **Außenrotation/Innenrotation:**
• 40°–50°/0°/30°–40°. Messung in Bauchlage und mit 90°-flektiertem Kniegelenk, der Unterschenkel dient als Zeiger für die Messung.
• *Bei 90° Flexion:* 40°–50°/0°/30°–45°. Messung in Rückenlage, Hüfte und Knie je in 90° Flexionsstellung.

Kniegelenk

► **Grundlagen:**
• *Null-Stellung:* Oberschenkel- und Unterschenkelachse liegen in der Frontalebene und bilden nach lateral einen Winkel von 160° (physiologische Valgusstellung).
• *Bezugspunkte:* Oberschenkel- und Unterschenkellängsachse, Condylus femoris medialis und lateralis, medialer und lateraler Gelenkspalt, Tuberositas tibiae, Fibulaköpfchen, oberer und unterer Patellapol.
► **Flexion/Extension:** 120°–150°/0°/5°–10°.
► **Außenrotation/Innenrotation bei 90° Flexion:** 40°/0°/10°–30°.
► **Abduktion/Adduktion:** Aktiv nicht möglich.

Oberes Sprunggelenk

► **Grundlagen:**
• *Null-Stellung:* Fußlängsachse rechtwinklig zur Unterschenkellängsachse.
• *Bezugspunkte:* Malleolus medialis und lateralis, ventrale Tibiakante, Kalkaneusachse, lateraler Fußrand, Metatarsale V, Taluskopf, Os naviculare.
• *Besonderheiten:* Scharniergelenk. In Plantarflexionsstellung sind geringe Seitenverschiebungen und Rotationsbewegungen möglich, in Dorsalextension wird der Talus in der Malleolargabel vollständig fixiert. Messung der Funktion bei leicht flektiertem Knie zur vollständigen Entspannung der Achillessehne.
► **Plantarflexion/Dorsalextension:** 40°–50°/0°/20°–30°. Messung am frei hängenden Fuß oder bei Fixierung des Fußes auf Unterlage und aktive dorsale bzw. ventrale Neigung. Exakte Bewegung lässt sich nur an der Kalkaneusachse messen.

Tarsalgelenke

▶ **Grundlagen:**
- *Null-Stellung:* Fußlängsachse rechtwinklig zur Unterschenkellängsachse.
- *Bezugspunkte:* Malleolus medialis und lateralis, ventrale Tibiakante, Kalkaneus-achse, lateraler Fußrand, Metatarsale V, Taluskopf, Os naviculare.
- *Besonderheiten:* Meistens komplexe Bewegungsabläufe im unteren Sprung-gelenk, Chopart- und Lisfranc-Gelenk.

▶ **Unteres Sprunggelenk** – *Eversion/Inversion:* 30°/0°/60°. Fixation des Unterschen-kels mit der Hand, Drehung des ganzen Fußes um die schräg stehende Achse des USG. Exakte Messung nur mit speziellen Messinstrumenten möglich.

▶ **Vorfußgelenke** – *Pronation/Supination:* 15°/0°/35°. Verdrehung des Vorfußes gegenüber dem Rückfuß, Bewegungsachse längs durch den Kalkaneus und den Digitus III.

Zehengelenke

▶ **Grundlagen:**
- *Null-Stellung:* Längsachsen der Metatarsalia I–V und der Phalangen verlaufen parallel.
- *Bezugspunkte:* Metatarsalia, Phalanges.

▶ **Großzehengelenke:**
- *Flexion/Extension der MP-Gelenke:* 45°/0°/70°.
- *Flexion/Extension der proximalen Interphalangealgelenke:* 80°/0°/0°.

▶ **Gelenke der II–V Zehe:**
- *Flexion/Extension der MP-Gelenke:* 40°/0°/80°.
- *Flexion/Extension der proximalen Interphalangealgelenke:* 35°/0°/0°.
- *Flexion/Extension der distalen Interphalangealgelenke:* 60°/0°/30°.

39 Anhang I – Messverfahren

39.1 Umfangmessungen

Kopf und Hals

▶ **Kopfumfang:** Messung horizontal.
▶ **Halsumfang:** Messung horizontal, ventral auf Höhe des Schildknorpels, dorsal auf Höhe der maximalen Lordose.

Thorax

▶ **Brustumfang:**
  • Messung kaudal der Axilla bei hängenden Armen. Bei Frauen kranial des Brustansatzes, bei Männern kranial der Mamillen.
  • *Drei Messungen:* In Atemmittellage, bei max. Inspiration und Exspiration.

Arm

▶ **Oberarmumfang:** Leichte Abduktionsstellung. Messung auf Höhe des Ansatzes des M. deltoideus bei 45° flektiertem Ellbogen.
▶ **Bizepsumfang:** Messung 15 cm kranial des Epicondylus humeri lateralis. Ellbogen in Null-Stellung.
▶ **Epikondylenumfang:** Messung direkt kranial der beiden Epikondylen bei Ellbogen in Null-Stellung.
▶ **Ellbogenumfang:** Messung auf Höhe des Olekranons bei Ellbogen in Null-Stellung.
▶ **Unterarmumfang:** 10 cm und 20 cm distal des Epicondylus humeri lateralis.
▶ **Handgelenkumfang:** Direkt distal der Processi styloidei radii und ulnae.
▶ **Mittelhandumfang:** Messung über den Köpfchen Metakarpale II–V.
▶ **Fingerumfang:** Messung in der Mitte der Grund-, Mittel- und Endphalanx.
▶ **Fingergelenkumfang:** Messung des proximalen und distalen Interphalangealgelenkes.

Beinumfang

▶ **Oberschenkelumfang:** 15, 20 oder 25 cm kranial des medialen Kniegelenksspaltes bei Erwachsenen, bei Kindern 6 und 10 cm kranial des medialen Kniegelenkspaltes. Alternativ kranial der Patella.
▶ **Unterschenkelumfang:** 15 und 20 cm kaudal des medialen Kniegelenksspaltes. Alternativen: Messung des maximalen und minimalen Umfanges (i.d.R. Wade und über Achillessehne).
▶ **Fußumfang:**
  • *Fersenmaß:* Messung über Ferse und Rist.
  • *Ristmaß:* Quere Messung über das Os naviculare.
  • *Ballenmaß:* Quere Messung über Großzehenballen.

39.2 Längenmessungen

Wirbelsäule, Rumpf

► **Sitzhöhe:** 50% der Körperlänge bei Erwachsenen und Kindern älter als 10 Jahre.
► **Brusttiefe:** Sagittotransversaler Durchmesser auf Höhe des kaudalen Sternumendes bis Processus spinosus des Wirbels auf der entsprechenden Höhe. Messung bei maximaler In- und Exspiration.

Schultergürtel

► **Schulterbreite:** Distanz zwischen Akromionspitzen.

Arm/Hand

► **Gesamte Armlänge:** Am hängenden Arm im Stehen, Distanz zwischen Akromionspitze und Processus styloideus radii.
► **Oberarmlänge:** Distanz zwischen Akromionspitze und Epicondylus humeri lateralis.
► **Unterarmlänge:** Distanz zwischen Epicondylus humeri lateralis und Processus styloideus radii in maximaler Supination.
► **Ellenlänge:** Distanz zwischen Olekranonspitze und Processus styloideus ulnae.
► **Handlänge:** Distanz zwischen Verbindungslinie der Processi styloidei radii und ulnae und Spitze des längsten Fingers.
► **Fingerlänge:** Distanz zwischen Fingergrundgelenk und Fingerspitze. Messung auf der Dorsalseite bei flektiertem Grundgelenk.

Becken

► **Beckenkammbreite:** Größte frontotransversale Distanz des Beckenkamms.
► **Trochanterbreite:** Distanz zwischen den Trochanteres majores.

Bein

► **Beinlänge:** Distanz zwischen Spina ilica anterior superior und der Spitze des Malleolus lateralis.
► **Oberschenkellänge:** Distanz zwischen Spitze des Trochanter major und lateralem Kniegelenkspalt.
► **Unterschenkellänge:** Distanz zwischen lateralem Kniegelenkspalt und Spitze des Malleolus lateralis.
► **Fußlänge:** Distanz zwischen der hintersten Kontur des Fußes im Stehen und der Spitze der längsten Zehe.

40   *Anhang II*

40.1 *Zentrale Adressen*

Zentren für Schwerbrandverletzte

▶ **Deutschland:** Zentrale Anlaufstelle für die Vermittlung von Betten für Schwerbrandverletzte.
- *Vermittlung über* Feuerwehr-Einsatzzentrale/Rettungsleitstelle der Hamburger Feuerwehr (seit Ende Dezember 1999).
  - **Telefon 040/42851-3998 *oder* -3999**
  - Fax: 040/42851-4269.
  - E-mail: leitstellefeuerwehr.hamburg.de
- *Informationen:*
  - 24-h-Auskunft über die Aufnahmekapazität anderer Verbrennungszentren und deren (aktuelle!) Telefonnummer mit Ansprechpartner. Die Einzelheiten des Transports und der Aufnahme sind dann zwischen den beteiligten Ärzten/Krankenhäusern eigenverantwortlich zu regeln.
  - Die Krankenhäuser, die am Vermittlungsverfahren beteiligt sind, melden der ZA-Schwerbrandverletzte umgehend alle Veränderungen der Belegungssituation.
▶ **Schweiz:** Siehe Tab. 40.1.

Tabelle 40.1 · Zentren für Schwerbrandverletzte in der Schweiz

Ort	Institution	Telefon, Fax, E-mail
Lausanne	*Centre des Brulés,* CHUV, CH-1011 Lausanne	Tel. +41-(0)21-3141111
Zürich	*Zentrum für brandverletzte Kinder* Chirurgische Klinik Universitätskinderspital Steinwiesstr. 75, CH-8032 Zürich	Tel. +41-(0)1-2667111
Zürich	*Zentrum für Brandverletzte,* Klinik für Wiederherstellungschirurgie Rämistr. 100, CH-8091 Zürich	Tel. +41-(0)1-2553521

▶ **Österreich:** Siehe Tab. 40.2.

Tabelle 40.2 · Zentren für Schwerbrandverletzte in Österreich

Ort	Institution	Telefon, Fax, E-mail
Innsbruck	*Landeskrankenhaus Universitätsklinik Innsbruck* Plastische und Wiederherstellungschirurgie A-6020 Innsbruck	Tel. +43-(0)512)-5042730
Wien	*Allg. Krankenhaus-Universitätsklinikum,* 9. Bezirk, Währinger Gürtel 18–20 A-1090 Wien	Tel. +43-(0)1-404000

Zentren für hyperbare Oxygenierung

▶ Siehe S. 153.

Zentren für Querschnittgelähmte

▶ **Deutschland:** Siehe Tab. 40.3.

Tabelle 40.3 · **Zentren zur Behandlung von Querschnittgelähmten in Deutschland**

Ort	Klinik	Telefon, Fax
Bad Berka	*Zentralklinik Bad Berka GmbH* *Klinik für Orthopädie, Wirbelsäulenchirurgie und Querschnittgelähmte* Robert-Koch-Allee 9 99437 Bad Berka	036458/5-0
Bad Wildungen-Reinhardshausen	*Werner-Wicker-Klinik* Zentrum für Rückenmarkverletzte Am Kreuzfeld 4 34537 Bad Wildungen	05621/803-0
Bayreuth	*Krankenhaus Hohe Warte* Reha-Klinik für Querschnittgelähmte Hohe Warte 8 95445 Bayreuth	0921/280-0
Beelitz	*Gesundheitspark Beelitz GmbH* Neurologische Reha-Klinik Paracelsusring 6b 14547 Beelitz	033204/201-0
Berlin (BK)	*Krankenhaus Zehlendorf* *Bereich Behring* Sonderstation für Querschnittgelähmte Gimpelsteig 3–5 14165 Berlin	030/8102-0
Berlin	*Unfallkrankenhaus Berlin* Behandlungszentrum für Rückenmarkverletzte Rapsweg 55 12683 Berlin	030/5681-0
Bochum	*Chir. Univ. Klinik und Poliklinik der* BG-Krankenanstalten, Abt. für Rückenmarkverletzte *„Bergmannsheil Bochum"* Hunscheidtstr. 1 44789 Bochum	0234/302-0
Duisburg	*BG-Unfallklinik* Spezialabt. für Rückenmarkverletzte Großenbaumer Allee 250 47249 Duisburg	0203/7688-1

Tabelle 40.3 · Fortsetzung

Ort	Klinik	Telefon, Fax
Frankfurt	*BG-Unfallklinik* Abteilung für Rückenmarkverletzte Friedberger Landstr. 430 60389 Frankfurt	069/475-0
Greifswald	*Neurologisches Rehabilitationszentrum* Greifswald gGmbH Karl-Liebknecht-Ring 26a 17491 Greifswald	03834/871-0
Gyhum	*Reha-Zentrum Gyhum* Abteilung für Querschnittgelähmte Dammersmoorweg 17 27404 Gyhum	04286/89-0
Halle	*BG-Kliniken Stadt Halle* Zentrum für Rückenmarkverletzte Merseburger Str. 165 06112 Halle	0345/1326-0
Hamburg	*BG-Unfallkrankenhaus* Querschnittgelähmten-Zentrum Bergdorfer Str. 10 21033 Hamburg	040/7306-0
Heidelberg	*Stift. Orthop. Univ. Klinik, Abt. f. Orthopädie II* *Zentrum für Querschnittgelähmte* *Ludwig-Guttmann-Haus* Schlierbacher Landstr. 200a 69118 Heidelberg	06221/96-5
Herdecke	*Gemeinnütziges Gemeinschafts-Krankenhaus Herdecke* *Klinikum der Uni Witten* chirurgische Abteilung Beckweg 4 58313 Herdecke	02330/62-0
Hessisch-Lichtenau	*„Lichtenau e.V.“* *Klinik für Wirbelsäulenchirurgie und -orthopädie* Abt. für Querschnittlähmungen Am Mühlenberg 37235 Hessisch Lichtenau	05602/83-0
Karlsbad-Langensteinbach	*Reha-Krankenhaus* paraplegiologische Abteilung Guttmannstr. 1 76307 Karlsbad	07202/61-0

Tabelle 40.3 · Fortsetzung

Ort	Klinik	Telefon, Fax
Koblenz	*Krankenhaus Ev. Stift St. Martin* BG-Sonderstation für Schwerunfallverletzte Johannes-Müller-Str. 7 56068 Koblenz	0261/137-0
Kreischa	*Klinik Bavaria, Querschnittgelähmtenzentrum* An der Wolfsschlucht 1–2 01731 Kreischa	035206/6-0
Ludwigshafen	*BG-Unfallklinik* Abteilung für Querschnittgelähmte Ludwig-Guttmann-Str. 13 67071 Ludwigshafen	0621/6810-0
Markgröningen	*Klinik Markgröningen, orthop. Reha-Krankenhaus* *Abteilung für Querschnittgelähmte* Nähere Hurst 20 71706 Markgröningen	07145/91-0
Murnau	*BG-Unfallkrankenhaus* Abteilung für Querschnittgelähmte Prof.-Küntscher-Str. 8 82418 Murnau	08841/48-0
Tübingen	*BG-Unfallklinik* Abteilung für Querschnittgelähmte Schnarrenbergstr. 95 72076 Tübingen	07071/606-0
Ulm	*Reha-Krankenhaus Ulm* akadem. Krankenhaus der Uni Ulm Abteilung für Querschnittlähmungen Oberer Eselsberg 45 89081 Ulm	0731/177-0

▶ **Schweiz:** Siehe Tab. 40.4.

Tabelle 40.4 · Zentren zur Behandlung von Querschnittgelähmten in der Schweiz

Ort	Institution	Telefon, Fax, E-mail
Basel	*REHAB Basel* Zentrum für Querschnittgelähmte Im Burgfelderhof 40 CH-4056 Basel	Tel. +42-(0)61-325 0000
Zürich	*Schweizer Paraplegikerzentrum* CH-6207 Nottwil	Tel. +41-(0)41-9395454
Zürich	*Paraplegikerzentrum Balgrist* Forchstr. 340 CH-8008 Zürich	Tel. +41-(0)1-3861111

▶ **Österreich:** Siehe Tab. 40.5.

Tabelle 40.5 · Zentren zur Behandlung von Querschnittgelähmten in Österreich

Ort	Institution	Telefon, Fax, E-mail
Bad Häring	*Rehabilitationszentrum der Allgemeinen Unfallversicherungsanstalt* Schönau 150 A-6323 Bad Häring	Tel. +43-(0)5332-7900
Klosterneuburg	*Rehabilitationszentrum der Allgemeinen Unfallversicherungsanstalt* Weisser Hof A-3400 Klosterneuburg	Tel. +43-(0)2243-241500

Strahlenunfallzentren (Deutschland)

Tabelle 40.6 · Strahlenunfallzentren in Deutschland

Ort	Institution	Telefon, Fax, E-mail
Jülich	*Heinrich-Heine-Universität Düsseldorf* nuklearmed. Klinik auf dem Gelände des Forschungszentrums Jülich GmbH 52426 Jülich Fax 02461/61-2820	Tel. 02461/61-5763, -5222
Karlsruhe	*Kernforschungszentrum Karlsruhe* medizinische Abteilung Hermann-von-Helmholtz-Platz 1 76344 Eggenstein/Leopoldshausen Fax 07247/82-2154	Tel. 07247/82-2070
Oberschleiß-heim	*GSF Forschnungszentrum für Umwelt und Gesundheit GmbH Neuherberg* Institut für Strahlenschutz Postfach 1129 85758 Oberschleißheim Fax 089/3187-3374	Tel. 089/3187-333

41   Anhang III – Laborwert-Normbereiche

41.1 Anhang III – Laborwert-Normbereiche

Tabelle 41.1

Parameter		Normwerte		
		konventionell	x Faktor =	SI-Einheiten
B = Vollblut, C = Citratblut, E = EDTA-Blut, P = Plasma, S = Serum, St = Stuhl, U = Urin				
ACTH	S	9–52 ng/l	0,2202	2–11 pmol/l
Albumin	S	3,5–5,5 g/dl	10	35–55 g/l
α-Amylase	P/S	< 140 U/l		
	U	< 600 U/l		
α$_1$-Fetoprotein (AFP)	S	< 10 ng/ml		
Alkalische Phosphatase (AP)	P/S	65–220 U/l		
Ammoniak	P/S	m: 19–80 µg/dl	0,59	m: 11–48 µmol/l
		w: 25–94 µg/dl		w: 15–55 µmol/l
Antistreptolysintiter	S	< 200 IU/ml		
Antithrombin (AT III)	S	75–120%		
Bilirubin gesamt	P/S	0,2–1,1 mg/dl	17,1	3,4–18,8 µmol/l
direkt	P/S	0,05–0,3 mg/dl		0,9–5,1 µmol/l
indirekt	P/S	< 0,8 mg/dl		< 13,7 µmol/l
Blutgase (arteriell) pH		7,36–7,44		
pCO$_2$		35–45 mmHg	0,133	4,67–6,00 kPa
pO$_2$		90–100 mg	0,133	12–13,3 kPa
BE		–2 bis +2 mmol/l		
Standard-Bikarbonat		22–26 mmol/l		
O$_2$-Sättigung		92–96%	0,01	0,92–0,96
Blutungszeit		< 2–8 min		
BSG (BKS)	C	m: 3–10 mm (1 h)		
		w: 6–20 mm (1 h)		

Tabelle 41.1 · Fortsetzung

Parameter		Normwerte		
		konventionell	x Faktor	= SI-Einheiten
B = Vollblut, C = Citratblut, E = EDTA-Blut, P = Plasma, S = Serum, St = Stuhl, U = Urin				
Calcium	S	2,3–2,6 mmol/l		
	U	4,0–5 mmol/l		
Carcinoembryonales Antigen (CEA)	S			< 3 µg/l
Chlorid	P/S	98–112 mmol/l		
	U	160–178 mmol/24 h		
Cholesterin gesamt	P/S	120–240 mg/dl	0,026	3,1–6,2 mmol/l
DL	P/S	> 50 mg/dl		> 1,3 mmol/l
LDL	P/S	< 150 mg/dl		< 3,87 mmol/l
Cholinesterase (CHE)	S	3000–8000 U/l		
Coeruloplasmin	S	20–60 mg/dl	0,063	1,26–3,7 µmol/l
C-Peptid	S	0,37–1,2 nmol/l	2,97	1,1–3,6 µg/l
C-reaktives Protein (CRP)	P/S	< 5 mg/l		
Creatinkinase (CK)	P/S	< 80 U/l		
Creatinkinase-Isoenzym MB (CK-MB)	P/S	< 6% der CK		
Differenzialblutbild:	E			
• stabkernige neutrophile Granulozyten		0–5%		
• segmentkernige neutrophile Granulozyten		50–70% (1800–7000/µl)		
• eosinophile Granulozyten		0–5% (< 450/µl)		
• basophile Granulozyten		0–2% (< 200/µl)		
• Monozyten		2–6% (< 800/µl)		
• Lymphozyten		25–45% (< 1000–4800/µl)		
Digoxin	S	0,8–2,0 ng/ml	1	0,8–2,0 µg/l

Anhang III – Laborwert-Normbereiche

***Tabelle 41.1* · Fortsetzung**

Parameter		Normwerte		
		konventionell	x Faktor	= SI-Einheiten
B = Vollblut, C = Citratblut, E = EDTA-Blut, P = Plasma, S = Serum, St = Stuhl, U = Urin				
Digitoxin	S	15–25 ng/ml	1	15–25 µg/l
Eisen	S	m: 80–150 µg/dl	0,179	m: 14–27 µmol/l
		w: 60–140 µg/dl		w: 11–25 µmol/l
Eiweiße	S	(Elektrophorese)		
• Albumin		3,6–5,0 g/dl (45–65%)	10	36–50 g/l
• α_1-Globulin		0,1–0,4 g/dl (2–5%)	10	1–4 g/l
• α_2-Globulin		0,5–0,9 g/dl (7–10%)	10	5–9 g/l
• β-Globulin		0,6–1,1 g/dl (9–12%)	10	6–11 g/l
• γ-Globulin		0,8–1,5 g/dl (12–20%)	10	8–15 g/l
Elastase-1	St	> 200 µg/g Stuhl		
Erythrozyten	E	m: 4,5–5,9 Mio./µl		
		w: 4,0–5,2 Mio./µl		
Ferritin	S	30–200 µg/l		
Fibrinogen	P	200–400 mg/dl	0,03	5,9–11,8 µmol/l
Folsäure	P	3–15 ng/ml		
Gastrin	S	< 100 pg/ml		< 100 ng/l
Gesamteiweiß	S	6–8,4 g/dl	10	60–84 g/l
Glukose nüchtern	B/S	55–110 mg/dl	0,0555	3,05–6,1 mmol/l
γGT	S	m: 6–28 U/l		
		w: 4–18 U/l		
GOT (AST)	S	m: < 18 U/l		
		w: < 15 U/l		
GPT (ALT)	S	m: < 22 U/l		
		w: < 17 U/l		
HbA$_{1C}$	E	< 6% des Hb		

Tabelle 41.1 · Fortsetzung

Parameter		Normwerte		
		konventionell	x Faktor = SI-Einheiten	
B = Vollblut, C = Citratblut, E = EDTA-Blut, P = Plasma, S = Serum, St = Stuhl, U = Urin				
Hämatokrit	E	m: 41–50%		
		w: 37–46%		
Hämoglobin	E	m: 14–18 g/dl	0,62	8,7–11,2 mmol/l
		w: 12–16 g/dl		7,5–9,9 mmol/l
Haptoglobin	S	20–204 mg/dl	0,01	0,2–2,04 g/l
Harnsäure	S	2,6–6,4 mg/dl	60	155–384 µmol/l
Harnstoff	S	10–55 mg/dl	0,17	1,7–9,3 mmol/l
α-HBDH	S	55–140 U/l		
Immunglobulin G	S	0,8–1,8 g/dl	10	8–18 g/l
Immunglobulin A	S	0,09–0,45 g/dl	10	0,9–4,5 g/l
Immunglobulin M	S	0,06–0,26 g/dl	10	0,6–2,6 g/l
Kalium	S	3,5–5 mmol/l		
	U	30–100 mmol/24 h		
Kalzium	S	2,3–2,6 mmol/l		
	U	4,0–5 mmol/l		
Kortisol	S		27,59	
• 8.00 Uhr		5–25 µg/dl		140–690 nmol/l
• 16.00 Uhr		3–12 µg/dl		80–330 nmol/l
Kortisol	U	20–100 µg/24 h	2,759	55–275 nmol/24 h
Kreatinin	S	0,5–1,2 mg/dl	88,4	44–106 µmol/l
Kreatinin-Clearance (alters- und geschlechtsabhängig)		80–160 ml/min		
Kupfer	S	m: 70–140 µg/dl	0,157	m: 11–22 µmol/l
		w: 85–155 µg/dl		w: 13–24 µmol/l
Laktat	S	9–16 mg/dl	0,111	1–1,8 mmol/l

Anhang III – Laborwert-Normbereiche

Tabelle 41.1 · Fortsetzung

Parameter		Normwerte		
		konventionell	x Faktor =	SI-Einheiten
B = Vollblut, C = Citratblut, E = EDTA-Blut, P = Plasma, S = Serum, St = Stuhl, U = Urin				
LDH	S	120–240 U/l		
LAP	S	16–32 U/l		
Leukozyten	E	4000–10000/µl		
Lipase	S	30–180 U/l		
Lipoprotein (a)	S	< 30 mg/dl	10	< 300 mg/l
Magnesium	S	1,75–4 mg/dl	0,41	0,7–1,6 mmol/l
MCH (mittlerer Hb-Gehalt des Erythrozyten)	E	27–34 pg		
MCHC (mittlere Hb-Konzentration der Erythrozyten)	E	30–36 g/dl		
MCV (mittlere Erythrozytenvolumen)	E	85–98 fl		
Natrium	S	135–150 mmol/l		
	U	120–220 mmol/24 h		
Osmolalität	S	280–300 mosm/kg		
	U	800–1400 mosm/kg		
Partielle Thromboplastinzeit (PTT)	C	20–38 sec		
Prolaktin	S	m: < 11 ng/l	1	m: < 11 µg/ml
		w: < 15 ng/l		w: < 15 µg/ml
Phosphat	S	0,77–1,55 mmol/l		
Prostataspez. Antigen (PSA)	S	< 3 ng/ml	1	< 3 µg/l
Quick	C	siehe Thromboplastinzeit		
Renin (8.00 Uhr, im Liegen)	P	1–2,5 µg/l/h		
Retikulozyten	E	4–15‰ (20000–75000/µl)		
Rheumafaktor	S	< 20 IU/ml		

Tabelle 41.1 · Fortsetzung

Parameter		Normwerte		
		konventionell	x Faktor =	SI-Einheiten
B = Vollblut, C = Citratblut, E = EDTA-Blut, P = Plasma, S = Serum, St = Stuhl, U = Urin				
Spezifisches Uringewicht	U	1,002–1,035		
STH (GH)	S	< 5 ng/l	1	< 5 µg/ml
Stuhlfett	St	< 7 g/24 h		
Theophyllin	S	10–20 µg/ml	1	10–20 mg/l
Thrombinzeit (TZ)	C	14–20 sec		
Thromboplastinzeit (Quick)	C	70–100%		
Thrombozyten	E	150000–350000/µl		
TSH basal	S	0,3–4,0 mU/l		
• 30 min nach Injektion von 200 mg TRH		Anstieg > 2 mU/l		
freies Thyroxin (fT$_4$)	S	0,5–2,3 nq/dl	14	7–30 pmol/l
freies Trijodthyronin (fT$_3$)	S	3,0–6,0 pg/ml	1,53	4,6–9,2 pmol/l
TBG	S	12–30 µg/ml		
Thyreoglobulin	S	< 50 ng/ml		
Transferrin	S	200–400 mg/dl	0,01	2,0–4,0 g/l
Triglyzeride	S	75–200 mq/dl	0,0112	0,83–2,3 mmol/l
Vitamn A	S	20–80 µg/dl	0,035	0,7–2,8 µmol/l
Vitamin B$_{12}$	S	310–1100 pg/ml	0,739	229–812 pmol/l
Vitamin D	S		2,496	
• 1,25 Dihydrocholecalciferol		20–50 ng/ml		50–125 nmol/l
• 25-Hydroxycholecalciferol		Sommer: 15_95 ng/ml		37–237 nmol/l
• 25-Hydroxycholecalciferol		Winter: 12–62 ng/ml		30–155 nmol/l
Vitamin E	S	5–20 µg/ml	2,4	12–48 µmol/l

42 Anhang IV – ASIA-Schema

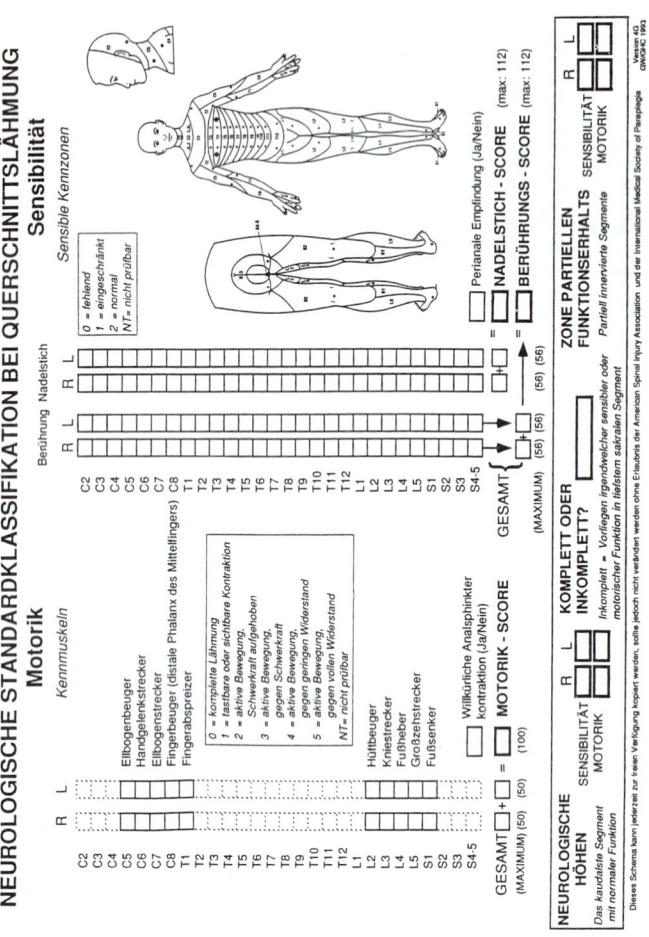

Abb. 42.1 ASIA-Schema

Sachverzeichnis

Bildnachweis

► aus **Härter R et al, Checkliste Gipstechnik, Fixationsverbände.** 3. Aufl. Stuttgart: Georg Thieme; 1998: 24.1, 24.12, 26.1, 26.2, 27.2, 27.17, 28.6, 29.4, 30.17, 30.21, 30.23, 30.24, 30.30, 30.31, 30.36, 30.46, 30.47, 32.3

► aus **Hahn JM, Checkliste Innere Medizin.** 4. Aufl. Stuttgart: Georg Thieme; 2003: 4.1, 4.2, 4.3, 5.1, 5.2, 5.4, 5.5, 5.6, 5.7, 5.8, 5.10

► aus **Hauri D, Jaeger P, Checkliste Urologie.** 4. Aufl. Stuttgart: Georg Thieme; 2000: 20.3

► nach **Hoffmann R, Checkliste Handchirurgie.** 2. Aufl. Stuttgart: Georg Thieme; 1999: 30.13, 30.25, 30.37, 30.41, 30.42

► aus/nach **Mutschler W, Haas N: Praxis der Unfallchirurgie.** Stuttgart: Georg Thieme; 1999: 14.4, 21.3, 21.4, 21.10, 22.1, 22.3, 22.4, 22.5, 23.1, 24.5, 24.6, 24.7, 24.14, 25.1, 25.8, 25.9, 26.3, 26.4, 26.5, 26.6, 26.13, 26.15, 26.16, 26.17, 27.3, 27.4, 30.7, 30.12, 30.14, 30.15, 30.16, 30.18, 30.19, 30.22, 30.27, 30.35, 30.38, 30.39, 30.40, 30.43, 30.45, 33.18, 34.3, 34.6

► aus **Ziegenfuß T, Checkliste Notfallmedizin.** 3. Aufl. Stuttgart: Georg Thieme; 2004: 5.9, 10.9, 10.10, 33.10, 33.11

► aus **Leuwer et al, Checkliste Interdisziplinäre Intensivmedizin.** 2. Aufl. Stuttgart: Georg Thieme; 2004: Abb. 5.3

Laborwerte – Normalbereiche

Parameter		Normwert konventionell	x Faktor =	SI-Einheiten
Albumin	S	3,5 – 5,5 g/dl	10	35 – 55 g/l
α-Amylase	P/S	<140 U/l		
	U	<600 U/l		
α₁-Fetoprotein (AFP)	S	<10 ng/ml		
Alkalische Phosphatase (AP)	P/S	65 – 220 U/l		
Ammoniak	P/S	m: 19 – 80 µg/dl	0,59	m: 11 – 48 µmol/l
		w: 25 – 94 µg/dl		w: 15 – 55 µmol/l
Antistreptolysintiter	S	<200 IU/ml		
Antithrombin (AT III)	S	75 – 120 %		
Bilirubin gesamt	P/S	0,2 – 1,1 mg/dl	17,1	3,4 – 18,8 µmol/l
direkt	P/S	0,05 – 0,3 mg/dl		0,9 – 5,1 µmol/l
indirekt	P/S	<0,8 mg/dl		<13,7 µmol/l
Blutgase (arteriell) pH		7,36 – 7,44		
pCO_2		35 – 45 mmHg	0,133	4,67 – 6,00 kPa
pO_2		90 – 100 mmHg	0,133	12 – 13,3 kPa
BE		– 2 bis + 2 mmol/l		
Standard-Bikarbonat		22 – 26 mmol/l		
O_2-Sättigung		92 – 96 %	0,01	0,92 – 0,96
BSG (BKS)	C	m: 3 – 10 mm (1 h)		
		w: 6 – 20 mm (1 h)		
Calcium	S	2,3 – 2,6 mmol/l		
	U	4,0 – 5 mmol/l		
Carcino-embryonales Antigen (CEA)	S			<3 µg/l
Chlorid	P/S	98 – 112 mmol/l		
	U	160 – 178 mmol/24 h		
Cholesterin gesamt	P/S	120 – 240 mg/dl	0,026	3,1 – 6,2 mmol/l
HDL	P/S	>50 mg/dl		>1,3 mmol/l
LDL	P/S	<150 mg/dl		<3,87 mmol/l
Cholinesterase (CHE)	S	3000 – 8000 U/l		
C3-Komplement	S	0,55 – 1,2 g/l		
C4-Komplement	S	0,2 – 0,5 g/l		
Coeruloplasmin	S	15 – 60 mg/dl	0,063	0,95 – 3,7 µmol/l
C-Peptid	S	0,37 – 1,2 nmol/l	2,97	1,1 – 3,6 µg/l
C-reaktives Protein (CRP)	P/S	<5 mg/l		
Creatinkinase (CK)	P/S	<80 U/l		
Creatinkinase-Isoenzym MB (CK-MB)	P/S	<6 % der CK		
Differenzialblutbild:	E			
stabkernige neutrophile Granulozyten		0 – 5 %		
segmentkernige neutrophile Granulozyten		50 – 70 % (1800 – 7000/µl)		
eosinophile Granulozyten		0 – 5 % (<450/µl)		
basophile Granulozyten		0 – 2 % (<200/µl)		
Monozyten		2 – 6 % (<800/µl)		
Lymphozyten		25 – 45 % (1000 – 4800/µl)		
Digoxin	S	0,8 – 2,0 ng/ml	1	0,8 – 2,0 µg/l
Digitoxin	S	15 – 25 ng/ml	1	15 – 25 µg/l

B = Vollblut, C = Citratblut, E = EDTA-Blut, P = Plasma, S = Serum, U = Urin

Parameter		Normwert konventionell	x Faktor =	SI-Einheiten
Eisen	S	m: 80 – 150 µg/dl w: 60 – 140 µg/dl	0,179	m: 14 – 27 µmol/l w: 11 – 25 µmol/l
Eiweißelektrophorese	S	(Elektrophorese)		
Albumin		3,6 – 5,0 g/dl (45 – 65 %)	10	36 – 50 g/l
α_1-Globulin		0,1 – 0,4 g/dl (2 – 5 %)	10	1 – 4 g/l
α_2-Globulin		0,5 – 0,9 g/dl (7 – 10 %)	10	5 – 9 g/l
β-Globulin		0,6 – 1,1 g/dl (9 – 12 %)	10	6 – 11 g/l
γ-Globulin		0,8 – 1,5 g/dl (12 – 20 %)	10	8 – 15 g/l
Erythrozyten	E	m: 4,5 – 5,9 Mio./µl w: 4,0 – 5,2 Mio./µl		
Ferritin	S	30 – 200 µg/l		
Fibrinogen	P	200 – 400 mg/dl	0,03	5,9 – 11,8 µmol/l
Folsäure	P	3 – 15 ng/ml		
Gesamteiweiß	S	6 – 8,4 g/dl	10	60 – 84 g/l
Glukose nüchtern	B/S	70 – 100 mg/dl	0,0555	3,9 – 5,6 mmol/l
γGT	S	m: 6 – 28 U/l w: 4 – 18 U/l		
GOT	S	m: < 18 U/l w: < 15 U/l		
GPT	S	m: < 22 U/l w: < 17 U/l		
HbA$_{1C}$	E	< 6 % des Hb		
Hämatokrit	E	m: 41 – 50 % w: 37 – 46 %		
Hämoglobin	E	m: 14 – 18 g/dl w: 12 – 16 g/dl	0,62	8,7 – 11,2 mmol/l 7,5 – 9,9 mmol/l
Haptoglobin	S	20 – 204 mg/dl	0,01	0,2 – 2,04 g/l
Harnsäure	S	2,6 – 6,4 mg/dl	60	155 – 384 mol/l
Harnstoff	S	10 – 55 mg/dl	0,17	1,7 – 9,3 mmol/l
α-HBDH	S	55 – 140 U/l		
Immunglobulin G	S	0,8 – 1,8 g/dl	10	8 – 18 g/l
Immunglobulin A	S	0,09 – 0,45 g/dl	10	0,9 – 4,5 g/l
Immunglobulin M	S	0,06 – 0,26 g/dl	10	0,6 – 2,6 g/l
Kalium	S U	3,5 – 5 mmol/l 30 – 100 mmol/24 h		
Kalzium	S U	2,3 – 2,6 mmol/l 4,0 – 5 mmol/l		
Kreatinin	S	0,5 – 1,2 mg/dl	88,4	44 – 106 µmol/l
Kreatinin-Clearance (alters- und geschlechtsabhängig)		80 – 160 ml/min		
Kupfer	S	m: 70 – 140 µg/dl w: 85 – 155 µg/dl	0,157	m: 11 – 2 µmol/l w: 13 – 2 µmol/l